山东社会科学研究·2021
（上）

刘致福　主编

山东大学出版社
SHANDONG UNIVERSITY PRESS
·济南·

图书在版编目(CIP)数据

山东社会科学研究.2021/刘致福主编.—济南：山东大学出版社，2022.11

ISBN 978-7-5607-7581-4

Ⅰ.①山… Ⅱ.①刘… Ⅲ.①社会科学—文集 Ⅳ.①C53

中国版本图书馆 CIP 数据核字(2022)第 201991 号

责任编辑 武迎新
文案编辑 滕正辉
封面设计 王秋忆

山东社会科学研究·2021
SHANDONG SHEHUI KEXUE YANJIU 2021

出版发行 山东大学出版社
社　　址 山东省济南市山大南路 20 号
邮政编码 250100
发行热线 (0531)88363008
经　　销 新华书店
印　　刷 济南新科印务有限公司
规　　格 720 毫米×1000 毫米 1/16
　　　　 45.25 印张 737 千字
版　　次 2022 年 11 月第 1 版
印　　次 2022 年 11 月第 1 次印刷
定　　价 160.00 元

《山东社会科学研究·2021》编委会

目　录

马克思主义中国化与党的建设研究

新发展格局下产业高质量发展研究

齐文化与稷下学研究

胶东经济圈一体化发展理论研究

培育山东优良产业生态路径研究

马克思主义中国化与党的建设研究

历史与现实:中国特色政党关系的生成与发展

张延丽*

【摘要】中国特色政党关系扎根中国大地,立足中国实际,在党和国家的建设与发展过程中发挥着重要作用,其形成是理论、历史与实践等因素综合作用的结果。新时代下,面对市场经济发展、法治化完善、党的自身建设等新要求,中国特色政党关系也面临着前所未有的挑战。探析中国特色政党关系的生成与发展逻辑,汲取教训并总结经验,对推进新时代中国特色政党关系建设具有重要的理论价值和时代意义。

【关键词】中国特色政党关系;生成;发展

在中国共产党近百年发展历程中,中国共产党与各民主党派之间形成了领导与被领导、执政与参政,通力合作、互相监督,以协商合作为主导的亲密友党关系。中国共产党与其他民主党派尽管在阶级基础、政党纲领、发展历史等方面存在一定差异,但具有共同的政治目标、组织原则、活动准则,在根本利益上具有一致性。中国特色政党关系能够广泛、真实、持久地代表和实现最广大人民的根本利益,在社会主义民主政治建设过程中具有重要作用。

一、中国特色政党关系生成之因

中国共产党与各民主党派之间的协商合作关系是马克思主义政党理论在中国的具体化,是中国革命、建设与改革历程中的历史教训与经验总结,有其深厚的理论、历史与实践渊源,是适合中国国情的必然选择。

---

* 张延丽,北京师范大学马克思主义学院博士生。

（一）理论渊源：马克思主义政党理论的指导

中国共产党自诞生以来，就始终高举马克思主义伟大旗帜，把实现社会主义、共产主义作为奋斗目标，马克思主义政党理论在中国特色政党关系形成与发展过程中产生了重要影响。(1)无产阶级可以同资产阶级进步党派在革命和政权中建立合作关系。在马克思主义政党理论指导下，中国共产党在一大之后就逐步意识到了团结一切可以团结的力量之重要性。在1922年党的二大通过的提议中明确提出建立民主联合战线的任务、策略原则与政策方法，建议联合国民党等革命团体。在此基础上，1923年中共三大正式确定与国民党合作。(2)无产阶级政党在社会主义政党关系中必须坚持领导地位。随着革命斗争经验的积累，中国共产党对马克思主义的理解更趋于理性与科学，在积极开展与各民主党派以及无党派人士、人民群众合作的同时，也更加注重领导权。

（二）历史借鉴：失败教训的经验总结

中国共产党与民主党派都曾有过独立抗争的设想与尝试，但基本都以失败告终，这促使双方意识到团结合作的重要性。(1)工人运动的失败。受共产国际片面理论以及“唯成分论”影响，中国共产党曾强调以工人群体为主要发展对象，以工人运动为主要活动形式。党的一大曾明确规定中国共产党“不同其他党派建立任何相互关系”①。中国共产党于20世纪20年代初组织了多次工人运动，但大多以失败告终。这使中国共产党意识到仅靠工人阶级单方面力量不可取，要争取一切可能的同盟者。(2)民主党派“第三条道路”设想的幻灭。受国内外形势影响，民主党派起初设想的是不同于中国共产党和国民党的“第三条路线”。然而，新民主主义革命时期的中国是一个半殖民地半封建性质的畸形社会，在这种环境下伴随资本主义发展出现的资产阶级必然有其与生俱来的缺陷。就如同毛泽东描述的那样，民族资产阶级“一方面——参加革命的可能性，又一方面——对革命敌人的妥协性，这就是中国资产阶级‘一身而二任焉’的两面性”②。

（三）实践总结：团结合作的成功经验

中国共产党与民主党派有着成功的合作经验。(1)统一战线政策的有效性。在第一次国共合作时期、土地革命时期、抗日战争时期、解放战争时期，中国共产党坚持统一战线，带领爱国人士赢得了诸多胜利。解放战争后，中国共

① 中央档案馆编：《中共中央文件选集》第1册，中共中央党校出版社1991年版，第8页。

② 《毛泽东选集》第2卷，人民出版社1991年版，第674页。

产党积极组织召开新政治协商会议，为处理党派关系搭建了平台和载体，“政协”成为中国共产党与各民主党派合作的组织形式。(2)中国共产党对多党合作的重视。新中国成立后，毛泽东在《论十大关系》中表示：“究竟是一个党好，还是几个党好？现在看来，恐怕是几个党好。”[①]同时将“长期共存、互相监督”八字方针作为规范中国共产党与各民主党派关系的准则。改革开放后，邓小平继承发展毛泽东多党合作思想，将“八字方针”发展为“十六字方针”。江泽民在此基础上指出：“共产党领导、多党派合作，共产党执政、多党派参政，各民主党派不是在野党和反对党，而是同共产党亲密合作的友党和参政党。”[②]胡锦涛强调了多党合作在构建社会主义和谐社会中的重要意义。新时代新型政党制度的提出更加规范了政党关系的建设与发展。

二、中国特色政党关系面临之题

改革开放以来的中国在政治秩序、经济体制、社会结构、文化观念等方面发生了巨大变化，我们面临着前所未有的机遇，也面临着未曾面对的挑战，世界形势与中国实际的变化给中国特色政党关系提出了新挑战。

(一)社会主义市场经济体制发展带来新变化

社会主义市场经济发展导致中国社会阶层发生变化。随着经济发展、产业升级以及产业结构的调整，国内涌现出许多新兴职业，这使得中国社会阶层发生了一定程度的变化。如何巩固与扩大民主党派以及中国共产党的社会基础，如何维护共产党与民主党派的社会共识，是政党关系建设需要解决的一大难题。社会主义市场经济体制下需寻找中国共产党与民主党派关系建设的平衡点。中国是一个社会主义性质的国家，奉行的是以公有制为主体、多种所有制经济共同发展的基本经济制度。非公有制经济的发展，加上产业结构调整引起的社会结构的变化，最终都会在政治上有所投射。如何在巩固公有制主体地位的同时不压制非公有制经济的活力，如何在坚持中国共产党领导的同时不减弱各民主党派参政议政的热情，是政党关系面临的一大挑战。

(二)社会主义法治化建设提出新要求

党的十八大以来，全面推进依法治国成为社会主义建设事业的重点，在全面建成小康社会过程中发挥着至关重要的作用。延伸到政党层面，中国共产党

① 《毛泽东文集》第7卷，人民出版社1999年版，第34页。
② 《江泽民文选》第3卷，人民出版社2006年版，第144页。

与各民主党派之间的关系处理也必须在法治的框架下展开。但目前政党关系法制化仍存在诸多不足:(1)从合作的组织形式——政协来看,缺少法律强制性保障。政协是中国共产党与各民主党派合作的组织形式,但当下关于人民政协多是一般性规范,不具有法律强制性,这将导致政协在履职过程中无法可依。(2)从政党关系本身来看,缺乏对协商合作型政党关系本身的规范与保障。中国共产党与各民主党派之间的合作协商大多出现于中共中央、党代会的文件之上,缺少法律规范与指导。(3)从政党自身来看,政党内部法治化建设亟待加强。政党内部在法规内容完善、体系化建设、执行力度等方面都存在或多或少的问题,这必然会影响政党关系的法制化。

(三)中国共产党自身建设面临新挑战

随着时代发展与社会进步,国内外严峻环境给中国共产党执政带来了巨大挑战。一方面,中国发展进入新的历史阶段,中国共产党在取得巨大成就的同时还面临着脱贫攻坚、深化改革、决胜全面建成小康社会、实现中华民族伟大复兴的重任。党面临的执政考验、改革开放考验、市场经济考验、外部环境考验是长期的、复杂的。另一方面,随着社会主义市场经济的发展,中国共产党内部也出现了一些问题,产生了影响党的先进性、弱化党的纯洁性的各种因素,党面临的精神懈怠危险、能力不足危险、脱离群众危险、消极腐败危险是严峻的。从国际环境上看,一些西方资本主义势力一直视中国为眼中钉,设法消灭与瓦解社会主义。因此,如果党自身建设不好,就无力处理中国共产党与各民主党派之间的关系。

三、中国特色政党关系发展之举

如何应对中国特色政党关系在新时代面临的问题与挑战,何以坚持与发展协商合作型政党关系,怎样利用中国共产党与各民主党派之间的协商合作有效地进行社会主义建设,是政党关系建设面临的一大难题。

(一)全面从严治党

中国共产党必须始终勇于自我革命,从严管党治党。新时代以来,习近平总书记反复强调:“打铁必须自身硬。……必须毫不动摇坚持和完善党的领导,毫不动摇把党建设得更加坚强有力。”①(1)加强中国共产党的执政能力建设。

---

① 习近平:《决胜全面建成小康社会 夺取新时代中国特色社会主义伟大胜利——在中国共产党第十九次全国代表大会上的报告》,人民出版社 2017 年版,第 61 页。

一方面，从执政理念上看，中国共产党要以马克思主义为指导，努力掌握马克思主义思想和工作方法，坚守初心使命。另一方面，从执政方式上看，要不断加强各级党组织建设，坚持与完善民主集中制，实现科学执政、民主执政、依法执政。(2)推进中国共产党先进性与纯洁性建设。一方面，要坚持党的性质与宗旨，全心全意为人民服务；另一方面，要开展思想教育，提高全体党员学习积极性，提升其思想道德素质与科学文化素质。(3)将党的自我革命与社会革命相结合，用中国共产党自身建设的完善与发展来推动政党关系的完善与发展。

（二）凝聚政治共识

中国共产党与各民主党派之所以能够合作，一个重要原因就是双方在革命建设和改革过程中始终能在政治认识上达成一致。(1)用共产主义远大理想与中国特色社会主义共同理想凝聚人心。一方面，坚持马克思主义在社会主义意识形态领域的指导地位。中国共产党与各民主党派必须认同马克思主义在社会主义建设事业中的指导地位，认可中国特色社会主义建设事业。另一方面，加强思想政治教育。不论是在中国共产党内部，还是在各民主党派内部，都需要进行思想政治教育，以此普及共产主义远大理想与中国特色社会主义共同理想。(2)坚守底线，包容互助。一方面，守住底线，坚持中国共产党的领导，坚持马克思主义，坚持中国特色社会主义道路。另一方面，求同存异。中国共产党要着眼于扩大最大公约数，主动帮助与支持各民主党派；各民主党派也要尊重中国共产党的领导，积极参政议政。

（三）推动协商民主法治化

协商民主是推动政党关系和谐发展的重要形式，它贯穿于政党关系形成与发展的始终，其效果将极大地影响政党关系，因此要通过协商民主法治化来实现政党关系法治化。(1)政党协商法治化。首先，完善政党协商实体性法律。通过实体性法律建设，对多党合作进行界定，从法律上对政党活动内容与边界予以确认。其次，丰富政党协商制度。通过完善政党协商制度，增强政党协商的刚性。最后，完善协商程序法。从具体程序上明确规定政党协商流程、会议召开要求等。(2)政协协商法治化。首先，完善政协协商相关法律法规，明确政协功能定位，使各级政协组织做到有法可依、有法必依。其次，明确规定人民政协具体构成与基本职能，规定政协委员的产生依据与性质，对人民政协能做什么、不能做什么做出准确说明。最后，规范人民政协履职程序。以法律法规形式规定各民主党派表达意见的程序与中国共产党倾听意见的方式。(3)政党关系法律化。一方面，以具体法阐释中国特色政党关系的具体内涵、表现形式、历史渊源与现实发展等内容。另一方面，以法律法规规范政党关系，保证中国共产党能够依法执政，各民主党派能够有序参政。

中国协商合作型政党关系根植中国大地、立足中国实际，在中国革命、建设和改革的历史过程中形成与发展，在社会主义民主政治建设中发挥了重要作用，是适合中国国情的正确选择，为我国的制度自信提供了支撑。不论是基于对中国共产党与各民主党派历史实践的分析，还是对其理论信仰的阐释，或是对中国历史发展脉络的梳理，都证明在中国这样一个由兴盛走向衰弱，又在衰弱中奋起重新走向复兴的国家，一党独大不可行，多党竞争也不可取，其最终的落脚点必然是一党领导、多党合作。

参考文献

1.中央档案馆编:《中共中央文件选集》第 1 册，中共中央党校出版社 1991 年版。

2.《毛泽东选集》第 2 卷，人民出版社 1991 年版。

3.《毛泽东文集》第 7 卷，人民出版社 1999 年版。

4.《江泽民文选》第 3 卷，人民出版社 2006 年版。

5.陈明明、肖存良:《统一战线与协商民主》，复旦大学出版社 2017 年版。

6.习近平:《决胜全面建成小康社会　夺取新时代中国特色社会主义伟大胜利——在中国共产党第十九次全国代表大会上的报告》，人民出版社 2017 年版。

7.中共中央宣传部编:《习近平新时代中国特色社会主义思想三十讲》，学习出版社 2018 年版。

8.王长江:《政党论》，人民出版社 2009 年版。

9.周淑真:《政党政治学》，人民出版社 2011 年版。

10.王韶兴:《政党政治论》，山东人民出版社 2011 年版。

11.吴美华主编:《马克思主义党的学说和党的建设》，中国人民大学出版社 2007 年版。

12.《习近平总书记在看望参加政协会议的民盟致公党无党派人士侨联界委员时的重要讲话引起强烈反响》，《光明日报》2018 年 3 月 5 日。

当代中国马克思主义大众化话语体系建构成就浅析

毛珊珊*

【摘要】马克思主义大众化话语体系建构是马克思主义大众化的前提。当代中国马克思主义大众化话语体系建构的成果具有鲜明的中国风格，始终闪耀着时代的光辉，有力地推动了中国革命和社会主义建设事业的发展。新中国成立以后，马克思主义大众化进入全新的发展阶段，其话语体系也有着显著的区别特征，笔者暂将其划分为改革开放之前、改革开放以来、党的十八大以来三个发展阶段。当代中国马克思主义大众化话语表现出以人为本的价值追求、概念诠释的中国化、理论内容的时代化、理论表述的通俗化、传播对象的分众化等显著特征。

【关键词】马克思主义大众化；话语体系；实现路径

当代中国马克思主义大众化话语体系建构的成果具有鲜明的中国风格，始终闪耀着时代的光辉，有力地推动了中国革命和社会主义建设事业的发展。党的十七大明确提出了“开展中国特色社会主义理论体系宣传普及活动，推动当代中国马克思主义大众化”的战略任务。2016 年，习近平总书记在哲学社会科学座谈会上的讲话中指出：“我国哲学社会科学的一项重要任务就是继续推进马克思主义中国化、时代化、大众化，继续发展 21 世纪马克思主义、当代中国马克思主义。”[①]党的十九大又再次强调“必须推进马克思主义中国化、时代化、大

---

* 毛珊珊，中共阳信县委党校科研信息处副主任、讲师。

① 《习近平主持召开哲学社会科学工作座谈会强调：结合中国特色社会主义伟大实践　加快构建中国特色哲学社会科学》，《人民日报》2016 年 5 月 18 日。

众化，建设具有强大凝聚力和引领力的社会主义意识形态”[①]，极大地促进了马克思主义大众化的研究。

一、当代中国马克思主义大众化话语体系建构的意义与价值

（一）当代中国马克思主义大众化话语体系建构的理论意义

马克思主义大众化话语体系的建构是马克思主义大众化进程中的基础性工作，理论创新与发展的成果通过理论话语体系来呈现，理论的传播和弘扬离不开话语方式和语言载体。“语言活动深入人类社会生活的一切领域，只要有人活动的地方就需要语言。这种情况必然会使语言的研究和其他学科发生密切的关系。”[②]因此，从某种程度上来说，马克思主义大众化话语体系建构是马克思主义大众化的前提。大众化乃是全社会广大人民群众认可与支持的大众化，即“理论掌握群众”。马克思曾指出：“批判的武器当然不能代替武器的批判，物质力量只能用物质力量来摧毁；但是理论一经掌握群众，也会变成物质力量。”[③]“理论掌握群众”既是马克思主义大众化的目标，又是马克思主义大众化的过程，在这一过程中马克思主义大众化话语体系及话语体系下的话语文本是最基本的工具。“马克思主义话语体系建设与理论创新的良性互动关系，还体现在对既有话语体系的继承和发展，对不同话语体系之中话语内容、话语结构、话语逻辑的再组合，既实现了话语体系的创新，又实现了对既有理论体系的渐进性完善。”[④]马克思主义大众化话语体系建构，既是对马克思主义理论的基础性研究，也是马克思主义大众化理论方法论的研究，尤其是当代中国马克思主义大众化对中国传统文化的批判继承以及新时代中国特色社会主义理论“对外立言”的方法途径探索。

（二）当代中国马克思主义大众化话语体系建构的现实意义

1.提高马克思主义掌握大众的能力

先进的思想理论不以其理论的成熟为胜利，而是以此为新的起点，开启关照现实的新篇章。“历史活动是群众的事业，随着历史活动的深入，必将是群众

---

① 习近平：《决胜全面建成小康社会　夺取新时代中国特色社会主义伟大胜利——在中国共产党第十九次全国代表大会上的报告》，《人民日报》2017 年 10 月 28 日。

② 叶蜚声、徐通锵：《语言学纲要》，北京大学出版社 1997 年版，第 3 页。

③ 《马克思恩格斯文集》第 1 卷，人民出版社 2009 年版，第 11 页。

④ 吴荣生：《新中国 70 年马克思主义话语体系建设的基本经验》，《社会主义研究》2019 年第 6 期。

队伍的扩大。”[①]这就需要社会发展的实践者了解、熟知并运用思想理论。顺应时代的发展，马克思主义大众化要用更适合于当今时代的话语形式来传递马克思主义的立场、观点与方法，话语内容更贴近人民群众的日常生活，话语方式更尊重受众的主体地位，更注重人民群众实实在在的利益诉求。

2.增强当代中国马克思主义大众化的实效性

马克思主义大众化的进程，不是马克思主义理论单向的宣传与灌输，而应该是双向的交流与互动。话语体系的建构使得马克思主义大众化的指向性和目的性更加明确，马克思主义是我们建设中国特色社会主义的行动指南，马克思主义是“要在群众生活群众斗争里实际发生作用的活的马克思主义，不是口头上的马克思主义”[②]。实现对各理论需求群体的差异化供给，是马克思主义大众化话语体系建构的“职能”所在，也是切实提高马克思主义大众化实效性的方法路径。

二、当代中国马克思主义大众化话语体系建构的发展历程及特点

马克思主义在中国的传播和马克思主义中国化是基本同步的过程。十月革命后“南陈北李”两大阵营就已经开始了马克思主义大众化的初步探索，中国共产党成立后，以毛泽东同志为代表的中国共产党人将马克思主义大众化推向一个高潮。新中国成立以后，马克思主义大众化进入全新的发展阶段，其话语体系也有着显著的区别特征，笔者暂将其划分为改革开放之前、改革开放以来、党的十八大以来三个发展阶段。

（一）当代中国马克思主义大众化话语体系建构历史分期

1.改革开放之前（1949～1978 年）

20 世纪 50 年代《毛泽东选集》的出版是新中国成立初期马克思主义大众化具有标志性意义的事件，《毛泽东选集》集中反映了实事求是、群众路线、独立自主等毛泽东思想精髓，对 20 世纪的中国产生了巨大的影响。20 世纪 60 年代艾思奇主编的《辩证唯物主义和历史唯物主义》将哲学大众化，并积极传播和普及马克思主义，以使广大民众树立正确的马克思主义的立场、观点和方法。

2.改革开放以来至党的十八大前夕（1978～2012 年）

中国特色社会主义道路不断开辟马克思主义中国化取得了邓小平理论、

---

① 《马克思恩格斯全集》第 2 卷，人民出版社 1957 年版，第 104 页。

② 《毛泽东选集》第 3 卷，人民出版社 1991 年版，第 858 页。

“三个代表”重要思想和科学发展观等理论成果，话语体系的建构也随之取得了重大的进展。20 世纪 90 年代以《邓小平文选》为代表的马克思主义大众化著作的语言有着鲜明的特征。例如“三个有利于”“三步走”“两手抓”等，着眼于实际问题，简短而精悍。2003 年以来《理论热点面对面》丛书对马克思主义理论进行普及，其通俗易懂的话语风格和紧扣现实的问题导向受到了人民群众的普遍认可。

3.党的十八大以来（2012 年至今）

党的十八大以来马克思主义大众化话语体系更加注重人文关怀，多采用柔性叙事策略，形成了具有鲜明特色的话语风格，是马克思主义同中国传统文化概念结合路径的再发扬、再发展，马克思主义大众化话语体系的建构更具有民族性和时代性特征。以《习近平总书记系列重要讲话读本》和《习近平谈治国理政》为例，其中的切入点多从人民群众最关心的热点难点问题着手，将抽象理论与人民群众生活实践相结合，很多话语简明上口，而又蕴含着深刻的哲学道理。

（二）当代中国马克思主义大众化话语的显著特征

1.以人为本的价值追求

当代中国马克思主义在理论上确立了人民才是国家的主人，将马克思主义人民观总结为全心全意为人民服务。“解决群众的穿衣问题，吃饭问题，住房问题，茶米油盐问题，疾病卫生问题，婚姻问题。总之，一切群众的实际生活问题，都是我们应当注意的问题。”①当代马克思主义大众化话语建构用群众的语言习惯来表达马克思主义的思想和观点。例如：习近平总书记讲“扣好人生的第一粒扣子”，宛如邻家长者的生活话语；“房子是用来住的，不是用来炒的”用极其通俗的语言向人民群众传达政策措施，更接地气更能引发情感共鸣，进一步强调了以人民为中心的价值导向，完美地体现了人民至上的价值追求，逐步满足人民群众物质的、政治的和文化的利益诉求，在满足人民的切身利益基础上增进了人民群众对马克思主义的感情。

2.概念诠释的中国化

毛泽东曾经明确指出：“离开中国特点来谈马克思主义，只是抽象空洞的马克思主义。”②当代马克思主义大众化话语体系巧妙地融合了马克思主义与土生土长的中国语言、传统文化以及民族精神。具体的语言表述方面，中国传统文

---

① 《毛泽东选集》第 1 卷，人民出版社 1991 年版，第 137 页。

② 《毛泽东选集》第 2 卷，人民出版社 1991 年版，第 534 页。

化概念和思想成为马克思主义大众化话语体系建构的源泉。例如:"实事求是"的说法最早见于班固所著《汉书》"修学好古,实事求是"①,毛泽东用以概括马克思恩格斯的辩证唯物主义与历史唯物主义,将中国传统文化话语与马克思主义理论完美结合。又如习近平总书记提出的"构建人类命运共同体"全球价值观,既有"自由人联合体"这一深厚的马克思主义思想基础,又有鲜明的中国话语特征,契合了中国传统文化中的"和合之道"与"大同思想"。类似中国化的话语使得人民群众对于理论话语顿生亲切感,实为马克思主义大众化话语建构的经典范例。

3.理论内容的时代化

马克思主义中国化的历次飞跃始终反映时代主题,着力解决发展中的新情况与新问题。毛泽东思想以马克思主义为理论基础总结了中国革命与建设过程中的经验。"枪杆子里出政权""农村包围城市""群众路线"等使当代中国马克思主义有了鲜明的中国作风和中国气派。邓小平理论以建设有中国特色社会主义为主题,解放思想、改革开放、社会主义市场经济等具有时代特色的理论、思想、道路成为这一时期理论创新的主要内容,"贫穷不是社会主义""两手抓,两手都要硬""科学技术是第一生产力"等内容言简意赅、生动形象,反映了改革开放时期的时代特征。习近平新时代中国特色社会主义思想基于新时代我国社会主要矛盾的变化,"八个明确""十四项基本方略"等内容系统性地回答了坚持和发展怎样的中国特色社会主义、怎样坚持和发展中国特色社会主义的时代之问。习近平总书记将马克思主义中国化、时代化、大众化作为一个整体系统,坚持三者的有机统一,"人民对美好生活的向往,就是我们的奋斗目标""金山银山就是绿水青山"等内容以简单质朴的语言风格推进了马克思主义大众化的发展。

4.理论表述的通俗化

毛泽东在党的六届六中全会上指出:"洋八股必须废止,空洞抽象的调头必须少唱,教条主义必须休息,而代之以新鲜活泼的、为中国老百姓所喜闻乐见的中国作风和中国气派。"②当代中国马克思主义大众化话语体系建构紧紧贴合中国传统文化,以形象化来实现通俗化。例如:邓小平的"不管是白猫黑猫,抓住老鼠就是好猫",既体现了马克思主义的理论,又贴合人民群众的生活实际;"摸

---

① (汉)班固:《汉书》卷五三,中华书局2014年版,第2410页。

② 《毛泽东选集》第2卷,人民出版社1991年版,第534页。

着石头过河”说明了社会主义道路是曲折的，前途是光明的，形象地概括了马克思主义的实践观。又如：习近平用“走得再远都不能忘记来时的路”“鞋子合不合脚，自己穿了才知道”等通俗话语来诠释马克思主义的原理与价值观念；他的“人民对美好生活的向往，就是我们的奋斗目标”“有尊严地生活”等一系列话语更贴近人民群众的日常生活，更具有人文关怀的温度。

5.传播对象的分众化

马克思主义大众化过程中，人民群众因理论水平、工作需要和心理特点的各种差异而对马克思主义理论有着不同程度、不同内容侧重点的差异化需求，“因材施教”的分众化传播已然成为新趋势。互联网时代新媒体、融媒体带来了传播方式颠覆式的变革，虚拟社区和分众化传播群体的兴起为马克思主义分众化传播提供了现实基础和技术支持。近年来分众化趋势中表现突出的莫过于对于青年群体的侧重。“青年是祖国的未来、民族的希望，也是我们党的未来和希望。”①马克思主义大众化话语逐渐贴近青年群体的生活实际和审美趣味，拉近了青年群体和马克思主义理论的距离，在枯燥严肃的哲学理论中加入更多跳跃的时尚元素，发明创造了一批具有鲜明特色的马克思主义大众化话语形式。

参考文献

1.《马克思恩格斯全集》第1、2卷，人民出版社1956、1957年版。

2.《列宁全集》第11卷，人民出版社1995年版。

3.《毛泽东选集》第1～4卷，人民出版社1991年版。

4.习近平：《在庆祝中国共产党成立九十五周年大会上的讲话》，人民出版社2016年版。

5.（汉）班固：《汉书》卷五三，中华书局2014年版。

6.叶蜚声、徐通锵：《语言学纲要》，北京大学出版社1997年版。

7.吴荣生：《新中国70年马克思主义话语体系建设的基本经验》，《社会主义研究》2019年第6期。

8.张淇：《〈新民主主义论〉与马克思主义中国化、时代化和中国化》，《齐鲁学刊》2010年第4期。

9.董世军等：《现代思想政治教育话语及其困境分析》，《长春大学学报》2007

① 习近平：《在庆祝中国共产党成立九十五周年大会上的讲话》，人民出版社2016年版，第27页。

年第 1 期。

10.王海军:《“让马克思主义掌握群众,让群众掌握马克思主义”——浅谈马克思主义中国化的机理与方法》,《思想理论教育导刊》2007 年第 11 期。

11.黎学军:《论马克思主义“人伦日用化”——建设民族共有精神家园的一种思考》,《社会科学研究》2010 年第 5 期。

12.陈娱:《接受图式与马克思主义大众化》,《华中科技大学学报》(社会科学版)2010 年第 4 期。

13.周太山:《论列宁的马克思主义通俗化思想》,《求实》2010 年第 3 期。

14.汪勇:《和谐社会背景下的当代中国马克思主义认同》,《长白学刊》2011 年第 1 期。

中国共产党对非公有制经济理论的百年探索与原创性贡献

淳悦峻*

【摘要】对于如何认识和对待经济落后社会主义国家中的非公有制经济问题，中国共产党坚持不懈地进行了百年探索，并最终形成了符合中国国情的非公有制经济科学理论体系。这是对马克思主义所有制理论的原创性贡献。这一理论对于在新时代推动我国非公有制经济的健康发展，全面建成社会主义现代化强国，具有十分重要的意义。

【关键词】毛泽东；邓小平；江泽民；胡锦涛；习近平；非公有制经济

如何认识和对待经济落后社会主义国家中的非公有制经济，是马克思主义经典作家一直未解决好的一个重大理论问题，也是摆在这些国家面前不容回避的一个重大现实问题。对此，中国共产党坚持不懈地进行了百年探索，并最终形成了符合中国国情的非公有制经济科学理论体系。学习、践行这一理论，对于在新时代推动我国非公有制经济的健康发展，全面建成社会主义现代化强国，具有十分重要的理论意义和现实指导意义。

一

中国共产党成立后，以毛泽东为代表的中国共产党人对非公有制经济理论问题进行了艰辛曲折的探索，提出了许多卓越见解和富有创见的设想，为形成我党非公有制经济理论做出了重大贡献。

---

* 淳悦峻，中共聊城市委党校经济管理教研室主任、教授。

早在民主革命时期,中国共产党就对非公有制经济制定了一系列的政策。党的一大纲领明确提出:为了实现民主革命的目标,我党决定保护一般的私人资本主义企业。1940 年 12 月,毛泽东指出:"应该奖励民营企业,而把政府经营的国营企业只当作整个企业的一部分。凡此都是为了达到自给自足的目的。"①1945 年 4 月,他又指出:"一定要让私人资本主义经济在不能操纵国民生计的范围内获得发展的便利,才能有益于社会的向前发展。"②1949 年 3 月,毛泽东再次指出:"国营经济是社会主义性质的,合作社经济是半社会主义性质的,加上私人资本主义经济,加上个体经济,加上国家和私人合作的国家资本主义经济,这些就是人民共和国的几种主要的经济成分。"③

新中国成立之初进行的三大改造由于"改变过快",出现了因为所有制形式过于单一而影响人民生活的问题。为此,1956 年 3 月,毛泽东指出:"提醒你们,手工业中许多好东西,不要搞掉了。我们民族好的东西,搞掉了的,一定都要来一个恢复,而且要搞得更好些。"④1956 年年底,他指出:"最好开私营工厂,同地上的作对,还可以开夫妻店,请工也可以。这叫新经济政策。""可以搞国营,也可以搞私营。可以消灭资本主义,又搞资本主义。当然要看条件,只要有原料,有销路。"⑤这些设想对我党形成完整的非公有制经济理论做出了重大贡献。但是,由于受传统理论的影响,随着反右斗争、人民公社化运动和"文化大革命"的开展,这些设想未能推行开来。

二

党的十一届三中全会后,以邓小平为代表的中国共产党人提出了一系列关于发展非公有制经济的科学论断,开始创建完整的非公有制经济理论。

(一)初步提出了发展非公有制经济的客观必然性

邓小平提出的社会主义初级阶段论为非公有制经济存在和发展提供了国情基础,社会主义本质论为非公有制经济存在和发展开辟了广阔的空间,社会主义市场经济论为非公有制经济存在和发展提供了体制依据,"三个有利于"为非公有制经济的存在和发展提供了客观标准。

---

① 《毛泽东选集》第 2 卷,人民出版社 1991 年版,第 768 页。

② 《毛泽东选集》第 3 卷,人民出版社 1991 年版,第 1060~1061 页。

③ 《毛泽东选集》第 4 卷,人民出版社 1991 年版,第 1443 页。

④ 《毛泽东文集》第 7 卷,人民出版社 1999 年版,第 12 页。

⑤ 《毛泽东文集》第 7 卷,人民出版社 1999 年版,第 170 页。

(二)初步阐明了非公有制经济的重要地位和发展方向

在设计所有制结构时,邓小平强调:“我们的制度是以公有制为主体的,还有其他经济成分。”[①]他认为在坚持以公有制为主体的前提下,“发展一点个体经济,吸收外国的资金和技术,欢迎中外合资合作,甚至欢迎外国独资到中国办工厂,这些都是对社会主义经济的补充”[②]。他指出:“社会主义优越性最终要体现在生产力能够更好地发展上。”[③]“鼓励一部分地区、一部分人先富起来,也正是为了带动越来越多的人富裕起来,达到共同富裕的目的。”[④]甚至认为,允许非公有制经济发展“是要更有利地发展生产力,加强公有制经济”[⑤]。1985 年,邓小平提出:“对于一部分先富起来的个人,也要有一些限制,例如,征收所得税。还有,提倡有的人富裕起来以后,自愿拿出钱来办教育、修路,当然,决不能搞摊派,现在也不宜过多宣传这样的例子,但是应该鼓励。”[⑥]1987 年,他又指出:对于雇工问题,“动还是要动,因为我们不搞两极分化。但是,在什么时候动,用什么方式动,要研究。动也就是制约一下”[⑦]。

三

以江泽民为代表的中国共产党人,从建设社会主义市场经济体制角度对非公有制经济理论进行了创造性提升,为形成完整的非公有制经济理论做出了重大贡献。

(一)明确提出了支持非公有制经济的发展方针

1998 年 6 月,江泽民指出:“我们干的是社会主义事业,国家经济主体必然是公有制经济。这一点必须坚定不移,决不能动摇。同时,我们要鼓励、引导非公有制经济健康发展。这也必须坚定不移。”[⑧]2001 年 3 月,他明确提出:“对非公有制经济人士,要坚持团结、帮助、引导、教育的方针,既要鼓励支持,又要帮助教育,以利促进非公有制经济健康发展。”“要引导他们把自身企业的发展与

---

① 《邓小平文选》第 3 卷,人民出版社 1993 年版,第 172 页。
② 《邓小平文选》第 3 卷,人民出版社 1993 年版,第 138 页。
③ 《邓小平文选》第 3 卷,人民出版社 1993 年版,第 149 页。
④ 《邓小平文选》第 3 卷,人民出版社 1993 年版,第 142 页。
⑤ 《邓小平文选》第 3 卷,人民出版社 1993 年版,第 149 页。
⑥ 《邓小平文选》第 3 卷,人民出版社 1993 年版,第 111 页。
⑦ 《邓小平文选》第 3 卷,人民出版社 1993 年版,第 216 页。
⑧ 中共中央文献研究室编:《江泽民论有中国特色社会主义(专题摘编)》,中国文献出版社 2002 年版,第 50～51 页。

国家发展结合起来。""要引导他们把个人富裕与全体人民的共同富裕结合起来。""要引导他们把遵循市场法则与发扬社会主义道德结合起来。"①

(二)系统阐述了社会主义基本经济制度的内涵

江泽民指出:"根据解放和发展生产力的要求,坚持和完善公有制为主体、多种所有制经济共同发展的基本经济制度。第一,必须毫不动摇地巩固和发展公有制经济。第二,必须毫不动摇地鼓励、支持和引导非公有制经济发展。第三,坚持公有制为主体,促进非公有制经济发展,统一于社会主义现代化建设的进程中,不能把这两者对立起来。各种所有制经济完全可以在市场竞争中发挥各自优势,相互促进,共同发展。"②

(三)十分强调为各类市场主体创造平等竞争的环境

江泽民指出:"放宽国内民间资本的市场准入领域,在投融资、税收、土地使用和对外贸易等方面采取措施,实现公平竞争。"③他要求正确对待劳动收入和非劳动收入,指出:"初次分配注重效率,发挥市场作用,鼓励一部分人通过诚实劳动合法经营先富起来。再分配注重公平,加强政府对收入分配的调节职能,调节差距过大的收入。"④还强调要依法加强监督和管理非公有制经济,完善保护私人财产的法律制度;加强和完善非公有制企业党建工作及共青团、工会等群众组织建设。

四

党的十六大以来,以胡锦涛为代表的中国共产党人继续对非公有制经济发展问题进行了新探索,提出了一系列的新观点,进一步完善了党的非公有制经济理论。

(一)进一步深化了对非公有制经济地位和作用的认识

2007 年 10 月,胡锦涛指出:"坚持和完善公有制为主体、多种所有制经济共同发展的基本经济制度,毫不动摇地巩固和发展公有制经济,毫不动摇地鼓励、支持、引导非公有制经济发展,坚持平等保护物权,形成各种所有制经济平等竞争、相互促进新格局。"⑤2012 年 11 月,他提出:"毫不动摇鼓励、支持、引导非公

① 《江泽民文选》第 3 卷,人民出版社 2006 年版,第 206～207 页。

② 《江泽民文选》第 3 卷,人民出版社 2006 年版,第 546 页。

③ 《江泽民文选》第 3 卷,人民出版社 2006 年版,第 349 页。

④ 《江泽民文选》第 3 卷,人民出版社 2006 年版,第 550 页。

⑤ 《胡锦涛文选》第 2 卷,人民出版社 2016 年版,第 632 页。

有制经济发展，保证各种所有制经济依法平等使用生产要素、公平参与市场竞争、同等受到法律保护。”①

（二）明确提出了要进一步放宽市场准入行业和领域

2007 年 10 月，胡锦涛明确提出：“推进公平准入，改善融资条件，破除体制障碍，促进个体、私营经济和中小企业发展。”②要求做到，非公有制企业在投融资、税收、土地使用和对外贸易等方面，与其他企业享受同等待遇。支持非公有制中小企业的发展，鼓励有条件的企业做强做大。非公有制企业要依法经营，照章纳税，保障职工合法权益。改进对非公有制企业的服务和监管。

（三）进一步完善了促进非公有制经济发展的政策措施

2004 年 9 月，胡锦涛指出：“要进一步完善和落实鼓励和支持非公有制经济发展的政策措施，引导和促进非公有制经济的健康发展。”③2010 年 3 月，他要求“各级党委政府要认真贯彻落实促进非公有制经济发展的方针政策，加强对非公有制经济发展的指导和引导，贯彻平等准入、公平待遇原则，积极提供创业辅导、信息咨询、金融支持、法律帮助、员工培训等服务，营造良好的市场环境、政策环境、法治环境、社会环境，帮助非公有制企业解决生产经营面临的突出困难，切实维护非公有制企业的合法权益”④。

五

在新时代，以习近平为代表的中国共产党人就“新时代发展什么样的和怎样发展中国特色非公有制经济”的问题，全方位地提出了一系列新理念、新思想、新战略、新举措，使党的非公有制经济理论创新达到一个崭新阶段和全新境界。

（一）明确指出了发展非公有制经济的战略考量

2016 年 3 月，习近平总书记指出：“长期以来，我国非公有制经济快速发展，在稳定增长、促进创新、增加就业、改善民生等方面发挥了重要作用，是稳定经济的重要基础，是国际税收的重要来源，是技术创新的重要主体，是金融发展的重要依托，是经济持续健康发展的重要力量。”⑤2018 年 11 月，他指出：“民营经

---

① 《胡锦涛文选》第 3 卷，人民出版社 2016 年版，第 629 页。

② 《胡锦涛文选》第 2 卷，人民出版社 2016 年版，第 632～633 页。

③ 中共中央文献研究室编：《十六大以来重要文献选编》（中），人民出版社 2006 年版，第 312 页。

④ 《胡锦涛文选》第 2 卷，人民出版社 2016 年版，第 633～634 页。

⑤ 《习近平谈治国理政》第 2 卷，外文出版社 2017 年版，第 260 页。

济是我国经济制度的内在要素，民营企业和民营企业家是我们自己人。”[①]

（二）系统提出了非公有制经济发展的根本遵循

习近平总书记明确表示：“非公有制经济在我国经济社会发展中的地位和作用没有变，我们毫不动摇鼓励、支持、引导非公有制经济发展的方针政策没有变，我们致力于为非公有制经济发展营造良好环境和提供更多机会的方针政策没有变。”[②]明确提出公有制与非公有制经济要实行权利平等、机会平等、规则平等。他强调提出鼓励非公有制经济参与国有企业改革，鼓励发展非公资本控股的混合所有制企业，鼓励社会资本投向农村建设，允许国有经济和其他所有制经济融合成为混合所有制经济，允许非国有资本到国有资本投资项目中参股，允许条件成熟的民间资本依法发起设立金融机构，允许社会资本参与城乡基础设施投资和运营，允许企业和社会组织在农村兴办各类企业。

（三）创造性地提出了加快非公有制经济发展新举措

习近平总书记明确提出，要抓好重点问题，把中央关于促进非公有制经济发展的改革举措真正落到实处；抓好重点人群，推动非公有制经济人士做合格的中国特色社会主义事业建设者；抓好政商关系，充分调动党委政府和民营企业家两个积极性；抓好党的建设，加强和改进党对非公有制经济的领导。他特别强调，领导干部同非公有制经济人士应当形成“亲”“清”的新型政商关系。要求领导干部要坦荡真诚地同民营企业接触交往，同民营企业家的关系要清白、纯洁；要求民营企业家积极主动地同各级党委和政府及部门多沟通多交流，要洁身自好、走正道。这一英明论断，既为非公有制经济人士处理政商关系提供了新思路，也为各级党委政府营造重商亲商富商的发展环境指明了方向。

① 习近平：《在民营企业座谈会上的讲话》，《人民日报》2018年11月2日。

② 习近平：《毫不动摇坚持我国基本经济制度　推动各种所有制经济健康发展》，《人民日报》2016年3月5日。

建党百年来中国共产党党内法规制度建设的历史探索与基本经验

马树颜*

【摘要】党内法规制度建设，既是马克思主义政党加强自身建设、从严治党管党的重要保障，也是马克思主义政党在取得执政地位的历史条件下，不断提升治国理政水平的必然要求。回顾中国共产党党内法规制度建设的百年探索进程，主要经历了在初步探索中萌芽发展阶段、在艰辛探索中曲折发展阶段、在恢复完善中稳步发展阶段以及在全面改革中创新发展阶段。总结百年进程中的基本经验，有利于为新时代党内法规制度建设的深化发展提供重要的历史智慧与有益借鉴。

【关键词】党内法规；党内法规制度；历史回顾；时代启示

党内法规制度建设，是马克思主义政党加强自身建设、从严治党管党的重要保障，也是马克思主义政党在取得执政地位的历史条件下，不断提升治国理政水平的必然要求。因为党内法规制度作为中国特色政党制度的重要内容，其本身带有历史性。当前正值中国共产党成立100周年之际，回顾中国共产党加强党内法规制度建设的百年历史进程，总结在此进程中的经验与教训，有利于为推进新时代党内法规制度建设的深化发展提供历史智慧与有益借鉴。

* 马树颜，《中共济南市委党校学报》编辑。

一、建党百年来中国共产党党内法规制度建设的历史探索

（一）党内法规制度建设在初步探索中萌芽发展阶段（1921～1949 年）

中国共产党作为马克思主义执政党，自其 1921 年成立之初，就有“比较明确的党章意识和其他党规党法党纪意识”[①]，并通过制定党章、明确党的纲领、完善党内法规等途径对党内法规制度建设进行了一系列积极的探索。第一，在党的初步创建到大革命失败时期，随着国共合作的开展和国民革命的推进，中国共产党成为由刚成立时的秘密状态向逐步公开、合法状态转变的政党。随着党员规模的扩大，通过党内规范制度建设以进一步规范党内关系与党组织运行也成为党所面临的迫切任务。在此背景下，党内法规制度数量逐渐攀升，党内法规制度建设也相应地出现稳步发展的势头。第二，土地革命时期的党内法规制度建设，主要是适应残酷斗争环境中地下工作的开展、革命根据地建设以及军队建设的需要而进行的。这一时期的党内法规制度建设以党章性规章制度的制定与完善作为主要内容，还对处于秘密、地下环境中党组织法规制度进行了新的探索。第三，在全面抗日战争时期，通过制定和修改党章、完善一系列党的组织建设、党的纪律建设方面的法规制度，党内法规制度在具体内容及制定程序的规范性上也相比以前有了一定程度的提升，而且同时兼顾了党的自身建设、党的领导制度和工作制度的制定与实施，特别强调党的集中统一领导和党的纪律方面制度规范的制定和实施。第四，在解放战争时期，中央围绕加强党对军队的领导、维护党的集中统一领导、加强党员纪律教育等内容进一步加强了党内法规制度建设。其中，为维护党的集中统一领导，探索建立了党内请示报告制度。此外，在推进党的代表会议制度、建立健全党委会议制度、建立公开建党制度以及加强党的纪律处分制度等方面进行了新的探索。

（二）党内法规制度建设在艰辛探索中曲折发展阶段（1949～1978 年）

1949 年 10 月 1 日，中华人民共和国的成立，标志着中国共产党由革命党向执政党的转变、由没有权力的政党向执掌政权的政党转变、由极端秘密状态下的党向完全公开的党转变、由夺取政权的党向巩固政权和建设政权的党转变。[②]党在这一历史时期所面临的任务也由过去的领导新民主主义革命胜利向“领导

---

① 李斌雄：《扎紧制度的笼子——中国共产党党内法规制度的重大发展研究》，武汉出版社 2018 年版，第 61 页。

② 参见肖东波、曹屯裕：《新中国成立初期执政党建设研究》，浙江大学出版社 2010 年版，第 34 页。

全国各族人民进行社会主义革命和社会主义建设”[①]的转变。在此背景下,中国共产党结合国内外形势的新变化及党的自身建设所面临的新问题,围绕如何加强党对国家政权的领导、强化党的组织纪律等问题对党内法规制度建设形成了新的理论认识,进行了新的实践探索。如毛泽东、刘少奇、邓小平等作为党的主要领导人,都多次提出应健全党内规章制度、加强党内法规制度建设的主张。从1949年到1978年的近30年间,中国共产党修改通过了4个党章,制定了5个关于规范党与政府关系的法规制度、12个党的组织法规制度、3个党的纪律法规制度、17个党员干部教育管理法规制度、12个军事法规制度。这一时期,中国共产党的自身建设实现了由民主革命时期注重强调革命纪律,到中华人民共和国成立后更加注重党对国家政权的领导这一特点的转变,在党内法规制度建设方面也做出了新的探索,具有重要的里程碑意义。

(三)党内法规制度建设在恢复完善中稳步发展阶段(1978～2012年)

第一,在改革开放初期,随着改革开放进程的开启与推进,党的自身建设制度化、规范化水平提升,尤其是通过党章的修订和其他党规党法的制定,为此后党内法规制度建设的全方位推进奠定了重要基础。第二,在党的十三届四中全会至十六大时期,在继承中有所创新和突破,尤其是通过党章修订以及一批党的组织、反腐倡廉方面的基础性主干法规的出台与制定,进一步完善了党内法规制度体系。特别是《暂行条例》的颁布与实施,以及中央办公厅法规工作室这一专门机构的设立,标志着党内法规制度建设在制度化、规范化、专业化上的初步探索与发展。第三,在党的十六大到党的十八大之前,面对国内外环境的新变化与加强党的自身建设的新要求,党内法规制度建设也面临着新的历史使命,呈现新的发展态势。以胡锦涛同志为总书记的党中央,着眼于提高党的建设科学化水平,更加明确了党内法规制度体系建设的目标任务,在与时俱进地修订与完善十六大、十七大党章的基础上,重点围绕监督问责、纪律建设制定一系列党内法规制度,初步形成一体化、层次化的党内法规制度体系,大力推进党内法规制度建设在深入推进中实现规范发展、科学发展。

(四)党内法规制度建设在全面改革中创新发展阶段(2012年以来)

党的十八大以来,面对新的国内外、党内外形势,以习近平同志为核心的党中央对党内法规制度建设高度重视,加大了对党内法规制度建设进行顶层设计

---

① 中共中央党史研究室:《中国共产党九十年》,中共党史出版社、党建读物出版社2016年版,第636页。

的力度。一是党内法规制度建设在理念上实现了新突破。十八大以来，对党内法规制度建设重要性的认识水平不断提升。此外，不管是在党内法规制度的总体规划，还是党内法规制度的制定、执行，都结合新的实践需要提出了新的论断，体现了党中央对党内法规制度建设的规律有了更加科学的认识。二是党内法规制度建设在制定机制、执行机制等方面实现了创新。十八大以来，为进一步规范党内法规的修改完善工作，中央分别制定了关于党内法规制定工作的两个规划纲要，既加强了党内法规制度建设的顶层设计，又为这一时期的党内法规制度建设明确了目标要求与指导思想。此外，党内法规清理机制逐步完善。三是党内法规制度执行达到新高度。习近平总书记指出："制度不在多，而在于精，在于务实管用，突出针对性和指导性。"①十八大以来，党中央深刻认识到我们在党内法规制度建设中的短板，即"重制度制定、轻制度执行"问题。在此基础上，自党的十八届三中全会以后，中央着力推进党内法规制度的执行工作并取得突出成效。四是党内法规体系建设达到了新高度。具体表现在：首次确立了党内法规体系建设的目标；首次明确将党章作为制定党内法规制度的基础，正式确立了党章在党内立法等方面的总依据作用；更加注重党内法规与国家法律之间的衔接关系，既要求党内法规的制定要做到遵守宪法和法律，又要求党规党纪严于国家法律。

二、建党百年来中国共产党党内法规制度建设的基本经验

（一）坚持马克思主义政党建设理论的指导是前提

正确的理论指导是正确推进党内法规制度建设的前提，在建党百年来的党内法规制度建设探索中，我们一直将马克思主义政党建设理论作为党内法规制度建设的重要指南。尤其是中华人民共和国成立后，中国共产党作为执政党，加强党内法规制度建设作为其自身建设中的重要一环，必然要遵循社会主义国家政党政治的特点和规律，而社会主义国家政党政治区别于资本主义国家政党政治的主要标志就在于我们坚持将马克思主义政党理论作为思想指引和行动指南。"只有始终坚持马克思主义，社会主义国家政党政治才能在实践创造中不断健康发展"②，只有始终坚持马克思主义关于党内法规制度建设的思想的指导，才能保障社会主义国家执政党党内法规制度建设理论与实践发展的正确

① 《习近平在党的群众路线教育实践活动总结大会上的讲话》，《人民日报》2017 年 10 月 9 日。
② 王韶兴：《社会主义国家政党政治百年探索》，《中国社会科学》，2017 年第 7 期。

方向。

（二）正确认识党内法规制度的战略地位是关键

理念是决定行动的先导，加强党内法规制度建设首先要形成正确的理念，尤其是要正确认识党内法规制度建设在党的自身建设乃至国家治理中的战略地位和重要作用。我们党在革命战争年代就高度重视党内法规制度建设工作，积极发挥党内法规制度在调整党内关系、规范党内政治生活秩序、确保党内团结统一等方面的重要作用。从建党以来党内法规制度建设的百年历程来看，自1921年建党到中华人民共和国成立前，注重发挥党规党纪在严格党的自身管理、加强党内团结等方面的作用。1949年中华人民共和国成立到1956年中共八大前后，更加合理定位了党内法规制度建设在党和国家政治发展中的职能作用，并对党内法规制度建设进行了初步的探索，对规范党内政治生活、严格党的纪律等也起到了积极推动作用。从中共八大到改革开放前的二十多年发展中，由于忽视了党规、国法的重要性，强调阶级斗争为纲，重视政治运动在党内整风中的作用，党规法纪也因此遭到严重破坏，从而影响了党内法规制度建设的发展进程。改革开放以来，我们反思特定时期党内法规制度停滞发展的历史教训，逐渐对党内法规制度在从严管党治党与依法治国进程中的地位和作用形成了正确的认识，党内法规制度建设也逐步走向正规。新时代背景下，习近平总书记从全面从严治党、全面推进依法治国的战略高度推进党内法规制度建设，将其作为关系党的长期执政的根本性、关键性问题来抓，全面提升了对党内法规制度建设进行顶层设计的力度。总之，回顾百年来进行党内法规制度建设的历程可以看出，凡是能正确认识党内法规制度的战略地位、重视党内法规制度建设的时期，党内政治生活就更加规范化，国家的革命和建设事业就能顺利推进；凡是忽视党内法规制度建设的时期，党内政治生态形势则比较严峻，管党治党水平滞后，中国革命与建设事业也容易陷入低谷。

（三）健全完善的党内法规制度体系是保障

“立善法于天下，则天下治。”现代法治理念也强调实现法治目标首先要有一整套健全完善的法制体系，即所谓的善治必依良法。党内法规制度建设是现代法治理念在党建领域的延伸和发展。因此，加强党内法规制度建设、提升依规管党治党能力以及切实发挥中国共产党在引领国家法治建设与国家治理现代化中的突出作用，首先是我们党自身要有健全完备的党内法规制度体系，这也是建党百年来中国共产党党内法规制度建设的理论与实践探索中所总结出的一条重要经验。党的十八大以来，以习近平同志为核心的党中央从推动全面从严治党向纵深发展的角度重视党内法规制度体系的健全与完善。在新时代背景下，如何加快形成覆盖党的领导和党的建设各方面的党内法规制度体系是摆在我们面前的一项新的重要研究课题。

（四）合理的党内法规制度运行机制是根本

党内法规制度运行机制是一项统筹党内法规的立、改、废、释、备案、清理、评估等工作的系统性工程，每一个环节的缺位和弱化都将影响党内法规制度体系的科学性与完备性，不利于依规治党的成效以及全面依法治国进程的推进。不断完善包括党内法规制度的制定、清理、执行等运行机制建设，是党内法规制度建设科学化、规范化水平不断提升的重要保障，也是建党百年来党内法规制度建设中的重要经验之一。中国共产党党内法规制度建设的百年探索，经历了建党及新中国成立后的积极探索，在制度制定与执行等方面也进行了一些值得肯定的探索。随着改革开放的开启和深化、社会主义市场经济体制在20世纪90年代的确立和发展，面对新的党情、国情、世情带来的新问题、新情况，党内法规制度建设的重要意义和作用得到了更加深刻的认识，并对党内法规制度的运行机制进行了深入的探索。尤其自2012年以来，中央分阶段对1978～2012年制定的党内法规和规范性文件以及新中国成立至1978年前制定的党内法规和规范性文件进行了集中清理。在逐步完善党内法规清理机制的基础上，党内法规制度执行机制建设也达到新高度，由此推动党内法规制度建设取得一系列新成效。

百年来中国共产党应对风险与挑战的历史经验与启示

刘秀燕*

【摘要】党的百年历史，是创造奇迹、铸就辉煌的历史，也是涉过一个个险滩，不断从胜利走向新的胜利的历史。我们党一步步走过来，很重要的一条就是不断总结经验、提高本领，不断提高应对风险、迎接挑战、化险为夷的能力水平。面对百年未有之大变局加速演进，总结一百年来中国共产党化解风险挑战的经验，对于更好地应对前进道路上各种可以预见和难以预见的风险与挑战具有重要意义。

【关键词】党的领导；风险与挑战；历史经验

党的百年历史，是创造奇迹、铸就辉煌的历史，也是涉过一个个险滩、化解一次次风险挑战的历史。面对百年未有之大变局加速演进，面对中华民族伟大复兴新征程，习近平总书记强调：我们党一步步走过来，很重要的一条就是不断总结经验、提高本领，不断提高应对风险、迎接挑战、化险为夷的能力水平。要抓住建党一百年这个重要节点，总结运用党在不同历史时期成功应对风险挑战的丰富经验，从历史中获得启迪，提炼出克敌制胜的法宝，不断提高应对风险、迎接挑战、化险为夷的本领，不断提高党治国理政能力和水平。

一、中国共产党在应对风险与挑战中不断发展壮大

中国共产党生于忧患，成长壮大于忧患。中国共产党的百年历史，是一部

* 刘秀燕，中共平度市委党校高级讲师。

应对各种风险与挑战的历史。

（一）新民主主义革命时期，在推翻“三座大山”的革命斗争中应对磨难与挑战

大革命失败，中国共产党党员从近6万名锐减到1万多名。我们党认识到右倾机会主义错误，开辟了农村包围城市，武装夺取政权的革命道路。1934年，红军主力被迫长征，面对国民党反动派疯狂的围追堵截以及党内重大突发危机，中国共产党人纠正“左”倾教条主义错误，取得长征史诗般的胜利。抗日战争胜利后，在极其复杂的斗争中，我们党始终保持清醒的头脑，坚持底线思维，经受了重庆谈判的风险考验，在国民党突然撕毁《双十协定》，悍然挑起内战之际，党沉着应对，揭穿国民党假和平、真内战的反动立场，团结带领中国人民取得解放战争的胜利。这一时期中共领导人已经在思考如何在领导革命的实践中逐步加强应对突发事件的能力，积累了防范化解风险的宝贵经验。

（二）社会主义革命和建设时期，在艰辛探索中应对新的风险与挑战

中华人民共和国成立刚半个月，一场风暴袭击全国：华北以粮食带头，上海以纱布带头，物价像脱缰的野马飞涨，在50天内上涨约3.3倍。在严峻挑战面前，党领导新生的人民政府组织开展了“米棉之战”和“银元之战”，给投机商以沉重打击，结束了自抗战以来多年的恶性通货膨胀。朝鲜战争爆发后，美国打着联合国旗号武装干涉，越过“三八线”。危急关头，中共中央作出“抗美援朝、保家卫国”的决定和“边打边稳边建”部署，抗美援朝、土地改革、镇压反革命“三套锣鼓一起敲”，并最终取得胜利。在社会主义建设艰辛探索中，发生了“大跃进”、人民公社化运动、“文化大革命”等脱离中国国情的严重错误，使国家和人民遭到重大损失。面对问题，党中央进行全面调整，国民经济在1966年得到恢复和发展。面对延续十年之久的“文化大革命”，党内健康力量和广大人民群众对“左”倾错误进行了艰难的抗争，最终党中央毅然粉碎了林彪、江青反革命集团，结束了十年内乱，从危难中挽救了党，挽救了国家，挽救了中国的社会主义事业。

（三）改革开放和社会主义建设新时期，在改革开放和发展社会主义市场经济的考验中应对风险和挑战

针对“两个凡是”，邓小平从端正思想路线入手，为打开改革开放新局面吹响了号角。党的十一届三中全会，冲破了长期“左”的指导思想的束缚，抛弃了“以阶级斗争为纲”的错误观点，把党的工作重心转移到经济建设上来，实行改革开放重大决策，成功开辟了一条中国特色社会主义道路。

改革进程中，党和人民历经前所未有的严峻考验和挑战。面对历史罕见的1991年华东洪水、1998年特大洪水、2008年汶川大地震等重大自然灾害和

2003 年爆发的"非典"肺炎等重大疫病，党和人民始终同心同德，顽强拼搏，战胜了接踵而至的困难和风险。面对东欧剧变、苏联解体和国内严重政治风波，面对西化、分化图谋和所谓的"制裁"，面对形形色色的"中国崩溃论"，中国共产党坚持党的基本路线不动摇，成功地稳住了改革开放大局，捍卫了中国特色社会主义伟大事业。面对旧体制机制的束缚、利益固化的藩篱以及国际经济危机的冲击，中国共产党人大胆闯，勇敢试，蹚过了不少急流险滩。

（四）中国特色社会主义新时代，在世界百年未有之大变局中全面应对各种风险和挑战

党的十八大以来，党中央高度重视应对各种磨难挑战和风险考验，要求各级领导干部增强战略思维、历史思维、底线思维等能力，积极防范化解重大风险。面对西方敌对势力的全面打压，面对贸易保护主义、单边主义和逆全球化思潮，我国坚定维护多边贸易体制，倡导人类命运共同体理念。新冠肺炎疫情暴发以来，党团结带领人民攻坚克难，统筹疫情防控和经济社会发展，国内生产总值迈上 100 万亿元新台阶，脱贫攻坚战取得全面胜利。无论是面对自然灾害、发展难题，还是面对来自外部的挑战和威胁，党的执政能力和智慧都经受住了巨大考验。

二、中国共产党成功应对风险与挑战的经验总结

中国共产党之所以能够在不同历史时期成功应对挑战与风险，始终成为引领社会发展进步的领导核心力量和中国人民的主心骨，其背后存在四大基因密码：

（一）坚持党的集中统一领导，是应对一切磨难和挑战的最大政治优势

党的集中统一领导是成功应对重大突发事件的关键所在。党的集中统一领导保证了国家的政令统一、步调一致，能够迅速建立统一调动、上下协同、运行高效的应急指挥体系，整合各方力量资源，把党的领导落实到应对重大突发事件的各领域、各方面、各环节，形成应对重大突发事件的强有力"拳头"，使重大突发事件在较短时间内得到有效遏制，保持了社会稳定、人心安定，迅速汇聚起应对重大突发事件的强大力量。

（二）不断推进马克思主义中国化，是应对一切磨难和挑战的强大思想武器

坚持马克思主义同中国实际相结合，大力推进理论创新，用党的创新理论最新成果武装头脑、指导实践、推动工作。由于没有将马克思主义与中国实际相结合，党犯下过多次"左"倾、右倾错误，有的几乎断送中国革命。惨痛的教训

使党认识到必须把马克思主义基本原理与中国实际相结合，推进马克思主义中国化，用发展着的马克思主义解决中国的实际问题。毛泽东思想、邓小平理论、“三个代表”重要思想、科学发展观和习近平新时代中国特色社会主义思想都是党在实践基础上不断推进马克思主义中国化的创新成果。

（三）发挥中国特色社会主义制度的优越性，是应对一切风险和挑战的最大底气

在应对风险与挑战的过程中，中国特色社会主义制度所具有的生命力和显著优越性得到充分展现。“全国一盘棋，集中力量办大事。”重大突发事件具有急难险重、任务量大、点多面广的特点，往往需要进行跨部门、跨层级、跨地域协调。中国特色举国体制做到了“一方有难，八方支援”。汶川地震发生后，全党动员、全军集结、全民行动，组织开展了中国历史上救援速度最快、动员范围最广、投入力量最大的抗震救灾斗争，最大限度地挽救了受灾群众生命，降低了灾害造成的损失；新冠肺炎疫情暴发后，党中央动员全社会力量，调动各方面资源，开展了全方位的人力组织战、物资保障战、科技突击战、资源运动战，在全球第一个控制住疫情。

（四）紧紧依靠人民群众，是应对一切磨难和挑战的力量源泉

习近平总书记一再强调：“只要我们紧紧依靠人民，就没有战胜不了的艰难险阻。”[①]革命战争时期，党动员了全国老百姓，创造了陷敌于灭顶之灾的汪洋大海。中华人民共和国成立后，党领导开展了全国范围的消灭血吸虫病、麻风病、疟疾等传染性疾病的人民战争，取得疫病防治的历史性成就。面对突如其来的新冠肺炎疫情，党中央一声号令，4.26 万医护人员驰援武汉，460 多万个基层组织、3900 多万名党员和干部战斗在抗疫一线，14 亿中国人或居家或坚守岗位，构筑起一座座坚强堡垒、一道道严密防线。

三、对新发展阶段中应对风险与挑战的深刻启示

总结党应对风险与挑战的经验，是为了启迪智慧、增强本领，做到在复杂形势面前不迷航、在艰巨斗争面前不退缩。

（一）增强“四个意识”，做到“两个维护”

增强“四个意识”，做到“两个维护”，这是我们党在不同历史时期与党内存在的个人主义、宗派主义、山头主义等斗争中，找到的确保党巩固发展和团结统

① 《习近平在二〇一九年春节团拜会上的讲话》，《人民日报》2019 年 2 月 4 日。

一的正确道路。在中国的治理体系中，党中央是坐镇中军帐的“帅”，车马炮各展其长，一盘棋大局分明，各级党组织、广大党员干部只有紧紧凝聚在党中央周围，凝聚在党的核心周围，才能形成无坚不摧的磅礴力量。作为党员干部，要自觉坚持党的领导，增强政治意识、大局意识、核心意识、看齐意识，坚决维护党中央权威和集中统一领导，坚持从大局出发看问题、做事情。

（二）掌握科学理论，坚定信仰信念

每遇困难和风险，中国共产党都能够做到头脑清醒、处变不惊、迎难而上，根本原因在于具有坚定的马克思主义信仰和中国特色社会主义信念，并能够运用科学理论分析问题、判断形势。习近平总书记指出：“要学懂弄通做实党的创新理论，掌握马克思主义立场观点方法，夯实敢于斗争、善于斗争的思想根基，理论上清醒，政治上才能坚定，斗争起来才有底气、才有力量。”①唯有如此，新时代中国共产党人才能有效应对“四大考验”和“四种危险”，永葆党的先进性和纯洁性，将具有许多新的历史特点的伟大斗争进行到底。

（三）发扬斗争精神，增强斗争本领

面对风险挑战，党员干部要敢于担当，做敢于斗争、善于斗争的战士。敢于斗争，首先要敢于面对自己的错误。八七会议、遵义会议、十一届三中全会等都是在关系党和革命事业前途和命运的关键时刻，对党内存在的错误进行批判与纠正。同时，还要在原则问题上敢于“亮剑”。在事关中国特色社会主义前途命运的大是大非问题上坚定不移、敢于碰硬，在维护国家核心利益上针锋相对，不在困难面前低头，不在挑战面前退缩。未来征途上，还会遇到难以想象的种种磨难，我们必须积极主动、防微杜渐，下好先手棋，打好主动仗，做好应对任何形式的矛盾风险的准备。

（四）重视学习，善于学习

“中国共产党人依靠学习走到今天，也必然要依靠学习走向未来。”②重视并善于学习，是党的优良传统。1939 年 5 月，毛泽东在延安在职干部教育动员大会上提出：“要把全党变成一个大学校”，“全党的同志，研究学问，大家都要学到底，都要进这个无期大学”。③ 1949 年初，中华人民共和国即将诞生的时刻，毛

① 《习近平在中央党校（国家行政学院）中青年干部培训班开班式上发表重要讲话强调：发扬斗争精神增强斗争本领　为实现“两个一百年”奋斗目标而顽强奋斗》，《人民日报》2019 年 9 月 4 日。

② 《习近平谈治国理政》第 1 卷，外文出版社 2014 年版，第 401 页。

③ 转引自杜飞进、盛若蔚、李章军：《把全党变成一个大学校——建设学习型党组织的实践与思考》，《人民日报》2011 年 6 月 9 日。

泽东向全党发出“全党重新学习”的号召，加紧学习厂矿生产经营管理，学习经济，增强执政本领，为全国执政做准备。1978 年，在中央工作会议闭幕式上，邓小平讲：实现四个现代化是一场深刻的伟大的革命。全党同志一定要善于学习，善于重新学习。党的十八大提出了建设学习型、服务型、创新型马克思主义执政党的重大任务，学习型被放在第一位，在全党大兴学习之风，克服本领恐慌。每当重大历史关头，在面临重大转折的关键时期，党中央都会发出号召，要求党员干部学习新本领，掌握新方法，以完成党的战略转变和重大历史任务，这是我们党十分宝贵的政治品格。

（五）牢记初心使命，站稳人民立场

回顾百年历程，我们党之所以能力挽狂澜，不断克服艰难险阻，一个重要原因在于人民群众的大力支持，这是中国共产党的一个显著特点和独特优势。群众路线是党的生命线和根本工作路线，是我们党永葆青春活力和战斗力的重要传家宝。在革命战争年代，中国共产党之所以能够从小到大、由弱变强，在挫折中奋起、于苦难中成熟，最终夺取新民主主义革命的胜利，实现民族独立和人民解放，其根本原因就在于中国共产党始终代表最广大人民的根本利益，与人民同呼吸、共命运、心连心。社会主义建设和改革时期，中国共产党全心全意为人民服务的宗旨始终没有变，与人民群众的血肉联系始终没有断，党赢得了人民群众的衷心拥护，并从人民群众中不断获得前进的智慧和力量。党的根基在人民，血脉在人民，力量也在人民。在前进道路上，只要紧紧依靠人民的力量，与人民风雨同舟，生死与共，就能凝聚起实现中华民族伟大复兴的磅礴力量，在全面建设社会主义现代化国家的新征程上成功应对更加复杂的风险与挑战，甚至狂风暴雨、惊涛骇浪。

参考文献

1.张小明：《党成功应对重大突发事件的四大基因》，人民论坛网，2020-07-21。

2.中央党史研究室：《中国共产党历史》第 1 卷（上），中共党史出版社 2011 年版。

3.柳建辉：《新中国 70 年中国共产党应对风险挑战的经验启示》，《中国青年报》2019 年 9 月 20 日。

党内法规执行效能问题研究

李新刚*

【摘要】党内法规执行效能是指党内法规在运行过程中发挥实际效力的程度、效率以及实施后产生的整体效果。党内法规执行效能如何，直接影响党内法规的权威、价值和生命力，影响着全面从严治党的实际效果。针对目前党内法规执行中存在着制度虚置、象征性执行、选择性执行、机械执行的突出问题，需要科学界定党内法规执行效能的评价标准，通过增强执行法规的思想自觉、增强党内法规制定的科学性、增强刚性约束和加强对党内法规执行的监督，不断提升党内法规执行效能，以党内法规的有效执行推进国家治理体系和治理能力现代化。

【关键词】依规治党；党内法规；效能

党的十八大以来，党中央坚持依法治国与依规治党有机统一，思想建党和制度治党同向发力，不断完善以党章为根本、以若干党内法规为支撑的党内法规制度体系，夯实了党要管党、依规治党的制度基础。党内法规执行效能如何，直接影响着党内法规的权威、价值和生命力，影响全面从严治党的实际成效。受党员干部思想认识、制度建设水平、法规执行和监督机制等因素的制约，党内法规的执行效能与全面从严治党要求还有一定差距。因此，必须增强党内法规执行的刚性约束，用法规制度严格规范党员干部言行，对违法乱纪行为加大惩处力度，大力提高党内法规的执行效能，以党内法规的有效执行推进国家治理体系和治理能力现代化。

---

* 李新刚，中共淄博市委党校政法教研部副教授。

一、党内法规执行效能的评价标准

执行效能是政策或制度在执行过程中的效率、效果和产生的能量和功能，是对政策制度运转状态、执行程度、作用效果和社会效益的综合反映。执行效能的高低，体现出一个组织的成熟程度、整体力量、工作作风和现代化水平。党内法规执行效能是党内法规在运行过程中发挥实际效力的程度、效率以及实施后产生的整体效果，是党内法规效力实现的最佳态势。

党内法规执行效能是党内法规执行的各种影响因素，包括执行主体、执行客体、时间、效力、效果、社会影响等共同作用的结果。评价党内法规执行效能，应当以执行过程为逻辑主线，综合各方面因素进行分析，主要包括以下四个指标：一是认同性。它是指党组织和党员对党内法规的心理认同程度，包括是否全面清楚地知晓党内法规及其主要内容，是否认可党内法规的权威和效力，是否自觉接受党内法规的约束等。二是时效性。它是指党内法规从正式颁布到执行落实之间的时间差，包括党内法规颁布之后是否第一时间组织学习传达，是否及时制定措施或调整有关制度行为以适应新法规的要求等。三是准确性。它是指党内法规执行及其结果对法规原旨和立规目的的实现程度，包括是否准确理解和掌握党内法规的目标和要求，是否严格按党内法规履行职责，是否结合实际有针对性地制定措施办法等情况。四是有效性。它是指党内法规执行的效果和功用，包括执行效果是否符合预期，能否发挥综合效应，产生良好的社会效益或其他制度"红利"等。根据以上四个标准，可以对党内法规执行效能进行综合评价，比较精准地找出法规执行中存在的问题和短板，有针对性地制定措施加以改进提升。

二、党内法规执行效能不高的突出表现

(一)制度虚置导致部分党内法规完全无效

虚置是一种较为常见的制度失灵或失效现象，说到底就是制度没有发挥作用。党内法规制度虚置有以下几种情况：一是党内法规曾经有效，但随着形势任务发展已经不能再发挥作用。二是党内法规执行了一段时间之后就没有下文。造成这种现象的原因有多种，其中一个重要的原因就是运动式管理模式大行其道，开始部署时"轰轰烈烈"，到了执行落实环节就没了后劲，最后不了了之。三是党内法规出台后根本没有得到执行和落实。党内法规得不到落实，与党内法规制定不够科学、执行条件不够成熟、可操作性不强等有关，

也与党内法规学习宣传不到位、执行主体不够主动积极、执行过程缺乏督促检查等有关。

（二）象征性执行导致党内法规表面有效

象征性执行，是指在政策法规执行过程中，执行主体采取做表面文章、走过场、制作文本材料等形式化的办法，不务实际、不采取操作性的执行措施。象征性执行有以下几种表现：一是表态多、调门高，行动少、落实差。二是用"制度上墙"代替"制度落实"，把法规摆在桌上，挂在墙上，就是没有进到心里；或者用发通知、制定落实意见、开会等形式化的措施来执行党内法规。三是重部署、轻执行，以号召代替检查，以信任代替监督，发现问题不去抓、不去处理，实际工作中并没有真正落实党内法规。象征性执行只是披上了执行的"外衣"，打上了执行的"旗号"，其本质是不执行。①

（三）选择性执行导致党内法规部分有效

选择性执行，是指部分党组织或党员干部在执行党内法规时，不是原原本本从法规原义出发，而是片面理解、断章取义，对是否执行党内法规、执行的宽严程度和执行效率的高低等问题进行选择。选择性执行主要有以下几种具体表现：一是以有无好处为选择标准。对自身有利的部分就积极落实，对自身没有好处或有损害的部分就不执行或缓执行。② 二是以难易为选择标准。在执行中求稳怕乱、畏难怕烦，对容易执行的部分就执行，对工作难度大、有一定压力或问责风险的就不执行。三是以上级态度为选择标准。对领导重视、抓得紧、要求严的就执行，对领导重视程度不高或一般性、常规性的就不执行或缓执行。

（四）机械执行导致党内法规执行效果不佳

机械执行，是指不能准确把握党内法规的原义和初衷，不结合自身实际和当下情况，生搬硬套，照抄照搬。机械执行有以下几种具体表现：一是缺乏灵活性。比如根据中央纪委的通报，中央八项规定出台之后，明面上的违规问题少了，但"化整为零"操办酒席、"隔空操作"快递送礼等新形态层出不穷。二是缺乏创新性。执行者在执行法规过程中思想保守、方法单一，不重视客观环境或条件的变化，不结合实际具体问题具体分析，导致制度目标无法实现。三是缺乏准确性。对党内法规的目标、内涵等理解有偏差，貌似严格按制度执行，实际执行结果与要求"南辕北辙"。

---

① 参见庞鹏：《以法治思维推进党内法规执行》，《延边党校学报》2018 年第 2 期。

② 参见袁海晗：《高党内法规制度的执行力》，《红旗文稿》2017 年第 9 期。

三、影响党内法规执行效能的主要因素

(一)执行主体的法治素养是影响党内法规执行效能的首要因素

部分党员对党内法规"法"的属性、地位、效力等认识不明确,缺乏对党内法规的理论认同。有的党员认为违反党内法规不算违法,把党内法规的硬约束当成"弹力绳";有的对党内法规重要地位的认识不深刻,对党内法规和国家法律的关系认识不明确,没有把依规治党提高到与依法治国同等重要的位置上来。特别是部分党员干部人治思想浓厚,法治观念薄弱,不愿受党规党纪的约束,有的遇事习惯于循惯例、凭经验,喜欢用政策手段、行政手段而不是法治方式处理问题,有的只重结果不讲程序,喜欢"找关系、走门子""特事特办",导致在执行党内法规过程中打折扣、搞变通,影响了党内法规的执行效果。

(二)部分法规的科学化、规范化水平不高是影响党内法规执行效能的核心因素

首先,部分党内法规重原则、轻规范,内容比较空洞和抽象,与基层实际结合不够紧密,只有定性规定,没有定量的指标要求,可操作性不强。在语言表达上,政治性的概括要求较多,相比法律条文规范、简洁、精准的表述要求还有差距。其次,存在重实体、轻程序问题。党内程序性法规数量较少,体系散乱,不够全面细致。在党内法规制定程序上,发扬民主的途径和形式不够多样,实施后的评估不到位,许多法规没有随着形势变化和时代进步及时清理和修订。

(三)执行因素是影响党内法规执行效能的关键因素

部分党组织和党员干部执行党内法规和有关制度不认真、不严格,存在表面执行、敷衍执行的情况,觉得只要完成了上级规定的任务就万事大吉,只求过得去、不求过得硬,导致党内规范执行缺乏应有的力度。党内法规的原则性、道德性、抽象性规定较多,有些标准要求不够明确,面对一些复杂情况,执行主体不明确执行的程度,导致党内法规的要求无法全部落实到位。有些党组织执行党内法规简单化、粗暴化,只注重最终效果或者效率,不严格依照程序办事,导致部分执行偏差和错误处分。

(四)监督因素是影响党内法规执行效能的重要因素

首先是监督作用发挥不充分、不到位。有些地方和党组织重任用、轻监管,监督不全面、不到位,同级监督有顾虑,不愿监督、不敢监督,群众监督信息不对称,难以监督,审计监督作用发挥不足等问题不同程度存在。其次是监督手段运用不够均衡。党内监督方面,巡视巡查监督手段运用多,但同级监督、单位自

主监督力度较弱;监督执纪的“四种形态”中,约谈、函询的力度还不够大。外部监督方面,缺乏有效的制度保障和手段,在利用网络社交媒体、手机 App、大数据监督等方面的探索不够。

四、提高党内法规执行效能的对策

(一)增强党内法规执行的思想自觉

一是要从理论视角明晰党内法规“法”的定位。现代法的范畴,既包括以国家强制力为保障的“硬法”,也包括不依赖国家强制力的“软法”。党内法规体现的是党内的一种规范化、有序化、明确化和可预测性的联系,是作为国家法重要补充的“软法”。中国共产党作为执政党,规范党内事务往往涉及国家政务,党内法规的发布也多采取党、政联合发文的形式,对相关社会事务的管理也有“溢出效应”。[①] 二是要从实践角度提升党员干部法治素养。党员干部建立法治思维,是实现依法执政、依规治党的前提和基础。要摒弃人治观念和官本位思想,破除特权思想和“例外”心理,牢固树立党章至上、党纪国法至上的理念;切实增强规则意识,加强党规国法教育和警示教育,自觉按照党章党规要求管权管人管事,切实做到有规必依、执规必严、违规必究。

(二)增强党内法规制定的科学性

一是着眼“法治化”,完善党内法规制定程序。明确党的中央组织、中央各部门和省、自治区、直辖市党委的立规权限,减少和避免无权立规、越权立规、重复立规等现象。坚持“开门立法”理念,起草党内法规要深入开展调查研究,全面掌握实际情况,认真总结历史和实践经验,充分听取各级党组织和广大党员的意见建议;法规草案形成后要广泛征求意见,特别是注重听取党代会代表和有关专家的意见。二是着眼“规范化”,提高党内法规立法质量。加强党内法规的顶层设计,科学构建党内法规制度体系。党内法规要借鉴国家法律文本行文表达等方面的经验,力求党内法规制定表达规范、措施具体、指向明确,增强针对性和可操作性。

(三)增强党内法规执行的刚性约束

一是要落实好主体责任。强化管党治党主体责任意识,在党组织内常态化开展党内法规学习教育活动,结合实际制定落实党内法规的各项制度、规范,引导党员干部自觉按照党内法规要求用权办事。二是严格标准程序。既要确保

---

① 参见付子堂:《法治体系内的党内法规探析》,《中共中央党校学报》2015 年第 3 期。

执行结果正确，也要坚持程序严谨，保证党内法规执行标准不走样；党内法规有定量要求的要确保达标，只有定性要求的，应当结合实际具体化，形成党员可对照、可操作、可检查、可落实的行为规范。三是提高执行能力和水平。要把党内法规的执行与党组织生活、党员教育管理等具体工作相结合，让党员和党组织明白“要干什么”和“该怎么干”，并通过专项检查、观摩竞赛、经验交流等形式进行检验，以提升党组织和党员执行党内法规的能力和水平。

（四）加强对党内法规执行的监督

一是坚持内外结合，完善监督体系。一方面，要发挥纪委作为党内监督专责机关的作用，抓好纪委和监委合署办公后的人员融合和工作协调，推动对执行党内法规的监督全覆盖。用好监督执纪的“四种形态”，针对违反党内法规的性质、层次，采取不同的处置方法与手段。对轻微违规行为早提醒、早纠正、早处理。另一方面，大力加强外部监督，加强党务政务公开，创新外部监督的渠道和方式，切实发挥人大、政协、司法、审计等监督机关的作用，构建立体化的党内法规监督体系。二是要坚持上下结合，畅通监督渠道。一方面，要完善上下联动机制，深化成果运用，提升巡视巡查的针对性、实效性；发挥好派驻“探头”作用，加强派驻干部的培训和管理，切实发挥“派”的权威和“驻”的优势，用好巡视检查和派驻监督等方法，增强执行党内法规的自觉性和主动性。另一方面，也要发挥好下级对上级的监督作用，保障广大党员对党内法规的知情权和执行监督权，定期组织下级单位对上级制定和执行党内法规等情况进行民主评议。

党的纪律建设百年历程及启示

杨俊英*

【摘要】党的纪律是党的各级组织和全体党员必须遵守的行为规则，是维护党的团结统一、完成党的任务的保证。党的纪律的建设历程经历了四个阶段：新民主主义革命时期，是党的纪律建设初步形成阶段；社会主义革命及建设时期，是党的纪律建设历经曲折探索阶段；改革开放和社会主义建设新时期，是党的纪律建设全面恢复并发展阶段；进入中国特色社会主义新时代，是党的纪律建设走向成熟完善阶段。回顾党的纪律建设百年历程，我们可以得到以下启示：加强党的纪律建设是我党的重要经验；刚柔并济，树牢纪律意识；健全完善监督执纪体制机制；发挥领导干部“关键少数”作用；完善党内法规制度，扎牢制度的笼子；营造良好政治生态。

【关键词】党的纪律建设；百年历程；启示

纵观党的百年奋斗史，我们党之所以能够不断发展壮大，并且能够取得革命、建设、改革的伟大胜利，其中一个重要因素，就是善于抓党的建设，以严明党的纪律，维护党的团结统一，保持党的优良作风，获得人民群众的拥护支持。

一、党的纪律建设的百年历程

（一）新民主主义革命时期，党的纪律建设的初步形成

在某种意义上，党的纪律建设史甚至比党史更久远。早在建党前一年的

* 杨俊英，中共临沂市委党校科研处讲师。

1920 年，蔡和森在寄给毛泽东的信中就曾指出“党的纪律为铁的纪律”[①]。

党的重要会议基本上都会对党的纪律问题有所涉及。党的一大就规定了党的组织纪律和保密纪律。党的二大制定的党章，将党的“纪律”单独成章，对党的组织纪律、宣传纪律、党员就业纪律、财经纪律等方面作了明确规定。[②] 党的六届六中全会重申了“四个服从”为党的纪律。延安整风探索出“惩前毖后，治病救人”的原则。党的七大总结了党的三大优良传统作风，对党组织、党员处分的类型、程序进行了更加具体的规定：“对于党员个人的处分是：当面的劝告或警告；撤销工作；留党察看；开除党籍。”[③]七届二中全会又提出了“两个务必”和“六曰”规矩。

党内法规制度对纪律有所规定。1926 年 8 月，党中央首次颁发专门针对腐败问题的规范性文件《关于坚决清洗贪污腐化分子的通告》[④]；以此为蓝本，1933 年 12 月，党中央发布首个专门整治贪污浪费的法律性文件——《关于惩治贪污浪费行为的训令》；1938 年，陕甘宁边区政府又颁布了《惩治贪污暂行条例》，并制定了三部关涉纪律的党内法规。到中华人民共和国成立前，党内法规建设已经初具轮廓。

中国共产党重视纪律意识的培育，“三大纪律、八项注意”最具代表性。1927 年秋，毛泽东率领的秋收起义队伍来到井冈山，恰逢秋收时节，毛泽东提出“不拿群众一个红薯”，随后又提出“打土豪要归公”“行动听指挥”。1928 年 1 月，毛泽东率兵进驻遂川县城，他依据现实需要拟定了六项纪律：上门板，捆铺草，说话和气，买卖公平，借东西要还，损坏东西要赔。[⑤] 后来在六项注意中又增加了“不调戏妇女”和“不虐待俘虏”。“三大纪律、八项注意”的内容和提法基本形成。1947 年 10 月 10 日，毛泽东草拟了《中国人民解放军总部关于重新颁布三大纪律八项注意的训令》，内容统一的“三大纪律、八项注意”成为党领导下军队的牢固的号令和统一的纪律。

党对建立党的纪检机构进行了初步探索。1927 年，面对白色恐怖，为更好保证党的团结统一，中共五大设立中央监察委员会，这是党最早的纪律检查机

---

① 雁柏：《蔡和森：党的纪律为铁的纪律》，人民网，2015-11-26。

② 参见中共中央党史研究室：《中国共产党历史》第 1 卷，中共党史出版社 2010 年版，第 81 页。

③ 晋乾泰：《中国共产党纪律学》，红旗出版社 1993 年版，第 99 页。

④ 参见高阳：《从党的历史文献看党的建设——〈中央扩大会议通告——坚决清洗贪污腐化分子〉中国共产党第一份反腐文件》，《瞭望》2016 年第 26 期。

⑤ 参见陈志杰：《新民主主义革命时期党的纪律建设的历史实践与经验启示》，中共广东省委党校硕士学位论文，2017 年。

关。中共六大重新设立了党的纪律检查机关，将“监察委员会”改为“审查委员会”，扩大了审查范围，包含了监督、财会等工作。党的七大确立了监察委员会在同级党委指导下进行工作的模式。纪检机构惩处了一批贪污腐化分子，彰显了党惩腐肃贪的决心，展示了党的纪律的严肃性。

（二）社会主义革命及建设时期，党的纪律建设的曲折探索

中华人民共和国成立后，党中央清醒认识到执政条件下党风党纪的重要性。1949 年 11 月，成立中央纪律检查委员会，并首次提出了纪检工作的指导方针，即“党内的教育工作必须同执行纪律相结合，但又必须以党内教育为主，以执行纪律为辅”①。到 1955 年，全国大部分地委和县委建立了党的纪律检查委员会，专职纪检干部 7200 余人，基本形成了机构健全、人员稳定、初具规模的纪律检查工作系统。② 1955 年 3 月，选举产生了中央监察委员会，代替了原中央和地方检察委员会的职责，担负维护和执行党的纪律的任务。这一时期，在全党范围内开展“三反”运动，严肃查处违纪违法案件，端正党的作风。党的八大对给予党员纪律处分的执行程序做出了更加明确具体的规定，并形成了党纪处分的五种类型。

从 1957 年整风反右开始，党的指导思想出现了一定的“左”的偏差，党的纪律建设也随之出现了不同程度的问题。在“文化大革命”十年动乱期间，删除了党章中许多关于纪律处分的程序性规定，并罢黜了此前已赋予党员的相应权利，甚至还取消了监察委员会。

（三）改革开放和社会主义建设新时期，党的纪律建设的恢复发展

从 1978 年党的十一届三中全会开始，党的纪律建设得到全面恢复并走向正轨。十一届三中全会强调：“全体党员和党的干部，人人遵守党的纪律，是恢复党和国家正常政治生活的起码要求。”③之后，做出重建党的纪律检查机关的重大决定。党的十二大又恢复了党的七大、八大关于党的纪律及其建设的相关规定，并确立了纪委系统的双重领导制度。

党的十三大以来，中纪委开始着手制定一系列关于党的纪律的规范性文件。1988 年 5 月印发的《党员领导干部犯严重官僚主义失职错误党纪处分的暂行规定》，是党首次针对特定违纪行为专门制定的规范性文件，标志着党的纪律

---

① 中共中央文献研究室编辑委员会编：《朱德选集》，人民出版社 1983 年版，第 289 页。

② 参见晋乾泰：《中国共产党纪律学》，红旗出版社 1993 年版，第 100～101 页。

③ 《中国共产党第十一届中央委员会第三次全体会议公报》，人民网，2013 年 11 月 5 日，http://www.people.com.cn/item/20years/newfiles/b1070.html。

建设从长期以来奉行的“原则调整”向具体的“规范调整”的实质性转变。1989年中纪委又下发了一系列单行纪律文件，进一步推进了党的纪律建设制度化、规范化水平。到了20世纪90年代，“党内法规”正式写入《党章》，并首次印发《中国共产党纪律处分条例（试行）》。

进入20世纪90年代后，党开始重视纪律监督的体制机制建设，反腐倡廉。党的十四大强调，要建立健全“两结合”的纪律监督制度和约束机制。十七大《党章》进一步提出了“党的中央和省、自治区、直辖市委员会实行巡视制度”的明确要求。

（四）中国特色社会主义新时代，党的纪律建设的成熟完善

党的十八大以后，党中央加快推进党的纪律建设的进程。2015年修订的《中国共产党纪律处分条例》将党的纪律明确细化为政治纪律、组织纪律、廉洁纪律、群众纪律、工作纪律、生活纪律。在十九大《党章》中，再次明确了党的纪律的六种类型，强调运用监督执纪“四种形态”；首次将“全面从严治党”写进《党章》，并将纪律建设纳入新时代党的建设总体布局。

立改废并举，推动党内纪律法规提质增效。2012年6月至2014年11月，对新中国成立以来党内法规和规范性文件进行了首次集中清理，并在2019年顺利完成了第二次集中清理。同时，连续制定实施了《中央党内法规制定工作五年规划纲要（2013～2017年）》和《中央党内法规制定工作第二个五年规划（2018～2022年）》两个党内法规制定工作五年规划，它们是推进新时代党内法规制度建设的重要指导性文件。[①] 党的十八大以来，先后制定出台了一批标志性、关键性、基础性法规制度，有规可依的问题基本得到解决。

注重刚柔并济，在党性教育和反腐败斗争中严明党的纪律。一方面，集中开展党性教育，包括群众路线教育实践活动、“三严三实”专题教育、“两学一做”学习教育、“不忘初心、牢记使命”主题教育、党史学习教育。另一方面，深入持久地开展反腐败斗争，有纪必依、执纪必严、违纪必究，“打虎”“拍蝇”“猎狐”，明确党纪红线，树立党纪威严，全面从严治党取得战略性成果，反腐败斗争取得压倒性胜利。

实行监察体制改革。2016年11月，公布监察体制改革试点方案在3个省市率先试点，一年后，出台《关于在全国各地推开国家监察体制改革试点方案》。这一时期，实现派驻监督全覆盖，派驻机构统一管理；改进巡视制度，建立巡察

① 参见贝坦：《十八大以来中国共产党的纪律建设研究》，聊城大学硕士学位论文，2019年。

制度。在一届任期内，保证巡视全覆盖，做到巡视覆盖常态化。除了专门的机关之外，中央部委以及各级党委组织等部门都有展开巡查的义务，党的监督制度、约束机制建立健全，党的纪律建设走向系统化和科学化。

二、党的纪律建设的启示

（一）加强党的纪律建设是党的重要经验

习近平总书记指出："我们党是靠革命理想和铁的纪律组织起来的马克思主义政党，纪律严明是党的光荣传统和独特优势。"[①]党历来重视党的纪律和纪律建设，党的重要领导人也都多次强调纪律的重要性。毛泽东同志在西柏坡就提出："加强纪律性，革命无不胜。"改革开放之初，邓小平同志又深刻指出："我们这么大一个国家，怎样才能团结起来、组织起来呢？一靠理想，二靠纪律。"[②]习近平总书记强调指出：严明的纪律"是维护党的团结统一的根本保证"[③]。重视党的纪律、加强党的纪律建设是党的优良传统和重要经验。

（二）强化优化教育执纪，用好用活"软硬"两手

一手抓党性教育，一手抓严格执纪，刚柔并济打组合拳是党抓纪律建设的一条重要经验。在延安整风中，毛泽东同志就指出："孙行者头上套的箍是金的，列宁论共产党的纪律说纪律是铁的，比孙行者的金箍还厉害，还硬……"[④]同时，党对党员的纪律约束不仅借助刚性的"箍"，而且更重要的是"惩前毖后，治病救人"，党一直重视开展党性教育，通过教育来挽救同志，增强党员干部纪律规矩意识。

（三）健全完善监督执纪体制机制

加强党的纪律建设，要把健全完善相应的体制机制放在突出位置。党的主要领导人在反思"文化大革命"发生原因过程中纷纷指出，党的民主集中制受到严重破坏、难以发挥应有作用，是其发生的重要原因。邓小平同志在主持制定《关于建国以来党的若干历史问题的决议》期间，曾多次指出："单单讲毛泽东同志本人的错误不能解决问题，最重要的是一个制度问题。"[⑤]以此为鉴，在推进党的纪律建设实践中，应深入分析其背后的体制机制原因，进而有的放矢地健全

---

① 中央文献研究室：《十八大以来重要文献选编》（上），中央文献出版社2014年版，第131页。

② 《邓小平文选》第3卷，人民出版社1993年版，第40页。

③ 中央文献研究室：《十八大以来重要文献选编》（上），中央文献出版社2014年版，第132页。

④ 转引自雷智中：《延安时期的纪律》，《中国纪检监察报》2018年12月4日。

⑤ 转引自毛强：《邓小平论坚持和完善社会主义制度》，《学习时报》2019年12月16日。

完善监督执纪体制机制。

(四)发挥领导干部“关键少数”作用

习近平总书记在“不忘初心,牢记使命”主题教育总结大会上指出:“领导干部是党和国家事业发展的‘关键少数’,对全党全社会都具有风向标作用。”[①]发挥领导干部这个“关键少数”作用,要将自律、监督、他律三者结合。在遵规守纪的基础上,领导干部要发挥表率作用,从而将党员队伍打造成一支纪律严明、无坚不摧的生力军。

(五)完善党内法规制度,扎牢制度的笼子

严明的纪律是党的纪律建设的基础和前提。习近平总书记提出“把权力关进制度的笼子里”。党的纪律规定要根据形势和党的建设需要不断完善,确保系统配套、务实管用。以党章为依据,从程序、主体、层级等各方面,进一步完善配套的党内法规制度,推进党的纪律法规的体系化、规范化,做到纪法衔接。

(六)营造良好政治生态

正常工作关系是良好政治生态得以营造的关键要素。邓小平同志曾敏锐地指出不正常上下级关系对政治生态的破坏性:“上级对下级不能颐指气使,尤其不能让下级办违反党章国法的事情;下级也不应当对上级阿谀奉承,无原则地服从,‘尽忠’。不应当把上下级之间的关系搞成毛泽东同志多次批评过的猫鼠关系,搞成旧社会那种君臣父子关系或帮派关系。”[②]习近平总书记多次强调政治生态的重要性。我们要以正常工作关系构建为重点,严肃党内政治生活,营造风清气正的良好政治生态。

① 习近平:《在“不忘初心、牢记使命”主题教育总结大会上的讲话》,《求是》2020年6月30日。

② 中央文献研究室:《十八大以来重要文献选编》(上),中央文献出版社2014年版,第769~770页。

百年大党的思想建设及其经验启示

张亮*

【摘要】从党的一大到十九大，中国共产党走过了近百年的奋斗历程。历经革命、建设和改革，从领导人民为夺取全国政权而奋斗的革命党成长为领导人民掌握全国政权并长期执政的党，从 50 多人的小党成长为有着 9600 多万党员的世界第一大党，伴随这一进程的是党的百年思想建设史。党的思想建设不仅是我们党作为马克思主义政党进行立党、建党、治党的重要内容，也是我们党得以团结凝聚、发展壮大、永葆生机的重要保证。通过梳理与分析党的思想建设百年历程，厘清党的思想建设的主要经验，进而把握党的思想建设的启示，对于把我们党建设成为世界上最强大的政党具有理论和实践的双重指导意义。

【关键词】党的建设；思想建设；马克思主义

一、党的思想建设的百年历程

（一）党的思想建设之从无到有

众所周知，党成立之初思想理论方面的准备存在严重不足。毛泽东同志就曾指出："中国革命有了许多年，但理论活动仍很落后，这是大缺憾。"①一方面，马克思主义在中国的迅速传播处于新文化运动后期，时间短，缺乏一个让国人特别是知识分子充分了解、学习、研究的过程；另一方面，20 世纪初中国严峻的

---

* 张亮，中共滨州市委党校经济学教研室讲师。

① 张积玉：《张仲实与毛泽东交往若干史实考略》，《宝鸡文理学院学报》（社会科学版）2022 年第 4 期。

革命形势推动党在成立后就立即投入到实际革命斗争中，忙于应付各种方面的复杂工作，无暇长期从事理论研究与斗争经验的总结。

早在井冈山时期，针对边界各县党员成分几乎都是农民的情况，为纠正党内思想不纯，毛泽东提出“无产阶级思想领导的问题是一个非常重要的问题”①。1929 年 12 月，《古田会议决议》中强调，要通过思想教育纠正党内错误思想，提高党内的政治水平。② 中华人民共和国成立以后，以毛泽东同志为核心的党的领导集体认为“一切国家的好经验我们都要学，不管是社会主义国家的，还是资本主义国家的”③。但由于二战后美苏两大阵营尖锐对立，我国基本全盘照搬苏联的社会建设经验和思想主张。1956 年 2 月，苏共二十大的召开以及波兰、匈牙利事件，逐渐暴露了以苏联为首的社会主义国家存在的一些问题与弊端，引起党中央和毛泽东的密切关注。在听取了多方面情况汇报和意见的基础上，出台了《论十大关系》《关于正确处理人民内部矛盾的问题》《中共八大政治报告》等重要文章与文件，中国共产党开始有了自己的关于社会主义建设思想，实现了从无到有的转变。

（二）党的思想建设之由表及里

党的“一大”通过的党纲明确提出：党的性质是无产阶级政党，党的奋斗目标是以无产阶级革命军队推翻资产阶级的政权，消灭资本家私有制。④ 这样的党纲一方面表明了党对于推动社会变革的坚定信念；另一方面也反映出党对当时中国社会的认识不够，思想观念仅仅停留在马克思主义经典论述上。

党的“二大”将党的奋斗目标调整为组织无产阶级，用阶级斗争的手段，建立劳农专政的政治格局，铲除私有财产制度，渐次达到一个共产主义的社会。这是党的最终奋斗目标，是最高纲领。为了实现党的最高纲领，就必须消除内乱，打倒军阀，建设国内和平；就必须推翻帝国主义的压迫，达到中华民族完全独立；最终将中国统一为真正的民主共和国。⑤

在古田会议上，毛泽东同志直接提出了从思想上建党的方针，要求“从党内教育做起”，特别是首次规定了“新分子入党的条件”：“一、政治观念没有错误的（包

---

① 《毛泽东选集》第 1 卷，人民出版社 1991 年版，第 77 页。

② 参见杜俊华、吴侃：《论红岩精神与井冈山精神》，《重庆社会主义学院学报》2012 年第 1 期。

③ 《毛泽东文集》第 1 卷，人民出版社 1999 年版，第 242 页。

④ 参见刘雄旺：《“民主新路”：毛泽东对打破“历史周期率”的探索》，兰州大学硕士学位论文，2007 年。

⑤ 参见余玮：《中国：龙腾九州冀复兴》，《中华儿女》2019 年第 21 期。

括阶级觉悟）；二、忠实；三、有牺牲精神，能积极工作；四、没有发洋财的观念；五、不吃鸦片、不赌博。”[①]从中共“二大”到古田会议，党在思想建设上逐渐从抽象的理论中跳出来进入了实操层面，从具体社会现象入手找到了思想建设的方向。

1941～1945 年，延安开展整风运动。延安整风运动主要反对主观主义以整顿学风，反对宗派主义以整顿党风，反对党八股以整顿文风。解决的中心问题是反对教条主义，树立一切从实际出发、理论联系实际、实事求是的马克思主义作风。整风期间，党采取“惩前毖后，治病救人”和“团结—批评—团结”的方针为广大党员干部提高思想认识提供了现实可行的路径，达到了“既要弄清思想，又要团结同志”两个目的，使整个党达到空前团结的状态。在新民主主义革命时期，党的思想建设工作逐渐成熟而最终汇合成为关于新民主主义革命的理论、路线、方针、政策，并展开为相应的政治思想、军事思想、经济思想、文化思想和党的建设思想。

1950 年 5 月 1 日，党中央发出《关于在全党和全军开展整风运动的指示》，集中针对党成为执政党后部分党员干部思想中存在的以功臣自居的自满情绪、官僚主义和命令主义的作风，以及少数党员干部生活上贪污腐化、政治上堕落颓废、违法乱纪的错误，从而改进党和群众的关系。党的八大更是明确提出在长期执政的情况下加强党的建设的基本任务，着力提高全党的马列主义水平。

但由于历史原因，党的思想建设经历了曲折，直到党的十一届三中全会才重新回到了实事求是的思想路线上来。在新时期党的思想建设问题上，为使广大党员干部精准理解思想解放，邓小平表示：“解放思想，就是使思想和实际相符合，使主观和客观相符合，就是实事求是。今后在一切工作中要真正坚持实事求是，就必须继续解放思想。认为解放思想已经多头了，甚至过头了，显然是不对的。”[②]这些论述深刻阐明了解放思想、实事求是的辩证关系和内在一致性。它表明解放思想是实事求是的前提，只有解放思想，才能达到实事求是；实事求是乃解放思想的根本目的，只有实事求是，才是真正的解放思想。

（三）思想建设之由普遍到特殊

马克思主义科学真理是绝对和相对、普遍性和特殊性的辩证统一，是理论与实践、科学性与阶级性的高度结合，对世界各国无产阶级革命具有普遍的指导意义。由于马克思主义不是中国原生的思想理论，党的许多重要领导人都是

---

① 转引自王林育：《古田会议提出发展党员新条件》，《人民日报》2014 年 10 月 14 日。

② 《邓小平文选》第 2 卷，人民出版社 1994 年版，第 364 页。

留学国外接触到马克思主义。而且马、恩、列、斯的著作主要研究的是欧洲社会问题,涉及中国的事情并不多,而中国与欧洲在国情上存在较大的差异。因此,照搬马克思主义原理,将马克思主义教条化、苏联经验神圣化,只会因为“水土不服”而导致失败。因此,要把马克思主义基本原理同中国革命、建设和改革的实践结合起来,同中国的优秀历史传统和优秀文化结合起来,使之中国化。从党的六届六中全会毛泽东同志正式提出马克思主义化开始,中国共产党人的艰辛探索实现了理论上的两次重大飞跃:第一次飞跃发生在新民主主义革命时期,形成的理论成果是毛泽东思想;第二次飞跃发生在党的十一届三中全会以后,形成的理论成果是中国特色社会主义理论体系,包括邓小平理论、“三个代表”重要思想以及科学发展观、习近平新时代中国特色社会主义思想等,是马克思主义中国化的最新成果。

二、党的思想建设的经验

(一)始终坚持思想建设的马克思主义底色

习近平总书记在党的十九大报告中强调指出:“思想建设是党的基础性建设。”思想建设作为党的铸魂工程,在党的建设中具有引领性、贯通性、基础性作用,是保持党的先进性和纯洁性、不断增强党的战斗力和创造力的关键所在。[①]始终保持思想建设的马克思主义底色,一方面有利于确立政治建设的正确方向。思想建设为政治建设确定正确方向,决定政治建设的基本走向。另一方面为党的政治建设、思想建设、组织建设、作风建设、纪律建设和制度建设提供依据。坚守马克思主义底色,对于塑造我党优良作风,锻造铁一般的纪律,科学完善制度,筑牢拒腐防变的廉政堤坝具有强大的支撑作用。

(二)坚持方法论与实践的统一

坚持方法论与实践的统一,一是要坚持发展的观点,在实践中持续推进理论创新。创新是理论的生命力所在,是马克思主义的理论品质。从党的百年思想建设历程来看,坚持推进马克思主义中国化,旗帜鲜明地反对将马克思主义教条化是党的事业成功的重要原因。二是要坚持实践的观点,马克思主义的与时俱进必须是在实践基础上的与时俱进,而不是闭门造车,皓首穷经于马克思主义经典著作。三是要坚持联系的观点,以兼收并蓄的态度吸纳一切优秀文明

① 参见颜晓峰:《思想建设是党的基础性建设》,《理论学习》(山东干部函授大学学报)2019年第11期。

成果，博采众长。整个世界就是一个普遍联系的统一整体，加强思想建设除了坚持马克思主义的基本立场和观点外，还要密切关注和借鉴其他文明的优秀成果，不断拓宽马克思主义内涵和外延。

（三）坚持学习与总结并举

在延安整风期间，我们党通过学习和总结党的历史经验，做出了《关于若干历史问题的决议》，形成了把理论学习与总结历史经验相结合的优良传统。改革开放以来，党的十一届六中全会通过了《关于建国以来党的若干历史问题的决议》，认真总结了新中国成立以来的历史经验；党的十六大用“十个坚持”总结了党领导人民建设中国特色社会主义必须坚持的基本经验；党的十六届四中全会总结阐明了党长期执政所积累的六条主要经验；党的十七大总结了改革开放以来的“十个结合”的宝贵经验；党的十七届四中全会总结了六条加强自身建设的基本经验；党的十九大高度评价和全面回顾总结了在习近平总书记的带领下中国特色社会主义发展在历史性变革中、在与世界日益紧密以及相互促进中所取得的不平凡业绩和宝贵基本经验。

三、党的思想建设的启示

（一）要始终坚持从思想上建设党的基本原则

只有始终坚持从思想上建党，坚持马克思主义思想在党内的指导地位，才能保证我们党始终是一个无产阶级政党，确保我们党的工人阶级先锋队性质。从党的历史来看，随着党的队伍的继续壮大，我们党广泛吸纳了不同阶级不同阶层的优秀分子，不可避免地会受到非无产阶级思想的影响，这就需要通过思想建党来统一党员的无产阶级世界观。从党的建设来看，思想建设是其他各项建设的基础，党的思想路线和思想理论的正确与否，决定着党的路线方针政策能否得到正确执行和有效落实，事关党的组织能否强大统一，关系着全党的作风是否优良。历史和实践证明，这一基本原则对于我们党的建立、巩固和发展发挥了决定性作用。

（二）要始终坚持党的指导思想的与时俱进

党的指导思想的与时俱进是一个政党发展进步的重要前提。我们党的指导思想的每一次丰富和发展，都表征着党在思想理论上进一步走向完善和成熟。坚持党的指导思想的与时俱进，要求我们党要积极应对党情、国情和世情的变化，植根社会现实问题，总结历史经验教训，把握事物发展规律，创新发展马克思主义思想理论，推动马克思主义普遍真理同中国新的社会实际的结合。

在新时代，面对世界百年未有之大变局、中国社会主要矛盾的深刻变化及党的执政方式和执政方略的重大发展，我们要坚持并推动党的指导思想与时俱进：一是要在理论武装上用功，二是要在指导实践上求效，三是要在理论创新上着力。

（三）要始终坚持解放思想、实事求是的思想路线

我们党在思想理论上的每一次创新和突破，在社会实践中的每一次进步与成功，都是在党的正确思想路线的指引下稳步进行并最终完成的。始终坚持解放思想、实事求是的思想路线，一方面，要在弄清“实事”上花气力。通过开展深入而广泛的调查研究，充分把握中国的现实国情和实际情况，掌握人民群众的意愿与需求，真正做到使主观符合客观，把思想理论与社会实践统一起来。另一方面，要在“求是”上下功夫。这就需要不断提高认识和把握事物内在规律与本质的能力，在推进党和国家建设的实践中，探求、揭示并总结关于党的建设、社会主义建设的内在规律。

（四）要始终坚持党性教育与群众实践的紧密结合

一百年来，党在革命、建设和改革的实践中树立了扎根于人民群众的实践思维，掌握了“从群众中来，到群众中去”的工作方法。只有将党性教育融入人民群众的实践活动中，在密切联系群众的过程中提高党性修养，才能始终保持党同人民群众的血肉联系，切实践行全心全意为人民服务的宗旨。坚持党性教育与人民群众实践活动的紧密结合：一方面，党员要在参与人民群众的实践活动中、在为人民服务的实践中自觉加强党性修养，实现自我改造和自我提升；另一方面，党员要更好地践行群众路线、服务人民群众，实现党民同心，为共同理想奠定坚实的思想基础和群众基础，指导和带领人民群众共同投身中国特色社会主义建设的伟大实践。

参考文献

1.欧健：《“社群主义文化”传统与学分制改革》，《当代教育论坛》2006 年第 1 期。

2.杨维周：《论把“社会其他方面的优秀分子吸收到党内来”这一论断的依据》，《西藏民族学院学报》（哲学社会科学版）2002 年第 3 期。

3.李合敏：《邓小平实事求是思想的理论特色》，《广西师范学院学报》2005 年第 4 期。

4.邱金堂：《对党在新时期十次经验总结的回顾与认识》，《武汉冶金管理干部学院学报》2010 年第 1 期。

百年来中国共产党人党史观的核心要义论析

胡海鹏*

【摘要】中国共产党人的党史观作为党的思想和理论建设的重要组成部分，是有效解决中国实际问题的运思前提。建党百年来，中国共产党人以唯物史观为指导，立足于中国革命建设改革的具体实践，对如何认识与看待中国共产党的历史做出了系列重要论述，形成了以党史经验论和党史研究论为主要内容的逻辑严密、系统完备的理论体系。这极大地丰富与发展了马克思主义唯物史观，为推进党和国家事业的发展提供了行动指南。

【关键词】中国共产党人；党史观；核心要义

中国共产党人的党史观作为党的思想和理论建设的重要组成部分，是有效解决中国实际问题、推进党和国家事业发展的运思前提。从党成立之日起，以何种态度来认识与对待中国共产党的历史（以下简称“党史”）就成为摆在中国共产党人面前一个必须回答且不可回避的关键性问题。对于这一问题回答的正确与否，“关系党的形象，关系党的生命，关系国家长治久安”①。有鉴于此，以毛泽东、邓小平、江泽民、胡锦涛、习近平为主要代表的中国共产党人在历史唯物主义世界观与方法论的指导下，以深厚的历史情怀，在系统考察历史进程的基础之上，提出了一系列内涵丰富、意蕴丰厚的关于党史的根本看法与基本观点，即中国共产党人的党史观。本文试图从党史经验论和党史研究论双维度深入研析百年来中国共产党人党史观的核心要义，以期进一步深化对党的理论的

* 胡海鹏，山东大学马克思主义学院硕士研究生。

① 中共中央文献研究室：《十七大以来重要文献选编》（中），中央文献出版社 2009 年版，第 786 页。

认知与理解，进而实现理论自知与理论自信。

一、党史经验论

学习好、总结好、传承好、发扬好党的历史和成功经验是我们走好未来奋进路的一个基本前提。[①] 历代中国共产党人依照“考察历史—审视现实—谋划未来”的运思范式，于不同历史阶段科学考察了中国共产党所走过的光辉历程，精准凝练出系列经久不衰、历久弥新，且须始终如一、一以贯之的宝贵经验。其中，中国共产党的领导是根本保障、马克思主义的指导是基本遵循、走自己的路是方向指南。

第一，必须坚持中国共产党的领导。这是“中国人民从长期奋斗历程中得到的最基本最重要的结论”[②]。中国共产党之所以能够成为中国革命建设改革事业的核心力量、之所以能够逐步完成“两大历史任务”（即求得民族独立和人民解放、实现国家繁荣富强和人民共同富裕）[③]，之所以能够创造“两大奇迹”（即经济快速发展奇迹和社会长期稳定奇迹）[④]，之所以能够领导“两场伟大革命”（即伟大社会革命和伟大自我革命）[⑤]，根本原因在于我们党是“为民族、为人民谋利益的政党”[⑥]。事实胜于雄辩地证明，广大人民群众能够从“三座大山”的压迫下得以翻身解放、实现当家做主，能从饥寒交迫的革命与战争年代进入到温饱得以解决、绝对贫困得以消除的和平与发展时代，中华民族能够实现“站起来”“富起来”“强起来”的伟大飞跃，均离不开中国共产党的领导。诚如毛泽东所言，离开了党的领导，“任何革命都不能成功”[⑦]。而只要坚持党的领导，我们就能够把“全党的力量”和“全国人民的力量”汇集起来，进而干出一份“轰轰烈烈的事业”[⑧]来。中国特色社会主义伟大事业正是在党的领导下开创、推进与发展的。对此，习近平总书记总结道，中国特色社会主义最本质的特征是中国共

---

① 参见习近平：《在党史学习教育动员大会上的讲话》，人民出版社 2021 年版，第 5 页。

② 《江泽民文选》第 3 卷，人民出版社 2006 年版，第 266 页。

③ 参见《江泽民文选》第 2 卷，人民出版社 2006 年版，第 2 页。

④ 参见《中国共产党第十九届中央委员会第四次全体会议文件汇编》，人民出版社 2019 年版，第 19 页。

⑤ 参见中共中央党史研究院、中央“不忘初心、牢记使命”主题教育领导小组办公室：《习近平关于“不忘初心、牢记使命”论述摘编》，党建读物出版社、中央文献出版社 2019 年版，第 174 页。

⑥ 《毛泽东选集》第 3 卷，人民出版社 1991 年版，第 809 页。

⑦ 《毛泽东选集》第 2 卷，人民出版社 1991 年版，第 651 页。

⑧ 《邓小平文选》第 2 卷，人民出版社 1994 年版，第 267 页。

产党的领导。[①]

第二,必须坚持马克思主义的指导。“马克思主义是我们立党立国的根本指导思想。”[②]自马克思主义传入中国之日起,中国共产党就将其视为是改造与革新中华民族的动力引擎,视作是克服重重困难的思想利器。可以说中国社会发展所取得的历史性成就,是源于对马克思主义的科学坚守,而某些时候出现了挫折,往往是因为背离了马克思主义的基本原则。因此,坚持马克思主义的科学指导,是我们党抵御风险挑战、战胜执政考验、赢得人民信赖的先决条件。所谓的坚持,关键在于对马克思主义内在的科学原理的传承。换言之,坚持马克思主义的指导,就是要“原汁原味”地领会与掌握经由实践检验与时代验证的、具有真理性与科学性的、能够管控全局与影响根本的马克思主义基本原理。无论时代如何变迁,我们仍然没有超越马克思主义经典作家所揭示的人类社会发展的客观规律范畴。马克思主义理论所勾勒的认识与解决现实问题的理论图式,在当今依旧奏效。对此,毛泽东指出,遵守“老祖宗”的基本原理是必要的,但是“单靠老祖宗是不行的”[③]。我们还需要在不丢掉“老祖宗”[④]的前提下,破除“教条式”“本本化”的桎梏,摒弃各种机制体制的束缚,聚焦人民之需与时代之求,在充分发挥人民群众的主观能动性中推动理论的创新发展,释放理论改造世界的巨大伟力。唯有如此,我们坚持的马克思主义才算是“真正的马克思主义”[⑤]。

第三,必须坚持走自己的路。“道路关乎党的命脉,关乎国家前途、民族命运、人民幸福。”[⑥]在经济文化相对落后的中国探索现代化建设之道、民族复兴之路,是一项极为艰巨与富有挑战的任务,不可能一蹴而就、一帆风顺。中国共产党人是在经历了走俄国人的道路、走社会主义道路、走有中国特色社会主义道路的历史演变中,在历经千辛万苦、克服千难万险、付出巨大代价[⑦]之后,成功开创了中国特色社会主义道路。这一道路是对苏联模式的突破与超越,是对欧美资本主义发展模式的借鉴与克服。有鉴于此,习近平总书记以“必由之路”“人

---

① 参见习近平:《在庆祝中国人民政治协商会议成立65周年大会上的讲话》,人民出版社2014年版,第5页。

② 习近平:《论中国共产党历史》,中央文献出版社2021年版,第122页。

③ 《毛泽东文集》第8卷,人民出版社1999年版,第109页。

④ 《邓小平文选》第3卷,人民出版社1993年版,第369页。

⑤ 《邓小平文选》第3卷,人民出版社1993年版,第292页。

⑥ 《胡锦涛文选》第3卷,人民出版社2016年版,第620页。

⑦ 《习近平重要讲话单行本(2020年合订本)》,人民出版社2021年版,第92页。

间正道""康庄大道""正确道路"等词汇阐明了坚持与发展这一道路的合理性与必然性所在。

二、党史研究论

党史研究要坚持唯物史观、实事求是的研究方法,即以"全面、历史、辩证"[①]的观点看待与分析历史阶段、历史人物、历史问题与历史事件,进而做出系统的、正确的、科学的评价。

第一,系统把握历史阶段。党史研究是以"整个党的发展过程"[②]作为研究对象,而整个党的发展历程是由若干个历史阶段构成的。这就决定了党史研究必然涉及对历史阶段划分问题的考究。在这一问题上,中国共产党人不仅明确提出了应以何种原则将党史合理划分为不同的历史阶段,同时也明确强调了某些阶段之间的关系。在《如何研究中共党史》中,毛泽东依据历史的发展顺序,按照斗争目标、打击对象、党的政治路线三个维度,将党史划分为大革命时期、内战时期、抗日战争时期三个历史阶段。不仅如此,为了更好地说明党史的发展,他还强调应当将党史成立前期的辛亥革命与五四运动纳入研究范围之中。[③]邓小平作为对党的"重大事件的历史过程"[④]有较为深入把握的共产党人,虽然没有像毛泽东一样直截了当地言明党史的分期,但是回溯其相关论述可以看到,他将党史划分为三大历史阶段、七大历史时期。即1921～1949年为第一个历史阶段,这一阶段以遵义会议为分界点,前半段属于党的幼年成长时期,后半段属于党的成熟时期。1949～1978年为第二个历史阶段,这一阶段又可细分为四个历史时期,即新中国成立后的头八年(1949～1957年)、"文化大革命"之前的十年(1957～1966年)、"文化大革命"时期(1966～1976年)、"两年徘徊"时期(1976～1978年)。1978年以来为第三个历史阶段,这一阶段是以实现四个现代化为中心任务的新的历史时期。江泽民、胡锦涛、习近平等中国共产党人在庆祝中国共产党成立70周年、85周年、90周年、95周年、100周年等大会上,以党史上重大的历史事件与重大的政治变革为依据,依次将党史划分为新民主主义革命时期、社会主义革命与建设时期、改革开放与社会主义现代化建设新时期、中国特色社会主义新时代四大历史阶段,并指出中国共产党在这四大历史

① 习近平:《在纪念毛泽东同志诞辰120周年座谈会上的讲话》,人民出版社2013年版,第11页。

② 《毛泽东文集》第2卷,人民出版社1993年版,第399页。

③ 参见《毛泽东文集》第2卷,人民出版社1993年版,第400、404页。

④ 《邓小平文选》第3卷,人民出版社1993年版,第272页。

阶段中完成了三件大事，即“建立中国共产党、成立中华人民共和国、推进改革开放和中国特色社会主义事业”①。

第二，正确评价历史人物。历史唯物主义不仅揭示了人民群众在历史进程中的决定性作用，也阐明了历史人物在历史发展过程中的重要作用。毛泽东在秉承历史唯物主义观点的基础上，指出研究党史除了要看到历史产生的客观原因，还应看到领导者（历史人物）的作用。② 历史人物是在他们“直接碰到的、既定的、从过去承继下来的条件下”③推动历史的发展的。因而，对历史人物的评价，不能以线性的思维、简单化的形式加以分析，而应当将其置于“其所处时代和社会的历史条件下”④加以省察。同时，囿于人们所持有的立场、所具备的素质水平、所占有的资料不同，在评价历史人物时，不可避免地产生出不一样的结论。为此，中国共产党人提倡以全面的科学的观点，在避免片面化与感情用事的前提下，作出符合马克思主义与人民利益的评价。⑤ 邓小平在关于毛泽东评价的问题上，立足于党和国家事业发展的战略高度，一方面看到了特定历史语境下毛泽东对中国共产党、中华民族、社会主义发展所起到的积极性作用，充分肯定了他的历史地位和历史功绩，科学阐释了毛泽东思想的重要性所在；另一方面也客观分析了毛泽东晚年的错误：一来不能将过去所有的错误都算成是毛泽东一人的错误，二来要将毛泽东的错误与林彪、“四人帮”等反革命集团的罪行区分开来。基于此，习近平以“敢于承认”“正确分析”“坚决纠正”⑥三个词系统总结了中国共产党人在评价历史人物的失误与错误时所采取的态度。

第三，科学分析历史问题与历史事件。中国共产党的百年历史并非是一帆风顺的成长史，其中总会出现这样或者那样的历史问题与历史事件。这就要求中国共产党人对其做出正面的回应、客观的评价，以便更好地推进中国共产党的发展。毛泽东对这一问题有过大量精辟的论述。一方面，他提出以“古今中外法”来研究党史。作为“全面的历史的方法”中的一个方面，“古今中外法”⑦指的是从时间（即历史与现在）与空间（即中国与外国）的双重维度来探讨历史问

① 习近平：《在庆祝改革开放 40 周年大会上的讲话》，人民出版社 2018 年版，第 4 页。
② 参见《毛泽东文集》第 2 卷，人民出版社 1993 年版，第 406～407 页。
③ 《马克思恩格斯文集》第 2 卷，人民出版社 2009 年版，第 470～471 页。
④ 习近平：《在纪念毛泽东同志诞辰 120 周年座谈会上的讲话》，人民出版社 2013 年版，第 11 页。
⑤ 参见《邓小平文选》第 2 卷，人民出版社 1994 年版，第 244 页。
⑥ 习近平：《在纪念毛泽东同志诞辰 120 周年座谈会上的讲话》，人民出版社 2013 年版，第 12 页。
⑦ 《毛泽东文集》第 2 卷，人民出版社 1993 年版，第 400 页。

题，评价历史事件。其中，在中国与外国的空间层面，研究应“以中国为中心”[①]，按照中国立场、中国特点、中国实际去分析问题。毛泽东对辛亥革命和五四运动的评价可以说是对这一方法最好的诠释。他认为，如果不对两大历史事件发生的国内国际情形做出有效的说明，就很难理解两大历史事件的发生。另一方面，他提出以实事求是的态度分析历史问题。所谓的“实事求是”就是在分析中国各领域、各方面的问题时，要“详细地占有材料”[②]，“根据详细的材料加以具体的分析，然后引出理论性的结论来”[③]；换言之，就是要在掌握史料中了解“实事”，探寻其中的“是”。同时，毛泽东强调，对问题的分析，“不要笼统地一概否定”[④]，应以辩证的态度观之。在改革开放新时期，为了使实事求是的原则在党史研究层面落地生根、开花结果，邓小平从解放思想的层面，倡导理论工作者要突破传统的错误的思维模式的束缚，超越个人的喜好与偏见，客观公正地推进党史的研究。与此同时，他以高超的政治智慧，创新性地提出了“恰如其分”[⑤]的分析原则，即历史问题与历史事件的分析要有分寸，把握尺度。而这种分寸与尺度是以历史事实与现实实际为依据的。面对党史浩瀚繁杂的状况，他还从总结历史经验、提炼历史规律层面，提出了“宜粗不宜细”[⑥]的总结原则。这一原则是对“恰如其分”原则的深化，其对于党史上大是大非问题的判断、党史发展脉络的把握、党内的团结具有重要意义。在对新中国成立以来党史的系统回顾、对党史发展面临的现实境遇的科学审视基础上，习近平总书记有力驳斥了对改革开放前后两个时期相互割裂、相互否定的错误论调，指出“改革开放前和改革开放后两个历史时期”既相互联系、又相互区别，但不能互相否定，强调能否正确认识这一关系是一个重大的政治问题，回答不好易产生严重的政治后果。[⑦]

---

① 《毛泽东文集》第 2 卷，人民出版社 1993 年版，第 407 页。

② 《毛泽东选集》第 3 卷，人民出版社 1991 年版，第 799 页。

③ 《毛泽东选集》第 3 卷，人民出版社 1991 年版，第 815 页。

④ 《毛泽东文集》第 3 卷，人民出版社 1996 年版，第 94 页。

⑤ 《邓小平文选》第 2 卷，人民出版社 1994 年版，第 309 页。

⑥ 《邓小平文选》第 2 卷，人民出版社 1994 年版，第 292 页。

⑦ 参见《论中国共产党历史》，中央文献出版社 2021 年版，第 3 页。

从党史认知到身份认同：探索以“集体记忆”为载体的党史教育

郭庆玲[*]

【摘要】在文化多元化的趋势中，部分青年党员拥有明确的现实意识和未来视野，但由于他们未曾切身经历革命战争时期、新中国成立时期以及改革开放时期，往往对过去维度的党史学习和认识缺乏切身性，易与老一辈党员在生活经历、共同记忆方面出现一定的“脱钩”状况。对他们而言，尽管部分地掌握了现在和未来，但由于缺失革命建设的初心使命，没有党员信念的“感同身受”，长久来看，这会对整个党员队伍造成不良影响。本文采用生存分析的研究方法，通过“集体记忆”启动“集体情感”，在“与文字有关的”党史认知、“与仪式有关的”党史叙事、“与情感有关的”党史认同中实现情感分析的层层递进，进一步推动“集体情感”的分享和共鸣，促进当下党史教育。这对部分青年党员在拓展党史认知、理解党史叙事、促进党员身份认同具有重要价值。

【关键词】集体记忆；情感分析；党史认知；身份认同；党史教育

随着社会的发展，人们的精神理念和价值倾向不断呈现多元化趋势。从世界文化的角度看，这种多元价值、包容理念是建构人类命运共同体的主旨，需要不断被发扬。从国家文化领导权的角度看，我们依然需要牢牢把握意识形态的阵地，而党员群体的独特性决定了他们的思想意识和党性修养理应格外受关注。

---

* 郭庆玲，中共山东省委党校哲学教研部讲师。

研究发现，以展览馆为载体的党史教育、党性锻炼基地对人们学习党史、提升党史认知、梳理党史叙事、凝聚党性素养具有很好的促进作用。这是目前我们在党史教育中取得成绩的直接体现。同时，我们也可以看到，在数字化浪潮、经济加速转型的新时期，党史教育中的党史认知、党史叙事还可以继续引入中国共产党革命、奋斗、改革过程中老一辈共产党人的“集体记忆”，以期在情感价值的分享中，促进新一代青年党员的情感认同；还可以基于情感的数字化赋能，继续凝聚党员身份认同。这是新时期党史教育的大趋势。

一、拓宽“与文字有关的”党史认知

青年党员，作为党员群体中思维灵活、变化性强的特殊部分，多数未曾切身体会革命战争年代、新中国成立时期、改革开放初期的生活，对他们而言，和平与发展是他们生活时代的主题。加之全球化以及由此带来的文化价值的多元性、社会行为选择的包容性、日常生活习惯的数字化，致使这部分党员与老一辈党员在生活经历、共同记忆方面呈现一定的“脱钩”现象。研究发现，针对部分青年党员群体，相关的党性教育和党史学习需要更具有针对性、创新性，而这需要分享并传承以生存分析为主的“集体记忆”，并在此脉络中不断拓宽党史认知、激活党史叙事、激发并运用党史思维、凝聚“集体情感”认同，以最终促进青年党员群体的身份认同。

党史是关于党的历史，既然是党的历史，就涉及党员群体的历史性记载，他们共同生活的特定环境、分享相似的生活经验、建构相近的文化习惯，以形成关于族群关系、群体身份和集体归属感的相关记忆。这种集体记忆以物质的、非物质的方式传承了党的历史。

相较于最初的口耳相传，“以文字为载体”的党史认知则更进一步，学习者在参观中通过文字拓宽认识，这是以知识的方式把握党史教育。知识的增加是人们不断拓展认知边界的一种方式，党史学习可以不断扩宽党员群体关于党史的知识，进而促进我们对中国共产党历史的认识。身处和平时期的青年党员群体，未曾真切地参与中国共产党的风雨历程，缺失革命和建设时期的党性锤炼经验，因而迫切需要引入党史的历史维度，促进党史知识的增加、拓展和融通。通过文字拓宽认识，这是以知识的方式把握党史教育。

为了更好地实现这一效果，我们应该引导关于党史认知的立体思维。由于党的历史涉及过去、现在的时空坐标轴，而党史的学习又是关于党史的当下化传承和延续，所以党史认知的立体思维需要拓宽视野，增加时空坐标系和主客互动。例如:在一个战役的呈现中,相应地将其他地方的关联表现出来;在同一个地域,凸显不同时间人事物的变化和更新;或者在同一个时间表现不同地域的相关情况。总之,是在过去—现在、对象化的人事物—受众群体的对比和过渡中,实现党史认知的再现与党史学习的递进。这种认知和学习关乎整体性与全局性,效果将会更加生动、立体、饱满。

二、建构“与仪式有关的”党史叙事

由上可知,与“文字有关的”党史认知可拓宽知识圈层,甚至在积累过程中还可进一步破圈——实现知识的融合。这种再认识、再拓宽、再融合,对当下的党史教育具有初始意义。如果以文字为载体的“集体记忆”,其传递方式再加入画面感、现场感,那么对党史的认知就容易激活情感维度。毕竟,语言文字的展示是对存在的占据和呈现,但这不一定是存在的全部,未开显的语言实则保留了关于存在的原发状态。尽管这片留存的原发地不能完全被“与文字有关”的认知所涉猎,但是原发性的情感维度却可以通过“记忆”“仪式”实现自发性的追认。

一个地域、一个民族、一个国家中的人群,他们独特的成长史、家族背景、社会环境、生活中遭遇的人事物凝结成的记忆,建构了所谓的“我们”或“他们”。除了经验的持续性、连续性、稳定性以外,关于“我们”或“他们”的建构根本上受制于我们如何看待和理解这些记忆、为这些记忆赋予何种意义。“就上述意义而言,记忆已然超越了个体意识层面,成为个体与集体产生意义关联的情感纽带,进而成为文化传承的活的文本,承载了社会共识,维系着共同体意识的延续与流变。”①

一些展览馆所建构的党史叙事停留在故事性的呈现、逻辑性的言说方面,主要以知识性素材和思维线索的梳理为主,这对党史教育而言已经具有了不错的效果。党史叙事是多方资源的互动,如果继续加入“仪式感”,会使其效果更佳。

党史教育的“仪式感”需要“仪式”现场化。在“与仪式有关”的党史叙事中,当众多党员聚集在一起,回溯作为中国共产党员对于北伐战争、革命战争、新中国建设、改革开放等年代的集体记忆,分享相关记忆并在当下传承党的文化时,通过集体记忆的现场感寻找连接记忆、实现感同身受的“端口”,并在一定程度

---

① 王子涵:《结构与过程:集体记忆视域下民俗的能动性探源》,《民俗研究》2019 年第 6 期。

上获得党员身份的认同感和归属感。在此过程中，即便是未曾经历过往的青年党员，通过“仪式”切入党的过去，以现场化的互动和沉浸体会百年奋斗征程，会进一步增加党史叙事的情感温度。

党史教育的“仪式感”需要生活化的践行和互动。例如，在“树山印象”的展览布置、讲解呈现、实物展示中，讲解者是“树山印象”主人公殷树山的孙女，她以切身的体会和相关实物展示，向学习者呈现血缘至亲、代际变化、社区更新、党性光辉等内容，增加了情感代入和感同身受的党性影响。

对党员群体而言，践行党史叙事本身是融入集体记忆、成为集体记忆一部分，并以自身言行呈现党史的一种方式。所以，加入血缘、地缘等相关的人、事、物载体，通过血缘代际的切换、传承以及实物的依托、接续，可以使党史叙事凝聚更饱满的情感，而情感的共享可以激活学习者的切身感受性。这会让党史传承中的叙事更加具体化和生活化。

三、凝聚“与情感有关的”党史认同

对集体记忆的回溯，加强了不同时期相似群体间的传承性、认同感和归属感。值得注意的是，“与仪式化有关的”碎片化知识虽然能够成为零散又具体的知识点，但这不足以在叙事上影响原有知识结构。毕竟，一个个孤零零的知识或事件需要进入叙事逻辑的编织和建构，通过“与仪式有关的党史认知”，提升为“与仪式有关的党史叙事”，进而在叙事中成为党员关于党史记忆的一部分，串联成党员的集体文化记忆，才能内化为党员的党性认同。但是，缺失情感维度的连接，党员之间的情感和情绪无法共情、共享，因而党性认同感和归属感需要进一步加强具有现场感的、情感化的集体记忆。

由一个集体记忆中的历史事件转变为群体共享的具有现场感的、情感化的集体记忆事件，涉及情感和信念的共享。党员群体通过集体记忆，可以连接过去的老一辈党员和作为新鲜血液的青年党员。一方面，这种连接需要“以知识为载体”的认知视角的拓展、“以仪式为载体”的叙事逻辑的现场化和互动。另一方面，记忆的再现是一个不断发生的动态过程，作为过程性的党性认同，需要在集体记忆中觉醒和凝聚集体情感。

可以用数字化技术激活情感维度。例如，在展览馆中设置 VR（虚拟现实技术）、AR（增强现实技术）、MR（混合现实技术），以感同身受的体验激活情感记忆。传统体验中，人对于遗产的感知建立在简单的视觉和听觉之上，受限于想象力与时空感，且需要实地参与，体验性单一，缺失沉浸感。技术的发展会加强

空间感知并在一定程度上突破这些局限性。借助于VR、AR、MR等技术手段，在丰富与多元的感受刺激中，迅速引导关于党史认知、党史叙事的转变与更新。毕竟，情感记忆的启动，可以激活对相关党史教育的感受性。在党史认知和党史叙事之余，这种数字化手段所开启的情感维度，是一种“感同身受式”的情感重塑，而被激活的情感记忆的连续性、持久性对认知更新和逻辑建构有引导作用。

数字化赋能可促进党员群体将情感记忆转化为现实感受。由于数字化技术关联了现实与虚拟、个人与集体、过去与当下，在激活情感维度的基础上，可以通过新的可视化环境、激活感受的丰富性等，促进党员群体对过去进行现场化传承，体会虚拟的场景布置和情感带入，实现个人与群体成员之间的情感互动、信念共享。基于集体记忆实现党性认同是一个动态过程，而激活情感维度并进一步通过情感和信念的共享，可促进集体情感的凝聚，并在现实感受中传承和践行中国共产党人的集体记忆，这是新时代数字化赋能为党史教育带来的新的启迪。基于情感记忆的数字化技术，会有效促进党员群体对于自身文化的记忆和认同，为党史教育赋能。

四、小结：在社会互动中促进党员身份认同

党性教育是多方面资源的互动和融合。进行党性教育的过程正是党员同志聚集在一起，与不同时期的共产党员进行交流的过程。而这一过程进入时空，又打破时空。进入时空，能够促进沉浸式党史教育。而沉浸式党史教育作为维系党员之间感情的有力工具，其文化符号所建构的关于党史的集体记忆更易于根植于每个人党员的心中，并在集体记忆的生活化与现场化中不断被传承。除此以外，这一党史教育的过程还是在打破时空、超越时空。党性的光辉精神在一次次的党史教育中，不断被唤醒、重塑，在此过程中打破现实与虚拟的界限、感染他人，党史教育也就超越了现场的沉浸式感受，转而在精神性的沟通与流动中，超出了现场“感同身受”本身的情感价值认同，而走向一种关于党史文化的普遍性认同。正是通过这些极具党性文化符号特征的人物、物品、事件，才能建构起有关党性教育的“集体记忆”。

可见，在社会互动中集体记忆能够穿越时空，唤起那些未曾经历革命战争年代、新中国成立时期、改革开放年代的青年党员的群体意识、对党组织归属感，进而以集体情感的分享和共情，促进青年党员的身份认同。

参考文献

1.谢文郁:《情感分析与偶态形而上学》,《河北学刊》2020 年第 4 期。

2.王子涵:《结构与过程:集体记忆视域下民俗的能动性探源》,《民俗研究》2019 年第 6 期。

3.[法]莫里斯·哈布瓦赫:《论集体记忆》,毕然、郭金华译,上海人民出版社 2002 年版。

马克思主义中国化的理论创新机制研究

孔巧晨*

【摘要】马克思主义的生命力在于不断创新。马克思主义中国化理论创新的实现源自中国的经济社会发展实践。探究马克思主义中国化的理论创新机制，对于新时代如何更好地坚持和发展马克思主义具有重要的理论和实践意义。马克思主义中国化的理论创新机制主要包括动力机制、产生机制、普及机制和保障机制。

【关键词】马克思主义中国化；理论创新；动力机制；产生机制；普及机制；保障机制

自马克思主义传入中国，实现马克思主义的本土化即中国化是其发挥指导实践作用的必然要求。我国的革命、建设和改革开放的发展实践为马克思主义中国化的理论创新提供了丰富素材和创新契机，在传承与发展、守正与创新的过程中丰富着马克思主义的存在样态，推动着马克思主义中国化事业的不断发展。在中国特色社会主义发展进入到新时代的今天，回头审视马克思主义中国化的理论创新进程，探究马克思主义中国化的理论创新机制，对如何提升马克思主义中国化理论创新的新境界具有重要意义。

理论创新机制是指系统内相关要素的结构关系和作用方式，一旦形成便具有成熟性、稳定性、自觉性等特点。结合马克思主义中国化的发展过程，依据其构成要素之间的结构和作用方式，马克思主义中国化的理论创新机制主要包括动力机制、产生机制、普及机制和保障机制。

---

* 孔巧晨，中共东营市委党校哲学社会科学研究所副教授。

一、马克思主义中国化理论创新的动力机制

(一)坚持真理的发展需要是实现马克思主义中国化理论创新的内生动力

马克思主义哲学认识论认为,人类的两大基本活动是认识世界和改造世界,认识世界的目的是追求真理,是人类活动的基本原则之一。由于客观历史条件的限制,无论在广度上还是深度上,不可能穷尽客观世界的全方面、全过程和全层次的认知,所以真理是有待于发展和深化的。正如恩格斯所说,“认识就其本性而言,或者对漫长的世代系列来说是相对的而且必然是逐步趋于完善的”①。这是真理发展的内部规律,也是马克思主义中国化理论创新的内生动力。

马克思主义中国化的理论创新是对中国革命和建设的经验总结,是对中国共产党执政规律的探寻,是对社会主义发展规律的探索,是对发展中国家如何成为现代化国家发展道路的尝试,这种探索本就内含理论创新的意蕴。在穷尽对规律的真理性认识的过程中,虽然这种认知并不是完整的,是尚待被深入和被完善的,但总会有一些带有绝对真理的“分子”被继承保留下来,使得我们对绝对真理的认识又前进了一步。

(二)坚持解答时代问题是实现马克思主义中国化理论创新的外部推力

理论创新的目的不在于理论本身,而在于解决问题。“新的社会思想和理论,只有在社会物质生活的发展向社会提出新的任务以后才会产生。”②时代之问是特定阶段的问题矛盾的集中体现,是国家民族集体的利益诉求,马克思主义中国化的理论创新在回答时代课题的时间和空间中展现理论张力,是马克思主义中国化理论创新的生命力体现。正如马克思所说,“问题就是公开的、无畏的左右一切个人的时代声音。问题就是时代的口号,是它表现自己精神状态的最实际的呼声”③。强烈的问题意识是马克思主义中国化理论创新的异殊标识,“只有聆听时代的声音,回应时代的呼唤,认真研究解决重大而紧迫的问题,才能真正把握住历史脉络、找到发展规律,推动理论创新”④。马克思主义中国化的理论创新在历史课题的演进轨迹中,在时代之问的答案寻觅中,以多维度的创新探究中国革命、建设和改革的发展规律,不断推动马克思主义中国化的当代发展。

---

① 《马克思恩格斯文集》第9卷,人民出版社2009年版,第96页。

② 《斯大林文集》,人民出版社1985年版,第214页。

③ 《马克思恩格斯选集》第2卷,人民出版社1995年版,第289页。

④ 习近平:《在哲学社会科学工作座谈会上的讲话》,人民出版社2016年版,第14页。

二、马克思主义中国化理论创新的产生机制

(一)坚持理论与实践相结合

任何理论创新都是实践基础上的创新。马克思主义中国化的理论创新是在马克思主义和中国的具体实践的指导与反映框架中实现的,是马克思主义理论"化"中国实践的理论形态。

坚持马克思主义就是用马克思主义的科学原理和方法论原则去指导中国的发展实践,在发展实践中不断验证着马克思主义的科学性和准确性,从而实现马克思主义在中国发展的具体化。中华人民共和国成立70年来,针对革命、建设和改革,我们一直坚持马克思主义的指导地位,用马克思主义的原理和方法去寻找解决问题的途径和答案,这种自觉应用反映了国家发展目标、改革现实诉求与马克思主义原则的高度吻合,从而最终实现马克思主义中国化的理论创新从顶层理念到微观实践的现实性推进。

(二)坚持领袖智慧与人民群众智慧相结合

"每一个社会时代都需要有自己的大人物,如果没有这样的人物,它就要把他们创造出来。"[①]马克思主义从来也不否认历史人物的巨大贡献,尤其是在一些社会历史条件的创造和个别社会历史面貌的改造上。从形式上看,理论创新多是由政治领袖领导完成的。因为理论创新是艰辛的、复杂的思想创造活动,政治领袖具备高度的历史责任感、丰富的实践经验、开阔宏大的视野、功底深厚的理论素养,这使得他们更容易实现理论创新。马克思主义中国化理论创新的很多成果,比如"毛泽东思想""邓小平理论"和"习近平新时代中国特色社会主义思想"都是以领导人的名字来命名的,这本身就是对其做出的巨大理论贡献的明确肯定。同时,理论创新还是人民群众的实践创造。在我国革命、建设和改革的过程中,许多做法都是由人民群众首创的,再由知识精英加以提炼、改造,上升为文件条文甚至国家决策,这是马克思主义中国化理论创新的主要来源。人民群众丰富的创新实践不断为领袖提供理论创新的内容和素材,在相互影响、相互作用的过程中实现着马克思主义中国化的理论创新。

(三)坚持民族性与国际性相结合

马克思主义在诞生之初就是代表了全世界无产者的利益,具有明显的国际性特点。同时,在各个民族和地区,马克思主义通过与具体国情相结合,形成了

① 《马克思恩格斯文集》第2卷,人民出版社2009年版,第137页。

不同民族的马克思主义。可以说马克思主义的继承和发展本身就包含了民族性和国际性的统一。

马克思主义是国际性的学说，揭示了自然、社会和人类思维发展的普遍规律，是科学的世界观和方法论。但同时，马克思主义的真正实现又是具体的和实践的。也就是说，马克思主义只有带着鲜明的民族特征、民族风格和民族气派，依托于本民族的历史文化积淀和民族实践发展，才能真正实现马克思主义的民族化。

三、马克思主义中国化理论创新的普及机制

(一)理论研究工作者的学术研究是马克思主义中国化理论创新普及的主力

一般来说，马克思主义中国化的理论创新首先是由政治领袖提出理论文本，再由广大的理论工作者从学理上给予注解和论证，再通过多种形式进行广泛宣传，实现理论创新的“大众化”。我国的理论工作者数量甚众，包括高校教师、党校教师、社科联工作者和讲师团的研究者等，他们在哲学社会科学领域进行学术研究和理论探讨，通过课题研究、研讨会举办、征文活动和理论宣讲活动等方式进行完善性的、发展性的、阐释性的、开创性的、推进性的、整合性的理论创新，其中许多观点还被直接或间接吸纳进理论体系。这些研究不仅为党的理论创新提供了强有力的学术支撑，同时也对构建新时代的中国话语体系的建立夯基垒台。广大的理论研究工作者是马克思主义中国化实现理论创新的主力军。

(二)重大事件是马克思主义中国化理论创新普及的机会飞跃

所谓重大事件是指那些在一定社会历史条件下，在某一社会实践领域所发生的具有重要历史意义和重大影响力的事件。这种事件分为正面事件和负面事件两类，如果应对及时、处理得当，也会成为马克思主义中国化实现理论创新的有利契机。重大事件往往是单个领域、长时间存在的问题和矛盾的集中爆发，其中会催生出新的解决路径，会为以前想解决而没有解决的问题创造历史条件，从而开拓出新的历史局面，为理论的创新提供新的发展空间。

一方面，重大性事件的显化效应为马克思主义中国化理论创新提供了创新生长点。马克思主义中国化理论创新始终围绕着解决各种社会矛盾和问题展开，尤其是重大负面问题的暴露，不仅会引起社会各界的广泛关注，而且还会引发党和政府的高度重视，使其成为一段时期内理论创新的焦点问题。比如2020年初的新冠肺炎疫情。这场战役不仅存在于现实的生活中，也存在于理论阵地上。这是一场检验国家治理体系效能和治理能力高低的“大考”，所有国民都在

亲身经历中感受着中国共产党对国家和社会治理的宏观把控能力和中国特色社会主义制度的优越性。

另一方面，重大性事件的影响效应还为马克思主义中国化理论创新提供了创新素材。比如2018年是纪念改革开放40周年，2019年是中华人民共和国成立70周年，在类似的重要时间节点上，党和中央政府隆重纪念，习近平总书记发表重要讲话，集中涌现一批新的理论创新点，进一步推动了马克思主义中国化的理论创新。

四、马克思主义中国化理论创新的保障机制

(一)中国共产党乃学习型政党的示范效应，是马克思主义中国化理论创新的主体保障

"东西南北中，党政军民学，党是领导一切的。中国共产党领导是中国特色社会主义最本质的特征，中国共产党是国家最高政治领导力量，是实现中华民族伟大复兴的根本保证。"[①]中国共产党的执政地位契合了大国治理的需要，在国家治理和社会管理的诸多方面发挥着典型示范效应。习近平总书记说过："中国共产党人依靠学习走到今天，也必然要依靠学习走向未来。"[②]

党的十八大以来，中央政治局以学习开局，以习近平同志为核心的党中央延续集体学习制度，多次邀请专家学者就关于新时代中国特色社会主义的重大理论问题和实践问题进行讲解，并主持学习座谈会。从2012年11月至今，中央政治局一共集体学习62次，内容涵盖多个方面：有关乎国家发展的宏观战略，也有聚焦住房体制改革的微观领域；有国家军事外交的纵横捭阖，也有党的建设的久久为功；有全面深化改革的顶层设计，也有马克思主义哲学原理的理论学习。正是通过这种制度化、规范化的学习，在解放思想中统一思想，在事实求是中与时俱进，身体力行、率先垂范，从而推动全党的学习建设，对马克思主义中国化的理论创新起到了示范、预告和深化的弘宣效应。

(二)坚持马克思主义的指导思想地位，是马克思主义中国化理论创新的客体保障

坚持马克思主义的指导思想地位是马克思主义中国化实现理论创新的前提之一，党的十九届四中全会审议通过的《中共中央关于坚持和完善中国特色

---

① 习近平：《决胜全面建成小康社会 夺取新时代中国特色社会主义伟大胜利——在中国共产党第十九次全国代表大会上的报告》，《人民日报》2017年10月28日。

② 习近平：《在"不忘初心、牢记使命"主题教育总结大会上的讲话》，《求是》2020年6月30日。

社会主义制度、推进国家治理体系和治理能力现代化若干重大问题的决定》中明确指出，要坚持马克思主义在意识形态领域指导地位的根本制度。一方面，我国的指导思想只能是且必须是一元化。一元化的排他性意味着集中、核心和唯一。另一方面，一元化的指导思想只能是马克思主义而不是别的什么主义。这不仅是马克思主义本身的真理性所决定的，更是我国在不同发展时期的理论需要所决定的。马克思主义已经并被持续证明是能够解决我国在革命、建设和改革中所遇到的问题，能够最广泛地代表广大人民的根本利益，能够引领社会发展进步实现中华民族伟大复兴的思想武器。只有坚持马克思主义的指导思想地位，才能实现马克思主义中国化的理论创新。也只有坚持马克思主义中国化的理论创新，才能更好地坚持马克思主义的指导思想地位。

参考文献

1.侯惠勤:《马克思主义中国化理论创新30年》，中国社会科学出版社2008年版。

2.师吉金:《马克思主义中国化科学体系研究》，中共中央党校出版社2009年版。

3.陈占安主编:《党的十六大以来马克思主义中国化的新进展》，北京大学出版社2008年版。

4.孙大志:《马克思主义哲学新视域下中国化理论创新动力机制研究》，《湖北经济学院学报》(人文社会科学版)2016年第9期。

5.夏东民:《马克思主义中国化理论创新规律探析》，《马克思主义研究》2009年第2期。

6.刘福:《改革开放以来马克思主义中国化理论创新动力机制论析》，《广西社会科学》2019年第5期。

7.申文明:《理论与实践:论马克思主义中国化成果的形态》，《理论百家》2015年第9期。

8.建新、孙堂厚:《改革开放以来马克思主义中国化理论创新的实现机制分析》，《理论探讨》2013年第3期。

9.王雷、赵宾宾、贺炎:《理论与实践相结合:推动马克思主义中国化进程的不竭动力》，《大连民族学院学报》2012年第7期。

10.孟凤英:《论马克思主义中国化内生型动力机制的结构要素》，《江汉论坛》2013年第5期。

11.刘兴赛:《论马克思主义中国化进程中的改革理论创新》,《中国特色社会主义研究》2009 年第 4 期。

12.崔建霞:《实现实践创新与理论创新的良性互动》,《思想教育研究》2018 年第 6 期。

13.王悦然:《马克思主义理论创新的特征及其在中国的彰显》,《北方论丛》2017 年第 4 期。

14.杨朋:《马克思主义中国化机制不可缺少的三个要件》,《法制与社会》2013 年第 7 期。

15.郭长伟:《马克思主义中国化之"力"机制运行规律》,《扬州大学学报》(人文社会科学版)2010 年第 9 期。

全面抗战时期中国共产党应对重大困难与危机研究

孙玉华　韩晓枫*

【摘要】中国共产党在全面抗战时期面临着极其严峻的困难与危机，不仅要应对日军对于敌后抗日根据地的进攻、国民党顽固派对于抗日民族统一战线的破坏，还要纠正当时党内存在的"左"倾和右倾错误，克服严重的经济困难。中国共产党总结党的历史上的经验教训，在马克思主义基本原理指导下逐一化解了危机，为之后的革命、建设和改革积累了宝贵的经验。

【关键词】全面抗战时期；应对困难与危机；现实启示

全面抗日战争时期是中国共产党转危为安、由弱变强的转折时期。中国共产党在政治、经济、军事、思想建设等方面经历了一系列前所未有的重大困难与危机。

一、中国共产党在全面抗战中的重大困难与危机

全面抗战时期面临的重大困难与危机可以划分为外部和内部两类。外部危机主要包括日军将军事打击重点转向中国共产党以及国民党对于抗日民族统一战线的破坏；内部危机主要包括党内"左"倾与右倾错误对革命的危害、严重经济困难等。

---

* 孙玉华，中共山东省委党校党建教研部副教授、硕士生导师；韩晓枫，中共山东省委党校硕士研究生。

(一)外部危机

1.日军将军事打击重点转向中国共产党

全面抗战进入相持阶段之后,日军"三个月灭亡中国"的计划破产,不得不调整侵华策略。对国民党政府从以"军事进攻为主、政治诱降为辅"转变为"以政治诱降为主、军事打击为辅",将侵略重点转向中国共产党领导的敌后战场,发动了一系列以战养战的侵略战争。日军针对中国共产党领导的敌后抗日根据地发动了一系列前所未有的"扫荡"行动,给敌后军民带来了惨无人道的灾难。敌后军民伤亡惨重,人民军队减员严重,大量的抗日民主政权被摧毁。敌后抗日根据地面积缩小,严重损害了中国共产党的政治和军事基础,给党带来了严重的困难和危机。

2.国民党破坏抗日民族统一战线

在日军的诱降下,国民党内出现了投降卖国派和消极抗日派。投降卖国派建立日伪政权,与侵华日军同流合污,与中国人民为敌。消极抗日派通过制造军事摩擦、散播反共思想以及经济封锁等方式,破坏抗日民族统一战线的稳定发展。国民党的投降、分裂、倒退行径,成为中国共产党领导中国人民抗日亟待解决的重大危机。

(二)内部危机

1.党内"左"倾与右倾错误危害抗日战争胜利进程

全面抗战爆发后,党内"左"倾与右倾错误主要集中在抗日民族统一战线的确立与巩固工作中。"左"倾错误主要是指关门主义,党内部分同志不注意争取国民党中的中间分子和爱国人士,随意扩大打击面,反对与广大的中间阶级进行联合,阻碍了抗日民族统一战线的建立与巩固。

右倾错误主要是指以王明为代表的投降主义,放弃统一战线中的独立自主原则,主张"一切经过统一战线,一切服从统一战线",实际上是放弃抗日民族统一战线的领导权,重蹈大革命失败的覆辙。由于王明是中国共产党驻共产国际的代表,并且以共产国际的名义在党内宣传右倾投降主义的思想,所以不少人听信了他的错误主张,在党内造成了巨大的思想混乱。

2.陕甘宁根据地经济困难的巨大挑战

1940～1941 年,在陕甘宁边区发生的严重经济和财政危机,使我们党进入了全面抗战最艰难的时期。诱发此次经济困难的因素是多方面的,除了日军对敌后抗日根据地的经济掠夺和国民党经济封锁政策之外,1940 年在陕甘宁边区发生的重大自然灾害也是导致经济财政困难的重要因素。陕甘宁边区地处黄土高原，生产条件差，水土流失严重，农业生产比较落后。尤其是1940年发生了严重的旱灾，之后又接连发生了风灾、水灾、雹灾等自然灾害，农业生产受到了毁灭性的破坏。

同时，边区外来革命者人数的增长，也加剧了经济负担。长征结束之后，中央机关和几万红军进入边区，再加上党中央开办了各类院校，吸引全国各地的爱国有志青年慕名而来，使得边区非生产人口大幅度增加。据统计，1937年边区的非生产人口大约是14000人，到1941年增加到了约73000人。随着非生产人口的不断增加，中央被迫增加征收公粮的数额，使得农民的负担不断加重。

二、中国共产党在全面抗战时期应对危机的对策

第五次反“围剿”的失败和党中央与红军长征的胜利，使得中国共产党积累了应对困难与危机的经验，在全面抗战时期能够临危不惧，沉着冷静地应对。

(一)应对外部危机的对策

1.坚持发动群众并依靠群众，开展游击战争，巩固壮大抗日根据地

为了反击日军的军事重点进攻，中国共产党结合中国国情以及敌后地区的实际，广泛发动并紧紧依靠人民群众，开展游击战争，巩固发展壮大抗日革命根据地。

中国共产党通过对根据地人民进行思想政治教育，唤起了人民群众的抗日热情，党政军民关系也变得更加融洽。此外，中国共产党领导发动了广泛的游击战争，扰乱了日军的军事部署，积小胜为大胜，沉重地打击了侵华日军。

面对日军对于敌后地区的疯狂进攻，党中央提出要重视敌后抗日根据地的建立、巩固和发展，加强根据地政治、经济、文化等诸方面的建设。在政治层面，党中央建立抗日根据地民主政权，坚持“三三制”原则，即在政府工作人员中共产党员、非党左派进步分子、中间分子各占三分之一，充分发扬民主原则，多倾听党外进步人士以及根据地群众对于抗日根据地建设意见，真正做到人民当家做主。在经济方面，由于根据地是抗日持久战的重要经济来源，所以中国共产党改变了土地革命时期“打土豪、分田地”政策，实行“减租减息”，团结了最大多数的爱国人士共同御敌。在文化方面，党中央加大文化教育力度，提高群众的文化素质。此外，在延安还创办了多所干部教育、军事教育学校，为全国根据地建设储备了大量的干部和领导人才，推动了革命事业的发展。

2.坚持“抗战、团结、进步”的方针

中国共产党以抗日大局为重，区分国民党内的顽固派与投降派，提出了“要

继续同蒋介石集团寻求合作，共同抗日”的方针，采取“既联合又斗争”的策略。对国民党投降派的卖国行为，中国共产党采取了坚决打击的方针，而对蒋介石政府消极抗日则采取了不同的应对政策。联合蒋介石集团中的大资产阶级抗日派，争取他们坚持抗日，使他们尽可能长时间地保留在抗日民族统一战线中。吸取大革命失败的经验教训，对于蒋介石集团内部存在的反共以及破坏、分裂抗日民族统一战线的行为进行坚决的斗争，禁止采取没有原则性的让步。

（二）应对内部危机的对策

1.针对“左”倾、右倾错误，党提出“马克思主义与中国实际相结合”

面对日趋严重的民族危机，只有联合一切可以联合的力量共同抗日，才是一条正确的政治道路。党内“左”倾关门主义错误把可能的抗日力量拒之门外，脱离了抗日战争这个实际，必须要纠正。

王明始终坚信共产国际对于抗日战争的指导，将共产国际的指示神圣化、教条化。针对王明所提出的“一切经过统一战线，一切服从统一战线”的错误观点和立场，党中央一方面明确指出了其错误，并与之斗争，坚决贯彻执行抗日民族统一战线中的独立自主原则；另一方面，派任弼时前往苏联向共产国际介绍中国革命的实际情况，阐述独立自主原则在抗日民族统一战线中的必要性，使得共产国际支持以毛泽东为核心的党中央所确立的政治路线，纠正了王明的右倾错误。在党的六届六中全会上，毛泽东明确提出：“使马克思主义在中国具体化，使之在其每一表现中带着必须有的中国的特性。”①

2.针对根据地的巨大经济困难，坚持“开源”与“节流”相结合

“开源”是指在敌后革命根据地开展大生产运动。党中央在革命根据地提出了“自己动手，丰衣足食”的方针，无论职务大小，都安排生产计划，白天进行农业生产，晚上进行业务工作，在边区形成了欣欣向荣的生产景象。受到自然条件的限制，可耕种的土地数量并不能满足根据地的军民需求，因此党中央提出了开垦荒地的要求，并且通过科学的考察，将南泥湾确定为开垦目标。最终，359 旅指战员克服了恶劣的自然条件和生产困难，创造了南泥湾“塞上好江南”的奇迹。

“节流”是推行精兵简政的政策。为了最大限度地节约开支，党中央提出了“精兵简政”的政策，精简党、政、军各个机关，节约人力、物力和财力。同时，党中央还提出要贯彻执行勤俭节约的原则，一方面是为了减少开销，减轻经济压

---

① 《毛泽东选集》第 2 卷，人民出版社 1991 年版，第 534 页。

力;另一方面则是为了整治革命根据地出现的浪费、贪污、腐败等现象。

“开源”与“节流”相结合,不仅为敌后地区开展对敌持久战提供了物质基础保障,还促进了军民关系的融洽发展,形成了影响深远的延安精神。中国共产党也积累了经济建设的经验,培养了大批能够有能力从事经济工作的干部,为日后党的全面执政奠定了基础。

三、中国共产党在全面抗日战争时期应对危机的现实启示

回顾这段历史,总结应对重大困难与危机的经验与教训,对于全党解决当代社会主要矛盾,化解国内外风险与挑战具有很大的启示意义。

(一)坚持党的集中统一领导与发挥人民主体作用相统一

中国共产党正在带领中国人民、中华民族实现从“站起来”到“富起来”,走上“强起来”的伟大征程。在新时代,我们处于百年未有之大变局,可预料的发展机遇与不可预料的风险与挑战并存。只有毫不动摇地坚持中国共产党的领导核心作用,坚持党的全面统一领导,我们才有底气和能力去迎接挑战,战胜困难。

同时,必须发挥人民群众的主体作用。回顾党的百年发展史,无论是制定党的纲领还是实施政策,始终坚持着人民主体作用。在新时代,中国共产党要始终坚持全心全意为人民服务的宗旨,将人民摆在治国理政最为突出的位置,以人民为中心,充分调动广大人民群众的参与热情,改善政治体制机制,畅通人民群众的政治参与通道,充分发挥人民群众在国家治理现代化历程中的主体性作用,落实好坚持党的集中统一领导与发挥人民主体作用相统一。

(二)制定政策时要坚持立足实际与放眼长远相统一

当前世界正处于百年未有之大变局,中国共产党要抓住这一伟大的历史机遇期,制定科学合理的政策与规划,为实现第二个百年奋斗目标奠定基础。一方面,中国共产党在制定政策时要继续保持理论联系实际的优良作风,充分考虑中国的实际情况。政策的制定既要“昂首望天”,又要“眼睛向下”,注重联系群众,考虑民意。如果在制定政策时脱离实际情况尤其是基层的实际状况,在政策实施的过程中就会遇到阻力,加重基层的工作难度,不利于政策的落实。另一方面,中国共产党在政策制定的过程中要做到高瞻远瞩,需要具有长远眼光以及全球视野。进入新时代,面对着严峻复杂的国内外形势,中国共产党在制定国家发展规划时要继续保持长远眼光,坚持战略思维、底线思维和辩证思维,加快推动以国内大循环为主体、国内国际双循环相互促进的新发展格局的

形成。

（三）在“应急处突”工作中坚持系统观念与做到统筹兼顾相统一

回顾中国共产党在全面抗战时期应对危机的历史，我们发现，坚持系统性观念、统筹兼顾，是中国共产党在防范化解重大风险工作中始终坚持的一项重要原则。

经历了一场声势浩大的疫情防控阻击战之后，党中央对于“应急处突”工作更加重视。对于重大突发事件的应对能力尤其是对于领导干部的应急处突能力提出了更高的要求。应急处突工作，是一项系统性工程，需要用系统性的观念观察和解决问题。一方面，要增强应急处突的前瞻预测能力。前瞻预测能力强意味着在危机或者重大风险来临之前就可以科学预测形势发展的未来走势，为应对危机提供相对充足的时间和准备，为应急处突工作的顺利完成奠定基础，增强危机应对的效率；另一方面，重大突发事件发生之后需要领导干部透过现象看本质，进行全局性谋划、整体性推进，以统筹兼顾的方式既化解重大风险又推进主要工作。

参考文献

1.胡绳主编:《中国共产党的七十年》,中共党史出版社 1991 年版。

2.《毛泽东选集》第 2 卷,人民出版社 1991 年版。

3.中共中央党史研究室:《中国共产党的九十年》,中共党史出版社 2016 年版。

4.中共中央文献研究室:《毛泽东传》,中央文献出版社 1996 年版。

5.吴永:《困境与危局——延安时期中国共产党应对危机研究》,人民出版社 2014 年版。

6.谭虎娃:《历史的转折——中共中央在延安十三年》,人民出版社 2018 年版。

7.金冲及:《生死关头:中国共产党的道路抉择》,生活·读书·新知三联书店 2016 年版。

从五个维度深入理解中国共产党勇于自我革命

那荣敏*

【摘要】勇于自我革命是我们党区别于其他政党的显著标志，是我们党本质属性的集中体现，也是我们党践行“为中国人民谋幸福、为中华民族谋复兴”的初心和使命的重要保证。勇于自我革命，是提高党的领导水平和执政水平的内在要求，是推进党的建设新的伟大工程的重要内容。一百年来，我们党外靠发展人民民主、接受人民监督，内靠全面从严治党、推进自我革命，保证了党长盛不衰、不断发展壮大。在新时代，我们一定要以伟大自我革命引领伟大社会革命，坚持不懈把全面从严治党向纵深推进。

【关键词】中国共产党；自我革命；五个维度

习近平总书记在庆祝中国共产党成立 100 周年大会上的讲话中指出：“勇于自我革命是中国共产党区别于其他政党的显著标志。”[①]党的十九届六中全会审议通过的《中共中央关于党的百年奋斗重大成就和历史经验的决议》，将“坚持自我革命”作为党百年奋斗的历史经验之一，彰显了我们党的最鲜明品格和独特优势。

一、勇于自我革命，是中国共产党本质属性的集中体现

马克思主义政党必须有自我革命的自觉和勇气。我们党是以马克思主义理论为指导的无产阶级革命政党。为了实现自己的理想，党敢于开展批评与自

* 那荣敏，中共潍坊市坊子区委党校高级讲师。

① 习近平：《在庆祝中国共产党成立 100 周年大会上的讲话》，《人民日报》2021 年 7 月 2 日。

我批评。毛泽东同志指出:“对于我们,经常地检讨工作,在检讨中推广民主作风,不惧怕批评和自我批评,实行‘知无不言,言无不尽’,‘言者无罪,闻者足戒’,‘有则改之,无则加勉’这些中国人民的有益的格言,正是抵抗各种政治灰尘和政治微生物侵蚀我们同志的思想和我们党的肌体的唯一有效的方法”。[①] 勇于自我革命,保证了我们党能够领导中国革命取得最终胜利。

改革开放是我们党在新的历史时期带领人民进行的新的伟大革命。1980 年 2 月,党的十一届五中全会通过的《关于党内政治生活的若干准则》提出:坚持党的政治路线和思想路线;坚持集体领导,反对个人专断;维护党的集中统一,严格遵守党的纪律;坚持党性,根绝派性;要讲真话,言行一致;发扬党内民主,正确对待不同意见;保障党员的权利不受侵犯;选举要充分体现选举人的意志;同错误倾向和坏人坏事作斗争;正确对待犯错误的同志;接受党和群众的监督,不准搞特权;努力学习,做到又红又专等。在改革开放进程中,我们党始终强调,治国必先治党,治党务必从严,聚精会神抓好党的建设,这体现了党面对改革开放新任务,推进自我革命的高度自觉。

勇于自我革命,从严管党治党,是我们党最鲜明的品格。进入新时代,习近平总书记反复强调,我们不要忘记党的性质,不要忘记我们是革命人。2018 年 1 月 5 日,习近平总书记在学习贯彻党的十九大精神研讨班开班式上发表重要讲话指出:“我们是共产党人,我们是革命者,不要丧失了革命精神。昨天的成功并不代表着今后能够永远成功,过去的辉煌并不意味着未来可以永远辉煌。时代是出卷人,我们是答卷人,人民是阅卷人。要实现党和国家兴旺发达、长治久安,全党同志必须保持革命精神、革命斗志”,勇于把我们党领导人民进行的伟大社会革命继续推进下去。[②] 面对新时代新任务新挑战,我们必须更加自觉地坚定党性原则,发扬彻底的自我革命精神,坚持发扬钉钉子精神加强作风建设,坚持以零容忍态度惩治腐败,确保我们党永葆旺盛生命力和强大战斗力。

二、勇于自我革命,是践行党的初心使命的重要保证

中国共产党人的初心和使命就是为中国人民谋幸福,为中华民族谋复兴。1925 年,毛泽东同志就明确地说:“为什么要革命?为了使中华民族得到解放,为了实现人民的统治,为了使人民得到经济的幸福。”[③]中国共产党的三大作风,

① 《毛泽东选集》第 3 卷,人民出版社 1991 年版,第 1096 页。
② 参见《习近平谈治国理政》第 3 卷,外文出版社 2020 年版,第 70 页。
③ 《毛泽东文集》第 1 卷,人民出版社 1993 年版,第 21 页。

特别是加强党与人民群众的血肉联系，是我们党勇于开展自我革命的重要标志。1956 年 9 月 16 日，邓小平同志在党的八大上所作的《关于修改党的章程的报告》中指出："共产党——这是工人阶级和劳动人民中先进分子的集合体，它对于人民群众的伟大的领导作用，是不容怀疑的。但是，它之所以成为先进部队，它之所以能够领导人民群众，正因为，而且仅仅因为，它是人民群众的全心全意的服务者，它反映人民群众的利益和意志，并且努力帮助人民群众组织起来，为自己的利益和意志而斗争。"①事实告诉我们，脱离人民群众的马克思主义政党就会失去革命性，就会腐败变质。

改革开放是决定当代中国前途命运的关键一招。从十一届三中全会到党的十八大，我们党创立了邓小平理论，形成了"三个代表"重要思想、科学发展观，成功开创并坚持发展了中国特色社会主义，团结带领人民推进经济快速发展，保持社会长期稳定，实现了中华民族从"站起来"到"富起来"的伟大飞跃。改革开放是我们党的一次伟大觉醒。在这一时期，我们党把党风廉政建设和反腐败斗争提高到关系党和国家生死存亡的高度，推进惩治和预防腐败体系建设，开创和推进党的建设新的伟大工程。

中国共产党是中国工人阶级的先锋队，同时是中国人民和中华民族的先锋队，是中国特色社会主义事业的领导核心。习近平总书记明确指出："一百年来，中国共产党团结带领中国人民进行的一切奋斗、一切牺牲、一切创造，归结起来就是一个主题：实现中华民族伟大复兴。"②党的十八大以来，以习近平同志为核心的党中央坚持初心和使命，胸怀中华民族伟大复兴的战略全局，沉着应对世界百年未有之大变局，深刻回答了新时代坚持和发展什么样的中国特色社会主义、怎样坚持和发展中国特色社会主义这个重大时代课题，创立了习近平新时代中国特色社会主义思想，推动党和国家事业发生历史性变革、取得历史性成就，实现第一个百年奋斗目标，开启了全面建设社会主义现代化国家新征程，中华民族伟大复兴向前迈出了新的一大步，充分体现了党性与人民性是高度统一的。

三、勇于自我革命，是中国共产党百年奋斗历程的必然结论

历史是最好的教科书。回顾中国革命史、中国共产党历史，我们党始终坚

---

① 《邓小平文选》第 1 卷，人民出版社 1994 年版，第 218 页。

② 习近平：《在庆祝中国共产党成立 100 周年大会上的讲话》，《人民日报》2021 年 7 月 2 日。

持勇于推进自我革命。延安时期，在延安整风的基础上，1945 年 4 月 20 日，中共中央扩大的六届七中全会讨论并通过了《关于若干历史问题的决议》，总结了建党以来的历史经验，对若干重大历史问题做出结论，还明确提出对犯错误的同志应坚持“惩前毖后，治病救人”的方针等，为党的第七次全国代表大会的召开在思想上做好了充分准备。1945 年 4 月 23 日至 6 月 11 日，党的七大在延安召开。党的七大把毛泽东思想确立为指导思想，标志着中国共产党在理论上的成熟，使全党达到了空前的团结。新中国成立 70 多年来，我们党坚持以自我革命的精神加强和完善自己，不断在化解风险、战胜挑战、攻坚克难中，变得更加坚强有力、更加朝气蓬勃。历史充分证明，中国共产党是在不断自我革命中，不断发展壮大、不断胜利前进的。

勇于自我革命，是我们党的鲜明品格和最大优势。习近平总书记指出：“百年风霜雪雨、百年大浪淘沙，我们党能够从最初的 50 多名党员发展到今天的 9100 多万名党员，战胜一个又一个困难，取得一个又一个胜利，关键在于我们始终坚持党要管党、全面从严治党不放松，在推动社会革命的同时进行彻底的自我革命。”①2020 年 1 月 8 日，习近平总书记在“不忘初心、牢记使命”主题教育总结大会上的讲话中指出：“强大的政党是在自我革命中锻造出来的。回顾党的历史，我们党总是在推动社会革命的同时，勇于推动自我革命，始终坚持真理、修正错误，敢于正视问题、克服缺点，勇于刮骨疗毒、去腐生肌。正因为我们党始终坚持这样做，才能够在危难之际绝处逢生、失误之后拨乱反正，成为永远打不倒、压不垮的马克思主义政党。”②习近平总书记强调，要认真学习马克思主义理论，结合学习党史、新中国史、改革开放史、社会主义发展史。这就是要我们永远铭记党不断推进自我革命的光荣历史。

四、勇于自我革命，是提高党的领导水平和执政水平的内在要求

在领导中国革命的伟大斗争中，我们党的领导水平不断提升，党推进自我革命的制度不断完善。延安时期，在惩治贪污的制度方面，颁布了《陕甘宁边区惩治贪污暂行条例》及《关于惩治贪污浪费行为》的训令等。1949 年 3 月 5 日至 13 日，在中国人民革命战争取得全国性胜利的前夕，党在河北平山县西柏坡村召开七届二中全会。毛泽东号召全党同志“务必继续保持谦虚、谨慎、不骄、不

---

① 习近平：《在党史学习教育动员大会上的讲话》，《求是》2021 年第 7 期。

② 《习近平谈治国理政》第 3 卷，外文出版社 2020 年版，第 541 页。

躁的作风,务必继续保持艰苦奋斗的作风"①。为了保持谦虚谨慎,防止对个人歌功颂德,根据毛泽东提议,中共七届二中全会做出六条重要规定。毛泽东提醒全党"进京赶考","决不当李自成","我们都希望考个好成绩"。② 从此,中国共产党人开启了不断提高党的执政能力和领导水平的新征程。

中华人民共和国成立后,我们党始终高度警惕并着力防范党员干部腐化变质,坚决惩治腐败。特别是通过开展"三反""五反"运动,惩治了腐败分子,净化了社会风气,成效显著。党的十一届三中全会以后,在改革开放和发展社会主义市场经济的伟大历史进程中,党内外出现了一些新的问题。在党中央的坚强领导下,全党坚定不移地推进自我革命,开展党风廉政建设和反腐败斗争,取得了巨大成就。同时,我们党加强以党章为核心的党内法规制度体系建设成效明显,党和国家监督体系不断健全,为党推进自我革命、提高领导水平和执政水平奠定了重要基础。

进入新时代,面对新形势新任务新要求,我们党不断加强自身建设,不断提高领导水平和执政水平,进行伟大社会革命。习近平总书记指出:"要把新时代坚持和发展中国特色社会主义这场伟大社会革命进行好,我们党必须勇于进行自我革命,把党建设得更加坚强有力。"③2018 年 7 月 3 日,习近平总书记在全国组织工作会议上的讲话中指出:"在新时代,我们党领导人民进行伟大社会革命,涵盖领域的广泛性、触及利益格局调整的深刻性、涉及矛盾和问题的尖锐性、突破体制机制障碍的艰巨性、进行伟大斗争形势的复杂性,都是前所未有的。我们必须增强忧患意识、责任意识,把党的伟大自我革命进行到底。"④党的十八大以来,党的自我革命伟大实践持续推进,党中央权威和集中统一领导得到有力保证,党的领导制度体系不断完善,党的领导方式更加科学,党的政治领导力、思想引领力、群众组织力、社会号召力显著增强。

五、勇于自我革命,是推进党的建设新的伟大工程的重要内容

1939 年 10 月,毛泽东在《共产党人》发刊词中提出党的建设"伟大的工程"

---

① 《毛泽东选集》第 4 卷,人民出版社 1991 年版,第 1438～1439 页。

② 中共中央文献研究室编:《毛泽东年谱(1893～1949)修订本》(下),中央文献出版社 2013 年版,第 470 页。

③ 中共中央宣传部编:《习近平新时代中国特色社会主义思想学习纲要》,学习出版社、人民出版社 2019 年版,第 222 页。

④ 《习近平谈治国理政》第 3 卷,外文出版社 2020 年版,第 516 页。

这一重大命题。在新民主主义革命时期,党的主要任务是:坚持马克思列宁主义的指导,从中国革命斗争的实际出发,最大限度地团结和带领广大人民群众,开展坚决的武装斗争和非武装斗争,最终推翻旧制度,建立人民当家做主的新政权。毛泽东同志指出:“这样的任务是非常光荣的,但同时也是非常艰巨的。没有一个全国范围的、广大群众性的、思想上政治上组织上完全巩固的、布尔什维克化的中国共产党,这样的任务是不能完成的。因此,积极地建设这样一个共产党,乃是每一个共产党员的责任。”①在中国革命、建设和改革伟大进程中,党的建设不断推进,党的领导力、战斗力、凝聚力不断提升,确保我们不断从胜利走向胜利。

党的十八大以来,以习近平同志为核心的党中央把全面从严治党纳入“四个全面”战略布局。构建自我净化、自我完善、自我革新、自我提高的制度规范体系,为我们党推进伟大自我革命提供坚实制度保障。2017 年 6 月,中共中央印发《关于加强党内法规制度建设的意见》。2019 年 10 月,党的十九届四中全会把全面从严治党制度作为党的领导制度的重要组成部分,纳入中国特色社会主义制度和国家治理体系之中,并提出“建立不忘初心、牢记使命的制度”,将其置于“坚持和完善党的领导体系”之首。党的十八大以来,我们党探索出依靠党的自我革命跳出历史周期律的成功路径。展望未来,我们一定要在以习近平同志为核心的党中央坚强领导下,坚持党要管党、全面从严治党,以伟大自我革命引领伟大社会革命,坚持不懈把全面从严治党向纵深推进。

参考文献

1.习近平:《论中国共产党历史》,中央文献出版社 2021 年版。

2.《中共中央关于党的百年奋斗重大成就和历史经验的决议》,人民出版社 2021 年版。

3.本书编写组:《中国共产党简史》,人民出版社、中共党史出版社 2021 年版。

① 《毛泽东选集》第 2 卷,人民出版社 1991 年版,第 652 页。

中国共产党制度治党百年探索的基本经验

李进成*

【摘要】制度治党强调制度对党的领导和党的建设的规范、保障作用，是政党建设法治化的集中体现。作为一种管党治党方式，制度治党伴随着中国共产党的百年奋斗历程不断发展完善，中国共产党的100年就是制度治党的100年。在制度治党百年探索过程中，中国共产党形成五条基本经验：通过制度建设推进党的中心任务、制度治党以健全民主集中制为核心、制度治党与思想建党紧密结合、制度治党与依法治国同步推进、通过制度执行树立党的制度权威。

【关键词】中国共产党；制度治党；基本经验

制度治党强调制度对党的领导和党的建设的规范、保障作用，是指通过制度建设使党的各项活动有制度可依、依制度而行，其最终目标是做到用制度管权管事管人，从而使党的建设实现制度化、规范化和程序化。①

党的十八大以来，党中央高度重视党内法规制度建设，强调通过制度推进全面从严治党，制度治党为广大党员所熟知。但作为一种管党治党方式，制度治党自中国共产党成立之日起即已存在，并伴随着党的百年奋斗历程不断发展完善。中国共产党的100年就是制度治党的100年。在我们党制度治党百年探索的历程中，形成了许多宝贵经验，其基本经验可归纳为以下五个方面：

---

* 李进成，中共威海市委党校法学教研部副主任、副教授。

① 参见谢忠平、张亚勇：《中国共产党思想建党和制度治党的历史经验》，《中共天津市委党校学报》2016年第4期。

一、通过制度建设推进党的中心工作

制度建设是马克思主义建党学说的重要方面，也是共产党组织与其他政党组织的主要区别。中国共产党作为马克思主义政党，是在马克思主义建党学说的指导下建立的，清楚认识到制度对一个政党的极端重要性。所以，中国共产党自成立以来一直高度重视制度治党问题，始终坚持通过制度建设推进党在各个时期的中心任务。

新民主主义革命时期，党的主要任务是将党锻造成一个真正的马克思主义政党，通过领导新民主主义革命实现民族独立和人民解放。围绕这一中心任务，从党的一大初步确立党的组织制度和纪律开始，我们党逐步构建起以党章为统领，以党的领导制度、监督制度、工作制度等为配套的制度体系[①]，民主集中制、巡视制度、党委制等重要制度都是在这一时期确立的。社会主义革命和建设时期，党的主要任务是巩固党的执政地位，领导人民进行社会主义革命和建设。围绕这一中心任务，制度建设主要从加强纪律检查和监督、配合整风整党运动、干部人事管理工作等方面展开。改革开放和社会主义现代化建设时期，制度建设对党的中心任务的推进作用更加明显。主要在拨乱反正，统一思想，恢复党的组织和纪律，推动经济和政治体制改革，推进民主执政、科学执政、依法执政方面加强制度建设。

党的十八大以来，我们进入中国特色社会主义新时代。立足于新时代中国特色社会主义事业发展全局，为推进全面从严治党、增强党的长期执政能力，顺利完成新时代的使命任务，习近平总书记将党的制度建设提到前所未有的高度。他强调通过制度管党治党，明确指出："加强党内法规制度建设是全面从严治党的长远之策、根本之策。"[②]党的十八大以来，制定、修改了大量基础性、标志性的党内法规，重构了党内法规制度的体系框架，并严格执行，制度治党进入快速、深入发展时期，全面从严治党效果非常显著。

二、制度治党以健全民主集中制为核心

我们党作为马克思主义政党，是按照民主集中制原则建立起来的政党，区别于其他政党的一个鲜明特征就是党始终把民主集中制作为根本组织原则和

① 参见任志江、郭睿：《中国共产党制度治党的历史发展与经验启示》，《光明日报》2019年1月23日。

② 习近平：《论坚持全面依法治国》，中央文献出版社2020年版，第169页。

领导制度。党的各项制度都以坚持民主集中制为最高原则,这也是我们党的优势所在。

民主集中制把充分发扬党内民主和正确实行集中有机结合起来,既可以最大限度地激发全党创造活力,又可以统一全党思想和行动,有效防止和克服议而不决、决而不行的分散主义,是科学合理又有效率的制度。民主集中制的这种特殊功能决定了制度治党应以健全民主集中制为核心。

在中国共产党百年奋斗历程中,伴随着党的建设的实践,民主集中制也在不断地丰富和发展。党的二大明确提出了"三个服从"原则,即全体党员必须绝对服从中央执行委员会的决议,少数绝对服从多数,下级服从上级,在首部党章中初步阐述了民主集中制的思想。党的七大党章把"四个服从"规定为民主集中制的基本条件,并明确界定了民主集中制的内涵,即在民主基础上的集中和集中领导下的民主。党的八大党章对民主集中制的内涵进行了修改,将"领导"改为"指导",即在民主基础上的集中和集中指导下的民主,这一表述沿用至今。改革开放以来,民主集中制得到了恢复和发展;党的十一届六中全会明确指出必须把党建设成为具有健全的民主集中制的党;党的十二大恢复并发展了民主集中制的内容,完善补充了民主集中制的六项基本原则;党的十七大报告提出要以健全民主集中制为重点加强制度建设;党的十八大以来,民主集中制全面贯穿于党的建设的各方面。

新时代,在推进党的建设的伟大工程中,我们应该把民主和集中有机统一起来,真正把民主集中制的优势变成我们党的政治优势、组织优势、制度优势、工作优势,在制度治党的实践中不断深化民主集中制。

三、制度治党与思想建党紧密结合

1929年,毛泽东在古田会议上指出,党员不但要在组织上入党,而且在思想上也要经常用无产阶级思想改造和克服各种非无产阶级思想,解决思想上入党的问题,初步回答了在党员队伍以农民成分为主的情况下,如何着重从思想上建设党以保持无产阶级先锋队性质问题,明确提出思想建党。

思想建党的本质是通过思想的教化形成约束党员的"软力量",其重点是坚定理想信念,前提是理论创新,途径是理论武装。思想建党是我们党的重要创造和重大优势,也是马克思主义政党的基本要求。将制度治党与思想建党紧密结合,互相促进,是我们党在管党治党的长期实践中积累的重要经验,也是贯穿于中国共产党100年管党治党的一条基本经验。

思想建设需要制度治党来保障，通过制度的普遍性和稳定性固化党建理论创新的各项成果，通过制度的刚性措施推动思想建设各项要求的落实，使思想建党制度化、程序化、规范化、法治化。思想建党是制度治党的基础和指导，是制度建设的引领，对制度建设具有指导作用。正是因为二者这种紧密的联系，我们党在百年历程中重视思想建设的同时也很重视制度治党。

邓小平指出："我们这么大一个国家，怎样才能团结起来、组织起来呢？一靠理想，二靠纪律。"①理想信念是思想建党的体现，纪律规矩是制度治党的体现，邓小平同志的这句话言简意赅，准确而肯定地指出了思想建党与制度治党二者的关系，强调二者要紧密结合。党的十八大以来，习近平总书记更是多次强调二者要紧密结合，互相促进。在党的群众路线教育实践活动总结大会上，他指出："二者一柔一刚，要同向发力、同时发力"，"要使加强制度治党的过程成为加强思想建党的过程，也要使加强思想建党的过程成为加强制度治党的过程"②；在党的十九大报告中则明确指出"思想建党和制度治党同向发力"。

四、制度治党与依法治国同步推进

中华人民共和国成立后，中国共产党成为执掌全国政权的执政党，管党治党的过程其实就是治国理政的过程。这一特点决定了治党必须与治国同步进行、协同推进，即党政同步；制度治党能有效推进依法治国，依法治国倒逼制度治党。

邓小平指出："国要有国法，党要有党规党法。党章是最根本的党规党法。没有党规党法，国法就很难保障。"③这充分说明了正确处理制度治党与依法治国二者关系的极端重要性。改革开放之初，我们党在推进制度治党的同时，也在全力推进依法治国，在制定大量党内法规的同时，也制定了大量的法律法规。党规方面，制定了《关于实行干部考核制度的意见》《关于党内政治生活的若干准则》等；法律方面，全国人大法制委员会在彭真主任带领下，三个多月时间就制定了《选举法》《地方组织法》等七部重要法律，法制建设驶入快车道。改革开放之初制度治党与依法治国的生动实践为之后二者的同步推进开启了良好的开端。

党的十三大提出，在党的建设上走出一条不搞政治运动，而靠改革和制度

---

① 《邓小平文选》第3卷，人民出版社1993年版，第111页。

② 习近平：《在党的群众路线教育实践活动总结大会上的讲话》，《人民日报》2014年10月9日。

③ 《邓小平文选》第3卷，人民出版社1993年版，第147页。

建设的新路子。[①] 这一时期党的制度建设快速推进，制定了《中国共产党党内法规制定程序暂行条例》等大量党内法规，党的制度建设逐渐呈现出法治化特点，法治基因开始注入党的建设之中。1997 年，党的十五大报告提出“依法治国，建设社会主义法治国家”。1999 年，“中华人民共和国实行依法治国，建设社会主义法治国家”被写入《中华人民共和国宪法》。在依法治国理念影响下，我们党尝试运用法治思维管党治党，制定了《党政领导干部考核工作暂行规定》《中国共产党党内监督条例（试行）》《中国共产党纪律处分条例》等党内法规。

党的十八大以来，全面从严治党与全面依法治国的战略选择，使制度治党与依法治国同步推进进入快速发展期和成熟期，这一经验已成为全党、全国的共识，构成新时代习近平中国特色社会主义思想的重要组成部分。在理论创新方面，党的十八届四中全会将完善的党内法规体系作为中国特色社会主义法治体系的重要组成部分，从而推动党内法规制度建设融入社会主义法治建设总体布局之中，为党内法规制度建设明确了战略定位，也为制度治党指明了未来的发展方向。在治理实践方面，十八大以来共制定、修改了大量党内法规，完善了党规制定的程序要求、备案要求、规划要求，首次对新中国成立以来的中央党内法规进行全面清理，严格执行党规，党的建设也更加制度化、科学化、规范化、实效化，全面从严治党效果显著。通过国家监察体制改革、国家机构改革重构党政关系，解决了诸多理论及实践难题，使制度治党和依法治国同时展现出全新气象。

五、通过制度执行树立党的制度权威

“政贵有恒，制贵必行”，制度的执行效果是影响制度权威性、稳定性的重要因素。通过制度执行树立制度权威是我们党制度治党的重要经验。新中国成立以来制度治党的实践证明，制度执行与制度权威、党的先进性与纯洁性、党的凝聚力与团结力密切相关，直接影响党的形象与执政地位。

新中国成立初期，我们党严格执行党的各项政策，通过党的各项制度加强党的自身建设，纯洁党员队伍。“新中国第一案”即刘青山、张子善案件使党员干部、人民群众深刻认识到我们党执行党纪与遵守国法的决心与勇气，是党的制度权威的生动体现。这一时期，党的纯洁性、凝聚力及团结力都很强，党在人民群众心目中的形象非常好，经济建设成就显著，党的执政地位非常牢固，属于

---

① 参见刘长秋：《建党百年中国共产党党内法规制度建设》，《探索》2020 年第 5 期。

新生执政党的上升期，是制度治党比较好的一个时期。

"文化大革命"时期，国家法律遭到巨大破坏，党内民主制度、领导制度、组织制度等党内制度也遭到巨大破坏，党内政治生活无法正常开展，党的先进性、凝聚力、团结力削弱，党的执政地位受到了威胁，制度治党受到严重挑战。

改革开放初期，我们党很重视党内制度的执行，"改革开放第一案"即王仲案件就是制度权威的生动体现。这一时期，党的纯洁性、凝聚力、团结力较强，改革开放顺利推进，国民经济迅速恢复。之后，随着经济的高速发展，出现管党治党宽松软现象，一些党员干部的理想信念动摇，宗旨意识、纪律意识淡薄。党内制度出现"破窗效应"，违纪贪腐案件增多，党的纯洁性、凝聚力、团结力削弱。

面对这种严峻形势，党的十八大以来，以习近平同志为核心的党中央从关系我们党生死存亡的高度，以"壮士断腕、刮骨疗毒"的决心和勇气，强调通过制度管党治党，高度重视制度的监督执行。通过完善党内法规的监督执行机制，让党内法规在管党治党、从严治党的实践中活起来，充分释放了制度的实践活力，党内法规的权威性显著提高，党的纯洁性、凝聚力、团结力显著增强，党中央的权威和集中统一领导得到了有力维护，制度治党到了一个新的发展阶段。

以上五条基本经验形成、发展于中国共产党100年制度治党的实践中，党的十八大以来，习近平总书记关于制度治党的理论与实践，既根植于这五条基本经验，又是对这五条基本经验的深化和创新。

参考文献

1.李雪：《新中国成立70年制度治党的历史沿革与经验启示》，《理论导刊》2020年第8期。

2.任志江、郭睿：《中国共产党制度治党的历史发展与经验启示》，《光明日报》2019年1月23日。

3.蒯正明：《中国共产党党内法规制度建设百年探索的基本经验》，《思想理论教育导刊》2021年第2期。

4.王宇凤：《新中国成立初期中国共产党从严治党的历史经验与现实启示》，《红色文化资源研究》2017年第1期。

论中央苏区时期我党进行党风廉政建设的历史经验

王征　萧亮*

【摘要】我党在中央苏区时期开始了推进党风廉政建设的伟大探索和实践，一扫旧社会的腐败吏治，开创了为政清廉的一代新风。针对苏维埃政权成立初期政府内部的腐败现象，中国共产党掀起了一场反腐倡廉运动，产生了重大的影响。研究其做法和经验，对当今时代仍具有借鉴和启迪意义。本文回顾了中央苏区推进党风廉政建设的主要举措，分析了中央苏区推进党风廉政建设的基本经验和历史启示。

【关键词】中央苏区；党风廉政建设；反腐倡廉；历史经验

第二次国内革命战争时期，以毛泽东为代表的中国共产党人，领导工农红军和人民群众创建了中央根据地，建立了中华苏维埃政权。在这一时期，我党开始了治国理政的伟大探索和实践，开创了为政清廉的一代新风，其经验对当今时代仍具有现实的借鉴作用。

一、中央苏区开展党风廉政建设的历史背景

20 世纪 30 年代以赣南、闽西革命根据地为主，形成了中央革命根据地及中央苏区，并于 1931 年 11 月在江西瑞金建立了中华苏维埃共和国临时中央政府，对中央苏区的政治、经济、文化等各方面进行领导。在此前后，中央苏区所

* 王征，济南社会科学院经济研究所所长、研究员；萧亮，济南社会科学院发展研究中心研究实习员。

属省、县、乡也相继建立了苏维埃政府。这是中国共产党在政权建设方面的伟大尝试。1931 年 11 月 7 日至 20 日，中华苏维埃第一次全国代表大会召开，宣告成立中华苏维埃共和国，瑞金成为红色首都，毛泽东当选为临时中央政府主席。[①] 新政权从成立之日起，就面临着腐蚀与反腐蚀的斗争。若任腐化现象蔓延，将严重威胁党和苏维埃政权的生存与发展。中国共产党对此有着清醒的认识。

那时在中央苏区，早期苏维埃政权中已经出现了某些腐败现象。初生的苏维埃政权由于处在旧思想、旧风俗、旧习惯势力的侵蚀包围之中，又加之苏维埃制度上的不完善，贪污腐化以权谋私等腐败行为在苏区出现，其主要表现在：一是贪污，二是浪费，三是以权谋私。腐败行为的发生，破坏了党群关系，危害着新生苏维埃政权的政治合法性，如不引起高度警觉，势必因自腐而脱离群众，失去存在的基础和应有的战斗力。为克服苏维埃政权中出现的腐败现象，保持政府的清正廉洁，争取革命战争的胜利，中国共产党在苏区领导开展了中共党史上的第一次大规模的以反对贪污腐化为主要内容的反腐倡廉运动。

二、中央苏区进行党风廉政建设的主要做法

（一）苏区党风廉政建设的主要进程

其一，发动阶段（1932 年 2～12 月）：在这一阶段里，临时中央政府发布了许多文件，揭示了腐败行为的表现、危害，阐明了反腐败的意义，表达了中央政府反腐败的决心，由此揭开了苏区反腐败的序幕。

其二，深入阶段（1932 年 1～12 月）：在这一阶段，临时中央政府开展了大规模的群众检举运动，号召群众检举清除政府机关和地方武装中的贪污腐化动摇消极分子。另外在继续建立健全各项法规、制度的同时，还加强了对腐败现象的监督，包括舆论监督、审计监督等。

其三，高潮阶段（1934 年 1～9 月）：以中央执行委员会颁布《关于惩治贪污浪费行为》的第 26 号训令、同时在《红色中华》发布为信号，中央苏区掀起了反腐败斗争的新高潮。

（二）中央苏区对推进党风廉政建设的组织领导

1931 年 11 月 1 日至 5 日，早在中华苏维埃新政权成立之前，中国共产党就召开了苏区第一次代表大会，会议通过了《关于党的建设问题决议案》。根据这

---

① 参见余伯流、凌步机：《中央苏区史》，江西人民出版社 2001 年版，第 15 页。

一决议精神。中央苏区各级党组织和苏维埃政府加紧了对党员、干部的监督和对违纪案件的查处，在党内、苏维埃政府及共青团中专门成立了推进党风廉政建设的组织机构，具体如下：

其一，在党内成立中央党务委员会和省县监察委员会。1933 年 9 月 17 日，中共中央通过了《关于成立中央党务委员会及中央苏区省县监察委员会的决议》。根据这一决议，1933 年冬起，中央苏区所辖各省、县委都先后选举成立了监察委员会。1934 年 1 月，中国共产党召开了六届五中全会。全会选举产生了中央党务委员会，董必武任书记。党的各级纪律检查机构的建立健全，加强了党的纪律建设和政府廉政建设。

其二，在苏维埃各级政府机关成立工农检察部。1931 年 11 月 27 日，中华苏维埃共和国中央执行委员会决定设立工农检察等九部一局，选举何叔衡任工农检察人民委员，并讨论通过了《工农检察部的组织条例》。《条例》规定，各级执行委员会及城市苏维埃应当设立工农检察部或科，工农检察机关实行双重领导，主要任务是监督、检查本级苏维埃政府机关，正确地执行上级政府颁布的政策和法令。有权向各级政府建议撤换或处罚国家机关与企业的工作人员。如发现工作人员有诸如行贿、浪费公款、贪污等行为，有权报告法院，以便施行法律上的制裁。各级工农检察机关成立后，通过开展监督检查、设立控告局、发动群众检举、组织突击队、召开群众法庭等方式有效开展了工作。

其三，在共青团中组织群众成立若干轻骑队。轻骑队是在共青团直接领导下的青年群众监察组织，发起成立轻骑队的目的是通过吸收广大的青年工人、农民以及一切劳动者自愿加入，来检查苏维埃机关内、企业内、经济的和合作社的组织内存在的官僚主义、贪污、浪费、腐化、消极怠工等现象。轻骑队的活动是公开的，一切的行动应当向广大的群众报告，发现问题可随时向政府提出控告。轻骑队在苏区群众的积极参与下。成为“与官僚主义、消极怠工和贪污腐化现象作斗争的一个重要武器”[①]。

在中央苏区时期，中国共产党和苏维埃政府通过这套组织机构推进了党风廉政建设。与党及政府机关内存在的各种不良现象进行了坚持不懈的斗争。苏区将反腐败当作执行苏维埃一切战斗任务中不可分离的部分，对腐败现象保持了高度警惕，把保持廉洁放在党的建设和苏维埃政权建设的突出地位，坚持从严治党、治政，实行了一系列行之有效的反腐倡廉措施，并取得了卓有成效的

---

① 余伯流、凌步机：《中央苏区史》，江西人民出版社 2001 年版，第 153～156 页。

业绩，大党员干部保持了廉洁、高效的优良作风。

（三）中央苏区开展党风廉政建设的主要举措

中国共产党和中华苏维埃政府为杜绝腐败现象的发生，采取了一系列开展党风廉政建设的重要举措。

其一，坚决依靠群众，密切联系群众，放手发动群众。把检察部门的工作同群众的检举揭发有机地统一起来，反对官僚主义，严惩贪污腐败。《中华苏维埃共和国宪法大纲》规定，工农群众对政府机关及其工作人员有批评、监督、检察和要求撤换、罢免之权。党和政府主要做了以下工作：(1)广泛发动群众开展检举。(2)组织群众参加突击队、轻骑队等，直接检查政府工作。(3)组织群众法庭。群众法庭有判决开除工作人员、登报宣布其官僚腐败罪状等职权。(4)在各地悬挂控告箱，以便于工农群众检举揭发各种违法乱纪的行为。(5)设立工农通信员，由他们将本地区、本部门、本单位发生的事情及时报告给各级检察机关。这些举措使党的群众路线在这场运动中得到了充分体现。

其二，切实执行工作检查。中华苏维埃政府成立后，制定和颁布了一系列政策、法规、条例、训令等，各级工农检察部有对贯彻执行的情况进行监督检查的职责。从 1932 年春至 1934 年春，各级工农检察机关围绕苏区的中心工作，先后组织过多次集中检查。各级工农检察机关组织了临时检举委员会，对各级苏维埃政府委员、各级政府委托的工作人员和各各军事机关、地方武装、独立师团、游击队、赤卫军、少先队等指挥人员进行全面考察。此外，中央还开展了巡视工作。通过检查，严肃查处了一批违法违纪、贪污腐败和消极怠工分子。通过检查，严肃查处了一批违法违纪、贪污腐败和消极怠工分子，保证了中央的政令畅通。

其三，建立预防和惩处腐败制度。针对政府成立初期各项制度不健全的问题，党和政府加强了预防和惩治腐败的制度建设。主要有：(1)统一财政。(2)统一会计制度。(3)实行财务公开制度。(4)建立惩处制度等。一批法律、法规、条例的颁布，弥补了制度建设方面的某些漏洞，使中央苏区的反腐败斗争做到了有法可依。

其四，建立民主监督机制，约束权力。一是加强行政监督。临时中央政府成立后，从中央到地方建立了中央、省、县、区四级工农检察部(后改为工农检察委员会)。各级工农检察部既是各级苏维埃政府机关的组成部分，受同级执行委员会或主席团的领导，同时又接受上级工农检察部的命令和指挥。二是注重发挥舆论的监督作用，许多报刊都开辟有“批评专栏”。苏区各类媒体的舆论监督，得到了党和苏维埃政府的大力支持。

其五，严惩贪污浪费等行为。中央工农检察委员会颁发了第三号训令，要求各级政府要通过各种形式大张旗鼓地宣传反贪污反浪费斗争的意义，随后开展了一场声势浩大的检举揭发运动。1933 年 12 月，中央工农检察部发布《怎样检举贪污浪费》的指示，其主要精神是：第一，要求人们提高对贪污浪费的警惕。第二，指出了贪污和浪费的不可分割性。第三，反对贪污浪费，必须发动群众。第四，要注意机关里的贪污浪费现象。第五，要根据中央政府新颁布的惩治贪污浪费的法令从严治罪。第六，要组织审查委员会审查贪污浪费事件。中央苏区在开展反贪污浪费的斗争中，党和政府对贪污浪费等行为进行了严肃惩处，查办了一批大案要案。① 中央苏区党和政府在查办大案要案的同时，还注重做到三个统一：一是注重中央与地方的统一。二是注重查案与治本的统一。三是注重廉政与效能的统一。

三、中央苏区推进党风廉政建设的历史经验与宝贵启示

其一，要始终高度重视党风廉政建设和反腐败工作，廉政建设要坚持从严治党治政，要严厉惩治腐败分子。中央苏区时期，中国共产党清醒地认识到腐败现象时刻威胁着党和苏维埃的生存与发展，把反腐败当作执行苏维埃一切战斗任务不可分离的部分。对腐败现象保持了高度警惕，把保持廉洁放在党的建设和苏维埃政权建设的突出地位，坚持从严治党、治政，实行了一系列行之有效的反腐倡廉措施，并取得了卓有成效的业绩。

其二，要始终把制度建设放在突出的位置。中央苏区在严惩腐败分子的同时，高度重视制度建设，形成了一套比较完整的制度体系。比如：加强了预防制度建设，建立了统一完善的财政制度，加强了监督制度建设，形成了监督合力，对腐败现象保持了高度警惕，实行了一系列行之有效的反腐倡廉措施。

其三，要始终坚持群众路线，全心全意为人民服务。中央苏区时期，党和政府的领导人始终坚持走群众路线。为我们党发动和领导广大人民群众参加革命战争，为密切党和人民群众的血肉联系，为苏区干部的廉政建设发挥了重要的作用。

其四，要始终坚持围绕中心，服务大局。中央苏区时期，党和苏维埃政府的主要精力是进行革命战争。这时期的党风廉政建设和反腐败工作是紧紧围绕

① 余伯流、凌步机：《中央苏区史》，江西人民出版社 2001 年版，第 183 页。

着革命战争这一中心任务来开展的。中央苏区时期所采取倡廉肃贪的做法，虽然是从当时的历史条件出发的，但它的基本精神和原则是永存的。察往知今，以启来者。它的影响，绝不会因为时间的流逝而消失。

参考文献

1.李丹、胡新峰：《中央苏区时期廉政文化建设经验的当代价值》，《思想政治教育研究》2020 年第 3 期。

2.司慧：《中央苏区反腐倡廉建设的历史经验及启示》，《时代报告》2019 年第 6 期。

3.许丹：《中央苏区反腐倡廉工作的经验与启示》，江西理工大学硕士学位论文，2015 年。

4.彭光华：《苏区精神对新时期党风廉政建设的启示》，《中国纪检监察报》2012 年 2 月 21 日。

5.汪毓华：《中央苏区党风廉政建设的基本经验研究》，《党史文苑》2011 年第 18 期。

6.陈克鑫、朱习文：《论中央苏区的党风廉政建设》，《湖湘论坛》2008 年第 2 期。

从“劳工神圣”到“大国工匠精神”：中国共产党劳模精神的百年建构与嬗变*

明芳　石路**

【摘要】中国共产党建党百年来，劳模精神经历从“劳工神圣”“劳动英雄模范精神”“工农兵劳动模范精神”“敢干实干劳模精神”到“大国工匠精神”的演变，其具体内涵经历从实业救国、翻身抗敌、又红又专、改革开放推动社会主义现代化建设到担当民族复兴大任的转变。考察建党百年来劳模精神时代建构与内涵嬗变过程，探究精神特质的时代烙印，有利于我们抓住劳模精神演进的内在脉络规律，理解其历史使命，重塑新时代劳模精神。

【关键词】建党百年；劳模精神

在党的百年成长历程中，代际涌现出的劳动模范，孕育了不同时代烙印的劳模精神，在中国共产党革命精神谱系中占据重要位置。劳模精神赓续折射出具有特定时代烙印的人民精神，反映出特定时代社会治理的价值规约与公共道德取向及个体的人生价值观。作为被特定时代标记的劳模精神具有特定阶级品质和精神坐标，“起到了积极典型的引领‘导航’作用”①。从源起到成熟至完善，从客观实在的个体状态到具有实在意义的社会意识形式，从劳动模范群体精神特质的人格化到进入当代中国主流意识形态谱系，劳模精神以“实践化”

---

* 本文为2021年新疆维吾尔自治区研究生科研创新项目“从‘劳工神圣’到‘劳模光荣’：中国共产党劳模精神话语的百年建构与嬗变研究”(XJ2021G235)研究成果。

** 明芳，新疆师范大学马克思主义学院讲师；石路，新疆师范大学政法学院教授、博士生导师。

① 韩承敏：《改革开放40年劳模文化变迁的历史逻辑》，《学校党建与思想教育》2018年第22期。

“人格化”的方式，融入中华民族精神与改革创新的时代精神洪流。

一、建党百年以来劳模精神演进历程

（一）“劳工神圣”：中国新知识分子的自我批判与选择

苏维埃无产阶级的胜利，标志着阶级社会以来劳动者摆脱了处于社会最底层被剥削压迫的现状，彻底获得劳动解放。由此掀起19世纪风起云涌的国际劳工运动潮流。中国新知识分子深刻反思与考辨“知识与劳动”这一古老的思想范畴，对中国传统和社会中存在的权贵垄断教育资源、“学而优则仕”之八股知识分子的特权地位及其话语权进行坚决批判。他们对以体力劳动为生的劳苦大众的遭遇深表同情，提倡尊重底层劳动者的尊严，认为劳动人民代表着未来，决定人类发展的新方向。

1918年，蔡元培《劳工神圣》讲演中提出“四民皆工”观念，第一个在中国近现代史上喊出“我们要自己认识劳工的价值，劳工神圣”①的口号，倡导“自食其力、合群互助”的劳动观念，推动了近代以来关于“劳动”观念的转变与实践。“资本主义失败，劳工主义战胜”②，这则预言式宣言是马克思主义中国化的第一人李大钊更为深刻的洞见。这两位社会主义革命先行者的宣传呼吁和历史性预见，标志着中国近代史上“劳工神圣”高潮自此掀起。

（二）“劳动英雄模范精神”：服务战争培养夺取革命胜利的中坚力量

受苏俄“共产主义星期六义务劳动运动”和“苏联斯达汉诺夫运动”影响，中央苏区内各农业生产合作社、各厂矿企业开展“劳动竞赛”，“对超额完成生产任务的给予精神和物质奖励、或送上红榜”③。这标志着在中央苏区公营企业中，诞生了中国共产党历史上最早的劳模群体，劳模精神也开始萌芽。这场20世纪三四十年代声势浩大的“新劳动者运动”“增产立功运动”，是一场攻克严重经济困难的劳动人民的群众运动。以“革命性”为特征的劳动英雄和先进生产者，首次作为一个全新的社会群体，在中国共产党领导的社会主义革命战争年代被塑造出来。为革命献身、革命加拼命、苦干加巧干、经验加创新，则是在这一群体中焕发出的劳动英雄模范精神。

---

① 蔡元培：《劳工神圣》，《北京大学日刊》1918年第200号。

② 李大钊：《庶民的胜利》，《新青年》1919年第5卷第5号。

③ 中央苏区工运史征编协作小组编著：《中央革命根据地工人运动史》，改革出版社1989年版，第80页。

（三）“工农兵劳动模范精神”：新中国建立初期劳模经济与政治效应明显

劳动模范的评选是社会主义国家的独特文化现象。① 中华人民共和国建立初期，为迅速凝结力量、团结民心，劳动模范的经济建设效应和政治形象被逐渐放大。劳模形象和劳模精神与新中国国民经济建设的恢复发展及社会主义意识形态之间是胶合与同构的关系，劳模的政治效应明显。② “信念忠贞、胸怀理想、爱党爱国”是其崇高信念，“自强不息、艰苦卓绝、矢志不渝”是其优秀基因，“忠于职守、踏实肯干、无私奉献”的“老黄牛精神”是其评价标准，“主人翁责任感、自力更生、敢为人先”的“硬骨头精神”是其真实写照和价值旨归。20 世纪 50～70 年代，劳模评选及劳模精神初具雏形。劳动模范的评选彰显出党和国家对劳动人民及由其创造的劳动价值的赞誉和肯定，显示出社会主义国家的文化特质和文明优越性，为社会主义建设时期坚持独立自主的发展道路提供了不竭精神动力和劳动后备军。

（四）“敢干与实干劳模精神”：改革开放时代领跑者

1978 年党的十一届三中全会的召开，新中国历史上正式拉开了改革开放的大幕。随着社会主义市场经济逐步孕育，“生产力标准的规范化”使得劳动中的科学技术力量愈发关键，“对改革开放时期劳模成长产生了深远的影响”③。改革开放以来，随着邓小平同志的“科学技术是第一生产力”论断的提出，在社会发展中科技创新所呈现出的重要性进一步深入人心，亟待重新审视知识分子、科技人员的知识与价值关键作用。“敢干与实干劳模精神”应运而生于改革开放时期工人阶级之中，“弄潮儿”时代劳模犹如一种精神符号和一面旗帜，上升为广大劳动群众伟大品格与力量化身，领跑示范改革开放时代主流文化价值取向。集“建设性”与“发展性”劳模精神于一体的改革开放时代领跑者，促进经济社会和人的全面发展成为目标，带领各行各业劳模的工作积极性空前高涨。

（五）“大国工匠精神”：孕育国之重器接力新时代

工匠是形塑工匠精神的行为个体，亦是工匠精神历史传承的行为主体和重要载体。新时代工匠精神意蕴为作风严谨、精益求精、敬业守信、推陈出新。“国之重器，大师之谓也。”生发于中华文明传承与现代社会进步的“大国工匠精神”，其精神实质不仅仅是精益求精、一丝不苟的内涵释义，而是对个人价值和

---

① 参见李建国、刘芳：《建国 70 年来劳模精神的发展演进、理论诠释及新时代价值》，《学习与实践》2019 年第 9 期。

② 参见张明师：《胶合与同构：劳模形象变迁与国家意识形态》，《学术论坛》2012 年第 1 期。

③ 韩承敏：《劳模的力量》，南京大学出版社 2013 年版，第 54 页。

社会价值关系的重新定格。工匠个体的“小我”之于卓越精湛技艺的追求与教育训练的外延，突破“单位社会”思维限制，统一于新时代工匠个体的“大我”情怀，闪耀着广大劳动者政治本色、价值取向和光荣传统，构筑起新时代中国价值、中国精神和中国力量，统一于新时代中国乃至世界人民精神的价值旨归。中国共产党的百年接续奋进的伟大进程进一步表明，新时代“大国工匠精神”绝非单纯对传统工匠技艺的回首回忆，而是对“双循环”新发展格局背景下的职业道德的呼唤，孕育接力新时代的“国之重器”，为中国梦及中华民族伟大复兴持续注入充沛动力。

二、从“劳工神圣”到“大国工匠精神”的逻辑理路

(一)由“旧”到“新”：社会基本矛盾的历史转换

“旧”与“新”是一对矛盾转换对立的样态。劳动精神本身蕴藏着精神符号动力，其转换更迭的根本动因就在于社会基本矛盾导致社会转型所赋予时代精神的发展空间。由“劳力者治于人”到“劳工神圣”，再到新时代“劳模精神”和“大国工匠精神”，彰显出历史转折期由“旧”到“新”的历史产物，其存在是由社会基本矛盾运动变化而促发的转化。印证了劳模精神随着社会基本矛盾的历史转化，在经济建设、社会转型、文化传统的总体性维度更迭与嬗变中给予其不同的时代定义。新时代劳模精神正是对现代性建设新要求的回应，成为人民对于美好生活的向往映射于国家意识形态层面的社会价值观。

(二)由“点”到“面”：社会治理的价值规约

在政府或国家不能发挥主导作用而需要联合行动的生产或者社会其他领域，社会治理通过彰显人本价值、实力基础、文明特征、自主发展和幸福目标，为国家治理策略提供价值向度和尺度规约。“领域分离”与“结构转型”的社会实践结构性巨变时代，复杂现代性成为中国现代化进程的整体特征。[①] 党和国家通过选树模范进行先进典型的正面教育，作为一种突出社会核心价值宣传引导范式，有效引导了具有复杂现代性的中国社会普遍遵循的价值旨归，达到以点连线、由线及面的作为广泛发动教育社会公民的社会治理的价值规约。

(三)由“单向”到“多维”：历史使命与时代精神契合

自中国共产党成立伊始，中国就一直处于“现代化运动与中华文明复兴”

---

① 参见黄建洪：《社会治理的价值规约与政府治理》，《马克思主义与现实》2015 年第 6 期。

“社会主义与资本主义”“民族国家与全球化趋势”三大张力之中。① 现代化是整个人类社会发展的普适价值规律和不可逆的潮流。从中国近代以来现代化的发展路径中，每一时期都产生了彰显时代特征的劳动模范，劳模精神也随之在政治文化传统和时代条件基础上，被赋予特有的历史使命和时代印记。劳模精神这一概念的出现及其嬗变，从本质上就体现了现代化建设的话语逻辑，彰显出时代所赋予劳动人民阶段性和长远性的历史使命，合乎历史使命与时代精神自洽，助推国家现代化进程的意义深远。

三、中国共产党劳模精神百年演进的当代启示

(一)劳模精神实质：鲜明彰显马克思主义群众史观

中国共产党劳模精神百年演进历程表明，劳动内涵、样态以及劳动关系不断发展与丰富，“劳动是推动人类社会进步的根本力量”②这一劳动价值观的根本观点始终未变。中国共产党坚持马克思主义群众史观，坚持正确的价值向度和思想方向，站稳政治立场，坚持人民至上原则，维护最广大人民群众的根本利益。劳模精神作为政治性与人民性相统一的精神符号和动力源泉，其历史发展与嬗变过程反映了社会财富创造所需要的劳动的具象化和多元化。在承继传统的工人阶级主体性与先进性基础上，劳模群体呈现出工人阶级先进性与主人翁意识的劳模精神特质，深刻反映出中国共产党始终坚持马克思主义政治立场与人民立场的辩证统一性。

(二)劳模精神价值：构建新和谐劳动关系

劳动实践是链接自然界与人类社会的关键环节，因劳动或围绕劳动而发生的不同主体之间的关系，被称为劳动关系。劳动关系是劳动主体开展劳动实践过程中产生的最基本、最重要的社会关系之一。中国共产党劳模精神的百年演进历程表明，建构和谐劳动关系日趋成为建设和谐社会的核心内容和关键环节。劳动模范作为时代先锋和民族楷模，其蕴含的劳模精神实质与社会主义核心价值观相融相通，充分彰显出新时代工人阶级和劳动群众的高度自信，丰富和拓展了中国精神内涵，承载并彰显出的劳模精神发挥着引领社会治理示范效应，为构建新时代和谐劳动关系与和谐社会赋能。其一，当代中国劳模精神诠释中国精神的精髓要义。其二，劳模榜样教育法促进社会治理创新。其三，劳

① 参见韩庆祥：《社会主义现代化建设的“中国逻辑”》，《马克思主义与现实》2012 年第 4 期。

② 《习近平在同全国劳动模范代表座谈时的讲话》，《人民日报》2013 年 4 月 29 日。

模精神助力构建和谐社会。

(三)劳模精神要旨:锐意创新助力新时代新征程

中国共产党劳模精神的百年演进历程表明,“社会主义国家是以‘劳动解放’为原则构建而成的新型国家政权”①,“社会主义是干出来的”②。劳模精神的思想要义和人民立场为新时代新征程指明方向,其鲜明的政治立场和政治旨趣在中国特色社会主义新征程中进一步拓展。其一,成风化人,引领社会各阶层。其二,直面时代和人民关切。其三,为社会主义建设和改革注入持久活力。中国共产党百年历史就是攻坚克难、艰苦奋斗的历史。劳模精神是中国共产党建党百年以来重要思想命题。作为中国共产党由弱渐强、从胜利走向另一个胜利的制胜秘诀,劳模精神是中国共产党绵延生长、赓续传承的血脉基因与精神密码,是中华民族实现伟大复兴的强劲精神力量。

① 刘佳:《社会主义国家建设视野下劳模精神再阐释》,《内蒙古社会科学》(汉文版)2019 年第 5 期。

② 《习近平给中国劳动关系学院劳模本科班学员的回信》,《人民日报》2018 年 5 月 1 日。

毛泽东党建思想与马克思主义中国化生成机制探析

苏克*

【摘要】毛泽东党建思想是毛泽东思想的重要组成部分。建党百年以来，马克思主义中国化经历了数次理论和实践飞跃，尽管每一次的具体表现形式不尽相同，但从其内在逻辑中都能够看到马克思主义与中国社会"碰撞"的影子。中国近代半殖民地半封建社会性质决定了中国无产阶级与欧洲和俄国无产阶级的不同，也决定了无产阶级政党在组织形式、实践路径方面的不同，毛泽东党建思想的形成正是基于这些"不同"，并充分运用了这些"不同"，从而为马克思主义在中国生根发芽提供了坚实的保障。本文仅选取毛泽东党建思想中的阶级分析观点、知识分子观点和战斗堡垒观点，分别探讨马克思主义中国化的生成源头、理论枢纽、现实路径，以期对马克思主义中国化与百年党建之间的互动作一管窥。

【关键词】马克思主义中国化；生成源头；理论枢纽；现实路径

马克思主义中国化绝不是单向的、线性的，而是多向的、螺旋上升的，马克思主义中国化与"中国马克思主义化"两者之间不断互动、互相交融，可以说马克思主义改变了中国，中国也改变了马克思主义。当然，马克思主义中国化也不是靠理论家的说教凭空而来，是在与中国革命逐渐结合的过程中逐渐生发，马克思主义的科学性和真理性恰恰体现在它并不是一成不变的，而是在不同时期、不同地域呈现出不同的存在和发展形态。

* 苏克，哈尔滨工业大学(威海)党委组织部干部工作办公室主任。

一、毛泽东党建思想指出中国无产阶级诞生时间早于资产阶级，构成了马克思主义中国化的生成源头

从世界范围而言，无产阶级的诞生始终伴随着工业生产大规模发展和资产阶级实力大幅度提升，从诞生时间上来看，资产阶级先于无产阶级诞生，《共产党宣言》说：“工人的大规模集结，不是他们自己联合的结果，而是资产阶级联合的结果。”①那么中国的情况是否也与大多数欧洲国家一样呢？显然不是。毛泽东很早就敏锐地发现了这一点。

大工业生产进入中国并非资本主义自然发展的结果，近代中国的工业化萌芽肇始于三个主要方面：第一方面是帝国主义入侵后所直接扶植的资本势力及其在中国的代言人，如第一次鸦片战争后西方国家在中国通商口岸所设立的洋行、银行、船坞、轮船公司等；第二方面是政府为抵御西方资本入侵而采取相关反制措施下所诞生的官办企业，如江南制造总局、福州船政局、汉阳铁厂等；第三方面是民间大量存在的半农半工性质的手工业作坊，尤其是在一战爆发后，帝国主义鞭长莫及，为民族工业带来了短暂的发展高峰。

毛泽东在分析中国半殖民地半封建社会阶级构成时指出：“如果一部分的商人、地主和官僚是中国资产阶级的前身，那末，一部分的农民和手工业工人就是中国无产阶级的前身了。”②在谈到中国无产阶级诞生时间时，毛泽东又强调：“中国无产阶级的发生和发展，不但是伴随中国民族资产阶级的发生和发展而来，而且是伴随帝国主义在中国直接地经营企业而来。所以，中国无产阶级的很大一部分较之中国资产阶级的年龄和资格更老些，因而它的社会力量和社会基础也更广大些。”③笔者认为，毛泽东这段精辟的论述非常准确地描述了从中国共产党诞生之前到诞生之初这段历史时期马克思主义中国化与党的建设之间所存在的互动关系，从中我们至少可以捕捉以下到两条重要信息。

第一，中国资产阶级和无产阶级之间的对立远不如欧洲和苏俄那样尖锐。一方面，相较于同时期的欧洲和苏俄，中国无产阶级对资产阶级的依附性要小得多，如毛泽东所言，中国无产阶级诞生早于资产阶级，社会力量和基础更为广大；另一方面，中国资产阶级在帝国主义和封建主义双重挤压的夹缝下生存，其自身力量相较于欧洲资产阶级同样也小得多，且中国存在大量的小资产阶级和

① 《共产党宣言》，人民出版社 2015 年版，第 27 页。
② 《毛泽东选集》第 2 卷，人民出版社 1991 年版，第 627 页。
③ 《毛泽东选集》第 2 卷，人民出版社 1991 年版，第 627 页。

手工业者，在一定条件下还有可能转化为无产阶级，资产阶级和无产阶级在欧洲和苏俄那种尖锐而鲜明的阶级对立到了中国变得更为“圆润”。

第二，中国共产党比欧洲和苏俄无产阶级政党面临的形势更为复杂多样，革命任务更具挑战性。欧洲无产阶级斗争对象比较单一，这是由欧洲工业革命较早、工业基础雄厚、资本主义发展较为充分决定的。中国面临的情况远比此复杂，如毛泽东所说：“中国革命是包括资产阶级民主主义性质的革命（新民主主义的革命）和无产阶级社会主义性质的革命、现在阶段的革命和将来阶段的革命这样两重任务的。”①

由此可见，中国半殖民地半封建社会的性质使得无产阶级诞生时间早于资产阶级，这直接导致了中国土本的无产阶级政党——中国共产党的革命任务完全区别于欧洲和苏俄无产阶级政党，直接影响了中国共产党的意识形态和组织运行方式，这是毛泽东党建思想的起点，体现了实事求是的原则，也从源头上决定了马克思主义中国化的必然性。

二、毛泽东党建思想重新定义了知识和知识分子，抓住了马克思主义中国化的理论枢纽

马克思主义中国化的重要前提是让马克思主义“说中国话”，能够做到这一点的非知识分子莫属，如第一个翻译《共产党宣言》的陈望道早年曾留学日本，后在杭州第一师范、上海大学任教，新中国成立后曾担任复旦大学校长，是典型的知识分子。

中国传统社会定义知识分子往往单纯以社会劳动分工为依据，所谓“君子劳心，小人劳力，先王之制也”，“劳心者治人，劳力者治于人”。这种认识将知识分子单纯定义为从事脑力劳动的人，另一方面将脑力劳动地位抬得很高、体力劳动地位放得很低，而这一意识形态也成为历代封建统治者笼络读书人的有效手段，统领中国数千年。

但毛泽东打破了这一陈规：首先，他拉平了脑力劳动和体力劳动的地位，提出了“欲文明其精神，先自野蛮其体魄”，“体魄”所对应的体力劳动不再处于“治于人”的状态。其次，毛泽东指出了体力劳动和脑力劳动之间存在的内在逻辑关系，即“无体，无德智也”，并将身体（或体力劳动）作为从事精神活动的有效载

① 《毛泽东选集》第2卷，人民出版社1991年版，第651页。

体,正如其早年所言:“体者,载知识之车而寓道德之舍也。”[①]

但是,毛泽东对知识和知识分子的理解没有仅仅停留在上述对体力劳动和脑力劳动的关系论证方面,随着马克思主义在中国的传播和中国共产党革命实践经验日益丰富,毛泽东对知识和知识分子的认识进一步成熟,成为毛泽东党建思想的重要组成部分,也为马克思主义走向大众提供了理论枢纽。

关于知识的定义,毛泽东指出:“什么是知识?自从有阶级的社会存在以来,世界上的知识只有两门,一门叫做生产斗争知识,一门叫做阶级斗争知识。自然科学、社会科学,就是这两门知识的结晶……此外还有什么知识呢?没有了。”[②]在这里毛泽东所说的阶级斗争包含了资产阶级和无产阶级之间的斗争,但是其内涵绝非仅仅如此。马克思强调:“至今一切社会历史都是阶级斗争的历史。”[③]因此,毛泽东在这里强调的阶级斗争可以理解和引申为人在社会性的主导下不断改造自身与社会之间关系的斗争。这样一来,对于知识的理解就不仅仅停留在认识论的层面,而是跃升到实践层面。

这就使得我们思考另一个问题,即知识分子与社会实践之间的关系。毛泽东对知识分子是这样描述的:“有什么办法使这种仅有书本知识的人变为名副其实的知识分子呢?唯一的办法就是使他们参加到实际工作中去……使从事理论工作的人去研究重要的实际问题。这样就可以达到目的。”[④]对于马克思,毛泽东称其为“代表人类最高智慧的最完全的知识分子”,这是因为“马克思在实际斗争中进行了详细的调查研究,概括了各种东西,得到的结论又拿到实际斗争中去加以证明,这样的工作就叫作理论工作。”[⑤]可见,知识分子绝不是简单地将体力劳动和脑力劳动相结合,而是通过被理论验证过的实践对人类社会进行改造。

可以看到,毛泽东党建思想完成了对知识分子的再定义,这是马克思主义中国化的必然走向,当然亦可以理解为马克思主义中国化的初步成果。但是无论怎样理解,知识分子终究还是承担了马克思主义理论枢纽的重要角色,对外连接着马克思主义的“精神脐带”,对内滋养着中国无产阶级的理论创新,并将这种创新成果不断作用于革命与建设实践,遂对于马克思主义从“中国话”到“中国化”的转变做出了不可磨灭的贡献。

---

① 《毛泽东选集》第3卷,人民出版社1991年版,第814页。

② 《毛泽东选集》第3卷,人民出版社1991年版,第815页。

③ 《共产党宣言》,人民出版社2015年版,第26页。

④ 《毛泽东选集》第3卷,人民出版社1991年版,第816页。

⑤ 《毛泽东选集》第3卷,人民出版社1991年版,第816页。

三、毛泽东党建思想结合中国实际情况将党支部作为战斗堡垒，发现了马克思主义中国化的现实路径

党支部是党建工作的基本单元，马克思、恩格斯、列宁对党支部的概念和作用都做过论述。《共产主义者同盟章程》明确指出无产阶级政党的组织机构应包含支部、区部、中央委员会和代表大会四级。列宁也曾将强调应在厂矿、企业等工人阶级较为集中的地方设立党支部，以“把最广大工人群众组织起来”。在中国，党支部战斗堡垒作用最早的体现形式是“支部建在连上”。

“支部建在连上”是在中国近代所处的半殖民地半封建社会和当时战争形势的背景下提出的。毛泽东指出：“一国之内，在四围白色政权的包围中，有一小块或若干小块红色政权的区域长期地存在，这是世界各国从来没有的事。”[①]地理分割、城乡分割造成了政权的分割，更造成了党的组织结构的分割。毛泽东进而指出：“全国革命形势是向前发展的，则小块红色区域的长期存在，不但没有疑义，而且必然地要作为取得全国政权的许多力量中间的一个力量……而且这些红色区域将继续发展，日渐接近于全国政权的取得。”[②]“支部建在连上”为毛泽东工农武装割据思想提供了源头活水。

笔者认为，“支部建在连上”的深层次含义可以引申为两层：第一层含义是把支部建在党的组织细胞上，如三人成支部，班设小组、连设支部等。从党的领袖到刚入党的新党员，无不属于一个党支部，这样一来实现了党组织的全覆盖，不使一名党员游离于组织之外。第二层含义是把支部建在党的机体要害上，强化党的组织力和引领力，如企业把党支部建在产业链上，高校把党支部建在课题组上，等等。把党支部建在组织细胞与机体要害上是不矛盾的，恰是互相嵌合并双向影响的。如此一来，“支部建在连上”的思想理念从军事领域逐渐扩展到党组织的各个领域，成为具有中国特色的无产阶级政党组织形式。

当然，“支部建在连上”的思想也曾面临一定的困难和挑战，这种挑战的深层次文化根源是中国的宗族制度。毛泽东在《井冈山的斗争》一文中将此归结为地方主义，他说：“边界……社会组织是普遍地以一姓为单位的家族组织。党在村落中的组织，因居住关系，许多是一姓的党员为一个支部，支部会议简直同时就是家族会议。”[③]上述问题通过解决土客籍矛盾、清理党内反革命分子等举

① 《毛泽东选集》第3卷，人民出版社1991年版，第75页。
② 《毛泽东选集》第3卷，人民出版社1991年版，第75页。
③ 《毛泽东选集》第1卷，人民出版社1991年版，第77页。

措得到了有效抑制，尤其是各个地方通过共同抵御国民党对井冈山的“会剿”形成了“共同利害”，地方主义被逐渐打破，而“支部建在连上“的传统被保留了下来。从此党的各级组织逐渐走出机会主义泥潭，这中间党支部的战斗堡垒作用的发挥功不可没。

党支部的战斗堡垒作用并非中国首创，但是却在中国无产阶级政党中得以发扬光大。近代半殖民地半封建社会的性质给中国无产阶级以多重打击，使得红色政权被分割成若干小块，而中国共产党从无数斗争经验中最终摸索出了适合自身发展的组织形式。“支部建在连上”使党的组织在战火中无论走到哪里都能保持完整性和连续性，战时如此，和平时期亦然，这种适合中国传统文化的组织形式终于经受住了时间的考验，成为马克思主义中国化最现实、也是最生动的实践路径。

四、结语

中国历经数千年农业社会形成了完整而稳固的农业文明意识形态，这一意识形态在近代被内外多重力量打破，中国社会的发展正如马克思所预言的那样迎来了资产阶级和无产阶级两大阵营对立的时代，但是中国近代半殖民地半封建社会性质决定了中国无产阶级与欧洲和俄国无产阶级的不同，也决定了无产阶级政党在组织形式、实践路径方面的不同。毛泽东敏锐地发现了这些不同，并将之运用在党的建设和革命实践中，逐步形成了毛泽东党建思想。可以说马克思主义中国化与毛泽东党建思想从一开始就紧紧相连，毛泽东党建思想既是马克思主义中国化的生成机制，也是马克思主义中国化的发展机制；而随着毛泽东党建思想的不断成熟，马克思主义中国化亦呈现出更为生动而丰富的形式，最终找到适合中国发展的现实具体路径。

参考文献

1.《共产党宣言》，人民出版社 2014 年版。

2.《列宁全集》第十六卷，人民出版社 2020 年版。

3.《毛泽东选集》第 1～3 卷，人民出版社 1991 年版。

4.毛泽东：《体育之研究》，人民体育出版社 1979 年版。

5.方克立：《中国哲学史上的知行观》，人民出版社 1982 年版。

从百年历程看中国共产党人民生思想

姜承红*

【摘要】中国共产党的历史，本质上就是一部关注民生、保障民生、改善民生的奋斗史。100 年来，以人民为中心，不断造福人民，始终是中国共产党人的情怀所在、神圣职责和终极目标。以毛泽东、邓小平、江泽民、胡锦涛、习近平同志为主要代表的中国共产党人，为改善民生、解决民生问题进行了不懈探索，并根据不同历史时期人民群众对民生的不同要求，提出了一系列富有创见性的民生思想，积累了极其宝贵的解决民生问题的理论和实践经验，其观点一脉相承，其理念与时俱进，其举措深得民心，充分彰显了中国共产党人始终如一的民生情怀。

【关键词】民生；毛泽东；邓小平；江泽民；胡锦涛；习近平

保障和改善民生是我们党执政的重心和根基所在。100 年来，无论发展到哪个时代哪个阶段，无论形势任务发生怎样的变化，无论面对什么样的冲击和考验，以人民为中心，不断造福人民，始终是中国共产党人的情怀所在、神圣职责和终极目标。以毛泽东、邓小平、江泽民、胡锦涛、习近平为主要代表的中国共产党人，为改善民生、解决民生问题进行了不懈探索，并根据不同历史时期人民群众对民生的不同要求，提出了一系列富有创见性的民生思想，积累了极其宝贵的解决民生问题的理论和实践经验，其观点一脉相承，其理念与时俱进，其举措深得民心，充分彰显了中国共产党人始终如一的民生情怀。

---

* 姜承红，中共枣庄市委党校行政学教研室主任、教授。

一

以毛泽东为主要代表的中国共产党人将改善民生贯穿于实践之中，确立了“全心全意为人民服务”的宗旨，并将此作为我们党的根本出发点和落脚点，全面确立了社会主义基本制度，为解决民生问题奠定了根本政治前提、经济前提和制度前提。

无论是新民主主义革命时期，还是新中国成立以后，以毛泽东为代表的中国共产党人都非常重视民生问题，并采取有力措施保障和改善民生，取得了显著成效。早在1939年，毛泽东就提出了“为人民服务”这一重要命题。1944年9月8日，毛泽东在张思德的追悼会上发表了《为人民服务》[①]的著名演讲，第一次从理论上全面、系统地阐述了“为人民服务”的科学内涵。在党的七大上，“全心全意为人民服务”被确立为“党的唯一宗旨”，并写进了党章，从此作为我们党的根本出发点和落脚点。以毛泽东为主要代表的中国共产党人努力践行“全心全意为人民服务”[②]的宗旨，千方百计解决群众困难和实际问题，得到了全国人民的衷心爱戴和拥护，推翻了压在中国人民头上的三座大山，建立了新中国，为解决民生问题创造了根本政治前提和经济前提。

新中国成立之初，以毛泽东为主要代表的中国共产党人为了迅速恢复发展经济，改善人民群众的生活，采取了一系列措施着力解决民生问题。首先在全国范围内进行土地改革，真正解决了当时民生问题中的最重要环节——土地问题。通过这次改革，比较彻底地摧毁了封建土地制度，挖掉了我们民族贫困落后的根子，解放了农村生产力。同时，对手工业和资本主义工商业进行社会主义改造，实行社会主义公有制，完成了社会主义改造任务，全面确立了社会主义的基本制度，为我国民生问题的解决奠定了良好的制度基础。

以毛泽东为主要代表的中国共产党人全力保障和改善民生，着力解决政治、经济、文化、社会等方方面面的民生问题，我国从世界上最落后的农业国家之一跃成为20世纪70年代中期的世界第六大工业强国，农业产值翻了一番，粮食产量增加了1.69倍。为了人民群众的生命健康和幸福，以毛泽东为主要代表的中国共产党人领导人民在城乡实行了公费医疗制，形成了县、乡、村三级医疗卫生机构。与此同时，在农村大力发展合作医疗，有力保障了广大农民群众的身体健

---

① 《毛泽东选集》第3卷，人民出版社1991年版，第1004页。

② 《毛泽东选集》第3卷，人民出版社1991年版，第1094页。

康，极大地提高了民生质量，得到了世界联合国卫生组织的高度评价和认可。以毛泽东为主要代表的中国共产党人解决民生问题的成功实践，为我们党在新的历史起点上继续保障和改善民生提供了有益历史经验。

二

以邓小平为主要代表的中国共产党人以人民利益为最高原则，做出了改革开放的伟大决策，把"三步走"发展战略作为改善民生的基本路径，把"三个有利于"标准作为改善民生的实践准则，形成了内容丰富、体系完整的民生思想。

党的十一届三中全会以后，以邓小平为主要代表的中国共产党人顺应人民群众的愿望和要求，做出了改革开放的伟大决策，把解决民生问题放在各项工作首位，提出了一系列解决民生问题的方针政策，形成了内容丰富、体系完整的民生思想。

邓小平认为，贫困落后是中国最大的事实，也是当时中国最大的民生问题，他说："不坚持社会主义，不改革开放，不发展经济，不改善人民生活，只能是死路一条。"[①]强调要坚持以经济建设为中心，集中力量发展生产力，他说："离开了经济建设这个中心，就有丧失物质基础的危险。其他一切任务都要服从这个中心，围绕这个中心，决不能干扰它，冲击它。"[②]只有先把经济搞上去，改善人民生活才有物质基础。基于此，邓小平制定了一条以经济建设为中心的发展路线。可以说，这条以经济建设为中心的发展路线，每一步都体现了对民生问题的高度关注。在南方谈话中，邓小平要求以人民"高兴不高兴、满意不满意、赞成不赞成、答应不答应"作为制定和执行党的路线、方针、政策的出发点和归宿，并把"三个有利于"作为最终判断一切是非和得失的根本标准，集中体现了以邓小平为主要代表的中国共产党人以人民利益为最高价值标准的民生观。

由于实行了改革开放，我国的经济建设取得了令人瞩目的成就，广大人民群众的生活水平得到了显著提高。从 1978 年到 1992 年，我国国民生产总值和城乡居民收入翻了一番还多，成为新中国成立以来国家经济实力增长最快、人民得到实惠最多的时期。在以邓小平为主要代表的中国共产党人领导下，我国人民成功实现了"三步走"战略的第一步，为我们党继续保障和改善民生打下了良好基础。

---

① 《邓小平文选》第 2 卷，人民出版社 1993 年版，第 370 页。

② 《邓小平文选》第 3 卷，人民出版社 1993 年版，第 250 页。

三

以江泽民为主要代表的中国共产党人提出了“三个代表”重要思想和“全面建设小康社会”的战略目标，把关注就业、生态与环境保护等问题作为这一阶段民生建设的主要内容，丰富和发展了我们党的民生观。

以江泽民为主要代表的中国共产党人继承、丰富和发展了邓小平“三步走”的民生思想，提出了新“三步走”的发展战略和更加明确、更为具体的民生发展目标，并特别关注生态与环境保护等民生问题，要求把贯彻实施可持续发展战略始终作为一件大事来抓，坚定不移地走生产发展、生活富裕和生态良好的文明发展道路。

进入新世纪以后，以江泽民为主要代表的中国共产党人清醒地认识到新的环境和形势所带来的机遇和挑战，创造性地提出了“三个代表”重要思想，把始终代表中国先进生产力的发展要求、中国先进文化的前进方向和中国最广大人民的根本利益有机统一起来，把代表最广大人民的根本利益作为党的执政目标和执政基础，明确提出必须把发展作为党执政兴国的第一要务，把关注民生作为党长期执政的基石。在党的十六大报告中，江泽民明确提出把“人民生活更加殷实”同“经济更加发展、民主更加健全、科教更加进步、文化更加繁荣、社会更加和谐”[①]一起作为新世纪头 20 年全面建设小康社会的战略目标，进一步丰富和发展了我们党的民生观。

正是由于以江泽民为主要代表的中国共产党人高度重视民生问题，我国国民经济得到了持续快速健康发展，经济结构调整取得明显进展，人民群众生活水平显著提高，社会保障体系建设成效明显。从 1994 年到 2000 年的 7 年间，我国贫困人口共减少 4800 万，平均每年减少近 700 万，贫困发生率从 9%降低到 3.5%，实现了中国政府“在 20 世纪末基本解决农村贫苦人口的温饱问题”的目标。

四

以胡锦涛为主要代表的中国共产党人提出了“以人为本”的科学发展观，坚持把保障和改善民生作为加快转变发展方式的根本出发点和落脚点，要求“让发展的成果惠及全体人民”，突出彰显了解决民生、改善民生在社会主义现代化

① 《江泽民文选》第 1 卷，人民出版社 2006 年版，第 543 页。

建设中的重要战略地位。

党的十六大以来，以胡锦涛为主要代表的中国共产党人更加注重民生建设，更加重视改善民生问题。胡锦涛强调："群众利益无小事。凡是涉及群众切身利益和实际困难的事情，再小也要竭尽全力去办。"①"要坚持权为民所用、情为民所系、利为民所谋。"②

在党的十七大上，胡锦涛将"以人为本"的科学发展观确立为我国经济社会发展的重要指导方针，首次将"改善民生、推进社会建设"作为一个独立部分写进党代会报告中，这是我们党为顺应各族人民过上更加幸福美好生活新期待而做出的重大战略部署，充分说明了我们党对民生问题的高度关注。党的十七届五中全会进一步强调坚持科学发展要"更加注重以人为本""更加注重保障和改善民生"，坚持把"保障和改善民生"作为加快转变发展方式的根本出发点和落脚点，把民生问题提到了前所未有的高度。

正是由于以胡锦涛为主要代表的中国共产党人对民生问题的高度重视和解决民生问题的巨大决心，我国的国民经济快速发展，生产力得到了极大的解放和发展，人民群众生活水平迅速提高。国内生产总值从1978年的3645.2亿元增加到2010年的39.8万亿元，年均增长11.2%，农村居民人均纯收入由1978年的134元提高到2010年的5919元，城镇居民人均可支配收入由1978年的343.4元增加到2010年的19109元。与此同时，国家把越来越多的财力用于改善人民群众生活的教育、医疗和社会保障等领域，民生问题得到了极大的保障和改善。

五

以习近平同志为核心的党中央坚持以人民为中心的发展思想，着力保障和改善民生，提出了一系列具体发展目标，构成了完整的民生发展体系和保障体系，特别是把"坚持以人民为中心"作为中国特色社会主义一个基本方略进行了系统论述，标志着我们党的民生理论发展到了一个全新的境界。

党的十八大以来，以习近平同志为核心的党中央始终把人民放在心中最高位置，高度重视并致力于保障和改善民生问题。习近平总书记指出，"保障和改善民生没有终点，只有连续不断的新起点"③。党的十九大对保障和改善民生做

① 《胡锦涛文选》第2卷，人民出版社2016年版，第58页。

② 《胡锦涛文选》第2卷，人民出版社2016年版，第140页。

③ 《习近平谈治国理政》第2卷，外文出版社2017年版，第362页。

出了全面部署，明确提出新时代我国发展的主要任务是解决发展不平衡不充分问题，以更好地满足人民日益增长的美好生活需要。在党的十九大报告中，习近平总书记特别将“坚持以人民为中心”作为中国特色社会主义的一个基本方略进行了系统论述，充分体现了党的民生理论的重大创新。

针对人民群众最关心的民生问题，习近平总书记提出了“幼有所育、学有所教、劳有所得、病有所医、老有所养、住有所居、弱有所扶”的“七有”民生目标，形成了完整的民生发展体系和保障体系。习近平总书记强调：发展的根本目的是增进民生福祉，保障和改善民生的着力方向是多谋民生之利、多解民生之忧，价值取向是促进社会公平正义，主要任务是实现幼有所育、学有所教、劳有所得、病有所医、老有所养、住有所居、弱有所扶，基本目标是保证全体人民在共建共享发展中有更多获得感，不断促进人的全面发展、全体人民共同富裕。[①] 这些重要论述，进一步丰富和完善了新时代保障和改善民生的理论内涵。

以习近平同志为核心的党中央坚持以人民为中心的发展思想，出台了一系列利民惠民方针政策，一大批惠民举措落地实施，人民群众在教育、医疗、养老、就业、收入、脱贫等方面均得到了显著改善，生活福利与幸福指数不断攀升。2020 年，新冠肺炎疫情发生后，党中央高度重视，习近平总书记亲自指挥、亲自部署，反复强调要把人民群众生命安全和身体健康放在第一位，充分体现了我们党“以人民为中心”的价值理念和对人民群众的深厚情感。中国共产党人再一次用实际行动践行了“全心全意为人民服务”的根本宗旨和“以人民为中心”的执政理念，充分彰显了中国共产党人一脉相承的民生思想。至此，中国共产党人把中国化的马克思主义民生理论发展到了一个全新的境界，也标志着中国共产党人改善民生、重视民生的实践进入了一个新的发展阶段。

---

① 参见《习近平谈治国理政》第 3 卷，外文出版社 2020 年版，第 18 页。

党对群众路线百年坚守的价值内涵及现实启示

刘泽峰　陈彬[*]

【摘要】群众路线是党的生命线和根本工作路线。百年来，中国共产党正是由于对群众路线的不渝坚守，才能在各个时期凝聚起广阔的群众力量，不断取得伟大胜利。百年征程中，党的群众路线逐步从一种工作方法内化为一种价值追求，发展为一个与时俱进、系统科学的理论体系，蕴含着丰富的历史价值、哲学价值和实践价值，凝结了宝贵的历史智慧。要在深刻总结中收获现实启示，践行好新时代党的群众路线，为中国特色社会主义事业新的伟大胜利提供不竭动力。

【关键词】中国共产党；群众路线；价值内涵；现实启示

群众路线是我们党的生命线和根本工作路线，也是我们党在百年的发展历程中能够做到始终走在时代前列、人民衷心拥护、永葆蓬勃朝气、经得起风浪考验的一项重要法宝。习近平总书记指出："坚持立党为公、执政为民，自觉践行全心全意为人民服务的根本宗旨，把党的群众路线贯彻到治国理政全部活动之中，把人民对美好生活的向往作为奋斗目标，依靠人民创造历史伟业。"[①]这是马克思主义群众观的具体彰显，也是中国共产党作为马克思主义政党对于自身提出的一项根本要求。伴随着我们党的百年成长和奋斗历程，党的群众路线也百年中不断发展、深化、升华。党对群众路线的百年坚守，锻造了党的人民性特

---

* 刘泽峰，中共山东省委党校研究生；陈彬，中共山东省委党校教授、硕士生导师。

① 习近平：《习近平谈治国理政》第3卷，外文出版社2020年版，第135页。

质，凝聚了宝贵历史智慧，承载着多维的价值内涵，具有重要的启示意义。

一、党的群众路线的价值意蕴

百年的丰富发展、不断的创新升华，党的群众路线从一种工作方法遵循内化为一种核心价值追求，从一种零散的探索成长为一个系统的理论体系，在此过程中也凝结起丰富的价值意蕴。

（一）党的群众路线的历史文化价值

党的群众路线在百年的发展进程中，实现了对于中华优秀传统文化中民本思想的继承和超越，这是其最鲜明的历史文化价值。

在中华几千年的优秀传统文化当中，民本思想长期存续并为统治者所重视。民本思想当中所蕴含的贵民、重民、富民的价值内涵也成为党的群众路线思想的渊源之一。对于近现代社会发展而言，传统民本思想蕴含着一定的合理成分，也由此对中国共产党人产生了深刻影响。从毛泽东开始，由于其熟读中国文史典籍，文化底蕴深厚，对于传统典籍和论著中蕴含的重民爱民思想有着深刻体悟，也由此受到深刻熏陶，为民情怀得到激发。毛泽东一方面继承传统民本思想积极要素，一方面又从历史事件和人物中汲取经验智慧，进而在此基础上推动马克思主义与中国具体实际相结合，提出崭新的群众观点，与黄炎培著名的“窑洞对”便是生动的例证。在此之后，党的历代领导人也都十分重视和善于从优秀传统文化中汲取智慧。习近平总书记在党的群众路线教育实践活动第一批总结暨第二批部署会议上的讲话中强调“人视水见形，视民知治不”①。在庆祝中华人民共和国成立 65 周年招待会上的讲话中，他指出“以百姓心为心”②。中国共产党人对于中华优秀传统文化的继承，丰富了党的群众路线的价值内涵，但是中国共产党的群众路线思想又与传统文化当中的民本思想有着本质的不同。这种本质不同的根源在于民本思想借由唯心史观而生，但是中国共产党的群众路线思想建立在唯物史观基础之上，这也由此为实现对于传统民本思想的超越提供了必然可能。从根本上讲，传统民本思想是一种栖身儒家的仁义道德观并服务于封建统治需要的工具性存在，而中国共产党的群众路线思想却是其践行初心使命、实现全心全意为人民服务根本宗旨的必然依托。

党的群众路线对于中华优秀传统文化中民本思想的超越主要体现为三个

① 《习得——习近平引用的古典名句·民本篇》，《人民日报》（海外版）2014 年 5 月 15 日。

② 习近平：《在庆祝中华人民共和国成立 65 周年招待会上的讲话》，《人民日报》2014 年 10 月 1 日。

方面：一是党的群众路线从主体论的维度实现了封建社会人民地位由统治阶级赋予到中国共产党领导下人民真正主体地位的回归。二是党的群众路线实现了从封建社会统治阶级施惠于民到中国共产党作为执政党服务人民的历史超越。封建社会统治阶级施惠于民的目的是为了维护自身的经济政治利益，是一种带有鲜明目的性的被动选择，中国共产党坚持群众路线则是为实现人民群众经济政治利益的主动作为。三是党的群众路线实现了从传统统治思想君民异体论到中国共产党和人民统一论的根本超越。“水能载舟，亦能覆舟”异体互动关系升华为中国共产党人的“江山就是人民、人民就是江山”[①]的统一和谐。

（二）党的群众路线的哲学价值

党的群众路线思想不仅继承和发展了马克思主义哲学的重要思想内涵，还在百年演进中逐步成长为一种内涵丰富的政治哲学，体现为一种崭新的道德和价值哲学，具有深厚的哲学价值。

第一，党的群众路线思想实现了对于马克思主义哲学的继承和发展。党的群众路线的成长发展历程，是马克思主义实践观中国化的历程。马克思将实践看作是人的存在方式以及客观对象的存在特性和建构基础，科学辨析了认识与社会实践的内在关系。中国共产党群众路线思想便是在此基础上，立足中国革命和建设实践逐步形成和发展起来的。党的群众路线思想源自中国革命和建设实践，指导中国革命和建设各个时期群众实践工作的开展，同时又在实践中不断丰富创新，实现与中国革命和建设实践的良性互动；党的群众路线是马克思主义的历史观的生动体现。党的群众路线的形成与发展顺应了历史发展规律，从唯物史观的维度彰显了人民的主体地位，在历史发展与变革中展示了人民的动力价值；党的群众路线思想是马克思主义阶级观与中国具体实际相结合的产物。

第二，党的群众路线思想生动体现着党的政治哲学。中国共产党在百年征程中，坚持以马克思主义为指导，结合中国革命和建设实践，融合历史和现实智慧，形成了独特的政治哲学。党的群众路线作为党的生命线和根本工作路线，成为中国共产党政治哲学的重要组成部分。党的群众路线思想是中国共产党政治哲学的核心体现，是中国共产党执政的理论基础，是党的宗旨的现实体现，也是党的政治理想得以实现的根本依托。党的群众路线实现了历史规律、人民命运与共产党政治理想的有机统一，推动党的事业不断前进。

---

① 习近平：《在党史学习教育动员大会上的讲话》，《求是》2021 年 3 月 31 日。

第三，党的群众路线体现为一种独特的价值哲学。中国共产党在百年发展历程中，在推动马克思主义与中国具体相结合的过程中逐步确立了一种最高形式的价值观，即为解放人民、服务人民最终实现人的自由全面发展而奋斗。中国共产党坚定地认为，党员的价值要在服务人民的具体实践当中体现。所以党对于群众路线的百年坚守，也可以解读为一种自身价值实现的方式。党的群众路线在百年发展进程中，实现了理论价值与实践价值的高度统一；对于群众路线的不渝坚守，内化为中国共产党人的核心价值追求；对于群众路线的贯彻执行能力，成为评价共产党员自身价值的根本尺度。

（三）党的群众路线的实践价值

在波澜壮阔的百年征程中，中国共产党正是因为始终坚守着群众路线这一根本生命线，在各个时期始终做到一切为了群众、一切依靠群众，从群众中来，到群众中去，把党的正确主张转化为群众的自觉行动，才能在各个历史时期不断克服各种困难挫折，不断突破各种艰难险阻，不断应对各种风险挑战，才能从小到大、由弱到强，最终取得了新民主主义革命、社会主义革命、改革开放的伟大胜利，开启了中国特色社会主义新时代，成为世界上最大的执政党。同时也在这百年历程中凝结起丰富的历史智慧，积淀起宝贵的历史经验，为未来党的事业发展提供深刻启迪，昭示党的事业新的伟大胜利。

二、党对群众路线百年坚守的现实启示

历史是最好的教科书，常学常新；党史是最好的营养剂，催人奋进。党的群众路线百年发展的历史，积累了宝贵的历史经验，凝结了丰富的历史智慧。当前，面对世界百年未有之大变局，面对推动中华民族伟大复兴的艰巨历史任务，需要全面不断从党的群众路线百年发展史中汲取智慧，牢固树立马克思主义群众观点，不断增强与人民群众血肉联系，完善新时代群众路线格局，走好新时代群众道路，为党和人民事业取得新的伟大胜利汇聚磅礴力量。

（一）坚守初心使命，传承优良作风

牢记党的初心使命，传承密切联系群众的优良作风，是走好新时代群众路线的基本前提。

对于每一代共产党人、每一位共产党员而言，无论在什么时候、无论面对什么情况，都不能丢掉为人民服务的根本初心，都不能抛弃群众路线这一重要法宝。无论在任何时候，党的一切工作成效的检验，从根本上讲是要看人民群众是否得到了真正的实惠、人民的生活是否得到了切实改善。在新的历史时期，

党员干部要深入探索和总结群众工作的规律，提升做好群众工作的本领，在继承与创新、理论与实践的互动结合中做实做好新时代群众工作。要始终尊重人民主体地位和首创精神，不断激发人民主动性和创造力，自觉拜人民为师，虚心向人民求教。要在传承密切联系群众优良作风的同时，继续传承和弘扬理论联系实际、批评和自我批评以及党的其他优良传统和优良作风，确保党的政治优势能够始终高效发挥，确保党的优秀法宝始终坚固有效。

（二）加强党的建设，巩固群众基础

政党的阶级基础和群众基础是政党赖以产生、存在和发展的社会力量。百年来，中国共产党通过对群众路线的不渝坚守和有效执行，积累了广泛的群众基础，夯实了深厚的执政基础。面对新形势新任务，党面临“四大危险”和“四种考验”，需要我们党进一步坚定理想信念、密切联系群众，确保党的执政基础不断巩固。

要深化全面从严治党，始终保持党的先进性和纯洁性。密切联系群众，做好群众工作，巩固执政基础，首先需要党的自身建设质量不断提升。要加强党的政治建设，严明党的政治纪律和政治规矩，层层落实管党治党政治责任；要不断加强新时期基层党建工作，不断提升基层党组织特别是农村党组织在经济社会发展和乡村振兴中的组织力和领导力，进一步提升基层党组织的覆盖广度，增强基层党组织工作效能；要进一步严肃党的组织生活，以党内民主带动人民民主；要从严从实抓好党员教育管理特别是基层党员的教育管理，结合人口多元流动的新形势不断改善传统的党员教育和管理方法，确保党员教育工作取得实效、党员管理体系更加严密，不断提升党员主体素质、增强党员为民服务本领；要坚持不懈地开展反腐败斗争，不断提升党在群众心目中的良好形象。

（三）创新工作方法，增强工作实效

要在继承党的群众工作优良传统、发挥群众工作既有优势的基础上，结合社会形势、科技手段等的发展变化，不断探索群众工作新模式。要结合新型社会组织、团体、职业不断增多的现实状况，通过加强工作指导、开展组织联建、吸纳新型社会组织内部优秀成员加入党组织等多元方式，不断强化党对新型群团组织的领导，提升党的群众工作能力；要提升互联网和新媒体应用水平，发挥好新型媒介的正向价值，走好网络群众路线。进一步拓宽党群网络互动空间，开拓党群网络交流平台，优化网络沟通环境，通过网络知民心、汇民意、聚民智、解民情，通过网络媒介实现党员干部和人民群众之间的双向互动，让相关新兴技术成为践行群众路线、服务人民群众、强化党员监督的有效载体；要加强对于自媒体、网络红人等的重点监督和引导，利用其正向效用强化对于广大人民群众的舆论宣传和引导效果，打牢党长期执政的思想基础。

（四）聚焦关键问题，提升工作能力

要顺应百姓诉求、紧扣民生实事，通过加强组织领导、强化纪律监督、完善制度约束、开展专题教育等多元形式确保为民工作实事办实，杜绝官僚主义和形式主义；要结合不同领域、不同部门的工作开展实际和职能责任，确立短、中、长期责任清单，建立工作台账，梳理突出问题，合力重点解决；要推动党员干部以时不我待的姿态坚持不懈地投入到解决民生实事的各项工作当中，特别是在巩固拓展脱贫攻坚成果同乡村振兴有效衔接的过程中，要坚决避免基层党组织和广大党员干部出现思想麻痹、精神懈怠的问题；要以“功成不必在我”的胸怀针对民生领域重点问题常抓不懈、久久为功，坚决避免形象工程和政绩工程；根据不同地区实际进一步细化民生工作的方法，合理用好新兴科技，增强各项工作要求的可行性和实效性，坚决避免简单“留痕主义”和指尖上的形式主义；要通过强化主体责任、抓住关键少数，切实提升中央惠民政策的执行效果，减少民生政策在执行过程中做选择、搞变通、打折扣等问题的产生，不断增强人民群众的获得感；要通过制度和法律完善对于侵害人民群众切实利益、损害社会公平正义、破坏社会和谐稳定的问题予以坚决打击；要在统筹推进“五位一体”过程中不断改善人民群众生活环境，提升人民群众生活质量。

参考文献

1.《习近平谈治国理政》，外文出版社 2014 年版。

2.习近平：《坚持和完善中国特色社会主义制度推进国家治理体系和治理能力现代化》，《社会主义论坛》2020 年第 1 期。

3.习近平：《在党史学习教育动员大会上的讲话》，《先锋》2021 年第 3 期。

4.习近平：《始终与人民心相印共甘苦——中共中央总书记习近平在十八届中央政治局常委与中外记者见面时讲话》，《人民论坛》2012 年第 33 期。

5.习近平：《决胜全面建成小康社会 夺取新时代中国特色社会主义伟大胜利》，《人民日报》2017 年 10 月 28 日。

6.肖伟光：《“我将无我，不负人民”：共产党人最高人生境界》，《学习时报》2019 年 5 月 13 日。

源与流：伟大建党精神与沂蒙精神

潘洪娥*

【摘要】伟大建党精神的科学内涵包括四个层次："坚持真理、坚守理想，践行初心、担当使命，不怕牺牲、英勇斗争，对党忠诚、不负人民。"伟大建党精神是中国共产党的精神源头和起点，沂蒙精神作为中国共产党精神谱系的重要组成部分，其由伟大建党精神衍生而来，既彰显伟大建党精神共性基因，又因谱写主体的多元而呈现出其精神链条的特性。

【关键词】伟大建党精神；沂蒙精神；源；流

习近平总书记在庆祝中国共产党成立100周年大会上的讲话中首次提炼和概括了伟大建党精神的32字科学内涵：坚持真理、坚守理想，践行初心、担当使命，不怕牺牲、英勇斗争，对党忠诚、不负人民。① 中国共产党弘扬伟大建党精神，在长期奋斗中构建起中国共产党人的精神谱系。沂蒙精神作为山东党政军民在革命烽火中水乳交融、生死与共铸就的一种革命文化形态，它与中国共产党百年来形成的一个个支流的精神坐标，共同构筑起中国共产党人的精神谱系。正像习近平总书记在2013年11月25日考察临沂时所强调的："沂蒙精神与延安精神、井冈山精神、西柏坡精神一样，是党和国家的宝贵精神财富，要不断结合新的时代条件发扬光大。"②沂蒙精神由伟大建党精神衍生而来，它既彰显了伟大建党精神共性基因，又因谱写主体的多元而呈现出其精神链条的

---

* 潘洪娥，沂蒙干部学院沂蒙精神研究部副教授。

① 参见习近平：《在庆祝中国共产党成立100周年大会上的讲话》，人民出版社2021年版，第8页。

② 习近平：《论中国共产党历史》，中央文献出版社2021年版，第35页。

特性。

一、“坚持真理、坚守理想”是沂蒙精神的萌芽之光

在中华民族的伟大觉醒中，中国共产党的先驱们创建了中国共产党，形成了伟大建党精神。一百年来，一代又一代中国共产党人弘扬伟大建党精神，为实现共产主义远大理想，为赢得民族独立和人民解放、实现国家富强和人民幸福，前仆后继、浴血奋战，艰苦奋斗、无私奉献，谱写了气吞山河的英雄壮歌，形成了以伟大建党精神为源头的一系列伟大精神，构筑起了中国共产党人的精神谱系。

习近平总书记指出：“一个民族最深沉的精神追求，一定要在其薪火相传的民族精神中来进行基因测序。”[①]作为中华民族精神的重要组成部分，中国共产党精神谱系中的一系列伟大精神具有共同的基因，它们具有共同信仰的力量“支点”。“坚持真理、坚守理想”是伟大建党精神的第一层内涵，它体现的是党思想先进、信仰坚定的特质，展现了党强大的政治优势。中国共产党是一个信仰综合体，其理想信念是马克思主义真理信仰、共产主义远大理想和中国特色社会主义共同理想，实现了崇高理想与现实目标的统一。

理想信念之火一经点燃，就永远不会熄灭，马克思主义科学真理、共产主义远大理想犹如黑暗中的一道霞光，给苦苦探求救国救民道路的中国先进分子指明了方向，而作为伟大建党精神“四位一体”且居于首位的科学内涵，“坚持真理、坚守理想”成为沂蒙精神的萌芽之光。

沂蒙精神孕育之初，在齐鲁大地上就开启了马克思主义传播的征程。中国共产党创始人之一、山东党组织最早的创立者和领导者王尽美，发起成立励新学会，创办进步刊物《励新》，在山东地区传播马克思主义，是坚持真理、坚守理想的典范。在中共一大看到救国救民的希望，王尽美为表达未来革命“尽善尽美”之心意，而将自己的名字王瑞俊改为王尽美。在生命弥留之际，王尽美还想着未竟的共产主义事业和党的革命事业，他请青岛党组织负责人笔录了他的遗嘱“全体同志要好好工作，为无产阶级和全人类的解放和共产主义的彻底实现而奋斗到底！”他把理想信仰写满了短短的生命账本。

在沂蒙山区，早期的中共党员通过人民群众乐于接受的方式传播马克思主义，如开办识字班、庄户学、冬学、夜校等。马克思主义在沂蒙山区广泛传播过

---

① 《历史的选择》编写组：《历史的选择》，中共中央党校出版社 2006 年版，第 99 页。

程中，逐渐与当地实际相结合，实现了马克思主义的地域化、沂蒙化，也将沂蒙人民特有的优秀思想品德和朴素的阶级感情转化成为共产主义而奋斗的高度政治热情、强大的精神力量，党的群众基础开始建立，成为党落地生根、发展壮大的根基，从而也促进了沂蒙精神的产生。

二、“践行初心、担当使命”是沂蒙精神的生命之源

“践行初心、担当使命”是伟大建党精神的第二层内涵，相较于理想和信仰而言，初心和使命更具体。恩格斯指出：“一个知道自己的目的，也知道怎样达到这个目的的政党，一个真正想达到这个目的并且具有达到这个目的所必不可缺的顽强精神的政党——这样的政党将是不可战胜的。”[①]作为马克思主义政党，我们党一经成立，就立定初心。在中共一大通过了党的第一个纲领和第一个决议，实现中华民族的独立自由和人民解放幸福，成为创立时期中国共产党的初心和使命。

百年风雨历程，牢记和践行为中国人民谋幸福、为中华民族谋复兴的初心使命，是贯穿我们党百年奋斗史的一条红线。在中华民族从“站起来”“富起来”到实现“强起来”的伟大飞跃的百年风雨历程中，“践行初心、担当使命”体现的是党初衷不改、本色依旧的特质，展现了党之所以强大的重点优势和鲜明主题。“践行初心、担当使命”是激励中国共产党人不断前进的根本动力，也是沂蒙精神形成的生命之源。2013 年 11 月 25 日，习近平总书记在临沂考察会见先进模范和当年支前模范后代代表时说，党把人民利益放在第一位，为人民谋解放而领导人民展开革命斗争；人民群众真正跟党走，相信我们的党，在党的领导下为人民解放事业无私奉献。[②] 这些论述深刻揭示了沂蒙精神形成的生命密码。

一部沂蒙革命史就是一部水乳交融、生死与共的为民史。旧中国，积贫积弱，从鸦片战争到抗日战争爆发的近百年，国家蒙辱、人民蒙难、文明蒙尘，沂蒙地区和全国一样，遭受着反动统治者的残酷压榨剥削、帝国主义的凌辱欺侮，再加上匪患横行，自然灾害频发，灾难深重的沂蒙人民在黑暗中苦苦探索和抗争。自从有了中国共产党的领导，中国的面目就焕然一新，中国共产党深刻改变了近代以来中华民族发展的方向和进程，深刻改变了中国人民和中华民族的前途和命运。沂蒙人民在党组织的正确领导下，革命斗争也掀开了革命斗争的崭新

---

① 《马克思恩格斯全集》第 39 卷，人民出版社 1974 年版，第 139 页。

② 参见临沂市委沂蒙精神学习研究课题组：《“水乳交融、生死与共”——铸就沂蒙精神的政治实践逻辑》，《大众日报》2018 年 4 月 18 日。

一页，反帝反封建的革命暴动和武装起义如星星之火，在沂蒙大地渐成燎原之势。

沂蒙革命战争是拯救沂蒙人民于水火的一场革命，也是紧紧依靠人民、团结人民群众的一场革命。尤其在全面抗日战争爆发后，毛泽东经过深思熟虑和对各方力量的对比分析，果断提出了开展以游击战争为主的战略方针，制定了“坚定依傍山地与不打硬仗的原则”[①]。1937 年 9 月 25 日，毛泽东致电周恩来、刘少奇等人，指出：“整个华北工作，应以游击战争为唯一方向。”在电报中，毛泽东特地点明“包括山东在内”。[②] 为了开辟敌后战场，加强山东抗日对敌斗争的领导力量，夺取抗战的全面胜利，中共中央、毛泽东曾三次从延安派 170 多名干部到山东，先后派八路军第一一五师、第六八六团和萧华纵队等部队入鲁。在党中央领导下的这些干部部队成为开辟沂蒙根据地的领导骨干，在艰苦卓绝的革命战争年代，把人民利益放在第一位，党为民，民爱党，与群众同甘共苦、共患难，才有了人民群众铁心向党，参军参战、奋勇直前，党政军形成了坚不可摧的钢铁长城，演绎出党政军民“生死与共、水乳交融”的人间大爱，形成同呼吸、共命运、心连心的血肉联系，从而铸就了沂蒙精神。

三、“不怕牺牲、英勇斗争”是沂蒙精神的昂扬基调

“不怕牺牲、英勇斗争”是伟大建党精神的第三层内涵。中国共产党诞生于国家内忧外患、民族危难之时，从北京、上海先进知识分子建立共产主义小组到长沙、济南、武汉、欧洲、日本等地共产主义小组筹建，从上海石库门到浙江嘉兴南湖红船，中国共产党于惊涛骇浪和急流险滩中诞生。一百年来，一路走来无不印满先烈的足迹，一路辉煌无不是斗争的辉煌，有血泪斑斑，更有铁骨铮铮。“李大钊，1927 年牺牲”，“陈延年，1927 年牺牲”，“李汉俊，1927 年牺牲”，“陈乔年，1928 年牺牲”，“蔡和森，1931 年牺牲”，“邓中夏，1933 年牺牲”……从 1921 年中国共产党成立，到 1949 年中华人民共和国成立，28 年的岁月里约有 370 万名中国共产党员在革命中献出了生命。世界上没有哪个党像中国共产党这样遭遇过如此多的艰难险阻，经历过如此多的生死考验，付出过如此多的惨烈牺牲。

中国共产党为什么能？向岁月深处回望，我们在为“未惜头颅新故国，甘将

① 《毛泽东军事文集》第 2 卷，中央文献出版社 1993 年版，第 44 页。

② 《毛泽东军事文集》第 2 卷，中央文献出版社 1993 年版，第 57 页。

热血沃中华”的无数先烈致敬的同时，也探寻得出答案。在斗争中诞生、在斗争中发展、在斗争中壮大，我们党在奋斗征程中锤炼了不可战胜的强大精神力量，锻造了不惧风险、不畏强敌，敢于战胜一切困难而不被任何困难所压倒的浩然风骨。毛泽东指出：“从古以来，中国没有一个集团，像共产党一样，不惜牺牲一切，牺牲多少人，干这样的大事。”①百年党史就是一部牺牲奉献史、一部斗争奋斗史，牺牲和斗争是伟大建党精神的重要主题，“不怕牺牲、英勇斗争”体现了党的顽强意志、优良作风，展现了党强大的精神优势，也是沂蒙精神的昂扬基调。在沂蒙革命根据地，中国共产党人用鲜血和生命践行共产主义理想信念和崇高人生追求。抗日战争时期，清河区地下党干部刘力夫，在临刑前，昂首挺胸，带着愤怒，充满豪情，高唱《国际歌》，高喊“打倒日本帝国主义！中国共产党万岁！”为国捐躯。中国共产党员陈若克为“抗日救亡”跟随朱瑞来到沂蒙山区，不幸被捕后视死如归，大义凛然。据有关史料统计，在孟良崮战役中，我华东野战军不畏强敌，敢打敢拼，前赴后继，浴血奋战，有 2800 余人献出了宝贵的生命，9000 多人光荣负伤。同时，不怕牺牲、英勇斗争还淋漓尽致地体现在沂蒙人民身上。革命战争时期，沂蒙人民跟日本侵略者斗争、跟国民党反动派斗争，在蒙山沂水间先后发生了 4000 多场大小战斗，当时沂蒙根据地 420 万人，有 120 万人拥军支前、21.4 万人参军参战、10.5 万名革命烈士血洒疆场。② 社会主义建设和改革开放时期，无论面对何种艰难险阻，沂蒙人民从来没有屈服过，从来没有低过头，都是“下定决心，不怕牺牲，排除万难，去争取胜利”。进入中国特色社会主义新时代，沂蒙人民敢闯敢试，改革创新，不断开创新时代现代化建设新局面。

四、“对党忠诚、不负人民”是沂蒙精神的价值取向

“对党忠诚、不负人民”是伟大建党精神的第四层内涵。对党忠诚是马克思主义政党的本质属性，是马克思主义政党刻进骨子里、融入血液中，挺起精神脊梁的“第一基因、第一品德”。中国共产党自成立之日起，就对党员提出了对党忠诚的最基本政治要求。党的一大通过的《中国共产党纲领》第四条规定：“凡承认本党党纲和政策，并愿意成为忠实的党员者……都可以接收为党员，成为我们的同志。”这就要求党员必须忠诚认同党的纲领和政策，突出了党员政治品

① 李忠杰、李明华：《中国共产党第七次全国代表大会档案文献选编》，中共党史出版社 2015 年版，第 307 页。

② 参见徐东升、赵长芬：《“三山一坡”革命精神研究》，济南出版社 1990 年版，第 219 页。

格上的先进性、纯洁性。1927 年,毛主席亲自撰写第一份入党誓词并带着新党员宣读:“牺牲个人,努力革命,阶级斗争,服从组织,严守秘密,永不叛党。”这份入党誓词的核心内容“永不叛党”后来被写入党章。

对党忠诚不是抽象的而是具体的。忠诚必须体现到对党的信仰的忠诚上、对党组织的忠诚上、对党的理论和路线方针政策的忠诚上,体现到对人民的忠诚上。习近平总书记指出:“面对公和私、义和利、是和非、正和邪、苦和乐的矛盾,是选择前者还是后者,靠的就是党语,最终检验的是对党和人民的忠诚。”[①]历史充分证明,江山就是人民,人民就是江山,民心是最大的政治,一部中国共产党的奋斗史,就是千千万万共产党人为实现国家富强、民族振兴、人民幸福而付出全部热情的壮美历史!

沂蒙精神集中体现了中国共产党的大义忠诚、为人民“舍命拼搏”的责任担当。习近平总书记 2013 年 11 月 25 日在临沂考察时的重要讲话中将沂蒙精神的特质高度概括为“水乳交融,生死与共”,其核心是中国共产党人对党忠诚、不负人民,始终把人民利益放在第一位,为人民谋解放。沂蒙地区是全国出现党的活动比较早的地区之一,1927 年 4 月成立了沂蒙地区最早的党组织——中国共产党沂水支部。在当时党组织力量还不强大,无时无刻不在遭受反革命势力剿杀的情况下,沂蒙地区的中共党员依然义无反顾地干革命,即使付出生命的代价也在所不惜。比如刘晓浦、刘一梦叔侄两人放弃了优渥的生活,毅然加入中国共产党,叔侄俩在被捕入狱后,面对敌人宁死不屈,慷慨就义,这就是对信仰的忠诚、对党的忠诚。正是中国共产党人怀着对党的无限忠诚,把人民群众放在心中最高位置,真心实意地对待老百姓,让沂蒙人民切实感受到认识到共产党是人民的党,八路军是自己的部队,更加坚定地和我们党站在一起,沂蒙人民从而将这种认知内化为坚定跟党走的情感,外化为积极报名参军参战、奋勇直前的行动,党政军民“水乳交融,生死与共”,形成坚不可摧的铜墙铁壁,推动了中国革命的历史车轮隆隆向前。

---

① 习近平:《全面贯彻落实党的十八届六中全会精神 增强全面从严治党系统性创造性实效性》,《人民日报》2017 年 1 月 7 日。

百年来中国共产党领导山东社会建设历史进程与基本经验*

马德坤**

【摘要】百年来中国共产党领导山东社会建设的历史进程经历了新民主主义革命时期的起步奠基、社会主义革命和建设时期的探索与曲折、改革开放新时期的发展与进步以及中国特色社会主义进入新时代的新成就四个阶段。中国共产党领导山东社会建设积累了宝贵的经验：一是必须始终坚持党领导社会建设。二是必须正确把握社会建设的目标方向。三是必须坚持社会建设与国情省情实际相适应。四是必须坚持民生建设是社会建设的重点任务。五是必须坚持以理论创新推进社会建设。

【关键词】中国共产党；山东社会建设；历史进程；基本经验

一百年，风雨兼程、栉风沐雨、砥砺前进，中国共产党在领导山东人民进行革命、建设和改革的伟大实践过程中，为山东的社会建设做出了艰苦卓绝的贡献，使得山东省从百年前的灾荒深重到现如今国民经济生产总值跃居全国前三，这些成就的取得归根结底在于中国共产党的强有力的领导。当前，在中国共产党成立一百周年这一关键的历史节点认真梳理党领导山东社会建设的历史脉络，得出经验启示，显得尤为重要，具有强烈的时代意义。

---

* 本文系国家社会科学基金后期资助项目“新时代中国共产党社会治理理论与实践研究”(20FKSB050)和山东省高等学校青创科技支持计划项目“习近平新时代中国特色社会主义思想的内在逻辑研究”(2019RWB016)的阶段性研究成果。

** 马德坤，山东师范大学马克思主义学院教授、博士生导师。

一、新民主主义革命时期中共领导山东社会建设的起步奠基

在新民主主义革命时期，中国共产党领导山东人民开展社会建设的实践，坚持以保障民生、提高人民生活水准为重点，在积极争取民族独立斗争的同时，围绕着人民迫切需要的土地、农业、文化教育、医疗卫生等方面积极开展社会建设的有效实践。

一是发展农业生产，提高农民群众生活质量。农业生产一直是山东地区发展的重中之重，在中共中央的领导号召下，山东地区积极开展大生产运动。1939 年 5 月 11 日，《大众日报》刊文指出山东游击区的财政经济政策，提出"要用全力来帮助农民的生产，调高生产率，在各方面求得经济自给"①，坚持从群众中来到群众中去、一般号召与个别指导相结合的工作原则。二是发展新民主主义文化教育，培育专门人才。山东党组织在鲁各地广泛设立各种训练班和军政干部学校，改革学校学制，普遍设立抗日小学及成年民众学校；改良私塾，加强对私立学校的领导；改善小学教员待遇，普遍设立民众教育馆、教育巡视团、农村俱乐部；普遍创办地方报纸，推办社会教育；厉行扫除文盲，促进社会文化教育及提倡正当娱乐。三是开展社会救济，加强医疗卫生健康教育。在社会救济工作上，山东抗日根据地在中国共产党的领导下，采取各种切实可行的措施不断改善工人生活，增加工人工资，减少工人劳动工作时间，制定劳动保护办法，救济失业工人、贫苦工人及其家属。在医疗卫生方面，山东省战时工作推行委员会在《山东省战时时政纲领》中明确指出厉行卫生行政，逐步建立保健制度。②广设平民医院，对于抗日军人家属及贫民之伤残疾病免费治疗，优待产妇，保育婴儿，建立托儿所。

二、社会主义革命和建设时期中共领导山东社会建设的新探索

1949 年 10 月 1 日，中华人民共和国成立，开启中华民族发展进步的新纪元。山东党组织团结带领全省人民巩固新生人民政权，医治战争创伤，经济社会得到初步发展和提升。在此基础上，山东省委在党中央的领导下，积极推进"一五"计划、社会主义三大改造，建立社会主义基本制度，实现了山东历史上最

---

① 山东省财政科学研究所、山东省档案馆:《山东革命根据地财政史料选编》第 1 辑，1985 年印制，第 8 页。

② 参见山东省财政科学研究所、山东省档案馆:《山东革命根据地财政史料选编》第 1 辑，1985 年印制，第 14 页。

为广泛深刻的社会变革。

一是稳定社会秩序。新中国成立初期，山东省境内仍存在各种反动势力，这些势力的存在严重影响到山东的社会稳定，对社会治安造成破坏。为此，1950 年 6 月，山东分局要求严厉镇压匪特，严防敌人利用道会门进行活动，开展镇压反革命运动。同年 11 月，山东全省开展以取缔反动道会门为重点的斗争，为各项建设提供了一个良好的社会环境。二是积极发展农业工业生产。山东根据中央精神，对全省的经济社会发展做出调整。在农业方面，继续贯彻“农业六十条”，发展多种经营，不断扩大经济作物的种植面积，以副养农，加强水利工程设施和农田基本建设，提高改善农民生活。在工业方面，山东省结合本省实际，制定年度计划，强化企业管理，不断增加品种、降低成本，工业战线呈现出奋进苦干的景象。三是加快社会主义文化教育。中华人民共和国成立后，山东省积极贯彻党中央所提出的关于教育的各项方针政策，调整学校布局，撤销合并部分学校，加强重点学校建设，恢复建立正常的教学秩序。

三、改革开放新时期中共领导山东社会建设的新发展

党的十一届三中全会之后，在党中央的正确领导下，山东改革经历了从农村到城市、从试点到推广、从经济体制改革到全面改革的过程，不断突破思想和体制的束缚，每一次重大改革都为经济社会发展增添了强大动力。

山东党组织始终坚持解放思想、实事求是的思想路线，勇立潮头、敢于创新，带领全省社会建设事业不断进取，探索出一批重要的先进经验，促进山东各地社会建设跟上时代潮流，激发创造活力。例如：山东诸城当地党组织领导下而创造出的“商品经济大合唱”和“贸工农一体”的“诸城模式”，寿光着重于发展冬暖式蔬菜大棚以及建设大型蔬菜批发市场、坚持“产供销一体化”的“寿光模式”，还有坚持探索“农业产业化”的“潍坊模式”。在组织建设方面，1990 年 8 月，中央组织部等在莱西召开全国村级组织建设工作座谈会（史称“莱西会议”），推广了“莱西经验”，在全国起到了很好的示范引领作用。其他如莱芜简政放权、章丘依法治村、威海乳山的“两推直选”经验以及对于股份合作制的“周村经验”等，也都在全省乃至全国产生了深远影响。在逐渐解决了全省范围内的温饱问题后，山东省委、省政府在农村开展第二次改革，着重发展乡镇企业，到 1992 年，山东乡镇企业总产值已经占到全省工业总产值的一半左右。

四、新时代中共领导山东社会建设的新成就

党的十八大以来，习近平总书记高度关注山东的改革发展，曾三次视察山

东，并多次做出重要指示，为山东的改革发展指明方向。

山东省委第十一次党代会以后，山东党组织抓住机遇，顺势而上，以习近平新时代中国特色社会主义思想为统领，不断地进行深入调查、科学谋篇布局、开创了以新旧动能转换、三大攻坚战、军民融合、乡村振兴、海洋强省、区域协调发展、重大基础设施建设等八大发展战略为支撑，以全面深化改革为保障、全面从严治党为统领的整体发展格局。进入2020年，山东省成为全国首个农业总产值过万亿的省份；加强海洋强省建设，实施“十大行动”，对全省港口实现整合，迅速发展现代海洋产业，不断优化海洋生态环境；实施脱贫攻坚工程，着重解决“黄河滩”“沂蒙山”“老病残”等重点贫困问题，高质量地完成脱贫攻坚目标；实施生态山东建设战略，开展污染防治工程，实施“四减四增”三年行动；深度融入“一带一路”建设，开展高质量的“双招双引”，打造对外开放新高地；推进区域协调发展，加强黄河流域的生态保护和高质量的发展，构建区域协调发展新格局等。

五、百年中国共产党领导山东社会建设的基本经验

（一）始终坚持党的领导是社会建设的核心保证

始终坚持党的领导核心地位，是中国特色社会主义社会建设不断取得胜利的根本保障，也是山东社会建设成就不断的核心保证。习近平总书记强调：“中国特色社会主义最本质的特征是中国共产党领导，中国特色社会主义制度的最大优势是中国共产党领导，党是最高政治领导力量。”①新时代山东社会建设必须坚持党的领导核心地位，把党的意志和主张体现到社会建设的各项法律法规中，积极支持社会治理多元主体依法参与社会治理，充分发挥基层党组织和共产党员服务群众、凝聚人心的作用，提高引领社会、服务社会的能力。新时代坚持党在社会建设中的领导核心地位，一是发挥党总揽全局、协调各方的作用。从全局上高度谋划、明确定位、把握方向、决策重大事项、提出立法建议、进行思想宣传等，从政治上、思想上、组织上加强党的领导，发挥党组织的领导核心作用与党员的先锋模范作用。二是提高党对社会建设的领导能力。一方面，运用效果更加有效、理念更加先进的方式方法实现对社会建设的政治、思想和组织领导；另一方面，发挥党组织的核心力、凝聚力、协调力、影响力和党员的模范带头作用，提高党领导社会建设的能力。

---

① 《习近平谈治国理政》第3卷，外文出版社2020年版，第181页。

(二)始终坚持正确把握社会建设的目标方向

建党一百年来,我们党始终落实以人民为中心的社会建设理念,山东党组织始终坚持把以人民为中心的价值取向贯彻到社会建设的全部活动之中,从人民群众对美好生活的需求中找寻社会建设的重点、方向和目标,做到建设为了人民、建设依靠人民、建设成果由人民共享。新时代山东省社会建设必须始终坚持以人民为中心,一是坚持和保障人民群众的主体地位。唯物史观认为,人民是历史发展的主体,是社会实践的主体。坚持和保障人民群众的主体地位,就要始终坚持人民至上的理念,充分调动人民的创造精神,着力实现人的全面发展。二是践行为民服务的根本宗旨。维护人民的权益,把不断满足人民群众的利益需要作为工作的出发点和落脚点,遵循群众路线方法,维护社会公平正义。三是实现发展成果共享的目标。我们提及的共享是全体人民享有、各得其所,不是少数人共享、一部分人共享。

(三)始终坚持社会建设与国情省情实际相适应的基本前提

实现社会建设的良性发展,必须找到符合自身实际的社会建设政策。习近平总书记在会见全国社会治安综合治理表彰大会代表时强调:“要深入分析和准确判断当前世情国情党情,从我国实际出发,遵循治理规律,把握时代特征,加强和创新社会治理,更好解决我国社会出现的各种问题,确保社会既充满活力又和谐有序。”①面对国内外风险挑战明显增多的复杂局面,在实现中华民族伟大复兴中国梦的征程中,社会建设必须从中国实际国情出发,从山东省实际情况出发,学习借鉴世界各国好的经验和做法,学习借鉴其他省份的有益经验,不能盲目照抄他国他省社会建设制度与管理经验,世界上从来就没有完善的社会建设制度可供粘贴和复制,否则会出现严重社会后果。当今世界正经历百年未有之大变局,我国正处于实现中华民族伟大复兴关键时期。新时代要牢牢把握我国仍然处于社会主义初级阶段这个基本国情,探索建立中国特色的社会建设模式和政策架构,提出符合当今中国实际国情的社会治理目标和任务,深刻回答什么是中国特色社会治理、怎样进行中国特色社会治理的重大时代课题。

(四)始终坚持民生建设是社会建设的重点任务

关注民生、重视民生、保障民生、改善民生是中国共产党始终关心和关注的问题,民生建设是我国社会建设的重要组成部分。党的十八大以来,习近平总书记不仅高度重视与人民群众息息相关的就业、收入分配、食品安全、教育、住

① 《习近平谈治国理政》第2卷,外文出版社2017年版,第385页。

房、医疗卫生、养老等民生工程，而且特别关注贫困地区的人民群众生活的改善，支持与扶植贫困地区的发展，针对新时代中国贫困问题提出精准扶贫、精准脱贫的要求，组织实施《关于打赢脱贫攻坚战的决定》战略部署，要求全社会形成支持合力，不仅要坚决打赢脱贫攻坚战，建立解决相对贫困的长效机制，2020年全部实现脱贫，而且要满足人民多层次多样化需求，使改革发展成果更多更公平惠及全体人民，走向共同富裕。按照守住底线、突出重点、完善制度、引导舆论的工作思路，以保障和改善民生为重点发展各项社会事业，加快推进打造共建共治共享的社会治理格局，形成科学有效的社会治理，确保人民安居乐业、社会和谐有序。

（五）始终坚持制度创新是社会建设的关键举措

中国共产党建立一百年以来，围绕社会建设体制机制创新，我们党不断更新社会建设理念，进而推进中国特色社会建设体系的形成、发展与完善。新中国成立后特别是21世纪以来，根据我国我省经济社会发展的需要，山东省委不断探索适应国情省情的社会建设机制，把制度创新作为补齐短板、加固底板的改革任务来抓，同时制定重要制度创新工作方案，在各领域全面梳理制度创新课题，分批推出制度创新成果。

经过建党一百年的发展历程，我国社会发展形成了比较完善的具有中国特色的社会治理体系，充分体现了党对中国特色社会主义社会治理的思路和对“三大规律”的深刻把握。建党一百年来对社会建设规律认识的不断深化，也是中国共产党积极回应在特定时期社会治理中遇见的核心问题或迫切需要解决的重大问题。随着进入新时代我国社会治理环境的发展变化，党的社会建设政策也需要及时跟进、不断调整与完善。这就需要我们在中国特色社会主义社会治理中继续发挥“党委领导、政府负责、民主协商、社会协同、公众参与、法治保障、科技支撑”的多元主体理念，不断提高社会治理的科学化水平，激发社会活力，为新时代坚持和完善中国特色社会主义制度、推进国家治理体系和治理能力现代化提供有力的路径支撑。

毛泽东与中国特色革命道路的开辟与现实启示

邱春林[*]

【摘要】一个国家，一个民族，无论是革命、建设，还是改革，选择什么道路、坚持什么道路，都直接关系到一个国家、一个民族的兴衰成败和发展。在中国新民主主义革命进程中，毛泽东坚持把马克思主义的基本原理和中国革命斗争实际相结合，实现了中国革命的两个转变，开辟了一条从“工农武装割据”到“农村包围城市”武装夺取政权的中国特色革命道路。这条道路的开辟对今天坚持走中国特色社会主义道路，无疑具有重要启示。

【关键词】毛泽东；中国特色革命道路；启示

一个党，一个国家，一个民族，无论是革命、建设，还是改革，选择什么道路、坚持什么道路，都直接关系到一个党、一个国家、一个民族的兴衰成败和发展。毛泽东指出：“革命党是群众的向导，在革命中未有革命党领错了路而革命不失败的。”[①]在中国新民主主义革命进程中，毛泽东坚持“中国革命斗争的胜利要靠中国同志了解中国情况”[②]，坚持把马克思主义的基本原理和中国革命斗争实际相结合，实现了中国革命从“专注民众运动”向“枪杆子里面出政权”的转变，从“以城市为中心”向“以农村为中心”的转变，开辟了一条从“工农武装割据”到农村包围城市武装夺取政权的新民主主义革命道路。

---

* 邱春林，中共山东省委党校副教授、硕士生导师。

① 《毛泽东选集》第 1 卷，人民出版社 1991 年版，第 3 页。

② 《毛泽东选集》第 1 卷，人民出版社 1991 年版，第 3 页。

一、从“专注民众运动”到“政权是由枪杆子中取得的”

中国共产党成立之初，对中国革命的对象、目标、步骤、道路等问题还未来得及进行深入探讨，就积极投身到大革命洪流中去。以毛泽东为代表的中国共产党人在国共合作时期积极参与到民众运动中，逐步认清了中国社会各阶级对革命的态度，为实现从“专注民众运动”向明确提出“枪杆子里面出政权”转变提供了基础。

党的第一个工人决议明确指出：“本党的基本任务是成立产业工会。凡是有一个产部门以上的地方，均应组织工会；在没有大工业而只有一两个工厂的地方，可成立比较适合当地情况的工厂工会。”[①]可见党成立之初，其关注点是放在发动工人运动方面，这是基于共产党是一个工人阶级的政党，把党的基本任务定位于开展工人运动无可厚非。在民众运动中毛泽东对中国的国情、对中国社会各阶级有了比较深刻的认识。他在1925年年底发表了《中国社会各阶级的分析》一文，系统论述了中国革命的对象、动力、性质和前途等一系列问题，初步提出了关于新民主主义革命的基本思想。1926年9月，毛泽东在《国民革命与农民运动》一文中提出了“农民问题乃国民革命的中心问题”的著名论断，认为“农民不起来参加并拥护国民革命，国民革命不会成功；农民运动不赶速地做起来，农民问题不会解决；农民问题不在现在的革命运动中得到相当的解决，农民不会拥护这个革命”[②]。这表明毛泽东在民众运动中，逐步对中国国情、中国革命的动力、中国革命的对象等问题有了比较深入的认识，为实现从专注民众运动向认识到中国革命本质问题转变奠定了基础。

1927年，随着北伐战争的胜利进军，为了反驳右倾机会主义的错误，毛泽东深入湖南农村，进行了一个多月的考察，发表了《湖南农民运动考察报告》。该报告明确指出了在农村建立革命政权和农民武装的必要性，科学分析了农民的各个阶层，着重宣传了放手发动群众、组织群众、依靠群众的革命思想。毛泽东这一分析应该说为中国革命指明了领导力量、依靠力量，特别是肯定了建立革命政权和农民武装的重要性，也为大革命失败后迅速提出武装反抗国民党的总方针做了思想准备。革命危急关头，毛泽东提出了“枪杆子里面出政权”[③]的论

---

① 中央档案馆编：《中共中央文件选集》第1册，中共中央党校出版社1989年版，第3页。

② 《毛泽东文集》第1卷，人民出版社1993年版，第37页。

③ 《毛泽东选集》第2卷，人民出版社1991年版，第546页。

断，并告诫全党，“以后要非常注意军事，须知政权是由枪杆子中取得的”①。

事实上这也从另一角度表明中国共产党要想找到新的正确的革命道路，必须要实现革命中心的转移，实现从“专注民众运动”向武装斗争的转移。八七会议之后，我们党在各地发动武装起义，以星星之火成燎原之势，实现了由“民众运动为中心”向“枪杆子里面出政权”的转变，也开始了中国共产党农村包围城市武装夺取政权道路的伟大探索和实践。

二、从“以城市为中心”到“以农村为中心”

国情不同，革命的形式、革命的道路等也会有所差异，照搬照抄从来没有成功的先例，中国革命唯一正确的道路只能走农村包围城市武装夺取政权的道路。以毛泽东为代表的中国共产党人，从中国实际出发，把马列主义普遍原理与中国革命实际相结合，创造性地在理论上和实践上给予了回答，实现了党的工作中心由城市向农村的转变，标志着我们党开始学会把马克思主义的基本原理与中国革命的实际相结合，开始了马克思主义中国化的伟大征途。

1928 年 6 月，中共六大重新确认了中国革命的性质，认为“当时国内的革命形势是处在两个革命高潮之间，党的总路线是争取群众”②。应该说这次大会的路线基本上是正确的，但也存在明显的不足，其认为党的工作中心仍然是城市领导乡村，没有认识到中国革命的特殊性、长期性和复杂性，也没有认识到农民、农村在中国革命中的地位和作用，当然更没有认识到中国革命必须走农村包围城市的革命道路，所以，六大也给我们党后来在革命中屡次出现“左”倾错误埋下了隐患。

中国共产党人只有把马克思主义、列宁主义的基本原理和中国革命实际相结合，探索适合中国国情的革命道路，才能实现革命的胜利。毛泽东就是一位善于调查、善于把马克思主义基本原理与中国实际相结合的共产党人，他熟悉中国国情，他的实践证明了中国革命在敌强我弱的现实情况下，党的工作重心必须实现从“以城市为中心”向“以农村为中心”的转变，他的实践也开辟了一条具有中国特色的新民主主义的革命道路。当然，这一转变也是在同党内各类错误倾向不断做斗争的基础上取得的。从 1925 年的《中国社会各阶级的分析》到 1927 年的《湖南农民运动考察报告》，再到提出“上山”“政权是由枪杆子中取得

① 《毛泽东文集》第 1 卷，人民出版社 1993 年版，第 47 页。

② 中央档案馆编：《中共中央文件选集》第 4 册，中共中央党校出版社 1989 年版，第 300 页。

的”,无不是毛泽东正确把握国情,分析中国革命实际的结果。这也是大革命失败后对中国革命向何处去怎么走的大胆回答和正确抉择,也开始了具有中国特色的农村包围城市、武装夺取政权的新民主主义革命道路的探索,开始了农村包围城市武装夺取政权道路的伟大探索与实践。

三、从“工农武装割据”到“农村包围城市武装夺取政权”

大革命失败后,中国革命处于一个极其复杂的环境,以毛泽东为代表的中国共产党人在革命斗争实践中逐步实现了工作重心的转移,在革命实践中探索着适合中国国情的革命道路。毛泽东率领的中国工农红军在创建井冈山革命根据地的过程中,深入开展武装斗争、土地革命,加强地方政权建设和党的建设取得显著成绩,在创建井冈山革命根据地、开展土地革命的实践过程中,初步形成了工农武装割据的思想,逐步探索出一条适合中国国情的农村包围城市武装夺取政权的道路。

针对“红旗到底打多久”的疑问,毛泽东从中国革命的实际出发,从1928年4月到11月,先后发表了《中国的红色政权为什么能够存在?》《井冈山的斗争》等文章,对一年多来实行工农武装割据过程中的经验教训进行了系统的总结,对中国农村革命根据地存在的可能性、必要性作了系统论述,提出了工农武装割据思想,开始从理论上和实践上指明了以农村包围城市、武装夺取政权的革命道路。他指出:“一国之内,在四围白色政权的包围中,有一小块或若干小块红色政权的区域长期地存在,这是世界各国从来没有的事。这种奇事的发生,有其独特的原因。而其存在和发展,亦必有相当的条件。”①继而,毛泽东在《井冈山的斗争》开篇就明确提出“工农武装割据”的概念。

鉴于党内有些同志对中国革命前途认识不清,对中国革命道路认识不深等情况,1930年1月,毛泽东在《星星之火,可以燎原》一文中进一步阐述了农村包围城市、武装夺取政权的理论。至此,毛泽东通过分析中国国情,从革命的现状、革命发展、革命前途、革命道路等方面阐述了农村包围城市、武装夺取政权理论,这是毛泽东运用马克思主义的原理分析中国革命实际而得出的结论,也标志着“农村包围城市、武装夺取政权”理论的初步形成。这一理论揭示了中国革命发展的客观规律,指明了大革命失败后夺取中国民主革命胜利的道路,既是马克思列宁主义普遍真理同中国革命具体实践相结合的典范,也是对马克思

---

① 《毛泽东选集》第1卷,人民出版社1991年版,第47~48页。

列宁主义关于暴力夺取政权理论的重大发展。

分析这一理论形成的原因，这与毛泽东的自身努力密不可分，特别是随着革命斗争实践经验的积累，加深了毛泽东对土地革命、党的建设、根据地建设、武装斗争的认识，使他深刻明白党的工作重心转移到农村的必要性，以及在农村、农民占多数的情况下，在军队中加强无产阶级思想建设的重要性。革命形势的发展给毛泽东认真思考中国革命道路问题提供丰富的经验教训，尤其是井冈山革命根据地建立，全国革命形势不断向前发展，也促使毛泽东进一步思考中国革命的道路问题。

四、对中国特色社会主义道路的现实启示

在新民主主义革命时期，毛泽东在领导中国新民主主义中立足中国国情，深刻把握中国实际，明确了农民是中国革命的主力军，提出了工农武装割据、农村包围城市的道路，最终实现了革命的胜利。反思这一理论，对今天进一步坚定道路自信、理论自信、制度自信、文化自信无疑具有强烈现实启示。

启示一：无论是革命、建设，还是改革，都要坚持立足中国国情，要坚持马克思主义与中国实际相结合

“农村包围城市、武装夺取政权”理论之所以在新民主主义革命过程中起了重要的理论指导作用并领导人民革命走向成功，其基本原因是立足于中国实际，实事求是。正如毛泽东指出的“没有调查，就没有发言权”，特别强调了中国革命的胜利要靠中国同志了解中国情况。毛泽东以身示范，从《中国社会各阶级的分析》到《湖南农民运动考察报告》，都是他亲自调查得出的结论。中国特色革命道路的开辟同样是他坚持调查研究，坚持实事求是，坚持一切从实际出发，并将马克思主义革命理论同中国革命实际相结合，从而开辟了中国特色的革命道路。今天我们坚持中国特色社会主义道路，树立道路自信、理论自信、制度自信、文化自信，最根本的就是要在中国共产党领导下，立足基本国情，把握中国实际，坚持与时俱进，用中国化的马克思主义指导中国特色社会主义伟大实践。

启示二：无论是革命、建设，还是改革，都要坚持理论与实践相结合，在实践中推动理论创新，用创新的理论指导实践

无论是革命、建设，还是改革，都要坚持理论与实践相结合。毛泽东在中国革命实践中反对本本主义，批评和抛弃了“城市中心论”的错误思想，在革命实践中创造性地开辟了一条“农村包围城市、武装夺取政权”的革命道路，这对于

今天坚持中国特色社会主义的道路自信同样适用。中国特色社会主义道路理论需要在中国特色社会主义的实践中实现理论创新，创新是一个民族进步的灵魂，是一个国家兴旺发达的不竭动力。第二个百年奋斗目标的确立，开启了全面建设社会主义现代化国家新征程，坚定不移地走好中国特色社会主义道路，用习近平新时代中国特色社会主义思想来指导中国特色社会主义的伟大实践，就需要坚持理论与实践相结合，在实践中推动理论创新，用创新的理论指导实践，从而实现马克思主义的与时俱进。

启示三：无论是革命、建设，还是改革，都要坚持辩证法、坚持两点论

在毛泽东看来，中国新民主主义革命的重点在于农民问题，而农民问题的关键在于土地革命。围绕着这一点，实现党的工作中心由城市到乡村的转变，在农村开展革命从而获得农民的支持，在农村建立巩固的根据地，为农村包围城市、武装夺取政权奠定了扎实的基础。同样，今天我们推进中国特色社会主义建设，我们改革与发展最终是为了实现国家繁荣富强、人民共同富裕，为了实现这一目标，我们要坚持辩证法，坚持两点论，正确分析和认识我国社会主义所处的新发展阶段，所面临的新任务、新形势，树立起坚定不移走中国特色社会主义道路的自觉和自信。

鲜明的政党特质　奇迹的制胜密码

张庆科　王启萍*

【摘要】1921～2021年，中国共产党走过辉煌的百年历程。百年来，在中国共产党领导下，中国取得了举世公认的历史性成就，创造了人类历史上前所未有的发展奇迹。中国的崛起和发展也引发国际社会的普遍关注，“中国共产党为什么能够成功”成为全世界政党、学者共同研究探讨的课题。解读和分析中共取得巨大成功的特质和密码，对于增强“四个意识”、坚定“四个自信”、做到“两个维护”有着重要的理论和实践意义。

【关键词】中国共产党；特质；制胜密码

一百年前，灾难深重的中华民族头顶“三座大山”，脚下四分五裂，民生凋敝、贫苦落后，人民大众在凄风苦雨中艰难跋涉；今日之中国，国家统一，民族团结，社会稳定，人民幸福。中国共产党艰苦卓绝的奋斗历程，新中国波澜壮阔的铿锵步伐，中华民族生机盎然的光明前景，成为世人重要的话题和研究的焦点。分析总结中国共产党的特质与成功密码，对于全党“学党史、悟思想”等大有裨益。

一、中国共产党旗帜鲜明坚持以马克思主义为指导，坚持走中国特色社会主义道路，以科学理论推动革命、建设和改革伟大实践

一个国家实行什么样的主义、走什么样的路，关键要看这个主义、这条道路

* 张庆科，沂蒙干部学院沂蒙精神研究部讲师；王启萍，沂蒙干部学院沂蒙精神研究部副教授。

能否解决这个国家所面临的历史性课题。① 20 世纪 20 年代，中国出现过两三百个政党，这些政党成立得很快，消亡得也很快，在历史上没能留下一点痕迹，也都没能解决中国的前途和命运问题。直到中国共产党成立，并且把马克思主义作为行动指南，才带领人民走上了救亡图存的道路。正如习近平总书记所指出的："中国共产党为什么能，中国特色社会主义为什么好，归根到底是因为马克思主义行！"②

马克思主义是关于全世界无产阶级和全人类彻底解放的伟大学说，对马克思主义的坚定信仰是中国国产党人的政治灵魂，也是中国共产党人经受任何风险和考验的精神支柱。巴西共产党主席卢西亚娜·桑托斯指出："中国共产党不是教条主义者。从成立之初，中国共产党人就具备这样的特质：他们善于创造性地结合本国国情，找到一条适合自身的发展道路。"③中国共产党巧妙地将马克思主义同中国具体实际和优秀传统文化结合在一起，以实事求是、与时俱进的态度，在领导革命、建设和改革的伟大实践中，开辟了马克思主义新境界，成功走上了具有中国特色的社会主义道路。统揽世界各国政党，能够像中国共产党这样不断进行理论创新、能够持续实现思想引领的政党并不多见。俄罗斯金砖国家研究国家委员会执行主任维多利亚·潘诺娃说："中国取得的巨大成就，证明中国特色社会主义道路是正确的。只要继续沿着这条道路走下去，坚定目标，不忘初心，牢记使命，保持和人民的血肉联系，中国共产党就一定能够带领中国人民在国家建设中取得更大的成就。"④

历史和事实充分证明，马克思主义理论"选得对"，它是解决中国发展中遇到的各种问题的"黄金钥匙"；中国特色社会主义道路"走得好"，它是通往中华民族伟大复兴的康庄大道。

二、中国共产党以共产主义为远大理想，把为人民谋幸福、为民族谋复兴作为奋斗目标和使命担当

每个政党都有追求。中国共产党自走上历史舞台的那一天起，就把共产主

---

① 参见吴素霞：《习近平道路自信的主要表征及深层逻辑》，《学校党建与思想教育》2015 年第 15 期。

② 转引自田心铭：《归根到底是因为马克思主义行》，《红旗文稿》2021 年第 15 期。

③ 吴杰、张慧中：《百年大党，为促进人类进步事业而奋斗（百名外国政党政要看中共）》，《人民日报》2021 年 8 月 6 日。

④ 刘军国：《百年大党，信仰照亮未来（百名外国政党政要看中共）》，《人民日报》2021 年 6 月 2 日。

义确立为远大理想，把为人民谋幸福、为民族谋复兴作为奋斗目标和使命担当。中国共产党没有任何自己特殊的利益，她带领中国人民进行的一切奋斗、一切牺牲、一切创造，都是为了实现民族的复兴梦想。正如习近平同志在党的十九大报告中指出的："中国共产党人的初心和使命，就是为中国人民谋幸福，为中华民族谋复兴。这个初心和使命是激励中国共产党人不断前进的根本动力。"①

一百年来，为了实现共产主义远大理想，中国共产党遭遇了无数的艰难险阻，经历了无数的生死考验，付出了无数的惨烈牺牲。党越是艰险越向前，带领人民不畏牺牲、百折不挠，取得了新民主主义革命的伟大胜利；自力更生、艰苦创业，取得了社会主义革命和建设的伟大胜利；解放思想、奋楫笃行，取得了改革开放和社会主义现代化建设的伟大胜利；自信自强、砥砺奋进，开启了新时代中国特色社会主义的新纪元。中华民族走上伟大复兴的光明大道，用几十年时间走完了西方发达国家几百年走过的历程，成为全球第二大经济体，创造了让世人惊讶的人类发展"中国奇迹"。

历史和事实充分证明，中国共产党从只有 50 多名党员发展到拥有 9600 多万名党员的大党，根本原因于她始终坚守共产主义远大理想，始终践行"为人民谋幸福、为民族谋复兴"的使命担当，正是这种执着，深刻改变了中华民族发展的方向和进程，深刻改变了中国的前途和命运。为人民谋幸福、为民族谋复兴，不断激励着中国共产党人开拓奋进。

三、中国共产党坚持以人民为中心，与人民群众保持血肉联系，具有强大的领导力、凝聚力和战斗力

治国有常，而利民为本。中国共产党是在人民群众中生长和发展起来的，在这个过程中，形成了一切为了群众、一切依靠群众，从群众中来、到群众中去的群众路线。党把群众路线作为根本工作路线，是党的独创性贡献和根本政治优势，也是党永葆青春活力和战斗力的重要传家宝。

民之所忧，我必念之；民之所盼，我必行之。以人民为中心不是抽象空洞的，而是实在具体的。毛泽东指出："一切空话都是无用的，必须给人民以看得见的物质福利。""我们应该不惜风霜劳苦，夜以继日，勤勤恳恳，切切实实地去研究人民中间的生活问题。"②我们党制定任何一项方针政策，推进任何一项改

① 《决胜全面建成小康社会　夺取新时代中国特色社会主义伟大胜利 习近平同志代表第十八届中央委员会向大会作的报告摘登》，《人民日报》2017 年 10 月 19 日。

② 《毛泽东文集》第 2 卷，人民出版社 1993 年版，第 467 页。

革，都要充分汲取人民智慧，都要以是否符合人民的利益为出发点和落脚点。正如习近平总书记所说："党的路线、方针、政策，党对每一件事情的看法和主张，应该说就是人民愿望、要求的充分体现，就是人民的看法和主张。"[①]英国社会科学院院士马丁·阿尔布劳指出，中国共产党领导中国人民实现成功发展的秘诀之一，就是中国共产党始终坚持人民至上，始终坚持全心全意为人民服务。

人民是执政的最大底气。习近平总书记强调："人民就是江山，共产党打江山、守江山，守的是人民的心。"[②]党的十八大以来，党把脱贫攻坚摆在治国理政的突出位置，取得了脱贫攻坚战全面胜利，现行标准下 9899 万农村贫困人口全部脱贫，832 个贫困县全部摘帽，12.8 万个贫困村全部出列，区域性整体贫困得到解决，完成了消除绝对贫困的艰巨任务，创造了又一个彪炳史册的人间奇迹。中国共产党赢得中国人民的充分信任和支持，这种信任和支持又激励着中国共产党为人民做出更大贡献。

历史和事实充分证明，爱民者民恒爱之，敬民者民恒敬之。就像习近平总书记在党史学习教育动员大会上讲的：赢得人民信任，得到人民支持，党就能够克服任何困难，就能够无往而不胜。人民是历史奇迹的"创造者"，是赶考路上的"阅卷人"，更是我们党始终保持生机活力的"不竭源泉"。

四、中国共产党既重视学习又善于学习，注重用党的理论成果武装和教育广大党员、干部，不断增强党的创新力、执行力和执政力

士欲宣其义，必先读其书。毛泽东同志指出："感觉只解决现象问题，理论才解决本质问题。"[③]习近平总书记也强调："从一定意义上说，掌握马克思主义理论的深度，决定着政治敏感的程度、思维视野的广度、思想境界的高度。"[④]我们党历来重视理论创新，在每一个重大转折时期，全党都会掀起学习的热潮，从而不断推动事业的发展和进步。历史反复证明，只有学懂了马克思列宁主义、毛泽东思想、邓小平理论、"三个代表"重要思想、科学发展观，特别是领会了贯穿其中的马克思主义立场、观点、方法，才能心明眼亮，才能深刻认识和准确把握共产党执政规律、社会主义建设规律、人类社会发展规律，才能始终坚定理想

① 习近平：《摆脱贫困》，福建人民出版社 1992 年版，第 63 页。

② 习近平：《在庆祝中国共产党成立 100 周年大会上的重要讲话》，《人民日报》2021 年 7 月 2 日。

③ 《毛泽东选集》第 1 卷，人民出版社 1991 年版，第 286 页。

④ 习近平：《2015 年 12 月 28 日、29 日在中共十八届中央政治局"三严三实"专题民主生活会上的讲话》，《求是》2021 年 11 月 15 日。

信念，才能把中国特色社会主义不断推向前进。[①]

为学之实，固在践履。纵观百年党史，党的学习成果与党的辉煌历程相伴相生，如影随形。在不同历史阶段，党靠着学习找到了破解前行中遇到的难题的“真密码”。在中国共产党成立以前，通过对马克思主义的学习吸收，我们找到一个救民族于危亡的好“主义”，建立了一个“可以办好中国一切事情”的党；革命战争时期，通过“甘当群众的小学生”“在战争中学习战争”，我们找到一条通往胜利的革命道路，建立了人民当家做主的新中国；社会主义建设时期，通过“向苏联学”“在建设中学建设”，我们探索出一条推进经济发展、推动生产建设的道路，在短期内建立了独立的、比较完整的工业体系和国民经济体系；改革开放以后，通过向正反两方面的经验教训学、“在游泳中学习游泳”，我们成功开辟了中国特色社会主义道路，取得了令世人瞩目的辉煌成就。

加强学习永远在路上。新时代，只有加强学习，不断增强工作的预见性和主动性，才能避免陷入“盲人骑瞎马，夜半临深池”的困境。历史反复证明，我们党依靠学习走到今天，也必然要依靠学习走向未来，这是中国共产党具有强大创新力、执行力、执政力的基因所在。

五、中国共产党善于总结历史经验，在探究历史规律中掌握历史主动，增强执政本领，凝聚智慧力量，不断从胜利走向新的胜利

历史是最好的教科书，历史经验是最宝贵的财富。恩格斯说过：“没有哪一次巨大的历史灾难不是以历史的进步为补偿的。”[②]中华大地近一个世纪所经受的困难、考验、挑战，是对中国共产党成长壮大的磨砺。在不同历史时期，特别是在各个重要历史关头，党总是通过学习和总结经验教训，使自己在认识上有新的飞跃，在政治上更加成熟，事业不断前进。

习近平总书记指出：“我们党一步步走过来，很重要的一条就是不断总结经验、提高本领，不断提高应对风险、迎接挑战、化险为夷的能力水平。”[③]当年，毛泽东总结革命斗争经验，概括了克敌制胜的“三大法宝”，使我们取得了新民主主义革命的伟大胜利，并至今依然发挥着重要作用；党的六届七中全会通过《关于若干历史问题的决议》，成功解决了党的历史问题，为取得抗日战争最后的胜

① 参见《习近平在中央党校建校80周年庆祝大会暨2013年春季学期开学典礼上的讲话》，《人民日报》2013年3月3日。

② 《马克思恩格斯全集》第39卷，人民出版社1974年版，第49页。

③ 习近平《在党史学习教育动员大会上的讲话》，《求是》2021年3月31日。

利、推翻国民党的反动统治和解放全中国提供了正确的思想路线和政治路线；改革开放后，十一届六中全会通过《关于建国以来党的若干历史问题的决议》，总结社会主义革命和建设正反两方面的经验，初步回答了在中国建设什么样的社会主义和怎样建设社会主义的问题，为探索建设有中国特色社会主义道路指明了正确方向、奠定了基础；进入社会主义新时期，十九届六中全会通过《中共中央关于党的百年奋斗重大成就和历史经验的决议》，深刻揭示了“过去我们为什么能够成功、未来我们怎样才能继续成功”。

历史发展永无止境，总结历史经验也永远没有止境。中国共产党必须从历史中获得启迪，从历史经验中提炼出克敌制胜的法宝，不断提高应对风险挑战的能力水平，认清形势，把握规律，抓住机遇，应对挑战，才能实现全面建设社会主义现代化国家的宏伟蓝图。

六、中国共产党坚持全面从严治党，坚定不移推进党风廉政建设和反腐败斗争，使百年大党永葆青春、充满活力

强大的政党是在自我革命中淬炼而成的。中国共产党的伟大不在于不犯错误，而在于敢于直面问题，勇于自我革命，积极开展批评和自我批评。从 1932 年枪决腐败分子谢步升打响苏区“反腐第一枪”，到延安整风使党达到了空前的团结，从改革开放制定《关于党内政治生活的若干准则》的历史性决策，到全党开展的一次次集中性学习教育，百年来，我们党不断完善监督体系，坚决同一切弱化党的先进性和纯洁性的现象做斗争，使党能够在危难之际绝处逢生、失误之后拨乱反正，成为永远打不倒、压不垮的马克思主义政党。

习近平总书记指出：“人民把权力交给我们，我们就必须以身许党许国、报党报国，该做的事就要做，该得罪的人就得得罪。不得罪腐败分子，就必然会辜负党、得罪人民。是怕得罪成百上千的腐败分子，还是怕得罪十三亿人民？不得罪成百上千的腐败分子，就要得罪十三亿人民。这是一笔再明白不过的政治账、人心向背的账！”①党的十八大以来，以习近平同志为核心的党中央对腐败“零容忍”，坚持“老虎”“苍蝇”一起打，掀起了力度、深度、广度空前的反腐败斗争，让全世界看到了中国政府将反腐进行到底的勇气和魄力。党的十八大到十九大期间，处分党员 153.7 万人，立案审查省军级以上党员干部及其他中管干部 440 人。党的十九大以来，党中央继续保持反腐高压态势，仅 2021 年就有 431

① 《习近平关于全面从严治党论述摘编》，中央文献出版社 2016 年版，第 185～186 页。

名中管省管干部被执纪审查。反腐已经成为中国政治的新常态。

在实现第二个百年奋斗目标的新征程上，面对更加长期而复杂的考验，我们必须时刻保持忧患意识，坚定不移地推进党风廉政建设和反腐败斗争，把党建设得更加坚强有力，让我们这个百年大党永葆旺盛生命力和强大战斗力。

回顾世界政党发展史，一些曾经辉煌的政党由于不注重自身建设，无法顺应潮流、取得民心，而成为过眼云烟。分析总结百年来中国共产党成功的特质和密码，继承和发扬党的优良作风，使党永葆青春活力，永远坚强有力，在实现第二个百年奋斗目标中继续带领人民不断创造新的历史奇迹，同时，也为世界上谋求独立自主、和平发展的国家和政党提供了可学习借鉴的典范。

参考文献

1.中共中央宣传部:《中国共产党的历史使命与行动价值》,人民出版社2021年版。

2.鄢一龙、白钢、章永乐、欧树军、何建宇:《大道之行:中国共产党与中国社会主义》,中国人民大学出版社2015年版。

3.《习近平谈治国理政》第3卷,外文出版社2020年版。

4.谢春涛:《历史的轨迹:中国共产党为什么能?》,新世界出版社2012年版。

新发展格局下产业高质量发展研究

标准化、技术创新与产业高质量发展

李绍东　张帆*

【摘要】标准化是推动技术创新、提升产品质量和企业效益的重要质量要素。本文以山东省为例，通过熵值法测度2013～2018年山东省17地市的产业高质量发展水平，结果显示：山东省产业高质量发展水平的时间趋势比较平稳，空间分布上呈现明显的“东高西低”特征。通过回归分析考察了标准化对产业高质量发展的影响及技术创新在这一过程中的中介效应。回归结果显示，标准化对产业高质量发展具有显著的正向影响。中介效应的检验结果显示，技术创新在标准化推动产业高质量发展过程中呈现显著的正向中介效应，经过测算，中介效应大概占到总效应的25%。

【关键词】标准化；技术创新；产业高质量发展

一、引言

产业高质量发展是构建现代化经济体系的基本命题，是产业迈向中高端在更宽领域、更深层次的实现与升华。随着经济发展和生产技术水平的不断提升，通过标准的制定、实施、监督和评价等一系列活动，标准化在提高产品质量、提升企业核心竞争力和促进对外贸易等方面逐渐凸显出关键作用，特别是在新时期服务于国民经济发展和科技发展方面更是发挥着不可替代的作用。所以，本文在国内大循环为主体、国内国际双循环相互促进的新发展格局的背景下，

* 李绍东，聊城大学商学院（质量学院）副教授、硕士生导师；张帆，聊城大学商学院（质量学院）2019级质量管理工程专业学生。

以推动产业高质量发展为目标，构建产业高质量发展水平评价指标体系，基于山东省 2013～2018 年的面板数据，使用熵值法测度产业高质量发展水平，基于计量经济分析方法考察标准化如何影响产业高质量发展以及技术创新在这一过程中的中介效应，为从质量要素的角度推动产业高质量发展提供参考依据。

二、产业高质量发展指标体系构建与测度

（一）评价指标体系构建

产业高质量发展的终极目标就是深入贯彻新发展理念，服务于解决人民日益增长的美好生活需要的发展与不平衡不充分之间的矛盾，进一步提升产品品质，提高人民的生活水平，满足大众的生活需要。本文依据协调、创新、开放、绿色、共享五个维度构建产业高质量发展评价指标体系。具体评价体系如表 1 所示。

表 1　产业高质量发展水平评价指标体系

评价目标	一级指标	二级指标	计算方法
产业高质量发展水平	协调	产业高级化	第三产业/第二产业
		产业合理化	第三产业比重
	创新	技术创新人员投入	规模以上工业企业 R&D 人员折合全时当量
		技术创新经费投入	规模以上工业企业 R&D 经费占比
	开放	出口比重	出口总额/地区生产总值
		外资比重	实际使用外资/地区生产总值
	绿色	能源消耗	规模以上工业万元增加值能耗变动比
		环境保护	工业固体废物综合利用率
	共享	城乡差距	农村/城镇可支配收入比
		企业绩效	规模以上工业企业利润率

（二）评价结果解读

从产业高质量发展水平的评价结果来看，青岛、济南、烟台、威海、潍坊排名前 5 位，基本上是山东省内经济发展水平最高的 5 个城市。2013～2018 年这 5 个城市的产业高质量发展水平的排名变化不大，一直位列前茅，引领山东省的产业快速发展。产业高质量发展水平排名与山东省的地理位置密切相关，山东半岛地区具有雄厚的制造业基础和优惠的产业政策，使得东部地区的产业始终

保持高质量发展水准。从山东省17个地市产业高质量发展水平的空间分布来看，基本上与山东省的东部、中部、西部三大区域划分相吻合，其中东部最高，中部次之，西部最低。东营市作为典型的资源型城市，产业高质量发展水平较低，这与其产业结构较为单一有关。

三、标准化推动产业高质量发展的机理与研究假设

作为国际交往的技术语言和国际贸易的技术依据，标准在保障产品质量、提高市场信任度、促进商品流通、维护公平竞争等方面发挥了重要作用。标准化不仅是产业高质量发展的重要支撑，也成为连通上下游企业的桥梁。随着生产技术的日新月异，标准化在经济发展过程中的作用日渐凸显，已成为产业高质量发展的关键因素。

（一）机理分析

1.标准化推动了技术创新，提升了企业核心竞争力

技术标准化是一项拥有众多复杂技术的系统工程，需要供应商和用户相互合作共同完成创新，研发合作与技术标准化的融合是技术发展的重要内容和发展趋势。企业通过各自创新可以实现对部分技术的垄断，分工的深入和专业化又可以集中资源，使企业能够快速获得规模经济，提升企业的技术创新能力和经济效益，加快整个产业创新的进程。

2.标准化有利于完善产业链，优化产业结构

随着国际竞争的加剧，技术标准和产业标准已经上升到国家战略的高度。技术标准化通过不断拉伸产业链条增加产业分支而形成新兴产业，丰富和完善了产业结构。技术标准化极大地促进了关联产业之间的协调发展并使企业获得规模经济。生产专业化的加深使得复杂产品的生产不再局限于一个企业内部完成，而是根据不同企业的技术优势细分成不同的零部件模块在不同企业共同完成，这就需要技术标准化实现生产不同模块和不同环节的兼容性和协调性。

3.标准化有利于提升产业国际竞争力

技术标准已经成为国际技术合作和经济贸易中不可缺少的“共同语言”，成为推动经济全球化的助推器。在当前激烈的国际竞争态势下，一个国家将本国的关键、核心专业技术融入技术标准中，然后制定国家标准或国际标准，使本国形成具有自主知识产权的产品或技术，迅速占领国际市场并形成一定的技术优势和垄断势力，进而减缓竞争对手带来的冲击，保护自己国家的相关产业，最终

实现提升出口产品质量和产业国际竞争力的目标。

(二)研究假设

基于上述的机理分析,本文提出以下理论假设:

假设 1:标准化对技术创新具有显著的正向影响。

假设 2:标准化能够显著推动产业高质量发展。

假设 3:技术创新在标准化推动产业高质量发展机制中具有显著的正向中介效应。

四、实证分析

(一)计量模型构建

前文从协调、创新、绿色、开放、共享五个方面评价了山东省 17 地市的产业高质量发展水平,本部分实证分析标准化对产业高质量发展水平的影响以及技术创新的中介效应。结合前期的研究文献的变量选择,本文的面板数据计量模型设定如下:

$$IQC_{it}=\beta_0+\beta_1 TNS_{it}+\beta_2 CON_{it}+\alpha_i+v_t+\varepsilon_{it} \quad (\text{I})$$

上述模型中,IQC_{it}代表产业高质量发展水平,TNS_{it}代表标准化。CON_{it}代表控制变量,包括质量文化(SDB_{it})、技术创新产出($PATENT_{it}$)、经济发展水平($PGDP_{it}$)、产业金融支撑($FINA_{it}$)、产业发展需求(IDD_{it})、经济增长水平($GDPR_{it}$)、产业规模(ITP_{it})。α_i代表各省份的固定效应,用以控制不被观察到的不依时间变化的差异性。v_t代表时间效应。ε_{it}是误差项,其期望值为 0,无序列相关,但可能会有异方差。

(二)变量指标选择与数据来源

本文的研究对象是标准化对于产业高质量发展的影响,标准化的衡量指标采用累计主导制定国家标准数量,中介变量为技术创新,选取的指标为授权发明专利数。本部分的实证研究使用 2013～2018 年山东省各地市的面板数据,对相关经济数据进行了平减处理。为减小异方差性,变量指标中的标准化、授权专利数、质量文化、经济发展水平、支撑产业等指标使用取自然对数之后的数据。

(三)回归分析

本部分使用 2013～2018 年山东省各地市的面板数据考察各因素对产业高质量发展水平的影响。模型(1)～(3)为一般固定效应模型,模型(4)为双向固定效应模型,即在普通固定效应模型的基础上加入年度效应虚拟变量以控制年度时间效应。本部分使用豪斯曼检验选择面板数据模型形式，检验结果为选择固定效应模型，篇幅原因不再呈现具体过程。回归结果见表 2。

表 2　面板数据模型回归结果

变量	IQC				
	(1) 固定效应模型	(2) 固定效应模型	(3) 固定效应模型	(4) 固定效应模型	(5) 固定效应模型
TNS	0.00027*** (4.28)	0.00041*** (6.57)	0.00041*** (7.42)	0.00042*** (6.55)	0.00080*** (3.56)
SDB		0.01335** (2.20)	0.01388* (1.86)	0.01253 (1.69)	0.01356* (1.81)
FINA		0.09631 (1.41)	0.09377 (1.35)	0.06905 (1.19)	0.11320 (1.72)
CON		−0.09653* (−2.12)	−0.10958* (−1.90)	−0.08937 (−0.83)	−0.10754* (−1.90)
GDPR			−0.08792 (−0.29)	0.03150 (0.10)	−0.03833 (−0.13)
ITP			−0.00027 (−0.10)	−0.04631*** (−3.84)	0.00007 (0.03)
TNS * *FINA*					−0.00028* (−2.06)
截距项	0.29971*** (92.77)	1.10473** (2.75)	1.24724** (2.24)	1.89536* (1.91)	1.19641** (2.20)
年度效应	No	No	No	Yes	No
N	102	102	102	102	102
R^2	0.062	0.193	0.177	0.314	0.180

注：系数下括号里的数值是 *t* 统计值，*、**、*** 分别表示通过显著水平为 10%、5%、1%的 *t* 检验。

面板数据固定效应模型主要是控制了各地区不随时间变动的个体效应，比如区位特征、地域文化等。模型(1)直接考察了标准化对产业高质量发展水平的影响，结果显著为正。从模型(2)～(4)的回归结果来看，标准化对产业高质量发展水平的影响显著为正，在加入控制变量之后回归结果依然稳定且在 1%水平上通过显著性检验。在控制年度效应的双向固定效应模型中，标准化变量的影响依然显著为正，与未控制年度虚拟变量的结果相比没有明显差异。固定效应模型中产业金融支撑的调节效应与混合 OLS 模型一致。从综合面板数据模型与混合 OLS 模型的回归结果来看，标准化对产业高质量发展都表现出了显著的正向影响，进一步验证了假设 1。值得关注的是，不管是混合 OLS 模型还是面板数据模型，质量文化在回归结果中表现出了显著的正向影响，说明质量文化作为产品质量提升的重要制度保障，对产业高质量发展具有显著的促进作用。

（四）中介效应检验

根据上述理论机制，标准化会通过促进技术创新推动产业高质量发展。因此，本部分以技术创新作为中介变量，考察技术创新的中介效应，计量模型设定如下：

$$IQC_{it} = \beta_0 + \beta_1 TNS_{it} + \alpha_i + \varepsilon_{it} \quad (\text{Ⅱ})$$

$$PATENT_{it} = \varphi_0 + \varphi_1 TNS_{it} + \gamma_i + \delta_{it} \quad (\text{Ⅲ})$$

$$IQC_{it} = \xi_0 + \xi_1 TNS_{it} + \xi_2 PATENT_{it} + \upsilon_i + \psi_{it} \quad (\text{Ⅳ})$$

其中，β_1 是标准化影响产业高质量发展的总效应，ξ_1 是标准化对产业高质量发展的直接效应，$\varphi_1 \times \xi_2$ 是技术创新的中介效应。各效应之间的关系如下：

$$\beta_1 = \xi_1 + \varphi_1 \times \xi_2$$

中介效应检验结果显示，标准化影响产业高质量发展的总效应为 0.00191，直接效应为 0.00116，中介效应计算得到的值为 0.00075，满足检验等式。从固定效应模型的回归结果来看，总效应为 0.0004，直接效应为 0.0003，中介效应约为 0.0001，同样能够满足检验等式，中介效应大概占到总效应的 25%。对以上结果进行 Sobel 检验，检验结果是显著的（$Z=0.86$），说明中介效应存在，与预期假设 3 是相符的。综合来看，技术创新在标准化推动产业高质量发展这一过程中具有重要的中介效应。

五、政策建议

标准化对于构建现代产业体系、提升我国制造业的国际竞争力和高质量发展水平具有重要的推动作用。党中央提出，要大力实施标准化战略，深化标准化工作改革，建立政府主导制定的标准与市场自主制定的标准协同发展、协调配套的新型标准体系。对于标准化工作的推进，各企业应联合制定属于本行业的团体标准，做好标准的制定、发布、宣传等工作，将标准化体系的具体做法深入到一线，鼓励职工积极创新，不断完善标准化体系。具有技术优势的企业要积极参与国际标准的制定，争取在国际标准制定中的话语权，抢占行业发展先机。鼓励产学研协同合作推动标准创新，打造高水平的国际标准。产业内可选举标准化体系完整、成熟的企业作为标准化领跑者，激励各企业将创新成果转化为标准化生产，引领产业的高质量发展均衡前进。

参考文献

1.祝合良、叶萌:《标准化对我国商贸流通业国际竞争力影响实证研究》,《中国流通经济》2017 年第 5 期。

2.田博文、田志龙:《网络视角下标准制定组织多元主体互动规律研究》,《管理学报》2016 年第 12 期。

3.姜红、吴玉浩、高思芃:《技术标准化与知识管理关系研究:生命周期视角》,《科技进步与对策》2018 年第 13 期。

4.曾德明、王馨翊:《模块化创新网络关系广度、技术标准化能力与企业产品创新》,《湘潭大学学报》(哲学社会科学版)2019 年第 3 期。

5.陶忠元、孙会娟:《标准化水平对中国高技术产业国际竞争优势变动的影响研究》,《当代经济管理》2017 年第 8 期。

6.李福:《从技术标准化的历史演变看产业内涵的变迁》,《科学技术哲学研究》2016 年第 5 期。

7.侯俊军、袁强、白杨:《技术标准化提升产业国际竞争力的实证研究》,《财经理论与实践》2015 年第 1 期。

8.张宝友、朱卫平:《标准化对我国物流产业国际竞争力影响的实证研究》,《上海经济研究》2013 年第 6 期。

9.王珊珊、武建龙、王宏起:《产业技术标准化能力的结构维度与评价指标研究》,《科学学与科学技术管理》2013 年第 6 期。

10.王小迪、徐岩、姜红:《技术标准化与产业创新能力提升的互动机理研究》,《当代经济研究》2012 年第 12 期。

11.张研、赵树宽、赵航:《技术标准化对产业创新的作用机理研究》,《吉林大学社会科学学报》2012 年第 3 期。

12.Semerjian, H. G., Watters, R. L., Impact of Measurement and Standards Infrastructure on the National Economy and International Trade. *Measurement*, 2000, 27(3):179-196.

13.ANSI, *National Standards Strategy for the United States*. Washington,

DC: ANSI, 2000.

14. Tassey, G., Standardization in Technology Based Markets. *Research Policy*, 2000, 29(4): 587-602.

15. Swann, G. M. P., The Economics of Standardization: Final Report for Standards and Technical Regulations, *Directorate Department of Trade and Industry*. Manchester: University of Manchester, 2000.

基于系统边界感知反应的企业供应链韧性预警体系构建研究

张英睿　张立涛*

【摘要】增强企业供应链韧性是保障我国产业链供应链安全稳定的重要举措，而预警体系的建立又是提升企业供应链韧性的关键环节。本文从企业供应链系统边界分析入手，运用系统边界感知反应理论，在对供应链韧性及其影响因素识别的基础上，进行了系统边界的划分，构建起基于系统边界感知反应的企业供应链韧性预警体系。该体系借助边界数据采集和感知平台的功能，利用相关算法和信息技术嵌入，实现韧性要素感知识别、临界评测、智能预测和预警发布，并以可视化方式呈现，实现对企业供应链韧性的智慧化追踪警示和科学预警，为企业供应链韧性体系建设提供新思路。

【关键词】供应链韧性；系统边界；感知反应模型；预警体系

一、引言

近年来，自然灾害、流行病、贸易冲突、区域局势动荡等大环境变化，给我国的产业链供应链带来了巨大冲击，其影响程度和频率不断上升。“十四五”规划明确提出：“提升产业链供应链现代化水平，形成更安全可靠的产业链供应链。”习近平总书记也多次强调产业链供应链在关键时刻不能掉链子。因此，增强供

* 张英睿，山东理工大学管理学院研究生；张立涛，山东理工大学管理学院教授、硕士生导师。

应链韧性，保障供应链自主可控和安全高效，是保障经济高质量发展的关键。[①]

“韧性”一词来源于物理学，用于描述材料在塑性变形和断裂过程中吸收能量的能力。后逐渐被引入生态学、人类学和管理学等领域。在企业供应链管理中，影响供应链韧性的关键因素分析[②]、韧性能力的划分[③]及韧性能力的评价[④]与提升[⑤]是学者们关注的焦点。而对供应链韧性预警的研究还比较缺乏，由于风险的预测与监控是影响供应链韧性的前导过程，因此可借鉴供应链风险管理的相关研究成果，如供应链整体性能的稳定性预警[⑥]、供应链中断风险预警[⑦]以及供应链应急响应机制[⑧]等。近年来，对风险和应急管理的研究也出现了重大转变，由传统以事中应急处理为重点，转移到强调事前预防和响应准备的工作模式。[⑨]

本文将从系统边界分析入手，借助系统边界感知反应模型，构建基于系统边界感知反应的企业供应链韧性预警体系，探索企业供应链韧性预警机制，对提升供应链韧性预测、预警和预控能力，避免或减少供应链的断链、破链，提升供应链应急响应能力和安全稳定运行具有重要意义。

二、相关概念界定

（一）系统边界

系统边界既是区分系统与环境之间的界限，又是系统与其环境相互作用的

---

① 参见马建堂、张军扩：《充分发挥“超大规模性”优势——推动我国经济实现从“超大”到“超强”的转变》，《管理世界》2020 年第 1 期。

② Umang, S., Vipul J., Measuring supply chain resilience using a deterministic modeling approach. *Computers & Industrial Engineering*, 2014,74:11-25.

③ Hollnagel, Erik., *Resilience Engineering in Practice: A Guide-book*. Ashgate Publishing 2011, pp.109-120.

④ 参见樊雪梅、卢梦媛：《新冠疫情下汽车企业供应链韧性影响因素及评价》，《工业技术经济》2020 年第 10 期。

⑤ Mohd, H., Norhidayah, S., Norlin, K., Supply chain resilience reactive strategies for food SMEs in coping to COVID-19 crisis, *Trends in Food Science & Technology*, 2021,109:94-102.

⑥ 参见肖玉明、汪贤裕：《基于熵理论的供应链稳定性预警分析》，《管理工程学报》2008 年第 3 期。

⑦ 参见王佳元：《现代供应链：演变特征与发展战略》，《宏观经济研究》2019 年第 7 期。

⑧ 参见陈永平：《农产品供应链应急响应机制优化研究——基于农产品价格因素的分析》，《价格理论与实践》2020 年第 2 期。

⑨ 参见王喜芳、刘霞：《以风险防控预警为导向的新型应急预案体系研究及其构建方法》，《上海交通大学学报》（哲学社会科学版）2018 年第 6 期。

中介环节，它不仅将系统与环境分割开来，还可对环境发生的变化进行观察，以此预测环境变化对系统产生的正向或负向影响。① 系统边界直接影响到系统与环境交互中要素输入与输出的形式和内容，进而影响系统的兴衰。

（二）感知反应系统

感知反应系统是在本体系统与环境系统之间起到双向感知反应作用的一类系统。从系统、边界和环境三者统成的全系统角度分析，感知反应系统通过感知反应临界要素集合，感知系统内部和环境要素的变化，并根据感知反应强度大小决定该要素的捕获或游离，进而引起系统的演进或退化。

（三）供应链韧性

供应链韧性是指原稳定供应链系统面对外部环境的冲击或干扰时，通过感知、预警、响应、处置、恢复，达到新的稳定状态，并从冲击或干扰中回溯学习，提高应对不确定性风险事件的适应能力。供应链主体间的相互链接和物流、信息流的相互交换是增强供应链韧性的基础，其关键在于影响供应链韧性要素的主动感知以及核心企业应急响应能力。

（四）预警体系

预警体系由预警指标、预警阈值和风险警报构成。预警指标包括风险发生的类型以及可能导致损害的事件特征、风险来源等。预警阈值是对风险发生危害程度进行定量直观判别的标准。风险警报包括预警信息分级与发布以及预警信息传播与追踪，并通过相应渠道，对照预警指标阈值，确定风险预警级别，发送警告信息到利益相关者。

三、供应链系统韧性影响因素及其系统边界划分

（一）韧性影响因素

供应链系统涉及多个主体，是典型的复杂开放系统，时刻与外界环境进行交互，一旦外部环境发生变化，就可能会导致系统变化，引发紊乱，甚至造成断链和破链。另外，供应链系统内部要素的变化也可能对供应链韧性产生不良影响。因此，需从内外部来剖析供应链韧性的影响因素。

外界环境影响因素主要包括：(1)自然环境因素，指对供应链供应、物流、交付、存储等产生影响的各类自然灾害事件；(2)社会环境因素，指可能会造成交通停运、生产停滞等的社会环境剧烈变动的因素，如战争、恐怖活动、游行等；

---

① 参见严广乐、王浣尘：《边界沉思》，《管理科学学报》2000年第1期。

(3)经济环境因素,指可能引起商品需求变动或竞争压力的经济环境变化的因素,如金融危机、贸易冲突等;(4)政治法律环境因素,指导致供应链供需关系变化的政策、行业或法律法规制约等,如“双碳”目标、反垄断法等;(5)市场环境因素,指引起供应链需求预测产生偏差的市场变动因素,如物价上涨、虚假宣传等。

内部影响因素主要包括:(1)技术因素,指影响公司产品设计、研发、生产的技术条件限制,如产品研发周期、科技成果转换率、新技术替代冲击等;(2)人的因素,人在供应链中是最难控制的因素,如误操作、恶意破坏、关键岗位人员离职等均会对供应链韧性造成破坏;(3)信息因素,信息的共享程度、透明度、流通性、安全性等均会对供应链系统的运作效率、利益分配、风险分担等造成影响,进而影响供应链的韧性;(4)管理因素,合理的组织、制度会保障信息沟通效率与速率问题,从而增强供应链整体的韧性,而管理的错位或缺失将会对供应链韧性造成破坏。

(二)系统边界划分

本研究将供应链系统整体视为本体系统。系统边界是指供应链系统与所处环境的感知反应临界面,属非物理边界,也是整个供应链系统与环境进行物质、能量、信息交换时,所有与供应链韧性有关的规则、规定及限制条件的集合。合理划分供应链系统边界是进行韧性研究的关键。

根据上述系统边界功能界定及供应链内外部环境因素分析,可将供应链边界界面划分为供应边界(可能会导致供应中断的风险要素集合)、需求边界(可能会导致供应链需求变动的风险要素集合)、政策边界(供应链系统与各类政策法规的相容性规定)、技术边界(重要数据和信息与环境之间交互的实现手段)、金融边界(与供应链系统相关的信贷模式、信贷政策等金融政策集合)、服务边界(供应链系统主体与其服务和被服务对象交互时的要素集合)六个层面。

四、供应链韧性预警体系构建

首先,构建供应链系统的边界界面,包括所涉及人员、组织、信息系统、工作机制、管理制度等组织管理体系。一方面,辅助监控和感知来自系统内外部的韧性要素流,并及时进行记录和上传,维持韧性要素数据库的及时更新;另一方面,负责韧性预警信息的发布与追踪。然后,借鉴感知反应(SAR)理论,建立企业供应链韧性系统边界感知反应模型(Boundary Resilience Sensitive and Reactive Model,简称“BRSAR 系统”)。最后,构建包含企业供应链本体系统、环境系统和边界界面的基于系统边界感知反应的企业供应链韧性预警体系全系统框架，见图1。

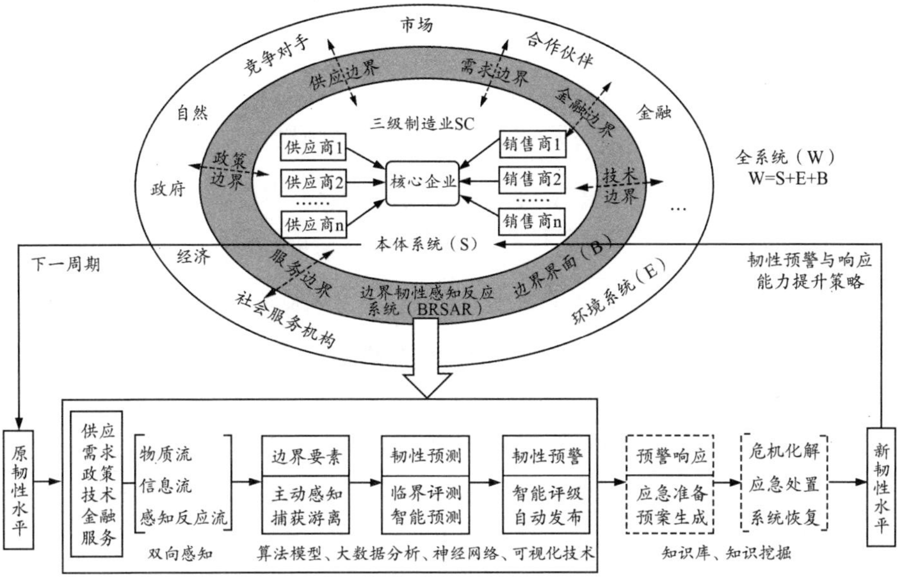

图1　基于系统边界感知反应的企业供应链韧性预警体系框架

供应链系统的复杂性主要体现在本体系统与环境之间的相互作用、相互影响及系统演化方面，这种相互关系主要发生在系统边界上。由图1可知，当BRSAR系统感知到内外部环境发生变化之后，先将其转换为可被系统边界界面接收和识别的物质流、信息流和感知反应流等韧性要素，并传递给系统边界界面；在一定的算法、模型和技术支持下，边界界面中的各要素会主动感知这些韧性要素的状态，并自动选择捕获和游离；评定捕获的韧性要素异常变化，判断其是否超出预警临界，并对其变化趋势进行预测；若某项韧性要素超出或将要超出临界阈值，将激活韧性预警机制，根据韧性要素的状态值自动给出预警评级，根据预警的不同级别，通过边界界面发布到相应的管理和控制结点，完成预警体系运作。

从完善整个供应链韧性管控体系来说，预警发布以后，会激发后续的预警响应、危机处置和系统恢复等机制，形成新型韧性管控能力和预警响应策略，使供应链韧性水平达到新的阶段，如此往复，循环演进。

五、供应链韧性预警体系运作模式解析

（一）韧性预警指标建立

韧性预警指标是为了量化感知反应流的韧性要素，以便于捕获会引起供应链系统感知反应的要素，也是整个韧性预警体系的基础。依据前文供应链系统边界分析结果，本文建立了表1所示的供应链韧性预警指标。

表1 供应链韧性预警指标

供应链系统边界	韧性预警指标
供应边界	交货延迟、产品数量、产品毁损、产品质量
需求边界	市场不确定性、消费者偏好、替代品与互补品的影响、信息不对称、库存量
政策边界	政策性干预、社会稳定性
技术边界	产品研发周期、信息传递速率、信息系统、科技成果转换率
金融边界	税务制度、经济政策、汇率变动、利率调整
服务边界	信息不对称、信息泄露、利益分配

依据上述预警指标以及供应链安全性和稳定性管理目标，设定风险预警等级（如用1～4表示风险的低、中、高、危），并为不同等级的风险设定指标阈值，在不同的风险等级下，供应链系统应当采取不同程度的响应措施。

（二）韧性要素感知识别

借助边界数据采集与感知平台的功能，运用大数据分析和人工智能相关技术，实现系统边界对韧性要素的主动感知和捕获游离。例如，边界界面可以通过网络爬虫、文本挖掘等技术手段获取与供应链韧性要素相关的信息，然后再利用聚类分类、关联分析、机器学习等算法对多源数据信息进行智能化分析与识别，自动筛除非敏感信息，并对敏感信息进行进一步的观察与追踪。

（三）韧性临界评测与智能预测

在边界界面对韧性要素的采集与感知识别的基础上，借助相关模型算法对韧性要素进行临界预测与智能评测。比如，首先根据风险计算模型算出所捕获的某一韧性要素的预警指标风险值，将其与指标阈值比较，确定其风险大小；然后，再利用信息风险熵模型进一步度量韧性要素对边界界面造成风险状态的复杂程度，熵值越大，边界界面的风险复杂程度越高，相比其他界面来说受到威胁

的可能性越大，对供应链系统产生冲击的可能性也越大，从而找到最脆弱的边界界面，确定其韧性临界状态；最后，可利用支持向量机算法预测该边界界面上韧性要素的风险变化，并自动判断是否达到预警级别。

（四）韧性预警分级与发布

依据 BRASR 模型中韧性要素的评测结果和智能预测结果，对照韧性指标阈值范围，确定韧性预警级别，及时向供应链系统的相关主体传递预警信息。可利用分布式计算和数据可视化技术，实现预警信息在供应链系统内部的实时共享和可视化发布，助力供应链系统进行快速的调整、优化和预警响应机制的启动。

（五）韧性预警信息传播与追踪

可在感知反应平台中引入时间窗滚动机制，对预警信息的流向和状态变化进行实时监控和追踪，并及时做出必要的预警级别和流向调整。相应的供应链系统应当追踪物流、信息流、资金流的流向以及边界要素变化造成的损失和冲击情况，积极部署应急准备，形成处置预案，并对所采取的措施、产生的效果以及供应链系统恢复情况进行及时的记录与追踪。

六、结论

本文的主要结论与贡献如下：

(1)构建了企业供应链韧性系统边界感知反应模型。强调系统边界在供应链韧性管理中的地位和作用，依托系统边界韧性感知反应，监控本体系统与环境交互中的韧性要素变化状态，进行分析、评测和及时预警，拓展了供应链韧性问题的研究视角。

(2)企业供应链韧性预警体系的建立。借鉴现代危机管理中的前馈控制理论，按照预测、预警、预控的逻辑，以评测、预警为核心，为企业供应链韧性体系建设和危机应对管理提供新思路。

(3)韧性感知、评测、预警的自动化、智能化与可视化实现。通过新一代信息技术的嵌入应用，自动搜集信息和数据，进行智能分析评测，以可视化方式呈现，实现对韧性能力的智慧化追踪和预警，为企业供应链韧性体系建设提供新方法。

浙江省区域中心城市的经济辐射效应研究

雷丽萍*

【摘要】首先，本文选取2011～2019年浙江省的相关数据，运用主成分分析法测算浙江省11个地级市的综合实力，确定杭州、宁波、温州为区域中心城市。其次，利用经济联系强度分析浙江省区域中心城市的经济辐射效应，计算空间基尼系数研究区域经济发展差异，借助Geoda和ArcGIS软件呈现不同经济水平城市的相关关系，结果表明：(1)杭州与浙江省各城市之间的经济联系最密切。(2)浙江省各地市与邻近地市之间存在正空间自相关关系，且省内区域经济发展差异在减小。最后，为促进浙江省经济全面发展提出建议。

【关键词】浙江省；区域中心城市；经济辐射效应

一、引言

在经济全球化的时代背景下，城市在整个世界发展中的地位越来越重要，中心城市的经济辐射效应也日趋明显。国际竞争更大程度上体现在大城市，尤其是国家中心城市，而经济辐射力的强弱直接决定国家中心城市的地位和作用。在我国现行的经济体制下，中心城市在区域经济发展中的作用比一般城市更为突出。区域中心城市作为区域经济发展的重要载体，其对周边城市的经济辐射效应是促进区域经济协调发展的重要动力。浙江省是我国经济发展最为发达的省份之一，也是省内经济发展程度差异最小的省份之一。因此，以浙江

* 雷丽萍，浙江师范大学经济与管理学院硕士研究生。

省为例，研究区域中心城市的经济辐射效应，对促进区域经济协调发展具有重要的实践意义和借鉴作用。

国内学者在诸多方面研究了中心城市的发展状况，但在研究方法、指标体系选取以及研究对象选择方面仍然存在不足，已有文献的研究对象主要集中在东部地区和经济发达的城市群内，对中部地区中心城市的研究相对较少。另外，在使用这些研究方法的同时注重空间表现形式，能更加直观清晰地体现城市之间的相互关系。

二、浙江省区域中心城市的经济辐射效应分析

(一)浙江省区域中心城市的界定

结合区域中心城市评价模型指标选取原则，本文从经济发展水平、城市发展规模、经济开放程度等方面选取地区生产总值、城市年末总人口、地方财政收入、固定资产投资额、社会消费品零售总额、进出口总额、实际利用外资和金融机构人民币存款余额等 8 个指标。数据来源于《浙江省统计年鉴(2011～2019)》及其数据整理，应用 SPSS 软件对指标进行标准化处理，通过主成分分析法计算出 2011 年、2013 年、2015 年、2017 年、2019 年浙江省 11 个地级市的综合实力得分及排名情况(见表 1)。

表 1 主要年份浙江省各城市的量化综合实力得分及排名

城市	2011 年		2013 年		2015 年		2017 年		2019 年	
	得分	排名	得分	排名	得分	排名	得分	排名	得分	排名
杭州	5.13	1	6.28	1	7.99	1	8.75	1	9.18	1
宁波	4.97	2	5.13	2	4.34	2	4.55	2	4.83	2
温州	0.62	4	0.71	3	0.92	3	1.01	3	1.08	3
嘉兴	0.10	5	0.23	5	0.25	4	0.34	4	0.55	4
湖州	−4.05	7	−3.89	8	−3.11	8	−2.79	8	−2.04	8
绍兴	0.81	3	0.48	4	−1.65	5	−1.08	5	−0.65	5
金华	−4.89	8	−3.21	6	−2.78	7	−1.29	6	−0.88	7
衢州	−6.52	10	−6.00	11	−5.86	11	−4.65	11	−3.77	11
舟山	−5.89	9	−5.43	10	−4.41	10	−4.03	10	−3.66	10
台州	−3.45	6	−3.52	7	−2.63	6	−1.84	7	−0.82	6
丽水	−6.98	11	−5.63	9	−4.25	9	−3.6	9	−2.04	8

由表 1 可知，杭州综合实力得分最高，说明其综合实力最强，主要是因为杭州位于浙江省北部且是省会城市，地理位置优越，政策优势较大，而且杭州科技创新能力较强，是杭州都市圈的核心城市。宁波、温州分别位于第二、三名，据此可认为杭州、宁波、温州具备最强的经济辐射能力，可将这三座城市确定为中心城市，而综合实力得分较低或排名靠后的城市定义为接受经济辐射的城市，统一归为周边城市。

（二）浙江省区域中心城市的经济辐射效应分析

1.经济联系强度

国内学者在“潜力”模型的基础上修正了总潜力模型，主要采用经济联系强度这一指标来表示，计算公式如下：

$$F_C=\sqrt{\frac{P_A V_A \cdot P_B V_B}{(r * D_{A \cdot B})^2}}$$

其中，F_C为经济联系强度，P_A为 A 城市总人口数，P_B为 B 城市总人口数，V_A为 A 城市地区生产总值，V_B为 B 城市地区生产总值，r 为变量（$-1<r<1$），D 为 A 城市与 B 城市之间的距离。

本文选取 2010～2019 各城市 GDP 指标和百度地图公路最短距离，考虑到实际情况和篇幅问题，以杭州为中心来研究与其他城市之间的经济联系度（见表 2）。

表 2　2010～2019 年杭州市与浙江省其他城市经济联系强度

	2010	2011	2012	2013	2014	2015	2016	2017	2018	2019
宁波	143	165	187	203	222	240	269	301	338	388
温州	34	40	45	49	53	58	66	72	80	91
嘉兴	222	255	288	313	342	369	415	475	529	603
湖州	163	188	213	231	255	277	311	346	381	442
绍兴	644	749	852	923	1014	1090	1210	1333	1446	1616
金华	66	76	87	95	105	114	127	139	151	173
衢州	18	21	24	26	28	30	34	37	41	46
舟山	11	13	15	16	17	19	22	23	25	28
台州	33	38	42	46	50	54	61	69	77	85
丽水	12	15	17	18	20	22	24	26	29	33

总体上，2010～2019年，浙江省其他各城市与杭州市经济联系不断加强，大中城市间的联系更加密切，但中小城市的联系仍处于较低水平。其中，杭州与绍兴的经济联系最紧密，经济联系度最大，其次分别是嘉兴、湖州和宁波，而与衢州、舟山、台州、丽水等城市的经济联系强度较小。一般而言，影响经济联系强度的因素不仅包括距离的远近，还包括经济发展水平。例如杭州和绍兴、嘉兴、湖州同属于杭州都市圈，相对距离较近，而且杭州综合经济实力最强，经济影响力最大，经济发展具有较强的外向性，再结合长三角一体化战略的全面实施，其与周边城市的经济联系越强。

此外，交通条件对经济联系强度具有较大影响。在杭州都市圈内，平原水陆交通发达，其中铁路以杭州为起点，沪杭、杭宣线分别贯穿平原东西部，公路环连杭州、嘉兴、湖州三市，并伸展至山区和海边，水运也十分便利，因此杭州与这些城市都有良好的交流和合作。宁波作为东南沿海重要的港口城市，与长三角区域城市的经济联系较强。另外，杭州与温州的经济联系一直处于较低水平，没有较大增长，原因有：一是因为两地相距较远，且温州多为丘陵地形，较为封闭；二是因为温州的政策限制了大量外来务工人员，很多温商也将资金转移到大城市，导致当地资金流失严重；三是温州充斥着浓厚的“人情”氛围，人才流失严重，而且巨大的语言差异在一定程度上也会阻碍两地的经济联系。作为浙江最重要的三座大城市，杭、甬、温“铁三角”构成了浙江经济的“台柱子”，这三座城市发挥积极影响的杭州都市圈、宁波都市圈以及温州都市圈正是浙江大都市战略的基本面。

2.基尼系数

基尼系数可用来研究区域经济发展、收入分配等均衡程度，常用以下计算公式：

$$G=\frac{1}{NW_N\sum_{i=2}^{N}\sum_{j=1}^{i-1}}(Q_i-Q_j)$$

式中，G 为基尼系数，N 为样本数量，W_N 为指标总和，Q_i 是将 N 个样本从小到大排列后第 i 个样本。G 的取值范围为[0,1]，如果样本均衡分布，则 $G=0$；如果样本分布极不均衡，则 $G=1$。

利用上述公式，计算2011～2019年的基尼系数结果如图1所示。具体来看，2011～2015年基尼系数总体平稳，略有波动，到2016年出现明显下降，这是由于在2016年国家开始全面深化供给侧改革，调整经济结构，提升经济增长的质量和数量，企业积极应对外部环境变化，主动收缩生产规模，从而导致经济较为发达的区域经济增长减缓，省内总体区域经济差异减小。至 2017 年则又有回升，此后至 2019 年则出现平稳缓步下降趋势。2011～2019 年，在浙江省整体经济实力增强的同时，区域经济差异的总体变化较为平稳，且具有下降趋势。

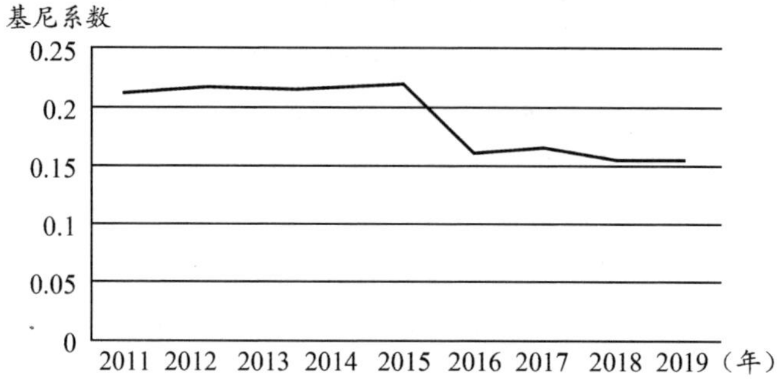

图 1　2011～2019 年浙江省区域经济基尼系数

3.莫兰指数

全局空间自相关能够反映整体区域经济空间集聚或分散的总体态势，常用 Moran 指数来衡量，结果为正且趋近于 1，表示相似属性的样本在区域中显著聚集。为进一步观测样本观测值在空间上的局部集聚情况，排除空间过程的潜在不稳定性，引入局部 Moran 指数 I_i，若 I_i 为正，则样本周围相似属性存在空间集聚。全局 Moran 指数公式为：

$$K=\frac{n\sum_{i=1}^{n}\sum_{j=1}^{n}w_{ij}(x_i-\overline{x})(x_j-\overline{x})}{\sum_{i=1}^{n}\sum_{j=1}^{n}w_{ij}(x_i-\overline{x})^2}$$

式中，K 为全局 Moran 指数，n 为评价单元个数，x 为评价单元要素属性值，$\overline{x}$ 为评价单元要素属性值的平均值，w_{ij} 为要素 i 和要素 j 的权重。局部 Moran 指数的计算公式为：

$$I=x'_i\sum_{j=1}^{n}w_{ij}x'j$$

式中，$x_i{}'$、$x_j{}'$为单元指标属性标准化值，其他参数同全局。

全局 Moran 指数 I 展示了城市经济发展水平在总体空间上的集聚或分散状况（见图 2）。2011～2019 年，指数 I 测算值全部为正，表明城市经济发展水平呈空间正相关，即经济发展水平较好的城市与同样经济发展水平较好的城市相集聚，总体在空间上表现出极化现象。2011～2013 年，指数 I 变化较平稳；

2013～2017 年，指数 *I* 先上升后下降，至 2017 年达到一个谷点，这与全面深化改革对浙江省经济发展的影响有关，在此期间，浙江省区域经济发展趋向不平衡；而至 2019 年指数 *I* 则又出现回升，说明相似经济发展水平的城市区域集聚性强，城市之间的联系增强。

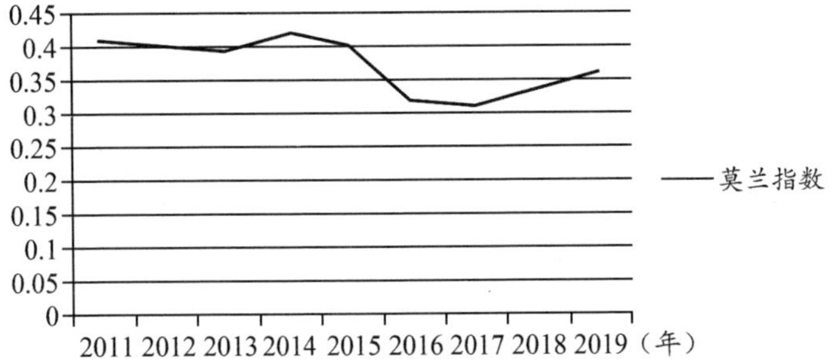

图 2　2011～2019 年浙江省城市人均 GDP 的 Moran's I 系数

为了更为直观地研究不同经济发展水平的城市在局部范围内的相关关系，采用局部空间自相关方法进行测算。选取 2011 年、2015 年、2019 年浙江省各城市人均 GDP 数据，借助 Geoda 和 ArcGIS 软件，得到 LISA 集聚图(见图 3)。

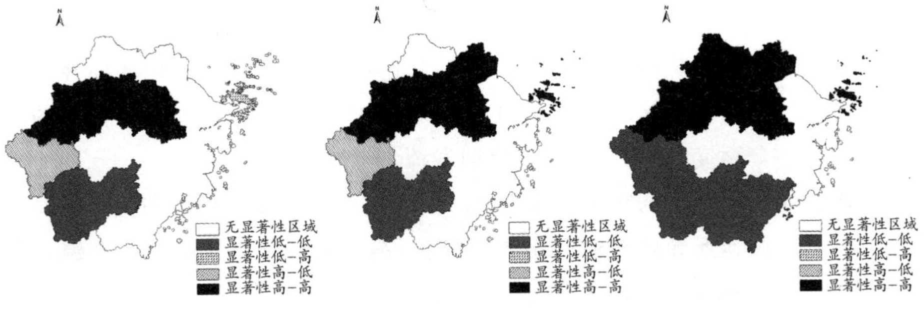

图 3　2013～2019 年浙江省人均 GDP 的 LISA 集聚图

由图 3 可见：(1)在 2011 年，“高—高”类型区域主要分布在杭州、绍兴，表明这些城市经济发展迅速，区域内部均衡性较高，对周边的关联带动作用较强；“低—高”类型的区域主要是舟山，表明其自身经济发展水平较弱，而周边经济发展水平较高；“低—低”类型的区域主要分布在丽水，表明其自身发展水平较弱，且邻近城市经济发展水平同样较弱，形成了区域经济发展的“洼地”；“高—低”类型的区域主要为衢州，表明该区域自身发展水平较好，而周边区域发展水平较弱。全省其他区域无显著性相关,则显示极化现象并不明显。(2)在2015年,"高—高"类型区域主要分布在嘉兴、杭州、绍兴、舟山,与2010年相比增加了嘉兴、舟山,表明嘉兴经济发展势头明显,与邻近"高—高"区域相互联系密切;由于2011年国务院批准设立浙江舟山群岛新区,并于2013年正式批复《浙江舟山群岛新区发展规划》,经过几年发展,舟山经济实力明显上升。(3)到2019年,"高—高"类型区域与2015年相比增加了湖州,表明湖州经济发展态势上升;"低—低"区域主要分布在温州、丽水和衢州,这表明温州和衢州的经济发展水平与原先相比趋于减缓,亟须改变经济结构,加快经济发展。

三、结论及启示

本文研究发现,杭州、宁波、温州的经济集聚度水平较周边城市高,具有区域经济中心城市的特征。中心城市和周边城市的联系强度与浙江省内的交通环境及周边城市的经济发展基础有关。为了进一步发挥三大中心城市的辐射带动作用,除了中心城市和周边城市协同发展外,还需要降低辐射的成本,建议如下:

(1)增强中心城市的经济聚集度,提高辐射能力。在三个中心城市中,杭州市的经济集聚度最高,宁波市本身经济基础好,并且是重要港口,经济集聚度仅次于杭州市,对外具有一定的辐射能力。温州的经济集聚度偏低,需要进一步提升经济水平,温州定位为浙东南地区的中心城市,由于其周围地区的经济水平相对较低,对周围地区的经济吸引力不大,所以需要进一步加强和杭州的联系,提高经济集聚度,以期进一步在后期发挥其辐射作用。

(2)完善中心城市的物流枢纽功能。浙中城市群的交通距离和直线距离的比值偏大,丘陵地形导致交通网络比较稀疏,高等级公路占比偏小。在温州和周围城市的交通中,国道和省道交通占比较大,运输时间较长,增加了和其他城市之间辐射交流的成本,因此可以建立快捷通道,缩短温州和其他城市辐射交流的时间距离。将中心城市打造为生产要素配送、信息资源交流以及物流集散的中心,成为区域供应链中心,降低物流成本,提升物流效率,扩大中心城市的吸引和辐射范围。

参考文献

1.石琳娜、王登洋:《成渝城市圈的辐射效应研究》,《特区经济》2011年第5期。

2.卢小丽、周兵、任政亮:《长江三峡库区中心城市的经济辐射效应分析》,《理论月刊》2018 年第 11 期。

3.杨莉:《陕南地区接受周边中心城市经济辐射研究》,《经济研究导刊》2015 年第 27 期。

4.赵雪雁、江进德、张丽、侯成成、李昆阳:《皖江城市带城市经济联系与中心城市辐射范围分析》,《经济地理》2011 年第 2 期。

5.潘文卿:《中国的区域关联与经济增长的空间溢出效应》,《经济研究》2012 年第 1 期。

6.陈先强:《武汉城市圈经济辐射效应研究》,《湖北社会科学》2011 年第 12 期。

7.何龙斌:《我国三大经济圈的核心城市经济辐射力比较研究》,《经济纵横》2014 年第 8 期。

8.吕沈楠、刘同山:《江西县域经济的集聚效应与辐射效应研究》,《金融与经济》2011 年第 2 期。

9.韩冬:《城市群视角下中心城市经济辐射性质和强度研究——基于京津冀与长三角的比较分析》,《城市发展研究》2020 年第 12 期。

10.吴海铮:《双中心城市背景下城市经济辐射效应研究分析》,哈尔滨工业大学硕士学位论文,2019 年。

11.吴秋红:《郑州对外围城市的辐射效应研究》,天津财经大学硕士学位论文,2013 年。

12.吴林可:《中原城市群集聚效应、城市效率与经济增长》河南大学硕士学位论文,2020 年。

13.吴映:《长三角城市群金融集聚与辐射效应研究》,苏州大学硕士学位论文,2019 年。

14.杨婷:《 安徽省区域中心城市的经济辐射效应研究》,安徽财经大学硕士学位论文,2018 年。

15.靳曲彤:《天津自贸区对京津冀经济辐射效应研究》,河北大学硕士学位论文,2019 年。

16.管志华:《国家中心城市政策背景下郑州经济辐射力研究》,西南大学硕士学位论文,2018 年。

环境规制对中国制造业出口竞争力的影响研究

魏洁　侯保州*

【摘要】本文基于投入、产出两个视角搭建环境规制指标，对我国2007～2016年26个制造业产业构建计量模型并进行实证分析。实证结果显示：投入端与产出端环境规制指标会对我国制造业产业出口竞争力造成影响。投入端，污染治理费用及污染设备投入量均会促进我国制造业出口竞争力的提升。产出端，化学需氧量排放量及SO_2排放量都会对我国制造业出口竞争力造成负面影响。此外，技术创新会在一定程度上提升我国制造业出口竞争力，而外资参与度则会在一定程度上制约我国制造业出口竞争力的提升。

【关键词】环境规制；制造业；出口竞争力

一、引言

我国自2001年加入世贸组织以来，逐步实现对外开放，积极开展国际经贸合作。据2010年国际货币基金组织发布的数据显示，我国在全球经济中占比已达16%，跃居世界第二大经济体。2008年金融危机之后全球经济进入衰退期，贸易保护主义在世界各国悄然盛行，以转嫁国内经济增长及就业领域的压力。我国人力成本、原材料、土地等生产要素价格不断攀升，长期以来凭借的比较优势正在逐渐消失。今后，我国面对的贸易竞争势必会越来越激烈。

改革开放以来，我国产业发展许多都是以牺牲环境为代价，环境问题的日

* 魏洁，山东师范大学经济学院副教授、硕士生导师；侯保州，山东师范大学经济学院2020级国际商务专业学生。

益突出也对我国出口贸易乃至经济发展造成影响。2018 年,全国 338 个地级及以上城市中,环境空气质量达标的城市仅为 33.7%,超标城市达 33.7%,酸雨区面积为 53 万平方公里,占国土面积的 5.5%。全国 2833 处浅层地下水监测井水质总体较差,污水排放总量达 866424 万吨。

我国快速增长的出口贸易虽然促进了经济的快速发展,但以高消耗、高污染为代价的发展模式也对环境带来了极大的伤害。因此,探究环境规制对我国制造业出口竞争力的影响不仅功在当下而且利在千秋。

二、文献评述

环境规制对制造业出口竞争力的影响,国内外学者的研究结论既有促进作用,也有抑制作用,还有不确定影响。持有抑制作用观点的学者有:Labys 认为在其他条件不变的前提下,环境规制强度的提升会使得制造业产业的产品出口量大量减少。[①] 胡浩然基于成本与价格两个视角,认为环境规制会提高产业的污染治理成本,通过"挤出效应"挤占用于产品创新的资金。[②]

此外,另有一部分学者持有促进作用的观点,其中最为著名的便是 Porter 提出的"波特假说",在否认之前静态观点的基础上进行研究。他认为适当的环境规制强度的提升有利于产业创新能力提升以及生产效率提高。[③] 国内学者赵玉焕通过对纺织业的研究发现,当环境规制强度不断提升时,由于存在创新补偿效应及对贸易壁垒的突破效应,使我国纺织业出口竞争力得以提升。[④]

不确定影响观点持有者 Cole 借助 HOV 模型对污染密集型产业进行了实证分析,结果显示环境规制水平对这类产业出口竞争力的影响并不显著。[⑤] 黄清煌等在对我国中部地区的环境规制与产业出口竞争力的关系进行分析后认为中部地区环境规制强度与该地区产业竞争力之间并不存在明显关系。[⑥]

---

① Huang, H., & Labys, W. C., Environment and Trade: A Review of Issues and Methods. *International Journal of Global Environmental Issues*, 2002, (2):100-160.

② 胡浩然:《清洁生产环境规制能提升产品质量吗?》,《经济科学》2019 年第 3 期。

③ Porter, M. E., Towards a dynamic theory of strategy. *Strategic Management Journal*, 1991, 12(52): 95-117.

④ 赵玉焕:《环境规制对我国纺织品贸易的影响》,《经济管理》2014 年第 7 期。

⑤ Cole, M. A., Elliott, R. J. R., Determining the trade-environment composition effect: the role of capital, labor and environmental regulations, *Journal of Environmental Economics & Management*, 2003, 46(3): 363-383.

⑥ 黄清煌、高明:《环境规制对经济绩效影响的实证检验》,《统计与决策》2018 年第 2 期。

三、机制分析与研究假设

(一)环境规制对制造业出口竞争力的影响机制

本文在立足前人研究的基础上,从投入、产出两个方面对二者之间的关系进行了研究。从投入角度来看,严格的环境规制政策将促使企业采购先进的污染治理设备,突破绿色贸易壁垒,提升国际市场占有率。另外,市场机制也将在此过程中发挥作用,将某些无法进行生产调整的企业予以清退,而其遗留的生产资源将会被重新划分,存活的企业因此将获得竞争优势。

从产出角度来看,相关政府部门将对无法达到环境规制标准的企业予以强制关停。同时,政府为保持经济的平稳发展,会帮助相关产业引进国外的先进生产、治污技术,促使产品向清洁型、环保型发展。此外,政府补贴、低息贷款、出口保险等措施的出台,也为产业的环保转型提供了助力。就产业自身而言,严格的环境规制政策将会使其制定发展战略时,充分考虑自身减排能力,在市场中寻求污染排放权交易。

此外,外商投资、人力资本、技术创新、产业规模、资本密集度等也会对制造业出口竞争力产生影响。由此本文将上述因素作为研究环境规制与制造业出口竞争力关系的控制变量。

(二)研究假设

基于上述分析,构建环境规制对制造业出口竞争力的影响机制图,如图1所示。

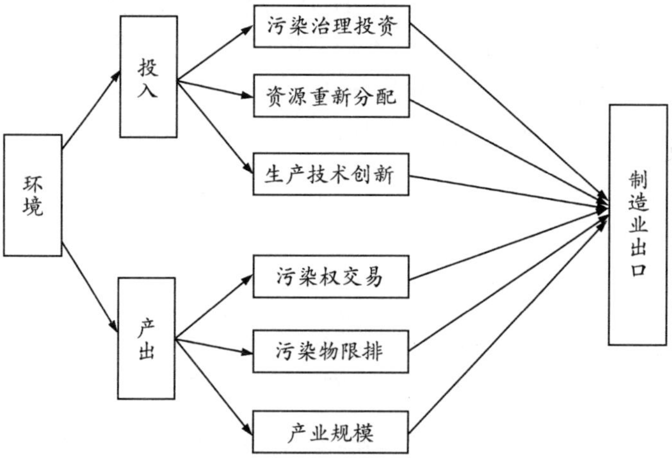

图1　环境规制对制造业出口竞争力影响机制图

基于上述作用机制分析，本文做出如下假设：

H1：投入端污染治理费用及污染设备的投入有利于制造业出口竞争力的提升。

H2：产出端化学需氧量及 SO_2 排放量不利于制造业出口竞争力的提升。

四、研究设计

（一）模型设定

研究二者之间关系的实证模型很多，本文将环境规制视为一种要素禀赋，在实证部分借鉴赵细康的研究方法，利用 2007～2016 年 26 个制造业行业数据，搭建环境规制与制造业出口竞争力的函数关系式 $MS=f(ERI)$，与此同时，引入外资（FDI）、人力（HC）、技术（RD）、资本（CAP）、企业（$SIZE$）得到计量模型：

$$MS_{it}=C+\alpha_1 ERI_{it}+\alpha_2 FDI_{it}+\alpha_3 HC_{it}+\alpha_4 RD_{it}+\alpha_5 CAP_{it}+\alpha_6 SIZE_{it}+\varepsilon_{it}$$

（二）变量选取与数据来源

本文选用国际市场占有率指数（MS）作为产业出口竞争力指标。考虑到环境规制（ERI）对制造业出口竞争力影响存在不确定性，投入端选取投入到污染治理的费用及污染治理设备的数量作为投入端环境规制的衡量指标。产出端本文选用废水中化学需氧量排放量及废气中 SO_2 排放量作为产出端环境规制的衡量指标。外资参与度（FDI）表明我国产业中外商投资额大小，本文用外商资本、港澳台资本之和与实收资本之比进行衡量。本文选用科研活动人员在全体职员中的比例对人力资本（HC）进行衡量。技术创新（RD）指标选取科研活动经费内部支出进行衡量，资本密集度（CAP）指标选用固定资产在工业产值中的比例进行衡量，企业规模（$SIZE$）指标则以单位企业的产值作为代表。

本文数据主要来源于《中国工业统计年鉴》《中国科技统计年鉴》《中国环境统计年鉴》《中国统计年鉴》及 UN COMTRADE 数据库。为避免对数据造成较大影响，本文对其进行了取对数处理。

（三）实证结果分析

1.投入端环境规制实证分析

在环境规制投入端方面，本文选用环境污染治理费用对环境规制强度进行衡量，采用固定效应模型进行基准回归分析。考虑到实证结果的稳健性，本文利用最小二乘法（OLS）及投入端环境规制指标替换，选用工业污染治理设备投入量对实证结果进行稳健性检验。

(1)环境规制投入端基准回归结果

投入端环境规制对我国制造业出口竞争力影响回归结果如表1所示。

表1 投入端环境规制对我国制造业出口竞争力影响回归结果

	模型1	模型2	模型3	模型4
ERI	0.000225*** (4.25)	0.000111*** (3.05)	0.000104*** (2.95)	0.000105*** (2.96)
FDI		−0.271*** (−14.03)	−0.203*** (−7.97)	−0.203*** (−7.95)
HC		0.271* (1.67)	−0.0729 (−0.39)	−0.0756 (−0.40)
RD			0.0134*** (2.95)	0.0134*** (2.96)
CAP			−0.117*** (−2.96)	−0.120*** (−2.89)
SIZE				−0.0000942 (−0.29)
_cons	0.134*** (44.19)	0.207*** (22.69)	0.0409 (0.60)	0.0413 (0.61)

注:***、**、*分别表示在1%、5%和10%的水平上显著。

由表1可知,随着环境规制强度的提升,制造业出口竞争力将不断提升。*FDI* 与 *CAP* 显著为负,表明外商投资与资本密集度不利于我国制造业出口竞争力提升,人力资本与企业规模 *P* 值较大,不显著,说明人力资本与企业规模对制造业的影响较小。技术创新显著为正表明技术创新是影响制造业出口竞争力的一个重要因素,提高技术创新能力可以较好地促进制造业出口竞争力的提升。

(2)环境规制投入端稳健性检验

基于稳健性考虑,运用最小二乘回归的方法对投入端环境规制对制造业出口竞争力的影响进行回归分析,此外,以污染治理设备数量替代基准模型中污染治理费用进行稳健性检验,观测是否能够得到相同结果,实证结果如表2所示。

表 2 投入端环境规制对我国制造业出口竞争力影响检验分析

	OLS	CHANGE
ERI	0.000373*** (4.31)	0.00911*** (2.65)
FDI	0.194*** (4.49)	−0.203*** (−7.96)
HC	−0.766** (−1.99)	−0.0998 (−0.53)
RD	−0.00501 (−0.79)	0.0130*** (2.83)
CAP	−0.809*** (−9.81)	−0.103** (−2.48)
SIZE	−0.00252*** (−3.98)	−0.0000139 (−0.04)
_cons	0.377*** (4.27)	0.0394 (0.58)

注：***、**、*分别表示在1%、5%和10%的水平上显著。

在最小二乘回归中，*FDI* 显著为正，此时外资进入可以有效提升我国制造业出口竞争力。*HC*、*CAP* 与 *SIZE* 显著为负，说明人力资本、资本密集度与产业规模不利于提升制造业出口竞争力。在对环境规制指标进行替换后发现，实证结果与基准回归结果相同。与此同时，从整个稳健性检验中我们可以看出，环境规制指标显著为正，说明投入端随着环境规制强度的提升，我国制造业出口竞争力水平显著提高，结论与基准回归结果相同。

2.产出端环境规制实证分析

在环境规制产出端，本文以化学需氧量排放量对环境规制指标进行衡量。与此同时，考虑到实证结果的稳健性，运用最小二乘回归(OLS)的方法以及以工业 SO_2 排放量替代原先的环境规制指标，对实证结果进行稳健性检验。

(1)环境规制投入端基准回归结果

产出端环境规制对我国制造业出口竞争力影响回归结果如表 3 所示。

表 3 产出端环境规制对我国制造业出口竞争力影响回归结果

	模型 1	模型 2	模型 3	模型 4
ERI	−0.000464*** (−3.85)	−0.000269*** (−3.30)	−0.000184** (−2.24)	−0.000185** (−2.24)
FDI		−0.275*** (−14.40)	−0.207*** (−8.08)	−0.207*** (−8.07)
HC		0.241 (1.49)	−0.107 (−0.57)	−0.106 (−0.56)
RD			0.0145*** (3.19)	0.0144*** (3.17)
CAP			−0.0835** (−2.05)	−0.0820* (−1.91)
SIZE				0.0000369 (0.11)
_cons	0.148*** (73.19)	0.216*** (24.60)	0.0261 (0.38)	0.0261 (0.38)

注：***、**、* 分别表示在 1%、5%和 10%的水平上显著。

由表 3 可知，产出端环境规制对制造业出口竞争力具有显著的负作用，即随着工业废弃物的排放，我国制造业出口竞争力不断下降。外商投资与资本密集度表现为显著的负相关，说明外商投资与资本密集度不利于我国制造业出口竞争力的提升。技术创新显著为正，说明随着技术创新水平的提高，我国制造业出口竞争力将会不断提升。人力资本与产业规模 *P* 值较大，说明这两项与制造业出口竞争力无关。

(2)环境规制投入端稳健性检验

基于稳健性考虑，运用最小二乘回归的方法对产出端环境规制对制造业出口竞争力的影响进行回归分析。此外，以废气中 SO_2 排放量替代基准模型中废水化学 O_2 量排放量进行稳健性检验，观测是否能够得到相同结果，实证结果如表 4 所示。

表 4 产出端环境规制对我国制造业出口竞争力影响检验分析

	OLS	CHANGE
ERI	−0.000491* (−1.73)	−0.000600*** (−4.98)

续表

	OLS	CHANGE
FDI	0.170*** (3.78)	−0.211*** (−8.55)
HC	−1.312*** (−3.47)	−0.0553 (−0.31)
RD	0.00638 (1.08)	0.0121*** (2.76)
CAP	−0.557*** (−6.70)	−0.0737* (−1.82)
SIZE	−0.00208*** (−3.19)	0.00000798 (0.03)
_cons	0.199** (2.44)	0.0608 (0.92)

注：***、**、*分别表示在1%、5%和10%的水平上显著。

通过表4我们可以看出，在最小二乘回归中，外商投资显著为正，表明外商投资的增加有利于提升制造业出口竞争力。人力资本、资本密集度与产业规模显著为负，说明这三个因素皆严重阻碍制造业出口竞争力提升，此时技术创新*P*值较大，说明技术创新对制造业出口竞争力的影响不大。在对环境规制指标进行更换后发现，实证结果与基准回归相同。

（四）实证结论

由实证结果可知，在投入端，环境规制、污染治理费用与污染治理设备投入越多，我国制造业出口竞争力就越强，即环境规制强度越大，越能促进我国制造业出口竞争力水平的提升。这与环境规制促进了制造业产业内部技术创新、生产工艺创新息息相关。技术及生产工艺的创新效应超过了环境规制带来的成本效应，由此制造业出口竞争力不断增强。

在产出端，化学需氧量排放量与SO_2排放量与我国制造业出口竞争力呈负相关。导致这一现象的原因可能在于产业投入过多的资本治理污染以达到环境规制政策要求，这就导致产业在其他领域诸如技术创新、工艺升级等投资过低，强烈的成本效益掩盖了其他领域的正向促进作用，进而导致制造业出口竞争力的不断下降。

从综合投入、产出两个角度来看，环境规制对我国制造业出口竞争力产生正反两种作用，由此也证实了环境规制对我国制造业出口竞争力具有双重影响。

五、政策建议

本文从中国制造业的实际出发，从投入、产出两端搭建环境规制指标，得出了截然不同的实证结果。当今国际市场竞争日趋激烈，我们应如何实现环境规制政策与各类产业的良好结合，促使其转型升级，摆脱底端产业现状，实现二者共赢？就此本文提出相关建议。

（一）投入端

适当提升环境规制可以有效激励产业进行技术创新，从而降低治污成本，提升出口竞争力。此外，随着大众环保意识的提升，对清洁型产品的需求将会逐渐增加，市场前景较为光明。但在实际执行中，应避免盲目提升环境规制强度，采用先进的科学技术与管理手段，促进产业出口竞争力的提升。

（二）产出端

鼓励企业在市场中进行排污权、废气排放权、能源消耗权的交易，最大限度地减少产出端环境政策对制造业出口竞争力的抑制作用。与此同时，我们要改变当前产业结构不合理的现状，制定合理的产业发展政策，提高自助技术创新能力，抓住机遇提升产业出口竞争力。

参考文献

1.陆旸：《环境规制影响了污染密集型商品的贸易比较优势吗？》，《经济研究》2009 年第 4 期。

2.杜运苏：《环境规制影响我国制造业竞争力的实证研究》，《世界经济研究》2014 年第 12 期。

3.韩超、桑瑞聪：《环境规制约束下的企业产品转换与产品质量提升》，《中国工业经济》2018 年第 2 期。

4.高明、陈巧辉：《不同类型环境规制对产业升级的影响》，《工业技术经济》2019 年第 1 期。

5.孔海涛：《环境规制、资源错配与制造业转型升级》，《企业经济》2021 年第 7 期。

6.Hancevic, P. I., Tol, R. S. J., Weyant, J. P., Environmental regulation and productivity: The case of electricity generation under the CAAA-1990. *Energy Economics*, 2016(60): 131-143.

金融与产业高质量发展

——基于技术进步中介效应的检验

李翔　尹雪华　刘耀阳*

【摘要】在新发展格局时代背景下,为探究技术进步在金融对产业高质量发展影响中的中介效应,选取2005～2017年全国除港澳台外的31个省市的相关数据,构建面板数据模型,进行实证研究。结果表明:(1)金融发展深化水平显著地促进了产业高质量发展,金融发展效率水平显著地抑制了产业高质量发展。(2)技术进步对产业高质量发展起到强烈的促进作用,技术进步一方面直接显著促进产业高质量发展,另一方面作为中介变量联通金融与产业高质量发展。(3)金融对产业高质量发展的影响通过两条路径实现:一是直接效应,二是以技术进步为中介的间接效应。实现产业高质量发展,构建新发展格局,必须提升金融供给的质量和效率,实施金融创新,增加研发投入,提高技术创新效率。

【关键词】金融发展;技术进步;产业高质量发展;面板数据模型;中介效应

一、引言

目前,我国经济发展呈现速度变化、结构优化、动力转换三大特点,在构建新发展格局时代背景下,推进供给侧结构性改革,贯彻新发展理念,客观上要求

* 李翔,曲阜师范大学经济学院教授、博士生导师;尹雪华,曲阜师范大学统计学院博士研究生;刘耀阳,日照市岚山区地方金融发展服务中心职员。

必须转变经济发展方式，调整经济发展结构，提高发展质量和效率。金融既可以为产业高质量发展提供必要的资金支持，又可以通过支持研发创新驱动技术进步，进而作用于产业高质量发展。技术进步是实现经济转型升级的核心动力[①]，转变经济发展方式，就是要从高投入、高消耗的粗放型发展转变为依靠技术创新、结构优化带动的集约型发展，加快技术进步是我国构建新发展格局的必然选择。金融发展、技术进步与产业高质量发展之间存在着内在逻辑关系，对金融促进产业高质量发展过程中技术创新的中介效应进行检验，已成为当下理论研究和实践应用关注的热点。

熊彼特提出的金融促进论开启了对金融发展问题研究的先河，随后 Goldsmith 率先研究了金融与产业高质量发展之间的关系。钱水土等指出，对于金融与产业高质量发展的研究实质是在研究金融发展与技术进步关系基础上发展起来的。[②] Comin 等认为发达的金融市场更有利于资本密集型技术的传播跨越采用新技术的初始障碍。[③] 张翼等指出，金融系统的不断完善能够减缓经济增长中技术进步的资本偏向，提高劳动偏向程度；金融发展还通过改进要素结构，间接促进技术进步的劳动偏向。[④] 汤萱等研究发现，金融发展水平的提高对战略性新兴企业技术效率的提高有积极驱动效应。[⑤] Leaven 等研究发现，金融创新能有效地带动技术进步，助力产业升级和经济增长。[⑥] 钱水土等以部分国家数据研究证实，在存在技术转移的情况下，适宜的金融结构可显著地以技术进步为桥梁促进产业高质量发展，但是金融对产业高质量发展直接影响并不显著为正。[⑦] 周国富等引入中介效应模型考察金融发展、技术进步与产业高质量发展关系，结果表明技术进步作为中介变量作用于金融对产业高质量发展的影响之中，在采用工具变量法克服模型的内生性后，这种中介效应仍显著存在。[⑧]

---

① 参见庄毓敏、储青青、马勇：《金融发展、企业创新与经济增长》，《金融研究》2020 年第 4 期。

② 参见钱水土、周永涛：《金融发展、技术进步与产业升级》，《统计研究》2011 年第 1 期。

③ Comin, D., & Nanda, R., "Financial Development and Technology Diffusion," *IMF Economic Review*, 2019,67(2):95-419.

④ 张翼、王豆豆：《金融发展、要素结构与技术进步方向》，《金融与经济》2020 年第 10 期。

⑤ 汤萱、高星、周秋萍：《金融发展、地方政府激励与企业技术》，《金融经济学研究》2020 年第 3 期。

⑥ Leaven, L., Levine, R., Michalopoulos, S., Financial Innovation and Endogenous Growth. *Journal of Financial Intermediation*, 2015,24(1):1-24.

⑦ 参见钱水土、周永涛：《金融发展、技术进步与产业升级》，《统计研究》2011 年第 1 期。

⑧ 参见周国富、柴宏蕊、方云龙：《金融发展、技术进步与产业结构升级》，《云南财经大学学报》2020 年第 10 期。

二、研究设计

(一)模型设定

1.基准回归模型

为考察金融发展对产业结构的影响,本文建立如下回归模型:

$$IU_{it}=\beta_0+\beta_1 FD_{it}+\beta_2 FE_{it}+\beta_3 RD_{it}+\beta_4 CONTROL_{it}+\mu_{it} \tag{1}$$

其中,IU 表示产业结构升级指标,FD 表示金融发展深化指标,FE 表示金融发展效率指标,RD 表示技术指标,$CONTROL$ 表示控制变量的集合。本文选取市场化程度(MD)、城镇化水平(UL)、对外开放程度(OD)和人力资本水平对数($LNER$)作为控制变量。i 和 t 分别代表省市和年份,$i=1,2,\cdots 31$,$t=2005,2006,\cdots,2017$。β_0 是截距项,β_j 是各个解释变量的回归系数,μ_{it} 为随机误差项。

2.中介效应模型

为进一步检验技术进步在金融与产业高质量发展间的中介效应,本文构建如下中介效应模型:

$$IU_{it}=\alpha_0+\delta_1 FD_{it}+\delta_2 FE_{it}+\beta_1 OD_{it}+\beta_2 UL_{it}+\beta_3 MD_{it}+\beta_4 LNER_{it}+\mu_{it} \tag{2}$$

$$RD_{it}=\alpha_0+\lambda_1 FD_{it}+\lambda_2 FE_{it}+\beta_1 OD_{it}+\beta_2 UL_{it}+\beta_3 MD_{it}+\beta_4 LNER_{it}+\mu_{it} \tag{3}$$

$$\begin{aligned}IU_{it}=\alpha_0+\delta'_1 FD_{it}+\delta'_2 FE_{it}+\eta_1 RD_{it}+\beta_1 OD_{it}+\beta_2 UL_{it}\\+\beta_3 MD_{it}+\beta_4 LNER_{it}+\mu_{it}\end{aligned} \tag{4}$$

上式模型中各变量的含义与方程 1 中一致。

(二)指标选择

1.产业结构升级(IU)

本文参考徐敏等的度量方法,构建了产业结构高级化指数,具体计算方法如下所示:

$$IU=r_1\times 1+r_2\times 2+r_3\times 3 \tag{5}$$

其中 r_1、r_2、r_3 分别表示第一、二、三产业产值占 GDP 的比重。IU 越接近 1,表明产业结构发展越低级;IU 越接近 3,表明产业结构越高级。

2.金融发展指标的测算

(1)金融发展深化(FD)

本文借鉴李建等[①]的做法,首先假设全部信贷只流向国有企业和非国有企业,并且各省分配到国有企业的贷款与该省国有企业的固定资产投资成正比,则非国有企业信贷比为:

$$金融发展深化(FD)=非国有企业信贷比=贷款总额/GDP\times(1-国有经济固定资产投资/全社会固定资产投资总额) \quad (6)$$

(2)金融发展效率(FE)

本文采用金融机构年末贷款余额和存款余额的比值来衡量金融发展效率。

$$金融发展效率(FE)=金融机构贷款总额/金融机构存款总额 \quad (7)$$

3.技术进步(RD)

本文选取的技术进步指标(*RD*)以各省市 R&D 经费支出/GDP 度量。

4.其他控制变量

对控制变量的定义不再赘述,具体衡量标准如表 1 所示。

表 1 变量的定义与说明

	符号	名称	衡量方式
被解释变量	*IU*	产业结构升级	产业结构高级化指数
核心解释变量	*FD*	金融发展深化	非国有企业获得贷款/GDP
	FE	金融发展效率	贷存比
中介变量	*RD*	技术进步	R&D 经费支出/GDP
控制变量	*MD*	市场化程度	财政支出/GDP
	UL	城镇化水平	城镇人口/总人口
	OD	对外开放程度	进出口总额/GDP
	LNER	人力资本水平	平均受教育年限对数

三、实证结果分析

(一)基准回归

本文在进行基本检验后选择了面板数据固定效应模型进行回归,具体回归

① 参见李健、卫平:《金融发展与全要素生产率增长——基于中国省际面板数据的实证分析》,《经济理论与经济管理》2015 年第 8 期。

结果如表 2 所示。从回归结果可以看到,金融发展深化水平对产业高质量发展具有显著的促进作用。金融发展效率水平显著性地抑制了我国产业高质量发展。技术进步对产业高质量发展起到强烈的促进作用,这表明在我国产业高质量发展的过程中,技术进步起到了举足轻重的作用。表 2 的回归结果也反映了各控制变量对产业高质量发展的影响。其中,市场化程度对我国的产业高质量发展的影响系数为正,说明政府干预促进了产业高质量发展;城镇化水平显著地促进了我国的产业高质量发展;对外开放程度对产业高质量发展同样起到促进作用,但这种促进作用并不显著;平均受教育年限对数衡量的人力资本水平指标在 2005~2017 年显著地抑制了我国的产业高质量发展,笔者认为第二产业吸纳了较多的新增人力资本,分配到服务业的人力资本不足是造成这一现象的重要原因。

表 2　回归结果

	基准回归	变量替换检验
VARIABLES	*IU*	*IG*
FD	0.125** (0.0536)	1.248*** (0.434)
FE	−0.0871* (0.0923)	−1.677** (0.643)
RD	5.85*** (1.891)	14.74* (14.80)
MD	0.167*** (0.0545)	1.135** (0.476)
UL	0.353*** (0.126)	−0.130 (0.928)
OD	0.0466 (0.0328)	−0.167 (0.186)
LNER	−0.236** (0.0969)	0.373 (0.817)
Constant	2.461*** (0.202)	0.0818 (1.680)
Observations	403	403
R-squared	0.843	0.710

注:*、**、*** 分别表示在 10%、5%、1%显著性水平下通过检验(下同)。

(二)稳健性检验

为了进一步地确保金融对产业高质量发展影响结论的可靠性,本文采用替换变量检验方式进行了稳健性检验。本文采用第三、二产业产值之比(*IG*)替代 *IU* 进行稳健性检验,并重新构造实证模型。将式 1 中产业结构高级化指标 *IU* 替换为 *IG*,对模型重新回归,估计结果如表 2 所示。替换后的样本回归结果与基本回归结果相比,金融发展深化水平依旧显著促进了我国产业高质量发展,金融发展效率水平依旧显著抑制了我国产业高质量发展,技术进步依旧强烈驱动产业高质量发展,核心解释变量的显著性水平并未发生显著性变化,这也说明本文的估计结果具有稳健性。

(三)中介效应检验

为验证技术进步是否在金融影响产业高质量发展中具有中介效应,对上文中构建的中介效应模型进行回归分析,具体结果如表 3 所示。

表 3　中介效应回归结果

	方程 5 (总效应)	方程 6 (间接效应)	方程 7 (直接效应)
VARIABLES	*IU*	*RD*	*IU*
FD	0.225*** (0.0600)	0.0170** (0.00646)	0.125** (0.0536)
FE	−0.262***	−0.0298***	−0.0871*
RD			5.852*** (1.891)
MD	0.118* (0.0643)	−0.00827 (0.00629)	0.167*** (0.0545)
UL	0.546*** (0.112)	0.0329*** (0.0111)	0.353*** (0.126)
OD	0.0501 (0.0391)	0.000600 (0.00435)	0.0466 (0.0328)
LNER	−0.262** (0.117)	−0.00441 (0.0114)	−0.236** (0.0969)
Constant	2.554*** (0.232)	0.0158 (0.0211)	2.461*** (0.202)

续表

	方程 5（总效应）	方程 6（间接效应）	方程 7（直接效应）
Observations	403	403	403
R-squared	0.798	0.762	0.843

从表 3 的回归结果可知，金融发展深化水平（*FD*）在总效应模型和直接效应模型的估计结果系数显著为正，表明金融发展深化水平对产业高质量发展有着显著的正向影响。当我们把技术进步作为解释变量进入方程后，正向驱动作用明显降低，表明金融发展深化对产业高质量发展的影响并非只有直接的作用关系。在间接效应模型中，金融发展深化水平的估计结果显著为正，这表明金融发展深化水平能够显著促进技术进步。根据中介效应检验，技术进步在金融发展深化水平与产业高质量发展间具有中介传导效应，可以计算出技术进步的中介效应为 44.4％。同理，金融发展效率水平（*FE*）在总效应模型和直接效应模型的估计结果系数均显著为负，金融发展效率水平显著抑制了产业高质量发展，技术进步作为解释变量进入方程后，抑制作用明显降低。金融发展效率水平（*FE*）在方程 6 中的估计结果显著为负，表明金融发展效率水平同样抑制了技术进步。同理，技术进步在金融发展效率水平与产业高质量发展间具有中介传导效应，可以计算出技术进步的中介效应为 66.8％。根据以上实证结果进一步表明，在 2005～2017 年我国金融发展效率水平影响产业高质量发展存在两条路径。

四、结论与政策建议

（一）研究结论

本文旨在新发展格局时代背景下，探究金融与产业高质量发展中技术进步的中介效应，期望为金融发展的方向及加快我国产业高质量发展提供决策参考。通过研究得出以下结论：

首先，金融发展深化水平显著促进了产业高质量发展，金融发展效率水平显著抑制了产业高质量发展。金融资源的配置效率亟待提升，对非国有企业资金支持水平的提高会助推产业高质量发展。

其次，技术进步对产业高质量发展起到强烈的促进作用，技术进步一方面直接显著促进产业高质量发展，另一方面作为金融与产业高质量发展的中介，起到了关键的“桥梁”作用，这充分凸显了技术进步在产业高质量发展中的核心地位。

最后,金融发展深化水平和金融发展效率水平对产业高质量发展的影响通过两条路径:一是直接效应,二是以技术进步为中介的间接效应。其中,金融发展深化水平对产业高质量发展具有直接的正效应和以技术进步为中介的间接的正效应,间接效应为44.4%;同样,金融发展效率水平对产业高质量发展间接效应为66.8%。

(二)政策建议

研究结论表明,技术进步不仅对产业高质量发展具有强烈的驱动作用,而且在金融与产业高质量发展中同样起到了不可忽视的中介作用。因此,发挥好金融发展服务技术进步,进而促进产业高质量发展具有深远的意义。

首先,改善金融供给的质量。优化金融供给质量,从注重金融供给量的扩张转向金融供给结构的优化,升级银行服务理念、业务模式、信贷结构、风险管理、经营体系等,提高金融供给体系的适应性和灵活度,完善金融服务实体经济的整体功能。

其次,提高金融供给的效率。提高金融供给效率是实现金融高质量发展的永恒主题,金融发展要重视效率。要加强产业政策和信贷政策之间的协调配合,充分发挥市场在金融资源配置中的决定性作用,消除信贷歧视,破除阻碍金融资源自由流动的各种制度藩篱,妥善处理好资金配置过程中公平与效率的关系,调整和优化信贷结构,做到经营收益与风险相匹配,引导银行将资金合理流向创新性强、附加值高的行业,引领产业高质量发展。

再次,加快金融创新步伐,构建金融新发展格局。金融创新是金融业可持续发展的内生动力,要大力发展科技金融、绿色金融、网络金融等,加快金融创新建设,激发金融创新活力。要充分利用金融体系对风险的分散机制,加快金融产品创新,鼓励发展风险投资,满足技术创新项目高风险资金需求,促进高新技术产业加快发展。通过创新金融服务的手段、方式与途径,重构金融服务实体经济的新模式,助力产业高质量发展。

最后,增加研发投入。加快技术进步是加快产业高质量发展的根本之策,技术进步既可以直接驱动产业高质量发展,又是金融驱动产业高质量发展的中介,在促进产业高质量发展中具有重要作用。因此,应坚持以技术进步为主导,适时调适技术进步路径,加大技术创新投入和技术引进力度,提高技术创新效率。

参考文献

1.庄毓敏、储青青、马勇:《金融发展、企业创新与经济增长》,《金融研究》2020 年第 4 期。

2.钱水土、周永涛:《金融发展、技术进步与产业升级》,《统计研究》2011 年第 1 期。

3.周国富、柴宏蕊、方云龙:《金融发展、技术进步与产业结构升级》,《云南财经大学学报》2020 年第 10 期。

4.李健、卫平:《金融发展与全要素生产率增长——基于中国省际面板数据的实证分析》,《经济理论与经济管理》2015 年第 8 期。

5.张国强、温军、汤向俊:《中国人力资本、人力资本结构与产业结构升级》,《中国人口·资源与环境》2011 年第 10 期。

6.Comin, D. and Nanda, R., "Financial Development and Technology Diffusion," *IMF Economic Review*, 2019,67(2):95-419.

7.Leaven, L., Levine, R., Michalopoulos, S., Financial Innovation and Endogenous Growth.*Journal of Financial Intermediation*,2015,24(1): 1-24.

创新型人才对称化素质形成机制与模型构建

——势科学暨信息动力学视角

张守凤　高连隆*

【摘要】本文基于势科学暨信息动力学视角，分析了创新型人才的素质要素，构建了创新型人才以身体健康素质为恒等元的六维素质对称化结构模型，揭示了创新型人才素质之间的相互联系。

【关键词】创新型人才；素质模型；势科学；对称机制

一、研究基础：创新型人才素质模型文献综述

（一）创新型人才素质的相关研究

创新型人才概念界定和内涵解释多从创新型人才具备的素质展开。

黄楠森认为创新型人才是有创新思维、创新能力和创新意识的人才。① 刘宝存通过对创新型人才理念的国际比较，认为创新型人才应具有创新意识、创新精神、创新思维、创新人格和创新能力这五种素质，并且创新型人才能够取得创新成果和创新业绩。② 王亚斌认为创新型人才是有创新意识、创新能力和创新精神的人才，这种人才不仅具有理论和实践经验，而且能够进行有效创造。③ 刘宝存将创新型人才与常规型人才比较，认为创新型人才的创新能力、创新精

* 张守凤，济南大学社科处处长、教授；高连隆，济南大学土木建筑学院团委书记、讲师。

① 参见黄楠森：《创新人才的培养与人学》，《南昌高专学报》2000 年第 1 期。

② 参见刘宝存：《创新人才理念的国际比较》，《比较教育研究》2003 年第 5 期。

③ 参见王亚斌：《创新型人才特质与评价维度研究》，《科技管理研究》2009 年第 11 期。

神等创新素质是重点和突出素质。①

可见，创新型人才强调创新素质，包括创新知识、创新能力、创新思维等，突出创新型人才对社会产生的创新贡献。另外，有学者认为创新型人才应有良好的身体素质等基础素质，以作为持续产生创新业绩的必要条件。

（二）创新型人才素质模型研究述评

学界基于不同角度构建了创新型人才素质模型，如洋葱模型和冰山模型。素质洋葱模型分为三层，核心素质是品质和动机，向外是自我形象、社会角色、价值观和态度，最外层是知识素质和技能素质。依据是知识和技能素质易于培养和评价，其他核心素质和第二层素质难以评价，是后天获得的。② 素质冰山模型是知识和技能素质位于海平面以上，属于表象部分，是基础，可以评价和培养，位于海平面以下的潜在部分：态度、动机、自我认知、社会角色、价值观、个性和品质难以评价。③

廖志豪从创新主体角度出发，构建了创新型科技人才的一般通用模型：思维要素、个性要素、能力要素和知识要素，思维要素是创新的核心要素，个性要素是创新的动力系统，能力要素是创新实现系统，知识要素是创新基础系统，这些要素之间相互独立又相互协作。④ 房国忠和王晓均构建了人格特征、学习素质、思维特征、社会能力四个维度的创新型人才素质结构模型。⑤ 赵静杰等将基本素质、创新素质和未来创新潜力这三方面作为评价创新型人才素质的体系，其中，基本素质是创新型人才的素质基础，创新素质包括知识结构、创新能力、创新人格和创新业绩这四方面。⑥

这些模型没有表现出创新型人才的素质结构和特征。本文将基于新视角构建创新型人才素质结构模型，揭示模型中各要素之间的相互联系。

---

① 参见刘宝存：《什么是创新人才，如何培养创新人才》，《中国教育报》2006 年第 9 期。

② Kochanski, J., Competency based management. *Training & Deveiopment*, 1997, 51(10):40-44.

③ Spencer, M. L., Spencer, M. S., *Competence at work*. New York:John Wiley and Sons, 1993:132-133.

④ 参见廖志豪：《创新型科技人才素质模型构建研究——基于对 87 名创新型科技人才的实证调查》，《科技进步与对称》2010 年第 17 期。

⑤ 参见房国忠、王晓钧：《基于人格特征的创新型人才素质模型分析》，《东北师大学报》（哲学社会科学版）2007 年第 3 期。

⑥ 参见赵静杰、王慧娟、徐一畅：《企业创新型人才评价指标研究》，《管理现代化》2009 年第 3 期。

二、视角解读：势科学暨信息动力学

(一)传统文化与自然科学中的“势”

最早提出势的概念并阐述其功能的是老子：“道生之，德蓄之，物形之，势成之”。《孙子兵法》有《势篇》，世俗社会中类似“有钱有势”“有权有势”“蓄势待发”“势在必得”等表述。自然科学中有电势、位势、量子势、化学势等。

从传统文化中对势的感悟，以及自然科学中有关势的本质意义，可知势的概念具有两个最基本的要素，即“差别”和“联系”。比如，水是内在连续的(联系)，位置的高低(差别)影响着水流的速度(势的大小)。孙子云：“激水之疾，至于漂石者，势也。”又如，物理学中的电势是电场中某点与无限远点之间在场强“联系”中的差别，等等。

在自然科学中常用“距离”表示元素之间的关系，而在社会科学中用联系来表述人或问题之间的关系。所以将“距离”转换为“联系”来表达势，使势的概念具有了极大普遍性，产生了将自然科学与社会科学统一起来的势科学机制。势概念的逻辑定义：势＝差别÷距离＝差别×联系(如图 1)。运行机制是差别促进联系，联系扩大差别，实现势增。研究势的产生与运行机制的科学叫作势科学。[①]

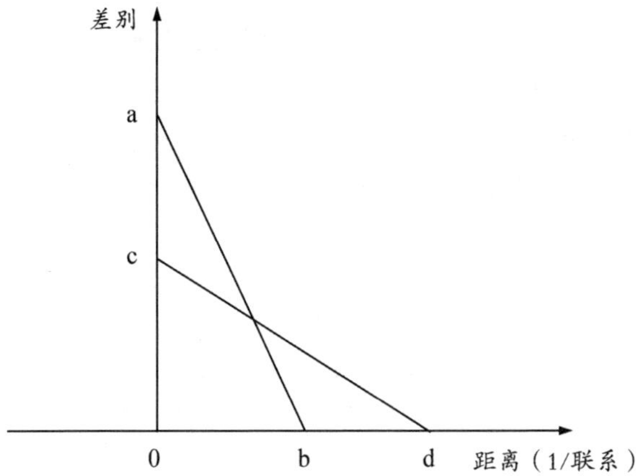

图 1　势的概念

① 参见罗能勤、李德昌、张守凤：《五论系统复杂与创新的势科学机制与应对战略——基于信息的管理思维原理与思维创新》，《系统科学学报》2019 年第 1 期。

势的另一直观概念是“梯度”。水流越急，水面的梯度越大，势就越大。由图1可知，势ab大于势cd，势(坡度)在几何中是斜率，在微积分中是导数，而所有自然科学问题都可以归结为导数或偏导数构建的势函数问题，所有的社会科学问题都可以归结为事与事、人与人以及人与事之间差别与联系的关系问题，在势科学研究视域下，自然科学与社会科学实现了统一。

(二)从势到信息，到信息力，再到信息动力学

按照维纳的定义，信息是负熵。负熵意味着熵减，意味着有序，有序构成梯度，梯度就是势。简而言之，信息即负熵、即有序、即梯度、即势。也就是说，信息＝势＝差别×联系。由于信息与势在功能上的等价性，一般将信息、势、信息势、信息梯度等看作同一指称。

“势”与“力”常在一起称“势力”。其实有势未必有力，有力却必有势。自然科学研究相互作用，用“力”来表达，揭示了物质作用的内在规律。相对自然科学“物质力”，可以将社会科学中的力称为“信息力”。

势或信息若想有力，成为势力或信息力，还需要一种阻尼，即对该信息的一种黏性。比如，钱作为一种信息，要对某一对象产生作用，则该对象必须对钱有黏性，进而产生力。若对钱没有阻尼，那么钱是没法对其产生作用的。由此可知，信息力＝信息阻尼(情感黏性)×信息(势)。

李德昌在此基础上，研究信息的作用机制，抽象出信息力学的六个定律：惯性守恒机制、信息动力学机制($F=f\cdot M\cdot A=f\cdot M\cdot dv/ds=f\cdot M\cdot dv\cdot dl$，其中F是信息力、M是信息阻尼、A是信息势、f是环境系数)、沟通不变性机制、信息人社会的风险机制、个性化机制、复杂性科学机制，奠定了信息动力学的基本逻辑框架。①

(三)创新、素质与创新型人才概念的再界定

创新是系统信息势达到某个临界值时发生的非平衡相变和非线性分岔。信息势达到临界值的逻辑过程是：组织或个体通过不断有效学习，获取的信息得到积累和融会贯通，使得信息势不断增长达到临界状态，使组织或个体从在此过程中获取的众多有效选择中实施选择，即产生创新。

素质是指对象结构和功能的有序。根据普利高津的耗散结构理论，“非平衡是有序之源”，“有序”产生的条件是“非平衡”。非平衡，即系统远离平衡

① 参见李德昌：《势科学视域中的信息力学——信息时空与信息力学》，《西安交通大学学报》(社会科学版)2009年第3期。

态。系统具有势，继而推动非平衡的产生。创新的发生，需要组织或个体创新素质的支撑。由上可知，创新素质是组织或个体创新知识结构和功能的有序。

创新型人才是具备创新素质且推动创新产生的人才。其素质包括基础素质和创新素质两方面并着重强调创新素质，如创新知识、创新能力、创新精神等。基础素质是创新型人才的支撑素质，如良好的身体素质和健康的心理素质等。

三、素质构成：创新型人才的素质要素

创新型人才的素质以创新素质为主，但不忽视基础支撑素质。本文认为创新型人才应具备自我认知能力和良好的人际关系能力等素质。

1.创新知识素质

知识基础与知识结构是创新的基础。根据“信息量＝信息势”原理，信息化社会快速发展，信息呈爆炸式增长，信息之间差别促进联系，联系扩大差别，信息势不断增加，导致创新型人才原有的知识和结构不断更新。创新型人才不仅要具有基础知识和理论，还要掌握创新知识，形成以创新知识为核心的知识素质。

2.创新实践能力素质

创新实践能力指利用已有的知识、理论、经验等进行创新行为，实现创新目标的能力素质，既包括创新经验的学习，还包括以发散思维、形象思维为基础的创新性思维模式、对创新点和创新灵感的观察捕捉能力。创新实践能力素质是创新型人才综合能力的体现，是创新知识到创新行为的必要条件。

3.人际关系能力素质

人际关系能力素质也称社会智力素质。社会中的个人是一个耗散结构，是一个开放性系统结构，与外界进行信息、能量和物质的交流。创新行为和创新绩效需要团队合作，具备交流沟通的能力和解决冲突矛盾的能力，以及协调能力和寻求一致的能力，能够灵活面对外界的复杂。①

① 参见徐小洲、叶映华：《创新型人才的素质结构与生成转化机制》，《高等工程教育研究》2012 年第 1 期。

4.自我认知能力素质[①]

自我认知能力包括在实施创新行为过程中,对自身定位和评价、自我反省能力以及自我调节能力。创新型人才对自己的知识结构、实践经验、人格特征等准确定位和评价是自我认知能力的基础。

5.健康的身体素质

健康的身体素质是最基础的必要素质。创新工作难度大,强度大,健康的身体素质是贯穿一切创新活动的基础素质。

6.创新追求素质

创新精神是指在创新行为时良好的创新兴趣和创新动机。较高的创新兴趣和积极性对创新活动起到激励作用。

7.自我实现需求

创新型人才在实现自我价值需求的推动下,才能克服困难,不断发挥创新性和创造性,产生创新绩效。

四、机制研究:人才对称化素质的形成

人才素质是在社会生产实践中信息相互作用机制及对称性机制推动形成的。一般人才素质是以德、智、体、美四维素质为基础,信息作用较低层次上表现为以情感势为恒等元。“德”与“美”不可测度,是“潜势”;“智”与“体”在一定程度上有限可测,是“显势”,显势与潜势之间用虚线相隔,如图 2 所示。

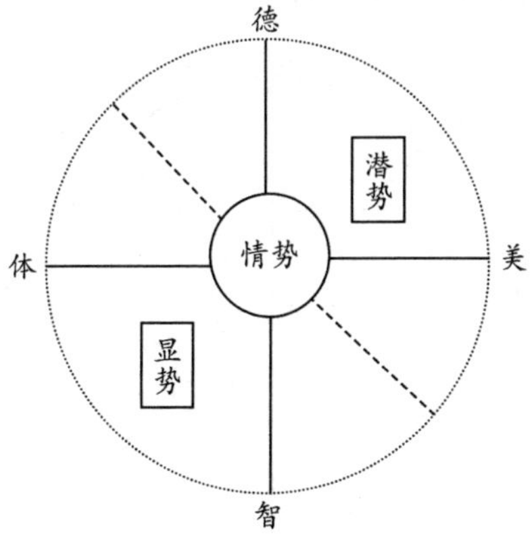

图 2　人才四维素质对称结构模型

① 参见王养成、赵飞娟:《基于 3Q 的四维度创新型科技人才素质模型》,《科技进步与对策》2010 年第 18 期。

德、智、体、美中德与智差别最大，联系最紧，对称分布，缺一不可。体与美是对称的，所以德、智、体、美不单单是这四维素质，更重要的是这四维素质构成的对称结构模型所营造出的最大势，具有丰富的信息量和强大的信息势。

进入信息时代，信息势增加到临界值，使原来稳定的四维素质对称结构处于非线性非平衡状态，形成涨落，产生相变和分岔，使德智体美四维素质激化成更加复杂的八维素质（过程见图 3）。

图 3　四维素质激化为八维素质的过程

“智”激化成理论与实践，“德”激化成处善和进取，“体”激化为身体和心理，“美”激化成竞雅和随俗。其中，理论与实践同属智的范畴，差别最大，联系最紧，形成对称，理论不付诸实践是无用的，实践缺乏理论的支撑就是在做无用功。同理，其余素质两两之间差别促进联系，联系扩大差别，差别最大，联系最紧，形成新的对称。这样形成的八维素质对称结构模型营造的势最大，使人才含有更多的信息量，因此具备更强的竞争力（见图 4）。

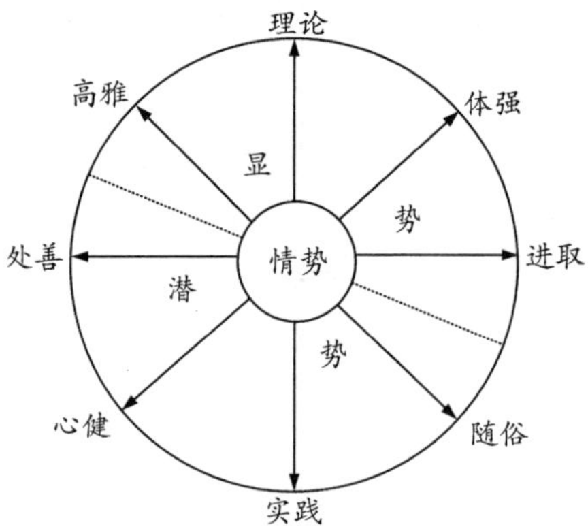

图 4　八维素质对称结构模型

基于上述研究可知，素质的形成是人才成长的体现，而人才成长的过程实际是由导数机制(势增原理)推动的动力学过程，这也就是创新型人才成长的逻辑基础。创新型人才的发展过程遵循“差别促进联系、联系扩大差别”的势增原理，是实现创新思维的跃进、创新知识的有序、创新能力的发展以及创新素质的成群。①

基于势增原理、信息相互作用机制(对称机制)、人才素质形成机制，创新型人才的素质构成，以及创新型人才成长的动力学机制，本文将构建新的创新型人才素质结构模型。

五、模型构建：基于势科学视角的创新型人才素质结构模型

在上述研究基础上，针对创新型人才七种素质，根据势科学暨信息动力学理论，构建创新型人才素质结构模型如下(见图 5)。

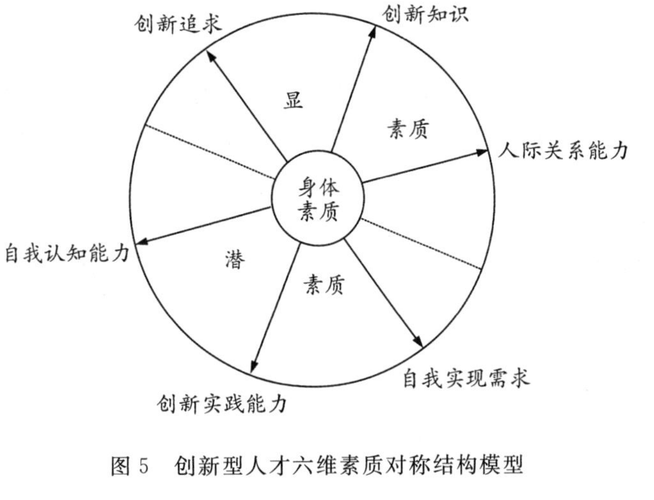

图 5　创新型人才六维素质对称结构模型

该模型包括创新知识素质、创新实践能力素质、创新追求素质、自我实现需求、自我认知能力和人际关系能力素质这六维素质，是以身体素质为恒等元的六维素质结构模型。除了强调这六维素质之外，更重要的是这六维素质之间存在的相互关系。② 其中，创新知识素质和创新实践能力素质差别最大，联系最

① 参见周丽华：《创新型人才成长机制与教育路径研究——基于势科学与信息动力学理论》，《教育理论与实践》2018 年第 33 期。

② 参见刘霄：《基于势科学视角的创新型人才对称化素质模型构建研究》，《潍坊工程职业学院学报》2017 年第 4 期。

紧，呈对称分布。创新型人才只有创新知识素质是不够的，还需要将这些付诸创新实践，创新实践能力缺少了创新知识的支撑，实践活动就是徒劳。创新知识和创新实践是不同层面的概念，但只有这两者相互差别，紧密联系，才能“知行合一”产生强势。

自我认知能力和人际关系处理能力是对称的。自我认知能力是一种自我调节和激励的能力，除了调节好自己，对外人际关系处理能力也是必不可少的。创新型人才要做到“内外兼修”，才能营造强信息势，更有效地产生创新成果和创新业绩。

创新追求素质和自我实现需求素质差别最大，联系最紧，呈对称分布。不断追求创新，表现为外在的创新热情、创新兴趣和创新积极性。追求自我实现是创新型人才追求自身内在价值的实现。创新业绩的追求是在追求实现自己内在价值的驱动下进行的，一味追求实现自己的价值却没有创新成果的支撑显然是徒劳的。

对于创新型人才的六维素质对称结构模型，根据可观察性和易测性，将创新知识素质、创新追求素质和人际关系能力素质定义为显素质，将创新实践能力、自我认知能力和自我实现需求定义为潜素质，这样就形成了以身体健康素质为恒等元的六维素质对称结构模型。该模型最大限度地表现了创新型人才的素质结构，营造了创新型人才最强的素质信息势。根据势科学中“势—对称—群—和谐”运行机制，即创新型人才素质运行机制，最终达到素质和谐，源源不断产生创新成果。

济南市建设区域中心城市研究

——黄河流域生态保护和高质量发展战略下的济南发展思考

刘　娟*

【摘要】中心城市和城市群正在成为承载发展要素的主要空间形式。作为沿黄地区重要中心城市，近年来济南市综合实力有了较大进步，但在区域中心度等指标上与郑州市、西安市相比仍存在明显差距。总体上看，济南市正处在加快集聚阶段，郑州市在集聚的同时辐射带动作用初步显现，西安市则存在集聚过度的问题。目前，济南市建设区域中心城市的过程中面临区域定位不够清晰、经济实力依然不强、集聚能力有待提高、区域产业互补性不高、政府作用需要加强等问题，根本原因在于城市的吸引力不强。在黄河流域生态保护和高质量发展重大国家战略背景下，济南市应充分发挥区位优势，明确自身黄河下游中心城市的定位，一方面连接青岛、郑州、西安等中心城市，合力打造陆海统筹的对外开放走廊、科技创新走廊和中华优秀传统文化枢轴，另一方面实施济南泰安同城发展，打造国家高速G3沿线产业隆起带，以期带动山东中西部以及冀南、苏北、豫东等地区加快发展。

【关键词】区域中心城市；高质量发展；济南市

习近平总书记在中央财经委员会第六次会议上强调指出，推动沿黄地区中心城市及城市群高质量发展。作为沿黄地区重要中心城市，近年来济南市持续推进区域性经济中心、区域性金融中心、区域性物流中心、区域性科技创新中心

* 刘娟，山东女子学院工商管理学院副教授。

的建设,全省发展主引擎作用更加突出,但与先进城市相比还有明显差距。本文重点从区域中心城市概念入手,结合区域经济发展规律,通过与同处黄河中下游地区的郑州、西安两大城市比较,客观审视济南建设区域中心城市所面临的问题,提出有针对性的对策建议,以期为中心城市建设发展提供思考与借鉴。

一、区域中心城市概述

1.基本概念

区域中心城市是指在一定区域范围内具有引领、辐射、集散、决策等作用的主导性城市,是市场要素的配置中心、经济发展的动力中心、经济信息的交流中心、经济决策的制定中心,具有经济规模大、服务功能强、创新水平高、管理作用突出等基本特征。从我国看,区域中心城市可分为四个层级:(1)国家中心城市,是指在全国具有重要影响、引领大区乃至全国开发开放的核心城市,比如北京、上海等一线城市。(2)跨省域中心城市,是指在本省域及周边省份发挥核心作用的城市,比如南京、杭州为长三角地区的副中心城市。(3)省域中心城市,是指在本省域发挥核心作用的城市,比如全国大部分省会城市。(4)省内中心城市,是指在本省域部分地区发挥核心作用的城市,比如济宁是鲁西南地区的中心城市。

2.理论基础

在城市产生发展的历史进程中,出现了一系列探求城市与区域关系的经典理论,构成了分析区域中心城市的理论基础。(1)中心地理论。德国著名地理学家克里斯泰勒(W.Christaller)提出了中心地理论,认为中心地是指向周围地区居民提供货物和服务的地方,中心地等级越高,所能提供的货物和服务越多,担负的中心地职能越多。[①] (2)增长极理论。法国经济学家佩鲁(Frangis Perroux)认为,经济空间是一个“由中心及运输各种力的场所组成”的处于极化过程之中的极化空间,其中处于支配地位、具有推动效应的“推动型经济单位”,在经济空间的不平衡增长过程中起着类似磁极的主导作用。[②] 后续学者将佩鲁的增长极理论地理空间化,认为经济增长总是在一些条件较好的地方率先开始,并通过集聚发展成城市,成为区域经济增长极。(3)“核心—外围”理论。美国著名区域发展与区域规划专家弗里德曼(J.R.Friedmann)吸收缪而达尔(K.

① 参见杨万钟:《经济地理学导论》,华东师范大学出版社1994年版,第193页。

② 参见张敦富:《区域经济开发研究》,中国轻工业出版社1998年版,第40页。

G.Myrdal）和赫希曼（A.O.Hirschman）等学者有关区域间经济增长和相互传递理论的有关思想，系统提出了“核心—外围”理论。该理论认为，区域发展在空间上是一个非连续的累积创新过程，核心区能产生和吸引大量的革新，是区域发展的主导力量，外围区域则与核心区相互依存，二者共同组成一个完整的空间系统。①

3.形成机制

根据有关理论，结合现实实践，区域中心城市的形成机制可分为市场机制和政府机制两种，其中市场机制包括集聚作用、辐射作用、分工协作。(1)集聚作用。区域内的要素和企业不断向具有比较优势的城市集中，使其规模扩大、实力增强、能级提升，并逐步成为辐射带动区域经济发展的中心城市。同时，这个中心城市一旦形成，就会产生较强的自我发展能力，吸引更多更优质的要素集聚，理论上称为“循环累积因果律”。(2)辐射作用。集聚并不是无限度的，中心城市过度集聚带来的“大城市病”必然要求人口和企业外迁，这样就会在中心城市外围形成次一级中心城市，而原来的中心城市则通过产业结构优化升级向更高层级跨越。(3)分工协作。利润最大化原则在企业区位选择中发挥着关键作用。社会生产力的发展，不断改变既有的区位条件和比较优势，导致产业梯度转移和企业生产经营环节的地域分化，使中心城市与外围城市建立起更加紧密的关系，并强化中心城市的功能地位。(4)政府机制。主要运用区域产业政策、区域组织政策、区域调控政策等工具，协调区域中心城市与外围城市的关系，促进城市群更加高效均衡地发展。

二、区域中心城市测度比较

1.测度方法

根据区域中心城市的基本特征，基于数据可得性，选择地区生产总值占本省比重、常住人口占本省比重、社会消费品零售总额占本省比重、金融机构本外币贷款余额占本省比重、万人有效发明专利拥有量、外贸依存度等代表性指标，采用前沿距离法，加权计算城市在本省的中心度。测算对象为沿黄地区济南、郑州、西安三大中心城市，时间节点为2014年和2019年。该测度方法不足之处是难以准确反映城市间的发展差距，但并不影响基本结论，理论与实践上均有可取之处。

① 参见李玉江等:《农业剩余劳动力转移区域研究》，山东人民出版社1999年版，第5页。

2.主要结论

通过定量测度可以看出:(1)加快集聚是区域中心城市发展的共同趋势。2015～2019 年五年间,济南市区域中心度提高 0.8 个百分点,西安市提高 5.1 个百分点。郑州市降低 1.5 个百分点,主要原因是部分指标提高幅度小于西安市。五年间,郑州市地区生产总值占河南省比重提高 2 个百分点,常住人口比重提高 0.7 个百分点,贷款余额比重提高 6 个百分点。(2)济南市区域中心度较低。2019 年为 43.6%,分别低于郑州市、西安市 12.4 和 46.3 个百分点。6 项指标中,5 项得分处在最低水平,表明济南市经济实力在本省较弱,区域中心地位尚未真正确立。最具优势的是万人有效发明专利拥有量,但尚未充分转化为经济发展优势。(3)区域中心度直接反映区域经济发展格局的现实。济南、郑州、西安分别处在全国东部地区、中部地区和西部地区,区域中心度的差距是东部地区省域内部相对均衡、中部地区加快崛起、西部地区仍然是“一城独大”局面的生动写照(见表 1)。

3.政策导向

效率与公平,是区域经济发展的重大问题也是难题。多数国家越来越重视区域均衡发展问题,经济合作与发展组织 33 个成员国中,有 24 个国家将“促进地区平衡增长”作为当前区域政策的首要目标。① 党的十九大强调我国社会主要矛盾已经转化为人民日益增长的美好生活需要和不平衡不充分的发展之间的矛盾。强调中心城市和城市群正在成为承载发展要素的主要空间形式,是基于当前发展阶段、区域发展格局和高质量发展要求决定的,同时也是解决不平衡不充分问题的重要途径。

英国学者哈维·阿姆斯特朗和吉姆·泰勒分析研究了中国的空间二元性问题,认为解决东部区域和西部区域之间的经济差异需要特别设计一项政策,中国的区域优先权必须改变。② 侯永志等认为,应着力打造跨行政区和区域板块的经济区,着力破解发达地区“虹吸效应”难题,加快培育欠发达地区区域增长新动能。③ 当前济南市正处在加快集聚阶段,郑州市在集聚的同时扩散作用

---

① 参见侯永志、张永生、刘培林等:《新时代关于区域协调发展的再思考》,中国发展出版社 2019 年版,第 2～3 页。

② 参见[英]哈维·阿姆斯特朗、吉姆·泰勒:《区域经济学与区域政策》,刘乃全、贾彦利、张学良等译,世纪出版集团 2007 年版,第 98～99 页。

③ 参见侯永志、张永生、刘培林等:《新时代关于区域协调发展的再思考》,中国发展出版社 2019 年版,第 15～21 页。

初步显现，西安市则存在集聚过度问题，所在省份应调整其区域发展导向。

济南市在2015～2019年的五年间，周边淄博、泰安、聊城、德州、滨州、东营六市地区生产总值占山东省比重由30%下降到23.9%，重要原因是济南带动作用不强。应抓住周边城市认同度提高的有利时机，加快集聚步伐，打造成为全省强有力的增长中心。郑州市在2015～2019年的五年间，地区生产总值占河南省比重提高2个百分点，周边洛阳、许昌、新乡、开封四市小幅提高0.1个百分点，协同发展格局初步形成。应继续发挥郑州关键作用，通过关联、扩散、网络结构等效应带动周边地区发展。西安市在2015～2019年的五年间，地区生产总值占陕西省比重提高5.2个百分点，周边宝鸡、商洛、铜川分别降低0.8、0.1和0.5个百分点。应加快改变“一市独大”局面，保障周边城市的发展能力和发展机会，避免出现“集聚阴影”。

表1　济南、郑州、西安三市区域中心度比较

主要指标	权重	济南市		郑州市		西安市	
		2014年	2019年	2014年	2019年	2014年	2019年
地区生产总值占本省比重	30	10.6	11.1	18.8	17.8	30.0	30.0
常住人口占本省比重	15	5.6	5.0	5.8	5.4	15.0	15.0
万人有效发明专利拥有量	15	15.0	15.0	8.0	6.2	3.1	5.1
社会消费品零售总额占本省比重	15	3.9	4.2	6.2	6.0	15.0	15.0
金融机构本外币贷款余额占本省比重	15	4.8	5.0	9.7	10.6	15.0	15.0
外贸依存度	10	2.9	3.3	10.0	10.0	6.7	9.8
合计	100	42.8	43.6	58.5	56.0	84.8	89.9

资料来源：根据各省、各市国民经济和社会发展统计公报整理计算。

三、济南建设区域中心城市存在的主要问题

1.区域定位不够清晰

区域的基本特征是地域性、独立性、开放性，资源禀赋的差异性和要素的不完全流动性是区域经济分异的前提，因此，建设区域中心城市必须有明确的区域范围。从九大国家中心城市看，国家层面对其功能定位均有明确的范围界定，其中对郑州市的表述为“在引领中原城市群一体化发展、支撑中部崛起和服

务全国发展大局中作出更大贡献”，对西安市的表述为“西部地区重要的经济中心、对外交往中心、丝路科创中心、丝路文化高地、内陆开放高地、国家综合交通枢纽”（见表 2）。济南市提出加快建设全国重要的区域性经济中心、金融中心、物流中心、科技创新中心，但对区域范围缺少明确而具体的界定，必然导致实际工作中难以找准方向目标。

表 2　九大国家中心城市功能定位

城市	功能定位
北京市	全国政治中心、文化中心、国际交往中心、科技创新中心
上海市	国际经济、金融、贸易、航运和科技创新“五个中心”
天津市	全国先进制造研发基地、北方国际航运核心区、金融创新运营示范区、改革开放先行区
重庆市	长江上游地区经济中心、金融中心、商贸物流中心、科技创新中心、航运中心
广州市	国家中心城市、综合性门户城市和区域文化教育中心，面向世界、服务全国的国际大都市
成都市	西部地区重要的经济中心、科技中心、文创中心、对外交往中心和综合交通枢纽
武汉市	全国经济中心、高水平科技创新中心、商贸物流中心和国际交往中心
郑州市	在引领中原城市群一体化发展、支撑中部崛起和服务全国发展大局中作出更大贡献
西安市	西部地区重要的经济中心、对外交往中心、丝路科创中心、丝路文化高地、内陆开放高地、国家综合交通枢纽

资料来源：国家发展改革委《长江三角洲区域一体化发展规划纲要》《成渝城市群发展规划》《珠江三角洲地区改革发展规划纲要（2008～2020 年）》《关中平原城市群发展规划》《关于支持武汉建设国家中心城市的指导意见》《关于支持郑州建设国家中心城市的指导意见》以及北京市、天津市政府网站。

2.经济实力依然不强

建设区域中心城市，首先要有较强的经济实力。2019 年，济南市实现地区生产总值 9443.4 亿元，居山东省第 2 位、15 个副省级城市第 9 位、26 个省会城市第 8 位、全国地级以上城市第 20 位，占山东省的 13.3%，低于青岛市 3.2 个百分点，在省会城市中依然是最低的。当前山东省各市发展总体均衡，直接导致济南市区域影响力仍然局限在山东省及苏豫皖部分城市（见图 1）。从九大国家中心城市的共同特征看，普遍是居于国家战略要津、肩负国家使命、引领区域发展、代表国家参与国际合作竞争的现代化大都市，也是大区级的中心。2020年初，济南市制定建设国家中心城市三年行动计划（2020～2022年），体现了城市的境界和追求，但这个决策明显超前。在周边北京、天津、南京、郑州、青岛等强市林立的情况下，尽快壮大经济实力仍然是济南市的首要任务。

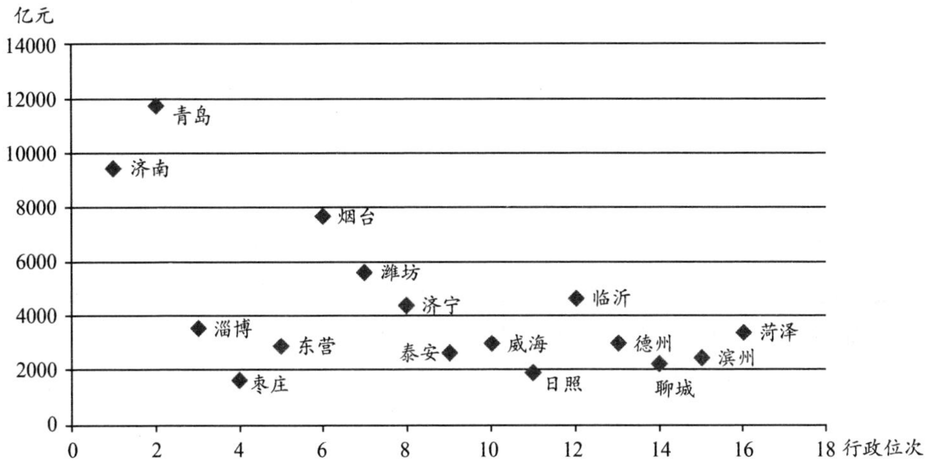

图1　2019年山东省16城市地区生产总值分布

3.集聚能力有待提高

城市的基本特点是具有高度的集聚性，且集聚能力随着经济实力的增强而提高。在人口红利减弱和高质量发展的形势下，城市间的“人才大战”愈演愈烈，济南、郑州、西安三市也都出台了相应的人才政策。2017～2019年济南市常住人口增加30万，占同期山东省常住人口增量的24.3%，2019年常住人口890.9万，占山东省比重三年提高0.1个百分点，总量、增量、占本省比重均明显低于郑州、西安两市（见表3），这既是济南市经济实力不强的原因，也是其必然结果。2019年3月《中国经济导报》刊发文章，以两万名山东2019届毕业生为调查样本，其中选择留在山东的人数仅占17.7%，流向江苏、浙江的分别达到19.1%和18.3%。[①]资金方面，济南是人民银行一级分支机构驻地，2019年金融机构本外币贷款余额18768.7亿元，仅相当于郑州市的70.9%和西安市的83.7%。

① 参见卜文娟：《经济增速“南快北慢”之问》，《中国经济导报》2019年3月20日。

表 3　济南、郑州、西安三市常住人口变化情况

城市	2016 年（万人）	占本省比重（%）	2019 年（万人）	占本省比重（%）	三年增量（万人）	占本省比重（%）
济南市	860.9	8.7	890.9	8.8	30.0	24.3
郑州市	972.4	9.0	1035.2	9.5	62.8	38.3
西安市	883.2	23.2	1020.4	26.3	137.1	215.7

资料来源：根据各市国民经济和社会发展统计公报计算整理。

4.区域产业互补性不高

分工协作是区域中心城市形成的重要动力。作为省会城市，济南市应在引领区域发展、构建区域优势产业集群中发挥主导作用。但是从现实看，济南市产业结构层次依然不高。2014～2017 年，批发和零售业增加值占地区生产总值比重提高 1.6 个百分点，房地产业提高 0.8 个百分点，科学研究和技术服务业仅提高 0.5 个百分点，租赁和商务服务业则下降 0.3 个百分点（见图 2）。培育区域特色产业是提高区域产业竞争力的关键，目前看济南市与周边城市产业结构雷同问题明显，2019 年济南市钢材产量 2255.5 万吨，聊城市、滨州市分别为 1304 万吨和 838.2 万吨，泰安市、淄博市均在 400 万吨左右；水泥产量 1232.8 万吨，淄博市达到 1785.3 万吨，泰安市超过 700 万吨，聊城市、滨州市接近 400 万吨。

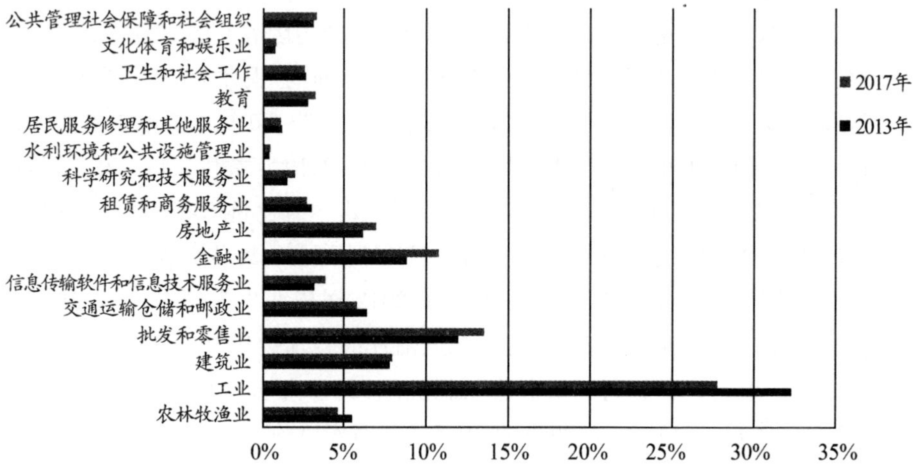

图 2　济南市地区生产总值行业构成

5.政府作用需要加强

为促进全省经济协调发展，一个时期以来山东省采取了一系列政策措施，包括山东半岛城市群建设、省会城市群经济圈建设、鲁南经济带发展等，但山东省一直缺少强有力的区域中心城市。近两年山东省加大省会发展力度，撤销地级市莱芜并将其划归济南市管辖，为济南建设区域中心城市提供了重要机遇，但相应的工作则需要加快推进。从市级层面看，济南市对于都市圈建设反应积极，但缺少有效的工作推进机制，有些重要事项市级很难协调落实，一些工作处在自发推进状态，与郑汴一体化、西咸一体化存在明显差距。如何更好发挥区域政策工具作用，化行政区为经济区，是需要研究推进的一项工作重点。

四、济南建设区域中心城市的方向重点

1.合理界定区域范围

济南地处京津冀与长三角、山东半岛城市群与中原城市群的枢纽地带，地理区位、经济区位优势都非常突出。在黄河流域生态保护和高质量发展的重大国家战略背景下，济南市应明确定位为黄河下游中心城市，重点从两个方面持续发力。东西向，连接青岛、郑州、西安等中心城市，构建全方位、多形式的快速通道，共同打造陆海统筹的对外开放走廊、科技创新走廊和中华优秀传统文化枢轴；南北向，发挥京沪交通通道重要节点城市作用，实施济南泰安同城发展，打造国家高速 G3 沿线产业隆起带，带动山东中西部以及冀南、苏北、豫东等地区加速发展。

2.尽快壮大综合实力

建设区域中心城市，关键是形成强大的区域向心力，这要求中心城市自身尽快做大做强。济南市应坚定不移地实施工业强市战略，把重振工业摆到经济工作更加重要的位置，加紧研究解决工业比重持续下降的问题。在壮大主城区的同时，加大县域经济发展力度，优化普惠性与差异化相结合的政策措施安排，避免在主城区与周边城市之间形成发展洼地。坚持权利平等、竞争平等、规则平等，大力发展民营经济，更好发挥市场力量的作用。

3.努力增强产业优势

加快发展生产性服务业，特别是具有比较优势的金融、交通运输、商务服务、科研服务等产业，增强对区域发展的服务能力。发展高品质生活服务业，增强城市知名度和吸引力，吸引各类人才落户，推动常住人口尽快突破 1000 万。培育壮大总部经济，积极打造北方地区重要的总部经济发展高地。着力发挥科

技研发优势，加强关键技术攻关和产业化，推动形成在济南创新研发、到周边发展壮大的联动发展格局。

4.切实加强城市协同

企业集群的自主创新活力是区域发展最根本的内在动力，这种创新活力来源于地方文化中蕴含的企业家精神，以及有利于地方创新主体竞争与合作的制度和社会结构。[①] 应围绕区域产业发展，从战略层面、协调层面、执行层面建立济南与周边城市密切联动的区域协作机制，定期研究推进重大事项，不断增强区域发展的互补性与向心力。

① 参见王辑慈等：《创新的空间——企业集群与区域发展》，北京大学出版社 2001 年版，第 17 页。

聚焦黄河流域文旅产业发展，打造智慧文旅产业学院

甘华蓉*

【摘要】在全球疫情常态化背景下，伴随信息技术的发展，旅游业进入“智慧旅游”时代。根据《山东省“十四五”期间文化和旅游人才发展规划》的精神，重点围绕互联网+、智慧旅游、舞台科技等领域，建立适应文化和旅游产业发展需求、产教融合、布局合理的现代文化旅游职业教育体系。在此背景下，以服务区域经济社会发展为主导，山东文旅集团有限公司与山东商业职业技术学院共同发起成立山东省黄河流域文旅产业职业教育集团。双方以产教深度融合，共建校企命运同共体的理念，按照集团化办学的模式推动建立适应山东省黄河流域文化和旅游产业发展需求、产教融合、布局合理的现代文化旅游职业教育体系，培育建设带有校企属性的职业教育集团合作载体，通过载体来带动与支持智慧文旅产业学院和智慧文旅产业运营中心建设工作。充分发挥职业教育在山东省黄河流域生态保护和高质量发展、乡村振兴和新旧动能转换等重大战略中支持文旅产业发展的重要作用，创新产教深度融合模式，共建校企命运共同体，联合各方优质资源，争取各项政策叠加效应，助力产业与职业教育高质量发展。

【关键词】文旅产业学院；产教融合；协同育人

在科技水平发展加速、产业更新迭代加快的新时代，数字经济、人工智能成为产业发展的新引擎。新产业、新业态、新岗位不断涌现，需要大量掌握新技

* 甘华蓉，山东商业职业技术学院乡村振兴产业学院副教授。

术、新技能的人力资源的支持。深化高校现有人才供给侧结构性改革，使人才供给侧与社会需求侧相适应，是教育服务产业发展、服务区域社会经济的战略性举施。文旅产业学院作为职业教育新业态，是新形势下重要的育人载体。文旅产业学院共建主体之一的企业合作程度越深，越有利于高素质技术人才的培养。

2017 年 12 月，国务院办公厅颁布《关于深化产教融合的若干意见》（国办发[2017]95 号，以下简称《意见》），要求“促进教育链、人才链与产业链、创新链有机衔接”，同时“鼓励企业依托或联合职业学校、高等学校设立文旅产业学院”。2020 年，教育部办公厅等部门联合印发的《现代产业学院建设指南（试行）》提出“为扎实推进新工科建设再深化、再拓展、再突破、再出发，协调推进新工科与新农科、新医科、新文科融合发展，全面提高人才培养能力，经研究，决定在特色鲜明、与产业紧密联系的高校建设若干与地方政府、行业企业等多主体共建、共管、共享的现代文旅产业学院”。2022 年 4 月，山东省政府印发了《山东省“十四五”期间文化和旅游人才发展规划》，明确提出“统筹推进各类文化和旅游人才队伍建设，着力打造乡村振兴人才、文化和旅游产业人才、文化和旅游领域科技创新人才、文化和旅游职业技能人才、市场运营和管理人才和文化交流以及旅游推广人才体系队伍”。

山东文旅集团有限公司与山东商业职业技术学院准备共同发起成立山东省黄河流域文旅产业职业教育集团，完成民办非企业注册与运营工作，填补山东省内黄河流域文旅产业职业教育集团化办学的空白。按照《山东省“十四五”期间文化和旅游人才发展规划》的要求，双方以“产教深度融合，共建校企命运共同体”为理念，培育建设带有校企属性的职业教育集团合作载体，通过载体来带动与支持智慧文旅产业学院和智慧文旅产业运营中心建设工作。按照集团化办学的模式推动建立适应山东省黄河流域文化和旅游产业发展需求、产教融合、布局合理的现代文化旅游职业教育体系，推进黄河流域九省市职业教育东西协作，以职业教育人力资源供给侧结构性改革来支持与服务黄河流域生态保护和高质量发展、乡村振兴和新旧动能转换等重大战略实施。充分发挥职业教育在山东省黄河流域生态保护和高质量发展、乡村振兴和新旧动能转换等重大战略中对支持文旅产业发展的重要作用，创新产教深度融合模式，共建校企命运共同体，联合各方优质资源，争取各项政策叠加效应，助力产业与职业教育高质量发展。

一、智慧文旅产业学院的组织特征

在全球疫情常态化背景下，伴随信息技术的发展，旅游业进入“智慧旅游”时代。在智慧旅游背景下，智慧旅游行业企业人才需求主要体现在以下几个方面：(1)需要懂网络、会技术、有创意的智慧旅游人才。(2)需要专业技能好的实用复合型人才。在智慧旅游大背景下，缺乏大量掌握专业知识和实际技能的复合型人才。既要掌握现代信息技术，还要掌握专业技术，并具备服务意识和管理能力。能够熟练掌握线上线下旅游服务社、旅游酒店、旅游景区等业务流程所设计的基本知识和技能，并善于协调和综合利用各种旅游资源，能胜任线上线下类型服务社、旅游酒店和旅游景区等旅游行业的各种岗位和角色的经营与管理工作。

(3)需要服务意识强、综合素养高的人才。主要体现在利用现代信息技术及大数据进行营销组织能力、协调应变能力、人际交往能力、语言表达能力、持续的学习能力及良好的核心素养。智慧文旅产业学院建设正是基于这个背景。

1.面向现代智慧旅游产业，以链建院、以链成院

传统学历教育注重理论知识的系统性，专业设置常常与社会需要脱节，学生动手操作能力较弱，自主学习能力有限，服务产业发展能力较低，导致学校培养的人才常常与社会需要脱节。以培养应用型人才为主的高职学院，与企业联合建立文旅产业学院，紧贴区域旅游产业需求，主动服务旅游产业发展，学生以工学结合的方式完成学业，在教学中重点培养学生的动手操作能力和解决实际问题能力。文旅产业学院因旅游产业需求而生，因旅游产业发展而建，是培养高素质技术技能人才的校企合作载体，专业设置对应旅游产业需要，以专业群衔接区域旅游经济产业群，培养区域旅游产业发展需要的系列人才，形成旅游产业发展所需的人才支持系统，促进区域旅游经济社会发展。

以产教资源输入和研发成果输出建设为抓手，将职教集团打造成为促进产业链和教育体系人才、智力、技术、资本、管理等资源要素集聚融合的总平台。利用职教集团资源整合优势和市场运营优势共建非法人性质的智慧文旅产业学院和智慧文旅产业运营中心，促进教科研成果、服务营收、人智资源等支持产业与学校高质量发展。具体框架如图 1 所示。

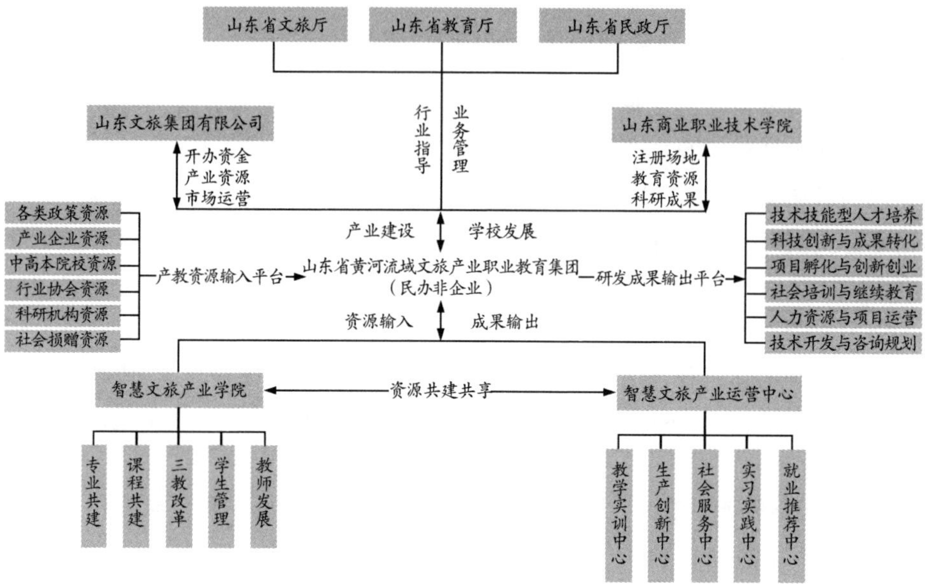

图 1　拟建设的黄河流域文旅产业职业教育集团整体架构体系

2.多元化的资源筹集机制

智慧文旅产业学院需要融合共建，一般由当地政府、职业学院、行业协会、头部企业和当地产业园区等利益相关方共同参与。校企跨界共建、共管、共享，是多方参与的利益共同体。其调动政、校、行、企、园多方力量，对接产业链多专业构成文旅产业学院，实现跨界融合协同育人，培养产业升级背景下企业所需的技术技能人才，构建“共设专业、共建基地、共培团队、共享资源、共创成果、共育人才”的“六共”协同育人机制。由于智慧文旅产业学院由于是利益相关方联合办学，产教融合下的校企协同育人，在性质上属于校企联合办学，因此文旅产业学院筹建需要的资源就需要各利益相关主体的共同投入，建立多元化的资源筹集体制。文旅产业学院建设所需资源大致可以分为人力、财力、物力三类。人力资源主要依靠高职学院来配置，企业适度参与；财力投入方面需要由企业和高职学院共同完成，企业通常承担文旅产业学院建设前期投资，实验实训室建设等，建成后的运行费用主要由高职学院负责；物力投入中，一部分需要地方政府支持，主要是建校场地的划拨及配套基础设施建设，其余部分则由高职院校自身承担。在文旅产业学院建成以后，政府还需要发挥政策职能，以税收优惠、财政补贴等多种形式吸引更多优秀企业补充文旅产业学院日常运作的资金资源。

3.人才培养上实现校企协同育人

文旅产业学院建设的初衷和目的是产教融合、工学结合、校企协同育人，这也是文旅产业学院的本质特征。不同区域、不同类型的文旅产业学院建设的路径和方式可能各具特色，但其本质都是协同育人，具体体现在以下几个方面：一是人才共育，主要指文旅产业学院和头部企业共同培养技术技能型人才，共同商定人才培养方案，按照工学结合、校企合作的方式进行教学安排，理论课程和实践课程相结合，专业课程和职业需要相统一。二是专业共建，是文旅产业学院为了提高所建专业的针对性，依托新产业、新岗位建专业，文旅产业学院与合作企业、相关的行业组织共同成立专业建设委员会，推动学院专业建设与区域经济社会发展需求紧密对接。三是师资共培，文旅产业学院与合作企业共同进行师资培养，共同进行教师队伍建设。学院教师到企业实践锻炼，熟悉技术技能操作，企业也安排技术骨干参与学生培养，学院为企业教师提供教学培训和专业辅导，帮助其成为合格的文旅产业学院教师。

4.学院管理上多元协同、共建共治

智慧文旅产业学院是由不同所有制主体共同投资举办的，要确保文旅产业学院平稳有序运行，优质高效育人，必须建立校企之间密切配合、良性互动的合作机制，而在构建校企合作机制的过程中，建立现代化的学院治理体系是重中之重。协同利益相关方实行“多元治理体系”是智慧文旅产业学院高效运行的关键。当前文旅产业学院有“校企联合”“政校企联合”“政校行企联合”和“政校行企园联合”等多种合作模式，“校企联合”模式是文旅产业学院的一个专业或一个专业群，与当地一家行业头部企业或企业集团合作共建的模式；“政校行企联合”是指文旅产业学院专业群、行业协会和区域内多家企业合作共建；“政校行企园联合”是文旅产业学院重点专业群紧密对接区域的多家企业组成的产业集群，打造政校行企院所多元主体联动共建的文旅产业学院办学模式，为产业集群中的多家中小企业培养技术技能人才。最终，区域内多家高校和多家企业联合共建成立文旅产业学院联盟。文旅产业学院联盟合作主体众多，需要共同治理。文旅产业学院联盟构建了受章程约束的，由政府、园区管委会、行业、企业和学校等利益相关方共同参与的文旅产业学院理事会及治理体系，通过合同约定，明确育人主体权责和资源共享原则，制定有利于共享各方资源、发挥企业实践教学长处、激发企业育人内在动力、保障教学运行、提高教学质量的相关制度，共建共管，形成育人共同体，实现校企合作共赢的长效机制。

二、文旅产业学院建设中存在的问题

各种文旅产业学院建设模式在建设实践中各具特色，但又存在一些共同问题，共建各方政府、高校、企业、行业、科研机构等多主体协同共建动力不足，产教深度融合难度大。由于政策支持不到位，在文旅产业学院建设中企业权益无法得到有效保障，导致企业参与共建主动性不强，出现“学校热、企业冷”的现象；工学结合落实不到位，校企双主体育人推行难，产教融合深度不够等。

1.政策体系和法律体系不够完善

影响企业参与文旅产业学院建设积极性的首要因素是支持文旅产业学院建设的政策法律法规不健全。文旅产业学院的法律地位不明确、产权不清晰，奖励激励措施缺乏，限制了共建各方对文旅产业学院的主动投入资源，尤其是企业投入以后利益得不到保障，更是挫伤了共建文旅产业学院的积极性。

在国家层面鼓励政策的引导下，部分地方先行实践，通过总结提炼实践经验，为国家层面法律的制定和政策的完善提供参考和支撑。文旅产业学院属于融合共建，具有投资主体多元化，不具有独立的法人地位，存在主体独立性缺失。虽然各地政府出台鼓励措施，但支持力度有限，激励企业参与文旅产业学院建设的力度不够，企业权益得不到有效保障。部分文旅产业学院作为高校的二级学院进行管理，行政化色彩较浓厚，文旅产业学院理事会作用不大，影响有效管理，投入资源合作共建积极性不高。

2.企业参与文旅产业学院建设权益没有得到有效保障

市场经济条件下企业自主经营、自负盈亏，看重投入产出，企业参与文旅产业学院共建要投入资源，在学生培养过程中，学生实习实训和参与生产的产品损耗高，成本高，企业收益很小，甚至没有收益。长此以往，高投入低产出，再加上产权不明晰、利益分配机制未有效建立等问题，都会影响企业参与文旅产业学院共建积极性。

文旅产业学院多方参与共建属于“多元治理体系，但由于存在多种问题，没有完全构建成“利益共同体”，企业在文旅产业学院人才培养中的主体作用没有被发挥出来，参与办学的动力不足，部分企业参与文旅产业学院建设只是为了获得政府的补贴资助、金融扶持、税收减免、土地政策等优惠，因此仅愿意接纳实习生，提供实习场所和实践机会，深度参与文旅产业学院共建动力不足，对员工培训、科技研发、深度参与应用型人才培养等积极性不高、稳定性差，使得校企合作流于形式，没有更多实质性内容。

3.文旅产业学院内部的管理体制和运行机制不健全,责权利约束力比较差

文旅产业学院内部管理制度不完善也影响企业参与文旅产业学院建设积极性。文旅产业学院采取政府、学校、企业、行业等多方合作共建,多采取混合所有制的经济形式,实行由多个投资主体联合建立法人实体,可是由于缺乏科学法人治理机制,虽然大多文旅产业学院建立理事会领导下的院长负责制,但理事会决策权力有限,领导机构缺乏独立决策能力。校企双方虽然签订了共建文旅产业学院的协议,制定了文旅产业学院相关管理制度,而这些协议、制度缺乏刚性制约机制,校企双方职责不够明确,导致沟通成本较高。同时缺乏能够固化合作关系的紧密型组织,文旅产业学院各个合作方未能达到组织化、制度化状态,导致多元化的投资主体以及分散式的产权配置未能得到有效保障,内部利益分配与补偿机制不健全,利益分配不均衡和缺少完善的补偿措施。

三、产教融合背景下智慧文旅产业学院的建设路径

1.依据黄河流域文旅产业链建设智慧文旅产业学院

利用山东文旅集团有限公司产业资源与优势,以山东省黄河流域文旅产业职业教育为资源整合输入与教科研成果输出平台,建设智慧文旅产业学院,主要围绕产业(链)岗位需求,开展人才培养、专业(群)、课程体系、岗课赛证融通育人、“三教”改革、“1+X”证书等产教融合、校企合作教学体系建设工作。同时建设智慧文旅产业运营中心,作为生产性实训中心、生产创新研究中心、社会服务中心和实习实践中心。形成校企协同创新,教育链、产业链无缝对接,学校为产业输送人才,企业帮学生培养技能,产学研同步进行,教学做一体化的良好循环。

把教室改造成项目工作室,引入企业真实项目资源,让学生在真实项目中学习,在学习中做项目,学生以产业岗位需求为依据,分析学生应掌握的核心技能,确定人才培养目标,进行课程设计与开发,制定教学计划和技能培训方案,接触熟悉产业真实的工作生产过程、管理的具体运作,感悟真实的职业环境,参与企业从文旅产品策划设计到运营销售的全过程,培养学生职业热爱度与忠诚度,积累工作经验,提高核心竞争力。

2.智慧旅游人才需求现状及核心能力要求

随着旅游业态与产品的创新及消费者需求的变化,旅游企业出现了带有智慧旅游技术的背景或者有跨界融合内涵的新岗位。比较典型的有:一是与智慧旅游技术相关的岗位,如新媒体运营专员、小程序运营经理、旅游线上运作员,

酒店OTA运营主管、数据分析员、OTA渠道销售员、旅行社电商运营员等。二是与文旅融合相关的岗位,如:文旅企业中旅游项目与活动策划、景区规划、民宿规划、新媒体销售策划等营销策划类岗位;酒店产品设计、旅游线路设计、美工、文案等文旅产品设计类岗位;有深厚文化底蕴、丰富知识、能承担文化传播使者角色的学者型导游。三是岗位细分后产生的新岗位,如旅游定制师、旅行策划师、旅游质监专员、旅游签证专员、旅游客服专员、民宿运营经理、研学导师、亲子游专员、旅行社特色产品专员等。

智慧文旅时代,文旅新岗位核心能力要求,对从业者能力与素质都提出了新的要求,主要体现在:一是更扎实的文化底蕴。文旅融合要求旅游从业者承担文化使者角色,要具备丰富的文学、历史、地理、建筑、艺术、民俗等方面的知识;有较高的艺术审美素养,能正确传播美学信息,并结合当地的文化特色及旅游市场需求,创新设计策划出旅游产品。二是智慧文旅创意设计能力。形成"旅游+文化+智慧+其他"格局,实现跨界融合。三是智慧旅游技术素养。能驾驭现代信息技术,熟练使用人工智能、虚拟现实等先进技术设备,具备信息搜集、分析、使用能力。

3.根据行业及发展现状分析,确定产业学院人才培养定位

结合《山东省"十四五"山东文旅人才发展规划》,完成山东文旅人才发展需求调研工作,依据调研报告确定山东省智慧文旅产业发展核心岗位,分析核心岗位必备的核心能力,进行专业定位,确定专业人才培养目标。结合《旅游管理专业国家教学标准》,以服务区域经济社会发展为主导,明确专业人才培养标准及相关知识、技能、素质等能力目标要求后,确定专业基础课程、核心课程及拓展选修课程、专业实训实践与实习方案、专业教育教学方法及双师型队伍的建设与培养等内容。

(1)行业定位。我国现行的高职旅游类专业包括旅游管理、导游、旅行社经营管理、定制旅行管理与服务、研学旅行管理与服务、酒店管理与数字化运营、民宿管理与运营、智慧景区开发与管理、智慧旅游技术应用等。从专业目录看,旅游行业的核心产业(酒店、景区、旅行社)都有精准的对应专业。因此,旅游管理专业应该是综合性专业,其对应产业应该是旅游大产业。应结合区域旅游产业发展情况确定旅游大产业中的某些产业作为专业立足的行业。根据山东文旅人才发展规划、山东文旅产业人才需求调研和智慧文旅产业发展趋势,结合专业群优势和学生就业侧重领域,产业学院旅游管理专业立足的具体产业定位为文旅产品设计开发产业(旅游线路规划设计、旅游活动策划)、旅游接待行业

(高端酒店及民宿运营与管理、线上线下旅行社)。

(2)面向岗位群。包括旅游产品(线路、活动)策划、开发、设计、新媒体运营;旅行社导游(讲解员、领队)、计调、OTA与电商专员;高星级酒店(精品酒店、高端民宿)领班主管等基层督导管理人员、对客部门高级服务人员(含高端民宿管家)、销售专员(含OTA与电商专员)等。

(3)专业人才培养定位。结合旅游管理专业国家教学标准,产业学院的专业培养目标为:培养能够践行社会主义核心价值观,德智体美劳全面发展,具有一定的科学文化水平,良好的人文素养、科学素养、职业道德和创新意识,以及精益求精的工匠精神,掌握接待服务、项目策划、产品设计、数字营销等知识,具备服务质量管理、客户关系管理、部门运营管理等能力,面向旅游产品开发与设计、旅游企业的导游、团队领队、旅行社计调、OTA与电商专员、高星级酒店(含精品酒店、高端民宿)督导管理人员景区游览服务员、休闲农业服务等职业,能够从事旅游产品策划、旅游接待服务、旅游数字营销、目的地运营管理等工作的高素质技术技能人才。

4.校企协同育人,在园在岗、育训结合

文旅产业学院主要服务于区域旅游经济社会发展对技术技能人才的需要,紧盯新产业、新业态、新岗位,注重技术前沿、关注市场信号,依据产业建立专业,依据产业链建立专业链,构建集产业、教学、科研、转化、创新、应用于一体的产教融合联合体,建立"政校行企园"五方联合投入共同建设的模式,实现双向精准育人。文旅产业学院建设要具有一定前瞻性,紧贴区域产业发展,培养区域经济社会发展需要的技术技能人才,以提高学生的实际操作能力为核心,实现学生动手操作能力与工作岗位需要"零对接",从而促进文旅产业学院的人才培养与区域产业发展需求同频共振。

智慧文旅产业学院要以现代学徒制、创业班、工作室等形式开展"岗课证融合"在岗在园教学,解决传统教学内容与产业发展脱节问题,促进人才培养契合区域产业发展要求。要以项目为驱动,以成果为导向,以"1+X"证书标准为核心,校企共建"岗课证融合"的课程体系,推动专业教学与企业生产紧密结合。文旅产业学院建设主要内容有专业建设、修订人才培养方案、双师队伍建设、开展社会培训、开发校企课程、实现产学研转创、进行项目运营、建立学生发展中心、学生技能大赛指导等,将行业标准、职业资格证书、技能大赛、企业文化、岗位培训、生产案例、创新创业训练等内容融入课程,将企业骨干融入教学团队,创新双师指导、工学交替的"岗课赛证"相互融合的教学组织形式,将学生岗位表现融入学习评价,形成在园在岗的育人模式。

5.健全文旅产业学院管理机制,提高运作效率

文旅产业学院核心竞争力在于机制创新。现代文旅产业学院是基于利益共同体的合作共建,要提高不同性质主体的共建动力,就需要建立资源共建共享、利益合理分配、风险共同承担的治理规则。要健全文旅产业学院理事会构成,其中校企双方都是文旅产业学院建设的主体,按照权责对等的原则来设计文旅产业学院的管理体制,企业在文旅产业学院拥有的权益与所出资源相适应,调动企业合作共建积极性。

目前,比较成熟的运行机制是理事会领导下的院长负责制,赋予文旅产业学院相对独立的权力。理事会领导下的院长负责制,理事会是文旅产业学院的直接决策主体,负责文旅产业学院重大事务的决策和部署,院长负责相关决策的落实,全权负责文旅产业学院的人才培养、科技研发、社会服务和行政管理等具体工作。负责文旅产业学院办学中涉及到专业设置、专业群和专业建设、培养方案制定、课程建设、"双师"教师队伍建设、课题研究、工程研究中心建设、人事安排等重大问题,文旅产业学院还要设立一些内部组织机构,建立健全文旅产业学院管理制度,保障文旅产业学院高效运行。此外,高职院校要充分了解合作共建文旅产业学院的运作模式,完善学校相关配套制度,优化财务、合作的相关流程。

参考文献

1.山东省人民政府:《山东省"十四五"期间文化和旅游人才发展规划》,2022年4月。

2.中华人民共和国教育部办公厅、中华人民共和国教育部工业和信息化部办公厅:《关于印发〈现代文旅产业学院建设指南(试行)〉的通知》(教高厅函〔2020〕16号),2020年7月30日。

3.中华人民共和国教育部、中华人民共和国国家发展改革委员会、中华人民共和国财政部:《关于引导部分地方普通本科高校向应用型转变的指导意见》,2015年11月13日,http://www.moe.gov.cn/srcsite/A03/moe_1892/moe_630/201511/t20151113_218942.html。

4.蒋新革:《产教融合视域下文旅产业学院治理体系建设研究》,《职业技术教育》2020年第24期。

5.马宏斌:《基于三螺旋理论的高等职业教育产教融合研究》,《中州大学学

报》2016 年第 1 期。

6.许文静:《整体性视域下文旅产业学院内部结构的治理逻辑研究》,《中国职业技术教育》2018 年第 29 期。

7.金炜:《新时代高职文旅产业学院的建设逻辑、现实困境与破解路径》,《教育与职业》2020 年第 15 期。

8.朱跃东:《高职混合所有制二级文旅产业学院建设的实践之惑与应对之策》,《中国职业技术教育》2019 年第 1 期。

9.金炜:《新时代高职文旅产业学院的建设逻辑、现实困境与破解路径》,《教育与职业》2020 年第 15 期。

10.张雪、韦鸿:《企业社会责任、技术创新与企业绩效》,《统计与决策》2021 年第 5 期。

11.温彭年、贾国英:《建构主义理论与教学改革——建构主义学习理论综述》,《教育理论与实践》2002 年第 5 期。

12.赵哲、邓丰:《高职院校文旅产业学院研究的逻辑解构与突破向度》,《现代教育管理》2020 年第 7 期。

13.王红英、滕跃民、黄静:《企业参与高职教育合作办学的影响因素分析》,《教育发展研究》2014 年第 19 期。

齐文化与稷下学研究

中国先人的核心价值观：《管子》礼义廉耻"四维"思想的传承与发展*

张艳丽**

【摘要】礼义廉耻"四维"思想是《管子》教化治国的理念，具有鲜明的经世致用色彩，受到后世诸多学者的关注和讨论。历代学者分析"四维"思想时，在《管子》认知的范围内进行推演，创造性地提出礼义廉耻"四维"孰为重要的理念，并结合儒家的学术认知，扩展"四维"思想的教化内涵。这既包括自我修身、个人素养提升，也从统治者治理天下的角度予以分析，其目的是为了引导教化民众，为德治社会提供坚实的理论认知基础。诸多学者对《管子》"四维"思想的阐析和重视，恰当诠释出"四维"思想是中国先人核心价值观的认识理念。

【关键词】核心价值观；《管子》；礼义廉耻

传统社会中，礼义廉耻作为重要的道德规范，被视为士人立身行事的准则，凝练着中华民族的道德操守，也是历代读书人关注的话题。习近平总书记在《青年要自觉践行社会主义核心价值观》中指出："每个时代都有每个时代的精神，每个时代都有每个时代的价值观念。国有四维，礼义廉耻，'四维不张，国乃灭亡'。这是中国先人对当时核心价值观的认识。"[①]自《管子》提出"守国之度，在饰四维……四维不张，国乃灭亡"之后，历代学者不断对礼义廉耻"四维"理念

* 本文为教育部哲学社会科学研究重大课题攻关项目"稷下学派文献整理与数据库建设研究"(19JZD011)阶段性成果。

** 张艳丽，山东理工大学齐文化研究院《管子学刊》副编审。

① 中共中央文献研究室编：《十八大以来重要文献选编》(中)，中央文献出版社2016年版，第3页。

进行辨析和反思，如唐代柳宗元《四维论》，宋代周必大《论四维札子》、徐积《四维辩》，明代邵经邦《四维论》、张采《非柳四维论》，清代康熙《四维解》、赵怀玉《四维论》等，使《管子》“四维”思想的文化内涵得到扩展，给世人以启迪与借鉴。

当代学界研究《管子》“四维”理念，注重分析其现实社会价值，探讨礼义廉耻“四维”的内涵，而较少关注礼义廉耻“四维”思想的历代发展流变脉络。由现存资料可知，历代学者对《管子》“四维”思想进行探析，包括对礼义廉耻“四维”内涵的阐述，对四者孰重孰轻的理解，并结合自身的认知，对《管子》典籍的真伪进行辨析，显示其重视“四维”德教治国的立场，尤其注重礼义廉耻之间先后次序、逻辑关系的探讨。本文拟从文化传承的角度出发，以修身养性和社会教化为切入点，对古代学者所认知的礼义廉耻“四维”思想的逻辑次序关系进行分析，借以明晰“四维”思想的丰富内涵和引导借鉴价值。

一、《管子》礼义廉耻“四维”思想内涵及影响

礼义廉耻“四维”思想出自《管子·牧民》篇，其曰：“何谓四维？一曰礼，二曰义，三曰廉，四曰耻。礼不逾节，义不自进，廉不蔽恶，耻不从枉。故不踰节则上位安，不自进则民无巧诈，不蔽恶则行自全，不从枉则邪事不生。”①这是《管子》在治国过程中重视德教的表现，其主要作用是从思想上对人的行为、需要施加影响，引导人们调整个人需要以适应国家的利益。②

礼义廉耻“四维”思想，后世学者较多关注，把其当作治理国家和教化社会的重要方式。汉初贾谊《治安策》指出：“夫人之所设，不为不立，不植则僵，不修则坏。管子曰：礼义廉耻，是谓四维；四维不张，国乃灭亡。”③贾谊结合秦代灭亡的教训与西汉初期社会恶劣社会风俗情况，建议统治者必须践行礼义廉耻“国之四维”国策，认为这是实现汉王朝长治久安的基本保证。

宋代周必大在应对国君的《论四维札子》中指出：“古者治天下有要道，所以陶成风俗者，礼义廉耻也；所以维持纪纲者，法令赏罚也。二者相须，阙一不可，固未有风俗不正而能立纪纲者也。”④他认为礼义廉耻“四维”思想对净化社会风气、陶冶民众风俗有重要作用，是推行法令赏罚的基础和前提条件，也是治理天下的关键。

---

① （清）黎翔凤：《管子校注》，中华书局 2004 年版，第 10 页。

② 参见王阁森、唐致卿：《齐国史》，山东人民出版社 1992 年版，第 522 页。

③ （汉）贾谊：《贾谊集》，岳麓书社 2010 年版，第 29 页。

④ 曾枣庄、刘琳：《全宋文》二二八，巴蜀书社 2006 年版，第 52 页。

明代邵经邦的《四维论》把礼义廉耻"四维"之道看作是人和动物的本质区别："四者，人与物霄壤而悬绝者也。"礼义廉耻的要求如下："夫礼也者，立也；义也者，宜也；廉也者，限也；耻也者，止也。"从"四维"具体标准来看，这与儒家文化要求相似："所立者，正位；所行者，大道；所守者，廉隅；所远者，愧耻。富贵不能淫，贫贱不能移，威武不能屈，曾一毫颠仆乎？可杀而不可辱，可死而不可夺，曾一毫乖戾乎？临财毋苟得，临难毋苟免，曾一毫甘犯乎？嘑尔而与之，乞人弗屑；蹴尔而与之，行道之人弗受，曾一毫无止乎？"[①]于此"四维"思想与儒家思想密切结合起来。

雍正五年(1727 年)会试题目为"士人当有礼义廉耻"。雍正对士子们的答卷不甚满意，借诏谕内阁的机会，解读《管子》礼义廉耻"四维"的内涵和规范，从而对君臣之道提出要求。雍正分别从"大"和"小"两个方面，指明君臣庶民所应遵循的礼义廉耻规范和功用。雍正对礼义廉耻"四维"的分析，是从君主治理国家的需要出发，依从儒家思想进行解读，使其更适合最高统治者的德教需要。[②]

由上可知《管子》提出礼义廉耻"四维"思想，重在对人的约束和规范，教导百姓"不逾节""不自进""不蔽恶""不从枉"，宋代黄震《四维论》即曰："《管子》之以'维'言者，盖指为治之范防耳。"[③]而后世学者对礼义廉耻"四维"的解读，则增加了如何去做的要求，如邵经邦和雍正提出的一系列标准。这些"四维"规范，具有积极的能动性，明显受到儒家文化的影响，体现出士人的社会责任感和使命担当。

二、历代学者对"四维"思想中耻为重要的分析

除看重礼义廉耻"四维"思想的治世功用外，许多学者还从礼义廉耻孰为重要的排序等方面进行辨析，并与儒家相关规范相结合，以期更好地理解和践行礼义廉耻"四维"理念。

很多学者不约而同地认为，礼义廉耻"四维"中，耻是最重要的。宋代杨万里《庸言十一》曰："或问礼义廉耻，柳子以为非四也，二而已矣。然乎杨子曰：一而已矣。曷谓一？曰耻是也。惟心知其一，则三者至矣。……故立天彝，建民极，耻为大。"[④]他认为《管子》礼义廉耻"四维"理念，可以看作是"一维"，也即耻，

---

① 王国平：《武林往哲遗著·弘艺录》，杭州出版社 2014 年版，第 576 页。

② 参见吴士余：《清史明鉴录》，中西书局 2014 年版，第 58 页。

③ (宋)黄震：《黄氏日抄》，大象出版社 2018 年版，第 242 页。

④ (宋)杨万里：《诚斋集》，四部丛刊景宋写本。

其他三方面如礼、义、廉会直接受到耻的影响，会随耻而相生相灭。

明末清初学者顾炎武指出，礼义廉耻“四维”之中，重要者为耻：“然而四者之中，耻尤为要。故夫子之论士曰：‘行己有耻。’孟子曰：‘人不可以无耻。无耻之耻，无耻矣。’又曰：‘耻之于人大矣。为机变之巧者，无所用耻焉。’所以然者，人之不廉，而至于悖礼犯义，其原皆生于无耻也。故士大夫之无耻，是谓国耻。”①顾炎武结合孔子、孟子对耻的认知，分析“四维”中耻的内涵和功用，认为不廉、悖礼、犯义皆源于无耻；并进一步指出，士大夫如果没有“耻”感的话，可以视为国家之耻，对国家治理来说危害极大。

清代李雍熙认为礼义廉耻“四维”思想具有次序性，曰：“《管子》曰：礼义廉耻，谓之四维。最有次第。”其中耻是首先要达到的要求：“然人须自耻字做起。能知耻，则自不肯贪，不肯贪则自不敢为非。今人之所以为不善者，皆由乎不知耻。要先发其耻心，然后可至于君子。”②如果人知耻的话，就不会贪婪，不会为非作歹。这种说法与孟子“人不可以无耻，无耻之耻，无耻矣”的观点相似。

三、历代学者对“四维”思想中廉为重要的分析

《管子》礼义廉耻“四维”思想中，廉也被认为是非常重要的。康熙从国家治理和国君对臣子的要求出发，认为廉比较重要，廉是为官吏者的首要守则。康熙帝作有《廉静论》，阐述廉是臣子的必备素养。提及原因，康熙皇帝从吏廉的角度进行了分析：“吏苟廉矣，则奉法以利民，不枉法以侵民；守官以勤民，不败官以残民。民安而吏称其职矣，吏称其职而天下治矣。故吏尤以廉为贵也。”③廉吏会奉法利民，守职勤民，引导百姓安居乐业。

历代学者在辨析礼义廉耻“四维”重要性的顺序时，除较为重视耻和廉之外，也有廉耻并重的观点。欧阳修《新五代史 · 冯道传》云：“传曰：礼义廉耻，国之四维。四维不张，国乃灭亡。善乎管生之能言也。礼义，治人之大法；廉耻，立人之大节。盖不廉，则无所不取；不耻，则无所不为。人而如此，则祸乱败亡亦无所不至。”④欧阳修认为冯道是寡廉鲜耻的典型，对其极力予以批判。

还有学者把廉耻从“维”的地位，提升到“国脉”的位置。宋代王应麟指出：

---

① (清)顾炎武：《日知录集释》，上海古籍出版社2014年版，第30页。

② (清)李雍熙：《翠岩偶集》，清康熙湛恩堂刻本。

③ (清)章梫：《康熙政要》，中共中央党校出版社1994年版，第257页。

④ (宋)欧阳修：《新五代史》，中华书局1974年版，第611页。

"廉耻,国之脉也,廉耻泯则国从之。"①在此认知基础上,晚清傅守谦详细阐述了廉耻的国脉地位,其作《廉耻为国脉论》开篇即指出:"悚乎哉!王深宁氏之以廉耻为国脉也。"认为王应麟提出廉耻应被当作国脉来看待,令人惊悚,也发人深省。究其原因,与王应麟所处的社会环境和境遇有关:"王深宁氏生于宋之末世,盖慨于时者屡矣,故其说就较诸《管子》尤为悚。"②傅守谦生活于晚清时期,内忧外患的社会现实,促使其重申王应麟把廉耻由"国维"升格为"国脉"的观点,体现出社会发展与治理的日趋艰难性及"四维"思想治国的重要性。

四、历代学者对"四维"思想中义或礼为重要的分析

在礼义廉耻"四维"思想的论述中,也有学者坚持重视义,或者礼的立场和观念。唐代柳宗元作有《四维论》,指出礼义廉耻"四维"之中,义比较重要,廉与耻可视为义的内容组成,不可与义相提并论:"然则廉与耻,义之小节也,不得与义抗而为维。"③受疑经思潮的影响,柳宗元变"四维"为"二维"之目的,是为了证明"四维者非管子之言也",认为"四维"不是管仲提出的治国理念。这一定程度上体现出柳宗元看重义这一"维"的立场。

元代李治《敬斋古今黈》分析柳宗元的观点曰:"究而观之,柳子之辨,凡数百言,只是解释孟子'羞恶之心,义之端也'八字。"④认为柳宗元的观点,是为了阐析孟子提出仁义礼智"四端"之中义的含义。于此,《管子》礼义廉耻"四维"思想,与儒家孟子仁义礼智"四端"思想,作为品性修养的规范,有了交集。

明代杨守勤则认为礼义廉耻"四维"之中,礼最为重要,指出"礼者,维之本也",明确提出礼是国家存亡的重要规范,也是关涉义、廉、耻三方面的前提条件:"夫国有与立,则礼是已。礼者,与天地终始者也。"而后总结说:"治世用礼,衰世用耻;齐民以礼,行己以耻。以此相维,即与天地终始,可也。"⑤杨守勤认为礼与耻都很重要,只是适用的时代和发挥的作用不同,礼与耻应该相互协调使用,发挥出应有的治世和修身的功用。

---

① (宋)王应麟:《困学纪闻》,上海古籍出版社2015年版,第10页。

② 湖北省人民政府文史研究馆、湖北省博物馆编著:《湖北文征　第12卷　清》,湖北人民出版社2000年版,第602～604页。

③ (唐)柳宗元:《柳宗元文集》,北京联合出版公司2018年版,第20页。

④ 呈文治:《古典文学研究资料汇编·柳宗元卷》,中华书局1964年版,第187页。

⑤ (明)杨守勤:《宁澹斋全集》,明末刻本。

五、余论

历代学者在讨论《管子》礼义廉耻“四维”思想时，对其非常重视，专门撰文进行分析，认为礼义廉耻是国家治理、社会教化、个人修养等方面的非常重要的道德规范。民国张国淦《礼义廉耻国之四维论》形象地指出：“忧时之君子，每当世风凌夷，纪纲解纽，辄举《管子》礼义廉耻之说，以为救国之准。”[①]诸多学者对“四维”思想系统阐述，对礼义廉耻的重要性地位进行排序，并把其思想内涵与儒家的德性理念相互联系，由此把对《管子》礼义廉耻“四维”思想的探讨引向深入。

毫无疑问，《管子》“四维”中礼义廉耻都很重要，是治国的根本。若要对四者进行排序的话又因人而异，各有偏重：杨万里、顾炎武、李雍熙等从自身修养、朝廷教化、社会风气等方面进行分析，认为耻最为重要。而统治者如康熙帝、重臣陈廷敬等，则从掌权者治理国家的角度出发，认为廉较为重要。柳宗元看重义的规范，杨守勤注重礼的作用，学者们都认识到礼义廉耻四者之间的相互关系，创造性地发展了《管子》“四维”之说。

从综论礼义廉耻“四维”思想，到分论其组成部分，显示出历代学者对“四维”理念的研究更加深入而全面。其用意和目的，是希望引起统治者和百姓重视、践行“四维”理念，为更好地治理社会提供德育理论指导。这恰恰诠释出习近平总书记提出的礼义廉耻“四维”思想是中国先人核心价值观的认识理念。

① 杜春和：《张国淦文集》，北京燕山出版社2000年版，第375页。

魏晋南北朝时期齐地民风演变与贾思勰的商业意识

谭景玉*

【摘要】贾思勰的《齐民要术》表现出强烈的商业求利意识，同其中的农本思想形成鲜明对比。学界对此众说纷纭，但均未从贾思勰及《齐民要术》产生的地域文化因素入手讨论。魏晋南北朝时期是齐地民风从“功利型”向“道德型”转变的时期，受齐文化传统的影响，齐人的功利性格仍很突出。贾思勰生于齐地，又长期在青齐一带任职，齐地的文化传统和齐人的性格在他身上不能不有所体现。将贾思勰及《齐民要术》置于魏晋南北朝时期齐地民风演变的背景下，可得到如下认识：贾思勰的商业意识是齐文化的流风余韵在他身上的鲜明体现，其思想中存在的农本和求利的矛盾是当时齐人性格的生动反映。

【关键词】魏晋南北朝；齐文化；贾思勰；《齐民要术》；商业意识

一般讲到古代农学家的思想，人们往往以“重农抑商”概括之。贾思勰也强调农业的重要性，并称“舍本逐末，贤哲所非”，故在《齐民要术》中对“商贾之事，阙而不录”[①]，但细读《齐民要术》，就会发现书中有大量内容可反映贾思勰有强烈的商业意识。对贾思勰思想中存在的农本和求利这一矛盾，学界已有论述，但均未从贾思勰及《齐民要术》产生的地域文化因素入手，将其置于魏晋南北朝时期齐地民风演变的背景下进行讨论，故本文对此略做论述。

---

* 谭景玉，山东大学历史文化学院副教授。

① 缪启愉校释：《齐民要术校释·齐民要求序》，中国农业出版社1998年版，第19页。

一、魏晋南北朝时期齐地民风的演变

今山东地区是先秦时齐、鲁两国的所在地。两国虽为近邻，但因文化渊源、自然环境、历史传统和治国方针的差异，齐文化与鲁文化呈现出较大差异：人才观念上，齐国“尊贤尚功”，鲁国“尊尊亲亲”。价值观念上，齐国重利，鲁国重礼。民众信仰上，齐人信仰丰富多彩，方士文化发达，各种占卜及巫术盛行；鲁人信仰较多的是对天、地、先祖的祭祀，方术巫卜的色彩较淡。正是由于以上区别，齐、鲁民风有很大差异，可以概括为功利型的齐人和道德型的鲁人。

秦统一后，作为秦基本国策之一的重农抑商之策开始广泛推行，重视工商业的齐人是该政策整顿和改造的重点。秦二世而亡，十几年的时间不可能将齐地风俗革易殆尽。西汉前期奉行黄老无为之策，齐地风俗不可能有大的更易。汉武帝时从思想上确立了“独尊儒术”的国策，后在经济政策上形成了重本抑末的治国思想，由此开始从思想和经济两方面“修剪”齐鲁人性格中的非正统因素。由于风俗与民众性格的稳固性，这种“修剪”注定是一个漫长的历程。

在秦始皇将“上农除末”的训条刻于琅琊台二三百年后，即西汉宣帝时，龚遂在鲁北见到的仍是“齐俗奢侈，好末技，不田作”[①]。东汉时，齐地奢侈风俗依旧。诸城前凉台东汉晚期墓出土的画像石“庖厨图”形象地展示了齐人生活的奢侈。

魏晋南北朝时，山东地区走马灯式的频频改朝换代和游牧民族的多次统治大大削弱了中央集权王朝对齐人的性格再造，但量变一直在进行，齐人性格中的非正统性因素一直在被磨蚀、修剪着。北齐时，青州一带仍保留着浓重的齐风，民众喜欢斗鸡、走狗、弹筝、蹴鞠等游戏，与《战国策·齐策一》所记战国时齐都临淄的民风并无二致。当地百姓还结成众多民间社邑，作奸犯科之事层出不穷。天统元年(565年)，韩裔任青州刺史。他到任后，大力推行正统的儒家礼制，对民众的日常行为加以规范引导，使青州民风向着“正统”方向发展。

隋朝建立后，专制中央集权再度强化，在重农抑商和儒学的双重作用下，齐人性格终于实现了从功利型向道德型的巨大转变，由追逐功利变成了重农抑商，齐、鲁民风渐趋一致，这在《隋书·地理志》中有详述。齐地风俗和民众性格的转化主要是在魏晋南北朝时期完成的。换言之，魏晋南北朝时期山东民风正处在功利型向道德型的转变过程中。这一点还可从人们对青州一带民风评价

---

① (汉)班固：《汉书》卷八九《循吏传·龚遂》，中华书局1962年版，第3640页。

的巨大差异上得到印证。《隋书·地理志》认为青齐民风已由功利型向道德型转变,《晋书·刘毅传》称青州一带“参风齐鲁,故人俗务本,而世敦德让”[①],而北魏中书舍人温子昇却称齐地民众“风俗浅薄,虚论高谈,专在荣利”[②]。总之,《汉书·地理志》所言齐人追逐功利及“虚诈”的特点在北朝时仍有明显表现。

北魏杨衒之的《洛阳伽蓝记》卷二记载了青州民众“怀砖”的故事,说新地方官上任时,民众叩首迎接,一副讨好献媚的样子,怀里却揣着砖头,等其任满离职时,就掏出砖头掷他。这充分体现了齐地民众性格中利欲熏心、反复无常的一面。北魏政权为此特意选派强干有才者到齐地任职,以求进一步磨蚀齐人的性格。

北朝时,青齐士人被讥讽为“慕势郎”。他们轻视仁义,追求空誉,喜欢依附权势求得荣华和财利。清河东武城(今山东武城)人崔亮和北海剧县(治今山东寿光市南)人高聪都因依附权贵、极尽谄媚之能事而谋得高位,然而权臣一旦失势,他们便迅速转变立场,被人称为“向背速于反掌”[③]。

魏晋南北朝时山东的一些杰出人物身上反映出浓厚的齐文化气质。诸葛亮身上就显示出浓重的齐地人文风格,在政治、经济和军事思想等多个方面都表现出齐文化色彩。贾思勰也是如此,他虽是杰出的农学家,但十分重视商贸,主张农民通过市场和商品交换致富,在《齐民要术》中介绍了大量经商致富的方法,充分反映了他对“利”的重视。

二、贾思勰商业意识的表现

在《齐民要求》中,贾思勰的商业意识主要通过三个方面表现出来:

(一)关于农副业产品如何进入市场获利的论述

在《齐民要术》的《杂说》《货殖》及关于种葵、蔓菁、胡荽等蔬菜和种植桑、柘、杨、槐等树木的叙述中,都有将它们作为商品参与市场流通以获利的论述。

首先,粮食作物的买卖。

贾思勰主张“食为政本”,强调粮食生产在农业中的中心地位,但其并不主张纯粹的男耕女织、自给自足的自然经济,而主张农民将粮食投入市场换取自己需要的物品。《齐民要术·杂说》强调:

---

① (唐)房玄龄等:《晋书》卷四五《刘毅传》,中华书局 1974 年版,第 1278 页。

② (北魏)杨衒之撰、周祖谟校释《洛阳伽蓝记校释》卷二《城东》,中华书局 2010 年版,第 71 页。

③ (北魏)杨衒之撰、周祖谟校释《洛阳伽蓝记校释》卷二《城东》,中华书局 2010 年版,第 71 页。

凡籴五谷、菜子，皆须初熟日籴，将种时粜，收利必倍。凡冬粜豆、谷，至夏秋初雨潦之时粜之，价亦倍矣。[①]

贾思勰论述的绝不是简单的买进卖出，而是强调根据市场供求关系来进行贱买贵卖，其中不仅有他对自己认同的前人观点的引用，也有他自己对市场经验的总结。如对五谷和菜子，刚收获时，市场供应相对充足，可大量购入，到即将播种时，市场供应很可能出现紧张，此时将贱时买进的五谷、菜子等作为种子出售，利润必然丰厚。

其次，在坚持“民以食为天”的基础上，主张发展农、林、牧、副、渔的综合性经营，并将各种产品广泛投入市场以获利。

贾思勰虽充分强调粮食生产的基础性地位，但其主张发展的不是单一的粮食种植业，而是农、林、牧、副、渔的综合性经营。他不仅继承了春秋战国以来注重发展农、林、牧多种经营的优良传统，将耕、桑、树、畜及家庭手工业等都写进了著作中，在篇章结构上勾勒出了农、林、牧、副、渔多种经营的思想，而且详细论述了多种经营的重要意义。《种谷》篇引用《淮南子》称：

上因天时，下尽地利，中用人力，是以群生遂长，五谷蕃殖。教民养育六畜，以时种树，务修田畴，滋殖桑、麻……丘陵、阪险不生五谷者，树以竹木。春伐枯槁，夏取果、蓏，秋畜蔬、食，冬伐薪、蒸，以为民资。是故生无乏用，死无转尸。[②]

贾思勰还详述了将农、林、牧、副、渔产品投向市场的注意事项，目的是获得更高的利润。《种葵》篇强调要选择靠近都市城邑的地方。《蔓菁》篇强调要根据经济效益选择品种，比如“九英”这一品种虽“气味不美”，但“叶根粗大，虽堪举卖”[③]。《种榆》篇强调“地须近市”，[④]列举了不同时间榆树的不同用途及价格，表明其栽植榆树的性质就是商品生产。

对畜牧业，贾思勰首先引用陶朱公的观点，认为养马、牛、猪、羊、驴等牲畜是“速富之术”[⑤]。在《养羊》篇中，他谈到了收驴马牛羊犊子、驹、羔之法。有学者指出，这种到市场上收买即将产子的母畜，坐收羔、驹、犊的办法，虽不失为取

① 缪启愉校释：《齐民要术校释》卷三《杂说》，中国农业出版社 1998 年版，第 245 页。

② 缪启愉校释：《齐民要术校释》卷一《种谷》，中国农业出版社 1998 年版，第 75 页。

③ 缪启愉校释：《齐民要术校释》卷三《蔓菁》，中国农业出版社 1998 年版，第 187 页。

④ 缪启愉校释：《齐民要术校释》卷五《种榆、白杨》，中国农业出版社 1998 年版，第 341 页。

⑤ 缪启愉校释：《齐民要术校释》卷六《养牛、马、驴、骡》，中国农业出版社 1998 年版，第 384 页。

利的方法，却是不道德的，是对贫苦农民的巧取和掠夺。贾思勰把此法推荐给读者，不仅反映其求利精神，而且表明他对利益的追求几乎到了不择手段的地步。

对渔业，贾思勰赞成陶朱公“治生之法有五，水畜第一”①的主张。他通过引用陶朱公之说系统论述了养鱼的利润。

对家庭副业，贾思勰也有论述。如毡是养羊的副产品，《养羊》篇即称：

> 凡作毡，不须厚大，唯紧薄均调乃佳耳。二年敷卧，小觉垢黑，以九月、十月，卖作靴毡，明年四五月出毡时，更买新者；此为长存，永不穿败。若不数换者，非直垢污，穿穴之后，便无所直，虚成糜费。此不朽之功，岂可同年而语也？②

总之，通过《齐民要术》中关于农、林、牧、副、渔各业的产品进入市场流通并获利的论述，可清楚地看到贾思勰强烈的求利精神。

（二）关于“货殖”的论述

贾思勰在《齐民要术》中专列《货殖》篇讨论发家致富之法。该篇大量摘录《史记·货殖列传》中有关农产品进入商品流通领域增值的言论及关于商品经营原则、分析资本和利息关系等的内容来表达自己的主张。他称赞桑弘羊的均输政策是“益国利民，不朽之术”③。

贾思勰引用的几乎全是关于农、林、牧、副、渔的生产交易的内容。在他看来，致富的途径多种多样，可养马、牛、羊、鱼等，可种植枣、栗、橘、楸、漆、竹等，也可栽桑种麻、种姜等，还可从事五谷、木材、布帛、猪、牛、羊、铜器、铁器买卖等。在这里，丝毫看不到贾思勰轻视否定商业之意。

贾思勰在《齐民要术》序中还记录了 18 位古人的事迹，其中使末业成为“贫者之资”的有 9 人，可分为三类：一是制定和推行了较好的商业措施而保护了农民利益者，二是通过商品生产发家致富者，三是引导农民从事商品生产的地方官。贾思勰对其事迹都给予了赞扬，故其《货殖》篇的目的应当和司马迁写《货殖列传》一样，是将富商大贾的经营管理经验保存下来，供后人学习。这些都足以反映贾思勰对商业的态度。

（三）关于用占卜之术预测市场变化的论述

在古代社会，交通条件和通信手段相对落后，对外地市场信息尤其是物价

① 缪启愉校释：《齐民要术校释》卷六《养鱼》，中国农业出版社 1998 年版，第 460 页。
② 缪启愉校释：《齐民要术校释》卷六《养羊》，中国农业出版社 1998 年版，第 428 页。
③ 缪启愉校释：《齐民要术校释·齐民要术序》，中国农业出版社 1998 年版，第 8 页。

变化很难及时掌握，古人往往采用巫卜之术预测市场行情。受齐地巫卜传统的影响，北朝时山东地区广泛流行求利巫术。《齐民要术》卷三《杂说》中有不少论述。其中引用《师旷占》中关于市场物价预测的内容，教导百姓或商人如何预测市场信息，“五谷贵贱法”即根据朔望月或干支月的风向、阴雨等天气的变化预测来年粮价的变化。这种预测没有多少迷信色彩，完全是古人靠经验积累做出的对市场物价变化趋势的判断，当有较高的可信度和科学性。其中还引用《越绝书》中越王与范蠡根据气候变化预测谷物贵贱的内容，主张要通过“当寒不寒”“当温不温”等特殊气候现象来预测农业收成，从而预测市场粮价的变化，有一定的科学性。

总之，以巫卜之术预测市场行情的变化是限于落后的交通和通信条件下的无奈之举，其中充满了对瞬息万变的市场行情的关注，反映了对“利”的追求。

三、从地域文化演进看贾思勰思想中农本与求利的矛盾

对贾思勰思想中农本与求利的矛盾，学界有学者认为其中关于商贾买卖的资料是后期补入的；有的认为贾思勰反对的只是专门以经商为业、脱离生产的经济活动，对农家以生产为基础的商业活动并不反对；有的认为贾思勰官僚知识分子和经营地主的双重身份决定了这种矛盾的存在，农本思想是从国家宏观经济管理的角度考虑的，而“求利”则是从个体农民经营的角度出发的，二者是一种互补的关系，共同构成了贾思勰的经营思想。以上探讨都只是从贾思勰本身出发对这一问题进行讨论，而没有将贾思勰经营思想中的矛盾放到更为广阔的齐鲁文化演进或《齐民要术》产生的地域文化背景下进行考察。

贾思勰生于齐地，又长期在青齐一带任职，是典型的齐人。齐地的文化传统和齐人的性格在他身上不能不有所体现。通过上文所述，可以得出这样的认识：贾思勰的商业意识就是齐地功利传统的流风余韵在他身上的鲜明体现，其思想中存在的农本和求利思想的矛盾正是魏晋南北朝时期齐人性格的真实反映，是魏晋南北朝时期齐人逐利性格正在被塑造这一过程的生动反映。

齐系金文祝辞“匜匜配配”考

刘悦[*]

【摘要】现多考释为“它它熙熙”的齐系金文祝辞，当释为“匜匜配配”。该祝辞多见于齐系媵器铭文，用以表达子嗣绵延、人丁兴旺的美好祝愿。这一释读相较于传统训释的“和美貌”，更为合理、贴切。“匜”“它”本分别为“匜”“蛇”的象形字。语气词“也”亦为自造字，并非假借“它”或“匜”而来。三字因形、音相近，在使用中易出现混用现象。

【关键词】齐文字；祝辞；它它熙熙；匜匜配配

齐系青铜器铭文中有大量的祝辞，其中“匜匜配配”是齐国等东方古国特有的祝辞，使用频率高。目前对“匜匜配配”的考释存在着多种说法，且有些解读较为模糊含混。本文试在前贤研究的基础上，再次梳理考释，以就教于大方之家。

一、关于齐系金文“匜匜配配”的释读

春秋时期青铜器铭文的内容仍以颂扬祖先、祈愿家族昌盛为主。在齐系青铜器铭文中，常见祝辞“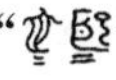”，两字分别加重文符号，后多接“男女无期”“寿老无期”“受福无期”等。该祝辞出现于匜、盘、壶、鼎、钟等青铜器铭文中，这些青铜器多为春秋时期的媵器。

清刘心源释为“它它熙熙”。“它它”即《诗经·鄘风·君子偕老》“委委佗佗”，毛传：“佗佗者，德平易也。”古刻“匜”字，像匜有柄有流形，知古文“它”“也”

---

[*] 刘悦，淄博师范高等专科学校人文学院副院长、教授。

同字，小篆始分为二，隶书“它”“也”相混，未为讹也。《荀子·儒效》注：“熙熙，和乐之貌。”①

陈梦家释为“佗佗熙熙”。“熙熙”金文省火。《尔雅·释训》云：“佗佗，美也。”②

宗鸣安释为“它它熙熙”。“它它”同“陀陀”。“它它熙熙”即如今之“和和美美”。“它”通“陀”，读“宜”声，美好意。③

学者们多将其释为“它它熙熙”，解释为和乐美好意。检索各金文电子资料库，如先秦甲骨文金文简牍词汇资料库、商周金文资料通鉴、商周金文数字化处理系统等，也多释为“它它熙熙”。这种普遍采纳的释文是否得当呢？我们不妨回溯到“匜”“它”的本字进行一下探究。

二、匜器的出现及“匜”字的产生

《说文》：“匜，似羹魁，柄中有道，可以注水酒。从匚，也声。”段玉裁注：“匜之状似羹勺，亦所以挹取也。其器有勺可以盛水、盛酒，其柄空中，可使勺中水酒自柄中流出，注于盥盘及饮器也。”④

张懋镕考证在西周中期酒器觥转化为水器匜。⑤ 匜出现于西周中期，那么“匜”字的产生当在这之后。西周晚期，匜器开始大量使用，匜铭文中也开始出现大量的自名，常写作（吕仲生匜，西周晚期）、（孟皇父匜，西周晚期）等。戴侗《六书故》：“匜，以支切。沃盥器也。有流以注水，象形。借为助词，词助之用多，故正义为所夺，而加匚为匜。”⑥对于戴侗所说的象形造字，林菁在《“它”和“也”》一文中给予了否定，文中附上了匜的侧面图（见图 1），并据此否定了字的形体像匜。⑦ 仅看匜的侧面，确实难以认定为匜的象形字，但是从流口的角度来看（见图 2），这个象形字就不难理解了。观察角度的选取，会影响对象形字的判断。

---

① （清）刘心源：《奇觚室吉金文述》，朝华出版社 2018 年版，第 256 页。

② 陈梦家：《美国所藏中国铜器集录》，中华书局 2019 年版，第 689～690 页。

③ 宗鸣安：《汉代文字考释与欣赏》，陕西人民美术出版社 2004 年版，第 115 页。

④ （汉）许慎撰，（清）段玉裁注，许惟贤整理：《说文解字注》，凤凰出版社 2015 年版，第 1104 页。

⑤ 参见张懋镕：《夷曰匜研究——兼论商周青铜器功能的转化问题》，《故宫学季刊》2007 年第 1 期。

⑥ （宋）戴侗：《六书故》，上海社会科学院出版社 2006 年版，第 687 页。

⑦ 参见林菁：《“它”和“也”》，辞书研究编辑部：《疑难字词辨析集》，上海辞书出版社 1986 年版，第 256～257 页。

图 1　王子申匜(春秋晚期器)俯视图、侧面图

图 2　齐侯孟姬匜的流口(春秋早期器)

古代在祭祀、宴飨、婚礼、葬礼等重要场合,要举行“奉匜沃盥”之礼,象征着尊贵、洁净,此礼盛行于西周晚期和春秋战国时期。“沃盥”用具由盛水、浇水的匜和接水的盘组合为一套。

是行沃盥礼时,从盥者视线角度对匜的摹画。字形最上面的竖笔为匜鋬,其余部分为匜的流口和倒下的水流状。(阳飤生匜,西周晚期)、(奚君单匜,西周晚期)中的水流形更为形象,与西周晚期“它”(蛇)字的常见写法明显不同。鲍子鼎铭文中的,最上面的环形,更似匜鋬。

三、“它”“也”与“匜”的关系分析

对于的考释,另有两种观点:一是认为该字源于“它”,一是认为源于“也”。我们先来看看“它”与“也”的发展脉络。

“它”在甲骨文中就已经出现,字形作(合 10063),像蛇形。《说文 · 它

部》:“虫也。从虫而长,象冤曲垂尾形。上古草居患它,故相问无它乎。”[①]“它”在甲骨卜辞中常用来表示灾害。“它”字的演变轨迹如下:(亚酌它卂觥,商代晚期或西周早期)——(异好盂,西周早期)——(沈子它簋盖,西周早期)——(师遽方彝,西周中期前段)——(乖伯簋,西周中期后段)——(句它盘,西周晚期)——(它玉环,战国中期)——(郑令郭戈,战国晚期)——(说文,小篆)。

“也”最早见于春秋晚期的金文中,常作语气词,用于句末或句中。《说文》释“也”为“女阴也,象形”,学者们对此多不认同,金文中也未见此释义用例。“也”字的发展脉络如下:(平安君鼎,春秋晚期)——(公孙潮子镈,战国早期)——(栾书缶,战国中期)——(郭大夫釜甑,战国晚期)——(琅邪刻石,秦)——(小篆)。上部为“口”,下部像“乙”的符号表气息迂曲之形。根据“也”字的字形和用法,学者们多分析“也”字为会意字,会言语停顿之意。

“也”字的来源,除上述发展演化轨迹,还有另外一个来源。参见从“也”的“迤”字的字形演变:(郭店楚简,战国中期)——(说文,小篆)——迤(楷书),再结合“匜”字字形(叔上匜,春秋早期)——(楚王酓延鉇鼎,战国晚期)的变化,抽取两字中构件“也”并按时间排列,可以看到“也”字“(春秋早期)——(战国)——(秦小篆)”的演变,即由“匜”到“也”的又一条演化路径。梳理“也”的两个来源轨迹,可以明确(小篆)系列的“也”字为自造的语气词,(小篆)系列的“也”字为“匜”的简化字形。

“它”“也”造字之初,字形区别明显,随着“它”字的不断简化和抽象化,二者渐趋形似。郭沫若认为:“‘也’字与‘它’(即蛇字)古亦有别,因古音相同,世多混为一字,学者不可不辨。”[②]郭沫若这里所说的“也”,当是指古“匜”字。作为“匜”简化字的“也”,在西周晚期,就出现了与“它”的混用。上述两个来源的“也”字合而为一后,与“它”字再度混用,始自西汉中晚期。具体情况可以参见刘艳娟、张再兴的论文《秦汉简帛中“它”“也”及从“它”、从“也”之字研究》[③]。

关于“它”“也”二字与“匜”的关系,一直存在着争议。郭沫若认为:“也……

---

① (汉)许慎:《说文解字》,上海古籍出版社2021年版,第448页。

② 郭沫若:《两周金文辞大系图录考释》,上海书店出版社1999年版,第46页。

③ 刘艳娟、张再兴:《秦汉简帛中“它”“也”及从“它”、从“也”之字研究》,《中国文字研究》2020年第1期。

字乃古文匜，象匜之平视形。”[①]高田忠周考释：“金刻文‘匜’作诸形，其从皿从金者为会意，佗皆古‘也’字即‘它’字也。古音‘它’。‘匜’同部假借，用‘它’为‘匜’也。……后世周之末秦之始，‘也’字变作。或用为语气词，字又变作，渐与‘它’字相为分别。”[②]徐宝贵先生认为是“它”的省写，是蛇头下部笔画变短，同时减少了弯曲盘绕之形而成。并据此认为郭沫若的观点是错误的，金文中以之为“匜”，纯属假借。[③] 黄德宽认为：“论者之所以误以为‘也、它’同字，一是所见金文资料无确定无疑之‘也’字，不知古文字‘也’之原貌；二是传世典籍从‘也’从‘它’之字多相混，作声符二者互用无别，故认为二者同字自然而然。”[④]笔者认为黄德宽先生所言极是。

（匜）为有实物可象且由象形方法造的字，文字结构简单，表意特征明了，实无须假借“它”来表示。很多著录上把“匜”释读为“它”“沱”“铊”，依据不够充分。“沱”多用于表示古水名，或池塘。依据文字本身字形能直接讲通者就应该直接去释读，所以在祝辞中也应该释读为“匜匜”，而不是“它它”“沱沱”“佗佗”等。

另，由“匜”的异体字形（蔡子匜，春秋晚期）、（唐子仲濒儿匜，春秋晚期），可以清晰地看到双手接水洗手之形，是沃盥之礼的写照。两手中间的水流写法与常见的（匜）表水流的下半部分是完全相同的，由此也可以证明不是“它”的省变。

四、对“匜”异体字的分析

随着“它”与“匜”字形的各自简化，二者渐趋形似。因区别度小，难以辨识，故从西周晚期到战国晚期，不断有“匜”的异体字出现。西周晚期“匜”有写作（季姬匜，西周晚期）、（贮子己父匜，西周晚期），下部为匜的侧面形，有足，有鋬，上部从尸（夷）声。“尸”西周中晚期写作（史墙盘，西周中期）、（禹鼎，西周晚期）。此外，还出现了匜的两种象形写法组合而成的合体字（稣甫人匜，西周晚期）。（伯庶父匜，西周晚期），是这个合体字形省略了中间的侧面

① 郭沫若：《两周金文辞大系图录考释》，上海书店出版社1999年版，第46页。

② ［日］高田忠周：《古籀篇百卷补遗·金文诂林》，香港中文大学1975年版，第7386页。

③ 参见徐宝贵：《以“它”“也”为偏旁文字的分化》，《文史》2007年第3期。

④ 黄德宽：《说“也”》，《香港中文大学第三届国际中国古文字学研讨会论文集》，香港问学社1997年版，第823页。

匜形。

关于字的考释，学界观点很不统一。陈梦家释为“肩”；郭沫若释为“屑”，认为是“夗”的异体字；唐兰释为“屑”，表微小义；王慎行释为“夗”，是“宛”的异体字；于豪亮也考释为“屑”，但认为当读为“夷”，作语气助词用；李学勤赞同于豪亮的观点；陈秉新释为“佾”。参看上文分析可知，该字当为“匜”字。含有该字的伯庶父匜铭文当释为“白(伯)庶父乍(作)(匜)，永宝用”，这是西周铭文的常见格式。伯庶父簋、伯庶父壶铭文中的“作”后皆接所做器皿名称。

进一步增补意符的“匜”的异体字也很多。如(㝬簋，西周晚期)，增加了“阜(阝)”旁，表示水是由高向低倒下，以增强表意。该字也说明在西周晚期，即“匜”字产生不久，“它”与“匜”就开始出现了混用。还有写作增加“水”旁的，如(曾甫人匜，春秋中期)。还有写作下面增加“皿”的，如(曾子伯父匜，春秋早期)，这里的“皿”有可能是为了表示匜是一种器皿，也可能是表示沃盥时用于接水的盘。还有写作增加“金”旁的，如(中友父匜，西周中期)、(史颂匜，西周晚期)，表示匜是青铜材质的。还有“金”“皿”旁都有的，如(陈子匜，春秋早期)、(蔡侯匜，春秋晚期)。(季口父匜，西周晚期)右侧增加“寸”，表示接水的手或持匜的手，单手更有可能是持匜之手。这些演化字形是从不同角度增补“匜”字的表意性，以与“它”字相区别。

五、“匜匜熙熙”解

“匜”字的使用，在西周晚期就已经非常普遍。“匜匜熙熙”的组合使用，则集中在春秋时期，尤其是春秋晚期，这与沃盥礼的兴盛是同步的。

“匜匜熙熙”是叠音词，叠音构词常用于表达多。“匜匜熙熙”以水流作喻，表达多子多福、儿孙满堂的祝愿，这与古今对婚姻的祝福是一致的，故而“匜匜熙熙”多用于媵器铭文中。

多释为“陁陁降余多福”的西周晚期㝬簋铭文，其中的“陁”写作。“陁”有山坡、险阻之义，“陁陁”，在此处很难讲得通。该字当为“匜”。战国晚期中山王方壶铭文中有“以陁及子孙”句，其中的“陁”写作，也当释为“匜”，都表示延绵不断地赐予。

“熙”，形声字，从臣，巳声。《说文》：“熙，广臣也。”本义为宽下巴，引申为宽广之义。段玉裁注：“熙，广颐曰熙，引申为凡广大之称。”[①]继而引申为成长、壮

① (汉)许慎撰，(清)段玉裁注，许惟贤整理：《说文解字注》，凤凰出版社2015年版，第1010页。

大之义。金文铭文中常见以“皇皇配配”来形容钟、镈声音的洪亮。

“配配”，还有写作（𩁹伯簋，西周晚期），加水旁，这一写法有可能是受经常与之连用的“匜”字的影响。在春秋战国时期的铭文中，未见“配配”写作从火的“熙熙”。

《诗经·节南山之什·巧言》：“蛇蛇硕言，出自口矣。”“蛇蛇硕言”常释为夸夸其谈的大话。马瑞辰按：“‘蛇蛇’，即‘訑訑’之假借。《广雅》：‘訑，欺也。’《玉篇》：‘訑，诡言也。’正玄笺：‘蛇蛇，以支反。’”[1]读音为 yí。基于前文“它”（蛇）与“匜”关系的分析，这里的“蛇蛇”当为“匜匜”，表示延绵不绝的，“蛇蛇硕言”应当是指滔滔不绝的大话。

六、结语

常释为“它它熙熙”的齐铭文祝辞，学界多有争议。本文结合匜器的产生、沃盥礼的兴起、“它”“也”的古字形构形及应用，认为“它”当释为“匜”，为匜的象形字，表达绵延不息、繁盛义。“匜匜配配”多用于以齐国为主的东方古国的媵器铭文中，表达子嗣绵延、人丁兴旺的美好祝愿，这一释读，比传统训释的和美义更为合理、贴切。“它”“匜”在西周晚期就开始出现混用。“也”来源有二：一是自造语气词“也”，一是简化的“匜”字。西汉中晚期，“它”与“也”出现混用，所以从“它”与从“也”的字关系密切，常有共同的义素，多见互为异体字。“匜匜”，在后世多写作“它它”“沱沱”“佗佗”“也也”“施施”等，最初的延绵不绝义，在这些词汇的应用中都有体现。

① （清）马瑞辰撰，陈金生点校：《毛诗传笺通释》，中华书局1989年版，第654页。

从《历学会通》看薛凤祚易学思想的传承创新

王雪源　宋芝业[*]

【摘要】薛凤祚是清初著名的天文、历算学家。他是中国引进对数的第一人，对西方的天文历算有深入研究。薛凤祚一生著述很多，最具代表性的著作《历学会通》内容丰富，涵盖了天文历法、数学、易学、水利、军事、医学、物理学等会通思想。其中，薛凤祚的易学会通思想对传统与外来文化的继承创新比较有代表性，既是对易学文化的一种创造性转化，也是一种创新性发展。通过分析《历学会通》中易学思想的传承创新体现的实践逻辑，进而把握传承创新中的理论逻辑，这对实现优秀传统文化的创造性转化、创新性发展，树立文化自信，更好地构建中国精神、中国价值和中国力量，有着重要的借鉴意义。

【关键词】薛凤祚《历学会通》；易学思想；传承创新

薛凤祚（1599～1680年），字仪甫，号寄斋，今淄博市临淄区金岭镇人，出身于"青齐一代，号称名族"的显赫家庭。薛凤祚一生著述丰厚，主要有《天步真原》《天学会通》《甲遁真授秘集》《车书图考》《两河清汇》《乾象类占》《气化迁流》等，康熙初年汇集主要著述名之《历学会通》。薛凤祚与穆尼阁对意大利医生和数学家卡尔达诺《托勒密〈四书〉评注》的翻译，是清初易学对欧洲星占学吸收的体现，也是薛凤祚易学思想传承创新的体现。

* 王雪源，山东师范大学马克思主义学院马克思主义基本原理专业博士研究生；宋芝业，内蒙古师范大学科学技术史研究院教授、硕士研究生导师。

一、天人观

薛凤祚早年师从鹿善继和孙奇逢学习儒学。二人皆提倡“慎独”，做事谨慎。孙奇逢提倡“惟独知之地，不敢自欺”。薛凤祚著作《圣学心传》继承了鹿善继的《四书说约》和孙奇逢的《四书近旨》的思想，发扬“认理寻乐”宗旨。薛凤祚在《圣学心传》序言中提到“此书出，当与孔、曾、思、孟圣贤书共揭星日而行中天”，这种“认理寻乐”的宗旨是对传统天人合一、天人感应思想的继承和遵循。

天人合一、天人感应的哲学基础在易学思想中体现的是一元论，天与人同为道所生，同为一。一元论的天人感应思想是薛凤祚易学思想的重要体现。天人感应和天人合一有各种解释，但主要是指人感应天，天象乃万物之象、人事之象。一元论是天人合一、天人感应思想的逻辑前提，同时也承认了人的能动性的发挥，人的能动感应主要是对天道规律的认知和自觉遵守天道规律的行动，这也是易学思想的前提。

薛凤祚认为古代的占验术有局限性，但在天人关系上坚持天人感应兼容并包的辩证思想对于易学思想的理解是深刻的。对于五星命术，薛凤祚同样认为局限与合理并存，其思想基础也是天人感应。《历学会通致用十卷·命理叙》中讲：“人生于天地，得其气以成形。以原禀者言之，天道左旋，一日一周天。人自受气之辰至明日，此时周天之气即全赋之矣。嗣后，悔吝吉凶，一岁一度，莫可追也。以流年言之，日用呼吸皆出其食息之气。纳天地清淑之气，燥湿温寒，与时盈虚，以辅禀赋之质，同运共行，此造化之所由生也。则天地命运即人之命运，无二道矣。”天人同步，观察天地之行即可以推知人事之规律。对于五星择日术，薛凤祚在《历学会通·选择叙》中首先论证了五星择日术的内在机理，即天人感应：“然七政在天，善恶喜忌，各有所属。人生本命与之相应，其休咎悔吝，必有相叶应者。”天人合一、天人感应思想是易学的思想基础，在哲学上是一元论的体现，也是西方哲学史上在探讨的一与多、有限与无限关系的中国传统智慧的体现，这与马克思关于的人的本质是社会关系的总和的论断也有着一致性，特别是在今天关于人与自然关系的处理上，天人合一思想有着重要的启发借鉴意义。

二、天命观

“天命”，上天的旨意或命令。引申开来，一指必然性或命运，二指先天的自然禀赋。人们的道德观念和人性的善都是先天的赋予。薛凤祚关于人命的论述显然是和天命思想相关,他认为人命是天命的显现或呈现,有必然性,因为人命亦天命。薛凤祚在《历学会通·天步真原·人命部》中讲:“历数所以统天,而人之命与运亦天也。故言天而不及人,则理不备,言人而不本于天,则术不真。”薛凤祚认为天命是人命的依据,是易学思想的基础,也是术数准确性的依据。薛凤祚在《论人性日月五星之能第一门》中提到:“日月五星做人性,论东西南北,土星木星在东,主人性宽宏,能让人,读书达理恶邪淫,家丰,虽死不肯为非;火星木星在西,喜杀人救人,能担劳苦,与友不欺,喜做善事;土星金星在东,好戏好色,有才能,喜洁净;火星金星在东,大好色,喜做奇异恶事,无信胆大……”,讲述五星七曜与人性之间的关系。在《论人生十二象之能第二门》中,他讲述了十二星座与人生之间的关系及其对人生的影响;在《太阴十二象之能第三门》中,他讲述了十二星座与人的身体各位置的对应关系及其对身体的影响,例如:白羊主头,金牛主项,阴阳主两肩背,巨蟹主人胸胃脾肺腕,双女主人大小肠等。此外,还论述了五星七曜对事业、财运、亲朋好友等的影响。

薛凤祚在《天步真原》中的论述体现了天命观念,这是他整个占星术思想的基础,而且在术数应用和计算上借鉴了欧洲的占星学。《天步真原》一书除在《历学会通》中收录外,也有薛凤祚的单行本,而且他的老师穆尼阁的《天步真原》汉译本也在当时中国流传。因为西方近代天文学的发达和计算的精确,无疑西方星占学也必然会借鉴天文学的知识,这为星占术的准确预测提供了依据和条件。同样,薛凤祚提倡术数借鉴星占学也是不难理解的。但是他的思想仍然是传统的天命观,学习欧洲占星术是为了术数的准确性,这也是薛凤祚在西学东渐、传教士来华时代,对易学进行传承创新的开拓之举,对于易学的发展无疑具有重要作用。薛凤祚师从传教士穆尼阁学习星占学,并且翻译西方星占学著述,无疑是为了对易学进行改造,提高术数预测的准确性,实际上也是一种寻求认知确定性的探索。

三、象数观

古代普遍认为天文与人事有联系的背后,认识论上的基础就是象的观念。象的观念不像对阴阳、五行、元气等范畴一样进行充分的论述,主要是因为象的观念是更基础的认识,它往往以无须诠释的先验假设参与支撑形而上学体系。探讨天人感应和薛凤祚的星占思想,也需要了解其象数观。

天象是天数的反映,周期性出现的天象可以通过定数求得,薛凤祚在《历学会通》中孜孜不倦地追求历法的精确度,目的就是知天之数,特别是涉及的不能预测的一些异常天象，都是薛凤祚在《天步真原》中极为重视的。中国历代占星家所关注的是天象及其所预示的天道，薛凤祚作为占验家，自然是关注天象的。例如薛凤祚在《历学会通·中法占验部》卷三中论述了天气与人事的关系就是对天象预示天道的肯定，在《天地雨霜篇第一》中讲：

> 惟天为大，惟君为最尊，政教兆于人理，祥变见于天文，行有玷缺则日象显示，天有妖孽则德意日新，确乎在上，而晶明者天之躯也。……地土忽现，万民离散，天色忽变，四方来侵，天裂是谓阳不足，君若政乱而土裂……

又如《天步真原》中的十二星宫的确定，运用了数学方法，在《天步真原·人命部》算十二宫一卷中提到：

> 假令壬辰四月初七日申时，金陵太阳午后申时，金牛二十四度十三分为日躔黄道，加白羊三十度为五十四度十三分，申时过午四小时(每小时十五度)共六十度，加五十四度十三分的一百一十四度一十三分为日躔黄道，在第十宫，天顶上度，加三十度，得一百四十一度五十分第十一宫，加三十度得一百七十一度五十分第十二宫，加三十度的二百一度五十分为第一宫，依次加三十度，至第六宫为三百五十一度五十分，第七宫为二十一度五十分，依次加三十度，至第九宫为八十一度五十分，以上具赤道度。

十二宫的算法运用数学知识来精确各宫的位置，以求更准确地解释人事。显然，薛凤祚在《天步真原》“人命部”“世界部”“选择部”的三部分内容中明显体现了古代象数观念的思想。他引进了西方星占学，运用天文学、数学的计算方法，使十二宫、五星七曜的位置更准确了。象数观念虽然改变不大，但是薛凤祚在提高术数预测准确性方面，显然是吸收和借鉴了星占学中的天文学、数学知识，实际上是将西方的天文、数学思维和计算方法运用到易学中，这种兼收并蓄、不排斥外来文化，提升传统易学的思想，在今天看来仍有重要借鉴意义，特别是对优秀传统文化的创造性转化、创新性发展上仍有重要方法论意义。

四、分野观

分野的基本思想是在天上的区域与地上的区域之间建立起对应关系。占星术要通过天象的变化来预测与之相对应的地上的人事吉凶，需要一种天地对应的模式理论而确定其位置，即分野理论。分野理论使天上的区域与地上的区域有固定的对应关系，可以预测人事。

在薛凤祚的占验思想中，分野观念仍然是进行观天象、测人事的基础，为了更准确地测人事，薛凤祚的分野观念也发生了变化。薛凤祚在《中法占验叙》中提到：

> 羲和氏以历象察七政，且考验之。历学之有占候旧矣，然以彰往察来，乃有玄象著明，竟无事应者，此占验之不足尽凭者也……至于修禳之术，尤谬戾不经之事……从来七政变异皆归之于失行，今算术既密，乃知绝无失行之事。其顺逆迟留掩食凌犯一一皆数之当然，此无烦仰观，但一推步皆可坐照于数千百年之前，若欲行饬备，令灾不为灾，为力更易。至于日月五星之外，别有云气风角之异，殆如人生、相貌、骨骼既定，于有生之前及祸福将至，有复发有起色，以示见于外。其事弥真，其救弥急，第占验之书，皆不根据理要。惴惴以穿凿之……今取近理者数种，余悉刊落付之巨焰，不过百存一二，其于占法亦无不备，大抵意有蕴借，理烦推琢庶乎？此道足重，如首册洪范庶征一段，淳厚大雅，是为占学模范……

薛凤祚尽管指出占验不足尽凭，但并不意味着他不信占验，只不过是对占验的一些理论和计算方法借用了西方星占学的一些可取之处，以求更为准确。薛凤祚并没有否定中国的占验理论和方法，比如他对《尚书·洪范》、刘基的《清类分野》、张莊愚的《周天易览》还是比较肯定的。薛凤祚在《中法占验叙》中提到："今一天官十二分野，古异今名不足取准。又有疑中土封域不能遍海与大地者，不知天官分野，原以山海风气阴阳燥热论，非以一隅之东西南北论也。今取青田先生清类分野叙文及张莊愚先生周天易览图可以释疑。"在分野问题上，薛凤祚是倾向于西方理论的，但并没有完全否定传统占验理论，基本认可刘基和张莊愚的分野理论。但在分野问题上，薛凤祚在继承前人分野思想的基础上，借鉴西方理论进行了创新，认同具有明显西方特点的"山海、风气、阴阳、燥热"标准，这与以天圆地方、中国中心为理论基础的中国传统观念是矛盾的，这种情况下，薛凤祚否定了传统理论，承认了西方理论的先进性。

薛凤祚易学思想的传承创新不仅保留着民族性和地方性，而且也具有世界性和时代性。如何从西学东渐的中西文化交流的历史中汲取传统文化的创造性转化和创新性发展的智慧和经验，无疑薛凤祚易学思想的传承创新为当下文化的交流与互鉴提供了借鉴。

参考文献

1.(清)李元度:《国朝先正事略》卷二七,岳麓书社 1988 年版。

2.《薛氏世谱》卷一,山东青州府印刷,1931 年。

3.(清)薛凤祚:《圣学心传序》,《四库全书·经部》卷三七,上海古籍出版社 1988 年版。

4.(清)薛凤祚:《历学会通致用》卷十,清康熙刻本。

5.(清)薛凤祚:《历学会通致用》卷十,《四库全书未收书辑刊》,清康熙刻本。

6.《山东文献集成》第二辑,山东大学出版社 2008 年版。

《孙子兵法》与《管子》中的“势”字比较

韩荣钧*

【摘要】“势”字字形出现于汉代，字义成熟于春秋战国时期，与齐国有密切关系。《孙子兵法》《管子》纯熟运用“势”字，对考定其思想渊源、成书年代具有指标意义。

【关键词】势；孙子兵法；管子

一、“势”的字形字义

“势”字汉代才出现，东汉张芝的书帖中写成“势”字样[①]，古写作“埶”字。“埶”是“藝”(艺)的初文本字。金文“埶”字像人双手种植草木，为种植义。《说文解字注》：“《说文》：埶，种也……段注：《齐风》毛传曰：艺犹树也，树种义同……然艺字皆不见于《说文》。周时六艺字盖亦作埶。……又《说文》无势字，古用埶为之。《书》曰：我埶黍稷。”[②]说明“势”的字形、字义出现都较晚，先有“势”的字义，后有此字形，其义亦由“埶”字转注而出。清郑珍《说文新附考》谓：“(势)经典本皆借作埶。古无势字，今例改从俗书。《史》《汉》尚多作埶。外黄令高彪碑先生郭辅碑并有势，是汉世字。据二碑从力在丸下，不在埶下。”[③]汉代，“势”仍多写作“埶”。《史记·高帝纪》：“持戟百万，秦得百二焉。地埶便

---

* 韩荣钧，滨州学院人文学院副教授。

① 杨琳：《汉字形义与文化》，南开大学出版社 2012 年版，第 333 页。

② (清)段玉裁：《说文解字注》，上海古籍出版社 1981 年版，第 113 页。

③ 丁福保：《说文解字诂林》，中华书局 1988 年版，第 13445 页。

利"[①],"势"仍作"埶"。

"埶"有"势"义不会早于周前期。《逸周书·王会》:"今吾欲因其地埶所有而献之。'"[②]"地埶"与今"地势"义不同,指土地的生产、种植情况。"埶"仍用种植义。《国语》:"虢叔恃势,郐仲恃险,是皆有骄侈怠慢之心。"[③]后人有论《逸周书》《国语》系成于战国初期之书,则埶字"势"义出现的时间更会晚至战国时期。战国时期,"势"字广泛使用。《管子》有《形势》《势》等篇名,《韩非子》有《难势》,《吕氏春秋》有《慎势》等篇。"势"在战国时期已成十分流行的概念。法家慎子以强调"势"著称,孙膑以"贵势"驰名。[④]

此时"势"有"威力""形势""权势"等数重意思:(1)"势"释为威力。"凡力之奋发曰势。"[⑤](2)"势"释为形势、情势。《荀子·议兵》:"兵之所贵者埶(势)利也。"[⑥]"势"指形势便利。《韩非子·十过》:"问其兵势与其地形。"[⑦]"势"指形势、情势。(3)"势"释为权势、势力、威势等。《荀子·儒效》:"埶在人上,则王公之材也。"[⑧]"埶"指势位、权位。《管子·法法》:"凡人君之所以为君者,势也;故人君失势,则臣制之矣。"[⑨]《韩非子·功名》:"有材而无势,虽贤不能制不肖。"[⑩]"势"指势位、权势。《周易》经文无"势"字,《易传》"势"字仅一见:"地势坤,君子以厚德载物。""势"为气势、形势。

二、《孙子兵法》中的"势"字

《孙子兵法》是最早娴熟运用"势"字的上古著作,凡15见。"势"是《孙子兵法》的核心概念,其第五篇即以"势"名篇。安乐哲谓:"像《孙子》这样一部薄薄的著作里,'势'概念得以频繁的运用和强调,无疑说明,它是这部著作中的一个核心概念。"[⑪]孙子在《计篇》即揭出"势"的概念:"计利以听,乃为之势,以佐其

---

① (清)程余庆:《历代名家评注史记集说》,三秦出版社2011年版,第175页。
② 黄怀信:《逸周书校补注译》,三秦出版社2006年版,第333页。
③ (周)左丘明:《国语》,上海古籍出版社2015年版,第337页。
④ 参见张双棣等:《吕氏春秋译注》,北京大学出版社2000年版,第576页。
⑤ 张其昀:《中文大辞典》,中国文化大学出版社1990年版,第1878页。
⑥ 董治安、郑杰文:《荀子汇校汇注》,齐鲁书社1997年版,第461页。
⑦ (清)王先慎:《韩非子集解》,中华书局1998年版,第72页。
⑧ 董治安、郑杰文:《荀子汇校汇注》,齐鲁书社1997年版,第222页。
⑨ 黎翔凤:《管子校注》,中华书局2004年版,第305页。
⑩ (清)王先慎:《韩非子集解》,中华书局1998年版,第208页。
⑪ 吴九龙:《孙子校释》,军事科学出版社1996年版,第115页。

外。势者,因利而制权也。"①"势"指人为制造的态势。《势篇》:"战势不过奇正,奇正之变,不可胜穷也。"②"势"指情势。《孙子·虚实》:"故兵无常势,无恒形。"③"常势"指固定不变的态势。安乐哲指出:"看来正是兵家以'势'来涵括战略之利的意义,因而为稍后的法家思想家所继承,并将其改造成为他们哲学体系中的一个核心概念。因而,我们接下去要研究法家传统主要著作中的这一概念,试着去阐明'势'的概念是如何从有效的战争原则发展成为某种政治原则的。"④他认为法家"势"的概念是从兵家特别是《孙子兵法》那里吸取借鉴来的。

"势"是战国时期常用的概念,在该时期所成书中经常出现。如《尉缭子》:"所谓踵军者,去大军百里,期于会地……为战合之表。合表,乃起踵军,飨士,使为之战势,是谓趋战者也。"⑤《三略·中略》:"军势曰:出军行师,将在自专。"⑥《吴子兵法·料敌》:"六国兵四守,势甚不便,忧此奈何?'"⑦《孙子兵法》中"势"字散见于各篇,对"势"这一概念的运用已达到纯熟的状态。《武经七书》中最早的《司马法》不见"势"字。可以推断今本《孙子兵法》的写定不会早过战国时期。

三、《管子》中的"势"字

《管子》中"势"字出现 63 次,且以"势"字命名单篇论文,说明该书是"势"概念成熟之后才产生的作品。其"势"概念的运用约有以下数种:(1)言形势、态势。《管子》:"厌宜乘势,事之利得也,计议因权,事之圉大也。王者乘势,圣人乘动,与物皆宜。"⑧王者善于因势利导,乘势而进;哲人善于随机应变,应时而动。(2)言时势。《管子·七法》:"遍知天下,而不明于机数,不能正天下;故明于机数者,用兵之势也。大者时也,小者计也。"⑨"势"为时势。(3)言战势。"请战衡、战准、战流、战权、战势,此所谓五战而至于兵者也。"⑩在物资供给、物价调

---

① 吴九龙:《孙子校释》,军事科学出版社 1996 年版,第 11 页。
② 吴九龙:《孙子校释》,军事科学出版社 1996 年版,第 73 页。
③ 吴九龙:《孙子校释》,军事科学出版社 1996 年版,第 103 页。
④ [美]安乐哲:《中国古代的统治艺术》,滕复译,江苏凤凰文艺出版社 2018 年版,第 119 页。
⑤ (战国)尉缭子 :《尉缭子》,商务印书馆 1937 年版,第 41 页。
⑥ (明)刘寅:《武经七书直解》,岳麓书社 1992 年版,第 370 页。
⑦ (战国)吴起:《吴子》,商务印书馆 1937 年版,第 3 页。
⑧ (明)赵用贤:《管子集解》,广益书局 1936 年版,第 161 页。
⑨ (明)赵用贤:《管子集解》,广益书局 1936 年版,第 28 页。
⑩ (明)赵用贤:《管子集解》,广益书局 1936 年版,第 159 页。

节、物资流通、权变灵活、寻求有利形势上与敌人较量。(4)言权势。《管子·法法》:“凡人君之所以为君者,势也;故人君失势,则臣制之矣。势在下,则君制于臣矣;势在上,则臣制于君矣。”①此论“势”对于人君的重要。“法令者,君臣之所共立也。权势者,人主之所独守也。”②此讲君主应审慎运用法律并牢牢掌握权势。“明主在上位,有必治之势,则群臣不敢为非。故群臣之不敢欺主者,非爱主也,以畏主之威势也。”③冯友兰指出:“《管子》此言,非必即慎到之说,要之亦系重势者之言也。”④“管子曰:‘善为国者,如金石之相举,重钧则金倾。故治权则势重,治道则势羸。’”⑤说以权术治国则重势,以常道治国势就不重要了。

从《管子》对“势”字的纯熟运用看,“势”字的各种含义在该书都有出现,从“权势”方面运用最多,体现了法家一脉相承的重“势”思想。

四、“势”概念源起于战国时的齐国

如上文所述,就“势”字义的时间起源看,不会早于春秋时期。《国语》中“势”字五见。该书应成书于战国初期,洪业甚至认为其出于秦汉之际:“今就《国语》全书而观,既多不避秦讳,亦全无改避汉讳之痕迹;则其成书之时,或在六国之末、秦未统一天下前二十余年之间,或秦既失天下后,楚、汉之际数年间,均可也。衡此二者之间,窃疑后者较为近是。”⑥《逸周书》“势”字八见,其成书大概也在战国初期。《逸周书·柔武解》:“维势是辅,维祷是怙。”⑦只依附权势,只依靠祈祷。对权势的强调而不是对天命、宗法的强调不符合周初的思想。“可以说《周书》《汲冢周书》是同一部书,是战国初年魏国人编成的。传世本经过了西汉刘向的整理。”⑧总之,《国语》《逸周书》成书不会太早,大约出现于战国时期。“势”字义的成熟大约也是在这个时期。

就“势”字的地域起源看,其与齐国应有密切的关系。“日本学者金谷志于此注意到‘势’概念的发展和齐国有地缘关系。他列举下列四例以为证明:(1)《孙子兵法》作者孙武虽活跃于吴国,本是齐国人;(2)孟子所引‘虽有智慧,

---

① (明)赵用贤:《管子集解》,广益书局1936年版,第83页。

② (明)赵用贤:《管子集解》,广益书局1936年版,第58页。

③ (明)赵用贤:《管子集解》,广益书局1936年版,第111页。

④ 冯友兰:《中国哲学史》,长春出版社2017年版,第233页。

⑤ (明)赵用贤:《管子集解》,广益书局1936年版,第154页。

⑥ 洪业:《洪业论学集》,中华书局1981年版,第275页。

⑦ 张闻玉:《逸周书全译》,贵州人民出版社2000年版,第97页。

⑧ 罗家湘:《逸周书研究》,上海古籍出版社2006年版,第85页。

不如乘势……'为齐国谚语;(3)管子为齐国人(《管子》有《形势》篇);(4)法家前辈中以重'势'著称的慎到是齐稷下学者。"[①]其说颇有理,早期"势"字都出现在齐地所出书中。安乐哲谓:"根据《韩非子·难势》所记载的一场争论来看,正是慎到赋予了'势'这个概念特定的法家含义,其推论是,如果不是慎到发展了这一概念的话,韩非也不会集中讨论慎到对这个概念的论述。"[②]慎到秉承稷下学术而重势:"贤不足以服不肖,而势位足以屈贤矣。"[③]《晏子春秋·问下》:"晏子对曰:'正士处势临众不阿私,行于国足养而不忘故。'"[④]该书"势"字两见。《六韬》《三略》"势"字各十二见。这些著作都成书于齐国。

成书较早的《论语》《中庸》未见"势"字,说明"势"的概念当时尚未流行。"《论语》及《大学》《中庸》均无'势'字,显示孔子及弟子们未曾以'势'概念来思考。这固然是因为春秋时代'势'概念还未十分普及,但亦非全然没有,除了《国语》及《孙子兵法》中出现的'势'概念之外,即使是孔子自身的一段经历,便有齐国大夫用'势'概念来预期孔子治事之成果。"[⑤]《论语》等书未用"势"字一则说明时间早,二则因为地域的关系,"势"字的使用尚未从齐地传播开来。这也可以说明齐国的早期著作《孙子兵法》《管子》正是由于其地域属性才能广泛使用了"势"字。

战国时期"势"字的使用已传播到更广的地域。"《庄子》中有十一个'势'的用例。它的使用方式颇有理路可循:(1)内篇无'势'字,十一个用例全在外、杂篇。这个现象说明了时代愈晚,道家学派也无法自外于以'势'来多方思考的潮流。"[⑥]可看出"势"字由齐地向外传播的轨迹。今本《战国策》"势"总共出现了51次。"《荀子》书中则出现多达84次的'势'字……也显示了战国后期'势'论发达,连儒家都无法自外于这个风潮。"[⑦]战国时期"势"概念的运用已成天下大势,势不可挡。

"势"字经历了从兵家"势"、法家"势"到普遍运用"势"概念三个阶段,从地域上经历了以同心圆方式从齐地向外传播的过程,而其文化源头,还是离不开齐文化这个内核。从《孙子兵法》对"势"字的纯熟运用看,它是齐文化的一朵奇葩。它的写定大致也和《管子》一样,不会早于战国时期。

---

① 卢瑞容:《战国时代"势"概念发展析探》,《台大历史学报》2000年第25期。

② [美]安乐哲:《中国古代的统治艺术》,滕复译,江苏凤凰文艺出版社2018年版,第120页。

③ 许富宏:《慎子集校集注》,中华书局2013年版,第9页。

④ 王更生:《晏子春秋今注今译》,商务印书馆1987年版,第192页。

⑤ 卢瑞容:《战国时代"势"概念发展析探》,《台大历史学报》2000年第25期。

⑥ 卢瑞容:《战国时代"势"概念发展析探》,《台大历史学报》2000年第25期。

⑦ 卢瑞容:《战国时代"势"概念发展析探》,《台大历史学报》2000年第25期。

《管子》理财思想与西汉中期财政改革实践

李楠*

【摘要】西汉建立之初，政府一度对经济的发展采取自由放任的态度，鲜有干预。武帝即位后，随着中央政府权威的扩大，中央集权的官僚管理制度趋近完善，建立更加高效的财政制度，实施对社会经济宏观干预，日益成为西汉政府亟须考虑的问题。在这种背景下，主管制盐的大农丞东郭咸阳、主管冶铁的大农丞孔仅以及主管财政的侍中桑弘羊等三人被任命推行财政改革，其中桑弘羊主持政策时间最长，知名度也远高于前两位，其理财思想对西汉中期财政政策的制定起到了很大的作用，而桑弘羊的财政主张很大程度上是《管子》理财思想的延续与改进。桑弘羊等人推行的新政共有三条：一是收回民间铸币权力，货币国有化；二是盐铁由国家专卖；三是设立“均输”与“平准”制度。这几项政策的实施，成功奠定了西汉中兴的财政基础。

【关键词】《管子》；理财；西汉；财政；改革

一、《管子》与西汉中期财政政策的成型

西汉建立之初，国家百废待举，为了恢复和发展社会民生和活力，政府一度对经济的发展采取自由放任的态度，对其鲜有干预。西汉初期采取的这种“无为”的经济政策，适应了当时社会经济休养生息的需要，对恢复国力起到了积极的作用，但同时也产生了许多社会问题，如一些地方豪强和诸侯利用国家宽松

---

* 李楠，山东社会科学院历史所助理研究员。

的经济政策，牟取私利，垄断社会资源，特别是诸侯们借此积累了巨大的财富，牢牢地控制着封地，在与中央的博弈中逐渐占据了优势，这很不利于国家的统一和社会的安定。武帝即位后，随着中央政府权威的扩大，中央集权的官僚管理制度趋近完善，建立更加高效的财政制度，实施对社会经济的宏观干预，日益成为西汉政府亟须考虑的问题。

在这种背景下，主管制盐的大农丞东郭咸阳、主管冶铁的大农丞孔仅以及主管财政的侍中桑弘羊等三人被任命推行财政改革，其中桑弘羊主持政策时间最长，知名度也远高于前两位，其理财思想对西汉中期财政政策的制定起到了很大的作用，而桑弘羊的财政主张很大程度上是《管子》理财思想的延续与改进，概括起来，主要有以下几个方面：

第一，在继承《管子》理财思想的基础上，结合汉代的实际情况，提出了工商富国的财政理念。管仲佐齐采用的通商富国的治国经验对桑弘羊等人制定财政政策产生了深刻影响。《盐铁论·轻重》篇云："管仲相桓公，袭先君之业，行轻重之变，南服强楚而霸诸侯。"①桑弘羊在总结历史教训的基础上，以更加开阔的视野，树立工商富国的信心，否定了立国富国只有本农的传统观点，认为"富国何必用本农，足民何必井田也？"②"圣贤治家非一宝，富国非一道。……使治家养生必于农，则舜不甄陶而伊尹不为庖。故善为国者，天下之下我高，天下之轻我重。"③桑弘羊认为，治国富国有多种途径，工商业和农业一样，是社会经济运行不可缺少的重要产业。"古之立国家者，开本末之途，通有无之用。市朝以一其求，致士民，聚万货，农商工师，各得其欲，交易而退。"④

第二，桑弘羊的财政改革思想还突出强调工商业对发展经济、调节多寡、繁荣市场的重要性。"以末易其本，以虚荡其实。"⑤"天帝之利无不赡，而山海之货无不富也；然百姓困乏，财用不足，多寡不调，而天下财不散也。"⑥这里桑弘羊对工商业的社会功能进行了深刻的剖析，从致富的角度进一步主张工商富国论，并从直观的社会现实出发，指出最便于富国富家的手段并非农业而是商业。"自京师东西南北，历山川，经郡国，诸殷富大都，无非街衢五通，商贾之所凑，万

① 王利器校注：《盐铁论校注（定本）》卷三《轻重》，中华书局1992年版，第178页。
② 王利器校注：《盐铁论校注（定本）》卷一《力耕》，中华书局1992年版，第29页。
③ 王利器校注：《盐铁论校注（定本）》卷一《力耕》，中华书局1992年版，第28页。
④ 王利器校注：《盐铁论校注（定本）》卷一《力耕》，中华书局1992年版，第3页。
⑤ 王利器校注：《盐铁论校注（定本）》卷一《力耕》，中华书局1992年版，第28页。
⑥ 王利器校注：《盐铁论校注（定本）》卷一《力耕》，中华书局1992年版，第42页。

物之所殖者。……故乃商贾之富，或累万金，追利乘羡之所致也。”[1]这些大都市的繁荣主要得益于它们自处的区位优势和相应发达的商品交流，而不是依靠传统的农业。同时，重视消费对生产的促进作用，反对过分俭约的消费观念，提倡扩大消费以拉动经济的发展。主张以扩大消费为手段来刺激农工商业的发展，消费的扩张能增加对消费品的需求，加速商品的流通，使得富人聚敛的社会财富资源向社会下层流动，对社会财富的合理分配起到积极作用。

第三，强调发展国营工商业，抑制私营工商业。主张国家干预经济，进行宏观调控，稳定市场。早在先秦时期，管仲便首倡由国家垄断控制山林川泽之利的“官山海”政策，这是社会经济管理中专卖制度的开端。桑弘羊站在维护汉帝国财政的立场上，竭力主张发展国营工商业，对事关国计民生的特殊商品，如盐、铁等，实行国家专卖，控制流通，这与管子的“官山海”理论有相通之处。

盐铁是人们生活、生产的必需品，是维持社会正常经济生活不可或缺的物资，因此盐铁的流通蕴藏着巨大商机和利润。在西汉初年，民生凋敝，政府为刺激恢复经济，放任民间商人从事盐铁的生产销售，至武帝即位前，民间社会出现了一批盐铁大商人，他们操纵盐铁市场，垄断物价，“上争王者之利，下锢齐民之业”[2]，侵害百姓和国家的利益。在这样的背景下，桑弘羊向汉武帝进献盐铁专卖政策，利用国家商业资本垄断盐铁的生产流通，这样既可以防止富商巨贾垄断盐铁、牟取暴利，同时又能增加中央政府财政收入，充实国库，应付汉帝国日益增加的财政开支。发展国营工商业，亦非仅仅是出于增加政府财政收入的考虑，这实际上也有利于贯彻重本抑末的政策，“令总一盐、铁，非独为利人也，将以建本抑末，离朋党，禁淫侈，绝并兼之路也”[3]。在市场管理上，桑弘羊还主张调控物资比例，稳定市场经济，竭力推行平准法和均输政策，而究其理论来源，则来自管子的轻重论。《管子》通过对商品流通过程的仔细观察，较早地认识到商品之间及商品与货币之间，在一定条件下，处于某种轻重之势，而这种状况又随着某些条件的变化而变化，这为桑弘羊的均输平准法提供了基本理论依据。桑弘羊还主张运用行政手段，打击偷税漏税行为，保护国家商业税源。

二、西汉中期的财政改革实践

公元前 119 年，武帝即位后 22 年，大农丞桑弘羊等三人开始推行新政：一

---

① 王利器校注：《盐铁论校注（定本）》卷一《力耕》，中华书局 1992 年版，第 29 页。

② （汉）班固：《汉书》卷九一《货殖传》，中华书局 1962 年版，第 3694 页。

③ 王利器校注：《盐铁论校注（定本）》卷一《复古》，中华书局 1992 年版，第 78 页。

是收回民间铸币权力，货币国有化；二是盐铁由国家专卖；三是设立“均输”与“平准”制度。

首先是货币国有化。汉初政府对民间铸币的放任态度导致了地方诸侯王以及巨商豪强纷纷投身铸币行业。他们役使农民，开采铜锡矿，用铅铁杂入铜内，铸劣钱以牟暴利，虽然短期内刺激了交易，但造成的币制混乱，严重影响了社会经济的健康发展。所谓“不轨逐利之民，蓄积余业以稽市物，物踊腾糶，米至石万钱，马一匹则百金”[①]。米一石一万钱，马一匹黄金百斤，可见汉初市场上通货膨胀之严重。汉文帝为取代质量低劣的榆荚半两而更铸四铢半两，放开了对民间铸钱的禁令，在经济和政治上都有重大弊端，最后影响到中央政府的统治基础。特别是吴王刘濞，利用手中的铜矿铸币，获取了巨额财富，从而有了与中央对峙的资本，进而引发了七国之乱。叛乱被平定后，中央王朝采取一切手段抑制地方诸侯和豪强的势力，在金融方面则表现为对民间铸币政策的收紧。这种逐渐收紧的趋势，在武帝时期达到了顶峰。

汉武帝统治时期，由于边疆不宁，内外多事，中央财政从此前“京师之钱累巨万，贯朽而不可校”[②]的丰盈一变而为入不敷出的困局。“而富商大贾或蹛财役贫，转毂百数，废居居邑，封君皆低首仰给。”富商大贾富可敌国，恰与窘困的中央财政形成了鲜明对比。他们“冶铸煮盐，财或累万金，而不佐国家之急，黎民重困”[③]。于是天子与公卿议，更钱造币以赡用，而摧浮淫并兼之徒。增加中央财政收入，打击大商人，此即汉武帝币制改革的初衷。

汉武帝的币制改革，前后有六次。第一次，建元元年（前 140 年）春二月，行三铢钱。[④] 第二次，建元五年（前 136 年）春，“罢三铢钱，行半两钱”[⑤]。第三次，元狩四年（前 119 年），汉武帝又下令重新铸造三铢钱，并造白鹿皮币和白金三品。第四次，元狩五年（前 118 年），废三铢钱，改铸五铢钱。半两也被明令废止。第五次是发行赤仄钱，“公令京师铸钟官赤侧，一当五，赋官用非赤侧不得行”。[⑥] 在经历了多次失败后，终于在元鼎四年（前 113 年）“悉禁郡国毋铸钱，专令上林三官铸。钱既多，而令天下非三官钱不得行，诸郡国前所铸钱皆废销之，

---

① （汉）司马迁：《史记》（修订本）卷三〇《平准书》，中华书局 2014 年版，第 1712 页。

② （汉）班固：《汉书》卷二四《食货志》，第 1135 页。

③ （汉）司马迁：《史记》卷三〇《平准书》，第 1720 页。

④ （汉）班固：《汉书》卷六《武帝纪》，第 156 页。

⑤ （汉）班固：《汉书》卷六《武帝纪》，第 159 页。

⑥ （汉）司马迁：《史记》卷三〇《平准书》，第 1729～1730 页。

输入其铜三官[1]。而民之铸钱益少,计其费不能相当,唯直工大奸乃盗为之”。[2]至此,全国铸钱统一于三官,货币的混乱状态被彻底刹住,中国的钱币由自由铸造过渡到了国有垄断阶段,并规定了未来中国的货币政策路线,即由国家垄断铸币权,打击民间资本对货币发行的干预,维护国家金融市场的稳定。

其次是实行盐铁专卖。冶铁、煮盐和铸钱是当时最大的三项财源,盐铁一则为军需,二则为民间必需品,直接影响物价,市场管理自然非国有化不可。在盐铁实现国有化管理之前,民间资本多有参与盐铁经营者,有的已成为巨富。司马迁在《史记·货殖列传》记载的大商人中,至少有一半以上是通过经营盐铁起家的。[3] 这些大的盐铁商人,通过垄断盐铁这些百姓生活必需品的生产销售,不仅为自身牟得暴利,而且多与地方豪强勾结,奴役普通的百姓。为了更好地维护国家和百姓的利益,汉武帝决定将盐铁的生产销售集中到国家手中,实施盐铁专卖制度。盐铁专卖制度的实施,确实起到了寓税于价,间接地税民的目的,在增加国家财政的同时,也调动了人们生产的积极性,推动了盐铁生产和铁制农具的推广。同时,也抑制了民间资本恶意垄断生产生活资料的行为,维护了市场秩序的公平公正。我们必须注意到盐铁官营虽然在一定程度上存在着贪污腐败、效率低下的官僚作风,但整体而言,对盐铁实行官营专卖的积极意义要大于其消极意义,朝廷由此掌握了国家经济的命脉,增加了巨大的财政收入。

随着盐铁官营制度的建立,汉代的财政制度也发生了变化,从以土地税为主转变为土地税与盐铁收入并重,大大改善了国家的财政状况。但对于当时朝廷所面临的严峻的边疆形势和国内问题,还远不能满足国家的财政需求。为此,汉武帝又实施了两项对后世产生深远影响的政策,即实行“均输”与“平准”,这两项政策是由桑弘羊提出的,目的是增强政府的财力和对经济的控制力,其实施不仅使各地产品分配更加均匀,而且起到了平抑物价、稳定市场的作用,打击了富商大贾贱买贵卖、操控市场、牟取暴利的行为。

所谓“平准”,是指当其市场上某种商品出现暂时的供过于求的情况时,为了保护生产者利益,使该种商品的生产不致萎缩,国家可以通过商品物资的存储,及时吸收市场上的过剩商品,以于整体经济发展较为有利的价格维持该种商品的供求均衡;而一旦市场上出现商品短缺,又将存储物资投放市场,以调剂

---

① 三官指钟官、辨铜、均输(技巧),统指政府铸钱的机构。

② (汉)班固:《汉书》卷二四下《食货志下》,第1169页。

③ 《史记·货殖列传》中所举豪富有名姓者共有22人,有详细介绍者9人,在这9人中以盐铁致富的有5个,可见其时经营盐铁所获利润颇丰。详见《史记》卷129《货殖列传》,第3976～3981页。

供求,维持物价的基本稳定,保护消费者的利益;商品吞吐,则起到了平抑物价、维系局部均衡的作用。可以说"平准"制度是"均输"制度的进一步发展,在一进一出之间,政府能控制全国物价,根除囤积居奇的现象出现。

为了保障"均输"与"平准"的实施,汉武帝在各郡设均输官,在京城设平准官。均输官在地方负责收购和运输货物,平准官则收罗各地的货物,调剂有无,平抑物价。这样便实现了从运输到销售对物资的调节,完成了中央政府的宏观调控功能。这两项政策的实施,使政府从之前粗线条的财政体系中稳定了下来,并进一步深化为精细化管理型的财政体系,让人不能不感叹,武帝一朝的经济改革从顶层设计到具体实践,可谓有开创之功,其改革的成功奠定了西汉中兴的财政基础。

参考文献

1.黎翔凤撰、梁运华整理:《管子校注》,中华书局 2004 年版。

2.王利器校注:《盐铁论校注》(定本),中华书局 1992 年版。

3.(汉)班固:《汉书》,中华书局 1962 年版。

4.(汉)司马迁:《史记》(修订本),中华书局 2014 年版。

胶东经济圈一体化发展理论研究

渤海海峡跨海通道建设对辽东、山东两个半岛城市群一体化发展的影响

刘良忠　李辉　王茜　王宏章*

【摘要】选取渤海海峡跨海通道直接影响区域即南北两端山东、辽宁的主要城市，运用引力模型评价工程建设对辽东、山东两个半岛城市群一体化发展的影响非常显著，在海峡南北两岸有望形成一个"哑铃"型的跨海城市群。从工程项目、区域发展、国际合作等层面，提出相应的建议。

【关键词】跨海通道；城市群；一体化

一、引言

（一）研究背景

大型工程项目经济影响评价是对建设的经济合理性进行计算、分析和论证，并提出结论性意见的全过程，是可行性研究的重要内容。和铁路、公路等陆域工程相比，跨海通道建设投资大、周期长、影响广，是一类比较特殊的项目，工程经济影响评价更是项目决策的重要依据。

作为跨区域、跨海域的重大交通工程，跨海通道通常成为所在国家或地区政府改善区域发展的重要途径。工程建设打破了原有的区域限制，将原先两个联系很少的区域紧密地联系在一起，特别是跨越国（边）境、联结多个国家和地区的通道，超越了国界的限制，将不同的国家、地区连成一体。原来各自独立、

* 刘良忠，鲁东大学商学院、环渤海发展研究院教授；李辉，鲁东大学商学院讲师；王茜，烟台市福山区委党校高级讲师；王宏章，烟台市长岛海洋生态文明综合试验区工委管委干部。

互相分隔的行政区域，变成了相互联系、密不可分的经济区域，所在地区的经济也由行政区经济转化为经济区经济，促进了区域全面均衡协调发展，调整、优化了区域空间布局。因此，跨海通道建设对区域经济一体化发展具有重要意义和积极影响。工程建设既是区域一体化进程的要求，又是一体化发展推进的强力载体（见表 1、表 2）。

表 1　世界跨海通道与经济一体化区域

代表性跨海通道	一体化区域
英法海峡隧道	肯特—加莱（英国、法国）
厄勒海峡桥隧	哥本哈根—马尔默（丹麦、瑞典）
本四联络桥组合	本州—四国（日本）
青函海底隧道	青森—函馆（日本）
切萨皮克湾桥隧	马里兰—弗吉尼亚（美国）
费马恩海峡通道（规划）	费马恩岛—洛兰岛（德国、丹麦）
芬兰爱沙尼亚海底隧道（规划）	赫尔辛基—塔林（芬兰、爱沙尼亚）
日韩海底隧道（规划）	日本西海岸、韩国东海岸（日本、韩国）

表 2　我国跨海通道与经济一体化区域

代表性跨海通道	一体化区域
胶州湾桥隧	青岛—黄岛
杭州湾大桥	嘉兴—宁波
沪舟甬通道	上海—舟山—宁波
翔安海底隧道	翔安—厦门
港珠澳大桥	香港—珠海—澳门
深中通道	深圳—中山
香港海底隧道	香港岛—九龙半岛
渤海海峡跨海通道（规划）	山东—辽宁
台湾海峡跨海通道（规划）	福建—台湾
琼州海峡跨海通道（规划）	海南—广东

(二)国内外研究概述

工程项目经济评价是一项涉及多学科、多领域的综合研究。在国外最早始于1887年美国土木工程师威灵顿(Arthur M.Wellington)对铁路建设项目的评价。[①] 国内较有影响的专家学者及代表性观点有:李京文构建地区经济模型,从定性、定量的角度分析京沪高铁对沿线经济社会发展的影响[②];陈秀山对西部开发重大工程项目区域效应进行了综合评价[③];李平、王宏伟对大型建设项目区域经济影响评价体系进行了丰富和完善[④];骆玲、曹洪对青藏铁路、高速铁路等近年来的重大工程区域经济影响也做了探讨[⑤]。

已有的研究多数是针对公路、铁路等陆上的工程,跨海工程是近年来兴起的一个新领域,目前研究相对较少,区域经济影响方面的代表性研究主要有:魏礼群、柳新华、刘良忠等对国内外跨海通道开展的社会、经济、交通等影响研究。[⑥]

渤海海峡跨海通道由魏礼群、柳新华等最早提出,并持续研究论证至今。作为衔接环渤海、东北和华东等经济区的战略性重大工程,急需研究该通道对经济社会发展的影响及对策,为国家、山东、辽宁等区域重大战略提供决策依据。

该工程影响范围广泛,根据对区域经济的影响程度,分为直接影响、间接影响和国际辐射三个空间层次。为了增强研究的针对性,选取直接影响区域即通道两端的山东、辽宁两省的城市群作为对象,对两个半岛城市群一体化发展的影响进行系统分析。

二、渤海海峡跨海通道对辽东、山东两个半岛城市群一体化发展的影响

渤海海峡跨海通道是我国第一条超过100公里的长距离跨海通道,经济影响涉及很多因素。在此采用工程项目评价常用的有无对比法,对区域经济影响

① Wellington, A. M., *The Economic Theory of the Location of Railways*, Wiley,1887.

② 参见李京文:《京沪高速铁路建设对沿线地区经济发展的影响》,《中国铁路》1998年第10期。

③ 参见陈秀山:《西部开发重大工程项目区域效应评价》,中国人民大学出版社2006年版。

④ 参见李平、王宏伟:《大型建设项目区域经济影响评价理论基础及其评价体系》,《中国社会科学院研究生院学报》2011年第2期。

⑤ 参见骆玲、曹洪:《高速铁路的区域经济效应》,西南交通大学出版社2012年版。

⑥ 参见魏礼群等:《渤海海峡跨海通道研究》,中国计划出版社2003年版;柳新华、宋长虹:《天堑化通途》,中国经济出版社1993年版;刘良忠、柳新华:《海洋强国战略与跨海通道建设》,经济科学出版社2013年版。

进行总体评价。

(一)数据选取、模型构建

山东、辽宁两省各自区域内部交通相对发达,均建起了比较成熟的综合交通网络,但和外部其他经济区的交通却相对滞后,尤其是山东—东北、辽宁—华东地区的陆路交通,均需远距离绕行京津,缺少快速便捷的直达通道。分别以山东半岛、辽中南两大城市群内部的中心城市(济南—青岛和沈阳—大连)为基点,两大城市群内部的绝大多数城市离本省中心城市距离均在500公里以内,属于“3小时经济圈”范畴。而两大城市群之间,铁路和公路距离均超过1000公里。建设跨海通道,两大城市群之间的距离将显著缩短,特别是烟台、威海和大连都在“1小时经济圈”以内,空间可达性极大提高(见表3)。

表3 山东、辽宁部分城市之间的距离 (单位:公里)

	大连	沈阳	丹东	营口
烟台	1985(170)	1574(567)	1851(671)	1505(410)
威海	2094(263)	1683(660)	1944(764)	1598(503)
青岛	1687(405)	1480(802)	1757(906)	1333(645)
济南	1273(694)	1141(1091)	1418(1195)	1055(934)

数据来源:《全国列车时刻查询表》,括号内为跨海通道建成后城市之间的距离。

下面选取辽宁、山东的主要城市为样本,借助城市引力模型,分析两个城市群的联系情况:

$$E=\sqrt[k]{p_1v_1 \cdot p_2v_2}/r^2$$

其中,p、v、r、k 分别为城市人口、GDP、城市之间的距离、经济相互作用系数。以GDP为1亿元、人口为100万人、距离1公里的城市间相互作用强度为 E 的基本单位为经济度。

(二)评价结果

考虑到研究对象的代表性,在跨海通道南北端点城市烟台、大连的东西南北方向各选一个代表性城市(因烟台、大连均为沿海城市,所以实际只有三个方向),按照距离端点城市的远近,山东选取威海、青岛、济南,辽宁选取营口、沈阳、丹东。通过引力模型,得出城市之间的经济联系强度。然后假设跨海通道建成,再重新计算城市之间的联系强度,可以看到两大城市群的经济联系和相互作用明显增强,表现在实际中是经济交流的扩大、经济合作的加强(见表4)。

表 4　山东、辽宁城市区域间经济联系度

排序	城市	无跨海通道	城市	有跨海通道
1	济南—沈阳	3.76	烟台—大连	146.16
2	青岛—沈阳	3.10	青岛—大连	36.47
3	济南—大连	2.66	威海—大连	27.30
4	青岛—大连	2.10	烟台—沈阳	14.94
5	烟台—沈阳	1.94	青岛—沈阳	10.57
6	济南—营口	1.11	济南—大连	8.94
7	烟台—大连	1.07	烟台—营口	7.18
8	青岛—营口	0.96	威海—沈阳	4.93
9	威海—沈阳	0.76	青岛—营口	4.11
10	烟台—营口	0.53	济南—沈阳	4.11
11	济南—丹东	0.50	烟台—丹东	2.18
12	青岛—丹东	0.45	威海—营口	2.13
13	威海—大连	0.43	青岛—丹东	1.69
14	烟台—丹东	0.29	济南—营口	1.41
15	威海—营口	0.21	威海—丹东	0.75
16	威海—丹东	0.12	济南—丹东	0.70

数据来源：据各城市《统计年鉴(2018)》计算整理。

目前渤海南北两岸城市基本上仍以省内经济交流为主，随着距离的增大，城市间的相互联系和作用逐渐减弱。以烟台为例，经济作用最强的是距离最近的威海，其次是青岛，而烟台和大连、沈阳的经济联系则比较弱，和营口、丹东更是微乎其微。如果跨海通道建成，两大城市群之间则是一个新的、完全不同的结果。由于缩短了渤海两岸城市的距离，提高了区域空间的可达性，山东、辽宁两省城市的经济联系强度大幅提升。烟台、青岛等和大连的联系强度均显著超过了和省会城市济南的联系强度。烟台和大连的联系强度甚至超过了“1 小时经济圈”内的威海。烟台和沈阳的联系强度也超过了省内的济南。和通道建设之前相比，即使是远离端点的城市，和海峡对岸城市的经济联系度也有明显提升。

可以预测，随着山东、辽宁两个半岛城市群经济社会的快速发展，跨海通道建成之时渤海海峡两岸各城市的经济总量将更高，城市之间的经济联系度将进一步提升，两端的经济联系和相互作用也将更强，区域一体化发展趋势也更明显。

（三）跨海通道区域经济格局展望

跨海通道建设增强了两端城市经济联系，促进了渤海南北两岸及通道沿线区域一体化发展，有望形成一个新的规模更大的跨海城市群，改变我国特别是环渤海区域发展格局，在海峡两岸形成三个层次的“哑铃”结构，推动区域经济全面协调发展。

1.第一个层次：烟台—大连

烟台、大连分别位于通道的南北端点，也是环渤海经济圈的南北两翼节点。跨海通道建设，两个城市是最大、最直接的受益方。烟台、大连两市也均为山东、辽宁的经济中心城市，经济基础和实力较强，具有相似的资源、人文、环境等，亲缘关系较深。跨海通道建设进一步密切了两市的经济交流与联系，为两市的合作发展提供了更广阔的空间，有望形成一个新兴的烟（台）大（连）跨海城市群，进而实现同城化发展。

2.第二个层次：山东—辽宁

山东半岛和辽东半岛都是我国首批对外开放的地区，经济发展和水平长期居全国前列。2018 年，两省经济总量分别居全国第三位、第七位，GDP 分别为 7.64 万亿元、2.53 万亿元，人口分别为 10133 万、4359 万，经济、人口合计占全国的 11%左右，在东部沿海地区乃至全国的经济格局中有着举足轻重的地位。跨海通道串联两大半岛，环渤海经济圈也实现了南北对接，山东半岛和辽中南城市群融合在同一个经济圈内，共享环渤海区域发展“红利”，有望共同推动形成环渤海大湾区。

3.第三个层次：华东—东北

跨海通道通过山东连通整个华东经济区，通过辽宁连通整个东北经济区，构成了一个涵盖范围更广的“哑铃”区域结构。这个结构与我国“两横三纵”城市群规划布局也完全切合。从城市的角度看，我国排名前 100 的城市经济总量占全国的比重高达 72%，而跨海通道与东部沿海大通道沿线共有大中城市 60 余个，经济占到全国的 45%。跨海通道将全面连接起东部沿海地区主要城市，从北到南串联起哈长、辽中南、山东半岛、长三角、粤闽浙等六大城市群，促进区域经济协调均衡发展。

三、结论与建议

渤海海峡跨海通道对区域发展的影响非常显著，对推动两端的交流与合作，加快城市群一体化发展，具有积极影响。这也从另一个角度证明了工程建设的必要性和迫切性。为了加快工程的研究、规划和建设，建议：

（一）争取纳入国家、区域发展规划

在工程项目层面，参考、借鉴国内外跨海通道的先进经验，特别是我国港珠澳大桥等工程的成功做法，建议山东、辽宁两省联合通道沿线有关省份、地区，积极争取将这一项目列入国家综合规划或环渤海区域发展、振兴东北、“一带一路”等区域性中长期发展规划或专项规划，并及早制定相关扶持、配套政策。山东、辽宁两省及通道沿线区域，也要根据该工程建设相应地做好前瞻性规划布局。

（二）建立合作机制，加强区域协调

在区域发展层面，山东、辽宁两省分处跨海通道南北两端，是跨海通道最大、最直接的责任者，也是最主要的受益者。建议两省联合，主动对接国家有关部委、企业，探讨省省合作、省部合作、省企合作，共建全方位、多层次、多维度的合作机制，扩大辽宁和山东的区域合作，加强山东、辽宁及有关省份、地区的协调，推动沿线统筹协调发展。在城市群层面，将辽东、山东两个半岛城市群统筹考虑，争取纳入国家城市群规划，提升两个城市群在全国的战略地位和竞争力。

（三）开展国际合作，加强对外交流

渤海海峡跨海通道不仅是我国的重大工程，而且对东北亚交通格局和经济社会发展也具有重要影响，其国际辐射区域包括日、韩、俄、蒙等国家。建议结合目前正在规划建设的中蒙俄通道、中日韩通道等，全面融入“一带一路”倡议，主动联合日、韩、俄等国家和地区，积极开展国际合作，共同进行规划、建设和区域开发，发挥跨海通道国际交通干线的作用，扩大辐射范围，增强区域影响力，促进东北亚区域交流与合作。

长三角经济圈的发展实践对胶东经济圈的启示

孙伟[*]

【摘要】实施区域协调发展战略是新时代贯彻新发展理念，推动高质量发展的必然要求。为了更好地贯彻习近平总书记重要指示精神和党中央决策部署，《山东省人民政府关于加快胶东经济圈一体化发展的指导意见》明确提出，加快胶东经济圈青岛、烟台、威海、潍坊、日照五市一体化发展。胶东经济圈理念的提出，是基于长三角经济圈成功经验的启示，也包含着山东省对胶东半岛城市发展的殷切希望。厘清学习长三角经济圈的成功实践对于胶东经济圈一体化发展有着重要的现实意义。本文基于对长三角经济圈的历史沿革和发展实践的分析总结，提出对胶东经济圈的几点启示：落实政策要求，加强协调机制和执行机构建设；加速创新资源共享，建设区域创新共同体；政府市场“两手抓”，促进产业转移和企业集聚；加强区域产业规划，促进产业集群发展，以期更好地推动区域高质量发展。

【关键词】胶东经济圈；长三角经济圈；区域协调发展；高质量发展

一、胶东经济圈是推进高质量发展的重要举措

中共十九大报告指出：“中国经济发展已经从高速发展阶段转向高质量发展阶段。”高质量发展是能够很好满足人民日益增长的美好生活需要的发展。

* 孙伟，中共青岛市即墨区委党校讲师。

在理论上，高质量发展是以新发展理念为指导的经济发展质量状态①，是经济的总量与规模增长到一定阶段后，经济结构优化、新旧动能转换、经济社会协同发展、人民生活水平显著提高的结果②。实施区域协调发展战略是新时代贯彻新发展理念，推动高质量发展的必然要求。《中华人民共和国国民经济和社会发展第十四个五年规划和 2035 年远景目标纲要》强调，深入实施区域重大战略、区域协调发展战略，健全区域协调发展体制机制，构建高质量发展的区域经济布局。在经济全球化、区域一体化的时代，破除行政区边界限制对经济要素流动的阻碍，集合区域优势取长补短、发挥联动效应，是推动区域协调发展的重要措施。为更好地贯彻习近平总书记关于发挥山东半岛城市群龙头作用的重要指示精神和党中央决策部署，《山东省人民政府关于加快胶东经济圈一体化发展的指导意见》明确提出，加快胶东经济圈一体化发展，构建合作机制完善、要素流动高效、发展活力强劲、辐射作用显著的区域发展共同体。

胶东经济圈包括青岛、烟台、威海、潍坊、日照五市。五市地缘相接，经济相融，文化相通。2020 年，五市常住人口 3243 万，地区生产总值 3.1 万亿元，分别占全省的 31.9％、42.5％；五市进出口总额 1.4 万亿元，实际利用外资 110.4 亿美元，分别占全省的 64.4％、62.6％。胶东经济圈是我国对日韩开放的前沿、海上丝绸之路与新亚欧大陆桥经济走廊交汇的重要区域，也是沿黄省份对上合组织国家重要出海口。胶东经济圈一体化，一方面促进胶东地区与全国其他地区之间人员、货物等高效流动，畅通国内大循环；另一方面，积极参与国际经贸合作与竞争，实现国内市场和国际市场更好联通。③ 2020 年 5 月胶东经济圈一体化发展工作推进会提出，要借鉴长江三角洲（简称“长三角”）一体化发展经验，立足全国、全省发展大局，高起点、高标准谋划胶东经济圈发展定位，努力在一体化和高质量发展上走在全国前列。

二、长三角经济圈的成功实践

胶东经济圈理念的提出，是基于长三角经济圈成功经验的启示，也包含着

---

① 参见任保平：《新时代中国高质量发展的判断标准、决定因素与实现途径》，《改革》2018 年第 4 期。

② 参见任保平、李禹墨：《新时代我国高质量发展评判体系的构建及其转型路径》，《陕西师范大学学报》（哲学社会科学版）2018 年第 3 期。

③ 参见侯琳良：《青岛等五市握指成拳，胶东经济圈一体化建设——融入新格局 培育增长极》，《人民日报》2020 年 12 月 13 日。

山东省对胶东半岛城市发展的殷切希望。厘清学习长三角经济圈的成功实践对于胶东经济圈一体化发展意义重大。

(一)长三角经济圈概况

长三角经济圈是中国第一大经济圈以及亚太地区重要国际门户、全球制造业中心、世界最大城市群之一。2019 年印发的《长江三角洲区域一体化发展规划纲要》将长江三角洲规划范围设为苏、浙、皖、沪四省市全部区域,长三角区域扩大到 41 市。扩容后的长三角经济圈人口 2.27 亿人,区域面积 35.8 万平方公里。2020 年,长江三角洲地区生产总值 24.5 万亿元,常住人口城镇化率超过 60%,以不到 4%的国土面积,创造出中国近 1/4 的经济总量、1/3 的进出口总额。在自贸区方面,长三角经济圈已拥有上海自贸区、浙江自贸区和江苏自贸区。2021 年 5 月,长三角自由贸易试验区联盟正式成立,经济圈一体化发展再上新台阶。

(二)长三角经济圈的发展实践

依托着长江水系,自古以来长三角地区居民文化、经济交往密切,互动频繁。1843 年上海开埠之后,依托长江出海口的优越地理位置,逐渐成为长三角地区的经济中心。百年来上海与邻省人、财、物交往频繁,为区域经济一体化发展打下了坚实的物质基础。随着区域经济的日渐融合,不同的行政区对要素流动的阻碍愈发明显,存在明显的市场分割现象。为了提升区域经济运行效率,探索区域经济一体化发展道路,1957 年中共中央上海局召开苏、浙、皖、闽、赣、沪五省一市经济协作会议,成立经济协作委员会,进行区域经济协作。改革开放后,中央提出以上海为中心,包括苏州、无锡、杭州、嘉兴等城市建设上海经济区。然而,受到当时的体制机制限制,区域间无法打破"经济区"与"行政区"之间的隔阂摸索出新的发展道路。1988 年,上海经济区规划办公室被撤销,上海与长三角地区之间的合作发展暂时结束。①

2002 年 12 月,习近平就任浙江省委书记后,长三角经济圈的发展迎来全新机遇。2003 年,习近平首次提出"长三角地区经济一体化发展"的概念并建议设立长三角地区主要领导定期会晤机制。同年,浙江分别与上海、江苏签署《关于进一步推进沪浙经济合作与发展的协议》等文件,同时印发《关于主动接轨上海积极参与长江三角洲地区合作与交流的若干意见》。之后,习近平多次明确强

---

① 参见张秀莉:《1982! 上海经济区——国家在战略层面推进长三角一体化的第一次尝试》,2019 年 7 月 9 日,https://www.jfdaily.com/wx/detail.do? id=161996。

调要加强长三角区域合作。2008 年 9 月，国务院印发《关于进一步推进长江三角洲地区改革开放和经济社会发展的指导意见》，明确“推进长江三角洲地区一体化发展”。同年 12 月，长三角地区主要领导座谈会首次邀请安徽省主要党政负责人出席。自此，长三角合作形成沪、苏、浙、皖“3＋1”的局面。此后，中央层面陆续在 2010～2016 年从区域、城市、交通能源、科创、产业、公共服务等方面制定政策，引导长三角经济圈一体化发展。十九大报告强调区域协同发展、高质量发展，长三角经济圈地位得到进一步提升。2018 年，在国际进口博览会开幕式上，习近平总书记宣布长三角一体化上升为国家战略。

目前，长三角经济圈已大致完成要素一体化发展阶段，正步入制度一体化阶段。一是政务服务一体化。其重要标志是沪、苏、浙、皖共同开发的长三角政务地图上线运营，长三角区域内 6.9 万多个线下大厅和办理点实现全覆盖，实现政务同城服务。二是区域合作机制逐步完善。形成决策层、协调层、执行层三个层次的合作推进机制：决策层为长三角地区主要领导座谈会，由一市三省主要领导参加，主要任务是决定长三角合作的方向、原则、目标与重点等重大问题；协调层为长三角地区合作与发展联席会议，由三省一市常务副省（市）长参加，主要任务是落实主要领导座谈会部署，协调推进区域重大合作事项；执行层包括联席会议办公室、重点合作专题组，具体推动长三角区域合作工作。各层面的合作机制亦不断成熟。如设立跨区域行业协会、跨区域发展促进基金、区域利益分享和环境保护补偿机制，积极发展产业引导基金、创业投资基金和信用担保基金，建立完善长三角一市三省间不同层面的合作机制，促进区域间分工与合作。其中最具代表性的合作机制之一就是 G60 科创走廊。G60 科创走廊涵盖上海、杭州、合肥等一市三省的 9 个城市，是长三角经济圈利用自身区位优势、产业基础和高校科研机构集中等特点打造的区域协同创新发展的重要平台和引擎。

三、长三角成功经验对胶东经济圈一体化发展的启示

（一）落实政策要求，加强协调机制和执行机构建设

经济圈等跨区域协同发展的关键在于突破行政区划对经济要素流动的限制，这就要求建立能够协调各方利益、统一发展认识，并保障政策落地的协调机制和具体执行机构。长三角经济圈经过探索，已经形成了“高层次领导小组＋三级运作机制＋区域合作办公室”的协调管理机制：一是落实了《长江三角洲区域一体化发展规划纲要》要求，成立推动长三角一体化发展领导小组。二是在

省级政府层面建立了决策层、协调层、执行层的“三级运作”合作机制。三是一市三省各自选派工作人员组建长三角区域合作办公室,在上海合署办公。这一整套协调机制和执行机构为协同处理事务、制定统一政策、合理配置要素提供了强有力的保障。建议胶东经济圈在推进协同发展过程中,注重组建高规格协同领导小组,统筹重大规划、项目、政策及其他重大事项,成立掌握一定财权、事权的实际执行机构,强化各部门主体责任,在重点领域开展跨区域的务实合作。要创新用地供给方式,用好跨区域补充耕地国家统筹机制;注重制定差异化人才招引政策,破除户籍限制、人才认定标准不一、社保和医疗标准差距等影响人才自由流动的障碍。

(二)加速创新资源共享,建设区域创新共同体

构建跨区域协同创新体系,促进区域内人才、技术、资金等创新要素的共享共用,是提升区域一体化发展能级的关键支撑。长三角地区一市三省共同制定了《长三角科技创新共同体发展规划》等,合作共建长三角科技资源共享服务平台,推动大型科学仪器设施、科技创新券等跨区域互用互认,为经济圈企业和科研机构提供共享服务。一市三省共建集成电路、智能传感器国家创新中心等一批跨区域创新平台,开展联合科研攻关、产学研合作,最终形成整合了跨省市创新人才、资金和设施等资源的 G60 科创走廊,将创新资源优势有效转化为产业竞争优势。胶东经济圈发展规划中提出建设济青科创制造大走廊,正是对长三角经济圈经验的借鉴。建议济青科创制造大走廊在推动协同创新过程中制定共同的行动计划,联合多方主体,统筹建设共性技术研发中心,共同设立重大专项资金,推动重点行业领域关键核心技术突破。可借鉴长三角科技资源共享服务平台经验,推动省内地级市之间、高等科研院所之间的科研基础设施、科研仪器、文献数据等资源的开放共享,建立创新资源信息管理和购买服务机制,形成一批集合科研创新、技术孵化等功能的高水平产学研平台,配套产业投资发展基金,加速跨区域科技成果转移转化。

(三)政府市场“两手抓”,促进产业转移和企业集聚

要素的跨区域市场化配置要求破除地方保护主义壁垒,促进产业转移和企业集聚,形成新的产业发展格局。长三角经济圈采取“两手抓”措施,以政府看得见的手为引导,以市场看不见的手为推动,一方面通过联合招商、政策支持、税收共享等为企业跨区域流动提供制度保障,引导企业迁出与落户;另一方面合作打造共建园区、产业飞地、一体化示范区等合作载体,加快产业承接转移。例如:上海、嘉兴两地政府共同打造的张江长三角科技城,由上海引导本市产业

项目向共建园区流动，嘉兴在土地供给、人才引进、企业服务等方面提供物质支持，促进企业自发的、以龙头企业带动的转移和集聚，形成政府、企业、园区等多方成本共担、利益共享机制。建议胶东经济圈在打造产业转移合作载体过程中，把促进要素高效配置作为切入点，探索跨区域的土地、人才、资金等协调机制。建立产业引导政策和统一的市场准入标准，制定跨区域合作载体共同投入、合理分配的财税分享机制，完善重大项目落地过程中成本分担、利益共享的协商机制，有力推动胶东经济圈的开发建设和市场主体持续发展。

（四）加强区域产业规划，促进产业集群发展

跨区域协同发展要处理好区域内特色化发展和同质化发展的关系，找准方向，形成区域分工与协作的发展格局。长三角以共同培育产业集群为抓手，顺应全球生产体系调整趋势，围绕产业链做文章，以延链、强链、补链为核心，形成良好的分工协作格局，共同打造跨区域先进制造业集群，以集群发展促进机构充当协调区域产业竞合关系的桥梁。例如：连云港、泰州、无锡三市联合打造生物医药产业集群；苏州、无锡、南通共同打造高端纺织集群等。建议胶东经济圈在培育发展集群过程中，发挥各自的特色产业优势，促进跨区域全链条深度协作，打造产业节点完备的产业集群。探索建立跨地区、跨行业的集群发展促进机构，通过集群促进机构将有合作和竞争关系的各方联合起来发挥纽带作用，推动企业、政府、园区等主体在跨区域的产业技术创新、集群品牌建设、产业布局等方面合作，带动胶东经济圈一体化高质量发展。

胶东经济圈一体化协作配合机制分析与创新研究

崔伟东　蔄晓红　刘洪畅*

【摘要】我国在建设区域经济协作方面取得了非常显著的成就，尤其是长三角、珠三角、粤港澳大湾区等为打造经济圈一体化发展提供了很多成功经验。山东的青岛、烟台、威海、潍坊和日照五个城市自然资源丰富、工业化水平较高，为胶东经济圈一体化建设创造了有利条件和坚实基础。本文通过对胶东经济圈的分析与研究，全面诠释了一体化发展的战略意义，深入剖析了协作配合的优势与机会，探索出了协作配合的具体路径。

【关键词】胶东经济圈；一体化建设；协作配合机制；优势与机会；创新路径

一、胶东经济圈一体化发展的战略意义

胶东经济圈具有得天独厚的地理优势，开放程度高，是山东对外开放的重要窗口，还是沿黄省份以及上海合作组织国家的重要出海口，很多示范区、贸易区以及新旧动能转换试验区都设置在该区域内，其在山东乃至全国具有重要地位。加快胶东经济圈一体化发展，有助于对土地、海域、人才等要素进行合理、科学配置，能够突破地区城市间“各自为战”、彼此独立发展的思维模式，站在全省乃至全国的战略高度，牢牢抓住全球经济发展大势，更加准确地进行自我定

* 崔伟东，中共烟台市委机构编制委员会办公室科长；蔄晓红，烟台市政务服务中心高级经济师；刘洪畅，中共烟台市委机构编制委员会办公室副科长。

位。实施胶东经济圈一体化发展，可以为国家进行区域一体化战略承担重要使命，也能为山东实现高质量发展提供具有强大动力的引擎，有助于进一步提升协作配合的对外开放水平，为建设海洋强国贡献力量。

二、胶东经济圈一体化协作配合的优势与机会分析

（一）优势分析

1.物质资源丰富，配套能力较强

胶东经济圈具有得天独厚的地理条件，海岸线长度达2600多公里，先天性资源丰富，工业发展迅猛，是山东地区各种资源比较富足的区域。其从农产品深加工的各个环节着手，将农产品加工成具有一定价值的工业产品，同时沿着工业与农业相辅相成发展的道路延伸了加工产业链条，极大地提高了农产品加工的附加值和转化率。充分发挥龙头企业带动效用，比如通过万华化学、海尔智家、歌儿股份等大型企业名优品牌深化协作，充分带动了周边协作企业组织的发展，产业区域布局更加合理，各类资源要素呈现出规模化发展的态势。

2.工业经济发展具有强大的后劲

胶东经济圈产业结构较为完善，工业体系较为健全，工业基础较为雄厚，工业产值较高，在全国城市工业排名上靠前，为一体化建设提供了强大的发展动力。近年来，青岛、烟台、威海、潍坊和日照五市一直将调整工业结构作为攻坚克难的一场硬仗来打，积极推动“双轮驱动”发展战略，以高效产业发展为重要指导，积极改革传统产业的发展方式，在改造传统产业的同时，加大对新兴产业的培育力度，尤其是在技术改造上下了很大的功夫，工业创新能力得到显著提升。

3.交通网络覆盖面广，海洋运输便捷

胶东经济圈的交通网络覆盖范围很广，路网密度较大，各城市之间交通联系紧密，为一体化建设提供了有利的交通运输条件。区域内具有天然海洋运输的优势，通过海洋运输可以加强同海外国家组织之间的交流与联系，能为沿黄省份提供通畅的海洋运输通道。交通运输能力的提高增强了胶东经济圈对外影响力，在与省际、国际进行经济贸易合作的过程中，逐渐建立和完善了互利互信的协作机制。

（二）机会分析

1.区域经济一体化进程加快

在推进经济一体化的进程中，胶东经济圈各城市始终坚持规划先行的重要

理念，能够以整体视角进行全面考虑与兼顾，既立足于原有行政区域规划，又最大限度地覆盖了复合体中的各个构成部分，基本形成了大区域规划。胶东经济圈充分发挥各个区域的优势，基本形成了分工合理、重点突出的产业一体化发展态势，不断促进市场统一协调发展。各城市基础设施配套较为完善，陆路交通网络发达，逐渐形成了陆路、港口、航空的交通配套体系，基础设施一体化发展取得了显著成效。与此同时，各种信息资源互联互通，信息共享程度也得到显著提高。

2.政策扶持力度不断加大

在新时期，国家高度重视区域经济发展，对于如何发展和推动区域经济持续向好出台了很多支持政策，尤其是对于区域经济建设给予了更大的扶持力度，为胶东经济圈一体化加快发展，提供了良好的政策性扶持和保障性条件。山东在充分兼顾各城市利益以及自主发展的基础上，也先后出台了一系列政策和法规，为胶东经济圈一体化发展创造了有利条件。青岛、烟台、威海、潍坊和日照等地可以利用相关扶持和引导政策，充分调动各经济实体积极性，不断激发其创造活力，促进胶东经济圈经济一体化建设。

3.全球产业结构不断调整

新形势下，全球产业结构不断调整，胶东经济圈位于“一带一路”的关键位置，具有得天独厚的条件，同时也迎来了新的机会与挑战。凭借着独特的战略位置，凸显出自身的优势，加快产业结构调整与变革，加大区域内港口建设力度，将海洋港口建设提高到一个新的水平。要始终坚持“三合”发展理念，既要做到整合、融合以及耦合，也要立足长远发展目标，将改革与发展有机统一起来，实现了海洋港口一体化发展，努力适应全球产业结构调整。

三、胶东经济圈协作机制创新的具体路径

（一）积极制定一体化长远发展规划

胶东经济圈一体化建设需要制定长远发展规划，为经济发展提供长期指导。要不断完善交通设施建设，提高对外互联互通水平；要不断扩展协作渠道，不仅打通胶东经济圈内城市之间的协作渠道，还要打通与山东地区其他城市的协作渠道；进一步完善交流网络，真正使胶东经济圈成为互联互通的战略高地。要加强胶东经济圈同其他经济圈之间的深度融合，提高双方互联互通水平，逐渐将胶东经济圈打造成具有国内、国际影响力的港口区域。在制定胶东经济圈一体化长远发展规划的过程中，要始终坚持开放协作的重要理念，除了加强海

洋港口一体化建设之外，还要充分发挥城市、市场以及政府的重要作用，提高完善不同主体之间的协作水平，将主体性协作落实在具体的一体化建设进程当中，不断革新多主体协作机制。这样既可以实现各自的优势互补，又能够形成共同的发展目标，可以充分调动多方主体的力量，努力将胶东经济圈一体化发展规划纳入全省乃至全国的发展战略中。

(二)建立健全可持续发展协作体系

在构建可持续发展协作体系的过程中，需要牢牢抓住重点领域，开展宽领域协作，在各个领域之间广泛建立起协作通道。要将胶东经济圈中具有优势产业凸显出来，以这些优势产业为主导，坚持优先着重发展的原则，对于每个主导产业进行合理布局。要明确主导产业的产业链以及创新链，在加强主导产业区域建设的同时做好功能分布工作，充分发挥主导产业对于整个胶东经济圈的带动作用。除了具有战略优势的主导产业之外，其他产业也要深入认知自身扮演的角色与所处的位置，勇于承担起自身的责任，真正实现主导产业与其他产业的协作共赢。要对胶东经济圈的战略地位、覆盖范围、突出优势、区域功能等进行理性分析，并采用有力措施不断深化和加强，积极从项目工程、平台建设、政策制定等多个层面进行谋划，构建起主动开放、协作共赢、绿色健康和改革创新的可持续发展协作体系。

(三)筹建一体化发展实践先行区

可以从青岛和烟台着手，各选择一个区域比邻、要素流动高效、辐射作用明显的县级区划进行先行实践，不断地总结经验，推出一批典型案例。一是提升基础设施互联互通水平，加强港口一体化建设，提高能源协同保障水平。二是积极推进产业协同发展，从县级层面加强统筹，对产业空间布局进行优化，逐渐形成具有支撑性的产业功能布局。三是积极构建“一带一路”国际合作平台，逐渐推出高能级开放平台。四是实现生态环境共保联治，做好污染源头协同治理工作，形成污染防范与治理的协同机制。五是提高公共服务便利共享水平，特别是在教育、社保和医疗等领域加大一体化推进力度。六是进行要素资源高效配置，积极做好人力资源、金融资源、土地海洋资源等的统筹协作工作。

(四)大力加强一体化协作平台建设

对胶东经济圈一体化协作配合机制的构建不能仅仅停留在概念化阶段，要形成强有力的一体化建设支持力量，需要大力加强一体化协作平台建设力度，利用一体化协作平台进行项目开发与协作，为区域协作经济发展做出突出贡献和提供最优服务。现阶段互联网已经在各行各业中得到广泛应用，而且应用水平也在不断提升，互联网的发展为胶东经济圈一体化协作平台建设提供了良好的条件与发展契机，尤其是促使各领域协作呈现出综合化、网络化的发展态势。胶东经济圈应充分借助“互联网＋”的发展契机，通过加强一体化协作平台建设不断提升整体布局能力，进而逐渐加大辐射能力，加强全链条建设力度，增强经济圈产业竞争力。

（五）完善区域部门间协作配合机制

应该充分发挥胶东经济圈核心城市的龙头作用，由龙头城市带动其他城市，积极构建区域间部门一体化发展体系及协作配合机制。可以将地理位置、产业结构、发展阶段较为相近或相似的城市进行一体化规划，加强各区域部门间的深度配合与协调，这对于创新一体化协作机制具有非常重要的意义与影响。在新的时期，胶东经济圈面临着新的时代挑战以及市场发展机遇，亟须形成与完善区域间部门协作配合机制，打破不同区域部门之间存在的行政区划局限，走出区域限制的困境。同时，积极促进不同行政区域内产业之间的协同发展，对胶东经济圈内产业进行错位布局，在加强区域协作配合的基础上提高共建共享能力，进而走出一条区域协同的发展之路。

（六）将协作配合的监督措施落到实处

要制定协作配合的监督措施，构建以政府为主导的监督机制，对不同领域、不同主体、不同渠道、不同形式的协作交流进行监督，形成全方位监督的网络框架体系，更好地保障胶东经济圈一体化协作关系不断深化。协作配合监督机制可以实施行政首长、部门、小组协作配合的监督模式，围绕战略共识对协作配合监督进行准确定位，由此形成协作配合监督的纲领性文件。一方面，定期组织协作配合监督会议，可以由不同城市轮流进行承办，交流重大事项推进情况；另一方面，成立协作配合监督专门机构，负责传达监督会议精神、指令以及具体落实监督任务。除此之外，构建经济圈内行政首长互访的监督机制，拓展协作配合监督的深度与广度，共同审定有关协作的战略规划及总体目标，这样不仅有利于对协作项目进行监督，推进协作进程，而且能够增强协作的积极性，有助于完善胶东经济圈协作机制。

（七）完善协作配合的反馈纠正机制

不同行政区域、不同城市或不同经济体在落实同一工作任务时，不可避免地会出现“缺位”“越位”等情形，这就需要完善相关反馈纠正机制，确保工作任务落实到位。一是要根据上级政策，及时修订完善胶东经济圈一体化长远发展规划，确保规划符合经济发展、产业政策、对外开放、环境整治等各方面要求。

二是行政区域的行政首长要定期召开联席会议，对区域间协作配合机制进行分析研究，确保相关措施行之有效，从而保障各项规划落实落地。三是不同城市间的相同部门要经常沟通联系，共同解决相互衔接不协调、配合不到位等方面问题，不断修订完善相互之间的协作配合机制。四是对监督发现的问题要进行综合分析，制定措施，完善机制，定期督促落实到位。

参考文献

1.陈珍：《立足区域一体化发展　推进山东“三圈”建设》，《山东干部函授大学学报》(《理论学习》)2020 年第 8 期。

2.本刊讯：《夏鲁青出席胶东经济圈公共就业与人才服务联盟第一次联席会议并在青岛调研》，《山东人力资源和社会保障》2020 年第 9 期。

3.青岛院编制：《〈胶东经济圈交通一体化方案研究〉在北京发布》，《中国工程咨询》2021 年第 1 期。

4.李潇、钟绵生、曹诚为：《胶东经济圈一体化发展下的烟台市域城镇体系优化策略》，《城市》2021 年第 4 期。

5.吴慧、张天、王露：《山东半岛城市群经济联系关联网络研究——基于社会网络分析法》，中国城市规划学会、杭州市人民政府：《共享与品质——2018 中国城市规划年会论文集(16 区域规划与城市经济)》，2018 年。

6.席振鑫、刘兆德：《山东半岛城市群区域经济差异分析》，中国城市规划学会、重庆市人民政府：《活力城乡　美好人居——2019 中国城市规划年会论文集》，2019 年。

7.耿波：《首都经济圈旅游一体化的文化导向与实践》，中国旅游研究院：《2020 中国旅游科学年会论文集》，2020 年。

现代化区域发展体系与胶东经济圈一体化建设

牛勇平　李鹏翀*

【摘要】现代化区域发展体系的内涵是尊重客观规律，发挥比较优势，完善空间治理，保障民生底线。现代化区域发展体系既与国家层面、省级层面的各级规划有关，同时也是农村经济变革的自然结果。胶东经济圈经济较为发达，拥有县域经济的强力支撑，但也存在交通不便、产业结构趋同、城乡融合不足等问题。因此，应从吸引人口流入、完善发展框架、加快乡村振兴等方面入手，构建胶东经济圈现代化区域发展体系。

【关键词】胶东经济圈；现代化区域发展体系；乡村振兴

胶东经济圈是山东省三大经济圈的重要组成部分，也是山东省经济最为发达的区域。我们认为，要健康推进胶东经济圈一体化发展，不仅仅要着眼于“一体化”的具体措施，更要有宽广的视野，即从现代化区域发展体系角度推进胶东经济圈的一体化建设。

一、现代化区域发展体系的内涵

党的十九大报告指出，要建立更加有效的区域协调发展新机制，要以城市群为主体构建大中小城市和小城镇协调发展的城镇格局，加快农业转移人口市民化。2019 年 12 月 16 日出版的第 24 期《求是》杂志发表了习近平总书记的重要文章《推动形成优势互补高质量发展的区域经济布局》。文章分析了当前区

* 牛勇平，山东工商学院经济学院副教授；李鹏翀，山东工商学院经济学院硕士生。

域经济发展的新形势，明确了新形势下促进区域协调发展的思路，并提出了促进区域协调发展的主要举措，为新时代区域协调发展提供了科学指导。

习近平总书记对于区域协调发展的指示阐述了现代化区域发展体系的内涵，即尊重客观规律，发挥比较优势，完善空间治理，保障民生底线。其中，“尊重客观规律”是指在当前各地区发展不尽平衡的前提下，允许或鼓励生产要素向优势地区流动，减少人为阻碍；“发挥比较优势”是指各区域要利用自身的优势，实现各自的功能，例如，发达区域以集聚产业和人口为主，生态功能区域要着重提供生态产品，这意味着要破除之前的“小而全”思想；“完善空间治理”是指主体功能区要实现差异化发展，也需要不同的政策安排，政策要进一步精准细化；“保障民生底线”是指在发展过程中要以公共服务均等化为目标，在提高效率的同时兼顾公平。

二、现代化区域发展体系的运行机制

区域经济学认为，区域经济由点、线、面各种层次的经济活动构成，“点”是指人口（产业）聚集区，既可以是县级市（区）、地级市，也可以是城镇（村镇）、县；“线”是指点与点之间的经济联系，它以交通网络为基础，也可以发展为经济带、经济走廊；“面”是指点与点的汇集，既可以是县域、县级市（区）、地级市，也可以是城市群（都市群）。因此，由点、线、面构成的区域经济形态有很多种，见表 1。

表 1　不同层次的区域经济形态

序号	区域经济形态	备注（示例）
1	点—线—点	最简单的区域经济形态，如两个村镇以公路相连
2	点—带—点	一条经济带上存在很多城镇或县市
3	点—线—面	一个城镇通过交通线连接一个大城市
4	点—带—面	一个城镇通过经济带与大都市、大城市连接
5	面—线—面	两个或多个大城市或大都市通过交通线连接
6	面—带—面	两个或多个大城市或大都市通过经济带连接

从全国范围看，区域经济发展的主体可以是城市群或大城市。从省域层面（或类似的次级经济区划）看，区域经济发展的主体既可以是城市群或大城市（地级市），也可以是县域、县级市（区）。如果从更小的经济区划看，例如考察地级市或县级市规模的区域经济发展，那么县区甚至村镇都可以成为发展主体。

我们认为，无论是哪一级的区域经济区划，其内部的运行机制都应该是基本统一的，即在政府统筹协调的前提下，以城乡融合、城乡联动为基础，发挥经济轴、经济带的引领作用，实现经济区与城市群的耦合发展。其逻辑关系如图 1 所示。

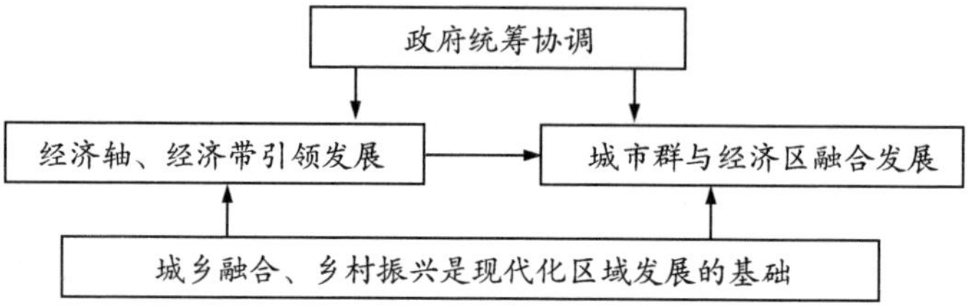

图 1　现代化区域发展体系的运行机制

三、现代化区域发展体系的发展趋势

（一）农村向小城镇、卫星城发展

农村发展的基础是人口、土地、资本等要素合理的流动。随着城镇化进程的深入，农村居民迁移到城市的速度会逐步下降，最终会稳定下来。在此过程中，随着人口向城市转移，耕地大规模的流转成为可能；同时，空心村现象也为农村新社区（即农民集中居住地）的建设提供了便利条件，而农村新社区会带来耕地面积的增加，也为城市、城镇建设用地指标的增加提供了可能，这也是建设用地增减挂钩政策的目的。目前的关键是“三块地”的变革，如果能够合理安排农村集体建设用地、宅基地、农用地外加承包地、农村住房处置权改革，那么农村居民的资本产量就会转变为现金流量，从而为农村向小城镇、卫星城发展提供条件。

（二）经济轴、经济带向城市带、城市群发展

最初经济轴、经济带的形成也与交通密切相关，随着高速铁路、高速公路、机场建设的完善，人流、物流的时间成本会下降，而人口居住点之间的经济联系（产业分工与合作）会逐渐增加，这也为城市规模扩大、城市之间距离缩短提供了可能性。典型的例子是长株潭城市群，从长沙到株洲乘高铁只需要不到 30 分钟，长沙到湘潭最快只需要 15 分钟，株洲到湘潭同样不超过 30 分钟，即使是开车，也仅仅需要 1 个小时左右。长沙、株洲、湘潭本来是 3 个独立的“点”，现在则被融合成了一个城市群。

(三)城市群向大规模、一体化方向发展

目前,我国城市群数量非常多,但实力并不强,有些城市群仅仅停留在概念上,城市群里面的城市之间的联系并不密切。有一种看法认为,城市群里面一定有一个核心城市或特大型城市作为支撑,其他城市围绕其发展,但这只是城市群的一种形态。考察世界各国的城市群,有的是单核带动,如美国大西洋沿岸城市群,明显以纽约为中心;也有双核驱动,如日本关西地区城市群,以大阪和神户为双核;个别城市群里的城市成员实力相当,虽然没有明确的核心,但也可以分工合作。基于认识的偏颇,很多地方开始谋划或争取特大型城市的资格,强行通过行政的力量扶植某一个城市(通常是省会或其他核心城市),但这种努力未必符合市场演化规律,使得结果事倍而功半。

四、胶东经济圈的区域发展基础

(一)县域经济的强力支撑

2019 年全国综合实力百强县中,山东省占据 13 席,仅次于江苏和广东。百强县依次为龙口、荣成、滕州、招远、莱州、广饶、新泰、肥城、青州、桓台、昌邑、齐河、禹城。其中龙口、荣成、招远、莱州、青州五县市均属胶东经济圈。县域经济的强大也给区域经济发展模式提供了更加丰富的选择,这意味着区域经济区划的核心单元并不一定是地级市,县级市同样可以作为核心单元。以龙口为例,如果能给予更多的政策支撑,一定会加强它与周边地区如栖霞、招远、蓬莱等地的经济联系,形成一个新的经济增长点。

(二)较强的核心城市带动

从 GDP 来看,2020 年青岛和济南是山东省仅有的两个 GDP 总量过万亿的城市。人均 GDP 也是如此,青岛和济南均超过了 10 万元。这两个城市的城镇化率也排在山东省前两位,均在 70%以上。此外,青岛和济南城镇居民人均可支配收入均超过 5 万元。也就是说,多数指标可以证明青岛和济南在山东省的地位,因此,青岛足以成为胶东经济圈的核心城市。

(三)与省内其他经济圈的比较

胶东经济圈是山东乃至中国北方经济活力强、开放程度高的区域。胶东 5 市同处胶东半岛,地缘相接,人缘相亲,经济相融,文化相通,具有人口和经济体量的优势。据统计,2019 年胶东经济圈 5 市人口占全省的 31.6%,生产总值占全省的 42.2%,对外贸易占全省的 64%,利用外资占全省的 67.3%,财政收入占全省的 43.3%。由此可见胶东经济圈经济实力较强,外贸方面突出。

五、胶东一体化面临的问题

（一）产业结构趋同，未能完全发挥区域经济特色

胶东经济圈仍存在区域内城市之间产业结构趋同等问题，并未完全体现各自的优势。以港口为例，2019年全国港口货物吞吐量排名中，青岛港位居第5位，日照和烟台分居第8位和第9位。前10位中山东占据了3个，但这3个港口（群）的货物吞吐量总和（14亿吨）才略微超过宁波舟山港（11亿吨），而集装箱吞吐量唯有青岛港进入了前10位。可喜的是，山东省港口集团已经着手组建，有利于整合青岛港、烟台港、日照港和渤海湾港四大港，此举措有利于统筹全省港口发展。

（二）快速交通体系尚需完备

胶东经济圈以青岛为中心的高速公路、高速铁路网络基本成型，但仍需改进。目前，青岛到济南铁路最快1小时40分钟到达，高速公路则需要4.5小时。然而，除这两个核心城市外，山东省几乎任何一个城市到另一个城市都不算快捷。这种不方便直接带来了较大的交易成本。当然，随着鲁南高铁及郑徐高铁的开通，这种情况会有所改变。

（三）城乡融合还有很大潜力

随着乡村振兴战略的实施，农村释放的生产力和经济活力将给予区域经济更多助力。目前的区域发展规划侧重于城市群的建设，但城市群实力增加、规模扩大一方面要依赖于政府规划的推进，另一方面需要人口增加，而人口增加显然不能依赖人口自然增长率，而是要依赖人口流入。以青岛为例，2020年城镇人口规划为1400万人，2030年规划人口为1800万人，10年内要增加400万人，相当于一个大型城市。同样，其他都市圈、都市区、发展带都要增加人口，这些人口皆需来自农村居民的迁出，也就是说，城市群规划的落脚点实际上是农村。

六、从现代化区域发展体系角度推进胶东一体化建设

（一）胶东一体化建设要着眼于全省和全国人口的流动趋势

目前，从全省来看，人口流动的趋势无非是两个：一个是向济南流动，一个是向胶东各城市流动；从全国来看，总趋势是从西北部跨胡焕庸线向东南流动。而胶东半岛靠近大海，气候宜人，同时半岛内陆也有较广阔的腹地，足以容纳庞大数量的人口。另外，从生活习惯来看，胶东半岛最高纬度为38度，最低为34

度，而我国高纬度地区的人口并不适应纬度过低地区的气候。也就是说，从天水、宝鸡、西安、洛阳、郑州、商丘、徐州一线以北的人口更加适宜在胶东半岛生活，可以说胶东半岛足以吸引全国三分之一以上的人口，这应该是我们努力的方向。

（二）胶东一体化的"菱形风筝"框架

考虑到山东半岛的地理特征，胶东经济圈一体化发展要从外围向中心突破。如果欲实现一体化，则可以建立一个涵盖沿海城镇带的"菱形风筝"框架，辐射整个半岛地区。"菱形风筝"的左上边为蓬莱—龙口—莱州—昌邑—潍坊轴线；左下边为潍坊—高密—胶州—青岛轴线；右下边为青岛—即墨—海阳—乳山—荣成轴线；右上边为荣成—威海—烟台—蓬莱轴线；菱形的两条对角线分别为潍坊—平度—莱西—莱阳—文登—荣成轴线以及烟台—莱阳—莱西—即墨—青岛轴线；而风筝的线则是日照—青岛轴线。该框架其实已经初具规模，也符合《山东省沿海城镇带规划（2018～2035 年）》的要求。从目前来看，菱形的四条边发展较快，由于两条对角线位于内陆，且有丘陵地形为阻碍，故发展缓慢。考虑到半岛的地形，应该加强南北之间的快速通道建设，深度沟通烟威地区内部以及烟威与青岛的联系。

（三）加快土地制度变革，稳步推进乡村振兴

我们认为，乡村振兴的焦点不在于寻找项目，而在于盘活沉睡的土地资本。"三块地"改革中，较为容易推进的是农村集体建设用地的上市，因为其不涉及土地使用用途的改变。有难度的是农村土地征用改革和宅基地制度改革。农村土地征用改革的难点在于农村土地的集体所有性质以及土地用途转变：一方面集体所有的性质很容易变成村委说了算，容易侵害农民的利益；另一方面，土地征收时是按照原土地用途（如耕地）的价值征收的，但变为建设用地后价值无疑要增加很多。我们认为，失去土地的农民应该参与土地增值收益的分配。一个思路是将征用土地进行招标，招标所得按比例分配给被征地农民。宅基地制度改革的难点在于：宅基地究竟可以在多大范围内流通。如果宅基地只能在本村集体内流转，则必将大大限制其潜在价值。让宅基地在更大范围的市场流转，并不违背市场经济规律和国家的基本法律，因为流转的仅仅是使用权而不是所有权。

参考文献

1.曲建忠、张海伟:《环黄海经济圈次区域经济合作对山东经济发展的影响分析》,《山东社会科学》2007 年第 12 期。

2.冯雷、王柏:《加快构筑省会城市群经济圈 推动山东“一体两翼”区域格局的形成》,《山东经济战略研究》2007 年第 11 期。

3.葛金田:《东亚经济圈视角的山东半岛城市群研究》,《济南大学学报》(社会科学版)2006 年第 5 期。

4.单华阳:《浅谈山东半岛经济圈建设中的人才资源开发问题》,《理论学刊》2003 年第 5 期。

5.韩立民、孙永利、张鹏:《“环黄海经济圈”与山东经济发展》,《经济管理》2002 年第 15 期。

6.范爱军:《黄海经济圈合作与山东的对策》,《当代亚太》1999 年第 5 期。

RCEP对山东自贸试验区的影响及建议

王玮*

【摘要】本文通过论述自贸试验区的内涵、建立背景，明晰我国建立自贸试验区的重要功能之一是先行先试国际高水平经贸规则，为我国参与国际经贸规则制定提供制度成果，从而为我国对外贸易提供相对公平、稳定、可预测的外部环境，促进我国经济贸易发展。RCEP生效将为我国区域贸易提供稳定、可预测的外部环境，山东自贸试验区应抢抓机遇，积极与RCEP规则接轨，促进山东经济贸易发展，以此为基础，积极研究"RCEP+"议题，推动达成更高标准自由贸易协定。

【关键词】自贸试验区；RCEP；制度型开放

一、自由贸易试验区内涵

在论文、文件、媒体报道以及实践中，我们常会看到自由贸易区、自由贸易园区、自由贸易试验区、自由贸易港等名称，它们之间既有联系，也有区别，我们通过各自定义，明晰自由贸易试验区的内涵。

（一）自由贸易区

自由贸易区（Free Trade Area，FTA）是指两个以上主权国家或单独关税区通过签署协定，在世贸组织最惠国待遇基础上，相互进一步开放市场，分阶段取消绝大部分货物关税和非关税壁垒，改善服务和投资市场准入条件，形成贸易和投资自由化区域，涵盖自由贸易协定所有成员的全部关税领土，如中国—东

---

* 王玮，山东商务职业学院经济管理学院讲师。

盟自由贸易区、中韩自由贸易区。

(二)自由贸易园区

自由贸易园区(Free Trade Zone,FTZ)是指在某一国家或地区境内设立实行优惠税收和特殊监管政策的小块特定区域,我国尚无与自由贸易园区完全对应的区域,有点类似于保税区、出口加工区、保税港等。

(三)自由贸易试验区

自由贸易试验区(以下简称"自贸试验区")是指我国在境内设立的特殊区域,先行先试国际高水平经贸规则,以制度创新为核心,以可复制、可推广为基本要求,以高质量发展为目标,以防控风险为底线,在加快政府职能转变,促进投资自由化、贸易便利化、金融国际化等方面先行先试,为深化改革和扩大开放探索新途径、积累新经验。

自贸试验区脱胎于自由贸易区和自由贸易园区,目标是自由贸易港。

(四)自由贸易港

自由贸易港是指设在一国(地区)境内关外、货物资金人员进出自由、绝大多数商品免征关税的特定区域,其开放范围、领域、层次与自贸试验区相比具有质的飞跃,是目前全球开放水平最高的特殊经济功能区,如海南自由贸易港。

党的十九大报告明确提出"赋予自由贸易试验区更大改革自主权,探索建设自由贸易港",这为中国自贸试验区的深化改革指明了方向。

二、中国自贸试验区建立的背景

中国自贸试验区建立的重要功能之一是先行先试国际高水平经贸规则,为我国参与国际经贸规则制定提供制度成果,从而为我国对外贸易提供相对稳定的外部环境,促进我国对外贸易发展。

(一)外部环境稳定对一国经济发展至关重要

外部环境稳定对一国经济发展至关重要,外部环境决定了一国开放政策及其增长效果。这在外国已有很多研究。

Kyle Handley and Nuno Limao 研究表明,由于美国给予中国不确定的贸易和外部环境,使中国外贸企业利润减少 50%,出口减少 22%。因此,政策不确定就可以减缓中国贸易,从而减缓中国经济增长速度。①

---

① Handley, K., & Limo N., Policy Uncertainty, Trade and Welfare: Theory and Evidence for China and the United States. *World Scientific Book Chapters*, 2013:19376.

Michael A. Clemens and Jeffrey G. Williamson 通过理论与实证研究证明，加入 WTO 能降低贸易环境不确定性，从而提高贸易量和国民福利。[①]

国际贸易法学主要创始人之一施米托夫认为，如果东西方国家之间的竞争采取贸易形式而不是武装冲突或冷战方式，那么国际贸易统一法就应担负起制定所有参加者都必须遵守的"比赛规则"的任务，作为实现和平共处的必要条件。而法学家们并不惧怕挫折与失败，正在缓慢构筑地区性和全球性国际组织框架，犹如正在树立高耸于世界每个城市中摩天大厦的钢梁[②]。

(二)WTO 多边贸易体制为各国对外贸易提供稳定外部环境

二战后，各国为避免重蹈战争覆辙，总结国际贸易发展历史中自由贸易和保护贸易的经验与教训，于 1995 年共同建立了世界贸易组织(WTO)，倡导各国实行有节制的自由贸易政策，特别是 WTO 争端解决机制保证了 WTO 法律的强制执行力，为各国提供了稳定的、可预测的外部贸易环境，大大促进了各国经济、贸易的发展。

我国于 2001 年加入世界贸易组织，这为我国对外贸易提供了相对公平、稳定、可预测的外部环境，极大地促进了我国经济、贸易的发展。

(三)自贸试验区先行先试高水平国际经贸规则

1995 年 WTO 规则更多反映了发达国家的利益，随着发展中国家经济实力的增强，他们需要 WTO 规则也反映自身的利益，因此，2001 年 WTO 启动新一轮多哈回合谈判，但由于发展中国家和发达国家利益分歧，谈判至今陷于僵局。各国转而采取区域经济合作或双边经济合作，希望在小范围内少数经贸关系密切的国家先达成经济合作协定，满足贸易发展的现实需要。

发达国家主导的《全面与进步跨太平洋伙伴关系协定》(CPTPP)等协定代表了新一代高水平经贸规则，中国不在其中，中国企业参与国际竞争将面临新的限制，国际竞争力将被削弱。为避免这些开放规则危及我国经济安全，我国建立自贸试验区，在小范围内先行先试高水平国际经贸规则，把拿捏不准、存在争议的谈判难点，先在自贸试验区局部试点，通过压力测试和效果评估，为我国参与国际经贸规则制定提供制度成果，同时为我国对外贸易提供稳定的外部环境。

---

① Clemens, M., & Williamson, J., A Tariff—Growth Paradox? Protection's Impact: The World Around 1975-1997, *NBER working paper*, 2001:8459.

② 余劲松、吴志攀主编:《国际经济法》，北京大学出版社、高等教育出版社 2000 年版。

三、RCEP 简介

《区域全面经济伙伴关系协定》(RECP)于 2022 年 1 月 1 日正式生效，成员包括东盟 10 国、中国、日本、韩国、澳大利亚和新西兰共 15 国。RCEP 不仅包括 WTO 传统规则，还包括原产地累积原则、电子商务、知识产权、服务贸易规则等新规则。

RCEP 是 WTO 多边贸易谈判未果的情况下，区域成员为适应高水平经贸发展签署的区域合作协定，能为 15 个成员提供相对稳定、可预测的外部贸易环境，促进各国经济发展。

四、RCEP 赋能山东自贸试验区发展的新机遇

(一)货物贸易自由化水平高

1.关税大幅度减让

RCEP 生效后，成员国之间 90%的货物贸易立即零关税或 10 年内零关税，能显著降低产品成本和价格，促进各成员国贸易发展。

实践中，某一具体商品可以使用多个自贸协定，比如中国与韩国的进出口货物，既可以使用中韩自贸协定，也可以使用 RCEP 协定，企业可以登录中国自由贸易区服务网进行查询比较，自主选择税率最低的自贸协定，享受最大优惠力度。

2.原产地采用累积规则

原产地累积规则(ACU)是 RCEP 货物贸易领域最显著的成果之一，它是指在确定产品原产资格时，可将 RCEP 其他成员国的原产材料累积计算，使产品贸易达到区域价值成分不少于 40%的原产地标准，从而获得优惠关税。

例如，我国组装的十座以上客运小汽车(HS:8702)出口至韩国，在不同自贸协定原产地规则下，其原产国不同，见表 1。

表 1　产品成本明细表

原材料名称	HS 编码	原产国	每辆汽车所含原材料单价(美元)
发动机	8407	日本	3800
座椅	9401	韩国	1000
车身、轮毂	8708	东盟	1000
轮胎等	4011	澳大利亚	2000
车灯等	8512	中国	1500

续表

原材料名称	HS编码	原产国	每辆汽车所含原材料单价(美元)
其他零件	—	不详	500
客运小汽车(最终产品)	8702	每辆客运小汽车FOB价10000美元	

资料来源:12360海关热线。

在中韩自贸协定下,该产品原产地标准为“区域价值成分不少于50%”,计算如下:

RVC=(1000+1500)÷10000=25%<50%,不满足该产品原产地标准,不能享受中韩自贸协定的优惠关税。

在RCEP协定下,该产品原产地标准为“区域价值成分不少于40%”,计算如下:

RVC=(3800+1000+1000+2000+1500)÷10000=93%>50%,满足该产品原产地标准,可以享受RCEP优惠关税。

借助RCEP原产地累积规则,企业可以按照资源最优配置原则,在RCEP成员国拓展原料和零部件采购渠道,提升采购灵活性。

3.贸易便利化水平提高

RCEP贸易便利化水平超过WTO《贸易便利化协定》水平,主要内容如下:

预裁定,即RCEP成员国对税则归类、原产货物、确定完税价格方法等进行预裁定。

抵达前处理,即RCEP成员国允许提交货物进口所需文件和信息,在货物抵达前开始处理,加快货物放行。

简化海关程序,即RCEP成员国对一般货物争取48小时放行,对快运货物、易腐货物争取6小时放行。

实施信用管理,即RCEP向经认证的经营者(AEO)提供额外的贸易便利化措施,至少包括以下七项中的三项:降低单证和数据要求、降低实地检验比例、加快放行时间、延迟支付关税等费用、使用综合担保或减少担保、进行一次性海关申报、在经认证的经营者场所或海关批准的另一地点办理货物通关。

(二)服务贸易更高水平开放

1.中国服务贸易开放情况

中国新增11个服务贸易领域开放,包括管理咨询相关服务、制造业相关服务、专业设计服务、养老服务、体育娱乐服务、客运服务、市场调研服务、人员安置服务、美容美发服务、建筑物清洁服务、印刷服务。

中国提高12个服务贸易领域开放承诺水平，包括法律服务、建筑工程服务、环境服务、保险服务、银行服务、证券服务、海运及相关服务、航空器维修和计算机订座系统服务、房地产服务、广告服务、软件执行服务、口译笔译服务。

2.其他成员服务贸易开放情况

日本服务贸易开放水平最高，达到在CPTPP的承诺水平；韩国、澳大利亚服务贸易承诺水平高于中韩、中澳自贸区水平；东盟服务贸易开放水平整体高于WTO、中国—东盟自贸区水平。

（三）投资更高水平开放

RCEP投资协定是亚洲最大的投资协定，采用负面清单，增加透明度和确定性。我国首次对制造业、农业、林业、渔业、采矿业5个领域做出高水平自由化承诺；在制造业方面，日本、澳大利亚和新西兰除少数敏感领域外，基本全面开放；在农、林、渔和采矿业方面，各方总体开放；各方做出棘轮承诺，即改革开放的车轮滚滚向前，不会倒退。

（四）自然人临时移动

RCEP人员自由流动的便利性超过了各国之前的自贸协定，自然人临时移动范围扩展至各国投资者、公司内部人员、合同服务提供者、随行配偶及家属等，享受居留权利和签证便利。

（五）提升知识产权保护水平

RCEP知识产权协定在WTO基础上全面提升区域内知识产权保护水平，包括著作权、商标、地理标志、专利、工业设计、遗传资源、传统知识和民间文学艺术、反不正当竞争、国名、知识产权权利实施、合作与磋商、透明度、过渡期和技术援助等广泛领域。

（六）电子商务规则水平较高

RCEP电子商务协定是亚太首个全面的、水平较高的电子商务规则，包括无纸化贸易、电子认证和电子签名、线上消费者保护、线上个人信息保护、网络安全、跨境电子商务等条款，具有开拓意义。

综上所述，山东自贸试验区应在RCEP提供的稳定外部贸易环境下，抢抓上述发展机遇，引领山东经济贸易发展。

五、RCEP生效后山东自贸试验区面临的新挑战

（一）《山东自由贸易试验区条例》与RCEP规则存在较大差距

RECP已生效，包括山东自贸试验区在内的中国全关境都要实施RCEP规

则，山东自贸区法律法规需要积极与 RCEP 规则接轨。《山东自由贸易试验区条例》在创新驱动、海洋经济、中日韩区域经济合作、营商环境、国际贸易单一窗口、投资、金融等方面有相应条例，但与 RCEP 规则相比仍存在较大差距，需要对标 RCEP 规则，实现接轨。

（二）中国自贸试验区之间竞争不可避免

RCEP 规则无排他性地适用中国全关境，21 个国内自贸试验区之间的竞争不可避免，同时自贸试验区与普通关境之间的竞争也不可避免。各自贸试验区应发挥特色优势，相互学习，主动服务国家战略。

六、促进山东自贸试验区发展的建议

（一）山东自贸试验区应充分利用 RCEP 提供的稳定的外部贸易环境和优惠政策

根据国家赋予山东自贸试验区的使命定位，山东自贸试验区企业应充分利用 RCEP 提供的稳定、可预测的外部贸易环境，抓住协定高水平降税优惠，根据原产地累积规则优化、拓展中间品采购渠道进而获得原产资格享受优惠关税，利用贸易便利化措施，降低成本；充分利用 RCEP 成员国在服务贸易、投资、知识产权、电子商务等领域更高水平开放承诺，积极开展与 RCEP 其他成员国研发、投资合作，促进自主创新，稳妥开发 RCEP 跨境电商新蓝海。

（二）山东自贸试验区各片区应主动加强合作

山东自贸试验区的济南、青岛、烟台片区应主动沟通，协调分工与合作，避免自相竞争，削弱整体实力；积极借鉴中国其他自贸试验区和世界其他国家自由贸易园区发展经验，为推动山东自贸试验区发展提供参考。

（三）山东自贸试验区应发挥制度型开放引领作用，积极与 RCEP 规则接轨

当前国际经贸规则从传统边境开放向境内制度开放延伸，自贸试验区作为制度型开放的支点和试验田，其改革实践引领制度型开放。山东自贸试验区应发挥制度型开放引领作用，通过法规的废改立行，积极与 RCEP 规则接轨，切实履行 RCEP 协定。

（四）山东自贸试验区应提供优质便利服务，帮助企业充分享惠、避险

山东自贸试验区应深入开展 RCEP 宣介培训工作，帮助企业用好协定优惠政策；推动制定对接 RCEP 的具体政策措施，为企业提供优质便利服务；引导企业增强合规意识，重视风险应对，收集企业的困难和问题，及时反馈推动解决。

(五)山东自贸试验区应积极研究“RCEP+”议题,推动达成更高标准自由贸易协定

山东自贸试验区作为与韩国、日本经贸合作的桥头堡,应在与日韩经贸合作中积累制度创新成果,在RCEP基础上助力达成中日韩自贸协定;山东自贸试验区也应以RCEP规则为基础,先行先试中欧投资协定、CPTPP等更高水平经贸规则,积极进行压力测试和效果评估,推动达成更高标准自由贸易协定。

参考文献

1.赵维田:《世贸组织(WTO)的法律制度》,吉林人民出版社2000年版。

2.尹晨、周思力、王祎馨:《论制度型开放视野下的上海自贸区制度创新》,《复旦学报》(社会科学版)2019年第5期。

3.李光辉、王芮:《我国自贸区建设的成就与今后重点发展方向》,《国际贸易》2017年第7期。

4.袁波、李光辉:《新时期自由贸易试验区建设的重要作用与对策研究》,《国际贸易》2015年第10期。

5.赵玉蓉:《从中国(上海)自贸试验区建设看我国渐进式制度性对外开放路径》,《市场周刊》(《理论研究》)2015年第4期。

6.《商务部国际司负责同志解读RCEP》(一),《国际商报》2020年11月16日。

7.商务部国际贸易经济合作研究院:《区域全面经济伙伴关系协定》,《(RCEP)对区域经济影响评估报告》,2021年。

胶东经济圈一体化的优化建议

张秀丽　刘刚　姚鹏*

【摘要】胶东经济圈是促进山东省乃至中国经济高质量发展的重要经济增长极，但是与京津冀、长三角和粤港澳相比，胶东经济圈的发展相对落后。因此，本文对胶东经济圈一体化进程提出相关优化建议。

【关键词】胶东经济圈；一带一路；一体化

经济增长极是支撑中国经济高质量发展的重要平台。① 作为山东省重点打造的经济增长极，胶东经济圈位于山东半岛沿海地区，面向日韩，有着对外开放的天然优势。作为区域协调发展的重点地区，依据我国区域协调发展和"一带一路"建设要求，胶东经济圈承担着推进区域一体化建设，深度融入"一带一路"建设的重要任务，需要以上海合作组织地方经贸合作示范区为带领，打造"一带一路"国际合作新平台。基于此，本文将对如何推进胶东经济圈一体化进程提出系统的对策建议。

一、破除体制机制约束优化服务

深入实施创新驱动发展战略，深化胶东经济圈创新合作，完善体制机制创新，优化营商环境，引进优秀人才，破除体制机制约束，健全区域协调发展体制机制，构建开放型区域协同创新共同体。

---

* 张秀丽，曲阜师范大学日照校区图书馆馆员；刘刚，曲阜师范大学经济学院院长、教授；姚鹏，曲阜师范大学经济学院副教授。

① 参见毕一方：《区块链在医疗保障一体化档案管理中的应用——以胶东经济圈医疗保障一体化为例》，《中国档案》2020 年第 10 期。

（一）完善体制机制创新

坚持创新在现代化建设全局中的核心地位，深入实施创新驱动发展战略，完善科技创新体制机制。构建以青岛市为科技创新策源地，烟台、威海、潍坊、日照等市为支点的创新共同体。加强科技创新合作，实施有利于胶东五市人才、资本、信息、技术等创新要素跨市流动和区域融通的政策举措，共建大数据中心和国际化创新平台。设立胶东五市产学研创新联盟、半岛科创联盟，鼓励科研机构参与科技创新合作，共同举办科技创新活动，共建国家级科技成果孵化基地，提升济青烟国家科技成果转移转化示范区建设水平，建设省级乃至国家级科技成果孵化基地转化平台。

（二）优化营商环境

加快转变政府职能，发挥市场在资源配置中的决定性作用，减少行政干预，加强市场综合监管，形成稳定、公平、透明的一流营商环境，推动有效市场和有为政府更好结合。创新“互联网＋政务服务”模式，加快清理整合分散、独立的政务信息系统，打破“信息孤岛”，有效整合审批、服务、执法等行政资源力量，提高行政服务效率。[①] 加快胶东五市社会信用体系建设，探索依法对区域内企业联动实施信用激励和失信惩戒措施。胶东五市应推广“线上一网通办、线下异地可办”，并推出跨市跨部门办事结果“一窗通取”，实现开办企业全程“最多跑一次”，开创胶东经济圈政务服务“区域通办”的新模式。

（三）优化人才服务

大力引进高端人才，着力把握产业转型升级方向，引导和吸引人才向相关行业聚集。加大对高校、科研院所、企业采取灵活引进人才的支持力度。完善人才激励机制，健全人才双向流动机制，为人才跨地区、跨行业、跨体制流动提供便利条件，充分激发人才活力。建立胶东五市城市大学联盟和博士后平台协作联盟，搭建院士共享机制和人才引进政策共享机制，推动五市科技和学术人才交流互动。实现胶东经济圈优秀人才的住房公积金、医疗保险等政策跨市便捷使用，为优秀人才提供住房等补贴或提供人才公寓，取消购房贷款职工户籍地限制。

二、构建具有国际竞争力的现代产业体系

深化供给侧结构性改革和区域合作，着力培育发展新产业、新业态、新模

① 参见潘文卿、李子奈:《三大增长极对中国内陆地区经济的外溢性影响研究》,《经济研究》2008 年第 6 期。

式,有序发展“飞地经济”,协同发展以先进制造业、海洋新兴产业、高端服务业、现代农业为重点的湾区经济,促进产业优势互补、紧密协作、联动发展,构建具有国际竞争力的现代产业体系。

(一)加快发展先进制造业

围绕加快建设制造强国,完善胶东五市制造业创新发展生态体系。推动互联网、大数据、人工智能、数字赋能等新一代信息技术和实体经济深度融合,大力推进制造业转型升级和优化发展,加强产业分工协作,促进产业链上下游深度合作,建设具有国际竞争力的先进制造业基地。推动制造业智能化发展,助推制造业转型升级,胶东经济圈在青岛成立工业设计产业联盟。充分发挥青岛核心城市辐射带动作用和青岛市工业互联网发展的先行优势,加快海尔卡奥斯、酷特智能等工业互联网平台在五市及全国的推广应用,建设国家跨行业跨领域工业互联网平台,支持胶东五市创建国家级工业互联网平台先行示范区。

(二)大力发展海洋新兴产业

坚持陆海统筹、科学开发,加强胶东五市错位协同发展,拓展蓝色经济空间,培育形成以青岛市为龙头、湾区经济为带动、临港经济为支撑的产业功能布局,打造世界先进的海洋科教核心区和现代海洋产业集聚区。优化提升海洋渔业、海洋交通运输、海洋船舶等传统优势产业,培育壮大海洋生物医药、青岛烟台海洋工程装备制造、威海海洋生物与健康食品、潍坊动力装备、海水综合利用等新兴产业,加快发展港口物流、威海及日照海洋生态牧场和胶东滨海旅游、海洋信息服务等海洋服务业,充分发挥胶东五市的海洋优势,构建海洋产业联盟,促进胶东五市海洋产业形成发展合力,培育具有国际竞争力的涉海产业集群。

(三)大力发展现代农业

青岛、威海作为国家现代农业示范区,发展优势突出,烟台苹果、潍坊蔬菜、日照绿茶等产品特色鲜明、驰名全国,现代农业发展均走在全省前列。应强强联合,充分发挥各自优势,携手走共融发展、差异化发展、绿色发展、现代化发展和开放发展之路,为全省现代农业发展趟出新路子。胶东五市实施胶东经济圈农业一体化发展战略、农产品供销一体化发展战略,开展胶东经济圈农产品展销会,为促进胶东半岛经济圈农产品一体化发展提供有力支持。以国家现代化海洋牧场综合试点、潍坊国家农业开放发展综合试验区建设为引领,打造一批高水平的现代农业示范区。

三、紧密合作构建开放型经济新体制

深化胶东五市合作,提升市场一体化水平,全面对接国际高标准市场规则体系，加快构建开放型经济新体制，形成全方位开放格局，共创国际经济贸易合作新优势，为全面深化日韩合作、建设高水平对外开放平台和深入“一带一路”建设提供强有力的支撑。

（一）全面深化日韩合作

推动与日韩企业建立战略联盟，共同开辟“一带一路”东西国际大通道。健全完善山东—日本经济咨询顾问委员会机制，推动经济咨询顾问常态化发挥作用，促进鲁日经贸和技术人才合作。探索实施威海—仁川“四港联动”新模式，在更大范围抓好复制推广。支持青岛市建设中日韩地方经济合作示范城市，高标准建设中韩（烟台）产业园、威海中韩自贸区地方经济合作示范区。支持青岛市、烟台市开展中日韩金融合作互惠，依规开展人民币海外基金业务。加强中日、中韩海关间“经认证的经营者”互认合作。强化优势互补，支持胶东五市与日韩共同开拓第三方市场。

（二）建设高水平对外开放平台

建设高水平中国（山东）自由贸易试验区，建立完善口岸联络协调机制，加强口岸跨市协作，推动通关一体化便利化。加强胶东五市港口国际合作，与相关国家和地区共建港口产业园区，建设区域性港口联盟。支持在有条件的海关特殊监管区域开展保税研发业务。将青岛、烟台保税港区等优化为综合保税区。建设跨境经贸合作网络服务平台，助力企业走出去开拓国际市场。支持青岛、威海国家跨境电商综试区落实零售进出口政策，支持烟台市设立国家跨境电商综试区，支持威海市深化国家服务贸易创新发展试点建设。

（三）深度融入“一带一路”建设

以中国—上海合作组织地方经贸合作示范区为引领，共同参与“一带一路”建设，深化与相关国家和地区基础设施互联互通、经贸合作及人文交流，打造“一带一路”国际合作新平台。建立以“一单制”为核心的多式联运服务体系，完善山东省中欧班列运营平台，建设东联日韩、西接欧亚大陆的国际大通道。支持青岛市和烟台市打造海上合作战略支点、威海市打造中韩物流枢纽、潍坊市打造国际动力城、日照市打造中亚航贸服务中心。依托青岛胶东国际机场高水平建设胶东临空经济示范区。

四、加快基础设施互联互通

加强基础设施建设，提升胶东五市内部联通水平，推动形成布局合理、功能完善、衔接顺畅、运作高效的基础设施网络，构建现代化综合交通运输体系，完善提升信息基础设施，提高能源协同保障水平和建设重大水利工程，为胶东经济圈的经济社会发展提供强有力的支撑。

（一）构建现代化综合交通运输体系

聚力打造青岛国际性综合交通枢纽、烟台和潍坊全国性交通枢纽、威海和日照区域性交通枢纽。加快青岛胶东国际机场建设、烟台机场改扩建、威海和潍坊机场迁建工程建设，统筹航线网络布局，加密空中洲际直航航线，打造东北亚运输机场群。积极推进干线铁路、城际铁路、市域（郊）铁路等引入机场，提升机场集运输能力。以连通胶东五市内部为重点，构建以高速铁路、高速公路和城市轨道为主体的快速交通网络，构建胶东五市衔接一体的综合立体交通网络。规划建设京沪高铁二通道山东段、潍坊至烟台、青岛至诸城、莱西至荣成等重大铁路项目，加快推进济潍高速、青岛新机场高速、明村至董家口等高速公路规划建设，形成高速铁路“半岛环”和高速公路“一张网”，打造胶东“1 小时经济圈”。

（二）完善提升信息基础设施

建设胶东五市互通的公共应用平台，构建全面覆盖、泛在互联的智能感知网络以及智慧城市时空信息云平台、空间信息服务平台等信息基础设施，大力发展智慧交通、智慧市政、智慧社区、智慧城市群。推进电子签名证书互认工作，推广电子签名互认证书在公共服务、金融、商贸等领域的应用。共同推动胶东五市电子支付系统互联互通。建立健全网络与信息安全信息通报预警机制，加强实时监测、通报预警、应急处置工作，构建胶东五市网络安全综合防御体系，提升网络安全保障水平。

五、建设宜居宜业宜游的优质生活圈

坚持把实现好、维护好、发展好最广大人民根本利益作为发展的出发点和落脚点，积极拓展胶东经济圈在教育、就业、社会保障、旅游等领域的合作，共同打造宜居宜业宜游的优质生活圈。

（一）深化教育医疗合作

加快胶东五市优质基础教育数字资源共建共用，支持区域内高校协同推进“双一流”建设，支持青岛市、潍坊市建设职业教育创新发展示范区。加强学校建设，扩大学位供给，进一步完善跨区域就业人员随迁子女就学政策，推动实现平等接受学前教育、义务教育和高中阶段教育，确保符合条件的随迁子女顺利在流入地参加高考。加强医疗卫生人才联合培养和交流，完善胶东五市二级以上医疗机构医学检验结果互认和双向转诊合作机制，推动医保支付政策统筹衔接，完善跨市异地住院联网即时结算。①

(二)扩展就业创业空间

完善胶东五市区域公共就业服务体系，采取“5＋1”(胶东五市＋省人社厅的“5＋1”运行机制)模式搭建胶东区域化公共就业与人才服务合作平台，完善有利于大学毕业生就业生活的政策措施，扩宽居民就业创业空间，推动胶东半岛成为人才集聚的高地、创业创新的乐园，为区域协调发展、高质量发展提供人社支撑和保障，致力将胶东经济圈打造成为具有全国吸引力、东北亚影响力的就业创业宜业乐业之地。

(三)加快社会保障接轨衔接

实现胶东五市各类社会保障信息平台互联互通，推行区域内社保“一卡通”。推动养老服务有关待遇领取资格核查互认，鼓励共建养老服务设施。推动住房公积金转移接续和缴存信息互认，在尊重五市具体政策措施的基础上，取消区域内购房贷款职工户籍地限制，确保申请异地贷款的职工与申贷机构所在地贷款职工享有同等权益。依托省一体化在线政务服务平台和政务信息资源共享交换平台，实现户口迁移、普通护照异地申领等82项政务服务事项“一网通办”。

(四)构建文化旅游休闲胶东经济圈

建立胶东旅游城市合作联盟，联合开展城市整体大营销，举办大型旅游节会活动，推出系列产品线路，打造海上旅游、康养旅游、“国际葡萄海岸”旅游和仙境海岸旅游黄金带。弘扬红色文化、海洋文化、影视文化、开埠文化、传统民俗文化，推动胶东五市协同发展文化旅游产业，加快建设滨海文旅融合示范区，建立胶东经济圈文化旅游合作联盟。利用好上合示范区平台优势、自贸试验区等政策优势、胶东对接日韩地缘优势，打造“畅游胶东”服务品牌，提升胶东经济圈文化旅游国际影响力。

---

① 参见王法硕、张桓朋：《“互联网＋政务服务”优化地方营商环境了吗？——基于我国地级市面板数据的实证研究》，《电子政务》2022年第1期。

CPTPP 战略视角下山东省胶东经济圈开放型经济发展路径研究*

魏敏　辛禹辰**

【摘要】CPTPP 的加入，是应对当前国内外发展环境的新突破，有利于我国形成以国内大循环为主体、国内国际双循环相互促进的新发展格局。山东胶东经济圈是东接日韩、西接亚欧国际物流大通道的“东方桥头堡”，应紧紧把握国家加入 CPTPP 的重大战略机遇，积极应对 CPTPP 生效后对我省对外贸易带来的一系列挑战。因此，针对该问题，应该深入分析我国加入 CPTPP 后在国际贸易中面临的挑战，并结合国情制定各种新战略，寻找符合山东胶东经济圈开放型经济发展的新出路。

【关键词】CPTPP；胶东经济圈；区域合作；知识产权

一、CPTPP 申请加入的宏观背景

(一)外部环境：保护贸易主义抬头，多边区域合作迎难而上

近年来，美国、欧洲、东南亚、非洲等地区陆续出现区域经济整合的提议，北美自由贸易区(NAFTA)、欧盟(EU)、东盟(ASEAN)、亚太经合组织(APEC)等各种形式的区域经济一体化组织纷纷建立，多边区域经济合作的实效逐步显

---

* 本文为烟台职业学院横向课题项目“RCEP 背景下跨境电商带动纺织企业转型升级路径研究”(HX2021026)研究成果。

** 魏敏，烟台职业学院经济贸易系讲师；辛禹辰，烟台职业学院经济贸易系讲师。

现。[①] 2008 年金融危机以来，世界经济发展放缓，在贸易保护主义抬头、单边主义等不确定因素影响下，全球经济增长日趋乏力。加之新冠疫情和俄乌冲突双重影响，世界经济发展更是雪上加霜，深化国际区域间合作成为各国拉动经济增长的务实选择。美加墨贸易协议（USMCA）、全面与进步跨太平洋伙伴关系协定（CPTPP）、区域全面经济伙伴关系协定（RCEP）等超大自由贸易区逐渐形成。除北美自由贸易区（NAFTA）、欧盟自由贸易区（EU）、中国—东盟自由贸易区（ACFTA）等传统世界三大自由贸易区以外，欧盟—日本自贸协定（2018 年签署）、非洲大陆自贸区协议（2019 年签署）、英国—欧盟自贸协定、英国—韩国自贸协定（应对英国脱欧）正加快推进。这些自贸协定在推动世界经济新规则、新秩序的建立方面发挥了重要作用，逐渐成为全球贸易投资稳定的压舱石、经济治理新规则的试金石和多边贸易自由化的歇脚石。2021 年 9 月，中国正式申请加入 CPTPP，这是进一步推进制度型对外开放并向更高层次更高标准的 21 世纪贸易投资规则看齐的重大举措，是向 CPTPP 成员国释放善意的举动。中国加入 CPTPP，为经济全球化新一轮的发展注入活力，产生深远影响。[②]

（二）内部环境：中国经济转型升级新引擎

我国加入 WTO 后，中国经济飞速迈向国际化，取得的成就不言而喻，在国际化竞争和较量的进程中，中国经济发展也正经历着重大的变革。从供给侧改革、新旧动能转换到以国内循环为主体，国内国际双循环相互促进的新发展格局，适应经济全球化和我国国内经济发展"走出去""引进来"的现实需求应运而生。中国经济增长以往更多依赖于一些传统优势产业，比如纺织、服装、鞋类、玩具等，这些劳动密集型产业随着产业化、自动化的发展逐渐向现代制造业、智能装备制造业转型升级。在全面深化改革、优化产业结构转型时期，创新也成为驱动中国经济发展的新引擎之一。

二、CPTPP 的加入与胶东经济圈的发展机遇

（一）山东胶东经济圈对外贸易发展现状分析

2020 年，山东省委、省政府印发《贯彻落实〈中共中央、国务院关于建立更加有效的区域协调发展新机制的意见〉的实施方案》，明确提出实施省会、胶东、鲁南三大经济圈的区域发展战略，推动形成全省区域一体化发展新格局。胶东经

① 参见王爽：《"一带一路"战略视角下山东开放型经济发展路径研究》，《东岳论丛》2015 年第 11 期。

② 参见王辉耀：《申请加入 CPTPP，时间在中国一边》，《环球时报》2021 年 9 月 23 日。

济圈涵盖青岛、烟台、潍坊、威海、日照五市，省会经济圈包括济南、东营、滨州、淄博、泰安、德州、聊城七市，鲁南经济圈分别为临沂、枣庄、济宁和菏泽四市。

胶东经济圈位于山东半岛沿海地区，毗邻日韩，有着对外开放的天然区位优势，是山东省发展活力最大、开放程度最高的地区。贯穿发展所需的产业链、资金链、人才链、技术链全链条，区域间的"四链合一"，为未来的共同发展打下了"合体"基础。山东半岛蓝色经济区的GDP金额由2011年的45362亿元大幅增加至2019年的71067.53亿元。如表1所示，胶东五市GDP在全省中占比逐年增加，2019年胶东五市GDP占全省的42.2%，是山东"三圈"经济发展的"火车头"、对外开放的"领头雁"。因此，胶东五市的发展必然会带动周边经济圈发展。

表1　胶东五市2010～2019年占山东省GDP比重　（单位:亿元）

	2010	2011	2012	2013	2014	2015	2016	2017	2018	2019
山东省	39169	45362	50013	54684	59427	63002	67925	72634	76469	71067
胶东五市	16086	18389	20286	22091	23883	25589	28001	29744	31835	29996
比重(%)	41.1	40.5	40.6	40.4	40.2	40.6	41.2	41.0	41.6	42.2

在外贸方面，2019年山东省实现外贸进出口总值2.04万亿元，比上年增长5.8%。山东作为全国经济和外贸大省，主要与韩国、日本、中国香港等有着活跃的贸易。其中，外商直接投资发挥重要作用，特别在制造业的转型升级中起到了积极作用。主要表现在吸收外国的领先技术和研发能力，从而进一步提升竞争力。近年来，山东省积极参与国际分工，外贸结构不断优化，使外贸布局更趋多元化，对欧盟、东盟以及"一带一路"沿线国家的进出口也逐步增大，外贸新兴业态保持快速发展。

2020年，山东省《关于加快胶东经济圈一体化发展的指导意见》(鲁政发〔2020〕2号)指出面向区域产业结构转型升级、优化产业空间布局和统筹整合区域产业资源，构建开放引领的现代服务业体系，支持重点产业集群，做好与周边城市产业链、供应链协同，形成以国内大循环为主体、国内国际双循环相互促进的优势产业集群。[①] 为应对国内外环境的发展变化，科学整合区域产业资源，推

① 参见种昂:《山东构建胶东经济圈青烟威等胶东五市一体化发展》，2020年1月15日，https://baijiahao.baidu.com/s?id=1655765148236110479&wfr=spider&for=pc。

动地区繁荣发展，带动周边地区梯度进步，本文通过对胶东经济圈五市（青、烟、威、潍、日）10 年间的 GDP 总量排序，把胶东五市分为四个梯队：第一梯队为青、烟、潍；第二梯队为青、烟、威；第三梯队为青、潍、日；第四梯队由青、威、日组成。如表 2 所示。

表 2　胶东五市 2010～2019 年占山东省 GDP 比重　　（单位：亿元）

梯队划分	地区	2010	2011	2012	2013	2014	2015	2016	2017	2018	2019
第一梯队	青、烟、潍	13116	15064	16596	18041	19481	20917	22873	24223	25991	25083
第二梯队	青、烟、威	11970	13633	14921	16170	17485	18748	20532	21881	23476	22359
第三梯队	青、潍、日	9782	11372	12667	13927	15091	16141	17653	18888	20360	19379
第四梯队	青、威、日	8636	9941	10993	12056	13094	13972	15313	16546	17845	16654

资料来源：由《山东省统计年鉴》整理计算得出。

（二）CPTPP 的加入与胶东经济圈的发展机遇

CPTPP 是美国退出 TPP 后，由日本主导，加拿大、澳大利亚等 11 个国家签署的新贸易协定，2018 年 12 月 30 日宣布正式生效。与 TPP 相比，CPTPP 在全球的规模和影响力有所弱化，但其仍保留了 TPP 大部分原始条款。从新协议框架看，CPTPP 依旧是高标准、高水平的区域自由贸易协定。CPTPP 的生效对中国的外经贸环境将产生重大影响。[①] 这主要体现在以下几方面：

（1）关税减让。RCEP 在 10 年内降为零关税达到 90%，CPTPP 开放程度更大，大部分成员国零关税整体达到 95%以上，这意味着我国顺利加入 CPTPP 后，享受零关税优惠的货物数量因此会增加，从而促使中国与其他成员国贸易往来更加频繁密切，更深地参与全球价值链分工，进一步扩大贸易规模。因此，胶东五市企业可以充分发挥自身产业优势，积极参与全球价值链构建，助推企业活力。

（2）目前我国还未与加拿大、墨西哥两国签署相关的贸易协定，加入 CPTPP 之后，我国将填补这一空白。胶东经济圈可以充分利用此优势，扩大与两国的贸易往来。

（3）CPTPP 开放程度高，为适应高标准、高水平的贸易规则，我省将积极贯彻落实国家发展改革委、商务部公布的《市场准入负面清单（2020 年版）》，降低市场准入门槛，对全社会市场主体运行起到积极引导作用，进一步激发企业活力。

---

① 参见封安全：《新发展格局下中国加入 CPTPP 的策略思考》，《经济纵横》2021 年第 7 期。

(4)CPTPP不仅关税减免程度大,而且在高科技、知识产权保护、数据流动分析等方面标准更高,平台也更大。加入CPTPP对我省未来的服务业、高科技产业和数字经济都是一个巨大的提升机遇。

三、我国加入CPTPP后,胶东经济圈经济发展面临的挑战

(一)知识产权保护问题

加入CPTPP,一方面有利于中国经济向高水平、高质量迈进,促进高科技企业发展;另一方面,也面临知识产权、劳工规则和数字领域等方面的挑战。几十年以来,中国虽然在不断加强知识产权保护等相关制度的建设,但仍存在很多不足,与CPTPP的有关条款和规定存在一定差距。但这些条款内容与未来中国向高水平、高质量发展的方向是一致的。

(二)对汽车产业的挑战

随着CPTPP的生效,我国将在未来面对更大幅度的关税削减压力,国内汽车市场的开放程度会进一步提高,出口到CPTPP成员国的商品会遭受区别对待,我国汽车产业会面临较大的风险与挑战。[①] 胶东经济圈汽车产业也不例外,我省汽车产业国际竞争力不强,汽车关税大幅削减,汽车产业的部分市场份额会转移到其他缔约国,出口贸易会因此受损。孙丽和图古勒认为国际经贸规则重构对我国汽车产业的影响主要表现在以下三方面:(1)我国汽车整车及零部件关税的大幅削减会使进口汽车在我国市场的竞争力增强,进而影响我国本土汽车厂商的生产与销售。(2)高标准的国际知识产权保护规则不仅会使我国汽车产业面临更高的知识产权壁垒,还会产生"意大利面碗"效应,使我国车企面临经贸摩擦与争端的风险加重。(3)国企条款会制约我国国有汽车企业的国际化进程,高标准劳工准则会削弱我国劳动力成本优势,导致国内汽车产业生产会受到损失。[②]

四、加入CPTPP后,山东胶东经济圈建设的路径选择

(一)建设知识产权强国,做好知识产权保护对接工作

中共中央、国务院印发《知识产权强国建设纲要(2021～2035)》,为我国加

---

① 参见孙秀娟、路广:《CPTPP正式生效后我国对外贸易面临的挑战与出路探索》,《经济研究导刊》2021年第1期。

② 参见孙丽、图古勒:《国际经贸规则重构对我国汽车产业的影响及对策——基于USMCA、CPTPP和RCEP的分析》,《亚太经济》2021年第3期。

快建设知识产权强国做出全面部署。加强知识产权保护，建设高标准市场体系，完善公平竞争制度，激发市场主体创新发展活力，推动构建新发展格局。胶东五市为提升知识产权一体化水平，于 2021 年 9 月 9 日共同签署《胶东经济圈知识产权行政保护一体化协作协议》，标志着胶东经济圈在探索建立跨区域知识产权保护协作方面迈出重要一步。

胶东五市高标准知识产权对接（如下图 1 所示），首先要对接中共中央、国务院《知识产权强国建设纲要》，此《纲要》的制定既符合中国的国情，又能满足高标准国际经贸规则对知识产权的规定。现阶段是我国经济发展转型升级的关键时期，在此期间，更应加快胶东地区知识产权战略实施，充分发挥知识产权制度对技术进步和创新的保障作用，营造合理保护知识产权的环境，提高创造和运用知识产权的能力，将知识产权转化为生产力，增强产业核心竞争力。

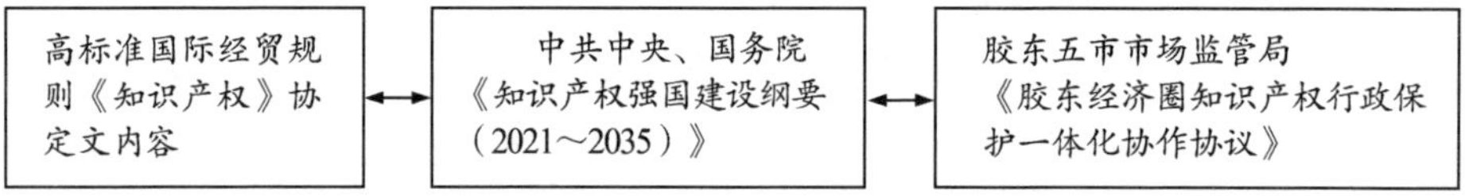

图 1　知识产权对接

（二）突出开放性，打造开放型经济圈，强化与重点产业对接

新形势下胶东经济圈要进一步提高开放水平，调整出口贸易结构。需要围绕一个核心城市青岛，借助“领头雁”作用，带动周边地区经济发展梯度进步。如上文所述，将胶东五市分为四个梯队，每个梯队都有自己的发展目标（见图 2）：第一梯队实现工业产业集聚，打造高端装备制造业，建设具有国际竞争力的高端制造业示范基地。第二梯队深化中日韩经贸合作，以发挥毗邻日韩的天然区位优势，以中日韩自贸区为依托，不断加强与日韩的经贸合作交流，优化工业产业结构，带动其他产业发展，推动胶东五市整体水平提高。第三梯队打造以潍日为主的高质量农水产品产业高地。目前，潍坊已成为中国北方地区最大的蔬菜生产和集散地，日照则具备优越的水产品生产加工条件。第四梯队则是提高 FDI 水平，优化外资结构，将外资投入现代尖端海洋技术产业、现代渔业等重点产业。吸收外国的领先技术和研发能力，促进海洋经济交流与合作。制定海洋产业发展目录，引导各种资金投入海洋增长产业和战略新产业。同时，要加强海洋和陆地生态建设及污染治理等问题，大幅改善海洋环境质量，科学开发海洋资源，实行海洋生态保护优惠政策，通过培育海洋产业，实现建设胶东经济

圈的宏伟蓝图。

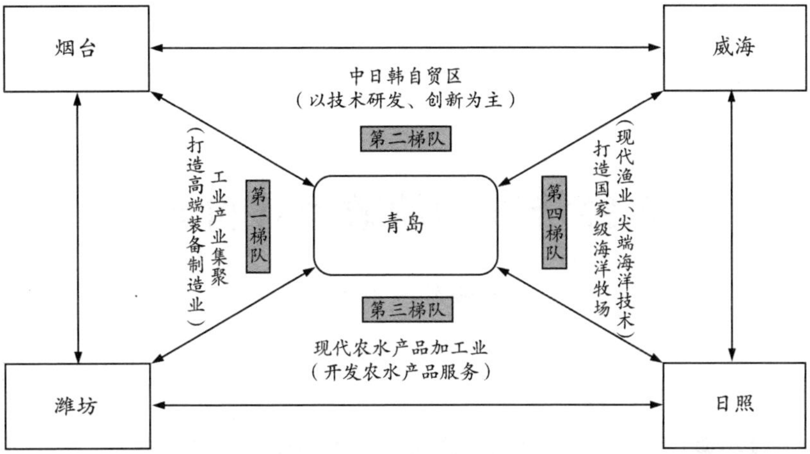

图 2　胶东经济圈梯队建设

（三）突出中日韩、中欧经贸合作，形成新的经贸助力点

积极推动中日韩、中欧的区域经济合作体系，构建海洋产业合作投资贸易、跨国交通物流等经济合作，优先推进日韩海洋产业、能源和环境保护等领域的合作及交流，加强循环经济示范基地建设，推进联合研究计划。注重韩国、日本、欧盟国家间跨国研究、进出口贸易、食品安全检疫体制及相关领域的合作，加强与其建立电子商务认证体系和物流配送体系，搭建东北亚地区技术共享平台，为胶东经济圈的全面发展助力。

胶东经济圈物流效率评价研究

辛禹辰　修楠*

【摘要】本文构建了胶东经济圈五地市物流效率投入指标、产出指标的指标体系，采用超效率 DEA 模型，基于 2013～2019 年山东省五地市的面板数据，测算胶东经济圈各地市和区域的综合技术效率、纯技术效率和规模效率。研究结果显示，胶东经济圈整体物流效率较高，各地市发展相对均衡，差异较明显，青岛、烟台优势显著；其中青岛、烟台和威海的综合效率较高，日照和潍坊的综合效率偏低；时间方面，综合效率和规模效率整体上升，但存在不同程度的波动；其中烟台、日照和潍坊的效率提升呈现持续增长的趋势，而青岛和威海则在 2019 年出现了一定幅度的回落。

【关键词】物流效率；DEA；区域经济；胶东经济圈

一、引言

根据 2020 年山东省委、省政府印发《贯彻落实〈中共中央、国务院关于建立更加有效的区域协调发展新机制的意见〉的实施方案》，明确提出实施省会、胶东、鲁南三大经济圈的区域发展战略，推动形成全省区域一体化发展新格局。其中胶东经济圈是山东最具发展活力、开放程度最高的地区，包括青岛、烟台、潍坊、威海、日照等五市，立足山东对外开放的最前沿，引领带动山东经济发展。据统计，2019 年，胶东经济圈五市人口占全省的 31.6%，生产总值占全省的 42.2%(占黄河九省区的 13%)，对外贸易占全省的 64%，利用外资占全省的

* 辛禹辰，烟台职业学院经济贸易系讲师；修楠，烟台职业学院经济贸易系讲师。

67.3%,财政收入占全省的43.3%。贯穿了胶东经济圈发展所需的产业链、资金链、人才链、技术链全链条,区域间“四链合一”的一体化进程向前迈进了一大步,为未来的共同发展打下了“合体”基础,也让胶东经济圈的一体化水平实质性地踏入了新领域。

从全国区域发展格局看,胶东经济圈的特色十分鲜明,是一个陆海统筹发展,承载经略海洋战略的全方位开放地区,不仅是对接日韩东北亚的门户,跟欧洲以及“一带一路”沿线国家的往来也日益密切;从国内大循环的角度上讲,它跟长江经济带、京津冀的联系都非常密切。这让胶东经济圈成为山东半岛城市群中经济最活跃的地区,也是经济实力和产业结构最强的区域。

2019年3月,国家发展改革委联合中央网信办、工业和信息化部、公安部、财政部、自然资源部等24个部门和有关单位,印发了《关于推动物流高质量发展促进形成强大国内市场的意见》,指出我国物流业发展是支撑和推动国民经济发展的基础性、战略性产业,物流高质量可持续发展是国民经济和社会高质量可持续发展的重要组成部分,也是物流产业推动国民经济和社会高质量快速发展不可或缺的重要推动力量。物流业的发展巩固了物流服务企业降本增效的成果,增强了物流服务企业的活力,提升了物流行业的效率和水平,畅通了物流全链条的运行。在此背景下,物流业如何降本增效,成为政府部门和学者们关注的重点问题。2020年9月,发改委等14部委颁布《推动物流业制造业深度融合创新发展实施方案》,指出推动高质量发展的决策部署,做好“六稳”工作,落实“六保”任务,进一步推动物流业、制造业深度融合,创新发展,推进物流降本增效,促进制造业转型升级。2021年3月,商务部办公厅、国家邮政局办公室印发《关于推进电子商务与快递物流协同发展的意见》,指出为加强工作交流和互鉴,商务部会同国家邮政局将围绕完善基础设施建设,优化配送通行管理,提升末端服务能力,提高协同运行效率,推动绿色发展。

从山东经济发展的历史来看,区域经济是山东经济的动力来源,在空间设计上,在城市交界地带进行县域一体化的细致设计,布局先行区,是胶东经济圈一体化发展规划为破解体制机制藩篱寻求的突破口。胶东半岛区域物流中心的合理有效布局,不仅能给半岛地区物流企业带来直接的经济效益,而且会带来很大的社会效益。各地市经济发展水平差距较大,物流业发展不平衡、不充分的问题显著。因此,本文通过实证研究,分析胶东经济圈五地市的物流业效率以及影响因素,并提出解决问题的路径。这不但对胶东经济圈物流效率提质增效,从而推动物流业转型升级、结构优化具有十分重要的现实意义,而且也对增强经济发展内生动力、深化供给侧结构性改革、加快提升社会经济运行效率和区域经济综合竞争力具有重要意义。

二、文献综述

从我国物流效率的研究来看，刘明等采用 Windows-DEA 模型对 2007～2017 年我国 277 个地市级城市的效率和相邻城市物流效率进行研究，认为区域间物流业总体相互促进，但产业增加值和物流业效率不是呈正相关，从业人员的增长不仅不会提升物流效率，反而会抑制物流效率，基础设施建设对物流效率起负向作用，金融发展对物流发展有正向作用。① 刘岩等采用 DEA-BCC 模型对选取的 2016 年我国 31 个省市区的物流效率进行实证分析，认为胶东经济圈城市的地区生产总值和物流增加值均居全国第一，区域经济发展水平与区域物流需求存在强相关性，区位优势影响物流业的纯技术效率，经济总量影响物流业的规模效率。② 李勇辉等采用 DEA 和 SFA 模型，对 2019 年我国 32 个城市进行评价，认为我国区域物流水平差异明显，经济因素是影响物流绩效与竞争力的重要因素。③ 陆华等从区域经济与区域物流发展关系角度出发，通过数据建模进行灰色关联度分析，得出各项经济指标与物流发展的关联度。④ 高康等在剖析区域经济与物流的相互作用机理的基础上，建立了区域经济与物流协调发展的系统动力模型，论证物流需求及物流供给能力与物流自增长系数存在正相关关系，且物流供需系统与经济环境共同构成一个动态耦合系统。⑤ 另外，王俊等采用 DEA 相关模型，对区域物流效率进行评价并分析原因。⑥

综上所述，胶东经济圈区域物流效率相关研究仍存在进一步研究的空间：第一，区域经济是山东经济的动力来源，且呈现高度化、层级化、结构化的主要特征，从以供应链体系建设和创新应用来整合资源的角度看，已有研究较少深

---

① 参见刘明、杨路明：《区域物流的产业效率，空间互动与协调发展——基于全国 277 个地市级城市的数据实证》，《中国流通经济》2019 年第 8 期。

② 参见刘岩、田强：《我国物流业效率评价及其影响因素分析》，《商业经济研究》2019 年第 13 期。

③ 参见李勇辉、白利鹏、王莉：《中国城市物流绩效评价与竞争力实证研究》，《河南社会科学》2020 年第 3 期。

④ 陆华、司温科、袁敏等：《基于系统动力学模型的区域经济与物流协同机理研究》，《武汉理工大学学报》（交通科学与工程版）2020 年第 3 期。

⑤ 参见高康、王茂春：《区域经济与物流协调发展的系统动力学研究》，《统计与决策》2019 年第 8 期。

⑥ 王俊、孙睿：《京津冀都市圈区域物流对区域经济发展的影响》，《商业时代》2019 年第 24 期。

入剖析胶东经济圈五城市的物流效率，并进行差异分析研究。第二，从研究方法来看，本文综合已有的研究成果，结合胶东经济圈五城市的特点构建投入产出指标体系，采用DEA模型，选取胶东经济圈城市2013～2019年的面板数据，运用对各地市的物流效率进行针对性测算并提出发展对策。

三、研究方法与数据来源

（一）采用DEA模型

为保证测算胶东经济圈物流效率的真实性和科学性，本文选取超效率DEA模型，并从时间和空间两个维度进行分析。采用超效率DEA模型，对胶东经济圈城市各地市及不同区域效率进行评价，测算综合效率、纯技术效率和规模效率。

（二）投入产出指标的选取及数据来源

遵循代表性、可取性、针对性等原则，经过文献研究、团队座谈和深度访谈的调研结果，选取物流业固定资产投资总额、交通网密度、从业人员数量作为投入指标，选取货运量、货物周转量、交通运输、仓储和邮电业生产总值作为产出指标。研究数据来源于《中国统计年鉴》《山东统计年鉴》以及各地市的《统计年鉴》。投入产出指标和环境变量如表1所示。

表1　胶东经济圈物流效率投入产出指标

指标类型	指标名称
投入指标	交通运输、仓储和邮电业固定资产投资总额（亿元）
	交通网密度（单位面积的公共交通公里数）
	交通运输、仓储和邮政业从业人员（万人）
产出指标	货运量（亿吨）
	货物周转量（亿吨公里）
	交通运输、仓储和邮电业生产总值（亿元）

（三）研究结果及分析

本文采用DEAP2.1软件，在没有剔除环境因素和随机误差的情况下，对2013～2019年胶东经济圈五城市的物流效率从时间和空间两个维度进行评价。2013～2019年胶东经济圈各地市投入产出综合效率测算结果如表2所示。2013～2019年胶东经济圈各城市投入产出效率如表3所示。

表 2　2013～2019 年胶东经济圈各城市投入产出综合效率测算

	2013	2014	2015	2016	2017	2018	2019	综合效率
青岛	0.734	0.935	0.882	1.053	0.881	1.843	0.982	1.044
烟台	0.977	1.059	0.827	1.025	1.110	1.142	1.152	1.042
威海	0.830	1.077	0.970	1.065	1.365	1.258	0.876	1.063
日照	0.697	1.120	0.881	1.151	0.868	0.927	0.983	0.947
潍坊	0.566	0.735	0.981	0.967	1.011	1.086	1.297	0.949
地区均值	0.749	0.974	0.906	1.051	1.032	1.217	1.048	0.997

表 3　2013～2019 年胶东经济圈各城市投入产出效率

		2013	2014	2015	2016	2017	2018	2019	均值
青岛	TE	0.734	0.935	0.882	1.053	0.881	1.843	0.982	1.044
	PE	1.000	1.000	1.000	1.000	1.000	1.000	1.000	1.000
	SE	1.000	1.000	1.000	1.000	1.000	1.000	1.000	1.000
烟台	TE	1.001	0.901	1.030	1.020	1.098	1.145	1.062	1.037
	PE	1.000	1.000	1.000	0.999	0.977	1.019	0.961	0.994
	SE	0.976	1.176	0.803	1.005	1.035	0.979	1.129	1.015
威海	TE	0.593	0.775	0.970	1.065	1.365	1.258	0.972	1.000
	PE	1.000	1.000	1.000	1.000	1.000	1.000	1.000	1.000
	SE	1.425	1.390	1.000	1.000	1.000	1.000	0.901	1.102
日照	TE	0.715	1.080	0.930	1.090	0.868	1.398	1.132	1.030
	PE	1.000	1.000	1.000	1.000	1.000	0.779	1.283	1.009
	SE	0.975	1.037	0.947	1.050	1.000	0.850	0.677	0.934
潍坊	TE	0.566	0.735	0.981	0.967	1.011	1.086	1.297	0.949
	PE	1.000	1.000	1.000	1.000	1.000	1.000	1.000	1.000
	SE	1.000	1.000	1.000	1.000	1.000	1.000	1.000	1.000
地区均值	TE	0.704	0.877	0.957	1.038	1.030	1.322	1.083	1.002
	PE	1.000	1.000	1.000	1.000	0.995	0.955	1.043	0.999
	SE	1.063	1.111	0.947	1.012	1.007	0.964	0.928	1.005

从空间方面来看，胶东经济圈的物流核心区域明确，综合效率为0.997，属于较好的水平。同时，作为山东省内发展较快的沿海城市群，各市物流效率的平均值比较平均，其中综合技术效率的平均值为1.002，纯技术效率的平均值为0.999，规模效率的平均值为1.005，这说明胶东经济圈各地市物流效率发展均衡，存在差异性不大。从不同区域的综合效率来看，青岛、烟台和威海具有显著的领先优势，综合效率分别为1.044、1.042和1.063，日照和潍坊则较弱，分别为0.947和0.997。

根据表3数据进一步分析可知胶东经济圈五地市纯技术效率和规模效率的情况。在纯技术效率方面，青岛、烟台和日照较高，分别为1.044、1.037和1.030，潍坊则存在较大差距，其纯技术效率为0.949。在规模效率方面，五地市的整体情况较为均衡。可见，胶东经济圈城市物流产业发展整体水平很好，这与胶东经济圈城市地理位置和以青岛为核心带动周围城市形成的物流枢纽发展情况相符。潍坊作为胶东经济圈内最大的蔬菜生产和销售基地，其蔬菜产业发展模式和水平已逐步走向成熟化，而物流效率的提升对此提供了有力保障，而从分析数据可见，其物流综合效率逐年增长，已经围绕蔬菜产业基本形成稳定高效的物流模式。胶东经济圈中较为落后的日照，近年来在山东省委省政府的大力支持下加快建设钢铁产业，打造先进钢铁制造基地，拉长钢铁产业链，这对物流产业发展同样具有一定的促进作用，特别是2018年以来随着日照钢铁产业紧抓高端化、集群化、基地化、绿色化发展的方针，对其物流产业的需求日益提升。青岛、烟台和威海长期与日韩进行经贸合作，通过多年的努力逐渐形成了各自的发展特色，与日韩经济合作紧密，港口物流优势地位突出，海洋经济优势显著。尤其在制造业、旅游业等产业领域的合作对青烟威三市的区域经济和物流产业发展影响颇深，整体物流发展水平呈现良好态势。从时间方面来看，受宏观经济环境影响显著。近几年，胶东经济圈城市和各地区综合技术效率、纯技术效率和规模效率均呈整体阶梯上升趋势，但也存在不同程度的波动。其中，烟台、日照和潍坊的效率提升呈现持续增长的趋势，而青岛和威海则在2019年出现了一定幅度的回落，考虑到中美贸易摩擦带来的影响以及新冠疫情的持续蔓延影响，胶东经济圈五市的物流效率可能均会出现不同程度的下降趋势。

四、结论与建议

本文构建了胶东经济圈五地市物流效率投入指标、产出指标的指标体系，运用 DEA 模型对 2013～2019 年胶东经济圈各城市物流业效率进行测算，分析结果显示：第一，在空间方面，胶东经济圈城市整体物流效率较高，各地市发展均衡，其中在综合效率方面青岛、烟台和威海最高，日照和潍坊偏低。从各区域来看，青岛整体优势显著，其次是烟台、威海，日照和潍坊水平接近但与其他三地市间仍存在一定差距。第二，在时间方面，胶东经济圈五城市的综合效率整体逐年提升，但存在不同程度的波动，其中，威海、日照和潍坊提升幅度较为显著，而规模效率总体则比较平稳。第三，在研究方法方面，本文运用的 DEA 模型对综合技术效率、纯技术效率和规模效率等方面进行测算，通过分析测算结果能够表明胶东经济圈整体物流效率情况良好，但整体发展仍旧存在差异和波动。

基于以上研究结果，提出以下建议：第一，随着胶东经济圈的建设，青岛作为胶东经济圈五城市物流网络的关键节点，持续加强物流基础设施的投入，发挥物流效率的优势，引领胶东经济圈城市物流枢纽网络建设，带动其他地区协同发展。第二，日照、潍坊作为物流效率偏低的城市，结合自身区域经济发展特点和优势，通过与其他城市积极寻求更广泛的合作领域，达到逐步缩小物流效率差距的目的。第三，在区块链、5G 技术、人工智能等新兴技术领域加大资金投入，构建胶东经济圈物流资源共享信息平台，打通行业企业间的信息壁垒，破除“信息孤岛”现象，实现现代物流与城市空间、产业体系、生态环境的协同匹配和发展。

参考文献

1.刘明、杨路明：《区域物流的产业效率、空间互动与协调发展——基于全国 277 个地市级城市的数据实证》，《中国流通经济》2019 年第 8 期。

2.刘岩、田强：《我国物流业效率评价及其影响因素分析》，《商业经济研究》2019 年第 13 期。

3.李勇辉、白利鹏、王莉：《中国城市物流绩效评价与竞争力实证研究》，《河南社会科学》2020 年第 3 期。

4.陆华、司温科、袁敏等：《基于系统动力学模型的区域经济与物流协同机理研究》，《武汉理工大学学报》(交通科学与工程版)2020 年第 3 期。

5.高康、王茂春：《区域经济与物流协调发展的系统动力学研究》，《统计与决策》2019 年第 8 期。

6.王俊、孙睿：《京津冀都市圈区域物流对区域经济发展的影响》，《商业时代》2019 年第 24 期。

基于供需耦合的山东省旅游公共服务质量演化模型构建与实证研究*

刘涛　徐福英　王宁　吴倩**

【摘要】通过构建供需耦合协调模型和相对发展度模型，对山东省2009～2018年旅游公共服务质量时空演化进行实证分析，发现：该时段山东省旅游公共服务质量水平不断提高，但整体供给水平滞后于需求；山东省各城市间旅游公共服务质量发展具有不均衡性，质量差异有扩大趋势；山东省旅游公共服务质量的空间分异现象明显，东部和中部地区质量提升速度快，逐渐呈现联结成片发展、高值区聚集的特征；东、中、西南、西北四个区域的相对发展度波动较大，区域间面临旅游公共服务发展不均衡问题，且不均衡程度呈增大趋势。因此，既要从整体上改善旅游公共服务供给现状以适应需求转变，又要从各地区时空演化特征出发，采取针对性的提升措施。

【关键词】旅游公共服务质量；熵值法；供需耦合；时空演化特征

---

* 本文为2019年度教育部人文社会科学基金项目"基于主客共享的镇域乡村旅游公共服务多元供给机制研究"（19YJC790158）和2021年度山东省社会科学规划研究项目文化旅游研究专项"城乡融合战略下山东省促进乡村旅游发展的动力机制与政策保障研究"（21CLYJ05）的阶段性研究成果。

** 刘涛，烟台文化旅游职业学院旅游管理系教授；徐福英，山东工商学院副教授、硕士生导师；王宁，烟台文化旅游职业学院教师；吴倩，烟台文化旅游职业学院教师。

一、旅游公共服务供给与旅游需求测度指标体系的建立

旅游公共服务供给指标的选择与设定，需要考虑供给要素的全面性、与旅游业的相关性、为旅游者服务的真实性；旅游需求指标选取则要兼顾总量原则和消费特征。同时，利用熵值法对各指标赋权，摒除主观因素的影响，可以更客观地反映各指标的贡献度。

（一）指标选取

综合考虑供给要素的全面性、相关性、真实性以及需求总量和消费特征，本文以《中国旅游公共服务“十二五”专项规划》为指导，从便捷交通、信息咨询、安全保障、行政管理和便民惠民 5 个层次出发，构建了包括 26 个二级指标的测度体系。

（二）数据来源

直接数据主要来源于 2010～2019 年的《山东省统计年鉴》《山东省国民经济与社会发展统计公报》《山东省旅游统计便览》以及山东省文化和旅游局官网、百度网页搜索与百度资讯搜索（截至 2020 年 7 月 20 日）。间接数据则是根据指标设计需要根据直接数据计算得出。对于个别年度的缺失数据，主要根据已有年度的直接数据和间接数据利用趋势外推法加以补充。

（三）数据的标准化处理

为消除指标量纲及数据级别对后续分析的影响，采用极差法对原始数据进行标准化和归一化处理，正向指标、逆向指标分别采用公式（1）和（2）进行处理，其中，x_{ij}为第 i 个系统下的第 j 项指标的实际值，$x_{\max}$为该项指标的年度最大值，$x_{\min}$为该项指标的年度最小值。

$$x_{ij}=\frac{x_{ij}-x_{\min}}{x_{\max}-x_{\min}} \tag{1}$$

$$x_{ij}=\frac{x_{\max}-x_{ij}}{x_{\max}-x_{\min}} \tag{2}$$

另外，为避免个别指标出现零值使数据失去意义，对处理后的数据按照公式（3）进行统一平移，其中 r 为平移幅度，r 取值为 0.001。

$$x_{ij}''=x_{ij}'+r \tag{3}$$

（四）指标权重的确立

利用熵值赋权法计算旅游需求及公共服务供给水平测度中各指标的权重，具体计算过程如下：根据公式（4）计算第 i 个系统第 j 项指标的权重 P_{ij}；根据公

式(5)计算第 i 项指标的熵值 R_j;根据公式(6)计算第 i 项指标的差异度 V_j;根据公式(7)计算第 i 项指标的权重 W_j。依据上述方法,计算得出山东省旅游公共服务供给与旅游需求水平各指标体系的权重。

$$P_{ij}=\frac{x_{ij}''}{\sum_{j=1}^{m}x_{ij}''} \tag{4}$$

$$R_j=\frac{1}{\ln m}\sum_{j=1}^{m}P_{ij}\ln P_{ij} \tag{5}$$

$$V_j=1-R_j \tag{6}$$

$$W_j=\frac{V_j}{\sum_{j=1}^{m}V_j} \tag{7}$$

二、旅游公共服务供给与旅游需求演化模型构建

(一)耦合模型

根据多系统耦合度模型可以构建旅游公共服务供给与旅游需求二元耦合度模型:

$$C=\{f(x)\cdot g(y)/[f(x)+g(y)]^2\}^{1/2} \tag{8}$$

公式(8)中,C 表示旅游公共服务供给与旅游需求的耦合程度,$f(x)=\sum_{j=1}^{m}\alpha_i x_i$ 表示旅游公共服务供给水平综合评价指数,x_i、α_i 分别指旅游公共服务供给水平测度指标及相应权重;$g(y)=\sum_{i=1}^{n}\beta_i y_i$ 表示旅游需求水平综合评价指数,y_i、β_i 分别指旅游需求水平测度指标及相应权重。

(二)耦合协调模型

为客观反映旅游公共服务供给与旅游需求的协调发展水平,在借鉴已有研究成果的基础上,引入耦合协调度模型:

$$T=\alpha f(x)+\beta g(y) \tag{9}$$

$$D=(C\cdot T)^{1/2} \tag{10}$$

公式(9)和(10)中,T 为旅游公共服务需求与供给耦合协调系统的综合评价系数,α、β 分别为旅游公共服务需求与供给系统的权重;D 为耦合协调度,表示需求与供给相互影响而协调发展的程度。借鉴已有研究,α 和 β 的取值分别为 0.4 和 0.6;耦合协调度等级判断标准与发展阶段做如下划分,即当 0.000<

$D<0.400$ 时，目的地旅游公共服务质量为初级发展水平；当 $0.400\leqslant D<0.700$ 时，为中级发展水平；当 $0.7000\leqslant D\leqslant 1.000$ 时，为高级发展水平。

（三）相对发展度模型

根据旅游公共服务需求与供给系统的相对发展程度构建相对发展度模型：

$$R=\frac{f(x)}{g(y)} \tag{11}$$

R 为相对发展度，当 $0.8<R<1.2$ 时，表示旅游公共服务供、需子系统间相互促进，基本实现同步发展；当 $R\geqslant 1.2$ 时，表明旅游公共服务供给水平过度滞后于需求水平，需要更多的资金、技术、设施投入以满足需求；当 $0<R\leqslant 0.8$，表明旅游公共服务需求水平过度滞后于供给水平，可能存在供给要素不均衡、甚至浪费等问题。

三、山东省旅游公共服务质量时空演化的实证分析

（一）山东省旅游公共服务质量时间演变特征

第一，需求与供给水平演变逐渐进入主动耦合协调阶段。依次计算 2009～2018 年山东省 17 个地市[①]的 $f(x)$、$g(y)$ 值后发现，山东省旅游公共服务需求与供给系统演化经历了三个阶段：(1) 被动耦合协调阶段（2009～2014 年），$f(x)$ 和 $g(y)$ 的增幅一直呈下降趋势，且 $g(y)$ 变化幅度远低于 $f(x)$ 变化幅度，说明供给变化滞后于需求变化。(2) 供需动荡耦合协调阶段（2015～2016 年），$f(x)$ 与 $g(y)$ 的值都在增长，但呈现出需求增幅扩大、供给增幅缩小的态势。(3) 主动耦合协调阶段（2017～2018 年），$f(x)$ 增幅下降，但 $g(y)$ 增幅却在上涨，这说明在 2016 年山东省全力推进全域旅游发展后，呈现出典型的以供给侧改革吸引和创造需求的新局面。

第二，耦合协调度不断提高，相对发展度呈动荡性。通过计算 2009～2018 年山东省各地市的 C、T、D、R 值后发现，旅游公共服务供需耦合协调度和相对发展度演化也经历了三个阶段：(1) 初级阶段（2009～2011 年），D 值最高为 0.35858，但 D 值年度增加较快，表明旅游公共服务质量水平较低但提升较快。三年的 R 值均低于 1，说明此阶段供需耦合协调水平与相对发展水平走向基本一致，但旅游公共服务供给水平略高于需求水平。(2) 中级阶段（2012～2017

① 因为 2019 年 1 月山东省行政区划调整正式获得批复，莱芜市整体并入济南市，设为济南市莱芜区和钢城区，而本文的研究时间跨度为 2009～2018 年，故仍然按照包括莱芜在内的 17 个地市展开研究。

年)的 D 值由 0.44862 上升到 0.66803,表明需求与供给之间的相互促进作用不断提升,质量水平不断改善。值得注意的是,2016 年、2017 年两年的 R 值都超过 1.2,表明随着旅游公共服务需求水平的不断提高,供给严重滞后。(3)高级阶段(2018 年以后)的 D 值达到 0.76959,R 值也进一步调整到 1.17,表明需求与供给之间的互促作用更加明显,耦合协调程度达到中级协调水平,但距离优质协调仍有一定差距。

第三,质量绝对差异呈 W 型趋势,相对差异呈类 V 型趋势。通过计算山东省旅游公共服务质量水平的标准差、极差和变异系数发现,极差与标准差均呈现"降—升—降—升"的 W 形趋势,说明各市间旅游公共服务质量水平的绝对差异不断波动。变异系数在 2009～2015 年持续降低,2016～2018 年又连续小幅增加,呈现类 V 型趋势,说明各市间旅游公共服务质量水平相对差异程度呈先降后升特点,需要警惕整体质量提高下的市域之间不均衡性问题。2015 年以后,三个指标数值均处于持续上升趋势,反映出近几年山东省旅游公共服务质量水平在各市间差距有持续扩大趋势,旅游公共服务均衡发展存在一定障碍。

(二)山东省旅游公共服务质量空间演化特征

第一,空间集聚性开始显现,高值区逐渐向东部、中部演化。从耦合协调度来看,2009 年山东省旅游公共服务质量空间分布上主要分为低值区和次低值区两类。除莱芜、临沂、枣庄和德州四地处于次低值区外,其他 13 个地市均处于低值区,且东部地区质量得分远低于西南地区。[①] 2013 年,中值区城市增加到 14 个,除西北部的滨州和西南部的菏泽仍处于次低值区外,全省仅德州进入次高值区。2018 年,东部地区的烟台与威海、中部地区的济南与潍坊、西南部地区的菏泽和西北部地区的滨州 6 个城市跨入高值区,西北地区的德州又回调至中值区,其余各市处于次高值区。总体而言,2009～2018 年山东省旅游公共服务质量水平空间上逐步分化,东部地区质量演化明显快于其他地区,中部地区和西南地区质量演化稍慢,西北地区质量演化明显具有动荡性,发展不稳定。

第二,空间等级性演化稳定增长,相对发展度动荡调整。通过计算四个区域各年度旅游公共服务质量水平平均值与相对发展度发现:4 个区域总体呈上升趋势且走势基本一致,2009～2012 年所有区域都增长较快,2013～2014 年增幅较小,进入平稳调整阶段,2015 年后又进入新一轮的快速增长。但从相对发

---

① 将山东省分为东部、中部、西南和西北四个区域,东部地区包括青岛、烟台、威海、日照,中部地区包括济南、潍坊、淄博、泰安、莱芜,西南地区包括临沂、济宁、枣庄、菏泽,西北地区包括东营、滨州、聊城、德州。

展度来看,4 个区域均呈现较大波动性,表明各区域内部供给与需求并不同步,普遍存在供给滞后或需求滞后的情况。

第三,空间差异性演化呈现波动性,地区间发展呈现不均衡趋势。分别计算 4 个区域旅游公共服务质量历年得分的极差、标准差和变异系数发现:4 个区域的绝对差异均呈现出较大波动性,东部地区呈现先下降后上升的 U 型趋势,中部和西北地区基本呈 W 形趋势,西南地区则呈现 N 型趋势,这说明省内各地区的发展不均衡性愈发明显。就相对差异而言,中部地区内部发展愈趋均衡,西南地区则处于缓慢下降态势,研究期末东、西南、西北三个地区内部差异又开始增强。

四、结论与建议

综上所述,从时间演化来看,山东省旅游公共服务需求和供给水平在不断提升,质量等级从初级阶段的严重失调演化为高级阶段的中级协调水平,但从整体上看,研究期末旅游公共服务供给水平落后于需求水平。这就需要不断增加资金、技术等方面的投入,进一步夯实交通、信息、文化与休闲场所等基础设施建设,增加和改善旅游咨询、安全保障、行政管理等要素与服务,丰富旅游公共服务供给内容和数量,改变旅游公共服务供给滞后的局面。从空间演化来看,省内旅游公共服务质量空间分异现象明显,东、中、西南、西北四个区域间的发展不平衡性增强。其中,东部地区质量提升速度快,但供需之间的协同效应仍处于不断调整状态,内部城市间差异有扩大趋势,需要充分发挥基础设施、经济及旅游业发展的既有优势,细化旅游公共服务供给内容和要素,增强现有旅游公共服务场所与设施的利用率和利用效果,逐步推动东部地区旅游公共服务质量向优质协调演化。中部地区旅游公共服务质量内部差异小,发展最均衡,但整体质量水平稍落后于东部地区,需要在进一步加强旅游业与相关行业的融合、创新旅游产品、增加旅游需求的同时,进一步增加和完善旅游公共服务供给要素,促进旅游公共服务供需耦合协调度的提高。西南地区和西北地区旅游公共服务质量演化速度较慢,发展水平较低,内部城市间差异程度较大,可以进一步加强旅游业与文化产业的深度融合,彰显地方文化特色,逐步增加旅游公共服务场所和要素建设,优化服务功能,推动旅游公共服务质量向更高水平发展。

参考文献

1.李爽:《旅游公共服务供给机制研究》,厦门大学博士学位论文,2008 年。

2.李爽、黄福才、李建中:《旅游公共服务内涵、特征与分类框架》,《旅游学刊》2010 年第 4 期。

3.叶全良、荣浩:《基于层次分析法的旅游公共服务评价研究》,《中南财经政法大学学报》2011 年第 3 期。

4.徐菊凤、潘悦然:《旅游公共服务的理论认知与实践判断——兼与李爽商榷》,《旅游学刊》2014 年第 1 期。

5.王佳欣:《中国旅游公共服务供给机制发展变迁研究》,《改革与战略》2017 年第 6 期。

6.李健仪、谢礼珊、关新华:《旅游公共服务质量量表的设计与检验》,《旅游学刊》2016 年第 11 期。

7.马慧强、燕明琪、李岚、王清:《我国旅游公共服务质量时空演化及形成机理分析》,《经济地理》2018 年第 3 期。

8.于洪雁、王群勇、刘继生:《供给侧结构性改革背景下中国旅游供需耦合协调度及其时空特征》,《旅游科学》2018 年第 5 期。

9.Cong, & Chi, L., A formative model of the relationship between destination quality, tourist satisfaction and intentional loyalty: An empirical test in Vietnam. *Journal of Hospitality and Tourism Management*, 2016, 15 (2): 136-144.

培育山东优良产业生态路径研究

培育山东优良产业生态问题研究

高福一　赵祎煊*

【摘要】随着全球新一轮科技革命和产业变革的到来，要素流动无边界、企业生产无边界、消费需求无边界，生产服务融合、产业跨界融合、区域互动融合等趋势愈发凸显，企业之间、区域之间的竞争已经升级为产业生态之间的竞争。为深入贯彻山东省委省政府关于培育优良产业生态的决策部署，本文立足深刻把握产业生态内涵，阐述培育优良产业生态的主攻方向，对标对表分析我省产业生态方面存在的短板和弱项，结合调研和典型案例研究提出我省培育优良产业生态的思路和建议，为省委省政府制定相关政策提供有益参考和科学依据。

【关键词】产业生态；产业升级；对策建议

随着全球新一轮科技革命和产业变革的到来，要素流动无边界、企业生产无边界、消费需求无边界，生产服务融合、产业跨界融合、区域互动融合等趋势愈发凸显，企业之间、区域之间的竞争已经升级为产业生态之间的竞争。为深入贯彻山东省委省政府关于培育优良产业生态的决策部署，本课题立足深刻把握产业生态内涵，阐述培育优良产业生态的主攻方向，对标对表分析我省产业生态方面存在的短板和弱项，结合调研和典型案例研究提出我省培育优良产业生态的思路和建议，为省委省政府制定相关政策提供有益参考和科学依据。

---

* 高福一，山东省宏观经济研究院副院长、研究员；赵祎煊，山东省宏观经济研究院初级研究员。

一、产业生态的内涵

(一)产业生态的定义

随着区域经济一体化和经济全球化的深入发展,专业化分工协作更加紧密,互联网、物联网加速普及,产业发展的生态特征愈发凸显。在此背景下,人们开始以生态系统的理念研究产业发展。生态系统是不借外力而由自己形成充分组织性的有序结构系统,当外界环境和驱动变量发生变化时,它通过反馈作用,依照最小耗能原理,自我调节内部结构和生态过程。而产业发展具有明显的经济性,又兼顾生态性和社会性。因此,我们认为产业生态是产业群落之间、产业群落与产业环境之间相互依赖、相互作用,内生与外生协同促进修复、驱动演化,共享要素、共创价值、共赢利益的生命共同体。

(二)产业生态的构成

产业生态由产业群落与产业环境两部分组成。核心层是产业群落,主要包括产业发展的创新生态系统、生产生态系统和应用生态系统三个子系统。辅助层是产业生态环境,指以产业为中心,对产业生产、存在和发展起制约和调控作用的环境因子集合,包括要素供给、基础设施、政策法治、市场需求、国际环境等方面。

(三)产业生态的发展过程

从企业发展来看,产业发展过程可以概括为:单产品(服务)型企业→多产品(服务)型企业→平台型企业→生态型企业。从单个产业发展来看,产业发展过程可以概括为:产品→产业链→产业集群→产业生态。从区域范围来看,产业发展过程可以概括为:本地生产→区域合作→跨区域合作→跨国合作(全球化)。从生态系统构成核心层来看,产业发展过程可以概括为:种(企业)→种群(同类企业集合)→多种群(不同类型企业集合)→群落(生产、应用、创新等利益相关者集合)。我们认为,生产产品阶段是产业生态 1.0,上下游延伸形成的产业链阶段是产业生态 2.0,纵向拓展延伸与横向配套协作形成的产业集群阶段是产业生态 3.0,而技术链、资金链、服务链等与产业集群深度对接融合形成共创共享价值的产业生态阶段是产业生态 4.0。

二、加快培育优良产业生态的主攻方向

顺应全球新一轮科技革命和产业变革新趋势,牢固树立生态系统意识,坚持做强核心层与做优辅助层双向发力,着力培育优良产业生态,为加速壮大新

动能、加快迈上高质量发展阶段提供坚实支撑。

(一)做强核心层

1.创新生态系统

目标:构筑基础研究、应用研究、孵化转化、产业化商业化良性互动的闭环。

主攻方向:依托高等院校、研究机构和引领型企业联合打造基础研究创新平台,依托国家企业技术中心、工程(技术)研究中心等共同打造应用研发创新平台,依托重点实验室、科研院所等携手打造研发创新公共服务平台,依托孵化转化基地等打造创新创业共同体。

2.生产生态系统

目标:加快工业互联网创新发展,提升制造业数字化、网络化、智能化发展水平。

主攻方向:实施新一代信息技术和制造业融合发展工程,推广个性定制、柔性生产、智能制造,加快推进数字车间、智能工厂、智慧园区建设,推动制造业生产方式和企业形态根本性变革。

3.应用生态系统

目标:“硬件+软件+服务”一体化集成。

主攻方向:实施先进制造业和现代服务业深度融合发展工程,平台型企业、生态型企业打造工程,新模式、新业态培育工程。

(二)做优辅助层

1.要素供给

目标:实现要素价格市场决定、流动自主有序、配置高效公平。

主攻方向:完善要素市场化配置机制,加快发展技术要素市场,加快培育数据要素市场,打造要素共享生态平台。

2.基础设施

目标:打造网络化、智能化、绿色化的基础设施网络体系。

主攻方向:实施新基建建设工程,实施现有基础设施数字化改造提升工程。

3.政策法规

目标:建设服务型、法治型数字政府。

主攻方向:实行审慎包容政策,打造智能化高效服务体系,完善社会信用体系,营造法制营商环境。

4.市场需求

目标:构建完整的内需体系,构筑消费结构与产业结构“双升级”、国内外

“双循环”相互促进发展新格局。

主攻方向:实施扩大内需战略,实施服务消费培育工程,促进消费能力提升、消费方式多样、消费环境优化。

5.国际环境

目标:推动由商品和要素流动型开放向规则等制度型开放转变。

主攻方向:推动共建“一带一路”高质量发展,建设中日韩地方经贸合作先行区,打造具有全球影响力的引领性国际合作平台。

三、我省产业生态方面存在的短板弱项

党的十八大以来,我省坚持以供给侧改革为主线,围绕深入实施新旧动能转换重大工程,推动经济高质量发展,加大优良产业生态的培育力度,取得了明显成效。但与全球科技革命和产业变革的全面突破相比,与“走在前列,全面开创”的目标定位相比,与先进地区相比,仍存在一些短板弱项。

(一)创新生态系统方面

我省前沿领域基础研究能力不足,企业创新能力不强,关键领域突破力度不大,尚未形成系统集成创新之势。在基础研究领域,大数据、人工智能等研究相对滞后。如:国家首批 4 个人工智能开放创新平台中没有山东;世界一流学科山东只有 6 个,与江苏(43 个)、浙江(19 个)、广东(18 个)相比,差距非常明显。在应用研究领域,规模以上工业企业中开展研发活动的企业仅占 23.4%,远低于江苏(42.5%)、浙江(38.8%)和广东(35.6%)。在系统集成方面,组建了山东产业技术研究院等创新创业共同体,海尔等企业建设开放式创新平台,但尚未形成燎原之势。

(二)生产生态系统方面

我省产业体系完备,但产业技术竞争力不高,生产方式不够超前,配套协作能力不强。在技术竞争力方面,战略性新兴产业的企业大多由传统行业升级改造而来。在生产方式方面,数字化研发设计工具普及率、关键工序数控化率不高,个性化定制、柔性生产普及不够,制造业数字化、网络化、智能化总体水平不高。在配套协作方面,行业聚集度低,龙头企业带动能力较弱,有企业无产业、有产业无集群的问题比较突出。

(三)应用生态系统方面

我省的先进制造业和现代服务业融合程度不深,平台型生态型企业支撑不够,新模式新业态发展不足。在两业融合方面,我省专业服务解决方案提供商

和具有总承包能力的大型综合性装备企业偏少。在平台型生态型企业方面，虽然我省涌现出像海尔、红领等一批平台型生态型企业，但典型引路作用尚未充分发挥。在新模式新业态方面，我省互联网、电子商务等新型业态企业发展相对不足。2019年中国互联网企业100强，山东仅有浪潮集团（第25位）、开创集团（第88位）、山东海看网络科技有限公司（第100位）入围。

（四）要素供给方面

从传统生产要素来看，土地指标紧缺、融资方式不优等问题仍然比较突出，劳动力素质与新一轮工业革命的要求仍有较大差距；水资源短缺，能耗、排放等指标紧张，对新上产业项目形成较大制约。从新生产要素来看，利用新生产要素的意识不强，集聚新生产要素的能力不足，市场化配置新生产要素的机制不够完善。

（五）基础设施方面

我省交通网络、能源网络、水利网络相对完善，但仍存在一些短板，如高铁网络内联外通程度不高、工程性缺水问题等，特别是数字化改造进程不够快问题较为突出。目前，我省正在加快推进5G等新基建，但与广东、浙江等先进省份比，差距较大。

（六）政策法治方面

在政策制定方面，主要以学习借鉴为主，追赶性的多，引领性的少，缺少突破性，政策制定跟不上时代变革步伐。在营商环境方面，根据《2019中国城市营商环境报告》，在36个副省级和省会以上城市中，青岛位列第11，济南位列第15，与做得较好的城市相比，仍有较大差距。

（七）市场需求方面

山东经济总量全国排名第三，但人均可支配收入水平不高。2019年，山东人均可支配收入31597元，居全国第九位，仅比全国人均可支配收入30733元多不到900元，消费能力不足的问题比较突出。

（八）国际环境方面

山东总体开放水平不高，外贸依存度长期低于全国平均水平，与自身沿海开放大省的地位极不相称。世界500强企业中有216家（2019年12月数据）企业来山东投资发展，然而仅广州市累计已有301家（2019年1月数据），一个苏州工业园区集聚的世界500强企业已经超过90家（2018年12月数据）。

四、加快培育优良产业生态的对策建议

要顺应产业生态演进规律和发展趋势，坚持问题导向、目标导向和结果导

向，坚持生态理念、系统思维，综合施策、定向发力，加快培育优良产业生态，夯实高质量发展动力，为“走在前列，全面开创”提供强大支撑。

（一）着力优化创新生态系统

一是提高基础研究水平。着力推进省级大科学计划和大科学工程。实施省属高校世界一流学科突破行动计划。二是加强创新载体建设。加快山东半岛国家自主创新示范区、济青烟国家科技创新转化示范区建设，力争 16 市国家高新区全覆盖。三是打造研发公共服务平台。加快构筑汇聚包括大型科学仪器、高层次专家队伍、技术创新服务机构等在内的研发公共服务平台。四是加快培育创新创业创富良好生态。上海、深圳等地已经建立了“数制”工坊（“几乎可以制造任何产品和工具”的小型工厂），极大地提高了创新创业成功率。

（二）着力优化生产生态系统

1.实施生态企业培育工程

遵循“产品型企业→平台型企业→生态型企业”的演进规律和趋势，大力实施平台型企业打造工程，择优培育一批生态型企业。

海尔从产品企业向生态型企业转型案例

做强产品型企业（1984～2005 年）。以产品为中心，先后实施了名牌战略、多元化战略和国际化战略，成为享誉全球的品牌企业。

做大平台型企业（2005～2012 年）。并购日本三洋的白色家电业务和新西兰费雪派克，整合了创新资源和品牌资源；提出“人单合一”平台管理模式，逐步打造成具有较大影响力的平台型企业。

做优生态型企业（2013～2018 年）。实施网络化战略，并将“人单合一”管理模式升级为共创共赢生态圈模式，“人”从员工升级为全球创客，“单”从用户需求升级到用户价值，最终实现共创共赢生态圈的多方共赢增值。

2.实施生态园区打造工程

准确把握“相关产业集聚→主导产业培育→产业集群壮大→产业生态形成”的园区发展趋势，深化园区管理体制和运营机制改革，进一步强化园区在培育优良产业生态中的集成功能。

成都市依托园区培育产业生态系统案例

建立产业生态圈“分管领导＋市级部门＋区（市）县”的工作机制，健全产业功能区“管委会＋专业投资公司”的运营架构。凸显差异化政策集中高效，形成聚焦产业、精准定制的专业性政策保障体系。坚持差异化考核评价体系，做到考核内容各有侧重，考核标准有所差异。

3.加快构建工业互联网产业生态

加强技术创新、平台管理等公共服务能力，加快健全工业互联网平台支撑体系。以产业联盟为载体，以产业集群为依托，发挥出"体系作战"的优势，逐步形成面向产学研用协同发展的多层次工业互联网产业生态。

（三）着力优化应用生态系统

一是加快人工智能、5G等新一代信息技术在制造、服务企业的协同创新应用，营造融合发展新生态。二是加快原材料企业向产品和专业服务解决方案提供商转型，推动装备制造企业向系统集成和整体解决方案提供商转型。三是推动物流、快递企业融入制造业采购、生产、仓储、分销等环节，促进现代物流和制造业高效融合。四是提升信息、资金、产品等配置流通效率，形成高效协同、弹性安全的智慧供应链网络。

（四）完善基础设施网络

一是加强高性能互联网建设。实施全光网工程，加快布局5G网站，推动4G+5G规模组网建设，形成端到端的典型应用场景，加快实现城乡全覆盖。二是加强物联网建设。建设新一代信息网络基础设施和应用开放平台。建设面向智能制造单元、智能工程以及物联网应用的低时延、高可靠的工业互联网。三是加强基础设施数字化改造。加大新一代信息技术综合应用于交通、能源等基础设施的力度，加快构筑智能化、网络化、绿色化的基础设施体系，赋能产业生态。

（五）完善一流营商环境

一是全力优化环境。大力推进"放管服"改革，全面推行权力清单、责任清单、负面清单制度。加强社会信用体系建设，加快完善营商环境配套立法。二是发挥政策集成效应。找准构成产业生态系统的短板和弱项，实行"一系统一揽子政策"。三是千方百计激发市场主体创造力。在新兴经济领域贯彻更加包容和鼓励创新的治理理念，探索包容创新的审慎监管制度，全方位激发社会创造创业活力。

参考文献

1.中共中央、国务院：《长江三角洲区域一体化发展规划纲要》，2019年。

2.浙江省发改委：《浙江省产业链精准招商工作指导意见》，2018年。

3.李晓华、刘峰:《产业生态系统与战略性新兴产业发展》,《中国工业经济》2013 年第 3 期。

4.肖竹韵:《基于产业生态圈理念的产业功能区规划方法探讨》,《城市建设理论研究》2019 年第 22 期。

5.刘佳:《“四新”促“四化”助力新旧动能转换》,《理论学习》2017 年第 8 期。

山东省大数据产业发展趋势研究

任栋*

【摘要】大数据产业是新一代信息技术的重要分支，是新旧动能转换和经济高质量发展的重要领域。信息化时代数据规模的飞速增长，促使大数据产业市场规模迅速攀升，为更好地推动我省大数据产业发展，本文就大数据产业发展趋势及重点领域进行专题研究，提出符合我省实际的大数据产业发展对策建议。

【关键词】山东大数据；发展趋势；经验模式；对策建议

大数据是以容量大、类型多、存取速度快、应用价值高为主要特征的数据集合，大数据产业则是对数量巨大、来源分散、格式多样的数据进行采集、存储和关联分析，从中发现新知识、创造新价值、提升新能力的新一代信息技术和服务业态。当前，数据已成为国家基础性战略资源，大数据产业逐步成为推动经济转型发展的新动力、重塑国家竞争优势的新机遇、提升政府治理能力的新途径。

一、大数据产业正面临历史性发展机遇

（一）数据规模呈现无限制的扩展增长

人工智能、人工智能物联网（AIoT）、云计算等信息技术的发展，推动了全球数据规模呈现指数级增长。根据国际权威机构 Statista 和国际数据公司 IDC 的统计和预测，全球数据量由 2016 年的 16.1ZB 增长到 2019 年的 41ZB，预计 2025 年达到 163ZB，几乎 3 年增长一倍。在全球数据总量中，我国数据产生量

* 任栋，山东省宏观经济研究院社会所副所长、副研究员。

约占 23%,高于美国(占比 21%),已成为数据资源大国。

((二)大数据产业市场空间广阔

随着大数据与新兴技术的不断融合发展,大数据市场呈现稳步发展态势。根据 IDC 数据,2020～2024 年全球大数据市场规模在五年内约实现 10.4%的复合增长率,预计 2024 年全球大数据市场规模约为 2983 亿美元,据此测算,2026 年全球大数据市场规模将超 3600 亿美元;并且随着机器学习、高级分析算法等技术的成熟与融合,软件和服务市场规模增速更快。

(三)国家和地方高度重视发展大数据产业

大数据不仅是我国经济增长的资源要素之一,也是未来经济增长的重要引擎。2014 年大数据首次写入政府工作报告,2015 年国务院印发《促进大数据发展行动纲要》,2017 年工信部编制并印发《大数据产业发展规划(2016～2020 年)》,全国掀起大数据产业发展浪潮。我省高度重视大数据产业发展,相继出台了《关于促进我省大数据产业加快发展的意见》《数字山东发展规划(2018～2022 年)》《山东省支持数字经济发展的意见》等一系列政策,我省大数据产业发展进入快车道。

二、大数据产业细分领域发展趋势

基于内涵外延维度,大数据产业可以分为核心产业和衍生产业,其中核心产业是指数据生产、存储、分析、应用类产业,衍生产业主要指从事大数据产业所需要的基础设施和技术支持类产业。通过调研泰华智慧产业集团等大数据企业发现,大数据产业已经形成"硬件＋软件＋服务"的产业链生态。

(一)大数据产业上游——硬件支撑领域

大数据硬件是指数据产生、采集、传输、存储、计算等一系列与大数据产业链相关的硬件设备,其中,硬件设备包括服务器、交换机、路由器、光模块等 IT 设备,基础设备包括 UPS、变压器等电力设备以及通信服务设施。该领域主要商家和供应商多为欧美知名跨国企业,包括 IBM、惠普、戴尔、Fusion-io、NetApp、英特尔等;中国的大数据硬件主要供应商则是华为、中兴、浪潮和联想。2015 年以来,全球数据中心机柜数量持续增加,我国数据中心机柜规模由 2015 年的 108 万个增加到 2018 年的 210 万个。我省积极推进数据中心规模化发展,支持济南、青岛、枣庄等市做大做强,成为全国性社会化大数据中心,规划到 2022 年年底,在用数据中心机柜数达到 25 万架。山东省鲁南数据中心、蓝海领航大数据产业园、山东黄河数字经济产业园等省内龙头企业和园区在数据中心建设方面初具规模。

（二）大数据产业中游——数据加工领域

数据采集、存储、分析、挖掘、安全、交换等功能是大数据产业的核心价值体现，按照价值模式分类，可分为五种类型，见表1。其中，大数据软件是数据加工的关键环节，大数据软件是指用于实现数据采集、存储、分析挖掘和展示的各类软件。我省以浪潮、海尔、海信为代表的一批软件和信息技术服务企业已经在向云计算、大数据等业务创新转型。例如，浪潮集团研发的云海大数据一体机是开箱即用的软硬件融合产品，内置云海 Insight 大数据套件，通过软硬件结合调优提升处理能力，实现大数据快速、高效、稳定地落地交付。

表1　大数据价值模式分类

类型	数据来源	用途	典型代表
内生型价值模式	自身生产数据	服务于企业自身的产品营销与服务	亚马逊、谷歌和脸谱
外生型价值模式	自身生产数据	以授权、租赁的方式授权其他企业使用数据	推特
寄生型价值模式	不生产数据	为具备数据挖掘技能的企业提供专业的咨询服务	天睿
产品型价值模式	不生产数据	提供与大数据相关的存储、检索、分析硬件和软件产品	IBM、惠普
云计算服务型价值模式	不生产数据	依托云计算直接向用户提供基于大数据生产、存储、分析、检索、分享、消费等服务的平台	微软 Azure、阿里云

（三）大数据产业下游——数据应用领域

大数据在智慧出行、智慧家居、泛娱乐、新零售、智慧医疗、金融、电信、工业、精准营销等领域涌现出一批新的功能业态和新型企业，市场潜力巨大。从大数据应用产业发展趋势看，呈现出两个维度的变化：一是大而全方向。单一大数据平台逐步向大数据、人工智能、云计算融合的一体化平台发展，从而形成联系企业和客户各领域需求的综合性数据生态系统。二是小而精方向。随着大数据产业链逐渐完善，在大数据各个细分市场涌现出大量聚焦于细分领域的中小独立公司。

三、国内外大数据产业发展经验模式

我省工业门类齐全，信息产业基础雄厚，拥有浪潮、翰高数据库、泰华智慧等一批信息化龙头企业，以及齐鲁软件园、山东数字经济产业园等现代化信息产业园区。近年来，我省密集出台了一系列大数据产业支持政策，专门设立了大数据局，将发展大数据产业作为推动经济转型发展的重要着力点之一，培育形成一批大数据产业集聚区。然而，我们也应该认识到，我省大数据产业发展起步虽早，但总体错失了互联网经济发展的浪潮。产业规模方面，与广东、江苏万亿元软件业务收入规模相比，我省大数据产业规模相对较小；龙头企业方面，除浪潮、海尔、海信等个别企业具有较强影响力外，在云计算、大数据方面具有行业带动作用的龙头企业较少，无法与阿里巴巴、腾讯、百度、华为等企业相比。此外，我省大数据产业人才、大数据产业支撑体系以及大数据应用水平均存在较多短板。建议多措并举、内外联动，全方位推动我省大数据产业突破发展、弯道超车。

(一)培育大数据产业市场主体

充分发挥我省大数据、新一代信息技术领域的企业数量优势，创新企业梯次培育机制，实施“个转企”“小升初”“规升巨”大数据企业提升计划，设立大数据产业发展基金支持企业创新发展，重点支持云计算、大数据、人工智能等方面的企业加快形成优势，培育一批大数据产业领域的隐性冠军、瞪羚企业。加大大数据产业链群培育力度，依托浪潮集团、泰华智慧产业集团等龙头企业带动效应，打造服务政府、行业、企业应用的混合云平台，推动大数据、云计算企业与系统集成企业开展战略合作，建强“硬件＋软件＋应用”的大数据产业链条。加强企业集群培育力度，制定“一链一策”政策体系，根据大数据产业不同领域，完善研发平台、知识产权、产业基金、人力资本、发展载体等服务配套，提供配套完善的商务楼宇、孵化器、标准厂房等设施，加快中小微大数据企业加速成长。

(二)加大联合自主创新力度

根据国家网络和信息化安全、国产化替代导向，聚焦关键核心技术，开展技术创新，建立“开发一代、预研一代、储备一代”的研发模式，提高知识产权自给率。充分发挥山东省大数据产业创新联盟作用，建立企业、高校、研发机构联合创新激励机制，形成大中小企业相互支撑、协同创新的发展体系。加快大数据领域的重大科技攻关，加大对自主研发产品的政策、市场倾斜力度，对事关国家信息安全的软件类企业实施专项奖励，加大首台套、首批次、首版次产品推广应用，同等条件下优先采购国产化产品。

（三）提升协同开放合作水平

充分利用国际、国内创新资源，围绕大数据产业全链接、全流程合作，引导省内大数据企业与国外领先企业在关键技术、核心产品，特别是在数据挖掘和分析、商业智能化等方面加强合作，吸引国际知名高校、研发机构、跨国公司在山东设立大数据研发中心，支持海尔卡奥斯、浪潮云洲建成世界工业互联网平台，推动大数据产业与工业互联网融合创新应用，促进大数据相关技术发展和赋能制造业升级。加强大数据产业集群招商，围绕短板领域，积极吸引国内外互联网企业、大型数据中心、大数据研发机构、大数据产品和技术服务提供商来鲁发展。支持我省大数据企业“走出去”，通过海外并购、联合经营、在境外部署云计算数据中心和设立研发机构等方式，积极开拓国际市场。

（四）加大人才引进培育力度

推动大数据创新、创业人才队伍建设，制定具有区位竞争优势的大数据高层次人才引进政策，突出“高精尖缺”导向，实施大数据高端人才集聚计划，吸引掌握核心技术的战略科技人才、科技领军人才、青年科技人才和高水平创新团队，鼓励海外高端人才回省就业创业。支持鼓励省内高等院校、职业院校和国外学校合作，支持企业与高校联合，采取委托培养、定向培养和订单订制培养方式，培育一批人工智能、大数据的复合型人才，为产业发展提供人才支撑。

（五）夯实大数据基础设施

坚持稳妥安全、有序推进，加快数据中心建设，推进数据中心规模化发展，加快增加数据中心机柜数量，满足海量存储服务需求，打造北方地区重要的大数据高地，提升人工智能、区块链等应用场景支撑能力。构建布局合理、规模适度、保障有力、绿色集约的数据中心体系，布局培育济南、青岛、枣庄全国性社会化大数据中心，统筹规划建设区域性大数据中心。建设绿色数据中心，推动节能技改和用能结构调整，引导数据中心持续健康发展。加大国家健康医疗大数据北方中心、电信运营企业数据中心、省级云计算中心、超算中心等平台建设和共享水平，支持有实力的企业参与大数据基础设施建设，促进大数据基础设施设备共享共用。

（六）拓宽大数据应用领域

加快培育我省自主研发优势技术领域，依托浪潮集团工业互联网发展基础，建立基于标识解析的全球 QID 赋码中心，汇聚工业大数据，打造全球工业大数据高地。深入推进“互联网＋政务服务”，加快构建权威、便捷的一体化在线政务服务平台，构建覆盖各级、各部门政务信息资源的全省一体化大数据中心体系，提升政务服务网上供给能力，实现跨层级、跨地域、跨系统、跨部门、跨业务共享应用，促进政务服务规范化、便利化。深入开展新型智慧城市建设，推动统一规划、统一标准、统一建设、统一运维，努力实现数据集中、技术集中、人员集中、资金集中、管理集中，完善“城市大脑”中枢体系，加快建设“一个平台一个号，一张网络一朵云”，推动“数字治堵”“数字治城”，鼓励大数据在城市市政管理、应急指挥、公共卫生、环境治理等领域的广泛应用，在社会治理精准化、便民服务信息化、区域治理智慧化等领域取得积极成效。

（七）优化大数据发展环境

提高数据共享开放水平，建设政府数据统一开放平台，推动政府信息系统和公共数据互联开放共享。做大做强省大数据交易中心，提高市场在数据资源配置过程中的决定性作用，加快释放数据资源开发利用红利，激发大数据产业内生动力。依托云洲工业互联网平台构建产业生态，建设面向我省中小微企业的工业互联网公共服务平台。健全完善数据所有权、隐私权等法律法规和信息安全、开放共享等标准规范，加快建立兼顾安全与发展的数据开放、管理和信息安全保障体系。优化大数据产业园区营商环境，积极吸引人才、资金、技术等高端要素汇聚，促进大数据、云计算等核心产业和智能制造、互联网金融、电子商务等关联产业集聚发展。

参考文献

1.汪晓文、曲思宇、张云晟：《中、日、美大数据产业的竞争优势比较与启示》，《图书与情报》2016 年第 3 期。

2.杨倩倩、路海娟、朝乐门：《大数据产业发展中存在的主要矛盾分析》，《情报理论与实践》2016 年第 10 期。

3.茶洪旺、郑婷婷：《中国大数据产业发展研究》，《中州学刊》2018 年第 4 期。

4.谢卫红、樊炳东、董策：《国内外大数据产业发展比较分析》，《现代情报》2018 年第 9 期。

5.迪莉娅：《我国大数据产业发展研究》，《科技进步与对策》2014 年第 4 期。

6.陈立枢：《中国大数据产业发展态势及政策体系构建》，《改革与战略》2015 年第 6 期。

7.薄文广、吴承坤、张琪：《贵州大数据产业发展经验及启示》，《中国国情国力》2017 年第 12 期。

“十四五”时期提升山东产业核心竞争力的策略研究*

张磊　牛娟　郑艳娜　史喆**

【摘要】当前，以信息技术为主导的“第四次工业革命”大势已成，人类社会正加速迈入数字经济时代，世界产业结构进入剧烈变化和重构期。山东发展处在“转型升级、爬坡过坎”的关键时期，本文在深入分析“十四五”时期产业发展新趋势、新特点的基础上，剖析山东产业发展存在的短板，谋划提升产业核心竞争力的发展重点和发展方向，全面提高产业融合发展水平，对加快建设新时代现代化强省，推动高质量发展具有十分重要的意义。

【关键词】核心竞争力；产业趋势；问题短板；政策建议

一、“十四五”时期产业发展趋势分析

（一）产业数字化智能化转型步伐加快

数字化、信息化是产业智能化的主要表现形式，其中，产业信息化主要是企业运用信息技术对生产方式、制造方式进行改善，促进资源配置效率优化，最终实现结构优化与升级的动态调整，带动企业在研发设计、生产制造、市场营销和客户服务等各环节、全流程的技术创新、管理创新，提高企业运营效率，增强企

---

* 本文为山东省社会科学规划研究项目“以数字赋能重塑山东产业发展优势的思路与对策研究”(21CSDJ43)研究成果。

** 张磊，山东省宏观经济研究院投融资政策研究所副所长、副研究员；牛娟，山东省宏观经济研究院投融资政策研究所助理研究员；郑艳娜，山东省宏观经济研究院投融资政策研究所副研究员；史喆，山东省宏观经济研究院投融资政策研究所助理研究员。

业竞争力，提升企业整体效益。[①] 产业数字化主要是大数据、云计算、物联网等数字核心技术，对传统方式进行改造，推动传统生产模式向高端、高效、绿色、智能等方向转变，促进数字技术与企业生产过程相互融合渗透，实现数字技术在生产、经营、管理和服务等环节的集成应用。随着云计算、大数据、区块链、人工智能、移动互联网等技术的加速迭代演进，并与生产制造的全过程、全链条进行融合应用，将带动传统产业实现颠覆性、革命性变革，实现产业的智能化发展。

（二）绿色低碳成为引领高质量发展的重要路径

随着产业发展与资源环境制约的矛盾日益突出，主要国家纷纷提出绿色化转型战略和理念，高能耗、低效率的发展模式已经难以持续，绿色制造、循环经济、可持续发展成为不可阻挡的发展趋势，节能环保、新能源、再制造等产业加速崛起，并成为许多国家重塑产业竞争力的重要手段。所谓“绿色制造”，是在产品从设计制造、包装运输、使用报废等整个生命周期中，对环境负面影响最小，资源利用率最高，并使企业经济效益和社会效益协调优化的制造模式。随着欧美的“绿色供应链”“低碳革命”、日本的“零排放”等新生产理念的兴起，节能环保、再制造等产业链的不断完善，“绿色制造”“增材制造”“零排放制造”等概念的日益普及，进一步丰富了制造业可持续发展的内涵和方式。[②]

（三）产业融合发展日益成为普遍趋势

我国经济正处在转变发展方式、优化经济结构、转换增长动力的关键阶段，推动制造与服务的融合、互动、协同发展，对推动经济高质量发展具有重要意义。先进制造业与现代服务业的深度融合，能够加快新一代信息技术的广泛应用，推动制造业和服务业创新生产模式、商业模式和组织模式。同时，还能带来分工的深化和细化，进一步激发科技创新活力，增加产品和服务的科技含量，完善有利于科技创新的产业环境，加快创新发展。[③] 先进制造业和现代服务业融合发展主要有三种途径：一是制造业服务化，即先进制造业融入现代服务业元素，如金融、物流、科技研发、管理咨询、检测认证等；二是现代服务业向制造业拓展延伸，即以现代服务业为主体融入更多先进制造业元素，如服务型制造、以

---

① 参见余东华：《新工业革命时代全球制造业发展新趋势及对中国的影响》，《天津社会科学》2019 年第 2 期。

② 参见陈建萍：《唯有制造强国才能变身世界强国》，《人民政协报》2015 年 11 月 17 日；苗圩：《世界制造业发展趋势和我国装备制造业状况》，《时事报告》《党委中心组学习》2016 年第 1 期；司金：《用创新驱动制造业发展》，《时代金融》2018 年第 25 期。

③ 参见谢巧生：《如何推动先进制造业与现代服务业深度融合》，《经济日报》2019 年 10 月 14 日。

服务为主导的反向制造等；三是先进制造业和现代服务业双向深度融合，最终形成以平台企业为主导的新产业生态系统。①

（四）高端化创新性成为产业发展的强劲动力

2008 年国际金融危机以来，发达国家纷纷制定新的工业化战略，如美国的先进制造业战略、德国的“工业 4.0”、欧盟的欧洲工业数字化战略、日本的机器人新战略等，进一步加强全球产业布局调整，抢占全球价值链高端环节，力图保持全球制造业领先地位，都体现了发达工业国家产业高端化发展的趋势。产业高端化能够充分应用和吸收当今世界先进制造技术，建立与现代技术相适应的生产方式和企业组织形式，占领行业技术“高地”，不断进行新产品、新技术的研发和推广。

二、“十四五”时期山东省产业发展短板分析

（一）支撑产业发展的科技创新能力不足

山东研发投入水平较低，平台支撑能力弱，创新成果数量较少，高端人才较为缺乏，创新能力相对不足。根据《中国区域创新能力评价报告 2021》，山东区域创新综合能力仅居全国第 6 位，区域创新综合效用值（32.86）与排名前 5 位的广东（65.49）、北京（57.99）、江苏（51.63）、上海（46.39）、浙江（44.37）有较大差距。山东创新能力不足主要体现在以下几点：一是研发投入占比不高。2020 年山东 R&D 经费支出占 GDP 的比重为 2.3%，分别低于江苏、浙江、广东 0.63 个、0.58 个和 0.84 个百分点。二是自主知识产权较少。2018 年全省发明专利（26745）占授权专利（238778）的比重仅为 11.2%，低于全国 12.5% 的平均水平。三是科技成果转化率不高。山东重要科技成果实现产业化的比例不到三成，许多成果沉淀在高校和科研机构中，无法转化成现实生产力。四是缺乏创新人才尤其是领军人才。入选国家“千人计划”的人才仅为浙江省的一半，不足江苏省的三分之一。

（二）数字化建设不能满足产业高质量发展的需求

近年来，山东加快信息化、数字化建设，取得阶段性成果，但与高质量发展要求相比，仍存在差距。一是信息基础设施支撑能力较弱，信息通信网络、数据中心建设等方面超前谋划不够、资金投入不足，对数字经济的基础支撑力不够。据腾讯研究院发布的《数字中国指数（2020）》，山东用云量总量仅排名第 14 位；

① 参见郭朝先：《以产业融合推动制造业高质量发展》，《山东经济战略研究》2019 年第 9 期。

2020 年山东工业互联网平台应用水平得分为 31.87，位列全国第 5，与粤苏浙等先进省份存在较大差距。二是数字化治理体系还不完善。社会治理各领域数字化应用深度不足，区域、城乡数字化发展不平衡。三是数字经济水平偏低。2020 年，山东数字经济总量占 GDP 比重仅为 41%，居全国第 8 位。四是数字创新驱动能力后劲不足，缺乏数字领域高端人才和复合型人才，新业态、新模式发展滞后。

（三）产业的跨界融合尚需进一步推进

山东拥有基础雄厚、门类齐全的产业体系，但轻工、纺织服装、机械、化工、冶金、建材、医药等行业约占全省规模以上工业营业收入的 80%，产业结构整体偏重，中高端产业占比较低，初级产品多，产业链条短，多数产品处于价值链低端，特别是由于生产性服务业发展水平较低，制造业和服务业融合程度偏低，融合效益还不明显。2020 年，山东省信息技术服务、金融、租赁商务、科学技术服务等先进生产性服务业增加值合计达到 9779.9 亿元，规模不足广东和江苏的三分之二，占服务业的比重为 25.0%，分别低于广东、江苏 10.65 个、7.64 个百分点。

（四）支撑产业高质量发展的制度供给不完善

与先进地区相比，山东的产业生态体系还不完善，对人才、资金、技术等资源的吸引力不足，突出表现在两个方面：一是激励政策措施不到位。据企业反映，由于缺少部门协同，缺乏督促考核，有的地方在政策执行过程中以文件落实文件走形式，造成有些政策落实不到位。二是市场制度建设相对滞后。特别是新兴领域面临制度规范滞后、监管不到位等问题。例如，大数据行业缺乏高效、权威的数据生成、交易和管理等制度，行业存在很多不规范的行为，导致用户信息存在泄露风险。

（五）金融发展相对薄弱

近 10 年来，山东金融业占 GDP 的比重一直低于 6%，表明 10 年来山东省的金融业在繁荣发展的同时，远远没有满足实体经济的需求，主要原因在于山东省存在金融机构实力较弱、金融市场发育不完善等，比如恒丰银行是 12 家全国性股份制银行中仅有的两家未上市银行之一，泰山财险、德华安顾等法人保险机构在同行业排名较为靠后。从融资结构看，山东省的非金融企业融资结构极度不合理，非金融企业境内股票融资基本在 10%以下，90%以上的非金融企业选择债券融资。

（六）人力和人才资源短板明显

我省人才结构性矛盾突出，传统产业人才较多，现代金融、现代物流、信息服务和商务服务等服务业人才相对不足；人才大多数集中于高校、科研院所等机关事业单位，引进的泰山学者、海外特聘专家在企业的为 51.4%，而江苏引进的“双创”计划人才 91%在企业。中高端人才吸引力不足，中高端人才储量占全国的 3.97%，在全国排名中位列第 7；海归人才仅占全国的 2.12%，排名第 8；人才流出严重，毕业生意向留山东不足二成，其中多数流向了北京、上海、浙江、江苏等地，特别是金融、电子通信等行业的人才流出率高达 10%左右。

三、“十四五”时期提升山东省产业核心竞争力的政策建议

（一）平台支撑，推动产业发展智能化

聚焦先进制造业，重点推动个性化定制、智能化生产、网络化供应链、服务化延伸、企业上云等“互联网＋”新模式应用。支持行业龙头企业和大型制造企业搭建企业级工业互联网平台，建设和完善智能传感器、智能网关、工业控制系统、边缘计算等基础设施，构建数据采集互联体系和数据中心。加快建设行业（区域）级工业互联网平台。鼓励新型工业化示范基地、百亿元以上产业集群建设特色化、专业化、市场化工业互联网平台，为企业和用户提供研发设计、检验检测、商贸物流、供应链金融等公共服务。

（二）基础支撑，推动产业发展数字化

构建支撑有力的数字基础设施体系，大幅提升光宽带网络接入能力和品质，加快建设无线城市，推动农村和边远地区电信普遍服务全覆盖，加快大型绿色数据中心建设；推动产业数字化转型，加快智能制造单元、智能生产线、数字化车间、智能工厂建设；推进政府治理体系数字化，推进全省电子政务基础设施融合、信息资源共享和业务协同，拓展统一公共支付平台应用，建立适应数字经济发展、科学合理、体系完备的统计体系和评估监测体系。

（三）理念更新，推动产业发展融合化

优化双向融合的服务制造平台和制造服务平台治理体系，加快完善有利于平台型企业发展的融资支持、复合型人才供给、兼并重组等相关政策，提升其整合资源、对接供需、协同创新的功能；着力打造一批先进制造业和现代服务业融合发展示范区，重点在济青烟地区选择一些典型行业或重点企业试点示范，吸引全国乃至全球先进制造业和现代服务业落户，形成先进制造业和现代服务业融合发展的产业集聚生态。

（四）多措并举，推动产业发展绿色化

健全绿色产业发展促进机制，制定并推行绿色采购、税收优惠、低息贷款和

生产要素倾斜性配置等一系列规章制度和政策;强化能耗、水耗、环保、安全和技术等标准约束,依法依规淘汰环保不达标、安全没保障、技术低端落后的企业和项目;加快建设绿色制造体系,打造一批具有示范带动作用的绿色工厂和绿色供应链;实施绿色循环新兴产业培育工程,不断壮大节能环保、生物技术和新医药、新能源汽车、航空等绿色战略性新兴产业,抢占人工智能、虚拟现实、氢能、增材制造、量子通信、生物基可降解材料、区块链等未来产业技术制高点;加快发展节能和环境服务业,积极发展绿色物流业,实现仓储、运输、包装、配送物流供应链的绿色低碳发展。

(五)深化改革,打造体制机制新优势

深化财税金融体制改革,通过财政贴息、基金参股、亏损补贴、保费补贴、财政资本运作等方式,引导资本市场壮大,增加直接融资规模;进一步优化营商环境,规范履行政府职能的流程,大力精简审批流程;着力打造"法治山东"新形象,建立公平公正的竞争氛围,破除地方保护和市场分割;对于具有垄断性的行业,根据不同行业特点放开竞争性业务,制定政策要进行公平竞争审查评估,出台优惠政策以普惠性政策为主,逐步形成崇尚公平竞争的竞争文化。

(六)加大投入,集聚高端人才要素

依托国家和省重大人才工程项目及高层次人才支持计划,引进一批高水平科学家和高层次领军人才,吸引更多国内外顶级高层次人才团队带技术、带成果、带项目来山东创新创业和成果转化;加大学科调整和支持力度,重点引进国际前一百名大学科研骨干,推动重点高校开展高端产业一流学科建设;加强高校、科研院所、企业人才交流,鼓励通过挂职兼职、技术咨询、周末工程师、短期工作、项目合作等方式,柔性汇聚国内外人才资源。完善技术入股、股权期权激励、科技成果转化收益分配等机制,提高科技人员科技成果转化收益比例。

“后疫情”时期山东畅通经济内外双循环新路径研究

——基于产业链供应链视角

冀刚[*]

【摘要】当前，全球经济发展仍处于“后疫情”时期，新冠肺炎疫情在许多国家仍未得到根本性遏制，国内疫情呈现出局部偶发性反复，国际国内疫情防控形势对我省经济社会发展的影响依然广泛而剧烈。因此，前瞻研判“后疫情”时期产业链、供应链最新发展趋势，抢抓机遇，化危为机，深入探究我省畅通经济内外双循环新路径，成为当前我省亟待关注的重要课题。

【关键词】“后疫情”时期；双循环；产业链；供应链

新经济地理学提出的“国内市场效应”原理表明，在存在垄断竞争和规模报酬递增的条件下，拥有相对较大国内市场需求的国家将成为净出口国。这就意味着国内大市场循环可以支撑国内企业参与国际经济大循环，国内经济循环与国际经济循环可以在功能上实现互补。“后疫情”时期，全球产业链、供应链安全风险日渐凸显，结构性重塑趋势显著。因此，面对挑战，我们要充分利用好国内超大市场的回旋优势，加快构建以国内大循环为主体、国内国际双循环相互促进的新发展格局，主动作为，补齐相关短板，推动产业链、供应链化危为机，推动经济高质量发展和区域经济均衡发展。

---

* 冀刚，山东省宏观经济研究院副研究员。

一、"后疫情"时期供应链、产业链发展新趋势

（一）供应链、产业链全球性重构趋势

疫情加速了各国对全球供应链安全性、灵活性和韧性的反思，有关发达国家和新兴经济体都已制定本国新的产业发展规划或对原有规划进行调整，同时加强外资审查和本国产业保护，吸引海外制造业回归或做出新的布局，供应链、产业链全球性重构呈现出诸多新的发展趋势。

1.短链化

从世界经济发展历史和趋势来看，生产模块化、专业化和规模经济共同推动了供应链、产业链的多层次和全球化发展，有效地推动了全球经济发展。然而，新冠疫情凸显了产业链、供应链基于效率原则"无限延展"带来的风险性，特别是核心环节的单元化生产、集成化生产驱使全球供应链、产业链加速走向短链化。国外"疫情"反复更是强化了有关国家的危机意识，借国家安全为由对我国高新技术产业实施"断供""脱钩"等遏制手段，进一步加速了产业链、供应链的"短链化"布局进程。

2.区域化

当前，全球蔓延的新冠肺炎疫情使国际分工和经济循环受到威胁，经济全球化和自由贸易的区域化、碎片化趋势愈加显现，产业链、供应链区域化、本土化或者有限可控国际化的优势凸显。例如，疫情期间，国内很多企业由于外部订单消失无法复产甚至面临倒闭风险，而苏州、重庆等地的电子制造业依托本地化的产业链集群却实现了"逆势上扬"。苏州、重庆构建的这种本地化产业集群模式取得了"超过80%的配套零部件完全可由本地企业提供"的好成绩。这种集群化的生产模式降低了从全球采购零部件所带来的风险，凸显了特殊时期的特别竞争力。

3.数字化

近年来，信息技术革命日新月异，数字经济异军突起，重塑全球产业竞争和分工格局的趋势显著。供应链数字化条件下，企业可以在供应链中断的情况下制定战略，实现业务韧性。疫情提高了全社会对数字化转型的认识水平，促使下一阶段的产业更加注重数字基建、云服务、物联网、远程链接。同时，数字科技在疫情防控工作中的突出表现进一步展现出了数字经济在稳定社会生产和生活方面发挥的关键作用。当前，数字经济在全球各国都展现出其强大的发展韧性和抗冲击能力，成为促进企业复工复产的"生力军"和对冲

经济下行压力的“稳定器”。因此，产业链、供应链数字化成为疫情冲击下复杂系统遭遇震荡后的更优选择，这也促使全球供应链、产业链数字化进程持续加快。赛迪顾问发布的“2021 数字经济城市发展百强榜”，我省共 13 个城市入围，在数量上与江苏省并列第一。

4.安全化

供应链、供应链“结构洞”效应凸显，关键节点风险加大。新冠肺炎疫情彻底暴露了过度追求生产效率所带来的产业链、供应链的脆弱性，这成为造成疫情初期全球产业链、供应链过于紧张的部分原因，也成为“后疫情”时期引发产业链、供应链系统性风险的一大隐忧。当前，个别国家对我国高科技企业的无理打压以及新冠肺炎疫情对我国和世界经济造成的冲击，愈加凸显了保持产业链、供应链安全稳定的重要性。因此，未来全球产业链、供应链的分布，将由此前主要以效率、利润和全球化引领的旧有模式，转变为效率与韧性、利润与安全、区域化与全球化协同的新模式。

(二)供应链、产业链技术创新的平台化趋势

1.共性技术平台

关键共性技术具有基础性、关联性、系统性、开放性等特点，对推动产业整体技术进步，提升区域自主创新能力，具有决定性作用。疫情期间，大数据、超级计算和区块链等供应链、产业链关键共性技术作用凸显。与此同时，关键共性技术具有投入大、周期长、外部效应明显等“准公共产品”性质，这就促使各国政府进一步强化了在产业链、供应链关键共性技术平台建设方面的投入。截至 2020 年底，我省已批复成立 15 家省级制造业创新中心，承担研发项目 230 多项，完成科技成果转化 70 多项，累计突破关键共性技术 110 多项。与此同时，我省首家国家级制造业创新中心——国家先进印染技术创新中心也已获得工信部批复组建。

2.高能级平台

高能级平台本身能够形成的巨大市场份额，能够有效避免关键技术被“卡脖子”的风险，并有助于加快形成产业链集群中关键技术的创新能力。浙江“万亩千亿”新产业平台建设经验还表明，高能级平台在稳外贸稳外资中具有核心支撑作用。例如，济南市正大力实施齐鲁科创大走廊区域基础设施规划建设行动，现已形成山东产业技术研究院、中科院济南科创城、国家超级计算济南中心、山东大学龙山创新港等四大高能级平台。

3.产业集群平台

产业链集群的投资是拉动中国GDP未来增长的重要动力，九大战略新兴产业所形成的每一个产业链集群都有可能带来千亿、万亿量级的投资，并进而撬动数以万亿计的工业增加值，对国民经济发展产生巨大的带动作用。伴随疫情冲击下产业链、供应链区域化趋势发展，区域性产业集群平台作用必将进一步被放大。这种既是水平分工又是垂直整合的开放式区域性产业链集群的形成，将会有助于防范应对类似于新冠疫情的天灾人祸所导致的全球产业链断链风险。当前，新基建、战略性新兴产业的投资也将呈现"井喷"的发展趋势，而这些新趋势更需要产业集群特别是世界级产业集群的支撑。

（三）供应链、产业链中小企业主动"联网、上云、入链"趋势

2003年"非典"疫情客观上促进了消费互联网的蓬勃兴起，带动一大批如"淘宝""京东"等消费互联网巨头的发展。2020年的新冠肺炎疫情客观上也加速了产业互联网尤其是工业互联网的发展以及向制造业等传统领域渗透的速度。当前，中小企业转型工业互联网的呼声日益高涨，各级政府也高度重视推动企业"联网、上云"。当前应着重解决中小企业接入工业互联网平台以及工业互联网平台与金融机构对接机制的问题。单个大企业可以建设自用的工业互联网，而对于广大中小企业而言，接入平台才是最直接有效的办法，要抓住我省工业互联网平台化发展的大趋势，千方百计鼓励中小企业主动"联网、上云、入链"，将"锦上添花"的宣传噱头彻底转化为企业求生存、谋发展、利长远的自主战略行动。

（四）供应链、产业链企业结构优良生态发展趋势

我省国有企业在疫情防控期间发挥的"顶梁柱"作用，生动地彰显了国有企业在国民经济发展特别是应对特大风险灾害中的巨大作用。但长期以来，有一种观点认为，山东国有企业比重过高对中小企业产生强大的"挤出效应"，这是山东中小企业发展迟滞、市场经济活力不足的重要原因。对此，毋庸讳言。但于此，也应该"逆向思维"，我省国有企业比重高，大中型企业比重也就高，从而围绕国有企业配套服务的中小企业就应该更多，这为中小企业发展开辟了广阔的空间。然而，现实是为我省大型企业的配套服务的中小企业却大都是"外来女婿"，广布江浙粤。新冠疫情冲击下，跨省运输阻滞、企业生产遇阻等情况频出，区域化配套生产凸显出独有的优势，企业对此可谓"记忆犹新"。因此，在现有政策框架下，构建国有企业与民营经济协同发展的优良生态成为后疫情时期我省进一步搞活市场经济、增强市场活力的一个可探

索的新方向。

二、“后疫情”时期我省融入新发展格局的新路径

“后疫情”时期,产业链、供应链畅通是畅通经济内外双循环的前提,是我省经济高质量发展的基础。面对全球范围的“灰犀牛”和国内偶发的“黑天鹅”,山东应主动出击,前瞻研判“后疫情”时期的产业链、供应链发展新特点,擅于在危机中育新机、于变局中开创新局,充分发挥既有产业优势,探索山东融入新发展格局新路径。

(一)高能级产业平台路径

借鉴浙江经验,打造鲁版“万亩千亿”产业平台。借鉴特色小镇模式实行创建制,强化创新链、产业链、生态链分工协作和深度融合,打造一批“千亿级规模、百亿级税收”的高能级战略平台,支持重量级未来产业、领军企业向高能级战略平台集聚,为山东建设先进制造业强省提供核心平台支撑。

(二)世界级产业集群路径

围绕十强优势产业集群,实施补链、延链、强链,调整和优化区域重点产业布局,聚焦区域特色优势,打造世界级产业集群。培植一批占有“链主”地位的引领型企业、拥有“杀手锏”产品的关键零部件配套企业、具有公共服务功能的平台型企业。各地市要坚定不移地发展产业链集群,扶持引入全球龙头企业成为产业链集群的核心,在国外需求依旧疲软的时候努力营造以当地需求、国内需求为拉动的产业小循环,保证产业链集群的健康发展;当国外市场复苏的时候,进一步加强国际合作,扩大产业集群规模和发展质量,以带动全球产业链的大循环。

(三)关键共性技术平台路径

积极探索引导优势企业牵头,以共性技术创新需求为基础,加速创新成果商业转化,探索技术产业化新模式。开展以创新骨干企业为基点的产业技术创新评估研究,绘制山东省重点产业技术路线图,构建高新产业创新联合体,充分发挥其在集智攻关共性关键技术中的重要作用。

(四)企业结构优良生态路径

将大力发展民营经济提升到战略高度,通过培育区域化的中小企业服务大中型国有企业的优良产业生态,增强区域化产业链、供应链的韧性,有效规避国内偶发的疫情“黑天鹅”;深化国有企业“抓大放小”“有所为有所不为”的改革,“理直气壮”做优做强做大国有企业,为中小企业特别是民营经济配套

发展开辟空间,构建起国有企业与民营经济“螺旋式”互动发展的优良产业生态;探索形成“阳光”“雨露”充足丰沛,“参天大树”与“灌木丛”融合共生的产业生态系统。

(五)数字经济路径

拉动“后疫情”时期经济发展,数字经济是“优选项”。要大力发展数字商务,支撑建设数字供应链,全面推进“互联网+”,打造数字经济新优势;鼓励企业结合自身需求,灵活实施数字化转型战略。借鉴浙江数字经济先发优势经验和贵州大数据后发优势经验,牢牢把握打造“数字强省”重要战略机遇,以工业互联网为重点,完善数字经济治理体系,统筹数字经济建设资源,加大新基建力度,实现数字经济与实体经济深度融合,持续推动我省数字经济高质量发展。

(六)强省会战略路径

建设强省会是引领我省加快融入国内大循环的核心引擎,也是以国内循环支撑国外循环的重要战略安排。与此同时,特大城市疫情防控具有高度不确定性和难以预测性,而且波及面广、扩散快、防控难度大。因此,“后疫情”时期要从战略高度理顺统筹疫情防控与经济社会发展的深刻内涵,绝不能因噎废食,要明确当前我国经济发展的空间结构已经发生深刻变化,中心城市和城市群正在成为承载发展要素的主要空间形式,省域内城市结构问题特别是省会城市的首位度成为影响省域经济高质量发展的新变量,因此,要坚定不移地建设“强省会”,建设更具“韧性”的特大城市。

参考文献

1.巴曙松:《主动布局国际循环,促进形成国际治理新均衡》,《人民论坛》2020 年第 32 期。

2.李光辉、王芮新:《新冠疫情冲击下中国开放型经济发展思考》,《国际贸易》2020 年第 10 期。

3.郑健雄、方兴起:《新冠疫情影响下全球产业链重构与中国应对》,《华南师范大学学报》2020 年第 5 期。

4.李旭章:《以双循环格局促产业链供应链升级》,《人民论坛》2020 年第 23 期。

5.黄河、周骁:《后疫情时代跨国供应链的中国布局》,《深圳大学学报》2020 年第 4 期。

6.刘伟华:《疫情下全球供应链重构与中国制造业应对》,《人民论坛》2020年第18期。

7.刘志彪、陈柳:《疫情冲击对全球产业链的影响、重组与中国的应对策略》,《南京社会科学》2020年第5期。

8.李震、昌忠泽、戴伟:《双循环相互促进:理论逻辑、战略重点与政策取向》,《上海经济研究》2021年第4期。

9.蔡昉、陈晓红、张军、李雪松、洪俊杰、张可云、陆铭:《研究阐释党的十九届五中全会精神笔谈》,《中国工业经济》2020年第12期。

山东加快未来产业发展研究

刘文涛　赵祎煊*

【摘要】抓紧布局未来产业，是国家面向未来、面向2035年远景目标提出的一个重要战略思想。根据中央“十四五”规划建议中提出前瞻谋划未来产业的战略构想，参照山东省“十四五”规划建议中关于未来产业的相关表述，从量子信息、空天信息、深地深海、脑科学与类脑研究、极端环境材料、未来网络等未来产业出发，梳理我省未来产业的发展基础，分析研判未来产业发展趋势，借鉴全国各省市在未来产业发展中的经验做法，找准我省未来产业发展的切入点和突破口，抢占未来产业国际竞争制高点，构筑发展新优势。

【关键词】未来产业；重点领域；产业规划

抓紧布局未来产业，是国家面向未来、面向2035年远景目标提出的一个重要战略思想。根据中央“十四五”规划建议中提出前瞻谋划未来产业的战略构想，参照山东省“十四五”规划建议中关于未来产业的相关表述，从量子信息、空天信息、深地深海、脑科学与类脑研究、极端环境材料、未来网络等未来产业出发，梳理我省未来产业的发展基础，分析研判未来产业发展趋势，借鉴全国各省市在未来产业发展中的经验做法，找准我省未来产业发展的切入点和突破口，抢占未来产业国际竞争制高点，构筑发展新优势。

---

* 刘文涛，山东省宏观经济研究院区域经济所所长、副研究员；赵祎煊，山东省宏观经济研究院区域经济所初级研究员。

一、未来产业的内涵特征及意义

未来产业是支撑未来经济发展的主导产业，是决定未来区域竞争力的重点支柱产业。其特征主要体现在三个方面：一是依托新科技。未来产业是科技迅速发展和群涌式创新而带来的新型产业形态，未来产业发展高度依赖基础理论研究和原始创新。二是引领新需求。基于“技术突破＋愿景假设”的未来产业，连接技术应用与市场需求。三是拓展新空间。未来产业将不断突破认知极限和物理极限，为人类社会的进步拓展新的发展和生存空间。

每一次科技革命都成就了抓住机遇的国家和地区，对于正处于新旧动能转换关键期的山东省来说，加快发展未来产业，具有更加深远及重大的意义。其一是提升产业整体创新能力。未来产业通过颠覆性的技术创新和交叉融合创新引发新的产业革命，构筑技术、产业、应用互动融合和人才、制度、环境相互支撑的生态系统。其二是推动经济高质量发展。未来产业推动新科技与经济社会发展和人民生活需求各领域深度融合，已成为新的重要经济增长点。其三是助力在科技竞争中抢占先机。培育竞争新优势，为我省在科技竞争中提供先进技术与产业支撑，推动我省成为全国领先的未来产业发展示范区和创新发展新高地。

二、重点未来产业

（一）量子信息

以量子计算、量子通信和量子测量为代表的量子信息技术已成为未来国家科技发展的重要领域。美国2020年发布《美国量子网络的战略构想》，明确量子互联网的发展蓝图。2016年，我国发布《“十三五”国家科技创新规划》，明确将设立“量子控制与量子信息”重点专项。在中央“十四五”规划建议中提出，要瞄准人工智能、量子信息等前沿领域，加快布局量子计算、量子通信等前沿技术。

山东在量子信息产业的培育和发展方面已形成特有优势。济南成为国家“863计划”首个量子通信领域主题项目的实施地，2019年出台《济南市量子信息产业发展规划(2019～2022年)》。2020年，山东省出台《关于山东省数字基础设施建设的指导意见》，提出要加快量子保密通信网络建设，构建横贯东西的量子保密通信“齐鲁干线”。同时，山东聚集了济南量子技术研究院、国讯量子芯、国耀量子雷达等机构，为量子信息产业发展提供助力支撑。

未来山东将聚焦量子通信、量子计算，加强量子调控和量子信息战略研究，开展量子通信安全、核心关键器件等领域的科技攻关和产业化。布局量子信息与量子科技前沿研究室，建设基于量子密码的新型安全通信网络体系和国家级量子通信网络基础设施共享服务平台，推动济南“量子谷”建设。

（二）空天信息

空天信息已广泛应用于国家安全、经济建设和大众民生的诸多领域。美国太空发展局提出部署“国防太空架构”。我国也积极推动空天信息产业的发展，包括从规划卫星制造到规划整体的空间基础设施建设。同时，浙江杭州作为发展的典型代表，拥有中国空间技术研究院杭州中心、北斗时空研究院等一大批先进院所。杭州云栖小镇设立“六中心一基地”，构建起空天信息产业的优质生态。

我省在空天信息产业方面发展仍处于初期薄弱阶段。目前，济南市率先牵头推动空天信息产业发展，编制空天信息产业发展三年行动计划，成立空天信息产业联盟，加快实施低轨卫星组网、空天信息产业园等项目，打造连天接地的产业集聚生态。未来我省空天信息产业重点任务包括：加强超高精度时空基准、超高速安全通信等卫星关键技术研发，突破航天制造与先进控制等关键技术，超前布局小载荷天地往返运输产业，发展新型航天器。加快建设东方航天港产业园区，打造百亿级商业航天产业集群。

（三）深地深海

深地深海主要聚焦于深海和地球深部资源的开采，推进深部探测装备的实用化与产业化。美国围绕深海军事领域进行了大量投资、布局及支持，其深海领域国防装备技术水平一直保持世界领先位置。2013 年，我国开始了深部资源探测核心装备研发工作。2017 年，地球物理深部探测装备的自主研制，填补了国内相关领域的技术空白，为我国实施“攻深探盲”提供了核心装备，支撑了“向地球深部进军”国家战略。

我省未来将加强深地资源勘探开发新技术研发，突破高端传感器、高温芯片、特种材料、移动探测平台等深度探测核心技术，构建“空天—地面—井下—海洋”立体探测装备体系。实施深远海创新开发工程，整合中国海洋大学、国家深海基地等海洋科技力量，突破高效钻井、精准调控、智能决策等技术难题。建立深海区域研究基地，发展海洋遥感与导航、深海传感器、深海空间站、“空—海—底”一体化通信定位等关键技术和装备。

（四）脑科学与类脑研究

脑科学主要研究脑的结构和功能，其与信息科学的交叉研究已成为脑科学发展的重要趋势。2013年,美国启动“推进创新神经技术脑研究计划”。我国的脑科学研究也在提速。2012年,我国提出“脑计划”,启动“脑功能连接图谱”战略性先导科技专项。2016年,“脑科学与类脑研究”编入《“十三五”国家科技创新规划》。2018年,北京、上海成立脑科学与类脑研究中心,均启动了“脑科学与类脑智能”地区性计划。

山东省也瞄准了脑科学技术产业国际前沿及可预见的发展前景。2017年,山东大学成立脑与类脑科学研究院,重点建设脑结构与功能平台、类脑智能与脑机融合平台。2018年,成立山东云潮脑科学与类脑研发中心,主要从事基于人工智能研究脑认知的神经原理,创新脑重大疾病早期诊断与干预治疗手段及脑机接口技术智能应用开发。未来,以探索大脑秘密、攻克大脑疾病为导向的应用神经科学研究和脑机接口智能新技术是我省脑科学落地重要方向。

(五)极端环境材料

极端环境材料是指在极端条件或极端操作环境,如航空航天、北极地带以及深水环境,能符合条件运行的高性能材料。2016年,俄罗斯成立极端环境新材料国际实验中心。我国在“十三五”期间进行布局,并在耐高温聚酰亚胺材料结构设计、耐热聚合物薄膜与电路封装材料技术研究等领域取得突破。中国科学院成立极端环境高分子材料重点实验室,全面开展先进高技术材料的基础创新及应用基础研究。

我省出台《山东省新材料产业发展专项规划(2018～2022年)》,引导耐极端环境材料等新兴功能材料发展。2020年,成立烟台先进材料与绿色制造山东省实验室,重点推进极端环境特种功能材料等研究方向。未来我省要以极端条件下材料制备与处理技术为关键,推动针对深地深海深空等极端环境特种材料的研究。开展极端制造科学与工程以及超结构、功能结构、智能建构与构件、多功能集成结构制造等超前研究,实现制造极限能力跨越式提升,形成极端制造整体的长板优势。

(六)未来网络

为应对网络重大技术挑战,全球各国先后启动了一批重大研究计划,分别从未来网络体系架构、未来网络试验床等方面同步开展该领域的创新研究。2018年,我国由中国信息通信研究院、华为技术有限公司发起,联合了包括国内电信运营商、设备制造商、互联网公司、高校、科研院所等在内的多家网络相关单位共同组建了网络5.0产业和技术创新联盟,积极布局新网络架构研究。

我省在未来网络领域也开始了积极布局。山东通过《山东未来网络研究院组建方案》,未来5年,将每年投入1亿元资金,用于支持研究院建设发展。下一步,我省要积极建设未来网络试验设施,构建大规模虚拟化的网络环境,为高水平研究的测试和验证提供可靠平台。推动网络试验设施与国内外各种试验网络互联互通,促进国际合作,形成产学研一体的未来网络科研与业务创新的基地。

三、未来产业发展的经验借鉴

美国在关键技术与未来科技领域具有全球领导力,是发展高技术产业的标杆。我国的北京、深圳等区域持续推动新经济制度涌现,加大前沿科技与场景创新,成为培养新动能、新产业的高地。在未来产业的培育与发展方面,这些城市的一些经验做法值得学习借鉴。

(一)美国经验

推进新型研发机构建设。依托国家实验室,设立未来产业研究院,整合一个或多个未来产业领域,覆盖从基础研究到产品开发推广的创新全流程。推动创新生态深度融合。形成科研机构与产业发展空间融合布局,教育、科研、产业、政府多向互动交流机制。构建领先企业与初创企业共生的商业系统,发展包含孵化器、风险投资机构、专业技术转移中心等在内的多层次科技中介服务体系。创新未来产业人才培育。在量子信息、人工智能等领域创建行业认可的课程,创设以未来产业为目标的通用技能执照和证书。创建并试点跨部门的未来劳动力再培训委员会,建设满足未来需求的劳动力队伍。

(二)北京经验

明晰产业发展方向,提出未来产业发展路径:“两个先导,两个重点,若干支撑。”聚焦新一代信息技术和医药健康两大前沿先导领域,推动形成新能源汽车和智能装备的整体解决方案,围绕集成电路、新材料、节能环保等领域做大做强。优化产业生态环境。朝阳区探索构建先行政策的“沙盒”试验田。积极创建新制度,及时修改与新经济发展不相适应的制度规定。中关村从“1+6”系列政策,到“国际人才20条”,顶尖科技人才集聚优势明显。聚集国际创新资源。鼓励制造业企业参与国际标准研究和制定,加快海外知识产权分布。引导国际知名企业或机构设立或与北京龙头企业共建科技成果转化中心,建立国际化、市场化的项目招商激励机制或园区委托运营机制。

(三)深圳经验

突出规划战略引领。2013 年,深圳市发布《深圳市未来产业发展政策》,积极培育和发展生命健康、航空航天等未来产业。随后《深圳市促进生物医药产业集聚发展的若干措施》《深圳市关于支持卫星及应用产业发展的工作意见》等相继出台,为具体未来产业搭建发展路径。培育创新产业生态。建设十大未来产业集聚区,涵盖生命健康、航空航天等未来产业。推进集聚区重大项目建设、招商引资以及载体建设,引导区内集聚发展。推动体制机制创新。积极探索项目招标悬赏制度,采用项目经理人管理制度和"里程碑"考核机制,重点解决前沿技术工程化和关键零部件研制等瓶颈问题。

四、对策建议

必须抓住未来产业孕育建设与发展新机遇,立足我省产业基础和资源禀赋,做好未来产业顶层设计与相关布局,积极抢占发展制高点,培育面向未来的产业竞争新优势。

(一)做好未来产业发展顶层设计

做好全省未来产业区域统筹布局,制定实施未来产业培育行动计划,从区域定位、产业分工、设施配套等方面进行全局性规划,推进实现资源优化整合。引导有条件的地市成立未来产业工作领导小组,统筹本地区未来产业规划布局,出台支持未来产业创新建设与发展的政策措施。推进相关专业智库建设,支持开展前瞻性、战略性重大问题研究,做好未来产业方向的研判。

(二)全面提升科技创新支撑能力

积极争取国家大科学项目落地,争取更多国家项目与经费支持,争创国家综合性科学中心。设立一批未来产业领域的重点实验室、创新研究院等重大创新平台,引进培育一批服务于未来产业的新型研发机构。实施未来产业方面的大科学项目或工程,在部分关键领域实现前瞻性、原创性、引领性重大突破。

(三)强化人才引领发展战略地位

培育引进战略性科学家,实施更加灵活的顶尖人才"一事一议"引进办法。创新人才培养模式,探索跨学校、跨学科的人才交叉培养和产教融合新机制。深化人才分类评价改革,支持科学家自由探索,鼓励拓展科学边界,稳定并强化从事基础性、前沿性、公益性研究的科研人员队伍。

(四)培育壮大未来产业市场主体

强化企业创新主体地位,构建龙头企业牵头、高校院所支撑、各创新主体相互协同的创新联合体,推动重点领域项目、基地、人才、资金一体化配置,提高科技成果转移转化成效。构建大中小企业融通创新生态,围绕骨干龙头企业,集聚一批专精特新中小企业,构建大企业与中小企业协同创新、共享资源、融合发展的产业生态。

(五)支持开展各类先行先试

在济南、青岛等地建设未来产业示范基地,支持更多有条件的市县开展示范、试验应用,布局一批未来产业技术研究院和先导示范区,推动形成未来产业策源地。加强传统产业与前沿技术的融合发展,通过示范试点全面推广应用以智能、协同为特征的先进技术。

参考文献

1.中华人民共和国国务院:《“十三五”国家战略性新兴产业发展规划》,2016 年。

2.中华人民共和国国家互联网信息办公室:《“十四五”国家信息化规划》,2021 年。

3.青岛市发展和改革委员会:《青岛市“十四五”战略性新兴产业发展规划》,2021 年。

4.深圳市人民政府:《深圳市战略性新兴产业发展专项资金扶持政策》,2018 年。

5.李德仁、沈欣、李迪龙、李仕学:《论军民融合的卫星通信、遥感、导航一体天基信息实时服务系统》,《武汉大学学报(信息科学版)》2017 年第 11 期。

6.黄韬、刘江、汪硕、张晨、刘韵洁:《未来网络技术与发展趋势综述》,《通信学报》2021 年第 1 期。

7.王雪莹:未来产业研究所:《美国版的“新型研发机构”》,《科技智囊》2021 年第 2 期。

8. 敖青、陈相、刘永子:《广东未来产业培育方向与发展路径研究》,《特区经济》2021 年第 4 期。

9.中国社会科学院工业经济研究所未来产业研究组:《影响未来的新科技新产业》,中信出版社 2017 年版。

10 李斌、郭宇靖、盖博铭、阳娜:《未来产业 塑造未来世界的决定性力量》,北京联合出版公司 2021 年版。

我省以数字赋能重塑产业发展优势的思路与对策研究*

郑艳娜**

【摘要】数字要素与产业的深度融合发展，对我国乃至我省经济新旧动能转换的意义十分重大。本文在当前世界经济数字化转型的大背景下，分析我省以数字赋能重塑产业发展的现状以及存在的问题，提出加快数字赋能产业的政策建议。

【关键词】数字赋能；产业；优势

中国信通院发布的《中国数字经济发展白皮书(2021)》显示，2020年我国数字经济规模达到39.2万亿元，占GDP的比重为38.6%；我省"十三五"期间数字经济总量突破3万亿元，年均增速超过30%，显著高于同期GDP增速。数字化转型不仅成为经济发展的强大引擎，也缓解了疫情对实体经济的负面冲击，成为支撑宏观经济稳定发展的新动能。

一、数字化转型是世界经济发展的必然趋势

(一)数字化转型已成为各国重要战略之一

随着互联网、大数据、人工智能与实体经济的日益融合，数字经济已成为全球经济增长的重要驱动力。国家和地区之间竞争、博弈的重心逐步从土地、人力、机器的数量质量转移至数字化发展水平，加快数字经济战略部署已成为各

---

* 本文为山东省社会科学规划研究项目"以数字赋能重塑山东产业发展优势的思路与对策研究"(21CSDJ43)研究成果。

** 郑艳娜，山东省宏观经济研究院投融资政策所副研究员。

方共识。如美国出台《智能制造振兴计划》《先进制造领导力战略》等、俄罗斯出台《数字经济计划》、日本出台《数字经济》《超智能社会》等，都旨在推动数字经济的发展。我国同样出台了多项政策推动数字经济的发展。党的十八大以来，我国出台了"互联网＋"行动、促进大数据发展行动纲要、新一代人工智能发展规划等系列重大战略和政策措施，从战略层面支持推动数字经济发展。《中国数字经济发展与就业白皮书(2021 年)》显示，我国数字经济总量不断提升，由 2016 年的 22.3 万亿提升到 2020 年的 39.2 万亿，占 GDP 比重也由 30.5%提升至 38.6%。

(二)数字化转型是智能化进程的必然趋势

随着 20 世纪 80 年代互联网技术的兴起和成熟，芯片、PC 以及传统软件逐渐普及，使得人类数据信息处理能力实现跨越式提升，数字经济也应运而生。进入 21 世纪后，伴随着 3G/4G、云计算等技术的快速普及、移动端应用数量快速提升，数字经济完成了由 PC 时代向移动互联时代的跃迁，"人与人""人与物"的联系不断拓展和深化，逐步迈进万物互联的智能时代。进入智能时代后，数据网络的触角从服务行业逐渐延伸到农业生产、工业制造和交通运输等传统行业的每个角落，产业的业务形态、数据维度更加复杂多元，新的业务需求亦不断出现，数据量级进一步提升，数字化转型所带来的新理念、新业态、新模式成为带动产业转型升级、实现经济新增长的重要引擎。

(三)"云大物移智"等新兴技术为数字化转型赋能

智能时代下的数字化转型已不仅仅是依靠传统意义上的信息软件服务，而是云计算、大数据、物联网、人工智能乃至 5G 等新兴技术与企业业务的深度融合。一方面，5G、大数据、人工智能、区块链等技术融合将从消费端加速延伸至企业端、政府机构端，催生大量个人级和行业级互联网新应用、新平台；另一方面，农村乡镇用户、低龄银发用户和海外用户均将快速增长，既为互联网企业贡献了较高市场收入，也推动了更多细分垂直应用的出现，释放了互联网企业的创造力。此外，大数据、人工智能、物联网、区块链等技术的持续创新将释放巨大的发展潜力，推动未来产业释放海量数字红利，成为经济增长的主要引擎。"云大物移智"等新兴技术将在产业数字化转型的过程中得到充分应用，为产业的转型升级赋予新动能。

(四)新冠疫情暴发加速了数字化转型的进程

2020 年新冠肺炎席卷全球，全球订单萎缩、产业链断裂，传统产业一片萧条，世界经济陷入了二战以来最严重的大衰退。在全球经济增长乏力甚至衰退的背景下，在线办公、在线会议、互联网教育、互联网贸易等已成为疫情中经济发展的热门领域，电子商务、平台经济、共享经济等数字化新模式接替涌现，服务业数字化升级前景广阔，工业互联网、智能制造等全面加速。我国经济结构将不断向线上迁移，创新活力和国内外需求进一步激发，在数字时代的国际竞争中占据制高点，赢得主动权。《中国数字经济发展与就业白皮书(2021年)》显示，2020年我国服务业、工业、农业数字经济占行业增加值的比重分别为40.7%、21%和8.9%，产业数字化转型进一步提速。

二、我省数字赋能产业的现状及存在问题分析

(一)现状分析

1.数字化转型基础稳固

随着我省数字技术、产品、服务加速向传统产业融合渗透，对各产业产出增长和效率提升的作用逐步增强，数字化转型的优势会进一步显现。2020年，全省数字经济总量突破3万亿元，占GDP比重超过41%；"十三五"期间，年均增速近20%，成为带动全省经济持续增长的重要动力。据中国信通院《中国区域与城市数字经济发展报告(2020年)》，2019年我省数字经济竞争力指数为76.46，全国排名第六位，产业数字化已经成为数字经济的关键支撑。

表1　2019年全国数字经济竞争力指数排名表(前14位)

位次	省份	位次	省份
1	广东	8	福建
2	北京	9	四川
3	上海	10	重庆
4	江苏	11	湖北
5	浙江	12	安徽
6	山东	13	河南
7	天津	14	山西

数据来源：中国信通院。

2.数字化转型需求快速扩张

在新冠疫情冲击下，各地企业在复工复产中面临销售下滑、产业链中断、资金不足等问题，工业互联网、大数据等手段可快速实现产业供需对接、产业链协

同以及资金融通，极大缓解了企业发展中的痛点和难题。据中国中小商业企业协会数据，数字化成熟度高的企业在疫情冲击3个月内恢复比例高达60%，而数字化成熟度低的企业恢复比例只有48%。

3.工业数字化转型全面加速

山东省大力实施智能化绿色化技改工程、工业互联网“个十百”工程，培育省级工业互联网平台115个；海尔卡奥斯、浪潮云洲连续入选国家跨行业跨领域平台；山东半岛工业互联网示范区成为工信部批复的全国第二个示范区，全省约15%的规上企业已应用工业互联网，上云用云企业达22.6万家。根据国家工业信息安全发展研究中心信息化与工业化融合发展水平评估结果，2020年山东“两化”融合发展水平得分为62.4，全国排名第二。

4.服务业数字化水平快速提升

电子商务、平台经济、共享经济等数字化新模式接替涌现，尤其是出于疫情防控需要，大量无接触经济新业态涌现，如新零售、“宅经济”等新业态和新模式实现较快规模增长。2020年，全省实现网络零售额4613亿元，同比增长13.8%；网络零售店铺从“十三五”初期的70.7万家增至171.2万家。

5.农业数字化转型不断深化

农业由于行业生产的自然属性，数字化转型需求相对较弱，数字化发展潜力较大。近年来，山东持续加大农村信息通信基础设施建设投入，高速光纤网100%覆盖行政村，4G移动通信网络人口覆盖率达到98.6%。建成全国唯一的现代化海洋牧场建设综合试点，建设省级以上海洋牧场示范区120处。全球首座大型全潜式深海渔业养殖装备“深蓝1号”、国内首座深远海智能化坐底式网箱“长鲸1号”启用，实现了深远海养殖生态化、自动化、信息化和智能化。

（二）存在问题分析

1.数据价值没有充分利用

数据资产是数字化转型的重要依托。目前，多数企业内部数据资源散落在各个业务系统中，特别是底层设备层和过程控制层无法互联互通；外部数据融合度不高，无法及时全面感知数据的分布与更新。受限于数据的规模、种类以及质量，目前多数企业对数据的应用主要集中在精准营销、舆情感知和风险控制等有限场景，未能从业务转型角度开展预测性和决策性分析，难以更好地挖掘数据资产的潜在价值。

2.数字基础设施不够完善

我省在信息通信网络、数据中心建设等方面超前谋划不够，资金投入不足，在战略性数据枢纽、节点的部署建设上没有纳入国家总体布局。数据是驱动数字经济发展的第一生产性要素，而云就是存储、运输、加工、应用数据的基础设施。据腾讯研究院发布的《数字中国指数报告(2020)》显示，2019 年我国全年用云量为 1012 点，较 2018 年上升 548 点，增幅达 118%。全国用云量总量最高的三个省份依次是上海、北京、广东，三者合计占全国总量的 83%，而我省仅位居第 14 名，见表 2。

表 2　2019 年全国用云量指数排名表(前 14 位)

位次	省份	位次	省份
1	上海	8	云南
2	北京	9	天津
3	广东	10	贵州
4	浙江	11	四川
5	江苏	12	湖南
6	湖北	13	重庆
7	福建	14	山东

数据来源：腾讯研究院。

3.核心技术供给不足

目前企业信息化、专业化程度较低，核心数字技术供给不足，数据采集率低、产业链协同难，中小企业难以依靠自身实现数字化转型。尤其是当前很多产业数字化转型领域的关键技术和关键标准，还是大部分由国际厂商来把持垄断，技术供给不足已经成为产业数字化转型主要的制约因素。

4.数字化人才储备不足

随着产业数字化转型的发展，人才成为数字化转型的决定性因素。产业数字化转型除了需要传统的制造业人才以外，还需要掌握工业互联网技术的人才、人工智能和大数据分析的人才、工业应用开发运维的人才等。根据《中国产业数字化报告(2020)》，中国企业信息通信技术人才占总员工的比例仅为 1%～1.5%，而欧盟这个数字为 2.5%～4%。当前，人才短缺成为数字化转型的最大瓶颈。

5.企业数字化转型战略不清

目前，多数企业推动数字化转型的意愿强烈，但普遍缺乏清晰的战略目标与实践路径，更多还是集中在生产端如何引入先进信息系统，没有从企业发展战略的高度进行谋划。2021 年 7 月，国家工业信息安全发展研究中心发布的《工业互联网平台应用数据地图》数据显示，2020 年我省有 17.39%的企业尚未做好应用平台的准备，比广东、江苏、浙江、上海分别高 12.33 个、10.52 个、14.53 个、6.86 个百分点。

三、提升我省数字赋能重塑产业发展优势的政策建议

（一）高起点布局数字基础设施

加强大数据、人工智能、5G 等数字化技术研发，争取国家工业大数据中心省级分中心落地山东，加快推动云、网、端等数字基础设施和新智能硬件建设，提高数字基础设施普及水平。加快推进传统产业基础设施数字化进程，提升传统产业数字化发展水平。搭建产业数字化赋能平台，加快产业价值链的数字化渗透，提高产业资源配置效率。

（二）高标准培养引进稀缺人才

依托千人计划、双创计划等引才聚才载体平台，吸引一批世界水平的科学家、能够突破关键技术的项目负责人和创新团队来山东创新创业。面向企业共性需求，选拔数字化领域享受政府特殊津贴专家和山东省有突出贡献中青年专家。对引进的高层次人才给予股权激励和项目资金等优惠支持，妥善帮助解决住房、医疗、子女教育等方面的问题。以重大技术装备项目、重点产业基地建设为引领，加快推动人才培养方式转变，支持企业与科研院所、高等院校在学科建设、人才培养等方面开展合作。

（三）高效率推进核心技术攻关

加强核心技术攻关，构建自主可控、安全可靠的信息技术体系。依托浪潮集团、山东省计算中心等骨干单位加快高端芯片、关键基础软件等领域研发突破和迭代应用，建设高水平产业共享技术平台。突破资源监控管理与调度、弹性计算和虚拟整合等技术瓶颈，积极推动安全可靠的云产品和解决方案在各领域应用。支持建设关键技术研发平台，在数字赋能产业的关键领域（比如平台建设、关键技术研发等领域）采取新机制建立一批产业创新中心。

（四）高水平完善产业生态

聚焦关键核心技术和整体解决方案，引导企业联合开展协同创新，贯通研发、制造、市场环节，形成资源集中、分工细化、合作高效的产业生态，加速全产业链数字化转型升级。济南、青岛、烟台、威海等数字赋能产业基础较好的地

区，可以率先以信息化和工业化深度融合为主线，以发展数字化、网络化、智能化为核心，构筑以平台为支撑的新型产业生态体系，发挥产业生态体系的服务、引领、示范和孵化功能，通过产业生态驱动产业的转型发展。

（五）高质量保证数字安全

加强网络安全保障。加强网络安全技术的开发，提高网络防攻击、防风险能力；注重数据产权的保护力度，提升网络安全水平。落实国家网络安全等级保护制度，提升智慧基础设施网络安全防护水平。推广应用安全可信的网络产品和服务，推动安全技术、产品和服务创新。明确网络平台的责任边界，探索跨部门协同监管机制，建立多方参与的治理机构，为数字经济产业发展营造良好环境。

参考文献

1.腾讯研究院：《数字中国指数报告(2020)》，2020 年 9 月 10 日。

2.中国信息通信研究院政策与经济研究所：《中国区域与城市数字经济发展报告(2020)》，2020 年 12 月 28 日。

3.中国信息通信研究院：《中国数字经济发展白皮书(2020)》，2020 年 4 月。

4.鲜祖德：《解读数字经济及其核心产业统计分类(2021)》，《中国信息报》2021 年 6 月 4 日。

5.吕明元、麻林宵：《以数字化推动传统产业升级》，《经济日报》2021 年 3 月 17 日。

6.张美萍：《政策工具视角下我国数字经济政策研究——基于省级政府政策文本的内容分析》，《理论建设》2021 年第 3 期。

提升品牌竞争力，培育优良产业生态路径

——以青岛市民营企业发展为例

邵晓燕*

【摘要】随着经济社会的发展，培育优良产业生态路径在区域经济发展中的地位举足轻重，越来越受到地方政府和研究者的重视。作为北方经济核心城市，青岛市在民营企业的品牌培育中取得了一系列成就，优秀品牌层出不穷，产业生态发展路径有一定的参考价值。但与上海、深圳和杭州等城市相比，青岛市民营企业的产业生态培育发展依然有着不小的差距，尤其是品牌竞争力不足制约优良产业生态路径培育。以青岛市的民营企业为例进行分析，建议重视消费者需求，提高市场推广效率；以准确的品牌定位实施品牌创新；强化地方特色，系统提升企业品牌竞争力；选择适合的品牌竞争力提升模式，形成产品和品牌的差别优势。

【关键词】青岛市；民营企业；品牌竞争力；产业生态路径

一、引言

在全球经济日益一体化的今天，随着"一带一路"倡议带来越来越多的机遇，涌现了众多中国品牌，其中包括大量的民营企业品牌。中国民营企业完成了从"代工"到"设计制造"最终发展为"品牌制造"的提升，通过品牌附加值为产品赋能已经成为民营经济主体发展的主要途径和手段。习近平总书记历来重

* 邵晓燕，中共青岛市即墨区委党校乡村振兴教研处副主任，兼山东大学县域发展研究院科研助理。

视民营经济的地位和作用，强调“强化品牌意识”“推进标准化、品牌化”“促进农牧业产业化、品牌化”。山东省委、省政府也出台了一系列支持民营经济高质量发展的政策措施。2021 年 7 月，青岛市委、市政府第一次系统性地对品牌建设进行了顶层设计，提出实施“品质青岛”塑造工程。

优良的产业生态系统是推动新旧动能转换、塑造产业核心竞争力的重要手段。而品牌对于优良的产业生态系统的打造尤为重要。青岛有着“品牌之都”的美誉，品牌竞争力的作用已经深入人心。但近年来，越来越多的中小型民营企业由于资金、人才和企业发展战略的原因，对品牌价值的认识弱化，忽视品牌建设对企业形象和地方形象都有不良影响。因此，对青岛市民营企业品牌现状进行分析，以品牌竞争力研究等相关理论为依据，提出青岛市提升民营企业品牌竞争力的相关建议和对策十分必要。这也能为山东省其他城市民营企业品牌竞争力的提升，进而培育优良的产业生态系统提供一种有益借鉴。

二、基础概念与文献述评

（一）“品牌”及“品牌作用”概述

在常规理解中，人们认为品牌是企业产品或服务的功能、名称、包装、形象、企业文化等的无形综合。在品牌的本质理解中，品牌是企业与消费者之间的无形契约，代表着卖者对交付给买者的产品特征、利益和服务的一贯性承诺。企业与消费者以对产品或服务的质量等项目做出商业承诺为内容形成契约，消费者付出了品牌溢价而得到了企业的这种承诺，从而形成对等的市场交换关系，这也是品牌竞争力的来源。

品牌具有四个基本要素：核心优势、品牌文化、传播策略和法律保护。其中核心竞争优势可以来自企业独特的产品专利、商业模式或技术优势等。从品牌作用上看，一方面，品牌是企业的无形资产，是企业开拓市场、维护市场的重要手段，与产品市场息息相关，是形成核心竞争力的基础；另一方面，好的品牌为企业带来美誉度和良好的市场形象，赋予产品生命力，为企业节省宣发成本，是企业的利润源泉。

（二）品牌竞争力

在理论经济学中，完全竞争市场中的产品是没有竞争力的，同质性弱化竞争力，与之相反，差异化产生竞争力，如企业的阶梯定价。品牌的核心竞争优势代表产品的可替代程度，不可替代则意味着强竞争力，即品牌竞争力较强。由此可知，品牌竞争力可以理解为品牌与其他同类竞品相比，差异性与不可替代性最强的部分，这种通过品牌来显化的差别优势就是品牌竞争力。显化的差别优势既可使消费者形成情感依赖，又能影响其消费感知，最终能够直接体现在消费者的消费行为上，反映在企业的销售情况上。

企业在品牌竞争力的构建过程中，第一步要保证品牌定位与其他品牌区分开来，以差异化定位避免残酷竞争，提高品牌的生命力。第二步要根据企业经营环境和消费者需求的变化，注重品牌创新，使品牌内涵和表现形式满足需求，保持产品和品牌的差异性。

企业品牌竞争力的构成要素如图1所示，基础要素、构成要素、支持要素和强化要素创造了品牌差别优势。通常企业可以根据自身所处的内外部环境，选择以一种要素为主、其他要素为辅的品牌运营模式来创造品牌差别优势。

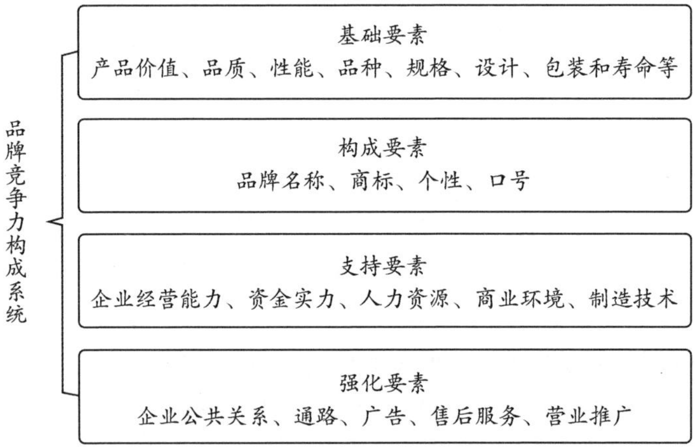

图1　品牌竞争力构成系统

三、青岛市民营企业品牌发展现状与影响因素分析

(一)品牌建设现状

在《青岛市民营经济发展研究报告(2020)》中，青岛市民营市场主体总量占比达98.13%，创5年以来新高；截至2020年底，青岛市实有民营市场主体176.4万户，同比增长16.66%，增速居副省级城市第二位。其中5家企业入围2020年中国民营企业500强，12家企业入围2020年山东省民营企业百强，10家企业入围全球独角兽企业500强。新认定“专精特新”企业1521家，同比增长66.30%；评选“隐形冠军”企业33家，居历年之最；40家企业获评省瞪羚企

业,42家企业获评工信部专精特新“小巨人”企业。全市民营经济实现税收1146.8亿元,占全市税收的67.1%;民营经济新吸纳就业36.97万人,占新增就业总量的82.62%。青岛民营企业之所以实现发展质量和规模的快速壮大提升,与青岛市委、市政府高度重视民营经济、全力支持经济转型升级、切实尊重民营企业、大力营造良好的营商环境密不可分。但是也应注意,大部分民营企业的品牌培育,尤其是中小民营企业,依然存在策略单一、运作简单、不顾及企业的整体经营情况及发展目标等问题。

(二)青岛市民营企业品牌竞争力的影响因素分析

针对青岛市民营企业品牌竞争力的影响因素,可以从宏观(即政府层面)、中观(即产业层面)和微观(即企业层面)三个维度进行分析。

从政府层面来讲,企业所在地的投资环境、基础设施等因素对企业品牌培育具有重要影响,相比于国企,良好的营商环境对民营企业的影响更大。此外,所在地是否形成健康有序的政产学研合作模式、知识产权的保护力度等也是不容忽视的重要因素。

从行业层面来讲,企业所处行业是否具有龙头企业、外贸依存度、所在地行业是否具有集群化的特征、产业链紧密度、产业集中度等因素对品牌竞争力具有影响。

从企业层面来讲,企业经营管理方式、技术创新能力、市场占有率、研发投入、危机处理能力、品牌传播能力等因素对民营企业品牌竞争力具有更加直接的影响。

各个因素之间分界并不明显,例如,民营企业品牌培育需要人力、财力等资源作为条件,而现实中民营企业的品牌培育却缺乏足够的资金资源和人力资本。单纯依靠企业内部积累方式已不再具备竞争优势,而大部分民营企业因规模小、实力弱等原因上市融资受到限制。同时,民营企业特别是中小民营企业在向商业银行贷款时存在金额小、期限短等困难。这也直接影响了企业的人力资本,民营企业中高素质人才的缺乏是普遍的现象。民营企业中家族制企业较多,其规模小、发展空间小、就业环境和条件不尽如人意,许多高素质人才都不愿意到民营企业工作,民营企业“招才难”“留才难”现象严重。因此,在进行宏观分析时,各个影响因素之间的影响关系也需要考虑进去。

四、青岛市民营企业品牌竞争力的提升策略

为突出企业的主体地位,增强企业的主观能动性,下面仅针对企业进行品

牌竞争力提升策略分析。面对规模资金的制约、逐渐攀升的推广成本、假冒伪劣的影响以及政策支持不力等问题，要进一步提升品牌竞争力，企业应在全面分析自身所处内外部环境的基础上，规范品牌运营过程，从以下几个方面进行品牌竞争力的提升。

(一)重视消费者需求，提高市场推广的效率

要提高品牌的知名度和认知度，市场推广必不可少。日益增加的推广成本和与之不匹配的市场反应让很多民营企业望而却步。解决问题的关键在于提高推广的效率。首先，企业应在市场调研的基础上进行市场细分并选择适合的目标市场。其中，宝洁公司的做法值得借鉴，针对消费者的不同需求，“海飞丝”定位为去头屑，“飘柔”定位为柔顺发质，“潘婷”定位为营养发质，“沙宣”定位为专业护理头发，这种基于市场调研及市场细分的品牌定位准确地满足了消费者的不同需求，使宝洁占领了中国洗发水市场50%以上的市场份额。从细分了的市场中选择适合的目标市场，也有利于青岛市民营企业集中优势资源，进行有效的市场拓展。其次，要针对目标消费者选择低成本的品牌传播方式。例如，通过社交网站，利用意见领袖(微博“大V”、各平台主播等)对企业产品(服务)的正面评价，可以影响到更多的目标消费者，实现高效宣传。

(二)以准确的品牌定位实施品牌创新

民营企业要在思想上认识到，实施品牌创新是参与国际竞争、振兴地方经济、提高经济效益的有效途径。因此，要以品牌合理定位为起点，加强市场调研和分析，尽量避免在饱和市场和有垄断性品牌的行业实施品牌定位，将品牌内涵和核心价值的设计与开发着眼于更加细分的市场，并强调品牌富有特色，使产品更具有个性、属性和传播性。与此同时，民营企业要着力打造品牌的核心价值。品牌的核心价值是品牌的灵魂、精髓，代表着一个品牌最核心、最不具时间性的要素，是驱动消费者认同和偏好这一品牌的主要推动力。青岛市民营企业在提炼品牌的核心价值时，必须充分研究市场环境、目标消费群和行业特点，在获得详细准确信息的基础上，提炼出能触动和感染消费者内心世界的品牌核心价值。一旦核心价值确定，企业的一切营销传播活动都要围绕品牌核心价值而展开，这样才能使消费者深刻记住并由衷地认同企业的核心价值，达到提升品牌价值的目的。

(三)强化地方特色，系统提升企业品牌竞争力

民营企业的品牌竞争力不仅来源于顾客可识别的形象，来源于所依附的产品，还来源于顾客可感知的实力以及顾客可感知愉悦，品牌竞争力的提升是一

项系统工程。因此，企业一方面要建立起品牌战略体系，进行品牌定位、设计、维持和发展，通过品牌战略规划、组织结构设计、制定品牌管理制度来保障研发创新出新产品，提高生产制造效率和营销效率。另一方面与外部公众进行有效沟通，不断提升企业声誉。青岛市民营企业，特别是中小型的民营企业应充分考虑所在地的产业优势，进入有一定聚集度的产业，例如即墨区的纺织服装产业集群。

(四)选择适合的品牌竞争力提升模式

面对有限的可利用资源，青岛市民营企业应重点突出某一类要素，其他类要素为辅，选择适合的品牌竞争力提升模式。比如“海尔模式”，是自己踏实经营，不断提升实力，让别人给自己做宣传。同时，在品牌运营的不同阶段采取不同的品牌运营战略：在产品制造阶段，企业采取专业化战略，进行精细化管理，采用先进技术，提高生产制造效率，降低产品成本，提高产品质量；在品牌创建阶段，企业应重点提升产品研发能力和品质管理能力，形成产品和品牌的差别优势；在区域名牌创建阶段，企业应全面提升管理能力，提升研发、生产与营销的协同运营和创新，强化产品和品牌的差别优势。

五、结论

品牌竞争力的提升是一个不断进步的过程。现实中，部分民营企业认为获得了“驰名商标”或者名牌称号就意味着品牌培育获得成功，没有充分认识到即使成为“驰名商标”或名牌也并不意味着能永葆品牌的竞争力。仅仅依靠广告、营销渠道、商品等单点突破模式并不一定能做好成功品牌，没有差异化的竞争优势，不利于形成企业的核心竞争力。因此，要重视品牌培育与品牌建设，不断增强品牌竞争力，进而培育优良产业生态路径。

参考文献

1.单敏飞、徐俊杰、王杰：《沧州民营企业品牌建设的战略研究》，《现代商贸工业》2019 年第 26 期。

2.陈丽香、叶先宝：《民营企业品牌培育研究——以福建省为例》，《改革与战略》2013 年第 10 期。

3.吴琼、朱永华：《湖北民营企业提升品牌竞争力的思考》，《科技创业月刊》2013 年第 4 期。

4.杨骁勇：《民营企业核心竞争力及其发展》，《人民论坛》2013 年第 2 期。

5.许世亮:《中小民营企业核心竞争力提升对策——基于台州市品牌创新》,《财会通讯》2012 年第 29 期。

6.孙南萌:《民营企业品牌竞争力建设研究——以江苏省为例》,《中国商贸》2009 年第 19 期。

7.王翔、肖引:《民营企业如何提高国际性品牌竞争力》,《统计与决策》2009 年第 9 期。

自由贸易试验区的设立促进了城市创新吗？

贾明杰*

【摘要】文章采用我国2010～2019年的326个地级市和4个直辖市的基础数据，使用PSM-DID的方法实证研究了自由贸易试验区设立对城市创新的影响。通过研究发现，自由贸易试验区的设立显著促进了城市创新的发展，但是对创新质量的提高没有明显的影响。以上研究发现为探讨自由贸易试验区的设立与城市创新之间的关系，并在此基础上设计相应的对策建议提供了新的思路和经验证据。

【关键词】自由贸易试验区；城市创新；创新质量

一、引言和研究背景

自2001年加入WTO以来，开放型的经济发展模式为中国经济高速增长做出了巨大的贡献，然而"逆全球化""极端民族主义"等思潮阻碍了全球化的继续深化，探索更深层次的开放模式成为中国亟待解决的问题。在这样的背景下，中国上海自由贸易试验区在2013年9月正式挂牌成立。到2019年8月，中国已经分5批成立了18家自由贸易试验区，覆盖上海、天津、重庆3个直辖市和广东、福建、辽宁、浙江、河南、湖北、四川、陕西、海南、山东、江苏、广西、河北、云南、黑龙江等15个省份，形成了"1＋3＋7＋1＋6"的格局，并且在"十四五"期间全面推进海南自由贸易港的建设。作为新时期中国全面深化改革和扩大开放的重要政策措施，自由贸易试验区的主要任务是以制度创新为核心，在地方

---

* 贾明杰，山东师范大学经济学院硕士研究生。

先行先试，从而在更大范围内推广复制成功经验。制度创新的同时会带动地方创新发展，动力主要来源于制度创新带来的社会各方面成本的下降，为企业创造了更好的创新环境，进而激发企业的创新活力。创新环境的改善主要体现在以下几个方面：第一，在行政管理方面，自贸区内深化"放管服"改革，简化管理程序。比如，2019 年商务部印发了关于《在自由贸易试验区开展"证照分离"改革全覆盖试点工作的实施方案》，并且在"十四五"以及 2035 远景目标中提出，大幅放宽市场准入，全面推行极简审批，行政管理模式不断优化，在很大程度上给予企业更大的便利，降低了企业的交易成本。第二，自贸区建设的重要功能是吸引外资和扩大进出口贸易。为了更好地发挥自贸区这两个功能，商务部和国家发展和改革委员会多次印发《自由贸易试验区外商投资准入特别管理措施（负面清单）》，逐步降低外资进入的门槛，提高贸易以及投资便利程度，外商直接投资和进出口的技术溢出推动了当地创新的发展。第三，自贸区内的普惠政策吸引了大量企业入驻，一方面形成了产业集群，促进了区域创新的发展；另一方面，大量的企业集聚也增加了当地的竞争力，激发了处在自贸区内的企业创新的意愿。同时，企业的入驻也吸引了高端人才的到来，为地区的创新提供了源源不断的动力。此外，自由贸易试验区的发展也促进了地区的经济发展，提高了经济发展水平，这为创新活动不断积蓄了重要力量。因此，自由贸易试验的发展会在一定程度上促进地区创新的发展。

下面通过数据对自贸区的设立给地区创新带来的影响进行实证分析。

二、实证数据、模型和方法

（一）数据和变量

1.被解释变量

参考周煊等[①]的研究，采用城市年度专利授权数量的对数来衡量城市的创新水平，用 Lnpatent 来表示，与专利申请数量相比更加能体现一个城市创新的实际水平，并且使用专利申请数量的对数（Lninapply）作为对照性指标进行对比。两者数据均来自中国研究数据服务平台（CNRDS）。

2.核心解释变量

如果城市 C 在 t 年设立了自贸区，那么该城市在 t 年之后就为 1，否则为 0。

---

① 参见周煊、程立茹、王皓：《技术创新水平越高企业财务绩效越好吗？——基于 16 年中国制药上市公司专利申请数据的实证研究》，《金融研究》2012 年第 8 期。

根据国务院公布的自贸区设立的相关文件，我们对 2018 年以前设立的 11 个自贸区进行赋值，主要包括 19 个地级市和 3 个直辖市，一共 34 个片区。

3.控制变量

通过综合分析和借鉴已有的文献，本文引入了一系列的控制变量。

Lngdpgrowth：地区经济增长率，以此来捕捉城市的经济增长对城市创新水平的影响。

Lnindustry：第二产业占地区生产总值的比重，衡量地区的市场竞争程度。

Lnpolicy：政府财政支出占 GDP 比重，作为自贸区政策支持环境的替代性指标。

Lnworker：城市科研工作者的人数，衡量高素质人才对创新的影响。

以上数据均进行对数化处理，除城市科研工作者的人数来自《中国城市统计年鉴》外，其他控制变量的数据均来自国泰安数据库(CSMAR)。

各变量的描述性统计见表 1。

表 1　描述性统计

变量	均值	最小值	最大值
Lnpatent	6.813	0	12.020
Lninapply	7.091	0	12.217
Treat	0.136	0	1.000
Post	0.031	0	1.000
Lngdpgrowth	2.202	−2.303	4.691
Lnindustry	3.828	2.361	4.497
Lnpolicy	2.916	1.373	6.460
Lnworker	4.390	0	13.483

(二)计量模型和识别方法

本文经过综合考量，设定如下双重差分模型：

$$lnpatent_{it}=\alpha+\beta_1 Treat\times Post_{it}+X'_{it}\omega+\mu_i+\gamma_t+\varepsilon_{it}$$

$$lninapply_{it}=\alpha+\beta_2 Treat\times Post_{it}+X'_{it}\omega+\mu_i+\gamma_t+\varepsilon_{it}$$

其中，i 表示城市；t 表示年份；*Treat* 表示处理变量，是二元虚拟变量设立自贸区的城市为 1，否则为 0；*Post* 是时间虚拟变量，在自贸区设立之前为 0，设立之后为 1；$Treat\times Post$ 表示自贸区设立的政策效应，β_1、β_2 是我们关注的系数；X'_{it}表示城市层面的控制变量，包括GDP的增长率、第二产业占GDP比重、政府支出占比以及科研从业人员数等。μ_i表示城市固定效应，γ_t表示时间固定效应，ε_{it}表示残差项。

双重差分法的前提条件是，政策冲击是外生的，但是自贸区作为国家战略决策，在进行试点时，存在人为的倾向性，综合考虑了城市地理位置，经济发展水平和产业结构等因素，从而存在选择性偏误。为了解决这一问题，本文通过倾向得分匹配(PSM)的方法，将影响自贸区设立的可观测因素控制住，从而可以筛选出受内生性影响比较小的样本，在此基础上使用双重差分方法。

（三）基准回归

基于PSM-DID的结果见表2。在表2中，第(1)、(4)列是没有添加控制变量的回归结果，不管是专利申请数量还是专利授权数量系数都显著为正，由此可见自贸区的设立对城市创新水平起到了正向的促进作用，这也符合我们之前的假设。同时，可以很明显地发现专利授权的数量的系数小于专利申请数量的系数，说明自贸区的设立对于专利申请数量的影响更大，原因可能是在自贸区设立之后，政府出台了很多保护知识产权的法律法规，在保护创新的同时，极大地激发了企业的创新意愿，从而导致对专利申请的数量影响相对较大。在第(2)、(5)列是双向固定效应的回归结果，可以发现专利授权数量的系数并不显著，但是专利申请数量的系数显著，原因可能是自贸区设立会激发企业的创新意愿，同时说明虽然创新意愿比较强烈，但是实际产生的创新效果并没有那么好。第(3)、(6)列的回归结果显著为正，说明在排除其他干扰因素后自贸区的设立对城市的创新产生了积极影响。

表2　基准回归结果

变量	Lnpatent			lninapply		
	(1)	(2)	(3)	(4)	(5)	(6)
Treat × *post*	0.674*** (0.177)	0.118 (0.113)	0.246** (0.113)	0.892*** (0.207)	0.215* (0.128)	0.386*** (0.125)
Lngdpgrowth			0.227** (0.090)			0.140 (0.099)
Lnindustry			2.533*** (0.436)			3.493*** (0.480)

续表

变量	Lnpatent			lninapply		
	(1)	(2)	(3)	(4)	(5)	(6)
Lnpolicy			0.062 (0.259)			0.088 (0.285)
Lnworker			−0.058 (0.080)			−0.068 (0.088)
常数项	7.545*** (0.131)	7.021*** (0.044)	−3.386* (1.795)	7.912*** (0.133)	7.235*** (0.050)	−6.947*** (1.984)
时间效应	否	是	是	否	是	是
城市效应	否	是	是	否	是	是
观测值	3286	3286	3286	3286	3286	3286
R^2	0.900	0.969	0.979	0.868	0.972	0.961

注：*、**、***分别表示在10%、5%和1%的水平上显著，括号内为聚类稳健的标准误。以下各表相同，不再另注。

(四)稳健性检验

1.安慰剂检验

城市创新水平的变化可能与自贸区的设立并没有关系，为了排除这种假设，本文通过构造虚假自贸区设立的年份进行安慰剂检验。考虑到本文所选取的时间段和自贸区设立的时间，具体分别将每个地区自贸区设立的时间分别提前1年(从每个城市设立自贸区时间的前1年开始，取值为1，否则为0，下同)、3年及推后1年和2年设置虚拟变量，以这些“伪设立自贸区”的时间构建交互项进行安慰剂检验，除提前3年的系数显著外，其余系数并不显著，说明之前的结果是稳健的。

表3　安慰剂检验

变量	Lnpatent			
	提前1年	提前3年	延后1年	延后2年
Treat×*Post*	−0.073 (0.065)	−0.140* (0.051)	0.158 (0.09)	0.137 (0.116)
常数项	2.665** (1.274)	2.448* (1.26)	2.249* (1.28)	2.323* (1.29)

续表

变量	Lnpatent			
	提前 1 年	提前 3 年	延后 1 年	延后 2 年
控制变量	是	是	是	是
时间效应	是	是	是	是
城市效应	是	是	是	是
观测值	3300	3300	3300	3300
R^2	0.971	0.971	0.972	0.971
Treat * *post*	−0.049 (0.069)	−0.104* (0.055)	0.144 (0.105)	0.151 (0.124)
常数项	1.084 (1.366)	0.928 (1.358)	0.724 (1.379)	0.742 (1.382)
控制变量	是	是	是	是
时间效应	是	是	是	是
城市效应	是	是	是	是
观测值	3300	3300	3300	3300
R^2	0.968	0.968	0.969	0.969

2.对叠加政策的考察

除自贸区之外，中央政府和地方政府还出台了多个地区性的经济政策，如经济技术开发区、国家级新区等，与此相关的政策措施对创新同样具有积极的作用。如果不考虑这些因素，可能导致遗漏变量造成的内生性问题。考虑到本文所选取的时间段，本文仅以国家级新区为例进行实证。国家级新区的取值与自贸区类似，如果 C 城市在 t 年份之后设立国家级新区就取值为 1，否则为 0。另外，设立国家级新区的城市处理组虚拟变量为 1，否则为 0。从表 4 的回归结果可以发现，考虑叠加政策后与之前基准回归结果类似，说明我们得到的结论是稳健的。

表 4　叠加政策的考察

变量	Lnpatent			Lninapply		
	(1)	(2)	(3)	(4)	(5)	(6)
Treat×*Post*	0.630*** (0.173)	0.144 (0.124)	0.163 (0.122)	0.804*** (0.199)	0.248** (0.135)	0.271** (0.133)
New	0.949*** (0.177)	0.187 (0.102)	0.199 0.072	1.037*** (0.202)	0.105 0.124	0.123 (0.120)
常数项	7.442*** (0.138)	0.187 (0.114)	0.350 (1.672)	7.79*** (0.140)	7.260*** 0.148	−0.473 1.824
控制变量	否	否	是	否	否	是
时间效应	否	是	是	否	是	是
城市效应	否	是	是	否	是	是
观测值	3300	3286	3286	3286	3286	3286
R^2	0.917	0.969	0.979	0.868	0.972	0.961

3.关于创新质量的研究

为了研究自贸区的设立对地级市的创新质量产生的影响，我们进一步把专利申请数量和专利授权数量进行细分，分为发明专利、实用新型和外观设计。根据以往的文献研究发现，发明专利的科技含量水平最高，最能体现创新的质量，实用新型次之，外观设计对专利质量的反映相对较差。从表 5 的回归结果可以看出，最能反映专利创新质量的发明专利的数量，不管是在专利申请上还是在专利授权数量上都不显著，说明自贸区的设立对于城市创新质量的影响不是很明显。

表 5　回归结果

变量	Lninapply			Lnpatent		
	发明专利	实用新型	外观设计	发明专利	实用新型	外观设计
Treat×*Post*	0.273 (0.167)	0.320*** (0.107)	0.379* (0.211)	0.175 (0.189)	0.133 (0.105)	0.278 (0.208)
常数项	−12.213*** (2.647)	−3.412** (1.698)	−3.756 (3.338)	−10.624*** (3.036)	−1.707 (1.672)	−7.743** (3.301)
控制变量	是	是	是	是	是	是

续表

变量	Lninapply			Lnpatent		
	发明专利	实用新型	外观设计	发明专利	实用新型	外观设计
时间效应	是	是	是	是	是	是
城市效应	是	是	是	是	是	是
观测值	3300	3300	3300	3300	3300	3300
R^2	0.965	0.971	0.934	0.959	0.974	0.942

三、结论和政策建议

通过实证研究发现，自由贸易试验区的设立对城市创新存在积极影响，实证结果进一步通过了安慰剂检验，并且在考虑叠加政策后依旧平稳。但是在考察创新质量时，从结果来看，自由贸易试验区的设立并没有对创新水平的提高存在明显的促进作用。

基于本文的研究结果，我们提出以下三点政策建议：其一，自由贸易区的设立在促进城市创新方面能够发挥积极作用，但是目前来说，自由贸易区获得审批的数量依然比较少，从国家整体来看，要尽快形成可以复制推广的经验。其二，政府以及相关部门要着力解决创新质量不高的问题，一方面从政策和专项资金方面进行引导，另一方面也要提高专利审批标准，注重专利申请的质量。其三，地方政府也要把握自由贸易试验区报审的机遇，统筹区域内的资源，争取尽快达到自由贸易试验区审批资质，早日享受政策带来的红利。

参考文献

1.王利辉、刘志红：《上海自贸区对地区经济的影响效应研究——基于“反事实”思维视角》，《国际贸易问题》2017 年第 2 期。

2.殷华、高维和：《自由贸易试验区产生了“制度红利”效应吗？——来自上海自贸区的证据》，《财经研究》2017 年第 2 期。

3.刘秉镰、吕程：《自贸区对地区经济影响的差异性分析——基于合成控制法的比较研究》，《国际贸易问题》2018 年第 3 期。

4.林晓伟、李非：《福建自贸区建设现状及战略思考》，《国际贸易》2015 年第 1 期。

5.项后军、何康：《自贸区的影响与资本流动——以上海为例的自然实验研究》,《国际贸易问题》2016 年第 8 期。

6.周汉民:《我国四大自贸区的共性分析、战略定位和政策建议》,《国际商务研究》2015 年第 4 期。

7.裴长洪、郑文:《中国开放型经济新体制的基本目标和主要特征》,《经济学动态》2014 年第 4 期。

8.张军、闫东升、冯宗宪、李诚:《自贸区设立能够有效促进经济增长吗?——基于双重差分方法的动态视角研究》,《经济问题探索》2018 年第 11 期。

9.张幼文:《自贸区试验的战略内涵与理论意义》,《世界经济研究》2016 年第 7 期。

10.盛斌:《天津自贸区:制度创新的综合试验田》,《国际贸易》2015 年第 1 期。

11.唐未兵、傅元海、王展祥:《技术创新、技术引进与经济增长方式转变》,《经济研究》2014 年第 7 期。

12.周煊、程立茹、王皓:《技术创新水平越高企业财务绩效越好吗?——基于 16 年中国制药上市公司专利申请数据的实证研究》,《金融研究》2012 年第 8 期。

13.王爱俭、方云龙、于博:《中国自由贸易试验区建设与区域经济增长:传导路径与动力机制比较》,《财贸经济》2020 年第 8 期。

14.李平、史亚茹:《进口贸易、生产率与企业创新》,《国际贸易问题》2020 年第 3 期。

15.陈武、何庆丰、王学军:《基于智力资本的区域创新能力形成机理——来自我国地级市样本数据的经验证据》,《软科学》2011 年第 4 期。

16.刘军、李廉水、王忠:《产业聚集对区域创新能力的影响及其行业差异》,《科研管理》2010 年第 6 期。

中共山东省委党校(山东行政学院)科研支撑项目成果
中国社会科学院生态文明研究智库—中共山东省委党校(山东行政学院)
黄河研究院成果

生态经济发展新动能研究

张彦丽 著

山东大学出版社
SHANDONG UNIVERSITY PRESS
·济南·

图书在版编目(CIP)数据

生态经济发展新动能研究/张彦丽著.—济南：
山东大学出版社，2022.9
ISBN 978-7-5607-6857-1

Ⅰ.①生… Ⅱ.①张… Ⅲ.①生态经济—经济发展—
研究—山东 Ⅳ.①F127.52

中国版本图书馆 CIP 数据核字(2022)第 151403 号

策划编辑 刘 彤
责任编辑 邵淑君
封面设计 杜 婕

出版发行 山东大学出版社
社 址 山东省济南市山大南路 20 号
邮政编码 250100
发行热线 (0531)88363008
经 销 新华书店
印 刷 山东和平商务有限公司
规 格 720 毫米×1000 毫米 1/16
11.25 印张 208 千字
版 次 2022 年 9 月第 1 版
印 次 2022 年 9 月第 1 次印刷
定 价 46.00 元

前　言

党的十八大以来，以习近平同志为核心的党中央针对新时代我国社会主要矛盾变化，回应人民群众对良好生态环境的需求和期待，把生态文明建设摆在治国理政的突出位置。在生态文明建设实践中逐步积累、检验、提炼所形成的习近平生态文明思想是指导我国生态文明建设、实现经济高质量发展的根本遵循和行动指南。2017 年以来，党中央、国务院和山东省委省政府对加快新旧动能转换、培育壮大经济发展新动能作出一系列重大部署，山东省将加快新旧动能转换作为统领区域经济高质量发展的“牛鼻子”。2017 年 10 月，党的十九大进一步强调贯彻新发展理念，推动经济发展质量变革、效率变革、动力变革，对培育壮大生态经济发展新动能提出了新的要求。生态经济体系是生态文明体系中最基础、最重要的构成部分，以“绿水青山就是金山银山”理念为指导，探索生态经济高质量发展路径，深入研究新时代生态经济发展动能问题，研究和阐释中国生态经济理论，对于构建生态文明学科体系、话语体系并推动高质量发展具有重要意义。

全书共四篇。第一篇主要介绍生态经济基本理论、研究前沿及生态经济发展动能。第二篇以新时代生态经济理论实践和创新为核心，对“绿水青山就是金山银山”理念的内涵、生态经济体系构建中产业生态化和生态产业化的“两化”路径进行分析研究，针对生态经济发展创新中生态产品价值实现等关键问题，以“两山”理念为指导进行了初步探讨。第三篇对生态经济体系的基础——社会生态农业进行研究，通过大量案例分析了社会生态农业发展的不同模式，探索促进生态经济发展和乡村振兴的路径。第四篇为培育壮大生态经济发展新动能的山东省实践，梳理和分析了山东省生态经济发展情况，提出了增强生态经济发展的创新动能、加强“绿水青山就是金山银山”转化路径探索、以国家重大战略推动山东生态经济发展等建议，希望能为山东省统筹生态环境高水平保护和经济高质量发展提供决策参考。

近年来，笔者一直围绕生态文明、绿色发展和生态经济开展研究和教学工作，在山东省委党校（山东行政学院）及社会和生态文明教研部的大力支持下，借助中国社会科学院生态文明研究智库—中共山东省委党校（山东行政学院）黄河研究院平台，积极参加学术交流，开展了大量调查研究。本书研究内容得到山东省委党校（山东行政学院）科研重大招标项目“黄河流域生态保护和经济发展协同机制研究”（2022CX030）的支持。在出版过程中，山东大学出版社的刘彤和邵淑君老师提出了宝贵意见，在此一并致谢。

由于生态经济发展动能研究是一个较新的领域，本书只是在对生态经济学家的相关论著进行学习的基础上作了初步探索。由于本人学识有限，书中难免存在不足之处，恳请各位读者批评指正。

作　者

2022 年 5 月

目　录

第一篇　生态经济基本理论、研究前沿及生态经济发展动能

第二篇　新时代生态经济理论实践和创新

第三篇　社会生态农业是生态经济体系的基础

第四篇　培育壮大生态经济发展新动能的山东省实践

第一篇
生态经济基本理论、研究前沿及生态经济发展动能

第一章

生态经济基本理论

在生态经济学界同人的共同努力下，国内外生态经济理论研究内容逐渐丰富、理论体系不断完善、研究水平日益提高，特别是构建“以产业生态化和生态产业化为主体的生态经济体系”的提出，对于指导我国生态经济实践发挥着越来越重要的作用。在新发展阶段，绿色发展已成为新时代的主旋律，中国生态经济实践也提出了一系列的时代课题，赋予了中国生态经济研究更大的责任，需要我们进行更深入的理论研究。

第一节　生态经济的内涵

生态经济是将经济系统纳入生态系统，实现物质循环、能量转换、信息传递和价值增值的经济形态，它能够使人类经济发展和自然生态系统相互适应、相互促进，从而达到生态与经济两个系统的良性循环和经济、社会、生态三大效益的高度统一。生态经济是实现经济发展与环境保护、物质文明与精神文明、自然生态与人类生态高度统一和可持续发展的全新的经济发展模式，它摈弃了传统经济增长方式中的高投入、高能耗、高污染，避免了“人类经济社会发展过程中所出现的生态非经济化、经济逆生态化以及生态系统和经济系统之间的相互对抗的状况”[①] 所导致的生态经济问题，注重经济增长与生态保护之间的协调，逐渐缓解并克服传统经济模式下单纯追求经济发展而形成的生态危机，最终实现生态与经济的平衡和持续发展。

① 沈满洪. 生态经济学的定义、范畴与规律［J］. 生态经济，2009（1）：42-47，182.

生态经济以系统论和资源有价论为理论基础。生态经济强调经济系统是生态系统的子系统，其必须在生态系统允许的范围内开展活动，二者通过技术中介以及人类劳动所形成的物质循环、能量转化、价值增值、信息传递等有机结合，形成生态经济系统。生态系统和经济系统具有统一性，前者是后者持续发展的稳定基础，后者应该在既遵循经济规律又遵循生态规律的前提下得到发展。同时，生态经济认为自然资源和环境资源具有稀缺性，强调用价格体现出生态资源的独特价值，从而实现生态和经济的统一。

"生态平衡和经济平衡以及两者的辩证统一即生态经济平衡。"① 生态经济的目标并非单纯的经济最优或生态最优，而是追求构成生态经济系统的各要素之间协调稳定，生态系统和经济系统协调统一发展，达到生态经济平衡。生态经济的本质是实现可持续发展。可持续发展的本质特征就是生态与经济相结合，生态与经济一体化，生态保护优先于经济发展。它要求人类向自然的索取与回馈相平衡，为当代的努力与对后代的贡献相平衡，思考本区域的发展时能够考虑到其他区域乃至全球利益的平衡。生态经济所追求的"生态经济化""经济生态化""生态系统与经济系统的良性互动"正体现了可持续发展的内涵。实现可持续发展是生态经济的内在要求。

生态经济系统是一个能够自我反馈和发展的复合系统，从本质上来看，该系统是一个能够自行调节并保证自身正常发展的自组织系统，但是这种自我恢复和调节的功能并非没有前提条件，如果系统的内部和外部作用力超出特定阈值，将会破坏该功能，造成功能的退化、结构的损坏，进而导致生态系统和经济系统不能协调发展。因此，在开展经济活动时，人类从生态系统中获得资源、生态和环境要素时，需要维持生态经济系统的自我调节机制正常运转，对该系统的影响不能超过其自身的调节阈值。与此同时，人类城市建设扩张与人口规模的扩大、经济发展过程中产生的废弃物和污染物，应当与生态环境和自然资源的承载力相适应，并尽可能实现循环利用和可持续发展。如果生态环境遭到破坏，生态系统和经济系统的协调将受到影响，人地关系也因此不能协调发展。生态经济理论要求生态环境保护与社会经济发展同步协调进行，生态产品的出现则满足了该理论的基本要求，与此同时，生态产品的价值实现过程是通过生态产品交易实现区域产业融合、经济发展、居民生活水平提升的过程，借助生态环境修复、保护和维持，实现生态产品的有效供给，进而改变区域内生态系统失衡的状态，从而进一步实现区域生态经济系统的协调发展。

改革开放 40 多年来，我国现代工业高速发展、技术不断进步、物质财富

① 刘思华．刘思华可持续经济文集［M］．北京：中国财政经济出版社，2007：25.

迅速增长，同时也造成了地球生态平衡的破坏，污染了的水、大气和土壤威胁到人类自身的生存。在我国经济发展步入“新常态”、生态环境和资源能源对经济发展的约束日益紧迫的情况下，党的十八大将生态文明建设同经济建设、政治建设、文化建设、社会建设一起作为“五位一体”的总体布局上升为国家战略。生态经济是生态文明建设的重点领域，其含义是指在绿色发展理念的引领下，按照生态学市场经济和基于系统的思维方式，实现生态系统和经济系统的良性循环，使经济、社会、资源、环境实现协调发展的经济体系。①

第二节　生态经济学辨析

广义的生态经济学包括生态经济学、资源经济学和环境经济学。从狭义上讲，三者在研究对象、侧重点和研究角度方面存在区别。作为生态经济系统的重要组成部分，自然系统是一个有着多种产出及其关联产品的复合系统。这个自然复合体能够为经济系统提供四种服务。第一，自然系统是经济系统中原材料输入的来源。第二，自然系统可以为维持生命系统提供必要的服务，包括可供呼吸的空气以及生命系统赖以生存的气候条件等。第三，自然系统为人类提供了丰富多样的舒适性服务，包括观赏野生生物、美景所带来的愉悦感等。第四，自然系统能够分解、转移、容纳经济活动的副产品。资源经济学研究的对象主要是自然系统提供的第一种服务，即森林、矿产等典型的资源，它们能够生产木材、金属等经济商品。资源经济学侧重于研究自然资源的合理配置与最优利用问题。环境经济学研究的对象主要是自然系统提供的第四种服务，即能够分解、转移、容纳经济活动副产品的环境容量。环境经济学侧重于利用环境经济规律来解决环境污染问题。而生态经济学的研究对象主要是自然系统提供的第二种服务和第三种服务，即生命支持系统服务和舒适性服务。生态经济学侧重于研究生态经济系统的结构、功能、行为及其规律性，在研究方法上更强调整体论的系统分析方法。

在不同的经济发展阶段，资源经济学、环境经济学和生态经济学表现出不同的地位。以水为例，在农业经济时代，由于农业生产需要大量的水资源灌溉，因此为了解决水资源的开发和利用问题，水资源经济学就比较受重视；在工业经济时代，由于工业生产产生大量的水污染，因此为了解决水环境污染问

---

① 参见姬振海. 生态文明论［M］. 北京：人民出版社，2007：244.

题，水环境经济学就比较受重视；而在生态文明时代，由于人们对优质的生态产品有着迫切的需求，因此为了有效提高生态舒适性以及改善生命支持系统，水生态经济学就比较受重视。这也就解释了为什么尽管资源经济学、环境经济学和生态经济学在我国基本上都是从20世纪80年代初开始发展的，但是过去几十年来资源与环境经济学更加受重视，而生态经济学一直处于比较边缘的状态。

由于自然系统提供的各种服务密不可分，因此生态经济学与资源、环境经济学之间的关系也密不可分。它们既是相对独立的，又是密切联系的。它们的研究范围有很多重叠，在学科建设上这三部分内容可以分列，也可以合并成一个体系。如果合并成一个体系，也就是广义上的生态经济学，它将自然系统提供的这四大类服务都作为自己的研究对象。当前，在生态文明建设语境下，我们理解的生态经济学基本上都是广义上的生态经济学。随着我国社会主义生态文明建设进入新时代，生态经济学引领我国经济社会高质量发展的地位日益凸显。可以预见，正如生态文明是人类文明的新阶段、生态经济是社会经济发展的新阶段一样，生态经济学也必将成为主流经济学发展的一个新阶段。若能成功地实现对传统主流经济学的扬弃，构建起中国特色生态经济理论体系，生态经济学将会成为未来主流经济学发展的新阶段，它代表了主流经济学的新前途。①

第三节　生态经济发展模式

20世纪三四十年代以来，随着西方工业化较早的国家相继出现影响巨大的生态环境污染事件，国际社会开始反思生态环境与经济发展的关系，从不同的角度分别提出绿色经济、低碳经济、循环经济等发展模式，这些模式与生态经济既存在联系又存在一定的区别。

一、生态经济与绿色经济、低碳经济、循环经济的联系

绿色经济是以市场为导向、以传统产业经济为基础、以经济与环境的和谐为目的而发展起来的一种新的经济形式，是产业经济为适应人类环保与健康需要而产生并表现出来的一种发展状态。

---

① 参见曾贤刚. 中国特色社会主义生态经济体系研究［M］. 北京：中国环境出版集团，2019.

低碳经济是以“低能耗、低排放、低污染”为基础的经济发展模式。中国环境与发展国际合作委员会 2009 年发布的《中国发展低碳经济途径研究》，最终把“低碳经济”界定为“一个新的经济、技术和社会体系，与传统经济体系相比在生产和消费中能够节省能源，减少温室气体排放，同时还能保持经济和社会发展的势头”。

循环经济即物质闭环流动型经济，是以资源的高效利用和循环利用为核心，以减量化、再利用、资源化为原则，以低投入、低消耗、低排放和高效率为基本特征，符合可持续发展理念的经济发展模式。

通过对生态经济、循环经济、绿色经济、低碳经济的起源和发展的梳理（见图 1-1）可知，它们在本质内涵和理论基础上是相互联系的，在所追求的目标方面是一致的（见表 1-1）。

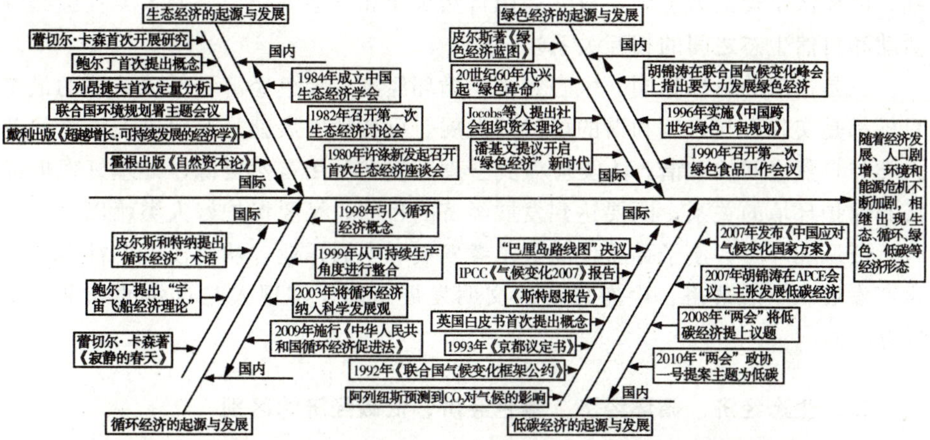

图 1-1　生态经济、循环经济、绿色经济、低碳经济的发展简图

表 1-1　生态经济、循环经济、绿色经济、低碳经济的联系

经济形态	本质内涵	理论基础	追求的目标
生态经济、循环经济、绿色经济、低碳经济	强调环境友好、资源节约、生态平衡，主张人与自然和谐相处	自然学科：生态学、系统学等；社会学科：经济学、管理学、伦理学等	实现经济社会的可持续发展

一是本质内涵相通。生态经济、循环经济、绿色经济和低碳经济都是人类在发展中陷入资源危机、环境危机、生存危机后深刻反省自身发展模式，对人类和自然关系的重新认识和总结的结果。四者都是从结构和机制入手，以新思维、新办法解决日渐明显的全球性资源环境劣化和气候变化问题的新举措，针

对的问题均是相对于传统的落后的经济发展模式，所有概念所强调的经济形态以环境友好、资源节约、生态平衡为特征，主张减少资源消耗、保护环境，人与自然和谐发展。总之，生态经济、循环经济、绿色经济和低碳经济在本质上是完全一致的。

二是理论基础相通。生态经济、循环经济、绿色经济和低碳经济都是由传统的经济学理论和现代生态学理论碰撞、融合后产生的新型的综合性的学科。目前，这几种概念还没有形成完整的体系。其理论涉及多个学科领域，包括生态学、系统学等自然学科以及经济学、管理学、伦理学等社会学科，其中最主要的指导原理是生态学和经济学。与传统经济学理论从劳动、土地及资本三种生产基本要素分析问题相比较，四者从人、自然资源和科学技术等更大的系统来分析经济问题，强调将生态学和经济学有机结合起来，以生态学原理为基础，以经济学理论为主导，科学运用自然规律和社会规律，协调人类社会经济活动和自然生态之间的相互关系。

三是追求的目标相同。生态经济、循环经济、绿色经济和低碳经济的最终目标都是实现人与自然和谐的可持续发展。可持续发展就是要促进人类之间及人类与自然之间的和谐，人类应做到合理开发和利用自然资源，处理好发展经济和保护环境的关系，既要达到发展经济的目的，又要保护好人类赖以生存的自然资源和环境，使子孙后代能够永续发展和安居乐业，从而使整个社会走上生产发展、生活富裕、生态良好的文明发展道路，实现人与自然的和谐共生共存。

二、生态经济、循环经济、绿色经济、低碳经济的区别

生态经济、循环经济、绿色经济和低碳经济这四种经济形态的区别如表 1-2 所示。

表 1-2 生态经济、循环经济、绿色经济和低碳经济的区别

	核心内容	提出背景	研究角度
生态经济	经济和自然生态系统的协调发展	20 世纪 50 年代，生态环境和经济发展的矛盾加剧	经济发展与生态系统的协调
循环经济	物质的循环利用	20 世纪 60 年代，环保运动的兴起	资源减量化、再循环、再利用

续表

	核心内容	提出背景	研究角度
绿色经济	发展经济，全面提高生活福利水平	20世纪60年代，绿色革命	绿色生产、流通和分配
低碳经济	低碳产品、技术及能源的开发和利用	20世纪90年代以来，气候问题	减少碳排放

（一）核心内容不同

生态经济的核心是实现经济和自然系统的协调发展；循环经济的核心是物质的循环利用，通过最大限度地提高资源的利用效率，实现污染的零排放；绿色经济强调以人为本，以发展经济、全面提高人民生活福利水平为核心，是以维护人类生存环境为目标、以合理使用能源与资源为手段的一种经济形式；低碳经济是在市场机制的基础上，通过制度框架和政策措施的制定和创新，推动提高能效技术、节约能源技术、可再生能源技术和温室气体减排技术的开发和运用，促进整个社会经济朝向高能效、低能耗和低碳排放的模式转型。其核心内容包括低碳产品、低碳技术、低碳能源的开发和利用。

（二）提出背景不同

20世纪50年代，随着战后经济和科学技术的迅猛发展，西方工业发达国家面临着严重的环境污染、能源危机和资源枯竭，给社会发展造成巨大的经济损失。在生态环境和经济发展的矛盾不断加剧的同时，人们逐渐认识到将生态学和经济学结合的重要性，于是就产生了生态经济学。循环经济的产生可以追溯到20世纪60年代，当时，许多国家和地区经济实现了高速发展，但资源环境问题日趋严重，受到了人们的普遍关注，环境保护的思潮和运动随之兴起。为了有效应对，西方工业国家改变传统的末端治理方式，开始探索资源的高效、循环利用的发展模式。绿色经济是人类为了应对资源危机，减少人类对资源环境的破坏而提出的经济发展模式。绿色经济思想萌芽于环境经济学家认为经济发展必须是自然环境和人类自身可以承受的，不会因人类盲目追求生产增长而造成社会分裂和生态危机，不会因为自然资源耗竭而使经济无法持续发展，主张从社会及其生态条件出发，建立一种“可承受的经济”。低碳经济是人类为应对全球气候变暖提出的。随着全球人口和经济规模的不断增长以及化石能源的大量使用，大气中二氧化碳浓度逐渐升高，进而带来了全球气候的变化，严重影响到人类的生存和发展，低碳经济应运而生。

（三）研究角度不同

生态经济借鉴了生态学的相关理论，协调经济与生态系统，以期通过宏观经济发展模式的转变实现经济的可持续发展。循环经济主要从资源减量化、再循环、再利用角度减少资源消耗，强调的是在生产、流通、消费全过程中物质的循环利用、清洁生产、能源的充分利用。通过提高资源能源的利用效率，以应对资源紧张和环境污染问题。绿色经济强调环境友善、关爱生命、鼓励创造，突出以科技进步为手段实现绿色生产、绿色流通、绿色分配，兼顾物质需求和精神上的满足。它通过有益于环境的经济行为，实现经济的可持续增长，是一种以维护人类生存环境、合理保护资源与能源、有益于人体健康为特征的经济。低碳经济是针对碳排放来讲的，通过减少煤炭、石油等化石能源的消耗，提高能源利用效率，采用清洁能源，减少二氧化碳的排放，进而保护人们赖以生存的自然环境。

生态经济、循环经济、绿色经济、低碳经济虽然提法不同，但有着紧密的内在联系，都是有利于实现绿色发展的经济形态。它们的本质内涵、理论基础和追求的目标一致，只是在核心内容、产生的背景、研究角度上有所区别。这四种经济形态必将引起现代经济发展的全方位的深刻变革，我国对其应予以同样的重视，不能顾此失彼或厚此薄彼，应将其纳入资源节约型和环境友好型社会建设的重要范畴，科学处理经济、社会、环境系统的关系，只有这样才能走出一条有中国特色的低碳、循环、绿色、生态的可持续发展道路。

第二章

生态经济研究前沿

生态环境保护的成败，归根结底取决于经济结构和经济发展方式是否适宜。2018 年召开的全国生态环境保护大会提出要通过全面推动绿色发展，建立健全以产业生态化和生态产业化为主体的生态经济体系。生态经济体系的内涵特征就在于产业生态化、生态产业化，即在发展经济、选择和布局产业时考虑其对生态环境的影响，使经济发展适应生态环境承载力、促进生态环境保护；而在生态环境保护和修复时则要充分考虑生态环境的价值，使良好的生态环境优势转化为经济发展优势，把“绿水青山”转化为“金山银山”，使生态环境保护与经济发展协调互促。

第一节　国外生态经济的研究情况

生态经济研究的核心问题在于对生态环境和经济发展之间的关系及其相互影响的研究，国外相关研究呈现认知特征迥异的四个阶段。

第一阶段主要表现为传统的财富追求观。20 世纪 60 年代之前，促进经济增长是西方经济学研究的核心问题，生态环境因素未被作为经济增长中的主要问题加以研究。从约翰·梅纳德·凯恩斯（John Maynard Keynes）的经济学到哈罗德—多马[①]、罗伯特·索洛（Robert Solow）的经济增长理论，再到内生增长理论以至新制度经济学，均聚焦于单纯追求财富和探索经济增长的动力。出现传统的财富追求观的客观原因在于其时全球生态环境容量相对于尚不

① 两人的名字分别为罗伊·哈罗德（Roy Harrod）和埃弗塞·多马（Evsey Domar）。

发达的生产力而言是巨大的，生态环境问题尚未凸显，因而促进经济增长成为核心问题。

第二阶段主要表现为悲观的零增长论。20 世纪 60 年代以来，随着工业化的迅猛推进，美国、日本等先发国家出现了震惊世界的公害事件，警醒人们在经济社会发展中必须重视生态环境问题。蕾切尔·卡森（Rachel Carson）于 1962 年出版的《寂静的春天》，引发了人类对生态环境问题的关注。E. J. 米香（E. J. Mishan）于 1967 年指出，社会福利并不取决于经济增长，而在于经济增长的方式。以德内拉·梅多斯（Donella Meadows）等经济学家为代表，罗马俱乐部提出著名的“增长极限”论，认为自然生态环境的承载力存在上限，当生产活动规模超过这个阈值时，生态环境系统将发生崩溃。赫尔曼·戴利（Herman Daly）1977 年提出，应控制人口、保持一定的投资水平，从而低速消耗不可再生资源，建立“稳态经济”模式，深化了“零增长”理论。经济增长悲观派学说警示人们在经济社会发展中要保护生态环境，但其视生态环境资源为简单的保护对象，提倡“零增长”，割断了经济社会发展和生态环境资源保护之间的内在联系，推行起来困难重重，无论是急需摆脱贫困的发展中国家还是仍想增加财富的发达国家都难以拥护和支持。

第三阶段以乐观的经济发展论为代表。国外学术界在与“零增长”论的激烈争论中形成了与之对立的观点。典型代表是美国理查德·卡恩（Richard Kahn）博士，卡恩在分析总结了人类 1 万年发展历程的基础上，得出社会、政治和文化的力量能缓解或正向中和资源环境危机的结论。同时，他还指出，技术进步这一长期效应可以中和生态环境极限阻滞经济增长这一短期负效应，最终得出“经济增长不仅是好事，而且是所有人类获得美好生活的先决条件”“近 200 年来的经济增长，已增进了人类的福利”“对发展中国家来说，环境质量是放在第二位的目标，富裕时再考虑环境”等一系列乐观的结论。在现有经济增长模式下，可以通过环境经济政策和人类自身行为的改变来转换经济增长方式，解决生态环境问题。乐观派的典型代表们认为：梅多斯等人的“零增长”论及其世界将面临“灾难性崩溃”的结论在于没有充分考虑技术进步等因素对经济发展的影响。针对此情况，1981 年乐观派出版了《没有极限的增长》，阐述的主要观点包括：人类的认识和创造能力是无限的、不断向前发展，科学技术的持续进步将极大地促进当前经济增长中人口、资源、环境等方面问题的解决，最终人类福利和社会的发展必将持续改善和优化。相比之下，乐观派已经意识到了科学技术等因素对经济社会发展的强大推动力，但其缺点在于容易忽视科技的副作用，对传统的经济发展模式倾向于保守地维持，生态环境与资源问题没有受到重视。

第四阶段是辩证的耦合协调发展观阶段。在认识生态环境与经济社会发展的关系上，悲观的“零增长”论和乐观的经济发展论都存在缺陷，如世界未来学会前主席爱德华·科尼什（Edward Collins）所评价的：“乐观主义者和悲观主义者都以不同形式暗示我们放弃努力，我们不能上当，世界的好要靠我们自己努力。”[①] 悲观派与乐观派的争论并没有阻止和化解种种生态环境问题，相反，到 20 世纪 80 年代，温室效应和酸雨已演变为全球性环境问题。单纯的污染末端治理方式未能有效遏制环境污染加剧的步伐，世界迫切需要寻求兼顾生态维护、环境保护、资源有效利用与经济增长、社会进步的发展模式，在此背景下诸如“同步发展”“有机增长”“全面发展”“协调发展”等新的经济发展模式被先后提出。生态环境保护与经济发展、社会进步之间紧密的耦合协同关系逐渐被认识和得到深化。1980 年 3 月 5 日，联合国面向全球呼吁：必须研究自然、生态、经济、社会之间以及自然资源开发利用过程中的多种关系，确保全球持续发展；三年后世界环境与发展委员会成立；1987 年联合国大会主题报告题目为《我们共同的未来》，其中“可持续发展”模式的明确提出标志着世界各国对生态环境与经济社会发展关系的认识和研究上升到新的高度。1992 年在巴西里约热内卢召开的联合国环境与发展大会通过了《21 世纪议程》，它作为重要的纲领性文件，标志着生态环境与经济社会关系的协调发展理论在世界取得广泛认同。

20 世纪中期以后，经济生活中出现了诸如资源经济、环境经济、生态经济、循环经济、绿色经济等一系列新的提法，这些新提法均融合了生态型理念，是经济系统与生态系统相耦合的产物。吉恩·格罗斯曼（Gene Grossman）和艾伦·克鲁格（Alan Kreuger）研究发现，66 个国家的不同地区的环境污染物排放量随人均国民收入水平增长呈现先增后减的变动趋势，由此得出随着收入水平增加经济增长将缓解生态环境污染的结论，这就是“环境库兹涅茨曲线”（Environmental Kuznets Curve，EKC）。[②]

生态经济这一概念是美国经济学家肯尼斯·鲍尔丁（Kenneth Boulding）于 1966 年在《一门科学：生态经济学》中首次提出的。[③] 鲍尔丁将经济发展系统视为闭环的循环式系统，从而使生态环境与经济发展产生联系。他认为，经济系统的不断增长对自然资源的需求是无限的，这与生态环境系统对自然资

---

① 《中国环境年鉴》编委会. 中国环境年鉴（1990）［M］. 北京：中国环境科学出版社，1990：459-461.

② GROSSMAN G，KREUGER A. Economic growth and income equality［J］. American Economic Review，1995.

③ 参见林红，严子杰. 生态文明建设案例教程［M］. 北京：中共中央党校出版社，2013：50-53.

源供给的局限性之间是相互矛盾的，因而，选择生态经济的发展模式是解决这个矛盾的唯一有效的办法。美国海洋生物学家蕾切尔·卡森通过对人类与生物界关系的研究，对人类所面临的生态危机进行了分析。从20世纪六七十年代起，随着人们对生态环境质量的关注，生态经济学的研究变得活跃起来，许多富有影响力的专著和论文相继发表。其中，罗马俱乐部的研究报告《增长的极限》，提出了经济“零增长”理论；鲍尔丁还提出了“宇宙飞船经济理论”，其主要观点为：地球和太空中飞行的宇宙飞船一样，需要不断消耗自身有限的资源而生存、运行，如果我们对环境资源进行不合理的开发利用，地球就会像宇宙飞船一样由于资源枯竭而走向毁灭。所以，人类活动不能超越地球的承载力。面对全球性资源枯竭、生态危机、环境污染等问题，鲍尔丁在“宇宙飞船经济理论”的基础上提出了循环经济理论，主张采用新技术促进废物循环利用，以使经济发展与生态环境相协调。20世纪80年代初期，联合国环境规划署以生态经济为主题召开了“人口、资源、环境和发展”会议，标志着生态经济从理论研究走向实践领域，并逐步形成了物质变换、协同、可持续发展和经济与生态环境协调发展等理论。①

第二节　国内生态经济研究与实践

与国际社会同步，我国社会各界在应对和反思生态环境和经济发展问题及借鉴国外先发国家生态环境与经济发展经验教训的基础上，形成和丰富了生态环境与经济社会协调发展理论。在实践层面，1973年国务院召开了第一次全国环境保护会议，审议通过了“全面规划、合理布局、综合利用、化害为利、依靠群众、大家动手、保护环境、造福人民”的32字环境保护方针。此外，会议审议通过了中国第一个全国性环境保护文件《关于保护和改善环境的若干规定（试行草案）》，后经国务院以国发〔1973〕158号文件批转全国，文件中体现了生态环境与经济社会协调发展的观点，明确指出经济发展和环境保护同时并进，协调发展。1973年8月制定的《关于保护和改善环境的若干规定（试行草案）》明确规定了“三同时”制度，即防治污染和其他公害的设施必须与主体工程同时设计、同时施工、同时投产。这一制度体现了生态环境保护“预防为主”的原则。此后，“三同时”制度成为我国防治环境污染的基本措

① 参见郝文斌．生态经济发展的理论基础与实践路径［J］．北方论丛，2015（2）：144-147．

施。1979年，《中华人民共和国环境保护法（试行）》对“三同时”制度从法律上加以确认。遗憾的是，先发国家“先污染后治理”的道路似乎成为经济发展的规律之一，长期以来经济发展与生态环境保护被认为是矛盾体。也正因如此，各层次群体就“能否协调生态环境与经济发展之间的关系”展开了十几年的激烈争论。生态环境与经济社会协调发展才是最优选择的观点直到20世纪80年代初才取得共识，逐步在管理层和实践层推广。生态环境与经济社会的协调发展观指出，无论是“先污染后治理”的老路，还是极端的环保主义者，都是不应该提倡的。此后，生态环境与经济社会协调发展的内涵和外延逐步深入与扩展，科学发展观提出，要彻底改变以牺牲环境、破坏资源为代价的粗放型增长方式，为我国经济增长、环境保护、生态文明建设、资源开发利用的耦合、协调确定了方向。

我国的生态经济理论和生态经济应用研究大致可以分为四个阶段：第一阶段是以维护生态平衡为核心的研究阶段（1980～1984年），1982年，第一次全国农业生态经济学术讨论会在银川召开，全国生态经济学术讨论会在南昌召开。第二阶段是以生态经济协调发展为核心的研究阶段（1984～1992年），1984年2月，中国生态经济学会正式成立，有力促进了我国生态经济学的研究。第三阶段是以生态环境与经济社会可持续发展为核心的研究阶段（1992～2012年）。[①] 第四阶段是以绿色发展理念指导下的生态文明建设为载体的新研究阶段（2012年以来）。从2012年11月党的十八大提出经济建设、政治建设、文化建设、社会建设和生态文明建设“五位一体”总体布局，到2015年10月召开的十八届五中全会提出“创新、协调、绿色、开放、共享”的五大发展理念，再到2017年10月党的十九大作出“加快生态文明体制改革，建设美丽中国”“建立健全绿色低碳循环发展的经济体系”等一系列重大战略部署，充分体现了党中央准确把握新时代社会发展主要矛盾，顺应新时代发展要求，对生态经济发展的高度重视。在理论研究和应用研究领域，逐步发展形成了绿色经济、低碳经济、循环经济等各有侧重的生态经济具体模式。[②]

当前，如何平衡生态与经济之间的关系从而实现全社会的绿色发展，成为生态经济领域的研究热点，衡量和评价生态经济系统运行状况是研究的基础及

① 参见郭新伟，牟文谦. 我国高效生态经济发展趋向及对策建议［J］. 改革与战略，2012（6）：34-36.

② 参见任海平. 发展生态经济是21世纪中国经济可持续发展的必然选择［J］. 科学新闻，2006（9）：10-11.

核心。国际上评价生态环境质量常用的评价指数有 ESI① (Environmental Sustainability Index) 和 EPI② (Environmental Performance Index)。梁伟等在生态环境质量评价指标中引入了经济发展指标，构建了反映资源、污染治理、能耗水平和经济水平的生态经济评价指标体系。③ 20 世纪 90 年代以来，国内外学者从生态、经济和社会三大效益框架出发，对生态经济的指标体系构建和评估进行了大量研究，然而，由于生态经济评价是一个多层次、多目标的系统工程，而且由于生态环境的时间、空间差异而缺少统一的定量标准，因此在生态经济指标体系的建立和评价方法方面，仍有较大的探讨空间。④

从 20 世纪 90 年代开始沿海经济发达地区出现严重的生态环境问题，国内学者们更多地关注到生态环境和经济社会发展之间的关系，从协调发展的角度开展了大量研究。生态环境与经济社会协调发展思想已被广泛接受，且其对立统一性也被广泛认可。其统一性表现在：经济发展、社会进步要与生态环境保护同步推进，生态环境保护又建立在经济的发展与社会的进步基础上。其对立性则表现在：经济社会发展对资源需求的无限性与资源环境承载力的有限性之间的矛盾，经济社会发展必然耗损容量固定的资源环境，而生态治理和环境保护又必然耗费有限的资源和资金。生态环境与经济社会的协同发展是人类实现可持续发展的充要条件。

第三节　生态经济理论的重大创新

生态经济体系在新时代生态文明建设五大体系中具有基础性、支撑性作用。2018 年 5 月召开的全国生态环境保护大会上正式确立了习近平生态文明思想，习近平总书记提出加快构建生态文明体系，加快建立健全以生态价值观念为准则的生态文化体系，以产业生态化和生态产业化为主体的生态经济体

---

① SANDS G R, PODMORE T H. A generalized environmental sustainability index for agricultural systems [J]. Agriculture Ecosystems and Environment, 2000, 79 (1): 29-41.

② PEROTTO E, CANZIANI R, MARCHESI R, et al. Environmental performance, indicators and measurement uncertainty in EMS context: a case study [J]. Journal of Cleaner Production, 2008, 16 (4): 517-530.

③ 参见梁伟，朱孔来，郭春燕. 山东省生态经济水平与区域竞争力的协调度及评价体系研究 [J]. 济南大学学报（社会科学版），2012 (1): 85-90.

④ 参见张淑敏，张宝雷. 黄河三角洲高效生态经济区生态经济综合评价 [J]. 经济与管理评论，2016 (4): 119-123.

系，以改善生态环境质量为核心的目标责任体系，以治理体系和治理能力现代化为保障的生态文明制度体系，以生态系统良性循环和环境风险有效防控为重点的生态安全体系。其中，生态经济体系是生态文明体系的经济基础和生态文明建设的重要支撑，在生态文明体系建设中具有基础性作用和地位。“以产业生态化和生态产业化为主体的生态经济体系”明确了生态经济的主要内容和发展路径，是习近平生态文明思想的重要组成部分，是新时代我国生态经济理论的重大创新。

这些年来，尽管我国本土的生态经济学取得了很大的进展，但无论是大学教科书，还是研究者的话语体系，基本上都属于西方生态经济学范畴。对整个生态经济学学术体系而言，问题意识模糊、思想内核弱化，由于与外来学术的生硬嫁接，造成了生态经济学学术体系内部研究的不规范和体系本身的扭曲。面对生态文明建设的时代要求，西方生态经济学的理论、方法和范式不仅脱离中国经济社会的客观现实，甚至有悖于我们的国家利益。西方生态经济学并不是放之四海而皆准的真理，它也有明显的局限性，主要体现在以下三个方面。

第一，在为什么研究生态经济学问题上，西方生态经济学将可持续发展作为研究目标。西方生态经济学主流学派都把可持续性纳入生态经济学的理论框架，使它成为生态经济学的理论基石。罗伯特·科斯坦扎（Robert Costanza）在 1991 年发表的论文集《生态经济学：可持续发展的科学与管理》中，从不同的角度论述了可持续性和生态可持续性，从而确立了可持续性是生态经济学的基本范畴。① 其后，戴利等学者也都把生态经济运行的可持续性作为发展生态经济学的理论目标和实践目标。② 2001 年，23 位世界著名的可持续发展研究者在美国《科学》杂志上发表了题为《可持续性科学》（Sustainability Science）的论文，把可持续性科学研究的主题定为可持续性，其研究范围及基本内容是“生态—经济—社会”三维复合系统。③ 实际上，要想实现可持续发展，仅仅考虑“生态—经济—社会”三维复合系统是不够的。因此，在现阶段我国应将“五位一体”的生态文明建设作为生态经济学的发展目标，即以“生态—政治—经济—社会—文化”五维复合系统作为研究对象，在习近平生态文明思想的指导下，统筹生态文明建设与经济建设、政治建设、文化建设、

---

① COSTANZA R. Ecological economics: the science and management of sustainability [M]. New York: Columbia University Press, 1991.

② 戴利. 超越增长：可持续发展的经济学 [M]. 诸大建，胡圣，等译. 上海：上海译文出版社，2001：8-9.

③ ROBERT W K, WILLIAM C C, ROBERT C, et al. Sustainability science [J]. Science, 2001, 292 (5517): 641-642.

社会建设之间的关系。

第二，在什么是生态经济学问题上，西方生态经济学试图超越传统的西方主流经济学，但是实际上其理论基础还是西方经济学。从研究方法、理论发展的脉络上看，目前的生态经济学是西方经济学逻辑体系的自然延伸和组成部分，它以福利经济学、外部性理论、产权理论、公共物品理论等为基础，基本上采用新古典的分析方法，强调成本收益分析，试图通过税费征收、明确产权等做法，最终实现外部效应的内部化。但是，西方经济学的一些理论运用于生态环境方面存在明显的缺陷。在此我们可以举几个例子来说明。例如，西方产权理论认为，通过有效的产权界定，经济系统最终能实现资源的最优配置，市场的参与者对于资源的利用也必然是有效率的。但是该理论忽视了生态产权的特殊性，生态产权不同于一般的商品产权，生态系统各要素之间是普遍联系和相互影响的，实行简单的产权分割会破坏生态系统的完整性。再如，在市场经济中，商品生产者和经营者的经济活动都是在价值规律的自发调节下追求自身的利益，实际上就是根据价格的涨落来决定自己的生产和经营活动。但是在现有的价值体系中，生态资源的价值往往得不到充分体现，因此会出现市场失灵。又比如，传统的国民经济核算理论把自然资源和生态环境排除在国民经济核算体系之外，这样的理论自然也不能成为生态资源核算的理论基础。

第三，在怎样解决具体的生态环境问题上，西方生态经济学往往忽略资本主义的生产关系，抽象地研究生态环境问题的解决方案。实际上，人类真正面临的生态危机，是在进入资本主义社会的历史发展阶段后才开始出现的。在《生态危机与资本主义》一书中，生态马克思主义者约翰·贝拉米·福斯特（John Bellamy Foster）就曾指出，当今威胁地球上所有生命的生态问题是资本获利的逻辑造成的。资本唯利是图的本性和整个社会生产的无政府状态，除了必然导致资本主义危机的周期性爆发外，也给自然环境和生态系统带来了巨大的消耗和破坏。资本的逐利性还决定了它必定无限对外扩张的逻辑，通过“污染转移”和“生态殖民”使环境破坏和资源过度消耗从发达国家扩展到发展中国家。[①] 但是，西方生态经济学对资本主义生产关系及其背后的资源价值分配和社会利益关系却漠不关心，而是主要对效率、最优和可持续性这三大主题进行研究。最典型的例子就是2018年的诺贝尔经济学奖获得者——耶鲁大学教授威廉·诺德豪斯（William Nordhaus）的研究。诺德豪斯基于模型运算得出的结论是：发展中国家减排成本低、代价小，而发达国家减排成本高、代价大，因此前者进行减排符合经济效率，他认为这是最优的方案。很显然，这

① 参见福斯特. 生态危机与资本主义［M］. 耿建新，宋兴无，译. 上海：上海译文出版社，2006.

不符合发展中国家的利益。诺德豪斯还有一个著名的观点，即解决温室效应的最有效办法是在全球对所有国家征收碳税。实际上，对低能源消费、低碳排放、低收入国家来说，全球统一碳税无疑是对其基本发展权益的剥夺。①

生态经济学是一门研究生态经济活动、总结生态经济规律的学科，其创新发展是服务于国家发展战略的。中国特色社会主义进入新时代，中国生态经济学创新发展必须更好地服务于实现“两个一百年”奋斗目标和中华民族伟大复兴的中国梦。目前，我国生态经济学创新发展的基础还比较薄弱，对重大生态环境问题的研究也不够深入，一些学者习惯于从西方生态经济学理论框架出发来分析研究我国的生态经济现实问题，生态经济学发展还不能满足新时代我国生态文明建设的要求。因此，为了更好地服务于国家发展战略，满足生态文明建设的时代需要，迫切需要构建新时代中国特色社会主义生态经济体系。

2016 年 5 月，习近平总书记在哲学社会科学工作座谈会上，对构建中国特色哲学社会科学作出了重要部署，指出改革开放 30 多年以来的发展史迫切需要理论总结，实现伟大的民族复兴，更迫切需要理论的指引，他指出：“这是一个需要理论而且一定能够产生理论的时代，这是一个需要思想而且一定能够产生思想的时代。”② 当今中国正经历着历史上最为广泛而深刻的社会变革，也正进行着人类历史上最为宏大的实践创新，正处于经济社会转型的重要阶段，生态经济领域新问题、新矛盾层出不穷。问题是时代的声音，正是对时代重大问题的解答、总结、提炼才形成重大理论成果。这需要中国的生态经济学者以中国视角观察中国生态文明建设实践，把握好“立足中国，放眼世界”这一新时代生态经济学的立场问题，提出具有自主性、创新性的中国特色社会主义生态经济体系。

在构建中国特色社会主义生态经济体系时，我们需要坚持“四个自信”。

（1）习近平生态文明思想为构建中国特色社会主义生态经济体系奠定了道路自信。不同国家在解决生态环境问题时往往会选择不同的道路，这主要是因为不同国家的生态资源禀赋、经济发展水平、制度背景、传统文化以及所承受的政治压力等不尽相同。中国生态环境治理道路，是既有别于西方“先污染后治理”，又超越中国传统环保模式的绿色发展道路。

（2）习近平生态文明思想为构建中国特色社会主义生态经济体系奠定了理论自信。中国特色社会主义生态经济需要新的理论指导。“绿水青山就是金山

---

① NORDHAUS W D, Economic aspects of global warming in a post-Copenhagen environment [J]. Proceedings of the National Academy of Sciences, 2010, 107 (26): 11721-11726.

② 习近平. 在哲学社会科学工作座谈会上的讲话 [M]. 北京：人民出版社，2016：8.

银山”“保护生态环境就是保护生产力，改善生态环境就是发展生产力”“良好生态环境是最普惠的民生福祉”“人与自然和谐共生”“山水林田湖草是生命共同体”等理论的提出，体现了中国特色社会主义生态经济体系的理论自信。

（3）习近平生态文明思想为构建中国特色社会主义生态经济体系奠定了制度自信。习近平生态文明思想的本质在于确定了人在生态文明建设过程中应遵循的行为规则，为生态文明建设提供了制度保障，包括建立生态绩效评价考核和责任追究制度、实行生态补偿机制和资源环境市场交易机制、开征环境税、开展自然资源资产负债表的编制工作等。

（4）习近平生态文明思想为构建中国特色社会主义生态经济体系奠定了文化自信。习近平生态文明思想是马克思主义生态文明思想与中国实际和时代特征相结合的历史产物，是根植于中国大地，适应中国和时代发展进步要求的新思想。中华文化是“中国实际”的重要组成部分，中国特色社会主义生态经济体系既承袭了中华传统文化的哲学思想，又吸收了马克思主义生态经济思想，体现了中国共产党的使命担当和中华民族的文化自信。

构建自主创新的中国特色社会主义生态经济体系，既要着力研究和解决中国生态经济发展所面临的重大问题，提出具有原创性质的理论观点，又要综合运用国内外各种生态经济学理论与方法，认识和研究世界生态经济与可持续发展共同面临的重大问题，努力提出体现中国国情和中国智慧的生态经济学理论观点，给出解决人类生态环境问题和促进全球可持续发展的中国方案。只有这样，才能体现中国特色社会主义生态经济体系的原创性，才能真正形成具有中国特色、中国气派和中国风格的崭新的生态经济学。

第三章

生态经济发展动能

当前我国经济已由数量型增长阶段转入质量型增长阶段。随着国内国际经济环境和经济形势的深刻变化，旧经济动能已趋向枯竭，传统经济模式已无法支撑未来我国经济发展的需要①。新动能培育是“十四五”时期我国经济实现高质量发展所面临的重大问题。在这一关键的历史时期内，我们可以通过大力发展创新型经济、实施创新驱动发展战略、构建和完善协同创新体系以及推动发展模式创新等方式加速我国新动能培育动力的形成。同时，我们应积极转变发展思维方式，充分适应中国经济的新变化和新形势，通过培育创新型主体、战略性新兴产业和名牌产品以及构建创新激励机制等路径加强我国高质量发展新动能的培育。

第一节　发展和发展动能

发展的内涵不同于经济增长。经济增长意味着经济数量规模的增加，与之相伴随的是从环境进入经济系统的自然资源流量和从经济系统中反馈给环境的废弃物流量的增加，即经济的数量规模的增长是依靠自然资源、能源的消耗及向生态环境排放废弃物的增加而实现的。发展是指质量的改善、潜力的实现、向改进的结构或系统的演化，即在数量规模不扩大、资源能源消耗和废弃物排放不增加的情况下，提高物品和服务的质量，增加人类福祉。

---

① 参见任保平，苗新宇. “十四五”时期我国经济高质量发展新动能的培育［J］. 经济问题，2021（2）：1-11，106.

动能原本是物理学中的一个概念，特指因为运动而使物体产生的能量，其与质量和速度呈正相关关系。将这一概念借用到经济学中，则指驱动经济增长的动力与能量。[①] 2015 年 6 月 24 日，李克强总理主持召开国务院常务会议，部署推进“互联网＋”行动，促进形成经济发展新动能。2016 年 2 月 26 日，在二十国集团财长和央行行长会议上的视频讲话中，李克强总理将新动能归纳为通过结构性改革等新举措以及新一代信息技术革命，来培育经济社会发展的新动力。在 2016 年的《政府工作报告》中，李克强总理还指出，经济发展必然会有新旧动能迭代更替的过程，当传统动能由强变弱时，需要新动能异军突起和传统动能转型，形成新的“双引擎”，才能推动经济持续增长、跃上新台阶。2017 年 1 月 20 日，国务院办公厅印发了《关于创新管理优化服务培育壮大经济发展新动能加快新旧动能接续转换的意见》，这是第一份有关我国新动能培育以及新旧动能间接续转换的正式文件。该文件指出：“我国经济发展进入新常态，创新驱动发展战略深入实施，大众创业万众创新蓬勃兴起，诸多新产业、新业态蕴含巨大发展潜力，呈现技术更迭快、业态多元化、产业融合化、组织网络化、发展个性化、要素成果分享化等新特征，以技术创新为引领，以新技术新产业新业态新模式为核心，以知识、技术、信息、数据等新生产要素为支撑的经济发展新动能正在形成。加快培育壮大新动能、改造提升传统动能是促进经济结构转型和实体经济升级的重要途径。”[②] 由此可见，新时代发展新动能的构成至少包括以下三个方面，一是发展的动力来自创新引领，二是发展的载体依靠“四新”，即新技术、新产业、新业态、新模式，三是发展的要素支撑是知识、技术、信息、数据等新生产要素。2017 年《政府工作报告》提出，做好政府工作要“依靠创新推动新旧动能转换和结构优化升级”，并提出“双创”是推动新旧动能转换和经济结构升级的重要力量。综上我们不难看出，新动能是新时代下推进高质量发展的一种新的驱动力，它有别于传统的动能，是实现高质量发展的新活力、新动力和新能量。[③]

在生态经济体系中，生态环境作为最大的约束和发展要素，在经济发展中起决定性作用。一方面，就产业生态化而言，生态环境在经济发展中既发挥对传统产业发展的约束作用，又起到对“四新”经济的促进、推动和激励作用。

---

① 参见任保平，李禹墨. 新时代背景下高质量发展新动能的培育［J］. 黑龙江社会科学，2018（4）：31-36.

② 国务院办公厅关于创新管理优化服务培育壮大经济发展新动能加快新旧动能接续转换的意见［EB/OL］.（2017-01-20）［2021-05-20］. http：//www. gov. cn/zhengce/content/2017-01/20/content_5161614. htm.

③ 参见王小广. 新旧动能转换：挑战与应对［J］. 人民论坛：中旬刊，2015（12）：16-18.

另一方面，就生态产业化而言，良好的生态环境通过提供良好的生态产品和生态系统服务，可以直接实现其经济价值，体现出“绿水青山就是金山银山”的科学性和时代性。

习近平生态文明思想的核心要义是“绿水青山就是金山银山”。但我们必须清楚地认识到，绿水青山是一种优质资源，可以提供优质生态产品，其本身质量再好，也并非真正意义上的金山银山，只是金山银山的生态基础。实现绿水青山转变为金山银山，需要一个有效的桥梁。绿水青山是一种潜力，是一种竞争力，也是一种可持续力。因此，迫切需要探索和建立生态产品价值实现机制，实现由生态价值向经济价值的转化。从这个意义上讲，实现生态产品价值是全面践行“绿水青山就是金山银山”理念的时代任务和重大实践课题，更是中国生态经济学界应该研究的重大课题。优质生态产品属于供给短缺的稀缺产品，要推动生态产品的价值实现，首先要确定生态产品价值的内涵及其价值核算，也就是生态价值核算。在实践中推动解决生态产品价值实现中存在的价值转化认识不统一、价值核算不规范、价值实现渠道不顺畅、价值转化不充分等问题，有助于培育壮大生态经济发展动能。

第二节　各阶段的发展动能

经济发展是有阶段的，不同阶段经济增长的动能也有所不同。正是经济发展阶段的演进更替推动了我国新旧动能的转换。改革开放以来，我国经济发展取得了卓越的成就，完成了从农业国家向现代化工业国家的转变，但在发展过程中还是稍有波动并呈现出阶段性特征。阶段性及其动能转换如下。

改革开放后至21世纪初的初级阶段，城乡居民“吃、穿、用”需求是拉动经济增长的主要动能。这一时期，我国总体上处于脱贫和解决温饱阶段，经济中的支柱产业以农业和轻工业，如食品加工、纺织服装、耐用消费品等为主。从1978年到1999年，我国食用油年均增长6.9%，家用电冰箱年均增长33.5%，家用洗衣机年均增长64.3%。对轻工业产品的巨大需求是此阶段经济发展的主要动能。

在这一阶段，我国经济处在欧文·费雪（Irving Fisher）和约翰·克拉克（John Clark）的部门理论中的初级状态，第一产业产值在国民经济中的占比较高，农业劳动力所占比重较大，1978年，我国城镇人口仅占总人口的17%，生产率较低，生产方式偏向于粗放式的低级生产。1981年，我国第一产业增加值占国内生产总值（Gross Domestic Product，GDP）的比重甚至达到了40.5%，第一产业从业人员占总就业人口的50%以上。这一时期，我国经济的发展基本符合短缺经济的特点，总需求远远超过了总供给，生产资料、工业消费品等也处于短缺的状态，整体经济都处在恢复和调整的状态。但不得不承认，在初级状态下，我国通过改革开放等系列政策实现了经济的重新起步，家庭联产承包责任制使农业得到了迅速的发展，并为我国后续的经济起飞积蓄了能量。此外，在发展东部的同时实行西部大开发战略，缓和了区域不平衡，缩小了地区间的差异，同时鼓励民营、私营企业的发展并初步建立了社会主义经济体制。1976 年，我国经济还处于负增长阶段，但伴随着改革开放，1978 年我国的 GDP 增速已达到 11.7%。在初级状态下，我国经济虽有波动，但仍迎来了几个增长峰值。

我国经济从 21 世纪初到 2011 年左右进入起飞阶段，消费开始向以“住、行”为主升级，并带动了这一期间的经济增长。2000 年前后，我国绝大多数城乡居民基本上满足了基本生活需求，进入了向“住、行”消费升级的阶段。所谓“住”，既包括农村地区住房的升级换代，从最初的土坯草房向砖瓦房及楼房升级，也包括城镇住房市场发展。从 1999 年到 2011 年，我国城镇商品房销售面积从 1.46 亿平方米增长到 10.94 亿平方米，年均增长 18.3%。在“行”的方面，同期汽车产量从 183 万辆增长到 1927.6 万辆，年均增长 21.2%。这一时期，我国住房、汽车、交通和城镇化的发展又衍生出了对重化工产品，如钢铁、有色、建材的需求。

在经济起飞阶段，政府主导的工业化及乡镇企业的崛起吸收了大量剩余劳动力，劳动力开始从农业向非农业转移。在这一阶段，我国通过利用丰富的劳动力所创造出的人口红利实现了经济的起飞，大量的廉价劳动力供给推动了经济的增长。此外，工业化带动了城镇化，虽然我国的城镇化水平与发达国家70%的城镇化率相差甚远，但起飞阶段下城镇化的推进对当时的中国经济起到了重要的促进作用，人口的集聚反向促进了产业的进一步分工细化，从而推动了经济体系的复杂化与产业的转型升级。同时，资源开始逐步向制造业转移，工业部门不断扩大，工业产值逐年攀升。在这样的背景下，经济结构的变动与经济总量的增长之间相互影响，我国整体进入温饱水平并实现了初步的工业化。而加入世界贸易组织等一系列开放措施使中国越来越多地参与到世界经济大环境中，外需拉动也成为这一阶段经济增长的动力之一。

在起飞阶段后，我国迎来了小型的“L 形”增长阶段。政府的干预不断减少，国家指令性计划所占比重下降，二元经济结构开始发生重大转化，特别是第二产业内部结构变动加快，逐渐开始摆脱制造业低端锁定的风险。经济发展的重心开始向集约型的新兴工业与具有高收入弹性的服务业转移。在持续高速增长阶段，人力资本开始被人们重视，而消费模式则从模仿型排浪式消费阶段进入个性化消费阶段。同时，市场中的价格变化呈现出以结构性价格上涨为主的特征，价格上涨的推动作用明显超过了需求的拉动作用。虽然经济开始在小波动中实现平稳增长，但这样的增长中仍存在着潜在增长率开始下降的隐患，自主创新能力不足使产业升级转型遇到瓶颈，自 2012 年起我国经济增长率开始下降，经济面临着新环境与新挑战。从 2012 年左右至今，传统的“吃、穿、住、行”消费需求得到了基本满足，我国进入了新一轮需求升级转换阶段。例如，从住房需求看，2013 年我国商品房销售面积达到 13.1 亿平方米的峰值，2014 年开始下降。从汽车销售量看，2012～2015 年平均每年增长仅 7.3%，大大低于前一阶段。这说明我国消费升级进入了新阶段，传统的“吃、穿、住、行”需求增长已显著放缓，对发展的带动作用显著减弱。

目前，我国经济进入新的阶段，即我们所说的“新常态”。这一阶段的大背景是老龄化开始显现，自然资源不断减少，环境承载力达到临界值，房地产泡沫化，金融等非实体经济的隐性风险逐步显现等一系列问题制约了我国的经济增长。为了克服经济发展中面临的这些难题，我国制定出台了供给侧结构性改革等一系列重要举措，使我国经济逐渐从高速增长转向中高速增长，从数量型增长向质量型增长迈进，从依赖投资等驱动力拉动，转变为依托消费、服务业和内需的带动。伴随着这种经济新常态，我国的经济结构也发生了新的变化，2016 年，中国三次产业比重为 8.56∶39.81∶51.63，第三产业增加值增长了 7.8%，这些变化昭示着我们应继续遵循通过创新和技术进步来提振生产率的思路，培育出经济发展的新动能[①]，从而形成新的总供给曲线，实现生产可能性边界的外移，将经济转型的阵痛期尽可能地缩短。

第三节　新常态激发新动能

自 2010 年起，我国的经济增速逐步放缓，传统产业对经济增长和居民就业的贡献不断萎缩，以大量廉价劳动力为竞争优势、以传统制造业和房地产为增长引擎、以投资和出口为主要需求、以环境污染和大量资源消耗为生产代价

① 参见马艳玲. 准确把握新常态　培育经济增长新动能 [J]. 经济师，2017 (5)：41-42.

的传统经济增长模式已经丧失了其原有的生命活力[①]，无法作为未来进一步推动我国经济高质量发展的核心支柱。立足当下，鉴于传统经济动能趋于枯竭的严峻事实，转型升级和寻找经济增长的新动能已经成为新时代我国经济发展的主要任务。[②]

随着我国经济发展进入新时代，我国经济已由数量型增长转向质量型增长，提升经济增长质量成为新时期所面对的核心问题。增速放缓、结构优化、动能转换成为当前经济运行的基本特征，高质量发展也成为中国经济发展的主题。而这样的变化也对我们的经济工作提出了新的要求，在当前的经济状态下"新动能培育"的概念开始被提出和推广。党的十九大报告指出，我国经济已由高速增长阶段转向高质量发展阶段，当前我们正处在转变发展方式、优化经济结构、转换增长动力的攻关期，而建设现代化经济体系正是跨越关口的迫切要求和我国发展的战略目标。在这一背景下，培育新动能是新时代经济高质量发展的根本支撑，也是我国经济长远发展的改革内容。新时代下中国经济正在进入新的发展阶段，经济的进一步发展需要寻找和培育新动能，并通过新动能的培育推进新常态经济持续稳定发展。在新的经济环境和经济形势下，我们必须充分意识到转变发展方式、优化经济结构和转换增长动能对我国实现经济持续稳定发展、跨越中等收入陷阱具有极其重要的意义，这就要求我国必须积极推动高质量发展新动能的培育，从而为我国实现经济高质量发展提供新动力之源。

新常态是对单纯追求经济高速增长所带来的弊端进行的反思，更是对我国不同发展阶段和主要矛盾的科学认识。实现高质量发展以供给侧结构性改革为主线，改善供给结构和提高供给质量，满足人民各方面日益增长的需要，以破解不平衡不充分发展问题。因此，高质量发展作为新发展阶段的主题，既是破解社会主要矛盾的根本要求，也是必然选择。实现高质量发展，可以有效地降低生态、资源和环境成本，提高资源的利用效率，同时减轻对资源环境的压力，保护和改善生态环境质量，提升生态环境系统的健康水平。要达到这些目的，不仅有很多理论问题需要深入研究，而且有更多的发展模式问题需要探讨，这些都是中国生态经济学界在新发展阶段要研究的重要内容。

---

① 参见魏杰，汪浩. 转型之路：新旧动能转换与高质量发展 [J]. 国家治理，2018 (21)：31-38.

② 参见刘戈非，任保平. 地方经济高质量发展新动能培育的路径选择 [J]. 财经科学，2020 (5)：52-64.

第二篇

新时代生态经济理论实践和创新

第四章

“两山”理念与“两化”路径

经济发展和环境保护是传统发展模式中的一对“两难”矛盾，是相互依存、对立统一的关系。[①] 针对如何正确处理经济发展和生态环境保护二者之间的关系这个问题，习近平总书记站在实现中华民族永续发展的战略高度，系统阐述了以“绿水青山就是金山银山”为核心的绿色发展理念，提出要转变传统发展模式，加快构建以产业生态化和生态产业化为主体的生态经济体系，实现由“环境换取增长”向“环境优化增长”的转变、由经济发展与环境保护的“两难”向两者协调发展“双赢”的转变，既培育好“金山银山”，又保护好“绿水青山”，真正做到经济建设与生态文明建设相互协调、同步推进，走出一条具有中国特色的高质量发展之路。

第一节　“两山”理念：绿水青山就是金山银山

“绿水青山就是金山银山”是新时代绿色发展理念、发展原则和发展目标，是指导生态经济发展和生态文明建设的重要理论。

习近平总书记指出：“绿色发展，就其要义来讲，是要解决好人与自然和谐共生问题。”[②] 人与自然的关系是人类社会最基本的关系，解决人与自然和谐共生问题，也就是要正确处理经济发展和生态环境保护之间的关系。2013

---

① 参见习近平．破解经济发展和环境保护的“两难”悖论［M］//习近平．之江新语，杭州：浙江人民出版社，2007：223.

② 中共中央文献研究室．习近平关于社会主义生态文明建设论述摘编［M］．北京：中央文献出版社，2017：32.

年9月7日，习近平在哈萨克斯坦纳扎尔巴耶夫大学谈到环境保护问题时指出："我们既要绿水青山，也要金山银山。宁要绿水青山，不要金山银山，而且绿水青山就是金山银山。"① 习近平用"绿水青山"比喻生态环境，用"金山银山"比喻经济发展，把生态与经济的关系比作"两山"之间的关系，生动形象地解答了如何正确处理经济发展和生态环境保护之间关系的问题。"两山"理念是绿色发展理念的精髓所在，是我们进行经济建设和生态文明建设的理论依据和重要支撑。

一、"两山"理念是习近平新时代中国特色社会主义经济思想和习近平生态文明思想的重要组成部分

改革开放40多年来，我国经济快速增长，综合国力和影响力显著上升。然而，经济的快速增长需要大量自然资源和生态环境容量支撑，以往资源依赖型的增长方式给生态环境造成了很大压力，使得自然资源和生态环境成为制约经济进一步快速增长的瓶颈。针对传统的经济发展方式不可持续的问题，2015年10月，党的十八届五中全会明确提出"破解发展难题，厚植发展优势，必须牢固树立创新、协调、绿色、开放共享的发展理念"②，五大发展理念成为指导我国经济发展的重要理念。2018年5月，在全国生态环境保护大会上，习近平提出了新时代推进生态文明建设的六项原则，要求加快构建生态文明"五大体系"，进一步强调要坚持"绿水青山就是金山银山"的绿色发展理念和加快构建以产业生态化、生态产业化为主体的生态经济体系，这充分体现了习近平总书记对经济发展规律和生态文明建设规律的认识和把握。在习近平新时代中国特色社会主义思想中，绿色发展理念和构建生态经济体系是习近平新时代中国特色社会主义经济思想和习近平生态文明思想的重要组成部分；在新时代中国特色社会主义事业实践中，坚持绿色发展、构建生态经济体系是经济建设和生态文明建设的核心任务。

二、坚持"绿水青山就是金山银山"的绿色发展理念是构建高质量现代化经济体系的必然要求

党的十八大以来，面对错综复杂的国内外经济形势，以习近平同志为核心的党中央从我国经济发展的阶段性特征出发，作出我国经济发展进入新常态的

---

① 中共中央宣传部．习近平总书记系列重要讲话读本［M］．北京：学习出版社，人民出版社，2014：120.

② 中共中央文献研究室．十八大以来重要文献选编（中）［M］．北京：中央文献出版社，2016：792.

战略判断。2014 年，习近平总书记系统阐述了新常态的主要特征，强调认识新常态、适应新常态、引领新常态是当前和今后一个时期我国经济发展的大逻辑。经济发展新常态下存在一系列突出矛盾和问题：发展不平衡不充分的一些突出问题尚未解决，发展质量和效益还不高，创新能力不够强，生态环境保护任重道远，民生领域还有不少短板等。面对这些突出问题，再沿袭粗放发展模式、简单地追求增长速度是行不通的。坚持绿色发展理念和构建生态经济体系是针对经济发展和生态环境保护之间的矛盾和制约、着力解决人与自然和谐共生问题而提出的治本之策。

在党的十九大报告中，习近平总书记强调，我国经济已由高速增长阶段转向高质量发展阶段，建设现代化经济体系是跨越关口的迫切要求和我国发展的战略目标。资源节约、环境友好的绿色发展体系是现代化经济体系的重要内容之一，其要求和目标与构建产业生态化、生态产业化的生态经济体系一脉相承。2019 年 2 月，习近平总书记进一步指出："绿色发展是新发展理念的重要组成部分，与创新发展、协调发展、开放发展、共享发展相辅相成、相互作用，是全方位变革，是构建高质量现代化经济体系的必然要求。"① 进一步强调了全面推动绿色发展，加快转变经济发展方式是构建高质量现代化经济体系的必然要求。

三、坚持“绿水青山就是金山银山”是污染治理的根本之策，是人与自然和谐共生的必由之路

传统的经济增长方式前端需要大量消耗自然资源和能源，末端则伴随着污染物的排放。早在 2005 年，习近平任浙江省委书记时就提出，转变粗放的经济发展方式是解决污染问题的根本之策，他提出："转变经济增长方式是我省经济形态发展的内在要求，是解决我省经济发展与人口、资源、环境的矛盾的根本出路，更是我们落实科学发展观的自觉行动。"② 2019 年 3 月 5 日，习近平总书记在参加十三届全国人大二次会议内蒙古代表团审议时再次强调："要贯彻新发展理念，统筹好经济发展和生态环境保护建设的关系，努力探索出一条符合战略定位、体现内蒙古特色，以生态优先、绿色发展为导向的高质量发展新路子。"③ 党的十八大以来，在习近平新时代中国特色社会主义经济思想

---

① 习近平．推动我国生态文明建设迈上新台阶［J］．求是，2019（3）．

② 习近平．干在实处 走在前列——推进浙江新发展的思考与实践［M］，北京：中共中央党校出版社，2006：32．

③ 新华网．图解 2019 全国两会（视频书）［M］．北京：人民出版社，2019：115．

和习近平生态文明思想的指导下，党中央把生态文明建设作为“五位一体”总体布局中的重要一“位”，把绿色发展作为“五大发展理念”中的一大发展理念，把全面推动绿色发展、加快构建生态经济体系作为重点工作加以推进，在从根本上解决污染问题、探寻人与自然和谐共生的道路上作出了许多有益探索。

第二节 “两化”路径：产业生态化和生态产业化

产业生态化和生态产业化是实现“绿水青山就是金山银山”目标的必然路径，二者相辅相成、互为前提、缺一不可。产业生态化侧重于减轻经济发展对生态环境的影响，目的是把经济活动对生态环境的影响降低，使生态可承载；生态产业化侧重于通过实现生态产品价值来促进生态环境优势向生态经济发展优势的转化，其目的是使经济发展可持续。

推进“生态产业化，产业生态化”，必须进行产业替代和产业结构调整，而这绝不是一个孤立的过程，需要一系列条件做支撑。首先，得益于国家产业政策的支持，通过政策来扶持区域生态产业的发展。其次，高科技尤其是实用技术成果的应用和推广将是推动产业替代和产业结构调整的重要动力。要对生态产业发展中有重大影响的关键技术问题展开重点攻关，为“生态产业化，产业生态化”提供有力的科技支持。最后，城镇化也是不可忽略的重要一环。不仅要通过产业的发展使西部地区分散的农牧民聚居起来，使他们能够在非农产业中从事经济活动，享受现代生活方式；同时，也可以进行生态移民，从恢复生态、保护环境、发展经济出发，把原来位于生态脆弱地区高度分散的人口，通过移民的方式集中起来，形成新的村镇，在生态脆弱地区实现人口、资源、环境和经济的协调发展。

产业替代和产业结构调整，使产业发展逐步趋于“轻型化”和“生态化”，逐步形成一个各地区之间在终端产品上既互补又具有竞争力的新产业带。这个新产业带由于实现了产业发展与生态文明建设的有机结合，在为东部地区提供生态安全的同时，自身经济也获得了发展，能够实现经济效益和生态效益的统一。

生态产业化和产业生态化的立足点是在增加人民收入的同时恢复和保护生态环境，在恢复和保护生态环境的过程中增加人民收入。因为在这样的思路指导下，一切以富民为出发点，提高人民的收入水平。如果单纯地为了恢复生态环境，人民没有从中得到实惠，那么，生态文明建设就变成了无源之水、无本之木，就无法实现可持续发展。

一、产业生态化是经济发展可持续的必然选择

产业生态化是指遵循自然生态有机循环机理，以自然系统承载能力为准绳，对区域内产业系统、自然系统和社会系统进行统筹优化，通过改进生产方式、优化产业结构、转变消费方式等途径，加快推动绿色低碳发展，持续改善环境质量，提升生态系统质量和稳定性，全面提高资源利用效率，促进人与自然和谐共生。我国经济已由高速增长阶段转向高质量发展阶段，正处在转变发展方式、优化经济结构、转换增长动力的攻关期。贯彻新发展理念，绿色发展国家战略进一步强化，产业生态化是促进生态经济发展的必然要求。

产业生态化是建设山清水秀的美丽中国的必由之路。建设山清水秀的美丽中国，产业应当生态化、绿色化。特别是在老工业基地，经济快速发展带来的资源储备、环境容量和生态承载力不足等问题，以及快速的经济发展对脆弱的生态环境系统造成的破坏，使得经济、资源和环境之间的矛盾更加突出，产业生态化发展是突破资源环境约束、实现可持续发展的必然选择，更是建设山清水秀的美丽中国的必由之路，同时生态产业化是培育经济发展新动能的重要方向，产业生态化与生态产业化是提高经济发展质量的重要路径。

加快推动产业生态化是产业提质增效的重要选择。我国传统产业仍占一定比重，中低端、中低效较为突出，竞争力较弱，产业结构需要调整升级。只有走绿色发展、循环再生之路，才能提高产出效率和竞争能力。通过产业生态化和生态产业化，可以有效降低资源消耗，减少环境污染，提供竞争力更强的生态产品和服务，实现环境保护与经济发展双赢的目标，也为经济结构、产业结构、产品结构调整提供发展空间。

二、生态产业化是生态环境保护可持续的保障

生态产业化的过程就是通过产业化实现生态资源的价值并使生态资源得到保护的过程。推进生态产业化，把良好的生态环境优势转化为经济发展的优势，才能为生态环境保护的可持续提供保障。那么，为什么要通过生态产业化过程实现生态资源的价值呢？第一，环境正义原因。环境正义是指在环境资源法律、法规、政策的制定以及遵守和执行等方面，全体人民应得到公平对待。在很多情况下，由于自然条件限制，区域间具有天然的成本与效益分配模式，如上游与下游之间。当一方通过另一方付出大量成本的环境保护工作获益时，

从伦理角度获益方理应支付一定的补偿。第二，外部性原因。一方面，存在正外部性原因。在生态环境修复和保护工作中，修复者所付出的成本与其所得回报并不匹配，这是由于其保护行动产生了溢出的环境和生态价值，这种价值不仅为修复者所享有，同时也为除修复者以外的其他主体所享有，这部分溢出的价值就成了正外部性的来源。保罗·萨缪尔森（Paul Samuelson）称这种情况为一个经济人的行为对另一个人的福利所产生的效果，而这种效果并没有从货币或市场交易中反映出来。[①] 另一方面，则存在负外部性原因。在经济和社会发展过程中，很多情况下，环境成本并未内化到生产者所考虑的成本范围之内。环境容量资源具有稀缺性，因此污染物的过量排放对生产企业周边区域产生了明显的负外部性，容易引发社会矛盾。而生态产业化则可以有效地使环境外部性内部化，降低社会成本，增加整体净福利。第三，绿色发展原因。人类在发展历程中，会不可避免地对环境质量产生影响。因此，要想实现绿色发展，就必须坚持不断地进行生态恢复工作。在这一过程中所投入的经济资源，目标是使受损的生态系统恢复到它先前的，或类似的，或有用的状态，最终使受损的生态系统明显地融合在周围的景观中，或看上去类似，或起的作用像某一熟悉且可接受的环境。[②] 因此，在修复者和受损的生态系统所有者之间就会发生经济上的交换关系，即一方支付报酬，另一方提供服务，以使修复活动效率最大化。

由此可知，生态产业化过程的产生，伴随着全社会福利的整体增加。通过生态产业化过程解决生态环境问题所带来的社会矛盾是有效率的。而生态产业化的实现，必然需要市场机制的完善。通过市场路径对生态资源进行重新配置，从而使生态资源资本化，可以有力地推动经济和生态协调可持续发展。

三、“两化”融合统一于生态文明建设的实践中

生态环境保护和经济发展“并重论”毕竟还是把经济建设和生态文明建设看作不同的东西。当二者发生矛盾时，就存在一个取舍问题：或者牺牲经济建设，或者牺牲生态环境。无论如何选择，对于全国各地区和整个经济社会发展来说都是无法接受的。实际上，这种思路仍然把经济建设与生态文明建设割裂开来。要把生态文明建设与产业发展、经济建设融为一体，必须实现“生态产业化，产业生态化”[③]。

---

① 参见萨缪尔森，诺德豪斯. 经济学［M］. 萧琛，译. 北京：中国发展出版社，1992.

② 参见李博. 生态学［M］. 北京：高等教育出版社，2000.

③ 史培军，刘学敏. 生态建设产业化　产业发展生态化［J］，求是，2003（4）：32-34.

产业替代是实现“生态产业化，产业生态化”的重要路径。特别是在我国中西部等重工业地区，要实现“生态产业化，产业生态化”，必须进行产业替代，调整传统产业结构，也就是根据地区生态资源的优势来发展具有经济竞争力的特色产业。实现产业替代和调整产业结构，必须依照市场经济原则，政府的行为也要建立在市场的基础上。为此，必须深化经济体制改革，坚持以市场为导向，充分发挥市场对资源配置的决定性作用。

在产业替代和产业结构调整中，必须改变传统农业以粮为主，提高粮食自给率的发展模式。传统农业生产率低、竞争能力弱，随着国内统一市场的形成和国际市场的开放，物美价廉的食品将会大量涌入。为此，各地区必须利用自己不可替代的生态环境条件，为市场提供具有自己优势的、无污染无公害的杂粮及附加值高的农牧产品。

产业结构调整的核心是工业结构升级，以结构升级带动结构调整。对传统产业进行大规模调整，包括纺织、煤炭、石油、化工、冶金、有色金属等，通过调整、改组和改造，淘汰落后的工艺，关闭那些浪费资源、技术落后、污染严重、质量低劣的企业。与此同时，培植出能够充分开发和利用西部地区极端条件下生物资源的医药产业等，用更少的能源、更小的污染、更多的加工层次来提高其附加值。

实践中，既要在经济发展中加快产业结构调整，又要透过产业结构调整促进经济发展，努力培育和形成新的经济增长点。要充分利用具有各地特色的、丰富的自然人文景观发展旅游业，努力将其培育成为生态经济的支柱产业。在对旅游业进行规划、引导和监督管理的基础上，加大旅游市场建设，由此带动相关产业的发展。

第三节 “两山”理念和“两化”路径的逻辑关系

“绿水青山就是金山银山”理念体现了绿色发展的核心内涵，是指导我国绿色发展的根本理念；“两山”理念深刻地阐述了生态环境保护和经济发展的关系，目标是促进二者协调发展。而产业生态化、生态产业化则指明了实现绿色发展的具体路径。

一、“绿水青山就是金山银山”发展理念和最终目标

在党的十九大报告提出的 14 条基本方略中，第 4 条为坚持新发展理念，

第 9 条为坚持人与自然和谐共生。这两条基本方略均强调生态文明建设要树立绿色发展理念，通过节约、高效使用能源资源，处理好人与自然之间的关系，实现绿色发展。可见，以“绿水青山就是金山银山”为核心的绿色发展既是推动经济发展和生态文明建设的指导理念，又是新时代我们进行经济建设和生态文明建设的最终目标。

二、“两化”路径是绿色发展的必然要求和根本路径

绿色发展的核心要义是促进人与自然和谐共生、实现生态环境保护和经济发展协调统一。如图 4-1 所示，坚持绿色发展，从根本上讲就是要处理好经济发展和生态环境保护之间的关系，这就要求通过构建生态经济体系这一根本路径来实现人和自然、经济发展和生态环境、产业和生态这三对关系的转变，建立起产业生态化、生态产业化的生态经济体系，实现绿色发展的目标。一方面，要充分考虑经济发展对生态环境的影响，科学进行产业选择和布局，使得生态环境可以承载经济发展，经济发展的同时促进生态环境保护，实现产业生态化；另一方面，要努力体现生态环境、自然资源的价值，使良好的生态环境可以转化为经济发展的优势，为经济发展提供良好生态环境和资源能源支撑，使得经济发展可持续，实现生态产业化。所以，构建产业生态化、生态产业化的生态经济体系是经济发展新常态下进行经济转型升级、实现绿色发展的必然要求和根本路径。

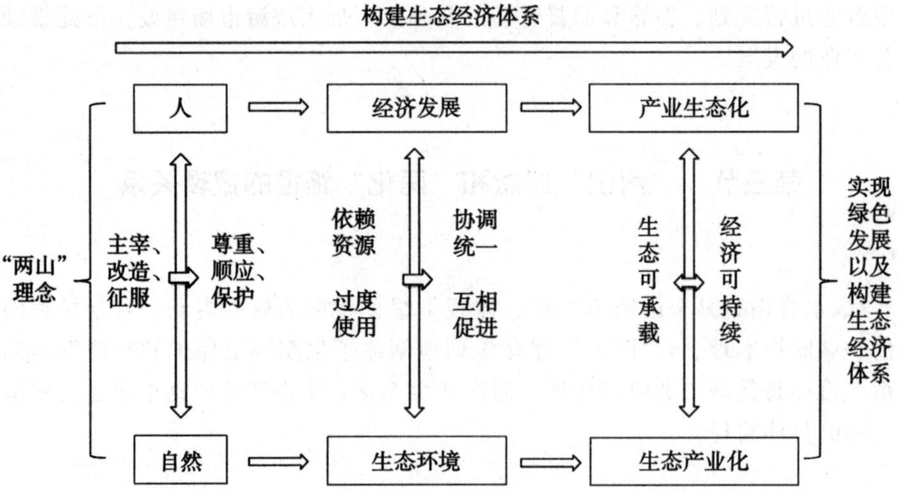

图 4-1 “两山”理念与“两化”路径的逻辑关系

第五章

生态经济中的产业生态化路径

在党的十九大报告中，习近平总书记指出，必须坚持节约优先、保护优先、自然恢复为主的方针，形成节约资源和保护环境的空间格局、产业结构、生产方式、生活方式，还自然以宁静、和谐、美丽。[①] 具体来讲，坚持绿色发展、“两山”理念，加快构建生态经济体系、实现产业生态化，要做到以下五个方面的“生态化”。

第一节　空间结构和空间规划生态化

实现空间结构的绿色转型，主要任务是强化主体功能定位，优化国土空间开发格局，推进形成主体功能区，在产业布局上充分考虑国土空间的生态环境承载力，根据不同主体功能区的环境容量选择、布局产业，确定相应的开发强度，以加快构建生态经济体系，实现绿色发展。2010 年 12 月国务院发布的《全国主体功能区规划》以提供主体产品的类型为基准，把国土空间分为城市化地区、农产品主产区和重点生态功能区；按照不同区域的资源环境承载能力、现有开发强度和未来发展潜力，将国土空间分为优化开发、重点开发、限制开发和禁止开发四类区域。下一步实现空间结构绿色转型的主要任务是完善和落实主体功能区政策体系，如加大对重点生态功能区和农产品主产区的转移支付力度，建立健全生态补偿机制；加快完善产业、投资、土地、环保、人口等区域政策，以主体功能区为政策单元，提高政策精准性、有效性；强化产业

① 参见“本书编写组”. 党的十九大报告辅导读本 [M]. 北京：人民出版社，2017：50.

准入政策，建立差异化的环境准入标准；健全绩效考核评价办法，分类管理，对不同功能区进行差别化的考核等。

第二节　产业结构和生产方式生态化

在担任浙江省委书记期间，习近平就对浙江如何转变经济发展方式进行了深刻的思考，明确提出浙江要发挥“八个方面的优势”，推进“八个方面的举措”，提出转变经济发展方式就是要养好“两只鸟”，一个是“凤凰涅槃”，另一个是“腾笼换鸟”，生动地阐明了实现经济发展方式绿色转型的路径。实施“腾笼换鸟”，浙江九大行业的430多个项目被打入“落后制造”的“黑名单”。2008年国际金融危机爆发后，浙江GDP增速排名一度滑出全国前20位之列，这是浙江转变经济增长方式必然要经历的阵痛。2018年1月25日，浙江省省长袁家军在政府工作报告中正式宣告：浙江发展方式发生了根本性转变！从根本上看，浙江发展方式的根本性变化，正是浙江一以贯之坚持“腾笼换鸟、凤凰涅槃”的结果。

推进产业结构和生产方式的绿色转型，一是要继续推动化解落后和过剩产能，推进传统优势产业的绿色转型升级，改造提升传统产业把旧动能转化为新动能。二是要培育新型绿色节能产业，创造新动能。依靠创新，使经济发展与资源、能源消耗脱钩，大力发展知识经济、文化产业、创意产业、大数据、“互联网+”产业和生态循环农业。三是要构建绿色技术创新体系，利用市场机制高效集聚绿色技术创新资源，加强绿色、节能、环保技术研发和成果转化。

第三节　生活方式和消费观念生态化

面向未来，世界人口仍将快速增长，如果依照现存的资源消耗模式生活，那么对生态环境的破坏将是不可想象的，要加快推进生活方式和消费观念的绿色转型。近年来，生态环境部、国家发展和改革委员会等部门积极推动生活方式和消费方式绿色化，持续开展“美丽中国，我是行动者”主题实践活动，发布了《公民生态环境行为规范（试行）》，在推广绿色生活方式和绿色消费方式上取得了积极进展。但是，目前公众树立的绿色生活和绿色消费观念仍不够牢固，还存在一些铺张浪费、追求奢侈消费的情况。比如，2018 年 4 月，世界自然基金会和中国科学院地理科学与资源研究所联合发布了《2018 中国城市餐饮食物浪费报告》，对北京、上海、成都、拉萨四城的餐饮消费作了调查统计，报告称：餐饮业平均浪费率 12%，而午餐外卖浪费更是高达 1/3。倡导简约适度、绿色低碳的生活方式、消费方式还有很长的路要走。一方面，要大力推动绿色创建示范活动，以点带面，营造绿色生活、绿色消费氛围；另一方面，要着力增加绿色产品的供给，鼓励绿色消费，以生活方式的绿色转型倒逼生产方式绿色转型。

第四节　能源和交通运输结构生态化

能源是经济社会发展的基础，能源问题事关经济发展全局，对生态环境保护影响重大。2017 年，我国一次能源产量为 35.9 亿吨标准煤，是世界第一大能源生产和消费大国，其中煤炭消费量占能源消费总量的 60.4%，天然气、水电、核电、风电等清洁能源消费量占 20.8%。基于目前的能源结构，我国二氧化硫（SO_2）、氮氧化物、PM2.5 等大气污染物的排放量都居世界前列，能源生产和消费结构对生态环境影响很大，不适应绿色发展要求，因此必须加快推动能源结构调整，减少煤炭消费，推动煤炭清洁高效开发利用，增加清洁能源的开发利用。

在交通运输结构方面，生态环境部部长黄润秋表示：现在大部分物料是通过公路运输的，要提高铁路货运比例，同时对重卡的超标排放要严加管控。当前，我国货运结构不尽合理、交通运输综合效率较低、运输成本费用偏高问题突出。调整运输结构、提高运输效率、降低运输成本对促进生态经济体系建设具有十分重要的意义。

第五节　农业生产和三产融合生态化

改革开放以来，我国农业取得了稳步发展。国家统计局数据显示，我国粮食产量从 1980 年的 6000 亿斤到 2018 年突破了 1.3 万亿斤，连续登了 7 个千亿斤台阶。从2004年到2015年，我国粮食产量持续增长，创造了难得一见的粮食“十二连增”现象。然而，粗放的农业生产方式、化肥和农药的过量施用，造成了严重的农业面源污染和农产品安全问题，迫切需要实现农业生产方式绿色转型。2018年，《中共中央国务院关于实施乡村振兴战略的意见》指出，要推进乡村绿色发展，打造人与自然和谐共生新格局。2019年，《中共中央国务院关于坚持农业农村优先发展做好“三农”工作的若干意见》进一步强调要推动农业农村绿色发展，发展生态循环农业。推动农业生产方式绿色转型、发展生态农业，一要借鉴“蓝天、碧水”工程推进经验，大力推进“净土”工程，促进农业生产安全和农产品消费安全；二要落实主体功能区制度，对农产品主产区的土壤中的污染物浓度、有机质含量等进行检测和考核；三要加强生态农业技术研发和推广，切实做到“藏粮于地、藏粮于技”；四要严格控制农药、化肥、地膜的生产、销售和使用，推广使用有机肥，依托即将全面展开的垃圾分类工作，把生活垃圾中的易腐部分资源化处理后回用到农田，构建“生产、生活、生态”大循环系统；五要从生产端引导、支持生产者转向生态生产，提供技术、政策、资金、人才等方面的支持。从消费端引导消费者转变消费理念，戒除奢侈消费，鼓励生态消费。提倡社会参与，发动全社会的力量推动生态农业发展。

在生态农业发展中，要加快推进农村一二三产业融合发展，延伸产业链，拓展生态农业的多种功能，构建交叉融合的产业体系。特别是要利用互联网等新技术提升农业生产、经营、管理和服务水平，推动农业与旅游、教育、文化等产业深度融合，壮大农村新产业新业态，拓展农业新价值链。逐步建立生态农副产品、农资质量安全追溯体系。创新公益性农技推广服务方式，鼓励地方建立农科教产学研一体化的农业技术推广联盟。

第六节　山东省源头防治“四减四增”

长期以来，山东省经济“大而不够强”，结构性矛盾比较突出，一是体现在“两个70%”的产业结构，即在工业体系中，传统产业占整个产业的70%，而重化工业又占传统产业的70%。二是体现在“两个80%”的能源结构，即在能源结构中，煤炭消费占80%，电力装机中煤电装机容量占80%。此外，还有以重型卡车为主的交通运输结构、化肥农药使用量偏高的农业投入结构。当前，山东省乃至全国的生态环境问题，根本上还是高碳的能源结构和高耗能、高碳的产业结构的问题。要解决这些问题，必须从源头上发力，坚持降碳、减污、扩绿、增长协同推进，推动能源结构和产业结构转型升级，走绿色低碳发展之路。加强污染源头防治，推进绿色低碳发展，山东省2018年实施了“四减四增”三年行动，通过“四个结构”调整大幅减少污染物排放总量，对全省环境空气质量改善作出突出贡献。2021年，山东省生态环境厅印发《关于加强高耗能、高排放项目生态环境源头防控的实施意见》，新改扩建“两高”项目，实行产能、煤耗、能耗、碳排放、污染物排放“五个减量替代”。启动新一轮“四减四增”三年行动，进一步淘汰落后动能，推动钢铁、焦化等9个行业及建材、化工、铸造等产业集群开展全流程清洁化、循环化、低碳化改造。山东省以“五个减量替代”“四减四增”行动抓住污染治理“牛鼻子”，始终把绿色作为发展底色，扎实推进绿色低碳发展，持续优化能源结构，做好煤电机组改造，增加清洁能源供应，为高质量发展提供坚实保障。

综上，坚持绿色发展，构建生态经济体系，本质上属于高质量发展的基本内涵，也是解决突出环境问题的根本之策，是习近平新时代中国特色社会主义经济思想和习近平生态文明思想的重要组成部分。绿色发展既是指导理念，又是发展目标，而构建生态经济体系则是实现绿色发展的根本路径。坚持绿色发展，构建生态经济体系是关系到生产方式、生活方式和社会价值观的一场深刻革命，需要调整国土空间布局、产业结构、能源结构、交通运输结构和农业投入结构，推动生产方式、生活方式和消费方式绿色化。

第六章

生态经济中的生态产业化路径

生态产业化就是按照社会化生产、市场化经营的方式，将生态产品和服务由无偿使用的资源转变为有价值的商品和服务，推动生态资源向生态资产、生态资本转变，实现生态资源价值增值，把绿水青山变成金山银山。推进生态产业化，就是要按照产业化规律推动生态文明建设，推动生态要素向生产要素、生态财富向经济财富转变，促进生态与经济良性循环发展。生态产业化经营，不仅要以提供优质的生态产品和服务为中心，通过市场交易或者政府公共支付实现价值补偿，而且还要在不影响生态系统服务功能的前提下，将生态环境优势转化为经济发展优势，发展“生态+”产业体系，提升区域产业竞争力。可见，生态产业化经营实质上是以生态产品生产和再生产为主线的经济活动过程。它是自然再生产过程和经济再生产过程的统一，两者相互交织、不可分割。因此，生态产业化经营，既要遵循自然规律，又要遵循市场规律，要在坚持生态优先、绿色发展理念的指引下，探索生态产品价值实现机制，这是新时代我国生态经济体系建设的重点和难点。

第一节　生态产品的内涵

“生态产品”这一概念是在社会经济条件不断提高，人们对良好生态环境需求持续提升的背景下出现的，早期由于人类生产生活对生态环境影响有限，生态系统通过自我修复和恢复维持着自身的平衡和生态产品供给，同时保障人类的生存和发展。然而，随着经济和社会的进一步发展，人类对于生态系统中的自然资源和要素的需求不断提升，导致其自我修复和恢复的能力不足以满足人类需求。为缓解人地矛盾和实现可持续发展，人们通过生态环境保护和修复保障生态产品供给，满足人们对生态产品的需要。在各研究学者和政府文件的共同推动下，生态产品的概念在研究和发展下已经形成基本共识。基于生态产品的相关概念讨论生态产品价值实现的内涵，有助于构建生态产品价值实现研究的理论框架。

生态产品指“维系生态安全、保障生态调节功能、提供良好人居环境的自然要素，包括清新的空气、清洁的水源和宜人的气候等”①。2012年党的十八大报告在“大力推进生态文明建设”章节中提出“增强生态产品生产能力”。由此看来，生态产品既是指生态系统维系生态安全、保障生态调节的服务功能（这种生态产品来自自然生态系统，无论是原始的生态系统，还是投入人类劳动和相应的社会物质资源后恢复了服务功能的生态系统，人们最终享受到的生态产品实质上是一种生态系统服务），又是提供人类生活和生产所必需的物质产品。

党的十八大报告在部署推进生态文明建设战略任务时明确提出了生态产品理念。之后，各大报纸杂志开始出现关于“增强生态产品生产能力”的讨论。什么是生态产品？狭义上的生态产品是指“维系生态安全、保障生态调节功能、提供良好人居环境，包括清新的空气、清洁的水源、生长的森林、适宜的气候等看似与人类劳动没有直接关系的自然产品”；广义上来理解，除狭义的内容之外，还包括通过清洁生产、循环利用、降耗减排等途径，减少对生态资源的消耗所生产出来的有机食品、绿色农产品、生态工业品、生态旅游等物质产品。

在不同的语境下，生态产品往往具有不同的含义。在生态产业化研究过程中所涉及的生态产品，通常是指作为自然要素的生态产品。而在产业生态化研究过程中所涉及的生态产品，通常是指生态农产品、生态工业品等生态产品。物质产品、文化产品和生态产品是支撑现代人类生存和发展的三类产品。如果说前两者主要满足人们的物质和精神层面需求，那么生态产品则主要维持人们生命和健康的需要。生态产品这种提法，重点在“产品”这两个字上，要充分认识生态要素本身所具有的价值，以及为了生产生态产品所必需的投入。生态产品的生产是一种专业性的社会生产活动，通过投入人类劳动和相应的社会物质资源来推动生态系统的恢复，增强生态产品生产能力，增加生态产品的产出，增值生态资源，维持生态平衡。

---

① 《全国主体功能区规划》（国发〔2010〕46号）。

第二节　生态产品的特征

依据本章提出的生态产品概念，生态产品来自自然生态系统，无论是健康的生态系统，还是投入人类劳动和相应的社会物质资源后恢复了服务功能的生态系统，人们最终享受到的生态产品实质上是一种生态系统服务。一般来说，生态系统服务功能具有以下生态经济特征：空间差异性、动态性、整体性、范围有限性、用途多样性、持续有效性、正负效应、公共物品性和外部性等。生态产品既然是一种生态系统服务，那么它也应该具有生态系统服务的一些特征，但生态产品强调人与生态系统之间的和谐关系，人们不会再为追求某方面利益，干扰自然生态系统，只会投入人类劳动和社会物质资源去恢复受到损害的生态系统。因此，生态产品的某些特征又与一般的生态系统服务存在一定的区别，如正负效应。另外，生态产品一般具有公共产品的两种本质属性，即消费的非排他性和非竞争性。但也可以通过产权界定及价格机制，消除一些生态产品消费的非排他性，避免由于生态产品的正外部性等导致的不付费者的“搭便车”行为。

第三节　生态产品的分类

对生态产品进行明确分类是研究其供给方式和运行机制的前提。区分生态产品中公共产品性质和私人产品性质的程度及比重，是对生态产品进行分类的基础。基于上述生态产品的概念和特征，从生态产品供给模式和供给主体的角度对生态产品予以分类，虽然其中会有所交叉，但研究的侧重点和理论依据有所不同，从而可以有效地设计出每类生态产品的供给机制和制度体系。

一、全国性公共生态产品

这类生态产品具有纯公共产品的性质，且由于它与经济发展和当地的资源禀赋相关联，不同地区、不同人群的差异较为明显。这些生态产品的供给应该列入基本公共服务的范围，并应被纳入均等化的范畴，由政府来供给。

二、区域或流域性公共生态产品

这些生态产品跨越了单个主体的管辖范围，其生产和供给涉及多个行政主体的参与。这种生态产品具有非常显著的公共资源性，尤其是具有消费的非排他性，如上下游生态环境的保护与治理。这种跨区域生态产品的供给，无法由单个地方政府单独有效地解决，地方政府之间的合作是解决跨区域生态产品供给的重要途径。

三、社区性公共生态产品

社区作为由居住在一个特定地域内的人及其家庭建立的一种社会与文化体系，由于居住地域的共同性，居民往往对生态产品具有共同的需求。这种生态产品在社区层次上具有公共性，然而对于社区之外的其他居民来说，其具有排他性或私人性。为了满足社区成员对生态产品的需要，社区可以采取社区自治的方式，实现社区生态产品的共享与共同受益。

四、"私人"生态产品

根据产权理论，外部性是由于产权没有界定清楚而导致的。对于产权能界定的生态产品，可以将其转变成"私人"产品，并通过市场交易实现供给。面对严峻的生态环境现状，我们意识到不能再把生态环境看成一种生存条件，而必须看成资源，将其作为生态产品来开发，进行市场交换，实现生态资本化经营。随着市场经济的逐步建立和完善，许多非市场价值在市场上也有了自己的价值，如排污权、碳汇等都可以在市场上进行交易。例如我国黄土高原丘陵沟壑区的生态环境建设等，政府收购由市场生产的生态建设成果（生态产品），促使生态效益转化为经济效益。

第四节　生态产品的价值

生态产品价值是人类为修复和维护生态环境系统，从而提高优质生态产品生产力所投入的用于生产生态产品的劳动价值总和①，按照马克思劳动价值理论，生态产品价值体现在生态产品凝结了人类劳动，需要通过交换实现其经济

① 参见丘水林. 区域生态产品价值实现机制研究［D］. 福州：福建师范大学，2018.

价值；按照生态环境价值理论，生态产品价值体现在各类生态系统服务所具有的生态价值；生态产品为人类带来公共福利与民生福祉，同时满足了人们精神文化领域的需求，体现了其社会文化价值；与此同时，人类因生态环境保护以及生态产品生产和供给而放弃自身发展，进而损失发展的机会成本应当属于生态产品价值构成的一部分。因此，生态产品的价值包含经济价值、生态价值、社会文化价值和机会成本让渡价值四个方面。

一、经济价值

生态产品的物质要素是生态资源或自然资源，生态产品需要借助市场交换、生态产品购买等方式实现其交换价值。英国古典经济学家威廉·配第（William Petty）于17世纪就提出劳动与土地是价值产生的并列源泉，马克思和恩格斯也在自己的著作中明确了自然资源对创造价值所发挥的作用。由于社会的不断发展，人类经济社会活动对生态环境的破坏逐步加深，并超过了生态环境自身承载能力，造成维系人类生存和发展的生态产品的稀缺性日益凸显，人类需要通过加大投入劳动和资金来改善生态环境质量和恢复生态产品的供给，生态产品正是因为凝聚了人类劳动才具有生态经济价值。

由于生态产品的生产过程是对自然生态各要素及资源的保护和修复付出劳动的过程，因此就决定了生态产品经济价值存在特殊性。首先，生态产品的经济价值凝聚了人类的劳动，由于生态环境遭到破坏，出现资源退化、土地沙化等现象，需要人类的治理和修复，人类在修复过程中支出了劳动；其次，生态物质产品因为产权明确，其经济价值易通过商品市场交易过程中的货币价值来体现交换价值；最后，大部分生态产品由于外部性的影响、产权不明确和交换价值衡量困难等，其价值通常只能间接通过人们在消费生态产品过程中获得的不同效益等级来实现。

二、生态价值

生态产品的生态价值整体体现为生态产品的自然价值，体现在生态产品之间或者生态产品在整个生态系统的保护、修复和重建过程中所发挥的功能，这种功能是生态系统中所有的自然要素互动后形成并体现于生态系统服务中的，其中舒适的气候、干净的蓝天、清洁的水源、低碳环保等构成适宜人类生存的综合生态系统，属于宏观上人类生存的环境价值范畴。

生态产品的生态价值体现在两个方面，一方面维持了生态系统的平衡，另一方面将生态系统中生物与非生物进行连接并使之相互影响。生态系统中任何生物和非生物的存在，在实现自身生态价值的同时，也为自身相关的其他元素创造生态价值。在生态系统内部，生物与非生物之间存在着物质流、能量流和信息流，所有个体依靠上述能量建立联系并互相依存，保持生态系统的总体稳定和平衡。生态产品的生态价值体现在产品与生态系统的持续互动过程中，被赋予优于其他同类型产品的生态品质价值，往往在经济价值的基础上以溢价的形式体现。

三、社会文化价值

由于生态产品为人类的生存和永续发展提供了物质、调节和文化等支持服务，关系到人类的民生福祉与未来发展，因此无论是生产制造领域的物质形态还是精神文化领域的服务形态所组成的生态产品，对于人类的生活、健康和发展及其重要，具有重要的社会文化价值。

生态产品的物质形态是有形的、可辨识测量的和可核算评估其价值的，但物质形态的生态产品所折射的自然生态、社会文化和精神文化领域的社会文化价值是无形的、不易辨识测量的，虽然对生态产品的社会文化价值进行评估比较困难，但是其潜在价值是不应当被忽视的。

生态产品的社会价值既有助于凝聚全国人民建设美好家园的奋斗意志，打造强烈的民族自豪感和荣誉感；也有利于提升中国文化软实力建设水平，同时在国际上塑造和树立重视生态文明建设和可持续发展的大国形象，最终实现绿水青山向金山银山的转换，使生态产品供给充足地区的人民群众真正依靠绿水青山实现共同富裕。

四、机会成本让渡价值

机会成本也被称作“替代性成本”，表示在面对多种选择方案时，被放弃方案中的最高价值，也称为“舍弃抉择中的最大成本损失”。[①] 中国重要的生态功能区因生态环境保护与生态产品供给需要而放弃发展各类产业，例如，缩减畜牧业发展规模、禁止重工业的发展、限制开发水利资源等。限制各项产业的发展，会对区域产生下列影响：一方面，限制区域的经济活动会直接带来经济损失，损失的总量等于经济活动的总体收益；另一方面，经济活动的限制和减少同样使得对生态系统服务的影响相应减少，带来了生态环境质量的恢复和提升，从而产生生态环境效益。

---

① 参见代明，刘燕妮，江思莹. 主体功能区划下的生态补偿标准：基于机会成本和佛冈样域的研究 [J]. 中国人口·资源与环境，2013 (2)：18-22.

生态产品价值可以通过市场交易形式实现，无法通过市场交易完成的，则需要通过生态补偿等其他路径实现。生态补偿路径在生态产品价值实现过程中发挥着举足轻重的作用，而发展机会成本是生态补偿政策制定和推行的重要参考标准。因此，生态产品价值的核算应当涵盖发展机会成本，其一方面作为生态补偿路径的重要参考指标，另一方面成为生态产品价值的重要组成部分，这有助于进一步实现生态产品价值，避免生态产品价值被低估而影响到生态产品的价值实现。

五、生态系统生产总值

生态系统生产总值（Gross Ecosystem Product，GEP）是指人们为实现自身幸福或社会经济发展，从生态环境系统中获取各类资源、服务和所需物品价值的总和。GEP 是在结合国内生产总值与生态系统价值评估的基础上组成的用以衡量生态盈亏、量化生态系统服务价值的指标，包括生态物质产品价值、生态调节产品价值和生态文化产品价值三类，可为现行国民经济核算体系提供参考，把生态环境成本内化到经济发展指标中，更好地反映评价区域的发展质量和生态环境质量。本书中生态产品价值等同于 GEP。

GEP 核算以生态系统服务价值核算为研究基础，是核算生态产品价值总量的重要标准，国际上针对生态系统服务价值核算的研究持续进行，为 GEP 的研究提供了丰富的思路，例如生态系统服务的概念、分类、核算等相关研究方法，均能够为 GEP 指标开发和核算提供理论依据和支撑。GEP 核算有助于提升生态环境改善对生态文明建设成果的贡献度；有助于民众提升生态环境保护意识，加深对生态系统服务价值的认识；有助于推进区域绿色、协调发展；有助于生态补偿机制的完善并为此提供科学依据。

第五节　生态产品供给与市场

生态产品的有效供给与高效的市场化是生态产品价值得以实现的前提，同时也是生态产业化的重要环节。本节主要讨论生态产品供给的影响因素、制度安排和生态产业化的市场路径。

一、生态产品供给的影响因素

（一）生态产品固有特性对生态产品供给的影响

一方面，生态产品属于公共产品或者准公共产品，具有消费的非竞争性或非排他性，因此会产生“搭便车”、过度消费等问题。由萨缪尔森给出的公共产品消费公式可知，具有非排他性的公共产品，意味着不能排除某个消费者消费这种公共产品或者实现排他的成本较高，同时任何人即使不想消费这种公共产品也无法拒绝。于是就滋生了“搭便车”现象，即消费者不付费就可以享用这类产品的现象。每个消费者都是经济理性的，每个人都倾向于不购买公共产品而“搭便车”，进而陷入了囚徒困境。如果没有特殊情况“搭便车”者是不会主动显示自己的真实需求的，也就无法得到整个市场的需求曲线。因此，单纯依靠市场提供公共产品难以达到公共产品供给的最优水平。

另一方面，生态产品又有自身特殊的性质。第一，生态产品地区差异性对供给的影响。由于各个地区地形、气候等自然条件不同，自然资源禀赋、生态产品的数量和质量差异较大。因此每个区域的居民对生态产品的需求差异性较大，需要因地制宜地供给生态产品，不能统一标准。第二，生态产品的不可位移性和范围有限性对供给的影响。生态产品多具有不可位移性，对于干净的空气、宜人的气候、干净的水源，很难在技术上实现由其他地区提供再运输到目标区域，即使像水源这样有形的生态产品也难以实现，即便技术上可行，成本也会很高。因此，区域的生态产品的生产问题需要在本区域内解决。由于我国幅员辽阔，对生态产品的供给可以有整体的、宏观上的规划，但具体到某个区域的供给问题，仍需要区域内部结合实际情况决定供给的相关事宜。第三，生态产品的用途多样性对供给的影响。生态产品关系到人类生产与生活的各方面，每一种生态产品都有多种用途，肩负着多种责任，如同一片林地，既可以作为经济林向下游企业出售木材、提供原材料，也可以作为生态公益林，发挥涵养水源、调节气候、防风固沙等生态作用，然而林地的经济价值和生态价值两者不可兼得，一旦将树木砍伐实现其经济价值，就意味着树木停止发挥其生态功能。由于生态产品的外部性和公共物品性，人们更倾向于实现生态产品的经济功能而非生态功能，企业更倾向于选择污染行为而非治理行为，因此造成“公地悲剧”。生态产品具有多种用途的性质强化了其外部性，使其生态价值有价无市，造成生态产品的供给无效。

（二）经济发展水平对生态产品供给的影响

生态产品既是促进经济发展不可或缺的投入，同时生态产品的供给水平也受经济发展水平的限制。首先，发展国民经济，实现共同富裕是我国政府的重要目标。在技术条件不变的情况下，经济越发展，对生态产品的需求也越高。当经济不断发展，对自然资源的利用水平也将相应提高，这对自然界产出生态产品造成很大的压力。其次，经济发展会增加国民财富，人们可以有更多的投入去生产生态产品，人本主义心理学家亚伯拉罕·马斯洛（Abraham Maslow）在他的著作《动机与人格》中提出了需求层次理论，他将人类的需求分为五个层次，这五层需求从低到高分别是生理需求、安全需求、社交需求、尊重需求和自我实现的需求。[①] 其中自我实现需求是人类最高级的需求，需要付出努力完成目标，对于自己的工作与生活有认同感和成就感。他在阐释人类自我实现这一需求的内涵时指出，人类有着对美的需求，人的成长发展离不开美。生态产品所满足的人类审美的需求，是其他任何人工产品都难以替代的。生态产品对人类最基本的生理需求和安全需求的重要意义是不言而喻的，同时生态产品提供的教育、休闲旅游、体验感受功能对与人类的成长和发展相关的更高级的需求而言也是不可替代的。马斯洛的五种需求之间不是相互并列关系，而是递进关系，当第一层的需求得到满足时，人类才会追求高一层次需求的满足。改革开放以来，我国实现了国民经济的持续快速发展，人民生活水平不断提高，生理需求和安全需求基本得到满足，人类的行动将受到更高层次需求的驱动，追求生态产品带来的教育、休闲、体验功能，因此应关注和提高生态产品的供给水平。同时如果经济发展过程中生态产品的供给能力遭到损伤和破坏，可能会导致生态产品无法满足人类生理和安全需求，就会促使人们加大对于恢复生态产品供给的投入。最后，经济发展带来的技术进步将会对生态产品供给产生重要影响。一方面，新的技术发明的出现可能会降低污染治理的成本，或者降低对现有资源的消耗速度，直接通过降低人类活动对于生态产品的负面影响，同时保护和改善生态环境质量，来提高生态产品的供给水平。另一方面，公共产品的排他性与技术水平高度相关，技术的进步可能使某些生态产品消费的排他性成为可能，进而排除“搭便车”等市场失灵现象，为市场有效供给这类生态产品提供了可能性。

---

① 马斯洛．动机与人格［M］．许金声，等译．北京：华夏出版社，1987．

（三）供给主体对生态产品供给的影响

我国公共产品的供给主体逐渐向多元化发展。政府、企业与非营利组织都可以成为生态产品的供给者，并且三者各有优劣，供给主体本身的特点对生态产品的供给水平有着重要的影响。政府作为生态产品的供给主体时，在实现社会公平、协调各方关系、安排供给制度、制定统筹政策、监管供给质量等方面有着其他供给主体难以相比的优势，但同时政府运行可能缺乏效率。企业作为供给主体时，由于追求企业收益最大化，其行动能力强，判断力、运营能力强，但缺点在于只注重效率而不考虑公平性；同时企业追求自身效益最大化的特性，在缺乏有效监管和惩处措施的情况下，容易产生机会主义和损害他人利益而使自身获益的行为。非营利组织出于或是公益或是慈善的目的，能在环境生态保护等方面发挥作用，但仍需要加以规范。

二、生态产品供给的制度安排

生态产品关系国计民生的方方面面，其公共物品和其他特有属性，使得现实生活中生态产品的供给难以达到有效水平，因此需要对其供给模式进行深入研究。随着我国政府逐渐向多元化管理转型，同时人们也逐渐意识到政府不是全知全能的，生态产品供给主体多元化的趋势愈加凸显，供给模式的创新层出不穷。而机制设计理论则是在承认政府不能掌握全部信息，存在信息不对称的情况下，分析制度安排的激励是否相容、信息传递是否有效等来分析其是否能实现一定的社会目标。运用机制设计理论分析生态产品各个供给模式的制度安排，对于分析供给效率、提高供给水平、因地制宜地解决问题具有重要意义。

政府供给生态产品是指由政府生产并提供生态产品的方式。西方古典经济学家通过研究分析认为，自由竞争的市场是资源配置的有效方式，因而反对国家干预经济。同时他们承认市场存在失灵的情况，由于公共产品、垄断、外部性和信息不对称的存在，仅依靠市场力量无法实现产品劳务的最有效安排。福利经济学家的代表、美国经济学家萨缪尔森指出，由于公共产品的非竞争性和非排他性，以及规模经济的无效率，政府在公共产品的供给方面效率要优于市场供给。

我国政府供给生态产品机制的具体运作与现阶段的国情息息相关。决策机制方面，政府作为生态产品供给安排的决策者，了解消费者需求，依据民主集中制原则进行生产活动的安排，包括决定供给的生态产品的种类、数量和质量等。

筹资机制方面，现阶段我国政府供给生态产品的资金来源主要是税收收入。1994 年的分税制改革削弱了中国各级地方政府的财政自给能力。在分税制的逻辑下，中央政府为减轻自身财政压力，将公共支出责任通过行政命令等方式下放，地方政府事权增多。一方面，除了中央政府施加的压力，现实经济状况也对地方政府财政支出造成巨大压力。经济的发展提高了公众的生活水平，公众对于各类公共产品的需求也持续增加，造成地方政府压力增大。另一方面，地方政府的财政收入相对于其日渐增长的财政支出压力则显得捉襟见肘，原因在于地方政府缺少稳定的财政收入来源和税收自主权，部分税种征收方式落后，征收难度大，使税收这一重要的财政收入来源受到限制。关于中国政府现行分级状况，根据《中华人民共和国预算法》，分为五级，分别为：中央、省级（省、自治区、直辖市）、地市级（设区的市、自治州）、县市级（县、自治县、不设区的市、市辖区）和乡镇级（乡、民族乡、镇）。其中，中央政府起宏观调控作用，政策向各省下达；省级政府对中央政府颁布的政策进行二次调控，除参与一些跨地市的大型公共工程外，不直接向人民提供生态产品，收入分为本级财政收入和下级上缴财政收入；城市居民生态产品的提供主要由地市级政府直接负责；县级政府是具有财政收支能力的最低一级的单位，农村居民生态产品的供给直接由其负责；乡镇政府是兼具政府和集体经济组织身份的基层政权组织，可收取公积金、公益金、管理费来应对支出，对于公共产品的供给可收取“统筹费”。①

关于政府供给的激励机制，要分别分析供给主体和消费者的动机和激励。首先是作为宏观调控者的中央政府供给生态产品的动机。每个人初始的资源禀赋常常相差很大，以等价交换为原则的市场机制很难实现一般意义上的公平。中央政府希望顺应民意、实现公平与正义，因此政府愿意保障居民平等消费生态产品。政府通过公共财政支出供给生态产品，促进生态产品平等消费，也是社会财富再分配的一种形式，是实现社会公平的有力手段，同时有助于避免因社会贫富差距较大造成动荡不安。另外，中央政府也希望通过提高生态产品供给效率以提高社会整体收入。地市级及以下政府是我国城市和农村生态产品的直接供给者，政府直接供给生态产品意味着其直接参与供给过程。地方政府激励有别于中央政府从宏观角度看待问题，地方政府作为经济人追求自身利益最大化。

三、生态产业化的市场路径

市场路径是实现生态产业化的一种可行思路。以市场交易手段将生态资源转化为生态资本，实际上是借助单边的支付方式达成生态资源有偿使用的目的。通过交易路径，可以吸引资金和技术流入生态资本市场中，从而实现生态资源的合理配置，同时减轻政府作为生态文明建设主导者的财政和行政负担。

① 参见蔡冬冬. 中国财政分权体制下地方公共物品供给研究［D］. 沈阳：辽宁大学，2007.

当前，中国生态产业化的市场交易对象主要集中在水权、排污权、林权、碳汇等方面，交易范围还比较窄，市场机制也不完善。在学术界，目前对这类问题的研究也局限于排污权交易等方面，进一步深入探究的空间还非常广阔。基于以上背景，本节从原材料类生态资源、舒适性生态资源、环境容量类生态资源和生命支持类生态资源四个方面入手，提出了生态产业化过程中市场路径的理论框架和实践条件，力图为中国的生态产业化体制和机制的完善提供参考。

（一）生态产业化市场路径的本质内涵

生态产业化可以通过多种路径实现，市场路径是其中的一种。生态产业化的市场路径来源于生态资源产权的明确界定。当生态资源能够得到确权时，生态资源的价值就可以体现为价格，也就可以通过市场进行交易。其中，生态资源的价值不仅包括经济价值，更包括生态价值。生态价值是指人类在利用和改造自然的过程中，由自然要素及其环境构成的生态系统所提供的效用。例如，美国环境伦理学家霍尔姆斯·罗尔斯顿（Holmes Rolston）就认为，生态价值包括生命支撑价值、经济价值、消遣价值、科学价值、审美价值、生命价值、多样性与统一性价值、稳定性与自发性价值、辩证价值、宗教象征价值。[①] 可以说，人类社会的发展与生态价值之间存在密不可分的关系。当生态资源为人类所利用，并进入人类社会的经济循环过程，进而在此过程中发挥其生态价值时，生态资源就为人类带来了效益，其生态价值也就转化为与此种效益相关联的经济价值。

当煤炭、石油、天然气、金属等资源被人类利用而产生经济价值时，这些自然资源就有了自身的价格。那么，自然生态资源，如环境容量类生态资源、舒适性生态资源等，在人类社会完成生态价值向经济价值的转化时，自然也就产生了自身的价格。而其价格便是生态产业化中市场交易的基础，也是研究者应该关注和计量的重点。例如，杰弗里·希尔（Geoffrey Heal）认为，经济学家在衡量生态服务价值的时候更关注价格，而不是价值本身或重要性本身，经济学关于生态价值的衡量也只能是衡量生态服务资源可得性的细微变化。[②]

既然生态资源理应具有符合自身价值的价格，那么就可以通过一定的手段对生态资源进行定价。根据目前的现实实践来看，生态资源的定价有政府定价和市场定价两种方式。现实中，可供定价和交易的生态资源范围广泛、种类繁多，既有区域性资源，也有全国性资源，而且在不同的情况下，同种生态资源

---

① 参见罗尔斯顿. 环境伦理学［M］. 杨通进，译. 北京：中国社会科学出版社，2000.

② HEAL G. Valuing ecosystem services［J］. Ecosystems，2000，3（1）：24-30.

的定价可能存在差别。单纯由政府定价既会带来极高的测量成本，又难免不够准确，也不具备时效性。由于生态资源的所有权在政府，要求政府完全放弃定价权也是不现实的，将生态资源完全交由市场定价，也容易导致生态环境服务均等化程度的下降，造成经济发达地区生态服务供给水平远高于经济欠发达地区生态服务供给水平的现象。因此，生态产业化中的定价过程，需要政府和市场两方面力量的协调参与。

通过一定的机制确定生态资源的价格后，就可以建立市场，通过交易手段，使生态资源发生流动和增值。因而，生态资源也就具备了资本的性质，完成了向生态资本的转化过程。这就是生态产业化市场路径的实质。通过这一过程，自然生态资源所具有的生态价值完成了货币化，自然资源管理逐渐向市场化靠拢，增加了社会福利，降低了政府的管理成本，也在一定程度上减少了经济发展带来的环境外部性，促进了绿色发展理念的实现。

（二）生态产业化市场路径的实现条件

并非所有生态资源都可以转化为生态资本，生态资源也并非在所有背景下都可以转化为生态资本。也就是说，生态产业化通过市场路径来实现，是需要满足一定条件的。

第一，生态资源具有稀缺性。在经济学中，可交易的物品被称为“商品”，而稀缺性是商品的必备特性。在生态经济学中，生态资源要想转化为生态资本，必须同样具有稀缺性。不稀缺的物品，也就是自由品，其获得与使用均不需要付费，也就不存在产权的问题。长期以来，清洁的空气、干净的水、健康的植被、肥沃的土壤等资源，都被认为是自由品。但是，随着时代的发展、经济的快速增长和工业化程度的不断加深，各类生态环境问题层出不穷，雾霾、赤潮、荒漠化等环境和生态问题越发严重。2017 年，全国 338 个城市发生重度污染 2311 天次、严重污染 802 天次，以 PM2.5 为首要污染物的天数占重度及以上污染天数的 74.2%，环境空气质量超标城市占全体城市的 70.7%。① 可以看到，目前中国的生态资源已经不再是自由品，经济发展所带来的环境质量下降使得生态资源存在供给不足问题。另外，党的十九大报告提出，目前中国社会的主要矛盾已经转化为人民日益增长的美好生活需要和不平衡不充分的发展之间的矛盾。人民对于美丽中国的向往直接体现为对生态环境质量日益提高的要求。因此，在中国，生态资源同时存在着需求大量增长的情况。供给不足

① 参见 2017 中国生态环境状况公报［EB/OL］.（2019-04-09）［2021-06-20］. http：//www.gov.cn/guoqing/2019-04/09/content_5380689.htm.

的同时需求增加，这也满足了生态产业化所需要的生态资源稀缺性条件，适合通过市场路径实现生态产业化。

第二，生态资源产权可以得到界定。明确产权是市场交易的核心所在。根据我国相关法律的规定，自然资源的所有权属于国家，这一点中国与西方国家存在意识形态上的本质区别。因此，在中国，交易的对象并非资源所有权，而是表现为“产权”性质的生态资源使用权。从理论上来说，产权并不仅指财产权，或者说对于物的所有权，它是具有排他性、收益性、可让渡性、可分割性等权利的权利束，不同权利束的排列与组合决定了产权的不同性质和结构。那么，将产权概念应用到生态经济学中，生态资源的产权实际就是由所有权和使用权组成的权利束。无论是观光旅游居住所使用的舒适性生态资源、衣食住行所消耗的原材料类生态资源、污染排放所使用的环境容量类生态资源抑或维持生态系统正常运行所使用的生命支持类生态资源，消费者或者说使用主体使用、拥有或消费的都是生态资源的使用权。因此，对中国而言，生态产业化的市场路径实施依赖于生态资源使用权的明确界定，无论是水权、地权、林权还是其他生态资源的产权，说到底都是使用权的界定问题。

第三，生态资源的价值可以被量化。生态产业化的关键环节是生态资源中蕴含的生态价值通过转化为经济价值为人类社会创造效益。而生态资源价格的确定有赖于对由生态价值转化成的经济价值所创造的效益的衡量。通过量化生态资源的价值，可以为生态资源的市场交易确定合理、有效率的价格，从而推动生态产业化过程的发展。生态资源的价格依赖于环境价值评估的结果。而这里必须要注意的是，生态资源的生态价值、生态资源提供服务所转化的经济价值、生态资源的价格，并不是完全等价的。初始的生态资源对应的是生态价值，生态功能和服务是生态资源在人类社会中产生的，对应的是由生态价值转化形成的经济价值，而产品或者说生态资源在人类社会中产生的效益，对应的是价格（见图6-1）。生态资源价值的量化，需要厘清上述关系，作出准确的计量和判断。[①]

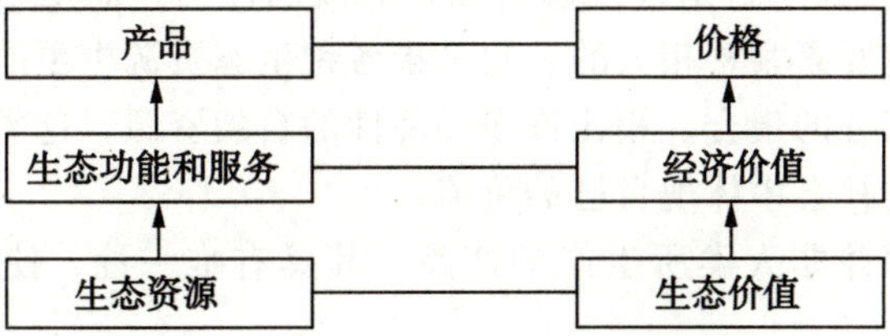

图 6-1　生态资源转化的层级关系

① 参见曾贤刚. 中国特色社会主义生态经济体系研究［M］. 北京：中国环境出版集团，2019：245.

第四，生态资源具有可增值性。生态资源的可增值性来源于上述三种条件。当生态资源的价值可以得到量化时，如果生态资源逐步变得稀缺，那么生态资源的价值也应该水涨船高。这也是生态资本发生增值的原动力，是推动生态产业化过程中市场交易发生的重要激励。想要维持生态资本增值，需要对生态资本进行合理运营。利用运营手段，使生态资源在人类社会运行中发挥更大的作用，产生更多的效益，可以促进生态资本的进一步增值。

通过分析可以看到，通过市场路径实现生态产业化，在我国已经具备了实施的条件，前景比较广阔。但是，仅通过总体性的理论分析不足以对现实制度的建立和工作实践起到指导作用，还需要进行更进一步的细致研究。参照已有研究，将生态资源分为舒适性生态资源、原材料类生态资源、环境容量类生态资源和生命支持类生态资源四类，并分别对其生态产业化过程中的市场路径进行分析。

（三）舒适性生态资源产业化的市场路径

美国资源环境经济学家约翰·克鲁蒂拉（John Krutilla）于 1967 年出版著作《自然资源保护再认识》，提出了“未被破坏的自然环境可以为当代和后代提供舒适的生活”这一说法。1974 年，克鲁蒂拉和安东尼·费舍尔（Anthony Fisher）又共同出版了《自然环境经济学》，提出自然资源包括商品性资源和舒适性资源两方面。虽然未对舒适性资源作出准确定义，但克鲁蒂拉指出，舒适性资源提供的是不同于商品性资源的生态服务与功能，满足了人类对于娱乐、教育、科研等方面的需求。① 当前，为学术界所普遍认可的舒适性资源的定义为：舒适性资源是指能够为人类提供舒适性服务，满足人类的精神需求的自然环境资源，主要指各类景观资源、公共土地、国家公园、自然保护区等。② 随着学术界对其研究的不断深入，舒适性资源的概念和内涵也不断得到深化和发展。舒适性资源既可以与对提高房产或土地经济价值的环境质量诉求相联系，也可以是身处优美环境中的愉快经历，包括特定的自然环境资源和各种人造环境设施。③ 舒适性生态资源并非概念性的，而是物质性的，是与现实中的各种环境要素紧密相关的，它是指各种生态资源中更能为人类提供舒适性体验的那一部分的集合。相比许多经济性的自然资源，这类生态资源更多通过舒适性在人类社会中体现自己的价值。

舒适性资源并非人类所生产的产品，其具有唯一性、使用方式的非消耗

① 参见克鲁蒂拉，费舍尔. 自然环境经济学：商品性和舒适性资源价值研究［M］. 汤川龙，等译. 北京：中国展望出版社，1989.

② 参见张象枢. 环境经济学［M］. 北京：中国环境科学出版社，2001：109.

③ 参见黄德生. 大气能见度价值评估方法与实证研究［D］. 北京：北京大学，2013.

性、真实性/不可替代性、不确定性和破坏的不可逆性等特性。随着经济的不断发展，人类社会对于舒适性资源的需求会随着物质生活的日益丰富而逐渐增高。由于舒适性资源的唯一性、不可替代性和破坏的不可逆性，舒适性资源会变得越来越稀缺，因此舒适性资源是具有巨大的增值潜力的生态资源，适合通过生态产业化过程转化为生态资本。

党的十九大报告提出："我国稳定解决了十几亿人的温饱问题，总体上实现小康，不久将全面建成小康社会，人民美好生活需要日益广泛，不仅对物质文化生活提出了更高要求，而且在民主、法治、公平、正义、安全、环境等方面的要求日益增长。"① 经济的发展满足了人民对物质的需求，而舒适性生态资源的合理配置则是满足人民日益增长的美好生活需要的必要条件。典型的舒适性生态资源可分为旅游资源、内涵性生态资源和区域性生态资源三类，通过舒适性生态资源的产业化，可以实现其可持续利用，有利于提高人民生活质量，推动国家绿色发展。下面重点介绍内涵性生态资源和区域性生态资源的产业化市场路径。

1. 内涵性生态资源产业化市场路径

内涵价格（Hedonic Price）的概念来源于环境价值评估的相关研究。它基于下述理论：人们赋予环境的价值可以通过他们购买的具有环境属性的商品的价格推断出来。在现实中，资产拥有多种方面的属性特征，包括邻里属性、结构属性和环境属性等。② 而资产的价格，往往是人们对上述属性进行综合评价、统一量化之后的价格集合。而价格中所包含的环境信息，主要是前文所述的舒适性生态资源所对应的信息。如青岛市房地产市场中，位于滨海地区的海景房的价格往往高于其他区域的住房价格。因此，可以根据资产中包含的舒适性生态资源所对应的价格信息构建供求模型，研究人们对舒适性生态资源支付的价格，进而据此讨论舒适性生态资源的价值。本章将内涵价格定义为资产中包含的舒适性生态资源对应的价格信息。而内涵性生态资源也就是基于内涵价格的生态资源，指资产中所蕴含的舒适性生态资源。

现实中常见的内涵性生态资源的载体一般有房地产、公司总部、绿色产品等。房地产是最典型的包含内涵性生态资源的资产。就生活常识而言，除供求因素外，房地产价格既反映了自身的某些内部特性，如面积、布局、楼层等；也反映了其外部特性，如交通、学区、商业化程度等；还反映了其环境质量特

① 中共中央党史和文献研究院. 十九大以来重要文献选编（上）［M］. 北京：中央文献出版社，2019：8.

② 参见马中. 环境与自然资源经济学概论［M］. 北京：高等教育出版社，2006.

性，如周边绿化、噪声等。其反映的环境质量特性，作为内涵性生态资源被包含在资产之中。公司总部是另一种较为常见的包含内涵性生态资源的资产。一般来说，公司倾向于将总部设立在环境优美的地区，以获取更多的内涵性生态资源。这部分资源的获得一般并不需要公司付出太多的额外成本，但其可以作为其他资源的替代品，以更低的成本吸引人力资本。换句话说，在其他条件相同的情况下，人才更愿意加入内涵性生态资源较丰富的公司。相反，如果公司周围环境质量较低，则其不得不付出更多的工资、休假等代价，以弥补环境质量所带来的“短板”。绿色产品是一种比较特殊的内涵性生态资源载体。绿色产品是指通过采用先进的设计和生产技术生产的，符合特定的环境保护要求，对生态环境无危害或危害少、资源利用率最高、能源消耗最低的产品。其中，绿色农产品与内涵性生态资源的联系最为紧密。

2. 区域性生态资源产业化市场路径

区域性生态资源也属于舒适性生态资源。在中国，很多情况下经济发展格局的形成以自然地理为基础，例如，上游与下游的关系，中心城市与周边地区的关系。这些不以行政区划为转移，是由于天然和历史原因而形成的、具有经济关系的地理单元，它们成为联系紧密的经济区域，区域内社会—环境系统空间的耦合性的高低很大程度上取决于是否有利于该区域人类总体福祉的增加。但是在传统的发展方式中，以大量消耗资源能源、破坏生态环境为代价的粗放型经济增长模式几乎成为常态，一方面，经济增长带来了总体福祉的上升；另一方面，环境质量的下降导致了总体福祉的下降。在这样的背景下，往往是牺牲区域内非核心部分的自然资源环境，以推动中心城市的经济发展。显然，这样的发展方式注定是不可持续的，要实现党提出的“全体人民共同富裕”的目标，就不能以部分地区生态资源的无偿损失作为发展的代价。

区域内城市之间的自然资源供需关系存在两种类型：第一种类型是经济资源的供需关系，如煤炭、石油、农业资源等的供需关系；第二种类型则是生态资源的供需关系，其中就包括舒适性生态资源的供需关系。例如，官厅水库流域张家口市域部分是首都北京的跨行政区重要水源地，也是北京市外围“上风、上水”重点生态屏障区，是环京津贫困带的重要组成部分，官厅水库库区主要污染物如氨、氮等指标至今未达到饮用水水质标准（Ⅲ类水体标准）。显然，张家口为北京提供了生态屏障，成为京津冀区域内对北京市而言的一种舒适性生态资源。

如何使区域性生态资源流转不给区域人类总体福祉带来负面影响呢？促使这类生态资源实现产业化是很有效的手段。具体而言，有两种操作方式：第一，传统的中央财政转移支付生态补偿方式，即中央政府提供财政支持，对舒适性生态资源的供给方支付一定的补偿。但是，这种方法存在着很多的缺陷，如导致中央财政压力加大、支付的额度往往不能使双方同时满意、补偿范围小、机制不可持续等，容易造成整体效率低下。第二，就是通过市场路径，完成生态产业化过程。市场交易的核心是产权的转移，它决定了交易的损益流向。当然，如京张地区的案例，供给方的生态资源的所有权不可能通过交易进行变更。但是，需求方通过使用生态资源使自身的福祉产生增值，这实际上也就发生了广义上的部分使用权的变化，因此需求方应该单方面向供给方支付一定额度的报酬，也就发生了市场交易的行为。

（四）原材料类生态资源产业化的市场路径

资源是人类赖以生存的基本条件，是经济社会发展必不可少的物质基础。原材料类生态资源是指作为产品生产基础性原料的资源，处于生产体系中产业链的上游环节，是生产和制造的基础性资源，其价格决定了下游产品的定价水准。长期以来，不合理的定价机制使我国资源压力越来越大，生态环境约束越来越严重，经济的可持续发展和资源环境保护受到严重威胁，更制约了我国转变粗放型经济增长方式的进程。研究如何科学制定原材料类生态资源价格，对这些资源进行高效利用并合理配置，对于我国实现经济社会可持续发展具有重要意义。

目前，我国价格形成机制还不完善，特别是原材料类生态资源价格改革相对滞后，在一定程度上制约了市场机制作用的有效发挥。一是受体制因素的制约，由于市场化程度不高，价格不能真实地反映市场供求关系和资源稀缺程度，缺乏对投资者、经营者和消费者的激励和约束作用。二是原材料类生态资源的价格构成不合理，许多产品生产过程中，资源破坏和环境污染的治理成本没有体现在价格中，外部成本没有内部化。价格只反映资源开发成本，尚未包括因开发而引起的资源破坏和环境污染治理成本。三是资源之间比价关系不合理，部分资源价格明显偏低。四是市场体系不健全，在国际市场价格形成过程中缺乏应有的话语权。

党的十八大以来，各级价格主管部门积极推进资源环境价格改革，出台支持燃煤机组超低排放改造、北方地区清洁供暖价格政策，对高耗能、高污染、产能严重过剩行业用电实行差别化电价政策，全面推行居民用电、用水、用气阶梯价格制度，完善水资源费、污水处理费、垃圾处理费政策，出台奖惩结合的环保电价和收费政策。国家发展改革委也提出了坚持问题导向、坚持污染者付费、坚持激励约束并重、坚持因地分类施策的改革原则，要求完善污水处理收费政策、建立有利于节约用水的价格机制。在市场条件下，正常的价格波动是允许的，关键是定价机制能否反映市场供求关系、价格管制是否合理合法、社会公平是否能实现。只有建立了有效的价格形成机制，才能确定合理而公平的原材料类生态资源价格。所以，原材料类生态资源价格改革不只是简单地对现有价格进行调整，改革的最终目的是要建立有利于绿色发展的价格形成机制。

（五）环境容量类生态资源产业化市场路径

环境容量类生态资源是不具备物质形态的一类生态资源，欧美学者一般用最大容许纳污量和水体允许纳污水平等表示区域环境容量。环境容量是指在人类生存和自然生态不致受害的前提下，某一环境所能容纳的污染物的最大负荷量，反映出环境所具有的净化和容纳污染的能力，即环境的承载力。环境容量实质上是一种生态资源，其生态价值在于，用自然环境的承载能力，接收了人类经济社会发展运行过程中产生的各类废物、污染、有害物质，并通过自然规律进行分解、消除、转化等，这对于人类的发展是非常关键的。环境容量并非无限的，同其他类型的生态资源一样具有稀缺性。因此，环境容量类生态资源也必须通过人类妥善的经营管理得到有效率的配置，既实现其生态价值，又不会造成生态环境不可逆转的破坏。

在国内，许多地区已经开展了环境容量类生态资源的市场交易，并取得了不错的成效，但也存在一定的问题。市场交易的关键是价格的形成，如果单纯通过市场决定价格，那么容易忽略公平性。因此，需要政府针对环境容量类生态资源的市场交易进行价格调节，采取的方式可以是公开市场操作等。政府与市场同时对价格进行干预，以市场为主、政府为辅，可以兼顾资源配置的效率与公平。当前我国环境容量类生态资源市场交易，以水排污权和碳排放权的交易为主。一方面，交易范围还不广泛，没有覆盖全国；另一方面，交易手段还比较单一。应该进一步扩展环境容量类生态资源市场的概念，建立有效市场机制，在政府的监督和适当调节之下，通过市场手段实现污染物总量减排目标。

（六）生命支持类生态资源产业化市场路径

生命支持类生态资源是指为人类提供生存环境和生命支持系统、维护自身生态平衡与生物多样性的生态资源。生命支持类生态资源是一切生态资源存在的基础，其存量决定了其他生态资源的自我调节、自我恢复能力，也影响人类的生存和发展。生命支持类生态资源通过合理配置，为人类社会提供基本生态环境公共服务，体现自身的生态价值。其所提供的基本生态环境服务具体包括气候调节、大气调节、水土保持、水源涵养、土壤形成、生物控制等。生命支持类生态资源进入人类社会主要是通过政府提供环境基本公共服务，政府在此时成为自然系统和社会经济系统的连接点，这与政府提供公共服务的职能具有一致性。

生命支持类生态资源的生态价值一般可以分为选择价值、存在价值和遗赠价值三部分。同时，由于人类目前对自然认识的有限性，生命支持类生态资源依然蕴含着大量潜在的生态价值未被认识和利用。虽然生命支持类生态资源与舒适性生态资源、原材料类生态资源和环境容量类生态资源同属生态资源范畴，理论上可以进行生态产业化研究，但在现实中，大多数生命支持类生态资源事关国计民生，一般由政府作为资源的提供者，有时难以将市场机制引入其中。然而，政府提供并不意味着政府生产，可以由企业进行生产，然后由政府进行购买。因此，由政府购买生态服务的准市场化方式是生命支持类生态资源产业化的重要途径。

第六节　生态产品的价值实现

一、生态产品价值实现的理论基础

生态产品具有公共产品的非排他性和非竞争性、外部性、持续性等特征，同时，还具有多种价值属性：使用价值与非使用价值（如存在价值）、经济价值与非经济价值（如文化价值、生态价值）。生态产品价值的多样性增加了其价值核算评估的难度。

（一）产权理论

产权理论是经济学的重要理论之一，主要研究经济运行的制度基础，即经济运行背后的财产权利结构。产权理论的核心是制度安排，制度安排是经济交往活动的前提条件，因此，分析经济运行的首要工作是产权界定，明确当事人权利，通过权利交易实现社会总产品的最大化。产权理论是对生态产品进行交易并实现其价值的前提和基础，同时，清晰的产权能够很好地解决外部性问题。

产权理论在明确资源所有者占有和使用权的基础上，实现具有稀缺性资源的最优化配置，为解决外部性问题提供了重要思路和依据。随着生态环境问题更加严重，生态产品的稀缺属性越发凸显，该属性在一定程度上决定了生态产品产权的形成和对生态产品需求竞争性的产生，同时为生态产品的市场化交易奠定了基础。

产权具体实现形态可以分为所有权、管理权和使用权。当前国内生态产品较为明确的产权为所有权，自然资源所有权属于国家和集体，私有化生态物质产品所有权属于个人；生态产品的管理权在经过行政机构改革后也有明确的归属和划分，除私有生态产品外，基本归自然资源部管理。然而，使用权是生态产品产权最混乱的领域，生态产品的种类多样性致使其产权难以清晰界定，例如水、土地资源等具有公共产权的公共物品。与此同时，生态产品的外部性问题加大了使用权确权的难度，为解决上述问题，当前国家正在推进自然资源确权登记工作。产权理论能够有助于明确生态产品的所有者，为明确生态产品价值最终归属、保障生态产品的价值实现提供理论依据和指导。

（二）公共物品理论

公共物品理论是新政治经济学中重要的基础理论之一，是一项有助于正确处理政府与市场的关系、转变政府职能、市场化公共服务的重要理论。公共物品指的是能够被全社会成员共同使用的产品的集合总称，具有典型的非竞争性和非排他性。非竞争性指的是一部分人对某一类公共物品的使用和消费不会影响其他人对此类产品的使用，无论是数量层面还是质量层面；非排他性指的是某一类公共物品在被一部分人使用的同时不能阻止其他人对此类产品的使用。

生态产品明显具有公共物品的非竞争性和非排他性属性，例如清新的空气、清洁的水源等生态要素构成的生态产品。因此，开展生态产品价值实现相关研究时必须充分考虑其公共物品属性。然而，当前人们在享受生态产品带来的价值的同时，“搭便车”的困境持续存在，受益群体庞大造成的“公地悲剧”效应使得难以找到生态产品价值的付费者或购买者；同时，一部分人在享受生态产品时对生态环境的影响和破坏影响到其他人的使用，此类“囚徒困境”效应使得生态环境受到损害后直接导致生态产品的供给受到影响，生态产品价值的损害者应当执行的赔偿标准还需要进一步明确。因此，讨论生态产品价值的实现，需要明确生态产品价值惠泽空间、范围与消费群体规模，以明确生态产品价值的付费者和购买者，对于具有典型公共物品属性的生态产品，可以采用政府购买、生态补偿等手段实现其价值；对于部分群众直接享受的生态产品，可以通过税收管理、规费等手段进行支付；对于具有私人产品性质的生态产品，则可以通过市场交易的手段由明确的消费者付费。

公共物品理论的发展对于生态产品价值实现具有重要的意义，生态产品的分类因产权、功能、定位不同而存在物品分类的多样性。例如三江源生态物质产品、生态文化产品、生态调节产品在分类过程中能够从公共物品理论中获得指导。

（三）外部性理论

外部性理论是现代环境经济政策的理论支柱，是环境经济学的重要理论基础。外部性是指某一个体在从事经济活动时，会对其他个体产生或积极或消极的影响，但并不会因为影响而获得报酬或承担责任。生态环境的外部性主要从两方面体现，一方面是人类的生产生活对生态环境造成影响和破坏，从而对其他人产生不良影响的过程，也被称为“生态环境的负外部性”；另一方面是人们为修复和保护生态环境投入劳动和资金，使得生态环境质量改善和生态产品供给能力提升，而未投入劳动和资金的人群同样会因生态环境保护而获益，也被称为“生态环境的正外部性”。

然而，生态环境的正外部性和负外部性无法明确体现成本和价格，一方面会造成生态环境保护行为不能得到合理补偿从而影响生态产品的供给，另一方面会造成因破坏生态环境所应承担的责任或赔偿小于实际造成的损失而加剧生态环境的破坏。正外部性和负外部性都会导致政府和市场出现失灵的情况，致使无法实现资源配置的帕累托最优，所以需要通过各种手段对外部性进行治理，进而实现外部性的内部化，即通过政府和市场两种途径（也被称为“庇古手段”和“科斯手段”）。阿瑟·庇古（Arthur Pigou）提出解决负外部性（外部不经济）或市场失灵的手段是借助一定的政府干预，对边际私人产值大于边际社会产值的经济主体进行惩罚，用税收和其他行政手段实行；对边际私人产值小于边际社会产值的经济主体进行奖励，用补贴和补偿等手段进行。其中，惩罚和补偿的额度应分别等于私人、社会的成本和产值的差额，即边际外部成本和边际外部产值。[①] 罗纳德·科斯（Ronald Coase）提出外部效应并非单方面的一方对另一方的损害，而是损害具有相互性，即一方对另一方的损害产生的同时，其也受到损害。该问题的关键点在于哪方拥有损害的权力，这里讨论的权力即明晰的产权。如果产权被明确界定，前提是交易费用为零，“庇古税”是没有必要存在的，因为双方依靠市场机制进行自主协商即可实现资源配置的帕累托最优或最优资源配置效率。当出现市场失灵的现象时，需要权衡各项政策手段的成本和收益，并选择行之有效的政策来解决外部性的内部化问题。[②] 多元化的手段和路径需要在保证生态系统良好运转、人地和谐共生、生态环境持续改善的前提下，实现区域各类生态产品的价值。

---

① PIGOU A C. The economics of welfare [M]. London: Macmillan & Co. Ltd., 1920.

② 参见张屹山. 资源、权力与经济利益分配通论 [M]. 北京：社会科学文献出版社，2013.

二、现有生态产品价值实现机制

作为维系生态安全、保障生态调节功能、提供良好人居环境的自然要素，生态产品具有典型的公共物品特征，其价值实现的路径主要有三种：一是市场路径，主要表现为通过市场配置和市场交易实现可直接交易类生态产品的价值；二是政府路径，依靠财政转移支付、政府购买服务等方式实现生态产品的价值；三是政府与市场混合型路径，通过法律或政府行政管控、给予政策支持等方式，培育交易主体，促进市场交易，进而实现生态产品的价值。从国内外已有的实践来看，生态产品价值实现的主要做法包括以下四类。

（一）生态资源指标及产权交易

针对生态产品的非排他性、非竞争性和难以界定受益主体等特征，通过政府管控或设定限额等方式，创造对生态产品的交易需求，引导和激励利益相关方进行交易，是以自然资源产权交易和政府管控下的指标限额交易为核心，将政府主导与市场力量相结合的价值实现路径。

例如，福建省南平市借鉴商业银行“分散化输入、整体化输出”的模式，构建“森林生态银行”这一自然资源管理、开发和运营的平台，对碎片化的森林资源进行集中收储和整合优化，转换成连片优质的“资产包”，引入社会资本和专业运营商具体管理，打通了“资源变资产、资产变资本”的通道，提高了资源价值和生态产品的供给能力，促进了生态产品价值向经济发展优势的转化。

重庆市通过设置森林覆盖率这一约束性考核指标，明确各方权责和相应的管控措施，形成了森林覆盖率达标地区和不达标地区之间的交易需求，搭建了生态产品直接交易的平台，打通了绿水青山向金山银山的转化通道。此外，重庆市以地票制度为核心，将地票的复垦类型从单一的耕地拓宽到林地、草地等类型，拓展了地票的生态功能，建立了市场化的“退建还耕还林还草”机制，减少了低效的建设占用，增加了生态空间和生态产品，实现了统筹城乡发展、推动生态修复、增加生态产品、促进价值实现等多重效益。

美国湿地缓解银行是一种市场化的补偿和价值实现模式，其核心是通过法律明确湿地资源“零净损失”的管理目标和严格的政府管控机制，并设计了允许“补偿性缓解”的制度规则，从而激发了湿地补偿的交易需求，形成了由第三方建设湿地并进行后期维护管理的交易市场。湿地缓解银行模式既保障了湿地生态功能的平衡，又促进了湿地生态价值向经济价值的转换，是生态产品价值实现的有效模式。

（二）生态修复促进生态价值提升

在自然生态系统被破坏或生态功能缺失地区，人们通过生态修复、系统治理和综合开发，可恢复自然生态系统的功能，增加生态产品的供给，并利用优化国土空间布局、调整土地用途等政策措施发展接续产业，实现生态产品价值提升和价值“外溢”。

福建省厦门市五缘湾片区通过开展陆海环境综合整治和生态修复保护，以土地储备为抓手，推进公共设施建设和片区综合开发，依托良好生态发展生态居住、休闲旅游、医疗健康、商业酒店、商务办公等现代服务产业，增加了片区内生态产品，提升了生态价值，促进了土地资源升值溢价。山东省威海市将生态修复、产业发展与生态产品价值实现“一体规划、一体实施、一体见效”，优化调整修复区域国土空间规划，明晰修复区域产权，引入社会主体投资，持续开展矿坑生态修复和后续产业建设，把矿坑废墟转变为生态良好的5A级华夏城景区，带动了周边区域发展和资源溢价，实现了生态、经济、社会等综合效益。江苏省徐州市贾汪区潘安湖采煤塌陷区以“矿地融合”理念，推进采煤塌陷区生态修复，将千疮百孔的塌陷区建设成为湖阔景美的国家湿地公园，为徐州市及周边区域提供了优质的生态产品，并带动区域产业转型升级与乡村振兴，维护了土地所有者权益，显化了生态产品的价值。

（三）生态产业化经营实现生态价值

综合利用国土空间规划、建设用地供应、产业用地政策、绿色标识等政策工具，发挥生态优势和资源优势，推进生态产业化和产业生态化，以可持续的方式开发经营生态产品，将生态产品的价值附着于农产品、工业品、服务产品的价值中，并将生态产品转化为可以直接市场交易的商品，是市场化的价值实现路径。

浙江省余姚市梁弄镇通过实施全域土地综合整治，加大对自然生态系统的恢复和保护力度，推动绿色生态、红色资源与富民产业相结合，发展红色教育培训、生态旅游、会展、民宿等“绿色＋红色”产业，吸引游客“进入式消费”，将生态优势转化为经济优势，实现了“绿水青山”的综合效益。江西省赣州市寻乌县在统筹推进山水林田湖草生态保护修复的同时，因地制宜发展生态产业，利用修复后的土地建设工业园区，引入社会资本建设光伏发电站，发展油茶种植、生态旅游、体育健身等产业，逐步实现“变废为园、变荒为电、变沙为油、变景为财”，实现了生态效益和经济社会效益相统一。云南省玉溪市按照“湖边做减法、城区做加法、自然恢复为主、减轻湖边负担”的原则，实施抚仙湖流域腾退工程，推动抚仙湖流域整体保护、系统修复和综合治理，大幅增强了优质生态产品的生产能力，实现了生态环境持续向好、用地结构持续优化和一二三产业和谐发展。

（四）生态补偿实现生态价值

按照“谁受益谁补偿，谁保护谁受偿”的原则，由各级政府或生态受益地区以资金补偿、园区共建、产业扶持等方式向生态保护地区购买生态产品，是以政府为主导的生态产品价值实现路径。如湖北省鄂州市积极探索生态价值核算方法，统一计量自然生态系统提供的各类服务和做出的贡献，并将结果运用于各区之间的生态补偿，让“好山好水”有了价值实现的途径，激发了“生态优先、绿色发展”的内在动力。

探索生态产品价值实现机制和绿水青山转化为金山银山的有效路径是中共中央、国务院《关于设立统一规范的国家生态文明试验区的意见》、生态环境部《“绿水青山就是金山银山”实践创新基地建设管理规程（试行）》和山东省生态环境厅《山东省省级“绿水青山就是金山银山”实践创新基地建设管理规程（试行）》所要求的重要任务。绿水青山转化为金山银山的关键是实现生态产品价值，而要实现生态产品价值，首先应解决生态产品价值核算与定价问题，即生态产品价值核算与定价是实现生态产品价值的基础条件。

生态产品价值核算是对生态系统本身可被利用（或破坏）和其提供的能够被人类获取惠益的产品或服务的价值评估。2018 年，习近平总书记指出：“要积极探索推广绿水青山转化为金山银山的路径，选择具备条件的地区开展生态产品价值实现机制试点，探索政府主导、企业和社会各界参与、市场化运作、可持续的生态产品价值实现路径。”① 这就是要求使用经济手段来保护生态环境，通过生态产品价值实现促进“绿水青山”转化为“金山银山”。目前，我国生态价值核算方法分为生态系统生产总值（GEP）核算法、当量因子法和基于能值的生态元法三种。生态系统服务价值核算是生态系统生产总值（GEP）核算的基础，是指在对不同生态系统不同指标服务的实物量进行核算的基础上，得出生态系统生产总值（GEP）的核算方法。生态环境部环境规划院②、

① 中共中央党史和文献研究院. 十九大以来重要文献选编（上）［M］. 北京：中央文献出版社，2019：407.

② 参见马国霞，於方，王金南，等. 中国 2015 年陆地生态系统生产总值核算研究［J］. 中国环境科学，2017（4）：1474-1482.

中国科学院生态环境研究中心①、中国科学院地理科学与资源研究所、中国林业科学研究院、中国环境科学研究院等相关单位的研究团队都以这种方法为主开展核算。在单类生态系统产品和服务价值核算中，森林、草地、湿地等生态系统价值核算是我国重点研究领域。

对于无法通过“生态产业化”实现价值的生态产品，比如调节服务产品，需要通过政策创新、制度设计实现其价值。生态产品价值实现就是使其外部经济性内部化，当前重点是要运用政府与市场“两只手”来实现生态产品价值，探索多元化生态补偿机制和生态产品价值实现的市场化机制。

当前，生态产品服务价值实现的政府途径主要为转移支付和政府赎买。转移支付是指对重点生态功能区、自然保护区、流域保护区等人民以自己的劳动或相对放弃发展经济的权利来保护生态环境与修复生态而生产的生态产品价值，应通过转移支付等形式予以体现，使绿水青山的保护者有更多获得感。政府赎买则是指政府将重点生态区内禁止采伐的商品林通过赎买、置换等方式调整为生态公益林，使“靠山吃山”的林农利益损失得到补偿，实现社会得绿、林农得利，由此实现生态产品价值。此外，生态产品价值还可以通过政府购买服务的形式实现。对生态脆弱区或被人类活动干扰和破坏的生态系统的生态保护与建设，其成果是一种生态产品。政府可通过将生态产品的生产以合同形式外包，在政府部门与私营企业签订合同或协议后，由后者生产某方面的生态产品，政府负责监督合同的履行并向后者支付费用，即通过政府购买的形式购买企业生产的生态产品。

生态产品价值实现的市场途径是充分利用国际、国内两个市场。在发展国内生态产品市场的同时，也可支持有条件的林业企业参与国际碳汇市场竞争，同时，可吸引国际资本进入生态产业，进行生态资源的产业化经营。

生态产品市场交易通过培育市场、明晰产权，实现生态产品外部性的内部化，其价值可通过市场化路径来实现。例如，碳汇交易是通过市场机制实现森林生态产品的价值补偿的一种有效途径。排污权交易是指排污企业从其利益出发，自主决定其污染治理程度，从而买入或卖出排污权。通过大力发展节能减排、低碳清洁型产业，发展生态产业与节能环保服务业，聚焦重点领域发展环境治理型产业，依靠产业转型、技术进步和制度创新增加生态产品、用能权、排污权、碳汇等供给。坚持污染者付费，形成生态产品市场需求。

生态资源的产业化经营是实现生态产品价值的现实手段。发展生态利用型产

---

① OU-YANG Z Y, SONG C S, ZHENG H. Using gross ecosystem product (GEP) to value nature in decision making [J]. Proceedings of the National Academy of Sciences, 2020, 117 (25): 14593-14601.

业，间接实现生态产品价值。打造绿色生态牌，发挥比较优势，发展以生态产品为要素的生态利用型产业，将绿水青山转化为现实消费品与生态环境友好型产品之间的中间投入品。用好山、水、林、气，加快发展生态旅游与休闲养生产业、健康医药产业、山地特色高效农业、林业产业、畜牧养殖业、饮用水产业等。

第七节　生态产品价值实现探索创新

党的十八大以来，党中央高度重视构建生态产品价值实现机制并作出一系列重要部署。2005 年 8 月 15 日，时任浙江省委书记的习近平到安吉县天荒坪镇余村考察时，首次提出“绿水青山就是金山银山”的科学论断，探索生态产品价值实现机制就此萌发。2018 年 5 月，习近平总书记在全国生态环境保护大会上强调，要加快建立健全以产业生态化和生态产业化为主体的生态经济体系。2020 年 3 月，习近平总书记在浙江考察时强调：“在保护好生态前提下，积极发展多种经营，把生态效益更好转化为经济效益、社会效益。”① 2020 年 4 月，习近平总书记在陕西考察时再次强调，绿水青山既是自然财富，又是经济财富。总体上，党的十八大以来，党中央对生态产品价值实现作出了重要部署。党的十八大报告首次明确“增强生态产品生产能力”，党的十九大报告进一步明确提出“提供更多优质生态产品以满足人民日益增长的优美生态环境需要”。2016 年以来，国家在福建、海南等地开展生态产品价值实现先行区、试验区建设，在贵州、浙江、江西、青海四省开展生态产品市场化先行试点工作，健全和完善生态产品价值实现机制已成为新时代推进生态文明建设的重要内容。自 2014 年以来，生态环境部环境规划院等单位完成了 2015～2018 年连续 4 年覆盖 31 个省区市（不含港澳台）的生态系统生产总值（GEP）和经济生态生产总值以及 2017 年度的全球 179 个国家的 GEP 核算报告，研究编制了 GEP 核算技术指南，并在全国近 20 个省市县开展了 GEP 和经济生态生产总值核算试点。

各部门积极推动生态产品价值实现的制度建设和试点示范。生态环境部、国家发展改革委、自然资源部等部委根据职责分工，积极推动生态产品价值实现机制落地实施。生态环境部以创建国家生态文明建设示范市县和“绿水青山

① 孟亚生．提升生态效益转化能力［EB/OL］．(2020-04-18)［2021-06-20］．http：//xhv5．xhby．net/mp3/pc/c/202004/18/c766558．html．

就是金山银山”实践创新基地为载体，积极推进重点生态功能区、生态保护红线、自然保护地等生态功能重要区域生态保护补偿，探索生态产品价值转化通道。截至2019年底，生态环境部分三批共命名了175个国家生态文明建设示范市县和52个“绿水青山就是金山银山”实践创新基地。国家发展改革委将生态产品价值实现作为实现区域高质量发展的重要手段之一，印发《关于培育发展现代化都市圈的指导意见》和《关于开展国家城乡融合发展试验区工作的通知》，明确提出“建立生态产品价值实现机制”，统领全国开展生态产品价值实现机制的探索。2020年4月，自然资源部印发《生态产品价值实现典型案例》（第一批），提出促进生态产品价值实现的5个关键环节，即坚持规划引领，科学合理布局；管控创造需求，培育交易市场；清晰界定产权，促进产权流转；发展生态产业，激发市场活力；制定支持政策，实现价值外溢，并推荐了11个生态产品价值实现的典型案例。

全国各地积极开展生态产品价值实现机制探索实践。2017年以来，浙江、江西、贵州、青海、福建、海南以及浙江丽水市、江西抚州市先后被列为国家生态产品价值实现机制试点（试验区），以生态环境持续改善和民生福祉显著提高为主要目标，在探索建立科学合理的生态产品价值核算评估体系的基础上，围绕物质供给、调节服务、文化服务三大类生态产品优势，发展特色生态农业、绿色工业、生态旅游业、生态文化产业、健康养生业等生态产业，探索政府主导、企业和社会各界参与、市场化运作、可持续的生态产品价值实现路径。福建省先行先试探索开展生态系统价值核算试点。深圳盐田区首创“城市生态系统生产总值核算体系及运用”，通过对绿水青山的生态产品价值核算，为价值实现奠定基础。在推进生态产品价值实现的过程中，部分地方配套建立了自然资源资产产权、生态产品政府采购、生态产品交易市场培育、生态产品质量认证、绿色金融服务、绩效评价考核和责任追究等制度体系，以制度供给有效保障生态产品价值实现。

例如，浙江省丽水市在推动生态产品价值实现方面起步较早，是全国首个生态产品价值实现机制试点。① 丽水市探索开展以生态系统生产总值（GEP）为依据推动多元生态补偿。在丽水生态产品价值核算体系中，GEP是指生态系统物质产品价值、生态调节服务价值、生态文化服务价值共3大类15个核算指标、对应27个核算科目集成的总价值（见表6-1）。②

---

① 2019年1月，推动长江经济带发展领导小组办公室正式印发《关于支持浙江丽水开展生态产品价值实现机制试点的意见》，丽水成为全国首个生态产品价值实现机制试点市。

② 参见陈敬东，潘燕飞，刘奕羿. 生态产品价值实现研究：基于浙江丽水的样本实践与理论创新[J]. 丽水学院学报，2020，42（1）：1-9.

表 6-1　浙江丽水 GEP 核算指标体系

序号	一级指标	二级指标	27 个核算项目
1	物质产品	农业产品	如稻谷、玉米、豆类、薯类、油料等
2		林业产品	木材
3			毛竹
4			其他林产品
5		畜牧业产品	如牛、羊、猪、家禽、奶类、禽蛋等
6		渔业产品	如鱼类、其他水生动物等
7		生态能源	如沼气、秸秆、薪柴、水能等
8		其他	用于装饰的产品（如动物皮毛）和花卉、苗木等
9	调节服务	水源涵养	水源涵养量
10		土壤保持	减少泥沙淤积量
11			减少面源污染（氮）
12			减少面源污染（磷）
13		洪水调蓄	湖泊调蓄量
14			水库调蓄量
15			沼泽调蓄量
16		空气净化	净化二氧化碳
17			净化氮氧化物
18			净化工业粉尘
19		水质净化	净化化学需氧量
20			净化总氮
21			净化总磷
22		固碳释养	固碳
23			释养
24		气候调节	植被蒸腾降温增湿
25			水面蒸发降温增湿
26		病虫害控制	森林病虫害控制
27	文化服务	自然景观	景观游憩价值

丽水市生态产品价值核算体系构建侧重于“多维支柱框架”，且兼顾人类福祉的考量（见图 6-2）。根据国家生态产品价值实现机制试点方案中提出的探索“政府采购生态产品机制”，景宁县通过制定生态产品价值实现专项资金管理办法，对年度 GEP 增量较大的乡镇予以生态增值奖励。GEP 核算报告结果显示，2019 年景宁县大均乡 GEP 约为 17.88 亿元，比 2018 年增加了 0.94 亿元，GDP 与 GEP 实现了双增长，意味着生态环境保护与经济社会发展协同并进。按照年度 GEP 增量的 2%计算，大均乡获得了 188 万元的生态奖励金，这也成为全国首笔生态产品价值实现的专项资金。

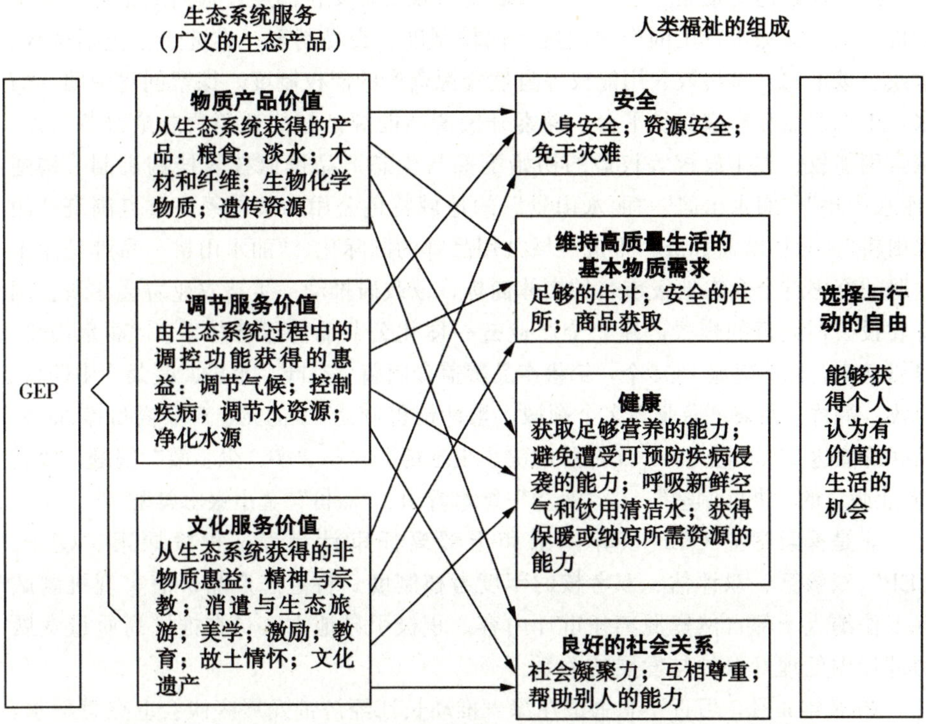

图 6-2　浙江丽水生态产品价值评估体系及其与人类福祉之间的关系

作为全国首个生态产品价值实现机制试点，丽水市围绕“既要 GDP，又要 GEP”，致力于将生态产品价值实现的“地方实践”演进到“国家试点”，其主要实践内容如下。

一是推进生态系统生产总值（GEP）核算。从功能量和价值量两个角度核算，即首先根据生态环境监测、水文监测和气象监测，以及统计数据，核算各类生态系统物质产品与服务的功能量；其次运用市场价值法、替代市场法、旅行费用法等，确定如单位木材、单位水资源量、单位土壤保持量等的生态产品与服务价格；最后，在各类生态产品与服务功能量核算及其价格基础上，核算丽水市生态系统生产总值（GEP）。2017 年，丽水市生态系统生产总值为 4672.89 亿元。其中，生态系统调节服务价值、文化服务价值、物质产品价值分别占 55.20%、41.37%与 3.43%。2006～2017 年，丽水市 GEP 增加了 2576.58 亿元，剔除价格因素，按可比价计算，增幅为 86.7%，其中文化服务价值提高了 12.5 倍，表明在创新生态产品价值实现机制中，生态环境转变为了巨大的经济效益。

二是探索政府采购、市场交易、质量标准认证等一整套的实现机制。制定生态产品政府采购目录，在丽水及瓯江流域上下游之间率先探索政府采购生态产品试点，探索建立根据生态产品价值确定财政转移支付额度、横向生态补偿额度的机制。创新绿水青山的产权制度、保护制度、交易制度，推进建立包括林权、水权、碳汇权、排污权、用能权等自然资源资产的产权制度。探索创建中国（丽水）生态产品和产权交易平台，探索开展清洁能源抵扣能耗消费总量改革试点，探索用能权、碳排放权等权益的初始配额与生态产品价值核算挂钩机制。构建“丽水山耕”“丽水山居”“丽水山景”的地域特色公用品牌体系，重点围绕“丽水山耕”，对标欧盟标准，推进区域公用品牌的国际化。“丽水山耕”品牌是丽水注册的全国首个含有地级市名的集体商标，以政府推动、生态农业协会注册、国有农投公司运营的模式，建立全产业链一体化公共品牌服务体系。“丽水山耕”目前已建立合作基地 1004 个，销售产品覆盖食用菌、茶叶、水果、蔬菜、中药材、畜牧、笋竹、油茶、渔业等多个领域，累计销售额达 61 亿元，产品溢价率 33%，品牌价值达 26.59 亿元。一个品牌解决了生态精品农业“多、少、散”问题，成就“农业版”的“浙江制造”，是“品质”绿水青山、“溢价”金山银山典型。

三是探索建立 GEP 核算体系和干部离任审计制度。积极探索“GDP、GEP”双核算、双评估、双考核的年度考核制度，将生态产品价值实现机制试点工作纳入干部自然资源离任审计内容，积极引导地方官员在推进高质量发展的进程中处理好保护与发展的关系。

2018 年 4 月，习近平总书记在深入推动长江经济带发展座谈会上点赞丽水：“浙江丽水市多年来坚持走绿色发展道路，坚定不移保护绿水青山这个‘金饭碗’，努力把绿水青山蕴含的生态产品价值转化为金山银山，生态环境质量、发展进程指数、农民收入增幅多年位居全省第一，实现了生态文明建设、脱贫攻坚、乡村振兴协同推进。”[①] “丽水之赞”是对丽水生态产品价值实现“地方样本”的高度肯定，更为全面推进生态产品价值实现指明了方向，值得借鉴。

---

① 中共中央党史和文献研究院. 十九大以来重要文献选编（上）［M］. 北京：中央文献出版社，2019：407.

第三篇
社会生态农业是生态经济体系的基础

第七章

社会生态农业的内涵、特点及发展

推动农业绿色发展是构建生态经济体系的重要内容，也是推进乡村生态振兴的核心内容之一。近年来，国家和地方层面一直坚持自上而下推动农业绿色发展，持续减少农药、化肥的使用量。而在社会层面，近十几年来兴起的社会生态农业探索和实践，为乡村生态振兴和生态经济体系构建注入了活力。

第一节　社会生态农业的内涵

社会生态农业（Community Supported Agriculture，CSA）直译为“社区支持农业”，目前多称为“社会生态农业”。社会生态农业是人们在对传统农业发展带来的环境污染和与之相关的食品危机反思的基础上所倡导和实践的生态农业模式，其内涵主要包括：在生产端提倡资源节约、环境友好的农业生产方式；在消费端强调生产者与消费者直接对接，缩短人与食物、消费者与生产者的距离，构建互相尊重、相互信任的友好关系；提倡“食在当季、食在当地”。社会生态农业以社会、生态、文化为目标，基于本地化和社会化，以人为本，强调从生产到餐桌的全过程的生态化和短链化。

第二节　社会生态农业的特点

相较于传统农业发展模式，社会生态农业主要具有以下特点：一是安全、环保、可持续的生产方式。顺应一年四季的自然规律安排生产，尊重客观规律，敬畏生产环境，传承农耕文明，使生产和生活紧密结合，最终实现人与自然的高度和谐。二是健康、低碳的消费理念和模式。其强调本地化生产和本地化消费，消费者从他们信任的生产者那里得到最新鲜的食物，“长链”变“短链”，没有添加保鲜剂，既保证了食品安全，也减少了运输、加工过程中的碳排放，带来更高的环境效益。三是实现农产品的优质优价。由于社会生态农业强调消费者和生产者直接对接，共同制订生产计划，共同承担市场风险和价格风险；同时，由于基本上排除了中间环节，因此可以确保生产者利益最大化。四是消费者在获取安全、鲜活农产品的同时，还能得到精神享受，提高生活质量和幸福指数。市民走进农村，在畅享大自然、享受新农村的过程中，参与和体验农耕过程，学习和传承农耕文明，陶冶情操，磨炼意志，健身健心。同时，消费者和生产者之间反复接触，彼此互信，有利于全社会信任体系的构建。

第三节　社会生态农业的发展

作为一种社会化程度较高、得到消费者大力支持的生态农业模式，社会生态农业的理念受到中国传统农业中的生态智慧的启发，但其实践模式最早在日本、欧洲出现，21 世纪初又经由学者引入中国，他们对这一模式开始了新的探索。

一、国外社会生态农业发展情况

社会生态农业模式在我国发展较晚，但是在国外已有近 50 年的发展历程。早在 20 世纪 70 年代，日本和欧洲就出现了社会生态农业的发展模式。日本的提携（Teikei）系统就是从生产者到消费者的直销形式，体现了生产者与消费者相互扶持的原则，并且通过综合农协将生态农产品市场发展和社区发展紧密结合起来。

德国是最早出现社会生态农业农场的欧盟国家，起源于 1986 年。意大利在 1994 年建立了第一个社会生态农业模式的农场，并于 1996 年成立了全国性组织。法国的第一家社会生态农业模式的农场于 2001 年建立，到 2012 年已经有 2000～3000 个社会生态农业小组。

美国的第一个社会生态农业模式的农场于 1985 年底开始筹备并于 1986 年

开始运作，如今已有近 13000 家农场采用这种模式。目前，在南美洲、北美洲、欧洲、亚洲、非洲、大洋洲，社会生态农业运动都已广泛开展。

全球性社会生态农业联盟是国际社区支持农业联盟，其宗旨是保护生态小农生产者和消费者利益，在世界范围内，拥有固定的消费家庭超过 500 万个，注册的会员农场 3 万多个。

二、国内社会生态农业发展情况

生态农业是生态文明体系的重要组成部分，与中国农耕文化背景非常契合。我国几千年的农业文明中一直在不断践行着“顺天时、借地力、精细化和生态化”的农耕方式。1909 年春，美国农业部土壤所所长、威斯康星州立大学土壤专家富兰克林·金（Franklin King）博士远涉重洋游历了中国、日本和朝鲜，考察了东亚三国古老的农耕体系，并于 1911 年出版了介绍中国传统农耕方式的著作《四千年农夫》。在书中，金博士描写了中国农业生产的最大特点是高效利用各种农业资源，是“资源节约、环境友好”的耕作模式。100 年后，在我国即将开启生态文明建设新时代的 2011 年，由中国人民大学的石嫣、程存旺博士翻译的《四千年农夫》中文版问世。

进入 21 世纪以来，生态农业由认知驱动试点发展到社会需求驱动的实践探索。2003 年 8 月，32 岁的中国农业大学副教授何慧丽被选派到河南省兰考县挂职担任副县长，协管农业结构调整。2004 年，何慧丽在当地 4 个村成立经济合作社。2005 年，北京一些知识分子与河南兰考县农民签订了“购米包地”的协议，这是我国最早的含有“风险共担、收益共享”理念的社会生态农业形式。2005 年的冬天，兰考县经济合作社之一的南马庄生产出了 700 吨无公害大米。但不谙市场的农民碰了壁，这些无公害大米不被市场认可。无奈，2006 年初，何慧丽亲自上阵，并拉上“三农”专家温铁军做广告，但大米只卖出去了一小部分。围绕“教授卖米难”这个话题，网络上一度热火朝天。有人质疑，也有人称赞，质疑的人认为教授卖大米错位了。但在一些专家眼里，“教授卖米难”有着更深层次的意义，那就是城市反哺农村，以大米为纽带建立城乡互动的良性模式。2007 年 7 月，在温铁军、何慧丽等专家的倡议下，由有共同生活追求的市民与符合一定条件的合作社联合组成了国仁城乡互助合作社，这是我国较早的城乡互助支持生态农业的实践探索。

2008 年 4 月，在北京市海淀区农林委员会和中国人民大学乡村建设中心等机构的支持下，小毛驴市民农园在北京市海淀区苏家坨镇后沙涧村创立。十几年来，小毛驴市民农园团队在社会生态农业试验与推广、市民农业实践、社会生态农业人才培养、适用技术研发、农耕文化传播、亲子自然教育、都市农业政策推动等方面，为中国“三农”和城乡融合发展作出了卓有成效的探索性贡献。

社会生态农业在中国发展虽然只有十几年的历程，但发展势头很迅猛，效果也很好。截止到2021年，全国25个省（市）、50多个大中城市周边都有了社会生态农业农场，总数超过了1500家。从实践的效果看，社会生态农业既吸引了大量有学识的青年人和城市中的社会力量进入了农村，也给长期被食品安全问题困扰的市民带来了曙光，更为从根本上解决农业生产环境不断恶化的问题探索了新思路和新方案。

三、社会生态农业发展主要模式

目前，从社会生态农业项目的经营方式或发起主体看，主要有以下几种形式。

（1）由小农及合作社作为生产主体的社会生态农业，如国仁绿色联盟、河北安金磊、成都郫都区安龙村、北京大兴活力有机菜园、河南兰考南马庄、贵州流芳村、广西横县南塘合作社和三叉合作社。小农发起社会生态农业模式的优势是不需要支付土地租金和过高的劳动力成本而实现低成本的生态农业；劣势是缺乏资金及社会资源，不利于构建城市直销渠道。

（2）由市民个体或合伙作为生产主体发起的社会生态农业，如重庆合初人，北京天福园、德润屋、芳嘉园、圣林，厦门土笆笆等，其在全国诸多社会生态农业农场中占很大部分，主要集中在一、二线等经济发达的城市，市民拥有丰富的城市社会资源，有利于构建社会生态农业模式中生产者和消费者之间的信任关系。

（3）由政府、高校、科研院所等官方机构发起的、带有试验性质的社会生态农业模式，如北京小毛驴市民农园、山东平邑县弘毅生态农场和常州大水牛市民农园，尽管数量较少，但是借助高校的社会资源产生了广泛的社会影响，并通过媒体、培训班、会议等形式推广社会生态农业模式。

（4）由非政府组织（Non-governmental Organization，NGO）发起的社会生态农业，如上海生耕农社。尽管完全由NGO发起并操作的社会生态农业案例还不多见，但是NGO在社会生态农业的发起和运作过程中发挥重要作用的案例却不少，如自然之友河南小组参与河南郑州大草帽市民农园，成都河流研究会参与安龙村社会生态农业实践，NGO参与包括小毛驴市民农园在内的广东、广西、贵州、四川、北京等多家社会生态农业实践。NGO的经费和社会关系都对社会生态农业模式的运作起到积极作用。

（5）由餐厅与有机小农或农场直接联系的社会生态农业，如杭州龙井草堂、柳州爱农会、北京“吃素的”餐厅等。餐厅凭借强大的购买力支持有机小农和农场的生产，成功创建了品牌的农场也可择机参与有机餐厅的运作。

（6）由政府发起、推动的社会生态农业，如浙江丽水市和遂昌县在本地范围内发起的、由小农和市民直接对接的社会生态农业模式。

此外，还有 NGO、企业等发起的有机农夫市集，市民组成的消费者组织等其他相关形式，构成了中国的另类农业与食物网络。截至 2018 年，我国关于社会生态农业模式的实践项目已达 1000 多个，呈现出从一线城市向二、三线城市快速推进的势头。从发展理念及运作模式来看，社会生态农业模式对破解我国城乡发展困局有积极的促进作用，也将是我国农业发展多样化的主要出路之一。

第八章

社会生态农业发展案例分析

十几年来，社会生态农业模式在国内发展迅速，在相关学者、农场企业、服务平台和消费者的共同推动下，逐渐形成了种类多样、各具特点的发展模式，如学者研究推动型、政府主导创建型、社会组织引导型及返乡青年重建型等。分析不同模式的社会生态农业发展案例，有助于增强人们对于农业绿色发展转型及生态经济发展动能的理解。

第一节　学者研究推动型案例分析

我国的社会生态农业模式最初是学者以研究为目的推动发展的，其中北京分享收获农场和山东平邑弘毅农场具有较强的代表性。

一、北京分享收获农场：从农场到社会性企业

北京分享收获农场是由中国人民大学博士、清华大学博士后石嫣团队创建的一个致力于研究、推广社会生态农业的社会企业。

2008 年，石嫣在读博期间到美国明尼苏达州的地升农场实习了半年，通过跟农场主一起生活工作，了解了美国的社会生态农业模式。石嫣回国后，正好其导师温铁军在北京西郊的凤凰岭脚下申请了一块试验田。2009 年 2 月，石嫣申请去了基地，和另外几个一起做乡村建设的小伙伴们开始打造中国第一个社会生态农业农场——小毛驴市民农园。首先要招募愿意迈出第一步的市民成为会员，会员提前交纳一年的订金，农园则负责为会员生产并配送有机蔬菜和肉类，也可以由会员在农园自己租一块菜地，带领全家一起种植有机蔬菜。

第一年，他们没什么设施和经验，应季的蔬菜品种很少，在会员连续一个月收到绿叶菜之后，他们配送到会员家的菜箱子被扔了出来。消费者抱怨说“脸都快吃绿了”。虽然一路跌跌撞撞，但石嫣团队的热情一点也没减，每到给各家配送蔬菜的日子，他们凌晨四点就起来收菜。仅仅三年多，小毛驴市民农园就成了“北京市民的都市菜园”，800 多个家庭吃上了安全新鲜的蔬菜，最紧俏的时候还有 200 多个家庭在排队等待会员位置。

2012 年，石嫣博士毕业，受到日本守护大地协会的启发，和几个小伙伴考虑建立一个连接生态农户和消费者的平台，叫作“分享收获”，以村庄为基础扩展消费者的规模。分享收获最初采用的是和当地农户直接合作的方式，与农户协商制订生产计划和生产规范，在农户自己的土地上种植，在保证生态种植方式和基本运营成本的前提下，把更多利益留给农民和消费者。第一户和他们合作的是北京通州的朗叔夫妇，双方签了五年的合作合同，但没想到，第一年就出现了问题。团队就住在村子里，每天早晨下地查看的过程中，石嫣和同事发现，茄子地里的叶片看上去不太对。原来，朗叔虽是村子里有名的种菜能手，但这次遇上了红蜘蛛，大概心里没底，还是撒了药。分享收获的小伙伴们讨论出两种处理办法，要么把现在挂了果的茄子全部摘掉，再长出来的再卖，要么连秧苗都拔光，今年农场就不配送茄子了。最后大家一致同意拔掉了近半亩地的茄子，一根苗也没留下。从此以后，农场没有再出过类似的问题。

2012 年冬天，顺义区农业部门的一位领导偶然看到对石嫣团队的采访，心里嘀咕：真会有这样一群年轻人干农业吗？他没有提前联系任何人，直接开车到了通州村里，看到团队几个小伙伴正在挖地窖储存白菜。这之后，他帮石嫣介绍了顺义区的一个面积不大的设施农场，农场里有 20 多个大棚，可以直接投入生产。现在农场可以每周供应 20 多个品种的蔬菜，全年品种数超过 70 个。农场也像种子发芽一样，在健康地成长。

2013 年秋天，分享收获的大部队搬到了顺义基地办公。到 2019 年，分享收获已经成立七年了，在这期间会员逐年增长。分享收获用心地照顾着每一块耕种过的土地，无论什么样的条件，都从改良开始，不使用化肥和合成农药，而是使用物理和生物防治的方法。2017 年 4 月，分享收获成立五周年的时候，石嫣团队估算了一下，五年来，农场较传统生产方式减少使用的化肥量达到 15 万斤，相当于 67 辆农场拖拉机重，减少使用的农药纯液量 3400 升，这就是在为土地解毒。同时，土壤的有机质也在逐年增加，2012 年农场土壤的有机质检测约 1.5%，而华北平原土壤的有机质大概不到 1%。五年后，农场土壤的有机质已经达到 4%以上，几乎接近东北土壤的质量，反映土壤活力的微生物和小动物的数量也明显在增加。

近十年来，分享收获农场已经持续地为北京的800多个家庭提供蔬菜，净化了500多亩①土地。有70%的会员从农场创业起就一直跟随他们，家里的孩子都是吃农场的菜长大的。分享收获农场的模式在生产者和消费者之间建立了信任，并使二者与土地紧密相连。在这里，他们提供了最重要的公共物品：食物；保护了最重要的公共物品：土地和水；转化了最重要的公共物品：阳光；孕育了最重要的公共物品：种子。

农场也为久居城市的人打开了一扇亲近土地的大门。2016年，石嫣找到了一处梨园，她邀请清华的设计团队把梨园旁的老房子改造为民宿，取名为“梨园公社”，把这里变成了“有机种植＋民宿”的体验地。周末带着孩子来的家长，往往连自己都跟着上了一堂生态课，农场的每处细节都体现着生态、循环的理念，食堂里洗碗用的是麦麸，第一遍抹掉盘子上的油之后，可以再次拿去喂动物。

在分享收获农场的日常管理工作之外，石嫣更多的是在做推动社会生态农业发展的工作，她出版了生态农业的指导手册，持续在国内传播生态农业理念。2016年，分享收获发起了“大地之子”项目，以学校为主体，目标是在全国1000所学校开辟出校园菜地，让孩子们能够在学校里与土地接触，并接受食物的教育，了解食物是怎样生长出来的，让他们从小就可以建立和农业的关系。随着社会需求的不断发展和升级，分享收获也把自身和行业发展与“互联网＋”融合，建立了“分享收获食物社区”和“好农场”两个网上销售平台。平台不仅可供预付费的会员选菜、订菜，还面向普通消费者销售生态农产品，同时也帮助全国各地的生态农场、小农户销售生态农产品。

在促进社会生态农业的发展以及相关参与者连接方面，分享收获直接参与和推动了中国社会生态农业联盟的创立。中国社会生态农业联盟是国内目前民间成立最早、参与者最广泛的生态生产者、消费者公益联盟，2010年由著名“三农”专家、中国人民大学温铁军教授发起，石嫣团队主力运作，并于2017年正式注册为社会团体。中国社会生态农业联盟作为推动生态农业发展、促进生态小农和消费者互助合作的公益组织，自2009年以来，每年举办一届中国社会生态农业（CSA）大会，到2018年已举办了十届。其利用中国社会生态农业联盟及中国社会生态农业（CSA）大会的平台，充分宣传社会生态农业理念，带动更多的人和家庭成为“新农人”群体中的一员；希望推动更多的人加入进来，并且能够不断进行复制，让更多的农人通过从事农业项目获取更多收入；同时，也能够让更多的消费者吃到更加健康的食物。

---

① 1亩＝666.67平方米。

中国社会生态农业联盟的核心理念是以负责的态度经营农业，只使用经过认真实验研究证明对土地和生命无害的生产技术和物质；遵循社会生态农业的生产方式，保证土壤活力和食品健康，改善消费者生活、提高幸福感；尊重劳动者，倡导城乡公平贸易，促进城乡居民和谐共处，推进城乡良性互动；生产者和消费者保持坦诚的沟通，共同支持参与式保障体系，促进社会生态农业发展；通过自身带动周边人群和大众提升环保意识和生态文明理念，推进有机农业，推进文明消费，保持可持续发展。

中国社会生态农业联盟的主要工作为：与联合国粮食及农业组织、全球性社会生态农业联盟等国际社会生态农业组织开展合作；举办每年一届的中国社会生态农业（CSA）大会，推动社会生态农业模式的发展；推动社会生态农业的研究和政策支持；为有志从事农业的人员提供学习和培训机会；传播健康饮食、理性消费文化，推动食农教育项目等。

自 2010 年以来，中国社会生态农业（CSA）大会直接参会人数超过 5000 人，链接全国 1000 多个社会生态农业社群。2017 年，中国社会生态农业联盟联合 100 位社会各界有识之士发起“有种有种”的倡议，旨在保护种子多样性，关注从事生态农业的新老农人。

目前，中国社会生态农业联盟已经推动的社会生态农业网络有：社会生态农业农场（合作社）；有机农夫市集；消费者合作社（共同购买）；校园菜地、健康食堂；餐厅支持农业；慢食；爱故乡计划；参与式保障体系等。

2018 年 12 月，在第十届中国社会生态农业（CSA）大会上，石嫣在主旨演讲中说：“十年来，我们在不断地寻找中国社会生态农业的定义，我认为在很多的内涵之中，社会生态农业的内涵可以用两句话高度概括，即‘生产者维护消费者的生命，消费者保障生产者的生活’。”

二、山东平邑弘毅生态农场：坚持“六不用”的原则

山东平邑县弘毅生态农场由中国科学院植物研究所研究员、中国科学院大学岗位教授、山东省人民政府首批泰山学者特聘教授之一的蒋高明博士于 2006 年创建，位于临沂市平邑县卞桥镇蒋家庄。农场在全部种植过程中采取“六不用”原则：不用化肥、不用农药、不用农膜、不用人工合成激素、不用除草剂、不用转基因。弘毅生态农场坚持“六不用”原则的具体措施如下。

一是用发酵秸秆养殖肉牛，牛粪发酵生产有机肥，从而避免使用化肥。弘毅生态农场自主研发了大型遮雨式分室青贮池，实现了年产 1500 吨“微储鲜秸草”，通过发酵将秸秆变废为宝，发酵饲料转化率高，肉牛 10 个月累计体重增加 600 斤。这样相当于每 7 斤秸秆加 3 斤精料就能够产出 1 斤体重的活牛。

由于牛的饲养全程采用植物性饲料，牛粪不仅没有异味，而且成为优质有机农肥。牛粪堆积发酵后还田，完全取代了化肥，增加了土壤团粒结构，土壤有机质从0.7%增加到5%，土壤肥力显著恢复。在养殖环节，弘毅生态农场自制饲料，所有饲料都是植物性的。拒绝提供任何动物性饲料，也不为猪、鸡等动物提供所谓骨粉鱼粉饲料，鸭等动物可在河里自由觅食，另外人工补充粮食类饲料，牛、猪、鸡、鸭、鹅等动物都不催肥，自由长大。拒绝瘦肉精、鸭料，市场化饲料；鸡在林下自由觅食，鹅和鸭有亲水空间，猪自行饮水。农场自繁自育，养牛300多头，年需消耗秸秆1500吨。弘毅生态农场研发了遮雨式大型发酵青贮池专利技术，建有3个大型青贮池，解决了周围三个村庄的秸秆焚烧问题，保护了农田生态环境，秸秆经过动物消化变成粪便，再经堆肥发酵，变成几乎没有臭味的优质有机肥。建立大型发酵青贮池不仅解决了饲料问题，也从源头上解决了有机肥来源问题。农场肥水不流外人田，污水零排放。生态农场不使用化肥，种植区大量需要有机肥，养殖场里的肥水舍不得排放，于是自建肥水池，用清水冲淡后为庄稼、蔬菜和果树施肥。农场还建有沼气池，沼气用于做饭，沼液用于防治蚜虫和红蜘蛛等部分病害，沼渣是优质的肥料。

二是用生态技术防控害虫，禁用农药。停用农药后，害虫控制是非常大的难题。弘毅生态农场研究人员冒着粮食绝产的风险，成功摸索出害虫防治的“物理+生物”方法，建立了害虫生态防治的四道防线，获得3项国家发明专利。通过脉冲式杀虫灯、养鸡、培育天敌昆虫、野生鸟类、人工除草等方法消灭越冬害虫，有效控制了农田的虫害。2009～2016年，农田害虫年捕获总量和金龟甲类害虫的年捕获量分别降至起初的4.7%和1.5%。在生长季，每天每盏脉冲灯捕获害虫的数量由2009年的450克下降到2016年的12克。该害虫防治模式也成功用于苹果园，从而彻底告别了果园里需要喷洒20多遍农药的管理模式。这样的生态系统是健康的，其林下空间以及土壤里的草籽、昆虫或卵等就有了利用价值，诱虫灯捕获的害虫也成了鸡的美餐，发展林下养鸡也额外增加了收入。农场对于杂草的防治不是用除草剂灭杀，而是仅在苗前管理，后期用杂草养地，鼓励果园生草；对于病害防治以预防为主，大量利用有益微生物控制有害病菌。

三是适当控制杂草，告别除草剂。人工除草耗时费力。除草剂对人体健康和土壤有很大危害，但因为既省事又便宜（一亩地用除草剂除草一遍只需10元材料成本），所以农民愿意采用。为从源头阻止除草剂污染，弘毅生态农场推行“机械+人工”的物理除草方法，采取“竭库、断流、把握时机”的做法，聘请经验丰富的农民承包除草工作，每亩地两季除草费用在240元以内，这对当地的农民很有吸引力。由于使用物理方法锄草，杂草的种源有效减少了，因此杂草越来越少。除了控制田间自生杂草外，还要围堵外面飞进来的草籽。弘毅生态农场采用乔木、灌木、草本植物结合的防护隔离带，外来草籽很难吹进来。在控制果园杂草方面，则采取“以草治草”的策略，即种植高覆盖且有固氮、固二氧化碳功能的本地草本植物，形成单优种群，以占据杂草的生态位置。在农田杂草和果园杂草控制方面，弘毅生态农场已申请 2 项国家发明专利。

弘毅生态农场的实践证明，“六不用”种植模式是非常严格的有机生态农业生产模式，生态农业可以将低产田变为高产田，带来更多的产量与经济回报。如果耕地质量恢复，农民愿意在土地上投入，加上不断补充有机肥、科学利用秸秆，利用豆科与禾本科作物轮作、间作、套种，增加微生物菌肥等，就可以有效地恢复地力与土壤的生物多样性。通过堆肥、深翻、“人工＋生物”除草、“物理＋生物”法防治病虫害以及保墒等措施，实现了农作物产量逐年上升。2011 年后，弘毅生态农场的试验田就实现亩产吨粮目标，在大田环境下，农场花生、玉米、小麦、小米、苹果等均超过普通农田产量。此外，农场研究人员成功将农田由温室气体净排放逆转为净吸收。通过科学配比生物质材料，添加适量矿物质（如磷矿石、虾蟹壳粉等），添加益生菌起到抗生作用，堆肥 3 个月或经过蚯蚓处理，可以实现粮食产量提高，并将光合产物以碳的形式储存在土壤中。该成果为我国退化农田的恢复和土壤改良、生态农业产量提高和农田的碳减排等提供了科学理论和可靠的技术保障。

在提升农产品效益方面，2013 年 10 月，弘毅生态农场建立了网上销售平台，高质量的生态产品赢得了消费者的信赖，从而解决了产品销路问题，产品供不应求。依托互联网的迅速发展，弘毅生态农场的农产品采取了朋友圈销售模式。中间环节有飞行抽检，末端有消费者监管，消费者买的生态农产品也是可靠的。目前，全国的弘毅生态农场会员已达 7952 人，且以每月 100～150 人的速度增加。弘毅生态农场所在村庄蒋家庄约有 500 亩土地被纳入弘毅生态农场生产体系，受益农户约 80 家，最大的受益户年均收入 30 万元，一般合作农户受益 3 万～10 万元。生态名优农产品的网络销售，进一步释放了城市居民的购买力，是发展生态农业的巨大推动力。如果 1 亿个城市家庭每年消费 3 万元的生态优质农产品，即可带动 1 亿个农村家庭从事生态农业。围绕生态种植、生态养殖、生态加工与生态农产品的销售，能够增加就业机会，引导“农二代”“大学生二代”进入生态农业领域，吸引年轻人回乡创业。农民积极参与，不采取化学对抗的办法，同样可以保证国家粮食供应和安全，最终形成生态农业的良性循环和可持续发展。

第二节　政府主导创建型案例分析

在推动农业绿色转型中，政府发挥着重要作用。同样，在社会生态农业的发展中，政府也可能发挥重要作用。浙江遂昌县和陕西洋县的生态农业发展，就得益于政府的大力引导和支持。它们走出了一条具有本地特色的县域生态农业高质量发展之路。

一、浙江遂昌县生态立县：培育发展原生态农业

遂昌县地处钱塘江、瓯江两大水系源头，素有“金山林海、仙县遂昌”之美誉，森林覆盖率达82.3%，是国家生态文明建设示范县。相对封闭的环境，孕育了独具特色的农耕文明，并完整地传承至今。明代著名文学家、戏剧家汤显祖曾任遂昌知县五年，并在此创作了戏曲名著《牡丹亭》。“兴教、劝农、安民”的治县方略流传深远，为遂昌乡村积淀了厚重的农耕文明。“九山半水半分田”，是遂昌的真实写照。在农业现代化进程中，粮食生产功能区和现代农业园区建设是一道必答题，对此，“九山半水半分田”的遂昌如何“作答”?

2009年，遂昌县制定出台了《遂昌县原生态农产品培育行动计划》，着力打造原生态农产品基地县。按照《遂昌县原生态农产品培育行动计划》，建成了土鸡、土牛、土猪等八个品种的十个原生态农产品生产基地。2010年，遂昌县第十四届人民代表大会第四次会议上通过的《关于加快发展原生态精品农业的决定》中提出：“三年内，在遂昌境内由点到面全面限制化学合成农药、化肥、动植物激素和添加剂的使用，代之以农家肥、土农药等，从而使遂昌成为长三角的原生态农产品基地。”遂昌县《关于加快发展原生态精品农业的决定》提出，让畜牧养殖回归传统，让农作物种植回归生态本原，引导全县走精品优质的原生态农产品培育之路，目标是将遂昌打造成为长三角市民的原生态菜篮子，走出一条经济发展与生态保护的双赢之路。

“限制化肥农药的使用，发展原生态精品农业，符合遂昌实际。”时任遂昌县委书记的葛学斌说，“基于‘九山半水半分田’地域特征，遂昌发展现代规模农业缺少竞争力，但良好的生态环境正是遂昌发展原生态农产品的最大优势。”葛学斌表示，遂昌培育原生态精品农业，打造长三角原生态“菜篮子”“米袋子”，意在探索一条特色化、差异化的“两区”建设路径。山多地少对于发展工业和规模农业来说自然是劣势，可是若用来发展原生态精品农业，追求

产品的特色化、差异化，劣势便成了优势。

抓住生态文明时代的大好机遇，从2008年3月开始，一场“原生态革命”就从偏远库区小村黄泥岭开始了。“放养林间，吃虫、草，饮露水。”奶奶辈的这种养鸡方式盛行起来。正是这“老土”的方式，让黄泥岭土鸡骤然变得“金贵”，土鸡身价翻番，村民人均收入也跟着“三级跳”：2007年达到3289元，2010年更达7736元。收购村里土鸡的杭州龙井草堂负责人说，融合“自然的环境、生态的理念、传统的方式、现代的科技、健康的品质”的原生态产品，自然能体现身价。

从“用奶奶养鸡的方式”喂养长大的黄泥岭土鸡，到不施化肥、不喷农药的湖山原生态稻米；从不使用添加饲料、每餐烧熟喂养的七山头土猪，到吸取云雾雨露、孕育山川精华的金竹山茶油……遂昌精心培育的农产品质优价高，广受推崇。这些农产品拥有一个共同的名字：原生态农产品。原生态是遂昌最大的特色，也是山区县的比较优势和后发优势。浑然天成的山水环境、厚重深远的文化底蕴和世代传承的农耕方式等，使得遂昌具备独特的竞争优势，有条件为长三角地区提供绿色健康的生态食品。遂昌县委、县政府正是基于这样的认识，作出了加快发展原生态精品农业的决定。原生态农产品培育三年行动计划“出炉”，县原生态农产品营销管理中心、展销中心相继成立，十个原生态农产品地方标准付诸实施，原生态精品农业发展规划通过省级评审。

遂昌积极开展各类示范和基地建设，按照统一标准进行种植养殖；推行农户联保责任制，在原生态农产品培育过程中，如果一家农户违反种植养殖标准，其他农户要承担连带责任；到2009年底，全县累计发展农民专业合作社107家，农民专业合作社对农户种植养殖进行指导、监督，并负责农产品的营销，农户与之签订农产品质量保证书。这样可有效防止个别农户急功近利、只顾眼前利益而不顾长远发展的行为。

遂昌一方面加强原生态理念和农产品质量宣传，另一方面深入开展专项整治、执法检查和质量监管行动。县农业局执法大队每年开展打非、农资保质和绿剑等执法检查行动，对全县肥料、农药、兽药、饲料经营点以及种养生产单位进行全面检查；县食品药品监督管理局广泛开展《中华人民共和国食品安全法》宣传教育，开展打击违法添加非食用物质和滥用食品添加剂专项整治工作；县质监局每周对菜市场的蔬菜农药残留量进行抽检，及时将抽检结果在媒体上公布。按照统一标准种养殖，又有条条戒律和层层监管，遂昌的农产品品质得以保证。遂昌本来就生态好，空气清新，加上地道的原生态农产品，就有底气叫响“要健康，到遂昌”。2010年3月，遂昌网店协会成立，最传统的农特产品遇见了最时尚的营销方式，创造了农产品电子商务“遂昌模式”和2亿多元的年销售额。

通过十几年的不懈努力，遂昌走出了一条原生态农业发展之路。县内已经建立了土鸡、土猪、土牛、稻米等八大品种十个示范基地。原生态农产品培育让黄泥岭土鸡价格从原来每公斤60元猛涨到120元，龙洋野蜂蜜价格从原来的每公斤50元猛涨到500元，原生态稻米统一售价每公斤100元，湖山有机鱼价格比一般鱼贵2倍，妙高“七山头”土猪肉价格每公斤比普通猪肉贵4元，高坪土牛肉价格每公斤拉高8～10元。仅2009年，原生态农产品产值为1800多万元，价格增幅明显，乌溪江有机鱼售价是2008年的两倍，金竹山茶籽收购价同比上升55%。到2014年，全县已建成原生态基地124个，涵盖21个品种，面积3.86万亩，2014年基地农业产值3.14亿元，遂昌冬笋、红提、山茶油等一批原生态农产品声名鹊起。

遂昌坚持生态立县，率先出台了《遂昌县生态文明建设规划（2014～2025年）》，为深入推进遂昌生态文明建设提供了强有力的支撑。2018年12月，在广西南宁召开的全国生态文明建设现场推进会上，生态环境部为45个第二批国家生态文明建设示范市县授牌，浙江省6个市县入选，遂昌榜上有名，为丽水市首个国家生态文明建设示范县。

二、“朱鹮之乡”陕西洋县：趟出有机富民产业路

“翩翩兮朱鹭，来泛春塘栖绿树。”洋县是著名的“朱鹮之乡”。从已经收割的稻田、庄户人家房前屋后朱鹮的歌鸣中，可以感受到这里生态的巨变。自从1981年5月发现世界上唯一幸存的7只野生朱鹮以来，为了保护它们，洋县相继制定了多项保护生态环境的政策，严禁在保护区农田施用化肥、农药。经过40年坚持不懈的保护与努力，目前洋县野生朱鹮数量已达到2000多只。当地人民依托保护朱鹮造就的优越生态环境，走上绿色有机可持续发展之路。

洋县草坝村位于汉中朱鹮国家级自然保护区内，为保护这一濒危珍禽，洋县建立朱鹮国家级自然保护区，陆续关停影响朱鹮生存繁衍的工矿企业，在保护区内全面禁止使用农药和化肥。“为了保护朱鹮，我们的农作物收成很低。在其他地方杂交水稻亩产能达1200多斤，我们村的水稻只能收六七百斤。”草坝村党支部书记刘开昌表示，为了让农民们尽快从困境中崛起，尽快富起来，决定开始走有机农业之路。

在政府的引导下，草坝村的农业生产全部转向按照有机农业的标准生产，使用有机肥、太阳能杀虫灯、粘虫板，有效保护了朱鹮活动区的生态环境，同时也提高了农产品的附加值，实现了人与自然的和谐共处。2009年，草坝村在全县率先成立专业合作社，倾心打造“朱鹮湖”有机农产品品牌。“自从发

展了有机产业，我们草坝人都靠有机产业致富了。”洋县草坝村村民张学文至今还记得，从2005年洋县有机产业起步开始，农民不再抱怨无法使用化肥、农药导致粮食减产收入低，有机农业为他们带来的效益一年比一年高。大约20万农民因发展有机农业而获益，有机产业已成为全县农民增收致富的重要途径之一。

2010年，洋县正式拉开了发展有机产业的大幕。洋县在财力十分困难的情况下，每年设立1000万元的有机产业发展专项资金，并相继出台《有机产品认证及肥料采购补贴管理办法》《获得名牌产品企业奖励办法》等多项扶持政策，推动有机产业快速发展。2010年编制了《洋县有机产业发展规划》，成立了有机产业发展办公室，组建了有机产业监控大队，建立健全了“县有办、镇有站、村有员”的三级监管网络。按照“环境有监测、操作有规程、生产有记录”要求，持续加强对生产基地、加工企业、经营网点的监管，严禁非有机投入物流、基地和生产线，建立“不合规产品退出认证机制”，规范市场运营和产品标志、标识使用，确保了有机产业健康发展。

近年来，洋县立足于良好的生态优势，坚持把有机产业作为县域经济社会发展的重中之重强力推进。全县已先后发展有机稻米、酒类食品、薯类食品、果品、中药材等有机生产企业30多家，认证有机产品14大类79个品种，建立有机生产基地14.3万亩，成功创建全国首批、陕西省唯一的“国家有机产品认证示范县”和“全国朱鹮生态保护产业知名品牌创建示范区”，7类有机农产品获取“全国生态原产地产品保护”。为进一步发挥产业聚集效应，延长有机产业链条，洋县积极推进西北首个集有机产品加工、科研、贸易、物流信息为一体的有机产业园区建设。目前，园区已累计完成投资7.78亿元，秦洋酒业、志健药业等9家企业已进园入驻，万吨有机黑米酒、2000吨有机红薯粉条系列产品、2000吨有机魔芋食品等生产线投产运营，园区功能日臻完善，有机产业链条进一步拉长。

同时，洋县坚持把品牌培育与保护作为推动有机产业提质增效的重要抓手，全面推进各级名优品牌创建。截至2022年6月，已累计注册“朱鹮牌”商标6大类50多种，获得“中华老字号”产品3件，国家地理标志保护产品2个，国家驰名商标、陕西省著名商标9件，有机产品基本达到了名优品牌全覆盖。2017年，“洋县朱鹮生态有机产品”以70.57亿元的评估价值成功跻身全国农业区域品牌百强榜。有机产业正在成为推进供给侧结构性改革、促进脱贫攻坚、实现乡村振兴战略和县域经济社会可持续发展的重要支撑。

第三节 社会组织引导型案例分析

成都郫都区安德街道（原安德镇）的安龙村位于走马河旁，走马河是成都府南河的上游。虽然离成都很近，但这里却是另一个世界。这里有着清澈的河床，绿色的河岸上长着茂密的芦苇，村中有长满芦苇、歇着水鸟的湿地水塘。村里大部分的农民靠生态农业和培植园林树木为生，还保留着川西风貌的院落和林盘，你可以在这里体验真正的乡村生活，感受淳朴的乡村文化。

成都城市河流研究会是一个由成都市民政局批准成立的民间环保组织，以研究城市生态与河流保护、提升公众环境意识、改善城乡人居环境、促进可持续发展为宗旨。2005 年，在成都市府南河的治理中工厂污染问题已得到全面控制，但是要想让府南河的水长期变得更清更美，就必须解决府南河上游农村生产生活方式对府南河造成的大量污染问题。2005 年底，成都城市河流研究会实施了“成都府南河上游安龙村可持续发展示范项目”，希望在安龙村建立一种具有生态效益、零污染的农村生产生活方式，既使农业可持续发展，同时让府南河的水质得以改善。

安龙村的生态农业是成都城市河流研究会“成都府南河上游安龙村可持续发展示范项目”的成果。成都城市河流研究会为安龙村提供了资金支持，帮助村民建设沼气池、家用污水处理池，传授生态农业种植技术，并广泛宣传安龙村的有机蔬菜，在城市消费者中建立生态消费群体的网络和联盟，通过生态农产品的配送、团购以及相互交流等方式，支持农村生态农业种植户不断探索和发展，形成了以保护水资源为主旨的“粮蔬种植＋沼气池＋家用污水处理池”的生态农业模式。成都城市河流研究会在安龙村沿河生态农业建设中发挥了重要作用。

通过十多年的实践，安龙村生态农业项目的示范效应和社会影响逐步显现，引起了城市消费者的关注，让周围以及其他地区的农户看到了生态农业的希望，开始吸引在外打工的农村青年返乡参与。村民高家夫妇 2006 年开始生态种植，能力和收入稳步提高。女儿高清蓉 2007 年放弃在沿海的职业，回到家中参与社会生态农业，购买了厢式货车，承担并大大改进了配送的工作。2008 年，高家年收入达到 40000 元，儿子高一程也放弃了城里的工作，回家参与生态农业。高家从事生态农业的成功案例，对周围村民产生了示范效应，受到郫县（现郫都区）和成都媒体关注，多家媒体对其进行了报道。外地农户纷纷来安龙村学习经验。项目在参与生态耕作的农户和城市消费者环保健康意识的改变、城乡社群合作的丰富性和持续性，城乡互信、互动、互助关系的增进，以及促进社会生态农业发展等方面，都走在了全国前列。

第四节　返乡青年重建型案例分析

亮亮农场成立于2013年，是一个家庭式农场，位于四川成都东北角金堂县福兴镇牛角村，距离成都市区60多公里。农场占地面积30余亩，采用对环境友善的耕作方式，主要种植小黄姜、辣椒等作物。

农场通过作物选择、作物轮作、有机质还田、栖息地营造、绿肥种植、水系统构建、使用生态堆肥厕所等生产生活方式，使得这30多亩的土地上物质循环利用效率较高。亮亮农场践行生态农耕和生活，凝聚家庭，推动建设美丽乡村社区，称得上是一个小型家庭农场的样板。孝道、乡愁、大爱，这是大家在认可亮亮农场生态种养的同时，对亮亮农场的赞许。

亮亮农场的发起人和负责人唐亮是农场的核心人物，作为返乡创业青年，他心怀对家乡和土地的深厚感情，通过创办家庭生态农场凝聚起一家人，在平凡的生产生活中践行着生态理念、体味着生命的真谛，在实现自己梦想的道路上执着地探索着。

唐亮自述：家庭农场是小而美的存在①

我，“80后”“农二代”，从小在这个地方（四川成都金堂县）长大。2008年毕业于西南大学生物科学专业，毕业后在重庆工作。2011～2012年辞去工作在北京小毛驴市民农园和分享收获工作学习，2013年回到从小长大的村子里，创建了亮亮农场，现在一家人共同打理着这个农场，在家工作，在家生活。

经常有人问我为何要返乡从事农业，其实也挺简单，小时候的我是留守儿童，那时我就有个天真的想法，就是有没有可能，父母亲不用出远门打工，一家人可以正常地生活，那该多好。这样一颗种子，在我心中慢慢发芽。前面十多年时间，我们家的成员分布在各个地方，到春节的时候都很难聚起来。我的妈妈出去了十多年，中间只回来过一两次。回到家里，我总感到一种家不像家的感觉，冷冷清清。所以我一直希望我们家人能够重新聚起来，这是我的一个

① 作者根据调研时农场主唐亮的自述整理而成。

愿望。只是，没有想到通过农场这个载体，我儿时的天真的想法真的实现了。

对于我返乡从事农业这个事儿，一开始，家里和其他村民都不太理解，这是几乎所有的返乡青年都会面临的问题。对生活在农村的人来说，城市是大家的梦想所在地。对农村家庭来说，供一个孩子读书所花的费用是非常大的，书读完了，孩子却回来了，这与大家的观念是冲突的。大家会认为，你回农村就不对，回来又是做农业也不对，做农业还不用农药化肥就更不对。

由于爷爷离世早，我的父亲十多岁就挑起了家里的重担，开始种地，种了几十年，彻底伤心了。在一些人旧有的观念里，农民是身份卑微的象征，种地是面朝黄土背朝天，永远没有出头日的工作，老爸再也不愿种地了。无奈我又回家做农业，父亲一边不计辛劳地参与劳动，一边却又不得不与内心的声音抗衡，纠结的状态使他时常闹脾气。2014 年，父亲在地里干活时是非常纠结的，他本来就不想再种地了，农场的种植方式又跟之前的种植习惯不同，这对他来讲是一种颠覆，所以父亲的情绪是很大的。比如，太阳大了，我们可能就收工了，但像父亲这一辈的农人，他们还会继续干，他觉得地里的活没干完就要一直干，人一累了，就容易闹脾气。这样的事反反复复地发生，而情绪是会传染的，当一个家庭有一个人闹情绪的时候，就会波及其他人，家里的氛围就会受影响。

所以，我就选择自己当个海绵，把这些情绪化解掉。虽然有时候我也会有情绪，但总的来说我理解父母的心情和他们所处的状态。在现在的社会背景中，父母有这样的想法和行为，是挺正常的事儿。外地的朋友来家里拜访，我会尽量促成他们与我父母之间的交流对话。我说十句，可能不如他们说两三句。这种交流多了，对我父母有潜移默化的影响。我们内部也有学习、讨论，我尽量不讲高大上的理念，而是讲比较简单的内容，他们关心收入，我就给他们分析收入情况。在农场，我们也有假期、调休。每周我们有一天的休息时间，下雨天也会让大家休息。我们创造机会，带着家人去参加农夫市集，参观其他农场，参加各种聚会工作坊……参加这些活动，让大家觉得种地也可以是一种好的生活方式，并不是所谓的面朝黄土背朝天、永远没有出头日，慢慢使大家树立了信心。在这个过程中，垃圾分类、茶籽粉洗碗、使用公筷就餐、清洗自己的碗筷等，这些事就逐渐在家庭的日常生活中普及。在家里，父母有自己的生活，大伯小伯有自己的生活，弟弟弟妹有自己的生活，侄子浩浩有自己的生活，我也有我的生活……大家有平行，也有交集，各得其所。对于父母，他们处在养老过渡的阶段，目前能在地里劳作，相当于有一份正常的工作。我弟弟是农场的主力，对于弟弟弟妹来讲，这就是一份工作或者是一种创业。对大伯、小伯来说，这就是养老的地方，他们想干什么就干什么，不过也需要做点活儿，不做的话身体反而会容易出毛病。对于侄子浩浩，这里就是他玩耍成长的乐园。

在农场，一家人以对环境友善的方式种植安全健康的食物，家里吃得安心，再分享一些多出来的部分，这就是我们的生活。农场是我们长期工作和生活的家园，我们希望这是一个美丽的地方，不愿意看到这片土地被污染、被破坏。这是一个农场，又不只是一个农场。在农场的背后是一个家庭，这是一种居家养老的生活方式，是一种在地工作、在地就业、减少留守儿童的方式，是一种保留在地物种的方式，是守护一方水土的基本单元，是一个社会良性运行的细胞稳定器……

以家庭作为农场的生产单元，可以相对自由地安排时间，面对地里的农活，不需要朝九晚五地签到打卡。农人是踩着自然的节律走的，工作时间根据田间地头的自然属性灵活调整。家庭的内部协调机制，正好可以与这个过程相匹配，这样家庭也就具有了一定的灵活自由度。在当前的社会条件下，30 多亩的面积对于一家人来说刚好合适，不那么辛苦，收入也可以基本支持家庭的日常运行。

农场有一些家庭型的客户，也有一些社区店、妈妈团、餐厅、医馆、个人微店等合作伙伴，大概十几家，都是我这些年在各种机缘下相互认识、了解而熟识的。这样的伙伴，平时沟通起来比较顺畅，大多能够站在对方的角度考虑和配合。农场的家庭伙伴和机构伙伴们，在一定的数量范围内，彼此会有更多有效的连接，而不会带来压力。如果超过一定数量，那就会往相反的方向发展。农场的部分产出进入了产品阶段，但还不是太标准化的商品，离商品标准化大流通还是有一段距离的。相较于流量，农场会更注重平台背后的人群属性及人与人之间情感上的连接。

作为一个家庭农场，我并不想做得很大，增加很多的产品供应量，做大做强不是农场的目标，与当下的社会状态大致匹配就好。我更愿意把精力投入生活中，跟家人、朋友们走入彼此的生活和生命中。因此，农场并不需要太多的宣传推广，也不需要对接太多的客户。在我看来，农场的各种产品是一种纽带，而不是简单的冷冰冰的商品。农产品销售或交换的过程，实际上是人与人之间的连接过程，传递的是一种情感和思想。目前，无论是农场自身，还是大多数伙伴们，都处于较小体量的状态，大家彼此照顾、相互支持，虽然小，却处于一种小而美的状态。

生命回归生活 生活滋养生命

唐 亮

很多小伙伴可能会认为我是一个返乡青年，
一个生态农场主，一个老师。

是，又不是。
其实我更多的是一个生活践行者，
怎样把心中的世界活成现实的世界，
小伙伴们说的诗意生活也好，
桃花源也好，田园梦也好，
归田园居也好，
还是艺术，还是思想……
修身齐家，
家和万事兴，
如何让这个家庭、让自己感受到生活的幸福，
怎样让这些事进入我们日常的生活中，
而不只是在书里，在梦里，在嘴里，在课堂里。
在一个普通的乡村家庭活出这样的状态，
让生命回归生活，生活滋养生命。

第九章

促进社会生态农业发展的建议

社会生态农业的健康发展，为我国农业绿色转型、生态经济体系构建提供了思考空间和经验借鉴，同时，在推进城乡融合、减轻农业生产造成的环境污染、保障生产者和消费者身体健康方面具有重要意义。然而，在实践中仍存在一些制约社会生态农业发展的诸多问题，如信任不足、生产者和消费者信息不对称、生态技术和政策支持不够等。针对实践中存在的问题，本书提出如下促进社会生态农业发展的建议。

一、保证生态产品质量

在进入社会生态农业模式之前，消费者购买的果蔬全部来自市场或者超市，消费者并不知道这些果蔬的生产过程，所以无法确认其安全性。随着生活水平及教育质量的提高，城镇居民逐渐对于超市中的果蔬感到不满足。所以，城市居民之所以参与生态农场，与生产者风险共担，最大的原因是他们想要获得绝对安全的有机食品。虽然果蔬的品相不及以往，但作为绿色食品的标志，其产品质量是有保证的。因此，农场首先要把注意力放在自身的产品上，即“酒香不怕巷子深”，可以选择近郊肥沃的土地开发农场，辅以农家肥料，把产出的绿色食品与传统果蔬口味进行对比，从而增加会员的感知价值；其次，如果农场产品与传统的果蔬并无明显的差别，在条件允许的情况下可以建立一个网站，每日更新农作物的生长情况，以便让会员看到果蔬生长的全过程，食之放心；最后，产品的价格不要太高，不然即便感知到生态农场果蔬的安全、绿色价值，但如果价格太高，消费者最终也不会参与。此外，农场需要扩大宣传，寻找政府支持，鼓励会员进行口碑传播或者是让会员社区居民承包，让居民充分感知到农场所能够提供的产品价值，从而提高其参与意愿。

二、提高生态产品价值

不同于以往的产品获得形式，在社会生态农业模式中生产者与消费者直接接触，并且由于风险共担、收益共享，供应链两端的人成了合作伙伴甚至建立起了朋友关系。具体来说，农场可以通过定期举办农产品种植讲解的培训班，让久离土地的城镇居民亲近自然，感受人与自然和谐之美；或者举办养生沙龙等活动，在促进居民交流的同时，也可以帮他们认识更多的朋友，增进社区的融洽；或者响应社会责任，组织环境保护讨论会，对比连年使用化肥、农药的土地变化及附近环境的变化，让会员切身体会到绿水青山就是金山银山；还可以举办亲子运动会等，一方面为家庭带去快乐从而增进亲子感情，另一方面也使儿童对“粒粒皆辛苦”的传统农耕文化产生更深的理解。社会生态农业通过一系列的活动增加会员的感知情感价值与感知社会价值，从而提高其参与意愿。

三、降低消费感知风险

社会生态农业是近些年刚刚兴起的一种形式，城市社区居民对其往往不够了解，加之目前很多生态农场的设施并不完善，果蔬品种有限，会员（顾客）参与生态农场的同时还需要去超市或者市场购买其他果蔬，这就增加了顾客的成本。而且农场一般在近郊，农场将果蔬运送至自取点，会员下班后去取可能会导致果蔬不够新鲜，这一系列的顾客感知风险使其望而却步。所以，推动社会生态农业发展要减少顾客感知风险，增加其参与意愿，具体可考虑如下方案：根据当地的气候环境与地貌，征求居民想要获得的果蔬品种，最大限度地满足其需求；合理分配自取点或者合理安排配送时间，保证果蔬新鲜到家；可以在规定耕种土地规模的基础上，多开发一些土地耕种，即使收成不好，也可以弥补一些居民的损失，尽量减少其风险；不断学习国内外先进的管理模式和经验，降低经营成本，为顾客让渡更多的价值，增加其参与意愿。

四、建立专业运营团队

社会生态农业主张以科学、绿色的生产方式进行生产，需要具有专业知识及热爱自然的人来管理。因此，生态农场可以与高校及相关的志愿者服务中心联系，招募更多的志愿者、实习生，这样不仅可以使农场更好地运行，还可以对农场进行宣传推广。志愿者在此过程中能够有更多的机会接触和了解农场，加深对生态农业的认识。同时，生态农场应加强专业人才培养工作，充分利用本地的人才资源，同时做好培训教育工作，提高农场人员的管理水平、技能水平及服务水平，为社会生态农业的发展提供强有力的人力资源保障。另外，农场也可以充分发挥现有媒体及政府的资源优势，增加其社会曝光度，维持社会生态农业模式自身的品牌形象。

生态农场应该聘请专业的农业技术人员，按照季节种植不同种类的果蔬；同时要对工作人员进行培训，讲解进行间种的重要性，杜绝大面积同次种植。生态农场还应有自己的技术团队，应加强对农场技术人员的管理培训工作，不断提高生产人员的技术水平，也就是不断提高有机产品的品质。果蔬产品的品质是生态农场生存的根本，也是其成立的初衷。只有不断追求品质的提高，社会生态农业才会不断地向前发展。

五、加强会员管理维护

对社会生态农业的管理不仅表现在农场经营上，还体现为对农场会员的管理。过去，生态农场的注意力主要集中于开发新会员上，但是开发新会员的成本是维系老会员的成本的几倍，因此更应该将注意力放在对老会员的管理上。第一，生态农场可以通过建立社群的方式，强化与会员之间的交流，比如可以建立 QQ 群、微信群等社群，方便农场管理员与会员之间的交流，并及时为会员解疑答惑，进而培养良好的合作关系。第二，生态农场通过反馈信箱收集会员的反馈意见，这样能够及时了解会员对农场不满意的部分，或者是希望改进的部分，便于及时发现问题、解决问题，不断完善服务的内容及质量，提高会员的满意度。第三，生态农场可以组织会员分享会，老会员传授经验，使新会员尽快熟悉相关知识，加强会员间的交流的同时也为会员提供了一个结交新朋友的平台。第四，生态农场可以采用微信公众号等新媒体形式对农场及产品进行详细的介绍，一方面可以有助于新会员更快地参与其中，另一方面也可以起到一定的宣传作用。第五，有能力的生态农场还可以开发农场 App，对农场的种植情况进行实时监控，让会员对产品能够真正放心。

六、完善农场配套设施

生态农场不仅可以提供绿色健康的果蔬，还为会员提供了亲近自然、回归田园的机会。亲耕的会员会不时地来农场进行耕种，农场也有一些交流的活动，农场应该更加注重与会员的接触点服务。第一，合理利用其资金条件，适当添加一些娱乐设施来吸引儿童。第二，完善生态农场配套服务设施的建设，比如，在农场内合理建设卫生间、设置休息区以供会员休息等。第三，着力打造生态农家饭庄，使用农场的新鲜绿色的果蔬，以有机餐厅为经营理念，一方面可以为劳作的会员提供餐饮，进一步完善自身建设，提高会员的满意度；另一方面开放农家饭庄可以起到很好的宣传效果，消费者加入会员前可以前来品尝，满意后再加入。第四，在合理规划生态农场内部交通的基础上，完善门禁等制度，来人打卡验证进入农场，农场内安装监控设备，提高园区的安全性。

七、加强绿色低碳消费理念教育

生态农场要加强对参加社会生态农业的消费者的宣传教育工作，倡导绿色低碳消费理念。一方面，和会员分享更多关于有机种植的经验，让会员能够有所收获，提高其满意度；另一方面，要对会员进行环保意识宣传，增强会员保护环境的意识。社会生态农业的兴起来自两个方面的原因，一是农药化肥的滥用使得食品安全问题频发，二是农药化肥的滥用导致环境恶化。而生态农场成立的初衷之一就是保护环境，如果现行的农场提供了绿色的果蔬，却带来了生活垃圾，长此以往，一定会影响果蔬的质量，因此保护好农场的环境就是为会员守住绿色健康的农产品。生态农场内应适当增加农产品的数量，倡导会员养成良好的消费习惯，为社会生态农业的发展和消费者自身的长远利益考虑，提高环保意识。

八、加大政策扶持力度

政府部门可以考虑从土地租赁、种植补贴、物流运输等方面加大社会生态农业运营相关的政策支持，一方面，吸引更多农场主参与到社会生态农业的经营中来，扩大生产规模，增加生产者数量；另一方面，可以通过政策宣传让更多市民了解和熟悉社会生态农业模式，提高社会生态农业在消费者中的知晓度。

第四篇
培育壮大生态经济发展新动能的山东省实践

第十章

山东省生态经济发展概况

回顾山东省生态经济发展的历程，21世纪以来，山东省的生态经济建设实践可以分为生态省建设、生态山东建设、生态文明建设以及新时期生态环境高水平保护和经济高质量发展协同推进四个阶段。

第一节　生态省建设的阶段

所谓“生态省”，实质上是指生态经济省。从政策层面上看，中国于1999年开始了对生态省建设的实践探索。山东省拥有独特的自然资源和人文资源，较早地意识到经济与环境协调发展的重要性。2001年修订的《山东省环境保护条例》强调要“发展循环经济，加强生态保护和生态建设”。2003年发布实施的《山东生态省建设规划纲要》把生态省建设作为推进生态经济发展、建设生态文明的有效途径和重要载体。2003年9月，山东省委、省政府召开了生态省建设动员大会，全面启动了生态省建设。生态省建设启动后，山东省首先从污染最重的造纸行业入手，在全国率先发布实施第一个地方行业标准。2010年1月1日起统一执行流域性排放标准，从实质上取消了高污染行业的排污特权。目前，山东制浆造纸企业经过转型升级、科技创新、主动治污，推动了产业变革，原来的700多家造纸企业经兼并重组、优胜劣汰只剩下十几家，但产量却是原来的两倍，行业污染排放量下降了80%，走出了一条用严格的环境标准倒逼传统高污染行业转型升级的成功之路。2005年，山东省入选国家第一批循环经济试点省，同年省委、省政府发布了《关于加快生态省建设的意见》(鲁发〔2005〕20号)，进一步促进了生态经济的发展。

从 2003 年生态省建设启动至 2011 年，山东省先后制定并实施了一系列加快生态省建设的政策措施，扎实推进生态省建设，取得一系列重要成果。全省在保持经济社会平稳较快发展的基础上，转方式调结构取得积极进展，传统产业调整振兴成效显著，战略性新兴产业蓬勃发展，全省万元地区生产总值能耗较“十五”末降低 22.1%，化学需氧量和二氧化硫排放量分别累计削减 19.4%和 23.2%，节能减排工作获国务院通报表扬，以资源能源过度消耗、环境污染为代价的增长方式得到初步遏制；城乡环境面貌明显改善，生态保护与修复扎实推进，水环境质量连续 8 年持续改善，省控 59 条重点污染河流全部恢复鱼类生长，实现了淮河流域治污考核“五连冠”和海河流域治污考核“三连冠”。这些情况表明，山东生态省建设已经迈出坚实步伐，取得了重大阶段性进展。8 年生态省建设的探索与实践，既促进了经济社会与人口资源环境的协调发展，又增进了社会各界和全省上下对生态文明建设的共识，也积累了许多重要的经验，这些重要经验为生态山东建设和生态文明建设提供了借鉴。

一是坚定科学发展理念，坚持把建设资源节约型、环境友好型社会作为加快转变经济发展方式的重要着力点，正确把握和处理经济发展与环境保护的关系，以资源节约和环境保护优化经济增长，在发展中保护生态环境。山东省人口密度大，环境容量小，经济结构偏重，经济社会发展处于工业化和城镇化深入推进的时期，经济运行中的突出矛盾还没有根本解决，进一步扩大内需难度加大，高耗能高污染行业盲目扩张的惯性仍然很强，发展不足的问题依然十分突出。必须牢牢坚持发展第一要务，这是解决一切问题的总钥匙，要用发展的办法解决前进中存在的问题。但是，主要依靠物质投入的传统发展方式与资源环境的矛盾日益突出，资源与环境问题已经成为发展的最大瓶颈。山东省能源消费结构单一，在一次能源占比中，煤炭为 77.1%，原油为 21.3%，两者合计占 98%以上。2005 年起全省能源消耗量连续几年居全国首位，超过全国的 1/10。同时，山东省是全国主要的煤炭、原油、电力、铁矿石等能源和原材料的消费大省。再者，山东省主要污染物排放量大，2010 年化学需氧量、二氧化硫和氮氧化物的排放量均居全国首位，氨氮排放量居全国第二位。再按照这种拼资源、拼消耗的模式发展下去，资源就难以支撑，经济就难以持续。因此，发展必须转型，要促进全面协调可持续发展，加强生态环保，实现科学发展。

节能减排是发展和转变的重要结合点。资源环境对经济增长的约束强化，这既是发展的薄弱环节，也是发展的潜力所在。历史和现在的经验表明，正是能源危机和价格暴涨对新能源及节能环保技术与产业的发展产生了巨大的推动力。把节约资源和保护环境作为加快转变经济发展方式的着力点，也就是要把挑战转化为机遇，加快调整和优化经济结构，大力发展循环经济，加强节能减排重点工程建设，全面推行清洁生产和节能技术，抓紧淘汰落后生产能力，加快建立资源节约型技术体系和生产体系，积极发展节能减排和循环利用关键技术，提高资源利用率和生产率，推动全社会形成节约能源资源和保护生态环境的生活方式和消费模式，走出一条低耗能、低排放、可持续的科学发展新道路，实现经济效益、社会效益、资源环境效益的多赢，促进经济长期平稳较快发展与社会和谐进步。

二是充分发挥社会主义制度集中力量办大事的政治优势。社会主义制度的政治优势之一就是能够快速有效地整合社会资源，集中力量办大事。社会资源包括社会构成的诸要素，既有社会各个部门，也有各部门能提供的人力、物力和财力。北京奥运会和上海世博会的成功举办，对汶川灾区的支援建设，都充分地体现了社会主义制度集中力量办大事的政治优势。在生态省建设方面，着力构建起了党委领导、政府负责、人大监督、部门齐抓共管、全社会共同努力的工作大格局，调动了各级各部门和社会各界的积极性，形成了全社会共同参与的良好工作局面。“十一五”时期环境保护的很多成就，都是在这个大格局建立起来以后，充分发挥政治体制的优势取得的。节能减排、省控59条重点污染河流恢复鱼类生长等工作的推进，都是因为大格局构建起来之后，凝聚了方方面面的力量，攻坚克难，实现了各项工作的新突破。

三是着力建设法规、政策、科技、监管、文化五大体系，形成工作合力，建立长效机制。山东在生态省建设过程中，遇到的问题通常是综合的、复杂多样的，既有法制不健全的因素，也有监管不到位的因素，需要全省各级各部门共同努力才得以解决。八年来生态省建设的全面推进和取得的重大成果，都不是单从某一个方面入手，而是多管齐下形成工作合力的结果。

(1) 在法规方面：山东省先后出台了《山东省南水北调工程沿线区域水污染防治条例》和《山东省造纸工业水污染物排放标准》等25项地方环境标准。自2010年1月1日起，山东省流域性水污染物排放标准进入最后时段，全省所有企业不分行业全部执行统一的流域性污染物排放标准，从实质上取消了高污染行业的“排污特权”。

(2) 在政策方面：实施污水处理费的政策，全省所有设区城市已全部将污水处理收费标准提高到1元/m^3，所有县（市、区）全部提高到0.8元/m^3，绝大多数污水处理厂均已实行专业化、市场化的运营体制和机制，污水处理能力和集中处理率均居全国前列。实施二氧化硫上网电价补贴政策，出台了加快推进燃煤电厂脱硫的意见，对脱硫机组优先安排上网发电，并落实1.5分/千瓦时的优惠电价，启动市场机制推动污染治理。

(3) 在科技方面："十一五"以来，山东省充分发挥科技对环境保护工作的先导和支撑作用，环保科技投入大幅度增加，科研项目数量比"十五"期间增加了139.8%，环保科研成果获得省部级各类奖项比"十五"期间增加了87.8%，在造纸、印染废水深度处理与回用，强化污泥脱水，烧结机脱硫技术工艺与运行机制，"治、用、保"流域生态修复和保护技术与示范等方面取得了关键性进展。山东省自主研发的重大科技专项"造纸废水深度处理与回用技术研究"已在7个省市16家造纸企业得到推广应用。

(4) 在监管方面：全省环境自动监控体系日臻完善，共设置1738个站点，安装自动监测设备5100台（套），提高了对污染源和主要水气环境质量实时监控的能力，实现了国家、省、市、县四级联网实时监控。加大环境执法力度，组织开展环保专项行动15次，对400多件突出环境问题进行了挂牌督办。在国内率先建立并实行了"超标即应急"零容忍工作机制和"快速溯源法"工作程序。

(5) 在文化方面：积极开展生态文化、环境文化的宣传教育，倡导生态文明理念，大力开展生态县（市、区）、生态乡镇、生态示范区、生态村、绿色社区、绿色学校等生态文明建设示范，围绕"六·五"世界环境日和"齐鲁环保世纪行"等组织开展系列活动，营造了良好的舆论氛围。

四是系统推进污染治理、循环利用、生态修复和保护并举的技术策略，构建科学治污体系，有效解决突出的环境问题。环境问题虽然复杂，但概括起来都是高污染、高消耗和生态破坏三类粗放的经济发展方式带来的。因此，解决环境问题，需要构建"治、用、保"系统推进的科学治理体系，而不仅仅是采取片面的、单打一的治污措施。污染治理，就是通过结构调整、清洁生产、末端治理等全过程污染控制，引导督促排污单位达到环境容量能够基本接纳的治污水平；循环利用，就是以循环经济理念为指导，因地制宜地构建企业和区域再生资源循环利用体系，减少资源消耗和废弃物排放；生态修复和保护，就是纠正生态破坏行为，修复受损的生态环境，保护重要区域生态功能。

五是坚持解放思想、科学务实、积极作为、敢打硬仗的工作作风，合理确定工作目标和重点任务，咬住不放，一抓到底，每年办成几件大事，推动生态环保事业不断迈上新台阶。经济社会发展正处于转型时期，生态环保工作无论是理念还是实践都在发生重大变化。要做好生态环保工作，思想绝对不能保守，要敢于解放思想，摆脱传统思想观念的束缚，打破不合时宜、阻碍发展的各种意识习惯，把生态环保放到经济社会发展的大局中统筹考虑，分析新形势，研究新情况，解决新问题。解放思想但不能好高骛远，应脚踏实地，认真把握生态环保工作的规律，实事求是去实践，确定合理的工作目标和任务，有计划、有步骤地推进。同时，要善于积极作为、主动出击。山东省围绕预防、预警和应急三大环节，建立完善了风险评估、隐患排查、事故预警和应急处置四项工作机制，着力构建环境安全防控体系，及时发现和妥善处置了河南省重大跨境水污染等一批突发性重大环境事故，维护了人民群众的环境权益，有效保障了环境安全和社会稳定，为全省经济社会科学发展创造了良好的环境。

第二节 生态山东建设阶段

2011 年，山东省委、省政府根据生态省建设情况，发布了《关于建设生态山东的决定》（鲁发〔2011〕22 号），将生态山东建设的首要目标确定为：生态经济形成较大规模。从生态省建设到生态山东建设，文字间的细微差别，折射的却是发展观念的重大转变和提升。《关于建设生态山东的决定》强调，环境保护、生态建设和经济协同发展，才是可持续、有后劲的发展，要通过创新实践，化生态为生产力，以生态求发展。2012 年 1 月 10 日，生态山东建设大会隆重召开，标志着生态山东建设全面启动。

2003～2011 年，经过 8 年生态省建设的探索与实践，山东省在保持经济较快增长的同时，促进了经济社会与人口资源环境较为协调的发展。2011 年《中国环境竞争力发展报告》评价，山东环境竞争力在全国 31 个省区市（不含港澳台）中排名第一。

《关于建设生态山东的决定》指出，在生态山东建设过程中，通过大力发展生态经济，最大限度地降低资源和能源消耗。大力推进再生资源加工园区建设，构建覆盖城乡、多品种的再生资源分类回收网络，提高城市生活垃圾资源化和建筑垃圾、餐厨废弃物综合利用水平，创建一批“城市矿产”示范基地。实施能源资源差别化管理，全面推进国民经济各领域、生产生活各环节的能源资源节约。强化低碳理念，逐步实现能源结构、生产方式及生活消费低碳化。同时，抓住当前山东作为全国最大节能环保市场的战略机遇期，努力把节能环保产业培育成新的支柱产业。抓住省部合作机遇，努力把山东建设成为“让江河湖泊休养生息的示范省”和“探索中国环境保护新道路的先行区”，实现人居环境显著改善，在全国叫响生态山东的品牌。

用生态建设倒逼经济结构调整。“以保护生态环境优化经济增长，以节能减排和资源节约倒逼转方式调结构”，在生态山东建设的总要求中，有这样的描述。“十二五”至“十三五”时期，山东省正处于工业化、城镇化快速推进的历史阶段，资源和环境问题已成为发展的最大瓶颈，要充分发挥环境保护和节能减排的引导和倒逼机制作用，加快实现经济结构的战略性调整。牢固树立以自然规律为准则、以资源环境承载力为前提的开发理念，严格落实主体功能区定位，切实做到合理开发和有效保护的统一。严格控制资源消耗、污染物排放总量，实施单位增加值、单位产品资源消耗和污染物排放强度评价制度。充分发挥能源、环保、安全、技术、土地和资源综合利用等市场准入标准的引导和约束作用，落实规划环境影响评价，加强新建项目节能评估审查、环境影响评价、水资源论证、建设用地和贷款审批，抑制高消耗、高污染行业增长。对资源消耗和污染物排放超过总量要求以及突出生态环境问题得不到有效解决的，实行区域限批。要严格监督检查，严格考核监督，坚决纠正生态破坏行为。

同时，加快调整能源结构和产业结构。推行区域煤炭消费总量控制，从严控制燃煤火电机组新增规模，实行非电煤炭消费新、改、扩建项目煤炭等量替代，逐步降低煤炭在能源消费结构中的比例。着力培育和发展新能源、新材料、新信息、新医药、海洋开发等战略性新兴产业，大力发展节能环保、金融、物流、信息、商务等现代服务业，加快发展生态旅游业。

按照建设生态山东的总体要求，《关于建设生态山东的决定》提出的全省奋斗目标是：到2020年，基本形成经济社会发展与资源环境承载力相适应的生态经济发展格局，可持续发展能力显著增强，城乡环境质量全面改善，自然生态系统得到有效保护，生态文明的观念更加牢固，人民群众富裕文明程度明显提高，率先建成“让江河湖泊休养生息的示范省”，努力走出一条生产发展、生活富裕、生态良好的文明发展道路。

具体到“十二五”时期，生态山东建设的主要目标任务是：全省生态经济形成较大规模、生态环境质量明显改善、城乡环境宜居水平显著提高、生态文化日益繁荣。《关于建设生态山东的决定》提出，到“十二五”末，单位GDP能源资源消耗和主要污染物排放总量将大幅下降，万元地区生产总值能耗比2010年降低17%，化学需氧量和氨氮排放总量分别减少12%、13.3%，二氧化硫和氮氧化物排放总量分别减少14.9%、16.1%；生态环境质量明显改善，水和空气环境质量比2010年改善20%以上，省控重点污染河流全部消除劣五类水体；空气能见度大幅提升，蓝天白云、繁星闪烁的天数明显增加，大气污染防治实现重要突破；城乡环境宜居水平显著提高，城市（含县城）污水处理率达到90%，城乡生活垃圾收运体系基本实现全覆盖，建成区绿化覆盖率达到40%，土壤环境得到治理，环境重金属污染问题基本解决，环境安全得到有效保障。生态文化日益繁荣，生态文明观念深入人心，健康环保的生活方式、消费模式初步形成。

为了推动生态山东建设，2014 年 2 月，省政府办公厅印发了《山东省环境空气质量生态补偿暂行办法》，建立了考核奖惩和生态补偿机制，并于 2015 年 4 月进行了修订，完善了生态补偿机制，走在了全国前列。2016 年 4 月，《山东省生态保护与建设规划（2014～2020 年）》发布，对山东省目前的生态状况进行了评估与规划。

第三节　生态文明建设阶段

2016 年 5 月，按照中央要求，山东省委、省政府印发了《关于加快推进生态文明建设的实施方案》，方案中明确生态文明建设是生态省建设、生态山东建设的更高阶段，并提出了到 2020 年的发展目标：在资源利用方面，单位 GDP 二氧化碳排放强度要比 2005 年下降 40%～45%，能源消耗强度持续下降，平水年份年用水总量控制在 276.59 亿立方米以内，万元 GDP 用水量、万元工业增加值用水量较 2015 年降低 10%以上。坚持把发展生态经济作为生态文明建设的重要内容，以生态经济发展促进产业结构调整优化和生态文明建设。

山东省在推进生态文明建设过程中深入贯彻习近平生态文明思想，加快形成节约资源和保护环境的空间格局、产业结构、生产方式、生活方式，实现经济社会发展与生态环境保护“双赢”，提出了系列相关措施加以推进。

（1）将生态环保要求融入经济社会发展决策全过程。坚持新旧动能转换与生态环保一同谋划、一起部署、一体推进，将环境质量改善作为衡量新旧动能转换的成效，用经济和环境“双指标”综合评价区域发展质量。

（2）分类改造提升现有工业企业。对现有工业企业开展“亩产效益”评价，实行资源要素差别化配置。通过环保标准倒逼和引导传统行业转型升级。

（3）加快培育新兴产业。用好重大项目落地“五个一”协调推进机制，切实化解重大项目落地难、落地慢问题。落实开发区体制机制改革要求，明确园区主导产业方向，根据园区产业定位和结构精准招商，培育企业之间的关联度，实施“五个一体化”，加快提升各类园区绿色发展、低碳发展、循环发展水平。

（4）推动交通运输转型升级。深化“放管服”改革，加快建设“四横六纵”快速铁路网络，持续完善“四纵四横”货运网络，大力提高铁路、管道、水运等清洁运能。

(5) 扎实优化调整能源结构。严控新增耗煤项目，推动煤炭消费指标向优质高效项目倾斜。新、改、扩建项目一律实施煤炭减量或等量替代，全面完成煤炭消费压减任务。

(6) 推进农业农村绿色循环发展。因地制宜探索农业农村有机质废弃物循环利用。立足于“农用为主、多元利用”，全面推进农作物秸秆综合利用。

(7) 提升城镇环境基础能力建设。坚持饮用水水源地城乡统筹治理，确保饮用水水源水质保持稳定。推行生活垃圾分类制度，完善再生资源回收利用体系。运用市场手段推进危险废弃物处置设施项目建设。全面提升城镇精细化管理水平。

(8) 强化生态环保责任落实。扩大重点污染源自动监测覆盖面。加快完善绿色金融体系，制定全省绿色金融发展实施意见，发挥财政资金、环境权益交易市场等作用，撬动和激励更多社会资本投入绿色产业，提高绿色金融服务生态环境保护和经济高质量发展的能力。

第四节 “双高”协同发展探索

2018 年以来，山东省深入贯彻落实习近平生态文明思想，坚持“生态优先、绿色发展”，以动能转换为抓手推动生态文明建设，逐步走向生态环境高水平保护和经济高质量发展的新阶段。

一、聚焦动能转换，提高发展质量

长期以来，山东经济“大而不够强”，尤其是结构性矛盾比较突出，包括：“两个 70%”的产业结构，即在工业占比中，传统产业占整个产业的 70%，重化工业占传统产业的 70%；“两个 80%”的能源结构，即在整个能源结构中，煤炭消费占 80%，电力装机中煤电装机占 80%；此外，还有以重型卡车为主的交通运输结构、化肥农药使用量偏高的农业投入结构。新旧动能转换综合试验区建设上升为国家战略，为山东解决结构性矛盾、实现“由大到强”的战略性转变带来了千载难逢的历史机遇。

近年来，山东省聚焦动能转换，以提高发展质量为目标，迈入生态环境高水平保护和经济高质量发展协同推进探索阶段。自 2018 年实施新旧动能转换重大工程以来，以“凤凰涅槃、浴火重生”的战略定力推进经济发展方式转型和结构调整。经过三年的探索实践，山东的传统发展优势得以夯实塑强，新生发展优势得以加速凝聚，新旧动能转换初见成效，高质量发展的优势正在积厚成势。山东经济实现了从质量结构到体制机制、发展环境的系统性变革和重塑。2020年12月，在新旧动能转换“三年初见成效”评估中，评估组对山东省新旧动能转换工作和成效给予了充分肯定。[①] 山东省推进新旧动能转换、提高发展质量的举措和成效主要体现在以下三个方面。

一是加强创新型省份建设，发挥创新引领作用，为新旧动能转换提供创新人才、创新科技和创新平台支撑。全面实施山东省级大科学计划、大科学工程规划，启动了600多项重大科研项目，近三年获得69项国家科技奖励，位居全国前列。启动了首批5家省级实验室项目，山东产业技术研究院、高等技术研究院和能源研究院等创新平台相继成立。为了更好地促进产学研结合，组建了新的齐鲁工业大学和山东第一医科大学。截至2020年，山东共聘任了98位住鲁两院院士和海外学术机构院士，国家级和省级领军人才达到4145名。2020年11月7日，山东省人民政府和中国社会科学院在济南共同主办了黄河流域生态保护和高质量发展国际论坛，省政府向大会推介了山东在新旧动能转换、生态环保和交通基础设施等领域的259项重点项目。同时，揭牌成立了“中国社会科学院生态文明研究智库—中共山东省委党校（山东行政学院）黄河研究院”，旨在全面践行习近平生态文明思想，加强黄河流域重大问题研究和机制创新，推动山东深入贯彻落实黄河战略，以国际视野、全球眼光推动构建黄河流域共谋、共治、共建、共享新格局。

二是着力把淘汰落后动能、改造提升传统动能和培育壮大新动能相结合，推进新旧动能转换。“十三五”期间，在淘汰落后产能方面，山东省压减2110万吨粗钢产能、970万吨生铁产能和2800万吨焦化产能，关闭退出3767万吨煤炭产能和321万吨违规电解铝产能。山东省化工园区由199家压减到84家，总计2000多家不达标的化工企业关闭退出，为新产业、新动能培育腾出了发展空间。在促进传统产业转型升级方面，山东实施了“万项技改”“万企转型”工程，启动投资达到500万元以上的工业技术改造项目7万余个。在培育发展新产业、新动能方面，2017年以来，山东省新一代信息制造业、高端装备产业和新能源新材料产业的增加值分别增长28.9%、25.7%和34%。[②] 近5年，山东新增102家上市公司，其中8家企业市值超过千亿元。

① 参见全省新旧动能转换重大工程情况［EB/OL］.（2021-01-27）［2022-01-03］. http：//fgw. shandong. gov. cn/art/2021/1/27/art _ 188275 _ 10288061. html.

② 参见省长李干杰向省十三届人大五次会议作政府工作报告［EB/OL］.（2021-02-03）［2022-01-02］. http：//www. shandong. gov. cn/art/2021/2/3/art _ 97560 _ 398442. html.

到2020年底，山东省“四新”经济增加值占地区生产总值的比重达到30.2%，共培育高新技术企业超过1.4万家，高新技术产业产值占规模以上工业总产值的45.1%，比2015年提高了12.6个百分点。[①]

三是贯彻落实国家重大战略，打造乡村振兴齐鲁样板，推进黄河战略落地落实，增强山东特色和发展优势。山东大力推动乡村振兴战略，近5年建成6113万亩高标准农田，农业发展中科技进步贡献率超过65%。2019年以来，统筹整合涉农资金1673亿元，规范项目资金使用，为乡村振兴重大工程提供资金保障。2020年，山东省成为全国首个跨过万亿元农业总产值台阶的省份，农业总产值为10190.6亿元，粮食总产量为5446.8万吨，增长1.7%；畜牧产能稳定恢复，禽肉、猪肉、禽蛋产量分别增长7.0%、6.4%和6.8%。[②] 在推进黄河战略的贯彻落实方面，着眼于发挥山东半岛城市群龙头作用，构建了“一群两心三圈”区域协调发展格局，推出促进沿黄地区生态保护和高质量发展的重大事项和重大项目556个，启动了引黄灌区农业节水工程、南四湖流域生态保护和修复工程、黄河三角洲湿地生态修复与水系连通工程等重大项目建设。

二、协调区域发展，塑强发展龙头

党的十八大以来，我国非常重视推进区域协调发展，先后把京津冀协同发展、长江三角洲区域一体化发展、粤港澳大湾区建设、黄河流域生态保护和高质量发展等作为重大国家战略部署推进。实施区域协调发展战略，特别是黄河国家战略，是贯彻新发展理念、破解新时期社会主要矛盾、推动区域高质量发展的基本要求。山东省委、省政府把“发挥山东半岛城市群龙头作用”作为推动黄河国家战略在山东落地落实的主线和关键，将推动区域协调发展作为“八大发展战略”之一，着力构建山东半岛城市群“一群两心三圈”的区域发展格局。2020年，山东省地区生产总值达到7.3万亿元，增长3.6%，山东半岛城市群在带动沿黄地区中心城市和城市群高质量发展上具备良好的基础。

一是坚持龙头引领，提升济南和青岛两大中心城市能级。山东省重视发挥济南、青岛两大中心城市的竞争力和带动力，建立了以中心城市引领、辐射和带动城市群发展的区域协调模式。济南和青岛均以建成区人口超过500万而迈

---

① 参见“十三五”时期山东高新技术产业产值占规模以上工业总产值的比重提高12.6个百分点[EB/OL].（2021-02-21）[2021-07-20]. http://www.sdxc.gov.cn/sy/spzb/202102/t20210221_7913903.htm.

② 参见2020年山东经济运行逆势上扬 高质量发展行稳致远[EB/OL].（2021-01-22）[2022-01-02]. http://tjj.shandong.gov.cn/art/2021/1/22/art_6109_10284583.html.

入特大城市行列，从而成为山东半岛城市群的两个中心。济南发展定位为建设国家中心城市，出台了建设国家中心城市三年行动计划，正在加快北跨黄河进程、促进“拥河”发展，实施“产业兴城”战略，聚力打造工业互联网创新发展示范高地，高水准规划建设“中国算谷”。推进国际消费中心城市建设，打造对外开放高能级平台，正在推进自由贸易试验区济南片区、绿地全球贸易港、国际招商产业园等项目建设。青岛发展定位为全球海洋中心城市，对标深圳建设“开放现代、活力时尚”的国际大都市。青岛发挥沿海和开放优势，推动海洋生物、医药等海洋产业聚集区和产业集群建设，正在推进的134个涉海重点项目总投资4000多亿元。青岛联合清华大学共同推进海工装备孵化平台建设，组建了中国海洋工程研究院；联合中国药科大学，促进医药研究成果在青岛集聚、转化，成立了创新药物研究院。2020年，青岛海洋产业投资增长5.7%，逐渐形成了“领军企业＋优势产业集群＋特色园区”的高质量发展模式。

二是坚持融合互动，推动省会经济圈、胶东经济圈和鲁南经济圈一体化发展。为推动区域协调发展，山东省出台了省会经济圈、胶东经济圈和鲁南经济圈一体化发展指导意见，建立协调发展机制，促进区域战略统筹和创新产业发展，构建优势互补的区域经济发展新格局。在基础交通设施方面，到2020年，山东省内高铁通车里程2110公里，实现高铁在省内成环运行；高速公路通车里程7473公里，省内县域全部实现高速公路连通，交通便利程度大幅提升。在产业协同发展方面，推动8万家工业企业实现与海尔卡奥斯等工业互联网平台连接，充分发挥平台服务共享功能，提高生产效率和发展效益。在省内文化旅游资源整合方面，以济南为中心的省会经济圈，着力打造“山水圣人”黄河文化旅游线路，省会经济圈内7市市民均可办理济南市的公园年票。在公共服务共享方面，省会经济圈推动企业注册开办、药品耗材联合采购和职工公积金异地贷款等通办事项；胶东经济圈推动实现“一卡通”医疗；鲁南经济圈则推动文化旅游资源同城化共享、文化旅游精品线路对外共推等。山东半岛城市群在推动区域一体化发展中建立了便利的交通设施、密切的产业协作、共建共享的合作机制和顺畅的要素流动机制。

三是发挥对外开放优势，融入发展新格局。山东立足沿海区位优势，积极参与“一带一路”建设。2020年，与“一带一路”沿线国家外贸进出口额达到6608.2亿元，同比增长9.1%，比全省外贸进出口增速高1.6个百分点，占全省外贸进出口总额的30%。2020年山东对“一带一路”沿线国家投资157.1亿元，同比增长16.8%。抢抓黄河战略机遇，加强与其他沿黄8省区对接，提出了黄河流域7个领域近100个合作事项。谋划了黄河口国家公园、沿黄达海高铁大通道、沿黄科创走廊和特色优势产业带等一批重大项目，为山东发挥黄河流域高质量发展龙头作用提供了重要支撑。

三、着力改善民生，提高民生福祉

“十三五”期间，山东省聚焦民生改善，就业形势稳定，年新增就业120万人以上，居民基础养老金最低标准由每人每月85元提高到142元(2021年提高到150元)。积极推进“医养结合”和“互联网＋医疗健康”体系建设，居民和职工医保住院报销比例分别提高到70％左右和80％以上。2020年，山东省城镇新增就业122.7万人，年末城镇登记失业率为3.1％，比2019年下降0.2个百分点。城乡居民收入增加，人均可支配收入达到32886元。

2020年，山东城镇和农村居民的低保标准分别增长55％、98％，实现了省级贫困标准以下251.6万人口脱贫，8654个省扶贫工作重点村退出，脱贫攻坚取得了决定性成就。此外，黄河滩区居民迁建工程事关黄河安澜，也是民生大事。2017年以来，山东省启动了以“外迁安置、就地就近筑村台、筑堤保护、旧村台改造提升和临时撤离进行道路改造提升”等5种方式为主的滩区脱贫迁建工程。到2020年底，已完成60万黄河滩区群众的迁建任务，沿黄地区人民的幸福感、获得感不断提升。

第十一章

增强生态经济发展的创新动能

山东正处在由“量”到“质”、由“形”到“势”的高质量发展阶段，新旧动能转换全面起势。实现习近平总书记要求“在增强经济社会发展创新力上走在前”的目标，山东必须把握基础优势，乘势而上，重点抓好“十大创新”，推动生态经济发展，布局一批创新项目，推出一批创新举措，开展一批创新试点，突出创新引领，全面开创新时代社会主义现代化强省建设新局面。

第一节　科技研发创新培育生态经济内生动力

科技研发创新是全面创新的核心。科技研发创新搞不上去，发展动力就不可能实现转换，就难以赢得竞争新优势。山东要聚焦经济社会发展重大需求，开展重点环节攻关，突破创新难题，提高研发投入，聚力做优科技创新体系，营造创新活力迸发的科技创新制度环境。

围绕发展战略与民生需求，确定重点科技研发领域。面向新旧动能转换、乡村振兴、海洋强省、碳达峰碳中和等重大战略需求，建立部门联动、央地协同的科技计划组织模式和更加科学的项目管理机制，系统布局基础研究和关键核心技术攻关，打通国内国际双循环的技术链条，探索关键核心技术攻关新型举国体制的山东路径。立足于解决社会普遍关注的民生痛点问题，同时基于未来科技发展的方向，进行“靶向治疗”式的科技创新与产业创新，通过提前布局，力求在与民生相关的各个主要细分领域中，特别是教育、医疗和养老三大领域形成突出优势和科技与产业高峰，有效地激活庞大的科技内需市场。

构建科技创新体系，提升科技创新能力。以全面深化改革为主线，不断完善科技创新体系，打造全区域、全要素、全链条、全社会的科技创新生态圈，系统增强科技创新对现代化强省建设的支撑引领作用。统筹科学与工程研究、技术创新与成果转化、基础支撑与条件保障三类平台建设，打造布局合理、定位清晰、开放共享、多元投入的科技创新平台体系。强化企业创新主体地位，打造科技型中小企业、高新技术企业、创新型领军企业多层次的科技型企业体系。加快构建符合科研规律和人才成长规律的科技人才发现、评价和激励体制，打造由战略科学家、科技领军人才、青年科技人才、高技能人才、科技服务专业人才等组成的人才队伍体系。围绕“一群两心三圈”区域创新发展需求，打造特色鲜明、产学研融通的科技创新策源地，形成优势互补、协调联动的区域创新协同体系。

积极推动体制机制创新，强化高质量发展内生动力。积极推动体制机制创新，营造多元主体协同创新氛围，激发多元主体的创新活力。健全科技宏观协调机制，形成部门和市县协同联动、“一把手”亲自抓的工作格局，加强科技管理队伍建设，提升科技治理能力和治理体系现代化水平。健全产业政策、人才政策、社会发展政策等与科技政策的协同机制，健全保护创新的法治环境，突出市场化导向，优化创新治理，推动修改不符合创新导向的法规文件，废除制约创新的制度规定，构建综合性法规创新保障体系。坚持体系化、市场化、法治化、国际化方向，以激发科研人员和创新主体的积极性、创造性，完善科技治理体系为着力点，加快政府职能转变，深化科技管理体制改革，优化科技资源配置，全面增强科技创新协同治理能力，不断提升高质量发展内生动力。

第二节　人才引育创新促进生态经济人才集聚

构建起与新时代现代化强省相适应的规模宏大、素质优良、结构合理的人才队伍，形成国际国内一流的人才集聚高地，在重点领域筑起人才高峰，塑强人才生态竞争力，高水平建成现代化人才强省，让人才真正成为支撑引领山东高质量发展的核心动力。

（1）加快高水平人才集聚。将科技创新人才、产业人才、乡村振兴人才、经略海洋人才和社会事业人才集聚作为高水平人才集聚工作重点。聚焦科技自立自强和科技强省建设，以高能级人才载体平台建设为支撑，着力集聚一批战略科技人才、科技领军人才；聚焦“十强”现代优势产业集群发展和未来新兴产业发展，着力加强人才引领型企业培育，推进科教产融合发展，打造高水平的产业人才队伍；聚焦打造乡村振兴齐鲁样板，注重农村人力资本开发，加强乡土人才培养和推动人才向基层流动，培育高素质的乡村振兴人才队伍；聚焦海洋强省建设，充分发挥好涉海高校科研机构、重大科技基础设施等的作用，面向优势海洋产业，加快集聚一流的海洋创新人才和海洋产业人才，建设领先的经略海洋人才队伍；聚焦满足人民日益增长的美好生活需要和提升社会治理能力，加强现代化教育人才、新时代宣传思想文化人才、高水平卫生健康人才、高素质社会工作人才、新型智库人才的培养，发展壮大社会事业人才队伍。

(2) 强化青年科技人才引进。聚焦重点产业需求，面向海内外大力引进具有原始创新能力的青年科学家和具有推进重大技术变革能力的青年科技领军人才。积极发现、大胆使用、有效激励和集聚优秀青年科技人才，建立和完善需求导向的青年科技人才队伍培育机制。加大对基础研究领域青年科技人才的培养，稳定青年基础科学研究队伍。注重在科学实践活动中培养使用青年科技人才，鼓励和支持青年科技人才承担重要任务。实施青年科技人才托举行动，为青年人才开展学术交流、融入创新团队等搭建平台。建立符合青年人才成长规律的培养使用评价机制，打破论资排辈等隐性台阶，促进青年人才脱颖而出。

(3) 持续优化人才发展生态。做好全省人才工作顶层设计和战略布局，着力做好协同联动大文章，加速打造具有山东特色的人才发展优质生态系统。一是要优化区域人才发展生态。支持济南、青岛提升中心城市综合服务能力和国际影响力，打造全球人才“蓄水池”；支持其他各市立足区位和发展重点，培育一批特色人才高地；支持各类开发区、新区等，打造有利于人才创新创业的微生态，形成一批创新活力强、创新人才集聚的创新创业小高地。二是要进一步优化人才开放生态。树立全球视野，通过布局建设离岸基地、人才飞地、提高人才来鲁留鲁便利度等措施，加强与国内外科教和人才资源密集区域的合作，在全球范围内吸引人才、用好人才。三是要积极营造一流人才制度生态。持续优化人才制度供给，深化人才制度改革攻坚，推进人才制度创新，更大力度向用人单位放权、为人才松绑。大力提高人才服务效能，实施人才服务体系构建、服务质量提升、服务内容拓展三大计划，整合服务资源，再造服务流程，切实增强人才的归属感、获得感。四是要大力营造充满活力的人才社会生态。充分激发社会市场力量，发挥山东人才发展集团引领作用，健全完善多元化引才用才机制，提升人才发展的市场化、社会化、专业化水平，大力营造良好社会氛围，健全党委联系服务专家制度，完善“人才山东”推介机制，打造“人才山东”品牌。

第三节 营商环境创新提升生态经济市场活力

不断优化营商环境是促进高质量发展的重要内生动力。好的营商环境对于最大限度地降低制度性交易成本，充分发挥市场在资源配置中的决定性作用，确保市场行为公平公正，推动建立良性市场秩序至关重要。

(1) 加快建立创新导向型现代市场体系。在优化创新型中小企业市场准入环境方面，山东应进一步优化企业开办水平，全面实行企业开办“全程网办”，优化“一窗通”系统，实现一次登录、一表填报、两个环节办理、一个工作日办结，免费寄递营业执照等材料。推进电子营业执照应用，推广智能审批、微信办照、掌上开办、“政银合作”等便捷服务模式。除严格执行公平竞争审查制度外，还应聚焦民生领域突出问题，加强对垄断协议、滥用市场支配地位和滥用行政权力排除、限制竞争行为的查处力度。着眼于完善新型监管机制，建立健全市场监管标准规则体系，深化信用监管机制，探索开展信用修复约谈和信用承诺制度，提高信用监管权威。

(2) 强化科技型企业创新服务供给。加强多部门联动，建立健全科技型企业培育协同推进工作机制。搭建省级科技创新公共服务平台，探索“公司+股权”方式，为企业提供市场化的专业化、菜单式服务。完善创新服务综合绩效财政资金奖励机制，支持高校、科研院所面向企业开放创新资源。优化科技管理工作流程，推行涉企服务事项“网上办、智能办”。充分利用政务共享数据平台，按照“能减尽减、能简尽简”原则，进一步压减涉企服务事项办事环节、材料和时效，降低企业创新创业成本。开展科技暖企、科技惠企服务行动，面向科技企业开展线上线下服务辅导，扩大政策影响面和受惠面。强化利用信息化监测手段和对接服务，助力科技型企业有序平稳发展。

(3) 建立健全企业创新发展的政策环境。完善企业研发财政补贴制度，引导企业持续加大研发投入。落实国家关于企业投入基础研究、提高企业研发加计扣除比例、初创期科技型中小企业税收优惠等政策，加大对企业研发的支持力度。鼓励社会投资机构加大对科技项目的投资力度。鼓励企业出题、高校和科研院所解题，大幅度提高科技计划项目企业牵头比重。科研人员承担横向科研项目与政府科技计划项目，在人才评价、职称评聘等方面受到同等对待。落实新产品保险补偿政策，对企业为首台（套）技术装备及关键核心零部件、首批（次）新材料、首版（次）软件产品购买的产品质量险、产品责任保险和产品综合险，给予适当的保费补贴。

第四节　数字变革创新助力生态经济数字转型

加快数字化变革，是催生新动能、增创新优势的关键之举。山东应将数字化融入“八大发展战略”“九大改革攻坚行动”“十强现代优势产业集群”等重要部署，深化资源整合，完善平台建设，突出产业赋能，加快流程再造，强化数字惠民，推动数字强省建设走深走实。

（1）建设完善的数字基础设施。通过推进智慧交通、数字水利、能源互联网建设和市政基础设施数字化，打造全国信息基础设施先行区和全国融合基础设施示范区。构建完成“双千兆”网络覆盖全省所有城区和乡镇，存算一体、边云协同的算力基础设施体系，加快部署亿级物联感知节点。提升交通、水利、能源、市政等融合基础设施建设水平，构建起泛在连接、高效协同、全域感知、智能融合、安全可信的数字基础设施体系，打造全国信息基础设施先行区和融合基础设施示范区。

（2）探索数字融合创新发展新模式。围绕推进数字产业高端布局、加速工业数字化转型、推动农业数字化转型、加快海洋产业数字化、促进服务业数字化升级等五个方面，推进数字产业化、产业数字化。围绕加快政务服务模式重构、推动政府治理范式重塑、推进机关运行流程再造、实施数字政府强基工程等四个方面，推进政府治理体系和治理能力现代化。不断完善全省统一的“云、网、数、用”体系，实现企业和群众找政府办事线上只进一网、线下只进一窗。

（3）构建智慧便民的数字社会。聚焦强化数字公共服务新供给、构建智慧城市建设新格局、打造数字乡村建设新模式、构筑美好数字生活新图景等方面，全面打造数字化应用场景，构筑全民畅享的数字生活。推动城乡数字化均衡发展，支持县区建设星级新型智慧社区，高质量打造乡村振兴的数字社会。健全以信用为核心的社会治理创新机制。完善省级公共信用信息交换和共享平台，推进与国家、省级各部门、各行业、市县公共信用信息的纵横联通。依托省公共信用信息平台、国家企业信用信息公示系统（山东），加快构建政府、社会共同参与的守信联合激励和失信联合惩戒机制。

制造业是实体经济的主体，是国家经济命脉所系。特别是在全球产业链、供应链、价值链加速调整的当下，智能制造已成为现代制造业的核心竞争力。

对已切实将制造业作为强省之基、兴省之要、富省之举的山东来说，其在推动制造业高质量发展方面已经走在了前列。山东拥有 41 个工业大类 197 个工业中类 526 个工业小类，是全国工业门类最为齐全、基础最为雄厚、结构最为完善、配套最为完备的省份之一。2020 年，山东全省规模以上工业企业实现营业收入 8.43 万亿元、利润 4283 亿元，总量分别居全国第 3 位、第 4 位。在这样的基础上，山东坚持把制造业作为新旧动能转换的主战场和突破口，切实做好减量优化、存量提升、增量培育三篇文章。通过建立“科技＋产业”创新生态会商机制，推动科技创新与产业发展紧密结合，加强关键核心技术攻关，培育一批高能级创新平台，提高大中小企业的质量、效益和核心竞争力。

第五节 产业生态创新推动生态经济强省建设

依托“雁阵形”产业集群，强化协同、提升能级，提升产业链完整性、供应链稳定性，加快塑造一批战略性、全局性产业链，抓园区聚合、抓平台互联，提升产业集群协同性，打造系统完备、互联共生、创新活跃、安全稳定的产业生态，积极谋划制造强省建设产业战略新格局，为新时代现代化强省建设提供有力的产业创新支撑。

（1）增强企业协同创新能力。一是增强技术链协同，动态梳理重点产业关键核心技术攻关清单，通过竞争立项、组阁揭榜等方式，组织实施一批产业链协同创新项目。实施制造业网络营销拓展计划，在消费品领域组织“山东制造·网行天下”系列活动，在工业品领域探索应用“潜力工厂”“超级工业城”等共享经济新模式。二是增强供应链协同，支持企业加强与“一带一路”沿线国家产能合作，扩大与欧美发达国家良性互动，构筑相互依托、互利共赢的产业链、供应链体系。三是增强平台链协同，支持企业技术创新载体建设，打造“政产学研金服用”共同体，培育科技成果产业化经纪人队伍，聚焦“卡脖子”领域强力攻关，构建顺畅高效的企业创新成果转化体系。

（2）提升产业链稳定性。一是重点链要做好强链创新，围绕新一代信息技术、高端装备、新材料、高端化工、生物医药等重点产业领域，全面推行“链长制”，精准绘制“1 个图谱”＋“N 张清单”，找准产业链中的优势潜力和短板弱项，加强省内省外对接合作，精准招引、实施一批补链、延链、强链项目。二是特色链要做好稳链创新，分行业打造一批规模大、技术强、品牌响的“领航型”企业，培育一批细分领域的“单项冠军”“瞪羚”“独角兽”企业，促进产业链上下游、大中小企业紧密配套协同发展，有效提升产业链、供应链的稳定性和竞争力。三是需求链要做好优化链创新，积极落实扩大内需战略，进一步增强供给结构对需求变化的适应性和灵活性，以智能家居、健康食品、时尚服装、新兴电子等消费品为重点，加快推进增品种、提品质、创品牌“三品”专项行动，持续做精、做优、做强，打造具有全球影响力的先进制造基地。

(3) 构建大中小企业融通创新生态。发挥龙头骨干高新技术企业在区域、行业中的引领带动作用，支持其建设技术创新中心、新型研发机构、技术创新战略联盟、创新创业共同体等共性技术创新服务平台，面向行业提供全产业链、高质量的共性技术供给服务，促进科研设施共享共用。支持创新型领军企业开放创新资源和应用场景，建设专业化众创空间、场景应用创新中心，面向中小微企业开放科技设施平台、数据、技术验证环境等。鼓励行业龙头骨干采取研发众包、“互联网＋平台”、大企业内部创业等模式，促进大中小企业协作、资源共享和系统集成，强化产业链创新。支持企业与高校、科研院所融合大数据、物联网、人工智能等数字经济新技术，共同打造无边界的产业生态圈，加快推进产业数字化进程，增强企业核心竞争力。

(4) 布局建设特色创新载体。鼓励各市根据各自的资源禀赋、产业特征、区位优势、发展水平等基础条件，加大招才引智力度，发展科学城、科技城及各类创新载体，集聚优势创新资源。支持特色创新载体探索与高新区协同发展的体制机制，推进科教产资源集聚和深度融合，打造产业链、资金链、人才链、技术链“四链合一”的良好创新创业生态和创新型产业集群。

第六节　要素保障创新激活生态经济发展动能

加快构建新发展格局，充分发挥市场在资源配置中的决定性作用，更好地发挥政府作用，着力破除阻碍要素自主有序流动的体制机制障碍，全面提高要素协同配置效率，更好地统筹发展和安全，为完善要素市场制度、建设高标准市场体系积极探索新路径，为推动经济社会高质量发展提供强劲动力。

(1) 推动劳动力要素合理畅通有序流动。劳动力是经济发展中最为活跃的发展要素，更是增强经济社会发展创新力的关键要素，必须放在更加突出的位置加以重视。一是进一步深化户籍制度改革。开展户籍准入年限同城化累计互认、居住证互通互认，实现常住地提供基本公共服务，支持建立以身份证为标识的人口管理服务制度，扩大身份证信息容量，丰富应用场景。二是加快畅通劳动力和人才社会性流动渠道，指导用人单位坚持需求导向，采取符合实际的引才措施，促进党政机关、国有企事业单位、社会团体管理人才合理有序流动，支持事业单位通过特设岗位引进急需高层次专业化人才，支持探索灵活就业人员权益保障政策，加快发展人力资源服务业。三是激发人才创新创业活力，支持事业单位科研人员按照国家有关规定离岗创新创业。推进职称评审权下放，赋予具备条件的企事业单位和社会组织中高级职称评审权限。

（2）创新要素配置方式，助力要素保障。一是推动资本要素服务实体经济发展，依托全国信用信息共享平台，加大公共信用信息共享整合力度，充分发挥征信平台和征信机构作用，建立公共信用信息同金融信息共享整合机制，发展多层次股权市场，创新新三板市场股债结合型产品，丰富中小企业投融资工具，增加有效金融服务供给。二是大力促进技术要素向现实生产力转化，支持开展赋予科研人员职务科技成果所有权或长期使用权试点，探索将试点经验推广到更多高校、科研院所和科技型企业，健全职务科技成果产权制度。三是完善科技创新资源配置方式，探索对重大战略项目、重点产业链和创新链实施创新资源协同配置，构建项目、平台、人才、资金等全要素一体化配置的创新服务体系，支持金融机构设立专业化科技金融分支机构，加大对科研成果转化和创新创业人才的金融支持力度。推进技术和资本要素融合发展。

（3）进一步发挥要素协同配置效应。一是提高全球先进要素集聚能力。支持探索制定外国高端人才认定标准，为境外人才执业出入境、停居留等提供便利。支持符合条件的境内外投资者在中国（山东）自贸区依法依规设立证券、期货、基金、保险等金融机构，探索国际科技创新合作新模式，在世界范围内吸引具有顶尖创新能力的科学家团队“揭榜挂帅”，支持行业领军企业牵头组建国际性产业与标准组织，积极参与国际规则制定。二是完善按要素分配机制，提高劳动报酬在初次分配中的比重，强化工资收入分配的技能价值激励导向，构建充分体现知识、技术、管理等创新要素价值的收益分配机制，创新宅基地收益取得和使用方式，探索让农民长期分享土地增值收益的有效途径，合理分配集体经营性建设用地入市增值收益，兼顾国家、农村集体经济组织和农村居民权益，增加居民财产性收入。

第七节　民生改善创新坚定生态经济发展立场

盯住“一老一小”、困难群体等重点人群，抓好普惠性、基础性、兜底性民生建设。要以新思路、新招数办好民生实事，让群众增收有新渠道、就医有新体验、居住有新改善。要围绕新时代创新社会治理的重大命题，探索社会治理现代化的有效路径，加快推动社会治理重心下移，打造共建共治共享的社会治理新格局。

（1）兜牢底线惠民生。做好当前民生工作，关键在于分清轻重缓急，把有限的资源用在刀刃上。盯住“一老一小”、困难群体等重点人群，就是要优先抓好普惠性、基础性、兜底性民生建设。瞄准这些事情，做到细之又细、实之又实，保证资金投入到位、政策支持到位、工作推进到位。脑中常谋富民之策，不断创新社会治理手段，不断推进民生事业发展，持续增强人民群众获得感、幸福感、安全感。

（2）以创新思路不断满足人民群众对美好生活的新需求。面对人民群众对美好生活的新期待，应不断提升其生活品质，统筹用好各种力量和资源。充分挖掘用工需求，增设城乡公益性岗位，拓宽增收新渠道。以“七网”建设为牵引，推动公共产品和服务均等化，推进城乡面貌实现新变化。

（3）聚焦重点人群，创造性办好民生实事。增加养老服务有效供给，实施敬老院改造提升工程。完善防止返贫动态监测机制，持续做好脱贫精准帮扶。通过创新，不断改善人民生活品质。拓展“互联网＋医疗健康”，做到线上快诊、异地快结、院内快治，让人民群众就医更方便。完善长租房政策，在社保、医疗、就业、子女入学等公共服务方面，逐步实现“租购同权”。

（4）围绕公共服务创新，不断提升人民生活品质。推动公共产品和服务均等化，全面改善城乡水、电、暖、路等设施条件，扎实推进乡村建设行动，改善人居环境，建设美丽宜居乡村。加快城市更新，彰显城市人文内涵，新建一批城市书房、健身广场、公园绿地等，打造公共生活舒适圈，让人民群众生活更舒心、更安心。

第八节 风险防控创新提供生态经济发展保障

坚持系统思维、底线思维，统筹发展和安全，盯紧防控重点，坚决守好粮食、能源、金融、产业链供应链、安全生产、生态环境、食品药品、社会稳定、意识形态、疫情防控等“一排底线”，使安全发展贯穿经济社会发展各领域全过程，为增强经济社会发展创新力提供稳定的支撑。

（1）重视防控手段创新。创新方法手段，既要严格管理又要优化服务，特别是在疫情防控和影响企业安全生产的不稳定、不确定因素明显增多的形势下，对重点企业提供“一企一策”指导服务。建立企业风险分级管控和主动报告制度，与审批换证、监管执法等挂钩，提高企业主动性、自觉性。深入贯彻实施刑法修正案，加大事故前严重违法行为刑事责任追究力度。严格落实安全生产承诺以及失信惩戒、安责险等制度，实行安全评价报告公开制度。

（2）夯实创新发展的安全制度保障。建设全省应急指挥总部，按照常态应急与非常态应急相结合原则，完善相关机制，强化应急管理统筹协调。汇聚各方数据资源，建设智能化应急指挥平台，加强应急指挥部建设，完善上下贯通的应急指挥部体系和应急指挥平台体系。按照“上下基本对应”原则，推动进一步理顺防汛抗旱、森林草原防灭火、抗震救灾等指挥机制，构建上下贯通、衔接有序的工作体系。

（3）在统筹发展与安全中推进创新发展。统筹发展和安全两件大事，把防范化解重大风险作为一项极其重要的工作，要牢牢守住安全这条底线，推进经济社会健康发展，同时也要防止只管安全、忽视发展的现象，为增强经济社会发展创新力营造良好安全的环境。应更加重视提升企业安全水平，提高全社会抓企业安全工作的能力和水平，运用专家服务、科学监管、精准执法等手段，指导督促企业消除隐患、改进工艺、加强管理，强化企业创新发展的安全之基，为全社会高质量发展提供稳定的生产安全保障。

第九节 文化宣传创新营造生态经济发展环境

弘扬中华优秀传统文化，是习近平总书记对山东的殷切期望和要求。山东要更加重视文化宣传创新，在推动文化“两创”上下更大功夫，打造文明交流互鉴新高地，擦亮“好客山东　好品山东”品牌，塑强文旅融合发展新路径，为增强经济社会发展创新力提供强大的文化能量。

（1）推进传统文化得到创造性保护。以齐鲁文化遗产有效保护、合理利用、传承发展为主线，以文化遗产保护传承的法治建设、理论研究、传习教育为重点，全面提升山东文化遗产保护传承能力和水平。加强历史文化名城、名镇、名村和历史文化街区、历史优秀建筑、百年老字号、传统民居、古树名木保护。实施县及县以下历史文化展示工程，做好县级历史文化展示场所的调整、充实、改造和提升工作。统筹推进红色文化保护展示工作，实施革命文物保护传承五年行动计划，组织实施一批革命文物保护利用工程，重点抓好沂蒙革命纪念馆、红色文化纪念园、山东省档案馆、山东省党史馆、胶东革命历史陈列馆、渤海革命老区纪念园、冀鲁豫边区革命纪念馆、网上山东抗日战争纪念馆等基地建设。

（2）推动传统文化实现创新性开放。用好山东各种对外文化交流机制平台，推进海外尼山书屋、孔子学堂建设，发挥“孔子故乡·中国山东”“尼山世界文明论坛”等齐鲁文化传播交流平台作用，提升中国（曲阜）国际孔子文化节、潍坊国际风筝会、泰山国际登山节和尼山文明论坛等国际影响力。开展多样化的齐鲁文化交流活动，组织开展“孔子文化世界行”“孔子文化丝路行”等活动，实施“山东—海外中国文化中心年度合作”工程。实施“感知山东”交流工程，积极参与“感知中国”“美丽中国”“文化中国”“欢乐春节”等大型国家形象推广活动。

（3）优化传统文化“两创”工作机制。优化资金投入机制，设立省级层面推动优秀传统文化“两创”的专项经费，扩大重点项目评选覆盖面，加大对示范性强、影响力大的拳头项目的扶持力度。构建工作协调机制，建立各级党委宣传部门牵头，文化、文联、高校、研究会、民间组织等参与的“两创”工作协调小组，搭建沟通交流平台。完善工作考核机制，将推动中华优秀传统文化“两创”纳入各级党委、政府年度工作考核，作为精神文明创建、乡村文明行动考核的重要指标，提高“两创”在传承发展中华优秀传统文化工作中的考核比重。

山东是儒家文化的发源地，也是中华传统文化的重要发祥地，在灿烂辉煌的中华传统文化“谱系”中占有重要地位。山东深挖厚重的儒家文化底蕴，推动优秀传统文化创造性转化、创新性发展，使儒家文化在新时代焕发新生机。山东先后制定实施《山东省黄河流域生态保护和高质量发展规划纲要》《山东省黄河文化保护传承弘扬规划》，统筹实施一批重大标志性文化工程，为黄河国家文化公园建设提供重要支撑。位于济南市章丘区的城子崖遗址是黄河中下游地区新石器时代龙山文化的发现地和命名地，也是国内自主发现并发掘的第一个史前遗址。2022 年，遗址展示区和博物馆有了全新的融合改造提升，包括展览展示的手段再提升，分区域、分片段地不断推进遗址公园建设，包括考古体验区的建设，争取把遗址公园建成讲好龙山文化故事、讲好黄河文化故事、传承中华优秀传统文化的阵地。

第十节　推进落实创新壮大生态经济发展动能

培育壮大生态经济发展新动能，必须全面加强党的领导，明确各部门分工责任，强化组织领导，加大投入保障，重视监测评估，突出重点，强化协同，督帮并举，形成强大的创新发展合力，推动各项创新发展工作落实落地，努力在增强经济社会发展创新力上走在前，全面开创社会主义现代化强省建设新局面。

（1）加强党对创新工作的领导。发挥各级党委领导作用，建立“一把手”责任意识，强化创新工作落实，及时解决科技发展中的重大问题。建立创新落实工作的督查机制，各地、各部门要结合实际，强化本部门、本地方科技创新战略部署，做好年度计划与长期发展目标的衔接。加强宣传引导，调动和增强社会各方面的创新发展主动性、积极性。

（2）强化科技创新规划协调管理。编制一批科技创新专项规划，形成以《山东省“十四五”科技创新规划》为统领、以专项规划为支撑的省级科技创新规划体系。加强科技规划对年度计划执行和项目、平台、人才、科技合作等工作安排的统筹指导，确保科技规划提出的各项任务落到实处。强化科技投入保障。各级政府将科技创新作为财政支出重点领域，加大财政科技投入力度，引导企业持续加大研发投入，切实提高全社会研发投入水平，确保“两个只增不减”，即研发经费支出只增不减、全社会研发强度只增不减。建立“十四五”全省科技创新规划实施与财政预算的衔接协调机制。积极探索多元化创新资金投入方式，进一步优化创新投入结构。

（3）发挥“四进”工作机制在创新落实中的作用。进一步优化“四进”工作机制，强化人员配备，抓好培训轮换，充分发挥好个人作用与组织力量，形成上下联动、攻坚克难的强大合力。把党建与业务融合起来，落实全面从严治党要求，严肃工作纪律，严格按规矩办事，不替代、不干预、不打扰地方正常履职。建立和完善创新落实的督查机制。建立健全党建工作督查机制，采取多种行之有效的措施，全力督促创新工作落实。以全面提高服务水平为目标，积极整合建设资源，创新性拓展服务功能，切实打通服务群众“最后一公里”的创新发展短板。将督办发现的问题列入下一步工作计划，制定创新落实整改措施，对整改情况实行一查到底，做到工作不到位不放手、问题不解决不放手，真正形成督查倒逼创新发展的强大工作合力。

（4）建立和完善创新落实考核机制。通过完善的考核制度有效地激发和鼓励干部和职工推进、落实创新工作的积极性，提升创新发展服务质量和水平。坚持奖优罚劣、激励担当，把考核结果运用到干部选拔任用、教育培养、管理监督、激励关爱工作中，推动形成能者上、优者奖、庸者下、劣者汰的正确导向，为创新发展落到实处提供工作机制保障。坚持务实高效、简便易行的考核方法，不断提高干部考核工作制度化、规范化、科学化水平，确保山东在增强经济社会发展创新力上持续走在前。

第十二章

加强“绿水青山就是金山银山”转化路径探索

为深入贯彻习近平生态文明思想、践行“绿水青山就是金山银山”的绿色发展理念，2017～2021年，生态环境部分五批命名表彰了136个“绿水青山就是金山银山”实践创新基地，其创建宗旨在于通过试点示范，探索绿水青山转化为金山银山的路径，促进以生态优先、绿色发展为导向的高质量发展。

第一节　“绿水青山就是金山银山”转化路径研究综述

2005年8月，时任浙江省委书记的习近平在安吉县调研时首次提出了“绿水青山就是金山银山”的科学论断。十几年来，“绿水青山就是金山银山”的绿色发展理念在我国经济发展和生态文明建设中不断发展完善，逐步成为治国理政的基本方略和重要国策，同时，也成为国内外学者研究的热点。绿色发展理念的提出源于人们对可持续发展问题认识的深化，环境问题、能源危机、生态危机的出现促使人们对传统发展方式进行反思。国际上关于绿色发展的研究从起步到现在已经历了半个多世纪，掀起了以环境主义（1952～1972年）、可持续发展（1972～1992年）、绿色经济（1992～2012年）、生态文明（2012年以来）为主题的四次绿色发展浪潮。2012年以来的第四波绿色发展浪潮以绿色发展理念和生态文明建设为引领，强调人与自然和谐发展。2016年5月23日，在第二届联合国环境大会上，联合国环境规划署发布《绿水青山就是金山银山：中国生态文明战略与行动》报告，高度评价了我国以“绿水青山就是金山银山”理念为核心的绿色发展理念和生态文明建设实践。[①] 近年来，国内外学者围绕“绿水青山就是金山银山”理念开展了大量研究，内容主要聚焦在以下两大领域。

一是对“绿水青山就是金山银山”的科学内涵、哲学意蕴、形成过程、“两山”关系辨析、理论实践意义的阐释研究。黄承梁认为，“绿水青山就是金山银山”是习近平总书记关于生态文明建设最为著名的科学论断之一，是习近平生态文明思想的独特价值和理念追求[②]；经历了历史的、自然的孕育、诞生、发展和成熟过程，是习近平总书记关于生态文明建设最形象、最生动的完全原创性表达。[③] 赵建军等认为，“绿水青山就是金山银山”是对经济发展与环境保护双赢理念的生动比喻，这一发展理念为人与自然由冲突走向和谐指明了发展的方向，即人与自然双重价值的共同实现。[④] 刘海霞、王宗礼认为，绿色发展观深刻揭示了经济发展和生态环境保护之间的辩证关系：首先，经济发展离不开自然生态条件的支撑；其次，保护环境实质上就是发展经济，保护环境和经济发展不可偏废。[⑤]

二是对于“两山”转化和生态产品价值实现机制的研究。杜艳春等认为“绿水青山”与“金山银山”之间存在兼顾、取舍和转化三种关系，“两山”论的核心要求是在利用金山银山反哺、呵护绿水青山的基础上，找到绿水青山向金山银山持续、高效率的转化路径。[⑥] 胡咏君、谷树忠认为，“绿水青山就是金山银山”的转化路径即生态资产价值化与市场化，其中生态要素和生态产品价值的实现是关键。[⑦] 然而，生态要素一旦作为独立的生产要素，纳入生态产业化经营的过程就面临着价值生产和实现的问题，生态产品价值实现亦受限于诸多制度技术条件，只有在生态资源既稀缺同时又具有明确产权的区域，生态

① 参见联合国环境规划署. 绿水青山就是金山银山：中国生态文明战略与行动［R］. 内罗毕：联合国环境规划署，2016.

② 参见黄承梁. 以人类纪元史观范畴拓展生态文明认识新视野：深入学习习近平总书记“金山银山”与“绿水青山”论［J］. 自然辩证法研究，2015，31（2）：123-126.

③ 参见黄承梁. 论习近平生态文明思想历史自然的形成和发展［J］. 中国人口·资源与环境，2019（12）：1-8.

④ 参见赵建军，杨博. “绿水青山就是金山银山”的哲学意蕴与时代价值［J］. 自然辩证法研究，2015，31（12）：104-109.

⑤ 参见刘海霞，王宗礼. 习近平生态思想探析［J］. 贵州社会科学，2015（3）：29-33.

⑥ 参见杜艳春，王倩，程翠云，等. “绿水青山就是金山银山”理论发展脉络与支撑体系浅析［J］. 环境保护科学，2018（4）：1-5.

⑦ 参见胡咏君，谷树忠. “绿水青山就是金山银山”：生态资产的价值化与市场化［J］. 湖州师范学院学报，2015（11）：22-25.

资源才可能转化为生态资产和可以经营的生产要素，才能给所有者带来经济收益。[①] 斯文·温德（Sven Wunder）认为，理想的生态系统服务付费是一种市场化的保护机制，需要满足五个条件：自愿交易行为；定义明确的生态系统服务；至少有一个服务购买者；至少有一个服务提供者；当且仅当服务提供者保证提供生态系统服务。[②] 当前，我国产品高价、资源低价和环境无价的不合理价格体系仍然存在，森林、草原、湿地等自然生态系统服务功能的经济价值难以显现，也就制约了生态产品价值的市场实现。促进生态产品价值实现相关工作中还存在一些误区：一是未能打破狭隘的资源观，没有认识到生态资源是经济发展的优质资源；二是局限于国家和上级的生态保护补偿，把生态产品价值实现简单地等同为“等、靠、要”；三是将保护生态环境作为经济发展不力的理由；四是以经营生态产品为借口，过度开发利用和生态产业化。“十四五”时期是开启全面建设现代化强国的第一个五年，站在新的起点上对“绿水青山就是金山银山”理念进行实践创新，就需要对绿水青山转化为金山银山的实现路径进行更为深入、系统的实证分析和比较研究，完善绿色发展规划、强化绿色投入、突出绿色政绩考核，进一步探索生态产品价值实现机制，促进绿水青山转化为金山银山。

综上所述，学界对于“绿水青山就是金山银山”的科学内涵、哲学意蕴、形成过程、关系辨析和理论实践意义的阐释研究较为充分和深入，而对“两山”转化路径和生态产品的价值实现机制的研究还有待深化和细化，特别是针对乡村绿水青山转化为金山银山的实践路径研究较少，在乡村“绿水青山”的范围内容和生态价值、乡村生态资源增值和生态产品价值实现方面还有较大研究空间。相对城市而言，乡村自然生态环境丰富多样，理应成为探索绿水青山转化为金山银山的重要领域，这对践行绿色发展理念、推动生态文明建设、激发乡村振兴内生动力具有重大意义。本章以蒙阴“两山”实践创新基地为例，分析了蒙阴发挥乡村的生态环境优势、推动乡村生态环境优势转化为经济发展优势，形成乡村振兴的内生动力的“四个坚持”模式，对乡村绿水青山转化为金山银山的路径进行了初步探讨。

---

① 参见黎元生．生态产业化经营与生态产品价值实现［J］．中国特色社会主义研究，2018（4）：84-90.

② WUNDER S. Payments for environmental services：some nuts and bolts［R］. Jakarta：CIFOR Occasional Paper，2005.

第二节　蒙阴“绿水青山就是金山银山”基地案例分析

习近平总书记强调“发展经济不能对资源和生态环境竭泽而渔，生态环境保护也不是舍弃经济发展而缘木求鱼”①，明确要求“积极探索推广绿水青山转化为金山银山的路径，选择具备条件的地区开展生态产品价值实现机制试点，探索政府主导、企业和社会各界参与、市场化运作、可持续的生态产品价值实现路径”②。近年来，各地认真践行以“绿水青山就是金山银山”为核心的绿色发展理念，全面加强生态环境保护，扎实推进污染防治攻坚战，生态环境质量有了大幅提升。但在不少地方，仍然存在环境治理影响经济发展的声音，在认识上和实践中将生态环境保护和经济高质量发展割裂开来、对立起来，被动治理、被迫治理，不利于习近平生态文明思想的贯彻落实，也不利于进一步形成生态环境治理的共识与合力。其中一个重要原因就是对绿水青山转化为金山银山的路径研究不够、探索不深、运用不足，生态环境治理的成效尚未充分转化为切切实实的经济效益。

蒙阴县是山东省首个获得“两山”基地命名的县区。通过对蒙阴县“两山”建设模式总结与提升策略研究，提出进一步推动“两山”转化的路径策略，不仅可进一步提升蒙阴“两山”实践创新深度和成效，也可为我国“十四五”规划落实“两山论”提供研究支撑，有利于后续“两山”基地的创建和建设工作。

一、蒙阴“两山”基地的主要做法和建设成效

蒙阴县位于山东省东南部，隶属于临沂市，地处著名的沂蒙山区腹地，因位于蒙山之阴而得名，总面积1605平方公里，山地丘陵占94%。蒙阴县处于鲁中山区的腹地，以蒙山、泰山为核心的鲁中山区是山东省的重要生态功能区，在维护山东省生态建设和生态屏障方面发挥着重要作用。

“我们既要绿水青山，也要金山银山。宁要绿水青山，不要金山银山，而

① 中共中央党史和文献研究院．十九大以来重要文献选编（上）［M］．北京：中央文献出版社，2019：406.

② 中共中央党史和文献研究院．十九大以来重要文献选编（上）［M］．北京：中央文献出版社，2019：407.

且绿水青山就是金山银山。”习近平总书记提出的“两山”理论科学概括了发展的三个阶段，蒙阴县生态文明建设历程与之非常契合，也经历三个阶段，体现为聚焦修复生态环境、聚焦发展生态经济、聚焦“两山”转化的“三个聚焦”，实现了建设“绿水青山”、实践“两山”理念和创新实践基地建设的递进目标。

（一）聚焦修复生态环境，建设“绿水青山”

蒙阴县水土流失面积曾一度达到1231.5平方公里，蒙阴县是“全国首批重点扶持贫困县”。20世纪80年代以来，蒙阴坚持“生态立县”，以水土流失治理、国土绿化和流域治理为主线，系统进行生态环境治理和修复，建设“绿水青山”。按照“山顶松柏戴帽，山腰经济林缠绕，山脚水利交通配套”的模式，整合资金项目，集中捆绑投入，全县90%的水土流失面积得到有效治理；通过“政府买绿”和“社会造绿”相结合的方式，聚合各方面力量植生态林、栽经济树，年均新造林2万亩，全县森林覆盖率达到52.2%、林木覆盖面积超过73%；实施云蒙湖综合治理、小流域治理，建设生态隔离堤坝、雨洪资源利用、人工湿地、环湖绿化等项目，水源地水质达标率、河流水质达标率连续20年保持100%。通过长期、系统性的生态环境修复，蒙阴形成了“绿水滋润青山、青山涵养绿水”的良性循环，空气越来越清新，水越来越清洁，区域小气候不断改善，近五年当地平均降水量比20世纪八九十年代多200毫米，比全省同期平均多200毫米，成为“国家水土保持生态文明县”“全国绿化模范县”“山东省长寿之乡”。2015～2019年蒙阴县生态建设和生态环境质量状况如表12-1所示。

表12-1　蒙阴县生态建设和生态环境质量状况（2015～2019年）[①]

	2015年	2016年	2017年	2018年	2019年
新增造林面积（万亩）	2.9	2.36	3.15	2.40	2.32
重点河流水质达标率（%）	100	100	100	100	100
环境空气质量优良天数（天）	176	201	201	206	196
环境空气质量综合指数	7.23	6.56	6.28	5.91	5.68

① 资料来源：2015～2019年《蒙阴县国民经济和社会发展统计公报》。

（二）聚焦发展生态经济，实践“两山”理念

蒙阴县聚焦构建“产业生态化、生态产业化”的生态经济体系，进行了生动的“两山”理念实践。

推进产业生态化，全面守护“绿水青山”。开展生产建设性活动时坚守“三不一少”原则，即不毁山、不填水、不砍树、少拆房，最大限度减轻对生态环境的影响。推动先进制造业和高新技术产业向经济开发区和孟良崮工业园集中，农商文旅类项目优先向沂蒙农业创业创新示范园集聚。凡是不符合国家产业政策和水源地发展规划的项目，坚决不引、不批、不建；凡是环保不达标企业，一律关停并转。2017～2019 年，累计取缔“小散乱污”企业 140 多家。

推进生态产业化，循环产出“金山银山”。以“既让山头绿、又让群众富”的果、兔两大产业为基础，构建了三个循环产业链。一是“兔—沼—果”循环链条，果叶喂兔，兔粪还田到果园，或投入沼气池，沼液沼渣还田到果园，发展优质果园 100 万亩，其中蜜桃 65 万亩、年产量 23.5 亿斤，“蒙阴蜜桃”品牌价值 266 亿元，被列入“中国农产品百强品牌”；长毛兔存栏 600 万只，年产兔毛 4000 吨。二是“果—菌—肥”循环链条，将果树残枝粉碎后制成食用菌菌棒种植香菇，发菇后把菌棒粉碎制成有机肥还田，建成香菇种植基地 1200 亩，年产菌棒 1000 万棒，80％出口日韩市场。三是“农—工—贸”循环链条，服务蜜桃加工、销售的农业龙头企业有 46 家。

此外，依托桃花资源优势发展了养蜂产蜜产业，由长毛兔养殖延伸到兔绒服饰，由单纯地种植香菇延伸到香菇酱加工、香菇切片生产、香菇多糖提取等（见图 12-1）。依托这些特色产业和优质农产品，推动农商文旅融合发展。立足山水林果优势，推动生态价值持续转化，通过加强果品产业技术创新、推动一二三产业融合发展、打响“崮秀天下、世外桃源”县域品牌等措施提升生态经济发展水平。

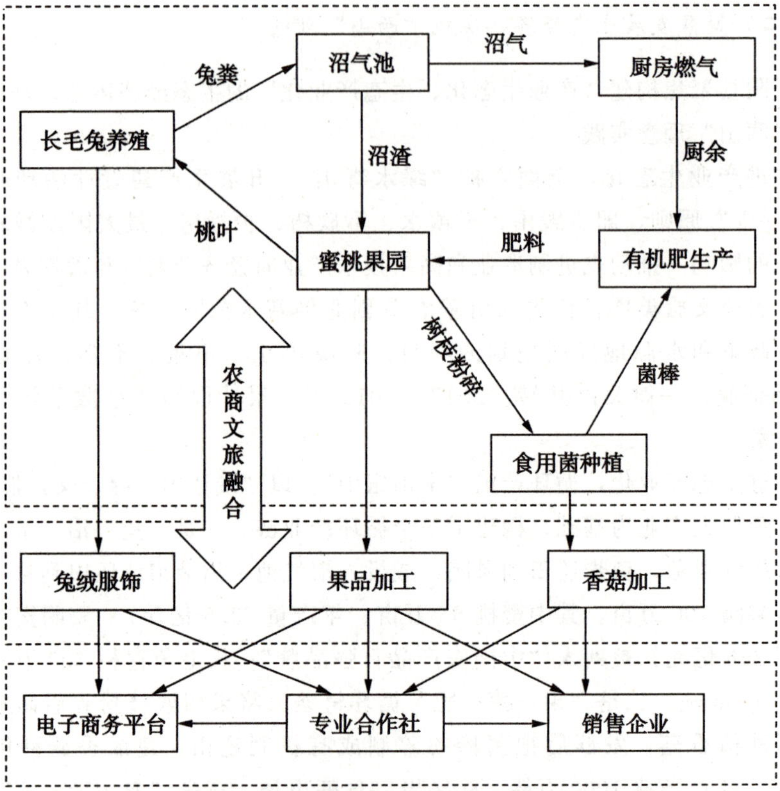

图 12-1 蒙阴县生态循环经济示意图

（三）聚焦“两山”转化，创新实践基地建设

2018 年 12 月，蒙阴县被授予全国第二批“绿水青山就是金山银山”实践创新基地，是山东省首个获此荣誉的县区。2019 年以来，蒙阴县聚焦推动“两山”转化，通过生态规划、生态保护、生态产业、生态惠民、生态机制等探索实施了“三线一单”、新型农药化肥经营体系、生活污水治理等一系列创新举措。

(1) 坚持科学规划，加强绿色引领。围绕“沂蒙山区生态协同发展核心区”的定位，编制完成《蒙阴县生态文明建设规划》和村域规划、水安全保障规划、长寿经济规划、沟域经济规划等专项规划。编制完成生态保护红线、环境质量底线、资源利用上线和生态环境准入清单“三线一单”，划定生态保护红线 19 个区域，总面积 424.86 平方公里，占到全县土地面积的 26.5%。

(2) 持续深度治理，守牢“绿水青山”。系统推进“山水林田村”综合治理，打造天蓝、地绿、水清的美好家园。构建增绿、造绿、护绿新机制，探索推行林长制改革，建成县、乡、村三级林长管理体系和监管网络，实施森林生态修复与保护、退化防护林改造、森林生态廊带建设、退耕还果还林、乡村绿化美化、森林质量提升“六大工程”，实现增绿、护绿、营绿“三绿”同步推进。探索农村生活污水治理新模式，立足于山区复杂的地形地势和人口分布特点，探索出市政纳管处理、有动力污水治理、生态净化塘治理、无动力或微动力治理、就地回用等五种模式，已建成44处农村生活污水处理设施、120座生态治理汪塘，惠及128个村居社区以及10多万农民群众。构建立体式防污治污大格局，实行大气污染网格化管理、专班化推进、标准化治理措施，显著提升了空气环境质量；实施“四减四增”行动，调整能源结构和交通运输结构；实施“药肥双减”行动，建立起农药化肥采购、配送、标识、价格一体化管理服务网络。

(3) 完善体制机制，推动“两山”实践创新。建立了生态公益林管护、古树名木管护、野生动物资源保护和生态环境保护责任落实制度，出台生态文明建设考核办法，把生态文明建设政绩作为考核评价乡镇部门工作的重要依据，与干部任用挂钩，实行生态保护“一票否决”。

二、蒙阴“两山”实践创新基地建设模式分析

所谓“模式”，是指某种事物的标准形式或使人可以照着做的标准样式，可以用来指导具备类似条件的事物的发展。从政府决策、主体参与、保障机制和建设目标角度分析，蒙阴“两山”实践创新基地建设模式可概述为：生态立县、社会参与、制度创新、惠民富民（见图12-2）。

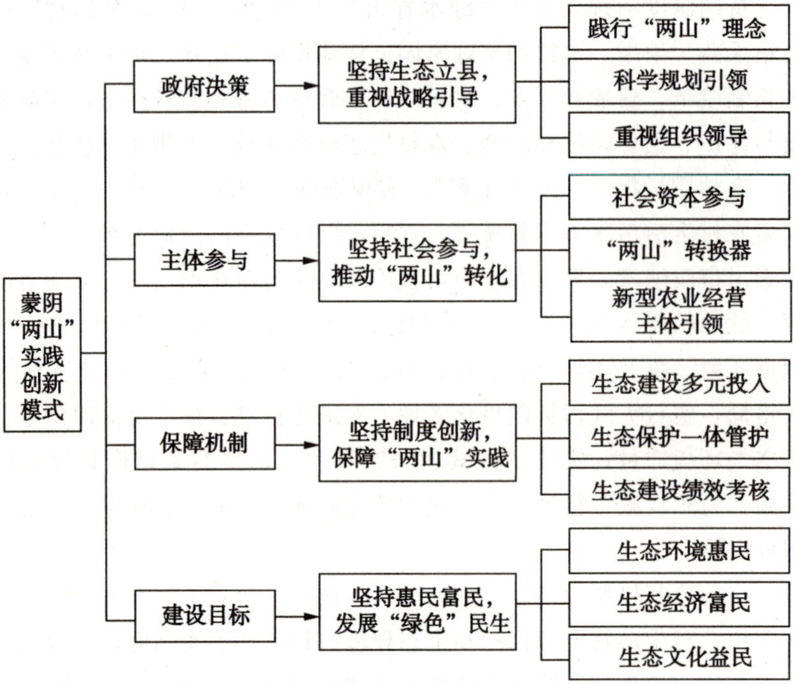

图 12-2 蒙阴“两山”实践创新基地建设模式

（一）坚持生态立县，重视战略引导

蒙阴坚持生态立县，把生态文明建设作为全县重大发展战略。2018 年，积极参与“两山”实践创新基地申报和建设，组织相关单位和人员赴浙江安吉、桐庐等地学习考察，借鉴其绿色发展经验。成立了蒙阴县生态文明建设委员会，设立生态文明建设推进办公室，其承担全县生态文明建设的宏观规划、政策制定、统筹协调、督促落实等职责，协调解决生态文明建设过程中产生的重大问题，确定各阶段的重点任务。

（二）坚持社会参与，推动“两山”转化

政府在强化生态环境执法和环境基础设施建设方面发挥主导作用；同时，注重动员社会各方参与，实现共建共享。

（1）引导社会资本和民间资本来推动“两山”转化。发挥财政资金的引导作用，鼓励社会投资向“两山”建设的关键领域聚集。在桃墟镇金水河生态文明建设示范区的建设过程中，基础设施配套后政府资本逐渐退出，然后培育民间资本、吸引高端社会资本发挥作用。位于金水河畔的安康村农家乐源泉山庄是由当地村民投资建设的，依托丰富的板栗资源，将餐厅开到了树上，很受游客欢迎，农家乐的发展也带动了周边农民致富，良好的生态环境和基础设施吸引了越来越多的民间资本参与“两山”建设。

（2）注重发挥企业“两山”转换器作用。培育推动生态产品价值实现和增值的企业，发挥其作为生态资源和市场之间的联系纽带以及“绿水青山”转化为“金山银山”的转化器作用。位于蒙阴县垛庄镇孟良崮工业园的山东欢乐家食品有限公司发展蜜桃基地10000多亩，草莓基地5000多亩，拉长了果品深加工产业链条，在实现自身发展的同时，带动了区域果品业发展，成为生态农产品价值实现与增值的转换器，实现了绿水青山转化为金山银山。

（3）发挥新型农业经营主体的引领作用。实现乡村振兴，推动“两山”转化，最核心的因素是人。面临乡村空心化、人口老龄化等问题，谁来种地，谁来持续保护、经营乡村的生态环境和生态资源从而推动绿水青山向金山银山转化，是乡村振兴和“两山”建设中最为关键的问题。蒙阴县积极培育新型农业经营主体，引导其发挥引领带动作用。野店镇新型职业农民牛庆花参加了县里组织的电商培训班后成立了淘宝店铺“孟良崮果园”，把当地的优质果品、山货卖往全国近300个城市，年营业额突破1000万元，带动78户贫困群众脱贫致富；岱崮镇青牧生态农业开发有限公司负责人王栋注重发展高品质葡萄产业，采用智慧化、科技化、生态化方式种植，带动周边农民走向农业绿色发展之路。牛庆花、王栋这些年轻人正是新型农业经营主体的典型代表，他们在利用生态优势、发展生态农业、推动蒙阴“两山”转化方面发挥着重要作用。

（三）坚持制度创新，保障“两山”实践

首先，建立生态建设多元投入机制。市级层面，按照绩效考核情况，市财政安排奖补资金近亿元支持“两山”建设；县级层面，通过争取上级“两山”基地奖补资金、农村生活污水治理专项资金、各类涉农资金共5000万元，同时吸引社会资本2.6亿元。

其次，建立生态保护一体管护机制。以林权、水权等制度改革为契机，不断健全公益林管护、水资源保护、城乡一体管护等制度，探索编制自然资源资产负债表，建立生态环境损害责任追究、损害赔偿等制度，有效地保护了自然生态原貌和生物多样性。

最后，建立生态建设绩效考核指标体系。从2018年起，临沂市围绕“生态环境、生态生活、生态保护项目、可持续影响、社会满意度”5个方面，对蒙阴县实行差异化考核，既评比“单项指标”，也考核“综合成绩”，并将考核

结果与奖补资金挂钩。蒙阴县建立了对乡镇、县直部门单位的分类考核体系，推动出台了《关于落实镇村环境保护责任加强基层环保机构队伍建设的工作方案》，建立“部署、检查、督导、督办、约谈、问责”闭环式工作机制，形成了党委领导、政府负责、部门联合、资源整合、社会共建、全民共享的“两山”实践创新建设格局和与“两山”建设相适应的绩效考核制度。

（四）坚持惠民富民，发展“绿色”民生

（1）生态环境惠民，统筹美丽城乡建设。蒙阴县在大力进行生态环境保护、建设“绿水青山”的基础上，以景区的理念规划全县，以景点的要求建设村镇，把优美的生态环境作为“绿色”民生的重要方面，着力打造生态宜居中心城区、繁荣生机小城镇和美丽有序农村社区。

发挥中心城区的辐射带动作用，进行扩容提质，建成区面积达到 22.6 平方公里，人口 16.6 万人，污水处理率达 98%，垃圾无害化处理率 100%，2017 年蒙阴被确定为山东省Ⅰ型小城市试点，2019 年获得“国家园林县城”“国家卫生县城”荣誉，依山、滨水、文化、商贸特色日益鲜明。

建设生态小城镇，按照“优先发展示范镇、大力提升重点镇、全面争创特色镇”的思路，重在提升聚集力、承载力，形成了一批有历史记忆、地域特色、沂蒙特点的美丽小镇。蒙阴县垛庄镇被列为“全国重点镇”“全国文明镇”，岱崮镇被评为“全国特色小镇”，旧寨乡成为“全国一村一品示范乡镇”。

推动美丽乡村建设，坚持现代农业园区、农村新型社区、乡村风光休闲区“三区”融合发展，规划建设新型农村社区 86 个、社区服务中心 78 个，所有行政村实现通硬化路、通自来水、通广播电视、通宽带网络，逐步向户户通延伸，90%以上行政村“五化”稳定达标，美丽乡村覆盖率达到 75%以上。同时，把城乡环卫保洁一体化作为治本之策，高标准建成 2 处污水处理厂、13 座垃圾中转站、5064 个垃圾收集点和 29 处人工湿地，村村配齐专业保洁队伍，主推市场化托管模式，全面构建起“户分类、村收集、乡镇集中、县运输处理”的环卫保洁长效机制。

（2）生态经济富民，增强发展内生动力。蒙阴县找准“生态”与“富民”的契合点，初步构建起生态经济体系。一是坚持生态富民理念，构建了“兔—沼—果”“果—菌—肥”“农—工—贸”三条循环产业链。“一片果园一座房、一圈兔舍做围墙”，形象地表达了蒙阴县家家桃园、户户养兔的富民景象。二是坚持产业融合，以电商、微商带动蜜桃、紫薯、蜂蜜等农产品的销售，推动绿水青山转化为金山银山。通过发展藏富于民的生态产业，2019 年，蒙阴县居民人均可支配收入 25112 元，比 2018 年增长 8%，居民人均储蓄存款超过

3.5万元。同时，随着收入的提高，滋事闹事、违法犯罪行为也少了，当地的社会治安群众满意度位居全省前列。生产美保障了生态美，生态美产生了生活美，生活美又触发了心灵美，实现了“绿富美”的统一，增强了蒙阴县坚持“生态立县”战略、实现高质量发展的内生动力。

（3）生态文化益民，引领绿色生活方式。蒙阴县树生态文化新风，做生态价值普及的示范县。将生态文明教育纳入国民教育体系和干部培训体系，引导全社会树立生态文明意识，使生态文明成为社会主流价值观。开展全民绿色行动，倡导绿色生活理念，开展节约型机关、绿色家庭、绿色学校、绿色社区创建活动，绿色出行率达到50%以上。2018年蒙阴县加大宣传，提高认识，营造全民参与发展工业循环经济的浓厚氛围。健全生态环保信息强制性披露制度，完善公众监督举报反馈机制，鼓励人人参与生态环境保护。截至2019年，蒙阴县有180个村建起了生态文化广场，210个村建起了生态文明画廊，420个村安装了生态科普宣传栏，261个村建起了农家书屋；广播、电视、报纸和党员远程教育系统全部开通生态农业技术专栏，形成了“纵到底、横到边”的生态文化传播网络，文化产业年产值达2亿元以上。

三、绿水青山向金山银山转化时存在的问题

经过实践性探索，蒙阴在“两山”实践创新基地建设中取得了明显成效，但仍存在一些制约“两山”实践问题，如生态资源价值实现、生态产业化水平、大气和农业面源污染防控、科技支撑和资金保障等方面存在的问题。

（一）生态资源价值实现待创新

全国和省级主体功能区规划是国土空间开发的战略性、基础性和约束性规划。参照《全国主体功能区规划》和《山东省主体功能区规划》，在蒙阴县的主体功能区布局中，限制开发区和禁止开发区的面积占蒙阴总面积的90%，优化开发区和重点开发区面积为151.1平方公里，仅占蒙阴总面积的9.4%。这决定了其区域主体功能是以保障生态安全、提供生态产品和农产品为主，以提供工业产品及服务产品为辅。

城市化地区一般作为优化开发区和重点开发区，主要功能是提供工业产品和服务产品，具有成熟的市场化路径，在促进区域经济发展上效果显著；然而重点生态功能区提供的自然生态资源和生态产品尚缺乏成熟的资本化、市场化路径。作为山东省的重要生态屏障和临沂市的重要水源地，蒙阴县长期以来积极进行生态文明建设，在区域生态环境保护和生态产品供给方面作出了重大贡献。然而，当前生态环境资源优势还未能很好地转化为经济发展可直接利用的

资本，在区域内部难以形成生态产品价值实现的条件。虽然我国已开展区域生态保护补偿机制，但仍然存在着补偿标准偏低、范围偏小，区域生态产品价值实现程度低等缺点，难以弥补当地的生态投入以及发展权受到限制的机会损失。

（二）生态产业化水平有待提升

生态产业化经营是实现生态产品价值的现实手段。生态资本是有明确产权的，其运营主体是资本所有者。由于我国的经济体制，个人对自然资源只有使用权和经营权，因此，生态产业化实质上利用的是特许经营方式，政府将国家的生态资源租赁给私人企业来生产和供给商业化的生态产品，消费者向生产者支付一定的费用来弥补生产者的投资成本。从蒙阴县生态经济发展体系来看，蒙阴县经济正在向生态化、产业化进行转型升级，生态产业发展具备了一定的基础，例如发展形成了“兔—沼—果”“果—菌—肥”“农—工—贸”多条循环经济链条。但是蒙阴县与周边区县的产业结构比较类似，都以农业产业和生态旅游产业为主要的经济支柱，和周边区域存在较强的竞争，不能够形成产业互补，造成蒙阴县区域经济发展的竞争压力巨大，且产业转型发展的难度较大，生态产业化水平较低，发展后劲不足。

（三）大气环境质量、农业面源污染防控存在压力

蒙阴县所处的鲁中山区在能源结构上存在一定的问题，同时受到地形条件和气候条件的影响，大气扩散性能较差，导致大区域的空气质量问题较大。目前，蒙阴县共有 12 处空气监测站点，而临沂市对蒙阴县大气污染防治的考核只依据城区 2 处空气监测站点的数据，尚未实行全域空气质量综合指数及改善率排名，不能全面反映全域空气质量真实情况。此外，蒙阴县处于鲁中山区腹地，扩散条件不好，大气环境保护的压力较大。

蒙阴县是农业大县、果业大县，尤其是在蜜桃、苹果等果业上种植面积较大，传统的种植模式造成的农业面源污染问题较为严重，尤其是在化肥、农药的使用上，蒙阴县政府已经在推进“双减”工作，但是因为体量较大，需要循序推进，所以农业面源污染方面依然存在较大的压力。

（四）科技支撑和资金保障面临挑战

在区域发展的科技支撑方面，蒙阴县发展相对滞后，尤其是在生态智能领域的科技支撑方面严重不足；蒙阴县还是以农业为主导的大县，其发展的生态循环产业多为富民产业，对地方财政的支撑力度较差，在生态文明建设上的资

金不足。根据《2019年蒙阴县国民经济和社会发展统计公报》，2019年蒙阴县一般公共预算收入10.1亿元，而全县财政总支出为34.29亿元。进一步深化“两山”实践创新，还需要国家、省、市三级财政的大力支持。

第三节 深入推进绿水青山转化为金山银山的建议

针对“两山”实践中存在的问题，下一步深入推进绿水青山转化为金山银山，推动生态产品价值实现，应从以下几个方面综合考虑。

一、因地制宜，全面开展“两山”建设实践

在疫情防控常态化背景下，统筹推进疫情防控、经济发展和生态文明建设，保持战略定力，在推动各项工作时坚持生态优先，在经济社会建设中深入践行“两山”理念。在全国因地制宜、全面开展“两山”实践创新工作，推广借鉴“两山”实践创新的蒙阴模式，培育转化载体，深入探索“两山”转化路径，以“两山”理念引领高质量发展。

二、发展生态经济，深入探索“两山”转化路径

坚持因地制宜，通过培育生态产业化经营主体、发展生态农业和加工业、推进乡村旅游转型升级深入探索“两山”转化路径。一是培育生态产业化经营主体来作为转化载体。推动绿水青山转化为金山银山的载体主要是生态产业化经营主体。培育新型生态产业化经营主体，是深化“两山”实践创新、实现乡村振兴的重要突破口。它既可以延伸农产业价值链，提高农产品附加值，又能把小农户吸引到现代经济体系发展中来。二是发展生态农业，打响生态产品地域品牌。相对城市而言，乡村拥有更多的绿水青山，生态环境优势显著。山东省作为农业大省，应更加注重乡村“生态、生产、生活”大循环体系构建，配合“肥药双减”行动，大力发展生态农业，提升农产品质量和价值，打响生态产品地域品牌。三是发展生态农产品加工业，培育社会平台企业。实施生态农产品加工业提升行动，支持生态农产品就地加工转化增值，完善现代化仓储、冷链物流和电子商务服务体系。注重城乡融合，培育链接农户、家庭农场和消费市场的社会平台企业，吸引社会资本而非大资本注入，发挥市场作用。四是推进乡村旅游转型升级，发展乡村生活旅游。乡村旅游发展20多年来，经历

了四个阶段：农家乐、乡村游、乡村度假和乡村生活。我国各地在美丽乡村建设中发展乡村旅游，当前发展水平基本处于农家乐和乡村游阶段。乡村旅游的转型升级应当更加注重发挥乡村的多重价值，尤其是乡村的生态价值和生活价值，转向乡村度假和乡村生活生态旅游模式，朝着全域化、国际化、产业化、生态化、市场化、品牌化方向发展，致力于建设具有“田园味、文化型、现代化、可持续”特质的“齐鲁乡村生活”。

三、完善生态产品多元补偿机制

蒙阴的绿水青山及其产出的生态产品，不仅惠及当地，而且惠泽周边。比如，云蒙湖是临沂市市级饮用水水源地，为临沂市区及部分县区近 300 万人提供生活用水，临沂市政府就饮用水每年拨付蒙阴县生态补偿资金 4000 万元。这种单纯依靠政府的补偿，额度明显过低，难以全面反映市场供求和资源稀缺程度，难以全面体现自然价值和代际补偿，难以保障生态系统的稳定维护与生态产品的持续供给，不利于进一步调动各地生态环境保护的积极性。党的十九大要求，“建立市场化、多元化生态补偿机制”，山东省和临沂市可以从以下三个方面进行探索，实现对重点生态功能区的合理补偿。

根据生态产品价值核算评估情况，制定生态产品政府采购目录，在山东省和临沂市率先探索政府采购生态产品试点，探索建立根据生态产品质量和价值确定财政转移支付额度、横向生态补偿额度的体制机制。一是纵向上，健全绿色发展财政奖补机制。把县域的生态红线面积作为财政奖补参考指标，上级财政逐步增加对重点生态功能区的转移支付，完善生态保护成效与资金分配挂钩的激励约束机制。二是横向上，完善县级行政区域之间的补偿办法，公开竞价，谁使用生态产品谁补偿、谁补偿的多谁优先使用。参考新安江上下游补偿办法，以蒙阴向周围县区提供的水量、水质为补偿标准，开展横向生态补偿。三是参与主体上，在政府之间补偿的同时，还可以协商设定一批生态补偿项目，引导相关企业、金融机构、非政府组织等社会资本参与，拓宽资金来源，使生态保护得到合理的回报。

四、促进城乡融合，拓展“两山”转化实践平台

“绿水青山就是金山银山”理念强调把“绿水青山”转化为“金山银山”。实现生态环境保护和区域经济发展的协调一致，这是“两山”实践创新的目标。相对城市而言，乡村具有更为丰富的自然生态资源，具有更为丰富的价值内涵，如农业生产和农产品价值、诗意田园生活价值（休闲养老生活、健康长

寿生活）、丰富的生态空间和生态资源价值、自然教育和农耕教育价值、多样性的优秀传统文化的传承与发展价值等。因此，必须重视并解决乡村生态环境保护与经济发展的问题，把“两山”实践创新融入乡村振兴战略，发展生态农业，注重乡村“生态、生产、生活”循环体系构建，推动乡村“绿水青山”向“金山银山”转化。

我国正在进入城乡融合发展的加速期。2019 年，我国人均 GDP 达到 70892 元、常住人口城镇化率 60.60%①；山东省人均 GDP 达 70653 元、常住人口城镇化率 61.51%②。我国已经成为以城市人口为主的国家，城市居民对优质农产品、乡村生态产品和文化产品的需求快速增长，城市对乡村的带动作用越来越强。同时，乡村振兴战略和“两山”实践创新基地建设，会加快公共资源、治理资源向乡村配置，农村人居环境整治等重大行动的开展使乡村生产生活条件加快改善，乡村的生态价值、文化价值、多元经济价值日益显现。新时期促进城乡融合发展，要传承改革开放 40 多年的成功经验，要以处理好政府和市场的关系为主线，使市场在资源配置中起决定性作用，更好发挥政府作用，强化以城带乡，落实优先发展，城乡联动改革，扩大双向开放，促进全面融合，拓展“两山”建设实践平台。

五、建立更加有效的区域协调发展机制

自然资源在不同的行政区域的分布往往是不均衡的，针对这一特点，建议对于生态红线面积较大的重要生态功能区，可以采用“异地协同开发”模式或者“飞地经济 ”发展模式，在水源地上游等生态脆弱区或者重要生态功能区实行人口逐步迁出，或者与生态环境保护的受益者共同在下游合作开发一片区域，通过共享 GDP、共享财政收入的方式，形成区域利益共同体。“飞地经济”是指两个相互独立、经济发展存在落差的行政地区打破原有的行政区划限制，通过跨越空间的行政管理和经济开发，实现两地资源互补、经济协调发展的一种区域经济合作模式。近年来，有关省市打破行政区划界限，创新跨区域合作模式，探索政府引导、企业参与、优势互补、园区共建、利益共享的“飞地经济”合作模式，取得了积极成效。2017 年 6 月，国家发展和改革委员会发布了《关于支持“飞地经济”发展的指导意见》，指出在推动长江经济带发

① 参见中华人民共和国 2019 年国民经济和社会发展统计公报［EB/OL］.（2020-02-28）［2022-02-10］. http：//www. stats. gov. cn/xxgk/sjfb/tjgb2020/202006/t20200617_1768655. html.

② 参见 2019 年山东省国民经济和社会发展统计公报［EB/OL］.（2020-02-29）［2022-02-10］. http：//tjj. shandong. gov. cn/art/2020/2/29/art_6109_8864126. html.

展战略中，鼓励上海、江苏、浙江到长江中上游地区共建产业园区，共同拓展市场和发展空间。

六、加强基础支撑，构建“两山”转化保障体系

加强推进“两山”转化的基础支撑，主要包括以下几个方面：一是持续加强乡村基础设施和生态建设，推进生态环境保护和修复。加强生态保护红线管控，确保县域生态保护红线面积不减少、功能不降低。二是强化人才保障和科技支撑，聚焦生态产品价值实现、前沿生态技术研究等方向，在各省乡村振兴学院开设“两山”理论与实践培训课程，面向全省培养“两山”创新型复合人才。三是加强组织领导，建立省、市、县三级联动协调机制，对“两山”实践创新基地建设过程中遇到的重大问题给予统筹指导，加强对创建工作的支持。建立完善“两山”建设重大项目库，支持落地一批战略性、引领性的重大项目。设立“两山”实践创新基地建设年度专项资金，省市财政部门在安排相关专项资金和乡村振兴基金时予以倾斜。四是借鉴丽水“两山”学院、“两山”研究院和湖州生态文明干部培训学院经验，建议由省委党校牵头，联合相关高校、科研院所，集聚科研团队力量，成立“两山”培训学院和研究院，实行专家团队包县、包村，为“两山”实践创新基地建设提供智力支持。

第十三章

以国家重大战略推动山东省生态经济发展

培育壮大山东省生态经济发展新动能，要紧密结合国家重大战略，抓住发展机遇，把生态经济发展动能培育融入乡村振兴战略，以碳达峰碳中和行动倒逼生产方式和生活方式变革，在推动黄河流域生态保护和高质量发展中培育壮大生态经济发展新动能。

第一节　推动生态经济发展融入乡村振兴战略

把乡村生态振兴和产业高质量发展放在突出位置，保护和修复乡村自然生态，推进生态农业、有机农业发展，推动农业绿色发展，建立乡村“生态、生产、生活”循环体系，挖掘农业多元价值，推动乡村“两山”实践创新。一是保护耕地数量和质量，在生产、销售、消费等环节进行引导，减少农药化肥的使用，推广测土施肥和有机肥，控制农业面源污染，提升农产品质量；二是进一步完善乡村基础设施建设，鼓励机关单位、学校、市民等到乡村开展自然教育、农耕教育、食物教育，加强生态农业发展的社会参与体系建设，提升农业价值；三是通过新型经营主体培育，生态农业、智慧农业技术培训，品牌培育和质量追溯体系建设，借助互联网平台、电商平台等提高生态农产品质量和附加值。

推进农业绿色发展是农业发展观的一场深刻革命。农业绿色发展，是推进农业高质量发展、农业农村现代化和实施乡村振兴战略的重大举措，对保障国家粮食安全、资源安全和生态安全具有重大意义。农业绿色发展是绿色发展的重要领域，是整个绿色发展的基础，是绿色发展理论在“三农”领域的延伸和应用，对农业科技创新提出了更高更新的要求。近年来，山东省在推进农业绿色发展过程中，围绕提高农业质量效益和竞争力，破解当前农业资源趋紧、环境问题突出、生态系统退化等重大瓶颈问题，目标是实现农业生产生活生态协调统一、永续发展，形成节约资源和保护环境的空间格局、产业结构、生产方式、生活方式。这迫切需要强化创新驱动发展，加强生态农业技术创新与应用，优化科技资源布局，构建支撑农业绿色发展的技术体系。

一、山东省农业绿色发展现状

推进农业绿色发展是农业发展观的一场深刻革命，是农业供给侧结构性改革的一个主攻方向，也是推动农业高质量发展的内涵和重要内容。农业农村为生态文明建设提供了广阔空间，推进农业农村绿色发展，守住绿水青山是保障国家生态安全的基础战略支撑。近年来，山东省以绿色发展为导向，按农业供给侧结构性改革要求，以体制改革和机制创新为动力，以提质增效为目标，以创新驱动为支撑，转变农业发展方式，优化空间布局，节约利用资源，保护产地环境，推进农业绿色科技创新，提升生态服务功能，坚持走产出高效、产品安全、资源节约、环境友好的农业现代化道路，农业绿色发展能力明显增强。2020 年，山东农林牧渔业总产值 10190.6 亿元，首次突破 1 万亿元，成为全国首个农业总产值过万亿元的省份。[①] 山东省以约占全国 6%的耕地和 1%的淡水，生产约占全国 8%的粮食、11%的水果、12%的蔬菜、13%的水产品，坚定扛牢农业大省责任，为农业插上科技翅膀，深入推进供给侧结构性改革，农业现代化、绿色化程度提高。

（一）绿色农产品供给能力增强

2020 年，山东省全年粮食总产量达到 5446.8 万吨，连续 7 年站稳千亿斤台阶，比 2019 年增长 1.7%，高于全国 0.8 个百分点，为全国粮食丰收作出了重要贡献。粮食单产再创历史新高，亩产达到 438.5 公斤，比 2019 年增加 8.9 公斤，增长 2.1%。农业绿色发展方面，持续推进化肥减量增效，测土配方施肥技术推广覆盖率稳定在 90%以上，全省化肥使用量保持低幅下降；在 53 个县实施果菜有机肥替代化肥试点、耕地质量提升和减量增效等项目，集中连片打造示范样板 52.9 万亩。持续开展农药减量控害，全省农药使用量继续保持下降态势，绿色防控覆盖面积达 2 亿亩次，三大粮食作物实施专业化统

① 参见徐锦庚，侯琳良. 山东农业总产值首超万亿元［EB/OL］.（2021-01-20）［2022-02-10］. http：//politics. people. com. cn/n1/2021/0120/c1001-32005244. html.

防统治面积达到 9600 万亩次。加强农业废弃物资源化利用，全省农作物秸秆综合利用率达到 91%以上。①

2019 年，山东省无公害农产品、绿色食品、有机农产品和农产品地理标志获证产品 10110 个，增长 9.1%。② 其中，菏泽市成武县积极抓好“绿色、有机、无公害”等产品认证工作，根据本区域优势农产品，选择发展有市场竞争力的农产品，逐渐创造本地名牌产品，增强品牌的竞争力，形成具有本地特色的农业区域性布局和规模化、集约化的经营格局。对种植户及合作社推行标准化生产制度，对肥料和农药等的用量和使用方式进行严格管控，不定时检查种植记录表，适时检测土壤、农产品样品达标情况，努力促进农业生产从散户种植向农业生产产业化、标准化的转变，提高农产品的品牌形象。充分利用网络媒体、培训、发放明白纸、口头交流加强宣传力度，让农场主和合作社充分认识到重视农产品认证的有利之处，努力打造特色农产品品牌。截至 2020 年，成武县有“一村一品”专业村 149 个，其中国家级 3 个、省级 2 个、市级 19 个。“三品一标”认证共 163 个，其中绿色认证 16 个，标准化生产基地认证面积 36 万亩。成武酱大头、成武大蒜、白浮芸豆获国家地理标志认证。③

山东省聊城市以绿色农产品生产带动农业绿色发展，聊城市牢固树立农业绿色发展理念，围绕节水节肥节药、农业废弃物资源化利用等重点任务，开展农业产地环境治理，大力发展绿色农产品，保障农产品质量安全，取得了积极成效。一是出台绿色农产品激励政策。2013 年，聊城市政府出台《关于建设聊城绿色农产品之都的意见》，对认证绿色、有机、地理标志农产品实施奖励政策，规定“新认定绿色食品、有机食品、地理标志农产品分别奖励 3 万元、5 万元和 10 万元”。对于再认定的绿色食品每个奖励 2 万元、有机食品每个奖励 3 万元。2013～2019 年，市财政累计投入奖补资金 3374.5 万元。二是增加对绿色食品生产资料和绿色食品原料标准化生产基地的奖补。新增绿色生资证书 4 个，全国绿色食品原料标准化生产基地 2 处（28.5 万亩），2017 年两处全国绿色食品原料标准化生产基地进入创建期，绿色生资和原料标准化生产基地认证实现零突破。2018 年聊城市政府增加对绿色生资和原料标准化生产基地的奖补，分别为 3 万元、20 万元。三是加强市场监管，保障农产品质量安全。开展农产品质量安全县创建，聊城市提出整建制创建省级农产品质量安全市的目标，市政府专门出台《关于整建制创建农产品质量安全市的意见》，指导全

① 资料来源：山东省委农业农村委员会调研材料。

② 参见 2019 年山东省国民经济和社会发展统计公报［EB/OL］.（2020-02-29）［2022-02-10］. http://tjj.shandong.gov.cn/art/2020/2/29/art_6109_8864126.html..

③ 资料来源：成武县农业农村局调研材料。

市开展创建工作。目前，农产品质量安全县创建达标率100%。建立完善监管追溯体系，根据《聊城市追溯体系建设意见》，全市年资金投入近2000万元，建设市、县监管追溯平台12个，在全省率先实现市、县农产品质量安全追溯体系全覆盖。截至2019年，全市追溯点达到1114个，其中农资经营店918家、农产品生产基地196家。开展农产品质量安全检测，市、县两级农业农村部门建立农产品质量安全检测机构9家，并取得了监测资质。全市153家省、市级标准化生产基地及136个乡镇农安办（站）均配备了速测设备，严格落实日常检测制度。市、县两级开展定量监测17572个，平均合格率98.3%。对已认证的绿色食品生产企业每年进行年检。四是创新农产品营销模式。聊城市积极打造“聊胜一筹”农业区域品牌，深入实施“净菜进京入沪”工程，平均每天直供京沪和济南的可追溯蔬菜达200万斤，推动该市农产品实现优质优价。每年组织多家绿色食品生产企业参加各种农产品展销会，为聊城农产品走出去创造了有利条件。

（二）农业资源保护不断进步

强化耕地资源保护，推进节水农业发展，加强农业生物多样性保护及持续利用，合理降低农业资源的开发利用强度，留住肥沃的耕地、干净的水源和美丽的田园。根据山东省农业农村厅发布的《山东省耕地质量监测报告（2019年度）》，山东省耕地质量监测工作起始于第二次土壤普查，2016年，根据全国农技中心《关于做好耕地质量监测点布局规划的通知》（农技土肥水函〔2016〕399号）要求，健全完善了国家、省、市、县四级耕地质量监测网络。全省耕地1.14亿亩，平均近4万亩1个监测点，已完全满足10万亩一个监测点的密度要求。目前每个农业县（区）都有5个以上监测点，基本实现了土壤类型和耕作制度的全覆盖。①

2015～2019年，山东省耕地质量监测点有机质含量有所增加，2019年有机质含量比2015年增加11.9%。从耕地利用类型来看，2019年粮田、果园和菜地监测点有机质平均分别为17.6 g/kg、14.3 g/kg和16.3 g/kg，比2015年分别增加了13.1%、4.3%和3.7%。

2019年粮田、果园和菜地监测点全氮含量分别为1.12 g/kg、0.98 g/kg和1.19 g/kg，其中粮田监测点全氮含量比2015年增加了21.6%。5年内果园和菜地监测点全氮含量分别为0.93～1.05 g/kg和1.19～1.38 g/kg，2019年

---

① 参见关于发布2019年度耕地质量监测报告的通告［EB/OL］.（2021-01-21）［2021-07-20］. http：//www. shandong. gov. cn/art/2021/1/21/art_100163_10286056. html.

比 2015 年分别降低 6.9%和 11.1%。2015～2019 年，全省碱解氮含量先增加后降低，但总体有所增加，2019 年碱解氮含量比 2015 年增加 10.7%。从耕地利用类型来看，2019 年粮田、果园和菜地监测点碱解氮平均分别为 102.5 mg/kg、101.7 mg/kg 和 120.4 mg/kg，比 2015 年分别增加了 10.2%、10.2%和 4.0%。2019 年有效磷含量比 2015 年增加 7.7%。从耕地利用类型来看，2019 年粮田、果园和菜地监测点有效磷含量平均分别为 37.2 mg/kg、55.2 mg/kg和 74.5 mg/kg，其中粮田有效磷含量比 2015 年增加了 11.1%，而果园和菜地则分别比 2015 年降低了 11.2%、2.5%。这 5 年，全省土壤速效钾含量呈增加趋势，2019 年速效钾含量比 2015 年增加 32.9%。从耕地利用类型来看，2019 年粮田、果园和菜地监测点土壤速效钾含量平均分别为 198 mg/kg、184 mg/kg 和 259 mg/kg，粮田和菜地速效钾含量分别比 2015 年增加了 37.1%、37.4%，果园速效钾含量比 2015 年降低 1.7%。①

从《山东省耕地质量监测报告（2019 年度）》的监测结果可以看出，山东省耕地养分状况整体处于中高水平，2015～2019 年肥力水平总体有所提升，但仍存在部分耕地土壤有机质含量较低、果园和菜地土壤磷钾富集明显、农田有机肥施用量较低等问题。各地要继续提高科学施肥水平，根据地力情况适当减施磷钾肥，大力开展有机肥替代化肥行动，采用积造有机肥、秸秆还田、种植绿肥、水肥一体化和培肥改良等技术措施，进一步提升耕地质量。

（三）化学投入品减量增效

通过推动农业化学投入品减量、农作物秸秆综合利用、畜禽粪污资源化利用、废旧农膜回收利用等工作，山东省农业资源环境突出问题得到初步遏制。在农业生产过程中，农用化肥、农药、农膜的过量使用会直接导致农业资源环境遭到破坏，使得农业无法绿色、可持续发展，导致在促进我国经济发展到一定水平的同时也会阻碍农业经济的进一步增长。因此，我国在出台大力推进耕地质量提升、减肥减药、建设高标准农田的一系列政策措施后，逐步降低了资源开发利用强度。

小麦玉米轮作是山东省的主要轮作制度。2019 年山东省国家级监测点中有 47 个监测点种植小麦和玉米，常规区两季作物总产量平均值为 1085 kg/亩，比无肥区产量增加 50.5%，与 2015 年相比，常规区两季作物平均总产增加 14.3 kg/亩，增幅 1.3%。从常规区施肥量来看，2019 年 47 个监测点小麦玉米两季作物施肥总量平均为 78.0 kg/亩（折纯量），包含肥料投入量 57.4 kg/

① 参见关于发布 2019 年度耕地质量监测报告的通告［EB/OL］.（2021-01-21）［2021-07-20］. http://www.shandong.gov.cn/art/2021/1/21/art_100163_10286056.html.

亩，秸秆还田养分量 20.6 kg/亩，肥料养分 N、P_2O_5、K_2O 投入比例为 1∶0.54∶0.32，有机无机养分投入比例为 1∶2.3。2019 年肥料投入量与 2015 年相比降低 0.24 kg/亩，降幅为 0.4%。[①]

山东省聊城市在开展农药减量使用及绿色防控工作中注重推广小麦、玉米大田专业化统防统治和绿色防控融合技术，绿色防控技术融合面积 200 多万亩次。开展高效低毒低残留农药的绿色防控技术试验示范，出台《聊城市禁止销售使用剧毒高毒农药管理规定》，2017～2019 年累计出动剧毒高毒农药暗访暗查执法人员 710 人次。大力推广统防统治技术，统防统治队伍已达 520 余支，从业人员 4600 多人，日作业能力 28 万亩，专业化统防统治面积达到 700 余万亩次。2018 年全市农药使用 1122.25 吨（折百量），比 2017 年减少 1.73%，提前三年完成 2020 年减少到 1200 吨以下的目标。在推动化肥减量使用方面，推广水肥同步管理和高效利用。2018 年，全市水肥一体化面积达到 28.2 万亩，每亩可节水 25%～40%，节肥 30%～50%。累计推广高效缓控、缓释肥料 300 余万亩，增产 4.5 万吨，节约化肥 1 万吨，节工 100 万个。2018 年市财政列支 500 万元，在全市 2.5 万亩瓜菜、果树推广黄腐酸肥料 4550 吨。在莘县实施果菜茶有机肥替代化肥示范县项目，基地面积 2.8 万亩，推广有机肥 9500 吨，减少化肥用量 600 余吨。化肥使用量呈逐年下降趋势，2017 年下降到 40.56 万吨。[②]

二、农业绿色发展存在的问题

近年来山东省通过大力推行绿色生产模式，坚决打好农业面源污染攻坚战，农业资源利用强度下降，农田灌溉水有效利用系数提高到 0.55 以上，退耕还林还草 4240 万亩，耕地轮作休耕制度试点扩大到 1200 万亩；农业面源污染加重的趋势减缓，以垃圾处理、污水治理为重点的农村人居环境整治全面提速。但是乡村环境和生态问题仍很突出，资源硬约束日益加剧。人多地少水缺是我国基本国情，耕地质量下降，黑土层变薄、土壤酸化、耕作层变浅等问题凸显，农田灌溉水有效利用系数比发达国家平均水平低 0.2，华北地下水超采严重。全国水土流失面积仍然有 290 多万平方公里，草原超载、过牧等问题依然突出，湖泊、湿地面积萎缩，生物多样性受到严重威胁，濒危物种增多。体制机制尚不健全，反映水资源稀缺程度的价格机制尚未形成。循环农业发展激

① 参见关于发布 2019 年度耕地质量监测报告的通告［EB/OL］.（2021-01-20）［2021-07-20］. http://nync.shandong.gov.cn/zwgk/tzgg/tfwj/202101/t20210120_3517176.html.

② 资料来源于调研数据。

励机制不完善，种养业发展不协调。农业生态补偿机制尚不健全。农业污染责任主体不明确，监管机制缺失，污染成本过低。

（一）农业污染防治任重道远

面源污染是指农村生活和农业生产活动中溶解的或固体的污染物，如农田中的土粒、氮素、磷素、农药重金属、农村禽畜粪便与生活垃圾等有机或无机物质，在降水和径流冲刷作用下，从非特定的地域通过农田地表径流、农田排水和地下渗漏，使大量污染物进入受纳水体（河流、湖泊、水库、海湾）所引起的污染。农村面源污染产生的有机物的化学需氧量、总氮、总磷是污染物负荷主要来源，村镇生活污水、农村固体废弃物、农田农药化肥、水土流失和暴雨径流为主要面源污染。农村面源污染的主要特点为：分散性和隐蔽性强、随机性和不确定性高、不易监测性和空间异质性。当前，在农村面源污染防治方面主要存在以下四个方面的问题。一是农村面源污染防治的意识薄弱。由于农村面源污染具有分散性、隐蔽性、随机性、不易监测性、难以量化等特征，同时又与农业生产紧密结合，人们对农村面源污染认识不足，特别是农业生产者没有防治意识，没有成为面源污染防治的主力军，致使面源污染持续恶化。二是基础性科技工作不足。缺乏对农村面源污染长期的基础性监测调查与研究，系统的基础数据不完善，导致无法制定有效的防控技术标准和措施，可选用的实用技术少，多数还是借用点源污染控制的工程技术，但以末端治理为主的工程技术难以达到综合治理的效果。三是政策法规体系不完善。以牺牲环境为代价的产业发展导向仍然存在，如对化肥的扶持政策抑制了有机肥市场的发展；因为农业生产的特殊性，环保法律法规执行力度不够；一些强制性、引导性技术标准和规范缺乏，农民掌握使用的技术规范更少；在政策层面，支持农业废弃物资源化利用的优惠措施不明确。四是农村环境治理投入不足。长期以来，环境保护实现“谁污染、谁治理”，环保投入的主体是业主，因而农村面源污染防治投入很难落实；而政府有限的财政投入，也主要集中在城市和工业上，对农村环保投入甚少。历史欠账多，落后的基础设施与日益加大的污染负荷之间的矛盾日益突出，直接导致了农村环境污染的加剧。

由于过度施肥、滥用农药等，目前农业污染已经超过工业污染，成为我国最大的水污染源。我国的化肥利用率总体不高，平均不足38%（有些城郊蔬菜基地与高产地区的化肥利用率低至20%左右），而损失则高达62%以上，每年超过3500万吨的化肥通过不同的途径流失，这对水环境造成的污染已相当严重。长期过量施用化肥不仅使地面水体富营养化，而且会导致地下水和饮用水硝酸盐污染。

农药施用后，很大一部分都落在土壤中。在田间施用后，真正起杀虫作用的不足施用量的40%，其余一部分进入大气和水体，一部分残留在土壤中，没有起作用的这部分农药通过各种渠道流入地表水体，致使周围诸多河流、湖泊等水体受到污染，导致众多污染物质含量超标，水质恶化，甚至导致水体生物的死亡，使之陷入恶性循环。同时，农药的不合理施用还会对地下水造成严重污染。

(1) 土壤环境污染及其特点。土壤环境污染是指人类活动产生的污染物进入土壤并积累到一定程度，引起土壤质量恶化的现象。随着现代工农业生产的发展，化肥、农药的大量使用，工业生产废水排入农田，城市污水及废物不断排入土体，这些环境污染物的数量和排放速度超过了土壤的承受容量和净化速度，从而破坏了土壤的自然动态平衡，使土壤质量下降，造成土壤污染。土壤污染就其危害而言，比大气污染、水体污染更为持久，影响更为深远，因此也表明了土壤污染具有复杂、持久、来源广、防治困难等特点。

土壤环境污染有隐蔽性和潜伏性、不可逆性和长期性两大特点。土壤污染是污染物在土壤中长期积累的过程，其危害也是持续的、具有积累性的，一般要通过观测到地下水受到污染、农产品的产量及质量下降，以及因长期摄食由污染土壤生产的植物产品的人体和动物的健康状况恶化等方式才能显现出来。这些现象充分反映出土壤环境污染具有隐蔽性和潜伏性，不像大气污染或水体污染那样容易为人们所觉察。

污染物进入土壤环境后，便与复杂的土壤组成物质发生一系列迁移转化作用。多数无机污染物，特别是金属和微量元素，都能与土壤有机质或矿物质相结合，而且许多污染作用为不可逆过程，这样污染物最终形成难溶化合物沉积在土壤中并长久保存在土壤中。因而土壤一旦受到污染，就很难恢复，成为一种顽固的环境污染问题。对于土壤环境污染的严重性、不可逆性和长期性，我们必须有足够充分的认识。

(2) 土壤环境污染的来源。从土壤环境污染的来源来看，主要有大气污染型、水质污染型、固体废物污染型、农业污染型和综合污染型五类。

大气污染型土壤环境污染是指大气中的污染物通过干、湿沉降过程污染土壤，如大气气溶胶的重金属、放射性元素、酸性物质等对土壤的污染。其特点是污染土壤以大气污染源为中心呈扇形、椭圆形或条带状分布。长轴沿主风向伸长，其污染面积和扩散距离取决于污染物的性质、排放量和排放形式。大气污染型土壤环境污染物主要集中于土壤表层。

水质污染型土壤环境污染主要是工业废水、城市生活污水和受污染的地表水经由灌溉而造成的土壤污染。此类污染约占土壤污染面积的80%。其特点是污染物集中于土壤表层，但随着时间的延长，某些可溶性污染物可由表层渐次向心土层、底土层扩散，甚至通过渗透到达地下潜水层。污染土壤一般沿河流、灌溉干、支渠呈树枝状或片状分布。

固体废物包括工矿业废弃物（矿渣、煤矸石、粉煤灰等）、城市生活垃圾、污泥等；固体废物的堆积、掩埋、处理不仅直接占用大量耕地，而且通过大气迁移、扩散、沉降或降水淋溶、地表径流等污染周围地区的土壤。固体废物污染型土壤环境污染属点源型土壤污染，其污染物的种类和性质都比较复杂，且随着工业化和城市化的发展，有日渐扩大之势。

农业污染型土壤环境污染是指由于农业生产需要，在化肥、农药、垃圾堆肥、污泥长期施用过程中造成的土壤污染。主要污染物为化学农药、重金属，以及氮、磷富营养化污染物等。其属于面污染，污染物集中于耕作层。

综合污染型土壤环境污染往往是多污染源和污染途径同时造成的，即某地区的土壤污染可能受大气、水体、农药、化肥和污泥施用的综合影响所致，其中以某一种或两种污染源为主。

（二）农业资源环境约束趋紧

近年来，我国农业的快速发展从一定程度上来说是建立在对土地等农业资源过度开发利用的基础上的，同时快速推进的工业化、城镇化对强化农业的基础支撑提出新要求，工业与农业、城市与农村争水、争地的矛盾日渐突出。农业发展面临的资源环境约束日趋严重。

从耕地资源来看，山东省人多地少，人均耕地 1.16 亩，仅为全国平均水平的 76.3%，严守 1.12 亿亩耕地红线的压力很大。从淡水资源来看，山东省农业用水资源匮乏，人均水资源仅为全国平均水平的 14.7%，亩均水资源仅为全国平均水平的 16.7%。[①] 高效节水灌溉能力不足，水资源利用率低，浪费严重。从耕地质量来看，受种植结构单一、施肥用药不科学、深耕深松的面积较少等因素影响，导致土壤耕层变薄、养分失衡、盐化酸化、农药残留等问题突出，耕地质量有待提升。近年来，随着全球气候变化，极端天气事件明显增多，干旱、洪涝、低温和病虫害等自然灾害发生频率增加、威胁加重。

（三）农业生产经营方式粗放

一是农业资源利用方式不合理。相对工业而言，传统农业效益较低，农民没有能力也不愿意在养地方面加大投入，耕地“重用轻养”现象非常普遍，大

① 参见李希信. 扛牢农业大省责任　提升粮食综合生产能力 [J]. 农村工作通讯，2020 (24)：30-32.

部分农户只用不养，种植过程中不再施用有机肥，而是大量施用化肥，采取掠夺性的生产经营方式。在农业用水严重短缺的形势下，农业用水利用效率在55%左右，大水漫灌、超量灌溉等现象比较普遍。在大部分地区，应对干旱缺水的主要措施只是打井，用水泵抽取地下水进行农业灌溉，造成了华北、东北西部等地区地下水超采严重，形成超采漏斗区，井越打越深，水越出越少。

二是农业生产资料利用效率低。我国的耕地面积不到世界的9%，但是化肥施用量全球第一，占世界化肥施用总量的35%，是美国、印度的总和。截至2018年，亩均化肥用量21.9公斤，远远高于亩均8公斤的世界平均水平。化肥的当季利用率不足40%，低于发达国家50%左右的水平。同时，我国是世界农药生产和使用第一大国。2015年起，随着农业部（现农业农村部）“到2020年实现化肥、农药使用量零增长”政策的实施，特别是高毒有机磷农药品种被逐步淘汰，农药总产量逐步下降。2020年，全国农药行业规模以上企业化学农药原药（折100%）产量为214.8万吨，其中，山东省农药产量28.5万吨。[①] 2020年，三大主粮作物（水稻、小麦和玉米）农药利用率提高到40.2%（2015年为35.2%），整体农药利用率为40.6%（2015年为36.6%）。[②] 此外，现代化农业大量使用农膜、地膜，每年约有50万吨的农膜残留于土壤中，残留率为40%左右，大量残留的农膜在土壤中难以降解，给农业可持续发展埋下隐患。

三是农业面源污染仍比较严重。在农业生产过程中，由于化肥、农药、地膜等投入品的过量使用，规模养殖比重迅速提高等，农业面源污染问题日益突出。《第一次全国污染源普查公报》显示，农业面源污染总量大、占比高。畜禽养殖总量不断增加，养殖规模化水平不断提升，但是养殖业污染处理设施滞后，未能消纳和利用的畜禽粪便由传统的农家有机肥变成了地表水、地下水环境的主要污染物，使得农业面源污染呈局部改善、总体加重的趋势。

三、促进山东省农业绿色发展的建议

《中共中央国务院关于实施乡村振兴战略的意见》强调：“加强农业面源污染防治，开展农业绿色发展行动，实现投入品减量化、生产清洁化、废弃物资源化、产业模式生态化，加快形成种养结合、生态循环、环境优美的田园生态系统。推进有机肥替代化肥、畜禽粪污处理、农作物秸秆综合利用、废弃农膜

① 参见王灿，邵姗姗，徐莉莉.2020年中国农药工业运行概况［J］.世界农药，2021，43（3）：1-9.

② 参见杨益军，张波.农药行业“十三五”发展回顾及2021年行业展望及市场预测［J］.世界农药，2021，43（2）：34-44.

回收、病虫害绿色防控。”①

（一）建立生态产业体系，发展生态农产品加工业

建立种植、养殖、培植一体化的生态农业产业体系。引导农民以村庄为单位组织起来，形成一村一社的综合性农民合作组织，开展全域有机生产。有机农业产业链由种植、养殖、培植以及农产品加工构成，形成集植物、动物、微生物、废弃物为一体的有机生态产业循环体系。植物体系由乔木、灌木、草本植物构成，包括粮食作物、油料作物、蔬菜、水果、干果、药用植物等，充分利用中华民族千百年来传承的间作、轮作技术进行植物种植；因地制宜实施猪鸡牛羊养殖或特种养殖；利用种植和野生的秸秆、树木枝叶等进行食用菌生产，农作物的秸秆和加工下脚料、废弃物可以用来做动物饲料和食用菌原料，动物粪便和食用菌生产产生的菌渣可以做肥料。随着近年来的技术进步，农作物的秸秆不经过动物养殖过腹还田，也可以直接实现植物、废弃物、微生物的循环。另外，也可以进行深度循环，动物粪便、作物秸秆、菌渣、经过严格分类的有机生活垃圾、人粪尿进入村级沼气站，生产的沼气作为农村烧水、做饭、取暖的能源，沼渣、沼液经过好氧处理制备高效有机肥和有机液态肥，供有机种植使用，形成养殖业和种植业共生共作的循环体系。

在全域有机生产的基础上，将有机农产品的加工落在乡村，把有机农产品加工的附加值留在乡村，提高农民的收入。以合作社或农户作为投资运营主体，根据村级合作社的实际情况，选择建设磨坊（加工有机米面）、酱坊（生产本地特色有机酱和酱油）等因地制宜且具备产地优势的作坊来生产，及蔬菜分拣加工、鸡蛋分装等，这些生产内容由合作社和农户完成。促使乡村作坊成为合作社的主导产业和收入来源，也是农户的重要收入来源。

山东省肥城市边院镇济河堂村探索出一条“四位一体”生态农业发展模式。② 肥城边院镇济河堂村自 1994 年以来，积极探索开发有机蔬菜生产，1997 年建成了全国首家经国际有机作物改良协会颁证的有机蔬菜生产基地，先后获得了南京国环有机产品认证中心、欧盟 BCS 及日本有机和自然食品协会等国际有机食品权威机构的认证，2002 年在国家工商总局③注册了“济河堂牌”有机蔬菜商标。济河堂村是国家生态环境部和农业农村部确立的有机农业发展典型村、国家级出口农产品标准化示范区、国家级一村一品示范村，被誉

---

① 中共中央国务院关于实施乡村振兴战略的意见［EB/OL］.（2018-02-04）［2021-08-20］. http：//www. gov. cn/zhengce/2018-02/04/content _ 5263807. htm.

② 资料来源：山东省肥城市调研资料。

③ 现国家市场监督管理总局。

为“中国有机蔬菜第一村”。从1994年发展有机蔬菜种植以来，济河堂村有机种植已持续了20多年，探索形成了由科研院所提供技术支撑和保障、企业开发市场带动生产、村社组织引导、农户主体参与的“四位一体”生态农业发展模式，这一模式的主要内容如下。

一是科研院所提供技术支撑。山东农业大学植保学院刘玉升教授团队长期致力于生态植保技术研发与推广应用，早在2003年，其就与泰山亚细亚食品有限公司合作，完成了我国第一个有机蔬菜生产省级鉴定科技成果——《万亩有机蔬菜生产技术研究与开发》（鲁科成鉴字〔2003〕第969号），为有机生产基地的生产环节提供了关键技术支撑。山东农业大学植保学院在生态植保技术示范、推广方面发挥了关键引领作用，为肥城边院镇济河堂村有机种植基地提供生态植保技术指导和生态循环农业技术支撑，为有机产业健康发展提供了重要保障。

二是企业加工销售，保障市场稳定。泰安泰山亚细亚食品有限公司从1994年开始从事有机农业，是中国最早也是目前出口量较大的集研发、种植、加工、销售于一体的全产业链有机蔬菜专业生产企业。经过20多年的发展，公司现拥有有机蔬菜基地15000多亩、6个有机蔬菜加工厂、1个综合食品加工厂及有机黑蒜加工厂，公司冷库储存能力15000吨，恒温库储存能力1500吨，年生产加工能力20000吨。公司产品主要有四大系列：有机速冻蔬菜、有机保鲜蔬菜、有机脱水蔬菜、有机调理食品；共60多个品种。公司产品远销日本、美国、加拿大、澳大利亚、新西兰、欧盟各国。肥城边院镇济河堂村是与该公司合作最早的有机种植基地之一。泰安泰山亚细亚食品有限公司与肥城边院镇济河堂村有机蔬菜种植专业合作社的合作模式是有机产业发展的基础，解决了小农户与大市场的不对称问题。泰安泰山亚细亚食品有限公司开拓国际、国内市场，收购种植基地有机农产品并进行加工后出口，消除了有机农产品销售的后顾之忧，延长了产业链条，为“四位一体”生态农业体系的健康发展提供了重要动力和市场保障。

三是村委、合作社连接公司与农户。济河堂村村委组织引导农户成立有机蔬菜种植专业合作社，与泰安泰山亚细亚食品有限公司对接，进行产销合作，这是“四位一体”生态农业体系的重要组织力量。有机蔬菜种植专业合作社实行企业化管理，严格按照“公司＋合作社＋社员”的模式，提供种植计划、良种供应、技术指导、有机肥料、防病治虫、收购结算的“一条龙”服务。

四是农户主体参与，生态种植致富。农户作为农业生产主体参与到“四位一体”生态农业体系中，在这一模式中起到生产主体作用。在调研过程中，我们实地考察了基地生产情况，发现济河堂村经过多年的有机种植，基地的生态环境很好，建立了生物多样性的完整的生态系统，在生产中并没有严重的生态植保压力，有机种植的西兰花、小麦、土豆等都长势良好。同时，从事有机生产的农户也受益于有机种植方式，改善了生产环境，减少了对健康的危害，提高了生活质量，他们对加入合作社与公司合作这一模式表示满意。济河堂村有机种植在修复保护土壤、保障农业可持续发展方面亦做出了重要贡献。

在“四位一体”运行模式下，济河堂村无论在生态植保技术还是在村企合作、产学研合作方面都积累了宝贵的经验，值得我们进一步深入挖掘、积极总结和推广应用。

（二）加大面源污染防治和推进农业废物循环利用

高效、生态、安全是现代农业的基本要求，要达到这一要求，必须大力推广节约型技术，加强农业面源污染防控，科学合理使用农业投入品，提高使用效率，减少农业内源性污染。普及和深化测土配方施肥，改进施肥方式，鼓励使用有机肥、生物肥料和绿肥种植。推广低残留农药、生物农药和先进施药机械，推进病虫害统防统治和绿色防控，努力实现农药施用量零增长。建设农田生态沟渠、污水净化塘等设施，净化农田排水及地表径流。综合治理地膜污染，推广加厚地膜，开展废旧地膜机械化捡拾示范推广和回收利用，加快可降解地膜研发，逐步实现农业主产区农膜和农药包装废弃物的基本回收利用。

因地制宜推进秸秆肥料化、饲料化、基料化、原料化和能源化利用，建立健全秸秆收储运体系，推动秸秆综合利用产业发展。在重点流域紧密依托畜禽养殖污染治理工程，建设以畜禽粪便和农作物秸秆为主要原料的基质产业和食用菌产业，以增值利用促进农业废弃物有序收集。在重点区域开展农田残膜回收区域性示范，创新地膜回收与再利用机制，重点建设废旧地膜回收网点和加工厂。具体而言，可以采取以下措施促进农业废弃物循环利用：一是建设农业废弃物基质化工程，以秸秆、畜禽粪便等农业废弃物为原料生产基质，大力发展食用菌产业。农业废弃物基质化利用工程的主要建设内容为农业废弃物处理设施、基质生产设施、基质利用设施等。二是选择治理区域交通、水电便利的地点，建设废旧地膜回收网点，配备农田残膜回收机械、农用运输车、打包机等设备，集中回收废旧地膜。三是以废旧地膜资源化利用为目标，建设废旧地膜加工厂，包括原料车间、粉碎与清洗车间、造粒车间、收贮场地、仓库等，配备造粒机等专用设备。四是建设农业废弃物田间处理利用工程，针对蔬菜残体、农作物秸秆、农用化学品包装物等农业废弃物随意丢弃以及人畜粪便在田间无序堆置所造成的面源污染和资源浪费问题，重点开展人畜粪便、蔬菜残体和农作物秸秆就近堆肥处理，确保农业废弃物安全利用，降低污染物流失风险。可以建设农业废弃物田间处理池、农用化学品包装物田间收集池等基础设施。

（三）发挥政策引导作用，推动实现生态资源价值

2010年发布的《全国主体功能区规划》将维系生态安全、保障生态调节功能、提供良好人居环境的自然要素定义为生态产品，其还包括清新的空气、清洁的水源和宜人的气候等。尽管这样的定义有助于将生态产品具体化，便于推动《全国主体功能区规划》的实施，但是这远远不能代表生态产品的全部特征。

自然生态产品是指维系生态安全、保障生态调节功能、提供良好人居环境的自然产品和服务，包括没有受到污染的空气、自然循环的水源、鸟语、花香、水清、天蓝、宜人的气候等。绿水青山是最典型的自然生态产品，清新的空气、洁净的水体、美丽的森林、多样化的物种、宜人的气候等是绿水青山释放出的生态效益。在没有人为作用下，人与自然和谐相处就可以获得自然生态产品的生态效益。但是，在以往“靠山吃山、靠水吃水”的观念下，人们为了获取财富滥砍滥伐绿水青山，用牺牲生态环境来换取金山银山，使得环境污染日益加重，生态系统逐渐退化，绿水青山越来越少，甚至成为稀缺的自然生态产品。对于自然生态产品，我们要充分认识到绿水青山的生态价值，通过保持和恢复自然生态产品的生态功能获取生态效益。

增加生态产品供给广泛涉及经济活动的各个领域。农业生产减少化肥和农药的使用量生产的有机农产品就是生态产品，这样的生态产品不仅可以提高人民饮食健康福祉，而且具有高附加值，也为改变农业生产方式、提升农业生产技术装备开辟了巨大空间。渔牧业生产中采取阶段性休渔禁牧措施不仅有利于海洋和草场的生态修养，而且可以提升产品品质，增加经济回报。一要因地制宜制定政策，创建特色示范区。各地政府应根据政策的总方针和目标，依据当地的经济发展水平、环境资源状况、地理条件等因素，因地制宜地制定符合当地农业绿色发展的政策措施。同时，按照政策规划，加大农业绿色发展示范区建设力度，立足当地资源禀赋、区域特点和突出问题，因地制宜地创建具有不同特色的示范区，探索符合区域特点和地方特色的绿色发展模式，引领农业绿色发展。二要建立绿色资源台账，加强环境监管。我国农业绿色发展政策规划相继出台，农业绿色发展正式进入稳步发展阶段，环境资源得到初步改善，但仍存在大量粗放经营的方式。在农业转型的关键时期，应采取量化的办法，建立农业绿色发展资源台账，对各地各时期的农业绿色发展水平进行评价，以督促各地农业健康、可持续发展。构建产地环境、农业资源、生态系统、绿色供给等多方面监测体系，确保农业提质与环境保育协调发展。三要完善绿色发展

奖惩细则，规范生产行为。农业绿色发展政策是为了实现长期、可持续发展，短期内成效相对较低，为避免因农户观念落后、企业效益低下等问题导致农业绿色发展无法顺利推行，应出台和完善奖惩细则，规范生产行为，助力农业绿色发展。应尽快建立一套完整的具有明确指向性的农业绿色发展补贴体系，做到条例清晰、内容翔实，以更好地提高农民的绿色发展主体意识。①

第二节　碳达峰碳中和行动壮大生态经济发展动能

为了推动我国低碳绿色发展，应对全球气候变化，2020 年 9 月 22 日，习近平主席在第七十五届联合国大会一般性辩论上提出："中国将提高国家自主贡献力度，采取更加有力的政策和措施，二氧化碳排放力争于 2030 年前达到峰值，努力争取 2060 年前实现碳中和。"② 这代表正式向世界递交了我国减排的时间表。碳达峰是指全球或区域碳排放量达到峰值后不再增长，之后逐渐下降的过程。碳中和是指在特定时间内，每一个对象（全球、国家、企业甚至某个产品等）未来"排放的碳"与"吸收的碳"相等。作为世界上最大的发展中国家，我国长期以来积极参与全球气候变化行动，从《联合国气候变化框架公约》到《巴黎协定》，我国在全球气候治理体系中的角色已经悄然发生转变，从被动地参与到主动地引领，从全球生态文明建设的贡献者到代表发展中国家发声、争取权益、协助提供碳减排支持，我们一直在向世界展示着坚定的中国态度。随着社会的不断进步，我国民众的环境保护意识也在不断增强，"让绿色低碳生活成为新时尚"已逐渐融入我们的日常生活。我国节能减排取得的一系列成果得到了社会的广泛认同，为我国实现碳中和目标奠定了良好的社会基础。

（1）低碳化、清洁化和高效化是能源发展的大势所趋。碳中和意味着从化石能源时代向非化石能源时代过渡的开始。从人类历史上的两次工业革命的经验来看，煤炭、石油等能源的获取和使用在很大程度上影响了大国的兴衰。未来多数化石燃料将退出历史舞台，哪个国家能够快速发展清洁可再生能源，其就能够在新的国际格局中成为领导者。作为全球第二大经济体和最大的二氧化碳排放国，我国宣布碳中和目标，积极响应《巴黎协定》应对气候变化，主动

---

① 参见冯丹萌，王欧. 发达国家农业绿色发展的政策演进及启示［J］. 农村工作通讯，2019（4）：58-61.

② 习近平. 习近平重要讲话单行本（2020 年合订本）［M］. 北京：人民出版社，2021：171.

作出减排承诺，不仅彰显了大国的责任与担当，而且对于加速我国社会、经济、能源、技术等方面的转型与重构具有战略意义。

（2）摆脱能源对外依赖。当前，我国化石能源的对外依赖程度仍然较高。以石油产业为例，我国石油的进口量位居全球首位，2020 年对外的依赖程度攀升至 73%。在我国工业化进程持续推进的前提下，未来对于能源的需求将有增无减。但事实上，我国可再生能源非常丰富，资源禀赋远远超过化石能源。大力发展可再生能源，提高清洁能源的消纳比例，能够降低对煤炭、石油等化石能源的依存度，摆脱传统高能耗能源结构，提高我国能源的自给率，保障我国能源安全，推动能源高质量发展。

（3）推动产业技术升级。技术研发与技术突破是实现净零排放的关键。只有充分融合各种新型技术，依托原始创新，打造以低碳为核心的新型竞争力，才能实现长期的可持续高质量发展。这种科技发展的趋势必然带动一二三产业和基础设施的绿色升级。为了提高我国在全球多技术领域的竞争力与领导地位，我国相关领域，特别是电力系统、工业行业原燃料替代、交通电气化等领域，必须主动发力，开展从基础研究到技术应用的多层次探索，解决关键技术被“卡脖子”的问题，建立更有主导能力的技术标准，这样不仅能确保我国在世界各行业的发展中抢占先机，而且能从更深层级激发高质量发展的潜力。

（4）推动循环经济转型发展。构建绿色低碳循环发展体系，需要生产体系、流动体系、消费体系的协同转型。碳中和推动的能源技术革命将向交通、工业、建筑以及其他行业传导，推动全产业实现全面低碳化与现代化。碳中和将促进生产方式、消费方式和商业模式与碳排放脱钩，促进低碳可持续产业的发展和进步，有效降低资源消耗强度，减少垃圾污染物，减少各类温室气体排放。依托循环经济实现经济效益、社会效益、生态效益的平衡，构建经济发展与环境保护和谐有机融合的经济发展模式。

第三节　以黄河国家战略推动山东省生态经济发展

2019 年 9 月 18 日，习近平总书记在河南省郑州市主持召开了黄河流域生态保护和高质量发展座谈会，将黄河流域生态保护和高质量发展上升为国家战略。党中央和沿黄各省区围绕解决黄河流域存在的矛盾和问题，开展了大量工作。2021 年 10 月 22 日下午，习近平总书记在山东省济南市主持召开深入推动黄河流域生态保护和高质量发展座谈会并发表重要讲话，指出沿黄河省区要落实好黄河流域生态保护和高质量发展战略部署，坚定不移走生态优先、绿色发展的现代化道路，并勉励山东努力在服务和融入新发展格局上走在前、在增强经济社会发展创新力上走在前、在推动黄河流域生态保护和高质量发展上走在前，不断改善人民生活、促进共同富裕，开创新时代社会主义现代化强省建设新局面。

黄河是中华民族的母亲河，自夏以来的4000多年中，黄河流域有3000多年是中国的政治文化经济中心，四大发明都产生在黄河流域。黄河流域是我国重要的生态安全屏障、农牧业生产基地和重要能源基地，在我国经济社会发展和生态安全上具有十分重要的意义。同时，黄河流域也是我国生态脆弱区面积最大、类型最多、程度最深的地区之一，经济社会发展长期面临水资源严重短缺、生态质量恶化等因素制约。对长江、黄河这样的大江大河系统推进大保护、大治理，事关中华民族伟大复兴和永续发展。实施黄河流域生态保护和高质量发展战略，是解决水资源供需矛盾、保障黄河安澜的迫切需要，是防范生态安全风险、筑牢北方地区生态屏障的现实需要，是促进全流域战略协作、实现高质量发展的战略需要，同时也是彰显中华文明、凸显文化自信的时代需要。

推动黄河流域生态保护和高质量发展国家战略贯彻落实，首先要把握黄河流域生态保护和高质量发展的重要原则。第一，保护黄河要从过度干预、过度利用向自然修复、休养生息转变。治理黄河重在保护，要在治理。经过数百万年的演化和变迁，黄河形成了复杂多样的生态系统，要充分尊重自然、顺应自然、敬畏自然，把握客观规律，坚持自然恢复为主，不过度开发，把经济活动限制在资源环境可承受的范围内，给黄河留出休养生息的时间和空间。第二，要坚持以水而定、量水而行，共同抓好大保护，协同推进大治理。随着流域经济社会发展，黄河流域水资源矛盾日益突出，面对尖锐的用水矛盾，习近平总书记强调，要坚持“有多少汤泡多少馍”，推动黄河流域高质量发展。我们在贯彻落实黄河国家战略的过程中，要牢牢把握“以水而定、量水而行”的原则要求。依水而定，就是要把节约和保护水资源放在优先位置，作为衡量战略实施成效的重要标尺。量水而行，就是要把维护河流健康、改善水生态环境、优化水沙关系等作为重中之重，引领带动各项工作。第三，要把握生态保护和经济发展的辩证关系，坚定走绿色可持续的高质量发展之路。生态保护做得好不好，归根结底取决于产业结构和发展方式好不好。当前我国经济已由高速增长阶段转向高质量发展阶段，面对新形势，黄河流域不能再走先污染后治理的老路，而是要充分发挥各地区比较优势，坚持“宜工则工、宜商则商、宜农则农、宜粮则粮”的原则，以严格的生态保护倒逼高质量发展，以高质量发展促进生态保护。通过生态保护和高质量发展相结合，形成相得益彰的生态经济社会效益，激发沿黄地区高质量发展的强大动力和活力。

黄河流域生态保护和高质量发展，是山东纳入国家总体布局的重大战略，是党中央、国务院赋予山东的重大政治责任和重大发展机遇。作为黄河中下游经济发达地区和入海口省份，在黄河流域生态保护和高质量发展的战略布局中，山东占有不可替代的重要地位。其一，黄河从山东入海，沿黄湿地和海岸生态带构成黄河下游的重要生态屏障。在黄河流域生态系统中，黄河口三角洲是世界上最年轻的湿地系统，是生物多样性保护的重要生态功能区。山东沿黄地区湿地总面积约 97 万公顷[①]，包括沼泽湿地、近海与海岸湿地、湖泊湿地、人工湿地、河流湿地等，湿地中有 90 个被列为各类自然保护地，面积 74 万公顷。其二，在推动黄河流域高质量发展上，习近平总书记明确提出："发挥山东半岛城市群龙头作用，推动沿黄地区中心城市及城市群高质量发展。"[②] 其三，在传承弘扬黄河文化方面，齐鲁文化是黄河文化的重要组成部分，山东是齐鲁文化的发源传承之地，肩负着讲好黄河故事，传承好、弘扬好黄河文化的重任。2021 年 10 月 8 日，中共中央、国务院印发了《黄河流域生态保护和高质量发展规划纲要》，提出构建黄河流域生态保护和高质量发展的三大格局。一是在生态保护方面，构建黄河流域生态保护"一带五区多点"的空间布局，以黄河三角洲湿地为主的河口生态保护区为"五区"之一。把"推进下游湿地保护和生态治理"作为一个单独的章节，提出谋划建设黄河口国家公园，支持黄河三角洲湿地与重要鸟类栖息地、湿地联合申遗，减少油田开采、围垦养殖、港口航运等经济活动对湿地生态系统的影响。二是在高质量发展方面，提出构建形成黄河流域"一轴两区五极"的发展动力格局，山东半岛城市群为带动黄河流域高质量发展的"五极"之一。三是在黄河文化传承弘扬方面，提出构建多元纷呈、和谐相容的黄河文化彰显区，其中，儒家文化区主要包括下游的山东曲阜、泰安等地区，以孔孟为代表的传统文化源远流长。《黄河流域生态保护和高质量发展规划纲要》关于生态保护、高质量发展和文化传承弘扬的三大格局部署，进一步凸显了山东省在黄河流域生态保护和高质量发展战略中的重要地位和重大责任。

山东在积极推动黄河流域生态保护和高质量发展国家战略的落地落实上取得明显成效。山东明确了沿黄地区发展的思路目标，紧紧围绕发挥山东半岛城

---

① 1 公顷＝10000 平方米。

② 国务院研究室编写组. 十三届全国人大三次会议《政府工作报告》辅导读本 [M]. 北京：人民出版社，中国言实出版社，2020：250.

市群龙头作用，紧扣生态保护和高质量发展两个关键，提出了生态保护和高质量发展的重点任务、政策措施和一系列工程项目，正在加快推进各项工作，深入推动黄河战略的贯彻落实。在生态保护方面，高标准推进泰沂山区、黄河滩区、东平湖、南四湖等重点区域生态保护修复治理，因地制宜建设沿黄防护林工程，打造济南—德州、滨州—东营黄河百里风貌带，山东黄河段绿化面积超21万亩，初步形成了一条集防洪、生态、经济、社会效益于一体的黄河生态绿色廊道。在高质量发展统筹谋划方面，山东已建立省级重点项目动态储备库，组织实施生态保护修复等10大领域、556个重大工程项目，项目总投资近5万亿元。围绕着力发挥山东半岛城市群龙头作用，构建起“一群两心三圈”区域发展格局。山东在科学编制规划、加强黄河流域生态环境保护、引导产业科技创新、培育壮大发展新动能、提高发展质量、改善沿黄地区群众生产生活环境、提高民生福祉等方面取得了明显成效。

黄河宁，天下平。促进黄河流域生态保护和高质量发展，要以习近平生态文明思想为指导，共同抓好大保护，协同推进大治理，紧扣生态保护和高质量发展两个关键，聚焦解决山东黄河流域在生态保护和高质量发展中面临的突出问题，在推动沿黄地区产业绿色转型、推进水资源保护和集约高效利用、系统开展污染防治、实施黄河三角洲生态保护和修复工程、构建协同治理和发展机制、传承弘扬黄河文化等方面实现全面突破。

一、加强科技创新，推动产业绿色转型

科技创新是促进绿色低碳发展的技术保障。“十四五”时期，科技创新在环境污染防治、传统产业转型升级、新产业新动能培育等领域将发挥决定性作用。2021年《山东省政府工作报告》指出，山东要加快科技自立自强，全力建设高水平创新型省份。一是完善科技创新体系，构建多层次实验室体系，深入实施山东省委提出的大科学计划和大科学工程。推动大型工业企业成立服务于自身创新发展和行业高质量发展的研发机构；推动国家高新技术企业和科技型中小企业“双倍增”计划在山东落地落实。二是要加强创新平台支撑，创建综合性国家科学中心，加快建设中科院济南科创城，助力重大科技创新攻关。三是针对“十强”产业发展瓶颈问题，着力突破“卡脖子”核心技术研发，保障高新产业链、供应链安全。四是突出企业创新主体地位，大力培育创新型领军企业和科技型中小企业，鼓励由企业牵头组建创新联合体，推动产业合作。五是加强人才培育和引进，实施泰山产业领军人才工程，鼓励青岛探索建设院士创新特区，发挥高层次人才在产业创新发展中的核心作用。

加强科技创新，推动产业绿色转型，要把淘汰落后产能、培育壮大新动能

和发展现代产业体系等相结合，深入推进资源节约集约利用。继续淘汰传统落后产能，分行业制订和实施落后产能淘汰方案，推动落后动能有序退出。培育新动能，就要支持新一代信息技术项目，加快工业互联网赋能。抓好“现代优势产业集群＋人工智能”试点示范项目，支持青岛打造世界工业互联网之都，促进大中小企业融通发展。发展现代产业体系，重点培育战略性新兴产业，实施企业自动化、数字化和智能化技术改造。开展“数聚赋能”行动，发挥山东大数据优势，提升产业链和供应链现代化水平。促进济南国家新一代人工智能创新发展试验区、青岛国际客厅等重大平台建设。

二、推进水资源保护和集约、高效利用

作为我国第二大河，黄河水资源总量不足长江水资源总量的7%，黄河流域人均水资源占有量仅为全国平均水平的27%。然而，黄河流域水资源利用方式还比较粗放，水资源开发利用率高达80%，远远超过40%的生态警戒线。面对尖锐的用水矛盾，习近平总书记指出，要坚持“有多少汤泡多少馍”，要求我们牢牢把握“以水而定、量水而行”的原则要求，把水资源作为最大的刚性约束，牢牢把握水资源先导性、控制性和约束性的作用，统筹全流域生产、生活、生态用水，推进水资源节约、集约、高效利用。

水资源是当下和未来城市发展的最大刚性约束之一，实现水资源的可持续高效利用，也是经济高质量发展的必然要求。山东应着力推进水资源保护，重点实施饮用水水源地保护建设工程、健康水生态保护示范工程、地下水环境保护工程。系统优化水资源配置，重点完善水资源配置保障工程体系，加快非常规水源开发利用，创新水资源高效利用体制机制。全面建设节水型社会，重点打造节水农业示范区，提升工业节水效能，推进城镇生活节水。其一，推进农业节水增效，要进一步完善节水灌溉设施，普及推广高效节水灌溉技术。同时，优化作物种植结构，适度实施轮作休耕；实施规模养殖场节水改造和建设，推广节水型畜禽养殖方式。其二，提升工业节水效能，要大力推进现有工业节水改造，推动水循环利用，形成“低投入、低消耗、低排放、高效率”的“三低一高”型节约增长模式。其三，推进城镇生活节水，要以海绵城市建设试点为契机，全面推进节水型城市建设；深入开展公共领域节水，在公共建筑、行政事业单位推广节水技术应用和节水产品；控制高耗水型服务业用水和各行业用水定额，积极研发、推广水的循环利用技术。

三、加强污染防治，精准科学依法治污

近些年来，山东省开展污染防治攻坚力度大、措施实，取得了明显成效。

但是，随着生态环境治理的深入推进，也遇到一些深层次的难题与矛盾，治理难度不断增加。在“十四五”时期，深入打好新时期污染防治攻坚战，更要讲究方式方法。首先，要系统开展污染防治，确保取得更好的治理成效。山东沿黄地市首先应强化能源消费“双控”，从源头进行污染防治。其次，突出抓好河湖排污口排查整治和黑臭水体治理，有效控制面源污染。在治理方式方法上，应突出精准治污、科学治污和依法治污。

精准治污，就是要抓住主要问题，进行重点突破。精确识别污染源，明确治理对象，通过数据分析找出影响环境质量的主要因素；通过环境监测、污染源普查、环保督察、群众信访等方式，确定突出问题和薄弱环节。针对问题的不同特点和成因对症下药，实施靶向治疗。根据企业的治污能力、环境管理水平及守法情况，实行差别化管理。科学治污，就是要明确重点任务，创新治理模式。加强污染物生成转化规律研究，实施细颗粒物和臭氧协同治理。加快从海洋大省到海洋强省建设，消劣、净滩、打造美丽海湾。加强地下水超采及污染治理、大宗固体废弃物处理、土壤生态修复和农村环境污染治理。支持第三方治理、环保管家等创新模式，提升治理效能。依法治污，就是要树立法治思维，坚持依法行政。避免“拍脑袋”式决策，杜绝平时不作为、急时“一刀切”的做法。依法履职、严格执法，落实企业治污主体责任，逐步提高违法罚款上限，解决违法成本过低问题。规范自由裁量权，避免随意执法、任性处罚。

四、实施黄河三角洲生态保护修复工程

黄河三角洲是黄河唯一的入海口，附近海域是我国海洋经济种类重要的产卵场、育成场。黄河三角洲生态保护和修复，重在解决由于生态流量缺失而造成的三角洲湿地退化和河口低盐萎缩、区域自然保护地体系混乱和生物多样性降低问题。要着力保障三角洲和河口的基本生态需水，遵循黄河口自然演变规律，实施黄河三角洲湿地生态系统修复工程，建立国家公园体系，严格保护河口新生湿地，重点保护河口淡水湿地，以自然修复为主，控制大规模人工生态重建，保护黄河口原生生态系统，建议采取以下具体措施。

一是创建黄河口国家公园。加快自然保护区和功能区优化调整，合理划定核心保护区和一般控制区；加强黄河三角洲自然保护地建设，构建自然保护地分类分级管理体制；建设黄河三角洲自然保护区保护管理能力提升及公共服务设施提升工程，促进自然保育、巡护和监测的信息化、智能化。二是实施黄河三角洲湿地生态保护与修复工程。实施退耕还湿、退养还湿等生态治理项目，修复滩涂湿地和河口新生湿地；实施清水沟流路生态补水等工程，对黄河清水

沟主流路、刁口河备用流路及黄河三角洲区域内流域面积100平方公里以上的入海河流路进行生态补水，促进黄河三角洲湿地、河流生态系统的健康发展。三是实施黄河三角洲生物多样性保护工程。加强黄河沿岸湿地资源、植物、动物等生物多样性保护。强化自然保护区、种质资源保护区建设，重点对野大豆、罗布麻、天然柽柳等生境进行封闭式保护管理；实施互花米草治理工程，加强对外来入侵物种的治理。开展鸟类栖息地保护行动，保护好鸟类迁徙中转站、越冬地和繁殖地；严格执行海洋休渔政策，增加黄河、刁口河等入海淡水量，保持5、6月份月均22亿立方米的最低入海径流量，维持黄河口海域不低于500平方公里的低盐区，建设海洋生物综合保育区，促进黄河带鱼、小黄鱼、中国对虾等传统鱼虾蟹贝类的繁衍恢复。四是实施河口、海湾污染防治工程。开展入河入海排污口排查整治，对东营、滨州2市入河入海排污口进行规范化整治；开展海水养殖污染治理，加快河口区生态渔业工厂化养殖尾水处理、水产养殖废水循环示范利用等项目建设，推动海水池塘和工厂化养殖升级改造；开展入海河流和近岸海域垃圾综合治理和船舶污染治理，完善港口、船舶污水处理设施，禁止船舶向水体超标排放含油污水。

五、构建沿黄地区协同治理和发展机制

加强黄河沿线城市建设与合作，建立跨省区和本省区城市合作机制，推动资源共享、优势互补，实现本地优势发展与区域之间协作发展有机结合，更好发挥黄河流域高质量发展龙头作用。一是加强区域合作，推进山东沿黄9地市协调发展。提升济南、青岛核心城市竞争力，发挥其辐射带动作用，强化济南都市圈、青岛都市圈引领作用，推动全省区域一体化发展。二是发挥沿海区位、海洋强省、开放通道等比较优势，在解决黄河流域城市群发展共性问题上发挥示范作用。推动黄河流域跨区域合作，探索城市群协同发展新机制，建设黄河科技创新大走廊，共建黄河现代产业合作示范带。三是聚焦要素配置，创新合作机制和合作渠道，建设黄河流域城市群与国家重点城市群之间互动合作的战略枢纽。深度融入京津冀协同发展，精准对接雄安新区规划和建设需求，掌握其产业布局情况，主动承接航空航天、教育医疗等高端产业转移，建设高端合作交流平台。

六、传承弘扬黄河文化，讲好黄河故事

新时代围绕建设现代化强省的总体目标，山东应积极推动黄河文化的研究与阐释、弘扬黄河精神、打造黄河文化标识、彰显黄河文化的时代价值，努力

把黄河文化的优势转化为推进现代化强省建设和迈向高质量发展阶段的精神动力。

具体而言，一是打造黄河文化标识。打造黄河文化标识是延续历史文脉、讲好黄河故事的重要形式，是塑造山东省黄河文化的整体形象、凸显山东黄河文化地位的重要载体。重视对黄河文化精神的深入挖掘和提炼，着力塑造黄河入海的文化品牌形象，为打造黄河文化标识提供内在的支撑。二是弘扬和彰显黄河精神的时代价值，宣传和弘扬黄河精神。深入挖掘黄河文化蕴含的精神财富，将其全面融入现代化强省建设。黄河是一条承载着中华文明基因、传播民族力量的大动脉，黄河文化中蕴含的团结奋争、百折不挠、自强不息、无私奉献等优良精神基因，最终将演化为伟大的中华民族精神。三是推动黄河文化全面融入生产生活，以齐鲁优秀传统文化传承创新工程为引领，形成完善的黄河文化研究、教育、实践养成、保护和传承传播交流体系，构建保护传承弘扬黄河文化的大格局，推动黄河文化进校园、进教材、进课堂。加强黄河文化展示、传播和推广，把黄河文化蕴含的优秀思想理念、人文精神和道德规范转化为广大人民的价值认知、情感认同和行为习惯。

随着黄河流域生态保护和高质量发展重大国家战略的深入实施，山东必将在深入学习贯彻习近平总书记在深入推动黄河流域生态保护和高质量发展座谈会上的重要讲话精神的基础上，坚持生态优先、绿色发展，努力拓宽高质量发展空间、厚植绿色发展新优势，在加强黄河流域生态保护、推动高质量发展和传承弘扬黄河文化中发挥重要作用，努力在推动黄河流域生态保护和高质量发展上走在前，在“让黄河成为造福人民的幸福河”的实践探索中贡献山东力量。

综上所述，习近平生态文明思想为生态经济创新发展、构建中国特色生态经济学奠定了道路自信、理论自信、制度自信和文化自信。以习近平生态文明思想为指导，构建中国特色生态经济学，研究生态经济发展新动能，是时代赋予的历史重任，需要生态经济学界的专家学者基于中国的生态经济实践开展深入研究，提出原创性的理论，探索原创性的方法，更好地体现出中国国情与中国智慧，形成具有中国特色的生态经济学，在为中国生态经济实践服务的同时，也为解决全球生态经济问题提供中国方案。

参考文献

[1] 习近平. 破解经济发展和环境保护的“两难”悖论［M］//习近平. 之江新语，杭州：浙江人民出版社，2007.

[2] 中共中央文献研究室. 十八大以来重要文献选编（中）［M］. 北京：中央文献出版社，2016.

[3] 习近平. 推动我国生态文明建设迈上新台阶［J］. 求是，2019 (3).

[4] 习近平. 干在实处　走在前列——推进浙江新发展的思考与实践［M］. 北京：中共中央党校出版社，2006.

[5] 中共中央文献研究室. 习近平关于社会主义生态文明建设论述摘编［M］. 北京：中央文献出版社，2017.

[6] 全国干部培训教材编审指导委员会. 推进生态文明　建设美丽中国［M］. 北京：人民出版社，党建读物出版社，2019.

[7] 史培军，刘学敏. 生态建设产业化　产业发展生态化［J］. 求是，2003 (4)：32-34.

[8] 姬振海. 生态文明论［M］. 北京：人民出版社，2007.

[9] 林红，严子杰. 生态文明建设案例教程［M］. 北京：中共中央党校出版社，2013.

[10] 郝文斌. 生态经济发展的理论基础与实践路径［J］. 北方论丛，2015 (2)：144-147.

[11] 郭新伟，牟文谦. 我国高效生态经济发展趋向及对策建议［J］. 改革与战略，2012 (6)：34-36.

[12] 任海平. 发展生态经济是21世纪中国经济可持续发展的必然选择［J］. 科学新闻，2006 (9)：10-11.

[13] 梁伟，朱孔来，郭春燕. 山东省生态经济水平与区域竞争力的协调度及评价体系研究［J］. 济南大学学报（社会科学版），2012，22 (1)：85-90.

[14] 张淑敏，张宝雷. 黄河三角洲高效生态经济区生态经济综合评价

[J]. 经济与管理评论，2016，32 (4)：119-123.

[15] 王继东，何青松. 生态经济视角下的山东产业结构问题探讨 [J]. 经济问题，2009 (11)：123-125.

[16] 沈满洪. 生态经济学的定义、范畴与规律 [J]. 生态经济，2009，(1)：42-47，182.

[17] 刘思华. 刘思华可持续经济文集 [M]. 北京：中国财政经济出版社，2007.

[18] 姬振海，生态文明论 [M]. 北京：人民出版社，2007.

[19] 曾贤刚. 中国特色社会主义生态经济体系研究 [M]. 北京：中国环境出版集团，2019.

[20] 任保平，苗新宇. "十四五"时期我国经济高质量发展新动能的培育 [J]. 经济问题，2021 (2)：1-11，106.

[21] 任保平，李禹墨. 新时代背景下高质量发展新动能的培育 [J]. 黑龙江社会科学，2018 (4)：31-36.

[22] 王小广. 新旧动能转换：挑战与应对 [J]. 人民论坛：中旬刊，2015 (12)：16-18.

[23] 马艳玲. 准确把握新常态　培育经济增长新动能 [J]. 经济师，2017 (5)：41-42.

[24] 魏杰，汪浩. 转型之路：新旧动能转换与高质量发展 [J]. 国家治理，2018 (21)：31-38.

[25] 刘戈非，任保平. 地方经济高质量发展新动能培育的路径选择 [J]. 财经科学，2020 (5)：52-64.

[26] 萨缪尔森，诺德豪斯. 经济学 [M]. 萧琛，译. 北京：中国发展出版社，1992.

[27] 李博. 生态学 [M]. 北京：高等教育出版社，2000.

[28] 丘水林. 区域生态产品价值实现机制研究 [D]. 福州：福建师范大学，2018.

[29] 代明，刘燕妮，江思莹. 主体功能区划下的生态补偿标准：基于机会成本和佛冈样域的研究 [J]. 中国人口·资源与环境，2013 (2)：18-22.

[30] 蔡冬冬. 中国财政分权体制下地方公共物品供给研究 [D]. 沈阳：辽宁大学，2007.

[31] 罗尔斯顿. 环境伦理学 [M]. 杨通进，译. 北京：中国社会科学出版社，2000.

[32] 克鲁蒂拉，费舍尔. 自然环境经济学：商品性和舒适性资源价值研

究［M］. 汤川龙，等译. 北京：中国展望出版社，1989.

［33］张象枢. 环境经济学［M］. 北京：中国环境科学出版社，2001.

［34］黄德生. 大气能见度价值评估方法与实证研究［D］. 北京：北京大学，2013.

［35］马中. 环境与自然资源经济学概论［M］. 北京：高等教育出版社，2006.

［36］张屹山. 资源、权力与经济利益分配通论［M］. 北京：社会科学文献出版社，2013.

［37］马国霞，於方，王金南，等. 中国2015年陆地生态系统生产总值核算研究［J］. 中国环境科学，2017（4）：1474-1482.

［38］陈敬东，潘燕飞，刘奕羿. 生态产品价值实现研究：基于浙江丽水的样本实践与理论创新［J］. 丽水学院学报，2020，42（1）：1-9.

［39］全省新旧动能转换重大工程情况［EB/OL］.（2021-01-27）［2021-10-3］. http：//fgw. shandong. gov. cn/art/2021/1/27/art _ 188275 _ 10288061. html.

［40］2020年山东经济运行逆势上扬 高质量发展行稳致远［EB/OL］.（2021-01-22）［2022-01-02］. http：//tjj. shandong. gov. cn/art/2021/1/22/art _ 6109 _ 10284583. html.

［41］联合国环境规划署. 绿水青山就是金山银山：中国生态文明战略与行动［R］. 内罗毕：联合国环境规划署，2016.

［42］黄承梁. 以人类纪元史观范畴拓展生态文明认识新视野：深入学习习近平总书记“金山银山”与“绿水青山”论［J］. 自然辩证法研究，2015，31（2）：123-126.

［43］黄承梁. 论习近平生态文明思想历史自然的形成和发展［J］. 中国人口·资源与环境，2019，29（12）：1-8.

［44］赵建军，杨博. “绿水青山就是金山银山”的哲学意蕴与时代价值［J］. 自然辩证法研究，2015，31（12）：104-109.

［45］刘海霞，王宗礼. 习近平生态思想探析［J］. 贵州社会科学，2015（03）：29-33.

［46］杜艳春，王倩，程翠云，等. “绿水青山就是金山银山”理论发展脉络与支撑体系浅析［J］. 环境保护科学，2018（4）：1-5.

［47］胡咏君，谷树忠. “绿水青山就是金山银山”：生态资产的价值化与市场化［J］. 湖州师范学院学报，2015（11）：22-25.

［48］黎元生. 生态产业化经营与生态产品价值实现［J］. 中国特色社会主

义研究，2018（4）：84-90.

［49］中华人民共和国2019年国民经济和社会发展统计公报［EB/OL］.（2020-02-28）［2022-02-10］. http：//www. stats. gov. cn/xxgk/sjfb/tjgb2020/2020-06/t20200617 _ 1768655. html.

［50］徐锦庚，侯琳良. 山东农业总产值首超万亿元［EB/OL］.（2021-01-20）［2022-02-10］. http：//politics. people. com. cn/n1/2021/0120/c1001-32005244. html.

［51］2019年山东省国民经济和社会发展统计公报［EB/OL］.（2020-02-29）［2022-02-10］. http：//tjj. shandong. gov. cn/art/2020/2/29/art _ 6109 _ 8864126. html.

［52］冯丹萌，王欧. 发达国家农业绿色发展的政策演进及启示［J］. 农村工作通讯，2019（4）：58-61.

［53］SANDS G R，PODMORE T H. A generalized environmental sustainability index for agricultural systems［J］. Agriculture，Ecosystems and Environment，2000，79（1）：29-41.

［54］LIU K F R. Evaluating environmental sustainability：an integration of multiple-criteria decision-making and fuzzy logic［J］. Environmental Management，2007（5）：721-736.

［55］SICHE J R，AGOSTINHO F，ORTEGA E，et al. Sustainability of nations by indices：comparative study between environmental sustainability index，ecological footprint and the emerge performance indices［J］. Ecological Economics，2008（4）：628-637.

［56］FARE R，CROSSKOPF S，HERNANDEZ-SANCHO F. Environmental performance：an index number approach［J］. Resource and Energy Economics，2004，26（4）：343-352.

［57］PEROTTO E，CANZIANI R，MARCHESI R，et al. Environmental performance，indicators and measurement uncertainty in EMS context：a case study［J］. Journal of Cleaner Production，2008，16（4）：517-530.

［58］HEAL G. Valuing ecosystem services［J］. Ecosystems，2000，3（1）：24-30.

［59］PIGOU A C. The economics of welfare［M］. London：Macmillan & Co. Ltd.，1920.

［60］OU-YANG Z Y，SONG C S，ZHENG H. Using gross ecosystem product（GEP）to value nature in decision making［J］. Proceedings of the National Academy of Sciences，2020，117 (25)：14593-14601.

[61] WUNDER S. Payments for environmental services：some nuts and bolts [R]. Jakarta：CIFOR Occasional Paper，2005.

山东社会科学研究·2021

（下）

刘致福　主编

山东大学出版社
SHANDONG UNIVERSITY PRESS
·济南·

目　录

戚继光抗倭与弘扬爱国主义精神研究

全面建成小康社会实践经验与新时代现代化理论创新

徂徕山抗日武装起义与山东抗日根据地发展研究

新时期文旅康养融合发展路径

科创金融改革与发展研究及其他

戚继光抗倭与弘扬爱国主义精神研究

明代山东备倭都司与海防三营考*

王海鹏　刘金凤**

【摘要】明代山东备倭都司和山东海防三营是对卫所制度的有益补充。海防三营设立后，山东沿海形成了卫所制和营兵制并存交错的局面。备倭都司和海防三营的设立，在一定程度上弥补了卫所之间互不统属、协调不力的缺陷，而海防三营互为犄角，互相策应支援，具有十分重要的战略意义，在抵御倭寇侵扰、维护海疆安全中发挥了十分重要的作用。

【关键词】备倭都司；海防三营；营兵制；海防体系

一、明代山东"备倭都司"

"都司"，原指地方一省的最高军事指挥机构，即"都指挥使司"的简称。据《明史》记载："都司，掌一方之军政，各率其卫所以隶于五府，而听于兵部。"[①]这里的"都司"指的是军事机构，其长官为都指挥使、同知、佥事等。后来，"都司"演化为官职名称。

明代，在沿海省份的"都司"与各地镇戍官中均有专门负责"备倭"的官员，即备倭都司[②]。"备倭都司"一词多指的是官职名称，而不是军事机构，与其意思

* 本文为2020年度山东省人文社会科学课题"明清山东海防文化研究"(2020-NDLS-05)的阶段性成果。

** 王海鹏，鲁东大学历史文化学院副院长、副教授；刘金凤，山东省潍坊第一中学高级教师。

① 《明史》卷七十六《志》第五十二册《职官五》。

② 肖立军在《明初山东总督备倭官浅探》一文中使用了"总督备倭官"一词，就是为了将山东都司和备倭都司严格区分开来，避免将两者混淆。有人认为备倭都司是军事机构，甚至认为其属于行都司，此观点有待商榷。

相同的还有"备倭都指挥""备倭都指挥使"等。如,嘉靖《山东通志》卷十一《兵防》记载:山东都指挥使司,"其设官……又领京操军一人,攒运粮储一人,登州备倭一人,德州守备一人"[①]。

《大明会典》《明史》中亦明确以为备倭都司指的是官职。据《大明会典》记载:"总督备倭都司一员,旧设,驻登州府。"[②]《大明会典》、《明史》、顺治《登州府志》、道光《重修蓬莱县志》中均使用"备倭都司"一词,而光绪《增修登州府志》中同时使用了"备倭都指挥使司""备倭都司"两种称谓。表面上看,"备倭都指挥使司"似乎与"山东都指挥使司"类似,但"备倭都指挥使司"指的亦是官职。光绪《增修登州府志》虽然列出了担任备倭都司的都指挥、都指挥同知、都指挥佥事等官职,但这些并非同时存在,而是前后相继的,也就是说,"备倭都司"仅仅是一种官职,而不是由都指挥、都指挥同知、都指挥佥事等共同组成的一个军事机构。

备倭都司存在的时间很长,前后也有一个演变的过程。起初,备倭都司应该是山东都司派出的杂务官,专门负责沿海抗倭。后来,由于倭寇侵扰不断,备倭都司常驻登州,遂逐渐带有征伐官、镇戍官的某些特征。天启年间,总督备倭都司直接由总兵兼任,也正说明了这一特征。光绪《增修登州府志》中所记任职备倭都司的近 50 名将领中,时用、胡俊、戚景通、唐儒、魏一清、夏忠等六人曾"以都指挥体统行事"。除张溨、戚景通、戚继光、赵康侯由周边卫所升任之外,其他人均由外地甚至省外卫所调任。在调任之前,多数为卫指挥、佥事或者同知。此外,担任备倭都司者的职官由都指挥向都指挥同知、都指挥佥事的演变,再到后来备倭都司由总兵兼任,反映了备倭都司"职任益轻"[③]的趋势。

总之,在卫所制度下,卫与卫、守御千户所之间互不统属,各自为战,遇有紧急战事,难以互相协调、配合。备倭都司设立后,这一问题在某种程度上得到了解决。到天启年间,随着总兵的设立、营兵制的发展,备倭都司由总兵兼任,实际上形同取消。

二、明代山东"海防三营"的军官、兵源及其职能

(一)海防三营的设置

在明清地方史志中,"营"的含义主要有两种:一是指设立在某地的军营、营

---

① 《山东通志》卷十一《兵防》,《天一阁藏明代地方志选刊续编》第 51 册,上海书店 1990 年版,第 705～706 页。

② 《大明会典》卷一百二十七《镇戍二·将领下》。

③ 《增修登州府志》卷三十六《武秩上》,清光绪七年(1881 年)刻本,第 1 页。

寨，二是指一种不同于卫所制度的军事编制单位。

登州营位于登州备倭城内，设立于永乐七年(1409 年)。在嘉靖《山东通志》中，有关“登州营”的记载并不是独立的，而是附在“登州卫”之后，与备御所以及巡检司、烟墩等混杂在一起。而据道光《重修蓬莱县志》记载：“七年，建登州营于备倭城内，给符验。设把总指挥二员，团练京操班军……”①这里的登州营，很明确应该是一种军事编制单位，其主要职能是“团练京操班军”。

文登营的设立时间有宣德二年(1427 年)、宣德四年(1429 年)两种说法。文登营原在文登县城西门内，宣德十年(1435 年)移于县城东十里。嘉靖《宁海州志》记载：“文登营，在文登县东北十里，宣德间置。设把总、指挥二人，千户、百户今无定员。马步旗军一千二百人。官，取之诸卫所；军，取之宁海、威海、成山、靖海四卫。”②

即墨营的设立时间，有永乐二年(1404 年)、宣德四年(1429 年)两种说法。即墨营原在即墨县南七十里金家岭，宣德八年(1433 年)移于县北十里。万历《莱州府志》记载：“旧在县南七十里金家岭。宣德八年移县北十里。旧设把总二员。”③

(二)海防三营军官的级别与调任

山东海防三营的职官设置与卫所有很大不同。永宣时期，各营军官均为“把总”。“把总”一职，原在明代京营、边军系统中设置，秩比正七品，低于军中统率千名战兵之千总(守备)，麾下约有战兵 440 人。明初多以功臣、外戚充任。万历年间援朝御倭战争时期，山东海防三营的军官改为“守备”，在级别上有所提高。

在明清山东地方史志中，有关文登营的资料较为详细，对登州营、即墨营的记载则比较少。光绪《增修登州府志》中所记载文登营历任把总、守备共 26 人。文登营把总有 13 人，其中袁琮、王柱、王梦、李鉴等 4 人的情况不详，刘绍远为登州卫人，商之霖为靖海卫人。另外 7 人的情况则较为详细，包括原任职衔、任职地点和机构：王恺，弘治二年曾任威海卫指挥佥事、掌印。石守忠，嘉靖二十八年(1549 年)曾任成山卫指挥佥事，后升任备倭都司。李瀛，宁海卫千户李谦之子，正德十二年(1517 年)袭千户，调福山所，任福山中前所副千户，后升宁海

① 《重修蓬莱县志》卷四《武备・营制》，清道光十九年(1839 年)刻本，第 2 页。

② 《宁海州志》卷上《建置三》，《天一阁藏明代地方志选刊续编》第 57 册，上海书店 1990 年版，第 766 页。

③ 《莱州府志》卷五《兵防》，民国二十八年(1939 年)铅印本，第 10 页。

卫指挥。在文登营把总任后,历任山东都司领秋班,授护国大将军。李桢,万历年间曾任宁海卫掌印。刘平,正德间曾任威海卫掌印。侯永沐,万历年间曾任宁海卫指挥使。袁贡,武举,嘉靖间曾任成山卫指挥佥事、登州营把总。在调任文登营把总之前,王恺、石守忠、袁贡为卫指挥佥事,侯永沐为卫指挥使,王恺、李桢、刘平曾为卫掌印。袁贡曾任登州营把总。以上将领,全部是由文登营周边卫所调任。

光绪《增修登州府志》所记文登营守备亦有13人,其中12人任职于万历年间,1人任职于天启年间。在任文登营守备之前,罗袍、王家将、戈定远为卫指挥,王建极、李茂实、裴虔度为卫同知,张楷、杨如松、费惠、胡来贡为卫佥事。张楷、彭云翮、周鸿谟三人为武进士,费惠为武举。

在职官设置上,海防三营军官与卫所官员还有一个很大的差别,即卫所官员是可以世袭的,而海防三营的把总、守备等官职不可以世袭,是一种流官。此外,文登营把总和文登营守备有一个很大的不同,即多由外地武官调任,只有罗袍和裴虔度是由附近卫所武官调任。以上这些都说明万历年间开始文登营守备的镇戍官特征更加明显。

(三)海防三营兵源与兵额数

海防三营的职官设置、兵员来源等,均与传统的卫所制度有很大不同。海防三营的总兵力,据《明英宗实录》记载,正统八年(1443年),“登州、文登、即墨三营,官军三千九百二人”[①]。登州营的兵额数,据道光《重修蓬莱县志》记载,为“旗军一千五百二十四名”[②]。即墨营的兵额数,蓝田《城即墨营记》记载为“选步骑之精者千有二百人”[③],万历《莱州府志》、乾隆《莱州府志》记载均为“兵丁九百十九名”[④]。文登营的兵额数,据嘉靖《宁海州志》记载,为“马步旗军一千二百人”[⑤]。可见,各营的兵力并不多,每营一般在1000～1500人,差不多相当于一个普通千户所的兵力。而按照卫所制度,一卫的兵力就达5600人。由此推断,营的地位以及三营指挥官的级别都不可能太高。

---

① 《明英宗实录》卷一百一“正统八年二月癸巳”,(台北)“中央研究院”历史语言研究所,1962年,第2037～2038页。

② 《重修蓬莱县志》卷四《武备·营制》,清道光十九年(1839年)刻本,第2页。

③ 蓝田:《城即墨营记·同治即墨县志》卷十《艺文·文类上》,《中国地方志集成·山东府县志辑》第47辑,第200页。

④ 《莱州府志》卷五《兵防》,乾隆五年(1740年)刻本,第2页。

⑤ 《宁海州志》卷上《建置三·附》,《天一阁藏明代地方志选刊续编》第57册,上海书店1990年版,第766页。

山东海防三营与沿海卫所有着非常密切的联系，嘉靖《宁海州志》的一段记载大体解释了营与卫的关系，即文登营“官取之诸卫所”，军取之各卫。登州营、即墨营的情况也基本如此。

综合明清山东沿海各地方志资料可知，山东三大海防营的兵员全部来自周边各卫和守御千户所。卫和守御千户所的编制是完全一样的，只是大小不同而已，其兵源都分为四个部分，分别是京操军、城守军、屯军、捕倭军。海防营从卫和守御所调拨的全部是捕倭军。由于捕倭军被抽调到海防三营，沿海的防御反而更为空虚。

以文登营为例，其兵力来源情况如下：宁海卫，捕倭军文登营 292 名；威海卫，捕倭军文登营 159 名；成山卫，捕倭军文登营 234 名；靖海卫，捕倭军文登营 213 名；宁津守御千户所，捕倭军文登营 68 名；海阳守御千户所，捕倭军文登营 74 名。以上 4 卫 2 守御所合计，文登营兵力为 1040 名。可见，嘉靖《宁海州志》所记载文登营“军取之宁海、威海、成山、靖海四卫”①的说法，基本是准确的。

(四)海防三营的职能

明清地方史志在提到营与卫所的关系时，多使用“分控”“控御”“节制”“策应”“隶”等词汇，但这些词汇所表达的绝不是上下级的统属关系。这里所说的应该是海防三营的辖区与策应范围。

海防三营所在的登州、文登、即墨各地，在军事上均具有重要的战略地位。明人周如砥曾说：“至永乐间，又立即墨等三营，以分控二十四卫所，故其建营之地与所控制之卫所远近相均。”②其他的史料多是分别论述各营的职能，如光绪《文登县志》认为，设立“文登营”的原因在于“明设三卫以备倭寇，三卫各处一隅，不相统属”，而设置“文登营”的目的为“盖以节制三卫，联络声援”。③ 这里认为海防三营的军官可以节制、控御相关卫所。

综合明清地方史志资料可知，海防三营的营兵来源于周边各卫所，各卫和守御所的捕倭军，依然隶属于各卫和守御所，而不是完全属于各营；而卫和守御所的捕倭军又肯定都与各营保持着一定的关系。然而这种关系并不是上下级

① 《宁海州志》卷上《建置三·附》，《天一阁藏明代地方志选刊续编》第 57 册，上海书店 1990 年版，第 766 页。

② (明)周如砥：《驳迁即墨营于胶州议·同治即墨县志》卷十《艺文·文类中》，《中国地方志集成·山东府县志辑》第 47 辑，第 249 页。

③ 《文登县志》卷一《关隘》，清光绪二十二年(1897 年)修，民国十一年(1922 年)铅印本，第 8 页。

的隶属、统属关系，而极有可能是仿照京师三营和班军的模式，定期将卫和守御所的捕倭军抽调到各营，集中训练的关系。这样，海防三营既是训练中心，又是登莱一带重要的战略机动部队；其主要职能是平日里集中训练，遇有战事则用之作战，互相策应。这与明初设立的“内卫京师、外备征战”的京营极为相似。

总之，山东海防三营是一种截然不同于卫所制度的军事单位。营、卫分属不同的军事体系，营制偏重于作战，卫所偏重军政。从支援、策应的角度来看，山东海防三营类似于蓟镇援关诸营，与南方的水寨也有很多相同特征。就海防三营之间的关系来言，三营拱立，互为犄角，可以互相策应、支援。

山东海防三营虽然称为“营”，但又不是严格意义上的成熟的“营兵制”，而是“营兵制”发展演变过程中的一种过渡形式。

三、结语

海防三营不是成熟的“营兵制”，只是“营兵制”发展演变过程中的一种过渡形式。海防三营的兵力由附近卫所抽调，军官由兵部任命。海防三营及沿海卫所均受备倭都司节制。海防三营设立后，山东沿海形成了卫所制和营兵制并存交错的局面。备倭都司和海防三营的设立，在一定程度上弥补了卫所之间互不统属、协调不力的缺陷；海防三营互为犄角，互相策应支援，在战略上具有十分重要的意义，在抵御倭寇侵扰、维护海疆安全中发挥了十分重要的作用。

戚继光军事思想的时代价值

宋耀武*

【摘要】戚继光在江南抗倭和疆北御虏40余载，面对强敌入侵毫不畏惧，遇到事业挫折不改初心，一心报国，终生不渝。在继承前人优秀军事文化的基础上，认真总结实践经验，撰写了《纪效新书》《练兵实纪》等军事著作，创立了完整、系统的军事思想，极大地丰富了我国古代军事思想的宝库。批判地继承戚继光军事思想和军事理论中的精华，具有重要的时代价值。

【关键词】戚继光；军事思想；报国安民；时代价值。

在十八届中央政治局第十次集体学习的讲话中，习近平总书记指出："像戚继光抗倭、冯子材抗法、鸦片战争、甲午海战、抗日战争、抗美援朝战争这些历史，都要深入挖掘其中的爱国主义精神……以长中国人志气……增强做中国人的骨气和底气。"①戚继光是我国杰出的军事家、爱国者、伟大的民族英雄。在江南抗倭和疆北御虏40余载，面对强敌入侵毫不畏惧，遇到事业挫折不改初心，一心报国，终生不渝。在继承前人优秀军事文化的基础上，认真总结实践经验，撰写了《纪效新书》《练兵实纪》等军事著作，创立了完整、系统的军事思想，是我国建军、治军、作战系统理论的创始者和奠基人。戚继光的军事思想是前无古人的，在他之前没有一个人这样系统、完整地阐述过军事思想。其建军思想、治军思想和战略战术思想极大地丰富了我国古代军事思想的宝库，许多思想具有

---

* 宋耀武，中国明史学会戚继光分会顾问、蓬莱戚继光研究会顾问。

① 习近平：《建设社会主义文化强国　着力提高国家文化软实力》，《人民日报》2014年1月1日。

重要的时代价值。

一、教思豢养，报国安民

戚继光军事思想和军事理论的思想基础是他强烈的爱国主义情怀，其道德基础的核心是儒家学说。戚继光少年时期就立下宏愿："封侯非我意，但愿海波平。""安民以为志"是他的誓言，也是他的行动。戚继光认为，建立军队就是为了"保障生民，捍御地方"①。"报国安民"可以说是戚家军的军魂，具体可表述为"听从指挥，崇尚忠义，舍生忘死，保国安民"。戚家军在当时的社会条件下，无疑是一支新型的军队，打不垮，拖不烂，所向披靡，战无不胜。其一个重要原因是，戚继光认为，"练兵之要，重在练心"。所谓"练心"，首要的就是"倡忠义之理"，让每一名将士都首先明确为谁当兵，为谁打仗，从而树立起正确的价值理念。②

习近平总书记说："要坚持从思想上政治上建设部队，坚持党对军队绝对领导的根本原则和制度，坚持不懈用中国特色社会主义理论体系武装官兵，持续培育当代革命军人核心价值观，弘扬我军光荣传统和优良作风，确保部队绝对忠诚、绝对纯洁、绝对可靠，永葆人民军队的性质和本色。"③

2014 年 12 月 30 日，中共中央向全党全军转发《关于新形势下军队政治工作若干问题的决定》，要求全军必须把坚定官兵理想信念作为固本培元、凝魂聚气的战略工程，努力培养有灵魂、有本事、有血性、有品德的新一代革命军人。

军队的战斗力是由人和武器装备等多方面因素构成的。在武器装备一定的情况下，人是构成战斗力的决定性因素。一支由"有灵魂、有本事、有血性、有道德"的将士组成的军队，必定能攻无不克，战无不胜。尤其在冷兵器时代，人的因素更为重要。当然，人的因素内容非常广泛，包括兵员的数量、编制体制、指挥管理、战略战术、官兵素质等，而军队的精神风貌、军人的价值理念（价值观）却是部队的精神支柱，更是部队的灵魂。

二、变革军制，合理编伍

戚继光不仅有一腔爱国热情和战场指挥才干，还是一位锐意进取、对军事

---

① 高扬文、陶琦主编，（明）戚继光撰：《纪效新书》（十八卷本），中华书局 2001 年版，第 8 页。

② 参见高扬文、陶琦主编，（明）戚继光撰：《纪效新书》（十四卷本），中华书局 2001 年版，第 212 页。

③ 习近平：《深入学习十八大精神　建设强大的信息化战略导弹部队》，《人民日报》2012 年 12 月 6 日。

体制、编制、机构、制度等进行变革的创新者。戚继光的这种军队编制和当时明军的传统编制是不一致的。明军的传统编制基本上是5进制或10进制,如每小旗为11人,10小旗为1百户所,10百户所为1千户所,5千户所为1卫。戚继光的部队只在队这一级与小旗相似,加上1名火兵(伙夫),变成12人为1队。戚继光这种军队编制不仅和明朝的传统编制不同,就是和同时代的其他军队编制也不一样。他的军队编制对传统军队编制的改革最大,而与近代军队的编制则更相似,这体现了戚继光所讲的"用法而不泥于法"①的务实精神和他的创造性。

习近平总书记指出:"要牢牢把握能打仗、打胜仗这个聚焦点。坚持以军事斗争准备为龙头,坚持问题导向,把改革主攻方向放在军事斗争准备的重点难点问题上,放在战斗力建设的薄弱环节上。要牢牢把握军队组织形态现代化这个指向。没有军队组织形态现代化,就没有国防和军队现代化。要深入推进领导指挥体制、力量结构、政策制度等方面改革,为建设巩固国防和强大军队提供有力制度支撑。要牢牢把握积极稳妥这个总要求。该改的就要抓紧改、大胆改、坚决改。"②

改革是我军发展的不竭动力,强军兴军根本出路在改革。我军从建军那天起,就在党的坚强领导下,适应形势任务发展变化,不断创新具有我军特色的军事制度和组织体制,不失时机进行改革,推动我军由小到大、由弱到强,从胜利走向胜利。可以说,一部人民军队建设发展的历史,就是一部不断改革发展的历史。

三、称比异用,改进武器

2013年11月5日,习近平总书记在国防科学技术大学视察时指出:"要牢牢扭住国防科技自主创新这个战略基点,大力推进科技进步和创新,努力在前瞻性、战略性领域占有一席之地。要继续抓好基础研究这项打基础、利长远的工作,为国防科技和武器装备持续发展增强后劲。"③

戚继光所强调的"异用之术",用今天的话来讲,就是要绕开"你有我有"的常规式、尾随跟进式和对称式模式,以创新的思路,坚持差异化、非常规、非对称式原则,实现武器装备的跨越式发展,从而实现"变道超车"。

---

① 高扬文、陶琦主编,(明)戚继光撰:《纪效新书》(十四卷本),中华书局2001年版,第5页。

② 习近平:《坚持以强军目标引领改革围绕强军目标推进改革 为建设巩固国防和强大军队提供有力制度支撑》,《人民日报》2014年3月16日。

③ 习近平:《加快建设具有我军特色的世界一流大学》,《人民日报》2013年11月7日。

所谓"非常规""非对称""差异化"武器装备发展思路，就是要全面审视敌我武器装备的状况，分析其优劣、强弱，避实击虚，以己之长，击敌之短。现在流行的观点认为，"非对称"原则是美军在海湾战争中借用自然科学术语提出来的一个新概念。美国于1776年7月4日建国，至今也只有240多年的历史，而在460多年前，我国古代杰出的军事家戚继光就提出了"异用之术"这一武器装备发展的重要原则，这足以看出戚继光军事思想和武器装备发展理论的高明和先进。

四、储养人才，选练将领

习近平总书记指出："要牢牢扭住培养高素质新型军事人才这个中心任务，深入研究现代军事教育特点和规律，坚持走以提高质量为核心的内涵式发展道路，努力培养造就能够担当强军重任的优秀军事人才。"①

强军之道，要在得人。当今世界，军事领域是竞争最为激烈的一个领域，这种竞争说到底是军事人才的竞争。在这充满血与火的残酷较量中，谁能拥有丰富的人才战略资源，占据人才制高点，谁就能掌握军队发展的领先权、未来战争的制胜权。

戚继光积极倡办武学，重视对将才储养的实践和认识，以心术正为练将的核心，以爱国、保民、爱军、恶敌为其政治品质，以"勤、敬、廉"为其思想作风等思想是具有普遍意义和现实意义的。

五、严肃纲纪，以法治军

纪律是军队的生命，严明的军纪是胜利的保证。习近平总书记强调："要着力加强作风纪律建设，抓好依法治军、从严治军方针落实。"②历数古今中外的军队发展史，无不把建立和执行铁的纪律作为建军、治军和克敌制胜的重要原则。依法治军是强军之基，要加大依法治军、从严治军力度，必须强化全军法治信仰和法治思维，构建中国特色军事法治体系，按照法治要求转变治军方式。

戚家军的纪律严明是闻名天下的，但凡出征时有扰民行为的一律斩首示众，所以戚家军无论在哪里作战都能够获得当地百姓的支持，就连少数民族都愿意为之誓死效命，这样的军队在封建王朝是独一无二的。采用这样的治军方

---

① 习近平：《加快建设具有我军特色的世界一流大学》，《人民日报》2013年11月7日。

② 《习近平看望空军某基地酒泉卫星发射中心和兰州军区机关官兵　向全军广大指战员武警官兵致以新春祝福》，《人民日报》2013年2月7日。

针,戚继光造就了一支坚强的部队。

六、习临真战,强化训练

2013 年 11 月 28 日,习近平总书记在视察原济南军区部队时强调:“军事训练是提高实战能力的重要途径和抓手,要坚持仗怎么打兵就怎么练,打仗需要什么就苦练什么,部队最缺什么就专攻精练什么,突出使命课题训练,加大对抗性训练力度,走开基地训练的路子,在近似实战的环境下摔打锻炼部队。”①

练兵是军队建设的关键,是一切军事活动的开端。戚继光练兵的基本目标是练成一支“节制之师”。这种军队“譬如竹之有节,节节而制之,故竹虽虚,抽数丈之笋而直立不屈”②。为了拥有一支“节制之师”,戚继光从伍法、胆气、思想、号令、四力、武艺、营阵等方面对军士进行严格训练。步兵、骑兵、车兵和辎兵等首先都要进行伍法训练,使每个士卒均熟悉自己所在队伍中的位置、职责、隶属关系、兵器配备等。戚继光训练主要采取三项措施:一是调南兵做示范,二是写练兵条例,三是进行思想动员。练兵的内容,一是练胆气,一是练技术,一是练战术,特别是车步骑营协同作战的战术。戚继光最重视训练士兵的勇敢精神,这已经超越了以往的军事家。

七、有机配合,协同作战

“协同作战”这个概念属于现代军事学的范畴,也是现代战争中必须贯彻的原则之一。《中国人民解放军军语》对“协同动作”的定义是:“各军兵种、专业兵和专业部队之间,为执行共同的作战任务,按照战斗的目标、时间和地点协调一致地行动。”协同,有诸兵种之间的协同,即各技术兵种层面的协同;也有各部队之间的协同,即战役战术层面的协同。

习近平总书记指出:“要加快推进联合作战指挥体系建设,提升联合作战指挥能力。要加强新型作战力量建设,增加新质战斗力比重。”③新形势下,要改变单一军种作战的思维定式,树立诸军兵种一体化联合作战的思想观念。要加强以联合作战指挥人才为重点的高素质新型军事人才建设,确保部队召之即来、

---

① 习近平:《深入贯彻党在新形势下的强军目标　努力建设全面过硬战略预备力量》,《人民日报》2013 年 11 月 30 日。

② 高扬文、陶琦主编,(明)戚继光撰:《练兵实纪》,中华书局 2001 年版,第 191 页。

③ 习近平:《在新的起点上做好军事斗争准备工作　坚决完成党和人民赋予的使命任务》,《人民日报》2019 年 1 月 5 日。

来之能战、战之必胜。

在古代,虽然还没有产生现代意义上的"协同作战"这一概念,也没有这一专业术语,但是早已经有了相互配合作战的行动和相关论述,产生了"协同作战"的思想。所谓"排兵布阵"可以说是"协同作战"思想的发端。古代的"协同作战"思想是通过各种阵法的军事实践活动体现出来的,在这方面,戚继光可以说是杰出的代表。

八、战守结合,积极防御

戚继光主张战中有守,守中有战,战守结合,以夺取胜利。他说:"御戎之策,惟战守二端。"[①]"自古防寇,未有专言战而不言守者,亦未有专言守者而不言战者,二事难以偏举。"[②]精明的军事家从来不会株守阵地被动挨打。

倭寇入侵,我国属内线作战,战略上取守势,但以往的明军只是消极防守,只在倭寇入侵时把他们赶下海就完事,所以一百多年间倭患不绝。而戚继光采取战守结合、积极防御的方针,不仅加强岸防建设,加强守军的训练,提高其战斗力,还加强水师建设,主动出击,将倭寇阻截、消灭在海上,既减轻了倭寇入侵对人民生命财产造成的伤害,又对倭寇实行了毁灭性的打击,仅用 12 年的时间,就消除了东南沿海的倭患。

综上所述,戚继光在继承前人的基础上,总结实践经验,发展和创新了我国军事思想和军事理论。批判地吸收、继承戚继光军事思想和军事理论中的精华,首先,有助于我们增强理论自信、文化自信。西方的月亮并不比中国的圆,习近平总书记对中华优秀传统军事文化就情有独钟、素养深厚,充分汲取蕴含其中的尚武思想、战略精神、兵法谋略、治军智慧和为将之道,经常引用古代兵书战策和军事家名言,精妙的典故信手拈来,广博的引用贯通古今。其次,有助于我们更加深刻地理解习近平总书记"政治建军、改革强军、科技强军、人才强军、依法治军"[③]等强军兴军思想。报国安民可以说是戚家军的军魂;保障生民,捍御内地,是戚继光建军的主要目的;道德先行,练心治气,是戚继光立军的根本原则;崇尚英雄,弘扬正气,是戚继光治军的重要途径。戚继光建军德育为基,思想先行可谓是思想建军;对军事体制、机制、编制等根据形势发展的需要进行改革,可谓是变革强军;引进世界最先进技术,采取"异用之术"全面引进、

---

① 高扬文、陶琦主编,(明)戚继光撰:《戚少保奏议》,中华书局 2001 年版,第 54 页。

② 高扬文、陶琦主编,(明)戚继光撰:《纪效新书》(十四卷本),中华书局 2001 年版,第 304 页。

③ 习近平:《在庆祝中国共产党成立 100 周年大会上的讲话》,《人民日报》2021 年 7 月 2 日。

改设、改进、改造和创新武器装备，做到敌无我有，敌有我优，敌优我新，可谓是技术强军；倡办武学，储养人才，训练将领，可谓是人才强军；严明军纪，公平赏罚是戚继光强军的有效举措，可谓是依法治军。正是因为戚继光有了这些先进的实践、思想和理论，所以才打造出攻无不克、战无不胜的“戚家军”。再次，有助于促进和加强军队的现代化建设。戚继光说：“束伍之法，号令之宜，鼓舞之机，赏罚之信，不惟无南北水陆，更无古今；其节制、分数、形名，万世一道，南北可通也。”[①]以史为鉴，启迪未来。戚继光的“算定战”思想，“大创尽歼”的思想，“以五当一”、以众击寡的思想，因形措胜、灵活用兵的思想，反对“花法”“虚套”、习临真战、强化训练的思想，战守结合、积极防御的思想，特别是有机配合、协同作战、组建合成营的思想，具有重要的时代价值。

参考文献

1.高扬文、陶琦主编，(明)戚继光撰：《纪效新书》(十八卷本)，中华书局2001年版。

2.高扬文、陶琦主编，(明)戚继光撰：《纪效新书》(十四卷本)，中华书局2001年版。

3.高扬文、陶琦主编，(明)戚继光撰：《练兵实纪》，中华书局2001年版。

4.高扬文、陶琦主编，(明)戚继光撰：《止止堂集》，中华书局2001年版。

5.高扬文、陶琦主编，(明)戚继光撰：《戚少保奏议》，中华书局2001年版。

6.高扬文、陶琦主编，(明)戚祚国等：《戚少保年谱耆编》，中华书局2003年版。

7.范中义：《戚继光大传》，海洋出版社2015年版。

8.张德信、王熹：《戚继光研究资料粹编》，黄海数字出版社2016年版。

① 高扬文、陶琦主编，(明)戚继光撰：《纪效新书》(十八卷本)，中华书局2001年版，第14页。

戚继光抗倭精神探析

卢岩*

【摘要】戚继光生活在明朝中后期，在浙江、福建、广东等地抗倭十二载，荡平为害东南沿海倭患，捍卫海防战功卓著。这既得益于其倾尽军事才华与心血所创建的戚家军，也得益于他对戚家军的绝对领导。戚家军是戚继光亲赴义乌按照自制选兵标准招募的新兵，并以自编十八卷本《纪效新书》作为练兵蓝本训练而成。戚家军始终将解救百姓于水火作为纲领，对倭寇实施大创尽歼战略。在戚家军建立两年后，《凯歌》应时而生，将其历史使命与主观属性郑重地打上“忠诚报国、为民而战”的精神烙印，这也是戚继光及戚家军历经四百多年朝代更迭，依然被东南沿海百姓深刻铭记、被习近平总书记高度赞同的原因所在。

【关键词】戚继光；抗倭；戚家军；凯歌

明嘉靖三十四年(1555 年)7 月，戚继光被调至倭患如火的浙江，初任“都司佥书，司屯局事”。1556 年 7 月，“诏进分守宁、绍、台地方参将事”。8 月，一股 800 余人的倭寇由三名倭首率领来犯龙山所，明军 3000 余将士前去拒敌，结果“贼以三酋分三路冲入，各部兵数千人皆披靡”。戚继光眼见明军被倭寇冲击得四散溃逃，急忙登上高石连射三箭，将三名倭首射杀。明军见状士气大振，回头合击，倭寇一时无首，慌乱间只得退逃。9 月，阮鹗亲督部队追击倭寇至雁门岭，误入埋伏，除了谭纶与戚继光部兵不动，其他部队都望敌而逃。雁门岭一战，戚

---

* 卢岩，烟台市蓬莱区教育和体育局科员、中国明史学会戚继光分会会员、蓬莱戚继光研究会理事。

继光再度目睹明军的畏敌怯战，明明以十几倍于倭寇的兵力对敌，却被杀得节节败退，这就是当时明军的战斗力与海防现状，戚继光强烈意识到唯有招募新兵练兵为战，才能将倭寇剿除殆尽。

一、募兵创建戚家军

(一)首提募兵练兵

戚继光针对浙江沿海海防现状进行深入查勘与综合分析，究其根本原因就在于“兵无专统，谋不佥同”，“将乏担当，兵无节制”。尽管在兵力数量上占绝对优势，然而没有统一的指挥调度与作战方案，各自为战、互相观望，结果只能是散如流沙，虽以多击少，但仍兵败如山、不堪为战。加上浙江乃富庶之地、鱼米之乡，承平日久，士卒皆已忘战。当海盗奸商勾结倭寇汹涌而至，匆促间根本无力抗击。当时浙江战场上的明军除了本地军队之外，充斥着来自各地的客兵。客兵不能长久驻守，加之路途遥远，倭寇来犯又没有规律，且掳掠财物、百姓后就驾船而去，等到客兵赶到，倭寇早已不见踪影。且客兵多难以控驭，沿途剽掠危害百姓，丝毫不逊于倭寇，“绳之以法，则怨而犯上；宠之以恩，则玩而殃民”①。

因此，戚继光在嘉靖三十六年(1557 年)2 月，拟上《练兵议》，请求“诚得浙士三千，亲行训练，比及三年，足堪御敌，可省客兵岁费数倍矣”②，但并没有得到准允募兵练兵。

(二)再提募兵练兵

戚继光首次提出募兵练兵建议没有得到回应。12 月，胡宗宪从兵备佥事曹天佑所部士兵中拨付 3000 兵给他。戚继光用心带训这 3000 名绍兴籍士兵。嘉靖三十七年(1558 年)4 月，倭寇进犯温州，戚继光督兵拒敌，在乌牛山大败倭寇。战后检验核查功罪时，发现有伤兵被杀以冒充敌首之事，另有一士兵所持首级竟是十五六岁少年的头颅。戚继光下令将戕害无辜者的士兵斩首示众，并连坐其队长。但类似杀良冒功的做法由来已久，对此戚继光深恶痛绝。因此，嘉靖三十八年(1559 年)8 月，戚继光再上《练兵议》，请练义乌兵。鉴于 3000 名绍兴籍士兵经过训练，在军容和战斗力上有所提升，胡宗宪看到经过戚继光训练的本土兵也能打这么多胜仗，便对练兵一事抱了大希望，准予戚继光招募新兵。

(三)招募训练新军

戚继光得到胡宗宪的批示后立即行动，于嘉靖三十八年(1559 年)9 月亲自

① 高扬文、陶琦主编，(明)戚继光撰:《戚少保年谱耆编》，中华书局 2003 年版，第 18 页。
② 高扬文、陶琦主编，(明)戚继光撰:《戚少保年谱耆编》，中华书局 2003 年版，第 19 页。

带人赶赴义乌，按照所制标准精挑细选募得精壮 4000 余人。选兵后戚继光创编“鸳鸯阵”，“阵十二人，首一人居前为队长，次二人夹盾，次二人夹枝兵，次四人夹长矛，次二人夹短兵，末一人为火兵，居后专事樵苏。偏则伍之，两则什之。始为五行，分为‘两仪’，变而为‘三才’。坐作进退，咸入矩度，金鼓节奏，军容整肃，真有蛇鸟风云之状”①。为了发挥“鸳鸯阵”的奇效，戚继光创制狼筅、镋钯等冷兵器，以十八卷本的《纪效新书》作为练兵蓝本。

戚继光一边抗倭一边练兵，很快这支以农民、矿工为主力的队伍迅速成长起来，成为抗倭战场上的精锐先锋，被称作“戚家军”。戚继光秉承“明犯强汉者，虽远必诛”的信念，对倭寇采取“大创尽歼”的战略战术，将自元末至明朝中后期跨越近 300 年的倭患剿除殆尽。

二、戚家军抗倭精神

戚继光率领戚家军将士用热血与生命为东南沿海百姓赢得现世海晏河清、世代安居乐业，无论是戚家军创建之初衷，还是取得抗倭战争伟大胜利之功绩，均昭示着其乃为国家而生、为百姓而战的军队，“忠诚报国，为民而战”，是戚家军的抗倭精神之所系。

（一）忠诚报国

身为戚家军的缔造者，戚继光从不以皇帝喜恶为行事准则，故此他不同于那些愚忠且碌碌无为的武将。戚继光对于“将”如此定义：“为将者，凡于古之忠臣义士，今之名将丈夫，一切为国为民英雄豪杰所为事业。”②在他看来，“保疆域而障国家，臣子事也”，“身为司命，义在死绥，方求致身殉国，以帅士志……鞠躬尽瘁，夕死何憾？”嘉靖三十八年（1559 年）11 月，戚继光与谭纶驰援台州，驻兵于江边武场，条件简陋，寒风凛冽。“水部陈濠进曰：‘日晴风暖犹或可也，值此风寒之夕，不亦难堪乎？’”戚继光却不以为苦道：“追思祖宗，自开国荷养以来，宠佑之日尚多，如此之夕自是还少，能充此念，过堪多矣。”嘉靖四十一年（1562 年）9 月，戚继光率领戚家军在取得横屿大捷后一鼓作气奇袭牛田，大败倭寇。福建百姓、士绅集聚前去感谢戚继光，并重聘丹青高手请求为戚继光画肖像以建立祠堂供奉感恩。戚继光婉言谢绝：“予世豢之臣，即有微劳，尚不足以答国恩，又何功之可言？”③无论是驱驰征战还是面对赞美崇慕，戚继光始终以忠诚报

---

① 高扬文、陶琦主编，（明）戚继光撰：《戚少保年谱耆编》，中华书局 2003 年版，第 34 页。

② 高扬文、陶琦主编，（明）戚继光撰：《练兵实纪》，中华书局 2001 年版，第 159 页。

③ 高扬文、陶琦主编，（明）戚继光撰：《戚少保年谱耆编》，中华书局 2003 年版，第 91 页。

国为己任。

(二)为民而战

戚家军自嘉靖三十八年(1559 年)9 月受募组建成军以来,至嘉靖四十五年(1566 年)4 月,追剿吴平于安南国(今越南),将其彻底歼灭,东南沿海倭患尽除。历时 8 年间历经大小战役几十场,每一场战役都以解救百姓为第一要务,现仅以较为典型的几场战役为例。表 1 所列的五场战役中,经戚家军解救的被倭寇掳掠的百姓万余名,而这仅近乎戚家军抗倭战的十分之一。从这些战争功绩上足以鉴定出这是一支怎样的军队,他们自始至终为国而生、为民而战。表 1 为戚家军在重要战役中解救百姓的情况。

表 1　戚家军抗倭救民情况

战役名称	解救百姓情况
花街战斗	解救被掳的民众 5000 余人
上峰岭战斗	解救被掳男女 1000 有余
横屿之战	解救被掳的男丁女妇 800 余人
牛田大捷	救出被掳男丁女妇 954 人
平海卫大捷	解救被掳男女 3000 余人

“冰冻三尺非一日之寒”,而在封建社会里,要使全军上下树立起为民而战的思想谈何容易。戚继光为了深化戚家军为民而战的认知,教育士兵:“凡你们当兵之日,虽刮风下雨,袖手高坐,也少不得你一日三分。这银分毫都是官府征派你地方百姓办纳来的。你在家那个不是耕种的百姓?你肯思量在家种田时办纳的苦楚艰难,即当思量今日食银容易,又不用你耕种担作。养了一年,不过望你一二阵杀胜。你不肯杀贼保障他,养你何用?就是军法漏网,天也假手于人杀你。”[①]鉴于戚家军主要由农民、矿工募集而成,因此戚继光以其曾经受过的耕种劳作、办纳艰难等遭遇来唤醒将士对百姓的同理心,在思想深处厚植下为民而战的精神根基。

三、创作军歌——《凯歌》

戚继光一生留下诗文 300 余篇,其中诗歌 240 余首,《凯歌》与其他诗歌不

① 高扬文、陶琦主编,(明)戚继光撰:《纪效新书》(十八卷本),中华书局 2001 年版,第 84～85 页。

同之处在于，它是作为军歌诞生于抗倭战场上，其创作背景源于一场经典战役——横屿之战，以及战后那些并不尽为人知的史实。

(一)援闽抗倭

嘉靖四十年(1561 年)4 月，戚继光率领戚家军用时一个月彻底歼灭进犯台州的数千倭寇，取得了倭寇入侵以来前所未有的胜利，浙江倭患尽息。而此时的福建却尽为贼窟，仅以宁德为例，东北 20 里外的横屿岛就被倭寇占领，据岛结巢筑屋，四处劫掠，为害三年多，致使“宁德一路上下三百余里，三年渺绝人踪，县治久为倭废”[①]。福建巡抚上疏朝廷请求派浙兵援闽，朝廷下旨批示，胡宗宪便命戚继光领兵 6000、督府中军都司戴冲霄率兵 1600，副使王春泽任监军，奔赴福建抗击倭寇。戚继光起草作战方略：以戚家军为主力，分两路进攻横屿岛，令戴冲霄驻军以备策应，令张谏部屯金垂渡，令张岳部驻扎石壁岭，令张汉部水军停泊于横屿外水面，准备水陆协同作战。同时议定立功受赏，不许争功误事，战后按兵数均分战功等事项。

(二)解放横屿

横屿岛是个四面环海的孤岛，易守难攻。开战前戚继光亲自勘察地形，了解当地潮汐规律，最终选择“八月初九，‘到处见海滩’小潮的第二天”[②]，出兵横屿岛。戚继光了解到横屿岛周围有数千民众依附倭寇，为不伤及百姓和削弱倭寇势力，便广贴告示：只要主动悔改，必得宽释，既往不咎。因此争取了 1000 余人归附。作战时，戚家军士兵每人身上背着草捆，行到泥泞处就放下草，踏草而行，戚继光亲自为军士擂鼓。等到结束战斗打扫完战场回到陆地，潮水正好上涨。戚继光精心部署，利用潮汐涨落的间隙一举端掉为害宁德三年多的倭寇据点，解救被掳百姓 800 多人。

(三)应时而作

战斗所取得的胜利令所有人欣喜不已，然而当按照既定方案均分战功时却风波乍起，戴冲霄对己部所分得战功太少而心生不满。戚继光开始坚持按约定的办，监军王春泽与汪道昆联合起来做工作。戚继光从大局出发，将戴冲霄部倭寇首级名额由 39 个增加到 120 个，而戴冲霄仍然不满足，要带兵回浙江，众人只好又给他增加 20 个，才勉强作罢。但戴冲霄因此生隙，觉得戚继光不讲私交，因此埋怨不已。彼时汪道昆返归省城，上报战功期候朝廷赏赐以奖军士。

---

① 高扬文、陶琦主编，(明)戚继光撰：《戚少保年谱耆编》，中华书局 2003 年版，第 84 页。

② 范中义：《戚继光大传》，海洋出版社 2015 年版，第 85 页。

戚家军遂屯驻在野地里，等待汪道昆带回朝廷奖励。正值中秋节，戚家军将士们睹月思乡，想到不但战功减少，奖赏也迟迟没有兑现，又很多天没有吃上一顿像样的饭，大家坐在草地上怨声载道。戚继光走出大帐，本想与军士们共度佳节，却看到这般情景。他听众人诉苦后，便语重心长地陈明利害，军士们理解主将的苦心，不再埋怨，只是沉默。戚继光见此情形，亲自口授《凯歌》以振军心。

四、《凯歌》内容及意义

《凯歌》作为我国古代军事史上著名的军歌，与《诗经・秦风・无衣》和岳飞的《满江红》同样经典。“万人一心兮太山可撼，惟忠与义兮气冲斗牛。主将亲我兮胜如父母，干犯军法兮身不自由。号令明兮赏罚信，赴水火兮敢迟留。上报天子兮下救黔首，杀尽倭奴兮觅个封侯。”戚家军将士因《凯歌》而任侠豪迈，以报国卫民为己任，金戈铁马浴血奋战，《凯歌》铮然唱响的是戚家军“万众一心，军法严正”“号令分明，赏罚必信”的铁军精神。

（一）万众一心，军法严正

“万人一心兮太山可撼，惟忠与义兮气冲斗牛”，戚家军将士团结一心、众志成城，连泰山都可以撼动；彼此忠义相许、肝胆相照，全军士气昂扬可直冲云霄。“主将亲我兮胜如父母，干犯军法兮身不自由”，将帅对待士兵有温度、多体恤，关切之情超过父母；但士兵若是触犯了军中刑法，就要按军法处置。

戚继光重视军队中将与将、将与士、士与士之间的关系协作，坚信只有上下一心同甘共苦，才能够万人如一、以一当百。戚继光曾言：“况为将之道，所谓身先士卒者，非独临阵身先，件件苦处，要当身先。所谓同滋味者，非独患难时同滋味，平处时亦要同滋味。”①并要求将官日常除了教阅外，不得“以无要紧事劳扰军士，务令休息。即用一人，如劳自己一般”②；同时对于生病的士兵，要求所属将官按规定看视，“凡病兵，初病者视之。以后，在队总则时时看视，旗总则一日一看，百总则三日一看，把总则五日一看，千总则十日一看，营将每半月一看，主将惟看病重者存恤之”③。

戚继光素以治军严明著称，戚家军更是军法如山：“如已闻鼓声而迟疑不进，即以军法斩首。其余兵仗牌刀，遮抵于后，紧随牌进。交锋筅以救牌，长枪救筅，短兵救长枪。牌手阵亡，伍下兵通斩。”保障了深处“鸳鸯阵”中每名军士

① 高扬文、陶琦主编，（明）戚继光撰：《纪效新书》（十八卷本），中华书局2001年版，第16页。

② 高扬文、陶琦主编，（明）戚继光撰：《练兵实纪》，中华书局2001年版，第60页。

③ 高扬文、陶琦主编，（明）戚继光撰：《练兵实纪》，中华书局2001年版，第63页。

的安危,达到万众一心之境。

(二)号令分明,赏罚必信

“号令明兮赏罚信,赴水火兮敢迟留”,军队中号令明确、赏罚必信、公私分明,将士们即便赴汤蹈火也在所不辞。戚继光要求军士:“凡你们的耳只听金鼓,眼只看旗帜,夜看高招双灯……不许听人口说的言语,擅起擅动。若旗帜金鼓不动,就是主将口说要如何,也不许依从。就是天神来口说要如何,也不许依从……如擂鼓该进,就是前面有水有火,若擂鼓不住,便往水里火里,也要前去。如鸣金该退,就是前面有金山银山,若鸣金不止,也要依令退回。”①

戚继光始终以身作则、赏罚必信,秉承“凡赏罚,军中要柄。若该赏处,就是平时要害我的冤家,有功也是赏,有患难也是扶持看顾。若犯军令,就是我的亲子侄,也要依法施行。决不干预恩仇”。1561 年 4 月,倭寇进犯台州,戚继光率军拒敌,在花街巷道与倭寇短兵相接。为振奋士气,他脱下身上的银制铠甲道:“有能将那倭酋斩首的,我就将这铠甲奖赏与他,记上首功!”朱珏挺身而出、奋勇当先,三两下就斩下倭酋首级,又接连击杀 7 名倭寇。戚家军士气大振,大获全胜后戚继光论功行赏、兑现承诺,全军上下愈加令行禁止。

五、结语

在一次次所向披靡的水陆作战中,在一声声铿锵有力的嘹亮军歌中,戚继光率领戚家军历经大小几十战,以忠诚报国、为民而战的精神,以万众一心、肝胆相照的团结,以号令分明、赏罚必信的严正,大创尽歼来犯侵略者,令穷凶极恶的倭寇胆战心寒不敢再犯。作为在中国古代战争史上能够与岳飞创建的岳家军齐名,并备受后世统治者、兵法家、海内外将领推崇的戚家军,与饱含对国家、对百姓深情大爱的军歌《凯歌》,将始终以国家、民族捍卫者的不朽风姿而彪炳史册。

---

① 高扬文、陶琦主编,(明)戚继光撰:《纪效新书》(十八卷本),中华书局 2001 年版,第 62 页。

戚继光爱国主义精神的形成和启示*

范厚广**

【摘要】戚继光是中国历史上伟大的民族英雄，他赤胆忠心、矢志报国，南北驱驰、戎马一生，为明朝沿海抗倭战争和北方戍边斗争做出了重大贡献，为国家和民族立下了不朽功勋。戚继光爱国主义精神是其光辉一生的根本动力和源泉，深入研究分析戚继光爱国主义精神形成的原因，把握爱国主义形成的一般规律，做好新时代爱国主义精神的教育和养成，构建爱国主义教育的强大合力，有利于树立爱国志向，凝聚爱国力量，坚定文化自信，推动中华民族的伟大复兴。

【关键词】戚继光；爱国主义精神；形成和启示

戚继光是中国历史上伟大的民族英雄，杰出的军事家、将帅诗人。他戎马一生，为明朝沿海抗倭战争和北方戍边斗争做出了重大贡献，为国家和民族立下了不朽功勋。2018 年 6 月 13 日，习近平总书记视察蓬莱，听取戚继光操练水师、保卫海防等介绍时指出："我国古代史、近代史、现代史构成了中华民族的丰富历史画卷。领导干部要多读一点历史，从历史中汲取更多精神营养。"①深入研究和总结戚继光爱国主义精神的形成原因，对于做好的新时代的爱国主义教育具有重要借鉴意义。

---

* 本文为 2020 年度山东省人文社会科学课题"明清山东海防文化研究"（2020-NDLS-05）的阶段性成果。

** 范厚广，中共烟台市蓬莱区委党校高级讲师、烟台市戚继光研究会会员。

① 习近平：《切实把新发展理念落到实处　不断增强经济社会发展创新力》，《人民日报》2018 年 6 月 15 日。

一、戚继光爱国主义精神的形成

(一)良好家风的熏陶

戚继光出生于将门世家。六世祖戚详参加了元末朱元璋起义军,立下汗马功劳。1381 年,戚详随军征战,不幸战死。朱元璋念其为开国功臣并以身殉国,授其子戚斌为明威将军,世袭登州卫指挥佥事(正四品)。五世祖戚斌上任后,迁至蓬莱定居,勤勉任事、忠于职守,成为同僚中的佼佼者。四世祖戚硅、三世祖戚谏、二世祖戚宣相继世袭职务,为人和悦,仗义勇为,名声很好。戚宣无子,戚继光父亲戚景通以侄子身份承袭伯父职务。戚景通 6 岁时父亲戚宁去世,其母阎氏只有 24 岁,贤良聪慧,侍奉婆母,勤俭持家,严格教子。[①] 成年的戚景通,性格刚毅,忠孝仁勇,清廉自律,多有战功,被推举为"孝廉将军"。他曾任江南漕运把总、山东总督备倭、大宁都司掌印官、神机营副将等职,1538 年辞官回乡照顾母亲。但他依然心系边防,回家后,一面继续潜心研究御敌方略,一面教育儿子继承自己的事业。戚景通 56 岁有了戚继光,起名继光就是希望儿子长大后能继承祖业,光耀门楣,成为国家栋梁之材。忠孝仁勇的家风熏陶,奠定了戚继光良好的个人修养和强烈的爱国情操。

(二)良师的博学严教

在戚继光的成长过程中,恩师梁玠的严格教导起到了重要作用。梁玠(1505～1576 年)是登州府蓬莱县(今蓬莱市)人,熟读经书,博识古今,开设家塾,教授乡里。由于他博学善教,及门之徒,多所造就。戚继光 7 岁上学,13 岁时慕名求教、择师而从,走读梁先生的家塾。袭职为官后,按习俗就不能徒步外出就学了,可因家贫备不起车马侍从,年已 40 岁的梁玠便主动提出每天下午到戚继光家中授课,鼓励和帮助其完成学业。一次天色已晚,戚继光给先生端来了比较好的饭菜,却受到梁玠的斥责,告诫其清廉的重要性后拂袖而去。[②] 从这件小事可看出梁玠为人的正直和对少年戚继光的言传身教。老师领读,学生应诵,这种师生融洽相处的情景成为戚继光终生难忘的美好回忆。戚继光遇到梁玠这位良师,学业上奋发上进,旦暮勤读,欣然忘倦,博极群书。19 岁时戚继光正式受任登州卫指挥佥事,管理屯田事务,结束了他与业师梁玠亲聆面授的学习。梁玠给予的文化基础教育和为人处事的裁成影响,戚继光受之于身,永怀

---

① 参见范中义:《戚继光大传》,海洋出版社 2015 年版,第 5 页。

② 参见范中义:《戚继光大传》,海洋出版社 2015 年版,第 8 页。

感激，梁玠去世时，身为五军都督府左都督的戚继光为恩师写了《墓志铭》和《祭业师广文梁中谷先生》，表达了深厚的师生情怀。

（三）长辈的言传身教

戚继光的父亲戚景通和祖母阎氏品德高尚，忠孝节义，教子严格，历经400多年屹立至今的蓬莱“母子节孝”坊是戚家荣誉的证明。在戚继光的成长过程中，祖母的贤德慈爱，父亲的正直清廉，对戚继光影响很大。“题著新壁”让戚继光把忠孝廉节烙印心中，“限绮四户”使戚继光明白了谦虚清廉的做人品质，“痛毁丝履”使戚继光记住了俭以养德的人生道理。[①] 戚景通不仅教育戚继光要有优秀品德，还教诲他要刻苦读书，勤奋练武，长大后成为文武双全的国家栋梁。戚继光博览经典，通读《武经七书》和古代名将传略，从中汲取丰富营养。戚景通为官清廉，积蓄不多，邻居们议论作为将军的戚景通没有留下财产给后人，戚景通却认为留给儿子最大的财富就是把良好的家风传承下去，把儿子教育培养好。戚继光17岁那年，戚景通年老多病，卖掉一处房产凑够盘缠让戚继光进京袭职。送别行至郊外，戚景通拉着儿子的手说：“吾遗若者，毋轻用之。”戚继光答道：“儿当求增，何敢轻用。”[②]戚继光明白父亲要他倍加珍惜戚家的世袭荣誉和正直人品，还有戚景通一生治军带兵的经验和潜心研究的御敌方略。良好家教和师承，使戚继光从小接受了严格而系统的教育，仁义智勇、忠孝廉节成为终身遵循，奠定了戚继光深厚的爱国基石。

（四）时代的危机和呼唤

戚继光生活在明朝中后期，历经嘉靖、隆庆、万历三朝。明朝自1449年土木之变后，军队精锐尽失，文武大臣经过土木之变、夺门之变两次断层，开始进入到多事之秋。倭寇是对日本的武士、浪人和奸商组成的、得到日本封建主支持和怂恿的武装集团的称谓。元末明初就时有倭寇骚扰沿海各地。嘉靖年间，日本处于战国时期，倭寇集团得到发展，海盗与倭寇的勾结又使倭寇队伍壮大。嘉靖帝迷信道教，不理朝政，首辅严嵩结党营私，上下官僚贪污成风，民生多艰。吏治腐败，海防废弛，卫所空虚，明军战斗力下降，不能有效抵御倭寇的进犯。[③]北虏是指蒙元余部对明朝北部的袭扰抢掠。1550年庚戌之变，俺答兵临北京城下，劫掠而去，朝野震动。为了巩固海防边防，明朝一方面加强海防卫所建设，一方面加强北部边防建设，但都没有很好地解决倭寇和蒙元入侵问题。国家危

① 参见刘聿鑫、凌丽华：《戚继光年谱》，山东大学出版社2020年版，第8页。

② 参见刘聿鑫、凌丽华：《戚继光年谱》，山东大学出版社2020年版，第9页。

③ 参见范中义：《戚继光大传》，海洋出版社2015年版，第20页。

难之际,也是呼唤英雄之时,动荡变革的时代提供了英雄成就功业的舞台。

(五)成长中的深化和提升

面对外敌入侵、边防危急的局面,戚继光挺身而出,南北驱驰,爱国情怀在践行中强化。戚继光袭职登州卫指挥佥事后,分管屯田事务,卓有成效;后考中武举,入京参加会试,经历了庚戌之变,崭露头角;带兵蓟镇轮戍,又加深了对北部边防的研究和认识。在巩固山东海防之后,奉命驰援浙江,开启了百战百胜的抗倭历程。在浙江,两战龙山所,岑港显神威,选练戚家军,改制新武器,创练鸳鸯阵,台州传大捷,基本扫清了浙江的倭患。在福建,巧取横屿,奇袭牛田,血战林墩,速收平海卫,巧解仙游围,攻占南澳岛。从浙江打到福建,从福建打到广东,大创尽歼,攻无不克。在蓟镇,练重兵挡其长驱,修边墙防其出没,不战而屈人之兵,适成中国之大。戚继光的一生,南战北守、外杀内和,东南抗倭 12 年,扫平沿海倭寇,促进了隆庆开海和对外贸易。① 北方御虏 16 年,边防宴然,促进了民族融合。戚继光历任参将、副总兵、总兵、都督同知、总理练兵、左都督(正一品),加特进光禄大夫少保兼太子太保。作为一名将帅诗人,《止止堂集》里的战斗诗篇是其深厚爱国情怀的真实写照。初任登州指挥佥事,19 岁的戚继光写下了《韬钤深处》,其中的"封侯非我意,但愿海波平"表达了他的志向和抱负。一次,他路过太平寨,方丈讲长生术,戚继光则说:"身为司命,义在死绥,方求致身殉国,以帅士志。"②表达了一个将领对待死亡的态度和勇于为国牺牲的英雄气概。他给五个儿子取名"祚国、安国、报国、昌国、兴国",希望子孙们热爱国家、报效国家。戚继光知行合一,为国征战一生,立德立功立言,勋垂东南,望著幽燕,以精神的升华和不朽践行了矢志报国的铿锵誓言。

二、戚继光爱国主义精神形成的启示

爱国主义是中华民族精神的核心,是中华民族的精神基因。戚继光爱国主义精神的形成,既有那个时代的烙印,也有一般性的规律,对今天的爱国主义教育和养成有着重要启示。戚继光的成长经历告诉我们,家风家教和社会熏陶是爱国主义精神的深厚土壤,时代和国情教育是爱国主义精神的理性基石,历史文化滋养和典型人物影响是爱国主义精神的催化剂,勇于实践、担当奉献是爱国主义教育的目的。要把爱国主义教育贯穿国民教育和精神文明建设全过程,

---

① 参见彭勇:《明史》,人民出版社 2019 年版,第 175～177 页。

② 刘聿鑫、凌丽华:《戚继光年谱》,山东大学出版社 2020 年版,第 12 页。

以理服人、以文化人、以情感人，把知国之理、爱国之情、报国之行相贯通，培养爱国之情、砥砺强国之志、实践报国之行。只有具备发自内心深处并贯穿一生的强烈的爱国主义情怀，才能有无畏的勇气和信念，战胜各种挫折和诱惑，在为国奉献中实现人生价值。

（一）在家风熏陶中滋养爱国精神

爱国主义教育要从重视家风家教抓起。良好的家风，可以产生无声的力量。身教重于言教，父母是孩子最好最重要的老师。戚家几代人传承的良好家风，父亲戚景通和祖母阎氏的言传身教起到了重要的滋养和启蒙作用，爱国情怀在戚继光幼小的心灵中自然而然地生长。习近平总书记指出："不论时代发生多大变化，不论生活格局发生多大变化，我们都要重视家庭建设，注重家庭、注重家教、注重家风。"①全社会要形成重视家风家教的良好社会氛围，制定相关政策和要求，形成激励约束机制，把培养家风家教落到实处，在全社会形成树立家风、培养家风、传承家风的良好氛围，努力使每个中国少年都在爱国爱家爱社会的家庭中健康成长。

（二）在学校教育中树立爱国精神

学校是爱国主义教育的重要阵地，尤其是幼儿园和中小学，青少年阶段是世界观、人生观、价值观形成阶段，树立并不断强化爱国主义精神意义重大。人的头脑不会是空白，不被正确的思想占领，就会被错误的思想占领，爱国主义的教育和灌输尤为重要。戚继光接受了良好的私塾教育，尤其是恩师梁玠的倾囊而授和言传身教，是戚继光良好人格品质和扎实文化修养的重要基础。青少年的思想是一张白纸，要画最美最好的图画，系好人生的第一粒扣子，规范的学校教育是重要保障。家国情怀是人的根基和归宿，也是力量的源泉和人生格局的基础。要加强乡土文化教育，从爱家乡延伸到爱祖国，实现情感归宿、理性认知、文化认同的贯通交融，实现从自发认同到自觉认同的升华和强化。要制定系统而管用的政策、法规和办法，从习惯养成做起，从观念和知识灌输做起，从学习安排和日常行为做起，从学校精神和氛围文化做起，把爱国主义教育融入青少年成长的方方面面，日用而不觉，习惯成精神。

（三）在国情认知中增强爱国精神

诗人艾青写道，"为什么我的眼里常含泪水？因为我对这土地爱得深沉"，对国家理解得越深刻，感情就越浓烈。戚继光正是在中华历史和优秀文化的学

---

① 《习近平在2015年春节团拜会上的讲话》，《人民日报》2015年2月18日。

习浸润中，面对明朝当时内忧外患的危急形势，立志报国，厚积薄发，担当作为，救国救民，成就了英雄功绩。民族兴衰的历史，近代苦难的历程，艰苦卓绝的奋斗，灿烂辉煌的成就，都是我们培养爱国主义精神的丰富资源。要通过各种形式丰富和加强国情教育，全面认识、深刻理解、科学把握历史和现实，培养理性认识、深厚情感、使命担当的爱国情怀，把实现民族伟大复兴、建设社会主义现代化强国作为人生的奋斗目标。

（四）在实践锻炼中强化爱国精神

爱国主义精神的教育和树立，不是一蹴而就的事情，需要随着形势发展和环境地位的变化在实践中不断强化，贯穿人的一生。从戚继光的成长经历可以看出，爱国不是轻轻松松的事情，恰恰相反，爱国精神的深化和坚定，是要克服困难，严格自律，冲破阻力，甚至牺牲生命。只有奋斗的人生才是有意义的，只有有意义的人生才是幸福的。今天的爱国，更要知行合一，行胜于言，在迎难而上中磨砺意志，在艰难困苦中锻炼自己，在担当奉献中成就大我。行百里者半九十，在民族伟大复兴的历史伟业中，越是接近目标，面临的困难和阻力越多，越需要强化爱国精神。面对各种风险和挑战，我们要树立底线思维，增强斗争本领，加强思想淬炼、政治历练、实践锻炼，以前所未有的勇气，压倒一切困难而不被任何困难所压倒，立足岗位建功立业，在报效祖国中实现人生价值。

（五）在社会舆论中凝聚爱国精神

网络媒体已经是我们生活的重要内容，各种媒体平台、网络舆论对人的观念和行为有着重要影响。人群在哪里，爱国主义教育的阵地就应该在哪里。要加强对网络媒体的管理，加强的社会舆论的引导，树立社会主义核心价值观，举旗帜、聚民心、育新人、兴文化、展形象。要加强英雄主义教育，在全社会形成崇尚英雄、学习英雄、争做英雄、英雄辈出的良好氛围。网络不是法外之地，要加大对丑化英雄、歪曲形象、造谣惑众的打击力度，坚决抵制和清除历史虚无主义。加强互联网内容建设，建立网络综合治理体系，持续开展清网行动，激浊扬清、明辨是非，敢于发声、积极回应，让网络成为爱国、向善的重要阵地，建设清朗的网络空间，让媒体和舆论少一些媚俗和庸俗，多一些社会责任和真善美，形成风清气正的爱国舆论生态。

戚继光精神在高校思想政治教育中的价值和应用研究*

贾文振　王佳宁**

【摘要】2018年6月13日，习近平总书记到蓬莱视察时指出，戚继光是民族英雄，其精神值得总结和弘扬。深入领会总书记的重要指示，挖掘区域文化丰富的精神教育资源，将本土民族英雄戚继光的精神与高校的思想政治教育相结合，研究戚继光精神在高校思想政治教育中的价值和应用，具有重要现实意义。文章主要从戚继光精神内涵、戚继光精神与高校思想政治教育的融合点、戚继光精神在高校思想政治教育中的价值、戚继光精神在高校思想政治教育中的应用四个方面展开论述。

【关键词】戚继光精神；高校思想政治教育；价值；应用

党的十九大报告指出："中国特色社会主义进入新时代，我国社会主要矛盾已经转化为人民日益增长的美好生活需要和不平衡不充分的发展之间的矛盾。"[①]这种"美好生活需要"，包括物质需要，更有精神需要。特别是当前，新冠疫情在全球蔓延，正处于百年未有之大变局中的我们，更要有坚定的理想信念和正确的价值追求。尤其是作为社会主义的建设者和接班人的青年一代，更要树立正确的世界观、人生观、价值观。习近平总书记在视察蓬莱时指出，"我国

---

* 本文为2020年度山东省人文社会科学课题"明清山东海防文化研究"(2020-NDLS-05)的阶段性成果。

** 贾文振，烟台职业学院教职工；王佳宁，烟台工程职业技术学院讲师。

① 习近平：《决胜全面建成小康社会　夺取新时代中国特色社会主义伟大胜利——在中国共产党第十九次全国代表大会上的报告》，《人民日报》2017年10月28日。

古代史、近代史、现代史构成了中华民族的丰富历史画卷……从历史中汲取更多精神营养”,“戚继光的民族精神值得总结和弘扬”。① 结合总书记的重要指示,挖掘区域文化丰富的精神教育资源,将本土的民族英雄戚继光精神与高校的思想政治教育相结合,研究戚继光精神在高校思想政治教育中的价值和应用,具有重要的现实意义。

一、戚继光精神内涵

戚继光(1528～1588年),登州(今山东蓬莱)人,出身将门,嘉靖年间,袭父职开始了军旅生涯。戚继光一生戎马四十余载:他抗击倭寇,保护了沿海人民的生命财产安全;他镇守北方抗击蒙古部族内犯,保障了北部疆域的安全与和平。戚继光是抵抗外来侵略、维护国家领土完整的民族英雄。他心怀家国天下,受命于危难之间,作战时赤胆忠心,将生死置之度外,用实际行动诠释着忠孝节义的高尚情操,彰显着保家卫国的爱国主义精神。

戚继光不仅是军事理论家,还是兵器专家和军事工程家。他在浙江任职期间,发现军队不整,兵不习战,当即招募了当地三千人,亲自训练,教以击刺之法,并撰写了《纪效新书》《练兵实纪》等兵书,形成了自己的军事理论。他改造、发明了狼筅等各种武器;建造了大小的战船、战车,因地制宜创制了鸳鸯阵法,在长城上修建空心敌台这一可攻可守、极具特色的军事工程。戚继光在军事方面的发明创造,是思维的创新、理论的创新、作战的创新,蕴含着民族复兴的家国情怀,彰显着求真务实的创新精神。

戎马一生、抗倭戍边的民族英雄精神,保家卫国、赤胆忠心的爱国主义精神,发明创造、融入责任担当的创新精神,构成了戚继光精神的内涵。戚继光精神是熠熠生辉的精神品质,是中华儿女的情感共鸣,是民族伟大复兴的精神传承。

二、戚继光精神与高校思想政治教育的融合点

研究讨论戚继光精神在高校思想政治教育中的价值,需要深入挖掘戚继光精神与高校思想政治教育的融合点,将戚继光精神融入大学生的课堂学习、校园文化活动、日常生活等各方面,以丰富高校思想政治教育的内容,提升高校思想政治教育的价值,使学生产生强烈共鸣,把在课堂上学到的理论知识,内化为自身的丰富的精神世界,更好地继承与弘扬戚继光精神。

---

① 习近平:《习近平谈治国理政》第3卷,人民出版社2020年版,第236页。

(一)戚继光精神是高校思想政治教育的重要资源

首先,将戚继光精神相关题材纳入高校思想政治教学案例,是对高校思政课堂内容的丰富和完善。民族英雄精神是培育大学生进步思想的力量源泉,爱国主义精神是坚定大学生马克思主义信仰的内在动力,责任担当意识是大学生实现中华民族伟大复兴的初心使命,创新精神是大学生跨越新时代实现新发展的有效路径。

其次,将戚继光精神纳入高校思想政治教育情境的创建中,不断创新思路,丰富教学方式,精心设计以“学习戚继光精神”为主题的实践活动,组织大学生参观蓬莱市戚继光研究会、戚继光故里、戚继光纪念馆、胶东(烟台)党性教育基地蓬莱教学区等历史文化场所,为高校学生提供思想政治学习的新载体,创建学习戚继光精神的教育情境,营造尊崇和弘扬戚继光精神的学习氛围。

最后,将戚继光精神纳入高校思想政治教育体系,形成以弘扬戚继光精神为特色的思想政治教育培养体系,增强了思想政治教育的说服力,也体现了思政课程教学的科学性,提升了思想政治教育的实效性。

(二)戚继光精神在高校思想政治教育中发挥着重要作用

戚继光精神为高校思想政治教育创设特色思维。为进一步贯彻落实《关于加强和改进新形势下高校思想政治工作的意见》,结合职业教育的特点,我们将戚继光精神融入思想政治理论课的教学过程中,挖掘烟台的精神文化资源,扎根于中国特色、地方现状。选择戚继光作为典型人物案例把思想政治理论课讲好、讲透,让思想政治教育的过程变得鲜活而有魅力,丰富当代大学生的精神文化素养,弘扬民族精神、传承英雄文化,使思想政治教育更具中国特色。

三、戚继光精神在高校思想政治教育中的价值

(一)戚继光精神在高校思想政治教育中的个人价值

首先,大学生学习戚继光精神,可以提高自身的思想政治素养,坚定理想信念。理想信念是精神支柱、力量之源,确立坚持中国共产党领导的政治立场,在错综复杂的世界环境和社会现象中看清本质,在平凡的人生中,勇于担当,不畏艰险,无私奉献,在艰苦奋斗中诠释为服务人民的根本宗旨。

其次,大学生学习戚继光精神,可以提高自身的综合素养和精神境界。加深当代大学生对戚继光英雄的了解,更好地学习和弘扬戚继光精神,能全面提高当代大学生的综合素养,提高当代大学生的思想境界,在校期间就要树立有伟大的理想和抱负,将小我融入大我,将个人融入集体,将小家融入大家。

最后,大学生学习戚继光精神,可以肯定自身生命存在的价值与意义,还可以提高自身的实践创新能力。戚继光精神是蕴含着责任担当的创新精神,当代大学生要在新时代中国特色社会主义建设中,发挥自身优势,争做改革的主力军。

(二)戚继光精神在高校思想政治教育中的社会价值

一个国家、一个民族的精神文化,在其社会发展的每一个节点上,都将起到关键的作用。习近平总书记曾多次在讲话中强调了英雄精神对国家发展和文明进步的重要意义。

1.政治价值

高校思想政治教育要实现价值判断、选择和取向,传承戚继光精神内涵,根据马克思主义基本原理,构建大学生的使命思维,培育大学生弘扬伟大民族精神的使命担当意识。戚继光精神能够促进社会情感聚集和情感共鸣,推动举国上下弘扬以爱国主义为核心的民族精神,全体中国人民拥有高度的政治自觉和坚定的政治立场,坚定不移地走中国特色社会主义道路,助力中华民族伟大复兴。

在高校思想政治教育中加入戚继光精神的教育,是高校坚决落实立德树人的根本任务,发挥育人阵地的作用,为建设社会主义强国、提高我国在国际上的综合实力提供有力的人才保证。培养大学生爱国主义精神有利于强化大学生的民族国家意识,强化民族自信心和自豪感,加强社会向心力与凝聚力,实现中国梦。

2.文化价值

高校思想政治教育,需要挖掘有深厚底蕴的传统文化,要衔接本土优秀的精神文化,传承和创新地域文化精神。高校的思想政治教育根植于本土文化,才能更好地被广大学子理解,让其信服,通过挖掘不同历史时期的优秀价值观,来传承优秀的传统文化,为中国特色社会主义新时代服务,切实提高我国的文化软实力。我们要从戚继光的精神中凝聚价值共识,坚定文化自信。戚继光精神作为精神文化,为教育大学生的思想和人格等提供了切实有效的文化价值,唤醒他们对中国传统文化、对家国责任与担当意识的文化记忆和文化认同。

戚继光著有兵书《纪效新书》《练兵实纪》,另有诗文《止止堂集》;与戚继光精神相关的文化作品有《戚继光诗稿》《戚继光年谱》《戚继光志》《戚继光大传》等。这些文化作品本身,就体现了弘扬和传承戚继光精神的文化价值。另外,研究戚继光精神在高校思想政治教育中的价值和应用,能够进一步丰富戚继光精神文化方面的研究理论，也有利于文化价值的积累和文化精神的传承。

3.经济价值

经济基础决定上层建筑，上层建筑反作用于经济基础。在高校思想政治教育中加入戚继光精神的学习，有利于加强学生群体的社会责任感，进而带动社会的进步和发展。在这个过程中，精神文化成为推动经济发展的内在动力。把戚继光精神融入高校思想政治教育，可以增强大学生的意志品质，为将来发展经济打下坚实基础，增强大学生为个人谋发展，为人民谋幸福信心和勇气。目前，我们在中国共产党的正确领导下，各级干部发扬了责任意识和担当精神，取得了脱贫攻坚战的决胜，完成了党的第一个百年奋斗目标，中国已全面建成小康社会。

运用戚继光精神加强思想政治教育，还有利于形成区域经济发展特色。对戚继光精神的研究，需要到戚继光的故乡——蓬莱，进行实地考察和调查研究，参观戚继光纪念馆，走访当地民众，了解戚继光事迹在民间的传播情况，开掘戚继光更多的历史事迹，使戚继光精神更好地融入思想政治教育实践中。在这个过程中，“可以帮助当地居民更好地了解历史，关注英雄，提高对家乡的认同感，用精神文化凝聚人心、激发情感”①，提高人们建设家乡的热情和积极性，促进当地经济的发展，也是其经济价值的重要体现。

四、戚继光精神在高校思想政治教育中的应用

（一）在良好的校园文化中，提升戚继光精神文化教育的实效性

校园文化有着润物细无声的作用，对大学生产生潜移默化的影响。加强校园硬件设施建设，在校园选择合适地点设置戚继光精神文化长廊，摆放民族英雄戚继光的人物雕塑，吸引大学生的注意，领略英雄事迹风采。将戚继光精神通过学校的广播站、校报等平台进行宣传，同时加强网络媒体平台进行宣传，通过校园微信公众号等，及时推送戚继光生平事迹故事，形成良好的校园舆论导向，切实提升戚继光精神教育的实效性。

（二）结合现代教育技术，将戚继光精神在教学中灵活应用

打破传统授课的模式，运用戚继光精神相关图片、影像等资料，让大学生更加直观地了解戚继光精神的内涵；运用 VR 虚拟现实技术，将教学的场所转换到戚继光故里、戚继光纪念馆等地，在“时空穿梭”中引起学生的情感共鸣；还可

① 周洁琼:《吕梁英雄精神的思想政治教育价值研究》，大理大学硕士学位论文，2019 年。

以在学习过程中,开展学习戚继光精神的读书交流会、主题班会、专题论坛等;发挥大学生专业特长优势,可以通过舞台剧表演、诗词朗诵等形式弘扬和传播戚继光精神,以实现戚继光精神在教学中灵活应用。

(三)通过实地考察调研、观摩学习,开展访谈交流

带领大学生到蓬莱戚继光故里等地进行调研,到当地的学校对学生和老师进行访谈,了解当地戚继光英雄精神的传播情况。尤其是要到济南大学泉城学院戚继光研究中心,对其构筑的习近平新时代中国特色社会主义思想、戚继光精神研究、课程思政建设、学生思想政治教育四位一体的思想政治教育大格局,交流学习戚继光精神。

五、结语

"伟大的民族精神"是习近平新时代中国特色社会主义思想的重要内容,高校思想政治教育应当充分发挥育人作用,挖掘和研究戚继光精神这一类优秀的思想政治教育资源,将戚继光精神融入高校思想政治教育中,推动大学生正确政治品质的塑造。高校要积极推广学习戚继光精神,形成具有鲜明的地域特色的精神文化研究及学习氛围,继而把戚继光精神的学习放到中华民族的大格局中去,放到提升文化自信和民族自信中去,真正做到以史鉴今、以史喻今、以史育人。

参考文献

1.吴莹:《中华民族英雄精神的当代价值研究》,西北师范大学硕士学位论文,2019 年。

2.陈红英:《高校隐形德育资源配置现状探究》,《学理论》2010 年第 18 期。

3.韩朝建:《抗倭名将戚继光》,《联合日报》2021 年 5 月 29 日。

新时代弘扬戚继光爱国主义精神的价值和途径

丁桂萍*

【摘要】民族英雄戚继光，一生以卫国戍边为己任，矢志不渝，初心不改，为国家和民族立下了不朽功勋。他身上所体现出来的信念坚定、使命担当、务实创新、敬业奉献的爱国主义精神，是五千多年来流淌在中华民族血脉里的优秀基因，是中国人民和中华民族不畏强敌、抵御外辱、维护民族独立和民族尊严的强大精神动力。在新时代，弘扬戚继光爱国主义精神，有助于我们坚定信念，凝聚合力，提升文化自信，助力实现中华民族伟大复兴的中国梦。同时，还应通过加强理论引领、营造社会氛围、融合各方资源等多种途径，大力弘扬戚继光爱国主义精神。

【关键词】戚继光；爱国主义精神；弘扬；价值；途径

习近平总书记指出："爱国主义自古以来就流淌在中华民族血脉之中，去不掉，打不破，灭不了，是中国人民和中华民族维护民族独立和民族尊严的强大精神动力，只要高举爱国主义的伟大旗帜，中国人民和中华民族就能在改造中国、改造世界的拼搏中迸发出排山倒海的历史伟力！"[①]在中华民族五千多年的历史长河中，有着不胜枚举的有关爱国主义的生动演绎和阐释，民族英雄、明朝抗倭名将戚继光就是其中的光辉典范。400多年来，戚继光一直都是一面激励中华儿女抵抗侵略、战胜强敌的旗帜。新时代弘扬戚继光爱国主义精神，对于应对

---

* 丁桂萍，中共烟台市芝罘区委党校高级讲师。

① 习近平：《在纪念五四运动100周年大会上的讲话》，《人民日报》2019年5月1日。

百年未有之大变局，振奋民族精神，凝聚民族力量，战胜各种风险与挑战，实现中华民族伟大复兴，具有十分重要的历史意义。

一、戚继光爱国主义精神的基本内涵

戚继光的一生，“上马击狂胡，下马草军书”，把个人的尊严、价值追求和国家民族的尊严、价值追求融合在一起，其身上所体现出的爱国主义精神可以概括为信念坚定、使命担当、务实创新、敬业奉献等四个方面。

(一)信念坚定

戚继光出身将门世家，清廉正直的家风家教对戚继光价值观的形成影响很大，使其从小就懂得了读书的目的在于理解“忠孝廉节”的大义，在于加强忠君爱国、孝敬父母、廉洁奉公、高风亮节等品德修养，在于要严格按照“忠孝廉节”的要求做人做事，使得报国爱民的种子在戚继光幼小的心灵中深深扎下了根。年少就承袭官职的戚继光，以报国安民为志，勤奋学习，苦练本领，19 岁时写下了“封侯非我意，但愿海波平”的千古名句，还在堂前柱子上刻下“功名双鬓黑，书剑一囊轻”的对联，表达了自己不图功名利禄，而是志在保国安民的宏大志向。“海波平”成为戚继光为之奋斗一生的坚定信念，即使在得不到朝廷的支持、经常被人误解的情况下，依然无怨无悔地履行自己的职责，甚至在晚年遭到贬谪后，仍然矢志不渝，初心不改，“但使雕戈销杀气，未妨白发老边才”，坚定的信念是戚继光爱国主义精神的灵魂。

(二)使命担当

戚继光的爱国精神既源自戚家世代忠贞报国的将门传承，更源自戚继光自身对国家与民族强烈的责任感和使命感。“遥知百国微茫外，未敢忘危负岁华”，表达了他居安思危，时刻不敢忘记国家民族的安危而虚度年华的使命意识。针对当时卫所世兵制的弊端，戚继光三次奏请练兵，面对许多同僚的嘲笑，戚继光义正词严：“夫三司军之上者，必曰练兵。”“巧匠能练无知觉之生丝使之熟，而将官乃不能练有知觉之民使之战，不亦愧于工匠乎？抗倭非大创尽歼终不能杜其再至。”[①]戚继光的一生，始终都是站在维护国家和民族团结统一的高度思考问题，以“保障生民，捍御地方”为使命，为保国安民的理想而奋斗，最终成为人人景仰的一代抗倭名将和伟大的民族英雄。

(三)务实创新

戚继光被誉为“古来少有的常胜将军”，指挥戚家军“飙发电举，屡摧大寇”

① 宋耀武：《戚继光精神与军事思想》，黄海数字出版社 2019 年版，第 43 页。

(《明史·戚继光传》),甚至还出现过歼敌上千人,而戚家军却无一人阵亡的罕见战例,这与他一生求真务实,勇于冲破条条框框的束缚,通过调查研究,根据敌人的作战特点和地形、装备等实际情况来除旧革新的创新是密不可分的。戚继光的务实创新充分体现在战略战术方方面面:改革兵制,编练新军;改革训练,练成"节制之师";改革战术,创立新战法;改革编制,提高军队协同作战能力等。历经坚持不懈的变革创新,最终打造出了让倭寇闻风丧胆的精锐之师。总结戚继光成功的经验,关键在于他能大胆创新,化不利为有利。

(四)敬业奉献

戚继光一生为国奉献,无怨无悔,就像他自己所写的那样:"南北驱驰报主情,江花边草笑平生。一年三百六十日,都是横戈马上行。""十年驱驰海色寒,孤臣于此望宸銮。繁霜尽是心头血,洒向千峰秋叶丹。"这两首诗形象地刻画出一位爱国将领忠心报国、敬业奉献的崇高精神境界,即使自己遭受不公平待遇,也仍然忠心耿耿地坚守自己的职责,在别人为他惋惜、鸣不平时,戚继光却说:"世禄之家,尽忠报国,分内事。"这就是戚继光对待荣辱得失的态度和高尚的品格,把挽救国家危亡、捍卫国家民族利益视为自己的本分,"野无成田、囊无宿镪,惟集书数千卷而已"[①],这是戚继光一生敬业奉献的真实写照。

二、弘扬戚继光爱国主义精神的当代价值

"实现中国梦必须弘扬中国精神。这就是以爱国主义为核心的民族精神,以改革创新为核心的时代精神。这种精神是凝心聚力的兴国之魂、强国之魂。"[②]习近平主席的讲话深刻揭示了新时代弘扬爱国主义精神的极端重要性。

(一)有利于引导人们树立正确的理想信念与科学的世界观、人生观、价值观

坚定的理想信念是一个人的精神支柱,决定着他的行动方向和行为方式。戚继光从小立志报国,"封侯非我意,但愿海波平"是他终生不改的初心。爱国,不是一句口号,而是一种坚定的信念和行动。纵观戚继光艰苦卓绝的抗倭斗争,殚精竭虑却得不到朝廷的有力支持,心中也会时常充满矛盾,但有坚定的理想信念支撑着他,不计个人荣辱得失,锐意革新,愈挫愈勇,最终还是实现了自己"海波平"的夙愿。改革开放以来,市场经济发展和对外开放给人们在价值观念、道德理念、行为方式等方面带来了较大影响,甚至出现了荣辱不清、是非不

---

① 朱亚非:《关于戚继光精神的几点认识》,《烟台日报》2021年12月23日。

② 习近平:《在第十二届全国人民代表大会第一次会议上的讲话》,《人民日报》2013年3月18日。

分等负面现象。而通过弘扬戚继光矢志报国的爱国主义精神，有助于人们重新树立正确的理想信念与科学的世界观、人生观、价值观。

（二）有利于推进社会主义核心价值体系建设

“爱国、敬业、诚信、友善”是从公民个人行为规范层面上凝练的社会主义核心价值观的基本理念，是社会主义核心价值观的重要内容，是新时代条件下全体公民基本的道德遵循和行为准则。爱国是个人道德价值观的第一要义，要求每一个公民都要以实现中华民族伟大复兴为己任，促进民族的大团结，维护国家的统一，自觉奉献国家和社会，这是爱国主义精神在社会主义核心价值观中的集中体现。敬业是指恪尽职守、热爱劳动、乐于奉献，是一种积极向上的人生态度，同时也充分体现了社会主义职业精神。戚继光的一生都在为国奉献，“为将者，须将所守疆域，时时放在心上”①，也就是说，为了维护国家和民族的利益，可以随时牺牲个人的利益甚至生命。弘扬戚继光的爱国主义精神，有助于新时代社会主义核心价值体系建设。

（三）有利于凝聚中华民族伟大复兴的强大合力

人民群众是历史的创造者，是推动历史前进的最主要动力。戚继光一生抗倭御虏，始终把为民放在心中最重要位置，视百姓如父母，常常以“军民相体”教育士兵要牢记百姓的供养之恩，时时鼓励官兵杀贼保民，深得士卒和百姓的拥护支持，甚至连一些少数民族群众都愿意为他效力。当前，已进入了实现中华民族伟大复兴的历史进程，我们要清醒地认识到，前进道路上面临的风险挑战是前所未有的，要实现伟大梦想，必须做到“一切为了人民，一切依靠人民”。弘扬戚继光为民奉献的爱国主义精神，一切以人民群众的利益为重，始终把人民置于心中至高无上的地位，真正做到“以民为志”，有助于凝聚起实现中华民族伟大复兴的强大合力。

（四）有利于提升国家文化软实力

中共中央办公厅、国务院办公厅印发的《关于实施中华优秀传统文化传承发展工程的意见》指出：“文化是一个国家、一个民族的灵魂。”爱国主义精神作为中华民族优秀传统文化的重要组成部分，是中华文化的精髓，是文化软实力的关键。没有爱国主义，文化建设就失去了灵魂，没有了方向和引领。戚继光把“一年三百六十日，多是横戈马上行”的护国卫民伟绩，书写在了中华民族优

① 王泽应、刘利乐：《戚继光的报国思想及其当代价值》，《社会主义核心价值观研究》2019 年第 1 期。

秀文化的丰碑上，丰富和发展了中华民族一脉相承的伟大爱国主义精神。新时代的国际竞争是各方面的竞争，而文化软实力已逐渐成为衡量一个国家综合国力的重要标准。在新时代，弘扬戚继光的爱国主义精神，传承中华优秀传统文化，不仅能够扭转当代一些人“崇洋媚外”的错误心态，也能增进我们对本民族文化的自信心和自豪感，提升国家文化软实力。

三、新时代大力弘扬戚继光爱国主义精神的途径

新时代弘扬和培育戚继光爱国主义精神，其实质就是深入挖掘戚继光精神文化的时代内涵，推动优秀传统文化创造性转化、创新性发展，把戚继光爱国主义精神内化为人们自觉的精神追求，外化为人们的行为习惯，赓续中华民族精神血脉，激发民族伟大力量。

（一）加强理论引领，在明理上下功夫

新时代弘扬戚继光爱国主义精神，必须始终以习近平新时代中国特色社会主义思想为指导，定向领航，筑牢爱国主义教育的思想信仰根基。党的十八大以来，习近平总书记从民族精神核心的高度，对爱国主义精神进行了全面系统的阐释，为新时代弘扬和培育戚继光爱国主义精神提供了根本遵循。应组织相关专家成立研究团队，梳理研究习近平总书记关于中华优秀传统文化、民族英雄、爱国主义精神和2018年视察蓬莱时有关戚继光爱国主义精神等重要讲话、指示所蕴含的思想脉络和精神实质，深刻认识戚继光爱国主义精神的实质和内涵，做好弘扬戚继光爱国主义精神理论研究阐释工作。突出新时代爱国主义教育的主题，围绕政治认同、家国情怀、文化素养、法治意识、道德修养等重点问题，创作展示推广一批传承与弘扬戚继光爱国主义的精品项目、优秀作品，在传承弘扬优秀传统文化中不断增强“四个意识”、坚定“四个自信”、做到“两个维护”，不断增强民族自尊心、自信心和自豪感。

（二）营造社会氛围，在共育上下功夫

弘扬戚继光爱国主义精神需要全社会同频共振，形成共育合力。首先，强化宣传推广，不断提升戚继光精神文化影响的深度和广度。充分利用现代传播渠道宣传戚继光文化，让更多的人了解民族英雄、学习民族英雄。其次，提升家长的素质，充分发挥家庭爱国主义教育基础性功能。把创建文明家庭等活动同弘扬戚继光爱国主义精神结合起来，在提升家长素质的同时，把对孩子的爱国主义教育融入家庭日常生活中。再次，加强学校教育，充分发挥学校爱国主义教育主阵地作用。把爱国主义教育与构建“大思政”格局结合起来，把戚继光

“封侯非我意，但愿海波平”的坚定信念化作广大师生报国之志、爱国之行、护国之情，把个人理想同民族复兴伟大梦想结合起来。最后，培育社区文化，让社区成为弘扬戚继光爱国主义精神的重要平台。应积极探索戚继光文化进社区的有效途径，充分发挥社区文化的涵育功能，以社区小社会带动大社会的爱国主义教育。

(三)融合各方资源，在活化上下功夫

戚继光沿海抗倭战斗在各地留下了许多当年的战场遗址、遗迹、纪念性遗存，也留下了奉祭的祠庙、记事记功碑、戚继光纪念馆、戚继光塑像雕像、故事传说、歌谣信仰、乡风民俗等，所有这些都已经成为中华民族的集体记忆，成为中华民族精神的重要组成部分，也成为新时代爱国主义教育的重要资源。由于这些资源各自分散，缺乏理论研究体系，所以其影响辐射带动作用还有待加强。建议探索创新充分融合利用各地、各方戚继光精神文化资源的途径和方式，实现“资联网”，进一步活化弘扬戚继光爱国主义精神的内容和形式，力促戚继光文化传承、精神弘扬不仅在当地全面开花，同时也辐射带动区域乃至全国形成弘扬英雄伟大爱国主义精神的局面，为实现中华民族伟大复兴中国梦凝心聚力。

参考文献

1.高扬文、陶琦主编，(明)戚继光撰:《止止堂集》，中华书局 2001 年版。

2.高扬文、陶琦主编，(明)戚继光撰:《纪效新书》(十四卷本)，中华书局 2001 年版。

3.高扬文、陶琦主编，(明)戚继光撰:《纪效新书》(十八卷本)，中华书局 2001 年版。

论戚继光的爱国主义精神与当代价值

张子川　姜华[*]

【摘要】“封侯非我意，但愿海波平”的报国之志，“尽分以为心，安民以为志”的爱民之心，“实心行实事，真知而力行”的征战之行，是戚继光的爱国主义精神的主要内容。三者分别来源于家国一体、民本主义与知行合一的三种思想，具有深刻的历史意义与当代价值。

【关键词】戚继光；《止止堂集》；爱国主义精神；当代价值

抗倭英雄戚继光戎马一生，南平倭患，北戍蓟门，“诗亦伉健，有燕赵之音”①，饱含爱国主义热情。习近平总书记曾引其《望阙台》诗“繁霜尽是心头血，洒向千峰秋叶丹”称誉其爱国情怀，指出：“像戚继光抗倭、冯子材抗法、鸦片战争、甲午海战、抗日战争、抗美援朝战争这些历史，都要深入挖掘其中的爱国主义精神……以长中国人志气……增强做中国人的骨气和底气。”②一直以来，学界对戚继光爱国主义思想多有关注，如王泽应以“强烈的责任精神、务实的创新精神、精诚的奉献精神”③总结其报国思想，但对戚继光爱国主义精神的内容与价值少有阐释。我们立足戚继光《止止堂集》，对戚继光爱国主义精神的内涵加以阐释。

---

* 张子川，烟台科技学院讲师；姜华，烟台科技学院讲师；袁晓春，蓬莱阁景区管理服务中心副研究员、中国明史学会戚继光分会副会长。

① （清）永瑢等撰：《四库全书总目》卷一七八《止止堂集》提要，中华书局 1965 年版，第 1606 页。

② 中共中央文献研究室编：《习近平关于社会主义文化建设论述摘编》，中央文献出版社 2017 年版，第 34～35 页。

③ 王泽应、刘利乐：《戚继光的报国思想及其当代价值》，《社会主义核心价值观研究》2019 年第 5 期。

一、"封侯非我意,但愿海波平"——报国之志

报国之志,是戚继光爱国主义精神的最初起点,来源于中国古代家国一体的思想观念。《礼记·祭统》:"忠臣以事其君,孝子以事其亲,其本一也。"家国一体,移孝作忠,正是家国一体观念的精神内核。戚继光曾云:"受娠之初,此身即为国家之身。"[①]身体发肤,受之父母,然戚氏却称自受娠之时,此身便已许国,唯有力行报国之举,方能报父母之德、国主之恩。是以戚继光少时便立下"封侯非我意,但愿海波平"的报国之志。"封侯非我意,但愿海波平"出自戚少保《韬钤深处》,"韬钤"指《六韬》《玉钤》,皆为兵书,他在阅读兵略之时,大有所感,立志扫平外患。戚家世代为将,世袭登州卫指挥佥事。父景通,"居官有守,以孝廉闻",通教导戚继光"读书在识'忠、孝、廉、节'四字"。在其教育下,戚继光七岁就学,十五识举业,通经义,负大志。《韬钤深处》作于嘉靖二十五年(1456 年),戚继光年十九,已袭世职,立军武报国之志,不欲觅封侯,唯愿海晏河清。

少立报国志,青年戚继光时常述写吟咏,不忘初心。袭职后,戚继光入京参加武举,逢俺答犯边,他任总旗牌官,"督防九门……条陈鞑靼的方略十余事"[②],可谓以实际行动践行报国之志。至嘉靖二十九年(1550 年),戚继光备倭山东,作《辛亥年戍边有感》,诗云:"结束远从征,辞家已百程。欲疲东海骑,渐老朔方兵。井邑财应竭,藩篱势未成。每经霜露候,报国眼常明。"戍边守邑,离家甚远,然其不辞疲敝,甘于劳苦,只为加强守备,令外虏不敢来犯。朔方霜露,只会让自己报国之心愈发坚定。

报国之志的阐发,贯穿戚继光的一生,而且他在一线战斗时间愈久,报国之志所迸发出来的力量愈发震撼人心。譬如其入闽抗倭之时曾作:"灌木苍苍潦水收,展旗迢递下闽州……神工特为东南缺,砥柱巍然立海陬。"彼时福建倭患甚急,"北自福建福宁沿海,南自漳、泉,千里萧条,尽为贼窟"。值此危急时刻,戚继光未尝胆怯,有砥柱昆仑之壮气,敢扶天倾之胆气,补缺东南之志气。戚继光隆庆三年(1569 年)又有"少负青云志,同鸣白玉珂。建旄天著象,持宪海无波"[③]之句。虽有为官之心,其目的却是出镇地方,令四境安宁。彼时戚南塘已逾不惑,征战数十载,初心尤不改。隆庆三年(1569 年),戚继光方抵蓟镇,就开

---

① 高扬文、陶琦主编,(明)戚继光撰:《止止堂集》,中华书局 2001 年版,第 13 页。

② 范中义:《戚继光评传》,南京大学出版社 2004 年版,第 49 页。

③ 高扬文、陶琦主编,(明)戚继光撰:《止止堂集》,中华书局 2001 年版,第 37 页。

始修筑边墙并空心敌台，又上《请申军令以壹士心疏》，欲整蓟镇军心，以御边虏。正是欲践行少时志向，以一身军武胆略而扫平海内波澜，令家国安宁，边患不兴。

戚继光的报国之志，与当今时代所倡导的时代精神与价值观念高度契合。其内涵体现在三个方面：

一是家国一体的爱国情怀。“历史和现实告诉我们，家庭的前途命运同国家和民族的前途命运紧密相连。我们要认识到，千家万户都好，国家才能好，民族才能好。”[①]戚继光暮年百病缠身，尤不懈怠，著书立说，《纪效新书》《练兵实纪》被后继将领奉为圭臬，他自谓“百年天地识孤忠”（《送别总镇刘公》），将报国之志用一生践行。钱谦益尝评戚继光诗，称“故其诗多感激用壮，抑塞偾张之词。君子读而悲其志焉”。正是这种家国一体的家国情怀，才能令亡国之人钱谦益感触倍深。

二是功成不必在我的精神境界。戚继光的“封侯非我意，但愿海波平”，不以个人名利为要，只为践行自己报国之志。其暮年《登盘山绝顶》中“但使雕戈销杀气，未妨白发老边才”，只愿边庭安宁，不兴兵戈，唯愿终老塞外。这种完全不计较个人利益得失，只愿家国安宁的思想境界，与其少年“封侯非我意，但愿海波平”的志向，一脉相承，正是习近平总书记倡导的“功成不必在我”精神境界的最佳注脚。

三是坚定不移的理想信念。戚继光少岁立志，青年山东备倭，浙闽抗倭，中年镇守蓟北，令外敌不敢犯，暮年著书立说，总结沙场经验，流传后世。戚继光将自己的报国之志，转向抗倭戍边的报国之行，并用一生的时间来践行自己的理想信念，恰如习近平总书记所说：“不忘初心，方得始终……只有理想信念坚定的人，才能始终不渝、百折不挠，不论风吹雨打，不怕千难万险，坚定不移为实现既定目标而奋斗。”[②]

二、“尽分以为心，安民以为志”——爱民之心

爱民之心是戚继光爱国主义精神的重要旨归，来源于儒家的民本思想。“民惟邦本，本固邦宁”，“民为贵，社稷次之，君为轻”，在这种思想的影响下，戚

① 习近平：《习近平关于注重家庭家教家风建设论述摘编》，中央文献出版社2021年版，第4页。

② 习近平：《在纪念朱德同志诞辰130周年座谈会上的讲话》，人民出版社2016年版，第6～7页。

继光很早就有了靖国救民的观念。《纪效新书》开篇称:“沿海卫所自初建置,本以保障民生,捍卫地方,故民出膏脂以供馈饷……其民社供馈军饷且如旧矣,而军伍不惟不能保障民生,无益内地,且每事急,又请民兵以为伊城守。”他认为人民缴纳赋税为士卒粮饷,军人的职责便是保障百姓生活,所以“用兵非要功也,以安民也”。这种爱民之心的集中体现,则是戚继光始终把“尽分以为心,安民以为志”[①],作为自己征战沙场的原动力。

戚继光认为军队的职责就是保境安民。他率军转战大江南北,《蓟门述》中述写了他的抗倭生涯:“三年戢吴越,乃及闽楚畴。六年事闽楚,五岭兴戈矛。一时氛祲中,跃马更操舟。狐鼠无遗踪,鲸鲵能复衰?余黎既复业,残邑亦遂收。海波息奔腾,山鬼绝啁啾。驱驰片心存,至死那敢休!方为永安计,海滨肆探求。”[②]戚继光跃马操舟,只是为了收复残破的乡邑,令四处流离的百姓能安居乐业。为了这个目的,他至死不敢休,海滨肆探求。

戚继光的爱民之心,主要体现在他对于黎民百姓的悲悯。彼时东南沿海,倭寇横行,“市镇燔毁一空,杀戮之惨,遍于郊野”,“濒海悉罹其害”。[③] 戚继光悲慨不已,写道:“报国志酬民恨雪,艰虞此意更谁知?”他悲悯百姓所受的荼毒,不惜海滨扬旌,拔剑平垒,只为百姓雪恨。《宁德平》中亦有“孤城已复愁还剧,草合通衢杂藓痕。废屋梁空无社燕,清宵月冷有悲魂”。他的爱民之心还体现在护民之功上。汪道昆《平远台勒功铭》曾记:“乃建元戎,显允戚公,万夫之雄……昔也寇虐,民有沟壑,邑无聚落。王师至止,保我妇子,家室伊始。”[④]戚继光率军来到福建后,保护妇孺,令百姓能够安居乐业。戚继光调任蓟镇前,百姓“遭虏寇残破……肝脑涂于郊原,哭声遍于城市”[⑤];到任后,他修武备,筑长城,练军伍,十六年间,与外虏战,战则必胜,蓟门晏然,百姓安乐。

戚继光的爱民之心,与习近平总书记所提出的人民观不谋而合。这种深度契合主要体现在:

其一,二者的起点都是民本思想。戚继光的爱民之心沿袭民本思想。他

---

① 高扬文、陶琦主编,(明)戚继光撰:《止止堂集·愚愚稿上·〈大学〉经解》,中华书局 2001 年版,第 265 页。

② 高扬文、陶琦主编,(明)戚继光撰:《止止堂集·横槊稿上·蓟门述》,中华书局 2001 年版,第 27 页。

③ (清)饶安鼎修:《(乾隆)福清县志》卷二十,上海书店出版社 2007 年版,第 509 页。

④ (明)汪道昆:《太函集》卷七十八《平远台勒功铭》,《续修四库全书》第 1347 册,上海古籍出版社 1995 年版,第 651 页。

⑤ (明)陈子龙:《明经世文编》卷一二〇《上边议八事》,中华书局 1962 年版,第 1148 页。

说："供军者民也，杀贼者民也，保民者民也，保军者又民也。"军队与百姓之间有着千丝万缕的联系，要时刻牢记保障人民的利益，"保民""安民"是其思想核心。习近平总书记常引用"政之所兴在顺民心，政之所废在逆民心""治国有常，而利民为本"等民本思想论述，表达自己的人民观，但他的人民观更加强调"人民立场"，他指出"人民对美好生活的向往，就是我们的奋斗目标"①。这种"人民立场"的最终体现，就是"以人民为中心"的发展理念，他"坚持以人民为中心的发展思想，不断保障和改善民生、增进人民福祉"②。他在继承和发扬民本思想过程中，扬弃了其中维护封建统治的部分，强调为民、保民、利民、惠民，具有突出的创新性、先进性。

其二，二者的宗旨都是"为人民服务"。戚继光曾教育士兵："你在家哪个不是耕种的百姓？你肯思量在家种田时办纳的苦楚艰难，即当思量今日食银容易，又不用你耕种担作，养了一年，不过望你一二阵杀胜，你不肯杀贼保障他，养你何用。"③所以他南征北战，所向披靡，深受百姓爱戴。戚继光调任广东时，好友陈第尝记："辕门遗爱满幽燕，不见胡尘十六年。谁把旌麾移岭表，黄童白叟哭天边。"百姓沿路哭泣，如丧考妣，如失干城。"人民对美好生活的向往，就是我们的奋斗目标。"习近平总书记还一再强调"带领人民创造美好生活，是我们党始终不渝的奋斗目标"④。在他的领导下，我们打赢了"脱贫攻坚战""蓝天保卫战"，取得了抗疫的阶段性胜利，人民群众获得感、幸福感、安全感不断提高。相比于戚继光的"为民杀贼"的思想，习近平总书记的观点具有更鲜明的实践性、服务性。

三、"实心行实事，真知而力行"——征战之行

征战之行，是戚继光爱国主义精神的实践路径。戚继光"私淑阳明，大阐良知，胸中澄澈如冰壶秋月，坐镇雅俗有儒者气象"⑤。这种对阳明心学的继承主要体现在其"知行合一"，以"实心行实事，真知而力行"。"实心行实事"出自《练兵实纪》"以实心行实事，纯忠纯孝，思思念念在于忠君、敬友、爱军、恶敌、强

① 中共中央文献研究室编：《十八大以来重要文献选编》(上)，中央文献出版社 2014 年版，第 70 页。

② 习近平：《中国共产党第十九届中央委员会第四次全体会议公报》，《人民日报》2019 年 10 月 31 日。

③ (明)戚继光：《纪效新书》(十八卷本)，中华书局 1996 年版，第 8 页。

④ 习近平：《习近平谈治国理政》第 3 卷，外文出版社 2020 年版，第 35 页。

⑤ (明)戚祚国汇纂，李克、郝教苏点校：《戚少保年谱耆编》卷一，中华书局 2003 年版，第 2 页。

兵”，要以纯粹的报国之志、爱民之心为行事的出发点，履行为官为将之职分。“真知而力行”语出《横槊稿》：“智、信、仁、勇、严……凡此五者，将莫不闻，知之者胜。此‘知’字，指真知而能力行之之谓也。”为将者需要对智、信、仁、勇、严有切实的体悟，才能将之运用到战争中。二者是戚继光报国爱民的认识论与方法论，即要以真心爱国爱民，以力行保国护民。

为了力行抗倭戍边，保境安民，戚继光“每过地方，必询贤者，式庐而叩其蕴焉”，了解倭情，要“使地方形势、人情土俗、军马强弱、衙门利弊，一一在我心中，有如素游之地”。他还亲履实地，勘察地形，其子记“沿途皆悬崖峻岭，匝树盘枝，与马不通，家严亲历跋涉，足被棘刺亦所不顾”。① 掌握“真知”后，戚继光二次入闽，三月剿寇于小湖，尽灭之；四月大捷于许家村，克复兴化、平海、崎头郡、卫城堡；五月连捷马鼻、肖石岭，克复政和、寿宁二郡。三个月间，连战连捷，基本扫平福建境内倭寇。

在实践中，戚继光常将“实心行实事”与“真知而力行”相结合。守境安民是戚继光的实心。有实心，便要“行实事”，获“实功”，要“真知而力行”。“真知”就是要知将、知兵、知器、知敌。戚继光少习兵法，亲自勘察地形，找乡老了解敌情，做到知将、知兵、知敌。他“常徒步行，不时微服驰入后营”，了解士卒情况。戚继光更是精于军器的大家，在戍边蓟镇之时，建空心敌台，铸造无敌大将军、虎蹲炮、六合炮等武器，他不仅知器，且长于用器。在“真知”的指导下，戚继光取得了无数战功。在他征战过的福建，百姓歌曰：“奠我再生兮，维戚元辅。”②驻守蓟镇后，“边草岁绿，百谷时登，尺土寸壤皆成膏沃，因而黍稷蔽野，牛羊塞川……而且商旅日通，市廛日盛，生息日蕃，礼乐弦歌日作”③。

征战之行是戚继光爱国主义精神的核心，是报国之志、爱民之心的落脚点，是中国优秀传统文化的重要组成部分，具有重要的时代价值。

“爱国主义是中华民族精神的核心。爱国主义精神深深植根于中华民族心中，是中华民族的精神基因，维系着华夏大地上各个民族的团结统一，激励着一

① (明)戚祚国汇纂，李克、郝教苏点校：《戚少保年谱耆编》卷四，中华书局2003年版，第113页。

② (明)戚祚国汇纂，李克、郝教苏点校：《戚少保年谱耆编》卷四，中华书局2003年版，第111页。

③ (明)戚祚国汇纂，李克、郝教苏点校：《戚少保年谱耆编》卷十二，中华书局2003年版，第409页。

代又一代中华儿女为祖国发展繁荣而不懈奋斗。”①正是有报国之志、爱民之心的引导,戚继光才能一生马不停蹄,南征北战,用切实的征战之行,践行自己志向。他总是有“秋回战气为山色,醉倚崆峒看洗兵”②的战斗精神,这是因为他早就以身许国,有“身为大将,义在死绥”的清醒认识;他“总然用尽檐前力,应是无心为利名”,不过是为了“保障生民,捍御内地”;他甘愿“繁霜尽是心头血,洒向千峰秋叶丹”,洒向千峰的不仅有他的一腔热血,更有戚继光沙场征战的足迹、报国护民的热情。

“封侯非我意,但愿海波平”的报国之志,“尽分以为心,安民以为志”的爱民之心,“实心行实事,真知而力行”的征战之行,是戚继光爱国主义精神的主要内容。三者间,报国之志与爱民之心互相联系,互相作用,正如习总书记所说,“爱祖国、爱人民是最深沉、最具力量的情感,是内在联系的”③。报国之志、爱民之心是征战之行的精神动力,而征战之行则是报国之志、爱民之心的实现路径。是以,我们要把“爱国主义贯穿于实现中华民族伟大复兴中国梦的始终,汇聚于中国特色社会主义伟大事业”④。这是戚继光爱国主义精神给我们的启示,也是戚继光历史文化为当代中国所倡导的爱国主义精神提供的历史注解。

参考文献

1.高扬文、陶琦主编,(明)戚继光撰:《止止堂集》,中华书局 2001 年版。

2.高扬文、陶琦主编,(明)戚继光撰:《戚少保奏议》,中华书局 2001 年版

3.高扬文、陶琦主编,(明)戚继光撰:《练兵实纪》,中华书局 2001 年版。

4.(明)戚祚国汇纂,李克、郝教苏点校:《戚少保年谱耆编》,中华书局 2001 年版。

5.(明)戚继光:《纪效新书》(十八卷本),中华书局 1996 年版。

6.(明)陈善纂修:《(万历)杭州府志》,成文出版社 1973 年版。

7.(明)汪道昆:《太函集》,《续修四库全书》第 1347 册,上海古籍出版社

① 《习近平在中共中央政治局第二十九次集体学习时强调 大力弘扬伟大爱国主义精神 为实现中国梦提供精神支柱》,《人民日报》2015 年 12 月 31 日。

② 高扬文、陶琦主编,(明)戚继光撰:《止止堂集》,中华书局 2001 年版,第 68 页。

③ 《习近平谈治国理政》第 2 卷,外文出版社 2017 年版,第 6 页。

④ 《习近平在中共中央政治局第二十九次集体学习时强调 大力弘扬伟大爱国主义精神 为实现中国梦提供精神支柱》,《人民日报》2015 年 12 月 31 日。

1995 年版。

8.(明)陈第:《一斋集》,清道光二十八年(1848)刻本。

9.(明)陈子龙:《明经世文编》,1962 年版。

10.(清)钱谦益撰:《列朝诗集小传》,上海古籍出版社 2008 年版。

11.(清)饶安鼎修:《(乾隆)福清县志》,上海书店出版社 2007 年版。

戚继光军事思想与“鸳鸯阵”的演变

袁晓春*

【摘要】戚继光军事思想是戚继光长期军事实践的经验总结和理论概括，主要包括练兵、练将、武器改进以及阵法创新等方面。戚继光借鉴吸收众多前人的军事理论与实践，戚家军的“鸳鸯阵”源自唐顺之的“鸳鸯阵”，戚家军的枪术为唐顺之的“唐家枪”传授而来。

【关键词】海防；戚继光；军事；鸳鸯阵；传承

明朝嘉靖三十四年(1555 年)，发生了 60 多名倭寇从东南沿海登陆，杀死明朝士兵、百姓等 4000 余人的恶性事件。明朝廷先后派遣一大批官员和将领，奔赴抗倭前线，戚继光、唐顺之就是其中的杰出代表。戚继光在抗击倭寇战争中向唐顺之求教学习枪术，唐顺之将自己的军事著作《武编》传授给戚继光，《武编》中练狼筅、“鸳鸯阵”等详细阐述，与戚继光训练的戚家军“鸳鸯阵”有着直接的传承渊源。

一、戚继光的军事思想

戚继光军事思想主要包括练兵、练将、武器改进以及阵法创新等方面。

练兵是戚继光着手明军建设的首倡和着力点。戚继光的练兵，包括浙江练兵和蓟镇练兵。明朝嘉靖三十四年(1555 年)，戚继光被调到浙江抗倭前线，在率军与倭寇作战中，发现浙江士兵素质低下，因此产生练兵的想法。随后的四年中，戚继光多次向上级胡宗宪上书练兵。历经周折，终获批准。戚继光选择

* 袁晓春：中国明史学会理事、戚继光分会副会长。

到民风剽悍的义乌募兵。选兵标准为四种人不要：皮肤光白、细皮嫩肉的城里人不要；油滑奸巧之人不要；尝败于敌、胆小懦弱的士兵不要；体质虚弱之人不要。选兵要四种人：要脸黑皮糙、有土作之色的矿徒和农民；要“畏官府、畏法度”的老实人；要勇敢惯战之人；要身体健伟、力大、灵巧之人。通过选兵，戚继光将城市奸猾之徒、原军队中的“老兵油子”、不服从命令的人等排除在外。后到蓟镇练兵，他把练兵方法概括为五个部分：练伍法、练胆气、练耳目、练手足、练营阵。“练伍法”指挑选士卒、编组部队的方法，按照积极防御的战略，把骑兵、步兵、车兵、辎兵分开，制定不同的编制，单独进行训练，待各兵种训练结束，统一部署进行联合演练。“练胆气”指思想教育，主要从两方面抓起：一方面将吏作为管理者，要了解士卒的心理，关心士卒的生活；另一方面，士卒的言行举止，必须符合有关规定。“练耳目”指通过专门训练，使士卒辨别指挥工具，熟悉指挥信号。“练手足”指军事技能和体能训练，以技能训练为核心，有严格的考核标准。“练营阵”涉及队列训练、行军宿营、野外扎营、作战指挥等问题，包括场操、行营、野营、战约等项目。①

练将是戚继光的重要军事思想之一。戚继光认为，一名优秀的将领，必须是品才兼优，才能独当一面。他要求将领具备七种品德，即“正心术、立志向、明死生、辨利害、做好人、坚操守、宽度量”。要求将领要端正思想，要志向远大，要不计较生死，要明辨是非，要做一个好人，要保持操守，要度量宽宏。同时，做一名优秀的将领，又必须克服“声色害、货利害、刚愎害、胜人害、逢迎害、萎靡害、功名害”七种缺陷，即将领不能贪恋声色，不能贪图钱财，不能刚愎自用，不能嫉贤妒能，不能阿谀逢迎，不能意志消沉，不能贪图功名。另外，做一名优秀的将领，还必须具备12种素质：“尚谦德、惜官箴、勤职业、辨效法、习兵法、习武艺、正名分、爱士卒、教士卒、明恩威、严节制、明保障。”要求将领要谦虚谨慎、遵守官箴、恪尽职守、效法先贤、熟知兵法、熟知武艺、确定名分、关心士卒、注重训练、恩威并重、懂得节制、牢记宗旨。在练将方式上，戚继光既重视理论修养，又强调实践锻炼，希望利用各种途径，把有志从戎的儒生、武弁组织起来，首先读《孝经》《忠经》《论语》《孟子》《武经七书》，要求不必一味考究句读，但求领会精神实质。其次读《百将传》，了解历代名将的人品、心术、功业，参照每个人的特点，反复加以体悟。复次读《春秋左传》《资治通鉴》，或增读《大学》《中庸》，进一步拓宽知识面，树立正确的人生观。最后练习各种军事技能，熟悉行军布阵要

① 参见赵国华：《戚继光军事思想探论》，《理论学刊》2008年第5期。

领，掌握作战指挥方法。

戚继光军事思想还涉及武器改进。为了打赢每一次战斗，戚继光提出“称干比戈，用众首务”的原则，即通过改进武器装备，提高军队战斗力，形成对敌人的绝对优势。首先，“有精兵而无精器以助之，是谓徒强。”①“彼以何器，我必求长于彼，使彼器技未到我身，我举器先杀到身上，便有神技，之短我一寸，亦无用矣。”②为了使自己的武器装备强于敌人，旧可用者更新之，不堪者改用之，原未有者创造之。其次，讲究各种性能武器的科学配合。所用武器一定要长短相杂，刺卫结合，长以救短，短以救长，远近兼授，相资而用。各种武器相互支援，相互配合，取长补短，有机结合起来，形成新的战斗力。再次，强调武器与使用武器的人的正确结合。对于每个士兵“皆因其才而授习不同的武器”，充分发挥士兵的长处，从而发挥武器的威力。最后，强调灵活地使用各种武器。长兵器要会短用，短兵器要会长用，使武器威力得以充分发挥。

戚继光军事思想中，采用“鸳鸯阵”与士兵、武器搭配，充分体现出戚继光因地制宜、勇于创新的军事谋略。

二、戚继光军事思想在“鸳鸯阵”中的创新体现

戚继光《纪效新书》《练兵实纪》等重要军事著作，一直为后人所推崇。戚继光的军事思想和军事理论，既是来源于长期抗倭的军事实践，也来自同时期的前辈唐顺之的军事理论传承。

（一）戚继光向前辈唐荆川的学习

明朝嘉靖三十二年（1553 年），26 岁的戚继光署山东备倭都指挥佥事，专职督办山东海防备倭，策马巡视 1600 公里的海防线，极力加强基层卫所建设，及时调整撤换卫所军官，铸造一批火炮等新式火器，使山东海防形势焕然一新。嘉靖三十四年（1555 年），一艘倭寇海船遇风漂到了山东威海卫，海船上倭寇伺机登陆持刀劫掠，被警卫森严的威海卫士兵包围俘虏，并押送到蓬莱。戚继光审讯后，派兵将倭寇押解到山东省济南府。戚继光在倭寇入侵战情吃紧的情况下，竟俘获 7 名倭寇，引起明朝兵部的注意，随即被调往浙江抗倭前线。③ 嘉靖三十七年（1558 年），唐顺之作为兵部官员抵达浙江抗倭前线，结识戚继光。

唐顺之在紧张繁忙的抗倭战争中，不忘发掘培养优秀军事人才。他将所著

① 高扬文、陶琦主编，（明）戚继光撰：《纪效新书》（十四卷本），中华书局 2001 年版，第 49 页。

② 高扬文、陶琦主编，（明）戚继光撰：《练兵实纪》，中华书局 2001 年版，第 300～301 页。

③ 参见（明）泰昌版《登州府志》卷十《人事志 · 兵纪》。

兵书《武编》传授给戚继光，使“鸳鸯阵”在戚继光训练的戚家军中大放异彩，并在万历“壬辰战争”中取得胜利而享誉海外。

(二)戚继光“鸳鸯阵”的传承

戚继光在明朝嘉靖三十四年(1555 年)到浙江任都司佥书，次年任参将。经过龙山之役，戚继光发现明军战斗力涣散，遂向上级申请专门练兵。后接手曹天佑的部队进行训练，但仍感不堪重用。直到入浙四年后，戚继光的练兵申请才被批准，到义乌招收以农民、矿工为主要成分的新式明军，配备武器为藤牌、腰刀、狼筅、长枪、镗钯以及鸟铳、火炮等，基本阵型为“鸳鸯阵”。

为什么说唐顺之的“鸳鸯阵”、鸳鸯伍在前，戚家军的“鸳鸯阵”、12 人小队在后呢？因为在嘉靖三十七年(1558 年)唐顺之编著兵书《武编 · 秘战第七》中，就有“鸳鸯阵”法：

> 一秘战者，即新名“鸳鸯阵”之谓也。每冲锋，五人为伍，用长挨牌一面。伍长选身长力大者，一名在前执牌面左，止许顾左，不许顾右后身。第二名执狼筅面右，以筅出牌右五尺，紧紧靠牌。其枪手在筅之后三步，平执枪。伍长执牌径进，余各紧紧依法随行，敌绝不敢以枪戳牌。如将枪由牌顶戳来，伍长用牌一起，即将枪高阁，急待收枪，我之枪兵出而戳敌矣。如左面戳来，必欲中伤执狼筅兵之后脊，枪须由牌兵面前过三尺余，牌兵可以手握其枪后之，枪手出矣。如敌兵将枪由右来，欲伤牌兵之臂。筅兵以用筅按其枪锋而后行，枪手又出矣。如贼用枪，由牌下戳牌兵之足。牌兵用牌一坐下压其枪，而后之枪手又出矣。至于贼之短兵刀钩等项，必不能近。惟牌兵专视一面，而既護筅兵之脊。筅兵亦专一面，而護牌兵之后。枪、射、铳手，俱立牌后六七尺，则正面矢石已不能及，而复左右皆救矣。再如贼众道平，我则通将牌齐列，虽有万贼进不能与我相交刃，退后有所逼而不敢心生延望。相持稍久，而我之奇伏相机遣出，又张声势两翼渐逼。贼必分兵四御，我则开牌缝而出甲士麾之，贼计穷矣。夫浙兵之不敢战，谓其以赤身生命抗死冦，无自卫之策也。“鸳鸯阵”之法最妙者，取其敌之锋刀不能及兵身，庶兵之胆可恃以无恐，而敢进且退则有蔽于后，进则如载堵墙，而前百战不殆此也，振勇破坚此也，直捣巢险此也。再如贼在山上，有擂木滚石。我欲山下仰攻而上，贼将木石下抛。则每牌下，止用三人执牌于前而上。遇有木石下掷，以目看正各兵伏身其下，以此牌遮其身上，牌下根附山高土坡，牌头下垂则木石遇之而直行无碍，顺势滚下。我再举牌，复登破险上山尤要器也。但牌身如用铳打透，诸计皆罔矣，革铳新牌之功用何如哉。

天阵或数十人，或百人，列为前阵冲突官兵营垒。地阵或数十人，或百人，列为后冲，专恃隐伏邀击。人阵居中，或为应兵，或为游变，或为牙爪也。天阵先出，三人为宗，各相依背，面外而立，或隐伏草莽，或出没空舍崖岸，如鹰隼、鸢鹘，使官兵莫能测。五人为伍，前二人，后三人，能使飞刀者，直冲官兵之前。能使枪镰，次而进如官军直冲群击而前，我当分伏夹道无恙尾。令士卒群聚蹲踞咆哮，而前各执短刀，分两翼横跳而进，则后阵自溃，前中皆夺散矣，可收兵归营，不可深追。……行之此法，训练百日，务要熟闲。然后用二十八人胸前怀之，立制营垒，用人操练，仍照前法，一一施行。又练百日，俟人成熟惯战，方取用之。凡人操练，亦用装敌人对垒交锋，如是方得精也。①

嘉靖三十九年(1560年)春正月，戚继光根据江南地形多沼泽、行者不得比肩的特点，创新人数、阵法不同的“鸳鸯阵”：

阵十二人，首一人居前为队长，次二人夹盾，次二人夹枝兵，次四人夹长矛，次二人夹短兵，末一人为火兵居后，专事樵苏。偏则伍之，两侧什之。始为五行，分为两仪，变而为三才。其节短，其分数明，其步伐合地宜，其器互相为用，且犄角互张，攻、距、击、刺互应。始出以方阵，既变而员曲，终结以直锐，中出以正，两翼旁出以奇。详见于《纪效新书》。坐作进退，咸入矩度，金鼓节奏，军容整肃，真有蛇鸟风云之状。于是集所练条目，自选伍以至。号令、战法、行营、武艺、守哨、水战皆择其实用有效者，分别先后次第之各为一卷，以诲教三军。②

唐顺之的“鸳鸯阵”编制为5人，单纵前后排列，依次向后为伍长、狼筅手、枪手、铳手等。作战时，伍长只许顾左，狼筅手只能顾右，前后左右配合，战士互为犄角，似鸳鸯相互依靠成为一体。而戚继光的戚家军使用的“鸳鸯阵”编制为12人一队，2人一行并排对敌，阵型为前后排列，前排进攻，后排掩护。队长专心指挥，最前列为藤牌手，手握腰刀专司进攻。其后为狼筅手，护卫藤牌手。随后为长枪手，护卫狼筅手。其后为镗钯手，护卫长枪手。

在明朝抗倭战争中，“鸳鸯阵”经过唐顺之、戚继光的不断改进和实战完善，逐渐成为克敌制胜的法宝。

---

① (明)唐顺之：《武编·前集》卷四，第52页。

② 刘聿鑫、凌丽华主编：《戚继光年谱》，山东大学出版社1999年版，第26页。

（三）戚继光“鸳鸯阵”的海外传播

万历“壬辰战争”爆发后，明朝应朝鲜国王的请求派军援朝。明军入朝初期，战事不利。后调原戚家军参将吴惟忠率 2000 多名南兵入朝，攻入平壤城，取得平壤大捷。朝鲜国王李昖对明军先败后胜不解，询问明军统帅李如松。李如松回答：“戚将军《纪效新书》乃御倭之法，所以全胜也。”戚继光的兵书《纪效新书》与南兵训练方式，引起朝鲜国王李昖的高度关注。后胡大受应朝鲜王朝的邀请，训练朝鲜新军，将“鸳鸯阵”、戚家军武术等训练方法完整地传授给朝鲜新军，从而在朝鲜半岛传播开来，并保存至今。这是东亚历史上较为罕见的中华儒家文化海外传播的典型事例。

1999 年后，蓬莱先后派出四批人士，到浙江、福建、广东、安徽、北京、天津、河北等省市实地考察。调查发现，戚家军“鸳鸯阵”及训练方法，历经 400 多年，各地没有系统地保存下来。

2006 年，笔者赴韩国参加国际学术研讨会，未曾想到在韩国水原郡华城发现明军“鸳鸯阵”传习的线索。华城是古代朝鲜李氏王朝国王的行宫，损毁后因保留建筑图纸，韩国又按照原图重新修复，被联合国教科文组织公布为“世界文化遗产”。水原华城为韩国著名景点，每天在华城大门“新丰楼”前定时表演“鸳鸯阵”。表演时由队长指挥，两人一行出列，分持藤牌短刀、狼筅、长枪、镗钯逐次操练对打。经考察得知，戚家军的“六技”在韩国首尔仍有传承。

2018 年 11 月，中国明史学会戚继光分会、蓬莱市戚继光研究会宋耀武、袁晓春、汤进学、卢岩、尹君丽等参与筹建戚继光纪念馆，在国内外搜集戚继光与戚家军文化遗产视频资料。浙江编演的“鸳鸯阵”，在中央电视台与凤凰卫视等电视台播出后影响很大，遗憾的是采用当代编排，已非明朝历史原貌。

目前，韩国首尔有国技武术“传统武艺十八技保存会”，会长为韩国东文选出版社社长辛成大。国技武术“武艺十八技”指朝鲜李氏王朝九技、日本倭刀三技、中国戚家军六技（分别为藤牌、狼筅、枪、镗钯、拳法、棍）。朝鲜李朝文献《御定武艺图谱通志》序言中写道：“光庙朝然止弓矢一技而已，以枪剑诸技暨未之闻焉。宣庙既平倭寇，得戚继光《纪效新书》研解其棍棒等六技作为图谱……以竹长枪等十二技增为图谱，后与六技通贯讲习。”韩国国技“武艺十八技”传承人为金光锡，“传统武艺十八技保存会”有会员几十位，每年 5 月和 10 月，在首尔景福宫举办“武艺十八技”大型演出。“武艺十八技”表演者身着古代服装，手持古代真刀真枪,按传统模式进行一招一式训练表演。①

图 1　韩国“武艺十八技”表演者表演“戚家军六技”(方云伟摄)

图 2　韩国“武艺十八技”表演者表演“戚家军六技”(方云伟摄)

① 参见方云伟:《戚继光武艺文化在韩国传承考察》,《戚继光研究》第 8 辑,黄海数字出版社 2018 年版,第 86～88 页。

图 3　韩国“武艺十八技”表演者与辛成大会长合影(方云伟摄)

随着中国对传统文化的日益重视,传播在海外韩国的“鸳鸯阵”、戚家军武术等文化遗产从海外回流的日子为期不远,将与祖国再次相会。

将戚继光民族精神纳入新时代党员干部教育培训内容研究

刘甜甜*

【摘要】戚继光民族精神是中华传统文化中的瑰宝,新时代应进一步阐释、发扬、传承,挖掘其教育意义,结合新时代媒体融合宣传,作为地方特色纳入干部教育培训内容。这对于新时代弘扬以实事实功报效祖国的思想极为重要,更能以身边的英雄事迹激发参训学员对戚继光爱国责任意识、务实创新精神、精诚为人思想的传承和发扬,引导广大党员干部矢志不渝守初心、奋发有为履使命、铭记历史勇前行,从而增强干部教育培训的质效性。

【关键词】戚继光民族精神;党员干部;教育培训

2018年6月,习近平总书记来到山东考察,专程赴蓬莱察看了水城炮台和古代舰船入海口,感慨于戚继光民族精神,指示要"从历史中汲取更多精神营养"①。戚继光是烟台蓬莱人,是烟台市最具典型性和代表性的历史人物之一。戚继光生平体现出来的爱国主义精神和一心为国为民的担当情怀,在当今时代仍然具有重大意义。在新时代传唱戚继光团结抗倭、南征北战、抵御外敌的英雄事迹,传扬戚继光精忠报国定天下、立功立言为国民的爱国情怀,以烟台蓬莱身边英雄作为地方干部教育特色内容,强化共鸣,激发干劲,对增强新时代党员干部热爱祖国、务实创新、精诚为人、实干兴邦等意识有切实效果。

---

* 刘甜甜,中共烟台市牟平区委党校教师。

① 习近平:《切实把新发展理念落到实处　不断增强经济社会发展创新力》,《人民日报》2018年6月15日。

一、戚继光民族精神应成为具有烟台特色的新时代党员干部教育培训内容

戚继光故里坐落于古登州城府中心地带，这里保留了胶东地区最完整的历史文化街区，是由四部分组成，分别是戚家牌坊、戚继光抗倭事迹馆、戚府以及表功祠。这里是历代戚氏族人居住的地方，已经聚居传承近400年历史。

戚继光生活在明代的嘉靖、隆庆、万历年间(1522～1620年)，此时正是明朝内忧外患频发时期。朝政日非，财政窘迫，民生艰难，军伍窳败，边防虚弱。长期困扰明朝的所谓“南倭北虏”，在此时先后酿成大患。嘉靖二十九年(1550年)的庚戌之变，俺答率领的鞑靼铁骑曾经长驱北京城下，月余不退。这时的明朝，正是“外面的架子虽未甚倒，内囊却也尽上来了”。

面对如此颓局唯有重整山河，奋发振作，才能挽狂澜于既倒。这一时期朝野逐渐形成一股革新的势力，徐阶、高拱、张居正，群星灿烂，朝廷上下能臣辈出，经过三四十年的努力，竟使明朝呈现出中兴的局面。而在这一中兴事业中，稳定边疆、荡平“南倭北虏”的戚继光居功至伟。戚继光一生戎马，抗倭戍边，矢志不渝，其精神可以概括为“矢志报国、英勇无畏、文经武略、务实创新、律己修身”。

(一)戚继光的爱国情怀是新时代党员干部教育的永恒主题

戚继光民族精神中最核心的一点就是立志报国。19岁时，出身将门世家的他就立下“封侯非我意，但愿海波平”的志向。戚继光一生抗倭御虏40余年，面对强大的敌人他毫不畏惧，面对事业受挫他不改初心，形成了“干实事，图实战、实功，以报国耳”的精忠报国思想。他的爱国情怀源自他内心最诚挚的报国思想和价值观念，他说：“世禄之家，尽忠报国，分内事。”他早已经把保护边疆不受侵犯、维护国家安全人民安康作为自己的职责，认为这是他立足职业岗位来履行的对国家、对君主的责任。他可以为了国家，不计生死、不计名利，他认为将帅都是随时为国为民奉献生命的官职，为了国家牺牲自己的生命是尽安国保民的责任。

戚继光认为，报国是要以实事来体现，要知行合一，必须把保家卫国落到具体事务和实际行动上，这是衡量一个将领实心报国的最好标准。因此，在他的从军生涯中，一直强调出实策、干实事。为了解决面临的困难问题，戚继光十分注重实践基础上的创新。他军事上的创造，如战略改革、兵制改革、训练改革、兵器改革等，为推进中国古代兵器发展做出了重要贡献，也使将兵的实力大大提升、战斗力大大提高。

他追求“尽分”，追求“安民”，追求“海波平”，正是这种承载着中华民族精神核心的爱国情怀，砥砺着一代代中华儿女奋勇前行。现实中，个别党员干部不乏崇洋媚外、个人为上的倾向，没有树立正确的远大的理想信念，对共产主义理想信念不坚定，不能正确地维护国家统一和利益。因此，学习戚继光的爱国思想，正是激发党员干部的强烈责任意识、务实创新意识、精诚奉献意识的重要方法，需要运用戚继光民族精神来激励党员干部的民族自信心与认同感，对弘扬当代爱国主义精神具有现实意义。

（二）戚继光的军事思想是新时代党员干部教育的特色内容

嘉靖年间，戚继光袭父职开始了他的军旅生涯。后来他相继担任都指挥使、福建副总兵、浙福江广郴桂六省总兵官、署都督同知等职，在山东、浙江备倭。戚继光在浙江，发现卫所制度已经败坏，军伍不整，兵不习战。浙江金华、义乌地区素称剽悍，他请求招募当地3000人，进行训练，教以击刺之法。他发明了狼筅，临阵长短兵器交相使用；又因地制宜，制定了鸳鸯阵法。由于戚继光练兵有方，运兵有谋，布阵奇诡，他带领的军队抗击倭寇所向披靡，“戚家军”从此名闻天下。戚继光参加和指挥的战斗，在浙江有龙山所之战、岑港之战、台州大战，在福建有横屿岛之战、牛田之战、南澳岛之战。在朝廷上下的支持下，在他和俞大猷、谭纶等人率众英勇奋战下，危害东南数省持续百余年的倭患被彻底荡平。

戚继光民族精神诞生于倭寇猖獗的明代，戚继光从严治军、整顿吏治、秉公执法、突出实战，培养出了具有优秀战斗能力和优良纪律作风的戚家军，也留下了丰硕的军事理论。在中国特色社会主义的新时代，为国家主权不被挑衅、领土完整不被侵犯、国家的尊严不被亵渎，必须打造世界一流军队，“能战方能止战”“强军方有强国”，才有实现中华民族伟大复兴的良好环境。以戚继光军事思想丰富党员干部的军事理论课程和军事训练，助推新时代党员干部人格锤炼，增强爱国意识、军事素养。

（三）戚继光的修身品行是新时代党员干部教育的内在需求

戚继光的良好品行和他的严格家风家教紧密相关。戚家世代为将，忠贞赤诚的将门风骨世代传承。戚继光父亲志在让孩子继承祖业、光宗耀祖，所以给他取名继光。在父亲的悉心教导之下，戚继光始终秉持孝廉仁义、忠义爱民的处世之道。他17岁投身军旅，以良好修身品行走遍天下、广建功勋，卓越战绩更让他的良好品行随之广传天下。

明朝的军队向有约束不严之弊，浙江抗倭时期，本省驻军尚好，外省调来助防的“客军”纪律很差,在当时有“贼(指倭寇)为梳,官为篦”的民谚。戚继光非常注意约束下属的行为,规定“砍伐人树株、作践人田产、烧毁人房屋、奸淫作盗、割取亡兵的头、杀被掳的男子、污被掳的妇人,甚至妄杀平民假充贼级”的,都要处死,并向部下宣讲:“凡你们当兵之日,虽刮风下雨,袖手高坐,也少不得你一日三分。这银分毫都是官府征派你地方百姓办纳来的。你在家那个不是耕种的百姓?你肯思量在家种田时办纳的苦楚艰难,即当思量今日食银容易,又不用你耕种担作,养了一年,不过望你一二阵杀胜,你不肯杀贼保障他,养你何用?”[①]这种设身处地、推己及人的实在话,比堂皇的演说更能说服人、教育人。在纪律和宣讲的双重约束下,戚继光所部以高标准要求自己,非常注意维护军民关系,因而在抗倭战争中受到了百姓的充分支持与帮助。

戚继光还乡后于万历十六年(1588 年)病逝于登州故里。戚继光戎马一生战功卓著,史称他“四提将印,佩玉三十余年,野无成田,囊无宿镪,惟集书数千卷而已”[②]。他长时间手握重兵,军费粮饷过手无虑千万,但却清贫如此,可见品格之高尚。明朝赐谥戚继光为武庄,这在当时也是至高的荣誉了。为了实现精兵强政,戚继光以顽强的毅力和务实精神,事事亲力亲为,任劳任怨;为了保家卫国,戚继光以身作则,文武兼修,终成一代名将。

无论生前身后,戚继光终其一生践行爱国爱民、修身齐家的良好作风。在新时代,学习戚继光修身品行、爱护百姓的家教家风,对于党员干部严以修身、严以治家、言传身教的良好作风的形成具有引导作用。

二、新时代戚继光民族精神融入党员干部教育内容的有效路径

当前烟台市的干部教育培训工作中,爱国主义精神等的主题教育相对来说占比较少、不受重视,现实中也确有部分党员干部存在理想信念模糊、国家意识淡化、爱国意识不强等问题,而戚继光民族精神恰好给我们提供了破解之法。戚继光精忠报国定天下、立功立言为国民的博大爱国情怀,对唤起新时代党员干部坚定崇高理想信念、修身、齐家、治国,投身祖国建设具有教育示范作用。

(一)铸魂育人巧用新媒体,提升干部教育针对性实效性

新时代,触手可及的新媒体利用率高、传播较广,可作为强化党员干部教育的首选平台。一是加强官方平台建设,提高宣传力度。可通过抖音号、微信公

① 高扬文、陶琦主编,(明)戚继光撰:《练兵实纪》,中华书局 2001 年版,第 65～66 页。
② 陈鲁民:《“戚家军”为何屡战屡胜》,《解放军报》2016 年 6 月 20 日。

众号、App 等多种智能新兴媒介向党员干部推送戚继光民族精神事迹等信息，开展戚家精神宣传、戚继光兵法竞赛、戚继光诗歌朗诵等主题活动，创造学习戚继光民族精神的浓厚氛围。二是用好非官方途径，强化学习吸收。可在学员微信群实时发送学员编写的推文，让知识随时随地能被共享。此外，在部分培训班次还有学员创建的报纸刊物，可以适当增加戚继光民族精神的宣传版面，刊登学员所写学习心得和交流体会等。

（二）转变方式找准切入点，丰富军事理论训练课程内容

新时代党员干部练好“内功”、提升修养，可以学用结合、学以致用，用知识武装头脑，用体魄推动工作。一方面，在重点班次设置戚继光特色军事训练内容。在青年干部培训班、新入职公务员和事业单位工作人员培训班等时间较长的班级，针对年轻人的学习特点与爱好，可设置戚继光军事理论特色课程、军事训练特色体验，比如戚继光拳、鸳鸯阵、三才阵等模拟训练，以此更加真实地还原历史上的戚继光，在寓教于乐中提升学员的学习兴趣和体验热情。另一方面，将戚继光民族精神作为军事训练和军事理论课程的特色内容，开发戚继光军事思想的理论教学，系统介绍戚继光军事思想和爱国精神，切实增强参训学员爱国爱民的使命感。

（三）创新方法讲授戚继光，在参与中激发兴趣获得提升

新时代呼唤新模式，党员干部的课堂更期待教学方法创新。首先，把“要我学”变成“我要学”，引入研讨式、案例式教学形式。戚继光民族精神本身具有较强的故事性、生动性，要紧扣新时代党员干部教育主题，尽可能多地寻找课程融合点。在南抗倭寇的过程中，倭患的肃清为明代的海外贸易顺利开展创造了条件，推动了商品经济的发展。在北御鞑靼的过程中，戚继光是主张议和的，看到了民族的趋势是“和”，是交流，这同样是戚继光的价值所在。在研讨式和案例式教学课程中，要引导参训学员用戚继光民族精神来回答当代的问题。其次，激发学员内生动力，共同开发情景教学、体验式教学形式。创新情景教学方式，由教师和学员一起写剧本，量身定做培训内容，共同表演，在艺术创作中升华对戚继光民族精神的感悟。满足个性化、差异化、多样化干部培训需求，将戚继光民族精神分置不同教育主题，创设体验内容，由不同班次学员自选进行学习，在亲身参与过程中品味戚继光民族精神的艮久魅力，在新型教学方式中主动学习、积累知识、增长才干、提升本领。

（四）注重效果增设回访录，在自我反思中对标民族英雄

在学员论坛部分增加与戚继光民族精神相关的研讨交流题目，旨在督促学

员思考和自省,不仅可以温故知新,更在于对标英雄、自查不足、精益求精。在学员结束培训回归工作岗位之后,不定期回访,对其学习成果进行访谈评估,从而有效掌握其学习力度和实践程度。对于党员干部来说,经过课上研讨、课下交流、工作回馈,能够加深对所学内容的学习,更能激发其从历史和精神中汲取精神力量,在回访交流中继承传扬优秀传统文化。

戚继光民族精神纳入烟台党员干部教育培训内容,真正做到以史鉴今、以史喻今、以史育人。在新时代烟台党员干部教育培训中,戚继光的爱国精神是永恒主题、军事思想是特色内容、品行为人是修身之本。抓好干部教育培训的先导性、基础性、战略性,深刻把握烟台干部教育理论特色和规律,才能讲好烟台故事、守好烟台特色、发挥烟台魅力、提升烟台能力,着力强化干部教育培训实效,为建设忠诚干净担当的高素质干部队伍提供有力保障。

参考文献

1.高扬文、陶琦主编,(明)戚继光撰:《练兵实纪》,中华书局 2001 年版。

2.高扬文、陶琦主编,(明)戚继光撰:《止止堂集》,中华书局 2001 年版。

3.《习近平谈治国理政》第 2 卷,外文出版社 2017 年版。

戚继光兵书长期影响朝鲜王朝军队原因探析*

刘凤鸣**

【摘要】戚继光的军事思想之所以能长期影响朝鲜王朝军队，原因主要有三个方面：其一，戚继光的军事著作经过了壬辰战争的实战检验，特别是戚继光当年的部属在平壤大捷中的优异表现，为朝鲜王室依照戚继光的军事著作改造和训练朝鲜军队提供了范例。其二，朝鲜王朝在壬辰战争之后仍长期面临外来威胁，特别是日本的威胁，戚继光兵书可"南御倭北御胡"。其三，明王朝在壬辰战争中挽救了朝鲜，对明王朝感恩戴德，对戚继光的仰慕，也使得戚继光的形象和他的军事著作在朝鲜半岛几百年来经久不衰。

【关键词】戚继光；影响；朝鲜王朝军队

朝鲜壬辰战争期间（1592～1598年），戚继光兵书传入朝鲜王室，成为朝鲜王朝军队建设的教科书。戚继光兵书对朝鲜王朝军队建设的影响，一直延续到朝鲜王朝末期，朝鲜高宗时期（1863～1907年），朝鲜"武事"，仍"专靠是书"，即"戚继光之《纪效新书》"。① 也就是说，戚继光兵书影响了朝鲜王朝军队三百年，戚继光兵书之所以能长期影响朝鲜王朝军队，其原因是多方面的，主要有以下三点：

---

* 本文为2020年国家社科基金后期资助项目"戚继光军事思想在朝鲜半岛的传播与实践研究"(20FZSB069)阶段性成果。

** 刘凤鸣，鲁东大学胶东文化研究院研究员。

① 参见李裕元：《嘉梧稿略》卷九，韩国民族文化推进会：《韩国文集丛刊》第315辑，东洋印刷株式会社2003年版，第331页。

一、经过朝鲜壬辰战争，特别是收复平壤的实战检验

朝鲜宣祖王室对戚继光及其军事著作的重视，始于壬辰战争中的平壤大捷。万历二十年(1592年)，日本侵略朝鲜的壬辰战争爆发，应朝鲜王室的请求，明军赴朝参战，但第一批以辽兵为主的入朝参战明军，在收复被日军占领的平壤城时伤亡惨重，入朝参战的明军总指挥副总兵祖承训"仅以身免，中朝震动"①。万历二十一年(1593年)正月，第二批入朝参战明军再次攻打平壤城，收复了平壤，并给日军以沉重打击。明军两次攻打平壤城的不同结局，引起了朝鲜宣祖王室极大关注。指挥第二次收复平壤之战的明军提督李如松对朝鲜宣祖国王说："今来所用，乃戚将军《纪效新书》，乃御倭之法，所以全胜也。"②说获得平壤大捷的明军主力，是戚继光当年的部属，是戚继光用《纪效新书》训练出来的，他们熟悉攻打日军的方法，所以能获得大胜。

戚继光当年的部属在平壤大捷中的表现，触动了朝鲜王室，朝鲜宣祖国王下决心用戚继光的《纪效新书》来改造和训练朝鲜军队，平壤大捷是最直接的诱因。

戚继光的《纪效新书》，不仅有训练士兵的方法，而且还有如何招募、管理专职军队的规章，所以宣祖王室提出："《纪效新书》者，至详至密，今当一切依仿为之。"③朝鲜军队除了依照《纪效新书》招募、训练士兵外，宣祖王室在城防建设、新式武器配备等方面也是依照《纪效新书》来做。实践也证明，依照《纪效新书》组建和训练的朝鲜王朝士兵，"数月而成军容……国家赖之"，"得以御贼保邦"④，成为朝鲜保卫国家、抵御日军入侵的中坚力量。

这些经过壬辰战争实战检验的浙兵将士和朝鲜士兵，对后来的朝鲜王朝产生了深远的影响，这一机制一直延续到朝鲜王朝末期。朝鲜肃宗朝时，壬辰战争已经结束一百多年了，仍"专用戚法"训练朝鲜士兵。⑤ 壬辰战争结束二百年的正祖时期，在制定训练朝鲜士兵教材《兵学通》时，"无一不返于戚氏之遗典"⑥，全部都按照戚继光《纪效新书》的训练标准来做。在谈到这样做的原因

---

① 《明史·朝鲜列传》，中华书局2000年版，第5552页。

② 吴晗：《朝鲜李朝实录中的中国史料》(五)，中华书局1980年版，第1984页。

③ 《朝鲜宣祖实录》卷43，探求堂1973年影印本，第22册，第108页。

④ 吴晗：《朝鲜李朝实录中的中国史料》(五)，中华书局1980年版，第1984～1985页。

⑤ 《朝鲜肃宗实录》卷50，探求堂1973年影印本，第40册，第387页。

⑥ 《明皋全集》卷七，韩国民族文化推进会：《韩国文集丛刊》第261辑，东洋印刷株式会社2001年版，第139页。

是，正祖国王撰文提到："兵学指南专用戚法。盖壬辰之乱，无论天兵、我师，皆未谙御倭之法，及李提督平壤之捷然后，始知戚法之利于御倭。……自是之后，外营八路，遂皆谨遵其法。部、司、哨、旗所立者，御倭之制也。檑木炮石所习者，御倭之技也。"[①]说朝鲜自"平壤之捷"后，才认识到戚继光的军事著作在抵御日军入侵中的作用，所以"遂皆谨遵其法"，在部队建制和日常训练中均使用"戚法"。由此也可见"平壤之捷"的深远影响，壬辰战争结束二百年了，戚继光的军事著作仍然是朝鲜王朝军队建设的教科书。

二、长期面临外部威胁，戚继光兵书可"南御倭北御胡"

壬辰战争结束之后，为防止日军卷土重来，朝鲜宣祖王室继续以戚继光的《纪效新书》作为武装和训练朝鲜军队的教科书。即使在主持朝鲜训练都监工作的领议政柳成龙因党派之争被罢官之后，"成龙去位，皆废不行，独训练都监仍存，至今赖之"[②]。柳成龙被免职后，虽说他在任时做的许多事都被废止了，但他在训练都监依照戚继光《纪效新书》训练士兵的工作仍照旧运转，因为当时朝鲜仍面临日本的威胁，仍需要按照《纪效新书》训练出来的军队来抵御日军的入侵。

朝鲜宣祖朝之后，还面临北部边境的压力，朝鲜王室有过几次戚继光军事思想和《纪效新书》是不是过时了的争论，但由于戚继光兵书能"南御倭北御胡"[③]，因而朝鲜宣祖之后历届王室仍把戚继光兵书作为朝鲜军队训练的必备教本。

朝鲜光海君时期，虽然当时的朝鲜还面临着北方后金的威胁，但南方仍面临着日本的威胁，所以在军队日常训练上，北方为防止后金骑兵的入侵，重点是用戚继光《练兵实纪》中的"车骑步之法"来训练军队[④]，而在南方，则延续了其父宣祖国王李昖的做法，把用于防倭的《纪效新书》作为训练教材，同时南方也要学习戚继光的"车骑步之法"对付日军，因为"车骑步之法"，也"通用于南倭"，[⑤]适用于对南来的日军作战。

朝鲜英祖时期，正值中国雍正和乾隆盛世，随着清王朝的日益强大，英祖致

---

① 李祘：《弘斋全书》卷百七十六，韩国民族文化推进会：《韩国文集丛刊》第267辑，东洋印刷株式会社2001年版，第426页。

② 《宣祖修正实录》卷41，探求堂1973年影印本，第25册，第701页。

③ 黄胤锡《颐斋遗藁》卷十三，韩国民族文化推进会：《韩国文集丛刊》第246辑，东洋印刷株式会社2000年版，第286页。

④ 参见《王朝实录·光海君日记》卷39，探求堂1973年影印本，第31册，第615页。

⑤ 参见《王朝实录·光海君日记》卷39，探求堂1973年影印本，第31册，第615页。

力于发展与中国更加紧密的宗藩关系。这一时期，朝鲜的国防重点转向防止日军从南部海上入侵，重视朝鲜半岛南部沿海一带的海防建设，重视《纪效新书》在朝鲜军队建设中的指导作用。英祖朝官员在给英祖国王的上疏中就提到："今日所用者，乃明将戚继光之遗制也，其法利御步寇。"[①]英祖在南部临海的庆尚道设立了统营指挥机关，作为防备日军从海上来犯的指挥和训练机构，担任统制使的官员则学习戚继光的治军思想来治理军队。英祖时期还参照《纪效新书》制造了"造化循环炮、一窝蜂箭"等大批新式火器。[②]

朝鲜正祖时期，正祖李祘更加重视戚继光的军事思想在朝鲜军队建设中的指导作用。正祖李祘在《兵学通·序》中记载："今之《兵学指南》，即戚氏御倭之法也。戚氏之御倭，盖以序胜者也。我国遵而用之，固得矣"[③]；在《书〈兵学指南〉后》中还记载："《兵学指南》五卷……盖自明名将南塘戚继光，南御倭北御胡，有所撰《纪效新书》行天下，此亦其所出尔。"[④]这都说明正祖时期之所以要依照《纪效新书》编写指导朝鲜军队建设的《兵学通》《兵学指南》，是因为戚继光的兵书可"南御倭北御胡"，这也可从中看出当时朝鲜强化军队建设的重要原因就是为了"御倭"，为了抵御日本的再次入侵。

朝鲜王朝末期，特别是高宗时期，朝鲜受到日本的欺凌，以抗倭为主要内容的《纪效新书》再次受到王室官员的关注。历官朝鲜宪宗、哲宗、高宗三朝官员，高宗时担任领议政(首相)的李裕元，多次撰文强调朝鲜军队要学习戚继光的《纪效新书》，要重视戚继光的军事思想对朝鲜军队建设的指导作用。李裕元在《玉磬觚剩记》一文中提到"戚氏《纪效(新)书》起于御倭，略而为《兵学指南》，宪庙最为精通，有非诸将所可及"[⑤]，说明朝鲜宪宗时期更是高度重视《纪效新书》在朝鲜军队建设中的指导作用，而之所以如此重视，是因为《纪效新书》"起于御倭"，这也说明朝鲜王朝末期朝鲜的军队建设仍然是防备日本的入侵。虽说朝鲜高宗晚期朝鲜王室已成日本帝国的傀儡，但这与戚继光兵书对朝鲜军队的影

---

① 韩元震:《南塘先生文集拾遗》卷二《拟上时务封事》，韩国民族文化推进会:《韩国文集丛刊》第 202 辑，东洋印刷株式会社 1998 年版，第 336 页。

② 参见《英祖实录》卷 121，探求堂 1973 年影印本，第 44 册，第 464 页。

③ 李祘:《弘斋全书》卷八，韩国民族文化推进会:《韩国文集丛刊》第 262 辑，东洋印刷株式会社 2001 年版，第 134 页。

④ 黄胤锡:《颐斋遗藁》卷十三，韩国民族文化推进会:《韩国文集丛刊》第 246 辑，东洋印刷株式会社 2000 年版，第 286 页。

⑤ 李裕元:《嘉梧稿略》卷十四，韩国民族文化推进会:《韩国文集丛刊》第 315 辑，东洋印刷株式会社 2003 年版，第 543 页。

响毫无关联，乃国势使然。这里是想说明，因为朝鲜王朝末期面临日本更严重的威胁，而戚继光兵书“起于御倭”，所以在王朝军队建设上仍高度重视戚继光军事著作的指导作用。

三、念念不忘明王朝恩德，仰慕明朝民族英雄戚继光

壬辰战争爆发后，中国人民倾尽国力支援朝鲜抗击日本侵略者，朝鲜王朝对明王朝感恩戴德，朝鲜半岛人民对中国优秀文化，包括对戚继光兵法的仰慕，也是戚继光军事思想及其著作在朝鲜半岛经久不衰的重要原因。

朝鲜仁祖十五年（崇祯十年，1637 年），在清军压境和胁迫之下，朝鲜王室被迫向清军投降，但仁祖国王在给清皇太极的信函中写道：“曾在壬辰之难，小邦朝夕且亡，神宗皇帝动天下之兵，拯济生灵于水火之中，小邦之人至今铭镂心骨，宁获过于大国，不忍负皇朝，此无他，其树恩厚而感人深也。”[①]说朝鲜在壬辰年（1592 年）遭受日军侵略，几乎灭国的危难关头，明朝神宗皇帝出兵拯救了朝鲜，朝鲜人民至今感恩不忘。也正是这个原因，明崇祯皇帝去世多年，清王朝也入主北京，但朝鲜国内仍有许多朝臣、文人将明王朝作为中国的正宗，仍以崇祯年号纪年。戚继光是明神宗时期的民族英雄，明神宗朱翊钧在壬辰战争爆发第二年还褒奖过已经去世的戚继光，之后的明熹宗朱由校、明毅宗朱由检也颁旨褒奖过的戚继光。朝鲜官员、文人对戚继光及其兵法的仰慕和颂赞，除了戚继光及其著作自身的价值外，有一部分情感也是来自对明王朝的感恩和怀念。朝鲜王朝对大力支持抗倭援朝的明朝神宗皇帝的特殊情感，明朝多位皇帝对戚继光的褒奖，都加大了戚继光及其著作在朝鲜半岛的影响。

朝鲜肃宗时期，适逢明亡六十年祭，肃宗国王命在京都建“大报坛”，祭祀明朝神宗皇帝，以报答神宗皇帝派兵拯救朝鲜的“再造之恩”。大报坛落成之日，肃宗亲自参加祭祀活动，祭祀现场还排放着“兵书戚继光”，即戚继光的兵书。[②]由此可见，肃宗王室也是借此推行戚继光的军事思想。肃宗时期，无论是朝鲜王室还是民间，都把戚继光的军事著作作为学习的经典，其影响不能不说与大力宣传明王朝对壬辰战争胜利的贡献有关。

正祖时期，正祖壬子年（1792 年），正值壬辰战争平壤大捷二百周年，平壤城重修武烈祠，经正祖国王批准，将戚继光当年的部属，浙兵将领骆尚志的塑像供

① 《仁祖实录》卷 34，探求堂 1973 年影印本，第 34 册，第 664 页。

② 参见金时敏：《东圃集》卷五，韩国民族文化推进会：《韩国文集丛刊 · 续集》第 62 辑，东洋印刷株式会社 2008 年版，第 420 页。

奉其中。在这之前平壤的武烈祠，只塑有壬辰战争初期主张出兵援朝的明朝兵部官员等塑像，但壬辰战争结束二百年之际，朝鲜地方官员认为，应该将当年在收复平壤城的战斗中立下头功的明军浙兵将领骆尚志的塑像位列其中，因为骆尚志攻城时“冲冒白刃，挟炮投尸，雄胆猛气，摧山倒河，虽古之名将，无以过之。岂不伟哉！”平壤百姓在谈到骆尚志事迹时，“传说如昨日事”，所以要“乃选令朝，乃升明享。维亿万年，报应如响”。[①] 这说明戚继光当年的部属在收复平壤战斗中的亮眼表现给朝鲜人民留下了深刻而长远的影响，战争结束二百年了，他们的事迹还在朝鲜人民中传颂，朝鲜人民要世世代代地祭祀下去，以报答戚继光当年的部属骆尚志等将士对朝鲜人们的贡献。平壤武烈祠骆尚志的塑像落成后，举行了隆重的祭祀仪式。“祭之日，皆以甲胄将事，列邑牧守之来会者二十余，儒武之闻风观礼者七千余人。置参奉守之，春秋降香祝虔享之。”[②]当天的祭祀活动有七千多人参加，而且之后仍要春秋二季定时举行祭祀。这样大规模的祭祀活动，对宣传戚继光及其军事思想都起到了积极的推动作用。正祖朝的这样一个祭祀活动，也是正祖国王宣传和推广戚继光军事思想及其著作的一个重要组织部分，因为这些当年在平壤大捷中冲锋陷阵的浙兵将士，是用戚继光《纪效新书》训练出来的。

综上所述，戚继光的军事思想之所以能长期影响朝鲜王朝军队，一是戚继光的军事著作经过了抗击日军入侵朝鲜的壬辰战争的实战检验，特别是经《纪效新书》培训出来的戚继光当年的部属在平壤大捷中的优异表现，为朝鲜王室依照《纪效新书》改造和训练朝鲜军队提供了最好的范例。壬辰战争期间，依照《纪效新书》训练和武装的朝鲜军队战斗力得到了极大提升，为反击日本侵略者发挥了重要作用，也对后世产生了重要影响。二是朝鲜王朝在壬辰战争之后仍长期面临外来威胁，特别是日本的威胁，戚继光兵书是抗击拥有新式火器的倭寇和抵御北方骑兵的经验总结，“北可以御胡，南可以御倭”。三是明王朝在壬辰战争中挽救了朝鲜，历届朝鲜王室都念念不忘明王朝的恩德，戚继光是明王朝褒奖的民族英雄，又有着卓越战功，使得戚继光成为朝鲜半岛人民所膜拜的偶像。对明王朝感恩戴德，对戚继光的仰慕，也使得戚继光的形象和他的军事著作在朝鲜半岛几百年来经久不衰。

---

① 李祘：《弘斋全书》卷二十二，韩国民族文化推进会：《韩国文集丛刊》第 262 辑，东洋印刷株式会社 2001 年版，第 359 页。

② 《冠岩全书》册十七《武烈祠记》，韩国民族文化推进会：《韩国文集丛刊·续集》第 113 辑，东洋印刷株式会社 2008 年版，第 481 页。

朝鲜正祖依照戚继光兵书建设军队

刘晓东*

【摘要】朝鲜正祖时期，国王李祘依照戚继光军事著作指导朝鲜军队建设，不仅多次撰文称颂戚继光及其著作，而且在编纂指导朝鲜军队建设的《兵学指南》(《兵学通》)时，“专用戚法”“无一不返于戚氏之遗典”，编纂的《武艺诸谱》，也依照“戚氏《纪效新书》”；戚继光的《纪效新书》，是正祖朝“兵家之玉律”，军队训练“莫不以《纪效新书》为归”；朝鲜的城防建设，也“惟《纪效新书·守哨篇》”。

【关键词】朝鲜正祖；戚继光；军队建设

朝鲜正祖时期(1776～1800 年)，朝鲜半岛经济、文化空前繁荣，“被称为‘朝鲜的文艺复兴时代’或‘朝鲜中兴时代’”①。正祖李祘，字亨运，号弘斋，在位 24 年，是朝鲜王朝历史上很有影响的一代英主。李祘当政时期，依照戚继光军事著作指导朝鲜军队建设。

一、修订《兵学指南》，“无一不返于戚氏之遗典”

李祘担任朝鲜国王不久，为了加强朝鲜军队建设，指导朝鲜军队日常训练，依照戚继光的《纪效新书》修订了《兵学指南》，并借新修订的《兵学指南》推行之际，亲自为《兵学指南》写序，其中记载：

---

* 刘晓东，鲁东大学外国语学院副教授。

① 中国实学研究会、韩国实学学会、日本东亚实学研究会编著：《影响东亚的 99 位实学思想家》，中国财富出版社 2015 年版，第 158 页。

戚帅继光，明朝人也，跨制南北，历典机宜，战守伟绩，至于今焜耀史乘。而其所撰《纪效新书》十八篇，精粗悉备，显微无间。训其法，虽阡陌褦襶之贱，可能按形而与知，穷其神。即熊罴之将，皂藻之士，尚且望洋而茫无津筏，信乎其为韬钤之尸祝。而我东之《兵学指南》，又节约《(纪效)新书》之编也。为卷者五，为目者九，提要以便省检，疏义以决旨归，门分类搜，立之学官。则凡我东水陆征缮，京外团练，实无不《(纪效)新书》乎自出。……夫以戚帅之迹遍天下，智周成败，论次其试于形而运于神者，以遗后世之龟鉴。其事至重，其义至密……予以是勖将兵之臣，仍书卷首，为《兵学指南》序。①

正祖李祘赞扬戚继光"战守伟绩，至于今焜耀史乘"，说戚继光的丰功伟绩光耀史册，至今有着很大的影响。还说戚继光十八卷的《纪效新书》内容既丰富详尽，又条理清晰，"精粗悉备，显微无间"，军队治理的方方面面，从指导思想到日常管理都有涉及，无论是大的方面，还是具体小的方面，都非常齐备，所以能够很有效地训练军队。即使"阡陌褦襶之贱"，在田野劳作的农夫，技能很差的刚入伍的士兵，也能从《纪效新书》中有所领悟。何况是"熊罴之将""皂藻之士"，久经沙场的威武将军，军队中的士卒，只要学习了《纪效新书》，就像是被阻隔在江河大洋一边的人得到了渡河的木筏，都能从书中得到收获。正因为这样，所以朝鲜人才"信乎其为韬钤之尸祝"，才信奉《纪效新书》。正祖李祘还说，他们依据《纪效新书》编写了《兵学指南》，以指导朝鲜军队的建设和士兵训练，"水陆征缮，京外团练，实无不《(纪效)新书》乎自出"，无论是朝鲜陆军还是水师，无论是守卫京都的军队还是地方乡勇，都要按照《纪效新书》的要求整顿和训练。正祖李祘还进一步强调说，因为戚继光"迹遍天下，智周成败"，征战南北，身经百战，能得知战场上成败的原因，所以他的著作"以遗后世之龟鉴"，成为后来人学习的军事经典。学习戚继光的军事著作，"其事至重，其义至密"，特别的重要，意义非同一般。为了"勖将兵之臣"，勉励朝鲜将士学好戚继光的军事著作，所以他为《兵学指南》写序。

正祖时期依据戚继光的军事著作修订《兵学指南》的情况，李祘在《日得录》一文也提到："《兵学指南》，专用戚法。盖壬辰之乱，无论天兵、我师，皆未谙御倭之法，及李提督平壤之捷，然后始知戚法之利于御倭。乃以千金购其书，权设

① 李祘：《弘斋全书・卷九》，《韩国文集丛刊》第262辑，东洋印刷株式会社2001年版，第142页。

训局，选三手兵授其法，盖其时大惩创于岛夷。若以为朝暮且至，故为之备如此也。自是之后，外营八路，遂皆谨遵其法。部、司、哨、旗所立者，御倭之制也。欔木、炮石所习者，御倭之技也。”①“壬辰之乱”，指明朝万历二十年(1592 年)，日本军队大举入侵朝鲜，因当年是壬辰年，故称“壬辰之乱”。“我师”，这里指朝鲜军队。“李提督”，指“壬辰倭乱”爆发之后，受朝鲜宣祖国王李昖之邀，入朝参战的明军领兵提督、防海御倭总兵官李如松。入朝参战的明军在收复被日军占领的平壤之战中，首战失利，再战之时，则一举收复平壤。“李提督平壤之捷然后，始知戚法之利于御倭”，这里指《朝鲜宣祖实录》中的记载：“初平壤之复也，上诣都督李如松，问天兵前后胜败之异。都督曰：‘前来北方之将，恒习防胡战法，故战不利。今来所用，乃戚将军《纪效新书》，乃御倭之法，所以全胜也。’上请见上戚书，都督秘之不出，密令译官购得于都督麾下人。……募饥民为兵……旬日得数千人，教之戚氏三手练技之法，置把总、哨官，部分演习，实如戚制。数月而成军容，上亲临习阵，此后督监军常宿卫扈从，国家赖之。”②说收复平壤之后，朝鲜宣祖国王李昖向明军都督李如松询问二次平壤之战胜败的原因，李如松告诉他：第一次攻打平壤的，是来自北方的辽兵，他们用的是“防胡战法”，即对付中国塞外的蒙古等骑兵的作战方法，所以失利了；而第二次攻打平壤城的，是当年戚继光将军依照《纪效新书》训练出来的军队，用的是对付倭寇的办法，“所以全胜也”。宣祖国王得知这一信息后，立即派人购买了戚继光的《纪效新书》，并成立了训练都监，依照《纪效新书》组建和训练朝鲜新军，训练出来的朝鲜军队成为保卫国家和朝鲜王室所依赖的主要力量。“三手兵”，指炮手、射手、杀手。炮手指使用火炮，鸟铳(火绳枪)等新式火器的士兵；射手指持弓矢的士兵；杀手指持刀剑等冷兵器的士兵。“岛夷”，这里指侵朝日军。“外营八路”，指朝鲜京畿地区之外的地方军队。朝鲜当时全国分八路，“路”，相当于省级地方政权。“部、司、哨、旗”，系朝鲜依照《纪效新书·束伍篇》设立的军队编制。

李祘在《日得录》中强调了“《兵学指南》，专用戚法”的原因，正是“戚法”得到了在朝鲜实战的检验，不仅是依照《纪效新书》训练出来的明军取得了当年“平壤之捷”的胜利，而且朝鲜宣祖朝时期新组建的训练都监依照《纪效新书》“选三手兵授其法，盖其时大惩创于岛夷”，训练出来的朝鲜新军，也曾经重创侵

① 李祘：《弘斋全书·卷百七十六》，韩国民族文化推进会：《韩国文集丛刊》第 267 集，东洋印刷株式会社 2001 年版，第 426 页。

② 吴晗辑：《朝鲜李朝实录中的中国史料》(五)，中华书局 1980 年版，第 1984 页。

朝日军。正因如此，朝鲜在制定加强军队建设的《兵学指南》时，要依照《纪效新书》，“专用戚法”。

正祖时期修订《兵学指南》时，“壬辰之乱”已过去将近二百年了，正祖李祘重提“壬辰之乱”中的“平壤之捷”和戚继光《纪效新书》的影响，并依据戚继光兵书指导朝鲜军队建设，说明戚继光军事思想及其著作在朝鲜半岛有着深远而巨大的影响。

二、正祖多次撰文宣传推介戚继光的《纪效新书》

正祖李祘多次撰文提到戚继光及《纪效新书》，宣传和推介戚继光的军事著作，以指导朝鲜军队的建设。

在朝鲜城防建设上，正祖李祘撰文明确提出要参照戚继光的《纪效新书·守哨篇》：

> 若城郭者，安民之美器，御敌之良具也。图则古来无传焉，惟《纪效新书·守哨篇》，始有城制，即雉制也，悬眼制也，垛口砖制也，重门大楼制也，瓮城券门制也，骑城铺也，牛马墙也。①

记载说，建好城墙及城防设施，是保护城内百姓。抵御入侵之敌所必需的，但《纪效新书》之前并没有建筑的标准及参照的图纸，《纪效新书·守哨篇》提到了城防建设的具体标准和要求，并附有图片，是指导朝鲜城防规划设计的重要参考。

记载中提到的“雉”，指突出于城墙外的战台；“悬眼”，指城墙上用于瞭望敌情和射击的墙孔；“垛口”，指城墙上呈凹凸形的短墙；“重门大楼”，指建在城门之上的楼阁，可登高瞭望城外敌情，同时装备新式火炮，攻击来犯之敌，当时亦称炮楼；“瓮城券门”；指城门外月城的拱门，主要是保护城门的；“骑城铺”，指建在城墙战台上的棚子；“牛马墙”，指建在城外濠岸上的防御土墙或砖石墙，供夜间避难之人、牛马之类躲避。凡上述记载提到的，《纪效新书·守哨篇》都有建筑的标准要求及参照的图纸，如：“凡雉，出城身外，大者三丈，次者二丈，次者一丈五尺。直出三丈者，横长五丈；直出二丈者，横长三丈；直出一丈者，横长一丈五尺。比城原身高三长者，加高三尺；二长者，加高二尺……”②

---

① 李祘：《弘斋全书》卷五十五，韩国民族文化推进会：《韩国文集丛刊》第263辑，东洋印刷株式会社2001年版，第357页。

② 高扬文、陶琦主编，(明)戚继光撰：《纪效新书》，中华书局2001年版，第308页。

正祖李祘的记载可以说明：一是李祘熟读《纪效新书·守哨篇》相关内容，并对其有着较深入的探讨；二是正祖时期朝鲜的城防建设依据的是戚继光在《纪效新书·守哨篇》中记载的建设样式及尺寸标准。

正祖李祘博览群书，在他的文章中，曾提到过多位中国古代军事家及其兵书，但对如何管理军队，怎样操练士兵，李祘最推崇的还是戚继光和他的《纪效新书》，他在《日得录》中写道："兵书之中，如戚继光《纪效新书》，虽无方略之可观，其于操练进退之节。不为无益，亦不可小觑。"[①]说戚继光的《纪效新书》虽然在作战谋略等方面很少涉及，但在指导军队训练、士兵操练方面，大有益处，不能轻视、小看。

李祘在记载中还提到，他即位之前，在英祖朝代理政务时，就倡导军队要学习《纪效新书》中的棍棒、藤牌、狼筅、长枪、镋钯、双手刀"六技"，并在"六技"的基础上增加了竹长枪、旗枪等项目。[②] 这说明李祘在即位之前就开始在朝鲜军队中宣传和推介戚继光的军事著作了，即位之后，更是将其作为朝鲜军队建设的教科书，而且直到他去世前，仍在大力宣传戚继光的《纪效新书》，由此可见戚继光及其军事著作对他的重要影响。同时也说明，整个正祖时期，戚继光的军事著作都是朝鲜军队建设的教科书和兵学指南。

三、戚继光《纪效新书》，正祖朝"兵家之玉律"

正祖时期，朝鲜推行"戚氏之法"治理军队的情况还可以从其他一些记载中得到答案。

朝鲜王朝著名哲学家、文学家丁若镛（1762～1836年），是正祖李祘非常欣赏的官员。丁若镛在多篇文章中谈到戚继光及其军事著作对当时朝鲜军队的影响，在其《牧民心书》卷八《练卒·兵典》中记载："戚继光《纪效之（新）书》，今为兵家之玉律。今所行《兵学指南》，其撮要者也。……不效此法，即十个五双，不可统领。"[③]说戚继光的《纪效新书》是当时朝鲜军队庄严而不可变更的法令，朝鲜军队中实行的《兵学指南》，就是摘取了《纪效新书》中的要点而制定的，如

---

① 李祘：《弘斋全书》卷百六十四，韩国民族文化推进会：《韩国文集丛刊》第267辑，东洋印刷株式会社2001年版，第206页。

② 参见李祘：《弘斋全书》卷十三，韩国民族文化推进会：《韩国文集丛刊》第262辑，东洋印刷株式会社2001年版，第216页。

③ 丁若镛：《与犹堂全书》第五集《政法集》卷二三，韩国民族文化推进会：《韩国文集丛刊》第285辑，东洋印刷株式会社2002年版，第495页。

果朝鲜军队“不效此法”，即不按照《纪效新书》的要求管束士兵，即使是 10 个士兵，也“不可统领”。由此可见，戚继光的《纪效新书》在当时朝鲜军队中的作用和影响。丁若镛在正祖朝担任过兵曹参议，即兵部的副职，又深受正祖李祘信任，他对戚继光《纪效新书》等军事著作的看法，也是在宣传和执行正祖李祘依照戚继光军事思想治军的方略，同时又反过来影响了李祘，促使李祘更加坚定地在朝鲜军队中推行《纪效新书》等军事著作。

受正祖李祘信任的官员金羲淳(1757～1821 年)也曾撰文提到戚继光的《纪效新书》在当时的影响。金羲淳正祖朝官至承政院都承旨，即朝鲜承政院首席官员。金羲淳《兵学通·序》记载：“我东之《兵学指南》出。此特约其旨而仿《(纪效)新书》为篇者也。是书也，纲而分之，目而张之，首尾贯缀，门径简密。凡水陆征缮之要，京外团练之制，莫不以《(纪效)新书》为归。”[①]“我东”，指朝鲜。这里说当时朝鲜修订《兵学指南》，是仿照《纪效新书》制定的，无论是提纲，还是具体内容，通篇连贯，简洁明了。无论是朝鲜的水师还是陆军，包括京城之外的地方团练，都是以《纪效新书》中的要求作为管理和训练的目标。这也说明正祖时期朝鲜军队将《纪效新书》作为教科书和指导军队建设的指南。

正祖时期，朝鲜半岛政局稳定，经济和文化繁荣，既为戚继光的军事著作在朝鲜半岛的传播创造了极佳的环境，也对后来的朝鲜王室产生很大影响，如正祖之后的纯祖时期，在朝鲜军队建设中，仍以《纪效新书》作为教科书，对正祖时期的做法“莫不谨遵，不敢违越”[②]，在军队的操练中“只讲南塘纪效书”[③]，说讲授的内容只有戚继光的《纪效新书》，戚继光号“南塘”。这说明在正祖李祘之后的朝鲜半岛，戚继光的军事著作仍有着重要影响。

---

① 金羲淳：《山木轩集》卷十八《应制录〈兵学通〉序》，韩国民族文化推进会：《韩国文集丛刊·续》第 104 辑，东洋印刷株式会社 2010 年版，第 410 页。

② 李玜：《纯斋稿》卷三《记》，韩国民族文化推进会：《韩国文集丛刊·续集》第 120 辑，东洋印刷株式会社 2011 年版，第 43 页。

③ 李玜：《纯斋稿》卷三《记》，韩国民族文化推进会：《韩国文集丛刊·续集》第 120 辑，东洋印刷株式会社 2011 年版，第 43 页。

全面建成小康社会实践经验与新时代现代化理论创新

百年进程与时代创新:中国共产党民生建设实践与启示

辛宝海　李新宇*

【摘要】中国共产党是一个为人民谋利益的政党,高度重视民生建设是中国共产党的一贯追求。进入新时代,中国共产党积极探索民生建设的新视野、新内涵和新方法:在视野上,立足构建"人类命运共同体"的大视野做好民生工作;在内涵上,围绕社会主要矛盾转化和群众需求变化做好民生工作;在方法上,着眼新生事物采用群众喜闻乐见的形式做好民生工作。党领导民生建设的基本经验可总结为:坚持党对民生工作的领导,坚持从时代发展大局出发做好民生工作,坚持从实际出发做好民生工作,坚持用发展来改善民生,坚持用制度来保障民生,坚持依靠人民群众创造历史伟业。

【关键词】中国共产党成立100周年;民生建设;时代创新;经验启示

中国共产党是唯物史观的忠实践行者,"人民"是中国共产党的最大信仰。中国共产党从创建之初一个由50多人组成的小党变成今天拥有9600多万党员、连续执政逾70年仍不断焕发新生机的百年大党,其原因就在于这个党始终坚持马克思主义的指导,始终坚守为人民服务的初心。在中国共产党成立100周年的历史关头,面对复杂多变的国内外形势,我们不仅要在执政实践中总结经验,同时还应该从党的民生建设历程中寻求启示。

---

* 辛宝海,曲阜师范大学马克思主义学院副教授;李新宇,曲阜师范大学马克思主义学院硕士研究生。

一、中国共产党领导民生建设的基本历程

中国共产党自成立以来，积极领导中国人民反抗外来侵略、争取民族独立和人民幸福，极大地改变了原本落后的国家面貌，忠实地维护了中华民族和中国人民的根本利益，赢得了广大群众的热烈拥护。中国共产党领导民生建设大致可分为以下历史阶段。

（一）新民主主义革命时期："解放型"民生建设（1921～1949 年）

近代以来，中国屡遭帝国主义侵略，逐渐沦为半殖民地半封建社会。先进的中国共产党人经过艰苦探索和反复比较，认识到必须走俄国道路，通过暴力革命建立无产阶级专政实现国家独立，真正建立人民政权。

第一，经济上广泛发动土地革命，积极发展生产。中国共产党在革命实践中认识到"农民问题是国民革命的根本问题"①。通过广泛开展土地革命，成立生产合作社，推广新的种植技术，改良土地，奖励生产，根据地经济得到快速发展，群众生活有了较大改善。第二，政治上加强人民政权建设，保障人民权利。党积极探索民主政权建设，成立中华苏维埃共和国临时中央政府，"是广大民众可以直接参与的一种民主"②，工人、农民享有真实广泛的权利，群众的权利意识得到了提高。第三，文化上开展革命信念教育，改造干部群众的精神世界。中国共产党利用各种教育资源，在苏区开办各类学校，普及生产知识，成立文艺活动中心，组建文艺团体，举办各类文艺演出，极大地教育了广大群众。

（二）社会主义革命和建设时期："生存型"民生建设（1949～1978 年）

新中国成立后，中国共产党继续发展为人民服务的理论和实践，坚持发展生产，恢复和发展国民经济，积极探索新型政权建设，加快推进民生建设，人民生活得到不断改善。

第一，大力发展经济，保障人民物质利益。新中国成立后，党的工作重心逐渐由农村转移到城市，"必须坚持以经济建设为中心"③，动员广大干部群众将中国建设成为一个先进的工业国，为改善民生奠定经济基础。第二，探索民主政权建设，保障人民民主权利。积极探索适合中国国情的民主政治道路，通过一系列的政治实践，确立了以公有制为基础的社会主义制度，从根本上与一切旧

---

① 《毛泽东文集》第 1 卷，人民出版社 1996 年版，第 37 页。

② 中国人民解放军政治学院党史研究室编：《中共党史参考资料》第 6 册，人民出版社1979 年版，第 522 页。

③ 《毛泽东选集》第 4 卷，人民出版社 1991 年版，第 1427 页。

的社会制度划清了界限,为民生建设提供了制度保障。第三,重视发展民生事业,不断改善人民生活。积极探索合作社的形式使农民集中起来,以适应工业快速发展的需要,教育、卫生、医疗和交通等多个领域得到较大发展。

(三)改革开放新时期:"基本小康型"民生建设(1978~2012 年)

随着改革开放和社会主义现代化建设的不断深入,党中央重新审视新形势下如何发展民生问题。

第一,探索社会主义社会发展规律,提高人民生活水平。邓小平指出:"贫穷不是社会主义。""社会主义的特点不是穷,而是富,但这种富是人民共同富裕。"[①]江泽民认为改善民生必须解决好发展问题,胡锦涛通过阐述科学发展观回答了新形势下改善民生的问题。第二,加强民主法制建设,保障群众基本权利。党中央十分重视加强立法工作,制定了一系列维护社会秩序和公民权益的相关法律法规,严厉打击违法犯罪,人民群众的基本权利得到切实保障。第三,加强作风建设,保持党的先进性、纯洁性。改革开放以来,中国共产党更加重视自身建设,坚持"以人为本",做到"权为民所用,情为民所系,利为民所谋"[②],用心用情、真心真情做好民生工作。

二、新时代中国共产党领导民生建设的实践创新

党的十八大以来,中国共产党秉承服务民生的一贯立场,积极推进民生建设实践创新,开拓了新时代民生工作的新视野、新内涵和新方法,不断推进"全面小康型"民生建设。

(一)视野的扩展:立足构建"人类命运共同体"的大视野做好民生工作

中国共产党民生视野的扩展依赖于对人类社会发展规律和社会主义建设规律认识的深化。中国共产党越来越认识到,在当今时代世界联系日益紧密,必须立足整体性思维,在更宏观的视野下去看待和解决民生问题。

第一,将中国国家安全与世界总体安全相联系,倡导构建和平处理国际矛盾问题的多边开放机制。安全稳定直接关系国计民生,中国共产党在国内坚持平等团结、共同发展的民族政策,在国际上奉行独立自主的和平外交政策,积极承担国际责任,在国际维和、护航、反恐等方面为世界人民做出积极贡献。第二,将中国发展与世界发展相联系,倡导构建共商共建共享的国际合作发展新

① 《邓小平文选》第 3 卷,人民出版社 1993 年版,第 265 页。

② 中共中央文献研究室编:《十六大以来重要文献选编》(下),中央文献出版社 2008 年版,第 535 页。

格局。中国始终奉行合作共赢理念，提出“一带一路”倡议，主导成立亚投行等经济发展组织，在地区和世界经济发展中发挥了重要作用，实现了自身发展与合作发展的共赢。第三，将国内生态治理与世界整体环境治理相联系，积极推动解决全球生态治理问题，坚持将良好生态环境作为最普惠的民生福祉，积极处理好生态、发展和民生的关系，在国际上为推动达成《巴黎协定》做出积极贡献。同时，中国共产党积极倡导构建人类健康共同体，为全球抗疫事业做出巨大贡献，充分展现出中国共产党的世界大民生视野。

（二）内涵的深化：围绕社会主要矛盾转化和群众需求变化做好民生工作

当前，社会主要矛盾已经转化为“人民日益增长的美好生活需要和不平衡不充分的发展之间的矛盾”①，中国共产党紧紧围绕社会主要矛盾转化，聚焦群众需求着力做好民生工作。

第一，民生工作领域更广泛，内容更丰富。中国共产党对民生工作的认识是一个过程，党的十八大以来，我国经济社会发展迅速，人民群众的生活追求更高，改善民生的内容也更加丰富，涵盖了经济、政治、文化、安全、环境等各方面。习近平总书记提出“以人民为中心”，是中国共产党人民观的时代表达，也是新时代做好民生工作的重要指南。第二，人民群众的主体地位更加突出。人民群众是社会发展的主体，党的很多发展经验都来自人民群众。广大人民群众为中国共产党治国执政提供了很多好的意见建议，保证了中国共产党的决策科学性和治理有效性。中国发展的各方面成绩都得益于人民群众创造性的发挥。第三，对民生工作的保障措施更加完善。颁布《民法典》保障了群众生产生活各方面的权益；科学技术快速发展，极大改善了人民群众的生产生活方式；精准扶贫工作成效显著，“现行标准下 9899 万农村贫困人口全部脱贫，832 个贫困县全部摘帽，12.8 万个贫困村全部出列，区域性整体贫困得到解决”②，人民群众幸福感更高。

（三）方法的创新：着眼新生事物用群众喜闻乐见的形式做好民生工作

随着改革开放 40 多年的快速发展，中国社会发生了翻天覆地的变化。服务民生的途径也较之前不断丰富，渠道更“全”，手段更“新”，方法更“活”。

第一，服务民生的渠道更“全”。新时代，中国共产党服务民生的方式发生了巨大变化，渠道更宽更广更全，政务服务离群众越来越近。群众的民生问题

① 《习近平在中国共产党第十九次全国代表大会上的报告》，《人民日报》2017 年 10 月 28 日。

② 《习近平在全国脱贫攻坚总结表彰大会上的讲话》，《人民日报》2021 年 2 月 25 日。

可以通过政务热线、网络问政、意见箱等多渠道反映，由以往干部下沉调研变成群众自觉向上反映，既减轻了政府部门的工作压力，又提高了民生问题反馈和处理效率。第二，服务民生的手段更“新”。在互联网时代，网络在反映社情民意、建言献策方面具有更加便捷高效的特点，必须认识到社会生活方式的变化，站在人民群众的立场上去优化网络生态、提升网络服务、便捷网民需求，通过务实举措服务民生。第三，服务民生的方法更“活”。当前，政府在服务民生方面方法更灵活，人们在医疗卫生、交通旅行、文化娱乐等方面享受到前所未有的便利，群众各方面需求得到满足。

三、中国共产党百年来领导民生建设的经验启示

中国共产党坚持发展民生的态度和追求是一贯的。回顾中国共产党成立一百年来的社会建设和民生改善进程，可以得出以下经验启示：

（一）坚持党对民生工作的领导，不断将加强党自身建设与民生建设相结合

党的建设至关重要，加强党的建设是不断做好民生工作的根本前提。在思想建设方面，中国共产党坚持实事求是的思想路线，把求社会主义发展规律之真与务人民群众利益之实相统一。在组织建设方面，通过建设坚强堡垒来领导团结广大群众进行革命和建设，确保了党是一个领导有力、为民服务、积极进步的组织。在纪律和作风建设方面，党员干部严格遵守群众纪律，即使条件再艰苦也不违反群众纪律，切实维护了群众利益，得到群众的真心拥护。

（二）坚持正确把握国情，从时代发展大局出发做好民生工作

认清国情是正确判断和解决社会矛盾的前提。中国共产党从建党之初就十分注重对中国国情的研究，成功探索出马克思主义中国化的正确方向，开辟了中国革命、建设、改革的正确道路。正确把握国情是马克思主义中国化的前提，不了解中国国情、搞不清楚中国社会问题，就无法把马克思主义先进理论运用到中国具体问题上来，马克思主义理论就无法与中国实际相结合，也就不能正确指导中国具体实践。社会主要矛盾是国情的重要方面，必须正确把握社会主要矛盾的转化，处理好发展不平衡不充分的问题，更好地满足人民群众的美好生活需要，更精准地做好民生工作的时代答卷。

（三）坚持深入调查研究，立足具体实际做好民生工作

调查研究是中国共产党的优良作风，是做好群众工作的根本方法。早在新民主主义时期，中国共产党人就十分重视调查研究。毛泽东在经过充分的调查研究之后撰写了一系列指导中国革命的著作，他指出：“要了解情况，唯一的方

法是向社会做调查。”“没有调查就是瞎说一顿。”①中国共产党人正是通过调查研究，认识到群众中的无穷智慧，并认真总结使之理论化、普遍化、精确化，为做好民生工作提供了现实依据。

（四）坚持社会全面发展，用发展的手段来解决民生问题

实现人民群众对美好生活的幸福追求是中国共产党改善和服务民生工作的中心内容，是中国共产党执政的出发点和落脚点。提高人民群众生活质量是增强党的权威、增进民生福祉的重要方式，必须从经济、文化、社会保障等多个方面全面发力。在经济方面，大力发展生产力，提高群众生活质量，处理好公平与效率的关系，保证人民群众共建共享美好生活；在社会保障方面，完善科教文卫等社会事业，丰富群众业余生活，方便群众的衣食住行，提高医疗、交通、保险水平，保障人民群众的幸福美好生活。

（五）坚持推进民生制度化、法治化，用制度来保障民生

民生工作制度化建设是规范民生工作、保障公民权益的重要路径。党的十九届四中全会指出：“必须健全幼有所育、学有所教、劳有所得、病有所医、老有所养、住有所居、弱有所扶等方面国家基本公共服务制度体系。”②必须立足社会发展的新形势、新变化，根据民生发展新需求做好立法工作，完善与民生相配套的相关制度，确保科学立法、严格执法、公正司法、全民守法，将法治精神融入民生建设的各方面，构建好保障民生的规范化体系，保障民生事业健康发展。

---

① 《毛泽东选集》第1卷，人民出版社1991年版，第109页。

② 《中共中央关于坚持和完善中国特色社会主义制度 推进国家治理体系和治理能力现代化若干重大问题的决定》，《人民日报》2019年11月6日。

论全面建设社会主义现代化国家的实践逻辑

王安忠*

【摘要】全面建设社会主义现代化国家的实践逻辑包括根本保证、根本立场、基本遵循、根本动力、基本方法五个方面，即：坚持党的全面领导、坚持以人民为中心、坚持新发展理念、坚持深化改革开放、坚持系统观念。

【关键词】全面建设社会主义现代化国家；实践逻辑；党的全面领导；以人民为中心；新发展理念

全面建设社会主义现代化国家完整设计和勾画了我国社会主义现代化强国建设的时间表和路线图，呈现出显著的实践特征，科学把握其实践逻辑，具有重大的现实意义和深远的历史意义。党的十九届五中全会明确了全面建成社会主义现代化强国必须遵循的五大原则，在实质上构成了系统的实践逻辑。[①]

一、坚持党的全面领导是全面建设社会主义现代化国家的根本保证

"办好中国的事情，关键在党"[②]，坚持党的全面领导是全面建设社会主义现代化国家的根本保证。

（一）建设社会主义现代化国家最根本的规律总结

党领导人民经历了革命、建设和改革的伟大实践历程，创造了中国式现代

* 王安忠，曲阜师范大学马克思主义学院副教授。

① 参见《中国共产党第十九届中央委员会第五次全体会议公报》，《人民日报》2020 年 10 月 30 日。

② 习近平：《在庆祝中国共产党成立 100 周年大会上的讲话》，人民出版社 2021 年版，第 10 页。

化新道路,形成了对建设社会主义现代化国家的许多规律性认识,而最根本的规律总结是坚持党的领导。党的领导与社会主义现代化事业是内在统一的。中国共产党的成立和存在,就是为了实现社会主义现代化;中国共产党为社会主义现代化提供根本保证。离开中国共产党领导,社会主义现代化就失去了一切保障;离开社会主义现代化,党就失去了自身价值。全面建设社会主义现代化国家作为新发展阶段的战略目标,它的实现必然要以党的领导作为根本保证。

(二)应对新发展阶段国内外形势的迫切需要

坚持党的全面领导,是应对"两个大局"的必然要求和迫切需要。一方面,从国际环境看,面临世界之百年未有之大变局,国际格局及体系正在发生前所未有、百年罕遇的深刻调整。另一方面,从国内情况看,面对中华民族伟大复兴战略全局,中国现代化建设到了深水区和攻坚期,面临着前所未有的挑战和阻力,新征程将不可避免地继续进行伟大斗争。我国现代化建设面临的这一切复杂境况和艰巨任务,都只有依靠党的全面领导才能有效应对和顺利实现。

(三)为实现高质量发展提供根本保证

全面建设社会主义现代化国家的核心要义在于实现高质量发展。实现高质量发展,只有坚持党的全面领导才能从根本上得以保证。要加强党的政治领导能力,落实党的民主集中制,练就构建新发展格局的才能。新发展阶段的关键在于贯彻"以人民为中心"的新发展理念,重点在于构建开放交互的国内国际双循环、高度重视国内大循环主体地位的新发展格局。全体党员干部必须始终以"进行时"的状态提升自身领导统驭新发展阶段现代化建设的"八大本领"和"七种能力",为实现高质量发展提供根本保证。

二、坚持以人民为中心是全面建设社会主义现代化国家的根本立场

全面建成社会主义现代化国家的新征程上要坚持以人民为中心的根本立场,为满足人民美好生活、推动人的全面发展和全体人民共同富裕而奋斗。

(一)满足人民美好生活需要是根本目的

满足人民需要是社会主义现代化建设事业的根本目的。一是新时代伟大事业的实践诉求。新时代人民对美好生活的向往,构成了新时代伟大实践的更高、更广、更深的内在诉求,从而形成了建成社会主义现代化强国的伟大目标。二是坚持立党为公、执政为民的本质要求。把握新发展阶段人民群众对美好生

活的新期待，努力提供高质量社会公共产品，让全体人民真正能够不断增强“获得感”、持续提升“幸福感”和拥有更多“美好感”。三是必须坚持以人民为中心的工作导向。要突出抓好教育和就业，促进收入分配更合理有序，实现社会保障公平可持续；要建设健康中国，兜住民生底线，合理引导预期，满足人民美好生活。

（二）人的全面发展是最高目标

“现代化的本质是人的现代化。”[①]人的现代化和人的全面发展成为全面建设社会主义现代化国家的核心指标与评价尺度。促进人的全面发展必须以发展为人的现代化建设奠基、以创新为人的现代化建设助力、以人才为人的现代化建设筑路，实现发展、创新、人才三位一体、相辅相成、互相促进的人的现代化建设新机制、新模式、新格局。不断探索和拓展人的全面发展的具体实现路径，使人们获得全面、公正、自由、平等的社会关系，充分享有生存权、健康权、安全权、发展权、参与权等各方面的应有权利，赋予人的现代化和人的发展以更加全面而具体的意义。

（三）实现共同富裕是最终目标

共同富裕是社会主义本质的要求，是中国共产党一以贯之的奋斗目标，是党领导和推进伟大事业的根本原则。正如习近平总书记所指出的，中国新时代的发展必须造福人民，而“我们追求的富裕是全体人民共同富裕”[②]。全体人民共同富裕是中国新发展阶段现代化建设的最终奋斗目标，是未来三十年要渐进实现的系统工程。进入新发展阶段，要坚持以经济现代化为中心，为更好持续走向共同富裕奠定强大的物质基础；坚持“两个毫不动摇”，既要发挥公有制经济保证共同富裕的基础性作用，也要发挥非公有制经济促进共同富裕的重要作用；坚持统筹推进协调平衡发展，实实在在地让全体人民过上美好生活，实现普遍富裕。

三、坚持新发展理念是全面建设社会主义现代化国家的基本遵循

新发展理念是新发展阶段高质量发展的核心要义，是中国全面建设现代化的主题与基本价值遵循。

---

① 中共中央文献研究室编：《十八大以来重要文献选编》（上），中央文献出版 2014 年版，第 594 页。

② 《习近平关于社会主义社会建设论述摘编》，中央文献出版社 2017 年版，第 35 页。

(一)创新是核心动力

党的第十九届中央委员会第五次全体会议明确了坚持创新在我国现代化建设全局中的核心地位。[①] 创新是引领发展的第一动力,创新发展理念是系统的发展观,由科技、文化、经济、政治、社会、生态等各个领域的创新理念有机组成国家创新体系。全面建设社会主义现代化国家作为更高层次的新发展阶段,标志着现代化建设进入了几无经验可借鉴的“深水区”,更加需要依靠创新。只有始终坚持创新理念,社会主义现代化国家建设才能在复杂多变的形势与纷繁多样的挑战中实现高质量发展。

(二)协调是题中之义

协调是实现国家“全面”现代化的题中应有之义。协调发展是现代化建设各方面、各领域的发展需要综合平衡,避免单打一;不是均衡用力,而是发力短板弱项,补齐短板弱项,实现挖掘潜力和增强后劲的完美统一。全面建设社会主义现代化国家具有目标高、规模巨、系统复杂等显著特征,迫切要求强化协调意识和实施协调举措,通过协调不断解决现代化国家建设中存在的短板,提升国家现代化建设的整体效能,实现国家现代化建设的全面性与全域性的统一。

(三)绿色是基本依托

绿色是要在发展过程中实现人与自然的和谐共处,是国家现代化建设伟大实践得以可持续推进的内在要求,是国家实现全面现代化的生态旨归,也是社会主义现代化区别于西方现代化的重要标识。在绿色发展理念下,现代化国家建设所指的“生态”既包括生态环境、生态系统,也包括治理方式、生产生活方式。既要从供给侧结构性改革入手,跳出“唯 GDP 论”和“人类中心主义”的窠臼,实现人与自然和谐共生,又要倡导与现代化强国相适应的文明生活方式,建设资源节约型、环境友好型社会。

(四)开放是必然举措

开放是提高开放层次、以新姿态引领世界格局的再调整,是实现国家现代化的必要条件和战略举措。当今时代,中国必须深度融入世界经济新趋势和国际经济新格局,推动对内对外开放互相融合、“引进来”和“走出去”有机结合,加速培育国际竞争与合作优势;坚持以平等为基础、以开放为导向、以合作为动

---

① 参见《中国共产党第十九届中央委员会第五次全体会议公报》,《人民日报》2020 年 10 月 30 日。

力、以共享为目标的中国全球治理理念之原则，充当好开放型全球经济体系的维护者和世界公共产品的积极建设者；推进“一带一路”建设，推动全球化，构建中国与他国的利益共同体，提高我国制度性话语权。

(五)共享是本质灵魂

共享是为了解决现实中存在的分配不公、阶层收入差距大、城乡发展不平衡等问题而提出来的，是社会主义本质的要求，也是新发展阶段全面建设社会主义现代化国家的灵魂所在。全面建设社会主义现代化国家的根本目的在于使国家全面现代化的成果在整个建设推进过程中惠及每一个个体。这就需要通过共建共享不断增加社会财富，优化收入分配方式、格局和调节机制，规范收入分配秩序，不断缩小收入差距，推进人们对基本公共服务的享受实现均等化，确保全体人民共同富裕取得更为明显的实质性进展。

四、坚持深化改革开放是全面建设社会主义现代化国家的根本动力

新征程上必须全面深化改革开放，这是中国建成现代化强国的“关键一招”和根本途径，是推进中国现代化进程的根本动力。

(一)改革开放是“关键一招”

改革开放是“决定实现‘两个一百年’奋斗目标、实现中华民族伟大复兴的关键一招”①。在新发展阶段，全党全国人民要“咬定青山不放松”地全面深化改革开放，使坚持深化改革开放真正成为全面建设社会主义现代化国家的根本动力。当前，我国现代化建设面临着诸多矛盾和挑战，亟须解决很多困难和问题。比如发展中仍然存在突出的不平衡和不充分问题，科技创新依然凸显能力不强而严重限制高质量发展，产业结构还是不能很好适应国内外需求及变化、比例和专业化亟须优化提升，东西部、南北方区域之间和城镇与乡村之间的发展差距依然比较大等，解决这些现代化建设新征程上的困难和问题，“关键一招”就是深化改革开放。

(二)坚持深化改革开放是根本途径

改革开放是实现中国现代化的必由之路。进入新发展阶段，全面深化改革开放是一项极其复杂、敏感而艰巨的系统工程，是全面建设社会主义现代化国家的根本途径。要推进国家治理体系和治理能力现代化，这是全面建设社会主义现代化国家的题中应有之义；要科学高效落实改革，坚持科学的方法，把党的

① 《习近平谈治国理政》第1卷，外文出版社2018年版，第71页。

全面领导与人民主体创造结合起来，把掌握规律与谋划全局、整体设计统一起来，把解决问题与达成目标统一起来，把认识与决心、方法与担当融合起来，把改革力度、发展速度和社会承受度有机统一，并实行高水平对外开放，实现整体发力、系统推进、纵深突破、稳中求进的大好局面。

五、坚持系统观念是全面建设社会主义现代化国家的基本方法

全面建设社会主义现代化国家是一项涉及主体多元化、需求多变化、矛盾凸显化、关系复杂化、战线长期化的系统工程，必须坚持系统观念的基本方法。

(一)加强前瞻性思考

要贯通历史、现实和未来三重逻辑、三个维度，科学研判各领域、各方面的发展趋势，如对未来三十年我国现代化建设“两步走”的战略安排、对未来三十年改革开放的复杂程度、敏感程度和艰巨程度的预见研判、对未来三十年中华民族伟大复兴远景的展望预测等，从而前瞻性地思考全面建设社会主义现代化国家的现实诉求和未来发展，始终遵循各种客观规律、牢牢掌握发展大势和主动权。

(二)统揽全局性谋划

进入新发展阶段，要以统筹“两个大局”为谋划工作的基本出发点，对党和国家的整体工作做出顶层设计与总体架构，如统筹谋划实现现代化、两岸统一与和平发展三大任务，统筹谋划全面建成社会主义现代化强国的路线图和时间表，统筹谋划全面深化改革的“六个紧紧围绕”路线图，不断加强对全面建设社会主义现代化国家的全局性谋划，保证我国经济社会发展这一大系统的科学合理，促进系统实现整体良性运转和组成要素有机融合。

(三)统筹战略性布局

当今国内外形势和环境总体面临深刻的复杂变化态势，社会主要矛盾的解决面临许多困难和问题，需要以经济体制改革为重点，带动其他领域的全面体制改革。新时代以来，提出“五位一体”总体布局、“四个全面”战略布局、国家安全战略、军民融合发展战略、“两步走”战略、“一带一路”倡议、京津冀协调发展战略、长江经济带战略以及乡村振兴战略等战略性布局；坚持创新的核心地位，提出科技强国、人才强国、制造强国、强军战略等 13 个强国战略布局和目标，形成了系统完整的战略布局体系。

(四)落实整体性推进

全面建设现代化重在落实整体推进。要从新时代党和国家现代化事业的

整个大系统出发，推进对内全面深化改革与深化对外全面开放，推进高质量发展与确保高水平安全，推进民族复兴战略全局与局部性战略布局，推进当前现代化建设与着眼现代化长远发展，推进突破重点以治本的重大工作与做好渐进治标及非重点的必要工作，推进经济社会现代化发展与实现党的建设和军队国防的现代化，实现整体性推进国家现代化建设进程。

乡村产业振兴的伦理审视与价值重构

——基于“休闲农业和乡村旅游”发展的问题分析与优化思考

杨伟荣*

【摘要】借助“休闲农业和乡村旅游”发展起来的“旅游型”“消费型”村庄，作为“乡村性”向城市“反向输出”消费功能在现实层面获得具体实践的结果，确是实现乡村产业振兴的有效形式，但也不免落入“另类商品化”的窠臼，生成新乡村增长主义条件下的农民“劳动—休闲”异化。休闲本原化以其“劳闲对立”的解构思维进行“低人本”的发展设计，变相增强农民休闲工具化、商业化以获得现实物质利益的冲动，而无法真正实现其“诗意地栖居”。现实的乡村产业振兴及其“美好发展”必须具体化为一种合乎人性的“劳闲融合”策略，即以增强农民劳动认同为核心，致力于农民劳动休闲化和休闲劳动化的“融合统一”，才能在解构新乡村增长主义和重塑农民“劳—闲”之维的过程中真正落实其美好生活的实践逻辑。

【关键词】乡村产业振兴；“休闲农业和乡村旅游”；“劳动—休闲”异化；“美好发展”

2020年和2021年的中央一号文件都明确提出，要有计划推动乡村休闲旅游业优化升级，致力农业多种功能和乡村多重价值深度挖掘。休闲农业和乡村旅游的产业开拓对激活农村闲置资源、开发农业与农村多种功能、提升乡村综合效益以及满足城乡居民幸福美好生活需求确有积极作用，但以休闲农业和乡村旅游为内容的乡村产业发展在资本力量的“扭曲”下已逐渐显露出侵蚀乡村

* 杨伟荣，曲阜师范大学马克思主义学院讲师。

差异性与独特性、异化农民劳动与休闲等问题。在这种情况下，如何通过一种真正具有人本主义的乡村发展设计克服资本逻辑与生活逻辑的内在冲突，以消除休闲农业和乡村旅游发展过程中农民的“劳动—休闲”异化，不断提升其创造美好生活的能力，值得我们思考和探究。

一、产业振兴过程中的“增长主义”与“休闲异化”

借鉴西方发达国家乡村转型经历，从“生产主义”到“后生产主义”，再到“多功能乡村”的路径，我国的乡村发展也走出了一条超越线性转型的振兴之路。在这个过程中，农业、农村的新功能转型被置于尤为重要的位置，所谓新功能是指“乡村性”向城市“反向输出”的功能，在城市社会发展的中后期，这种功能突出表现为消费功能的提升。① 借助休闲农业和乡村旅游发展起来的“旅游型”“消费型”村庄作为这一功能在现实层面获得具体实践的结果，确是实现乡村产业振兴的有效形式，但也不免落入“另类商品化”的窠臼，成为新乡村增长主义的典型。与传统乡村增长主义语境中的内生资本增值与空间生产不同，新乡村增长主义本质上属于既有增长主义模式不可持续与城市工商资本扩张双向挤压下的物化呈现。按照哈维的资本“三级循环”理论，资本由第一级循环进入第二、三级循环是迫于资本过度投资和积累的压力，寻找新的释放空间以缓解增值危机的有效选择。② 因此，依靠“乡村性”向城市“反向输出”的休闲农业和乡村旅游，在很大程度上就成为一种城市过剩资本对新“消费性建成环境”进行的释放型投入。而资本具有逐利性，追求持续的增值和再循环，由此产生了新乡村增长主义条件下的农民“劳动—休闲”异化。

当资本逻辑占据支配性地位，农民关于休闲的理解就容易趋向属性化，即农民关注的不是休闲的实现，而是休闲是否具有消费的价值并产生相应的经济效益。在这种情况下，休闲产业本身作为农民劳动生产的对象，就成为不依赖生产者力量的、与农民劳动相对立的存在，即农民发展休闲产业的现实化将表现为农民自身休闲的丧失和价值世界的贬值：首先，休闲作为农民实现自我价值、提升自我境界的一面在休闲产业以利润为目的的体系化运作中被遮蔽，而被物质化和符号化的休闲非但不能促进农民自我成长和完善，更将拥有它的农民推向物欲和腐化的深渊；其次，当农民习惯以牺牲自身休闲为代价换取经济

① 参见刘祖云：《后生产主义：乡村振兴的一个理论视角》，《中国农村观察》2018 年第 5 期。

② 参见张京祥：《解析中国当前乡建热潮背后的资本逻辑》，《现代城市研究》2016 年第 10 期。

利益时会发现，在休闲产业中劳动越多，反而越没有“闲钱”“闲时”和“闲智”。[①]特别是在休闲农业和乡村旅游发展为城市资本利用时空错位而创造出“增值商品”时，满足城市人群的消费需要是其获取剩余价值并最终完成资本内在增值循环的关键，农民的“闲钱”来源于城里人“闲时”的消费，而农民的“闲时”则在向“闲钱”转化的过程中被“劳—闲”异化消解。

面对新乡村增长主义条件下的农民“劳动—休闲”异化，大部分学者都将农民美好生活的实现与农民休闲异化的克服直接“贯通”，忽视了劳动与农民自我生成的密切相关。这在本质上是一种劳动、休闲二元对立的思维，而现实生活中的一些农民也受政策部门及学界思维的影响，对休闲异化愈发具有反思姿态和对抗意识，并试图自我践行一种新的休闲生活方式，“消遣经济”态度、“慢生活”理念都是以这种形式反思休闲、感悟生活的产物。只是，“拒绝劳动”、精于“休养”的休闲本原化真能帮助农民实现美好生活吗？

二、休闲本原化的解构思维与“劳闲对立”的人本设计

所谓“休闲本原化”是从本原意义上理解休闲内涵的一种方式，强调休闲在休息和休养方面具有独特的精神文化意义和价值，并试图通过吸收古老休闲智慧中的合理主张，克服社会生活中休闲的虚化、异化及去生态化窘境，提升人们的休闲品位，实现文化式休闲。[②] 它遵循生活逻辑的解构方式，追求“诗意地栖居”和本真化的生存本质，确是对现代休闲异化问题的矫正。但遗憾的是，这种解构忽视了一个最关键的问题，即生活逻辑虽然与资本逻辑相对立，但资本与劳动不应该是分离和敌对的。资本是被积累起来的劳动，而被积累起来的劳动应当成为扩大、丰富和提高农民生活水平的一种手段。农民需要通过生产性活动而非直接性体验，使其生活本身得到合理确证和肯定，而休闲本原化单纯将休闲看作一种精神状态，且与“努力”“劳动”直接相反甚至对立，这种解构是不彻底的，也不可能真正实现农民“诗意地栖居”。

按照休闲本原化的解构思维，休息只是休闲最原初的形式，“怡情养性”才是休闲的本原追求，即真正的休闲是人在必要劳动时间之外，为了不断满足多方面的需要而处于一种文化创造、欣赏及建构的生命状态和行为方式。因此，休闲本原化最主要的内容就是把休闲从劳动状态和负有责任的其他生活中分

---

① 参见张永红：《异化劳动视阈下的休闲异化——兼与异化劳动“三规定说”商榷》，《马克思主义研究》2011年第9期。

② 参见吴长清：《论本原休闲与时代精义》，《求索》2014年第1期。

离出来，以突出休闲的价值不在于提供物质财富或实用工具与技术，而是为人本身构建一个意义世界，使其心灵有所安顿和归依。这种解构遵循的是将休闲作为一种精神状态的生活逻辑，追求以“劳闲对立”为背景的休闲生活方式，其宣称物质与精神的统一是一种“进阶统一”而非“融合统一”，即指农民在基本的物质生活需要得到满足之后追求更高层次精神生活需要的满足、在较低才能得到尽情发挥之后追求更高层次才能自由发挥的生存方式。[①] 换言之，作为农民生活方式的休闲是一种脱离农民劳作之后的活动，以放松紧张、缓解压力、丰富精神生活为目的，而之所以将精神状态与休闲勾连起来，是因为休闲作为农民生活中独特的组成部分与存在的本质更为贴近。

然而，对于那些没有足够经济实力支持而被动选择休闲的弱势群体来说，休闲时间与物质商品的追求共存于日常的生产活动中，且必须与经济增长和物质收入呈正相关。休闲产业的发展恰能提供这样一种“快速实现”，闲暇时间内的活动被“包装”起来成为加速农民适应和追求商品消费档次的生活方式是一种“常态”，休闲的本原化也并不能削弱他们对物质的欲望。将农民的劳动刻画成消除物质匮乏状态继而促使其获得闲暇时间的生存手段，使得劳动反而更为农民所厌恶，在这种情况下，单方面关注农民休闲的精神状态容易将自由引向“安逸”与“坐享其成”，这样的休闲生活方式是否具有贴近生命存在和本体的意义值得怀疑，其设计即使称得上“人本”，也只能算是一种相对低度的人本主义形式。

三、“美好发展”的建构策略与“劳闲融合”的人性观照

总体上看，休闲的本原化并不是一种可取的、用以实现农民美好生活的理想形式，以“拒绝劳动”的生活逻辑超越资本逻辑，更会在客观上限制实现农民美好生活的广度和深度。因此，乡村产业振兴需要践行一种有约束的、平衡的、以农民为中心的“美好发展”，既能合理吸收资本逻辑扩大乡村社会再生产的优势，履行并实现促进乡村经济增长、提高农民物质水平的特有功能，也能坚持生活逻辑的基本导向，保证乡村发展速度与质量的平衡，并通过这种平衡满足乡村主体自我实现的生活需要，使农民能够在劳动中展现自己、发展自己。[②] 即乡村“美好发展”必须具体化为一种合乎人性的“劳闲融合”策略，以增强农民劳动

① 参见马惠娣：《走向人文关怀的休闲经济》，中国经济出版社2005年版，第15页。

② 参见邱耕田：《美好生活的哲学审视》，《北京大学学报》(哲学社会科学版)2019年第1期。

认同为核心，致力于恢复农民劳动的快乐属性和休闲的劳动品性，让农民在快乐体面的劳动中体会自我实现而不是自我否定，从而完成劳动休闲化与休闲劳动化的双向统一。

当前休闲农业和乡村旅游的蓬勃发展是农民在收入刚刚满足小康生活阶段，被动接受和利用休闲，借以增强经济实力、提高物质水平的方式，农民既不能真正占有和享受自己的生产活动，也不能充分彰显自身的主体性和创造性价值，因而无法获得自我实现意义上的休闲。乡村"美好发展"要真正实现农民美好生活，必须在重建乡村社会的劳动认同中否定和扬弃这种被动的劳动休闲化，促进农民劳动的体面化，使农民在快乐体面的生产劳动中获得享受生命和全面发展的机会。借助"粮作农民'体面劳动'指标体系"[①]能够真实测量农民快乐体面劳动的水平，它结合马斯洛需求激励理论和 ILO 体面劳动指标，包含 5 个维度里面的 9 个一级指标和 24 个二级指标，比较全面地覆盖了农民的生活需求。至于如何提升这种水平，既是一个生产力持续发展问题，也是一个社会良善治理问题：一方面，大力发展乡村生产力、提高劳动生产效率，在促进乡村经济增长、增加农民就业的同时，更加注重农业技术创新和农村产业升级，更大限度地把农民从强制性生产劳动中解放出来，使其自由自主地参加适合自己的生产劳动；另一方面，防止发展农民个性与能力的休闲被消费化、低俗化及去劳动化所吞噬，需要社会从制度安排的良善治理角度建制农民的休闲功能，培育农民"在休闲中学习"[②]，为农民在休闲中交往与发展提供空间。

积极的休闲产业和乡村旅游之所以不同于传统的旅游和娱乐经济，在于它将传统的游山玩水式休闲同农民消费习惯、道德素养、文化水平及现代科学知识普及结合起来[③]，农民在休闲中通过学习使自己的创造能力和生活需要得到发展。在这个过程中，农民的休闲因为劳动价值被认同而超越了一般的休养意义，获得劳动的品性，即对自由的创造。农民运用自己的技能创造出将自我融入劳动的感受，并在劳动中与人交往、建立起良好的社会关系，劳动变得越来越令人快乐和满足，就具有了休闲的性质，休闲劳动化与劳动休闲化成为迮衔相接的循环，农民的劳动与休闲也达成了有目的的"融合统一"。

---

① 丛胜美：《粮作农民"体面劳动"指标体系建设——基于河南省 1803 份问卷》，《农业经济问题》2016 年第 7 期。

② [美]约翰·凯利：《走向自由——休闲社会学新论》，赵冉译，云南人民出版社 2000 年版，第 77 页。

③ 参见田松青：《休闲经济》，新华出版社 2005 年版，第 16 页。

由是观之，乡村“美好发展”涉及“如何实现农民美好生活”，而劳动和休闲则是满足农民美好生活必不可少的两个维度。在克服新乡村增长主义条件下休闲农业和乡村旅游发展产生的农民“劳动—休闲”异化问题上，农民的劳动与休闲必须在劳动认同的基础上达成有目的的“融合统一”，而不是盲目地走向休闲的本原化和去劳动化。通过劳动休闲化与休闲劳动化的双向建构和实施，使农民体悟现代劳动的乐生意蕴与现代休闲的人本本质和劳动品性，在闲暇时间中尽情享受生命的同时积极地发展并实现自我，是帮助农民复归“劳动—休闲”应然样态、落实其美好生活实践逻辑的现实之道。

新时代中国共产党现代化理论的生态之维

杨世宏*

【摘要】新时代中国共产党现代化理论是马克思主义现代化理论的创新与发展。在总结实践经验的基础上，把生态内容赋予社会主义现代化理论并且加以实施，是中国共产党现代化理论的重大创新。在社会主义现代化建设总体布局上，提出生态文明建设的战略观；在经济发展与环境保护问题上，提出了“两山论”；在社会建设问题上，提出了“生态民生”观；在法治建设方面，提出了中国特色的生态法治观。

【关键词】现代化理论；“两山论”；生态文明；环境保护

现代化理论是关于发展中国家从传统社会向现代社会发展的学说，主要探讨发展中国家社会、政治、经济、文化和教育现代化的理论、模式、战略方针乃至具体政策。中国共产党一直致力于中国的现代化，形成了一系列理论成果。党的十八大后，习近平总书记在继承以往现代化理论的基础上，创立了新时代中国特色的社会主义现代化理论，生态文明建设理论是其中的一大亮点，彰显了中国作为一个正在崛起中的大国的生态责任意识。

从学界情况来看，目前研究中国共产党现代化理论的论著虽然较多，研究习近平生态文明思想的论著也不少，但联系生态问题研究现代化理论的较少。本文将从生态的视角考察新时代中国共产党现代化理论，以就教于学界同仁。

---

* 杨世宏，曲阜师范大学马克思主义学院副教授。

一、现代化建设战略布局的生态维度——生态文明建设理论

中国共产党对社会主义现代化建设的战略布局的认识经历了一个逐步深入的过程。党的十二大提出物质文明和精神文明建设“两手抓两手都要硬”。党的十五大把政治建设纳入其中,形成“三位一体”的战略布局。到十七大把社会建设纳入战略布局,形成“四位一体”的局面。随着经济的发展,生态环境问题逐渐显露出来,党中央提出了建设生态文明的问题,于是党的十八大就把生态文明建设纳入其中了,形成了“五位一体”的战略布局,即经济、政治、文化、社会、生态文明“五位一体”的发展格局。这就把生态文明建设提升到了一个关系到社会主义事业能否成功、中华民族伟大复兴能否实现的高度,反映了工业文明向生态文明过渡的必然性。中国共产党把生态文明建设纳入社会主义建设的总体布局,就使经济、政治、文化、社会建设有了生态伦理规范的约束,或者说有了生态伦理维度,使社会主义现代化建设总体战略布局的内涵更加丰富、全面。从党的十二大到十八大形成了“五位一体”的总体战略布局,这是重大的理论创新和实践创新,也是发展理念和发展方式的深刻转变。

虽然保护生态环境已成为全球共识,但把生态文明建设作为一个政党——特别是执政党——的行动纲领,中国共产党是第一个。这就意味着生态文明建设成为中国共产党社会主义现代化建设理论的生态之维,意味着中国共产党对中国特色社会主义的认识更进了一步,也意味着中国经济社会发展多了一份可持续的保障。提出社会主义现代化建设“五位一体”的战略布局,意味着这五个方面要协调发展,统筹兼顾。所以说“经济要上台阶,生态文明也要上台阶”[①]。

二、经济现代化建设的生态维度——“两山论”

建设生态文明,要以资源环境承载力为基础,在尊重自然规律的前提下,实现人与自然的和谐发展,走出一条生产发展、生活富裕、生态良好的文明发展道路。这是在生态文明理念指导下对传统发展模式的扬弃,它是以人的幸福为目的,谋求人与自然的和谐,主张经济、生态和社会互利共赢的可持续发展。

习近平总书记提出“绿水青山就是金山银山”的重要理念,生动形象地阐明了经济发展与环境保护的辩证关系,为我们建设生态文明,建设美丽中国提供

---

① 习近平:《主动把握和积极适应经济发展新常态　推动改革开放和现代化建设迈上新台阶》,《人民日报》2014年12月15日。

了行动指南。中国共产党是为人民谋幸福的，人民的幸福生活内容既有经济方面的，也有生态方面的。没有丰富的物质产品，尽管生态良好也谈不上生活幸福；有了丰富的物质产品，如果没有良好的生态环境，也很难说幸福，并且难以为继。这也正是"绿水青山就是金山银山"的深刻内涵所在：一方面，绿水青山意味着清新的空气、清洁的水源、舒适的环境，这都属于生态产品，是人民幸福生活的重要内容，是金钱不能代替的，并且人民群众对生态产品的要求越来越高；另一方面，绿水青山和金山银山也绝不是完全对立的，而是具有统一性的，关键在人，在思路。有些地方生态良好、自然资源丰富，但人民处在相对贫困状态，这就需要改革创新，探索一条生态脱贫的新路子，让资源变资产、资金变"股金"、农民变"股东"，使绿水青山变成金山银山。

习近平总书记分析了在实践中对"两山论"的认识历程经过三个阶段：第一个阶段是用绿水青山去换金山银山，导致有矿必挖、有油必采、有林必伐，长此以往造成严重的环境问题。这是先污染后治理的传统模式即粗放式发展。改革开放初期我国基本上就是采取了这种模式，虽然换来了经济的高速增长，但严重透支了生态环境，付出了很高的代价，使经济发展难以持续。第二个阶段是既要金山银山，又要保住绿水青山，这时候经济发展和资源匮乏、环境恶化之间的矛盾开始凸显出来，人们意识到环境是我们生存发展的根本，要留得青山在，才能有柴烧。在这一阶段，国家意识到环保的重要性并采取了一些保护措施，但只是针对个别严重污染的现象，还未形成完整的全面的保护措施体系。只讲金山银山不行，只讲绿水青山而不注重金山银山，就会造成普遍贫穷，这在理论上就是"生态原教旨主义"，在实践上就会陷入"越穷越垦，越垦越穷"的怪圈。第三个阶段是认识到绿水青山可以源源不断地带来金山银山，绿水青山本身就是金山银山，我们种的常青树就是"摇钱树"，生态优势变成经济优势，这一阶段是一种更高的境界。一个地区生活质量的高低同生活环境的舒适程度密切相关。绿水青山已越来越显现出金山银山的价值，空气清新、阳光明媚、水源优质已越来越成为人们向往的地方，从而把生活优势变经济优势，常青树就变成了"摇钱树"。"绿水青山既是自然财富、生态财富，又是社会财富、经济财富。保护生态环境就是保护自然价值和增值自然资本，就是保护经济社会发展潜力和后劲，使绿水青山持续发挥生态效益和经济社会效益。"①

良好的生态环境本身就是生产力。自然是有价值的，保护自然，就是增值

---

① 《习近平谈治国理政》第3卷，外文出版社2020年版，第361页。

自然价值和自然资本的过程，就是保护和发展生产力。环境承载力对于人的生产生活而言，就像空气之于鸟的飞翔，水之于鱼的畅游，有之不觉其重要，无之则尽显其珍贵。习近平总书记提出的"生态环境生产力"的观点赋予生产力以新的内涵，发展了马克思主义生产力理论。习近平总书记指出，"保护生态环境就是保护生产力，改善生态环境就是发展生产力"[①]。良好的生态环境是任何社会持续发展的根本基础，蓝天白云、青山绿水是长远发展的最大本钱。习近平总书记的"两山论"凸显了人们经济活动的生态尺度，这也是永续发展的尺度，理顺了经济发展与生态良好的辩证关系，成为社会主义经济现代化建设的生态维度。

三、社会建设的生态维度——生态民生观

社会建设，关乎民生，关乎国家长治久安，是中国特色社会主义"五位一体"总体布局的重要组成部分。社会建设工作是直接服务群众的工作，与群众冷暖息息相关，是我们党人民立场、人民情怀的集中体现。随着经济社会发展，人民对美好生活的需要也日益多样化、多层次，对物质文化生活提出了更高要求，对民主、法治、公平、正义、安全、环境等方面的要求也不断增长，这就对社会建设提出新的更高的要求。近年来人民群众对生态环境的要求也是越来越高，正如习近平总书记所指出的："老百姓过去'盼温饱'现在'盼环保'；过去'求生存'现在'求生态'。"[②]这表明现在的环境状况亟待改善，也表明人民群众对生态环境方面的需求也越来越迫切。

习近平总书记指出："环境就是民生，青山就是美丽，蓝天也是幸福。发展经济是为了民生，保护生态环境同样也是为了民生。既要创造更多的物质财富和精神财富以满足人民日益增长的美好生活需要，也要提供更多优质生态产品以满足人民日益增长的优美生态环境需要。"[③]习近平总书记继承了中国传统文化中的"民本"思想，坚持马克思主义"以人为本"的原则，揭示了生态问题与民生问题的直接相关性，指出："良好的生态环境是最公平的公共产品，是最普惠

---

① 《习近平谈治国理政》第1卷，外文出版社2014年版，第209页。

② 中共中央宣传部编：《习近平总书记系列重要讲话读本》，学习出版社、人民出版社2014年版，第123页。

③ 《习近平谈治国理政》第3卷，外文出版社2020年版，第362页。

的民生福祉。”①

长期以来，粗放的发展模式给我国的生态环境带了巨大挑战，出现了大气污染、水源污染、土壤污染等问题，降低了人民群众的生活质量，影响了人民群众的身心健康，民众对干净的水、清新的空气、安全的食品、优美的环境等的要求越来越高，生态环境在群众生活幸福指数中的地位不断凸显，成为重要的民生问题。中国共产党人始终坚持以人为本的生态民生观，把解决生态民生问题作为我党执政为民的奋斗目标之一。江泽民同志指出：“环境问题直接关系到人民群众的正常生活和身心健康。”②胡锦涛同志则多次强调要以人为本，“抓紧解决严重威胁人民群众健康安全的环境污染问题，保证人民群众在生态良性循环的环境中生产生活”③。习近平总书记则立足新的时代境遇，继承并发扬了我们党重视生态民生的优良执政传统，积极回应了广大人民群众的生态诉求，强调“建设生态文明，关系人民福祉，关乎民族未来”，共产党人理应“以对人民群众，对子孙后代高度负责的态度和责任，真正下决心把环境污染治理好、把生态环境建设好，努力走向社会主义生态文明新时代”。④ 习近平总书记指出：“发展，说到底是为了社会的全面进步和人民生活水平的不断提高，强调“更加自觉地推动绿色发展、循环发展、低碳发展，决不以牺牲环境为代价去换取一时的经济增长”⑤。以人为本，其中很重要的一条，就是不能在发展过程中摧残人自身生存的环境。

四、法治建设的生态之维——生态法制观

法治是相对于“人治”而言的，是指根据法律治理国家的方略，是严格遵法、守法、依法办事的原则，法制是法律和制度的总称。现代社会是法治社会，法治建设作为政治建设的重要内容，是现代化理论的重要组成部分。

为了确保生态环境保护政策及相关法律法规的落实，以习近平同志为核心的党中央从中国实际出发，在总结历史经验的基础上，制定了最严格的制度和最严密的生态法制。法治是治国理政的基本方式，也是推进生态文明建设的重

① 中共中央宣传部编：《习近平总书记系列重要讲话读本》，学习出版社、人民出版社 2014 年版，第 123 页。

② 《江泽民文选》第 1 卷，人民出版社 2006 年版，第 535 页。

③ 中共中央文献研究室编：《十六大以来重要文献选编》（中），中央文献出版社 2006 年版，第 716 页。

④ 《习近平谈治国理政》第 1 卷，外文出版社 2014 年版，第 208 页。

⑤ 《习近平谈治国理政》第 1 卷，外文出版社 2014 年版，第 209 页。

要保障。生态环境问题的产生一定有深层次的体制性、制度性的原因。我国生态环境保护中存在的一些突出问题大都与体制不完善、机制不健全、法治不完备有关。因此,解决生态环境问题就要从社会制度层面寻找突破口,中共十八大报告指出:“保护生态环境必须依靠制度。”“只有实行最严格的制度、最严密的法治,才能为生态文明建设提供可靠的保障。”①

法治的核心意义是强调社会治理主体的自觉性、能动性和权变性;法制的核心意义是强调社会治理规则的普适性、稳定性和权威性,表现为法律形式的规则。现代社会需要通过法治推动生态文明的有效建设,这样生态文明建设就获得了国家的权威和强制力,切实得到推进和取得成效,并得到长期贯彻。

2013 年 11 月召开的十八届三中全会对环境保护和生态文明建设的法制保障做了具体规定:“建设生态文明,必须建立系统完整的生态文明制度体系,实行最严格的源头保护制度、损害赔偿制度、责任追究制度,完善环境治理和生态修复制度,用制度保护生态环境。”2018 年修订后的《中华人民共和国宪法》序言中,将“生态文明”同物质文明、政治文明、精神文明、社会文明并列为国家的未来建设方向,把“富强民主文明”同“和谐美丽”确定为社会主义现代化强国的未来建构目标。“生态文明入宪”开启了我国环境法制的创新,标明了中国特色社会主义环境法制建设有了生态之维。

新时代中国共产党的现代化理论具有全方位多维度的特点,生态文明建设理论贯穿其中,成为现代化理论的生态之维,破解了中国经济发展与环境保护的难题,成为构建社会主义和谐社会、建设美丽中国的行动指南,它是对中华传统生态智慧及国内外环境治理历史教训的新认识,丰富和发展了马克思主义现代化理论。

---

① 《习近平谈治国理政》第 1 卷,外文出版社 2014 年版,第 210 页。

要素回乡、农业产业化与制度的有效设计*

——以乡村振兴的“诸城模式”为例

李玉梅　郑文光**

【摘要】要素回乡参与农业产业化经营是实现乡村全面振兴的基本路径。本文围绕如何增强资本的市场“短边权力”以实现农业产业化经营进行制度设计的有效性分析，并以“诸城模式”案例加以验证。

【关键词】农业产业化；资本流动成本；制度有效设计

一、引言

近年来，农业产业化因为能够发挥农业的比较优势、提升农村投入要素的回报率，被学界视为乡村振兴的基本路径之一①。与此同时，农业产业化对要素回乡提出迫切要求。针对如何吸引工商资本回乡参与现代农业生产，研究者们

---

* 本文为国家社会科学基金一般项目“我国产业结构调整中的‘逆库兹涅茨化’问题”(18BJL054)研究成果。

** 李玉梅，曲阜师范大学经济学院教授；郑文光，曲阜师范大学经济学院讲师。

① 参见韩旭东、王若男、郑风田：《能人带动型合作社如何推动农业产业化发展？——基于三家合作社的案例研究》，《改革》2019 年第 10 期；熊磊、胡石其：《小农户和现代农业发展有机衔接的路径找寻：重庆案例》，《当代经济管理》2019 年第 7 期。陈华彬：《乡村振兴视阈下农业产业化联合体研究——产生机理、运营机制和实证分析》，《重庆理工大学学报》(社会科学版)2019 年第 3 期。芦千文：《现代农业产业化联合体：组织创新逻辑与融合机制设计》，《当代经济管理》2017 年第 7 期。

设计资本流动机制模型[①]及其拓展[②]，但其研究假设多为“资本流动无障碍”，与现实情境——资本流动受到诸多因素的阻碍[③]不符。关于资本回乡参与农业产业化的制度设计，国内研究经历了“从规范经验主义到制度主义”[④]的历程。规范主义研究多从农业产业化的构成要素角度提出政策建议[⑤]，如尹成杰提出“必须逐步具备和完善基本要素，不断提高基本要素素质”[⑥]的建议。制度主义的研究重点涉及从产业组织创新和交易费用[⑦]）到结构性制约等一系列问题[⑧]。但多数对策研究存在理论分析和实践验证衔接不足问题。

典型案例对要素回乡和农业产业化制度设计研究具有重要意义。不少学者指出，山东的“诸城模式”具备乡村振兴模式的典型特征。[⑨] 2018 年，习近平总书记对山东作出打造乡村振兴齐鲁样板的重要指示，并在当年全国“两会”期间到山东代表团参加审议和视察山东时，两次对“诸城模式”“潍坊模式”“寿光

---

① Martin, P., C. A. Rogers, C. A., Industrial Location and Public Infrastructure. *Journal of International Economics*, 1995, 39 (3-4): 335-351; Baldwin, R., Forslid, R., Martin, P., Ottaviano, G. & Robert-Nicoud, F., *Economic Geography and Public Policy*. Princeton: Princeton University Press, 2003.

② 参见 Ottaviano, G. *Monopolistic Competition, Trade, and Endogenous Spatial Fluctuations*. CEPR Discussion Papers, 1996；安虎森、刘军辉：《劳动力的钟摆式流动对区际发展差距的影响——基于新经济地理学理论的研究》，《财经研究》2014 年第 10 期。

③ 参见吴云松：《上海吸引外商投资障碍的实证研究——基于国际资本流动交易成本理论的分析》，《财经研究》2002 年第 1 期；李培：《我国城乡间资本流动研究》，《全国流通经济》2017 年第 12 期。

④ 赵德余、顾海英：《从规范经验主义到制度主义——农业产业化研究的文献回顾及研究方法的评论》，《学术月刊》2005 年第 3 期。

⑤ 参见尹成杰：《关于农业产业化经营的思考》，《管理世界》2002 年第 4 期；国务院研究室农村司：《加快发展农业产业化经营》，《宏观经济管理》2001 年第 7 期；孙瑞国、王昕彤、赵荣芳：《我国农业产业化经营发展的问题与对策研究——以吉林省四平市为例》，《经济研究导刊》2018 年第 33 期。

⑥ 尹成杰：《关于农业产业化经营的思考》，《管理世界》2002 年第 4 期。

⑦ 参见孙天琦、魏建：《农业产业化过程中“市场、准企业（准市场）和企业”的比较研究——从农业产业组织演进视角的分析》，《中国农村观察》2000 年第 2 期；钱忠好：《节约交易费用：农业产业化经营成功的关键——对江苏如意集团的个案研究》2000 年第 8 期。

⑧ 参见黄陵东：《结构性制约下新生代农民工城市融入自致路径》，《福建行政学院学报》2011 年第 1 期；程金华、李学尧：《法律变迁的结构性制约——国家、市场与社会互动中的中国律师职业》，《中国社会科学》2012 年第 7 期；张剑源：《“结构性制约”及其对农业产业化政策实施的影响》，《中国农业大学学报》（社会科学版）2013 年第 2 期。

⑨ 参见胡定核：《从山东诸城模式解析国有中小企业改制》，《金融研究》2001 年第 3 期；臧运平等：《我国农村地区公共图书馆建设的诸城模式研究》，《中国图书馆学报》2012 年第 5 期；马修文：《乡村振兴战略的哲学思考——“诸城模式”“潍坊模式”“寿光模式”》，《哲学动态》2019 年第 4 期。

模式”给予肯定。[1]

本研究借鉴聂辉华理论分析与案例验证相结合的研究方法[2]，将“制度的有效设计”分析语境里进行一般化处理，其中“有效设计”提法来自萨缪·鲍尔斯，并选用诸城案例加以验证。

二、理论分析

提升回乡资本的收益是实现制度目标的有效路径。如何提升资本的回报率？若将回乡的资本投入到传统的小农经济中，显然不能达到目标，因此制度的有效设计思路应着眼于实现农业的产业化生产。按照萨缪·鲍尔斯市场“短边权力”说法[3]，即制度须增强资本对劳动等要素的短边权力。首先，农业产业化生产存在着诸多约束，如“信贷约束、地权约束、技术约束和市场约束”[4]，制度要具备突破各项约束的意旨。其次，农业产业化与小农经济的主要差别之一是前者实现了对劳动的规模雇佣，因此制度须考虑降低雇佣劳动的监督成本。根据阿曼·阿尔奇安和哈罗德·德姆塞茨的理论[5]，企业可通过控制权和剩余索取权的产权安排来解决监督成本和效率问题。让更多的受雇佣工人成为企业剩余(经营成果)索取人，以实现员工自发激励和较低管理成本。最后，专业性资产是在“某一个特殊交易中的价值大于在下一个最优选择中的价值的资产”[6]，与拥有通用性资产相比，专用性资产拥有者面临的“退路”更少，参与再次交易的动机更弱，但能够提升整体投入的生产性价值。依据“技术—制度均衡”理论[7]，合理的制度结构对专用性技术水平及其价值应用发挥决定性作用。

基于此，借鉴萨缪·鲍尔斯的契约分布理论模型来论证制度的有效设计思

---

① 参见瞿剑：《总书记点赞的潍坊“三个模式”有何深意》，《科技日报》2021 年 4 月 20 日。

② 参见聂辉华：《最优农业契约与中国农业产业化模式》，《经济学》(季刊)2012 年第 4 期。

③ 参见[美]萨缪·鲍尔斯：《微观经济学：行为，制度和演化》，江艇等译，中国人民大学出版社 2006 年版，第 255 页。

④ 邓宏图、李康、柳昕：《农业产业化中的“位势租”：形成机制与利润分配》，《经济学动态》2018 年第 10 期。

⑤ Alchian, A. A., and Demsetz, H., Production, Information Costs, and Economic Organization. *American Economic Review*, 1972, 62(5): 777-795.

⑥ [美]萨缪·鲍尔斯：《微观经济学：行为，制度和演化》，江艇等译，中国人民大学出版社 2006 年版，第 251 页。

⑦ Pagano, U., Organizational Equilibria and Institutional Stability, in Marktets and Democracy: *Participation, Accountability and Efficiency*. S. Bowels, H. Gintis and B. Gustafsson, eds. Cambridge: Cambridge University Press, 1993.

路。具备特定禀赋水平的资本所有者若要从农业的“独立生产”(小农作业)区间中跳出,进入农业产业化契约区间,须进行制度有效设计。考虑到农业产业化经营特征,将土地视为重要的生产要素加入模型,同时也将与农业生产技术相关的专用性资产作为投入要素。

假设生产函数用 $q=f(t,n,n_G,k)$ 表示,其中 t 表示土地,n 表示劳动,k 表示资本,n_G 则表示专用性资产。该函数为线性、齐次的凹函数;模型中的产出价格被标准化为1,个体的总时间被标准化为1,被划分为自我雇佣时间 l、监督员工的时间 s 和休闲时间 R;雇佣员工的数量 L 跟监督员工的时间 s 同方向变化($s'_L>0$),员工的专用性资产存量水平跟监督员工的时间 s 反方向变化($s'_{nG}<0$),因此有 $s=s(L,n_G)$。生产者个体的资产禀赋水平表示为 k^k,同时令 γ、w、g、v 分别表示土地、劳动、专用性资产和资本的价格;T_0($T_0\geqslant 1$)表示从事农业产业化所需要土地的最少数量。

生产者的信贷限额 B 由其资本的禀赋水平所决定,表示如下:

$$B(k^k)\geqslant \gamma t+wL+gn_G+v(k-k^k) \quad (1)$$

在方程(1)中,右边四项依次是土地的租金成本、雇佣劳动的工资成本、专用性资产成本以及除初始资本外还需要的资本。

生产者在生产一个时期之后的效用情况可表示为:

$$w_1=f(t,(1+L),n_G,k)-(1+r)\{\gamma t+wL+gn_G+v(k-k^k)\}+u(R) \quad (2)$$

根据拉格朗日法则进行最优化决策得出下表结论。其中,生产者依据资本禀赋 k^k 的水平不同,会选择不同的契约区间。假设 $k^k=0,k_0$,且有 $0<k_0$。

表1　两种契约选择

资本禀赋水平	t	l	L	n_G	k	s	λ	μ	契约选择
大于0而小于 k_0	小于 T_0	大于0	等于0	等于0	大于0	等于0	等于0	等于0	小农作业
大于等于 k_0	大于等于 T_0	大于等于0	大于0	大于0	大于0	大于0	大于0	大于等于0	农业产业化

由表1可知,当生产者居于“小农作业”契约区间时,他把全部时间用于自我雇佣和休闲;利用少量的土地和其他资源,独立地进行生产经营;他不会考虑雇佣劳动作自己的帮手,因为单位雇佣劳动带来的边际产品不足以抵消所带来的监督成本。相反,当生产者期望跳出“小农作业”区间进入“农业产业化”区间时,他须突破资本的信贷约束,须具有一定规模的土地使用权,须降低雇佣劳动

的监督成本,须占据一定量专用性资产。

因此,可从降低雇佣劳动的监督成本、提升专用性资产的生产价值、增强信贷能力以及保障参与流转的土地数量几个方面进行制度设计。

三、案例验证:“诸城模式”

(一)诸城农业产业化的发展变迁

在20世纪80年代,诸城通过“商品经济大合唱”和“贸工农一体化”的实施积累了大量农业资本,为实施农业产业化奠定了物质基础。自20世纪90年代以来,伴随着现代企业管理制度的建立,资本积累和人才积累推动农业产业化进入成熟阶段。此时,农业产业化经济出现发展后劲不足问题:土地确权造成集体所有权虚化以及土地流转零碎化①,农民工外出打工人数增多,集体经济增收乏力,特色农业经营达不到适度规模。为解决上述问题,诸城自2007年开始实行“农村社区化”的治理模式,被实践证明是有利于要素回乡和农业产业化经营的有效制度。

(二)制度的有效设计

1.农村社区化治理制度

诸城市在尊重群众意愿的前提下,依法撤销全部行政村,以农村社区为单元,依法选举产生了社区党组织、自治组织和其他配套组织,构建起以社区党组织为核心、自治组织为主体、群团组织和各类经济社会服务组织为纽带的区域化基层组织建设新体系——农村社区化。

该治理模式具有以下特征:

第一,与单个行政村相比,农村社区基层组织可被视为促进农业产业化发展和提升农民获得感的专设机构,具有明确的任务和目标。

第二,主张去行政权威化,强调集体决策,强调按照市场规律进行资源配置。

第三,存在着农民与社区、社区与农业产业化企业之间委托代理关系。农村社区基层组织发挥着介质作用。

2.制度有效运转的逻辑

(1)以信任价值实现土地规模化流转

土地是农业产业化经营中最为核心的要素。农民基于情感因素往往给予

---

① 参见桂华:《集体所有制下的地权配置原则与制度设置——中国农村土地制度改革的反思与展望》,《学术月刊》2017年第2期;贺雪峰:《论农村土地集体所有制的优势》,《南京农业大学学报》(社会科学版)2017年第3期。

农地更高的价值评价，并直接反映在交易意愿价值上，使其对特定地块的租金诉求高于市场平均估价而产生禀赋效应。[①] 社区化基层组织，以社区党组织为核心以自治组织为主体，凭借公信力所产生的信任价值来对冲土地的禀赋效应，并通过规范流转程序与搭建流转服务平台，形成土地规模化流转的协调机制。截至2019年7月，诸城市各社区已经完成土地流转4.1万亩，完成高效经济作物种植3.1万亩，开工农业园区达43个。

(2)以给予剩余索取权降低对劳动的监督成本

针对土地流转出去的农民，社区化基层组织一方面安置土地流转出去的农民进入实现农业产业化的企业就业，另一方面鼓励他们通过土地、资金、资产等方式入股，获得剩余索取权。该安排不仅令农民收入来源多元化，而且使农业产业化企业获得自我激励水平高的劳动力供给。

(3)以新型农民职业培训提升专用性资产的生产价值

依据专用性资产理论，对农民进行职业培训是稳定其就业领域和提升企业生产率的有效手段。基层组织以培育涉农人才为工作重点，实施新型职业农民培育工程，积极实施国家职业农民培育示范项目。从2014年至2019年，以粮食、蔬菜、果茶产业为培训重点，对社区内农民工集中实行“一点两线、全程分段”培训。

(4)以涉农资金整合机制提升农业产业化企业的融资水平

农村社区化治理对资源集聚发挥作用。基层组织做好涉农资金整合与统筹使用工作，修订完善鼓励引导城市工商资本下乡财政扶持政策，形成多元扶持、协调互动的金融服务格局。2019年，全市共统筹整合涉农资金约6.9亿元，占全部涉农资金的58%，集中用于农业产业化等重点工作。

四、结论

要素回乡参与农业产业化经营，是实现乡村全面振兴的有效路径。本文通过理论分析和案例验证得出以下结论：制度应以提升农业投入资本的边际收益为着眼点，同时以农业产业化经营企业的利润实现，以及农民获得感的提升为目标；制度有效设计思路是突破地权约束和信贷约束、降低雇佣劳动的监督成本以及提升专用性资产的生产价值。

---

① 参见胡新艳、罗必良：《新一轮农地确权与促进流转：粤赣证据》，《改革》2016年第4期。

城市基层社区网格化韧性治理创新研究

徐自强　孙涵越　刘倩如　薛菲*

【摘要】传统常态运行下的城市社区网格化治理已难以适应“平战结合”“常急衔接”的新情境，在体制机制、主体参与、合作治理、现实约束上都存在着不同程度的制约困境，应以韧性治理理念为指导予以重塑创新，提升城市社区的治理韧性：以“竹石精神”为一个精神内核，以紧急程度与参与主体为两大核心维度，以党建引领、自治共建与灵活适应三项原则为指导，划分出科层管控型、协同共治型、命令响应型、应急联动型四种角色模式，并提出根基夯实、权力互动、社会重塑、能力建设与技术支撑五条提升路径，最后提出韧性社区建设的六条政策建议以有效推进此项工作。

【关键词】网格化治理；韧性治理；社区韧性；基层治理创新

我国的城市网格化管理自2004年北京市东城区首次实施以来，已走过18年，到2020年，我国正式实现了全国县级中心城区网格化管理全覆盖。网格化管理是依托统一的数字化管理平台，按照一定的地理空间和人口分布，把全域行政区域划分成若干网格，将辖区内人、地、物、事、组织全部纳入网格进行管理，实行分片包干、责任到人、设岗定责，实现力量下沉、无缝对接、服务到户的一种社会治理新模式。然而网格化管理实践一直存在纵向利用过度和横向协调不足等问题，突如其来的新冠疫情更加剧了原本处于风险之中的现代社会治

* 徐自强，曲阜师范大学政治与公共管理学院副教授；孙涵越，曲阜师范大学政治与公共管理学院学生；刘倩如，曲阜师范大学政治与公共管理学院学生；薛菲，曲阜师范大学政治与公共管理学院学生。

理的不确定性。2021年4月28日，中共中央、国务院出台《关于加强基层治理体系和治理能力现代化建设的意见》，指出要健全常态化管理和应急管理动态衔接的基层治理机制。随着城市功能不断健全，城市安全、公共卫生等领域突发事件频发，单一的网格化常态管理模式已无法适应复杂多变的治理情境。如何推动网格化治理模式创新，构建一个适应常态化管理与应急管理动态衔接新情境的城市基层治理模式成为新时代基层治理现代化建设的重要命题，更是对我国国家治理体系和治理能力的一次"大考"。

一、当前城市基层网格化治理的困境

(一)体制困境:科层管理

"上面千条线，下面一根针"的体制困境仍然是制约基层治理创新的最大障碍。在压力之下，行政主导下的社区权力目前仍相当有限。在属地管理责任条件下，各种社会管理和公共服务职能权限下沉，基层人员权责倒挂现象依旧严重，对网格员的专业技能和综合素质提出了更高要求。

(二)主体困境:多重阻力

首先，在居民自治方面，多数居民的主动意识较差，享受服务的意识大于参与志愿服务的意识；其次，在网格员方面，多数网格员以兼职为主、专职为辅，或尚处于从兼职向专职的转型阶段，尚未达到专职网格员的岗位素质要求；再次，在物业方面，以增加营利和控制成本为主要诉求的物业公司和以追求社会效益为主要目的的政府、社区和自治组织之间存在价值冲突，多数情况下是社区居民或业主利益受损；最后，在其他主体方面，企业、社会组织在治理体系中严重缺位，项目、活动形式单一且匮乏。

(三)合作困境:有格无网

首先，受到信息技术的制约。大数据背景下的网格化治理是"线上+线下"全方位的主体间信息共享与良性互动，由于缺少专门面向社区的数据平台和技术支持，影响了合作互动整体效果。其次，受到运行机制的影响。网格化治理需要主体间深度合作才能真正发挥治理效能，而深度合作需要激励机制、响应机制等保障。

随着新型城镇化进程推进，城市社区居住人口增多，居民流动性加大，"陌生人社会"现象愈发明显，尤其是在流动性相对较大的商品住宅小区。与老旧小区和单位住宅小区不同，邻里间的密切关系尚未形成，基于习俗的伦理道德规范也缺乏约束力，直接导致城市社区与农村社区的治理差异，城市社区三治融合的实现难度高于农村。

二、网格化治理中的社区韧性理念引入

"韧性"一词本意为恢复到原初状态。随着研究推进,韧性概念被应用到不同领域。联合国第三次人居会议提出,建设有韧性的人类社区是可持续发展的重要目标,作为城市治理基础单元的社区韧性被正式提出。当前学界对社区韧性的阐释基本限定在了抵御或适应灾害或风险的应急治理情境之中。实际上,韧性治理是一个融合了非常态与常态以及两者之间相互转换的包容性极强的理论体系。笔者认为,社区韧性是指在复杂性和不确定性共存的治理背景下,社区通过刚性治理和柔性治理的样态整合及自上而下与自下而上相结合的权力互动,运用可变性治理主体和系统性治理路径①,培育社区自我调适能力、主动学习能力及灵活应变能力,从而推进良性治理和可持续发展样态的有序达成。

三、基于韧性治理的城市基层治理模式创新

基于上述治理困境,以韧性治理理论为指导,笔者尝试为推动城市基层社会治理模式创新提供一套新思路,构建一个"一二三四五"的城市社区网格化韧性治理模式,同时提出六条推进此项工作的建议。

(一)一个精神内核:竹石精神的内在契合

若在我国传统文化中寻找一个与社区韧性的精神内核高度契合的形象,作为"梅兰竹菊"四君子之一的竹子颇为适合。两百多年前,曾经在山东潍县担任知县的清代著名文人郑板桥,在辞官十余年后于竹石图旁题作了那首世人耳熟能详的七言绝句。诗画中扎根于岩石中的竹子好比是具有强大韧性的社区,恣意而潇洒,苍劲而有力。这种刚柔相济的"竹石精神"正是对社区韧性最为生动的写照。据此,可以"竹石精神"再造和重塑当前我国社区治理体系。

(二)两类核心维度:韧性治理的理念转化

结合理论思想与调研实践,笔者发现无论网格化治理涉及事务如何繁杂,都可归纳为紧急程度与参与主体两个维度:从紧急程度上看,常态化事

---

① 参见王磊、王青芸:《韧性治理:后疫情时代重大公共卫生事件的常态化治理路径》,《河海大学学报》(哲学社会科学版)2020 年第 6 期。

务紧急程度较低，在处置上时限较为宽松；非常态化事务则紧急程度较高。从参与主体上看，根据网格化治理主体的参与程度不同分为单一主体与多元主体。

（三）三项指导原则：常急衔接的战略思想

1.党建引领原则

党的领导是中国特色社会主义制度的本质特征，城市基层社会治理离不开党的领导。党建引领原则是网格化韧性治理创新的首要原则。党组织作为国家与社会连接中的关键环节，一方面通过组织网络的延伸、渗透，促进基层社会的再组织化，畅通社会与国家对话、互动的渠道；另一方面，将国家带入基层，通过自上而下的努力激活社区的活力。①

2.自治共建原则

自治共建不仅意味着稳步提升社会力量参与自治的能力，还意味着政社关系重构下政府对民间社会力量的善待与尊重，并成为社会组织发展以及合作伙伴缔结的促进者。② 推进社区网格化治理创新需要政府实现从管理者和指挥者向协调者与服务者的身份转变，激发社会力量的主动参与意识。

3.灵活适应原则

灵活适应性是韧性治理的内在意蕴。社区韧性并非某种治理样态的一枝独秀，而是融合了不同治理模式的优化升级，在行政管控与社会自治之间达到平衡，在刚性治理与柔性治理之间实现协调。因此，有效化解不同治理模式间的张力，灵活运用并发挥不同模式的优势，实现其优化组合与动态平衡。

（四）四种角色模式：社区韧性的治理样态

在“竹石精神”内核和三项原则的指导下，依据紧急程度和参与主体这两个维度，笔者构建了一个动态复合型城市社区网格化韧性治理矩阵，包含了科层管控型、协同共治型、命令响应型与应急联动型四种模式，每种模式赋予了社区一个人格化的身份，见图1。

---

① 参见田毅鹏、苗延义：《“吸纳”与“生产”：基层多元共治的实践逻辑》，《南通大学学报》（社会科学版）2020年第1期。

② 参见孙柏瑛：《基层政府社会管理中的适应性变革》，《中国行政管理》2012年第5期。

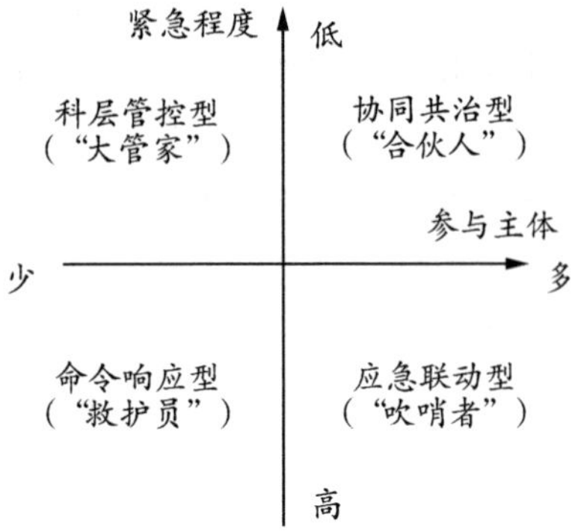

图 1　动态复合型城市社区网格化韧性治理矩阵

四种模式在不同治理情境下有其存在合理性与治理有效性。发生变化的仅是不同模式间组合方式和结构性比例的渐进演化，都是推动我国基层社会治理现代化的动力与引擎。[①] 但当前不同模式的结构性失调现象突出，其中科层管控型与命令响应型最常见，协同共治型与应急联动型有欠缺。有的社区在四种模式中都有较为出色的表现，体现出了较强的社区韧性；而多数社区则仅在某一种模式上表现突出，社区韧性较弱。

（五）五条实现路径：社区治理的韧性提升

1.根基夯实：以基层党建引领社区治理

当前，党员老龄化、党组织力量薄弱、党建引领机制不健全等问题制约了基层党建功能的发挥。基层党建应以更丰富的功能定位改变原有被动、单向的参与模式，探索“党建＋网格”的嵌入式全覆盖引领模式。党员干部应充分发挥共产党员的韧性品格，以个体韧性带领群体韧性，以群体韧性引领社区韧性。同时，应完善党建引领社区治理的一整套工作机制，改变以开会号召、宣传动员为主的工作方式，设计一套涵盖定标、考核、反馈、激励、民主评议等机制的全流程全要素引领机制体系。

2.权力互动：建构双向互动的权力流向

自上而下的科层控制与自下而上的社区自治是推进城市社区网格化治理良性发展的双向引擎。一方面，行政力量下沉社区在一定程度上确保了风险可控，降低了治理偏差而有效增进其精准性，且行政力量能快速调动资源并展开

① 参见唐皇凤、王豪：《可控的韧性治理：新时代基层治理现代化的模式选择》，《探索与争鸣》2019 年第 12 期。

行动，因此不能对刚性管控一刀切地否定和排斥；另一方面，充分发挥社区居民、志愿者、社会组织、企业等社会力量作用，提高公众对社区公共事务的参与。

3.社会重塑：多元主体联动的共治格局

当前多元主体联动的共治模式在多数社区中尚未成形。因此，城市网格化韧性治理的实现需要结合不同社区的实际状况对所在社区中各方主体还权赋能，使其基于一种价值观念的共识与相互认同而形成参与社区治理的合力；引入专业社工开展多样的公共活动，以政府购买服务的方式带领社区居民挖掘社区文化特色，塑造社区精神，营造社区共同体。①

4.能力建设：强化韧性治理的能力培养

城市网格化韧性治理还需要社区治理主体具备自我调适能力、主动学习能力及灵活应变能力。地区复杂性和发展不平衡决定了基层治理场景的多样性，基层治理无法给出一套适应所有治理情景的方案。不同社区应因地、因时制宜地匹配上述四种治理模式，在实际工作中总结不同事务的应对策略，保持处置程序灵活性，随时应对常态与非常态的转换。

5.技术支撑：智慧社区共享的服务平台

网格化韧性治理不仅蕴含理论意义的网络治理和韧性治理理念，更需要实践意义的"互联网＋"和"智慧治理"技术为支撑。应加强信息基础设施和网络平台建设，推动网络平台由传统的数据搜集和信息发布平台转型成为各方主体直接参与社区治理的服务平台和反馈平台。为弥补当前网格化治理在数据采集利用、信息资源分配等方面的短板，城市社区要以省级云计算中心为依托，在居民、物业、街道、公安、企业等主体间搭建一个综合性智慧社区共享服务平台，通过顶层设计、一次录入、数据互通、实时更新，提升不同主体的信息利用效率，实现全社区范围内的通力合作。②

（六）六条政策建议：韧性社区的建设建议

黄石、义乌、北京、上海、成都、广州、西安等城市已展开韧性城市的实践探索并取得了一定成效和经验。为有效推进我省社区韧性治理创新，笔者提出六条建议：(1)省民政厅委托国内城市社区治理的权威专家团队对韧性城市与韧性社区建设展开研究，同步对国内韧性城市建设的典型城市组织考察学习；

---

① 参见蓝煜昕、张雪：《社区韧性及其实现路径：基于治理体系现代化的视角》，《行政管理改革》2020年第7期。

② 参见姜晓萍、焦艳：《从"网格化管理"到"网格化治理"的内涵式提升》，《理论讨论》2015年第6期。

(2)省政府在科学论证基础上将韧性城市与韧性社区建设一并纳入省级城市建设规划，率先将“韧性社区”建设纳入省级规划，列出建设时间表，力争打造“韧性社区”建设的山东特色；(3)结合我省各市城市治理实际，选取若干城市及其城市社区作为韧性城市与韧性社区建设试点示范区，鼓励其主动创新并积累经验；(4)由省民政厅等部门联合成立专门的省级韧性社区建设工作指导小组，对试点示范区的韧性社区建设进行全过程跟踪监督指导；(5)由省民政厅牵头组建山东省社区韧性治理咨询委员会，邀请国内或省内知名社区治理专家担任委员，对韧性城市和韧性社区建设提供专业咨询并联合对试点示范区的韧性社区建设效果展开第三方评估；(6)由省民政厅牵头联合社会组织、科研机构共同组建山东省社区韧性治理创新案例库，对省内积极展开韧性社区建设的典型案例进行择优评选、宣传发布。

社区是社会治理的基本单元。随着信息化技术的不断更新，社区的网格化管理日益成为一种新型的社会治理模式。凭借横跨多个部门机构、涉及多元治理主体的“小区域治理”优势，当前的社区网格化管理模式已经呈现出了“管理与服务合并”“管理向治理转变”的发展趋势，在我国社会治理中发挥着越来越重要的作用。随着自然灾害、事故灾难、公共安全、公共卫生等诸多领域内突发事件与社会风险发生频率的提高和不确定性的增强，作为基本治理单元的社区治理还应再发生一次重要转变，即从社区的“网格化治理”到社区的“网格化韧性治理”的转变，才能适应日益复杂多变的基层治理情境，在常态与紧急的衔接与转换中游刃有余，真正做到“任凭风浪起，稳坐钓鱼台”。

全面建成小康社会的马克思主义人学意蕴

王雪源*

【摘要】全面建成小康社会彰显了马克思主义的人学立场，体现了以人民为中心的执政理念和科学社会主义的价值原则，具有鲜明的时代特征。从马克思主义人学的维度对全面建成小康社会进行分析，主要体现在“现实的人”的唯物论、以人民为中心的主体论和人的全面发展的价值论等三方面，对于深刻把握全面建成小康社会的马克思主义人学意蕴具有重要的理论意义和现实意义。

【关键词】全面建成小康社会；马克思主义人学；以人民为中心；人的全面发展

党的十一届三中全会以来，党的工作重心转移到社会主义现代化建设的轨道上来，对外实行改革开放，社会主义建设进入新时期。党中央提出“小康”社会目标的构想被不断赋予社会主义现代化建设的新内容，即中国式的现代化。其最早是1979年邓小平在与日本首相大平正芳进行会谈时，将“中国式的小康之家”描绘为“小康之家”。之后，从党的十六大确定建设全面小康社会的目标，到党的十八大明确提出“全面建成小康社会”的目标，再到“四个全面战略布局”的提出，“小康之家”的内涵亦随着时代的实践不断丰富和发展。习近平总书记在党的十九大报告中指出：“从现在到二〇二〇年，是全面建成小康社会决胜期。”[①]全面建成小康社会的战略决策构成了以习近平同志为核心的党中央治国

* 王雪源，山东师范大学马克思主义学院马克思主义基本原理专业博士研究生。

① 中共中央党史和文献研究院编：《十九大以来重要文献选编》(上)，中央文献出版社2019年版，第19页。

理政战略思想的核心内容之一,闪耀着马克思主义与中国实际相结合的思想光辉,包含着马克思主义的人学立场和价值。

一、全面小康社会的内涵本质是人民幸福

“小康”一词出自《诗经》,是中华民族特有的文化概念,也是中华民族自古以来追求理想社会状态的描绘。邓小平的“小康”思想,是马克思主义与中国优秀传统文化的产物,是科学社会主义基本原理与中国当代实际相结合的结果。

从小康到全面小康,党进行了艰辛探索。党的十三大把“人民生活达到小康水平”列入“三步走”发展战略,提出 2000 年中国总体进入小康。党的十六大提出“要在本世纪头二十年,集中力量,全面建设惠及十几亿人口的更高水平的小康社会”①。党的十八大正式提出到 2020 年“全面建成小康社会”的目标。全面建成小康社会,就是要让 14 亿人不仅能够全面解决温饱问题,而且还过上比较富足的生活,是中国历史上前所未有的巨大成就,也是中国共产党向人民、向历史做出的庄严承诺,体现了中国人的理想、顺应了民意,展示了社会主义制度的优越性,反映了前人的不懈追求和光荣传统,体现了党执政根基所渗透的悠久的文明血脉和深厚的民族基因。全面小康,在中国发展史上,在社会主义发展史上,甚至在人类发展史上,具有重大的现实意义和历史意义。

全面小康的本质是人民幸福,人民幸福是最大的民生。民生是幸福的前提,幸福是民生的目标和方向。幸福在本质上是人们基于某种价值观和偏好对自身生活状态做出的感受和评价,是人们对外界环境和个体生活质量满意程度的一种相对稳定的心理反应,是一种比较理想的生活状态。民生幸福与社会发展和个人发展紧密联系,是物质丰富与精神自由的统一,是社会发展与个人发展的统一。在现实生活中,民生表征为人的最直接、最关心、最现实的利益。民生不仅是个体的生活问题,而且是党执政为民的政治问题。中国共产党作为马克思主义政党,自创立之日起,就以发展民生事业为己任,始终坚持从人民的民生利益出发,将实现民生幸福的新中国作为党的不懈追求。党领导中国人民取得新民主主义革命的胜利,实现革命党向执政党的转变,领导全国人民进行社会主义革命、建设、改革的发展过程中,特别是改革开放以来,始终把关注民生、实现民生、改善民生放在执政的重要位置。党的十八大以来,习近平总书记对

① 中共中央党史和文献研究院编:《十六大以来重要文献选编》(上),中央文献出版社 2006 年版,第 14 页。

于“美好生活”“生活幸福”“人民幸福”“民生福祉”“好日子”等语词使用频率很高，这些词概之就是人民生活幸福，而这正是民生问题。这种民生问题是实现人民生活幸福的中国梦，是全体人民的生活幸福，不是某部分人的生活幸福。习近平总书记关于民生幸福的论述，明确了“民”的范畴——全国各族人民、全体人民，明确了“生”的内涵——基本需求、发展需求和价值追求，明确了人民幸福生活实现的目标——共同富裕、公平正义。可见民生幸福是实现人的自由而全面发展的关键所在，是一种满意度和享受度的物质精神的双重体现，具有共同价值的精神支持。全面小康社会的建成惠及了全体人民，中国共产党领导全体人民进行的中国特色社会主义事业的建设和发展，最终落实到各项民生指标的实现上，人民生活的获得感、幸福感、安全感不断提升，这是对全面建成小康社会的本质的生动践行和实际体现。

二、全面建成小康社会是实现人的全面发展的前提

全面建成小康社会目标的实现体现在全体人民的现实美好生活的实现上，全体人民美好生活的实现是以“现实的人”为基础的。全面建成小康社会是在坚持马克思主义历史唯物论前提下的现实社会主义的全面小康。马克思、恩格斯从人的现实性出发研究和分析了人的存在及社会发展。社会是人的社会，人类历史是人类活动创造的历史，社会历史的前提是“现实的人”。马克思、恩格斯指出：“从现实的前提出发，它一刻也不离开这种前提。它的前提是人，但不是处在某种虚幻的离群索居和固定不变状态中的人，而是处在现实的、可以通过经验观察到的、在一定条件下进行的发展过程中的人。”[①]人作为有意识的现实存在物，是通过自身的实践去改造客观世界并在这一过程中追求和实现自己的目的。物质资料的生产是人生存的前提，只有在生活基本得到满足的条件下，人才能进行政治、经济、文化活动。人们的生产方式和生活方式均受生产力发展的程度和自身所处的生产关系的制约。总之，“现实的人”是社会历史范畴，是社会的主体，彼此结成一定社会关系并不断地从事着实践和生活，是客观实在的、在历史中行动着的人。

全面建成小康社会的本质属性决定了我们可以从唯物史观原理中把握“现实的人”与全面建成小康社会的内在逻辑。全面建成小康社会的出发点和落脚点是现实中的人，全面建成小康社会的根本目标是维护人民的根本利益。全面

① 《马克思恩格斯选集》第1卷，人民出版社2012年版，第153页。

建成小康社会的主体即"现实的人",在从事物质生产实践的过程中,必然会发生人与自然、人与人之间的社会关系。因此,"现实的人"是全面建成小康社会的前提和立足点。全面建成小康社会为人的自由而全面的发展奠定了坚实的物质基础。

三、"人民主体"是全面建成小康社会的价值指向

社会历史从根本上说是人民群众创造的。人类社会赖以存在和发展的基础是物质资料的生产,物质资料生产活动的主体是劳动群众。劳动群众创造了人们吃穿住行等必需的生活资料和从事政治、科学、文化、艺术等活动所必需的物质前提。人民群众是社会精神财富的创造者。人民群众创造精神财富,先是通过生产实践为创造精神财富提供必要的物质条件和设施,没有一定的物质生活资料和物质设施,任何科学、文化、艺术等精神活动或精神生产都无法进行。同时,人民群众的生活、实践是一切精神财富、精神产品形成和发展的源泉。人民群众在创造社会财富的同时,也创造并改造着社会关系。生产关系的变革、社会制度的更替最终取决于生产力的发展,但它又不会随着生产力的发展自发地实现和完成,必然是通过人民群众的实践来完成。

中国共产党人从中国革命和建设的具体实际出发,始终坚持人民群众是社会历史的主体。以毛泽东等为代表的中国共产党人提出要坚持马克思列宁主义关于人的解放的基本立场、观点和方法,从中国的现实国情出发,坚持全心全意为人民服务的思想,同时,继承了马克思、恩格斯的人民群众是社会历史的主体及创造者的观点,从革命实践的需要出发,提出要充分重视人民群众在社会实践中的价值,发挥人民群众在社会实践中的创造力,依靠人民群众进行革命和建设。以邓小平等为代表的中国共产党人围绕和平与发展时代主题从人民群众的根本利益出发,坚持为人民服务的价值宗旨,提出发展物质生产力,在现代化建设中实现广大人民群众共同富裕的价值目标。以江泽民等为代表的中国共产党人坚持人民主体的价值观,提出人民群众的利益高于一切,始终代表最广大人民群众的根本利益,把发展作为党执政兴国的第一要务,努力提高人民群众的生活水平,将人民群众视为社会发展的价值主体及目标,坚持发展的目标是人民,发展的主体是人民,发展的成果由人民群众共同享有。以胡锦涛等为代表的中国共产党人坚持科学发展的理念,在执政理念层面提出要坚持执政为民、立党为公的思想,进一步揭示了党的执政规律,提出构建社会主义和谐社会,在促进社会和谐的过程中实现人民的幸福,在正确化解矛盾和科学协调

利益关系中维护了广大人民群众的根本利益。以习近平为代表的中国共产党人提出了“中国梦”，坚持“以人民为中心”、人民至上的执政理念，坚持党的群众路线，为新时代继承和发展马克思主义人民主体思想指明了方向。

全面建成小康社会，坚持人民主体原则，有其历史必然性和现实基础。人民主体思想是中国共产党革命和建设的优良传统，也是社会主义的本质要求。全面建成小康社会作为社会主义本质的重要体现，必然要坚持人民主体的基本原则。同时，随着社会主义市场经济的发展，人们更多的是关注利益诉求的实现，因此，从人民群众的根本利益出发，有助于人民群众接受和认同全面建成小康社会。

四、“人的全面发展”是全面建成小康社会的目标指向

马克思、恩格斯在《共产党宣言》中指出：“代替那存在着阶级和阶级对立的资产阶级旧社会的，将是这样一个联合体，在那里，每个人的自由发展是一切人的自由发展的条件。”[①]共产主义是人类社会必将进入的一个更高级的文明阶段，本质是以每个人的全面而自由的发展为基本原则的社会形式。从个人方面看，人的全面发展要求每个人的素质、能力和潜能都得到不断发展和发挥，每个人的可持续发展需求不断满足，每个人的个性自由发展，可以自由地按照自己的意愿做事；从整个人类方面看，人的全面发展的要求是人类由必然王国走向自由王国，人与自然、人与社会、人与人的关系达到一种和谐境界。人的自由全面发展是马克思主义理论的精髓，在马克思主义的核心地位。人的全面发展是指由片面到全面、由畸形到完善、由贫穷到富裕、由潜在到现实的发展，这在资本主义社会是根本无法做到的。尽管我国社会主义初级阶段的现实距离这一发展目标还有很大差距，但社会主义制度决定了我们一定会朝着这个目标努力奋斗。

在中国特色社会主义条件下，人的全面发展充分体现了“以人为本”的价值导向。“以人为本”的实质是以人为目的，反对把人作为手段的错误价值观念，充分体现出人是社会主义经济社会发展的价值目标和动力。我们必须把促进经济社会发展与促进人的全面发展统一起来。没有经济社会的发展，人的全面发展将失去基础和保证。人的全面发展是经济社会发展的根本目的，离开了人的全面发展，经济社会发展将失去目标和动力。人的全面发展和经济社会发展

① 《马克思恩格斯选集》第1卷，人民出版社2012年版，第422页。

是相互协调、相互促进的。人的全面发展要求我们始终把实现好、维护好、发展好最广大人民群众的根本利益作为党和国家一切工作的出发点和落脚点，尊重人民主体地位，发挥人民首创精神，保障人民各项权益，把促进经济社会发展与促进人的全面发展统一起来。

总之，全面建成小康社会彰显了马克思主义的人学立场，体现了以人民为中心的执政理念和科学社会主义的价值原则，时代特征鲜明。

中国共产党对社会主义现代化的百年探索

崔西友*

【摘要】现代化是近代以来中国历史发展的主题，实现中国的现代化是中国共产党百年的不懈追求。中国共产党探索现代化目标经历了工业化、四个现代化、中国式的现代化、社会主义现代化强国（基本实现社会主义现代化、建成社会主义现代化强国）的发展过程，在不同历史时期凸显了“建设”“发展”“改革”“治理”的主题，表明党对社会主义现代化在认识上不断深入、在战略上不断成熟、在实践上不断丰富、在理论上不断创新，社会主义现代化的内涵与外延不断丰富，党对社会主义现代化建设规律的认识持续深化。百年来，中国共产党领导中国人民进行的现代化实践不只是追赶先进的工业国，还将为世界上其他发展中国家提供新选择，为解决人类现代化问题提供中国智慧。

【关键词】中国共产党；社会主义现代化；探索

现代化是近代以来中国历史发展的主题，实现中国的现代化是中国共产党百年的不懈追求。习近平总书记在党的十八届中央政治局第一次集中学习时指出：“中国特色社会主义道路，是实现我国社会主义现代化的必由之路。”①这条道路“是在改革开放 30 多年的伟大实践中走出来的，是在中华人民共和国成立 60 多年的持续探索中走出来的，是在对近代以来 170 多年中华民族发展历程的深刻总结中走出来的，是在对中华民族 5000 多年悠久文明的传承中走出

* 崔西友，新泰市委党校副校长、高级讲师。

① 《习近平谈治国理政》第 1 卷，外文出版社 2018 年版，第 156 页。

来的，具有深厚的历史渊源和广泛的现实基础”[①]。在党的十九大报告中习近平总书记又指出：“坚持和发展中国特色社会主义，总任务是实现社会主义现代化和中华民族伟大复兴。”[②]这些重要论述既揭示了中国现代化的本质，又展示了中国共产党百年来带领人民在社会主义现代化建设道路上的持续探索，一以贯之。

一、肇始于新民主主义革命时期的中国现代化——工业化

现代化是近代以来中华民族的奋斗目标。早在鸦片战争结束后，中国先进的知识分子就开始探索和寻求中华民族现代化的道路，有识之士先后提出了“师夷长技以治夷”和“学习西方，拯救中华”等口号；戊戌变法以及伟大的先行者孙中山先生领导的民主革命，其实质都是寻找一条振兴中华的道路，尽快实现中国的现代化。

中国共产党成立后，一直把探索民族的彻底解放、建立独立的工业国作为自己的历史使命，在进行新民主主义革命的同时，开始探索和寻求中华民族现代化的建设道路。在1921～1953年的32年里，中国共产党领导全国人民进行新民主主义革命，党的现代化建设围绕“工业化”展开，凸显了“建设”的主题，现代化思想处于雏形阶段。一是从工业化的视角提出现代化思想。土地革命时期，毛泽东把工业生产摆在国家经济的重要位置，认为经济发展的中心是“发展农业生产，发展工业生产，发展对外贸易和发展合作社”[③]。抗日战争时期，毛泽东将“工业化”看作民族独立的重要保证，认为“要打倒日本帝国主义，必须有工业”。[④] 1945年，毛泽东同志在党的七大上指出：“中国工人阶级的任务……是为着中国的工业化和农业近代化而斗争”[⑤]。在党的七届二中全会上，毛泽东又十分前瞻性地将中国的现代化目标确定为“迅速地恢复和发展生产，使中国稳步地由农业国转变为工业国，把中国建设成一个伟大的社会主义国家”[⑥]。二是从历史责任的视角强化现代化思想。早在1925年毛泽东同志就在《政治周报》发刊词中写道：“为什么要革命？为了使中华民族得到解放，为了实现人民的统

① 《习近平谈治国理政》第1卷，外文出版社2018年版，第156页。

② 《习近平在中国共产党第十九次全国代表大会上的报告》，《人民日报》2017年10月28日。

③ 《毛泽东年谱：1893～1949》（上）（修订本），中央文献出版社1993年版，第421页。

④ 《毛泽东文集》第3卷，人民出版社1996年版，第146页。

⑤ 《毛泽东选集》第3卷，人民出版社1991年版，第1081页。

⑥ 中共中央文献研究室编：《毛泽东思想年版：1921～1975》，中央文献出版社2011年版，第644页。

治，为了使人民得到经济的幸福。”[①]1940 年，毛泽东同志在《新民主主义论》中明确提出了建立一个“新民主主义国家”的理想。1944 年，毛泽东同志在中共中央办公厅职工代表大会上的讲话中指出：“中国落后的原因，主要的是没有新式工业。”[②]“消灭这种落后，是我们全民族的任务。”[③]“要中国的民族独立有巩固的保障，就必需工业化。我们共产党是要努力于中国的工业化的。”[④]中华人民共和国成立后毛泽东反复强调：“人民民主专政的国家，必须有步骤地解决国家工业化的问题。”[⑤]1949 年之前毛泽东对现代化战略步骤的设计可概括为“两个转变”，即由农业国向工业国的转变，由新民主主义国家向社会主义国家的转变。[⑥] 直到 1953 年 6 月毛泽东首次提出“基本上完成社会主义工业化”[⑦]，表明党的现代化建设实践完成了由新民主主义向社会主义性质的转变。

二、确立于社会主义建设探索中的中国现代化——四个现代化

随着社会主义制度的确立，中国共产党开始了社会主义现代化的历史进程，在长期的探索过程中，根据生产力的发展状况和时代发展要求，不断发展和完善我国的现代化建设目标——“四个现代化”。

以毛泽东为核心的党的第一代中央领导集体在社会主义建设探索中，借鉴苏联的经验，制定和完成了国民经济发展的第一个五年计划，中国的现代化在艰难中起步。这一时期集中精力恢复国民经济，发展生产，满足人民群众的基本生活需求和以“一化三改”的方式完成了对资本主义工商业的社会主义改造，凸显了“发展”的主题。经过第一个五年计划的实践，奠定了我国社会主义工业化的初步基础。1954 年，毛泽东在一届人大一次会议开幕词中指出：“准备在几个五年计划之内，将我们现在这样一个经济上文化上落后的国家，建设成为一个工业化的具有高度现代文化程度的伟大国家。”[⑧]根据这些思想和毛泽东的要

① 《毛泽东文集》第 1 卷，人民出版社 1993 年版，第 21 页。

② 《毛泽东文集》第 3 卷，人民出版社 1996 年版，第 146 页。

③ 《毛泽东文集》第 3 卷，人民出版社 1996 年版，第 147 页。

④ 《毛泽东文集》第 3 卷，人民出版社 1996 年版，第 68 页。

⑤ 《毛泽东选集》第 4 卷，人民出版社 1991 年版，第 477 页。

⑥ 中共中央文献研究室、中央档案馆编：《建党以来重要文献选编(1921～1949)》第二十六册，中央文献出版社 2011 年版，第 210 页。

⑦ 中共中央文献研究室、中央档案馆编：《建党以来重要文献选编》第九册，中央文献出版社 1994 年版，第 255 页。

⑧ 《毛泽东文集》第 6 卷，人民出版社 1999 年版，第 350 页。

求，周恩来在政府工作报告中第一次宣布了“四个现代化”的宏伟目标，明确提出要“建设起强大的现代化的工业、现代化的农业、现代化的交通运输业和现代化的国防”①。这是党对社会主义“四个现代化”目标的第一次表述。

随着社会主义现代化建设实践的推进，毛泽东针对“四个现代化”提法做了数次改动，最终周恩来于三届人大一次会议上提出，要把我国“建设成为一个具有现代农业、现代工业、现代国防和现代科学技术的社会主义强国”②。将“交通运输业现代化”的目标调整为“科学技术现代化”，并将“农业现代化”置于“四个现代化”之首，这一调整说明党对现代化认识的不断加深，对实现现代化的专业度、广度与深度提出了新要求。1964 年以后，“四个现代化”被正式确立为我国社会主义建设的总目标和总任务。同年 12 月，周恩来提出了“两步走”的现代化实施步骤。1975 年 1 月，四届人大一次会议上重申了分两步走、全面实现“四个现代化”这一社会主义建设的总目标和总任务，进一步将“四个现代化”的目标在实施战略上做出详细规划，标志着党的现代化内涵进一步丰富。

三、发展于中国特色社会主义时期改革创新中的中国现代化——中国式的现代化(小康社会)

十一届三中全会后，中国共产党对继续推进社会主义现代化建设目标进行不懈的探索，适时调整“四个现代化”战略目标，以“经济建设”为核心，凸显“改革”主题，建设“中国式的现代化”——“小康社会”。

以邓小平为核心的党的第二代中央领导集体重启“四个现代化”建设，并将能否实现“四个现代化”视为决定国家命运、民族命运的关键，提出了 20 世纪末实现与西方概念不同的“四个现代化”即“中国式的现代化”——“小康社会”。1979 年 10 月，邓小平提出：“我们要实现的四个现代化，是中国式的现代化，是‘小康之家’。到本世纪末，中国的四个现代化即使达到了某种目标，中国到那时也还是一个小康的状态。”③随后，1981 年他创造性地提出了“小康社会”概念。这是基于当时中国底子薄、人口多、耕地少的具体国情而提出的。为此他明确指出：“我们党在现阶段的政治路线，概括地说，就是一心一意地搞四个现代化。”④党的十二大提出“把我国建设成为高度文明、高度民主的社会主义国

① 《周恩来选集》(下)，人民出版社 1984 年版，第 439 页。

② 《周恩来选集》(下)，人民出版社 1984 年版，第 439 页。

③ 《邓小平文选》第 3 卷，人民出版社 1993 年版，第 373 页。

④ 《邓小平文选》第 3 卷，人民出版社 1993 年版，第 148 页。

家”。党的十三大提出“把我国建设成为富强、民主、文明的社会主义现代化国家”，把社会主义现代化的奋斗目标从经济建设、政治建设进一步拓展到文化建设，并确定了现代化建设“三步走”发展战略，其中第三步，“到21世纪中叶人均国民生产总值达到中等发达国家水平，人民生活比较富裕，基本实现现代化”。[①]这是党首次提出“基本实现现代化”的概念，并明确了具体标准，内涵比“四个现代化”更为丰富。

以江泽民为核心的党的第三代领导集体从“三个代表”的思想高度整体把握社会主义现代化的发展理论，提出了全面建设小康社会的奋斗目标。党的十四大提出“力争经过二十年的努力，使广东及其他有条件的地方成为我国基本实现现代化的地区”[②]。党的十五大又提出“东部地区要充分利用有利条件，在推进改革开放中实现更高水平的发展，有条件的地方要率先基本实现现代化”[③]。同时提出新“三步走”战略目标，这是对邓小平“三步走”战略中的“第三步”进行的细化和具体化，也是对21世纪上半叶我国发展做出的新的战略安排，而且首次提出“两个一百年”奋斗目标，表明党对社会主义现代化建设的布局既重视全局性长远规划又重视阶段性具体部署。

以胡锦涛为总书记的中央领导集体提出了树立科学发展观和构建社会主义和谐社会的新思路。党的十六大报告指出：“中国共产党要承担起推动中国社会进步的历史责任，必须始终紧紧抓住发展这个执政兴国的第一要务……紧紧把握住这一点，就从根本上把握了人民的愿望，把握了社会主义现代化建设的本质。”[④]这一论述深刻揭示了中国社会主义现代化建设的本质。重申新“三步走”战略目标，对第一个百年奋斗目标进行了更为明确的界定，并作为“基本实现现代化”的一个重要阶段性目标和步骤。党的十七大提出“建设富强民主文明和谐的社会主义现代化国家”[⑤]，进一步对现代化的战略布局及建设目标进行了创新，将现代化布局从“三位一体”拓展为“四位一体”。至此，形成“富强、民主、文明、和谐”的社会主义现代化建设目标，这是现代化内涵和战略发展目标的再次拓展和重大提升。

---

① 《邓小平文选》第3卷，人民出版社1993年版，第96页。

② 《江泽民文选》第1卷，人民出版社2006年版，第34页。

③ 《江泽民文选》第2卷，人民出版社2006年版，第148页。

④ 《胡锦涛文选》第2卷，人民出版社2016年版，第249页。

⑤ 《胡锦涛文选》第2卷，人民出版社2016年版，第615页。

四、渐趋成熟于中国特色社会主义新时代的伟大事业中的中国现代化——社会主义现代化强国

中国特色社会主义进入新时代，以习近平同志为核心的党中央重申“两个一百年”奋斗目标，并将其与实现中国梦和中华民族伟大复兴联系起来，在社会主义现代化建设上以“新发展”为核心，凸显“治理”主题，标志着社会主义现代化渐趋成熟。

党的十八大在作出“到2020年实现全面建成小康社会”庄严承诺的同时，进一步提出要“促进现代化建设各方面相协调”。2012年11月29日，习近平总书记在国家博物馆参观《复兴之路》展览时指出：“到中国共产党成立100年时全面建成小康社会的目标一定能实现，到新中国成立100年时建成富强民主文明和谐的社会主义现代化国家的目标一定能实现，中华民族伟大复兴的梦想一定能实现。”[①]在这里“两个一百年”与中国梦紧密结合，呈现出更加清晰的时间表、路线图，现代化的内涵更为丰富。

党的十九大围绕新时代实现中华民族伟大复兴的历史使命，对新时代推进我国社会主义现代化建设作出新的顶层设计。十九大报告指出：“我们既要全面建成小康社会、实现第一个百年奋斗目标，又要乘势而上开启全面建设社会主义现代化国家新征程，向第二个百年奋斗目标进军。”对全面建成小康社会之后的30年提出分两步走、建成社会主义现代化强国的战略安排：第一个阶段，从2020年到2035年，基本实现社会主义现代化。第二个阶段，从2035年到本世纪中叶，把我国建成富强民主文明和谐美丽的社会主义现代化强国。这不仅把基本实现社会主义现代化的时间提前了15年，而且提升了第二个百年奋斗目标的内涵和要求，进一步丰富发展了社会主义现代化的内涵，将现代化布局从“四位一体”拓展为“五位一体”，提升了实现现代化的基本要求和标准。党的十九届四中全会则从制度现代化层面对党的现代化目标进行了创新，突出强调了社会主义现代化建设中国家职能的转变。党的十九届五中全会对“十四五”时期与2035年远景目标进行统筹战略擘画，提出的“九大远景目标”是现代化发展战略的范畴创新，体现出目标清晰、内涵丰富、具体翔实的特点，是建设社会主义现代化强国在实现美好生活的更高层次的目标设定，也必将为世界上其他发展中国家提供新选择，为解决人类现代化问题提供中国智慧。

---

① 《实现中华民族伟大复兴是中华民族近代以来最伟大的梦想》，中国共产党新闻网，2015年7月17日，http://cpc.people.com.cn/xuexi/n/2015/0717/c397563－27322292.html。

危机与应对:中国共产党理论创新的实现路径

邹萌*

【摘要】马克思主义理论的每一次创新都是在对理论和现实问题的回应中实现的。作为时代面临的重大课题,重大突发事件为理论创新提供理论空间、检验平台、发展导向,是中国共产党理论创新的催生力。中国共产党在执政期间经历多次转折,不仅没有消极懈怠,还在破解危局中对实践经验进行理论概括,形成创新性理论成果,不仅增强群众认同、激发主体创新意识,还解决重大时代课题。因而要以人民群众实践活动为动力,以主体自觉的创新意识为前提,以正确总结历史经验为基础开展理论创新。

【关键词】中国共产党;重大突发事件;马克思主义中国化;理论创新

重大突发事件对社会是一场猛烈的冲击,也构成一次深刻的问题暴露,往往以发生的不可预测性、结果的不确定性以及影响的超大规模性成为时代面临的重大课题。中国共产党在应对重大突发事件中不断为发展马克思主义做出原创性贡献。探求重大突发事件推动中国共产党开展理论创新的作用路径,对此形成一定的规律性认识,有助于在理论的引领下从容应对危机,实现理论与实践的良性互动。

一、重大突发事件是中国共产党开展理论创新的催生力

恩格斯曾经说过:“没有哪一次巨大的历史灾难,不是以历史的进步作为补

* 邹萌,南京师范大学马克思主义学院硕士研究生。

偿的。”[①]重大突发事件是一把“双刃剑”，改变了原有的发展状态与发展模式，同时为中国共产党开展理论创新注入推动力。

(一)重大突发事件为理论创新提供理论空间

理论空间是提供揭示规律、指引实践的场域，是一种具体的实践产物。扩展理论空间的动力源是实践中产生的新问题。问题出现之初尽在不易察觉的运动之中，没有充分的条件则难以识别甚至觉察，问题的解决则有赖于问题本身的展开和条件的创造。重大突发事件是影响社会发展诸多因素与矛盾的集中展露，其负面影响是显性的、现实的，内在表现为事件背后所折射出来的问题很严重。[②] 问题往往是实践发展中产生的新问题，在一定程度上是前所未遇和不可预料的，具有“未知的不确定性”，因超越前人的认知范围而没有现成的经验可以借鉴，故对当前的理论体系造成了冲击。实践中的瓶颈需要有先进的思想来指导，促使填补马克思主义理论体系之空白，进而让实践有的放矢。

(二)重大突发事件为理论创新提供检验平台

没有实践，就不能形成对客观世界的认识。这意味着对理论创新成果的检验不仅要经过逻辑的推敲，更要经受实践的检验。如果经过实践检验证明理论和实践相符合则说明理论是正确的，愈正确的理论愈能掌握群众，变成物质的力量，对实践起指导作用；如果理论和实践不相符，则说明理论中落后于现实的论点需要进一步论证和完善。重大突发事件可能发生在社会实践的任何一个阶段，当应对突发事件的实践与理论创新成果的内容发生联系时，正确的理论成果会发挥其优越性的指导作用，引导人民群众更好地应对突发事件；而脱离社会生产、生活实际的观点和理论则会在应对突发事件的实践中被证明毫无“用武之地”，迫使人们对现有理论的不足和缺陷进行反思，进而改变思维方式和观念，把认识提高到一个新的层面，在一定程度上可以消除理论创新的阻力，促使没有预见或长期遗留问题的解决。

(三)重大突发事件为理论创新提供发展导向

从马克思主义基本观点出发，事物间以及事物内部各要素间的联系具有普遍性，表现在相互联系、相互影响和相互渗透的关系。正如恩格斯所说：“当我们深思熟虑地考察自然界或人类历史或我们自己的精神活动的时候，首先呈现

---

① 《马克思恩格斯全集》第 39 卷，人民出版社 1974 年版，第 149 页。

② 参见韩丽丽：《我国突发事件应对与社会政策制定模式研究》，社会科学文献出版社 2010 年版，第 29 页。

在我们眼前的，是一幅由种种联系和相互作用无穷无尽地交织起来的画面。”[①]重大突发事件，尤其是社会性突发事件，通常以偶然的形式突然发生，演变及影响具有高度的不确定性，但从联系的普遍性中可以推断出突发事件发生、发展和变异过程的背后有深刻的必然性起作用。从这个意义上说，突发事件是可以把握和控制的，并非没有规律可循，在偶然性、意料之外的背后，突发事件的运动、变化、发展过程存在着内在规律。规律是事物内部的本质的必然联系，体现突发事件发展的必然趋向，抓住这一趋向，理论创新就有了方向。

二、利用重大突发事件开展理论创新的意义

人类社会中的重大突发事件易发、频发、多发，一旦缺乏防范或应对不当，必将导致极其惨重的后果，主动预防和控制重大突发事件也就成为社会生存发展的必然选择。马克思主义理论是追求现实性的理论，对解决现实问题具有指导意义，由此凸显了以马克思主义理论强化重大突发事件应对的价值所在。

（一）回应群众诉求，增强群众认同

突发事件常常暴露社会长期积累的没有解决的问题，对社会民生的威胁往往是直接的，甚至是致命的。作为马克思主义执政党，中国共产党将保障和改善民生、实现人民对美好生活的向往作为价值追求和永恒主题，把人民群众的满意度和获得感作为检验自身一切工作成效的最高评判标准，因而能够揭示群众的利益诉求，抚慰人心。这决定了中国共产党在应对重大突发事件中能够及时解决人民群众在实践中提出的新问题，并在价值理念、制度设计、现实运行等层面和环节中得以体现。马克思曾指出：“理论一经掌握群众，也会变成物质力量。理论只要说服人，就能掌握群众；而理论只要彻底，就能说服人。”[②]因此，中国共产党在回应群众利益诉求的实践中进行的理论创新是代表群众的，是能够获得群众认同的。

（二）激发创新意识，压实主体责任

态度是行动的先导，对行动成败起至关重要的作用。作为对待创新的一种态度，主体创新意识的养成关键在于与时俱进，紧贴实践。自觉的创新意识与创新的责任感和使命感相辅相成，两者都是理论创新主体素养的培养和提高的重要方面。与实践接触较多，和人民共患难、同甘苦、齐爱憎，对广大人民群众

---

① 《马克思恩格斯选集》第3卷，人民出版社1995年版，第359页。

② 《马克思恩格斯文集》，人民出版社2009年版，第11页。

的要求和愿望会比较熟悉,因而能够清楚地知道创新的实践需要什么样的理论指导,加上以科学的马克思主义理论为思想武装,创新主体可以准确把握突发事件演变的最新走向,发现亟须解决的现实问题,进而在解决问题中激发自身的创新意识。重大突发事件往往会超出现有理论的解决能力,这会推动创新主体结合时代特征分析社会现状,进而对其做出解释、总结、提升,有针对性地拓展解决问题的思路,增添解决问题的方法,促使创新主体在理论与实践的交互作用中意识到自身肩负的责任和使命,将困难和压力转化为理论创新的动力。

(三)把握时代主题,解决实际问题

重大突发事件发生的逻辑常常潜藏在社会中或者于其中孕育,一旦爆发会将危机孕育的过程展露出来,公之于众。"问题就是公开的、无畏的、左右一切个人的时代声音。问题就是时代的口号,是它表现自己精神状态的最实际的呼声。"[①]应对突发事件就是对重大而亟须解决的典型问题的积极回应,因此应对突发事件的过程就是解决现实问题的过程。中国马克思主义以其科学性和真理性而拥有解决人民群众关心的突出问题的科学范式,从而能够制定出相应的理论和实践发展战略。例如,20世纪前中期的中国处于"战争与革命"的时代,中国饱受西方殖民主义侵略,毛泽东提出"为什么先生老是侵略学生"[②]时代问题,在贴合社会变革和人民解放的实践要求中产生了马克思主义中国化的第一个理论成果。

三、利用重大突发事件开展理论创新的路径建构

习近平总书记指出:"时代变化和我国发展的广度和深度远远超出了马克思主义经典作家当时的想象。"[③]这要求我们在解决突发事件的过程中不断为新的实践提供新的理论指导。无疑,从实践经验走向理论成果要具备一些基本条件。

(一)人民群众实践活动是中国共产党开展理论创新的动力

理论来自人民的实践,而离实践最近的是人民群众,加上人民群众最敏感、最客观,故而人民群众是发现和解决突发问题的直接力量。一方面,理论创新的根本力量在人民群众,人民群众实践的深度和广度制约着理论所能达到的深度和视野的宽度。风险渗透于日常生活中,理论工作者要从人民群众普遍关心

---

① 《马克思恩格斯全集》第40卷,人民出版社1972年版,第289～290页。

② 《毛泽东选集》第4卷,人民出版社1991年版,第1470页。

③ 《习近平在庆祝中国共产党成立95周年大会上的讲话》,人民出版社2021年版,第9页。

的热点和难点问题中找到理论创新的着眼点，特别是将观察的起点放到人民群众日常生活的基本样态中，注意其演变轨迹尤其是其中的负面化因素，从新经验中形成理论概括，这样的理论才具有针对性、实效性。另一方面，人民群众是创新理论的判断主体与标准。在应对突发事件过程中，人民群众起着监测、共济、监督等作用。理论创新成功与否取决于创新发展成果是否解决了群众的困难。总之，要使理论创新成果取得成效，必须将科学理论通过宣传、解释、内化到群众中，使其充分发挥指导人民群众战胜困难和风险的作用。

(二)主体自觉的创新意识是中国共产党开展理论创新的前提

客观条件为理论的形成提供了可能和要求，主观面貌则直接决定着马克思主义理论创新的状况。因此，当代中国马克思主义理论创新一定要充分调动和团结有利于理论创新的主体因素。首先，理论的形成与发展是人类自由自觉的智慧活动，这意味着马克思主义者要自觉承担理论创新的责任。主体自觉进行理论创新的责任意识是在社会实践过程中逐步形成的，只有在此基础上，主体才能够以问题为导向，积极主动地对重大突发事件中遇到的问题加以考察和研究。其次，创新主体性往往落实在创新能力上。创新能力赋予理论的深度与高度，并直接影响理论创新的效率。在应对突发事件的现实活动中，不仅要充分调动主体的创新能力，同时要培养这一能力。最后，理论的功能在于指引现实的方向，所以创新必须成为社会性的实践活动。只有创新主体共同的理想信念与价值追求实现动态耦合，才能充分整合主体资源，实现理论创新效率最大化。

(三)正确总结历史经验是中国共产党开展理论创新的基础

马克思主义唯物辩证法要求从普遍联系中认识和把握事物本质的、必然的联系，即把感性经验的认识上升为理性的认识。实现实践向认识的飞跃，必须经过总结经验这个中间环节。将经验提升为理论的过程中，有两个阶段至关重要：一是全面准确地再现历史，这要求创新主体坚持辩证唯物主义和历史唯物主义的态度，深入群众生活实践以获得直接经验，并对其进行对照分析、批判概括、归纳演绎，借以分清是非，修正错误。二是透过现象发现本质，把历史经验加以凝练，并使之理论化，以指导新的实践活动。毛泽东在《实践论》中用“十六字诀”对思维加工的过程作了概括，即“去粗取精、去伪存真、由此及彼、由表及里”[①]，毛泽东称之为对感性材料的“改造制作工夫”。总之，马克思主义中国化的理论创新直接来自群众实践经验的总结，对突发事件的应对并非就止于事件

---

① 《毛泽东选集》第1卷，人民出版社1991年版，第291页。

停息，而要及时从群众的实践中总结经验教训，挖掘重大突发事件的演变规律和发展逻辑，提高驾驭全局、抵御风险的能力。

在把握中国共产党领导应对的重大突发事件推动马克思主义中国化理论创新这一问题时，不能机械、线性地去认识，更不能采取简单化的理解。理论创新是一个由诸多创新因子组成的复杂实践活动，马克思主义中国化进程中的哪些突发事件能够推动理论创新应该具体问题具体分析，才能敏锐把握时代契机，掌握历史规律。

中国共产党领导全面建成小康社会的经验启示

刘新甜　王晨阳*

【摘要】小康社会的实现是中国人民的历来追求，也是党带领人民渴望实现的目标追寻。如今，在中国共产党的领导下，已全面建成小康社会，探寻和总结全面建成小康社会的历史经验意义重大。从人民层面来说，全面建成小康社会是推动民生发展、实现人民幸福的首要目标；从国家层面来说，全面建成小康社会是坚持伟大复兴“中国梦”的价值指引；从国际层面来说，中国共产党全面建成小康社会的实现，为世界上众多发展中国家提供了宝贵脱贫经验，推进贫困问题的解决。总之，通过全面总结中国共产党领导全面建成小康社会的经验，也为建成社会主义现代化强国，实现中华民族伟大复兴提供了重要启示。

【关键词】中国共产党；小康社会；经验启示

生活富裕、人民幸福是中华民族的历来追求。如今，在中国共产党的正确带领下，人民不懈地奋斗实现了全面建成小康社会的目标。我们需要总结经验，深刻体会其对于中国和世界的重要启示。

一、全面建成小康社会目标的演进历程

“小康”的提法在《诗经·大雅·民劳》中就已出现，其中提到的“小康”是人

* 刘新甜，东北师范大学马克思主义学部马克思主义中国化研究专业硕士研究生；王晨阳，东北师范大学马克思主义学部马克思主义中国化研究专业硕士研究生。

们对于理想生活状态的一种描述，表达了人们对于生活富足、安居乐业的追求。“小康”也一直是中国百姓所追求和期待实现的理想生活。

邓小平结合中华优秀传统文化中的合理内核，在中国现代化水平不高并且和发达国家有较大差距的现实情况下，首次提出了“小康”概念，为中国人民的民生幸福指明了一条正确的发展道路。关于小康社会的历史定位，邓小平指出：“达到小康水平，就是不穷不富，日子比较好过的水平。”①小康社会这一提法的出现使得中国人民看到发展的希望。1982 年党的十二大召开，此次会议是对小康社会这一经济战略目标在中国的正式明确。基于此，在党的领导下，中国人民逐渐实现了初步小康。党的十三大报告和十三届七中全会报告明确了 20 世纪末所要实现“小康水平”的标准。至此，由初步小康到“总体小康”的战略构想已经得到了宏观的完整表达。进入 21 世纪，我国的小康社会的目标建设内容发生了转变，逐渐向全面建设小康社会拓展，开始从单纯追求经济发展向政治、文化、社会多方位发展转化。党的十六大报告中初步提出并定义了“全面建设小康社会”这一概念，十分明确地提出了“全面建设小康社会”所要实现的目标和所要完成的总要求。党的十七大报告中进一步完善了对“全面建设小康社会”的目标要求，对小康社会的建设提出实现更高质量的发展和更高层次的标准。至此，“全面建设小康社会”的理念逐渐成熟。对于建设小康社会，习近平总书记自觉担当历史重任，将“全面建成小康社会”作为国家发展的重要方向。小康社会的建设实现了从“全面建设”到“全面建成”的质的飞跃，“全面建成小康社会”成为新的社会发展目标。

二、中国共产党领导全面建成小康社会的经验启示

总结中国共产党领导全面建成小康社会的经验，不仅是对党领导下的国家发展和民生建设的肯定，也有利我们在新的历史条件下更好地实现未来发展，同时为世界上其他的发展中国家的建设和发展提供了重要的经验启示。

（一）以实现民生富裕和人民幸福为首要目标

1.坚持以人民为中心，实现发展为了人民

党的历届领导集体注重发挥人民作用，全面建成小康社会离不开党坚持以人民为中心，中国共产党强调要重视人民的作用、发挥人民力量。

---

① 《邓小平文选》第 3 卷，人民出版社 1993 年版，第 109 页。

“小康不小康，关键看老乡，关键看贫困老乡能不能脱贫。”[①]全面建成小康社会聚焦人民，聚焦贫困人民，以实现全体人民的脱贫为工作重心。在全面建成小康社会的过程中，党始终重视对人民利益的保护和人民幸福感的培育，真正做到了以人民为中心，为人民服务。全面建成小康社会旨在实现全体人民的富裕，但在实现全体人民发展的同时也注重个人的全面发展，注重在全面建成小康社会的过程中采取针对性政策，解决不同群体的贫困问题。可以说，全面建成小康离不开党始终坚持以人民为中心，这不仅是我们党带领人民打赢脱贫攻坚战做出的正确选择，也是党在实现全面建成小康社会过程中有效运用的重要法宝。

2.解决国内贫困问题，推动更高质量发展

全面建成小康社会不仅强调要实现全体人民的小康，实现小康范围的广泛性，也强调小康领域的全面建设性，不仅仅是单纯追求经济增长，而是追求经济、政治、文化、社会、生态等多维度发展的小康。

全面建成小康社会的重点关注放在了贫困地区、贫困人口，真正实现小康绝不是少数人或者一部分人的脱贫，而是能够实现全部贫困人口的真正脱贫。在全面建成小康社会的过程中，中国共产党紧抓农村经济不放松，真正解决农村和农民的贫困问题，积极将乡村振兴战略切实落到国家发展实处，带领广大人民坚决打赢脱贫攻坚战以消除贫困。在解决国内贫困问题的基础上，对发展质量也提出了更高要求，在发展过程当中坚持以建成“绿色小康”为重要前进路径。切实坚持正确、科学的发展理念，坚持推动绿色发展。以生态环境保护教育为先导，以提高绿色发展的保护意识，以制度为强化手段加强环境保护的刚性运行。

（二）以实现中华民族伟大复兴为远大价值追求

1.发扬奋斗精神，为民族复兴远大目标奋进

全面建成小康社会目标实现的背后凝聚的是中国人民对于早日实现伟大复兴的憧憬和期盼，也是一种中国共产党带领广大人民发扬奋斗精神的具体体现。全面建成小康社会绝不是轻轻松松的，这一过程中中国共产党带领广大人民鼓足干劲，不懈努力，为实现全面建成小康社会而奋斗。现如今全面建成小康社会的目标业已实现，但实现中华民族的伟大复兴的远大目标仍任重道远。

---

① 中共中央文献研究室编：《习近平关于全面建成小康社会论述摘编》，中央文献出版社 2016 年版，第 154 页。

前进路上，中国共产党仍要时刻牢记自身使命，带领广大人民为实现中华民族的美好发展前景而拼搏，为实现中华民族伟大复兴中国梦而努力。

2.坚持“四个全面”战略布局，提升国家发展水平

习近平总书记强调：“实现全面建成小康社会，必须全面深化改革、全面依法治国、全面从严治党。”①“四个全面”战略其内容存有各自的独立性，同时又是不可分割的统一整体。全面建成小康社会并不是独立发展的结果，它的实现离不开其他三方面的支持和协同配合，而实现国家的持续发展必须坚持和不断完善“四个全面”的战略布局。

（三）为世界发展中国家贫困问题的解决提供中国经验

1.坚持社会主义不动摇，彰显社会主义活力

全面建成小康社会的胜利展现了我国作为社会主义国家的制度优越性。在此过程当中坚持社会主义道路，发挥社会主义制度的独特优势，展现了我国作为社会主义国家强大的生机与活力。

一方面，中国坚持社会主义制度不动摇，在全面建成小康社会的过程中充分彰显了社会主义集中力量办大事的显著优势，充分彰显了社会主义基本制度能够不断实现生产力发展的显著优势。另一方面，在发展过程中，中国逐渐发挥具有中国特色社会主义的制度的强大优势。利用好制度的刚性约束作用，将制度建设贯穿于全面建成小康社会的总过程。全面建成小康社会证实了我国走社会主义的发展道路与坚持社会主义制度符合我国国情，坚持社会主义不动摇是我们建成小康社会的一个重要条件。这也为世界上的发展中国家在为国家发展进行的道路选择与制度建构时指明了方向。

2.注重解决全球贫困问题，深化人类命运共同体理念

全球的贫困问题如今仍然严峻，是阻碍全球发展的一个重大问题。中国作为世界上最大的发展中国家致力于本国贫困问题的解决的同时也加强对其他国家的帮助，以自身力量推动全球贫困问题的解决。

全面建成小康社会为世界的贫困问题的解决提供了经验。中国曾经贫困人口众多，脱贫工作任务艰巨、过程复杂，这些都成为中国的脱贫事业的严重阻碍，但中国人民从未放弃解决贫困问题。中国通过全面建设小康社会的不懈奋斗，在人口如此多的国家实现如此多的贫困人口脱贫对世界的减贫事业的贡献是巨大的。同时，中国在全面建成小康社会的过程中积累了相当多的经验，这

① 习近平：《习近平谈治国理政》第2卷，外文出版社2017年版，第31页。

些方法的归纳，为世界上的发展中国家及其他国家提供帮助，使得中国在解决自身国内贫困问题的同时，也为他国提供了值得学习的宝贵经验。

三、党的领导是实现全面建成小康社会目标的制胜法宝

全面建成小康社会的胜利离不开党，党在全面建成小康社会中发挥了重要作用。一方面，从党的性质、宗旨来看，中国共产党是具有先进模范作用的，其思想和决策的科学性，让党能够带领人民向全面建成小康社会而奋斗。全面建成小康社会正是基于以中国共产党贯彻“以人民为中心”的行动指南和“为人民谋幸福”的出发点，在这个过程中党为了人民群众的切实利益而奋斗，为人民群众幸福的实现而努力，这些都是党的宗旨所规定党所必须践行的。另一方面，全面建成小康社会离不开党的自我完善与发展。全面建成小康社会的过程中，党致力于以全面从严治党，加强党的自身建设实践，这有利于在党的正确领导下全面建成小康社会。通过全面从严治党，加强党内的政治纪律与作风的建设，建立风清气正的政治环境，尤其重视党的干部的培养和监督，使得党员干部发挥其重要作用。在全面建成小康社会的过程中，党员注重加强与广大群众的联系，以切实行动增加人民群众对党的政策的了解，增强人民群众的配合度。在中国，全面建成小康社会正是在几代共产党人的领导下才得以实现的，是党的政治领导力、人民号召力、思想引领力等协同发挥作用的最终结果，在这一过程中党发挥了关键性的作用。因此，国家的发展离不开政党的作为，要积极发挥政党的领导作用和与人民的密切联系，促进国家事业的发展。

基于主体间性的自媒体时代大学生网络道德教育实效性提升研究*

宋敏**

【摘要】面对自媒体的"双刃剑"效应和由此引发的诸多大学生网络道德教育危机，主体间性理论实现了对主体性网络道德教育的时代超越，这是道德教育活动在当代传媒环境下的创新和发展，为自媒体时代大学生网络道德教育提供了新的理论依据和实践范式。面对自媒体时代大学生网络道德出现的困境，基于主体间性理论，从三个维度对自媒体时代主体间性大学生网络道德教育进行了探索，提出了自媒体时代大学生网络道德教育问题的解决途径，对于建立自媒体时代大学生网络道德教育新的实践范式，提升其实效性，具有重要的理论和实践意义。

【关键词】自媒体；主体间性；大学生；网络道德教育；实效性

道德是经济基础的反映，网络道德是历史发展的产物。新时代经济社会的变革深刻影响着网络道德的基础生态，也为网络道德教育的与时俱进提出了新要求。自媒体环境下，网络发展促进了自身进化和技术赋权，让大学生不仅是网络的消费者，还成为网络空间的参与者和缔造者。根植于现实的传统道德遭遇网络范式转换，出现了大学生网络道德失范的现象，深刻影响着大学生网络道德建设的途径和效果。基于主体间性理论的大学生网络道德教育可以有效应对自媒体环境下的大学生网络道德建设出现的诸多问题，净化网络空间，重

---

* 本文系国家社科基金年度一般项目"改革开放以来高校思想政治理论课教材内容体系演进逻辑及基本经验研究"(19BKS170)和江苏高校哲学社会科学研究重点项目"新时代高校思想政治教育的内容结构体系优化研究"(2018SJZDI021)的阶段性成果。

** 宋敏，齐鲁理工学院马克思主义学院讲师。

塑网络环境，提升网络空间文明程度，守住网络这一道德建设的重要阵地，从而维护主流意识形态安全。

一、主体间性理论及其对大学生网络道德教育的适用性

哲学一向是探求宇宙“最高原理”的，担当着为其他各种社会意识形式提供理论依据和思想指导的任务，哲学的这种性质使它必然要和思想政治教育发生联系。[①] 传统的主体性道德教育隶属于主体性思想政治教育，“思想政治教育的主体性是由思想政治教育者的主体性、受教育者的主体性和思想政治教育活动的主体性有机组成的复杂整体”[②]。随着自媒体时代的到来，主体间性思想政治教育应运而生，走进了网络道德教育的空间。

（一）主体间性理论

主体间性乃20世纪西方哲学中出现的一个范畴，是一个由当代现象学的代表人物胡塞尔首创，海德格尔和哈贝马斯等人发展的哲学新范式。胡塞尔在《笛卡尔的沉思》中说：“一个交互主体性的世界，是为每个人在此存在着的世界，是每个人都能理解其客观对象的世界。”其主要内容是研究或规范一个主体怎样与完整的作为主体运作的另一个主体互相作用的，也被称作“交互主体性”。主体间性强调的是主体之间的统一性，两个主体之间通过交互作用，逐步形成一种相互理解和沟通的理性关系，它超越了主体与客体两者关系间的主体性观念，认为每个主体都是关系中的主体，是处于平等地位的主体。主体间性理论扬弃了传统的“主体—客体”的二元对立模式，发展为“主体—客体—主体”的新型模式，是对主体性理论的提升和发展。主体间性理论较为缺乏现实性的实践基础，马克思的实践观弥补了这种局限性，为我们更好地理解和应用主体间性理论提供了理论指导和现实基础。

（二）主体间性适用于大学生网络道德教育

随着自媒体时代的到来，主体间性思想政治教育应运而生，走进了网络道德教育的空间。主体间性理论为自媒体时代大学生网络道德教育提供了全新的研究视角，它是对传统道德教育模式的扬弃和超越。突破了传统的个人占有式主体性占主导地位、主客体二分模式、主客体对立统一的藩篱，为大学生网络道德教育开辟了新路径。

---

① 参见张耀灿、徐志远：《现代思想政治教育学科论》，湖北人民出版社2003年版。

② 张耀灿、郑永廷、吴潜涛、骆郁廷等：《现代思想政治教育等》，人民出版社2006年版，第271页。

第一,主体间性大学生网络道德教育对于传统道德教育中的师生关系产生了冲击。传统道德教育中师生处于“主体—客体”的不对等地位,在教育活动中教师一般处于主导地位,学生处于被动地位,这种教育模式较为限制学生的主观能动性的发挥,不利于培养创新型人才。虽然教师认为在教育活动中应当重视学生的主体地位,但是在教育过程中难以实现,导致受教育者被物化的结果。

第二,主体间性大学生网络道德教育要求创新道德教育方法。主体间性大学生网络道德教育是基于大数据和网络技术的新型教育模式,数据化的教育可能会导致道德教育内容“供给短缺”,学生在学习过程中有选择性地偏向自己感兴趣的内容,而网络道德教育的内容的缺失会被造成教育者在网络道德教育过程中处于“缺场”状态。

第三,主体间性大学生网络道德教育对于网络环境提出更高要求。自媒体因其传播速度快、传播内容丰富、互动交流性强等特点深受大学生青睐,成为大学生日常学习和交流的重要阵地,也为主体间性大学生网络道德教育带来机遇和挑战。其一,网络信息的低门槛流入影响大学生的道德观。网络空间赋予了公众更多的话语权,公众网络发布的内容可控性低,难免会有网络谣言、低俗信息、过于商业化或娱乐化的信息在网络中传播。其二,网络监管能力的削弱影响大学生的道德观。网络空间为大学生提供了更多表达自我的机会和平台,特别是在自媒体时代初期,由于规则的不健全,使得网络监管相对薄弱。其三,不良媒体的诱导导致大学生信息解码的偏差。

二、自媒体时代大学生网络道德教育面临的困境

现实世界中大学生网络道德教育主要依靠外在的力量,然而网络空间的虚拟性、隐匿性和开放性等特点导致传统的道德教育模式在网络中水土不服。因此,自媒体时代的大学生网络道德教育出现了大学生网络道德失范、教育主客体存在矛盾、教育内容不完善等困境。

(一)网络道德失范行为频现

自媒体环境下,在网络自身进化和技术赋权下,根植于现实的传统道德遭遇网络范式转换,大学生中出现了比较严重的网络道德失范,主要表现为:其一,网络主体失范。网络对公众身份认同和社会参与的重塑,使得现实冲突矛盾延伸至网络空间,造成网络主体的道德认知错位和失调等后果。其二,网络传播失范。自媒体传播的碎片化特点,更容易导致传播过程断章取义、以讹传讹、评价失范和控制失范。其三,网络心理失范。自媒体信息传播过程中的虚

拟化特征，造成网络成瘾、网络抑郁、网络排斥、认知失调、角色混淆等问题频繁出现。其四，网络行为失范。

(二)教育主客体之间存在矛盾

当前我国的道德教育是以主客体二分模式为主要的教育方式。教师依靠自身丰富的经验、多元化的知识结构向受教育者单向灌输，虽然反复强调教育者和受教育者处于平等的地位，但实际上受教育者的主体地位并没有得到重视和彰显，教育主、客体之间关系的发展日益突显出其局限性，不管是“唯教师论”“唯学生论”，还是“双主体说”，其实质都是教育主体利用其地位优势对于客体进行改造和塑造，思想政治教育实效性的提高和教学目标的达成受到了严重的制约。

(三)教育内容不完善

网络道德教育的内容至关重要，但目前存在重理论、轻实践的问题。当前的网络道德教育存在着疏离现实社会的问题，一方面是道德教育内容过于学术化和条文化，单向灌输给学生，导致学生对这些内容一知半解，不能吸收和理解这些大而空的条文规范，多为死记硬背，达不到理想教育效果；另一方面，道德教育内容过于传统，其内容多以道德知识以及相关学科知识为基础，导致道德教育的内容偏学科化。

三、主体间性大学生网络道德教育的实践路径

在主体间性理论视域下，提升大学生网络道德教育方法的实效性，对于道德教育具有重要意义。提升大学生网络道德教育的实效性必须以学生主体、教育内容、教育方式等方面为着力点，精准施策。

(一)规范网络表达方式

人不是独立存在于其他事物外的个体，在现实性上，人的本质是一切社会关系的总和。因此，主体间性视域下大学生网络教育的目标是培养“和谐”的人。这种和谐是在自身与自然、社会、他人发生融洽关联并承认其与自身一样具有个体目标的主体间性存在。网络表达不单是个体行为，更是一种面向大众的、具有一定影响力的公开传播行为，所以大学生作为网络表达主体之一应当为自己的言论负责，为自身与他者之间的和谐融洽共存创造条件。网络具有传播速度快、传播范围广、虚拟性、可回溯性等特点，与现实中的大学生道德教育相较而言，网络大学生道德教育更要严格规范和整治，培育学生形成正确的道德观至关重要。

第一,将"慎独"融入网络大学生道德教育中,使学生在网络表达中做到"慎言"和"慎行"。"慎独"语出《中庸》,是中国传统文化中的精华部分,作为一种道德修养方法为世人所推崇。将"慎独"融入大学生网络道德教育中,能够为大学生网络道德教育提供一种新的思路。"慎言"即约束自己的语言,切莫胡言乱语。"白圭之玷,尚可磨也。斯言之玷,不可为也。"①白玉上的斑点尚可打磨,但是语言上的错误是没有办法补救的,因此,在网络道德教育的过程中应当教会学生约束自己的言行,认识到网络中错误言论的危害,避免在网络中信口开河,影响人与人之间的内在关联性。"慎独"意识的培育更有助于促使大学生形成自觉规范网络行为的意识,对于网络道德教育具有重要的助推作用。第二,培育大学生形成正确的网络道德观。马克思主义认为道德是一种社会意识形态,是人们共同生活及其行为的准则和规范。

(二)创新教育方式,实现主客体平等对话

传统的道德教育一般采用的是"我讲你听、我打你通"的灌输教育方式,灌输法在一定程度上也可以提高学生的道德认知水平,但其在实际运用过程中还存在着不完善的地方,不利于受教育者发挥其潜在的主观能动性。道德教育不仅仅要解决理论层面的东西,还要促使学生将理论付诸实践之中,实现从知情意到行的转化,最终提升到道德自律的高度。克里夫·贝克认为儿童、青少年和成人的道德是平等的,他主张在道德教育中采用"对话式"的方式,不同年龄段的人群应当共同探索社会和道德问题。② 交互是实现主体间性的重要机制,道德教育不是简单的理论灌输,而是应当聚焦一个道德问题,由教师和学生在探讨中共同解决,增加师生之间的交流,形成道德共识。主体间性大学生网络道德教育要求教师在教育过程中要学会聆听,聆听学生心底真正的声音,学生在学习过程中要学会表达,两者之间双向互动,敞开心扉,进行精神上和情感上的交互性互动。主体间性下的教师与学生之间不再是传统的"主体—客体"的关系,而是"主体—客体—主体"的平等关系,这种关系下的师生在对方那里都是具有完整人格的人,双方是在平等的基础上对话的,没有高低贵贱之分。两者在平等对话后,可以更为了解对方所思所想所需,教师根据学生的需要制定更为完善的教育计划,充实教育内容,学生也会更为积极主动地向老师表达自己的困惑,师生之间产生共鸣,最终实现师生之间网络道德水平的共同提升。

---

① 程俊英、蒋见元:《诗经注析》,中华书局 2017 年版,第 915 页。

② 参见[加]克里夫·贝克:《学会过美好生活——人的价值世界》,中央编辑出版社 1997 年版。

（三）完善教育内容，将生活教育融入网络道德教育

道德教育有效的方式之一就是生活教育，在坚定学生理想信念的前提下，引入学生所真正需要和接受的道德教育内容。将生活教育融入网络道德教育中是指网络道德教育要回归人自身，更关注人的生命。人的生活是生命得以彰显的重要表现形式，将生活教育融入网络道德教育中亦即对人的生命的关注。人的生命具有独特性和完整性。每个人都是独一无二的，都是独立的有机体，每个人都有自己的生活世界，都有不同的思维方式和不同的价值选择。因此，在道德教育中，不应当设置统一的标准来衡量学生，而应该尊重其个性化需求，否则可能会限制学生独特性的发挥。

参考文献

1.张耀灿、徐志远：《现代思想政治教育学科论》，湖北人民出版社 2003 年版。

2.张耀灿、郑永廷：《思想政治教育学前沿》，人民出版社 2006 年版。

3.宫丽艳：《论主体间性视阈下的思想政治教育》，《思想教育研究》2012 年第 1 期。

4.联合国教科文组织国际教育发展委员会：《学会生存：教育世界的今天和明天》，教育科学出版社 1999 年版。

5.[德]胡塞尔：《笛卡尔式的沉思》，张廷国译，中国城市出版社 2002 年版。

6.[德]倪梁康选编：《胡塞尔选集》（下），三联书店 1997 年版。

抗疫故事融入高校爱国主义教育的实证分析*

李菲菲　王利星　蔡威熙**

【摘要】将抗疫故事融入高校爱国主义教育，弘扬伟大抗疫精神，对增强大学生的爱国情怀具有重要意义。本文首先对抗疫故事的爱国主义教育价值意义进行了阐释，然后通过问卷调查对大学生对抗疫故事的认识以及将抗疫故事融入高校爱国主义教育的实施效果进行实证分析，进而提出将抗疫故事融入高校思爱国主义教育的相关优化建议。

【关键词】抗疫故事；融入；高校；爱国主义教育

一、引言

爱国主义精神是一个人对国家、民族和文化的归属感和认同感的统一，是中华民族精神的核心。高校作为培育大学生爱国主义精神教育的主阵地，一方面承担着教书育人、培养知识人才的功能，另一方面也肩负着加强大学生思想政治教育、增强大学生爱国主义精神的神圣使命。在抗击新冠肺炎疫情的斗争中，涌现出一大批英勇无畏的英雄模范和可歌可泣的感人事迹，为高校爱国主义教育提供了鲜活生动的现实素材。讲好中国抗疫故事、传播正能量，是高校开展思想政治教育工作，增强抗疫胜利信心的有效路径。因此，高校应积极将

---

* 基金项目：泰安市哲学社会科学规划研究项目(2020skx044)；山东省艺术科学重点课题(ZD202008476)。

** 李菲菲，山东农业大学经济管理学院研究生；王利星，山东农业大学经济管理学院本科生；蔡威熙，山东农业大学马克思主义学院副教授。

抗疫故事融入高校爱国主义教育之中，深入挖掘中国抗疫斗争中的爱国主义教育素材，探索将抗疫故事融入高校爱国主义教育的价值和实现路径，提升爱国主义教育的针对性和实效性。

二、抗疫故事融入高校爱国主义教育的价值意蕴

抗疫故事彰显了社会主义制度的优越性。新冠肺炎疫情暴发后，全国上下纷纷响应，各地医疗队驰援武汉，火神山医院、雷神山医院火迅速建成，充分体现出社会主义“集中力量办大事”的制度优势。中国抗击新冠肺炎疫情取得重大成就，与西方国家形成鲜明对比，进一步凸显了社会主义制度的优越性。在抗击新冠肺炎疫情的“战争”中，广大人民团结一心，一方有难，八方支援，无数抗疫工作者舍小家为大家，无论是医务人员，还是社区工作者、基层干部，甚至是普通民众，都主动承担起时代赋予的神圣使命，面对疫情毫不畏惧，彰显了“人民至上、国家至上”的爱国主义情怀。事实证明，越在中华民族危急存亡的关头，爱国主义精神越能迸发出强大力量。

马克思主义认识论认为，认识的过程包含两次飞跃，由感性认识上升为理性认识，是认识过程的第一次飞跃；从理性认识到实践，即用理性认识去指导实践，并接受实践的检验，是认识过程的第二次飞跃。大学生对抗疫故事和抗疫精神的认识，存在由感性到理性再到指导实践的过程，为实现抗疫故事的爱国主义教育价值提供了“融入”的可能性和必要性。抗疫故事为大学生上了一堂生动实践课，将抗疫故事融入大学生教育教学实践中，对激发大学生爱国主义情感认同有重要作用，能够帮助大学生树立崇高理想信念，主动担当作为。

三、抗疫故事融入高校爱国主义教育的实证分析

本文运用实证分析的方法，探讨大学生对抗疫故事的认识与参与性以及高校开展抗疫故事融入高校爱国主义教育的现状及实施效果，数据来源于2021年3月开展的“抗疫故事融入高校爱国主义教育研究”问卷调查，共发放问卷645份，收回有效问卷636份。

（一）大学生对抗疫故事的认识

针对大学生对抗疫故事认识与参与性的问卷调研显示，大学生对抗疫故事的认识与参与性方面主要呈现如下特点：

第一，积极关注疫情形势，并主动参与防疫工作。

调查结果（表1）显示，84.75%的大学生对新冠肺炎疫情形势“比较关注”或

“非常关注”，而且有多达 23.9％的大学生曾主动参与志愿者等防疫工作，说明当代大学生不仅关注疫情发展态势，而且能够积极主动参与到抗疫防疫志愿工作中。

表 1　对新冠肺炎疫情的关注程度和参与防疫工作的情况

问题	选项(比例)				
对新冠肺炎疫情的关注程度	非常不关注(1.10％)	不关注(0.94％)	一般(13.21％)	比较关注(51.42％)	非常关注(33.33％)
是否做过防疫工作中的志愿者	是(23.90％)			否(76.10％)	

从大学生对抗疫精神了解程度(表 2)来看，大学生多数对于“生命至上、举国同心、舍生忘死、尊重科学、命运与共”的伟大抗疫精神较为了解，尤其是对于“万众一心、同舟共济的守望相助精神”和“充满信心、敢于胜利的积极乐观精神”认识深刻，说明通过抗疫实践，大学生精神层面受到了爱国主义精神的洗礼。

表 2　大学生对抗疫精神了解程度

您对抗疫精神的了解有哪些?	人数	比例
万众一心、同舟共济的守望相助精神	624	98.11％
闻令而动、雷厉风行的英勇战斗精神	574	90.25％
顾全大局、壮士断腕的“一盘棋”精神	548	86.16％
舍生忘死、逆行而上的英雄主义精神	578	90.88％
充满信心、敢于胜利的积极乐观精神	592	93.08％

表 3 显示，从大学生对抗疫人物事迹的了解程度来看，大学生对抗疫人物事迹均有不同程度的了解，其中了解钟南山事迹的人最多，占 98.43％，此外，分别有 71.54％和 51.26％的大学生了解基层工作者和身边的抗疫人物事迹，说明除了钟南山为代表的先进医务工作者群体外，身边的抗疫事迹也对当代大学生产生了广泛而深刻的影响。

表 3　大学生对抗疫人物事迹了解程度

人物事迹	钟南山	李兰娟	张定宇	陈薇	张文宏	基层工作者	身边的抗疫人物事迹	其他
人数	626	539	297	240	315	455	326	15
比例	98.43%	84.75%	46.70%	37.74%	49.53%	71.54%	51.26%	2.36%

第二，疫情防控认知理性向上，爱国主义热情高涨。

从表 4 可以看出，95.91%的大学生认为此次新冠肺炎疫情得到有效控制的主要是由于中国共产党的领导，表明了当代大学生对中国共产党的强烈信任与拥护，超过 90%以上的大学生认为，疫情防控得益于中国特色社会主义的制度优势、全国各地医务工作者的付出、全体中国人民的配合以及中华民族精神的力量，部分大学生认为医学技术的发展和主流媒体的规范和引导也有贡献，此外，也有大学生认为此次疫情防控离不开海外华人华侨的帮助和生物研究水平的提高。

表 4　大学生对疫情防控得力的认识

您认为疫情防控得力的主要原因?	人数	比例
中国共产党的领导	610	95.91%
中国特色社会主义的制度优势	595	93.55%
全国各地医务工作者的付出	608	95.60%
主流媒体的规范和引导	499	78.46%
医学技术的发展	568	89.31%
全体中国人民的配合	603	94.81%
中华民族精神的力量	578	90.88%
其他	12	1.89%

表 5 显示，通过此次全民抗击疫情，95.75%的大学生表示要积极响应党和国家的号召，94.81%的大学生表示要积极参与志愿活动、服务人民群众，92.92%的大学生立志努力学习，为中国梦的实现增添力量，86.95%的大学生表示将在今后的生活中积极维护国家形象，大部分学生表示要努力学习，学好专业知识，提高科研能力，不断探索生命科学，提高医学技术水平。通过抗击新冠肺炎疫情，当代大学生树立了正确的价值取向，并体现出高涨的爱国主义热情和

崇高远大的理想信念。

表 5　全民抗击疫情对大学生的启示

选项	人数	比例
要积极响应党和国家的号召	609	95.75%
要积极参与志愿活动、服务人民群众	603	94.81%
要努力学习，为中国梦的实现增添力量	591	92.92%
要积极维护国家形象	553	86.95%
其他	13	2.04%

第三，多渠道了解抗疫故事，促进自身成长。

在抗击新冠肺炎疫情中，涌现出一批批感人事迹，表 6 显示，90.88%的大学生认为“有必要”或“非常有必要”了解并学习抗疫故事，超过九成的大学生通过电视新闻报道或手机、电脑等互联网途径了解抗疫故事，也有不足一半的大学生通过学校宣传和报刊杂志了解学习抗疫故事。93.4%的大学生认为通过了解抗疫故事，可以促进自身积极成长，只有 2%左右的大学生认为了解抗疫故事对自身成长产生积极影响。

表 6　大学生对学习抗疫故事的认同感与影响

问题	选项（比例）				
您认为当代大学生是否有必要了解学习抗疫故事	非常没有必要（5.97%）	没有必要（0.16%）	一般（2.99%）	有必要（30.19%）	非常有必要（60.69%）
您认为了解抗疫故事对您自身的成长有积极有影响吗	非常没有影响（1.57%）	没有影响（0.47%）	一般（4.56%）	有影响（42.14%）	非常有影响（51.26%）

第四，校园氛围良好，学生互动性较强。

表 7 显示，在校园生活中，94.03%的大学生愿意向身边的同学宣传抗疫故事，且 72.33%的大学生已经在学校中向他人宣传过抗疫故事，此外，80.35%的大学生表示身边的同学朋友向自己宣传抗疫故事，表现出很强的互动性。

表 7 大学生宣传抗疫故事的互动性

问题	是	否
您是否愿意向他人宣传抗疫故事	598(94.03%)	38(5.97%)
您是否在学校中向他人宣传抗疫故事	460(72.33%)	176(27.67%)
您身边的同学朋友是否向您宣传抗疫故事	511(80.35%)	125(19.65%)

第五,抗疫故事融入高校爱国主义教育意愿迫切。

通过表 8 可以看出,49.69%的大学生认为抗疫故事融入高校爱国主义教育"非常有必要",39.62%的大学生认为"很有必要",仅有 1.89%和 0.63%的大学生认为"非常没有必要"和"没有必要",这表明大学生普遍认同将抗疫故事融入高校爱国主义教育,学生接受程度较高且意愿较为强烈。

表 8 抗疫故事融入高校爱国主义教育的必要性

选项	人数	比例
非常没有必要	12	1.89%
没有必要	4	0.63%
一般	52	8.18%
有必要	252	39.62%
非常有必要	316	49.69%

表 9 显示,超过 90%的大学生表示积极参与爱国主义教育是为了培养自身的爱国意识和情感,80%以上的大学生是为了学习爱国主义知识和树立正确的价值观,也有部分学生是因为响应学校号召以及活动具有吸引力。

表 9 大学生积极参与爱国主义教育的主要原因

选项	人数	比例
培养自身的爱国意识和情感	578	90.88%
学习相关爱国知识	550	86.48%
树立符合时代的价值观	563	88.52%
此类活动具有吸引力	386	60.69%
响应学校号召	414	65.09%

(二)抗疫故事融入高校爱国主义教育的实施效果

第一,高校积极开展教育活动,形式内容多样。

表 10 显示,80%以上的大学生表示所在高校重视将抗疫故事融入爱国主义教育,仅有 1.26%的大学生表示所在高校"不重视"或"非常不重视",且有高达 79.56%的大学生表示所在高校开展了相关活动,说明高校开展抗疫故事融入高校爱国主义教育活动覆盖广泛。

在活动形式内容方面,高校线上主要通过微信公众号、官方网站等方式进行宣传,线下则主要通过思政课和讲座、朗诵、演讲、征文、歌会等专题活动开展教育,也有部分高校通过组织观看相关影视作品、与学术相结合的团校活动等方式将抗疫故事与爱国主义教育相融合。

表 10　高校开展抗疫故事融入爱国主义教育活动的调查

问题	选项(比例)				
学校对于抗疫故事融入爱国主义教育的重视程度	非常不重视 (0.47%)	不重视 (0.79%)	一般 (13.84%)	比较重视 (42.61%)	非常重视 (42.30%)
学校是否开展关于抗疫故事的爱国主义教育活动	是 (79.56%)			否 (20.44%)	

第二,教育活动效果显著,但仍存在改进空间。

表 11 显示,97.74%的大学生表示愿意积极参与学校组织的各类抗疫故事融入高校爱国主义教育活动,仅有 1.19%的大学生表示参与不积极,说明高校开展的抗疫故事融入爱国主义教育的活动参与度较好,得到了学生的广泛支持。从活动开展效果来看,86.56%的大学生认为活动开展效果"比较好"或"非常好",表明当前高校通过将抗疫故事融入爱国主义教育开展相关活动,取得了良好效果,受到了学生普遍欢迎。但活动开展过程中也暴露出一些问题,超过一半的大学生认为部分活动与学生思想需求实际联系不够紧密,活动开展的内容单调枯燥、教学单一、存在形式主义。此外,个别学生表示所在学校宣传抗疫故事时,过分推崇英雄事迹,对于身边的抗疫故事的宣传不足。

表11　学生参与抗疫故事融入高校爱国主义教育活动情况

问题	选项				
学生参与程度如何？	非常不积极（0.79%）	不积极（0.40%）	一般（11.07%）	积极（48.02%）	非常积极（39.72%）
活动开展效果如何？	非常差（0.20%）	比较差（0.40%）	一般（12.85%）	比较好（48.81%）	非常好（37.75%）

四、抗疫故事融入高校爱国主义教育的优化建议

将抗疫故事融爱国主义教育，必须牢牢把握思想政治教育的主动权，构建起思政教育和爱国主义教育主阵地，确保抗疫故事的爱国主义教育元素入课堂、入教材、入头脑。

第一，课程育人。充分整合高校党委宣传部门、马克思主义学院、共青团等机构力量，加强分工协作，把抗疫故事融入高校课程体系和学生培养方案，将思政课和专业课相结合，深入推进“大思政课”和“课程思政”理念，结合学科专业特色，创新教学形式，完善教学内容，着重增加有助于培育爱国主义精神的抗疫内容，提高爱国主义教育的亲和力和针对性。

第二，实践育人。社会实践是培养青年学生成长成才的必由之路，立足本校特色，创新疫情防控下的爱国主义教育实践形式，组织师生围绕科普防疫知识、讲解防疫方法、传递复学要求、调适战疫心理、宣讲战疫典型、弘扬战疫精神等主题，录制专题视频、举办专题网络文化活动。为大学生社会实践创造条件，鼓励大学生走出校园，坚持理论与实践相结合，主动到社区等单位参与防疫宣传，在社会实践中感受到抗疫英雄的辛苦与奉献，从而树立崇高远大理想信念，树立正确价值取向。

第三，服务育人。高校教职工作为“育人者”，其行为举止要履行育人的责任，教学、管理、服务等部门共同将疫情防控战打造成爱国主义教育“大课堂”，让大学生在校园生活中感受到伟大抗疫精神，凝聚价值共识，强化价值引导。在校园生活和文化建设方面，可通过报刊、电视台、网络等多种途径广泛宣传身边的抗疫故事，营造团结奋进、昂扬向上的校园文化氛围。

参考文献

1.夏文斌、姚瑶:《疫情之下高校爱国主义教育的新启迪》,《学校党建与思想教育》2020 年第 19 期。

2.李铁英、孟玉新:《高校思想政治教育工作应对研究——基于新冠肺炎疫情》,《辽宁高职学报》2020 年第 8 期。

3.习近平:《在中央政治局常委会会议研究应对新型冠状病毒肺炎疫情工作时的讲话》,《中国政协》2020 年第 3 期。

4.苑素梅、亓萌雪:《抗疫精神融入高校思想政治教育教学路径研究》,《长江师范学院学报》2020 年第 4 期。

5.成亚慧:《“精准供给”视域下提升高校思政课实效性研究——以重大疫情下爱国主义教育为例》,《邢台职业技术学院学报》2020 年第 4 期。

徂徕山抗日武装起义与山东抗日根据地发展研究

中共山东省委、苏鲁豫皖边区省委转战泰安研究*

孙明杰**

【摘要】全面抗战初期，中共山东省委、苏鲁豫皖边区省委转战泰安9个月。刘杜会议决定黎玉赴延安汇报工作，引起中共中央对山东抗日根据地的高度关注；南上庄会议，绘就山东抗日根据地的宏伟蓝图；省委南征北战、南下东进两次重大战略展开，沉重打击了敌伪势力，壮大了武装力量，加强了党的领导，扩大了中国共产党的影响。中共山东省委、苏鲁豫皖边区省委转战泰安的9个月，是为建立巩固的山东抗日根据地奠定基础的9个月。泰安，成为对山东抗日游击战争的发展和八路军山东纵队的建立以及山东抗日根据地的创建都具有极其重要意义的革命历史地标。

【关键词】刘杜会议；南上庄会议；邓庄会议；黎玉；郭洪涛

1937年10月，中共山东省委机关从济南迁到泰安，正式把领导全省抗日武装起义的指挥部确定在泰安。1938年6月，因苏鲁豫皖边区特委遭到国民党顽固派的围攻，郭洪涛、赵杰率领苏鲁豫皖边区省委机关及四支队主力二、三团于15日南下，转战新泰、莱芜、泗水、费县、滕县，于8月下旬抵达沂水岸堤。

从1937年10月至1938年6月15日，中共山东省委、苏鲁豫皖边区省委转战泰安9个月，其间，省委根据中央指示做出了许多重大战略决策，对创建和形成山东抗日根据地产生了深远影响。

---

* 本文为教育部人文社会科学研究专项任务项目“高校口述党史育人机制研究”(19JDSZ1012)阶段性成果。

** 孙明杰，泰山学院马克思主义学院副教授。

一、中共山东省委迁驻泰安

（一）中共山东省委的重建

1936年年初，中共北方局派黎玉到山东恢复重建山东省委并担任省委书记。在险恶的局势下，1936年5月1日，黎玉、赵健民和林浩在济南郊区一处坟地里开会，宣告中共山东省委重新建立。黎玉任书记，赵健民任组织部部长，林浩任宣传部部长，秘书长景晓村。一年后，除健全了济南市委外，鲁西北地区特委、莱芜县委、鲁东工委淄博矿区特支、鲁北地区特支和胶东特委先后恢复重建。到"七七"事变前夕，与山东省委有组织联系的党员已近2000人。

（二）泰安党组织的恢复和重建

从1934年起，在济南市委书记赵健民以及于1935年年底成立的中共山东省（工）委的领导下，泰安地区的党组织在经过几次严重破坏后又得到恢复和进一步发展，泰安、莱芜、新泰、肥城和东平等县党组织有较快的恢复和发展。到抗战全面爆发前，泰安地区党员发展到200余人，其中莱芜130余人，新泰50余人，东平22人，肥城10余人，泰安也有几十名党员在坚持斗争。泰安党组织的恢复和重建为中共山东省委移驻泰安并领导创建全省抗日根据地奠定了坚实的组织基础。

二、中共山东省委在泰安领导创建山东抗日根据地

（一）山东省委直接领导徂徕山起义，用红军建军原则建立抗日武装

1938年1月1日，山东省委在徂徕山大寺举行徂徕山抗日武装起义誓师大会，建立起义指挥机关，制定军纪，成立八路军山东人民抗日游击第四支队。

四支队在中共山东省委的直接领导下，引入红军建军原则，通过加强政治素质建设、军事素质建设、后勤保障和政治保卫工作建设，继承和发扬了红军的优秀品质和光荣传统，政治和军事素质都得到明显增强，为四支队发展成为抗日劲旅奠定了坚实的基础。

在山东省委的部署和领导下，徂徕山起义后，又爆发了泰西起义、滨海（鲁东南）起义、鲁南起义和湖（微山湖）西起义。这几次起义，连同徂徕山起义之前的冀鲁边起义、鲁西北起义、天福山起义、黑铁山起义和牛头镇起义，为山东抗日根据地的创建奠定了基础。

（二）刘杜会议：山东省委南征北战，黎玉赴延安汇报工作

1938年2月下旬，省委在新泰刘杜召开扩大会议，贯彻中央指示。会议做

出三项决定：一是山东各战略区狠抓党的组织建设和抗日队伍建设，使之成为有战斗力的部队。二是黎玉赴延安向中央汇报山东的抗战形势和八路军的发展状况，尤其是军事、政治、财经方面的干部短缺问题，并决定“由林浩代理省委书记并兼四支队政治委员”。三是决定省委机关及四支队南征北战路线及战斗区域。

1.山东省委南征北战

南路由四支队第二、五中队和省委机关一部组成，由黎玉、赵杰、程照轩率领，赴新泰、蒙阴、泗水和费县、沂水一带游击。2 月 27 日，黎玉离费县赴延安。

北路由省委和支队机关及第一、三、四中队组成，在洪涛和林浩带领下，赴莱芜、博山、淄川、章丘一带活动，联系淄博一带矿区及胶济路北长山地区，与抗日救国军第五军及鲁东第七、八支队联合行动，开辟以莱芜为中心的抗日根据地。

山东省委南征北战，提高了部队协同作战能力，游击范围跨越了鲁中地区，扩大到鲁南和胶济铁路以北，为以后泰山地委建立莱芜中心根据地和山东省委建立以莒县、蒙阴为中心的鲁南根据地奠定了基础。

2.黎玉赴延安工作汇报产生重大影响

黎玉于 1938 年 4 月辗转到达延安，就山东抗战形势、八路军发展状况、急需干部及通信器材问题向毛泽东做了汇报。

毛泽东在听取了黎玉的汇报后，决定派郭洪涛带领 50 名军事干部和地方工作干部携两部电台去山东。毛泽东接见并具体要求郭洪涛一行在山东敌占区开展独立自主的游击战争，并提出探索积累山地游击战的经验。刘少奇要求他们到山东后要加强统一战线，建立共同抗日根据地。他还指示，郭洪涛到山东后，苏鲁豫皖边区特委由河南省委管辖改为由山东省委领导。

自徂徕山起义至 1938 年 5 月，即黎玉到延安向中央汇报工作时，山东全境十几个地区发动抗日武装起义，建立了 4 万人的抗日武装。共作战 100 余次，解放县城 15 座，相应建立了抗日游击根据地。

1938 年 5 月下旬，山东省委改建为苏鲁豫皖边区省委后，基本建立起沂蒙山区、清河区、胶东蓬黄掖地区等 3 块抗日根据地以及鲁南、湖西、泰西、鲁东南等若干块抗日游击根据地。党领导的山东八路军（含冀鲁边和鲁西北地区）已近 6 万人。

（三）南上庄会议：绘制山东抗日根据地创建蓝图

1938 年 5 月 21 日，郭洪涛主持南上庄会议，确定以鲁中沂蒙山为中心创立山东抗日根据地。在津浦路以东,向北开创以淄博山区为依托的清河地区平原游击根据地,向南创立以抱犊崮山区为中心的抗日根据地,向东创立沿海抗日根据地。在津浦路以西,分别创建以梁山泊、微山湖为中心的两块抗日根据地。在胶东地区,创立以大泽山为中心的抗日根据地。

根据中共中央的决定,郭洪涛重新组建山东省委,并担任省委书记。5月下旬,中共中央决定将山东省委扩大为苏鲁豫皖边区省委,辖山东省和原属河南省委管辖的苏鲁豫皖边区特委,郭洪涛仍任书记,对省委工作做出如下调整:

1.重建、调整、加强各级党组织

南上庄会议后,先后建立、调整、充实了清河特委、鲁西特委、鲁西北特委、淄博特委、鲁东南特委、胶东特委。

2.用八路军游击队番号改编各地抗日武装起义部队

郭洪涛根据中央指示,派出干部深入各地用八路军番号对各抗日起义部队进行整编。经过整编,除冀鲁边和鲁西北两个地区的部队外,共组建5个支队、两个义勇总队和山东西区人民抗敌自卫团,共计3万人。这次整编成为山东抗日武装向正规化部队迈进的转折点。

3.培养军政干部

1938年6月初,边区省委决定建立山东抗日军政干部学校,直属边区省委。6月初开始招收学员,在新泰南鲍庄集中,后转移到费县仲村举行开学典礼。截至1939年9月与八路军随营学校合并时,共招收学员5期、2300人。学员毕业后奔赴山东抗日前线,对山东抗日根据地的创建以至全国抗战都做出了重大贡献。

4.加强统战工作

根据南上庄会议精神,苏鲁豫皖边区省委制定了争取中间派张里元、打击投降派秦启荣、孤立顽固派沈鸿烈、团结遏制石友三的方针,并对盘踞在山东的国民党上层人物进行了统战工作,为中国共产党创建以沂蒙山区为中心的鲁中抗日根据地提供了有利的外部条件。

(四)山东抗日根据地边联区初步形成

在胶东地区,1938年8月成立了北海行政督察专员公署,标志着胶东第一块抗日根据地——蓬黄掖抗日根据地的初步形成。

在清河地区,1938年5月,成立以霍士廉任书记的清河特委,建立了清河地区胶济线南北地方党组织。1938年10月,建立淄博特委,辖淄川、博山、临朐、益都、安丘、潍县、昌乐等地区。到1938年年底,开辟了以临淄、邹平、桓台、寿光、长山为中心的清河区抗日根据地。

在鲁中地区，从 1938 年 8 月起，逐渐成为边区省委和山东分局驻地，省委直接领导了鲁中各县的工作，派出大批干部到新泰、莱芜、泗水、费县、淄川、博山、益都、临朐、安丘、临费边县委。到 1938 年年底，鲁中抗日根据地已具雏形。

在鲁东南地区，1938 年 7 月，边区省委创建鲁东南抗日根据地。到 1938 年年底，建立了诸城、日照、莒县县委和基层党组织，以诸日莒为中心的鲁东南抗日根据地初步形成。

在泰西地区，1938 年 5 月，郭洪涛率领干部途经该地区，成立了以段君毅任书记的泰西特委，加强了对泰西抗日斗争的领导。到 1938 年年底，泰西抗日根据地初步形成。

在鲁南地区，通过沉重打击国民党顽固派申从周、创建八路军陇海特别支队、对张里元等鲁南地方实力派进行统战工作，推进了鲁南抗日根据地的创建。

在湖西地区，1938 年 7 月，组建苏鲁豫边区特委(湖西特委)，统一领导湖西地区党的工作。1938 年年底，115 师 343 旅 685 团到达湖西，很快打开了湖西地区抗战新局面。通过统战工作，成立丰沛萧砀鱼五县联合办事处，统一领导湖西地区的抗日斗争。

从 1938 年 5 月 21 日中共山东省委南上庄会议以来，山东省委、苏鲁豫皖边区省委逐步建立了省内基础稳固的边联区抗日根据地，为到 1939 年初山东抗日根据地的初步形成进而完成中共中央关于创立鲁南山区为中心指挥区的任务奠定了坚实的基础。

三、徂徕山邓庄会议，苏鲁豫皖边区省委南下东进，移师鲁南

南上庄会议后，省委机关转移至徂徕山北麓邓庄。

1938 年 5 月下旬，国民党顽固派申从周袭击鲁南人民抗日义勇队第一总队，政委何一萍牺牲，形势危急。苏鲁豫皖边区特委到邓庄请求省委援助。

郭洪涛主持省委会议，会议着重分析了鲁南敌我斗争形势，决定由郭洪涛、赵杰、王彬率领省委机关大部与四支队二、三团为南路，南下支援鲁南人民抗日义勇总队，并开辟抗日根据地；由林浩率领四支队机关及一团为北路，东进沂蒙山区开辟根据地。这是自刘杜会议山东省委部署南征北战首次分兵后，苏鲁豫皖边区省委部署南下东进的第二次分兵。

两路部队于 1938 年 6 月 15 日从邓庄出发。

1938 年 6 月下旬，省委率四支队二、三团由新泰南鲍出发经莱芜南下；

23 日夜，四支队二团袭击了泗水城日军；6 月底，部队抵达滕县东北部山区的冯卯，该地位于滕（县）、费（县）、泗水（县）边界，在冯卯等地沉重打击了地方顽固派武装申从周部；7 月 7 日，省委在费县仲村召开了纪念抗战一周年大会，之后继续南下，7 月 10 日到达滕县东部善蝈（现枣庄市山亭区），由于滕县、枣庄地区的顽固派势力强大，难以在鲁南立足，7 月下旬即率部转向鲁中蒙阴坦埠省委驻地；8 月 20 日在滕县东八里沟击溃顽军追击，8 月下旬，撤离滕县，途经白彦、上崖、紫金关到达沂水岸堤，与林浩率领的北路部队会师。

此次省委分兵，贯彻落实了中央关于以鲁中为中心，向东发展，建立以沂蒙山为中心的鲁南抗日根据地的战略意图，为山东抗日根据地的建立奠定了坚实的基础。

四、奔向全国抗战的中共山东省委、苏鲁豫皖边区省委

徐州失守后，山东省委奉命改为苏鲁豫皖边区省委，除一并管辖山东省外，还管辖苏鲁豫皖边区特委（原属河南省委管辖）。成立苏鲁豫皖边区省委的意图是将山东的抗日游击战争扩大到江苏、河南、安徽三省区，使其与山东连成一片。1938 年 12 月，苏鲁豫皖边区省委升格为中共山东分局，除管辖原苏鲁豫皖边区省委所辖地区外，增加了苏北洪泽湖地区。截至 1938 年 12 月 27 日山东纵队成立时，山东抗日根据地已初具规模，所属范围包括山东省大部地区和江苏、安徽、河南三省边界的部分地区。中共山东省委、苏鲁豫皖边区省委由山东奔向全国抗战。

参考文献

1.沈春生：《山东抗日根据地史》，山东大学出版社 1993 年版。

2.亓涛主编：《子弟兵的足迹——八路军山东人民抗日游击第四支队及泰山区武装发展壮大历程》，中国文史出版社 2007 年版。

3.山东省档案馆、山东社会科学院历史研究所编：《山东革命历史档案资料选编》第 4 辑，山东人民出版社 1982 年版。

4.《中共鲁中地方史》编审委员会编：《中共鲁中地方史（1919.5～1949.10）》，中共党史出版社 2006 年版。

5.黎玉：《黎玉回忆录》，中共党史出版社 1992 年版。

6.中共泰安市委党史资料征集研究办公室、泰安市档案馆编：《中共泰安历史大事记》第 1 卷，中共党史出版社 2001 年版。

7.中共泰安市委党史资料征集研究办公室编:《中国共产党泰安历史(1926～1949)》,内部资料,2017 年印刷。

8.中共泰安市委党史资料征集研究办公室编:《徂徕山起义》,中共党史出版社 2017 年版。

9.中共莱芜市委党史研究室编:《战斗的足迹——鲁中抗战回忆录》(上),2015 年印刷。

10.中共沂南县委党史资料征集委员会编:《沂南党史资料》(1～6 册),内部资料,1984 年印刷。

八路军在鲁中鲁南根据地反“扫荡”的经验与教训

——1941年年初至1942年年底

张军平*

【摘要】抗日战争进入相持阶段后，日军为巩固中国北方的战略基地，联合伪山东政权及收编的伪军，对抗日根据地展开了长期“扫荡”，山东抗日斗争形势严峻。中共领导的八路军及其他抗日武装通过总结反“扫荡”的经验及教训后进行了精兵简政的改革，采取积极灵活的战术，最终粉碎了日伪军的“大扫荡”，打破了日军消灭山东抗日根据地有生力量的企图，巩固了山东抗日根据地，同时也打击了国民党反动派的反共气焰。

【关键词】日伪军；八路军；抗日根据地；“扫荡”；反“扫荡”

从1941年年初到1942年年底，日伪军对山东抗日根据地展开了长期的围剿行动。这是“百团大战”后，侵华日军改变了一直以来只重视正面战场同国民党军作战的策略，开始动员并展开对中共及八路军在军事、政治、经济、思想、文化上的“总力战”。在日伪军严酷的“扫荡”下，抗日根据地被严重分割缩小，人员、物资损失巨大。面对严重的困难局面，八路军115师在党中央的指导下，总结了反“扫荡”斗争中的经验及教训，有针对性地进行了政治、军事改革，取得了反“扫荡”斗争的最后胜利。

* 张军平，泰山学院马克思主义学院讲师。

一、日伪军对鲁中鲁南抗日根据地的“扫荡”政策

(一)日军的华北政策及“堡垒战术”

1940 年 11 月,依据日本近卫内阁制定的《基本国策纲要》,日军大本营制定了《处理中国事变纲要》,确定了 1941 年度对华作战以维持治安、肃清占领区为主,重点在于剿共,首先巩固华北,维持华北安定。日军华北方面依据日军大本营的部署,制定了“扫荡”计划,将各个辖区按照统治强度划分为“治安区”“准治安区”“非治安区”三个等级,分别实施不同程度的管制政策和“扫荡”行动。

治安区指完全处于日军控制下的地区,没有抗日武装的活动。治安区以占领的城市为中心,基本处于津浦铁路、胶济铁路及主要公路沿线。这一区域,伪政权从县城到乡村设置了完备的行政机关,并由伪政权警备力量负责治安,实施“清乡政策”,杜绝抗日力量的渗透,使日军能尽快从治安区抽身,推进到准治安区。准治安区指区域内存在中共抗日武装活动的地方,日军未能完全控制。日军对准治安区配备少量主力部队,利用县警备队、保安团等力量渗透到县内各个机关,剔除共产党势力后,再逐渐提高伪政权的政治及军事力量,使其变为治安区。未治安区指中共控制下的抗日根据地,实行“三光”政策,迫使八路军在根据地无法生存从而撤出。日军在“扫荡”结束后虽然会撤退,但是会反复实行,迫使八路军很难再建根据地,最终日军会进驻并扶植伪政权的行政管制,把根据地变为准治安区。从 1941 年年初到 1943 年年初,日伪军共“扫荡”根据地 70 多次,其中万余人“大扫荡”有 9 次。

(二)“治安强化”运动

从 1941 年 3 月底开始至 1942 年年底,作为日军实施“总力战”的工具,伪政权配合日军实施了 5 次“治安强化”运动。第一次“治安强化”运动仅实行了 5 天,以伪政权的宣传活动为主。从 1941 年 7 月 7 日第二次开始,伪军配合日军对准治安区及根据地展开了军事行动。据战后伪山东公署的统计,在大小 227 次战斗中,杀害 736 人,负伤 662 人,俘虏 291 人,另外有 891 人投降归顺了伪政权。除人员物资的损失之外,伪政权通过控制粮食、盐、油等生活必需品进行经济封锁,给根据地民众及八路军的生活造成了很大的困难。

第三次“治安强化”运动从 1941 年 11 月到 12 月末,日伪军在“鲁南抗日根据地 14 县共建立封锁沟 2112 华里,碉堡及炮楼 278 座,检查站点 154 处,对鲁

南根据地实施严密的经济封锁与掠夺”①。严酷的经济封锁对根据地军民的生活及抗日活动造成了巨大困难,八路军被迫进行游击战。第四次“治安强化”运动从1942年3月底到6月20日。伪山东公署与新民会配合日军在治安区强化保甲制,在准治安区实施蚕食行动,对根据地发动新的“大扫荡”。按照伪山东公署公布的战果,来自共产党的投降归顺者合计514人,死者150人,负伤190人。

第五次“治安强化”运动自1942年10月至12月8日,“其目标以灭共为主,同时确保农业生产、降低物价、改善生活,并进行军、官、会、民总动员,以促进华北的建设工作”②。伪山东公署通过此次运动,宣传并扩大了反共意识,通过壕沟及炮楼强化对抗日根据地的经济封锁,建立民众自卫组织配合军警,实行彻底的粮食封锁以逼迫八路军撤出根据地。从效果上看,日伪军通过5次“治安强化”运动逐渐蚕食并扩大了占领,对山东抗日根据地造成了重大的损失。

二、收编叛变的国民党地方武装

在日军的“扫荡”下,众多叛变的国民党地方武装被收编,也增强了伪军的实力,加大了中共及八路军反“扫荡”斗争的困难。据统计,抗战期间山东省是华北地区伪军最多的省份。以原东北军及西北军为主的国民党地方部队因为国民政府的差别对待,不能及时提供后勤保障,在受到日伪军的围攻后,在伪政权的策动下,打着“曲线救国”的幌子投靠了伪政权。

日军的方针策略是逐步把伪军从维护所占地域治安的警察部队培养成能够替代日军执行治安维持、肃清任务,协助日军作战的“国防军”。

自1938年1月日军占领济宁后,鲁西地区的刘本功部、刘仙洲部、赵保原部、刘桂棠部等相继投降日军。在抗战中期,伪政权实行积极的扩军政策,拉拢收编了众多国民党地方将领。1941年春,鲁南泗水的山东独立第一旅于惠民部、独立第四旅冯寿彭部均被伪政权收编。以上投敌的国民党多为地方土匪出身,部队人员素质低劣。此外,也有像正规军第69军军长毕泽宇、教导师师长文大可、苏鲁战区总司令于学忠、山东省主席兼苏鲁战区游击队总司令沈鸿烈等相继投靠伪政权。

---

① 《伪山东省长唐仰社编送山东省第二次治运报告》(1941年9月19日),中国第二历史档案馆编:《中华民国史档案数据汇编》第五辑第二编附录(上),江苏古籍出版社1997年版,第441页。

② 《山东省各道第四次治运讨伐战果统计表》,中央档案馆、中国第二历史档案馆、吉林省社会科学院合编:《华北治安强化运动》,中华书局1997年版,第537页。

三、反“扫荡”斗争的经验与教训

针对1941年开始的大扫荡及数次“治安强化”运动，八路军的反“扫荡”工作亦可以分为三个阶段。1941年年初，中共中央向各根据地发出了“要咬紧牙关，渡过困难的号召。中共北方局和八路军总部做出指示，要求八路军和山东根据地人民开展广泛的交通破袭战，打破敌人囚笼封锁，并加强根据地建设，充分做好反扫荡作战的准备”①。

（一）第一阶段：鲁西鲁中山区反“扫荡”

在敌人“铁壁合围”的战术下，根据地的反“扫荡”斗争比较被动。鲁中山区作为山东敌后抗日根据地的战略重心，是山东分局、八路军115师师部及机关的集中地，成为敌人重点“扫荡”的地区。鲁中山区、湖西地区党组织及部队不得不四处转移，人员伤亡较多。在1940年年底的扫荡中，泰西地区抗日总动员委员会副主任刘仲羽被俘，于1941年1月2日在东平县北门外被杀害。3月12日，泰西地委、专署机关准备在莲花峪村召开会议时，遭到四路日伪军的围攻。经过激战，虽然泰西党政领导大部分突围成功，但地委宣传部部长黄白莹、专署总务科科长房伟等13人壮烈牺牲，使泰西抗战力量遭受了重大损失。1940年4月，日伪军“扫荡”宁阳县，宁阳工委书记及县政府机关开展工作途中被偷袭，工委书记许国牺牲。不久，泰安县独立营营长李正华与通信员在去泰西军分区开会后返回时遭遇敌人袭击，双双牺牲。

针对日伪军的扫荡，叶剑英对山东基本形势与工作方针做出指示，认为敌人的“扫荡”是学习了国民党五次“围剿”红军的办法，山东面临着复杂的斗争形势，具体的工作方针：“付敌人的分割……彻底的办法是用独立来应付分割，要做到小分区内干部都能坚持，能掌握政权，独立作战，用破坏来对付建设，必须提高使用战略之潜力，群众是无限的力量。”②1941年5月下旬，中共北方局与山东分局先后对鲁西泰西地委做出指示，要结合泰西的实际情况，扩大与巩固地方武装，从独立营抽调精干武装充实军分区力量；在群众中开展民主民生斗争；健全“三三制”民主政权，改造村、乡、区政权；加强财政建设。

针对1941年3月至6月日伪军在鲁中、冀鲁边区的数次行动，八路军主力

① 刘大可、马福震、沈国良：《日本侵略山东史》，山东人民出版社1990年版，第37页。

② 《叶剑英同志关于山东基本形势与工作方针的指示——1941年4月8日》，山东省档案馆、山东社会科学院历史研究所合编：《山东革命历史档案资料选编》第6辑，山东人民出版社1982年版，第331～333页。

随即转移，留大量地方部队与民兵密切配合，贯彻中央指示，依靠动员群众保卫根据地，发展敌后游击战以保存力量。

（二）第二阶段：形势严重恶化

1941 年 11 月，以八路军 115 师和山东纵队为目标，日伪军 5 万多人在对鲁中、滨海、沂蒙山区抗日根据地实施了多梯队的“铁壁合围”之后，采取“全面包围滚推式”战法。针对敌人的进攻，中共山东分局提前做出指示：“必须深刻认识敌人之总力战，否则将无法粉碎敌人的新扫荡。并指出敌人以优势兵力集中进攻一个根据地，以求得各个击破；采取稳扎稳打，步步为营的巩固办法；持久的清剿战与过去的短促扫荡不同，在每一地大烧大杀，彻底毁灭我物质资源和有生力量。”①

作为应对之策，山东纵队自 1941 年 8 月开始整顿军队，主动向敌占区挺进，“其目标在于以武装斗争来保卫并扩大抗日根据地，在部队改编上，强化地方武装，计划把主力军提高到目前的 2～3 倍，建立 5 万人左右的新基干武装，展开 50 万民兵的斗争，培养和选拔一批干部，然而这些计划因为频发的战斗未能完全实现”②。在敌人的疯狂攻势下，根据地被迫缩小，战斗减员严重。虽然在 11 月 5 日的反扫荡中，“山东分局、抗日民主政权及 115 师机关 2000 多人在罗荣桓的指挥下，没费一枪一弹，在没有伤亡的情况下，接连穿越敌人三道封锁线，顺利转移到了费县朱满地区”，然而反“扫荡”中更有血的教训。

1941 年年底反“扫荡”结束后，山东分局及山东纵队一旅分别对敌人的“大扫荡”，初步总结了经验，也深刻检讨了教训。

首先对于反“扫荡”的经验，山东分局总结后认为：“在敌人扫荡的第一期，战术上分散主力跳出合围圈，保存力量以发动外围战来分散敌人，减轻根据地的压力；在敌人第二期清剿战时，应对方针变为主力部分分别回转，以营连为单位，分散插入点间隙间活动，组织与恢复游击小组来打击敌伪汉奸的宣传活动，并团结群众进行战时锄奸工作；在第三期清剿时，我方又集中兵力互为呼应配合，以地方零星小部队打击日伪军，迫使其后退与集中，并开始有计划地整理恢

① 《中共山东分局关于粉碎日寇对我根据地新进攻的指示（1941 年 10 月 13 日）》，中央档案馆、中国第二历史档案馆、吉林省社会科学院合编：《日本帝国主义侵华档案资料选编》第 9 辑，中华书局 2020 年版，第 382～383 页。

② 馬場毅：《日中戦争と中国の抗戦：山東抗日根拠地を中心に》，集広舎 2021 年版，第 231～232 頁。

复组织及领导。”①

其次，教训也是深刻的。“沂蒙区地方武装2000人全部垮台，‘党政民’组织大部分暂时失去组织和联系；某些直属部队的工作机关庞大笨重，遭受损失颇多；干部疏散过多，使用不当；地方的工厂、医院等组织庞大不易隐蔽，资材及公粮等遭到破坏；战时动员工作太差，群众对空舍清野工作态度消极，牲畜、粮食等的损失更属普遍。”②

山东纵队一旅在总结中也指出，在研究敌人可能的“扫荡”规律后，虽然部队做了机动转移，跳到了外线使敌人扑空，但在向芦山转移途中也遭遇敌军，在战斗中有一部分伤亡，一部分向蒙山突出，一部分转向了孟良崮。另外军委一局也在报告中指出：115师师部在敌人“清剿”下坚持与敌作战，未及时向外围转移。“在南蒙山遭敌合击，行李、辎重、器材、机密文件全部损失，12月4日师部又在东蒙山遭到第二次合击，二旅一个营被敌人歼灭了2个半连，蒙山支队伤亡失散1400余人；沂蒙山区作战中，负伤363人、亡315人，被俘262人，遗失各类枪支537支。另外有电台、被服药品等物资，并损失粮食百余万斤”③。

从各部总结可以看出，虽然鲁中、鲁南的反“扫荡”斗争粉碎了敌人的“大扫荡”计划，打破了敌人消灭山东八路军及抗日武装的企图，但是日伪军的“大扫荡”及“治安强化”运动在一定时期内达到了分割抗日根据地、压缩八路军及其他抗日武装的生存空间、迫使八路军主力转移的目的。

(三)第三阶段：1942年至1943年初反“扫荡”

根据日本华北方面军《1942年度治安肃清建设计划大纲》，对抗日根据地实行积极的不间断的作战讨伐，企图将山东全省变为“治安区”。1942年日军发动的千人以上的“大扫荡”有40次，其中1942年9月至1943年1月向鲁中、鲁西、胶东及冀鲁边根据地实施了5次万人以上的“大扫荡”。

对此，中共及八路军在总结之前反扫荡的经验和教训，采取了精兵简政的

---

① 《中共山东分局关于粉碎日寇对我根据地新进攻的指示(1941年10月13日)》，中央档案馆、中国第二历史档案馆、吉林省社会科学院合编：《日本帝国主义侵华档案资料选编》第9辑，中华书局2020年版，第383～384页。

② 《中共山东分局关于粉碎日寇对我根据地新进攻的指示(1941年10月13日)》，中央档案馆、中国第二历史档案馆、吉林省社会科学院合编：《日本帝国主义侵华档案资料选编》第9辑，中华书局2020年版，第384页。

③ 中央军委总参谋部第一局：《关于日军第二次大扫荡鲁中战役综合研究》，中央档案馆、中国第二历史档案馆、吉林省社会科学院合编：《日本帝国主义侵华档案资料选编》第9辑，中华书局2020年版，第395页。

改革措施:军事上,统一 115 师和山东纵队的指挥权,由罗荣桓统一指挥,把 115 师和山东军区缩编为 12 个团,分别配属在各军分区。政治上,统一地方党委及军队党委的指挥权。其中“泰西军分区遵照中央精神,撤销了边区政党委员会,泰西地委等机关,通过精简,提高了机关的应战能力,也减轻了由于日伪军封锁给抗日根据地造成的困难”①。针对日伪军的“扫荡”战法,罗荣桓运用“翻边战术”指导了 1942 年 10 月沂蒙山区的反“扫荡”斗争,后又亲自指挥海陵战役,在大量民兵的配合下,6 天之内共攻克敌据点 16 处,恢复了 3 个半区的根据地,有力支援了鲁中地区的反“扫荡”斗争。

四、小结

八路军在总结前期反“扫荡”的经验及教训后,通过精兵简政,统一号令与事权,采用机动灵活的战术,最大限度地减少了损失,取得了反“扫荡”斗争的最后胜利。从抗战全局来看,反“扫荡”斗争打破了日军消灭山东抗日根据地有生力量的企图,牵制了大量日军,有力支援了华北抗日根据地的抗日斗争。从山东省内抗日统一战线来看,反“扫荡”斗争坚持“既团结又斗争”的原则,团结一切力量为抗日战争的胜利做出了贡献,同时也打击了国民党顽固派的反共气焰,扩大了抗日根据地。

参考文献

1.人民出版社编:《抗日战争时期解放区概况》,人民出版社 1953 年版。

2.中共泰安市委党史资料征集研究委员会编:《中共泰安地方党史(1926～1949)》,山东大学出版社 1995 年版。

3.中共泰安市委党史资料征集研究委员会、泰安市档案馆编:《中共泰安历史大事记(1925～1949)》,中共党史出版社 2001 年版。

4.刘子君:《山东抗日根据地的统战工作研究》,《军事历史》2014 年第 1 期。

5.王冠卿:《罗荣桓的“翻边战术”思想及其实践》,《临沂师范学院学报》第 23 卷第 5 期。

① 人民出版社编:《抗日战争时期解放区概况》,人民出版社 1953 年版。

徂徕山抗日武装起义的精神内涵及时代价值

李耀德　王辉*

【摘要】在中华民族生死存亡的危急关头，中共山东省委挺身而出，在泰安徂徕山直接领导发动了抗日武装起义，揭开了山东党组织独立自主领导抗战的序幕。徂徕山起义为山东党组织和抗日武装的发展壮大、山东敌后抗日根据地的创建奠定了坚实基础，写下了光辉篇章。弘扬徂徕山起义精神，对于传承红色基因，教育砥砺后人，具有重要的历史和现实意义。

【关键词】徂徕山起义；精神内涵；时代价值

1937年7月抗日战争全面爆发后，在中华民族生死存亡的危急关头，根据中共中央关于开展敌后游击战争的战略部署，中共山东省委挺身而出，在泰安徂徕山直接领导发动了抗日武装起义，揭开了山东党组织独立自主领导抗战的序幕。徂徕山起义为山东党组织和抗日武装的发展壮大、山东敌后抗日根据地的创建奠定了坚实基础，写下了光辉篇章。今天，重温徂徕山起义的伟大历史壮举，弘扬以"信念、担当、为民"为主要内容的徂徕山起义精神，对于深入贯彻落实习近平总书记"七一"重要讲话精神，深入开展党史学习教育，传承红色基因，教育砥砺后人，具有重要的历史和现实意义。

一、徂徕山起义是山东抗日战争史上的伟大爱国壮举

1937年7月7日，日本帝国主义蓄意制造了震惊中外的卢沟桥事变，悍然

* 李耀德，中共泰安市委党史研究院副院长；王辉，山东第一医科大学口腔医院讲师。

发动了全面侵华战争,中国人民抗日战争全面爆发。

(一)贯彻中央抗战精神,山东省委制定抗日武装起义计划

卢沟桥事变第二天,中共中央发出通电,号召全国人民、军队和政府团结起来,抵抗日本的侵略。1937 年 8 月,中央洛川会议决定,全党放手发动群众,开展独立自主的游击战争。根据中共中央的抗战指示精神,中共山东省委制定了在全省发动抗日武装起义计划。为开辟一条敌后游击战争的路子,指导全省各地的抗日武装起义,省委决定在泰安直接领导发动徂徕山抗日武装起义。

(二)徂徕山誓师起义,点燃山东人民武装抗日烽火

1938 年 1 月 1 日,中共山东省委率领机关人员、民先队员和泰安县共产党员、爱国志士 160 余人,会聚徂徕山大寺,举行庄严誓师大会。省委书记黎玉宣布成立八路军山东人民抗日游击队第四支队(简称"第四支队"),洪涛任司令员、黎玉兼任政治委员、赵杰任副司令员、林浩兼任政治部主任。几天后,起义队伍转移至徂徕山东边光化寺,新泰、莱芜起义人员赶来会合。短短几天,第四支队发展到 300 余人,成为一支初具规模的抗日队伍。第四支队建立后,立即与日军展开了激烈战斗。1 月 26 日,第四支队在徂徕山南寺岭村,伏击了日军的马车运输队。2 月 18 日,第四支队又在新泰四槐树设伏,炸毁日军汽车 2 辆,炸死炸伤日军 40 余人,这次战斗极大地鼓舞了第四支队指战员和人民群众的抗战信心。

(三)徂徕山抗日烽火,迅速燎原齐鲁大地

四槐树战斗之后,第四支队得到迅速发展。1938 年 2 月下旬,省委接到了中央给山东省委的指示信,为山东抗战指明了新的方向。为贯彻中央指示,省委在新泰刘杜召开会议,决定第四支队兵分两路发展壮大,省委书记黎玉赴延安汇报山东抗战情况。这次会议后,洪涛率领第四支队一大队向北发展,赵杰率领二大队南下蒙山一带活动。1938 年 4 月,南北两路部队会师莱芜,第四支队发展为 4000 余人的抗日队伍,成为鲁中地区的抗战劲旅。徂徕山点燃的抗日烽火,迅速燎原齐鲁大地。在徂徕山起义带动下,山东先后爆发了泰西、鲁东南、鲁南等抗日武装起义,并在较短时间内发展成数万人的抗日武装,创建了鲁中、鲁南、鲁西等 7 块抗日根据地,形成了声震华夏的山东抗日根据地。

二、徂徕山起义为山东抗日战争的胜利做出了重要贡献

徂徕山起义是中国共产党领导山东人民奋起抵抗外来侵略的伟大历史壮举,谱写了党领导山东人民敢于担当、勇于斗争、敢于胜利的光辉篇章,在山东

乃至全国抗日战争史上都具有重要历史地位。

(一)徂徕山起义揭开了山东党组织独立自主领导抗战的序幕

徂徕山起义是在中华民族危亡关头,中共山东省委直接领导的一次抗日武装起义,也是抗日战争时期山东影响最大的一次起义。这次起义在山东首次打出了八路军的旗号,点燃了党领导山东人民武装抗日的烽火,揭开了中共山东党组织独立自主领导山东人民抗战的序幕。

(二)徂徕山起义铸造了一支不怕牺牲、能征善战的革命劲旅

徂徕山起义建立的第四支队,在抗日烽火洗礼中,浴血奋战,英勇抗争,逐渐由小到大,由弱变强,成长为山东抗战的一支劲旅,沉重地打击了日本侵略者。在解放战争中,徂徕山起义子弟兵所在部队作为中国人民解放军的主力部队之一,北上南下,纵横驰骋,屡建战功,为消灭反动派、建立新中国做出了巨大贡献。新中国建立后,徂徕山起义子弟兵所在部队赴朝作战,保家卫国,不辱使命,威名远扬。

(三)徂徕山起义奠定了山东党组织发展壮大和创建抗日根据地的基础

徂徕山起义沉重打击了日本侵略者的嚣张气焰,极大地鼓舞了山东人民抗战胜利的信心,为开展敌后游击战争积累了宝贵经验。在艰苦卓绝的抗日斗争中,徂徕山起义队伍发扬既是战斗队,又是工作队、宣传队的红军传统,培养锻炼了一大批干部,为山东党组织的发展壮大播下了革命火种。在党的领导下,山东广大军民同仇敌忾,鱼水相依,为创建发展鲁中抗日根据地乃至山东抗日根据地奠定了坚实基础。

(四)徂徕山起义培育了以“信念、担当、为民”为主要内容的徂徕山起义精神

在中华民族危亡时刻,中共山东党组织响应党中央号召,勇敢地站在抗日斗争的最前列,始终坚贞不渝地坚持斗争,表现出了以中华民族和人民的利益为最高利益的英雄气概,形成了“不畏强敌、敢于担当、矢志为民、英勇斗争”的徂徕山起义精神。正是在这一精神鼓舞下,成千上万的仁人志士投身革命,以身许国,为革命和建设事业前仆后继,英勇奋斗。这是中国抗日战争取得胜利的重要保证,也是新民主主义革命和社会主义现代化建设取得胜利的重要保证。

三、徂徕山起义在山东抗日战争史上具有重要历史意义

徂徕山抗日武装起义是一次伟大的爱国壮举,虽然历史已跨越了 80 多年,但其重大历史意义依然熠熠生辉。

（一）徂徕山起义表现了中华民族同敌人血战到底的英雄气概

在抗日战争极其艰难的困境中，以徂徕山起义革命志士为代表的山东广大军民能够不畏强敌、浴血奋战，能够战胜千难万险、赢得抗战的最后胜利，就是因为在他们身上凝聚着不畏强暴、血战到底的优秀品质，有着为祖国和人民的利益奋斗牺牲的革命英雄主义精神。在艰苦险恶的环境中，一批又一批的革命志士面对随时出现的生死抉择，临危不惧，舍生取义，直至献出宝贵的青春和生命。他们的英雄事迹正是这种大无畏的英雄气概和革命精神的具体体现。

（二）徂徕山起义证明了中国共产党是中国革命和建设事业的中流砥柱

在徂徕山抗日武装起义中，中国共产党人表现出了以中华民族和人民的利益为最高利益的崇高的爱国主义精神和顽强奋斗的革命气概，有力地证明了只有中国共产党才是中华民族的中流砥柱，才是中国革命和建设事业的领导力量。徂徕山起义充分展示了中国共产党人领导革命战争的卓越能力，充分证明了中国共产党的领导地位是在革命斗争中逐步形成的，是历史的选择、人民的选择。

（三）徂徕山起义表明了马列主义、毛泽东思想是取得革命胜利的锐利思想武器

抗日战争时期，以毛泽东同志为代表的中国共产党人坚持把马克思列宁主义基本原理同中国革命具体实践相结合，正确解决了中国抗战的路线方针政策问题，为全国人民指出了抗战胜利的方向。徂徕山起义正是在党的方针路线政策的正确指引下，才取得了革命的胜利。徂徕山起义表明，只有创造性地运用马克思列宁主义基本原理，实事求是，独立自主地解决中国革命的重大问题，才能把革命事业引向胜利。

（四）徂徕山起义说明了依靠人民、服务人民是革命和建设事业的立足点和出发点

中国共产党从建立之初，就把自己当作无产阶级和人民群众利益的忠实代表，把解放全国的劳苦大众当作自己神圣的历史使命，把全心全意为人民服务当作全党唯一的宗旨。中共山东党组织在包括徂徕山起义的革命斗争中，坚定不移地实践和履行这一神圣使命和伟大宗旨，为实现既定目标，进行了长期艰苦卓绝的斗争。根据地、解放区人民群众衷心拥护共产党，发出了“紧跟共产党，至死不回头”的强烈呼喊。这种党群关系，是党坚持群众路线和为人民服务宗旨的结果，是党得以生存、发展、成长、壮大并取得最后胜利的根本保证。

四、弘扬徂徕山起义精神，践行共产党人的初心和使命

徂徕山起义给我们深刻的历史启示，为开展革命传统教育提供了生动教材。在新时代新征程中，我们要认真学习习近平总书记关于弘扬革命精神、传承红色基因的重要论述，大力弘扬在革命烽火中铸就的“徂徕山起义精神”，与弘扬井冈山精神、延安精神、西柏坡精神、红船精神、沂蒙精神等革命精神贯通起来，为中华民族的伟大复兴，为改革开放和现代化建设提供不竭的动力之源。

（一）弘扬徂徕山起义精神，坚定共产党人的理想和信念

坚定的理想信念是党的凝聚力、战斗力的源泉，是战胜一切困难险阻的强大力量。习近平总书记指出：“对马克思主义的信仰，对社会主义和共产主义的信念，是共产党人的政治灵魂，是共产党人经受住各种考验的精神支柱。”①徂徕山起义精神所蕴含的对党的无比忠诚，对革命百折不挠的坚定信念，是我们砥砺奋进的强大精神支柱。在新时代新征程上，必须大力弘扬坚定理想、百折不挠的奋斗精神，坚定共产主义远大理想和中国特色社会主义共同理想，做到任何时候任何情况下都坚持理想信念不动摇、革命斗志不涣散、奋斗精神不懈怠。

（二）弘扬徂徕山起义精神，强化共产党人的使命和担当

在艰苦卓绝的对敌斗争中，英勇不屈的齐鲁儿女面对着日本侵略者的血腥屠杀和残酷压迫，挺身而出，勇敢地担负起了救人民于水火的历史使命。徂徕山起义展现出的不畏强暴、英勇斗争的大无畏革命精神，体现了为祖国和人民利益顽强奋斗的责任担当。在新时代新征程上，深入贯彻落实党的十九大精神，贯彻落实习近平总书记视察山东重要讲话精神，必须要有强烈的责任担当，必须发扬敢于斗争、敢于胜利的精神，保持艰苦奋斗、戒骄戒躁的作风，以时不我待、只争朝夕的精神，埋头苦干，锐意进取，奋力走好新时代的长征路。

（三）弘扬徂徕山起义精神，树牢矢志为民的宗旨意识

密切党同人民群众的血肉联系，是党得以生存、发展、成长、壮大并取得最后胜利的根本保证。在革命战争年代，我们党以中华民族和人民的利益为最高利益，与人民群众甘苦与共，鱼水相依，得到了广大人民群众的衷心拥护和倾力支持，取得了新民主主义革命斗争的伟大胜利。在新时代新征程上，必须坚持人民主体地位，践行全心全意为人民服务的根本宗旨，把人民对美好生活的向往作为奋斗目标，以保障和改善民生为重点，发展各项社会事业，依靠人民群众

① 《习近平在纪念朱德同志诞辰130周年座谈会上的讲话》，《人民日报》2016年11月30日。

创造历史伟业。

（四）弘扬徂徕山起义精神，发挥共产党人的先锋模范作用

共产党员绝不只是一个政治称谓，更是一份责任和义务。徂徕山起义后，先后有司令员洪涛、泰山地委书记汪洋、鲁中社会部长朱毓淦等一批在四支队战斗过的革命志士壮烈牺牲。他们为民族的解放、人民的幸福献出了宝贵的生命，是我们学习的楷模。作为新时代共产党员，我们要牢记自己的第一身份是共产党员，第一职责是为党工作；要始终清醒地知道我是谁、代表谁、为了谁、依靠谁，时刻发挥共产党员的先锋模范作用。

习近平总书记指出："中国共产党人的初心和使命，就是为中国人民谋幸福，为中华民族谋复兴。"①今天，我们正在进行新时代中国特色社会主义的伟大实践，把我国建成富强民主文明和谐美丽的社会主义现代化强国，是全国人民的共同愿望，也是无数志士仁人为之奋斗的追求目标，更是我们广大共产党人的初心和使命。红色基因赓续传承，革命事业永无止境。党的十九大描绘了中华民族伟大复兴的宏伟蓝图，只要我们始终牢记共产党人的初心和使命，始终坚持全心全意为人民服务的根本宗旨，始终不渝地继承和弘扬革命战争年代共产党人的革命斗志、拼搏精神和优良传统，不忘初心、牢记使命、不畏艰难、永远奋斗，就一定能够走好新时代的长征路，在社会主义现代化新征程中谱写出更加壮丽的篇章！

参考文献

1.宋洪江：《中共泰安历史大事记（1925～1949）》，中共党史出版社 2001 年版。

2.亓涛主编：《中共泰安组织史（1926～2011）》，中央文献出版社 2011 年版。

3.亓涛主编：《中共泰安地方史（1926～2008）》，中央文献出版社 2012 年版。

4.王敬泽：《徂徕山抗日武装起义丛书》，中共党史出版社 2019 年版。

① 《习近平在中国共产党第十九次全国代表大会上的报告》，《人民日报》2017 年 10 月 28 日。

徂徕山起义前的抗战宣传

——以泰安地区为例

侯文卿*

【摘要】1937 年 10 月中旬，中共山东省委从济南迁往泰安，泰安成为全省抗日宣传主战场。泰安各地党组织在山东省委领导下，成立宣传队伍、开展统战工作，向当地群众宣传抗日救亡思想。与此同时，在中国共产党的领导下地方开明人士也积极行动起来，成立泰安抗敌自卫团、抗战剧团等组织，宣传抗日救亡思想。党内外人士的共同活动对动员群众参与抗日救亡活动中起到了良好的效果，为徂徕山起义队伍的壮大奠定了较好的群众基础。

【关键词】泰安地区；抗战宣传；徂徕山起义

徂徕山起义是山东省委直接领导的抗日武装起义，是山东抗日武装起义的标志性事件，对山东抗日根据地建立起到了至关重要的作用。徂徕山起义前，无数党内外人士向广大民众宣传抗日爱国思想，这对起义的发展、队伍的扩大甚至根据地的创建都起到了重要作用。在泰安地区的宣传工作中，既有各级党组织积极向群众开展抗战宣传活动，也有泰安当地开明人士在中国共产党的领导下，利用个人以及团体影响力，向群众宣传抗战思想，为起义的发展及队伍扩大奠定了良好的基础。

一、山东省委领导下的宣传工作

1936 年，山东省委恢复工作后，黎玉与其他省委同志一起，遵照《抗日救国

---

* 侯文卿，鲁东大学历史文化学院中国史研究生。

十大纲领》,结合山东的实际情况,订立了组织和发动抗日游击队的十大纲领,为徂徕山起义提供了指导。“1937 年 10 月中旬,山东省委机关、中华民族解放先锋队山东省部队、平津、济南流亡同学会陆续从济南转移到泰安,泰安一时成为全省抗战的中心。”[①]泰安地区的抗日宣传工作随着山东省委等机关的转移而迅速发展起来。

(一)成立宣传队伍,开展统战宣传

山东省委在徂徕山起义爆发前,利用中华民族解放先锋队(后文称“民先”)的影响力,向群众特别是青年人宣传抗战思想;同时,也吸纳了国民党方面的开明人士参与到共产党领导的抗战活动中。

1.中华民族解放先锋队的扩大

“1937 年‘七七’事变后,各县在中共党组织领导下先后建立‘中华民族解放先锋队’。”[②]同年 11 月,民先迁至泰安,民先的宣传对象以青年人为主,在青年群体中产生了极大的号召力。以新泰县(今新泰市)为例,“到一九三七年底,全县民先队员已经发展到三百多人,王迫悟同志担任全县民先队长”[③]。民先的迅速扩大,为徂徕山起义后队伍的扩编提供了人员基础。

2.吸纳国民党人士

山东省委迁至泰安后,曾利用泰安当地党员的关系,发动志于抗日的国民党开明人士。在新泰县,曾任泰安六区区长兼民团团长的程子源,看到共产党抗日的真诚态度,决定加入共产党拥护抗日,“准许共产党在六区可以各种方式开展抗日活动,还请赵杰给他的民团讲政治课”[④]。此后,地方党组织利用集会、讲演、学校师生演剧、贴标语、编唱抗日歌曲等各种方式,宣传党的抗日主张与统一战线政策。

在黎玉同志前往徂徕山时,也接纳了五名国民党士兵参与起义。在徂徕山上,同志们开会欢迎这五名士兵的加入,并且组织了小独幕剧,在吃饭时把煎饼疙粑给他们吃,让他们睡在屋里,而共产党员则住在屋外。这样的诚意感动了国民党士兵,他们交出自己的枪和子弹,并参加了 1938 年 1 月 1 日的徂徕山起

① 泰安市中共党史学会编:《徂徕丰碑》,2018 印刷,第 9 页。

② 山东省泰安市地方史志编纂委员会编:《泰安地区志》,齐鲁书社 1997 年版,第 436 页。

③ 中共泰安市委党史资料征集研究委员会编:《徂徕山起义》,1985 年印刷,第 313 页。

④ 中共泰安市委党史征集研究办公室编:《徂徕山起义历史纪实》,中共党史出版社 2018 年版,第 84 页。

义。武中奇说:“我们增加了五支枪,好像增加了无限的力量。”[①]

(二)开展文艺宣传

此外,各级党组织在“城市里头,乡村里头都搞了些活报剧,宣传抗日”[②],还在岱庙演出《放下你的鞭子》,向当地群众以及外来流亡人员宣传抗战。

在泰安五区,五区区委组织宣传队,“到泰城火车站、育英、萃英中学演出了《放下你的鞭子》《谁是混蛋》等小剧,积极宣传我党发表的抗日救国十大纲领”[③],号召一切不愿做亡国奴的人们,共同抗日。在与泰安县委、山东省委恢复联系后,五区区委更加积极地发动教师学生演剧、贴标语、大唱抗日救亡歌曲,开展各种宣传活动。到徂徕山起义时,五区有六人参与到起义誓师中。

在泰安六区,1937 年 10 月省委派程照轩、侯德才、赵杰在泰安六区成立区委,要求他们“宣传共产党的抗日救国主张,组织抗日救国会等抗日团体,扩大抗日民族统一战线”[④]。这一举动引起了较大反响,黎玉同志提到“贫苦群众听说赵杰是共产党派来搞游击战争的,无不欢天喜地,觉得有盼头了,许多人上门来找”[⑤],还有村民造声势说:“共产党、八路军的大队人马马上来到徂徕山了,有好几千人啊!”[⑥]利用良好的舆论环境,六区区委团结了许多青年农民、学生、教师及各方面爱国人士。比如在山阳庄,程照轩等人把当时停课在家的知识青年作为首批宣传对象,并且逢人便讲,有机会就宣传,不久党的抗日主张就传遍了全庄,“‘打日本保家乡’‘不当亡国奴’已成为街谈巷议的中心”[⑦]。

在新泰县,1937 年 9 月省委派孙汉卿前往新泰发展抗日力量,11 月又派董琰、李枚青、刘少傥三位同志组织县工委会,组织抗日救国会工作,发展抗日游

---

① 中共泰安市委党史征集研究办公室编:《徂徕山起义历史纪实》,中共党史出版社 2018 年版,第 113 页。

② 中共泰安市委党史征集研究办公室编:《徂徕山起义历史纪实》,中共党史出版社 2018 年版,第 108 页。

③ 中共泰安市委党史征集研究办公室编:《徂徕山起义历史纪实》,中共党史出版社 2018 年版,第 199 页。

④ 中共泰安市委党史征集研究办公室编:《徂徕山起义历史纪实》,中共党史出版社 2018 年版,第 57 页。

⑤ 中共泰安市委党史征集研究办公室编:《徂徕山起义历史纪实》,中共党史出版社 2018 年版,第 57 页。

⑥ 中共泰安市委党史征集研究办公室编:《徂徕山起义历史纪实》,中共党史出版社 2018 年版,第 84 页。

⑦ 中共泰安市委党史征集研究办公室编:《徂徕山起义历史纪实》,中共党史出版社 2018 年版,第 181 页。

击队员,“一个月的时间发展了抗日武装近一千人(村自卫团)”[①]。据刘少傥回忆,1937 年冬初,他们在新泰地区大力宣传红军坚持游击战争的经验,号召广大人民团结起来,举起抗日的义旗。他们利用民先队员李树兴家的收音机,收听时事广播,以抗日救援会的名义油印广播时事,散发到附近的农村小学借以联络抗日活动,一时团结了不少新泰教育界的知识分子,并开展抗日募捐和集市宣传活动。

此外,党曾经在新泰县三次组织大规模请愿活动,要求国民党县政府建立抗日组织,在“城关一小、羊流二小成立了抗敌后援委员会,发动募捐,印刷宣传品,广泛开展抗日救亡宣传”[②],抗敌后援委员会的活动遍及全县。

在省委领导下,泰安各地的党组织先后开展各项宣传活动,唤起群众爱国热情,反对日本侵略者。这与当时以韩复榘为首的国民党山东省政府不战而降的形象形成鲜明对比,使得民众更加相信中国共产党是一支真心抗日的队伍,为徂徕山起义奠定了良好的群众基础。

二、泰安地区民众的宣传实践

泰安地区,亦有很多开明人士开展抗日宣传活动。同时,泰安地区还聚集了许多流亡学生“从泰安再往后方走”[③]。这些地方人士与流亡来泰的学生群体共同开展抗日宣传活动,与党领导的宣传工作相辅相成,使抗战宣传深入人心。

(一)成立抗敌自卫团

七七事变后,时任泰安县民众教育馆馆长的马馥塘和地方名流范明枢共同成立了泰安县抗敌后援会;后为了发展抗日队伍,又成立了泰安县人民抗敌自卫团,马馥塘任自卫团团长,“不久抗敌人民自卫团发展了三百多人,有教员,有学生,还有农民”[④]。于一川是当时泰安社会教育实验区主任,据他回忆当时仅社会教育实验区内就有几十人报名自卫团,这为后来徂徕山起义做了一些思想上、组织上的准备。

---

① 中共泰安市委党史征集研究办公室编:《徂徕山起义历史纪实》,中共党史出版社 2018 年版,第 298 页。

② 中共泰安市委党史资料征集研究委员会编:《徂徕山起义》,1985 年印刷,第 313 页。

③ 中共泰安市委党史征集研究办公室编:《徂徕山起义历史纪实》,中共党史出版社 2018 年版,第 107 页。

④ 中共泰安市委党史征集研究办公室编:《徂徕山起义历史纪实》,中共党史出版社 2018 年版,第 127 页。

(二)成立抗战剧团,开展文艺宣传

据黎玉回忆,七七事变后许多战地服务团、话剧团、歌咏队到处活动,对发动群众抗战起到了不小作用。在泰安地区,曾参加过韩复榘第三路军政训队的女民先队员和泰安当地妇女抗日救国会的女青年在七七事变后多次组织文艺演出,宣传抗日思想。

马馥塘在组织抗敌自卫团后,又成立了抗战剧团。当平津学生会流亡到泰安时,马馥塘主动拜访,帮助学生会募捐了300元钱,并建议他们在泰安城里和农村进行抗日宣传,学生会派出三人加入抗日剧团,与剧团共同演出。

汪瑜是当时抗战剧团的成员,据她回忆,剧团经常演出《放下你的鞭子》,"这出剧不要舞台,在露天广场人多的地方,一敲锣就演起来"①,演出所需条件简易,并且容易得到观众共情,经常围观的群众跟着哭起来,激起群众对流亡父女的同情和对日本鬼子的痛恨,演出结束后"夏天庚就从观众里面走出来,向群众宣传一番抗日救亡的道理"②。此外,还有一批平津流亡学生在泰安进行抗日宣传,有时候抗战剧团与学生也会配合演出,向学生学习,还一起唱《义勇军进行曲》《五月的鲜花》《打回老家去》等歌曲。

(三)组织抗日队伍

封振武是泰安县的小学教员,在学校停课后,他不甘心当亡国奴,想自发组织队伍参与抗战。他联合平时关系很好的同行、同乡甚至还有亲戚关系的封虞臣、李子敬、冯平等共同组织抗日队伍。他们发动了教员、学生、受过鬼子压迫的人以及出身贫苦的年轻农民,"自9月间开始,到10月底已有四五十人了"③。

在徂徕山起义前后,当地还有很多会道门存在,"周围地区的道会门有无极道、红枪会、黑旗会等,尤以无极道人数最多"④。这些会道门有些是全村性的,他们的政治倾向取决于他们的首领。对于会道门的回忆,山阳村陈善说:"抗日战争爆发后,王心存在茅茨、范立中在羊楼各自拉起无极道,他们两人并分别担

① 中共泰安市委党史征集研究办公室编:《徂徕山起义历史纪实》,中共党史出版社2018年版,第162页。

② 中共泰安市委党史征集研究办公室编:《徂徕山起义历史纪实》,中共党史出版社2018年版,第162页。

③ 中共泰安市委党史征集研究办公室编:《徂徕山起义历史纪实》,中共党史出版社2018年版,第170页。

④ 中共泰安市委党史征集研究办公室编:《徂徕山起义历史纪实》,中共党史出版社2018年版,第448页。

任了徂徕山山前山后的无极道首领。”[①]他们的无极道队伍是抗日的，后来加入了“四支队”。良庄的李昌坤说：“1937年腊月日本鬼子打良庄时，村里的无极道、红枪会也都拿起土枪土炮、大刀长矛，奔向寨墙，参加了打鬼子、保卫良庄的战斗。”[②]

除了有组织的群众宣传活动外，也有部分地方人士自发组织起来宣传抗战。顾亭是参加徂徕山起义的亲身经历者，七七事变爆发时，他是泰安乡村师范的学生，当时他“晚上常到民众教育馆学抗战歌曲”[③]；此后，他在民众教育馆结识了王若杰同志，并且经常跟着王若杰上街募捐抗日经费，开展抗日宣传，还加入了民先和山东同学会。据张瑞轩回忆，七七事变爆发后，许多进步人士、知识青年都到乡下宣传抗日，当时范明枢就去过他们山口村，范明枢“夹着一卷自己花钱石印的宣传画在村里张贴，还到学校里去演讲，一边讲一边哭”[④]。

抗战全面爆发后，泰安地区群众自发组织起来，依靠个人影响力以及亲身实践进行抗日宣传，参加抗日队伍，涌现出了一批又一批如马馥塘、范明枢、封振武这样优秀的爱国人士，这无疑与中国共产党宣传爱国思想起到了相辅相成的作用，为徂徕山起义奠定了良好的基础。

三、起义前的抗战宣传对徂徕山起义及其泰安地区抗战发展的影响

徂徕山起义前，不论是地方人士还是中国共产党领导的各级党组织都做了大量宣传工作，通过开展抗战宣传，吸引了大批群众参与到抗日起义中，推动了徂徕山起义的发展。这些宣传带来的影响主要有以下几点。

首先，宣传动员了泰安地区更多群众加入抗日队伍中。虽然七七事变后泰安地区许多有识之士积极投身于抗日救亡工作，但相对来说人数较少。通过开展宣传工作可以动员更多群众参与到抗日之中。徂徕山起义时参与的不只是士兵、教员和省委县委的干部，还有职员、学生、农民、工人以及国民党的部分散军，可以说是一场完全的群众战争。徂徕山起义后，这种宣传的影响仍在发挥作用，于一川回忆：“徂徕山起义的消息风驰电掣地迅速传播开来，一时山上山

---

① 中共泰安市委党史征集研究办公室编：《徂徕山起义历史纪实》，中共党史出版社2018年版，第448页。

② 中共泰安市委党史资料征集研究委员会编：《徂徕山起义》，1985年印刷，第362页。

③ 中共泰安市委党史征集研究办公室编：《徂徕山起义历史纪实》，中共党史出版社2018年版，第211页。

④ 中共泰安市委党史征集研究办公室编：《徂徕山起义历史纪实》，中共党史出版社2018年版，第217页。

下，人来人往，川流不息。有来参军的，有来探亲的，有来看形势的，热闹极了。”[①]当时泰安县立师范的老师洒海秋，“组织本村 38 人参加徂徕山抗日武装起义部队，后又发动泰安乡师学生参加起义部队”[②]。短短几个月的时间，参与徂徕山起义的队伍就扩大到数千人，这与当时的宣传是分不开的。

第二，起义前的宣传工作有利于收拢抗日队伍。当时各地区大大小小的起义队伍数量众多，由于这些队伍的领导者军事素养较弱，部队缺乏良好的组织性，很难发展成一支大规模的抗日队伍。而徂徕山起义前的宣传无疑为这些队伍提供了更好的抗日机会。因此，徂徕山起义前后，很多组织、部队参与到山东省委领导的抗日队伍中。

第三，起义前的宣传促进了泰安地区抗日革命工作的开展。徂徕山起义前的宣传多集中在泰安、新泰、宁阳、莱芜等地，当地民众亲身参与到宣传之中，民众思想得到极大解放，对抗战有了更深的理解，这为后来泰安地区抗日根据地的建立奠定了思想和群众基础。

徂徕山起义前的宣传工作，不仅为徂徕山起义、泰安地区群众工作的开展奠定了基础，也为后来山东全省的起义宣传提供了借鉴。徂徕山起义前的宣传工作，不只是中国共产党领导的各级党委的宣传，更是全社会各个阶层参与的群众宣传，可以说是全社会共同参与的全民族抗战。也表明中国共产党始终和中华民族全体大众贴在一起，中国共产党代表的是全体人民群众的利益。

---

① 中共泰安市委党史征集研究办公室编：《徂徕山起义历史纪实》，中共党史出版社 2018 年版，第 156 页。

② 中共泰安市委党史征集研究办公室编：《徂徕山起义人物名录》，中共党史出版社 2018 年版，第 160 页。

徂徕山地区抗战考略

刘志鹏[*]

【摘要】全面抗战爆发后，中共山东省委积极响应中央一致抗日的号召，并制定了在全省分区发动武装起义的计划。基于徂徕山地区的独特地理位置和良好的组织工作基础，中共山东省委决定直接领导徂徕山地方武装起义，并创建了由中共山东省委领导的一支重要的抗日武装力量，即八路军山东人民抗日游击队第四支队。部队经过短期整训后，即在徂徕山地区对日伪展开斗争，在此基础上创建的徂徕山根据地，受到了日军的重点"扫荡"，遭受重大损失。尽管如此，在中国共产党领导下，党政军民坚持在徂徕山地区的持久抗战，涌现出了一大批可歌可泣的英勇事迹。正是基于从战争中学习战争，中共山东省委闯出一条开展敌后抗日游击战争的道路，以便指导整个山东的游击战争，从而为创立山东抗日根据地打下基础。

【关键词】抗日战争；徂徕山起义；山东抗日根据地

1937年10月，中共山东省委书记黎玉等在济南召开秘密会议，制定了在全省分区发动武装起义的计划。徂徕山起义，是由中共山东省委直接领导的一次抗日武装起义，并发展成为一支重要的抗日武装力量，为其后发展山东抗日根据地奠定了基础。本文以徂徕山起义为起点，重点梳理徂徕山地区的中共武装、抗日斗争以及所遭受的损失等情况，得以管窥山东抗日根据地的艰难创立。

---

* 刘志鹏，山东师范大学历史文化学院教授、抗日战争研究中心主任。

一、从战争中学习战争:中共山东省委与徂徕山起义

(一)文庙会议与徂徕山起义的发动

1937年10月22日,中共山东省委在泰安文庙召开会议,决定派刘居英、程绪润去莱芜、新泰,赵杰、程照轩等去泰安六区山阳村,孙汉卿去新泰,发动群众建立抗日武装。11月10日,黎玉、林浩率省委机关人员、山东“民先”队(民族解放先锋队,以下简称“民先”队)陆续抵达泰安,决定在泰安、新泰、莱芜一带发动抗日武装起义。12月27日,中共山东省委在泰安城南篦子店召开紧急会议,决定在日军侵占泰安城时举行抗日武装起义。12月31日,泰安失陷。1938年1月1日,在中共山东省委直接领导下,省委书记黎玉、委员林浩和红军干部洪涛、赵杰等组织红军干部、共产党员、“民先”队员、泰安县委发动的“民众抗日自卫团”、平津和济南的流亡学生、被争取过来的带枪的部分国民党溃兵等130余人,在泰安徂徕山法华寺举行誓师大会,发动武装起义,宣布成立八路军山东人民抗日游击队第四支队(以下简称“第四支队”),洪涛任支队长,黎玉任政治委员,赵杰任副支队长,林浩负责政治部工作,马馥塘任经理部主任。第四支队初编为一、二两个中队和1个宣传队。省委机关、泰安县委和抗敌自卫团、青年学生编为第一中队,在泰安六区组织起来的队伍编为第二中队,以参加起义的杨纯等10名女战士为主编成宣传队。不久,新泰、莱芜、泗水、博山、莒县、临沂等县起义部队相继到徂徕山汇合,部队增至400余人。在不到1个月的时间里,起义武装先后组建5个中队。

(二)刘杜会议与徂徕山第一次分兵

1938年1月15日,中共中央指示山东省委工作应以发动游击战争与建立游击区根据地为中心,工作中心放在鲁中区。省委根据这一指示,2月23日,在新泰刘杜村召开扩大会议,决定由省委书记黎玉赴延安向中共中央汇报山东工作。黎玉走后由林浩代理省委书记兼第四支队政委并主持省委工作。同时,将1月徂徕山起义后成立的第四支队分为一、二两个大队,分两路向南、向北推进。北路由洪涛、林浩等率领,向莱芜、博山、淄川一带发展;南路由黎玉、赵杰、景晓村等率领,向泗水、蒙阴、费县发展;省委机关亦分为两部分,随部队行动。会后,北路军按既定方针进发,4月初到达淄川县,在马棚、磁窑坞一带与廖容标、姚仲明率领的山东人民抗日救国军第五军会师。南路部队从刘杜启程,经新泰、泗水,于3月上旬进入费县蒙山万寿宫、太平邑一带。此后,两路部队都得到进一步扩大,并在莱芜胜利会师,下辖3个团,发展到4000余人。5月中旬,

中共山东省委及第四支队司令部移驻徂徕山的南上庄、邓许庄一带。

(三)南上庄会议与徂徕山第二次分兵

1938年5月20日，由延安而来的郭洪涛一行到达泰安县南上庄山东省委驻地。5月21日，山东省委召开干部会，郭洪涛传达了毛泽东关于建立抗日根据地的指示，会议讨论了《发展和坚持山东游击战争的战略计划》，确定在山东创建抗日根据地。根据中共中央决定，重组山东省委，暂定郭洪涛、林浩为省委常委，郭洪涛任书记，林浩兼组织部部长，景晓村任秘书长，张天民任职工部部长，史秀云任妇女部部长。为创建以沂蒙山为中心的鲁中抗日根据地，第四支队决定兵分几路再次离开徂徕山。12月，第四支队改编为八路军山东纵队第四支队(亦简称"第四支队")。司令员廖容标，政治委员林浩，副司令员赵杰，参谋长王彬，政治部主任周赤萍，供给部主任王纪武。辖第一团，团长程绪润，政治委员刘居英；第二团，团长单洪，政治委员汪洋；第四团，团长廖容标(兼)，政治委员姚仲明(兼)。1939年3月，第四支队整编，司令员改称支队长。1940年9月整编时，大部编入第一旅，其后方司令部改称新的第四支队。1941年8月，编为鲁中军区第一军分区。

二、徂徕山地区的抗日斗争

徂徕山起义之后，第四支队经过短期整训，即对日伪展开斗争，先后有寺岭村伏击战、四槐树村伏击战、徂徕山战斗、徂徕山突围战等。

1938年1月26日，第四支队在寺岭(大汶口至新泰公路上)设伏，全歼日军6人(一说毙伤日军4人)，首战告捷，并捕获了准备去济南投敌的原国民党新泰县长朱奎声。徐州会战期间，第四支队积极配合友军作战。2月18日晚，第四支队在泰安至新泰公路上的四槐树村公路桥头设伏，并在公路上埋下3颗地雷。次日黎明炸毁汽车3辆，歼灭日军40余人(一说毙伤日军10余人)，减轻了友军的作战压力。3月，第四支队在博山一带活动的部队与由清河区南下的第五军的一部会师，协同博山县委组织的武装，一度攻克博山城，全歼守城伪军。4月3日，第四支队攻克谭部据守的莱芜城，俘谭远村以下300余人。5月，第四支队贯彻抗日民族统一战线的方针，与国民党69军合作抗日。7月7日，泰安县独立营30余人与第69军一部在泰安油坊村南伏击日军，毙日军8人、伤日军11人。9月后，第四支队不断袭击日伪军，毙伤日伪军300余人，击落飞机1架，先后破袭张店至博山的铁路数十里，击毁机车3辆，迫使日军运煤列车半月不能通行。

1938年夏，泰安县委派王子健前去做泰安无极道首领范立忠的工作，因两人同乡兼亲戚，王子健向其讲明了共产党的政策，范立忠毅然率领道众上徂徕山。不久，被编为第一大队，范立忠任队长，王子健任政委，随后正式编入第四支队。另外，县委为了争取无极道另一道长王新存，又派地下党员赵一川、薛子超等以小学教员身份为掩护去做说服工作，王新存率领的一部分道徒也加入八路军，被编为一个营。

1939年9月，第四支队领导了徂徕山战斗。9月26日，日军400余人"扫荡"徂徕山。第四支队第一大队三中队与日军转战于作书坊、黑石埠、葫芦山等地，击毙日军70余人，缴获枪支、子弹等物。1940年10月17日，八路军山东纵队第四支队、第一旅二团先后于徂徕山南麓、章(丘)博(山)莱(芜)边地区发起为时半月的反封锁战役，攻克徂徕山周围日伪据点20余处，毙伤日伪军近1000人，俘500余人。1942年7月1日，日伪军集中4000余名兵力"蚕食"徂徕山，八路军组织徂徕山突围战。中共党政机关和人民武装突围，转至莲花山。8月29日凌晨，日军跟踪包围莲花山西部肖庄、蒲洼一带。八路军泰安县独立营和八路军四旅十二团一个连与日伪军激战，除主力连突围外，独立营被摧垮，中共泰安县委代理书记张子云等40余人牺牲，县委秘书张振中等40余人被俘。

徂徕山根据地的地位非常重要。1938年5月奉命到山东开辟抗日根据地的郭洪涛带来两部电台，架设在徂徕山，由闻述尧负责，其中一部后来成为中共山东分局的专用电台。同时许多党政军领导人也不怕牺牲留下了可歌可泣的英勇事迹。如1941年11月8日，日军合击鲁中区党委和鲁中军区驻地，鲁中区党委社会部部长朱毓淦在转移时因敌特告密被捕。敌人对其威逼利诱无果后，又进行严刑拷打，他始终英勇不屈，大义凛然。18日，他在蒙阴县苏家庄被日军割掉舌头，挖去双眼，刺穿胸膛，壮烈牺牲。1942年八路军鲁中军区敌工部部长鲁宝琪被派到泰山一带敌占区工作。鲁宝琪整顿了泰安地下情报交通站，搜集了大量情报，完成了对过路干部的接应护送等任务。1943年10月，鲁宝琪到泰安城东与岱峰区中队布置工作，由于被人告密，当夜被泰安伪县大队包围。突围时他身中两弹，伤重被俘，但其拒绝饮食和治疗，伤情急剧恶化，于10月20日牺牲。

三、徂徕山地区的抗战损失

1938年2月24日，盘踞在泰安城和大汶口火车站的日军纠集五六百人奔赴徂徕山前的山阳村，意图"围剿"八路军，制造了山阳惨案。他们在山阳村西北的小河边架起大小炮和轻重机枪，炮轰山阳村持续约一个小时之久，发射炮弹数百枚。随后冲进村里，不分男女老幼，见人就杀。在一个地瓜窖中藏有10名村民，被日军放火全部烧死。关帝庙中藏有8名村民，日军放火烧庙，几个日军把着庙门，凡是逃出来的村民都被刺刀刺死，只有一个村民被烧掉一只耳朵，烧焦半边脸，幸免于难。在村东北角的窑湾边上，有20多名逃难的村民被日军骑兵围住，全部被枪杀。日军杀人之残忍，令人发指，有的老太太被开膛破肚，有的孕妇被杀死，婴儿流出体外。至下午5点，日军方撤走。惨案中，日军杀死村民72人，打伤13人，烧毁房屋3000余间，烧死、抢走大牲畜150多头。

表1为日军在徂徕山地区用毒情况。

表1　日军在徂徕山地区用毒情况表

用毒时间	用毒地点	用毒方式、种类及数量	伤亡人数
1940年8月	泰安徂徕山	放喷嚏性毒气弹12发	—
1941年8月	泰安六郎坡	施毒气	8人
1941年9月	莱芜茶叶口八路军医院	“赤弹”2枚	15人
1941年9月	莱芜朱彪崮	施毒气	10余人
1941年10月	新泰某村	施毒气	120余人
1942年5月	泰安大众桥	瓦斯试验	1人
1942年5月	泰安车站	瓦斯试验	3人
1942年5月	泰安兵营	瓦斯试验	16人
1942年7月	莱芜九顶山	毒气弹9发	15人
1942年8月	博山八陡东南	毒气弹5发	—

资料来源：中央档案馆、中国第二历史档案馆、河北省社会科学院编《日本侵略华北罪行档案·毒气战》，河北人民出版社2005年版，第319～337页。

日军在泰安徂徕山制造“无人区”。为围困中国共产党领导的地方抗日武装，日军先由徂徕山南麓进攻，继而从东、西、北三面分进合击，将徂徕山周边各地占领，封锁围困徂徕山。1939年6月，日军在徂徕山周围的旧县、保安庄、天宝寨等村镇安设了据点。1942年7月，日军在山区外围80余公里处修筑封锁沟及碉堡、据点，沟外修公路，封锁沟内划为“无人区”，强迫民众搬家，不服从者残施屠戮。据广濑三郎供认，1942年8～10月，日军第59师团下属的步兵第45、第111大队各一个中队，联合伪军万金山、苏志芳部共万余兵力，实施“徂徕山封锁作战”计划，采取“铁壁合围”的战术，在山区周围制造了宽 10 余公里的“无人地带”。

日本战犯加藤喜久夫和长岛勤曾在徂徕山地区进行侵略活动。据《侦讯加藤喜久夫的总结意见书》，其在日军第 59 师团 53 旅团司令部任职，1940 年 5 月至 1945 年 7 月，该犯在徂徕山等地区屠杀抗日军民 577 名。加藤喜久夫供认，1941～1942 年在泰安县大众桥附近、泰安车站前、兵营内等地，先后以活人试验催泪性、喷嚏性瓦斯，奉命或任意放毒 4 次。长岛勤则曾任步兵第 54 旅团旅团长，据《长岛勤罪行材料》，1940 年日军第 59 师团“扫荡”肥城牟家庄时，将该村两名妇女强奸后残忍杀害。1944 年 3 月，该犯又令 3000 多人向泰安以北地区进行“扫荡”，俘八路军及青年群众 50 多名(下落不详)，并在大河峪放火烧了 20 多间民房，当时有该部队的田中队长令其机枪射手高桥(名不详)，向赶集的两名挑担子百姓射击，当场死 1 名，伤 1 名，各村的鸡猪全被吃光，强奸妇女的数目更是不易计算。

参考文献

1.山东省档案馆、山东社会社科院历史研究所编:《山东革命历史档案资料选编》，山东人民出版社 1983 年版。

2.中共山东省委党史研究室编:《中国共产党山东历史》，山东人民出版社 2018 年版。

3.山东省地方史志办公室编:《山东抗战战事史料汇编》，山东人民出版社 2015 年版。

4.中共山东省委党史研究室编:《山东党的革命历史文献选编》，山东人民出版社 2015 年版。

5.王士花:《徂徕山起义与山东中共抗日武装的兴起》，《史学月刊》2015 年第 11 期。

徂徕山起义前的时局演变与中国共产党的战略选择*

孙彬**

【摘要】徂徕山起义是中共山东省委"抓住历史先机"，选择了"最佳时机"的战略选择。近代日本从政党政治走向军部政治，欲将中国"化为日本的殖民地"，广田内阁上台后，制定全面侵华国策，军部意志上升为国家战略。韩复榘主政山东，给中共山东省委造成极大破坏。抗战爆发后，中国共产党捐弃前嫌，联韩抗日，建立抗日民族统一战线，开辟敌后战场，成为抗战的"中流砥柱"。

【关键词】中国共产党；徂徕山起义；近代日本；韩复榘；抗日

卢沟桥事变后，为贯彻中共中央"在敌后开展独立自主游击战争"与"整个华北工作应以游击战争为唯一方向"的战略部署，中共山东省委有组织、有计划、有选择地发动抗日武装起义，其中徂徕山起义最具有代表性。

学界对此已有研究。中国社会科学院王士花研究员认为徂徕山起义是山东地方党"利用天时地利人和之便，抓住历史先机"①的结果，山东省党史专家丁龙嘉教授认为这次起义选择了"最佳时机"（即"在韩复榘的军队开始撤退或溃散，日本军队尚未到达或立足未稳之时"②）；黎玉认为"把发动武装起义的时机

* 本文系聊城大学冀鲁豫边区红色文化研究专项"冀鲁豫边区统一战线研究"的阶段性成果。

** 孙彬，聊城大学马克思主义学院讲师。

① 王士花：《徂徕山起义与山东中共抗日武装的兴起》，《史学月刊》2015 年第 11 期。

② 丁龙嘉：《徂徕山抗日武装起义的特点及其历史地位》，中共泰安市委党史研究院，2016 年 4 月13 日，http://dsyjy.taian.gov.cn/art/2016/4/13/art_69282_4656457.html，2016-04-13。

选择在国民党、韩复榘的军队开始撤退或已溃散，而日寇尚未到或虽已到达立足尚未稳定之时。这是发动起义的最好时机”[①]。山东省委预判敌人“沿铁路线和主要公路线设立据点，将山东广大土地分割开来”的特点，按照东南西北中五个方位，划分十几个区，成立 10 个军或 10 个支队。[②] 泰安党史办牛国新主编《徂徕山抗日武装起义》一书强调《中共山东省委关于目前形势与工作方针的报告》和《中共中央给山东省委的指示信》(1937 年 11 月 7 日)的重要性。

学界相关研究还存在不充分的地方。本文以近代日本、韩复榘、中国共产党为研究对象，丰富徂徕山起义选择了“最佳时机”的历史逻辑。

一、近代日本的军事战略

近代日本军事制度最重要的特征是统帅权(指挥权)独立。1932～1945 年，日本进入军部政治时期，军部介入政治，政府主张体现军部意志。日本国内统治阶级内部如天皇、政府、军部等虽有矛盾，但都是“自由主义殖民地的思想与法西斯主义殖民地思想的斗争”[③]的矛盾，其最终目的是将中国“化为日本的殖民地”。

(一)田中奏折与策动华北事变

1927 年，日本宣布了《对华政策纲要》，日本军国主义势力主张“惟欲征服支那，必先征服满蒙；如欲征服世界，必先征服支那”[④]。1931 年，九一八事变爆发，“日本变中国为其独占殖民地的阶段由此开始”[⑤]。1935 年，日本策动华北五省(河北、察哈尔、绥远、山西、山东)两市(北平、天津)“防共自治运动”，制造傀儡政权，这就是华北事变。1935 年 11 月 20 日，《韩复榘致何应钦十一月号辰电》，韩复榘表示不会赴平津参与“自治”，同时采取敷衍日方利诱的态度。[⑥] 12 月 18 日，冀察政务委员会在北平宣告成立，宋哲元任委员长[⑦]，土肥原贤二策动的华北事变结束。

---

① 黎玉：《省委关于发动抗日武装起义的部署》，中共泰安市委党史研究院，2016 年 4 月 13 日，http://dsyjy.taian.gov.cn/art/2016/4/13/art_69285_4656508.html。

② 参见黎玉：《艰苦而伟大的山东抗日斗争》，《春秋》2015 年第 4 期。

③ 解放社编辑部编：《战争中的日本帝国主义时事问题丛书》(一)，解放社 1939 年版，第 49 页。

④ 《中国抗日战争史》编写组：《中国抗日战争史》，人民出版社 2011 年版，第 31 页。

⑤ 《中国近现代史纲要》编写组：《中国近现代史纲要》，高等教育出版社 2021 年版，第 137 页。

⑥ 参见日本外务省编：《日本外交文书》(昭和期Ⅱ第 1 部第 4 卷上)，1955 年版，第 386 页。

⑦ 参见李云汉编：《抗战前华北政局史料》，台北正中书局 1982 年版，第 161 页。

(二)军部意志与国家策略

1935 年 6 月,《用兵纲领》经裕仁天皇批准颁布,表示"陆军在击溃华北方面之敌,占领京津地区的同时,应协同海军攻占青岛,并占领上海附近"①。《用兵纲领》是日本全面侵华军事战略的开始。1936 年 8 月,法西斯军人控制的广田弘毅内阁制定了"南攻南洋群岛、北攻西伯利亚""先打中国"的侵略计划②,这标志着军部意志上升为国家策略。日本陆海军中央部制定的 1937 年全面侵华作战计划,"决定在对华北作战时,除过去的两个集团军(5 个师)外,根据情况再追加 3 个师,必要时还可能在华北 5 省进行作战"③。

(三)华北与华东协同作战

日本陆军参谋部发出的《昭和十二年度帝国陆军作战计划要领》强调:"在青岛或其他地点登陆击溃敌人,并占领山东省各要地。"④日军海陆进兵,7 月 31 日夺取平津,然后沿平绥、平汉、津浦三线扩大进攻。10 月 3 日,日军占领德州,10 月中旬先后占领平原、禹城、齐河县城,黄河以北的津浦路遂为其全部控制。日本第三舰队司令官长谷川清中将的《对华作战用兵的意见》提出:"欲置中国于死地,以控制上海与南京最为重要。"⑤8 月 13 日,日本海军陆战队以吴淞港口的日本海军第三舰队为依托,从日租界向中国军队发动进攻,淞沪会战开始。11 月 12 日,日军伤亡 5 万多人后占领上海。12 月 13 日,日军占领南京,屠杀中国军民 30 多万人,制造了南京大屠杀事件。日本法西斯制定华北会战与淞沪会战计划,希望速战速决;日本法西斯当局低估了中国的抗战力量,进攻相继受挫,一步步地走向"持久战的泥潭"⑥。

二、韩复榘消极抗日

韩复榘是反动军阀,在山东执行蒋介石的反动政策,大批共产党人被残杀

---

① 黄一兵:《挑起全面侵华战争是日本法西斯的既定战略》,《光明日报》2015 年 8 月 17 日。

② 《中国近现代史纲要》编写组:《中国近现代史纲要》,高等教育出版社 2021 年版,第 137 页。

③ 张皓:《日本如何有计划有步骤发动全面侵华战争》,《北京师范大学学报》(社会科学版)2017 年第 3 期。

④ 张模超等主编:《中国现代史》,重庆大学出版社 1996 年版,第 451 页。

⑤ 臼井勝美等:《現代史資料》9,《日中戦争》2,美鈴書房 1978 年版,第 186 頁。

⑥ 胡德坤、费泉蕙:《从"七七事变"到淞沪抗战时期中国外交政策浅论》,《武汉大学学报》(人文科学版)2003 年第 6 期。

和关押。抗战初期，韩复榘为“为保存实力，弃人民于不顾，率领十万大军擅自撤退”①。韩复榘因违反战时军律被枪决后，于学忠继任第三集团军总司令。

(一)对中共山东省委的七次破坏

韩复榘不是蒋介石的嫡系，为了赢得蒋介石的欢心，在担任山东省政府主席期间，大肆屠杀共产党人。从1930年11月至1933年12月，中共山东省委共遭遇七次大破坏。此后，山东党组织与上级失去联系，直到1936年5月，山东党组织才同北方局取得了联系，重建山东省委，对外宣称山东省工委，黎玉任书记。

(二)与冯玉祥的恩怨

韩复榘发迹于冯玉祥的西北军，应与之关系不错，但实际情况相反。1937年8月15日，第六战区司令长官冯玉祥抵达济南，商谈津浦线北段抗战，遭到韩复榘冷遇。9月15日，冯玉祥令韩复榘派兵北上，加强沧县的防御，韩称防务紧张，拒绝调动部队。造成两人关系不佳的原因，是冯玉祥治军严厉，曾打过韩复榘三记耳光：“第一记耳光，把一个小小巡捕打成炙手可热的师长；第二记耳光，更造成了他的第三路总指挥和山东省府主席的地位；当扩大会议开会之前，冯在稠人广众中给韩一下耳巴子，那时韩是统率三万貔貅的大将，表面上吃耳光，还得赔笑脸，暗中却把部队调到甘棠，霹雳一声，与石友三同时脱离西北军关系”②。

(三)山东的国民党政权失掉人心

担任黄河守备的第5战区副司令韩复榘的逃跑，违背“持久消耗”的战略，完全打乱了预定计划。随军记者海萍在济南兵站部，听到两位军人的对话。一人说：“这一下我们第三路真丢人，山东省的老百姓养了我们许多年，谁都以为我们是了不得的精悍部队，怎么这一回开了上去，就跟着一步一步地往后退哩。”另一人说：“是啊！真不知道究竟是什么一回事，这一次开了上去，有的连日本人什么样子都没有见过，就退了下来。”③山东的老百姓眼看着韩复榘从北伐时期的“飞将军”变成“退将军”。

---

① 中共山东省委党史研究室：《中国共产党山东历史》第一卷(上)，山东人民出版社2017年版，第299页。

② 陶菊隐：《新语林》，中华书局1940年版，第100页。

③ 海萍：《津浦线抗战记》，汉口华中图书公司1938年版，第62页。

三、中国共产党的军事战略选择

九一八事变后，中国共产党在民族危亡的关头率先举起抗日旗帜。1931 年 9 月 20 日，中共中央发表宣言，提出：“反对日本帝国主义强占东三省!”[①]1932 年 4 月 15 日，中华苏维埃共和国临时中央政府宣布对日作战。

(一)民族危亡关头的“先锋力量”

1932 年，《红旗周报》发表《我们应该怎样拥护红军的胜利》一文，提出“中国苏维埃与红军是反帝国主义最强有力与最伟大的先锋力量”[②]。同年 5 月 3 日，毛泽东给中央局《对政治估量、军事战略和东西路军任务的意见》提出，经过三次反“围剿”和日本出兵东北，蒋系反动势力已“受到很大打击”，我们的军事战略要采取“进攻的外线作战战略”。[③] 1934 年 7 月 31 日，毛泽东在《目前时局与红军抗日先遣队》一文中指出：中共中央“派遣了一个抗日先遣队”，目的是使全国民众明白，“红军是全中国内真正抗日的军队”。[④]

(二)反蒋、逼蒋与联蒋抗日

从瓦窑堡会议到西渡黄河，是我党反蒋抗日阶段。1935 年 12 月，瓦窑堡会议《中央关于军事战略问题的决议》指出，打倒汉奸卖国贼与卖国头子蒋介石。[⑤] 1936 年 1 月 19 日，毛泽东、周恩来、彭德怀签署《东进抗日及讨伐阎锡山的命令》，要求红军即刻出发，打到山西去，开通抗日前进道路，同日本直接开火。[⑥] 同年 4 月 28 日，毛泽东和彭德怀在给周恩来《关于西渡黄河扩大陕甘苏区的命令》的电报中讲：“争取迅速直接对日作战之基本的政治的任务，华北各省仍然是战略进攻方向的主要方向。”[⑦]华北事变后，是我党逼蒋抗日阶段。1936 年 5 月 5 日，毛泽东与朱德签发《停战议和一致抗日通电》指出，“我们愿意在一个月内与所有一切进攻抗日红军的武装队伍实行停战议和，以达到一致抗日的目的”，标志着党的抗日反蒋政策已经开始向逼蒋抗日的历史性转变。同年 9 月，

---

① 中共中央文献研究室、中央档案馆编：《建党以来重要文献选编(1921～1949)》第八册，中央文献出版社 2011 年版，第 549 页。

② 江苏省档案馆编：《红色记忆：江苏省档案馆馆藏革命历史报刊资料选编(1918～1949)》，东南大学出版社 2014 年版，第 210 页。

③ 《毛泽东军事文集》第 1 卷，军事科学出版社、中央文献出版社 1993 年版，第 271 页。

④ 《毛泽东军事文集》第 1 卷，军事科学出版社、中央文献出版社 1993 年版，第 354 页。

⑤ 《毛泽东军事文集》第 1 卷，军事科学出版社、中央文献出版社 1993 年版，第 413 页。

⑥ 《毛泽东军事文集》第 1 卷，军事科学出版社、中央文献出版社 1993 年版，第 435 页。

⑦ 《毛泽东军事文集》第 1 卷，军事科学出版社、中央文献出版社 1993 年版，第 523～524 页。

中共中央为实现全国一致抗日，提出了建立民主共和国的口号，改变了建立地区性国防政府的政策。同年8月30日，中共中央确立了冬季前红一、二、四方面军的作战方针：“迫蒋抗日，造成各种条件使国民党及蒋军不能不与我们妥协，以达到两党两军联合反对日本的目的。”①西安事变，党中央以中华民族团结大局为重，确定了用和平方式解决的方针。经过周恩来与张学良、杨虎城的共同努力，迫使蒋介石做出“停止剿共，联红抗日”的承诺。

（三）游击战为唯一方向

1937年8月，制定作战原则、任务，并进行改编部队。“第一，在整个战略方针下执行独立自主的分散作战的游击战争；第二，在开始阶段，红军以出三分之一的兵力为适宜，其余兵力依战争发展，逐渐使用之。”②以独立自主的游击运动战，消灭敌人的有生力量。陕北红军改名国民革命军第八路军，编制为三个师，即115师、120师和129师，实施“独立自主的山地游击战争”。

1937年9月25日，中央决定“整个华北工作，应以游击战争为唯一方向”③。这里讲的“唯一”是指一切工作“围绕游击战争”，正面战场如失败我们不负责，敌后游击战争我们负责。要求华北党（包括山东在内）动员群众，收编散兵散枪，普遍地但是有计划地组建游击队。同年10月23日，中央指出：“游击战争主要应处于敌之翼侧及后方”，在军事部署上，“取四面包围袭击之势”。游击战争取得最后胜利，最主要的是“紧密依靠乡村广大人民群众”④。12月27日，济南沦陷。31日，中央向蒋介石提出“八路三个师主力以一师开甘凉两州，此师须速即开动；以一师开固原地区，此师亦须准备开动；以一师开豫西，此师待敌攻郑州、潼关时开动。三师在鲁、晋各留一团兵力配合游击队，坚持华北游击战争”⑤。

由于蒋介石对于八路军抱着一种防范态度，禁止八路军主力进入华中，八路军主力改向河北、山东发展，完成了在整个华北的战略布局，建立了山东等抗日根据地。

---

① 《毛泽东军事文集》第1卷，军事科学出版社、中央文献出版社1993年版，第574页。
② 《毛泽东军事文集》第2卷，军事科学出版社、中央文献出版社1993年版，第20页。
③ 《毛泽东军事文集》第2卷，军事科学出版社、中央文献出版社1993年版，第57页。
④ 《毛泽东军事文集》第2卷，军事科学出版社、中央文献出版社1993年版，第97页。
⑤ 《毛泽东军事文集》第2卷，军事科学出版社、中央文献出版社1993年版，第134页。

从宏大叙事到微观实证

——徂徕山抗日武装起义史实研究及精神传承的几点浅见

宗文*

【摘要】随着历史的发展，来自徂徕山抗日武装起义亲历者的史料日渐枯竭，宏大叙事背景下的英雄群像在较大时间跨度下已显得渐渐模糊，时代迫切需要更多真切动人的革命史料和透着烟火气的英雄形象走出历史的巨大光环，以可亲近、可学习的姿态，走进大众，融入生活，引领新征程。实现转型所选取的途径，主要是克服起义处于源头地位、地方党的建设和武装处于草创时期的不利影响，调整方向、凝聚力量、校核文献资料，从亲历者后人和起义发生地群众那里补充新鲜素材，还原历史真实，丰富事件和人物形象，在新型传媒的加持下，实现徂徕山抗日武装起义精神的永生。

【关键词】徂徕山起义；史实研究；精神传承

徂徕山抗日武装起义，是抗战初期山东抗日武装起义的重要组成部分。由于其为中共山东省委的直接发动和领导，对深入开展山东的抗日游击战争和创建山东抗日根据地所起的重要指导作用，所以在山东党史和武装斗争史上占有重要位置，在全国抗战史上也有一定影响。基于徂徕山抗日武装起义的火种效应，起义部队东进西伐、南征北战，不仅成为沂蒙精神的重要起源之一，而且在解放战争中也做出了不可磨灭的贡献，受到各级的高度重视，对徂徕山抗日武装起义的史实研究持续加强，研究成果层出不穷。但是，徂徕山抗日武装起义的影响力和知名度并不高，与其地位和作用很不相称，这是徂徕山周边民众、熟悉和研究徂徕山抗日武装起义史实的诸多专家学者的共同感受。造成如此局

* 宗文，泰安市岱岳区政协教科卫体委主任。

面的原因很多，本文单就徂徕山抗日武装起义史实研究做简要分析，从微观实证（或称个性表达）角度提出几点建议。

一、徂徕山抗日武装起义在现代传播上的先天劣势

（一）作为源头的尴尬

说徂徕山抗日武装起义是山东抗日武装起义的源头，想必不会有太多的反对意见。这不仅因为徂徕山抗日武装起义开创了山东八路军抗战元年，“为建立山东抗战的中心支柱鲁中抗日根据地以及鲁南、滨海抗日根据地，做出了巨大贡献”，还因为“起义中诞生的这支部队和这支部队参与创建的鲁中等解放区，在战后中国人民走向独立自由民主富强的道路上，发挥了历史的作用”。[①]

所谓“昔者江出于岷山，其始出也，其源可以滥觞”[②]。正因为是源头，所以没有波澜壮阔的恢宏气势，没有惊心动魄的战争场面，也缺少感人肺腑的拥军爱民故事，或者说是对故事挖掘得不到位。这些都是现代传播上的不利因素。以至于目前，我们心中无比神圣和骄傲的徂徕山抗日武装起义，知名度并不高。1995 年，中国老区建设促进会划分的四类革命老区中，山东是以省命名的唯一一个革命老区，一类老区县（市、区）5 个，二类 67 个，三类 37 个。泰安市的泰山区、岱岳区（表上显示原称“泰安市郊区”）为三类，而原来隶属泰安市的莱城区、钢城区、汶上县为二类，新泰市和泗水县则划为沂蒙革命老区。

（二）时代因素的局囿

徂徕山抗日武装起义爆发的年代，民生凋敝，烽火连天，社会动荡不安，党的事业和地方武装都在初创时期，革命队伍也在地下活动时期，不仅组织制度不健全，力量弱小，东躲西藏，居无定所，而且参加革命的同志出于安全考虑，连家庭住址和真名实姓都不能公开，更别提留存多少档案资料，这给后来的记录和研究带来了许多困难。眼下，参加徂徕山抗日武装起义的革命同志，绝大多数都已作古，因此，对起义的史实研究和精神传承，势必要做出较大调整。

---

① 《徂徕山抗日武装起义的特点及其历史地位》，泰安党史方志网，2016 年 4 月 13 日，http://dsyjy.taian.gov.cn/art/2016/4/13/art_69282_4656457.html。

② 《荀子》，商务印书馆 2016 年版，第 526 页。

二、徂徕山抗日武装起义在史实研究上的后天不足

（一）研究力量分散

一直以来，各级对徂徕山抗日武装起义的研究十分重视，但是条块分割的现实和行政区划的调整，使研究力量被动地呈现分散状态。从地域和层级上说，山东省、泰安市及相关的县、市、区、乡镇、街道，甚至村都有涉猎，力量不一，侧重不同，下级得到上级的指导和鼓励有限，加上其间的区划调整，县及以下机构适应起来，难免滞后，积极性也受到较大影响。从部门职能上说，党史、史志、军事、公安、文化、教育、新闻、组织、宣传、民政、妇联、政协文史等部门或机构都在参与，这些部门或机构互不统属，各自为战，不仅分散了力量，而且成果也多有龃龉，常常让受众无所适从。从研究主体上说，除上述部门单位和机构以外，起义参加者及其亲属、部下、红色纪念设施和文史爱好者也在从事相关研究，他们也大多从个人或局部等某个侧面出发，缺乏沟通交流，研究内容易出现重复或缺漏，多数是陈陈相因，难以走深走实，更不易出新。

（二）研究方向偏废

对徂徕山抗日武装起义史实研究的成果不可谓不多，就笔者了解，大致分机构和个人出版两大部分，其中机构出版 20 余册（套），个人出版 10 余册。

这些出版物史料性都比较强，但可读性相对不足，从宣传角度讲，不利于广泛性传播。从类型上看，书籍占绝大多数，画册、专题片较少，近年来为纪念抗战胜利和党史学习拍摄的专题片内容上重复较多，而且多为从宏大主题和深远背景角度的描述或解读，对细节的忽略较多。选编或创作的歌谣类图书，应属个人创作，文学性较强，史料性不足。譬如：《徂徕山上红旗飘》，全书 29 篇文稿，只有两篇与徂徕山抗日武装起义有直接关系；《烽火徂徕》近三分之一篇目是抗战结束后的内容，且与起义关系不大。《徂徕山起义》系列图书，是徂徕山抗日武装起义史料性最好的，共 5 个版本，除 2014 年版系简编版不论外，余者就 1985 年、1997 年、2017 年、2018 年四个版本来讲，内容日趋丰富，编著者用力甚巨，但是仍然没有脱出原有的体系：回忆性文稿占了较大比例，1985 年版回忆录 39 篇（35 人），1997 年版 51 篇（约 48 人，包括后人整理稿），2017 年和 2018 年版均为 55 篇（51 人，含整理者），新稿增加不多。

（三）研究成果微瑕

就质量最高的《徂徕山起义》系列图书来说，从 1985 年至今，5 个版本，研究、考证类文稿较少，有的版本则未列此类文稿，许多疑问未解决，缺漏补缀不

力，不少错讹之处既有沿袭，又有新增。例如：1985 年版第 77 页出现“常树人”，第 361 页则是“常树仁”。不同版本之间，甚至同一版本不同文稿之间，朱毓淦的名字就有朱玉干、朱玉淦、朱毓干等写法，出生地记作“泰安县徂徕镇(今属泰安市岱岳区)”，2018 年版在“徂徕山起义(四支队)人物名录”中以曾用名做了表述，是比较好的做法，却又在“徂徕山起义(四支队)人物传略”中将出生地记作“泰安县房村镇(今属泰安市岱岳区)”。洪涛司令员的牺牲地，记作“劝礼村”，各类媒体和著述纷纷引用。其实，当地人都知道，那个村就叫“圈里”，地势低洼，四周都是山，因地形得名，后建成了水库，村名也少有人提及。我们不反对将地名雅化，但应做注释，以尊重事实。2018 年版“人物名录”已收录 294 人，却漏掉了 1985 年版(当时参加誓师大会的 129 人)就存在的孙镜秋、唐寒涛、邢西彬、邢铁民、邢坚英 5 人(粗略查勘，非完全统计)。再如篇章内容设置，2018 年版在“人物名录”册中分列了“名录”和“传略”，在“部队足迹”册中增加了解放战争、抗美援朝战争、建制沿革；在“历史纪实”册中借鉴了 1985 年版，列“工作研究”一章，是比较新近的文稿，分量较重，但是只有 6 篇研究文章，而 1985 年版的“访问、考证”一章就有 15 篇文章，分纪要、访问、探讨、考证、调查等，有较强的学术指导和方向引导作用。

三、几点建议

(一)调整研究方向

目前，对徂徕山抗日武装起义时代背景、历史意义的研究已比较充分，而且随着历史的发展，硝烟散去，老兵凋零，对历史事实的追忆方面，短时期内较难实现大的突破，眼下，或许正是将研究方向转向细节、转向生活的最好时机。

融入生活中的才叫文化，人民的经历才是时代的经历。徂徕山抗日武装起义意义重大，精神宝贵，是大家的共识。但是，如何把研究引向深入，提供更多丰富鲜活的史料，进而艺术地展现出来，深刻地影响到人们的观念和生活，才是徂徕山抗日武装起义的最宝贵价值，也是其精神永存的最好方式。

(二)组建新队伍

借中共泰安市委党史研究院和市地方志研究院机构调整、职能融合的时机，在两院之下设立徂徕山抗日武装起义研究班子，党史和地方史并重；两院牵头打总，便于协调，徂汶景区承接，利于落实；吸纳相关部门和单位，尤其要包含组织、宣传、文化、档案、公安、部队等部门，明确职责；覆盖市辖县(市、区)，理顺统属关系。关键是发现并吸收老专家学者、各类文学艺术创作精英和地方文史爱好者，这是转方向、出新成果的增长点。

（三）搭建新平台

在徂徕山抗日武装起义研究专门班子基础上，加强专题研究和创作队伍建设，加大与媒体，特别是新兴传媒的合作力度，也可以自建微信公众号，在传统传媒受限的情况下，积极推送作品，开设专栏，筹划论坛，出版专辑，举办演出等。有计划地提升现有纪念设施档次，恢复或建设一批纪念设施，如重要会议会址、机关驻地等。2021 年七一前后，马庄镇建立的山东西区人民抗敌自卫团五大队纪念馆、大汶口镇东大吴村建立的刘振华将军纪念馆、北集坡街道邢家寨村建立的邢家寨抗战纪念室都获得了很好反响。重点将现有研究资料搜集完备，完善收藏展示设施，符合规定的内容及早实现数字化，为学习、宣传、交流和研究提供帮助。

（四）开发新资源

加大研究力度，在不同资料之间，特别是回忆录之间进行关联对照，对现有资料全面勘误，在对照中产生新的研究成果；尽快建立与起义有关单位和个人的交流平台，以关键人物和事件为点，沿着事件发生发展要素和人物的革命历程，连点成线，连点成网、成面，丰富事件发生背景、发展脉络、发挥的作用及其关联元素，丰满人物成长历程、革命足迹、思想情感及人物关联，增强故事性，增加可塑性，为文艺创作提供更多原始资料。

（五）转变新视角

在现有资料基础上，转变研究视角，产生新成果。对于起义队伍参加成分，可以研究各地方武装的发生地。对于参加起义队伍人员，可开展籍贯、年龄、学历、家庭及本人成分、人际关系等的研究。如笔者了解到北集坡街道西夏村的程子栋是朱毓淦的妹夫，程子栋的妹妹程树贞（革命后改名王宏瑜）又是孟英的妻子，孟英子女印制的书籍显示，程子栋参加了徂徕山起义，但是在 2018 年版《徂徕山起义》上，没有找到程子栋的名字。邢西彬与邢铁民、邢坚英是亲兄妹。对照 1985 年版《徂徕山起义》和《我从泰山来》，可以更充分地判定寺岭战斗的时间，排长杨桂芳中弹负伤和牺牲的详情。

（六）寻找新线索

所谓新线索，主要是指笔者多年研究，特别是在读到程子栋先生撰写的《鲁中区党委社会部长朱毓淦革命一生传略》和刘德功先生撰写的《徂徕村抗日根据地轶事》后得到的四点启示：一是朱毓淦在徂徕山抗日武装起义中发挥的作用，可能被我们严重忽视了。他去世较早，从事的一些工作尚未解密，但他短暂的一生涉及省内早期党建、学运、情报、除奸反特、起义队伍扩编、公安队伍建设等，有交往的人物有范明枢、冯玉祥、马守愚、姚新府、鲁宝琪、程照轩、程鹏、马馥塘、武中奇及第四支队早期差不多全部领导，所涉地点有济南、泰安、青岛、沂蒙山区、徐州、平原、沧州、大连、天津、北京、香港等，与鲁宝琪一起入选2014年民政部公布的第一批300名著名抗日英烈和英雄群体名录。对比《炮兵司令朱瑞》《战火中的雕像》等，朱毓淦的事迹完全可以创作出很受欢迎的小说或影视剧。二是徂徕山北麓的徂徕村，可能是被忽视的重要的革命根据地。三是存于泰山区档案馆的43卷徂徕山抗日武装起义的历史档案和存于岱庙的抗战时期的资料，认真整理，或许能提供更多资料。四是南上庄村极有可能不是南上庄会议会址，而是省内各地来迎接八路军的报到地点；山东省委驻地不会是南上庄；洪涛所率50人左右的队伍到达的也很可能不是邓许二庄，而都是现在的徂徕镇徂徕村。这都是重要的史实研究线索，是更容易进行文艺创作的鲜活素材。

四、结语

“徂徕之松，新甫之柏”昭示着徂汶大地悠远的历史文明和生生不息的勃勃生机；徂徕山号坦克登陆舰彰显着徂徕山抗日武装起义的赫赫声威和无上荣光。所谓“善积家肥，子孙多材，如彼榱栋，必生徂徕”。在新世纪的曙光里，徂徕山抗日武装起义史实研究必将迎来重大突破，有更多英雄的事迹和形象走进大众视野，有更多的徂徕英雄史诗光耀我们的历史新征程。

参考文献

1.王敬泽:《徂徕山起义》，中共党史出版社2017年版。

2.王敬泽、李耀德、封彦君等:《徂徕山起义》，中共党史出版社2018年版。

3.郭洪涛:《郭洪涛回忆录》，中共党史出版社2004年版。

4.石锡波:《徂徕山抗日武装起义纪实》，中共党史出版社2005年版。

5.钱永昌、王德荣、辛拴明等:《光辉的印记——纪念郭洪涛百年诞辰》，中共党史出版社2005年版。

新时期文旅康养融合发展路径

软实力提升助力县域康养旅游产业发展的对策研究

张纪云　惠亚娟　郁万青　李雨*

【摘要】康养旅游作为“旅游＋康养”的新形式已被社会和市场广泛认同。县域康养旅游是连接城镇和乡村旅游经济的纽带，对城市发展和乡村振兴有重要意义。“软实力”是区域凝聚力、生产力、硬实力的直接助推者，对扩大区域影响力、促进区域康养旅游产业发展、增强居民的归属感有重要作用。结合文献研究和调研，本文厘定了县域康养旅游的概念，阐述了县域康养旅游产业的发展现状和存在的问题，并以软实力提升为出发点，从区域、企业和个人三个层面提出康养旅游产业发展的策略，旨在为县域康养旅游的产业规划、经营管理和人才培养提供参考与启示，促进县域康养旅游产业的高质量、可持续发展。

【关键词】软实力；康养旅游；高质量发展

伴随着经济的发展，社会各个群体都涌现出不同程度、不同类型的休闲康养度假的需求，这些需求为行业带来了庞大的潜在市场。① 随着新的旅游方式和业态的不断产生，越来越多的消费者选择在优质、独特的旅游体验上进行消费。当产业链建立，基础设施等硬件条件具备时，康养旅游产业发展的影响因素更加明显地体现在区域文化引领、企业管理、品牌效应以及康养旅游从业人

* 张纪云，山东医学高等专科学校教授；惠亚娟，山东医学高等专科学校副教授；郁万青，中共临沂市委党校讲师；李雨，临沂市人力资源和社会保障局中级社会工作师。

① 参见戴金霞：《常州市康养旅游产品开发与产业发展对策研究》，南京师范大学硕士学位论文，2017 年。

员的工作素养等软实力上。本研究对康养旅游产业的概念、发展现状、存在问题和软实力提升策略等进行阐述和分析，旨在为县域康养旅游的产业规划、经营管理和人才培养提供借鉴。

一、康养旅游产业的概念厘定

国内对“康养旅游”概念的界定，最早出现在2009年王赵率的研究，他认为康养旅游“是一种建立在自然生态环境、人文环境、文化环境基础上，结合观赏、休闲、康体、游乐等形式，以达到延年益寿、强身健体、修身养性、医疗、复健等目的的旅游活动”①。根据《国家康养旅游示范基地标准》，康养旅游是利用亲近自然、养颜健体、修身养性以及营养膳食等方法，令人在精神、身体与心智层面均达成和谐、自然的良好状态而实施的旅游活动。刘庆余、弭宁将健康旅游资源分为自然资源和人文资源两大类别。② 在疫情防控常态化背景下，县域康养旅游以舒适的短时短途度假方式被大众接受，但是目前国内尚没有对“县域康养旅游”这一专门概念予以界定。在实际调研的基础上，本文融合王赵率、李佐军、郑小燕等学者的观点③，将此概念进行了厘定：县域康养旅游是游客在靠近都市、生态良好、人口密度较低的旅游区进行休闲、放松和娱乐活动，兼具陶冶情操与强身健体效能的一种绿色经济形态，是县域经济高质量发展的新兴业态。

二、县域康养旅游产业发展现状——以临沂市沂南县为例

国家旅游局将“康养旅游”正式确立为新的旅游方式，并纳入我国旅游发展战略，各地积极响应。以临沂市沂南县为例，沂南县政府按照“政府主导、统筹城乡、文旅融合、全域发展”的思路，以当地环境资源和特色文化为依托，以“宜业宜居宜游”建设为主线，统筹文旅康养项目建设，优化文旅康养服务，积极打造康养旅游产业链，推动了文旅康养产业深度融合和高质量发展，带动了全县经济转型升级，被称为“沂南模式”。

（一）建成了一批精品项目，形成了全域发展局面

2010年以来，沂南县以沂蒙民俗为主题，初步形成竹泉村、红石寨等乡村旅

---

① 转引自周功梅、宋瑞、刘倩倩：《国内外康养旅游研究评述与展望》，《资源开发与市场》2021年第1期。

② 参见刘庆余、弭宁：《全域旅游视野下健康养生旅游发展对策》，《旅游学刊》2016年第11期。

③ 参见李佐军：《“五型经济”是县域发展主要方向》，《当代县域经济》2021年第8期。

游核心景区。沂南县委、县政府布局总投资百亿元的松山温泉康养小镇，成立山东鸿福养老服务有限公司，带动天河养老服务中心、东湖康养项目等集健康、养生、休闲、旅游于一体的新兴文旅康养产业发展，形成雁阵型产业发展集群雏形。

（二）完善了旅游配套设施，打造了标准化示范县

坚持交通先行，大力构建“快旅慢游”的交通网络。对接临沂鲁南高铁站，建设了通往临沂的快速路、西外环联通沂蒙生态大道、泉乡大道、彩蒙山环线、高湖环线等主要旅游道路，获评全国旅游标准化示范县。

（三）丰富了旅游发展要素，适应了市场新需求

乡村旅游的发展带动了沂南“吃住行游购娱”旅游六要素的全面提升。《沂蒙精品民宿建设管理标准》的编制，实现了乡村民宿和农家乐的星级评定。完善推广“智圣宴”“红嫂宴”等特色宴席，开发高端宴席与传统小吃互补的餐饮体系，叫响地方特色餐饮品牌。培育沂南特色旅游商品品牌，开发“沂南礼物”“沂南味道”等组合装旅游商品。

（四）改变了农村面貌，农民实现致富增收

沂南县乡村旅游的发展，不仅保护了沂蒙山区独特的农村面貌，而且生态环境显著改善，基础设施显著提升，改变了原有乡村“脏乱差”的面貌，成为乡村振兴的重要引擎和载体。部分农民通过开设“农家乐”、“开心农场”、特产超市等方式吃上了“旅游饭”，形成了以特色旅游产业带动乡村发展的格局。

三、县域康养旅游产业发展存在的问题

（一）康养旅游产业品牌建设有待进一步提升

县域康养旅游业刚刚起步，旅游资源分散，还未形成比较完整的产业链条。建立品牌需要的周期较长，目前的市场认可度欠佳，需要加大营销推广力度，进一步刺激目标客源的消费需求。

（二）康养旅游产业运营效益有待进一步提高

康养旅游产业属于发展前期投入大、见效周期较长的产业，当前县域康养旅游产业运营更多依靠政府的投资，自身运营情况不佳，尤其是政府与社会资本在产业发展风险承担中的作用不明确，导致了风险后移的矛盾。

（三）康养旅游创新产品不足，有待进一步丰富

县域康养旅游产业的特色产品种类少，一、二、三产业之间联动不足，导致“能带走的花样少，留下的票子少”。中小企业的康养旅游产品同质化严重，导

致产品层次单一，定价不高，品牌带动效应不足。

（四）康养旅游从业者专业素质有待进一步提高

康养旅游产业的发展需要大量的人才支撑。[①] 但现阶段，大学生毕业后返乡意愿不强，青壮年流失严重，乡村留守成员以老幼妇孺为主，难以承担产业融合的响应者和带头人的责任。康养从业人员需要有区域文化、医疗保健、经营管理等方面的专业知识，仅靠短期培训或者跟岗观摩无法保证提供安全、优质的服务，对客户满意度的提升和区域品牌的打造有较大阻碍。

四、软实力提升助力县域康养旅游产业发展的策略

“软实力”是区域凝聚力、生产力、硬实力的直接助推者。康养旅游产业需要软实力来扩大区域影响力，促进区域发展，增强城镇居民的归属感。软实力同样也是提升企业管理水平和整体实力以及塑造企业形象的需要。[②]

（一）区域层面

强化政府主导责任，充分发挥政府在康养旅游制度建设、行业规划、行政执法等方面的主导作用。

1.政府引领，推进康养旅游服务行业思维理念的转变

政府主管部门要联合社会组织、企业、学校等机构普及健康知识和绿色环保消费理念，利用有影响力的新媒体传播媒介，引导和培育大众的康养旅游消费习惯，培育潜在市场。开发“适老化”康养旅游 App 应用软件，加强对老年消费群体的宣传和引导，以提高消费积极性。

2.变管理为治理，号召全民参与家乡建设

扩大康养旅游企业和机构的经营自主权，加快政府职能转变，构建“审批更少、流程更优、效率更高、服务更好”的服务机制。政府成立发展基金助力康养旅游发展，创新投融资模式，积极吸引社会资本的进入，形成政府、企业、社会多元共赢的发展模式。从质量安全监管、从业人员监管、涉及资金监管、运营秩序监管、突发事件应对、设施建设使用监管等六个方面，大力推行“互联网＋监管”，建立康养旅游服务机构、从业人员、经营范围等基本数据库，及时将检查结果、奖惩信息进行公示。调动全民家乡建设的积极性，形成企业间的良性竞争。

---

① 参见段湘辉：《大健康时代康养旅游发展格局和影响因素研究》，《武汉职业技术学院学报》2021 年第 1 期。

② 参见于苗、崔岩：《提升城市文化软实力创新发展——以大连影视文化产业调研为例》，《中国发展》2021 年第 1 期。

发挥标准规范引领作用，建立区域评定制度，并将评定结果与政府购买服务、资金扶持、政策试点等挂钩，实现“人人了解标准，处处建设精品”的目标。

3.挖掘区域品牌文化基因，丰富区域文化内涵

建立康养旅游管理与服务协会，打造机构交流平台。充分利用当地文化资源，加大康养旅游品牌培育力度，实施品牌带动战略。利用文化主题论坛、横向课题研究等形式，深入挖掘散落民间的文化资源，保护和扶持历史悠久的建筑、老字号品牌，支持技术改造和品牌建设。设计传统与现代相结合的品牌标识，开发 IP 鲜明的文创产品，使区域文化品牌深入人心，奠定品牌忠诚的基础。

（二）企业层面

1.机构管理规范化，服务质量标准化

引进标准化管理和服务理念，明确机构部门职能，提高工作效率。开展康养旅游机构的星级评定，制定从业者的继续教育和考评制度，以评促建，细化康养旅游服务项目内容和评价标准，使服务质量评价有依据，有记录，将康养旅游工作规范化、标准化。

2.康养旅游产品开发多样化

康养产业由健康养生这一核心主题统领与引导，涉及山水生态、养生文化、食品药品生产、餐饮业、医疗产业及健康器械等生产和服务领域。① 县域康养旅游产品应立足当地自然资源和传统文化，按照“旅游＋X”的发展模式，开发特色医疗旅游产品、养生养老旅游产品、文化养生旅游产品、运动健体旅游产品、生态休闲旅游产品和健康美食旅游产品等，形成多元化、特色鲜明的康养旅游产品体系。

（三）从业者层面

人力资源是促使康养旅游产业创新发展的主导因素。② 企业的核心竞争力关键在“人”，企业运行各环节管理控制都是通过人来完成的③，服务满意度的提升需要从业人员较高的职业认同感和员工成长机制的建立。

1.提升从业人员的职业认同感

职业认同既包括社会对这个群体的认同，也包括群体自身的认同，与职业

---

① 参见曹波：《康养理念下的山地森林旅游度假区规划研究》，南京林业大学硕士学位论文，2019 年。

② 参见李莉、陈雪钧：《康养旅游产业创新发展的影响因素研究》，《企业经济》2020 年第 7 期。

③ 参见黄海立：《基于软实力视角的养老服务企业核心竞争力提升策略研究——以广西养老服务企业为例》，《商业经济》2021 年第 9 期。

本身的可持续发展密切相关。县域康养旅游业作为一个新兴业态，其从业人员需要职业认同感来凝聚团体、促进学习，最终提升综合实力。在行业协会成立和发展的基础上，建立行业规范标准，出台统一的行业规范；按照高水平、小规模、重特色的原则举办康养旅游从业人员的业内交流，以提升从业人员的职业认同。

2.建设员工成长平台，多途径提升个人服务质量

从继续教育基地和科技创新平台着手，建设从业人员成长平台。县域康养旅游作为乡村振兴产业的重要组成部分，是继续教育基地服务的重要领域。继续教育要依托各职业院校和成人（社区）学院，积极开展健康产业从业人员上岗培训和继续教育，加快健康产业实训基地建设。

3.外引内培，建立康养旅游产业人才库

作为新兴产业，康养旅游发展过程中必然面临专业人才短缺的问题，所以应重视专业人才的引进和培养。加大金融和政策方面的扶持力度，精准识别完善康养旅游人才信息，构建人才交流平台，是吸引康养人才的措施。除了外引人才，健全当地康养旅游人才培养体系也十分关键。如临沂应借助临沂大学、山东医学高等专科学校等本地高校的力量，深化产教融合，推行“订单培养”模式，实现医养健康类高水平人才的大规模、高质量培养。市场导向和政府的宏观管理、引导对人才培养的影响不容忽视，只有政府、高校、企业联合，明确人才开发战略定位，做好人才建设的顶层设计，开辟多渠道人才开发路径，才能建立当地的人才信息库和专家智库，服务于康养旅游产业的发展。

康养本身不只是一种产业，更是一种健康生活的方式与理念，发展中将与多种业态融合，以多种形式与载体呈现。复合型、多维度、多业态的融合产品将替代单一的“养老”产品而成为主流。县域康养旅游产业通过依托地域和政策优势，突出当地文化特色，公办民营康养小镇，打造地产、旅游、养老结合的产业链，强化康养服务人才培养等发展举措，进一步提高服务软实力，打造服务品牌，这必将带动周边第三产业的发展，使经济反哺精神文明建设，建立产业发展的良性循环，最终实现整个区域康养旅游产业的可持续发展。

乡村振兴视角下康养旅游产业振兴发展路径研究

李欢欢　陈磊　尤海涛*

【摘要】本文在乡村振兴视角下分析了乡村康养旅游的发展现状，探讨了康养旅游发展面临的现实问题，提出了乡村康养产业融合发展思路，梳理了乡村康养旅游产业融合振兴的路径。本文提出以"稳固基础、挖掘特色、产业改造、协同融合"为路径的康养旅游产业振兴发展体系，包括乡村自然生态基础的修复、地方特色康养资源的挖掘、乡村医疗保健的产业升级改造、康养文化创意产业的协同发展，以期促进乡村泛旅游产业与健康、养老产业协同融合，最终以康养旅游发展带动乡村产业兴旺，进而实现乡村振兴的战略目标。

【关键词】乡村振兴；康养旅游；产业振兴；发展路径；协同融合

一、乡村振兴背景下康养旅游的发展现况

在新时代中国特色社会主义时期，国家实施的乡村振兴战略中设定了"生态宜居、产业兴旺、乡风文明"等目标，乡村旅游可以为上述目标的实现提供自

* 李欢欢，临沂大学历史文化学院讲师；陈磊，临沂大学历史文化学院教授；尤海涛，临沂大学历史文化学院副院长。

然生态基础、产业体系和文化驱动力[①]，在乡村振兴战略中乡村旅游可以培育农业农村产业新业态，可以促进城乡要素的流动和产业的协同融合，打造产业融合发展的新载体新模式。[②] 在乡村振兴战略的引领下，国内很多地方已经依托乡村地区的自然生态资源、中医药资源、温泉资源、森林资源、传统康养技法以及区域特色的康养文化底蕴，开拓出乡村旅游新的路径和发展机遇，促进了乡村振兴背景下的产业兴旺，优化了乡村旅游空间结构，成为乡村振兴的驱动力之一。

二、康养旅游产业面临的现实问题

研究乡村振兴背景下如何通过康养旅游促进乡村振兴的实现路径，就必须要审视康养旅游发展过程中的现实问题。传统乡村面临着地区的自然资源差异大、空间分布不均衡、地方特色资源差异多样化、乡村的产业结构融合程度较低等问题，这些都影响着康养旅游产业振兴发展。发展乡村康养旅游，促进乡村产业融合振兴发展，必须解决乡村康养旅游的资源基础薄弱问题，挖掘特色的康养旅游资源，避免乡村康养旅游同质化、康养旅游产业融合程度低等问题。

（一）乡村基础生态自然资源薄弱

康养旅游的发展一定程度上依赖地区的基础生态自然资源，而中国的城镇化进程和产业的发展，对传统乡村基础生态资源带来了较大的冲击。部分乡村的基础生态自然资源十分脆弱，不具备形成旅游资源的基础，甚至有些农村地区贸然开发破坏了原有的自然生态，原始自然生态的河道和湿地生态在人工开凿和营造下遭到破坏，也有地区人工种植各类不适宜当地生长的中草药，建设康养度假区的房地产工程的行为也破坏了地方原始生态的自然资源。这些影响都需要更多的资源投入进行生态修复，与乡村振兴的生态宜居目标产生了冲突。

（二）康养旅游地方特色挖掘不足及同质化

在国家逐步开展的各类旅游政策引导下，各地在“特色小镇”“美丽乡村”

---

① 参见陆林、任以胜、朱道才等：《乡村旅游引导乡村振兴的研究框架与展望》，《地理研究》2019 年第 1 期。

② 参见刘楝子：《乡村振兴战略的全域旅游：一个分析框架》，《改革》2017 年第 12 期。

“健康中国”“乡村振兴示范区”等领域开发建设了各类乡村康养旅游项目和特色康养小镇，这些康养项目多为国内相同的几家旅游规划设计公司出品，虽然名称各异，但是均包含古建筑风格、中医药文化、颐养修身等类似元素。① 很多项目设计建设单位都认为，不管是田园综合体还是新建的乡村旅游目的地，如果缺少康养的元素就好像“不全面”。这种想法带来了康养旅游的重复化、同质化，康养旅游项目交叉建设重复浪费，经济效益低下等问题。缺乏对地方特色资源禀赋的挖掘，也造成康养旅游的价值定位模糊的尴尬。

(三)康养旅游产业升级和协同融合不足

康养旅游产业的发展，需要多产业的协同②、政策的引导以及企业的创新③。虽然全域旅游的背景下，地方出台了多措并举的旅游产业发展政策，以促进乡村旅游的多元化融合发展，但是往往表述较为笼统，缺乏执行细节和可操作性，没有达到预期的引导效果。④ 康养旅游的产业除了传统的交通、住宿的产业支撑外，还需要完备的医疗、康复、保健、医药等产业的配合，比起传统的乡村景观娱乐类旅游业态，更需要多跨界产业的协同。此外，康养旅游近年来发展迅猛，多数康养旅游项目和企业均较为年轻，项目的管理经验不足，缺乏高素质专业人才。

三、乡村振兴视角下康养旅游产业振兴的发展思路

康养旅游对于实现乡村振兴发展目标的作用可以从生态、产业、文化三方面进行研究。如图1所示，康养旅游从乡村生态自然资源、多产业协调融合、修身养性文化三方面通过巩固、打造、提升的方式实现“生态宜居、产业兴旺、乡风文明”的乡村振兴目标。

---

① 参见谢晓红、郭倩、吴玉鸣:《我国区域性特色小镇康养旅游模式探究》,《生态经济》2018年第9期。

② 参见金媛媛、王淑芳:《乡村振兴战略背景下生态旅游产业与健康产业的融合发展研究》,《生态经济》2020年第1期。

③ 参见杨红英、杨舒然:《融合与跨界:康养旅游产业赋能模式研究》,《思想战线》2020年第6期。

④ 参见刘庆余、弭宁:《全域旅游视野下健康养生旅游发展对策》,《旅游学刊》2016年第11期。

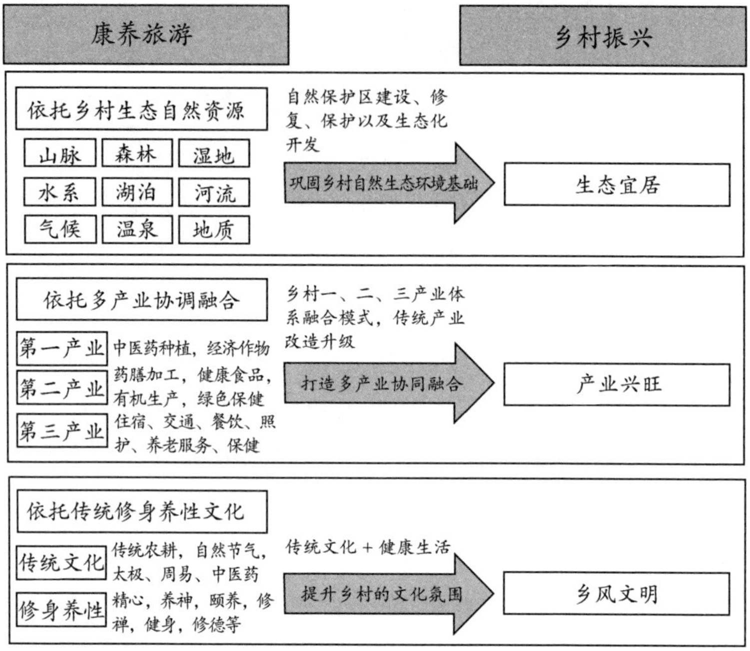

图1　康养旅游促进乡村振兴的发展思路示意图

首先，依托乡村的自然生态环境，充分保护和利用生态自然资源，开展生态化旅游开发，建立原始环境的生态修复和持续保护机制，巩固乡村自然生态环境基础。康养旅游带动了人才、技术、资金、信息的多种新兴要素注入乡村地域空间中，打破了原有乡村的资源要素格局，有利于乡村生态资源的建设、修复和保护，有利于形成旅游发展、乡村宜居、生态保护等多种产业融合的局面。其次，依托康养旅游的多产业协调配合，发展乡村有机种植、绿色农业、经济作物、景观植被、中医药材种植的第一产业，扩展改造绿色有机食品、药膳加工、中医药加工、保健食品生产、健康保健设施制造等第二产业，加强扶持康养旅游所配套的住宿、交通、餐饮、购物等基础服务设施，也需要同步融合地方医疗体系、医疗保健、养老照护等服务业为主的第三产业。康养旅游依托多产业协调融合，可以很好地结合乡村的一、二、三产业，改变乡村的经济产业结构，转变乡村产业经济的发展模式，培养乡村经济发展新动能，在乡村经济发展、产业振兴中发挥积极的作用。再次，乡村康养旅游引导乡村经济产业振兴是乡村康养旅游要素融合效应、空间集聚效应和产业辐射效应共同聚合的结果。① 康养旅游加快了人才、技术、资金、信息等要素在城乡之间自由流动，实现农民回流返乡、乡村精英涌现，实现了产业发展的金融资本体系建立，实现了乡村地区人财物的深度融合。最后，康养旅游业促进了乡村空间集聚效应的产生，通过康养旅游在特定的乡村空间范围内聚集了多种创新要素，完善相关产业和配套服务设施，激活了乡村的经济活力和产业发展空间。康养旅游进一步促进了乡村的产业辐射，推动了原始产业的改造升级，可以培育多样化、个性化、品质化的乡村康养旅游新业态，打造全域化、全链条的复合型康养生态产业链，提升乡村振兴产业的经济效益、社会效益和生态效益。

四、康养旅游产业振兴的发展路径

“稳固基础、挖掘特色、产业改造、协同融合”为过程的康养旅游产业振兴发展路径体系，包括乡村自然生态基础的修复，地方特色康养资源的挖掘，乡村医疗保健的产业升级改造，康养文化创意产业的协同，以及促进乡村泛旅游产业与健康、养老产业协同融合，并以康养旅游发展带动产业兴旺，进而实现乡村振兴的战略目标。如图 2 所示，针对基础生态自然资源的现实问题，康养旅游同质化的问题，产业服务能力低、产业融合度低的问题，可以借助不同的发展模式，实现“稳固基础、挖掘特色、产业改造、协同融合”的发展路径。

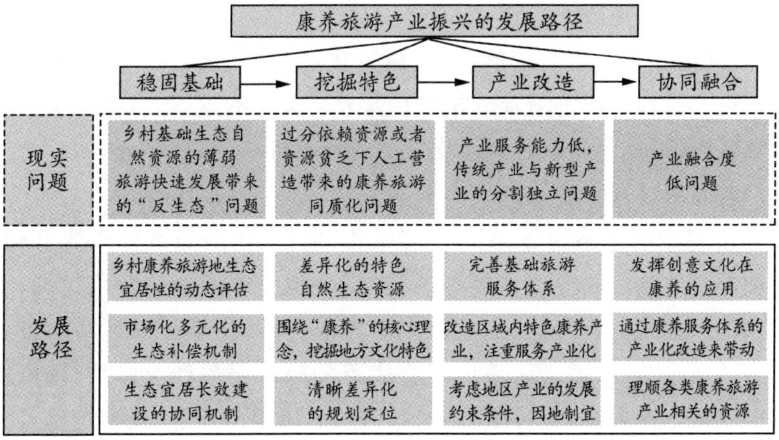

图 2　康养旅游产业振兴的发展路径示意图

① 参见陆林、任以胜、朱道才等：《乡村旅游引导乡村振兴的研究框架与展望》，《地理研究》2019 年第 1 期。

（一）巩固乡村自然生态环境基础

康养旅游会改变乡村“生产、生活、生态”的空间格局，通过地域空间系统的功能分异，对“三生”空间产生重构，因此，需要重点关注生态空间的变化。巩固乡村自然生态环境的基础，不仅是康养旅游产业振兴的基础，也是建设乡村生态宜居长效机制的基础。坚持“绿水青山就是金山银山”的发展理念，坚持健康的生活态度，追求身体健康、修身养性、环境舒适度，最大化地发挥乡村优质生态资源，改善农村生态环境状况，树立乡村生态保护意识，建立康养旅游与乡村生态宜居长效建设的协同机制，实现两者的同步推进，体现乡村生态环境美、社会环境美、人文环境美、科学规划美和体制美。

（二）挖掘地方特色康养旅游资源

面对过分依赖自然资源，或者资源贫乏下人工营造带来的康养旅游同质化问题，可以实施差异化的康养旅游资源开发策略，充分挖掘地方特色康养旅游资源，使自身的旅游目的地形象、品牌宣传和产品设备等明显区别于其他康养旅游目的地，为康养游客提供独特的产品和服务。因此，康养旅游产业在初期规划时就要有清晰的定位，需要从康养旅游产业所依托的自然资源、地域历史、民俗风貌、医疗资源、传统技艺等方面充分挖掘差异化特色，将这些特色进行深度塑造并实施，还可以通过艺术化的独特审美方式来展现特色，以此做到去同质化。康养旅游产业需要打破唯经济效益指标的单一化束缚，需要意识到地方康养旅游特色不是速成的模板，不是外部旅游规划公司的“快速标准生产线”产品，不能过度追求单一商业价值，陷入流行化热点营销模式。这就需要康养旅游的规划更注重地方特色的营造和内在差异化文化的挖掘，持续充实康养旅游的根基和特色，形成康养旅游差异化发展的长效机制。

（三）改造地方康养旅游产业体系

康养旅游产业体系由旅游、医疗、养老、理疗、休闲等多种产业基础构成。通过前面的自然生态资源的修复和改造，结合地方差异化的特色挖掘，对康养旅游涉及的产业进行改造，构建适合游客需求、具备生态长效性和地方差异特色的产业体系。首先，需要区域内建立完善的旅游服务产业体系，按照康养旅游的基础支持产业内容，完善旅游住宿产业、酒店服务产业、交通运输产业和餐饮供应产业，这些基础的服务产业体系是保障游客基本体验的基础，也是后期产业协同融合机制建立的基础。其次，需要区域内发展特色康养产业，在挖掘地区特色的同时，完善医疗服务、诊疗服务、理疗调养、养老休闲、看护照料等基础康养服务，提升养生文化、修身文化、传统医药、民俗技法等服务的产业化，摆脱零散的非标准化服务，形成具有地区特色的康养服务产业。

（四）打造区域康养、文化、旅游、养老产业协同融合机制

康养旅游的高级需求就是“颐养身心”“诗意栖居”，通过地方文化底蕴的挖掘和产业化改造，可以使文化在康养旅游中发挥重要的作用。创意文化产业带动了康养旅游产业体系中的民宿的发展，丰富了康养旅游用品的文化内涵，增加了康养旅游的文化吸引力。通过地方文化产业与康养旅游的融合，有利于形成产业聚集和创新，推动社会经济不断进行创意化改进，形成联动的文化创意动力。① 此外，康养旅游带来了地方典型人文特征文化的深度挖掘，给地方带来了文化创新动力和地域文化再造动力。通过康养旅游与文化产业的融合，推动了地方文化产品的生产和消费，形成了全新的康养文化产品业态。② 地域特有的人文特色注入康养旅游中，形成了康养旅游产业振兴发展的“软动力”，对地方的经济再造、地方形象营造、地方历史文化认同和旅游标志识别都具有深远意义。

五、总结展望

康养旅游产业振兴发展需要政府加强政策的顶层设计，遵循政府引导、社会投入、全民参与的指导原则，建立康养旅游生态修复长效机制。此外，也需要政府在改造发展特色产业时深度挖掘具有地方特色的康养资源、地域文化资源，强化产城人文融合，以康养产业振兴政策为引领，以康养自然生态保护为支撑，充分打造区域内多产业协同融合的发展机制。

最后，作为康养旅游产业融合发展的主体，康养旅游企业也需要遵循市场规划，做好康养旅游振兴的具体工作，从体制机制创新上形成多方参与、多元发展的模式。从合作模式上充分协同相关社会组织和机构，建立多元化的专业的公共服务和咨询信息接入体系，推动各产业行业资源与康养旅游产业的融合、跨界、转型、创新和共享。

---

① 参见金媛媛、王淑芳：《乡村振兴战略背景下生态旅游产业与健康产业的融合发展研究》，《生态经济》2020 年第 1 期。

② 参见杨红英、杨舒然：《融合与跨界：康养旅游产业赋能模式研究》，《思想战线》2020 年第 6 期。

临沂市康养旅游开发探讨

李学芝　郑家庆*

【摘要】在人口老龄化加速的社会背景下，康养旅游市场需求巨大，越来越多地受到学界与业界的关注。临沂市具有对接康养旅游需求的丰富资源，但产业有效供给不足，乡镇级康养条件尚未得到有效利用，康养旅游项目缺乏体验性，重旅游缺康养。因此，临沂市康养旅游开发设计需要直面老年人口需求，挖掘乡村康养旅游资源，提高其利用率，突出康养主题，进行康养旅游设计。

【关键词】康养旅游；临沂市；问题；开发设计

关于康养，不同领域的学者关注点不同。行为学重点关注维持身心健康的行为活动，强调以养的手段达到康的目的；生命学侧重于生命质量高低的研究，认为康养要兼顾生命的长度、丰度与自由度。① 而产业界多将康养解读为“健康+养老”，因此，健康养老的机构及设施得以修建，成为康养旅游开展的基础。

一、康养旅游及研究现状

根据2016年1月8日发布的《国家康养旅游示范基地标准》，康养旅游是指通过养颜健体、营养膳食、修身养性、关爱环境等各种手段，使人在身体、心智和精神上都能达到自然和谐优良状态的各种旅游活动的总和。② 此标准的出

* 李学芝，临沂大学历史文化学院副教授；郑家庆，临沂大学历史文化学院教授。

① 参见李文军、李慧：《辨析“森林康养”与“森林疗养”》，《现代园艺》2019年第20期。

② 参见周功梅、宋瑞、刘倩倩：《国内外康养旅游研究评述与展望》，《资源开发与市场》2021年第1期。

台，代表了国家对康养旅游的重视，自此康养旅游被纳入中国旅游业发展战略。

（一）研究现状

根据在中国知网上以“康养旅游”为篇名关键字进行的检索，从年度发表趋势上可以清楚地看到该研究领域基本呈上升趋势。至 2021 年 10 月 21 日，知网总库“康养旅游”为题的文章有 1352 篇，其中学术期刊论文 1066 篇，学位论文 75 篇，报纸报道 65 篇（见图 1）。

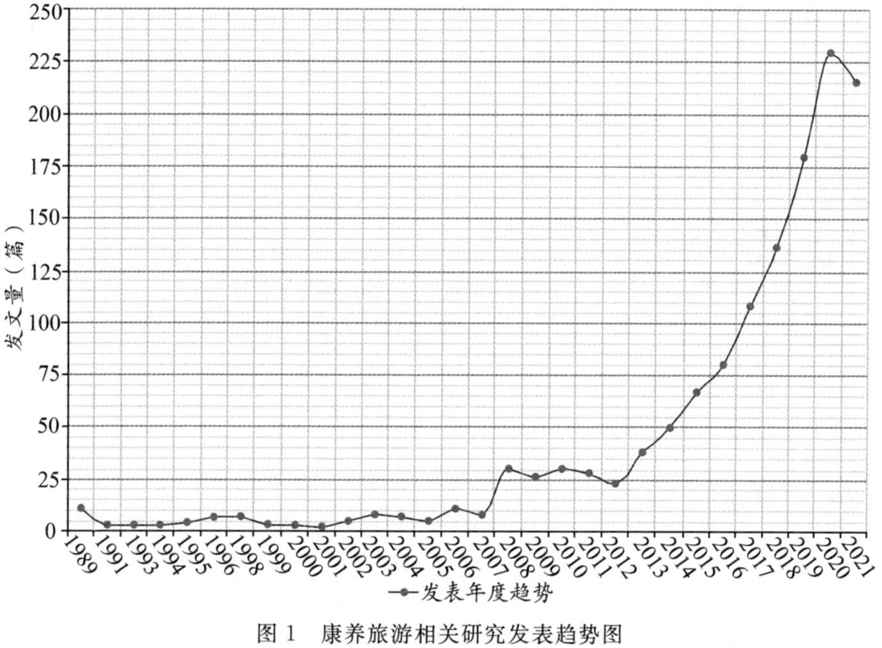

图 1 康养旅游相关研究发表趋势图

通过趋势图我们可以看出：1998～2007 年的近 20 年间，“康养旅游”并未引起学界过多关注；从 2012 年到 2020 年，学者对“康养旅游”的研究以及媒体的报道开始增加。2012 年 5 月，相关研究成果首次被引用，而目前被引最高的成果为发表于《旅游学刊》上的《康养旅游：内涵解析与发展路径》(9055 次）。数据表明，关于“康养旅游”的研究成果也逐渐受到学术界的重视，并被吸收进新的研究中。

主要主题的共现矩阵显示，国内康养旅游的研究集中于康养旅游、森林康养旅游、康养旅游产业、森林康养等领域（见图 2）。

	康养旅游	森林康养	康养旅游产业	森林康养旅游	康养产业	乡村振兴	发展路径	康养旅游模式	高质量发展	全域旅游	乡村康养旅游	康养小镇	发展策略研究	特色小镇	森林康养基督	产业融合	策略研究	康养酒店	目的地	攀枝花	黑龙江省	乡村振兴战略	影响因素研究	产品开发	攀枝花市	发展对策研究	旅游产业	海南省	乡村旅游	生态康养
康养旅游																														
森林康养	5																													
康养旅游产业	52																													
森林康养旅游	9	32																												
康养产业		3																												
乡村振兴	17	2			2																									
发展路径	12	5		5	2	3																								
康养旅游模式																														
高质量发展	11		3		4																									
全域旅游	7	2																												
乡村康养旅游						6	2																							
康养小镇							2																							
发展策略研究	15	2	2																											
特色小镇	7					2																								
森林康养基地																														
产业融合	10		6																											
策略研究	11													2																
康养酒店																														
目的地	6																													
攀枝花	9																													
黑龙江省	10		3														1													
乡村振兴战略	10					7					2																			
影响因素研究	7	4		2																										
产品开发	9										2																			
攀枝花市	3				2														2	3										
发展对策研究	10		2		3																									
旅游产业	2		4		2																									
海南省	8		3		2																									
乡村旅游	2	2			4																									
生态康养																														

图 2　康养旅游相关研究主题共现矩阵图

（二）内涵与研究内容

总体来说康养旅游是建立在优良的自然生态和人文环境基础上的，结合风景观赏、文化娱乐、身体检测、医学治疗、春观花、夏避暑、秋赏月、冬泡泉等形式，以维持或促进健康为目的，将旅游、休闲、度假、健康、医疗、娱乐和食物等相结合的旅游总和，是一种放松身心、怡情养性、祛邪扶正、延年益寿的深度旅游体验活动。

学者周功梅等通过文献梳理将目前康养旅游相关研究归纳为五个方面，即发展背景探讨，相关概念之间的关系分析，供给方面的研究，动机、体验、感知等方面的需求及满足程度的研究，森林康养、温泉康养、医疗康养等专项产品的研究[①]（见图 3）。

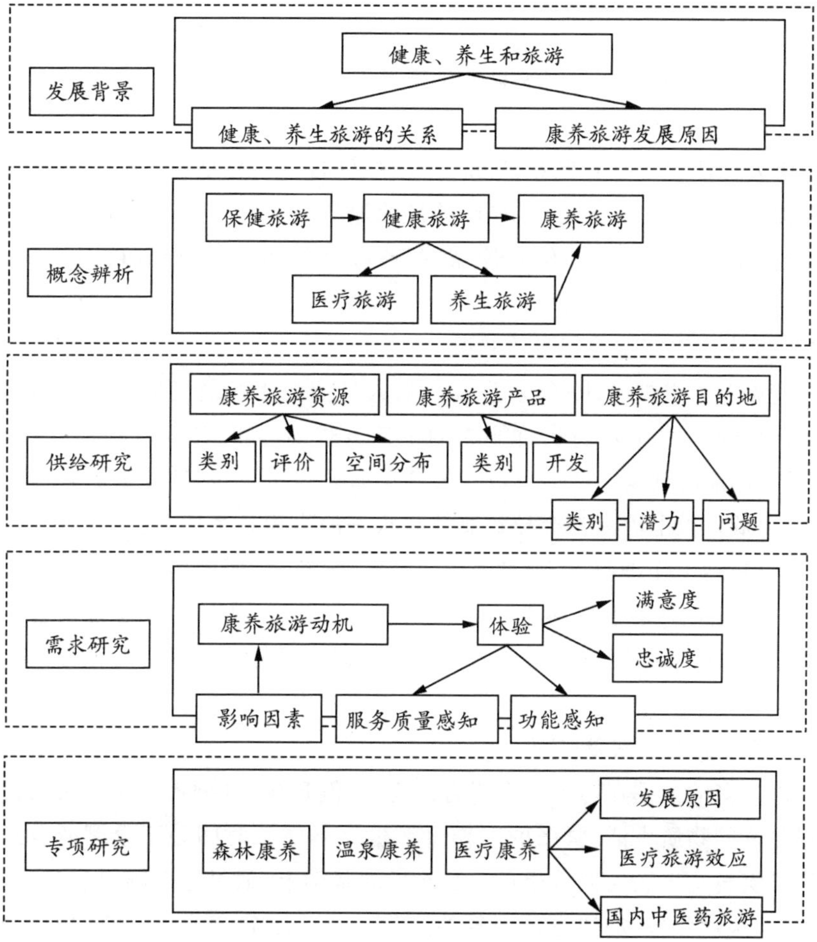

图 3　康养旅游研究的内容框架图

在国内外各异的概念丛林中可见，依托良好的自然生态环境、人文活动环境等资源条件，以维护或促进身心健康为需求动机，结合旅游观光、休闲度假、运动康体、医疗保健、养心养颜、健康膳食等形式，以达到强身健体、修身养性、

① 参见周功梅、宋瑞、刘倩倩：《国内外康养旅游研究评述与展望》，《资源开发与市场》2021年第1期。

医疗康复、延年益寿等目的的旅游活动都属于康养旅游，它是不同旅游业态与健康养生融合发展的结果。

二、康养旅游发展的背景

（一）健康、亚健康与患病人群的健康需求增大

1.健康人群的健康保养

健康人群注重于身心保养，希望通过健康的运动、充足的睡眠、高品质的心理和精神活动来提升自己，风景如画的目的地与离开常态生活的旅行也会让人心情愉悦，通过专业的医疗健身器械健身，强壮身体，是健康人群对于康养的需求。

2.亚健康人群期望改善身体状况

据世界卫生组织统计，全球近75%的人目前处于亚健康的状态，而真正符合健康标准的人只占5%。① 许多人的生活方式不健康：经常性地熬夜甚至熬通宵，早上起床时间晚，作息不规律；零食快餐取代了主餐，饮食不健康；缺乏运动，抵抗力低。以上因素都会导致亚健康状态的出现。个体"亚健康"现象降低工作效率，减缓工作进程，产生对工作的抵触、疏离感，职业倦怠加剧；员工群体的"亚健康"造成缺乏生机活力的工作氛围，上下级、同级之间沟通渠道不畅。以奖励旅游或带薪休假形式出现的康养旅游则可以使员工身心放松，改善个体健康状态。

3.患病人群期望恢复健康

越来越多的人都在为了工作努力拼搏，颠倒日夜，以牺牲身体健康为代价，来获得更好的物质生活，紧张的工作生活也让身体长时间处于紧绷疲惫状态，从而引发疾病。患病人群希望在一定诊疗的基础上，通过康养项目进行身体的调养，提升医疗效果，加快身体恢复的进程。目前康养产业最成熟的构成是病患人群的医养，主要涉及药物制造加工业、医疗服务业和医疗器械、电子设备制造业等。

（二）老龄化加快，老年人的中医疗养需求增大

根据第七次全国人口普查数据，全国总人口为14.1亿人，其中60岁以上人口2.64亿，占18.7%。全国已有12个省份达到深度老龄化。从人口结构

① 参见皮鹏程等：《基于SWOT-AHP模型的恩施州森林康养旅游可持续发展研究》，《华中师范大学学报》（自然科学版）2022年第1期。

看,在“十四五”时期,中国的人口老龄化水平将进入增长的“快车道”。① 在一个更快速的人口老龄化时期,人们对健康、愉快、长寿的欲望将越来越强烈,单纯的养生已难以满足人们对高品质生活的追求,康养旅游则极大地迎合了老年人的需求。

(三)疫情使旅游业受创,需要新模式开新局

2020 年疫情之后,中国旅游市场规模以“腰斩”式的状态萎缩,全年国内旅游人数 28.79 亿人次,比上年同期下降 52.1%;国内旅游收入 2.23 万亿元,下降 61.1%。② 旅游行业受到重创,迫切需要找到一条新路来打破僵局,同时新冠疫情之后,人们更加注重健康养生,加强体魄,增强抵抗力。而康养旅游作为健康产业的重要组成部分,适应新冠肺炎防控常态化下人们不断增长的健康需要,也是旅游业发展的新模式。

(四)国家政策注重人民健康,重视经济发展

党的十九大报告提出,实施“健康中国”战略《十四五”规划和 2035 远景目标纲要》也专门指出,全面推进“健康中国”建设。把保障人民健康放在优先发展的战略位置,坚持预防为主的方针,深入实施“健康中国”行动,为人民提供全方位、全生命期健康服务。经济方面,2018 年中央一号文件提出实施休闲农业和乡村旅游精品工程,建设一批设施完备、功能多样的休闲观光园区、森林人家、康养基地、乡村民宿、特色小镇。文化和旅游部印发的《“十四五”文化和旅游发展规划》,更是明确提出,丰富优质旅游产品供给创新旅游产品体系,发展康养旅游,推动国家康养旅游示范基地建设。

三、临沂市康养旅游存在的问题

(一)康养市场产业需求庞大,但有效供给不足

1.老龄化加剧,市场对康养需求增大

山东省第七次全国人口普查工作情况新闻发布会的数据显示,临沂市人口总数为 11018365 人,60 岁及以上人口比重为 19.63%。其中,65 岁及以上人口比重为 14.12%。老年人口增多,同时中老年人身体健康问题逐渐凸显,对康养

---

① 参见翟振武:《新时代高质量发展的人口机遇和挑战——第七次全国人口普查公报解读》,2021 年 5 月 13 日,http://www.stats.gov.cn/xxgk/jd/sjjd2020/202105/t20210512_1817342.html,2021-05-12。

② 参见中华人民共和国文化和旅游部:《2020 年国内旅游数据情况》,2021 年 2 月 19 日,http://zwgk.mct.gov.cn/zfxxgkml/tjxx/202102/t20210218_921658.2021-02-18。

的需求日渐强烈。未来，积极的老年旅游消费观念将逐步形成，老年旅游的社会环境和政策环境将得到进一步改善，老年健康旅游和智慧旅游服务的需求将快速增长。

2.康养产业有效供给不足

目前临沂市康养相关的设施、基地及项目主要有汤头疗养院、天蒙药谷、观唐温泉及智圣汤泉等以及临沂市康养护理中心，较为完善与相对成熟的汤头疗养院预约困难，康养市场供给严重不足。

（二）乡镇级优良康养条件得不到有效利用

临沂市乡镇规模与数量较大，基本都具有可供开发的优良资源。沂蒙山区自然资源充足，中医药资源多样，发展康养旅游的前景广阔，但由于缺少开发资金及相关政策的扶持，优良的资源尚未得到有效开发。乡镇财力有限，也缺少撬动资源的资本，要发展康养旅游必须得到县级以上政府的重视和扶持，同时招商引资以输入康养旅游的经济活力，满足巨大的需求。

（三）康养旅游缺乏体验性

临沂市康养旅游产品主要集中于温泉旅游产品，各运营主体也曾试图开展中医诊疗、中草药采摘、大成拳等康健产品推广，但效果不佳。近年来，随着物质生活不断被满足，越来越多的人开始关注精神层面的需求。旅游者对旅游产品在感官性、参与性、交互性等方面有了新的要求，只有设计综合视觉、听觉、嗅觉、触觉、味觉等多感官体验的旅游产品才能更好地抓住消费者的心理需求，也才能更直接、更快速地传递多元信息，适应市场需求。

（四）重旅游，缺康养

已有的康养旅游线路大部分是观赏性旅游，把放松休闲的旅游做成了体力活动，游客欣赏了景观但是身心疲惫。景点之间过于紧密的安排使老年游客也无法接受。老年人需要放松式的慢节奏旅游，可以在此过程中多设计康养项目。

四、临沂市康养旅游的发展思路

（一）直面老年人口需求

康养旅游老年人是主力军，老年人有时间且有兴趣参与康养旅游，享受生命的丰度，追求生命的长度，选择生命的自由度。直面中老年康养需求，宏观上政府需要进行顶层设计，以政策引导康养设施及基地的建设，增加有效供给。微观上，站在中老年人的角度，提供更多、更适合老年人的康养线路与项目，如慢节奏的旅游方式、加入中医理疗要素等。

（二）挖掘乡村康养旅游资源，提高利用率

“康养＋旅游”可以改善当前乡村旅游发展缓慢的现状，既可以充分利用乡村旅游资源，又可以在一定程度上带动乡村基础设施的提升，改善乡村的现状。走入乡村，空灵毓秀的山川，纯净自然的生态，真正实现远离快节奏的生活，这一方面满足了康养需要依托良好的自然生态环境的要求，另一方面，优良的乡镇康养资源可以对接康养市场的需求。康养旅游也可以重启发展停滞的景点，让其重获新生。

（三）突出康养主题，实现康养旅游设计

临沂市康养旅游可以结合丰富的旅游资源进行设计，如：可以依托山岳或森林、水域进行康养项目设计，开展生态养生康养旅游也可以结合轻运动休闲开展康养旅游，还可以更多地关注以传统中医资源为依托的中医药康养旅游。以上形态皆需要挖掘当地的养生文化资源，将非物质资源通过物质层面的建设展示出来。

1.“田园康养＋医药康养＋温泉康养”的线路

依托临沂市丰富的旅游资源，设计康养主题旅游线路。如临沂市费县朱田镇的御华景宸天蒙药谷景区—山东观唐温泉度假村的旅游线路，实现了“田园康养＋医药康养＋温泉康养”的结合。

2.食住游购娱皆为康养

以临沂市费县朱田镇的御华景宸天蒙药谷景区—山东观唐温泉度假村的旅游线路为例：饮食上，采用天蒙酒舍的食谱；住宿上，住在田园式的民宿大床房，呼吸山中的新鲜空气；游玩上，在中草药园里采摘草药，在自然山水中放松心情；购物方面，购买自主采摘加工的各种花茶及药酒；娱乐项目上，习练大成拳。

3.定制个性化的康养秘方

中医根据游客不同的体质，开出匹配的药方。游客自己采摘草本中草药，制成香囊、手工皂、药茶，利用药草熏制，也可以跟专业的药师合作，配置简单的益气养生药方。游客采摘的草药经过晾晒、烘干、加工、包装等工序制作完成后，由国医堂按照游客预留的地址准时邮寄，延长康养旅游体验与产品链条，实现慢节奏的多感官体验。

4.运用信息技术，提高游客体验度

游程设计中引导游客使用微信小程序识别中草药，或者采用手机识别景区设计的二维码链接，让游客快捷方便地获取中药知识，游客体验度更高，旅程更充实，满足游客康养旅游中知识学习的目的。

临沂市康养旅游产业创新发展研究

石静　姜大川*

【摘要】康养旅游，又称医疗健康旅游，是旅游与健康养生融合发展的新业态，是旅游业综合性和创新性的体现。康养旅游产业作为临沂市产业发展的重点方向，是推动传统旅游产业转型升级的新动能，是实施高质量发展和生态文明建设的重要产业。本文主要从临沂市康养旅游发展的现状和优势入手，分析当前产业发展存在的问题，如龙头企业和知名品牌较少，没有形成产业链条，品牌特征和产品优势没有得到明显的突出，尚未实现产业融合，专业性不够和产品同质化严重，区域竞争力加大等，并重点提出在高质量发展的背景下，在前期规划、打造龙头企业、深化产业融合、加快人才培养和培育特色产业等方面创新临沂市康养旅游业发展路径。

【关键词】康养旅游产业；临沂市；创新发展

当前我国已经步入老龄化社会，中国现有老龄人口已超过 2 亿，且每年以近 800 万的速度增加，随着大众旅游时代的到来，老龄人口出游数量明显增多。康养旅游产业正是随着老年消费市场需求而形成的新兴产业，具有综合性、宽领域、产业链长等特点，发展康养旅游产业对于适应老龄化社会需要，促进旅游地居民就业，提升产业绿色水平，实现地区转变经济发展方式具有重大意义。临沂作为山东省的旅游大市和人口大市，发展康养旅游产业，既是创新旅游产业和业态，也是落实重要的民生工程。在十四五时期如何推进临沂市康养旅游

* 石静，中共临沂市委党校副教授；姜大川，山东医学高等专科学校附属医院神经内科主治医生。

业高质量发展，成为当前摆在我们面前的一个重大课题。

一、临沂市康养旅游产业的发展基础和优势

(一)资源优势

临沂市旅游资源种类齐全，境内山地、丘陵和平原各占三分之一，淡水资源丰富，气候温暖湿润。以蒙山为代表的山地森林旅游是临沂旅游的一张名片，临沂市内的蒙山山区文化底蕴深厚，自然风光秀美，森林覆盖率高，富含负氧离子，是一处养生胜地。临沂市地热温泉资源储量丰富，河东区、沂南、郯城等都有温泉，天然饮用矿泉水资源已查明产地的就有 15 处，药用植物有 830 多种。近年来空气和水生态治理成效明显，加之交通发展，崇山茂林、地热温泉、河流水库周边都成为宜人宜居之地，为康养旅游产业发展提供了承载空间。临沂市人文精神厚重，城市精神朴实包容，临沂东夷文化历史悠久，孝养文化氛围浓厚，是中华文明的发源地之一，蒙阴县、平邑县拥有山东省“长寿之乡”称号，费县被评为“世界长寿之乡”。临沂是全国文明城市、中国最佳文化生态旅游城市、中国十佳生态宜居典范城市，大力促进医养健康产业转型升级具有资源和产业的优势。

(二)需求优势

作为全国的人口大省，2020 年，山东省进入中度老龄化社会(老年人口占比达到 20%～30%)，老年人口超过 2137 万，居全国之首。截至 2020 年年底，临沂市 60 岁以上老年人口达到 224 万，占总人口数的 18.9%。近年来，随着居民生活水平的提升，消费结构的转变，对康养旅游产品的需求加大，临沂市健康养老产业发展迅速。2020 年，临沂市城镇居民人均可支配收入 37912 元，农村居民人均可支配收入 14979 元。居民生活水平的提高和近年来京津冀地区、长三角地区游客的持续增加，为临沂市康养旅游提供了巨大市场潜在需求。

(三)产业优势

作为山东省旅游大市，临沂市拥有 195 处 A 级景区，沂水、沂南县被评为全国旅游标准化示范县，全国休闲农业与乡村旅游示范县 3 个、省级休闲农业与乡村旅游示范县 3 个。2019 年，临沂市规模以上医药企业 82 家，工业总产值 246.3 亿元，制药产业位居全省第三。“康养综合体”的出现发挥了康复、养老、旅游、养生、休闲等功能，深受周边群众特别是老年人喜爱。当前临沂市康养旅游产业初具规模，初步形成了以化学药制造为主，中医中药为辅，“健康＋养生”、旅游、食品等业态为补充的产业体系。健康产业不断向其他产业渗透和辐

射，与其他产业不断融合发展，区域竞争力不断增强。

（四）政策优势

“健康中国”战略和山东省新旧动能转换重大工程的实施为健康产业快速发展提供了良好政策机遇。山东省将医养健康产业作为全省新旧动能转换的“十强”产业之一，打造包括临沂在内的5个医养健康产业千亿级城市。临沂市进一步放宽医养结合机构市场准入，对新办医养结合机构实行并联审批，支持医疗机构设立养老机构，对养老机构内设的门诊部、诊所、医务室和护理站，全部实行备案制。临沂凯旋智慧健康养老中心等4个项目获国家发改委城企联动普惠养老项目资助。

二、临沂市康养旅游产业发展存在问题

（一）企业和知名品牌较少，没有形成产业链条

对于康养旅游产业高度依赖的资源禀赋的因素，大多位于临沂市各县区，较中心城区有一定的距离，而周围地市也拥有相似的自然条件，导致同质化产品竞争的加剧。临沂市缺乏有实力的旅游集团，旅游业竞争力在山东省处于中等地位，旅游产业的企业规模不大，与绿色有机农业尚未融合，新的康养旅游模式尚未开发和营销，旅游产品较少，智能康养旅游产业体系不完善，与酒店、餐饮行业业务联动较差。此外，疫情还未过去，康养旅游企业受到很大影响，与当地公共卫生服务体系没有形成战略性合作。

（二）品牌特征和产品优势没有得到明显突出

临沂市的康养旅游产业发展刚刚开始，总体水平不高，尚未形成组团发展态势。产业规划布局不合理，缺乏全市科学统一的健康养老产业布局规划，没有规划和形成康养旅游产业园区和相关健康产业集聚区。目前在临沂高新区、经济开发区、临沭县等地都有规模较大的医疗器械产业集群，但是其生产的内容多用于临床医疗，而围绕着个人医疗、保健、养老为中心的设备生产比重相对较少，产品种类低端，功能单一。说起对临沂印象，外地游客大多认为临沂市是山区，以森林疗养旅游产品为主。临沂的其他资源开发程度不高，没有真正与养生的实质融合起来，也没有对消费者进行市场细分，因人制宜，所以康养与旅游之间交互少，难以达到预期效果。[①] 此外，在产业发展过程中，针对老年人的

① 参见赵杨、孙秀亭：《我国沿海地区康养旅游产业创新发展研究——以秦皇岛市为例》，《城市发展研究》2020年第6期。

市场并未得到充分利用，并未真正结合老年人的需求拓展业务，创新能力有待提升。资源分布与产业配置的不平衡，直接影响了健康养老产业整体健康有序地发展。

（三）尚未实现产业融合

康养旅游产业是旅游产业与养生产业的有效结合，为在发展中突出自身优势，需要地区在旅游产业与养生产业发展中找到共通之处，结合现阶段旅游人群的实际需求，打造一些特色化的旅游养生项目，才能更好地吸引游客前往。[①]但是从现阶段临沂康养旅游产业发展的实际情况来看，旅游融合中最大的问题在于旅游与其他产业的分离发展，游览的虽然是养生旅游目的地，但仅停留在购买养生地产品上，未能充分发挥当地资源，以致康旅产业特色突显不足。[②] 康养旅游产业与医药、绿色农业、文化等相关产业融合不足。目前康养综合体重点为旅游和疗养相结合，与健康养老用品制造、医药产业、康复器械产业等融合不足，没有形成健康产业集聚区。

（四）专业性不强

康养旅游需要国家政策鼓励、培养旅游新形态、整合创新资源等多方面的支持，也需要配套的康养旅游资源进行支撑，如医院、保健院、健身场所以及相关娱乐设施等，忽略资源与养生的匹配度和适用度，产业发展特色不足，缺乏后劲。当前老年人对康复护理、健康管理、人文关怀和精神慰藉等服务需求增加，但是相关养老机构层次不高，管理人员缺乏专业管理、护理知识及技能，管理和护理专业化程度低，难以满足老年人多样化的医养服务需求。[③] 多数社区养老服务设施无法提供日常护理、慢性病检查康复、健康咨询等社区居家老年人所急需的健康服务。此外，康养旅游产业发展所需的人才与普通旅游业不同，他们需要在了解旅游业务的同时，具备医疗卫生、养生保健方面的专业知识。人才水平的高低直接关系着康养旅游服务质量的高低。临沂市目前康养旅游人才的现状还不能满足近年来康养旅游快速发展的需求。

（五）行业和区域之间竞争日益激烈

从整个康养旅游行业发展的现状来看，发展相对较晚，目前处于康养旅游

---

① 参见前瞻产业研究院：《我国康养旅游行业发展格局及前景分析》，2019 年 3 月 15 日，https://www.sohu.com/a/301471011_473133。

② 参见李鹏、赵永明、叶卉悦：《康养旅游相关概念辨析与国际研究进展》，《旅游论坛》2020 年第 1 期。

③ 参见刘诗涵、王庆生：《乡村振兴视域下天津市乡村旅游与康养产业创新融合探究》，《安徽农业科学》2020 年第 12 期。

发展的初始阶段。与长三角、珠三角地区等相比有很大差距，无论是经营者的理念还是居民消费水平，整体竞争力较弱。当前康养旅游需求逐渐多样化，不同年龄段也存在着较大的差异，老年人要求疗养，中年人要求净化心灵，年轻人要求旅游项目具有较强的教育功能和体验性，临沂市当前的产业发展水平难以满足旅游人群的多样化康养需求。

三、高质量发展背景下临沂市创新康养旅游产业的路径

（一）统筹产业布局，促进市域各县区协调发展

依托临沂市的产业资源优势，利用山水、温泉、生态、医疗、文化和商贸物流等优势，规划相对平衡发展的产业布局。一是要发挥中心城区在交通、医疗、酒店、餐饮等方面的优势，发展“医疗＋旅游”。融合中心城区的医疗优势和各县区旅游资源的优势，打造“医疗＋旅游”模式产业聚集发展核心区。二是各县域之间以发展健康养老、康养旅游为抓手，以“养生＋旅游”为主要模式，主打理疗服务或者美容服务，满足群众多样化的健康需求。三是重点发展以蒙山山脉为空间脉络，利用森林、山地、温泉等自然资源优势，打造集健康旅游、养生养老、休闲度假等为一体的蒙山国际康养品牌。四是以沂河、沭河两岸为发展带，打造以康养旅游、体育健身、健康农业为重点的健康产业集聚带。在制定规划时，要兼顾城乡区域平衡：在城市中心区域，要以医养结合的养老机构为中心，实现生活照料、医疗护理、精神慰藉和紧急救助等功能；在农村社区街道，养老机构需随医院规划建设，实现医院与养老机构相互协作。

（二）发展龙头企业，形成产业集群

一是坚持项目驱动。重点建设一批康养旅游项目，发挥项目的示范带动作用，打造产业聚集发展核心区，加快推动形成产业集群。二是依据各县区在康养旅游方面的不同优势，重点扶植一批龙头企业，发挥企业对产业的示范效应和带动作用，延伸上下游产业链的产业格局，逐渐形成产业集群。三是发挥品牌效应。突出产业特色，健全产业链条，创建康养旅游产业品牌示范区，开发多样化旅游产品和服务，创新旅游模式，发挥产业链条联动作用。

（三）发展多样健康养老产品和服务，深化业态融合

建立临沂市康养旅游产业发展调查评估制度，对游客需求进行调查，加大宣传力度和市场营销，以游客需求为导向，创新康养旅游的产品和服务。一是大力推进康养旅游和制造业的融合，加大健康系列产品研发，支持服装、食品和保健品、生活护理、康复保健器材、适老康复辅具等产品、用品开发。二是利用

临沂市中药材种植的优势，促进中医药研发，向中药保健品、化妆品和生物医药等多元化方向发展。发挥现有化学制药产业优势，扶持药材研制、生产、加工、销售为一体的企业加大高新技术研发力度，促进医药制造业产品转型升级。三是不断完善养老服务机构的功能，创新服务种类，实现有病治病、无病疗养。

（四）加强人才队伍建设，打造康养旅游专业的人才队伍

人才队伍的建设至关重要。针对当前发展康养旅游产业的需要，要认真分析所需相关知识，确定人才培养标准，针对游客需求多样化的实际，制定旅游业在职职工再培训标准，提高在职人员的专业化程度和专业素质。制定岗位入职标准，对新入职的员工开展岗前培训，加大培训力度，培养一批满足当前产业需要的本土服务人员。对旅游业在职人员开展各类健康知识的教育培训。采取多种培训方式，提高培训质量，努力建设在职工作人员和志愿者服务队伍相结合的队伍。支持开展志愿服务活动，探索建立“时间银行”等互助志愿服务记录和激励机制。倡导以职业荣誉为核心的表彰激励机制，提高从业人员的职业荣誉感和自豪感。

（五）培育特色产业，促进产业转型升级

当前发展康养旅游产业，应对标先进地区学习先进经验，充分利用本地资源，培育产业特色，带动产业转型升级。鼓励医院发展康养产业，发展“医中有养”的模式，基层医疗卫生服务机构加强标准化建设，完善服务功能。同时鼓励相关机构延伸服务链条，创新服务产品，完善老年服务设施建设标准，加强已建成的旅游公共场所无障碍设施建设。推进康养旅游服务设施与卫生、救助等公共服务的整体布局、互补和共享。大力发挥中医理疗治未病优势，开展老年人养生保健、医疗、康复、护理等服务。加快发展健康管理和健康文化产业，支持和规范发展市场潜力巨大、群众需求高的健康保健、临终关怀、美容美发等卫生服务。鼓励社会资本特别是本地企业投资康养旅游产业。做强和普及数字化移动终端服务，逐步实现和电脑、手机移动终端互联互通。进一步营造产业发展的良好氛围，加强体育基础设施建设，依法落实全民健身设施配套建设工作，为康养旅游核心区提供优质的产业联动平台，推动康养旅游业与当地相关产业如养老产业、生态农业等的融合发展。

胶东经济圈海洋康养旅游高质量发展路径研究

刘佳　李静　赵青华　陆嘉欣　张翔宇*

【摘要】“海洋强国”“健康中国”等战略为海洋康养旅游发展提供了重要契机。目前，胶东经济圈海洋康养旅游资源包括以海岛、海岸带、温泉等为代表的自然资源以及以啤酒文化、饮茶文化、帆船文化为代表的人文资源两大类型，形成了以海洋生态康养、海洋体育康养、海洋度假康养为代表的三种旅游发展模式。新时期需以文旅融合为内在动能、科技创新为有力支撑、区域协调为必要要求、绿色发展为根本前提、开放共享为重要使命，加强旅游产业融合化、产品创新化、区域协调化、绿色生态化以及开放共享化，促进胶东经济圈海洋康养旅游高质量发展。

【关键词】海洋康养旅游；高质量发展；胶东经济圈；路径对策

一、引言

康养旅游是能够同时满足居民健康及旅游需求的新兴业态。[①] 当前，我国大力推进健康产业与旅游产业深度融合[②]，康养旅游业经济效益显著提升。康

---

* 刘佳，中国海洋大学管理学院、海洋发展研究院教授、博士生导师；李静，中国海洋大学管理学院硕士研究生；赵青华，中国海洋大学管理学院硕士研究生；陆嘉欣，中国海洋大学管理学院硕士研究生；张翔宇，中国海洋大学管理学院硕士研究生。

① 参见周功梅、宋瑞、刘倩倩：《国内外康养旅游研究评述与展望》，《资源开发与市场》2021 年第 1 期。

② 参见王兆峰、史伟杰、苏昌贵：《中国康养旅游地空间分布格局及其影响因素》，《经济地理》2020 年第 11 期。

养旅游自2016年被纳入我国旅游发展战略以来，逐渐走向规范化发展。[①] 2021年，全国“十四五”规划纲要提出全面推进“健康中国”建设，康养旅游迎来崭新的发展契机。康养旅游作为一种新的经济增长点，是旅游业与健康业融合成的新产业、新业态与新模式，能有效满足居民休闲和健康的双重需求，是促进我国旅游产业转型升级、推动新时代“健康中国”战略实施的重要举措。

海洋康养旅游作为康养旅游的重要组成，是以海水、沙滩、海洋生物等海洋旅游资源与康养资源相结合形成的海洋新兴产业[②]，包括海水和沙滩理疗、海上运动、海底科普旅游、海洋美食等形式。胶东经济圈（包括青岛市、潍坊市、威海市、烟台市与日照市）位于山东半岛沿海区域，海洋面积辽阔，滨海生态环境适宜，具有海洋温泉、优质海岸等康养旅游资源，是重要的海洋康养旅游消费空间。2020年《山东省文化旅游融合发展规划（2020～2025年）》明确提出，要加快发展滨海休闲康养旅游，打造“仙境海岸、养生福地”养老健康旅游服务经济带，并形成以青岛为核心的胶东经济圈文化旅游发展极，辐射带动周边城市发展。在旅游业高质量发展背景下，以创新、协调、绿色、开放、共享基本理念为指导发展海洋康养旅游业，是缓解胶东经济圈旅游季节性短板问题的重要举措，对促进胶东五市海洋新旧动能转换、区域协调发展、缓解旅游供需矛盾具有重要意义。

二、胶东经济圈海洋康养旅游发展现状与问题

（一）海洋康养旅游发展模式与特征

胶东经济圈依托丰富的海洋康养旅游资源，现已形成一系列海洋康养旅游发展新模式，主要包括：第一，海洋生态康养旅游发展模式。以维持和保护原有海域生态环境为出发点，对海洋旅游目的地现有滨海生态环境及海洋旅游资源深度设计与开发，在可持续发展理念指导下完善配套的产品体系和服务体系，满足游客修身养性的目的。例如，青岛唐岛湾国家湿地公园是典型的海洋生态康养旅游发展模式，项目规划上突出生态与旅游的协调发展，注重滨海、湿地、沙滩生态保护，自行车道、游步道全线贯通，康养元素丰富。第二，海洋体育康养旅游发展模式。以地区及周边运动资源或大型体育赛事为依托，形成体育观赏游和体育参与游等旅游形式，同时配套康养服务设施，满足游客健康需求，主

① 参见任宣羽：《康养旅游：内涵解析与发展路径》，《旅游学刊》2016年第11期。

② 参见黄慧：《一带一路背景下沿海康养旅游产业研究》，《中南林业科技大学学报》（社会科学版）2016年第6期。

要包含资源导向和赛事依托两种发展模式。其中,资源导向型将体育健身项目与康养旅游结合,充分利用沙滩、海岛等海洋旅游资源开展潜水、沙滩排球、海上冲浪等体育旅游项目。例如,“日照海滨山岳行”线路,将日照市丰富的山岳、海洋、森林资源与太极、瑜伽等体育健身休闲运动深度融合。赛事依托型即基于奥运会、帆船锦标赛、马拉松等世界重要赛事的举办促进海洋康养旅游发展。例如,青岛市是以帆船赛事为依托发展海洋康养旅游的代表性城市。第三,海洋度假康养旅游发展模式。基于特色海洋旅游资源,提供多样化、个性化的休闲娱乐设施以及高质量的康养旅游服务,能够满足游客高质量的度假旅游体验。例如,青岛海泉湾康养旅游基地、烟台磁山温泉小镇、威海天沐温泉度假区等海洋康养旅游地依托温泉资源,配套高星级酒店等服务设施,提供 SPA 等时尚理疗产品及游泳池、健身房等康体运动设施,形成了以温泉为载体、与康养高度结合的海洋度假康养旅游基地。

(二)海洋康养旅游发展的问题剖析

丰富的自然、人文旅游资源为胶东经济圈海洋康养旅游发展奠定了重要基础,但当前胶东经济圈海洋康养旅游发展仍存在以下问题:第一,资源层面,海洋自然资源依赖性强,文化资源重视度欠缺。自然资源依赖导致海洋康养旅游发展季节性明显,易受海洋生态安全影响。如,浒苔灾害不仅会对滨海景观造成破坏,破坏滨海旅游环境承载力,还会直接影响海洋康养旅游发展。[①] 第二,产品层面,地市间产品同质化现象突出,海洋康养旅游产品开发缺乏创新性。当前胶东经济圈海洋康养旅游产品主要依托海洋旅游产品附加康养元素,海洋康养旅游产品与海洋旅游产品区分度不够,表现出“康养为辅助”的发展特点,低端、中端、高端海洋康养旅游产品的差异性不明显。[②] 第三,空间层面,区域发展联动性弱,胶东经济圈海洋康养旅游合力发展的格局尚未形成。基于胶东经济圈长期积累的海洋旅游市场和较为完备的旅游设施,各地市海洋康养旅游发展初具规模,但产品的同质化问题导致区域间联动性弱,尚处于独立发展阶段。第四,市场层面,海洋康养旅游产品目标市场定位模糊,缺乏对细分市场的针对性。除针对银发市场、亚健康人群市场等,对不同年龄阶段、不同工作性质的人群精准营销程度不够。

---

① 参见刘佳、张洪香、张俊飞等:《浒苔绿潮灾害对青岛滨海旅游业影响研究》,《海洋湖沼通报》2017 年第 3 期。

② 参见黄慧:《一带一路背景下沿海康养旅游产业研究》,《中南林业科技大学学报》(社会科学版)2016 年第 6 期。

三、促进胶东经济圈海洋康养旅游高质量发展的路径与对策

结合胶东经济圈海洋康养旅游发展中资源利用、产品设计、空间布局、市场定位等问题，在高质量发展方向的宏观引导下，顺应创新、协调、绿色、开放、共享五大发展理念，推动胶东经济圈海洋康养旅游产业融合化、产品创新化、区域协调化、绿色生态化以及开放共享化，促进胶东经济圈海洋康养旅游高质量发展(见图1)。

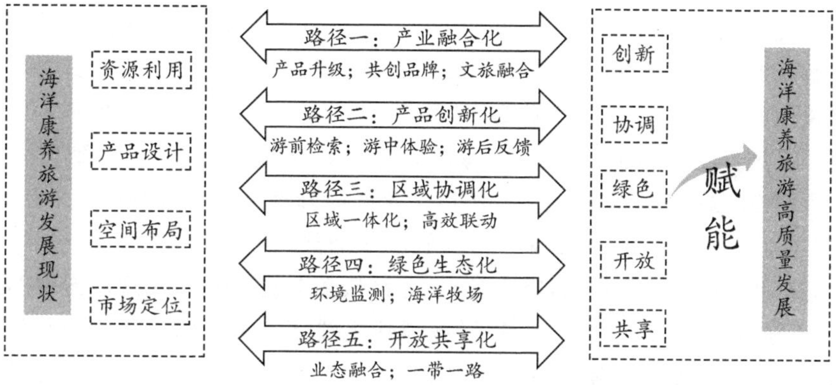

图1　胶东经济圈海洋康养旅游高质量发展路径

(一)深化海洋康养文旅融合发展，以文化特色塑造产品核心

文旅融合是实现胶东经济圈海洋康养旅游高质量发展的内在动能。首先，应深入挖掘区域民俗文化独特性，升级核心海洋康养旅游产品。例如：将乳山大鼓、乳山大秧歌等具有浓郁地方特色的传统民俗文化融入威海现有海洋康养旅游产品，设计并推出威海“民间舞蹈健身体验”等类型的滨海有氧活动产品；将烟台剪纸、潍坊风筝制作、扑灰年画等传统民间艺术融入“修心养性”的康养旅游活动中，并在滨海疗养院、滨海度假区等场所推广，丰富海洋康养旅游产品类型。其次，可打造康养旅游文化创意产品和旅游商品，共创“胶东有礼”康养文化旅游品牌。可借鉴故宫博物院文创产品发展经验，对胶东经济圈海洋康养文化进行凝练和整合，以文创产品形式作为展现海洋康养文化的重要载体和海洋康养旅游功能的重要延伸。例如，深化“胶东有礼”“四季威海·康养福地”“仙境海岸”等旅游品牌，通过品牌IP人格化、情感化、个性化与形象化，利用人偶游戏互动、表情包、漫画等方式，实现胶东经济圈城市与海洋康养旅游者的有效互动。最后，融入“药食同源”“平和养生”等中国传统饮食文化，将青岛啤酒、

烟台苹果、日照绿茶等代表性食品融入海洋康养旅游产品设计中，推出“啤酒＋文创”“苹果＋文创”“绿茶＋文创”等康养文旅融合新产品，满足旅游者个性化文化需求。

（二）提升海洋康养旅游消费体验，以科技手段创新产品形式

科技创新是推动胶东经济圈海洋康养旅游高质量发展的有力支撑。首先，可依托胶东五市重大科研和健康项目，为海洋康养旅游者提供“游前”信息查询、预订等服务。例如，依托青岛“健康海洋”项目、日照“英才人才工程”等，建设胶东经济圈海洋康养旅游大数据集成平台，展示海洋康养旅游社群的空间分布、游客满意度等指标，实时更新 PM2.5 值、负氧离子浓度、海水温度等指标，为旅游者提供快速获取胶东经济圈海洋康养旅游基础信息的通道。其次，以海洋科技为支撑，提升海洋康养旅游者“游中”体验感。例如，对游客生理、心理等健康状况进行动态监测、记录，与海洋康养旅游基础信息匹配，做到“一人一案”，为旅游者提供“出游预报”。此外，由于新冠肺炎疫情给旅游业带来巨大冲击，倒逼旅游界探索新的旅游模式，云旅游成为热门旅游形式之一。可以借助AR、VR 和 MR 等先进技术，推出“云·海洋康养旅游”模式，实现旅游者“足不出户，云游胶东”的美好愿景。最后，畅通线上线下意见反馈渠道，实现海洋康养旅游者“游后”反馈机制构建。例如，除了设置线下旅游意见反馈中心外，在官方网站开发趣味人工智能回复程序，智能回应旅游者的意见反馈，安抚旅游者的负面情绪。

（三）引导海洋康养资源合理分配，统筹协调助推一体化发展

区域协调发展是实现胶东经济圈海洋康养旅游高质量发展的必要要求。一方面，健全胶东经济圈区域一体化制度。切实按照《胶东经济圈“十四五”一体化发展规划》指引，实现经济圈内“县域一体化”，促进海洋康养旅游产业资源突破县域行政壁垒和体制障碍，实现海洋康养旅游要素在经济圈内的充分流动。各市充分发挥比较优势，如青岛发挥技术创新优势推动海洋康养旅游产品创新，威海和日照发挥港口优势创设开放包容的环境，烟台发挥海洋经济优势助力海洋和康养深度融合，潍坊充分发挥区位优势，与邻近城市协同合作，实现高效联动，助力海洋康养旅游高质量发展。另一方面，应积极推动胶东经济圈同其他区域协调发展。例如，充分发挥胶东经济圈“黄河流域生态保护和高质量发展的龙头”“中国北方的创新高地”“山东对外开放的桥头堡”等在区域发展中的带头引领作用，将胶东经济圈打造成山东省高质量发展的强劲引擎。

（四）促进海洋康养旅游持续发展，以绿色与生态为发展前提

绿色发展是胶东经济圈海洋康养旅游高质量发展的根本前提。首先，以积

极措施应对海洋水质恶化。绿色、原生的海洋环境是海洋健康、养生目标的根本依托。例如，可以借助空中卫星遥感、飞机巡航对青岛市浒苔绿潮灾害进行全方位监视，加大浒苔拦截、打捞治理力度，降低浒苔绿潮灾害对游客体验感的负面影响。其次，加快海洋牧场建设，改善海域生态环境的同时，提供优质安全的海洋康养产品。例如，依托青岛市崂山湾海域、山东省岚山东部海域等胶东经济圈内的国家级海洋牧场示范区，建设康养休闲海钓基地、休闲海钓场，推出“水下养殖、水上参观、陆上体验”的海洋康养体验线路，满足旅游者改善膳食结构、获取优质蛋白的迫切需求，以海洋牧场建设为海洋康养旅游者打造海上绿水青山旅游目的地。最后，将“绿色＋蓝色”旅游活动与研学活动融合，提升大众海洋康养旅游持续发展意识。例如，开展以海洋康养为代表的蓝色海洋康养研学、海洋生态夏令营，结合医疗保健、专业营养教育、生态观念培养等环节，实现康养知识学习、身心修养的目的。

（五）拓宽海洋康养旅游产业链，以开放共享提升国际影响力

开放共享是胶东经济圈海洋康养旅游高质量发展的重要使命。一方面，可推动医疗保健、体育、农业渔业与海洋旅游产业协同发展，拓宽海洋康养旅游产业链和服务链条。加快海洋保健品、海洋化妆品、海洋有机食品等研发设计，形成特色医疗健康品牌；积极举办帆船、游艇等各类型旅游赛事活动，推动体育产业与海洋康养旅游融合发展；积极创新康养农家乐、渔家乐旅游产品，建设以体验农业生产、渔业捕捞为核心的海洋康养体验项目，推动海洋康养旅游与农业、渔业融合；探索海军博物馆、啤酒博物馆、海尔工业园、华东葡萄酒庄园与海洋康养旅游融合发展模式，推动工业与海洋康养旅游业融合。另一方面，可加强胶东五市与“一带一路”沿线国家海洋康养旅游合作，发挥胶东经济圈对外合作交流、文化传播的桥梁纽带作用，提升胶东经济圈海洋康养旅游国际影响力。例如，依托上合示范区平台，围绕青岛市“构建全球海洋中心城市、建设国际消费中心城市”，烟台市“打造更具影响力的现代化国际滨海城市”，威海市“打造海洋经济创新发展示范区”等目标，通过开展博览会、戏剧节、啤酒节、风筝节等周期性文化交流活动传播“仙境海岸”“天人合一”等康养理念，在全球范围内吸引游客到访和体验。

乡村振兴战略背景下康养旅游发展路径研究*

孙凤芝　文娜娟　田菲菲　董之滔**

【摘要】随着我国居民亚健康化和老龄化现象日趋严重，人们对健康、养老等与生活质量密切相关的康养产品需求逐渐增加。本文基于乡村振兴及康养旅游发展现状的梳理分析，对乡村及康养资源提炼整合、业态开发延伸、康养旅游发展经验审视，深度剖析典型案例，总结提炼出田园休闲康养、文化体验康养、旅居度假康养三类乡村康养旅游发展模式。研究结果表明，虽然我国乡村旅游与康养旅游实现了初步融合，但发展过程中仍存在产业可持续发展意识薄弱、产品同质化与创新力度不够、复合型人才资源短缺、专项财政扶持力度不足问题，并针对生态、产品创新、人才引进与专项资金四个方面提出创新发展路径，以期促进乡村振兴与康养旅游融合发展，为康养旅游目的地管理提供借鉴。

【关键词】乡村振兴；康养旅游；发展路径

为破解城乡二元结构，推动城乡融合发展，党中央在十九大提出“乡村振兴战略”。《国家乡村振兴战略规划（2018～2022 年）》中明确指出“打造融合发展新载体新模式，推动要素跨界配置和产业有机融合”，乡村旅游是其重要方向。

---

* 本文为国家青年科学基金项目“共享发展视角下主客乡村依恋的表征、动因及对旅游价值共创的影响”（72102131）、山东省自然科学基金面上项目“全球化时代背景下旅游者目的地依恋研究：维度、影响与表征”（ZR2019MG038）阶段性研究成果。

** 孙凤芝，山东师范大学商学院教授；文娜娟，山东师范大学商学院硕士研究生；田菲菲，山东师范大学商学院硕士研究生；董之滔，山东师范大学商学院硕士研究生。

我国乡村旅游依靠丰富的自然和乡土文化资源快速发展，但仍面临发展模式单一的困境，亟须寻求新的发展突破口。随着社会快速发展，居民生活节奏愈加紧凑，赖以生存的生态环境容量有限，身心健康问题已成为社会关注热点。[①] 旅游作为一种生活方式，对人们的健康和幸福有积极促进作用。[②] 在此背景下，实施“乡村旅游＋康养”的发展模式，对破解当前乡村旅游发展困境具有重大意义，探讨乡村振兴战略视角下康养旅游的发展路径刻不容缓。

一、文献综述

康养旅游是游客暂时离开居住地前往目的地，通过体检、医疗、休闲以及度假等活动，达到维持与促进生理及心理健康目的的旅游方式。[③] 乡村振兴战略背景下的康养旅游是一种依靠乡村旅游资源，围绕健康理念开发产品和服务，以实现促进游客身心健康的旅游方式，主要有旅居、运动、疗愈、研学等业态。目前对于乡村康养旅游的研究主要集中在探讨乡村康养旅游的现状、乡村振兴背景以及康养旅游融合的途径与策略。通过对发展乡村康养旅游的资源优势进行分析，提出促进乡村康养旅游发展的策略[④]，探究目前我国乡村地区旅游产业和健康产业融合存在的问题，并提出使二者协同发展的目标、主体和任务[⑤]。

通过文献梳理发现学者们对康养旅游的研究集中在概念辨析、发展路径、旅游资源评价[⑥]、空间布局[⑦]等方面，其中对康养旅游发展路径的探讨聚焦于政

---

① 参见潘洋刘、刘苑秋、曾进等：《基于康养功能的森林资源评价指标体系研究》，《林业经济》2018 年第 8 期。

② Chen, C-C., Petrick, J. F., Health and Wellness Benefits of Travel Experiences: A Literature Review. *Journal of Travel Research*. 2013, 52(6):709-719.

③ Laing, J., Weiler, B., *Mind, Body and Spirit: Health and Wellness Tourism in Asia*. Oxford: Elsevier Publishing, 2008:379-389; Panasiuk A., Panfiluk E., Szymańska E., Introduction to Innovation Research in Health and Wellness Tourism. *European Journal of Service Management*, 2016, 18: 23-31.

④ 参见韩福丽、鲁啸军、耿佳宝：《黑龙江省民族地区乡村康养旅游发展研究》，《黑龙江民族丛刊》2019 年第 5 期；刘新、邓云芳：《田园康养的精准脱贫——湖南省武陵山片区乡村旅游与康养产业的创新融合研究》，《黑龙江生态工程职业学院学报》2018 年第 2 期。

⑤ 金媛媛、王淑芳：《乡村振兴战略背景下生态旅游产业与健康产业的融合发展研究》，《生态经济》2020 年第 1 期。

⑥ 参见张贝尔、黄晓霞：《康养旅游产业适宜性评价指标体系构建及提升策略》，《经济纵横》2020 年第 3 期。

⑦ 参见王兆峰、史伟杰、苏昌贵：《中国康养旅游地空间分布格局及其影响因素》，《经济地理》2020 年第 11 期。

策环境背景、专项研究、影响因素及发展历程。随着一系列重磅政策的推出,"乡村振兴"成为国家战略①、"大健康"产业成为经济发展新引擎,以及我国人口老龄化问题日益加重②的现实需求,共享经济时代康养旅游产业创新发展的动力因素也发生了重大变化③。以乡村旅游为载体,旅游、健康、养老等产业融合发展的蓬勃迹象,吸引学者关注养老型乡村旅游社区的健康持续发展。④ 与此同时,"一带一路"倡议的稳步推进为沿海城市的康养旅游产业发展提供了历史机遇,学者以地处渤海湾地区的秦皇岛市为研究对象,探讨沿海康养旅游国际线路的打造⑤。

综上所述,康养旅游研究成果相对较少,且对康养旅游的定位尚未达成共识,理论研究滞后于实践发展,康养旅游发展路径研究在各案例地的实践也处于探索阶段。此外,虽然乡村振兴的研究在不断增多,但将乡村振兴与康养旅游相结合的研究成果较少,且乡村康养旅游发展模式不成熟。因此,本研究基于乡村振兴战略背景,分析现阶段我国乡村康养旅游的发展情况与模式,深剖康养旅游发展存在的问题,探索形成多样化的康养旅游发展路径,为康养旅游目的地的管理与发展提供借鉴。

二、康养旅游发展模式及典型案例

本文通过梳理康养旅游及乡村战略背景下乡村旅游发展现状,归纳获得乡村康养旅游发展的核心在于开发和利用乡村及康养资源,有力聚集各类业态,形成以资源为核心的康养旅游目的地。本研究按资源开发利用与业态开发延伸类型,将乡村康养旅游总结为以特色农产品为资源依托的田园休闲康养模式、以文化资源为核心概念进行主题模式开发的文化体验康养模式和以自然资源为核心要素进行扩充的旅居度假康养模式(见图1)。

---

① 参见金媛媛、王淑芳:《乡村振兴战略背景下生态旅游产业与健康产业的融合发展研究》,《生态经济》2020年第1期。

② 参见范逸男、陈丽娟:《人口老龄化背景下康养小镇发展研究》,《技术经济与管理研究》2020年第10期。

③ 参见李莉、陈雪钧:《康养旅游产业创新发展的动力因素研究——基于共享经济视角》,《技术经济与管理研究》2021年第4期。

④ 参见郎富平、于丹:《养老型乡村旅游社区可持续发展研究》,《云南民族大学学报》(哲学社会科学版)2021年第1期。

⑤ 参见赵杨、孙秀亭:《我国沿海地区康养旅游产业创新发展研究——以秦皇岛市为例》,《城市发展研究》2020年第6期。

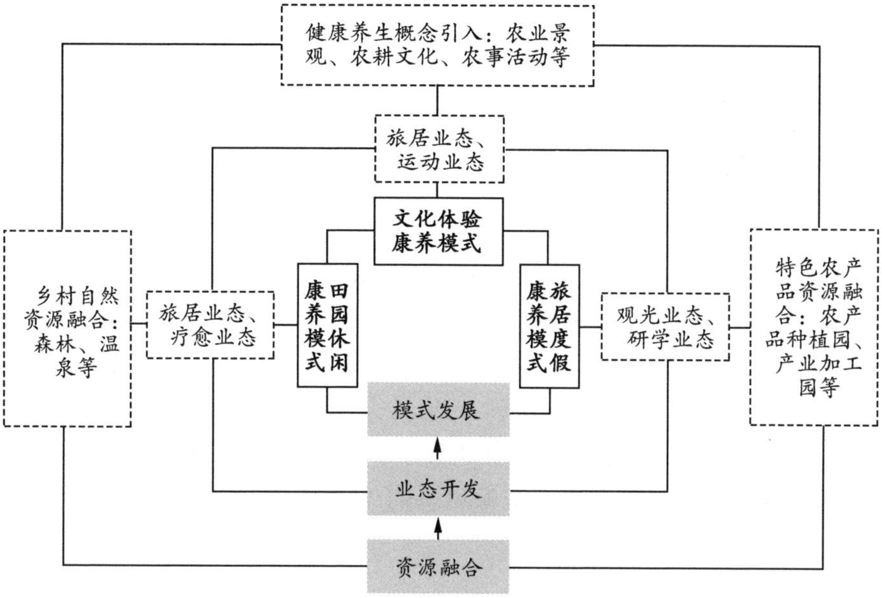

图 1　乡村旅游与康养旅游融合发展模式

(一)田园休闲康养模式——四川省攀枝花

我国乡村地区有独特的农业资源，如乡村本地特有的国家地理保护标志农产品或各地优质农产品等特产。将这些农产品进行生产、加工、销售的一系列过程与康养旅游结合，形成“康养＋农业”的新路径。以特色农产品为主要资源可以开发观光业态、研学业态等。这种依托独特农业资源所发展起来的康养旅游模式，被称为“田园休闲康养模式”。

四川省攀枝花市水果资源丰富、种植面积广，素有“水果之城”的美称。因此，该市借助当地良好的资源优势，深入挖掘葡萄资源，建设葡萄生态基地、葡萄文化体验中心，通过开发生态观光、养生葡萄等产品，成功探索出“康养＋农业”新路径。

(二)文化体验康养模式——广西巴马瑶族自治县

发展乡村康养产业，需要深挖资源的内涵，引入核心文化概念。部分农村地区在发展乡村康养过程中，强调本地区文化的重要性，挖掘当地独特的乡土文化，打造文化品牌，丰富顾客文化体验。在文化资源的背景下，研学、旅居、疗愈是其发展的主要业态。这种依托当地文化资源所发展起来的康养旅游模式，被称为“文化体验康养模式”。

广西壮族自治区巴马瑶族自治县在其独特人文资源的基础上发展文化旅游产品，不仅让游客在自然风貌中放松身心、养生保健，更让游客体验和感受独特的养生文化。人文资源的深度挖掘和开发，给巴马县的康养旅游注入了新的发展动力，使得此地的康养产业更加健全和可持续。

（三）旅居度假康养模式——山东省淄博市中郝峪幽幽谷

旅居度假康养旅游模式是指乡村地区依托森林、温泉等资源，配套其他生活消费设施，采用健康的方法促进游客人体自律神经的调节，通过发展旅居、疗愈等业态，最大限度地实现康养旅游价值的康养旅游模式。

山东省淄博市中郝峪幽幽谷位处乡村地区，有着丰富的乡村旅游资源，森林覆盖率96%以上，是一处天然氧吧。依托优质的森林资源，幽幽谷开发了森林特色养生餐饮馆、露天森林养生台等多种康养项目。同时幽幽谷通过资源的整合，开发出了森林资源与农业资源组合的康养产品，实现了“康养旅游＋农林”的融合发展。

三、乡村康养旅游发展问题剖析

乡村振兴政策的提出为乡村康养旅游的发展带来新机遇，其发展满足了旅游者消费升级的需求，丰富健康养生的市场。但是随着乡村康养产生的大规模发展，所面临的瓶颈也逐渐凸显。

（一）乡村生态环境遭破坏，产业发展意识有待提升

乡村康养依赖于良好的乡村生态环境，其发展一方面可以满足人们呼吸清新空气、享受舒适气候的身体需求，另一方面可以满足人们心理愉悦、精神放松的精神需求。[①] 但目前乡村康养旅游的开发，由于环保意识不强，存在着较大的盲目性，先破坏后治理的错误开发理念对乡村生态环境破坏严重。同时，乡村康养旅游的发展不仅需要多个产业互动联系，也需要金融、法律、教育等行业的支撑，康养产业发展意识的欠缺导致了产业链的不完整。在全产业链条未打通的情况下无法发挥其乡村康养旅游的规模效益，也无法提高游客的体验质量。

（二）康养产品和服务同质化，发展模式单一

乡村康养旅游产品的开发不仅要发挥农民的作用，更要发挥企业的优势。目前部分企业在开发乡村康养旅游产品时整合与创新能力不足，产品内涵单

① 参见韩福丽、鲁啸军、耿佳宝：《黑龙江省民族地区乡村康养旅游发展研究》，《黑龙江民族丛刊》2019年第5期。

调，互动性较差且没有充分体现产品的创新性，没有找到在文旅融合模式下康养旅游发展的创新点与盈利点，无法充分考虑旅游者的诉求和需要，存在着同质化产品竞争激烈、产品体系不完善等问题，导致康养旅游产品缺乏鲜明的地域特色。①

（三）人才资源匮乏，培训体制不健全

科学的人力资源管理与完善的康养旅游人才队伍对乡村康养旅游发展有重要意义。乡村康养旅游的开发需要两类人才：一类是从事餐饮、住宿等基础工作的服务人员；另一类是从事医疗卫生、食品营养、养生保健等工作的专业人才。目前乡村康养从业人员素质良莠不齐，当地村民仍然是乡村康养旅游从业人员的主力军，在培训体系不完善的情况下，村民服务意识相对较弱，难以满足游客深层次体验需求。

（四）资金缺口大，配套设施规划建设滞后

资金短缺是限制乡村康养旅游产业发展的主要原因之一。虽然国家从宏观层面对康养旅游进行了方向引领和产业引导，但是细节性、可操作性不强，缺乏乡村康养旅游发展的财政扶持政策与专项资金。由于资金缺乏加上市场监管力度不足，目前绝大部分乡村康养旅游地在配套设施规划方面考虑不全面，没有充分调动和整合各方力量，无法为游客提供满足其基本需要的康养旅游设施。

本文针对以上四个问题进行深度剖析，探究问题的根本、关键、核心与基础所在（见图2）。通过深度探寻问题的本质及内在联系，提出针对性的解决措施。实现从“单核”到“乡村＋康养旅游”双核驱动模式的更替，多业态融合的革新。

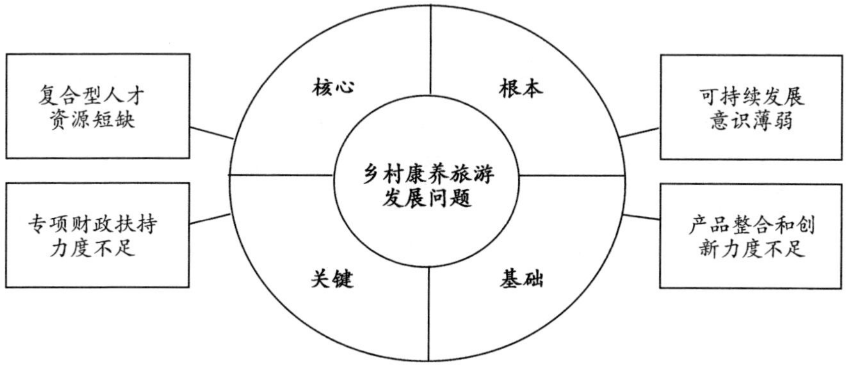

图2　乡村康养旅游发展问题剖析

① 参见王瑷琳：《国内康养旅游服务产品的开发策略探析》，《中国商论》2017年第34期。

四、未来乡村康养旅游发展路径创新

本文针对当前我国乡村康养旅游存在的问题，从生态、产品、人才、资金角度提出建议，有计划地推进乡村康养旅游产业的发展。

(一)坚持生态优先，共建康养旅游新天地

生态环境的优劣直接关系到能否提供优质的康养旅游产品。多方主体要树立生态环保理念，坚持绿色低碳化开发，走可持续发展道路。政府层面要主动承担在全社会范围内进行生态保护宣传的责任，同时加强对生态开发保护的监管，加大对破坏生态环境行为的处罚力度，以期达到合理引导的效果。

(二)促进产品创新，占领康养旅游新高地

因地制宜是乡村康养旅游产品的开发重点，依托现有特色资源进行多模式融合开发，满足消费者的不同需求。同时深度挖掘乡村本土的传统文化和民俗资源，在充分考虑生物多样性的基础上把握后发优势，在坚持生态优先的同时对文化内涵进行深入挖掘，突出地域特色，打造高质量、高品位的康养旅游产品。

(三)大力引进人才，赋予康养旅游新动能

专业人才队伍建设是乡村康养旅游发展的保障，在发展过程中需培育多方面专业化人才。一是要全方位、多层次、立体化构建乡村康养旅游人才队伍建设培训体系，加强旅游从业人员的服务意识；二是加强康养旅游后备人才建设队伍，开设乡村康养旅游服务方向课程，强化职业能力培训，坚持理论与实践相结合，建立多元化的人才培养模式。

(四)提供专项资金，助力康养旅游新发展

乡村康养旅游的发展需加大资金的投入力度以及相关扶持。国家层面上，需完善相关政策并构建旅游主管部门与相关部门的协调机制，促进乡村康养旅游产业发展多元化合作局面的形成，有针对性地促进乡村康养旅游发展；企业也需主动承担社会责任，加大对乡村康养旅游产品的投资力度，在完善旅游设施的基础上进行乡村康养旅游服务差异化发展。

嵌入式社区医养结合养老服务模式优化研究

——以日照市为例

许晗　陈欣悦　卜亚君　张立新*

【摘要】本文以日照市的三个嵌入式社区养老服务典型案例为对象，综合运用行为事件访谈、扎根理论方法和技术，整理出74条原始语句及对应14个初始概念，最终提炼出8个主范畴和4个核心困境。研究发现，“医养资源衔接困难”作为嵌入式社区医养结合养老发展模式面临核心内生困境，是造成养老产业实现由“被动养老”到“能动享老”的关键阻碍。而医护团队建设薄弱、政策扶持不足、智慧化程度不够等外生困境也在不同阶段影响了项目进程，构成嵌入式医养结合挑战模型环境因素。本研究运用自然科学协同理论作为上述挑战破解逻辑并提出针对性政策建议。

【关键词】医养结合；嵌入式社区；扎根理论

一、引言

“嵌入”概念最早由卡尔·波兰尼提出，格兰诺维特在此基础上建立社会嵌入理论。在我国，医养结合模式主要包括养办医、医办养、医养合作等。在三种医养结合模式中，现有研究较多关注“养办医”。社区居家养老是被大部分老人所接受的养老服务模式，“医养融合＋社区居家养老”是养老产业发展新路径。由于嵌入式社区居家养老服务模式在我国尚处起步阶段，发展面临众多困境，

* 许晗，曲阜师范大学经济学院本科生；陈欣悦，曲阜师范大学经济学院本科生；卜亚军，曲阜师范大学经济学院本科生；张立新，曲阜师范大学经济学院副教授。

阻碍了嵌入式社区医养结合服务模式发展。安华、张航认为,“邻避效应”降低了社区周边公共服务设施利用率,阻碍了多层次、全方位医养结合技术服务体系的构建。[①] 内涵阐释层面,唐敏以重庆、浙江、湖南和北京为例,对比剖析支撑辐射型、社会兴办等典型社区式医养结合实践模式的特点及共性。[②] 发展必要性层面,赵欢、蒋国宏借助 SWOT 分析从慢性疾病诊疗落后、互联网医院开展不足、缺乏区域发展长效机制等方面揭示医养结合推进的紧迫性。[③] 现实困境及破解路径层面,万祺从医保、长护视角提出彻底解决城市“社会性住院”对策[④],刘洪银则通过联系乡政府、农业合作社、小农户构建农村医养结合实现路径[⑤]。

本文将通过扎根理论法对日照市三家康养综合体负责人以及工作人员访谈进行深入质性分析,提炼出嵌入式社区医养结合养老服务发展核心困境及其内在联系,并提出模式困境破解模型及实现路径。

二、案例选择与调研设计

(一)案例选择

本文确定以这三家养老服务机构为研究对象是由于:三家康养综合体普天安泰公司、中科颐城、中华养生城成立时间分别为 2018 年、2019 年、2019 年,便于获取最新嵌入式社区医养结合层面问题;机构在不同程度上应用嵌入式养老模式,融合居家、社区、机构三位一体社会化养老,且在医养结合层面完成有效推进,使得案例间具有可参照性;三家机构服务质量较佳,先后得到山海天党工委、东港区人民政府等多部门大力支持,深受老人赞誉及社会认可。

(二)调研过程

调研过程包括三个步骤:第一,制定访谈提纲。第二,筛选访谈对象,采用 BEI 收集数据,遴选三家日照市代表养老示范地 12 名学历专业、工作年限、年龄多元化负责人作为具体受访对象(如表 1 所示)。第三,深入访谈,收集资料,对现有嵌入式医养结合典型困境验证,实现三角检测的目的。

---

① 参见安华、张航:《社区嵌入式养老“邻避效应”破解之道》,《中国民政》2021 年第 11 期。

② 参见唐敏:《失能老人养老服务理论模型、系统构成与支持体系》,《社会保障评论》2018 年第 1 期。

③ 参见赵欢、蒋国宏:《社区嵌入式养老模式 SWOT 分析》,《中国老年学杂志》2021 年第 2 期。

④ 参见万祺:《长期护理保险:对“医养结合”宜辩证利用》,《第一财经日报》2021 年 2 月 23 日。

⑤ 参见刘洪银:《发展农村医养结合服务对策研究》,《卫生经济研究》2021 年第 3 期。

表 1 受访者基本信息一览表

养老机构负责人	年龄(岁)	学历专业	职务
张总	38	康复与保健(本科)	普天安泰养老公司山海天社区负责人
许总	42	公共管理(专科)	中科颐城建设理念创始人
郎总	31	城市管理(本科)	中华国医坛世界养生城项目经理
王经理	37	老年服务与管理(硕士)	普天安泰养老公司项目经理
陈经理	41	公共事业管理(本科)	中科颐城项目经理
李经理	38	管理学(本科)	中华国医坛世界养生城项目经理
贺主管	34	老年服务管理(本科)	普天安泰养老公司项目主管
崔主管	32	高中	中华国医坛世界养生城项目主管
白主管	30	经济学(本科)	中华国医坛世界养生城财务助理
马职员	35	护理(专科)	普天安泰养老公司护理专员
牛职员	50	初中	中科颐城门卫人员
侯职员	23	护理(本科)	中华国医坛世界养生城护理专员

资料来源:调研队员访谈调查及养老服务示范机构工作人员档案。

三、扎根理论研究过程

(一)开放式编码

本研究对访谈录音及文字记录以贴标签方式完成初始概念化,共获得 74 条原始语句及相对应的 14 个初始概念,并对其实施范畴化,最终获得 8 个主范畴(如表 2 所示)。

表 2 开放式编码及其范畴化

范畴化	初始概念(资料来源/个)	原始语句(范例)
适老化改造开展不充分	适老化改造精准度较低(2)	C10-023:国家在推行 App 适老化改革,使用 App 的老人少,部分是儿女提前在小程序上预定相应服务(普天安泰)
	日间看管服务床位不足(4)	C20-014:早上,老人由工作人员接到看护室,为了保证精准服务,目前只开设了 4 个床位(普天安泰)
	夜间看管服务未开通(4)	C14-009:目前尚未开展夜间看护服务,日间看护发展成熟后会考虑开展夜间看护服务(普天安泰)

续表

范畴化	初始概念（资料来源/个）	原始语句（范例）
一键呼叫服务开展有待完善	咨询与急救服务作用不同步(6)	C03-020:急救服务处理很迅速,救护人员 10 分钟就可以赶到,咨询服务可能需要稍作等待(普天安泰)
智能化社区尚未建设	资源整合尚处于计划阶段(7)	C01-033:先在社区定点实行,医护人员提供上门服务,也需要客户端。医院、社区、物业都得覆盖(中科颐城)
	未推行智能化康养产品(5)	C04-014:智能类要和 App、一些客户端连接起来,开发成本高(普天安泰)
	未与互联网医院相结合(3)	C10-029:医护管家医疗服务主要是卧龙山界卫生服务中心运营部,后期和互联网医院合作(中科颐城)
未与医疗机构合作	地理因素限制及养老行业与医疗服务间信息不对称制约(4)	C08-061:乡村医院少,多为小诊所,只能尽量与镇上中型医院合作,有时候可能会出现一些医院服务不到位的情况(普天安泰)
社会资源整合不足	专业高级护理人员人数少、质量低(6)	C01-026:还没有全面开展和银行合作服务,仅与建设银行等国有银行、国家公立大中型医院合作(普天安泰)
		C08-026:主要是医疗方面差异,乡村医院少,只能尽量与镇上中型医院合作(中科颐城)
政府财政补贴效率低	未与医保相结合(3)	C16-015:与政府达成初步合作,医疗保障政策尚未制定(中科颐城)
	对政府机构依赖性高(2)	C13-023:政府比较支持,与医院合作发展还不成熟(中华国医坛)
康养旅游开展领域有限	仅局限在茶叶种植观光、中草药种植观光(8)	C03-010:养生城中草药种植基地等给游客提供修身养性场所,产业尚未实现有机融合(中华国医坛)
盈利模式有限	未成规模化经营(9)	C10-026:项目还在建设中,这些都是概念性的,只能大体介绍一下(中华国医坛)
		C10-030:先进行北区住宅类销售,今年 6 月份再进行南区销售(中科颐城)
	成本负担较高(5)	C13-018:根据老人可支付水平严格定价,利润很低,刚好可以支付工人工资和较低房租费用(普天安泰)

(二)主轴编码

本研究根据日照市嵌入式社区医养结合养老案例发展缺陷相互关系及逻辑次序对其分类,共归纳出医养资源衔接困难、医护团队建设薄弱、政府扶持约束、智慧化程度不高四个类属(如表 3 所示)。

表 3　主轴编码形成主范畴

主范畴	对应范畴	关系内涵
医养资源衔接困难	适老化改造开展不充分	根据身体状况、居住环境中存在安全隐患部分未进行针对性微调
	未与医疗机构合作	未开展器械领域项目合作,丧失其在研发和智能制造领域优势
	康养旅游开展领域有限	未形成集休闲、运动、康养于一体的旅游路线
医护团队建设薄弱	社会资源整合不足	护理专业性、管理规范性有待完善,养老服务市场占有率低
政府扶持约束	政府财政补贴效率低	养老机构床位建设补贴标准不清晰,欠缺基本社区养老服务补助
	盈利模式有限	依靠房产、医养资源产品销售减轻经营压力,缺乏可持续资金来源
智慧化程度不高	一键呼叫服务开展有待完善	缺乏老人安全预防、疾病分析评估等服务,养老服务尚未完全打通
	智能化社区尚未建设	高龄老人配发健康养老应用未普及,"智能养老院"体系亟待完善

(三)选择性编码

选择性编码旨将提炼出 4 个类属聚焦于核心范畴,借助概念之间深层次逻辑剖析,总结延伸得到实质性理论框架。故围绕日照市嵌入式社区医养结合养老这一核心范畴进行(如表 4 所示)。

表 4　主范畴典型结构

典型结构		关系结构内涵
医养资源衔接困难	(加剧)医护团队建设薄弱 (加剧)政府扶持约束	在医护团队建设薄弱、政府扶持约束加剧条件下,适老化改造开展不充分、康养旅游开展领域有限等矛盾日益凸显

续表

典型结构		关系结构内涵
医护团队建设薄弱	(加剧)医养资源衔接困难 (加剧)政府扶持约束 (加剧)智慧化程度不高	由于医护团队专业性不能满足养老市场需求,进而加剧养老建设面临"政府扶持约束"和"智慧化程度不高"
政府扶持约束	(加剧)医养资源衔接困难 (导致)医护团队建设薄弱	政策扶持是阻碍嵌入式社区医养结合推进背景因素,激发了医养资源衔接困难、医护团队建设薄弱等挑战
智慧化程度不高	(加剧)医养资源衔接困难 (加剧)政府扶持约束	智慧化程度不高是养老方式等社会因素变迁带来的新问题,因医养资源衔接困难、政府扶持约束而不断激化

(四)饱和度检验

本研究系统梳理12份访谈记录开放式编码,按照编码所形成14个初始概念理论饱和度检验。资料中不再出现新初始概念,由此判定理论饱和。①

(五)研究发现

1.医养资源衔接困难

第一,养老机构普遍缺乏和医疗机构合作(C08-061)。普天安泰主要以日常养护型养老服务为主,目前没有与医院建立定点合作关系。第二,养老机构建设缺乏适老化观念(C10-023)。医疗产品或服务由于价位不合理、智能化程度过高等原因导致使用率低。如使用微信小程序的老人比例较小(C10-023)。第三,未建立以健康评估为基础健康养老监测评估体系。尚未在全市范围内普及针对全省老人身心健康状况检测评估体系。②

2.医护团队建设薄弱

我国养老医护人员配备率低、流动性强,且社会上对从事养老行业人员认可度低。受访者普遍表示城乡养老医疗建设主要是医疗方面差异:在城市,服务设施比较完善,与大型医院合作比较方便;而乡村医院少,只能尽量与镇上中小型医院合作,有时会出现一些医疗服务不到位的情况(C08-026)。

① 参见魏来、王娟、林霏阳、钟一帆:《新发展格局下数字化对制造业产业链升级的影响研究——基于扎根理论的探索性研究》,《生产力研究》2022年第8期。

② 参见雷晓康、汪静:《健康中国背景下智慧健康养老:战略目标、体系构建与实现路径》,《西北大学学报》(哲学社会科学版)2020年第1期。

3.政府扶持约束

当下，我国缺乏针对老年人护理开支社会保障。① 由于养老需求群体庞大，且养老行业具有投资大、盈利少、周期长、风险高的特点②，财政投入力度相对局限以及医养结合机构难以形成持续性资金来源现状。日照市中华国医坛对政府依赖性高，其负责人表示政府比较支持他们的工作，给的补贴较多（C13-023）。

4.智慧化程度不高

本文调研的3家日照市养老机构，均尚未形成以互联网大数据为支撑的智慧化社区养老信息平台，也未推行智慧化康养产品。三家养老机构康养产品研发和技术创新程度较低，可提供信息化支撑不足。如普天安泰通过大数据管理平台为老人提供菜单式服务，落实度较低。如App、客户端的连接服务研发成本高（C04-014）及一键呼叫等服务有待完善（C03-020）。

四、破解路径与具体对策

嵌入式社区医养结合困境破解模型，如图1所示。

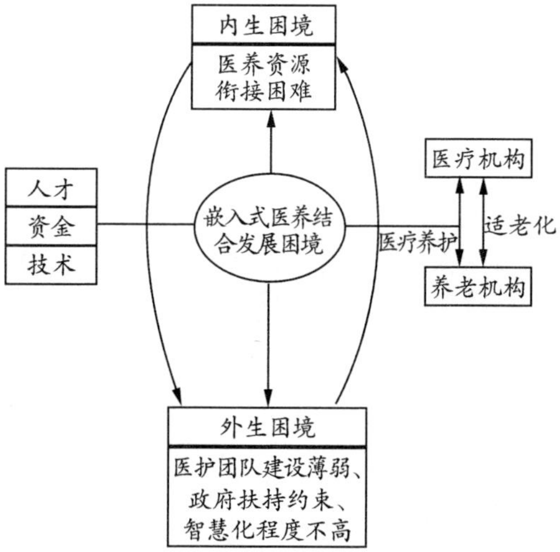

图1　嵌入式社区医养结合困境破解模型

① Liao, J., Feng, L., & Huang, J., A Study on Satisfaction of Elderly Care Service Quality Based on Different Groups: Taking the Monitoring Data of Liaoning Province as an Example. *SHS Web of Conferences*, 2021, p.96.

② 张霄艳、杨诗雨、王雨璇:《我国医养结合养老模式研究——基于国内外的实证分析》,《决策与信息》2021年第2期。

针对上述情况，我们提出以下政策建议：在医养衔接方面，健全双向促进；在人才层面，加强团队建设；在资金层面，完善政策制度；在技术层面，健全运行网络。最终，打造以社区家庭医生团队、社区康养服务企业、社会医疗组织为主体，信息化平台为纽带，覆盖城乡的嵌入式社区健康养老服务网络。[①]

① 参见冯宏杰、郝志梅：《农村老年人医养结合机构认知状况及养老意愿调查——以河北省乐亭县为例》，《卫生软科学》2021 年第 2 期。

以文化振兴助推乡村全面振兴的路径思考

——基于济宁市文化振兴的实践与探索

李曰春*

【摘要】文化振兴既是全面振兴的重要内容，又是全面振兴的重要动力。笔者基于济宁市文化振兴的实践与探索，就如何以文化振兴促进乡村全面振兴提出以下对策建议：发挥政府引导作用，制定文化振兴战略规划；扎实做好基础研究，加大“双创”支持力度；推进城乡公共文化服务体系一体化建设，提升乡村公共文化服务水平；以创新创意为核心，实现文化产业高质量发展；破解文化人才瓶颈，提供文化振兴智力支持；加强基层党组织建设，强化文化振兴的组织保障。

【关键词】文化振兴；全面振兴；路径思考

全面推进乡村振兴要善于发挥文化的重要作用。文化振兴既是全面振兴的重要内容，又是全面振兴的重要动力。本文基于济宁文化振兴实践与探索，就如何以文化振兴促进乡村全面振兴提出对策建议，以供参考。

一、发挥政府引导作用，制定文化振兴战略规划

发挥乡村文化振兴作用，离不开政府的积极引导。如济宁作为文化大市，乡村文化分布可谓星罗棋布，但从整体上看，济宁乡村文化振兴的标识度、凝聚度、引领力、影响力与作为文化大市的资源禀赋并不匹配。其主要原因：一是全市层面缺乏关于文化振兴的高端战略规划，对于全市文化振兴的战略地位、目标任务、工作部署、空间布局、主要措施等没有统一规划安排，发展的方向性不

* 李曰春，汶上县行政学校副校长、正高级讲师。

够明晰。二是文化资源整合度不高。济宁文化资源丰厚，各种主流文化集聚，如儒家文化、佛教文化、大运河文化等，但是缺乏有效整合，缺乏联动机制，没有形成“正向合力”，存在“内卷化”现象，即各自为政、无序竞争、资源内耗。因此，促进文化振兴，要在深入调研的基础上，充分借鉴国内外的文化发展的先进经验，制定一个中长期的文化振兴专项战略规划，明确济宁市文化振兴的重大意义、战略定位、应坚持的原则、重点工作和保障措施等，为全市文化振兴提供统一的科学的规划指导。可以根据《乡村振兴促进法》等法律，制定地方性法规，加强规划的约束性，避免各自为政、无序发展、恶性竞争。

二、扎实做好基础研究，加大“双创”支持力度

文化振兴，基础研究是前提，实现“双创”是关键。《乡村振兴战略规划（2018～2022 年）》为创造性转化和创新性发展乡村传统文化指明了方向，提出新时代乡村文化振兴要“立足乡村文明，吸取城市文明及外来文化优秀成果，在保护传承的基础上，创造性转化、创新性发展，不断赋予时代内涵、丰富表现形式”[①]。以济宁为例，应从两个层面入手：一是从全市层面加强对重大文化资源研究和“双创”力度。如强化对红色文化、儒家文化、运河文化、佛教文化等的研究。要集中海内外知名学者集中攻关，立足文化资源、面向现代社会，精选议题，做出符合时代要求的新阐释、新扩充、新发展。在这方面，济宁已经做出了一定的探索，有了一些明确的致力方向。比如，近年来，济宁市充分发挥儒家思想发源地优势，将儒家“和为贵”思想与共建共治共享的社会治理理念有机结合，建设市县乡村“和为贵”社会治理服务中心。“和为贵”社会治理服务中心充分发挥“和为贵”文化的熏陶、教化、凝聚作用，设置“平和斋”“调和室”“言和堂”等功能室，悬挂儒家经典名句、图文解读，营造和谐氛围。目前，市、县两级“和为贵”中心和 99.52％的镇街中心、96.94％的村（社区）调解室建成使用，社会矛盾纠纷调处化解工作取得积极成效。二是各县市区要加强对地方文化资源的研究和“双创”力度。要全面调查梳理本辖域传统文化资源，列出重点研究目录，组织整合本地文化人才，聘请有关专家顾问，成立专项研究团队，集中攻关，争取推出一批研究成果，为本地文化资源的“双创”奠定坚实的学术基础，为实现文化振兴提供有力的文化支撑。

---

① 中共中央、国务院：《乡村振兴战略规划（2018～2022）》，人民出版社 2018 年版，第 62 页。

三、推进城乡公共文化服务体系一体化建设，提升乡村公共文化服务水平

近年来，乡村文化基础设施建设方面取得了一定成绩，但是从总体上看，乡村文化基础设施建设薄弱、公共文化服务能力不强的问题没有得到根本解决。一是有量无质的问题比较突出。如济宁市几乎每个村都建起了儒学讲堂，但不少乡村儒学讲堂、农家书屋、文化广场等形式大于内容，没有发挥应有作用。二是有设施无使用的现象比较普遍。比如，儒学讲堂常年没有开课，农家书屋形同虚设。三是城乡公共文化服务体系融合发展还没有形成。如县级图书馆、文化馆的总分馆制还没有真正建立起来，县城的文化资源乡村还无法便捷可及地共享。四是优秀乡村文化产品和服务供给比较匮乏。农村群众的主要的娱乐方式是上网、看手机，春节期间甚至出现聚众赌博现象，文化生活质量亟待提高。

要采取措施推进城乡公共文化服务体系一体仅建设，提升乡村公共文化服务水平。一是深入推进城乡公共文化服务标准化建设。国家发展和改革委员会联合有关部门印发了《国家基本公共服务标准(2021 年版)》，更新了基本公共文化服务领域的国家标准。要发挥标准引领作用，健全城乡公共文化服务标准体系。二是完善城乡公共文化服务协同发展机制。通过总分馆制、城乡对口帮扶、文化惠民工程、流动文化服务、文化志愿服务等形式，促进城市优质文化资源向农村基层辐射和延伸，形成以城带乡、城乡互动、协同发展的良好局面。三是借助公共文化服务数字化、网络化、智能化发展，缩小公共文化服务的城乡差距。推动公共文化产品和服务数字化、网络化传播。四是着力提升乡村公共文化服务的实效性。建立集需求采集、采购配送、监督管理、反馈互动等于一体的公共文化产品与服务平台，做到真正精准对接人民群众的文化需求。五是增加和改善文化产品和服务供给。正如徐勇所提出的，健全乡村文化产品和服务供给质量、效率的制度体系，为新时代乡村社会的现代化建设提供丰富多样的文化产品和服务，更加注重乡村文化供给的可持续性接受，通过体制机制的创新，实现乡村文化领域的健康可持续发展。①

四、以创新创意为核心，实现文化产业高质量发展

发展乡村文化产业具有多方面的价值。詹绍文、李恺认为，助推乡村经济

① 参见徐勇：《乡村文化振兴与文化供给侧改革》，《东南学术》2018 年第 5 期。

转型升级、促进乡村社会和谐稳定、推动乡村文化繁荣发展和改善乡村人居生态环境是乡村文化产业发展"四位一体"的价值追求。[①] 因此，发展乡村文化产业对于促进乡村全面振兴具有重要意义。当前文化产业发展普遍存在的突出问题主要有：一是发展思路单一，同质化现象凸显。一说文化振兴，常见的就是做展馆、造盆景、搞旅游，往往千篇一律，简单复制现象比较突出，没有充分彰显地方特色，人工造景痕迹明显，缺乏持久生命力。人们常常是"看过一回"，就不想再来了，觉得"似曾相识""没意思"，往往是慕名而来，失望而归。这样做的结果就是，政府投了大量资金，但没有收到预期的投资效果，最后甚至不了了之，成为地方政府的"包袱"。二是产业层次较低，内生性发展动力不足。绝大多数都是"文化＋旅游"，技术含量低，处于产业链低端，而且没有形成完整的文化产业链，没有形成文化产业发展集群，其结果就是附加值不高，对外依赖较重，自主发展能力弱，可持续性不强，文化企业的竞争力不足。

如何实现文化产业高质量发展？一是以创新创意为核心，实施"文化＋"多元融合发展战略。比如推动文化产业与健康养老产业结合，支持开发承载中医药文化的创意产品。再如汶上县苑庄镇小秦村柏子仁加工工艺列入济宁"非遗"名录，国内市场占有份额达 90%以上，已经形成以柏子仁和酸枣仁为代表的特色优势品种全国核心加工集散地。二是培育壮大文化市场主体，提高文化产业竞争力，引导文化企业增强品牌意识，打造一批有代表性、影响力和美誉度的文化企业品牌。比如，可以组建乡村儒家文化旅游集团，把曲阜、泗水、邹城、汶上、嘉祥等县的乡村儒家文化资源整合起来，作为济宁乡村游的重点品牌，统一规划，统一打造，统一推介，统一经营。三是积极发展文化产业园区。济宁可以把发展文化产业园区作为实现动能转换、探索传统文化"双创"的重要载体和特色优势。当前，像邹城梦想小镇文化创意产业园、微山湖国际文化创意产业园等已经取得了初步成果。四是加大文化招商力度，实现文化产业跨越式发展。制定文化招商专项扶持政策，编制《文化振兴项目招商名录》，组建文化招商专业团队，精准选择文化招商对象，提高文化招商成功率。五是积极开展文化金融创新，积极鼓励符合条件的文化企业上市融资和并购重组。探索成立文旅银行或文旅金融服务中心，规范有序推广政府和社会资本合作（PPP）模式，推进相关产业投资基金的组建。积极争取政策性、开发性金融加大对文化产业发展

① 参见詹绍文、李恺：《乡村文化产业发展：价值追求、现实困境与推进路径》，《中州学刊》2019 年第 3 期。

的支持力度。六是优化文化产业发展的社会环境。比如，创建文化领域孵化器、加速器、创业空间、共享空间等。积极整合相关资源，建设覆盖文化企业全生命周期服务需求的“一站式”综合服务平台。七是更好发挥政府作用，防止资本无序扩张。政府要高度重视并大力支持乡村文化产业发展，用好财政、税收、金融、投资、土地等要素政策，更好发挥引导激励和兜底保障作用。同时，有效预防和制止文化产业领域垄断行为、不正当竞争行为，防止资本无序扩张。

五、破解文化人才瓶颈，提供文化振兴智力支持

文化振兴的关键在人才。一个领军型的人才往往可以带动文化振兴，要千方百计破解文化人才瓶颈，以人才振兴促进文化振兴。其一是明确乡村文化振兴急需的人才类型。一类是乡村公共文化服务人才，即能够提供公共文化产品和服务的人。这类人才要有较高的文化素养，对优秀传统文化、革命文化、社会主义先进文化具有比较深入的研究，具备提供公共文化服务的能力。一类是乡村文化产业发展人才，即懂得文化产业发展规律和经营管理的人。这类人才不仅懂文化，而且懂产业、会经营，具备从事文化产业经营的能力。一类是乡村文化振兴的干部队伍。文化振兴需要一支懂文化、爱乡村的基层文化干部队伍。当前，文化振兴的这几类人才都比较缺乏，在很大程度上制约了文化振兴的进程。其二是创新乡村文化振兴人才的供给机制。人才供给机制包括培养和引进机制。对于公共文化服务人才和乡村文化干部的培养，要充分发挥政府的主导作用，制定人才培训计划，加大政策支持力度。对于文化产业人才的培养，可以充分发挥社会力量，采用市场化方式进行培训。发挥高校院所、文化企业、园区基地、众创空间、孵化器等作用，推动产学研用合作培养人才，加强职业经理人培养等。关于人才引进机制，要立足本地实际，面向全省、全国、全世界延揽人才。可以探索文化振兴“揭榜挂帅”制度，制定文化振兴项目，面向社会公开招标，选择最佳团队开发运营，形成农民利益分享机制。其三是深化基层文化人才体制改革。人才资源流失是乡村资源最大的流失，乡村留不住人才是最大的问题。当前，我们在职称评聘、职务晋升、工资待遇等方面都做了许多有益的探索，但还存在一些体制机制上的问题没有根本解决。比如，文化专业技术人才在领导职务和专业技术方面不能“一肩挑”的问题，就是说要想担任副科级以上领导职务，就不能聘任专业技术职务。这就给文化人才设定了“仕途上的天花板”，在一定程度上影响了文化人才的主动性、积极性和创造性，也不利于文化振兴领导人才的专业化提升。

六、加强基层党组织建设，强化文化振兴的组织保障

组织振兴是乡村振兴的保障。文化振兴更是离不开基层党组织的领导。比如，汶上县郭楼镇古城村深入挖掘传统文化，把文化和旅游结合起来，大力发展乡村旅游，已经成为小有名气的乡村游打卡地。2018 年 8 月被山东省委组织部定为“山东乡村振兴实例”示范村。古城村为什么能取得这样的成绩呢？关键在于有一个坚强有力的党支部。党支部书记李召林退伍之后回到村里，于 2007 年担任村党支部书记，当时村里是脏乱差，村民穷、矛盾多，村集体欠了大量外债。后来，他带领村“两委”，积极发展文化产业，经过十余年的不懈努力，将古城村打造为“郕国故都，荣子故里”的乡村旅游品牌，带动了该村全面发展。村容村貌焕然一新，农民不仅增收致富，精神面貌也发生了很大变化。这是以文化振兴促进乡村全面振兴的一个典型案例。军人出身的支部书记，以担当作为的勇气、坚韧不拔的毅力、艰苦奋斗的精神、率先垂范的作风带出了一个好班子，走出了一条以文化振兴促进乡村全面振兴的好路子。

临沂市健康产业发展研究

王琰[*]

【摘要】随着我国人口老龄化问题日益突出，高龄、失能、空巢老年人数量逐年增加，健康养老任务艰巨。本文通过对临沂市的人口健康状况、经济社会发展情况、健康产业发展及布局结构、自然资源特别是中药材资源情况进行调研，总结出现有资源条件下发展健康产业的主要模式及发展战略，以满足全市老年人群的健康养老服务需求，不断推进养老服务模式的创新，探索建立健全覆盖全体老年人群的健康养老服务体系，以期在推动临沂市加快培育医养健康产业、促进产业转型升级等方面起到积极作用。

【关键词】医养结合；健康产业；新旧动能转换

健康产业涉及广大群众福祉，既是重要的民生事业，也是广为社会关注的朝阳产业。在老龄化社会背境下，现有养老服务模式已不能满足人们对于养老的多样化需求，伴随老龄化而来的健康问题给现行养老和健康体系带来严峻挑战。党的十九大对养老服务体系完善发展提出了“新定位”和“新目标”，即人民健康是民族昌盛和国家富强的重要标志和为人民群众提供全方位全周期健康服务。① 因此，创新养老模式，在养老服务中树立健康理念，强化医疗服务，整合现有医疗服务与养老服务资源，推动新的养老服务模式的发展势在必行。

---

* 王琰，临沂市中医医院北城医院综合办公室副主任。

① 参见习近平：《决胜全面建成小康社会　夺取新时代中国特色社会主义伟大胜利——在中国共产党第十九次全国代表大会上的报告》，《人民日报》2017 年 10 月 28 日。

一、健康产业相关理论概述

(一)医养结合

“医养结合”指医疗资源与养老资源相结合,实现资源利用最大化。医养的协作主要有医办养、养设医、医养结合三种形式。“医办养”,即医疗机构内设养老机构,养是基础与根本,医是灵魂与活力。分级诊疗模式下,重症、大病患者多集中于大型医院,部分下级医院多承担着社区门诊、疾病康养的功能,存在“吃不饱、有余力”的现象,也应当适当承担部分康养职能,“医办养”模式在顺利实现“养”的同时,减轻年龄因素导致身体功能退化带来的苦恼,给予老人高质量的生活。没有“医”的“养”是无源之水,但“医养结合”的目的仍是“养”,医养结合机构根本性质是养老机构而不是医疗机构,因此部分学者认为多数医养结合机构由医院运营会导致资源浪费,应交给专业养老服务团队,“医”要进入成为必要保障,“养”要管理运营,即“养设医”,这样可以有效发挥养老机构养的优势,但同时面临医疗资源的专业化程度得不到保障的问题。“医养结合”即医和养的资源统筹、对接、融合,在这个过程中政府发挥统筹调控的作用,民政部门提供兜底、生活照料;医疗卫生机构提供失能、半失能、失智、重病终末期的诊疗服务,有医疗刚需却不必住医院压床,优势明显。

(二)医养健康产业

医养健康产业是以医和养为核心特色,以维持、修复和促进健康为目的的产品生产、服务提供和信息传播等相关产业统称,涉及医疗、康复、护理、药品、养生保健、养老等多个领域,“医”解决老年群体健康保障问题、“养”解决老年群体生活问题,从而使老年群体达到身体、心理健康的理想状态,并衍生出养老地产、康复医院、护理院、健康旅游等相关产业。

二、临沂市医养健康产业发展现状

临沂市自然生态环境优良,人口众多,居山东省首位,医养健康产业发展优势得天独厚,医养健康需求强劲,医养产业发展势不可挡。临沂市委、市政府高度重视产业发展,医养健康产业发展列入全市新旧动能转换重大工程重点业态,着力打造医养健康产业千亿级城市,医养健康产业发展迎来了难得的政策机遇。

(一)临沂市医养健康产业的发展优势

临沂市自然资源优势强,城市文化底蕴厚,发展空间广。临沂中药材种类丰富，种植面积、产量在全省均居首位；水生态治理成效明显，崇山茂林、地热温泉、河流水库周边都成为宜居之地，为健康产业发展提供了承载空间。健康需求快速增长，健康产业发展基础好、潜力大。全市规模以上医药企业达到82家，其中鲁南制药、罗欣制药是国家重点高新技术企业，2019年医药及医疗设备产业产值247.9亿元，增长6.3%。临沂地处淮海经济圈内，利用北方商贸物流中心优势可向供应链两边延伸，发展医药产品、健康产品的设计和生产制造。“新常态”以来，临沂市产业结构更加优化，三次产业结构为8.9∶37.9∶53.2，城镇居民人均可支配收入达到37912元，农村居民人均可支配收入达到14979元，为做大做强健康产业奠定了坚实基础。随着生命科学技术和信息技术不断取得新突破，基因工程、分子诊断、干细胞治疗技术，大数据、人工智能、智慧医疗等技术蓬勃发展，“互联网＋健康”等新模式、新业态蓬勃兴起和融合发展，产业发展动力强劲。

（二）临沂市医养健康产业的发展成效

在新旧动能转换的总体格局下，临沂市依托自然资源、区位优势和文化底蕴，健康养老水平全面提升。2019年，全市共有各级各类医疗卫生机构7893处，开放床位6.9万张，卫生从业人员9.4万人，有各类养老服务机构953处（含日间照料中心、农村幸福院等），养老床位总量达2.3万张，入住老人9000多人。建设全国健康养老服务基地，成功创建7个省级医养结合示范县区，有12家医疗卫生机构设立老年病科，新增2394张养老床位，5个医养健康产业项目列入2020年省重点项目、18个项目列入全市重大建设项目，鲁南制药集团等5家企业入选全省“十强”产业龙头企业库。鼓励社会力量通过联合经营、公建民营、承包收购等多种方式运营养老机构。目前，全市已有38家日间照料中心实现第三方托管，596家农村幸福院实现规范运营，共有243家医疗卫生机构与养老机构开通了双向转诊、急诊急救绿色通道，覆盖率80%左右，实现对老年人服务的全方位无缝对接。在健康养老服务中积极融入中医药元素，积极组织开展国家中医药综合改革试验区创建，大力培育中医药养生新业态，银杏、金银花、全蝎、丹参等地道药材知名度日益提高，总产量已经突破35万吨。大力打造“康养综合体”，如卫康集团在蒙山打造的温泉养生谷，鲁商集团在汤头打造的知春湖健康小镇，很好地发挥了康复、养老、养生等功能，深受周边群众特别是老年人喜爱。

（三）临沂市医养健康产业发展存在的问题

全市医养健康产业仍处在起步阶段，总体水平不高，发展不平衡、不充分的问题依然突出，质量效益有待提高。主要表现在：产业种类和结构不合理，健康产品开发层次低、功能单一；新技术应用不足，持续创新能力不足，新业态发展较为缓慢；载体和平台建设滞后，人才和智力支撑不够，在医疗、健康管理、中医药养生等领域高端人才严重短缺；医养健康产业边界尚不清晰，产业布局缺乏科学系统的规划；健康养老产业区域间、城乡分布不平衡，农村养老设施基础薄弱；产业链条延伸不够，现代中医药创新能力较弱，持续创新能力不足，中药材精深加工不足，以初级产品外卖为主，化学制药多为价格低廉的仿制药，同质化竞争严重。

三、临沂市医养健康产业发展对策

（一）强化顶层设计，完善产业结构

强化顶层设计，对医养健康产业高起点定位、科学规划，不断完善产业结构。2020 年 4 月 16 日，国务院办公厅印发《国务院办公厅关于推进养老服务发展的意见》，明确了医养结合"具备法人资格的医疗机构可通过变更登记事项或经营范围开展养老服务"新路径。山东省突破医疗机构申办养老机构的政策障碍，印发了《关于进一步做好医疗机构设立养老机构许可工作的通知》，明确医疗机构申请设立养老机构不需另行设立新的法人，在"宗旨和业务范围"中增加养老服务、培训等职能。强化部门间协调，统筹布局全产业链，综合协调卫健、民政、市场监管、行政审批、高等院校等部门，建立起分工协同联动推进的工作机制，为养老健康产业发展奠定良好的政策基础。

（二）培育特色产业，促进产业转型升级

1.加快发展健康养老产业，发展"养中有医"产业模式

实行以居家为基础、社区为依托、机构为补充，着力构建政府引导、社会参与的医养结合服务体系。制定完善老年社区、居家养老服务设施建设标准，强化技术标准的实施和监管，加强已建成的公共场所及老人居家无障碍设施建设；畅通医务人员多点执业渠道，引导三级医院专家定期到养老机构坐诊；开展老年健康评估，建立老年健康评估信息服务平台、分类数据库和标准化、常态化的老年健康评估机制，鼓励商业保险机构利用健康库信息优化设计与基本医保相衔接的商业健康保险。

2.大力发挥中医治未病优势，发展"医中有养"产业模式

要充分发挥中医药治未病的优势，推广老年中医体质辨识服务，提供中医养生保健、疾病防治等健康指导，以医疗联合体为依托，鼓励中医医院与康复疗

养机构、老年护理院等开展广泛业务合作,鼓励养老机构设置中医诊室,开展老年病、慢性病防治和融合中医特色的老年人养生保健、医疗、康复、护理服务。支持一批二级以上医院向康复、护理、养老服务延伸改造,引导一批二级及以下医院和基层医疗卫生机构向医养结合养老机构转变,强化基层医疗卫生服务机构设备配置、老年专业护理人员配备。

3.加快发展健康管理和健康文化产业

加快发展个性化、全程化、智慧化的健康管理服务。开设内容广泛的老年健康管理课程,建设家庭、社区智慧健康养老应用示范点;打造一批健康教育基地、中医中药健康教育平台等,运用新媒体、图书、报刊等多途径推广普及健康知识;支持发展卫生文艺创作等健康文化活动,探索传统文化中的健康之道,组织健康文化体验班、学习班、健康养生研修等健康文化活动。

4.加快发展智慧健康和大数据产业

高起点做好智慧健康顶层设计,逐步推进智慧健康城市建设。完善以居民数字健康档案、病历、处方为核心内容的基础数据库,重点培育疾病风险综合评估、在线会诊、远程诊疗等卫生服务产业,鼓励社会资本投资健康领域,自主研发制造可穿戴设备、智能化健康电子产品和移动应用服务。

(三)创新发展模式,激发发展活力

加大医养结合信息化程度,强化信息化建设力度,运用现代科学技术采集健康信息、大数据管理医养结合健康产业数据,开展切实、有效的健康服务。通过信息化建设,将新型养老形式推送到千家万户,变传统闭塞的居家养老为互联、互助、简捷、有效的医养结合共建式发展,推动医养结合智慧化发展。

(四)注重平台搭建,强化部门联动

围绕医养健康产业园区、小镇、企业、品牌、项目等实施载体,通过打造科技、投融资、交易、开放、人才等服务平台,优化壮大医养健康产业。为适应疾病预防和产业发展的需要,加快建立市健康产业人才孵化中心,按照新的科研组织模式,建立以医疗机构为主体、临床应用为指导、协作网络为支撑的市级临床医学研究中心。建立市级医养健康产业发展基金,引导社会资本、金融资本投资,主要用于支持医养健康产业发展的项目及新模式建设。通过健康管理协会、健康产业协会搭建平台,聚集市内外社会资本。建立展示交易平台,组织召开医药卫生健康产业发展大会、医药卫生产品博览会、医药卫生产业高峰论坛等活动,积极推动医药卫生产业投资方向和政策,引导社会力量投资健康产业。

(五)重视医养健康职业教育,强化人才队伍建设

加强医养健康职业教育产业化。加快健康产业实训基地建设,引进国内外

知名培训和管理企业，推动市县两级卫校增质升级；扩建临沂科技学校，支持社会力量投资举办健康管理职业学院、老年护理培训学校等职业学校，大力培养健康管理师、营养师、康复师、护理员等技师。拓展家政内容，培训现有人员提供健康服务。借助临沂大学、山东省高等医学专科的力量，规划中专学生的职业发展，培养大专及本科医养健康类高等级人才。

（六）加强产业保障，促进产业顺利发展

建立完善医养健康产业专班工作机制，完善运行机制，进一步提高效率；完善组织管理，统筹协调医疗卫生、食品药品、保险、养老、旅游等相关政策的配套实施；依托高水平外部智库、大学的政策研究机构建设医养健康产业智库（研究院），为产业发展提供智力支撑。用好新旧动能转换重大工程政策，加大金融支持领域对医药卫生产业发展的支持力度，加大土地供应、税收优惠和技术创新等；支持社会资本通过独资、合资、合作、租赁等途径，参与医疗、养老、体育健身设施建设和公立机构改革。充分利用传统媒介、新媒体等持续深入宣传医养健康产业相关产品、服务，借助创客平台等创新成果转化载体，倡导健康生活方式，培养健康消费观念；加强产业调查研究，关注产业动态，及时出台针对性政策措施，吸引社会各界积极参与，营造医养健康产业发展的良好氛围。

综上，临沂市发展医养健康产业，应坚持目标导向，注重因地制宜，着力改革创新，发挥优势，促进医养健康产业多业态、多形式融合健康发展，建成以居家为基础、社区为依托、机构为补充、医养相结合，功能完善、规模适度、覆盖城乡的养老服务体系，不断提升养老服务产业化、社会化水平，使之成为市域经济转方式、调结构、稳增长的新动力、新优势和新的增长点。

参考文献

1.时涛、李士雪：《新旧动能转换背景下山东省医养健康产业发展状况分析》，《中国卫生经济》2019 年第 11 期。

2.刘雪薇等：《山东省健康产业发展论略》，《医学与社会》2019 年第 10 期。

3.王俊：《健康中国战略下推动大健康产业可持续发展探析》，《经济研究导刊》2019 年第 30 期。

4.金碚：《关于大健康产业的若干经济学理论问题》，《北京工业大学学报》（社会科学版）2019 年第 1 期。

大健康时代县域康养产业发展优化路径

——以赣州市定南县为例

胡建华　陈慧娟*

【摘要】大健康时代，康养需求激增，发展康养产业潜力无限。本文基于实地调查研究，通过具体案例分析了定南县发展康养产业的区位、生态、人文、政策等方面的优势以及在产业融合、康养旅游、“康养+”多业融合上所取得的成效，同时结合分析县域康养产业发展过程中普遍存在的问题，提出县域政府应在市场定位、规划设计、发展模式、基础保障等方面完善发展策略，探寻县域康养产业优化发展的路径。

【关键词】康养产业；县域发展；大健康；发展路径

当前，我国社会主要矛盾已经转化为人民日益增长的美好生活需要和不平衡不充分的发展之间的矛盾。人民对于非物质的、追求生活质量的需求，特别是身心健康需求逐渐明显。康养产业是社会提供健康与养老产品和服务业态总和，它涵盖多方业态，又能根据消费群体、市场需求及资源差异的不同衍生出不同的康养产业类型，是我国最具发展前景的新兴产业之一。优质的生态环境是康养产业发展必不可缺的，而这些优质的资源许多都集中在县域。县域作为经济发展的基层实践单位，其产业发展实践更为聚集，能够深入窥探康养产业发展的基层逻辑。随着“健康中国”上升到国家战略高度，在大健康时代背景下，康养产业的兴起为县域发展提供新机遇。但在具体实践中，县域康养产业发展的滞后性与巨大的市场需求之间仍然存在着巨大差距，因此探讨县域康养产业发展的优化路径十分必要。下面我们以江西省赣州市定南县为例，

---

* 胡建华，江西理工大学应急管理学院副院长、教授；陈慧娟，江西理工大学法学院研究生。

作一分析探讨。

一、县域康养产业发展的比较优势与发展基础

(一)比较优势

1.区位交通优越

便捷的交通是人们选择去何处康养的重要影响因素,县域康养产业发展的基础之一就在于县域地理位置与交通的便捷度。定南县作为江西省的“南大门”,不仅处于“珠三角”发展的中心腹地,而且是赣州半小时经济圈和粤港澳大湾区1小时经济圈以及赣粤物流大通道核心节点,拥有集高速、高铁、铁路和公路四种交通方式于一体的便捷交通网络。

2.生态优势明显

人体适宜的温度、湿度,清新的空气等自然条件是发展康养产业的首要生态因素,康养产业的发展绝对离不开适宜的自然条件。定南县光、热、水充足,温度适宜,年均气温19℃,具有满足康养活动的气候条件。森林覆盖率达到全县的83.01%,被称为“天然氧库”,同时各类木材、药材等野生植物资源非常丰富。

3.人文环境盛地

人文环境是康养产业的“软环境”,是发展康养产业的内在“灵魂”。县域康养产业发展不仅需要外在形式的包装,更需要有文化内涵。县域往往保留着更为浓厚的传统文化,在风俗人情方面独具特色。定南县拥有包括客家文化、堪舆文化和神仙文化在内的人文风情,尤其佛道文化中修身养性思想与康养不谋而合。

(二)发展基础

赣州市定南县康养产业发展初显于2017年,其产业发展的目标定位经历了由“吸引异地养老”到打造“粤港澳大湾区后花园”再到建设“全域旅游康养风景区”三个阶段,在这一发展过程中康养产业内涵被不断丰富,定南康养的开放程度逐渐加大,业态融合也愈加深入。

1.医养结合产业集群渐成规模

医养结合是康养产业的重要表现形式,定南县找准县域特色,聚焦“康养+医疗”的内涵,深入推进产业集群发展,着力打造全国首个以助残扶残、科技养老为主题的智能设备制造全产业配备的中国(定南)智能助残科技城。同时借助科技城康复辅助器具产业集群的优势,围绕不同服务对象,规划建设不同主

题的社区集聚性康养谷，打造最具特色的康养生态县。此外，定南县民政局兴建老年人养护中心，采用医养结合的新型养老模式（见图 1），整合养老和医疗两方面的资源，给老人提供不间断的全过程的优质服务。

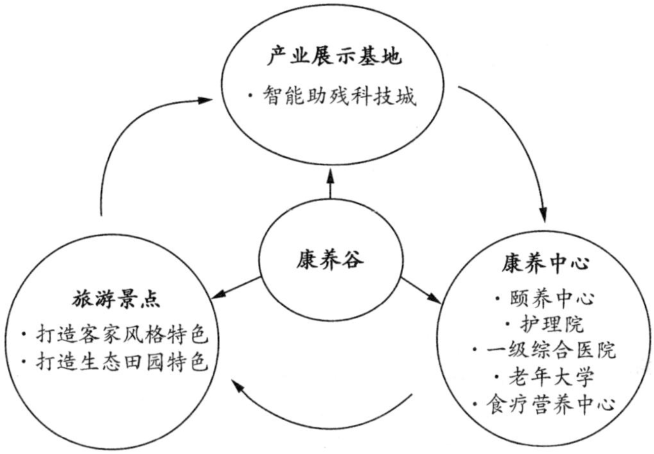

图 1　定南县康养谷运行模式

2.康养旅游产业发展渐入佳境

康养旅游产业是康养产业的重要组成部分，其实质是在旅游业态中注入康养内核。定南县着力打造“泛客家文化体验地、粤港澳大湾区后花园”品牌，以期成为高品质康养度假胜地。建设发展矿山小镇、礼亨小镇、温泉小镇、康养小镇和农业小镇五个文旅康养产业项目，建成黄沙口美丽乡村（见图 2）、柴泉农逗花艺文旅庄园、桃花乐境等景区，同时引进涵湖旅游度假区、岿美山康养小镇、湾区诗意小镇、玉泉温泉等农旅项目。

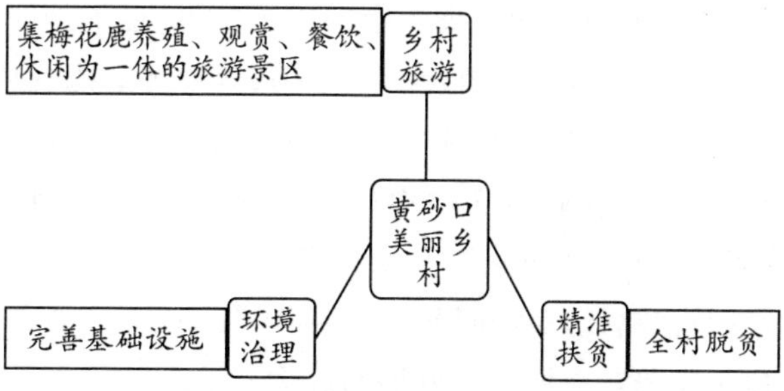

图 2　定南县黄砂口美丽乡村发展模式

3."康养+"多业融合渐显活力

康养产业是新兴的复合型产业,定南县积极展开与多方业态的融合。一是推动康养与农业的有机融合,打造历市镇田园综合体(见图 3)等田园康养模式,转变传统农业发展方式。二是推动康养与运动体育的融合,定南打响"生态定南,徒步天堂"户外运动品牌,成功举办了 4 次万人徒步节、1 次山地帐篷节等活动。三是推动康养与数字技术的融合,定南借力数字可视化技术,依托中科院、北京电影学院技术和创意资源,建成中科北影(赣南)立体视觉基地,引进数字经济产业园、艾尼摩神奇数字动物园等"科技+文旅"产业。

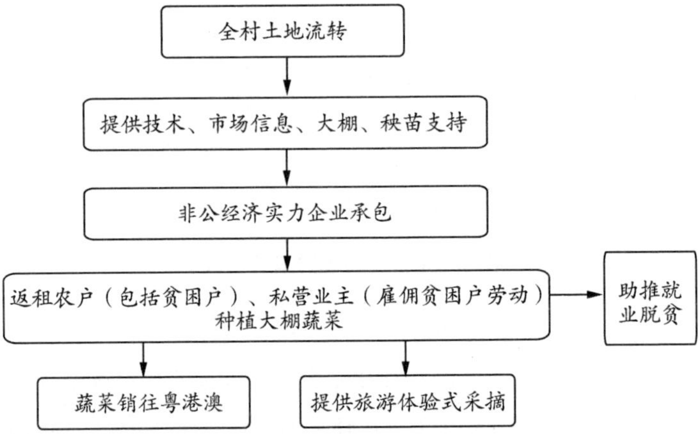

图 3　历市镇田园综合体发展模式

三、县域康养产业发展面临的问题与挑战

(一)康养产业认知偏差,针对性政策缺失

康养产业不应只是旅游产业发展当中的一个口号,也不是医养结合养老产业的替代称号,而是融合旅游、养老、医疗、休闲、运动等业态在内的、旨在通过一系列活动达到促进身心健康的产业。以定南县为例,县域普遍对康养产业的认知较浅,甚至有偏差,虽在政策文件中反复提到康养,但就目前看,较少有针对康养产业的统领性、指导性政策。县域康养产业发展缺乏更为宏观的角度,未能对康养产业进行战略规划和布局,将不利于县域康养产业与其他业态的深入有机融合,阻碍了康养产业的真正发展与壮大。

(二)产业缺乏深度融合,产业体系不健全

康养产业表现为多产业的深度融合,并非在某一产业中加入康养口号就是

产业融合。当前县域康养产业发展在产业融合方面往往浅尝辄止，也不存在完整的康养产业链，这些问题表现为相关产业与“康养”的融合过于生硬，甚至仅仅套用“康养”的噱头，加之整体规划缺乏，产业标准体系、服务规范建设不健全，发展较为破碎，尚未形成一个完整的产业体系。此外，当前我国县域康养产业仍处于探索阶段，缺乏一批带动力强的行业龙头企业的引领，产业布局不均衡，产业集中度不高，不仅难以集聚发展、形成规模效应，也不利于产业技术创新。

(三)康养人才供给不足，项目落实不到位

康养产业对医和养的要求较高，而相关的人才在县域存在供给不足的尴尬局面。提供经营、管理康养产业的人员以及直接提供服务的人员专业知识和素养并不高，由此难以很好地促成康养产业发展。同时县域也存在一些过于注重形式、忽视内容的康养项目，监管与规范的缺位使得开发商没有在康养实质上下功夫，而更多在制造噱头，以康养作为宣传其内容却并无康养，进而造成康养项目活力的缺失。

(四)产业区域竞争加大，综合竞争力不强

康养产业以优质的生态环境与专业的康养服务为基础面向市场，面对区域竞争压力的加大，县域康养产业稍显竞争力上的薄弱，具体表现在：一是县域康养产业处于起步阶段，相关基础设施、产业人才、产业链等方面均尚待完善；二是由于康养要素未深入挖掘与规划，县域康养产业发展易陷入同质化的困境，难以与周边县域康养产品和服务区分；三是县域康养产业内涵与形式吸引力不足，产业服务人群局限于县内及其周边县域，导致市场尚未拓展，存在服务范围有限的困境。

四、县域康养产业发展的优化路径

(一)市场定位

市场定位是产业发展的基调，县级政府要对康养产业的传统认知进行升级，为本县的康养产业发展找准定位。市场定位包括康养产业面向的空间市场、市场主体、产业内容与形式等。其中，基于县域情况与康养产业特性，县域康养产业所面向的市场主体应是各个年龄阶段的各类人群，即全龄康养；在产业内容方面，既要遵循多元化原则，发展满足不同需求层次的康养产品和服务，也要贯彻普惠化原则，同时为中低收入人群和困难群体提供康养产品和服务。在空间市场定位上，可以依据历史联系、空间联系等因素着力选择与本县联系紧密的、康养需求大的区域。定南县便紧紧抓住粤港澳大湾区这一广阔市场，致力打造“粤港澳大湾区后花园”。

（二）规划设计

规划设计指针对康养产业市场定位，结合县域发展优势，加快推进宏观层面的规划引导，构建完善的康养产业制度供给体系以促进康养产业健康有序发展。要对县内各块全域的资源和功能进行规划分区，统筹全县康养资源，发挥各村优势，激活各村资源。加快构建覆盖全人群、全生命周期的康养产业体系，加快康养与其他产业的深度融合，强化产业跨区域、要素跨界融合发展。破除松散式的产业发展模式，促成多层次、多元融合、全链条的康养产业链。为提升产业竞争力，各县要针对县情找准县域康养特色，寻求差异化发展路径。

（三）发展模式

结合当前“健康中国”等理念，县域康养产业应确立“全域康养”的发展理念，利用区位优势发展复合化的康养产业，紧紧围绕“康养＋”，打造“1＋2＋N”的产业发展模式。在此模式中，“1”指的是顺应趋势，结合数字化、信息化的时代潮流，大力发展医养结合的基础性康养，培育智慧康养新业态。“2”指打造“康养＋旅游”和“康养＋体育”的两大重点融合型康养业态，塑造全域康养品牌。推动康养与文旅的结合，以休闲体验式旅游为“静”，以运动健身为“动”，强调“以静养人、以动促康”的发展理念，走出一条动静相宜的全域康养道路。“N”则表示康养与其他相关产业的融合发展，丰富康养内涵，利用康养产业融合特征，以产业间的融合互补促进相关产业的转型升级。由此，基于“1＋2＋N”的产业发展模式，深入挖掘和发挥县域康养的特色优势，使县域走上差异化的康养产业发展之路。

1.顺应趋势，培育智慧康养服务新业态

发展智慧康养模式在于将信息技术与数字创新运用到医养结合的康养当中，完善康养基础内核，创新康养形式。医养结合的智慧康养既为有康复需求的人群提供康复服务，又为养老产业提供更为精确化、智能化、品质化的产品与服务。加强与周边高校、科研机构的合作，探索产学研新机制新模式，过好智慧康养的技术关。同时借鉴定南县产业集群的做法，为智慧康养发展增添坚实的基础和强大的支撑，并利用数字创意技术为康养增添更具创意和吸引力的表现形式。

2.突出特色，塑造区域康养产业强品牌

(1)着力打造“康养＋旅游”主导业态

县域康养产业发展要积极打造“康养＋旅游”为主导业态的全域康养品牌。明确旅游是康养载体产业，促进康养与旅游有深度、有机地融合，使康养与旅游在融合过程中不断拓展相关的领域和市场。打破传统旅游业发展的思维定式，将更加注重环境、设施和服务作为第一要义，给人以“养”的感受和效果；着眼于消费者多元化的需求，提供更为便捷、满足不同需求层次的康养产品和服务。同时，全域康养的概念品牌要遵循重点区域与普遍发展相结合的原则，即全县既要根据不同地区条件，因地制宜发展差异化内容，也要投入主要力量重点发展更具特色的康养产品。

(2)倾力培育“康养＋体育”特色业态

体育产业与康养具有天然契合性，发展体育事业对于提高人民身体素质和心理健康具有积极的促进作用。注重体医结合，将现代医学技术融入运动训练，重点促进健身休闲运动、运动康复技术与医学技术的融合，发挥体育健身在促进健康方面的积极作用。正如定南将足球等体育产业融入康养当中，打造“足球之城”一般，县域在发展康养产业过程中可以挖掘一项特色体育，以吸纳全年龄阶段的消费对象，并开发体育运动当中的娱乐和康复功能，培育新的康养服务业态。

3.跨界共融，力促康养产业业态深融合

康养产业的复合特性表现为业态的融合，甚至是多业态的共融。促进康养与农业、旅游的融合，发展体验式农旅、田园休闲康养等产业。促进康养与林业的融合，发展森林康养，提升乡村林业的附加值。促进康养与文化的融合，在康养当中注入地方特色文化内涵，借助丰富的生态景观等载体，发展具有县域特色的文旅康养产业。促进康养与医学、农业的融合，抓住中医药的独特疗效，开发中医药康养产品与服务，同时借助中医药种植业，促成三个业态的深度融合。促进康养与养老事业和医疗及旅游的融合，搭建医养结合的健康养老及康复养老平台，打造生态养老综合体。促进康养与数字技术的融合，利用数字技术创新康养的表现形式，激发康养产业活力，打造智慧康养。

(四)基础保障

一是人才保障方面。在康养产业经营管理环节，要引入康养相关的专业人才。在康养服务环节，应加强康养相关知识的培训，精准对接岗位，开展针对性的岗位培训。二是基础设施方面。首先要完善交通公共基础设施建设，在积极探寻县与县之间便捷交通的同时，畅通县内交通线路。其次，要有效改善康养居住条件。三是资金保障方面。应加大对康养产业基金的扶持力度，拓宽投融资渠道，促进康养产业金融机构的多元供给。四是政府扶持和监管方面。加强康养产业规划、标准体系和服务规范建设，协调康养产业中公共性与产业性之间的关系。五是协同合作方面。康养产业涉及多个部门间的合作，应该建立联合执行机制，形成管理与行动的协同力。同时应加强跨区域康养产业之间的合作，开发同周边县域的共商共建合作项目，共同推进康养产业的特色化、集群化发展。

面对康养产业迅猛发展的大环境，破解县域康养产业发展难题，推动康养产业发展，是大健康时代健康产业发展的重要一环。以定南县康养产业发展为例子的优化路径，既有定南特性，又为其他县域产业发展提供参考的普遍意义，即县域康养产业发展需要积极探索发展机遇，找准并对接融入周边发展的大环境，从自身实际出发，结合发展现状，切入地方特色，遵循差异化发展思路，兼顾普惠化和多元化原则打造自身康养产业品牌。

发展康养产业是响应国家系列健康产业政策，大力发展满足人民日益增长的对健康需求的产业的具体表现，而县域康养产业发展，是国家健康战略的基层实践。县域拥有丰富的自然资源和良好的物候条件，对于发展康养产业具备物质基础，要充分利用政策红利和战略部署，为县域康养产业发展谋篇布局，探索县域发展特色，从而带动县域相关产业发展，推动县域产业结构优化升级，使县域变生态优势为经济优势，促进乡村振兴战略贯彻落实。

参考文献

1.汪汇源：《我国康养产业现状及海南康养产业对策研究》，《农业科研经济管理》2020 年第 1 期。

2.龚张斌、陈以文：《上海康养服务制度体系建设现状、问题及对策》，《科学发展》2020 年第 9 期。

3.侯水平：《康养产业：县域经济高质量绿色发展新机遇》，《当代县域经济》2019 年第 11 期。

4.程臻宇：《区域康养产业内涵、形成要素及发展模式》，《山东社会科学》2018 年第 12 期。

5.杨红英、杨舒然：《融合与跨界：康养旅游产业赋能模式研究》，《思想战线》2020 年第 6 期。

县域康养旅游产业振兴发展的费县样板

高德义*

【摘要】党的十九大提出“健康中国”战略，“十四五”规划和2035年远景目标提出积极应对人口老龄化国家战略。全面推进“健康中国”建设，康养产业已经成为新时代经济增长的重要引擎。为适应时代需求和县域经济高质量发展要求，费县充分挖掘康养旅游产业优势，以“康养文旅”为发展理念，大力实践龙头项目带动、全域共建共享理念，构建“一城两带五廊三板块”发展格局，强化以县城为载体的“中华石城城市休闲核心”，重点打造温凉河、浚河—祊河两条景观游憩带，提升建设北部沂蒙山地、中部两河城市、南部山水田园三大旅游板块，成功打造了县域康养旅游产业振兴发展的费县样板，探索出了一条做大做强县域康养旅游产业振兴发展的新路子，具有一定的借鉴意义。

【关键词】康养旅游；振兴发展；费县样板

随着人们对健康生活的重视，康养旅游产业已经成为新时代县域经济高质量发展的新动能。费县紧抓康养旅游产业振兴发展的机遇，率先提出“康养文旅”发展理念，确立了“旅游兴县”的目标，大力实施项目带动、全域共建，构建“一城两带五廊三板块”发展格局，强化以县城为载体的“中华石城城市休闲核心”，重点打造温凉河、浚河—祊河两条景观游憩带，提升建设北部沂蒙山地、中部两河城市、南部山水田园三大旅游板块，成功打造了县域康养旅游产业振兴发展的费县样板。

---

* 高德义，中共费县县委党校高级讲师。

一、费县发展康养旅游产业的优势

费县县域旅游资源亮点纷呈、特色明显，具有自己完整的县域旅游文化资源基础。

（一）历史文化底蕴深厚

费县是国家民政部命名的中国地名文化遗产千年古县。从历史上说，费县上古系少昊属地，春秋时期为鄪邑，战国时称鄪国，西汉初置县，传承悠久。从考古上看，费县境内大量出土了新石器时代的石刀、石斧、石铲、陶片等，薛庄镇城阳村、朱田镇兴富庄村、费城镇毛草湾村等发现大规模的大汶口文化时期和龙山文化时期的古代墓群，证明在4000多年前就有先民在此频繁活动。

（二）自然景观得天独厚

费县境内山岭起伏，沟壑纵横，有1400多座山头，750余条河溪。北部蒙山山脉层峦叠嶂、奇花异草、虬松翠柏，南部尼山山脉奇峰壁立、怪石嶙峋、裸岩洞穴，“捆山腰”景观独特神奇，温凉河、浚河、祊河三大河流流经费县中部、东部。依托丰厚的自然资源，费县初步构建了蒙山自然保护区、石林梨乡旅游区、指动石景区、大青山红色旅游区四大景区架构，并叫响了“绿色费县、红色风情、奇石开发”口号。

（三）革命文化熠熠生辉

费县有着光荣的革命传统。在革命时期，费县为今天留下了“沂蒙山小调诞生地”“东流庄战斗遗址”“中共苏鲁豫皖边区特委驻地”“八路军鲁南军区直属卫生所旧址”“大青山突围战遗址”等大批革命遗址。1929年费县成立了第一个中国共产党小组，并于1937年发动了费县武装起义。抗日战争时期，费县先后建立了8个游击大队和两个支队，配合八路军主力部队与敌、伪、顽、匪进行了近千次战斗，歼敌8200余人。解放战争时期，费县先后有4000余名子弟参军，有10万多民工参加支前，组成担架队、挑运队等随军转战，先后涌现了数以千计的模范集体和先进个人。

（四）品牌形象彰显特色

费县在实现跨越式发展过程中，成功打造出了许多经济社会发展的县域特色的对外品牌形象。费县人口平均预期寿命80.07岁，高出全省平均水平，全县百岁以上老人占人口比例不断提高。早在2012年费县就被命名为“山东省长寿之乡”，2015年被授予“世界长寿之乡”称号，2018年获评“2018年度中国十大康养休闲度假示范基地”。费县先后被省委省政府授予“社会文化先进县”

"科教兴鲁工作先进集体"称号，被中国收藏家协会命名为"全国石文化事业先进县"称号，被国家文化部命名为"中国民间艺术之乡"，被农业部命名为"中国板栗之乡""中国奇石之乡"，被中国农业特产推介委员会命名为"中国西瓜之乡""中国核桃之乡"，被国家旅游局命名为"全国工农业旅游示范县"。这些荣誉反映了费县的县域特色，为费县的县域旅游产业发展注入了新的内涵，成为费县康养旅游产业发展振兴的基础和优势。

二、费县发展县域康养产业的有益探索

如何把潜在的旅游文化产业资源优势转化为产业振兴优势，成为县域经济增长点和较为稳固的财源，是费县积极探索的课题。

（一）充分发挥重点项目龙头带动

立足资源优势，费县重点加强了沂蒙山银座天蒙旅游区、许家崖"后乡土"项目的南北"龙头"带动作用，有序推进全域旅游项目体系建设。在北部，以天蒙景区、云瀑洞天景区和大田庄果香慢谷景区为核心打造环蒙山康养旅游度假园区；在中部，以高铁小镇、奇石文旅小镇、鄫国古城等项目为支撑，建设中部商文旅休闲游览体验园区；在南部，以许家崖"后乡土"项目、百花梯田田园综合体、御华景宸中医药养生园等为重点，形成南部乡村风情休闲生态园区。其中，沂蒙山银座天蒙旅游区自2016年开业以来，已接待游客500多万人次，2021年10月入选"好客山东网红打卡地"和优秀文旅创作者基地。与银座天蒙旅游区形成南北遥相互助的是许家崖"后乡土"乡村旅游综合体，其以万亩梨园为核心吸引，以乡村文旅带动并结合乡村环境、旅游、农业、文化等多元发展实践，实现了全域的特色联动发展。

（二）持续推进全域旅游共建共享

早在2014年费县就创新性地提出了"文旅寿养"融合发展战略，领先布局健身休闲、温泉养生等产业。2016年，在全市率先启动全域旅游示范县建设，对全县道路、水系、建筑风貌等七大系统进行综合提升。2017年，构建了"一城两带五廊三板块"发展格局，强化以县城为载体的中华石城城市休闲核心，重点打造了温凉河、浚河—祊河两条景观游憩带。2018年，集中打造了北中南三大文旅寿养园区，全域旅游的大格局基本形成。以项目为依托，整合构建全域旅游项目体系建设，大力发展星星式景点，如木文化产业园、豆黄金博物馆、大青山竹林生态养老养生苑等，实现"处处是景点，步步有看头"的特色理念。围绕全域旅游创建，突出文旅康养主导产业，深度挖掘奇石文化、红色文化、圣人文化、

历史文化、民俗文化、生态文化等资源，以文旅寿养产业促进全域旅游发展。

（三）全力打造康养产业重点项目

积极推动文旅产业融合，助推费县全域旅游提升水平。一是环蒙山康养度假区项目。该项目立足“环蒙山”和“康养度假”两大主线，深度挖掘自然资源、红色文化、民俗文化，积极推动文旅产业融合，强化费县区域作为蒙山旅游的核心支撑作用。二是东蒙乐华田园综合体项目。该项目获得“2019 年度省级田园综合体”称号，项目投资 60 亿元，规划占地面积 20000 亩，由北部蒙山雅园康养小镇、中部旅游区、南部现代农业区三大板块组成。三是费国古城文化旅游、龙山康养谷项目。费国古城项目投资 60 亿元，旨在弘扬古费国传统文化，推进文化旅游融合发展。项目建成后，将带动费县旅游从景观游向体验游转变，由一日游向两日游、三日游转变，成为费县全域旅游的新引爆点。龙山康养谷项目投资 60 亿元，规划占地 1500 亩。项目建成后，将成为国际标准、国内领先、山东首创、临沂唯一的“国家森林康养基地”“CRD 康养中心区”。四是费县南部田园康养旅游综合体项目。项目以天景湖、崔家沟为中心，辐射带动周边费城街道办、新庄镇、梁邱镇、朱田镇等乡镇，以休闲生态采摘园为重点，打造集果品生产、储藏加工、运输销售、农事体验、旅游观光、休闲娱乐、餐饮消费、科技文化于一体的南部生态宜居田园康养旅游综合体。

（四）倾情厚植康养旅游红色底蕴

费县地处蒙山之阳，是沂蒙山小调诞生地，在战争年代，八路军 115 师就曾转战这里，是大青山突围战的主战场，也是抗大一分校长期办学的地方。得天独厚的地理位置和红色的革命文化成为孕育“沂蒙精神”主要地域和元素。费县人民敦厚淳朴、坚毅忠诚、勤劳勇敢，群众与党政军生死与共、水乳交融，这种爱家、爱国、爱军的崇高感情，具有鲜明的时代特色，并在沂蒙热土继续书写着新时代沂蒙精神。费县将“亲情沂蒙”“红色沂蒙”蕴含的品质作为提升旅游公共服务打造高质量旅游产品与建设美丽乡村统筹发展的理念指导。

三、费县样板的几点启示

坚持“康养文旅”发展理念，项目带动、全域共建，持续推进康养旅游产业振兴发展，是费县旅游做大做强的生动实践。

（一）坚持康养旅游的高点定位，夯实文旅产业振兴发展的架构

早在“十一五”规划时期，费县就提出“建设山水奇石、休闲宜居的临沂特大中心城市的卫星城”的发展战略，为费县县域旅游产业发展构建了科学的发展

目标。随着高铁、公路和城市间快速交通体系的建成，费县成为临沂百万居民理想的康养休闲娱乐文化区，费县县域旅游产业响应这一发展战略并充分发挥优势。2014年，费县确立了“文旅寿养”的发展思路，成立文旅寿养产业推进工作领导小组，出台《关于加快文旅寿养产业发展的意见》，并委托省旅游规划设计研究院编制了《费县文旅寿养产业发展规划》，率先提出“全域旅游”发展理念。制定了一系列促进文旅融合发展的新政策，2016年在全省率先完成了《费县全域旅游发展总体规划(2016～2030年)》的编制工作。党的十九大以来树立“绿水青山就是金山银山”的资源观和发展观，挖掘和利用本地生态资源，充分发挥山水、奇石、红色文化、中草药等旅游资源优势，打造一批深度融合、互促发展的文旅项目。培育“颜真卿”“沂蒙山小调”“费县石”文化品牌，用以支撑相应文旅项目。

(二)坚持康养载体的丰富宽广，拓宽产业振兴发展的平台

费县以高起点、高标准的重点项目为支撑，采用“康养旅游＋X”模式，在县城建设较为大型的康养活动场所，打造集康养、科教、娱乐、绿地、碧水于一体的现代化新费县新亮点，逐步形成县域标志性康养旅游产业设施群。在乡镇(村)发展“康养旅游＋乡镇(村)特色”，传承发展乡村旅游文化，演绎乡村风情，建设一批乡村绿色通道、健身步道、旅游风景线、小型旅游文化广场，完善慢游路网，全面推进乡村游、农家乐、民宿，建设提升田园综合体、古传统村落、特色产品超市等，将旅游与美丽乡村建设同步，提升乡村餐饮、住宿、购物体验。在田园综合体发展“康养旅游＋果业”或林业或农业或水利综合体，形成一批家庭农场化、情景体验化、自助采摘、科普教育、文化体育专业化康养平台。

(三)坚持旅游资源的理顺整合，畅通产业振兴发展的渠道

旅游资源的构成类别有很多，只有合理地进行分类理顺，才能更好地在一个旅游品牌项目中，合理地融合人文、生态、艺术等文化因素。费县组建专门机构整合条块分割的旅游资源，组建了山东沂蒙厚乡旅游发展集团，主要职责包括：文化(文物古迹)、旅游景区、景点及文旅产业项目、基础设施的规划策划、设计、开发建设、管理及运营；旅游市场的推介营销，文旅信息平台及监管监控中心系统的建设运营；景区景点游览讲解、摄影摄像及礼仪服务；旅行社、影院、酒店的管理、运营；餐饮、住宿、停车服务；文旅商品和土特产品的创意制作、研发、销售等。对县域旅游资源进行了有效的重组，将分散的旅游文化亮点归类融合，形成费县县域康养旅游产业的规模化和集约化优势。

(四)营造康养旅游的氛围环境，增强产业振兴发展的保障

除了良好的思路、投入机制外，一个良好的环境是发展的关键。一是要营

造人的环境。要转变思想观念，以“大理念、大创意、大思维”高点定位，从事康养旅游产业规划、组合和生产。要落实康养旅游产业政策，使其真正起到推动发展的作用。要重点搞好康养旅游产业领头人、企业家、创意创作人、经纪人的培养，以及外来优秀人才的引进，为县域康养旅游产业发展提供人才支持。二是要建设一批康养旅游产业基础设施。费县通过完善交通体系、推进厕所革命、加强集散中心建设、完善旅游引导和实施“智慧旅游”等措施，全面优化旅游环境。规划设计了涵盖A级景区、乡村旅游点、旅游文化资源等内容的规范化、清晰化、立体化的旅游交通标识系统，范围覆盖全县所有通景道路标识牌。投资启动以政府行业监管、大数据、旅游服务为主版块的智慧旅游云数据平台建设，实现“一部手机游费县”。

参考文献

1.费县史志办公室编纂:《费县年鉴2016》，中国国际文化出版社2016年版。

2.费县地方史志研究中心编纂:《费县年鉴2020》，团结出版社2020年版。

3.前瞻产业研究院:《2020年全球康养旅游行业市场现状及发展前景分析》，2020年5月8日，https://bg.qianzhan.com/trends/detail/506/200508-c688406d.html。

4.高云野:《文旅康养融合发展，费县这个总投资60亿元的田园综合体未来可期》，2019年12月26日，https://baijiahao.baidu.com/s?id=1653948935748977604&wfr=spider&for=pc。

5.《文旅融合创造发展新机遇》，临沂市人民政府网站，2019年12月9日，http://wgxj.linyi.gov.cn/info/1006/32504.htm。

6.《龙山康养谷项目签约仪式举行》，临沂市人民政府网站，2019年12月6日，https://www.sohu.com/a/436614716_120033636。

科创金融改革与发展研究及其他

科技金融政策促进了城市全要素生产率提升吗？

——来自“科技与金融结合试点”的准自然试验

张春海　尚海燕*

【摘要】本文以“科技与金融结合试点”为准自然试验，构建 DID 识别框架以控制潜在内生性问题，采用 PSM-DID 方法实证分析科技金融结合试点政策对城市全要素生产率的影响。研究发现，试点政策有效推动了城市全要素生产率的提升，这在城市规模效率和技术进步中表现得尤为突出，以上结论在考虑了双重差分识别条件和一系列有可能对结论造成干扰的因素后仍然成立。试点政策在低等级城市产生的促进作用更为突出，在初始创新能力较强或营商制度环境较优的城市，试点政策的实施具有显著的正向作用。金融发展效率、科技创新、产业结构是试点政策能够影响城市全要素生产率的重要机制因素。

【关键词】科技金融试点；全要素生产率；产业结构；科技创新；双重差分模型

一、引言

在“百年未有之大变局”和新冠疫情双重叠加下，以转变发展方式、优化产业结构、转换增长动力为特征的高质量发展成为新时期我国经济发展的时代主题。已有的研究表明，我国自 2008 年以来实际 GDP 增长的放缓几乎完全来自

* 张春海，现供职于中国人民银行青岛市中心支行；尚海燕，郑州工业应用技术学院管理学院副教授。

全要素生产率增长的下降,因此,全要素生产率的提升应作为未来经济增长的主要动力,并成为高质量发展的关键所在。新经济增长理论认为,科技是经济发展第一生产力,金融是经济发展第一推动力,科技金融有效融合产生的溢出效应能够显著提高区域生产率,推动经济持续高速发展。国家针对科技与金融结合的相关工作可追溯到2010年,在其后的两年内,科技部等五部门出台了促进科技与金融结合的试点方案,确定了首批16个试点地区。那么,试点政策是否达到了预期效果?在影响城市全要素生产率方面有哪些具体表现?其影响作用机制是什么?回答好上述问题,有利于为科技与金融双赢和经济高质量发展提供经验分析,也可以为我国试点政策设计及其有效性提供借鉴。

二、研究设计

(一)准自然试验设计

2011年,科技部等五部门联合开展"促进科技和金融结合试点",基于已有研究,本文将16个试点地区进一步细分为41个试点城市,试点城市作为处理组,其他未试点城市作为控制组,考察政策试点对城市全要素生产率的影响。本文采用DID方法进行政策净效应的评估,利用PSM倾向得分在控制组中寻找与处理组相匹配的城市,以消除选择性误差。

$$SD_{it}=\alpha_0+\alpha_1 Pgdp+\alpha_2 Open+\alpha_3 Human+\alpha_4 Finance+\alpha_5 Texpen+\alpha_6 Density+\alpha_7 Industry+\alpha_8 Transport+\varepsilon_{it} \tag{1}$$

$$TFP_{it}=\theta_0+\theta_1 Policy_{i,t}\times diction_{i,t}+\theta_2 Convars+\gamma_t+\eta_i+\varepsilon_{it} \tag{2}$$

模型(1)为倾向匹配(PSM)的Logit回归模型,被解释变量SD_{it}为是否为科技与金融结合试点的虚拟变量,若城市为试点地区则等于1,否则等于0。模型(2)为用于双重差分估计的双向固定效应模型,TFP_{it}是被解释变量,表示城市i在t年的全要素生产率。本文在考察试点政策对城市全要素生产率的影响基础上,进一步将城市全要素生产率分解成规模效率(SE)、技术进步(TP)、技术效率(TE)。

(二)变量选择

1.城市全要素生产率

本文通过DEA-Malquist分析法和超对数生产函数,将TFP分解为规模效率、技术进步和技术效率。

2.核心解释变量

当城市属于试点地区时,分组变量*diction*赋值为1,否则为0;*policy*为试点年份,2011 年及以后等于 1,否则等于 0。$diction \times policy$ 为交互项,位于试点地区且在试点年份的城市赋值为 1,否则为 0。

3.控制变量

选择地区经济发展水平、区域开放程度、人力资本水平、产业结构、地区金融发展水平、地区科技支出水平、人口密度和人均货运量作为控制变量。

4.中介变量

产业结构合理化利用泰尔指数的倒数来衡量($TLL=1/TL$),具体做法参照干春晖等的研究,计算公式为:$TL=\sum_{i=1}^{n}(Y_i/Y)ln(\frac{Y_i}{Y}/\frac{L_i}{L})$ Y_i/Y 表示产业结构,L_i/L 表示就业结构。科技创新采用城市获得的发明数量来替代。金融发展效率以城市信贷总额与储蓄总额的比值进行衡量。

(三)数据说明

本文将 2000～2018 年的 254 个地级市作为初始样本,省级层面数据来自 2001～2019 年历年《中国统计年鉴》、中国经济数据库(CEIC)、国泰安数据库(CSMAR),市级层面数据来自 2001～2019 年《中国城市统计年鉴》、EPS 数据库、中国研究数据服务平台(CNRDS)。

三、实证结果与分析

(一)倾向匹配得分

本文选择邻近匹配法和内核匹配法对 PSM 的条件独立分布假设、共同支撑条件假设进行检验。T 检验结果表明,匹配后所有差异均不再显著,且标准化差异降幅明显。Probit 估计的 R^2 值由匹配前的 0.216 降至匹配后的 0.008,样本匹配后解释变量对某一城市能否获批政策试点的解释力较弱,可认为匹配后试点城市获批是条件随机的。

(二)双重差分估计结果与分析

1.基准回归结果分析

OLS 估计下 $policy \times diction$ 系数分别为 0.00208、0.00225,FE 估计下分别为 0.00214、0.00123,均在 1%或 5%的水平下通过了显著性检验,表明试点政策显著提高了城市全要素生产率。试点政策在推动试点地区科技金融产业集聚方面发挥了积极作用,有利于科技进步和技术研发进程,带动了产业结构升级。试点政策实施后创新成果转化率仍处在较低水平,信贷资源配置的过度倾斜容易造成边际效用的下降,科技金融相关企业间的关联程度和资源配置合理程度还存在改善空间。

表1 基准回归

	OLS		FE	
	(1)	(2)	(3)	(4)
policy×*diction*	0.00208*** (6.82)	0.00225*** (7.34)	0.00214*** (3.73)	0.00123** (2.45)
_cons	0.99721*** (425.82)	1.00260*** (103.69)	0.99739*** (2276.40)	0.99906*** (129.92)
控制变量	否	是	否	是
时间、省份、个体固定效应	是	是	是	是
N	4454	3747	4454	3747
R-squared	0.1729	0.2185	0.1106	0.1153

注：括号内为地市级数据标准误差，“***”“**”“*”分别表示在1%、5%、10%的水平上通过显著性检验，下同。

表2 城市全要素生产率分解回归

	技术效率(TE)		技术进步(TP)		规模效率(SE)	
	(1)	(2)	(3)	(4)	(5)	(6)
policy×*diction*	0.00128 (1.05)	0.00036 (0.52)	0.00180*** (6.52)	0.00090*** (3.35)	0.00100*** (3.53)	0.00098*** (3.18)
_cons	0.99878*** (1982.9)	1.00086*** (93.99)	1.00011*** (1741.9)	0.97288*** (440.67)	0.99769*** (4600.4)	1.01418*** (217.38)
控制变量	否	是	否	是	否	是
时间、省份、个体固定效应	是	是	是	是	是	是
N	4456	3748	4396	3724	4396	3724
R-squared	0.2453	0.3115	0.6367	0.6371	0.3343	0.4081

2.动态效应分析

根据时间研究法，检验试点政策的平行趋势假设。结果显示，在科技与金融结合试点实施之前，实验组和对照组的全要素生产率差异在绝大多数年份并不显著。

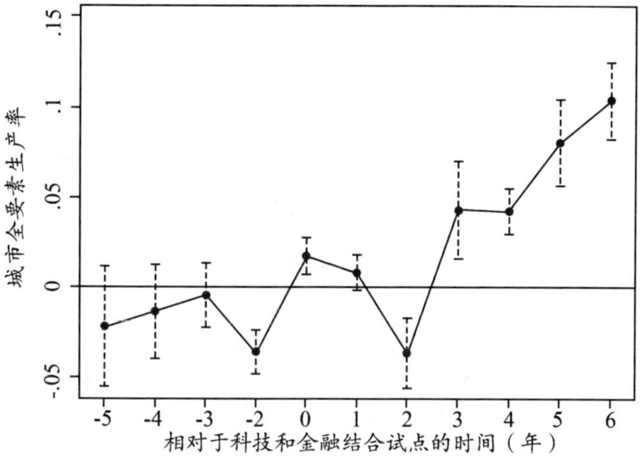

图 1(a)　双重差分动态效应(OLS)

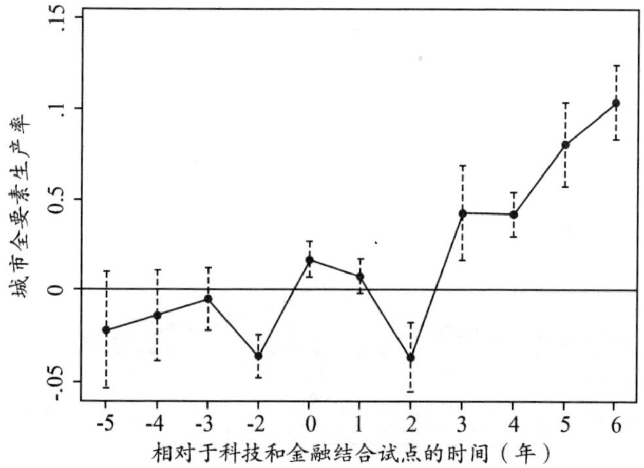

图 1(b)　双重差分动态效应(FE)

3.稳健性检验

(1)安慰剂检验。通过随机分配试点城市进行安慰剂测试，估计系数及相关 P 值分布都集中在零点附近，大多数估计值 P 值大于 0.1，即随机抽样自变量对全要素生产率未产生显著影响，本文真实估计在安慰剂检验中是明显的异常值。

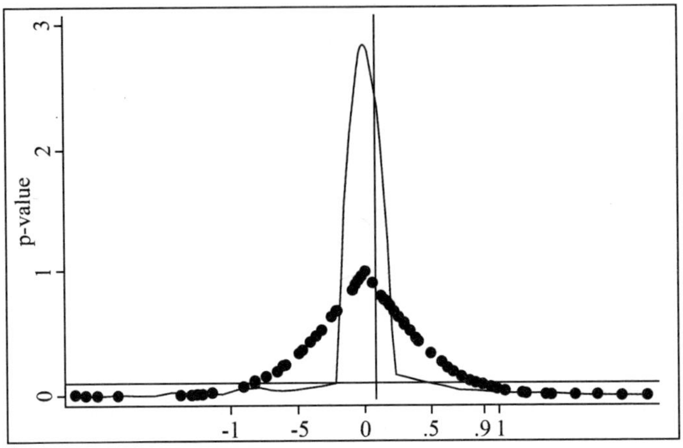

(1)FE 估计

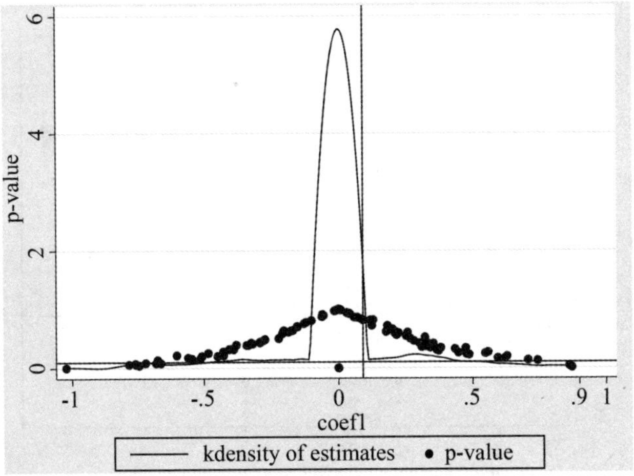

(2)OLS 估计

图 2　安慰剂检验

(2)控制其他政策冲击。在公式(2)的基础上引入是否为国家创新城市试点变量,城市在批准为试点的年份赋值为 1,否则为 0;引入了城市是否属于国家自主创新示范区变量,城市在批准为示范区的年份赋值为 1,否则为 0。$policy \times diction$ 回归系数仍显著为正。

(3)其他方法。一是控制潜在遗漏变量,引入省份与时间固定效应交互项,以控制可能随时间和空间变化的变量。二是利用去除前后 1%样本后的子样本再次进行回归。三是改变 PSM 匹配方法。结果发现，试点政策对全要素生产率的影响显著为正，与近邻匹配后的双重差分结果保持一致。

四、进一步检验

(一)异质性检验

1.城市等级

本文借鉴马凌远等的做法①。结果显示，试点政策对两类等级城市全要素生产率具有正向促进作用，在低等级城市产生的促进作用更突出。

2.城市创新能力

根据《中国城市和产业创新力报告 2017》，以平均城市创新指数的中位数为界分为两组，在初始创新能力较高的城市，试点政策对城市全要素生产率具有显著的正向作用，而在初始创新能力较低的城市其政策效果不显著。

3.城市营商制度环境

在城市营商制度环境较优的地区，试点政策对城市全要素生产率具有显著促进作用，而在城市营商制度环境相对劣势的地区未通过显著性检验。

表 3　异质性检验

	(1)	(2)	(3)	(4)	(5)	(6)
	城市等级		城市创新能力		城市制度环境	
	高	低	高	低	优	劣
policy×*diction*	0.00137* (1.74)	0.00156** (2.33)	0.00122*** (2.60)	−0.00108 (−0.41)	0.00109*** (2.95)	0.00025 (0.42)
_cons	0.99990*** (62.62)	1.00175*** (113.09)	0.99909*** (121.96)	0.99027*** (56.33)	0.97645*** (327.60)	0.98959*** (200.65)
控制变量	是	是	是	是	是	是
时间、省份、个体固定效应	是	是	是	是	是	是
N	476	3271	2455	1292	2083	1664
R-squared	0.1974	0.1210	0.1612	0.1098	0.1607	0.1561

① 参见马凌远、李晓敏:《科技金融政策促进了地区创新水平提升吗？——基于“促进科技和金融结合试点”的准自然试验》,《中国软科学》2019 年第 12 期。

(二)作用影响机制检验与分析

本文运用中介机制检验模型进一步分析该试点政策促进城市全要素生产率提升的作用机理,根据哈耶斯(Hayes)中介效应模型,构建如下递归方程。其中,$Mediator_{i,t}$为中介变量,包括金融发展效率(Fineff)、科技创新(Invg)、产业结构合理化(Tll)。

$$TFP_{i,t}=\theta_0+\theta_1 Policy_{i,t}\times diction_{i,t}+\theta_2 Convars+\gamma_t+\eta_i+\varepsilon_{it} \quad (4)$$

$$Mediator_{i,t}=\alpha_0+\alpha_1 Policy_{i,t}\times diction_{i,t}+\alpha_2 Convars+\gamma_t+\eta_i+\varepsilon_{it} \quad (5)$$

$$TFP_{i,t}=\beta_0+\beta_1 Policy_{i,t}\times diction_{i,t}+\beta_2 Mediator_{i,t}+\beta_3 Convars+\gamma_t+\eta_i+\varepsilon_{it} \quad (6)$$

表 4 中介机制检验

	(1)	(2)	(3)	(4)	(5)	(6)
	Fineff	TFP	Invg	TFP	Tll	TFP
policy×*diction*	0.02065* (1.96)	0.0015*** (7.16)	0.1611*** (12.48)	0.0013*** (3.76)	0.0020*** (4.37)	0.0018*** (6.74)
Fineff		0.00063* (1.66)				
Invg				0.00288*** (3.13)		
Tll						0.02723** (2.40)
_cons	−0.00042 (−0.01)	0.99276*** (855.96)	−0.4347*** (−8.01)	0.98431*** (415.18)	0.19380*** (119.78)	0.98897*** (396.45)
控制变量	是	是	是	是	是	是
时间、省份、个体固定效应	是	是	是	是	是	是
N	3748	3819	3748	3747	3707	3721
R-squared	0.1477	0.0981	0.5117	0.1245	0.2230	0.1130

结果表明,试点政策实现了金融效率的改善和提升,有效带动了城市全要素生产率的提升。控制金融效率变量后,试点政策对试点城市全要素生产率的影响下降了。试点能够通过金融效率这个中介变量有效推动试点城市全要素生产率的提升;试点政策对地区科技创新水平具有显著正向影响,能够有效改善和优化地区产业结构,科技创新、产业结构合理化在影响城市全要素生产率

中存在中介效应。

五、结论与启示

本文以“科技与金融结合试点”为准自然试验，构建 DID 识别框架以控制潜在内生性问题，采用 PSM-DID 方法实证分析试点政策对城市全要素生产率的影响。研究发现，试点政策有效推动了城市全要素生产率的提升，这在规模效率和技术进步中尤为突出，以上结论在考虑了识别条件和一系列有可能对结论造成干扰的因素后仍然成立；试点政策在低等级城市产生的促进作用更为突出，在初始创新能力较强或营商制度环境较优的城市，政策实施具有显著正向作用。金融发展效率、科技创新、产业结构是试点政策能够影响城市全要素生产率的重要机制因素。本文得到如下政策启示：在深化试点政策中考虑将科技和金融较为丰富的地区纳入试点范围，不同试点地区应根据自身禀赋条件和产业基础特点制定合适的配套机制，避免盲目借鉴和复制已有政策模式。有针对性地完善基础研究、原始创新、科技人才激励等体制机制，加大自主创新和人力资本投入，优化技术进步的基础。优化产业结构布局，提升金融支持实体经济的作用和效率，完善科技创新成果转化路径和技术效率提升方式。

参考文献

1.干春晖、郑若谷、余典范：《中国产业结构变迁对经济增长和波动的影响》，《经济研究》2011 年第 5 期。

2.寇宗来、杨燕青：《中国城市和产业创新力报告 2017》，复旦大学产业发展研究中心，2017 年。

3.徐越倩、李拓、陆利丽：《科技与金融结合试点政策对区域经济增长影响研究——基于科技创新与产业结构合理化的视角》，《重庆大学学报》(社会科学版)2021 年第 3 期。

4.余泳则、张先轸：《要素禀赋、适宜性创新模式选择与全要素生产率提升》，《管理世界》2015 年第 9 期。

5.张军、吴桂英、张吉鹏：《中国省际物质资本存量估算：1952～2000》，《经济研究》2004 年第 10 期。

6.Romer, M. F., Increasing Returns and Long-run Growth. *Journal of Political Economy*, 1986,94(5):1002-1037.

7.Lin, J., Monga, C., Growth Identification and Facilitation: The Role of the State in the Dynamics of Structural Change. *Development Policy Review*, 2011,(3): 264-290.

证券公司数字化转型效果评价研究

李会民*

【摘要】本文聚焦证券公司数字化转型中存在的问题和误区,从顶层设计到具体业务环节,给出了具体政策建议与系统建设纲要。从证券公司在数字化大环境下的发展定位,细化递进到数据管理、财富管理、数字化转型效果评估这三个关键环节,厘清每个环节的内涵与发展态势,研究了相关业务的模式与体系,并对证券公司未来发展进行了展望。

【关键词】证券公司;数字化转型;金融科技;评估体系

一、引言

金融行业的数字化转型既是当今大数据时代的聚焦热点,也是金融行业实现提质增效的必由之路。由金融科技与金融商业模式融合交互而推动的金融体系数字化转型,已成为近几年学术界与业界共同关注的核心问题。

目前,证券公司的数字化转型不仅没有成熟的模式借鉴,甚至许多公司觉得数据拿来交给 IT 人员就可以了,证券行业虽然信息化水平较高,但数字化程度仍处于较低水平。实际上真正的数字化转型不仅仅是单纯技术问题,而是在数据支撑下的知识管理、在知识规则约束下的算法运用、在算法支撑下的智能专家系统,这是一个完整的智能决策分析系统,也就是在规则约束下的"数据库+算法+知识管理"经过不断验证、迭代,由机器学习向深度学习递进的过程。同样,对于数字化转型的进度、成果、成效该如何评价,也是数字化转型中

* 李会民,中泰证券股份有限公司首席业务经理、高级经济师。

亟须解决的问题。

二、证券公司的数据管理转型研究

数据管理，是数字化转型中首先需要解决的问题。如何正确认识、应用数字化转型中产生的海量数据，已成为构建数字化体系的重要组成部分。

(一)数据管理的含义与重要性

数据管理，即在法律框架内，最大限度地开发、利用数据资产，通过相关制度、平台的构建，优化数据使用的流程、效率，提升数据的安全性。

目前，数据泄露风险已成为企业核心风险之一。2018 年以来，客户数据泄露产生的安全事件日益增多。仅 2019 年，全球 500 家企业因数据泄露产生的损失达 392 亿美元。因此，证券公司使用大数据时必须结合特定的应用环境、应用时限、经济结构合理利用，不能放任滥用和盲目形成“大数据自大”。

(二)数据管理转型的发展定位

数据管理是开展各项业务的基础，数字化转型理应把数据管理放在首位，需要专业的数据管理平台来完成。考虑到规模、上市、基础设施建设能力、科研实力等差异，公司要建立一级数据管理部门，或可拆分为数据管理公司，同时赋予 CIO 更大的权限与资源。

(三)数据管理转型的政策建议

数据管理转型的相关建议如下：

1.加大数据收集、存储、安全等基础设施投入力度

具体讲，包含但不限于线上—线下双支点基础设施建设。例如：构建临柜、自助、远程等多种双录场景解决平台；通过智能自然语义处理系统，精准识别客户的视频、音频、文档、身份信息；构建完善的渠道追踪解决平台(Web/H5 端、App 端、小程序端、二维码端)；使用、部署分布式架构来解决集中式系统无法处理的大量并发操作冲击。

2.运用云储存、云计算、区块链等新技术，整治数据孤岛

制定数据一致性规范，改造、升级软硬件条件，构建混合云及相关平台，部署运行大数据管理内容。既可以保障数据安全，提高数据质量，完成数据共享，又可利用区块链的分布式账本对称加密与共识机制，保障数据真实可靠、透明与敏感信息的隐私。

3.满足金融监管与风险管理要求

从隐私保护规则设计、约束制度建立、规范化数据使用协议三方面开展数

据隐私保护；从保密协定、访问记录、泄露责任三方面规范隐私数据的访问；从存储机制、存储设备、采集安全等方面探索数据存储安全。同时，对涉及的模型、算法开展风控与监督，做到数据安全生命周期把控、合规把控、网络安全把控以及事前防御、事中阻断、事后追责。

三、证券公司财富管理业务数字化转型研究

财富管理的数字化转型是公司整体数字化转型的控制性工程，也是转型成败的重要评判依据。

（一）国内财富管理业务的发展态势

截至2019年底，财富管理市场规模达130万亿，分支机构10000家以上，但财富管理业务仍局限于单一通道的无差别金融销售服务，同质化现象十分严重。

目前，诸如从顶层设计布局，重视线下—线上双中心、双渠道战略，将零售业务与资管业务相结合，开展基金投顾业务，从卖方市场走向买方市场，构建智能投顾系统平台，提升服务深度和广度，激活存量客户等借助数字化转型重新定位财富管理业务的做法已成为业内共识。

（二）数字化转型对财富管理业务的影响

数字化转型倒逼新技术、新业态不断衍生和递进，对财富管理业务的影响主要包括以下几方面：

1.客户中心化

运用大数据、人工智能、自然语义识别、客户画像等技术，根据客户的风险厌恶、资金以及产品偏好，更加精准地为客户打造个性化的产品和服务。

2.全链条化

线上—线下双核心、双支柱战略转型，投研与资管紧密结合，推动财富管理向大中台、小前台、厚平台的方向发展，中、后台将从投资组合管理、大类资产配置等向纵深不断延展，全链条化、垂直化对接和服务客户。

3.智能化

深度学习、投资组合量化交易等新技术，可根据用户需求，自动化、智能化进行数据的采取、分析，实现降本增效与客户群延展，提升客户收益，增强客户黏性。

4.精准化

大数据技术可实现精准客户群识别、精准广告投放、精准竞品分析，提高动

态、敏捷的市场参与能力。

5.平台结构化

随着云计算、区块链技术的不断成熟,相关法律法规的不断完善,自适应智能投顾平台、专家系统,财富管理流程、业务与技术三者将趋于融合。

(三)数字化转型对证券公司的要求与未来发展方向

数字化转型倒逼证券公司在宏观与微观上进一步整合资源、适应市场、拓宽商业模式。

在宏观上,要求相关单位要做到:其一,重视顶层设计,将“科技兴企”作为发展战略,将自己定位为“科技公司”,形成良好的数字化转型文化。其二,正确理解新技术带来的挑战与风险,正确平衡机器与人的服务。要以客户满意、客户黏性为本,避免形成唯科技论。

而在微观上,则要求相关单位能做到:其一,加大 IT 投入与智能平台建设。进一步构建大数据智能专家系统平台等高端数据科学、管理科学的综合体系。其二,按照财富管理的逻辑架构对前、中、后台进行分层次、模块化设计。在后台,从基础工具入手,做好数据、运维、开发的分层机制;在中台,通过综合运营平台、员工工作平台、综合业务受理平台封装好客户、服务、咨询、交易、策略、研究、账户等运营子体系;在前台,通过客户端、投顾、营业网点封装好对应模块。其三,随着算法、模型的不断升级和迭代,要加大数学、系统科学与管理科学等核心技术人才的引进与培养力度。

四、证券公司数字化转型评估

数字化转型成功与否,离不开科学的评判标准及合理的评价模型。

(一)数字化转型评估的意义

评估数字化转型进展与结果,是数字化转型中不可或缺的一环。数字化转型中构建量化的动态评价机制具有以下意义:其一,能全面掌握数字化转型的进度、效果。摸清存在的问题,提供分析依据,有针对性地查缺补漏。其二,评价结果可以为国家和地方政府的政策支持、政策评估和激励提供科学依据。其三,可以积累数字化转型经验,以评促建、评建结合。

(二)数字化转型评估的核心指标探究

构建证券公司数字化转型评估指标体系,要遵循以下原则:

1.科学性

证券公司具有自身的发展模式、发展逻辑、业务特点,其数字化转型评价准则应科学选取、科学设定。

2.广泛性

选取评价指标应体现业务的重要节点，评价体系的构建要根据业务模块、业务绩效通用化的要求选取评价标准、评价指标，做到广泛适用。

3.指导性

相关指标选取既要有引领作用，也要鼓励创新，还要考虑技术快速更新迭代而具有弹性。

依据以上原则，采用层次分析法，从数据管理能力、数字化人才建设、数字化运营程度、数字化客户管理、数字化转型效益 5 个一级指标和其覆盖的 11 个二级指标、33 个三级指标探索证券公司数字化转型评价体系。相关指标体系见表 1。

表 1　证券公司数字化转型能力评价指标体系

一级指标	二级指标	三级指标
A 数据管理能力	A1 数字化研发投入	A11 数字化研发投入百分比
		A12 证券公司年度申报专利数
		A13 证券公司年度论文发表数
	A2 数字化基础设施覆盖程度	A21 云计算覆盖业务百分比
		A22 人工智能支持业务百分比
		A23 自动化技术覆盖业务百分比
	A3 数据安全保障程度	A31 年度数据故障数
		A32 年度数据泄露次数
		A33 数据安全措施应用百分比
B 数字化人才建设	B1 组织架构	B11 具有数字化教育背景的管理层人员占比
		B12 数字化部门领导者地位
	B2 人才配置	B21 数字化人才引进百分比
		B22 数字化人才百分比
		B23 数字化人才平均薪资水平
		B24 员工数字化培训进修百分比

续表

一级指标	二级指标	三级指标
C 数字化运营程度	C1 业务数字化管理	C11 数据可视化百分比
		C12 财富管理业务数字化线上处置百分比
		C13 固定收益业务数字化线上处置百分比
		C14 投行业务数字化线上处置百分比
	C2 财务数字化管理	C21 财务系统数字化软硬件系统更新百分比
		C22 绩效考核数字化覆盖百分比
		C23ERP 系统覆盖百分比
D 数字化客户管理	D1 客户存量管理	D11 新增客户数
		D12 旧客户流失数
		D13 高净值客户百分比
	D2 客户满意度管理	D21 客户投诉数
		D22 客户纠纷数
		D23 客户业务转换率
E 数字化转型效益	E1 数字化经济效益	E11 数字化业务投入产出百分比
		E12 数字化业务占公司总业务百分比
		E13 数字业务营收增长率
	E2 数字化社会效益	E21 奖项荣誉数
		E22 社会效益目标完成度

1.数据管理能力

该指标包含数字化研发投入、数字化基础设施覆盖程度与数据安全保障程度 3 个二级指标，考察基础技术研发的投入力度、相关技术的业务覆盖能力以及在保障数据安全与合规所做的工作。

2.数字化人才建设

该指标包含组织架构、人才配置两个二级指标，考察对人力资源的重视程度，可以清晰地了解人才储备、人才地位。

3.数字化运营程度

该指标包含业务数字化、财务数字化两个二级指标，考察数字化运营程度，了解业务数字化转型程度和财务数字化运营水平。

4.数字化客户管理

该指标包含客户存量管理与客户满意度管理两个二级指标,了解客户体验、客户黏性提升情况。

5.数字化转型效益

该指标包含数字化经济效益与数字化社会效益两个二级指标,考察数字化转型是否赋能社会效益和公司效益。

(三)数字化转型评估体系应用建议

根据层次分析法,对调查、统计得到的5个一级指标、11个二级指标、33个三级指标采取加权汇总得分来评价证券公司数字化转型效果。在计算最终结果时,要注意以下几点:首先,相关权重的大小要根据经验与反馈不断调整。经过不断深化数字化转型,相关指标的变化幅度会趋于稳定,其权重也要做相应调整。其次,为避免人为主观因素的影响,评价体系中的指标都是量化指标,容易出现重量轻质的问题。所以最终评价结果要引入第三方专家评价,将量化数据与专家评价相结合,提高结果的可信度与说服力。最后,评价体系可以通过公司自评申请、专家复核、行政机构终评的方式开展相关工作。对评估中出现的问题,需要公司、专家、行政机构三方协商解决。对评价过程中的异议,要及时反馈,公开、公正地解决,以维护评价体系的权威性和影响力。

五、结论与展望

大数据、云计算、人工智能等新技术的运用,推动了整个金融行业的深刻变革。从宏观到微观,从行业到公司,推进数字化转型是顺应市场变化、维持业务竞争力、实现业务提质增效的必然途径。

展望未来,证券公司应当朝着更加智能化、精准化、客户中心化的方向发展。人工智能与大数据、云技术等的综合应用,可以推动综合性智能专家系统的构建与发展。证券公司未来通过数字化转型会逐步具有“科技公司”“数据公司”属性,这更要求我们不断摸索、群策群力。深化数字化转型的进程不会终止,其将不断鞭策证券公司持续提升技术实力,改变经营模式,逐步探索出一条合规、高效的金融科技应用之路。

参考文献

1.刘汉西:《大力发展金融科技　加速数字化转型》,《金融电子化》2020年第7期。

2.王雯、张敏、王健、肖晓超:《证券行业风险管理智能化转型路径探索》,《中国证券期货》2020 年第 4 期。

3.王玲:《证券公司数据管理模式和路径研究》,《清华金融评论》2021 年第 3 期。

4.崔凤廷:《证券公司数字化财富管理转型研究》,《企业改革与管理》2020 年第 16 期。

5.赵旭:《疫情冲击下国际智能投顾业务模式比较及对证券行业财富管理的启示》,《金融发展评论》2020 年第 12 期。

6.向筱、潘娜、莫海峰、谢佳明:《证券公司固定收益业务数字化转型路径研究》,《债券》2021 年第 1 期。

7.杨东:《监管科技:金融科技的监管挑战与维度建构》,《中国社会科学》2018 年第 5 期。

8.姚卓:《金融数据管理体系建设》,《金融科技时代》2020 年第 9 期。

9.华泰证券课题组:《证券公司数字化财富管理发展模式与路径研究》,《证券市场导报》2020 年第 4 期。

10.何国军:《数字化转型升级进展评估指标体系构建》,《中国出版》2019 年第 20 期。

盛宣怀与王文韶关系考略

苏明强　王晓霞[*]

【摘要】盛宣怀与王文韶同为晚清时期重臣，两人因盛宣怀之父盛康在湖北与王文韶同僚为官结缘，后两家日常经济往来颇多，盛宣怀更是拜王文韶为师。此后宦海生涯中二人相互扶助，塑造了各自的人生轨迹，也因此影响了中国近代历史的走向。

【关键词】盛宣怀；王文韶；盛康

王文韶与盛宣怀都是近代中国历史上的重要人物，对于两人的关系，目前学界仍未有较为系统的研究。笔者试图依据二人往来信函，探讨王氏与盛宣怀父子的关系，并探索双方对彼此人生的影响。

一、盛宣怀家族与王文韶结缘

王文韶，浙江仁和人，咸丰二年（1852 年）进士，同治三年（1864 年）授湖北安襄郧荆道，后加盐运使衔，先后任汉黄德道，湖北按察使，署任湖北布政使。同治八年（1869 年）二月，调署湖南布政使。[①] 王文韶任职湖北期间，盛宣怀之父盛康亦在湖北为官，二人因此结缘，交往颇多。1861 年盛宣怀随祖父盛隆辗转到湖北盛康处，在湖北居住长达五六年[②]，盛宣怀与王文韶结识亦应是此一时间。随着盛康与士大夫广泛交流，在湖北的此段经历对盛宣怀的人生变得异常重要，在《行述》中记载“出于鄂中贤士大夫游”，他对湖北的军政吏治“事事研

---

* 苏明强，曲阜师范大学马克思主义学院讲师；王晓霞，曲阜师范大学国际教育学院讲师。

① 参见王钟翰：《清史列传》，中华书局 1987 年版，第 5062～5063 页。

② 参见夏东元：《盛宣怀年谱长编》，上海交通大学出版社 2004 年版，第 6～8 页。

求，益以耳目濡染”，开阔眼界，立下壮志，“遂慨然以匡时济世自期，生平功事，基于此矣”[①]，是影响了他一生的思想和社会实践的基础[②]。1866 年盛宣怀回常州参加童子试，次年 6 月盛隆去世，盛康随后扶棺回乡。[③] 此后相当长的时间盛王两家往来以书信为主。

王文韶与盛氏家族在经济上存在密切联系。1867 年初，盛康奉李鸿章之命开办公典，为扩大影响，争取地方大族和朝廷大员的支持，同时将盛家与众人的利益捆绑在一起，向各方募股，王文韶便是其中一员。1868 年 7 月 3 日王文韶回复盛康信中所言在常熟开设典当行事宜[④]，对盛康经营才能表示信任，并愿意入股。王文韶认为开设典当行一事“万稳万当，洵为菟裘善策”，但由于王本人经济情况当下不好，“刻下光景甚不舒展”，“勉力摒挡仅能凑集一股”，盛康需用时随时送至其手中，并表示以后充裕时，愿意增加股份，“嗣后倘能充裕积有成数，想可随时附入也”[⑤]。对于典当行股份的事宜，王文韶递送两千五百两，并表示因一时凑集不齐，另一半两千五百两至迟五月份必然送到。[⑥] 随即王文韶将另一半两千五百两白银汇送给盛宣怀，由其亲戚将收条换取“公典收照及合同等件”，并约定领取息银的办法，因路途遥远，由其嘉定的亲戚领取。[⑦] 对于合伙开办当铺之事，王文韶异常关注，在信中再次询问开办官当之事进展。[⑧] 对于开设典当的具体事宜，王文韶表现出对盛康的完全信任，“由阁下（即盛康）经手尤

---

① (清)盛宣怀:《愚斋存稿》,《中国近代史料丛刊续辑》,文海出版社 1975 年版,第 9 页。

② 参见夏东元:《盛宣怀传》,南开大学出版社 1998 年版,第 4 页。

③ 参见袁英光、胡逢祥:《王文韶日记》,中华书局 1989 年版,第 30 页;(清)盛宣怀:《愚斋存稿》,《中国近代史料丛刊续辑》,文海出版社 1975 年版,第 9 页。

④ 参见王尔敏、陈善伟:《近代名人手札真迹　盛宣怀珍藏书牍初编》,香港中文大学出版社 1987 年版,第 3581 页。点明对于双方的经济往来,以“盛氏经营钱庄,王氏多所存放,亦加入股金”,据笔者所见应是盛氏所开办的典当行,而不是钱庄。此典当行当为盛康奉李鸿章之命开办之公典(参见夏东元:《盛宣怀年谱长编》,上海交通大学出版社 2004 年版,第 8 页;袁英光、胡逢祥:《王文韶日记》,中华书局 1989 年版,第 95 页)。

⑤ 王尔敏、陈善伟:《近代名人手札真迹　盛宣怀珍藏书牍初编》,香港中文大学出版社 1987 年版,第 3581 页、第 3585 页。

⑥ 参见王尔敏、陈善伟:《近代名人手札真迹　盛宣怀珍藏书牍初编》,香港中文大学出版社 1987 年版,第 3591 页。

⑦ 王尔敏、陈善伟:《近代名人手札真迹　盛宣怀珍藏书牍初编》,香港中文大学出版社 1987 年版,第 3598～3599 页。

⑧ 王尔敏、陈善伟:《近代名人手札真迹　盛宣怀珍藏书牍初编》,香港中文大学出版社 1987 年版,第 3594 页。

万稳万当”，并表示仅先凑集一股合计白银五千两，“随后如稍有盈余，当再随时附入”。[①] 此后王文韶还多次扩充典当行的股份，双方关系愈加密切。直至1889 年初，王文韶因资金周转困难，才要求从典当行中撤出资金，“务请代为设法全数觅替，能速更妙”。[②] 双方合伙经营典当行近二十年。

由此可见，虽然异地为官，王文韶和盛氏家族的交往不仅并未中断，反而进一步加深。在王氏与盛康的往来书信中，对双方日常往来的记载颇多，其中既有对官场仕途的讨论，也有互相致意，对彼此家庭的关心，双方在诸多琐事上也多互相扶助，情谊颇深。

1870 年初，王文韶收到盛宣怀的信，认为其信中“为谦过甚”，表示盛宣怀是“素叨挚爱，谊本世交”，因此“未敢过却”，应是盛宣怀致信王文韶请求拜入其门下，以师徒相称(以师徒相称是当时搭建人际关系网络的方法之一)。[③] 而王氏亦承认这层关系。自此之后在两人的交往信函中，盛宣怀大多是以“夫子”尊称王文韶。王文韶在仕途中注重实务，得到李鸿章、左宗棠等大员的赏识，在湖南任职期间曾主持开办了湖南机器局，是晚晴洋务派的重要成员之一。1874 年，日本侵犯台湾，盛宣怀致电王文韶向其请教对日外交策略。当时的总理衙门试图寻求其他列强的支持，评判“区直”，“拟邀西国各公使评理区直”，代价则是将赤嵌向各国开放通商，“而转圜之策莫若于舍赤嵌一隅，如香港、澳门等处许各国通商”。盛宣怀认为一般官员大都动辄以“制器、开矿、练兵为自强要举”，而从根本上改变中国积弱的现状，“惟于君德人才加意耳”。[④]

盛宣怀之父盛康于 1902 年 10 月去世，王文韶在信中将挽联附上，“宦迹似苏长公由武汉而杭州冠盖喜追陪，迭听比间颂慈父；福泽如郭仆射大富贵亦寿考林泉聊退隐，尽将伟业付贤郎”[⑤]，表示哀悼。

---

① 王尔敏、陈善伟:《近代名人手札真迹　盛宣怀珍藏书牍初编》，香港中文大学出版社 1987 年版，第 3600～3601 页。

② 王尔敏、陈善伟:《近代名人手札真迹　盛宣怀珍藏书牍初编》，香港中文大学出版社 1987 年版，第 3648～3649 页；在《王文韶日记》第 750 页亦有记载“致盛旭翁信商济大事”。

③ 参见王尔敏、陈善伟:《近代名人手札真迹　盛宣怀珍藏书牍初编》，香港中文大学出版社 1987 年版，第 3611～3614 页。

④ 参见王尔敏、吴伦霓霞:《清季外交因应函电资料》，香港中文大学中国文化研究所、台湾“中研院”近代史研究所 1993 年版，第 9 页。

⑤ 王尔敏、陈善伟:《近代名人手札真迹　盛宣怀珍藏书牍初编》，香港中文大学出版社 1987 年版，第 3677～3679 页。

二、王文韶对盛宣怀的保护及影响

在盛宣怀的仕途中，王文韶给予了他多方面的保护和支持。即如王尔敏先生所述，充当了其在朝廷的内主。刚毅南方巡视便是一个例子。刚毅巡阅江南查办轮电两局弊端，要求两局向朝廷报销银两并直接提取10万现银“儗官利外，照矿务章程两成半充公，每年将刊印众商公核之帐略呈送，不造报销”，“意在现款，儗预交十万”，盛宣怀“官报免费，恐启映射，势难遵办”，向王文韶求助。①

甲午战后清军战败，淮系成为朝廷中其他政治派系清算的对象，而作为李鸿章亲信的盛宣怀首当其冲。盛宣怀五次被弹劾，其中最危险一次即是王文韶将其保护起来，且盛宣怀在王文韶的保护下没有失去对轮船招商局、中国电报局等的控制。② 清政府令王文韶与张之洞督办芦汉铁路③，王、张二人皆被任命为督办芦汉铁路，但在笔者看来实际上是以王为主，此前张之洞对芦汉铁路建设的提案并没有被清政府采纳④，《清史列传》中对该事的记载则是“特派文韶议办，会商湖广总督张之洞，往返讨论”⑤，其后1898年王氏被任命为矿路大臣也从侧面证明了其当时主要负责芦汉铁路事宜。因此，由于王偏袒盛，在盛宣怀与张之洞交涉中，张之洞处于弱势。⑥ 其后王文韶与张之洞保举了盛宣怀充当铁路会办，实现了其人生的转折。⑦ 不仅如此，清廷在签订条约后，朝野沸腾，盛宣怀提出了练兵强国的对策，王文韶更是将盛宣怀的对策代为上奏。⑧

盛宣怀不仅要办铁路，还试图兴办银行。王文韶认为，“铁路、银行，譬之陇

---

① 参见王尔敏：《刚毅南巡与轮电两局报效案》，《近代史研究》1997年第4期；吴伦霓霞、王尔敏：《盛宣怀实业函电稿》，香港中文大学中国文化研究所、台湾“中研院”近代史研究所1993年版，第191页。

② 参见朱浒：《投靠还是扩张：从甲午战后两湖灾赈看盛宣怀实业活动之新布局》，《近代史研究》2013年第1期。

③ （清）朱寿朋：《光绪朝东华录》，中华书局1958年版，第3762页。

④ 参见朱从兵：《张之洞与芦汉铁路的建设》，《广西师范大学学报》（哲学社会科学版）2003年第4期。

⑤ 王钟翰校：《清史列传》，中华书局1987年版，第5075页。

⑥ 参见朱浒：《投靠还是扩张：从甲午战后两湖灾赈看盛宣怀实业活动之新布局》，《近代史研究》2013年第1期。

⑦ 参见夏东元：《盛宣怀年谱长编》，上海交通大学出版社2004年版，第503～504页；朱浒：《投靠还是扩张：从甲午战后两湖灾赈看盛宣怀实业活动之新布局》，《近代史研究》2013年第1期。

⑧ 参见王尔敏、陈善伟：《近代名人手札真迹　盛宣怀珍藏书牍初编》，香港中文大学出版社1987年版，第3667页；夏东元：《盛宣怀年谱长编》，上海交通大学出版社2004年版，第478页。

蜀，陇尚未得，遂欲并蜀而有之，是众射之的也”①。他所针对的并不是盛宣怀要办银行本身，而是担忧其招来朝野的攻击。王文韶在任直隶总督及北洋大臣期间，虽为主官，但对盛宣怀的洋务活动颇多商量。王文韶曾为漠河金矿的管辖致函盛宣怀，“漠河矿务是否由尊处兼领”，对于撤换漠河金矿不称职的经理李家鏊“似此荒唐，即有一技之长亦难录用”，亦是与盛相商“拟即撤去差使何如”。②

在李鸿章幕下时，盛宣怀与李鸿章的来往信函中，有大量的有关洋务企业经营的信函。盛宣怀在1896年8月给恽祖翼的信中写道“弟事合肥三十年，从不争牌子，合肥亦抑之使不得进。同患难而不足效指臂之力，可长太息也。”此时盛宣怀所面临的危机已经解除，面临仕途大有发展，言语中显露出对李鸿章此前不放权的不满，更有在王文韶对其不加掣肘、大施拳脚的得意。③

即便是为亲属安排职位，亦是要求盛宣怀经手安插非重要职务。在汉口招商局给其长子之妻舅谋求职务，王文韶“会办、帮办等名目自非轻易可以增添”，要求盛给安排一个照料关税等名目的差使，“月薪三十四金不必干预局务”。由此可见，王文韶对于轮船招商局的经营大致放手给盛宣怀，少以干涉。④ 盛宣怀还在王文韶的支持下兴办了中西学堂等近代新式学堂。戊戌之后，盛宣怀还向王文韶请教朝廷对于改革的态度。⑤

对于王氏给予的保护，盛宣怀也是投以厚报。在王文韶给盛宣怀的信中直接提及两人的金钱关系有两处：1902年王文韶侧室之丧，盛宣怀给予了“厚赠”，同一年年底“复承惠寄”，王文韶对此异常感激“感荷之私，匪言可喻”。⑥

三、盛宣怀对王文韶的影响

盛宣怀也对王文韶的仕途产生了重要影响。盛宣怀进入李鸿章幕府后，位处中枢，成为王文韶在中央的重要消息源之一。

---

① 苑书义、孙华锋、李秉新：《张之洞全集》，河北人民出版社1998年版，第7057页。

② 参见王尔敏、陈善伟：《近代名人手札真迹　盛宣怀珍藏书牍初编》，香港中文大学出版社1987年版，第3670页。

③ 参见夏东元：《盛宣怀年谱长编》，上海交通大学出版社2004年版，第527页。

④ 参见王尔敏、陈善伟：《近代名人手札真迹　盛宣怀珍藏书牍初编》，香港中文大学出版社1987年版，第3668～3669页。

⑤ 参见《上海市档案馆藏盛宣怀档案萃》，上海古籍出版社2008版，第181～182页。

⑥ 参见王尔敏、陈善伟：《近代名人手札真迹　盛宣怀珍藏书牍初编》，香港中文大学出版社1987年版，第3677～3679页。

1882年9月,御史陈启泰奏劾云南报销案,引发了朝野震动。事件的中心人物之一的王文韶最终回乡养亲。在风波过后,王文韶服阙期满,起复成为重点问题。盛宣怀则密切关注着官场局势并随时向王文韶通报。对于王文韶的起用,盛宣怀在信中也转述了醇亲王对王文韶起用的看法"太后既有此语,不必再候特旨",认为其"疆吏乏人,不如外用",醇亲王还要李鸿章代为劝驾,嘱王文韶"千万勿用迟疑"等语。对于王文韶的起复,盛宣怀建议"圣谕既如此,假满似可遵旨进京"。王文韶在给盛宣怀的信中,对服阙在家,表示身体精神"早衰至此,徒呼负负",亦有复出之意,盛则以"自验生平事愈繁则精神愈出,稍图安逸,便觉病生"劝其早日复出。盛宣怀还将朝廷政局变化、北洋军师建设等情况告知王,"此宣怀所知近事也"①。可见此事件中,王文韶虽丁忧在籍但时刻观察朝廷动向,盛宣怀则完全充当了其在朝廷中的耳目,打探各方消息。王文韶此后先后任职湖南巡抚、云贵总督,远离朝廷核心,而盛宣怀身处李鸿章幕府,可以接触到各方消息,则成为其在中央的重要消息来源之一。1888年4月,李鸿章在因巡海受风寒卧病半月,到11月奏请请假二十天后,又再次请假一个月。李鸿章作为当时的朝廷重臣,一举一动对当时的政治局势影响深远。王文韶致电盛宣怀对此进行询问,"合肥(李鸿章)病状何似,大局所系悬念甚深",要求盛宣怀"便中乞密示大概"。②

甲午战争中,盛宣怀向王文韶及时通报中日战争的具体情况。③ 中日所订条约,成为当时朝野的一大问题,中日双方的谈判"似有成说",盛宣怀是李鸿章的亲信,王文韶在信中要求盛宣怀"今日如得确电,仍希速示",对于条约的签订是迫不得已,万般无奈,"火烧眉毛且图眼下,明知非计,然舍此又有何策也"④。清政府让王文韶与刘坤一根据军队情况决定是否合战,盛宣怀对淮系知根知底,给王文韶出谋划策。王文韶给盛宣怀写信道:"早间奉电旨,以和战二事命岘帅与兄体察各路军情,切实具复。"盛宣怀对此直言:"此政府欲将一难题目架在师与岘帅身上。惟岘帅廿二日电奏,有'各军枪械略齐,兵勇锐气可用'等语。

---

① 吴伦霓霞、王尔敏:《盛宣怀实业函电稿》,香港中文大学中国文化研究所、台湾"中研院"近代史研究所1993年版,第60页。

② 参见王尔敏、陈善伟:《近代名人手札真迹　盛宣怀珍藏书牍初编》,香港中文大学出版社1987年版,第3642～3643页。

③ 参见王尔敏、吴伦霓霞:《清季外交因应函电资料》,香港中文大学中国文化研究所、台湾"中研院"近代史研究所1993年版,第180～189页。

④ 王尔敏、陈善伟:《近代名人手札真迹　盛宣怀珍藏书牍初编》,香港中文大学出版社1987年版,第3665页。

此次颇难自圆其说。""唐山会议一节,关系非轻。想岘帅措词较难。适间岘帅来电约明日赴唐山唔商,当即乘早车前往也。"盛宣怀对淮系熟悉,在复信中回道:"宋、聂、曹三枝,训练未久,恐难当此劲旅。""器械则枪不及快炮之远,我军炮太少。"王文韶初四回到天津后,盛宣怀再次写信:"如我废约再战,俄与法、德转作壁上观。目前我之兵力断不足拒之,一经逾限,克期水陆并进,京城不为我有。城下之盟必更烈于马关。"①

戊戌变法失败后,张之洞在政变发生后致电瞿廷韶要求找王文韶和裕禄搭救杨锐,王文韶对此表示同情,但并未流露搭救之意,"(瞿廷韶)初十见夔帅(即王文韶),备陈杨冤。帅云深知,公论俱同,惟现在派审,必俟审后方可设法"②。张之洞随后致电盛宣怀,要求其转请王文韶,援救杨锐,盛宣怀对此照办,发挥了一定的作用。从这里面笔者推测应是王文韶采纳了盛宣怀的要求。

义和团时期,拳民破坏玻璃河至涿州段的铁路,并烧毁车站和洋房,盛致电王文韶,要求其与荣禄商议,派兵镇压保护芦保铁路。③ 后盛氏再次致电王文韶、荣禄、裕禄等人,针对义和团拳民破坏铁路,提出派兵保护,否则"数百公里近京铁路全毁,不仅于国家威望有损,而且筹款修复也难"④。

对于在京津地区蔓延开的义和团,盛宣怀直接点明清政府对义和团的态度,"匪不难平,难在朝廷转移成见",当时的祸端不在于义和拳,而在于列强借此挑衅,"匪不足患,患在各国并力起衅"。对于外交局势,盛宣怀在信中直接指出"中国兵力饷力,且不能与一国斗,而况与数大国斗乎",对于拳民的战斗力,他也认为拳民连中国军队都战胜不了,更不可能与外国军队作战。他在五月初九日上奏要求镇压义和团后,"本拟潜伏不再开口",见于"祸在眉睫,不得已儗四端",还转述了赫德的电文"大局危亡,即在旦夕",要求政府在外国发兵挑衅之前火速处理。对于王文韶一贯油滑沉默的行径,"天下人皆知中堂默不一言",劝告其"危急之秋似不可不言",认为禀明实情是职责所在,"言不言在完我

① 陈旭麓:《盛宣怀档案资料选辑 甲午中日战争》,上海人民出版社1982年版,第433～435页。

② 《张之洞存各处来电原件》第14函,中国社会科学院近代史所藏档号:甲182－385/14,转引自茅海建:《"张之洞档案"阅读笔记之二》,《中华文史论丛》2010年第4期。

③ 参见王尔敏、吴伦霓霞:《清季外交因应函电资料》,香港中文大学中国文化研究所、台湾"中研院"近代史研究所印刷1993年版,第374页。

④ 王尔敏、陈善伟:《近代名人手札真迹 盛宣怀珍藏书牍初编》,香港中文大学出版社1987年版,第379页。

臣职,听不听在付之天数而”。[①] 可见,盛宣怀在危亡之际,竭力说服王文韶上奏劝说慈禧等人转变态度。时人记载王文韶“为人透亮圆到,以其遇事不持己见,故有琉璃球之号”[②],在遇到朝政的争端时往往沉默或顾左右而言他,他的这一表现为当时人所熟知,但正是在盛宣怀的建议下,王文韶冒险向慈禧进言,结果险些被杀。[③]

1908 年王文韶去世后,王氏家族与盛氏家族的关系并未断绝。1910 年 10 月,盛宣怀在上海建成愚斋图书馆,王文韶的子孙捐献了王氏家族部分藏书。愚斋图书馆中有王文韶的藏书三百多种,其中很多是皇帝赏赐的内府藏书,颇为珍贵。[④]

王文韶和盛宣怀在宦海的交际,不仅影响了各自的仕途和人生,“因人成事”,而且他们也是晚清中国一系列大事件中的重要人物,在一定程度上也影响了中国近代历史的轨迹。

---

① 参见王尔敏、陈善伟:《近代名人手札真迹 盛宣怀珍藏书牍初编》,香港中文大学出版社 1987 年版,第 332～333 页。

② 辜鸿铭、孟森:《清代野史》第 2 卷,巴蜀书社 1998 年版,第 817 页;(清)赵尔巽:《清史稿》,中华书局 1977 年版,第 2376 页。

③ 参见中国史学会编:《中国近代史资料丛刊义和团》(1),上海人民出版社 1957 年版,第 14 页。

④ 参见吴平:《盛宣怀与愚斋藏书》,《图书馆杂志》2001 年第 3 期。

中国现代期刊与美育思潮的流变*

陆晓芳**

【摘要】20 世纪上半叶中国美育的发展流变，与现代期刊的传播倡导密切相关。自 1901 年蔡元培将“美育”概念引入现代中国后，《教育世界》《教育杂志》《东方杂志》等综合教育期刊就对其大力推介和探讨。着眼于情感教育，侧重其社会功能，成为当时美育思潮的突出特征。五四运动之后，以两种《美育》期刊为代表的艺术教育期刊勃发繁荣，刊发了大量专业艺术类文章，推动了美育的实践转向，“艺术教育”基本成为美育的代名词。20 世纪 30 年代末期至中华人民共和国建立，与美育相关的文章散见于《中学生》《文学杂志》等各类期刊上，对前期的思想做了综合深化，“人生的艺术化”成为中国现代美育思潮中具有广泛影响的重要理论命题。

【关键词】现代期刊；现代美育；情感教育；艺术教育；“人生的艺术化”

20 世纪上半叶，中国出版业迅猛发展，现代期刊的创办、编辑和发行逐步呈现繁荣景象。作为思想言说的一种重要载体，期刊记录了时代思潮的演变轨迹，中国现代美育思潮的发展流变，就与现代期刊的传播倡导密切相关。

中国现代美育思潮经历了从情感教育到艺术教育，再到人生艺术化的发展历程，仔细观察其与期刊的互动历史，我们能发现这样一条脉络：在现代美育思想的传播中，20 世纪初《教育世界》《教育杂志》《东方杂志》等综合教育期刊着力宣扬推介；20 世纪二三十年代随着艺术教育的兴起，以两种《美育》期刊为代表

* 国家社会科学基金重大项目“当代中国美育话语体系构建研究”(16ZDA110)研究成果。

** 陆晓芳，《山东社会科学》杂志社副编审。

的艺术教育期刊成为宣传主力军；20 世纪 30 年代末期至中华人民共和国建立，除上述期刊之外，《中学生》《文学杂志》等具有广泛影响力的其他类型期刊也宣传美育，对前期理论和实践成果进行综合深化。本文拟在这一脉络的基础上，全面审视中国现代期刊与现代美育发展的互动关系，以期为中国新时代美育与期刊的共同发展提供历史参照。

一、综合教育期刊的宣扬与现代美育的中国化初创

1901 年 5 月，中国最早的综合教育期刊《教育世界》在上海创刊，为半月刊，至 1908 年 1 月停刊，从未间断，共出版 166 号(期)。创办者及前期主编为罗振玉，自 69 号始改由王国维主编。

教育包含美育，这是王国维在编辑《教育世界》时特别强调的。为此，他在《论教育之宗旨》一文中提出，教育的宗旨是在使人成为完全之人物，“完全之人物不可不备真美善之三德，欲达此理想，于是教育之事起。教育之事亦分为三部：智育、德育(即意育)、美育(即情育)是也”[①]。王国维早年曾对德国古典美学做过专门研究，席勒、康德等哲人将人之精神世界分为理智、意志与情感三个方面，并以求真、求善、求美作为对应的理念，科学、道德以及审美得以划分各自领域。王国维将其应用到教育领域，强调只有智育、德育和美育三者完备的教育才能够在精神上培育完全的人，他着重指出：“德育与智育之必要，人人知之，至于美育有不得不一言者。盖人心之动，无不束缚于一己之利害；独美之为物，使人忘一己之利害而入高尚纯洁之域，此最纯粹之快乐也。……要之，美育者一面使人之感情发达，以达完美之域；一面又为德育与智育之手段，此又教育者所不可不留意也。”[②]王国维指出，审美是无利害的、纯粹的精神状态，有迥异于理智和意志的作用；同时作为情感教育的美育，又能促进情感完善，为理智与意志的发展助力。此论简明扼要，从美的本质角度揭示了审美活动的特征以及美育与德育、智育的关系。

为了使西方现代美育思想融入中国语境，王国维还试图将其与中国传统美育加以联系。他匿名发表的《孔子之美育主义》一文，先是引用康德、叔本华等德国哲学家关于美的理论，更详尽地解释了美的无利害之特质，转而以这种理

---

① 王国维：《论教育之宗旨》，《教育世界》1903 年第 56 号。

② 王国维：《论教育之宗旨》，《教育世界》1903 年第 56 号。

论来观照孔子以来的中国美育传统之变迁。[①] 他声称:"今转而观我孔子之学说。其审美学上之理论虽不可得而知,然其教人也,则始于美育,终于美育。"[②]文中引《论语》中谈诗、论乐的语句,说明孔子在诗歌、音乐等艺术门类上修养颇深;又称"且孔子之教人,于诗乐外,尤使人玩天然之美"[③],引孔子与弟子言志独赞曾点的典故,说明孔子对自然之美亦有所领悟并重视审美教育。然而,由孔子开创的中国美育却在后代迂儒"玩物丧志"的诋毁中逐渐衰退,导致现代中国人审美趣味的匮乏。王国维由此感慨:"呜呼! 我中国非美术之国也! 一切学业,以利用之大宗旨贯注之。治一学,必质其有用与否;为一事,必问其有益与否。美之为物,为世人所不顾久矣!"[④]概而言之,为了推动美育在现代中国的发展,王国维可谓用心良苦:他不仅多次撰文阐述美育之价值、功用,而且考据圣人孔子言行以证明美育在中国古已有之。作为现代教育期刊的编辑者和教育家,王国维在中国现代美育发展史上功不可没。

王国维之所以提倡美育,是因为他对当时中国社会现实有着深刻认识,认为:"自国家之方面言之,必其政治之不修也,教育之不溥及也;自国民之方面言之,必其苦痛及空虚之感深于他国民,而除鸦片外别无所以慰藉之术也。"[⑤]政治黑暗、教育落后,是晚清社会的典型特征,在这样压抑的氛围里,许多国民的精神状态也陷入痛苦和空虚之中,以吸食鸦片作为麻痹自我的方式。很显然,这种自我麻痹是病态的、颓废的,说明人的情感世界出现了问题。"感情上之疾病,非以感情治之不可。必使其闲暇之时心有所寄,而后能得以自遣。夫人之心力,不寄于此则寄于彼;不寄于高尚之嗜好,则卑劣之嗜好所不能免矣。"[⑥]凡人皆有欲望,皆求快乐,于是嗜好由此产生,但嗜好有优劣之分,鸦片可以麻醉人的精神,使人获得暂时的快感,却无益于身心健康,唯有文艺的审美享受才能提升精神的境界,完善人格的养成。王国维在这里谈文艺、谈美育,就是将文艺的审美价值作为一种替代品,替代以鸦片为象征的一切低俗、有毒的趣味和嗜好,这既于国民自身素质提高有益,对政治的修明、社会的改良更是一剂良药。他说:"其道安在? 则宗教与美术二者是。前者适于下流社会,后者适于上等社

① 该文发表时未署名,据佛雏先生考订,为王国维所作。参见佛雏校辑:《王国维哲学美学论文辑佚》,华东师范大学出版社 1993 年版。

② 王国维:《孔子之美育主义》,《教育世界》1904 年第 69 号。

③ 王国维:《孔子之美育主义》,《教育世界》1904 年第 69 号。

④ 王国维:《孔子之美育主义》,《教育世界》1904 年第 69 号。

⑤ 王国维:《去毒篇》,《王国维文集》第 3 卷,中国文史出版社 1997 年版,第 23 页。

⑥ 王国维:《去毒篇》,《王国维文集》第 3 卷,中国文史出版社 1997 年版,第 24 页。

会;前者所以鼓国民之希望,后者所以供国民之慰藉。兹二者,尤我国今日所最缺乏,亦其所最需要者也。”①在这里,王国维将宗教与“美术”相并列,又对它们适用的不同社会形态和功效进行了区别。所谓“美术”,实则就是美育。他把美育放在整个社会发展的框架之中来谈论,说明在他心中,美育肩负着改良社会、改造国民的时代使命。

1909 年 2 月创刊、1948 年 12 月停刊的《教育杂志》是中国 20 世纪上半叶发行时间最长、影响最大的教育期刊,其主编为近代著名出版家、教育家陆费逵。陆费逵是民国初年教育改革的先行者,他在 1912 年 1 月 10 日的《教育杂志》上刊发《敬告民国教育总长》《民国普通学制议》等文,直接向时为民国教育总长的蔡元培提出了自己关于教育改革的意见,受到后者及教育界的普遍关注。不久,蔡元培发表《对于教育方针之意见》以作回应,文中提出“教育家欲由现象世界而引以达于实体世界之观念,不可不用美感之教育”②,将美育作为世界观培养的重要方式,并且初步将美育与宗教加以联系,为他后来提倡“以美育代宗教”奠定了基础。陆费逵与蔡元培本为好友,二人的思想观念也颇为相近。蔡元培倡导美育,《教育杂志》亦大加宣扬,刊发了不少重量级文章,如余箴的《美育论》刊于 1913 年 6 月第 5 卷第 6 号,蔡元培的《普通教育和职业教育》刊于 1921 年 1、2 月第 13 卷第 1、2 号,李石岑的《美育之原理》刊于 1922 年 1 月第 14 卷第 1 号,蔡元培的《美育实施的方法》和既澄的《小学校中之美育》刊于 1922 年 6 月第 14 卷第 6 号,黄公觉的《嘉木氏之美育论》刊于 1922 年 9 月第 14 卷第 9 号,吕瀓的《艺术和美育》刊于 1922 年 10 月第 14 卷第 10 号,等等。另外,陆费逵创办的另一份教育期刊《中华教育界》也同样刊载了不少有关美育的文章。尽管陆费逵本人并非美育家,但是作为几种教育期刊的主编,他为中国美育的本土化初创提供了重要的宣传阵地。

蔡元培因回应陆费逵关于教育改革的意见而引发深入思考,提出了“以美育代宗教”说,他此后陆续发表了《以美育代宗教说》《以美育代宗教》《美育代宗教》等题目极为相似而时间跨度长达十余年的演说和论文,可见他对这一学说的重视与坚持。但因忙于各种社会事务,他始终未著书加以系统论述,散篇文章难以尽其意,但我们可结合当时的历史背景来理解一二。

首先,从“以美育代宗教”说自身的内在理路上来看,蔡元培认为作为情感

① 王国维:《去毒篇》,《王国维文集》第 3 卷,中国文史出版社 1997 年版,第 24 页。

② 蔡元培:《对于教育方针之意见》,《东方杂志》1912 年第 8 卷第 10 号。

教育的美育可以代替宗教在此方面的功能。蔡元培与王国维等人一样，在美育问题上受到德国古典美学的影响，把人的精神世界分为知识、意志、感情三个领域，但他同时认为“最早之宗教，常兼此三作用而有之”[①]，肯定了在人类社会发展早期宗教对人类精神生活的意义。随着人类文明的进步，科学逐渐发达，自然知识和道德原则都可以由人类自己掌握，因此知识、意志都无需外求于宗教，但是感情一途尚未能脱离宗教而独立，其原因在于宗教对感情有“激刺”的作用。然而，宗教所“激刺”的情感易有排异现象，如基督教与伊斯兰教之间的冲突。只有美育在情感教育上是具有普遍性的，众人皆可以通过对美的事物的欣赏而获得超脱功利的情感满足，而不会相互攻讦、彼此排斥。蔡元培将这种情感教育方式称为“陶养”，认为“鉴激刺情感之弊，而专尚陶养情感之术，则莫如舍宗教而易以纯粹之美育。纯粹之美育，所以陶养吾人之感情，使有高尚纯洁之习惯，而使我之见、利己损人之思念，以渐消沮者也”[②]。

其次，从“以美育代宗教”说提出的历史背景来看，蔡元培倡此学说有其现实观照和政治意图。蔡元培早年即投身推翻清朝的革命活动，其一生以民主共和为念，怀抱教育救国之宗旨，锐意求新，与保守派格格不入。提倡“以美育代宗教”实质上是蔡元培配合新文化运动主潮，反对保守派旧思想、旧观念的一项举措。他言道：“一部分之沿习旧思想者……以孔子为我国之基督，遂欲组织孔教，奔走呼号，视为今日重要问题。”[③]其中所指“组织孔教”者，是以康有为等为首的保皇党，他们虽然已经处在共和时代却仍然想着清廷复辟，满脑子还是封建忠君的旧思想。组织孔教，即是模仿基督教的形式，意图将儒学宗教化、神圣化，达到钳制国民思想与情感的目的。这种逆历史潮流而动的思想倾向和社会动向，自然为蔡元培所深恶痛绝。他批评宗教，实质上也是批判保守派借孔教之名蛊惑人心、为其复辟倒退的野心来张目；他提倡美育，实质上是与新文化运动所提出的科学和民主的口号遥相呼应，一起为推动新思想、新观念深入人心而摇旗呐喊。由此观之，“以美育代宗教”说绝非坐而论道，而是紧扣时代脉搏，言有所发，意有所指。时隔多年，蔡元培更为简明扼要地重申：“然则保留宗教，以当美育，可行么？我说不可。一、美育是自由的，而宗教是强制的；二、美育是进步的，而宗教是保守的；三、美育是普及的，而宗教是有界的。”[④]由此可见，与

---

① 蔡元培：《以美育代宗教说——在北京神州学会演说词》，《新青年》1917年第3卷第6号。

② 蔡元培：《以美育代宗教说——在北京神州学会演说词》，《新青年》1917年第3卷第6号。

③ 蔡元培：《以美育代宗教说——在北京神州学会演说词》，《新青年》1917年第3卷第6号。

④ 蔡元培：《以美育代宗教》，《现代学生》1930年第1卷第3期。

其说蔡元培在意的是美育与宗教之争，不如说他在意的是自由与强制、进步与保守、普及与有界之争。

二、艺术教育期刊的勃兴与现代美育的实践转向

中国第一本以《美育》为题的期刊诞生于1920年4月，主编为吴梦非。作为中华美育会的会刊，它集结了众多艺术工作者参与撰稿、编辑，成为中国现代美育史上第一本以艺术教育为核心内容的期刊。称其为艺术教育期刊而不直称美育期刊，原因有两点：第一，《美育》期刊的编辑与作者虽然大多为学校教师，但尚不具有蔡元培、陆费逵等教育家的资历，他们更为显著的身份特征是各种艺术门类的专业人士，如吴梦非是音乐家，欧阳予倩是戏剧家，丰子恺是漫画家，等等。这种身份特征直接影响了他们对美育问题理解的视角，即他们往往并不着意于美育的哲学观念，而是关注从具体的艺术表现方式着手进行的理论探索和创作实践，以及由此延伸出的教育理念。在创刊号发表的《本志宣言》中，编辑者们就明确了这一思路，声称"本志是我国美育界同志公开的言论机关。亦就是鼓吹艺术教育，改造枯寂的学校和社会，使各人都能够得到美的享乐之一种利器"[①]，明确将美育等同于艺术教育。第二，从《美育》期刊发表的文章来看，绝大多数与艺术直接相关，除介绍艺术知识和探讨艺术理论之外，有近乎一半的文章涉及图画、音乐、手工等具体艺术门类，讨论的内容则是关于较为细致的教学实践及革新问题。尽管有零星几篇与美育理论贴近的文章，如第1期吴梦非的《美育是什么?》、吕瀓的《说美意识的性质》等，可视为对前期美育思想的深化，但从内容比重上看仍以艺术教育为主导。《美育》期刊共出版了7期，在20年代初期接续了综合教育期刊在美育领域的影响，标志着美育转向了具体的艺术教育实践。

1928年1月，李金发主编的另一本以《美育》为题的期刊创办，以不定期的方式发行了4期(1928年12月第2期、1929年10月第3期、1937年1月第4期)。与吴梦非主编的《美育》不同，李金发主编的《美育》参与编辑者极少，几乎由他一人撰写、翻译和编选；但二者相似的是，都以艺术教育为主题。或因时代的发展，也或因李金发本人所涉猎的艺术门类较为繁杂，这本《美育》在"艺术"这一框架下增添了更丰富的内容，不仅译介了大量的欧美艺术评论文章，刊载小说和诗歌，还刊登了大量关于雕刻、绘画、建筑、舞蹈、电影等的图画、照片，显

---

① 《本志宣言》，《美育》(吴梦非主编)1920年第1期。

示了其多样性和灵活性。

以上述两种《美育》期刊为标志,20 世纪二三十年代迎来了艺术教育期刊大发展、大繁荣的时期,刘晨在考察民国时期艺术教育期刊发展的时间线索时,将 1919～1926 年划分为"新兴勃发期",将 1927～1936 年划分为"增长繁荣期",大致与吴梦非主编《美育》创刊到李金发主编《美育》停刊的时间节点相符,可资参考。[①] 推动现代美育步入艺术教育阶段。除两种《美育》期刊之外,蓬勃发展的各类艺术专业期刊也发挥了重大作用,促进了美育的具体化、实践化,如《音乐杂志》1920 年 6 月第 1 卷第 4 号上发表的杨昭恕的《论音乐感人之理》,就从音乐何以感人的角度谈论美育问题。这一阶段与前期的"情感教育"既有关联,也有流变,显示出自身的特点。

首先,从艺术为人生到为艺术而艺术。1919 年成立的中华美育会实为响应五四新文化运动而由众多艺术工作者自发组织形成,故而他们所推动的艺术教育运动也自觉地追随新文化运动的脚步,以期融入时代大潮。在吴梦非主编的《美育》发刊词《本志宣言》中,编者说:

> 我国人最缺乏的就是"美的思想",所以对于"艺术"的观念,也非常的薄弱。现在因为新文化运动的呼声,一天高似一天,所以这个"艺术"问题,亦慢慢儿有人来研究他,并且也有人来解决他了。我们美育界的同志,就想趁这个时机,用"艺术教育"来建设一个"新人生观",并且想救济一般烦闷的青年,改革主智的教育,还要希望用美来代替神秘主义的宗教。[②]

这段宣言不仅清楚地表达了《美育》创刊与新文化运动之间的呼应关系,而且把建设"新人生观"、救济"烦闷的青年"当作目标,这简直与《新青年》的主旨一般无二,特别是如末句所示,蔡元培"以美育代宗教"的思想因子也被融入其中。《美育》1920 年 6 月第 3 期刊载的周玲荪《新文化运动和美育》一文,更直接承续蔡元培"文化运动不要忘了美育"的号召,开篇即提出:

> 从去年五四学潮以来,新文化运动的呼声一天高一天了,各种新出版物也一天多一天了。这确是我们中华民国一件极可喜可贺的事。不过兄弟以为大家既在提创新文化运动,那么对于美育一方面,最好亦要提创提创。[③]

---

① 参见刘晨:《民国时期艺术教育期刊与艺术教育发展》,团结出版社 2010 年版,第 22～24 页。

② 《本志宣言》,《美育》(吴梦非主编)1920 年第 1 期。

③ 周玲荪:《新文化运动和美育》,《美育》(吴梦非主编)1920 年第 3 期。

如果说吴梦非主编的《美育》因诞生于五四时期而在宗旨上与新文化运动主动合流，在视线上由较为抽象的情感教育转移到更为具体的艺术教育上，那么随着历史语境的变化，李金发主编的《美育》所表现出来的思想观念就迥异于前了。此本《美育》刊行之时正值北伐成功而抗战尚未全面爆发，社会局势相对稳定，对艺术教育的发展较为有利；同时，作为主编的李金发早年留学法国，在欧洲艺术之都学习雕塑并涉足象征主义诗歌，至1925年回国，未曾亲身参与新文化运动。受上述历史环境和个人经历的影响，李金发对20世纪初期启蒙教育家的思想观念不以为然，所以尽管他颇受蔡元培的照拂与提携，但是在美育观念上却与之大异其趣。在《美育》创刊号《编辑后的话》中，他宣称："这个杂志，吾绝不敢希望在吾国文化上，有什么影响；亦不敢望美育将来会代替宗教。但若读者读了，能觉到人生尚到处是美，尚有一息可以留恋，而来同我们共同研究，则是欣幸的。"①即明确不提倡"以美育代宗教"，而指向纯粹之美。创刊号首篇署名"华林"的文章又进而提出："艺术是不顾虑道德，也与社会不是共同的世界。艺术上唯一目的，就是创造美；艺术家唯一工作，就是忠实表现自己的世界。所以他的美的世界，是创造在艺术上，不是建设在社会上。"②即提倡为艺术而艺术，以纯粹的、非功利的审美眼光来看待艺术。由于深受欧美艺术的熏陶，李金发对中国守旧的、缺乏艺术审美能力的社会现状不遗余力地进行批判："常常在中国最高级之社交与生活中，亦可发现可怕的丑恶，虽西洋最平庸之人，亦不会做到的。这是因为民族太少审美性的缘故。这个社会，若不'美育'之，是罕有文明可言的。"③措辞虽然过激，但也能见其倡导美育、改良社会的初心。

其次，从"以美育代宗教"到以美育合宗教。虽然蔡元培的"以美育代宗教"说在20世纪前期影响甚大，但不可否认的是，宗教对艺术的影响无论古今中外都是极为深刻的，在古代中国，佛教之于艺术的影响更是无可比拟的。就如蔡元培在指责宗教之偏狭性方面，也主要以基督教、伊斯兰教为例，暗指保守派以孔子比附基督，但是谈及佛教，也称其"圆通，非他教所能及"④。佛教旨在解脱人生苦厄，宣扬众生平等，并无强烈的排他性，且不干涉世俗事务，恰与超脱的、无利害的美育相近。唐宋以降，源自印度的佛教逐渐中国化，形成了以禅宗为主的流派，极大地影响了中国艺术的品格和追求，形成了以意境为重要美学特

---

① 李金发：《编辑后的话》，《美育》（李金发主编）1928年第1期。

② 华林：《烈火——生命的燃烧》，《美育》（李金发主编）1928年第1期。

③ 李金发：《中国宝贝》，《美育》（李金发主编）1928年第1期。

④ 蔡元培：《以美育代宗教说——在北京神州学会演说词》，《新青年》1917年第3卷第6号。

征的传统，体现于文学、绘画、雕塑、音乐等各种艺术门类之中。在 20 世纪中西艺术观念、艺术手法及审美体验的相互碰撞中，这种带有禅宗意味的本土艺术传统并未像技术和制度那样发生剧变，而是呈现出中西相互借鉴、相互融合的样貌。因此，这一时期兼有艺术家身份的美育工作者，往往更为关心艺术与宗教相合之处，丰子恺是其中最具代表性的人物。

丰子恺是吴梦非的同学，也是其主编《美育》的创办人和编辑者之一，在文学、美术、音乐上都有很深的造诣。他早年受教于李叔同(弘一法师)，不仅接受了初步的音乐与绘画教育，而且同老师一样皈依佛门。他在谈及李叔同何以出家时，提出了“人生三层楼”的观点：“我以为人的生活，可以分作三层：一是物质生活，二是精神生活，三是灵魂生活。物质生活就是衣食。精神生活就是学术文艺。灵魂生活就是宗教。”①可见他把宗教看作高于文艺的精神追求。从他个人经历来看，虽推崇李叔同排除一切时间虚幻而专注灵魂探索的宗教徒生活方式，但自身还徘徊在第二层楼上，只是力求艺术与宗教相契合的精神境界。受这种人生境界观的影响，丰子恺特别重视童心、童趣，认为儿童的心理是纯真而未被成人世界利害关系所浸染的，也就最接近于纯粹的灵魂生活境界。于是，如何让儿童保持这种纯真的天性，而不因长大成人遭受压抑，就成为其艺术教育的根本出发点。他认为，艺术的作用就是为人生提供慰藉和享乐的方法，使人们从天性受压抑的苦闷中解脱出来，这样就可以艺术地生活。

三、期刊载体的多样化与“人生的艺术化”

20 世纪二三十年代，中国现代美育的重大理论和实践问题皆已涉及探讨，因此，自 30 年代末期始美育思潮展现出一种综合深化的趋势。从期刊角度来看，美育思想的传播载体更加多样化，相关文章散见于各种类型的期刊之中，其中叶圣陶主编的《中学生》和朱光潜主编的《文学杂志》尤为突出。

朱光潜留学欧洲期间，为开明书店的《一般》杂志撰写书信体文章，内容是对青年所面临的人生境况做一番指导，由于文笔流畅、风格亲切自然，受到读者广泛欢迎。后来这些书信结集成《给青年的十二封信》出版，其中不乏有关美育之作，其人生艺术化思想在此时初步形成。1932 年，朱光潜又出版了《谈美》一书，称之为“给青年的第十三封信”。在《谈美》中，朱光潜系统地阐述了人生艺

① 丰子恺：《我与弘一法师——卅七年十一月廿八日在厦门佛学会讲》，《京沪周刊》1948 年第 2 卷第 49 期。

术化思想，而《谈美》中的一些著名篇章都发表在《中学生》杂志上，如《“子非鱼，安知鱼之乐?”：宇宙的人情化》(第 26 期)、《希腊女神的雕像和血色鲜丽的英国姑娘：美感与快感》(第 27 期)等。此外，《中学生》杂志还发表了朱光潜的《丰子恺先生的人品与画品：为嘉定子恺画展作》(第 66 期)、《给青年朋友们谈文艺的甘苦》(第 56 期)、《谈读诗与趣味的培养》(第 61 期)等。通过《中学生》杂志的传播，朱光潜的人生艺术化思想得到了更为广泛的关注。1935 年，朱光潜回国后任职北大，并与当时“京派”文人如周作人、沈从文、俞平伯等交往密切。1937 年 5 月，由朱光潜担任主编的《文学杂志》月刊创办，成为当时广受欢迎、发行量最大的文艺期刊。这与朱光潜所倡导和坚持的兼容并蓄编辑原则紧密相关，他在稿件选择上反对宗派主义，只求质量上乘，杂志虽由“京派”文人发起，但是绝不因此自设藩篱、排斥异己，如左翼作家萧军的长篇小说也能够在杂志上发表，并且受到朱光潜的好评和推介。编辑工作虽然不能直接反映朱光潜的美育思想，但是能折射出他思考问题的态度：对单一的、专制的事物表现出强烈的反感；对多样性、自由的事物与样态极为推崇。在《文学杂志》上，朱光潜发表了《诗的难与易》(第 2 卷第 1 期)、《看戏与演戏——两种人生理想》(第 2 卷第 2 期)、《生命》(第 2 卷第 3 期)等文章，进一步拓展了其人生艺术化思想的理论深度。

在美育问题上，朱光潜继承且综合了前两代美育家的思想观念，他既把美育视为情感教育，这与他留学欧洲并专门研究过席勒、康德和黑格尔等德国古典美学家的经历有关，对知、意、情和真、善、美等精神领域问题的把握更为系统；同时，他又把美育视为艺术教育，认为艺术作品是美在客体事物中最集中的体现，艺术创作和艺术欣赏是培养人们审美意识、升华心灵境界的最佳途径。综合情感与艺术，以“审美”的方式联结主体和客体，这与他后来提出的“美是主客观统一”说一脉相承。

在情感教育方面，朱光潜认为：“教育的功用就在顺应人类求知、想好、爱美的天性，使一个人在这三方面得到最大限度的调和的发展，以达到完美的生活。”[①]朱光潜曾对自己的人生做过规划，一是从事学术研究，二是进行教育活动，所以他的美育思想是在对教育整体思考的基础上提出来的。他把“求知、想好、爱美”三者作为人的天性，而教育就是要“尽性”，全面满足人性发展的自然需求，所以在美育之外，他既重视德育，也重视智育，同时也重视美育。朱光潜

① 《朱光潜全集》第 4 卷，安徽教育出版社 1987 年版，第 143 页。

的这种培养健全人格的教育思想与早期教育家的思路是一致的，都是谋求人的全面发展，把美育视为教育的重要方面。朱光潜强调美育的重要性，是因为他敏锐地发现，民国教育改革已经过去二十多年了，虽然蔡元培等人大力提倡，但美育在整个教育体系中的地位仍然不高。他分析后认为，美育作为审美的需求并不像体育、智育那样能够直接带来身体和物质的福祉，也不如德育可以通过道德规范协调人际关系，美感的培育需要超脱实用目的和利害关系，所以才被功利性观念主导的教育所排挤。但是如果要使人的天性全面发展，美育是不可忽视的，它与德智体的教育应当处在平等地位。同时，朱光潜还特别看重美育和德育的关系，认为美育能够激发人的道德感，有利于养成高尚的道德品格。在他看来，儒家"认定美育为德育的必由之径。道德并非陈腐条文的遵守，而是至性真情的流露。所以德育从根本做起，必须怡情养性。美感教育的功用就在怡情养性，所以是德育的基础工夫"①。如此一来，朱光潜就呼应了早期王国维在《孔子之美育主义》中将西方现代美育观移植于中国文化传统之中的意图，而且论说得更为圆通合理。

虽然从 20 世纪 20 年代开始，人生艺术化思想便开始涌动显现，但正式提出这一理论命题的公共体育，是朱光潜。三四十年代，朱光潜先后在《中学生》《文学杂志》等刊物上发表了多篇讨论艺术与人生关系问题的文章，再加上《谈美》所产生的巨大影响力，人生艺术化思想在美育领域蔓延开来，这是朱光潜对中国现代美育的重大贡献之一。

具体而言，朱光潜的人生艺术化思想，是从对"演戏"与"看戏"这两种人生态度的讨论入手的。在他看来，"演戏"与"看戏"是人生的两种基本方式，"这演与看的分别主要地在如何安顿自我上面见出。演戏要置身局中，时时把'我'抬出来，使我成为推动机器的枢纽，在这世界中产生变化，就在这产生变化上实现自我；看戏要置身局外，时时把'我'搁在旁边，始终维持一个观照者的地位，吸纳这世界中的一切变化，使它们在眼中成为可欣赏的图画，就在这变化图画的欣赏上面实现自我。因为有这个分别，演戏要热要动，看戏要冷要静"②。

从这一论断出发，朱光潜首先分析"看戏"的态度："凡是不能持冷静的客观的态度的人，毛病都在把'我'看得太大。他们从'我'这一副着色的望远镜里看世界，一切事物于是都失去他们本来的面目。所谓冷静的客观的态度，就是丢

① 《朱光潜全集》第 4 卷，安徽教育出版社 1987 年版，第 145～146 页。

② 朱光潜：《看戏与演戏——两种人生理想》，《文学杂志》1947 年第 2 卷第 2 期。

开这副望远镜,让'我'跳到圈子以外,不当作世界里有'我'而去看世界,还是把'我'与类似'我'的一切东西同样看待。这是文艺的观世法,这也是我所学得的观世法。"①在朱光潜看来,"看戏"本身强调的是一种无功利的"观照"态度,从"我"的小圈子里跳出来,用一种更为纯粹和超越的态度观照人生,"我不敢说它对于旁人怎样,这种超世观世的态度对于我却是一种救星。它帮助我忘去许多痛苦,容耐许多人所不能容耐的人和事,并且给过我许多生命力,使我勤勤恳恳地做人"②。正是从这种"文艺的观世法"出发,朱光潜对艺术的意义进行了界定,强调艺术的本真价值就在于确立这种超然"观世"态度:"诗的疆土是开发不尽的,因为宇宙生命时时刻刻在变动进展中,这种变动进展的过程中每一时每一境都是个别的,新鲜的,有趣的。所谓'诗',并无深文奥义,它只是在人生世相中见出某一点特别新鲜有趣而把它描绘出来。"③

如果说"看戏"是用一种无功利的态度来观照人生的话,那么"演戏"则是用无功利的超然态度投身人间。朱光潜写道:"我不在生活以外别求生活方法,不在生活以外别求生活目的。……你如果问我,人们应该如何生活才好呢?我说,就顺着自然所给的本性生活著,像草木虫鱼一样。你如果问我,人们生活在这幻变无常的世相中究竟为著什么?我说,生活就是为著生活,别无其他目的。"④在这里,朱光潜强调的是"无目的"的生活,认为人应顺应自然所赋予的本性,像草木虫鱼一样品味生活的本真滋味。从这个方面说,"演戏"与"看戏"一样,都是强调用一种超然无功利的态度来对待人生,从中品味情趣与滋味,这是人生艺术化精神的关键。进一步来说,这种情趣与滋味,其本质是一种充满旺盛活力的生命精神,对于生命的眷恋与回归,才是人生艺术化的内核。朱光潜曾这样描述生命:"生命是一个说故事的人,虽老是抱着那么陈腐的'母题'转,而每一顷刻中的故事却是新鲜的,自有意义的。这一顷刻中有了新鲜有意义的故事,这一顷刻中我们心满意足了,这一顷刻的生命便不能算是空虚。"⑤生命本身的流转就是人生意义的源泉,"看戏"与"演戏"之所以能带来无尽的人生情趣,就是由于人在"看"或"演"的过程中观照或体悟到了运转的生命本身,在这一顷刻之间人找到了栖息的原初家园。这是朱光潜人生艺术化思想的核心精

---

① 朱光潜:《给青年朋友们谈文艺的甘苦》,《中学生》1935 年第 56 期。

② 朱光潜:《给青年朋友们谈文艺的甘苦》,《中学生》1935 年第 56 期。

③ 朱光潜:《谈读诗与趣味的培养》,《中学生》1936 年第 61 期。

④ 朱光潜:《谈人生与我》,《一般》1928 年第 4 卷第 3 期。

⑤ 朱光潜:《生命》,《文学杂志》1947 年第 2 卷第 3 期。

神意涵。

谭好哲先生指出:“中国现代美育在其发展进程中,历史地确立下了艺术与人生的关系性理论框架,并且在这一框架内经历了从艺术为人生到人生艺术化的内在转型。”①作为知名美学家,朱光潜在美育问题上有着比前辈编辑更系统的研究和阐述,他统合初期教育家情感教育为人生的理念和之后艺术家艺术教育重艺术的精神,转化为其人生艺术化思想。由于朱光潜的理论贡献,“‘人生艺术化’就成为中国现代美育中一个具有广泛影响的重要命题”。

四、结　语

综上所述,我们将中国现代美育的历史进程大致分为三个阶段,即 20 世纪初开始在中西文化融汇中进行本土化初创,二三十年代转向偏重实践的艺术教育,30 年代末期至新中国成立进入综合深化阶段,每一阶段都有各自之核心命题,即情感教育、艺术教育和人生艺术化。同时,各阶段皆有其突出代表人物,也与期刊载体形成了呼应互动关系。不过,虽然有个大致的时间分期,但是我们更关注历史映照下的逻辑线索,而不是削足适履地强求其一一对应。因为从美育家的角度来说,他们并不只在某个时段发声,而是持续深化阐述自己的理论主张,比如蔡元培和他的“以艺术代宗教”说;从期刊角度来看,虽然有些期刊的兴衰颇与各自时代美育思潮相合,但很多期刊的影响几乎贯穿整个中国现代美育发展进程,如《教育杂志》。因此,中国现代美育思潮的流变并非简单的替代更迭,新思想蓬勃而兴汇入了 20 世纪上半叶美育思想的大潮中,它带来的新视角、新思路以及新生力量如同浪花一般涌出潮头,推动了美育发展的生生不息。

百年沧桑忆峥嵘,回望战火纷飞、百端待举的现代中国,几代美育家、编辑家们求新求变,倡导、构想、探索中国现代美育的发展之途,为今日之美育工作提供了宝贵经验。检视过往,瞩目当代,先驱者的志业尚未真正完成,发展新时代中国美育、培养国民健全之人格,仍需我辈继续努力。

---

① 谭好哲:《从艺术为人生到人生艺术化——中国现代美育价值追求的内在转型》,《中国文学批评》2020 年第 4 期。

古琴艺术的中国传统文化精神探析

许琳琳*

【摘要】古琴艺术在中国具有悠久的历史，在中国传统文化中占有举足轻重的地位。古琴艺术承载了中国传统的审美精神、文化源流和哲学思想，对当世的道德构建具有非常重要的意义。

【关键词】古琴艺术，中国传统，文化精神

一、引言

音乐是民族身份认同的重要标志，欣赏音乐可以使人们直观地了解一个民族的文化特质。我国也不例外，音乐在中国古代具有非常重要的地位。中国古代有着灿烂辉煌的音乐文化。上古时代，人们将音乐与巫术结合，用于宗教和祭祀活动，沟通天地神灵与祖先。此后，乐与礼的结合极大地推动了古代社会秩序的形成和稳定。与此同时，通过乐舞，古人追求与自然、神灵的沟通，获得了情感和灵魂上的满足。无论祭祀，还是劳作，乐都是先民生活中不可缺少的部分，并逐渐成为政治的中心、等级的象征、道德的表征和教育的核心，也是他们重要的生活方式之一。①

在我国古代的音乐体系中，古琴有着不可撼动的地位。琴的产生，可以追溯到上古时期，我国古代诸多典籍都有对先贤创制古琴的描述。《尚书·虞书·益稷》载，舜帝命夔典乐，“夔曰：戛击鸣球、抟拊、琴瑟以咏”。礼乐制度兴起

* 许琳琳，山东女子学院音乐学院讲师

① 夏静：《礼乐文化与中国早期形态研究》，中华书局2007年版，第62页。

后，琴以其独有的特质更多地受到精英阶层的青睐，逐渐成为“雅乐”的代表。此后，古琴常常被用以与《诗经》合奏，也因此内化了《诗经》浓厚的教化含义，在强调价值取向的礼乐文化中，成为具有信仰意义的“有道之器”。

中国的传统文化源远流长，古琴文化作为传统文化的一部分，与之相依而生，绵延三千余年。凭借其独有的韧性、丰富的精神内涵及人文品质，古琴文化对中国传统文化的形成、发展产生了深刻影响。古琴文化中所蕴含的中国传统哲学思想与文化，使得古琴音乐中的人文内涵超越了其作为音乐的艺术性，成为一种传统文化的象征和代表，彰显出独特的艺术特征、文化内涵与价值。

二、古琴艺术中蕴含的中国传统审美意蕴

由于长期受到儒家的伦理精神、道家的无为思想以及宗教的关怀现世等文化精神的影响，形成了中国传统文化精神的独特的风格特征。中国传统文化精神的审美意境是一种意与境高度结合的境界。所谓“意”，是指审美主体超脱于物质之外的情感和精神境界，而“境”则是外在客观存在的反映和再现。在中国传统文化精神中，意境强调内与外、心与物的完美结合。

在意境的范畴中，“意”源于主观方面，是“神”，“境”源于客观方面，是“形”。中国的传统文化精神历来追求“神”与“形”的和谐统一，即所谓“神形兼备”。要达到这一点，首先“形”的塑造要忠于客观存在，要与所表达的情感相契合；其次要追求神态气质上的相似，在艺术塑造的意境中通过客观形象反映主观情感。

中国传统文化精神中的另一个重要的审美意境就是虚实结合。虚与实的相互交融体现了艺术形象与意蕴的融合，建立在有限的形象和无限的意境对立统一的基础之上。李泽厚认为艺术中存在有限与无限、偶然与必然的问题。成功的艺术作品总能够在一些偶然的、有限的具体形象里传达出那必然的、无限广阔的内容来打动和感动人。①

此外，在中国传统文化中，动与静的完美结合也是艺术家们孜孜以求的审美境界。这里的动与静既包含具有实体形象的动静结合，也包含外在的动与内心的静的结合。实体的动静结合追求所塑造的形象有动有静，动中有静，静中有动。外在的动和内心的静的结合则强调内心的静的难得，因此追求动中有静，静由心生。

古琴演奏和欣赏强调的是音与意之间的关系，也只有音静才能向意静的阶

---

① 包慧琴：《溪山琴况》，《对中国钢琴曲演奏的启示》，《音乐创作》2010 年第 2 期。

段延展。受道家思想的影响，古人认为“大音希声”，认为真正至美的音乐是无声的，而古琴毕竟是有声的音乐，所以古琴音乐中的静，主要是在声中求静。古人认为，在心静的状态之下，能与自然万物合一，神游于宇宙太虚之中，顺应自然的规律，体会其中的意蕴。

文人画和书法在内心之静的方面都与古琴音乐有着相通之处。绘画和书法都属于无声的视觉艺术形式，讲究静由心生，在静心的状态之下，排除心中杂念，调动体内气息，进而挥洒自如。如果内心浮躁，下笔必然会受到心理的影响，笔触也达不到平稳的状态，所以运笔的流畅和韵律感，也让许多人称书法为“无声的音乐”。此外，在绘画、书法的创作之中，既要求精神上的集中，又强调过程中气势的随意，这两者之间的结合才使得作品兼具形与神，而这一创作过程首先要以静思为基础。

在古代，古琴被文人们用以修身养性。文人们用淡和、宁静的情态演奏和欣赏古琴，古琴以其缓和、虚静的艺术审美又反过来深化了文人们内心的平静、和谐，所以古琴艺术也成为文人生活中不可或缺的艺术形式。

“静而后能安，安而后能虑，虑而后能得。”[①]静在古代文人看来是一种修养，在静的状态中，才能以平常心去观照生活，去思考问题，去进行自省，才能使人意识到自身的不足，从而不断改善。

三、古琴艺术的中国传统文化意蕴

古琴的文化蕴涵，首先体现于它的基本结构。古琴反映了中国古典哲学的一些常识，反映了中国人基本的自然观和天地观。古琴由两块木板合在一起，上面是面板，下面是底板，一般上为桐木，下为梓木。面板有弧度，底板平整，象征“天圆地方”。一张典型的古琴，长三尺六寸五分(旧尺)，暗合一年 365 天。古琴正面外侧 13 个圆点为琴徽，由蚌壳、金、玉等制成，是取音标志，暗合 12 个月份加 1 个闰月。琴弦的数目也有讲究，相传尧舜禹时为 5 根弦，分别为宫、商、角、徵、羽，附会金、木、水、火、土五行，代表君、臣、民、事、物。文王、武王时，各加 1 弦变为 7 根，代表君、臣、民、事、物、文、武。琴有琴额，相当于人的脑门，然后依次为琴项、琴肩、琴身，最后是琴尾，整体象征人体。古琴上圆下方，有“天”有“地”，加上中间这个“人”，代表了天、地、人三才。而琴身所有的部位都有着非常美好的名字，比如琴额附近架弦的叫“岳山”，琴首有“凤舌”，琴尾有

---

① 王国轩译注:《大学中庸》,中华书局 2006 年版,第 3 页。

“龙龈”，琴底支撑的两个脚叫“雁足”，两个发音孔一为“龙池”、一为“凤沼”。这些都是我们祖先对客观世界规律性、典型性的认识在一张小小的琴上的反映。

除了古琴本身，古琴谱也具文化蕴涵。中国人很早就发明了古琴谱，传到今天大概有一百余部。7 世纪，唐代音乐家曹柔发明了减字谱，固定了音高，沿用至今。千百年来，古琴的基本形制没变，定弦法没变，弦长也没有变，今天我们按压琴弦某个位置所弹奏的某个声音的音高，与唐代的完全一样。古琴谱没有记录节奏，因此，古琴曲的节奏靠“打谱”——老师口传心授。训练有素的古琴家根据乐谱规定的音高，按照古琴音乐的规律、老师的传承，再加上自己的体会和灵感去“还原”谱上的音乐。在这种还原中，实际上已包含一定程度的再创造。“打谱”独具东方特色。当然，也有人因古琴谱不记节奏而认为其不够完备，转而羡慕西方的五线谱和简谱。但随着人们对中国优秀传统文化的深入了解，越来越多的人开始认为，“打谱”是人类音乐文化传承中具创造性、灵动自由、尊重演奏家个人价值的一种传承方式。“打谱”使每一位演奏家都成为音乐的创作者，主动地、有独创性地阐扬个人对音乐的独特理解，使“一成不变”的乐谱变成生生不息的音乐源泉。

从两汉开始，出现一些有名的琴家及名曲、名琴。比如蔡邕、蔡文姬父女，蔡邕留下了焦尾琴的典故，而蔡文姬留下了《胡笳十八拍》。魏晋南北朝时，已经涌现出很多著名的琴家。到了唐代，不但有曹柔发明的减字谱，而且出现了非常有名的斫琴家，如四川雷氏家族等，唐代名琴“九霄环佩”一直流传至今。

古琴有许多代表性曲目，都具有深厚的文化蕴涵。如《流水》，最早见于《列子・汤问》，以伯牙、子期的故事讲述知音难得。1977 年，美国发射“旅行者号”探测器，携带的旅行者金唱片刻录了人类主要语种的问候语以及代表人类文明的若干首音乐，其中就有古琴曲《流水》。中国的古琴是中国优秀传统文化的重要代表，于 2003 年被联合国教科文组织列入“人类非物质文化遗产代表作名录”，成为全人类共同享有、共同保护的珍贵文化遗产。

四、天人合一——古琴文化中的中国传统哲学意蕴

古琴音乐十分推崇清与淡，相关范畴如清和、淡和、疏淡等。在西洋音乐发展表现着音的繁复华丽组合时，中国的古琴返归于音乐之“寡”[①]；这个“寡”表现为旋律的清淡与中和有节的情感表现，源于《周易》的易简之道。《系辞上》言：

① 章华英：《古琴音乐与东方哲学》，《中国音乐》1991 年第 3 期。

“乾以易知，坤以简能。易则易知，简则简从。”①易，有简易之内涵，《周易》用阴、阳二卦的相生相克关系对世间的纷繁复杂做出简化处理。清人李道平对此句疏为“盖乐出乎自然，故象乾之易知，而曰必易”②。乾坤为天地阴阳之道，万物的化生繁衍都源自二气冲和，这是宇宙间最简易之道、最自然之理，无论为人为事还是为乐，都需遵从此易简之道。古琴艺术既强调人心的涵养与淡泊，也强调技法的适度与有候，如重而不虐、轻而不鄙、疾而不促、缓而不迟，二者的结合形成了古琴人静即声淡、声淡则和至的审美效果。青山所谓以性情中和相遇，意即抚琴乃发自贞正之心绪和适度之情感表现，使乐曲清淡、深邃、简约，如此方能与天地自然之道相合。所以我们说琴乐易简之尚，正是以乾坤自然之道、自然之理为依据。

如果说疏淡平静的“希夷之境”主要体现为古琴艺术音乐形式上的审美特征，那么也通造化的“太和之境”则主要是说人通过鼓琴与听琴而获得的也境上的审美愉悦，将有限的听之以耳的弦上五声化为无限的会之以心的弦外之音。美感有不同层次，从对生活中的具体事物的美感，到对整个人生的感受，再到对宇宙的无限整体和绝对美的感受的提升过程，正是对个体生命有限存在和有限意义的超越过程。古琴艺术的“太和之境”，即是以努力超越一曲、一事、一物、一己为理想，而去体验和感知宇宙自然整体生命的律动，获得天人合一的意趣。人的个体生命是有限的，但是古代艺术家会努力把个体生命投入宇宙的大生命之中，从而超越个体生命存在的有限性和暂时性。陶潜张无弦琴，嵇康在归鸿与五弦间俯仰自得、游心太玄，宗炳抚琴动操欲令众山皆响，无不是超越了乐曲与个体生命，从而获得了与深沉无限的自然宇宙体合而为一的感受。

五、结语——古琴艺术与中国当代道德养成

中国古代哲学与文化的根本宗旨是强调塑造文质彬彬的君子人格。乐教，广博易良；诗教，温柔敦厚。广博易良，即以人民之和德、和敬、和天为目标；温柔敦厚，即以温和而不失礼仪规范为目标，要求人的品质温润、柔和、质朴、忠厚，不欺诈、不虚伪，同时要分清是非，不可愚昧无节。音乐与歌诗可以改善人的品性，激发人向善的情感，儒家审美教化强调艺术感受与人生道德的统一、情感陶冶与内心自律的统一。

---

① [魏]王弼撰，楼宇烈校释：《周易注校释》，中华书局 2012 年版，第 232 页。

② [清]李道平撰：《周易集解篡疏》，王承弼整理，中央编译出版社 2011 年版，第 411 页

就个人的道德与性格修为而言，要品德良善，性情中正。早在《尚书·尧典》中就已经提出了"直而温，宽而栗，刚而无虐，简而无傲"的理想。《乐记·乐化篇》也说："致乐以治心者也。"意思是礼乐可以提高人们内心的修养。在当代，高旷的古琴艺术之养心养德、促人向善求美的功能也不应被抛弃。一方面，重新审视古琴在修身养性方面的意涵与功能，对于古琴艺术和古琴文化本身的发展不无促进；另一方面，当代人以修身养性为标的参与到古琴艺术中去，对于生活也是有益的。在人们普遍被网络与功利"绑架"、人与自然万物争夺生存空间的今天，安宁的古琴艺术为我们找回一条与自我、与他人和谐共处的温情之路。

参考文献

1.朱光潜：《西方美学史》，人民文学出版社 1979 年版。

2.李纯一：《先秦音乐史》，人民音乐出版社 1994 年版。

3.张世英：《天人之际——中西哲学的困惑与选择》，人民出版壮 1995 年版。

4.徐复观：《中国艺术精神》，华东师范大学出版社 2001 年版。

5.李美燕：《琴道与美学——琴道之思想基础与美学价值之研究（自先秦两汉迄魏晋南北朝》，社会科学文献出版社 2002 年版。

6.蔡仲德：《中国音乐美学史》，人民音乐出版社 2003 年版。

7.刘承华；《从文化传统看中西音乐传统的不同》，《黄钟》（武汉音乐学院报）1995 年第 3 期。

8.朱默涵：《自然——中国古琴艺术的源与宿》，《乐府新声》（沈阳音乐学院学报）1996 年第 4 期。

9.李美燕：《高罗佩对古琴谱中"调意""指法手势图"与"减字谱"的研究——以〈琴道〉的论述为主》，《中国音乐学》2013 年第 4 期。

10.罗小平；《生态美学——音乐美学界应当关注的新视域》，《人民音乐》2010 年第 11 期。

新时代文化治理的理论创新与时代价值*

张苏**

【摘要】新时代文化治理内容涵盖中华优秀传统文化、国家文化软实力、社会主义核心价值观、意识形态话语权、文化改革等多个方面，初步形成了具有时代特色的理论体系。守正创新是新时代文化治理的重要基础，文化创新是新时代文化治理的突破口，提升文化软实力是新时代文化治理的重要方式。原创文化是一种具有创新性和成长性的高端文化形态，软实力则是一种全新的竞争方式。

【关键词】文化治理；文化改革；文化软实力

党的十八大以来，党中央从战略高度提出了一系列建设社会主义文化强国的重要论述，内容涵盖中华优秀传统文化、国家文化软实力、社会主义核心价值观、意识形态话语权、文化改革等多个方面，初步形成了具有时代特色的理论体系。在实践中，党中央着眼于人民日益增长的精神文化需求和对美好生活的向往，坚持文化体制改革，推动文化产业发展，将文化改革放在十分突出的位置。可以说，新时代文化治理创新是新时代国家治理理论创新的重要组成部分，具有重要的理论价值和指导意义。

一、守正创新是新时代文化治理创新的重要基础

习近平总书记在文化改革中反复强调文化自信的重要性，认为正本清源、

---

* 本文为教育部人文社会科学研究规划基金项目“新时代高校意识形态话语权提升路径研究”(项目号:22YJA710031)的研究成果。

** 张苏，济南市中区档案局馆员。

守正创新是实现中华传统文化创新性发展、创造性转化的基础，同时也是文化改革的现实依据。所谓“本”和“源”指的是中华优秀传统文化、革命文化和社会主义先进文化，这是一切文化改革和文化建设都要坚持汲取的文化资源和理论资源，一切文化工作都要保护、传承和发展优秀文化，尊重、弘扬和革新革命文化，都要在新的事业推动中实现对社会主义文化的继承和发展，这样才能在新的历史条件下取得新的更大的成绩。

以人民为中心是新时代文化治理中突出强调的基本原则，社会主义文化是人民的文化，文化改革的出发点和终极目标都是为了更好地服务人民。新时代中国共产党站在新的历史高度和理论高度上对中国社会主要矛盾进行了审视和新的判断，指出文化领域存在的不平衡不充分的发展之间的矛盾，并根据这种不平衡、不充分开展调查研究，深入开展文化体制改革，大力发展文化产业，全力保障文化成果由人民共享。在文艺座谈会的讲话中，习近平总书记强调以人民为中心的创作理念，倡导文艺工作者扎根人民群众的生活当中，以现实主义的笔法描绘普通而伟大的人民形象，以真实的情感和切身的体验进行创作，传达出人民心声和时代力量，以精品奉献人民，以文化推动民族复兴。

坚持文化自信是新时代文化治理中的基本遵循，文化自信是更基本、更深沉、更持久的力量。面对风云变幻的世界，习近平总书记站在全球文化共同体的高度，坚持文化自信与文化走出去的辩证统一，主张积极参与世界格局重构、全球秩序重建和新时代价值重塑，向世界讲述中国故事，发出中国声音，弘扬中国精神，彰显中国力量。

二、文化创新是新时代文化治理的突破口

文化改革要在新的基础上深入挖掘，就要改变文化附庸于经济、政治的情形，转而以文化创新为本位、以文化软实力为内容，形成新的文化改革逻辑。以政治、经济等“硬”的规则和指标为标准的文化改革，已完成了其历史使命，难以调动文化积极性和解放文化生产力。“软”的文化改革要转向内在精神的修炼、内在认同感的增强和外在影响力的打造，处理好文化改革中出现的“软关系”“软结构”和“软矛盾”，以“软”的策略打造“软”的实力。

第一，文化创新要以我为主，对内挖掘，打造原创文化体系。原创文化是文化创新最基础、难度最大、最具生发性的文化形态，是人类精神智慧的母本和源头，是依据一定知识体系、信仰观念、思想形态的综合性结晶。原创文化是一种文化意识、文化思想和文化思维，文化创新就是意识创新、思想创新和思维创

新。文化创新在意识方面最重要的是自觉自信，认识到文化在历史、现实、未来逐渐增强的影响力，不仅要有弘扬中华文化的责任感，而且要有发展世界文化的胆识。文化改革必然要找到适合的参照物，这个参照物可以是存在于国际竞争的诸多因素，如智力竞争、创新竞争和思想竞争等，其中最核心的是思想竞争，也就是思维方式的竞争。习近平总书记反复强调的社会主义核心价值观及其践行要求，针对的就是主流社会思潮的精神引领和思想培育，关注的就是如何在新时代开展思想建设、文明创建和文化创新，强调的就是如何形成社会正能量、文化新发展、思想新创造。

第二，文化创新要追求思想高远和精神高度。原创文化是一种高端文化，文化创新是高端创新，具有高端视野和高端思路。原创文化创新必须从创新教育、法治监管、理论创新等多方面展开，才能从根本上解决目前原创不足的窘境。原创文化在全球化、多元化的发展过程中，受制于国外强势文化的经济、技术和理论等优势，缺乏对自身资源的再创造，还处于落后的被动保护层面，产业开发还没有形成应有的规模和影响。[①] 而处于低端的文化市场大部分停留在"模仿—吸收—再创新"的阶段，少数影响较大、市场较好的文化产品也只是中端的集成式文化创新。制造业中的"克隆""山寨"等生产模式，在文化产业及其研究领域仍然占有较大比重，文化生产对原创文化的重视远低于对工业生产率、劳动力成本的考虑，缺乏理论引导的文化消费长期在低端市场徘徊。

原创文化是一种包容性、开放性、创新性、增长性文化，文化创新的目标就是创造之前没有的有价值的文化。原创文化是一种优势文化，中华文化中天人合一、和而不同、和谐文化等优秀文化独具特色，历史悠久，内涵深刻，与西方工具理性、个人主义、新自由主义等观念形成鲜明对比。伴随着西方金融危机、主权债务危机等问题，中国经济模式和文化模式受到关注和认可，中国原创文化迎来扩大影响、加速创新的绝佳契机。中国原创文化要以世界文化的视野，突出文化主权、主体地位，形成世界原创文化不可或缺的一极。

第三，文化创新要参与话语权建设。原创文化是话语权建设的基本元素，也是文化认同的重要基础，能够促进优秀价值观的传递。原创文化是构建文化空间和文化秩序的基本要素，从根本上决定一个国家、民族在世界上的文化地位和影响力。原创文化的争夺是话语权的争夺，为了在竞争中取得优势地位，原创文化资源的争夺愈演愈烈，这在"申遗"等国际文化活动和交流中表现得十

---

① 王冬梅：《非物质文化遗产保护的再出发》，《学术论坛》2011 年第 7 期。

分明显。原创文化在文化秩序建设与调整中意义重大，抄袭之风暴露出原创精神的欠缺和文化道德的滑坡，追逐名利的浮躁的文化氛围中难出优秀的原创作品，因此社会需要营造充满想象力、生命力和创新力的文化氛围。只有这样，中华文化才能对世界产生文化认同的力量，在国际文化竞争中占有话语权，将中国特色提升为普世价值。

三、文化软实力是新时代文化治理的重要方式

相比之前对于数量、规模等量化指标的关注，新时代我们更应关注文化质量的提升和文化软实力的提高，从而体现出新时代文化治理的时代特征和内涵特质。

文化发展不仅是一种力量的增大增强，更是思想的影响力的提升。文化软实力类似一种“场域”，各种文化在博弈中形成特有的权力机制，以看不见、摸不着的形式发挥巨大牵引力，散发出无法抗拒的文化魅力，能够潜移默化地影响政治理念、文化形态的变迁，能够促进理想信念、思想价值的发展演变。中华原创文化对软实力的认识历史悠久，《易经》中的“关乎人文，以化成天下”，《论语》中的“远人不服，则修文德以来之”，“人文”的“化”是一种软实力，“修文德”也是一种软实力，连兵法中都讲“不战而屈人之兵”。中华原创文化与软实力的共生、共存成为中华文化再次勃兴的重要依据，也是文化改革深入推进的重中之重。

文化发展不仅是文化领域的改革发展，而且关系到整个国家治理体系的完善。软实力是一个文化系统，政府、学者、大众等分别发挥不同作用，共同完成软实力的建构和提升。政府要制定和引导核心价值观，在制度、法律、社会治理等方面提供良好条件，在公共文化服务、国民教育、产业规划等方面夯实文化基础，时刻保障和维护文化软实力的根基。中国提出“和谐文化—和谐社会—和谐世界”的构想，是在继承中国传统文化精髓基础上的创新。[①] 将中华文化中最核心的内容以普世性的方式表达出来，对内增强了文化认同，对外扩大了文化辐射。“提升文化软实力对于民族地区经济社会发展具有重要的现实意义。”[②]“软实力”(soft power)的概念最早由美国学者约瑟夫·奈提出，但其内涵、范畴、理论、应用等仍需根据时代和语境而发展。我们要站在百年未有之大变局

---

① 参见齐勇锋：《国家“文化软实力”如何“硬”起来》，《人民论坛》2010 年第 17 期。

② 张琰飞：《民族地区文化软实力提升策略研究》，《吉首大学学报》(社会科学版)2010 年第 3 期。

的视野下对中国问题发声，提出中国文化软实力理论和世界文化软实力理论的中国方案。大众是软实力的最大创造者、最佳传播者和最终受益者，大众的文化素质、文化需求和文化消费等是文化软实力的重要因素。

文化发展不是一蹴而就的模式化工程，而是需要慢工出细活的匠心酝酿。文化软实力的提升是一个阶段性、渐进式、层次化过程，要有针对性地进行资源配置，集中力量解决重点、难点。一是建立新的文化意识形态机制，在能以市场为资源配置的领域大胆开拓，在关涉文化安全、文化主权的领域绝不让步。文化软实力具有鲜明的意识形态性，这是任何国家、任何民族都需要根据自身利益和发展要求去竞争的关键领域，中国知识分子可以明确地提出具有中国特色、中国诉求、中国立场的知识体系，参与国际话语权竞争。在文化政策的制定、执行和改进过程中，调整政府主导与市场主体的关系，最大限度地为发展文化产业提供支持。二是建立新的文化传播机制，继续推动和鼓励国内媒体走出国门，通过收购、兼并、控股、合资等形式引入先进的传播技术、人才和管理经验。在文化宣传和引导过程中，利用和发挥国内外一切积极性因素，鼓励广大华侨、友好人士参与中国文化软实力的建设，以形成持续高涨的文化氛围。重视新科技、新媒体在“新人群”中的中介作用，增强文化内涵的亲和力和时代性。三是建立文化软实力的孵化、转换和评价机制，不断更新和完善相关标准，走科学发展之路。文化软实力的构成因素复杂，要建立以质为主、质量结合的评价体系，改变目前以量为主的状况，形成制度化、科学化的评价体系，在此基础上进行文化软实力的培育和转换。文化软实力是精神感召力、社会凝聚力、市场吸引力、思想影响力和心理驱动力的集成。① 主流文化能引领不同文化群体价值取向，流行文化能增强市场吸引力，大众文化能凝聚各利益群体，传统文化能弥合社会群体的文化选择，话语体系能涵盖普世价值。②

总之，新时代文化治理理论创新作为新时代国家治理理论创新的有机组成部分，完全符合中华民族伟大复兴和百年未有之大变局的历史潮流，提供了一种现代文化价值观和国家文化治理现代化理念，对于中国正在进行的文化改革发展具有极为重要的现实意义。③

---

① 参见贾磊磊：《国家文化软实力与文化发展战略》，《中国信息报》2008 年 6 月 11 日。

② 参见卢衍鹏：《审美解放研究》，人民出版社 2019 年版，第 293 页。

③ 参见范玉刚：《在全面深化改革中实现国家文化治理》，《湖南社会科学》2014 年第 2 期。